谨此献给——

为中国改革开放做出卓越贡献的开拓者和建设者！

2002中国开发区年鉴

国家信息中心 编

中国物价出版社

图书在版编目(CIP)数据

2002中国开发区年鉴. 国家信息中心 编. —北京:中国物价出版社, 2003.1
ISBN 7-80155-460-4

Ⅰ.中… Ⅱ.国… Ⅲ.开发区—中国—2002—年鉴 Ⅳ.F127.9-54

中国版本图书馆CIP数据核字(2002)第060406号

2002 **中国开发区年鉴**

出版发行: 中国物价出版社
地　　址: 北京市西城区月坛北小街2号院3号楼(100837)
责任编辑: 刘　勇　许　慧　刁昊轩
经　　销: 新华书店
印　　刷: 北京金马印刷厂
开　　本: 889×1196毫米　1/16
印　　张: 56
字　　数: 1200千字
版　　次: 2003年1月第1版第1次印刷
书　　号: ISBN 7-80155-460-4/F·333
定　　价: 298.00元

《2002 中国开发区年鉴》编辑委员会

前　　言

改革开放是强国之路。坚持“引进来”和“走出去”相结合，全面提高对外开放水平。适应经济全球化和加入世贸组织的新形势，在更大范围、更广领域和更高层次上参与国际经济技术合作和竞争，充分利用国际国内两个市场，优化资源配置，拓宽发展空间，以开放促改革促发展。

——江泽民同志在中国共产党第十六次全国代表大会上的报告摘要

对外开放是我国的一项基本国策，吸引外商投资是我国对外开放基本国策的重要组成部分。改革开放以来，外商在我国的投资规模一直在扩大。截止2002年11月底，全国共批准外商投资企业420753个，合同外资8222.38亿美元，实际使用外资4432.35亿美元。从1993年至2002年，我国已连续10年成为吸收外资最多的发展中国家。

开发区作为吸引外资的前沿阵地，20年来有了长足的发展。我国目前的开发区级别较多，有国家级和地方各级经济技术开发区、国家级和地方各级高新技术产业开发区、国家保税区、国家级出口加工区、国家级边境经济合作区、国家级旅游度假区。这些各具特色的开发区有力地促进我国改革开放的步伐，为我国经济的快速健康发展起到重要的推动作用。

为全面介绍中国各类开发区的基本情况，集中展示宣传中国开发区、开发区内知名企业、特色企业的建设成就和发展经验，为国内外投资者提供权威的投资指南。国家信息中心编辑出版了《2002**中国开发区年鉴**》一书，2002年版为首期年鉴，也是我国第一部关于中国开发区领域的专业性年鉴，今后每年出版一期。

《2002**中国开发区年鉴**》以改革开放大潮中的开发区为核心，客观地反映中国开发区发展历程，全景式记录、逐年跟踪介绍中国开发区发展领域的法律法规、优惠政策、开发区重大的招商引资项目；重点宣传开发区内知名企业；及时总结开发区的经验教训；明确开发区未来发展方向；为国家对开发区的管理和开发区经营提供决策参考；为政府、开发区、投资者之间架起桥梁。主要内容由以下12部分构成：

政策法规篇　收录国家计委、国家经贸委、外经贸部等有关部门关于我国对外开放、招商引资等方面的重要政策法规。

开发区建设篇　整理报道2002年度里，我国各地开发区在招商引资、发展经济、扩大出口等方面的建设成就。

发展研究篇　汇集政府部门、专家学者、开发区管理者在建设发展开发区过程中的经验总结和发展思路等。

数字开发区篇 以数字来展示我国开发区的发展成绩。

国家级经济技术开发区篇 主要反映国家级经济技术开发区的发展历程，全面介绍52家国家级经济技术开发区的有关情况。

国家级高新技术产业开发区篇 重点介绍科技部“火炬计划”以及国家高新技术产业开发区的发展概况，全面介绍我国53家国家级高新技术产业开发区的发展情况。

国家级出口加工区篇 全面介绍我国17家国家级出口加工区的发展状况。

国家级保税区篇 重点收录我国15家国家级保税区的发展概况。

国家级边境经济合作区篇 主要收录我国14家国家级边境经济合作区的发展过程以及目前发展状况。

国家级旅游度假区篇 介绍国家为开发旅游资源在全国建立的16家国家级旅游度假区的发展概况。

省、自治区、直辖市开发区篇 按地区为顺序，全面介绍我国各省市的开发区情况。

附录 主要收录我国在各地建立的各类型特色园区等。

我国加入世界贸易组织后，将进一步改善投资环境，积极利用外资，促进中国经济持久稳定的发展，在此我们祝愿各开发区在新的机遇面前，再接再励，更上一层楼，为全球经济的繁荣与发展增添一道亮丽的色彩。

本书在编撰过程中，得到了国家发展计划委员会、国务院有关部委、中国经济体制改革研究会的大力支持；得到了开发区协会及各地开发区管委会的大力协助，在此一并表示感谢。在编辑过程中难免有疏漏之处，望批评指正，以便进一步完善提高。

《中国开发区年鉴》编辑部

2003年1月·北京

目　　录

周易医大有希望

邓小平

發展高新技術產業促
進科技成果的商品化產
業化和國際化

江澤民

中国开发区

TEDA
www.teda.gov.cn
天津经济技术开发区

北京经济技术开发区
Beijing Economic-Tecnological Develpment Area

浙江省镇海经济开发区

珲春出口加工区
http://www.hcexport.com

宝鸡
国家高新技术产业开发区
http://WWW.bj-highech.com

北京大兴工业开发
WWW.DIDA.NET.C

国家郑州经济技术开发区

海宁经济开发区

江苏省常熟经济开发区

常州 高新区

长春高新技术产业开发区
Changchun High-technology Industries Development Area

ZJNA
镇江新区

SCEPZ
成都出口加工区

成都高新技术产业开发区
WWW.CDHT.GOV.CN

成都经济技术开发区
CHENGDU ECONOMIC & TECHNOLOGICAL DEVELOPMENT ZONE

滁州经济技术开发区
Chuzhou Economic and Technological Development Zone

D 网
大连高新技术园区
DALIAN HI-TECH ZONE

PEDZ
浙江省平湖经济开发区招商信息
ZHEJIANG PINGHU ECONOMIC DEVELOPMENT ZO

大庆国家高新技术产业开发区
DAQING HIGH-TECH PARK

DYB
惠州大亚湾经济技术开发区

丹东边境经济合作区

東山經濟技術開發區

FETDZ
WWW.fdz.com.cn
福州经济技术开发区

广安经济技术开发
WWW.gakf.gov.

中国桂林 WWW.guilin-ctp.net.cn
国家高新技术产业开发区

国家级
贵阳经济技术开发区
http://www.geta.gov.cn

顶效经济开发区
DINGXIAO ECONCHIC DEVEIOPMENT ZONE

30 海南洋浦
WWW.ypdelp.com

HHTZ
杭州国家高新技术产业开发区

HETZ
浙江杭州出口加工区

TED
浙江省台州经济开发区

www.adz.org
襄樊汽车产业
开发区

HFXZ
WWW.HFXZ.COM.CN
新站区在线

杭州之江国家旅游渡假区

耒阳开发区
www.lyedz.com

ZHFTZ
珠海保税区

KF
黄骅港开发区

包头
国家稀土高新技术产业开发区
BAO TOU RARE EARTH HI-TECH INDUSTRIAL DEVELOPMENT ZONE

NEDA
南堡经济技术开发区

河南鹤壁
http://www.hbkfq.gov.cn

葫芦岛国家专利技术园区

JEDA
吉林经济技术开发区
Http://www.jeda.gov.cn/

江苏省高邮经济技术开发区
Planning Project of Gaoyou Economic Technical Development Zone, Jiangsu Province

HM
江苏省海门经济开发区

张家港经济开发区
www.zjgedz.com

射阳经济开发区
www.sunnydz.com

江苏省盐城经济开发区

yes
Http://www.dsd.ha.c

九江经济技术开发区
www.jjkfq.gov.cn

昆明高新技术开发区

KETDZ
昆明国家经济技术开发区
www.ketdz.gov.cn

KETD
中国昆山经济技术开发区
CGINA KUNSHAN ECONOMIC & TECHNICAL DEVELOPMENT ZONE

LXEDZ
www.lxedz.com
莱西开发区

莱州开发区
www.lzedz.gov.cn

连云港经济技术开发区

郑州国家高新技术产业开发区
http://www.zzgx.gov.cn

沈阳金融商贸开发区
SHENYANG FINANCE AND TRADE DEVELOPMENT ZONE

www.ykhi-tech.gov.cn
营口高新技术产业开发区

马鞍山
经济技术开发区

南方软件园
Southern Software Park

http://www.sic.gov.cn

南京高新技术产业开发区	江宁开发区	JJKFQ 江苏省南京市浦口经济开发区 Jiangsu Provicial Economic Development Zone in Pukou	NNETDA 南宁经济技术开发区	NETDA 南通经济技术开发区	TDA www.tlkfq.org 内蒙古通辽开发区
锡林郭勒经济技术开发区	NETD 宁波经济技术开发区	CAOHEJING HI-TECH PARK 上海漕河泾新兴技术开发区	青岛经济技术开发区	RETDZ 任丘经济技术开发区 http://www.retdz.com	泸州开发区
山西侯马经济技术开发区 HOUMA ECONOMI & TECHNOLGICAL DEVELOPMENT ZONE SHANXI	汉中经济开发区 http://www.hzedz.gov.cn	上海淀山湖经济城 IANSHANHU	SCIP 上海化学工业区 SHANGHAI CHEMICAL INDUSTRY PARK	PUDONG 上海 浦东 http://www.pudong.gov.cn	上海浦东软件园
上海市星火开发区	上海松江出口加工区	上海闵行经济技术开发区	驻马店 高新技术产业开发区 http://www.zmdgx.gov.cn	沈阳经济技术开发区 SEDA	SEID 国家级石河子经济技术开发区管理委员会
石家庄国家高新技术产业开发区 SHI JIAZHUANG NATIONAL HI-TECH IND USTRY DEVELOPMENT ZONE	中国－新加坡 苏州工业园区	TSDZ 唐山高新区 http://www.tsdz.net	TJPFTZ www.tjftz.gov.cn 天津保税区	鞍山 高新技术产业开发区	DEOR 天津静海经济开发区 www.tjeda.com
UDA www.tjuda.com 天津武清开发区	OCEAN 天津塘沽海洋高新技术产业开发区	XEDA 西青经济开发区 xiqing Economic Development Area	天津新技术产业园区 Tianjin Hi-Tech Industry Park	上海外高桥保税区	WEDA 渭南开发区 www.whnz.gov.cn
wetdz 温州经济技术开发区	WZGN 温州农业高新技术示范区	WND 無錫新區 http://www.wnd.gov.cn	芜湖高新技术产业开发区 http://www.wuhu-tech.com	WEDA 芜湖经济技术开发区 WUHU ECONOMIC & TECHNOLOGICAL DEVELOPMENT AREA	WEDZ 武汉经济技术开发区
西安经济技术开发区管理委员会 WWW.XETDZ.COM.CN	西部软件园	厦门火炬高技术产业开发区	厦门软件园 XIAMEN	湖北仙桃开发区 http://www.hbxtkfq.com.cn	www.adz.org 襄樊汽车产业开发区
YEDA 业达之窗 www.yeda.gov.cn	中国·营口开发区 WWW.YKDZ.GOV.CN	中关村科技园区 www.zgc.gov.cn	枣庄 高新技术产业开发区 http://www.zzctp.gov.cn	张家港保税区	肇庆 高新技术产业开发区
HED 湖州经济技术开发区 HUZHOU ECONOMIC &TECHNOLOCAL DEVELPMENT ZONE	中关村软件园 ZGC SOFTWARE PARK	中国浙江嘉兴经济［技术］开发区	余杭经济开发区 http://www.yhedz.org	浙江省金华市 经济技术开发区	TXKFQ HTTP://WWW.TXKF.ORG

国家信息中心

邓小平

为迎接世界新技术革命的挑战、加快我国社会主义现代化建设进程，1986年国务院批准建设国家经济信息系统并组建国家经济信息中心。1987年1月24日，国家经济信息中心正式成立。1988年1月22日，邓小平同志亲笔题名“国家信息中心”。

国家信息中心工作的指导方针是以国家经济信息系统为依托，以先进信息技术为手段，以信息资源开发为核心，为大力推进国民经济和社会信息化做出突出贡献。

国家信息中心通过加强国民经济中长期发展战略研究，宏观经济预测监测，为国务院和宏观经济综合管理部门提供了高质量的决策咨询服务，发挥了信息源、智囊团和思想库的作用。在积极推进我国信息化事业发展方面，国家信息中心积极参与国家信息化决策重大问题研究、重点信息化工程建设，建立和完善综合经济信息系统。在信息资源开发利用、网络建设、系统集成、推进政务信息化方面也取得显著成效，发挥了决策咨询和技术支撑作用。

进入21世纪，我国信息化事业步入了加速发展的快车道，大力推进国民经济和社会信息化已经成为覆盖现代化建设全局的战略举措。面对机遇和挑战，国家信息中心和国家经济信息系统时刻准备为推进我国国民经济和社会信息化事业做出更大的贡献。

中国开发区内知名企业

NOKIA CONNECTING PEOPLE 诺基亚		佳通轮胎 TIRES	Bayer	KYMCO	BOSCH
BRIDGESTONE	LG	IBM	JVC	RICOH	Seagate
EPSON		CALTEX	SAMSUNG	中国银行 BANK OF CHINA	中国电信 CHINA TELECOM
Coca-Cola	FUJITSU	UTStarcom UT斯达康	Microsoft	HITACHI Inspire the Next	hp invent
MOTOROLA	联想 LEGEND	JMC	Haier		3M
	KUMHO 锦湖食品	PEPSI	Panasonic	PHILIPS	Roche
NTT	SHARP	SIEMENS	SONY	TCL集团股份有限公司 TCL CORPORATION	上海大众汽车
TOSHIBA	VOLVO	NORTEL NETWORKS	DELL	中国建设银行 China Construction Bank	神龙汽车有限公司 DONGFENG-CITROEN AUTOMOBILE CO.,LTD
中国工商银行 INDUSTRIAL AND COMMERCIAL BANK OF CHINA	KELON 科龙	Schneider Electric	Logitech	ExxonMobil	
L'ORÉAL	BenQ	nt Technologies Bell labs Innovations	CNC 中国网通	ALCATEL 上海贝尔	

Microsoft

微软（中国）有限公司

为用户提供广泛的产品和服务，并通过优秀的软件赋予人们在任何时间、任何地点、通过任何设备进行沟通和创造的能力。

自1992年进入中国设立北京代表处以来，微软在华的员工总数已增加至900多人，已形成以北京为总部、在上海、广州设有分公司的架构。微软在中国也已经跨越了三大发展阶段。微软首先完成了自身的完整的产业链投资，包括市场和销售渠道、微软中国研发中心、微软亚洲研究院和微软全球技术支持中心。此外，本着与中国软件产业共同进步与共同发展为目标，微软加大对中国软件产业的投资与合作。2002年6月26日，国家计委与微软公司在北京共同签署了加强软件产业合作的谅解备忘录。根据该备忘录，微软公司将在中国投资超过62亿元人民币来支持中国IT产业的发展。此外，微软已经在中国投资了两家合资软件企业——中关村软件有限公司和上海微创软件有限公司。微软还投资了交通大学的软件学院，促进国内软件人才的培养。微软还与中国业界开展了广泛的合作，包括与中软开展Windows密码模块本地化、与TCL开发未来的通讯设备、支持中星微发展与Windows XP兼容的芯片技术，在自身发展的同时，促进中国IT产业发展自有的知识产权。

微软在中国的使命：

* 协助政府发展中国软件产业
* 帮助政府和企业进行信息化建设
* 提供广大普通用户最为信赖的产品
* 帮助我们的合作伙伴发展壮大
* 为中国软件产业培养软件精英
* 成为良好企业公民

北京经济技术开发区
Beijing Economic-Technological Development Area

HTTP://WWW.BDA.GOV.CN

北京经济技术开发区是于1994年8月25日经国务院批准为北京市唯一的国家级经济技术开发区，其中的一部分是中关村科技园区亦庄科技园，该区同时享有沿海经济技术开发区优惠政策和国家高新技术产业园区优惠政策，是一个具有与国际接轨的新型管理体制的经济区域。

10年来，开发区以体制创新为保障，以服务创新为主题，以技术创新为核心，取得累累硕果，形成了电子产业、光机电一体化产业、生物技术与新医药产业、新材料与新能源产业和软件制造产业等五大支柱产业，建成了全国最大的移动通信产业基地。从1995年到2001年，开发区GDP年均增长99.6%，税收年均增长80%，出口创汇年均增长119.2%，综合经济实力指数在国家级开发区中名列第五，成为展示北京国际大都市形象的重要平台。

TEDA
www.teda.gov.cn
天津开发区

天津经济技术开发区

天津经济技术开发区于1984年12月6日经国务院批准建立，为中国首批国家级开发区之一。

天津经济技术开发区位于天津市东60公里，紧邻塘沽区，总规划面积33平方公里，此外，还分别在武清县、西青区和汉沽区辟建了逸仙科学工业园、微电子工业区和化学工业区等3个区外小区。

天津经济技术开发区具有得天独厚的区位优势，依托京、津，辐射三北，其所在的环渤海区域是一个人口密集、城市集中、交通便利、工商业发达、市场容量大、购买力高的黄金地带，具备发展工商业的良好条件。以“21世纪现代化国际工业新城区”为目标，天津经济技术开发区致力于塑造与国际惯例和国际市场接轨的投资环境。经过十几年的开发建设，天津经济技术开发区投资环境日臻完善，经济实力迅猛发展，已成为中国乃至整个亚洲最具吸引力的投资区域。

天津经济技术开发区已有3300多家外商投资企业落户，投资总额超过150亿美元。以摩托罗拉、雀巢、SEW、诺和诺德等跨国企业为代表，形成了电子通讯、食品、机械、生物医药四大支柱产业，经济实力日益高速发展壮大，在全国开发区中名列前茅，成为“滨海新区”的龙头和天津市重要的经济增长点。

QETDZ

秦皇岛经济技术开发区

秦皇岛经济技术开发区于1984年10月经国务院批准设立，分东西两区，规划面积28.39平方公里。

经过十几年的开发建设，开发区的投资环境日趋完善，现已开发了具备兴建工业项目条件的土地约8平方公里，兴建了较为完备的道路、供电、供热、通信、给水、排污等基础设施。2001年6月，秦皇岛开发区被国家环保总局批准为ISO14000国家级示范区。开发区享有的各项权利及优惠投资政策均得到国家和地方政府法律、法规的保证，开发区管委会将一如既往，努力为企业营造一个高效、优质、规范的投资环境。

21世纪的环渤海经济圈将成为中国经济最活跃的地区之一，秦皇岛经济技术开发区依托的秦皇岛口岸作为新亚欧大陆桥中国北方桥头堡，处于“一堡”跨“两桥”的战略位置，将在推进中西部合作，融入世界经济一体化中发挥重要作用。独特的地理位置和良好的投资环境，使秦皇岛开发区成为国内外客商青睐的知名投资区，今日的秦皇岛经济技术开发区，经济迅速发展，环境日新月异，正朝着建设现代化和国际化工业园区的宏伟目标迈进。

http://www.qetdz.com.cn

大连经济技术开发区

大连经济技术开发区是1984年9月25日经国务院批准成立，于同年10月15日正式动工兴建的第一个国家级经济技术开发区，是享有沿海经济技术开发区优惠政策并实行与国际惯例接轨的新型管理体制的经济区域。大连市人民政府在开发区设立管理委员会，代表大连市人民政府对大连开发区的工作实行统一领导和管理。根据国务院批准的大连城市总体规划，大连开发区将建成一座具有40~50万人口，面积220平方公里，以发展外向型经济和高新技术产业为主要基地的综合性现代化新城区。经过18年的开发建设，大连开发区已拥有20余万人口，建成区面积达36平方公里，已成为大连新兴的高科技产业和现代化工业基地，成为大连市新的经济增长点。

大连开发区依靠大连雄厚的经济和社会文化基础，享有独特的地理优势、交通优势、人才优势和产业优势，得益于率先改革开放的国家经济发展战略，以及政通人和的社会环境，被誉为“神州第一开发区”，成为连接中国与世界经济的桥梁之一。

http://www.ddz.gov.cn

广州开发区

广州开发区目前实行“四区合一”的管理体制，即“广州经济技术开发区”、“广州高新技术产业开发区”、“广州出口加工区”、“广州保税区”（以下简称广州开发区）四个国家级经济功能区，一套管理机构，是国内唯一一个集开发区、高新区、出口加工区和保税区四个国家级经济功能区于一体的综合性经济区域。

广州经济技术开发区是国务院批准设立的首批14个国家级开发区之一，于1984年12月28日奠基，规划面积为58.83平方公里。经过多年开发建设，广州经济技术开发区已经成为广州市重要的经济增长点和利用外资的重要基地。截止2001年底，已累计完成固定资产投资304.91亿元人民币；合同利用外资71.56亿美元；实际利用外资37.54亿美元；共批准投（试）产生产性企业448家，累计实现工业总产值2102.97亿元人民币；实现出口59.92亿美元。全区已经基本形成了机械制造、精细化工、生物医药、电子及电器制造、食品和包装材料等六大主导行业。

广州开发区这种“四区合一”的管理架构，具有管理体制优势、政策资源优势、对外开放优势、产业聚集优势、区位交通优势等得天独厚的综合优势。

2002年，广州开发区认真贯彻落实邓小平理论和“三个代表”重要思想，紧紧抓住经济建设这个中心，谋求跨越式发展，取得了十分显著的成绩。至今，广州开发区已与世界60多个国家和地区建立了经贸联系，有30多个国家和地区的客商在区内投资设厂。到2002年为止，已批准外商投资企业1356个，其中1000万美元以上的290个，3000万美元以上的76个，投试产工业企业632家，世界排名前500家跨国公司已有74家在区内投资设厂。目前，广州开发区基础设施配套齐全，投资环境日臻完善，其经济综合发展水平，居国家级开发区前列，成为目前广州乃至华南地区享受国家优惠政策最多、外商投资最密集、经济发展极具潜力的高度开放区域。

昆山经济技术开发区

昆山经济技术开发区创办于1985年，1991年1月被江苏省人民政府列为省重点开发区，1992年8月经国务院批准成为国家级开发区，经过10多年的开发建设，昆山开发区已基本形成一个具有现代化气息的综合园区。

1998年以来，昆山开发区先后创办了出口加工区、留学人员创业园和国际商务区，正在规划建设微电子工业园、欧美工业园、日本工业园作为招商引资的新载体，努力发展高科技产业。昆山出口加工区于2000年4月27日获国务院批准，成为全国首批15个出口加工区的试点之一，并于9月6日率先通过海关总署等国家9部委联合验收，10月8日成功封关动作，成为我国改革开放以来第一个出口加工区。昆山留学人员创业园，由昆山开发区和省人事厅、科技厅联合创办。2000年11月，经科技部、人事部、教育部批准，命名为首批国家留学人员创业示范基地，并被科技部确认为高新技术创业服务中心。

http://www.ketd.gov.cn

哈尔滨开发区

哈尔滨开发区由哈尔滨经济技术开发区（国家级）和哈尔滨高新技术产业开发区（国家级）组成。开发区党工委和管委会分别是中共哈尔滨市委和市人民政府的派出机构，代表市委、市政府统一领导和管理开发区内的党务、经济、行政和有关的社会事务，主要任务是通过招商引资，搞好服务，营造富商、亲商、安商的优良投资环境，发展高新技术产业，成为带动黑龙江省、哈尔滨市经济发展的新经济增长点。区内设有国家级高科技创业中心、国家级高新技术企业孵化中心、国家级海外学人创业园。全面开通了对俄罗斯“跨国直销贸易通道”；与俄罗斯重点科研基地新西伯利亚科学院技术园区结为友好园区；创办了对俄科技合作中心；被批准为首批国家高新技术产品出口基地；构建了开发区集中区、大学园区、行政区科技园的“一区多园”发展格局。

http://www.kaifaqu.com.cn

烟台经济技术开发区

烟台经济技术开发区，是1984年国务院首批设立的14个沿海国家级开发区之一，1985年3月动工兴建，现规划面积221平方公里，人口近20万。累计完成固定资产投入230多亿元，其中基础设施投资30亿元，初步建成了环境优美、设施完善、产业先进的外向型、现代化工业新城区。近年来，全区经济保持了较快的发展速度，各项经济指标以年均30%以上的速度递增。2002年，全区可实现GDP100亿元，比上年增长66.5%；完成工业产值200亿元、工业利税15亿元，分别增长53.8%和50%；完成外贸出口额4.76亿美元，增长25.3%；实现财政总收入11亿元、地方财政收入4.13亿元，分别增长37.5%和47.5%。

烟台开发区地处山东半岛北端，与韩国、日本隔海相望，具有得天独厚的区位优势，货物进出口便捷，横跨10省45市的同三高速公路及正在规划建设的“德龙烟”铁路穿区而过，1亿吨规模的八角港也将在区内启动建设。截止到2002年已有27个国家和地区的客商来区投资累计兴办外资项目500多个，项目总投资35亿美元，合同外资额19亿美元，实际利用外资14亿美元；世界500强已有17家进区投资。投产工业企业近300家，形成了以机械汽车、电子通讯、生物医药、化纤纺织和新兴材料为特色的主导产业；培育了LG通讯、大宇重工、荣昌制药、氨纶股份、正海电子等50多家龙头企业；创出了CDMA手机、大宇挖掘机、荣昌肛泰、金斯波格钢琴、纽士达氨纶丝等一批名牌产品。全区产值过亿元、利税过千万元的企业，分别达到24家和34家。目前，全区已有省级以上高新技术企业60多家，承担国家、省“火炬计划”70多项，开发新产品150多个。

目前，围绕提升硬件水平，相继启动了第二水厂、第二热源建设，加快了海滨度假区开发，兴办国际学校和涉外医院，绿化覆盖率达到40%。在山东省率先通过了ISO14001环境管理体系认证和ISO14000国家生态示范区验收，被国家环保总局和联合国环境署命名为环境管理示范园区。

国家级
南京经济技术开发区

http://www.njxg.com

南京经济技术开发区成立于1992年9月18日，2002年3月15日被国务院正式批准为国家级经济技术开发区。开发区先期规划面积13.37平方公里（含乌龙山风景区），远期规划面积30平方公里。区内设有工业、保税仓储、金融贸易和综合服务等4个功能区域，并设有国家级南京海峡两岸科技工业园、国家级南京新港高新技术产业工业园、江苏高校科技工业园、南京生物医药科技工业园、南京韩国工业园等“区中园”。

建区10年来，开发区始终坚持以引进外资为主，以工业项目为主，以出口创汇为主，致力于发展高新技术产业，获得了稳步发展。已初步形成为一个现代化、多功能、优势独特的开放型港口工业新区。截止2002年10月底，在开发区注册企业1161家，总投资229.4亿元，其中外资企业235家，总投资18.97亿美元；千万美元以上项目73个，世界500强投资企业15家，累计合同利用外资14.05亿美元，实际利用外资6.79亿美元。区内有高新技术企业50多家，高新技术产品近百个，有10多家外资企业设立了研发机构。以日本夏普、富士通、日商岩井，荷兰飞利浦，瑞典爱立信、法尔玛西，韩国LG等为代表的世界知名企业进区落户，开发区已初步形成电子信息、光电通信、生物医药、轻工机械、精细化工、物流储运等支柱产业，并成为南京市重要的出口加工基地。开发区一些主要经济指标都在以50%以上的速度逐年递增，技工贸总收入、利税和出口创汇三项指标从1996年的30亿元、2.3亿元和1415万美元，上升至2001年的205亿元、19.2亿元和 3.9亿美元。

开发区区位交通优势突出，依托的南京港新生圩外贸港区是我国内河第一大港，拥有码头泊位16个，与世界上70多个国家和地区的180多个港口通航，每月有50多个国际集装箱航班；陆路运输从开发区至南京市区道路网仅5公里，绕城公路将开发区与二桥高速、宁沪高速、机场高速以及312、104、205国道连为一体。疏港铁路环线直通开发区，通过华东地区最大的铁路枢纽尧化门编组站覆盖全国。南京长江二桥与开发区相邻，为开发区外引内联创造了更为有利的条件。

开发区管委会为市政府派出机构，享有市级经济管理权限，实行“一个窗口对外、一站式管理、一条龙服务”。实行“一次受理、并联审批、两次办结、扎口收费”的工作流程。开发区只收税不收费。除养老保险、失业保险、工伤保险、生育保险、住房公积金外，免收基金10项，行政性收费48类（项），减免三分之一收取政府定价的有偿服务、中介服务收费25类（项）。坚持按市场经济规律办事，对企业入区、项目申办提供全程服务。

开发区内设有工商分局、公安分局等分支机构，设有海关、边检、检验检疫、金融、保险、外运、外供、外代等涉外服务机构和法律、公证、会计等中介服务机构，并设有进口保税和出口监管库，开发区依照国家政策为进区企业提供一系列优质服务，并保证进区企业享受国家级开发区的全部优惠政策。

中关村科技园区
ZHONGGUANCUN SCIENCE PARK

中关村科技园区是中国最大的科教智力资源密集区，这里有以北京大学、清华大学为代表的各级、各类高等院校39所，有以中国科学院为代表的各级、各类科研机构200多家，两院院士占全国院士总数的37%，每年产生辐射全国的高水平科研成果数千项，国家级实验室、工程技术中心最为集中，还是全国最大的软件开发和生产基地。

中关村科技园区包括海淀、丰台、昌平、电子城、亦庄五个园区，园区内有近万家高新技术企业，既有联想、四通、北大方正等蓬勃发展的早期高新技术企业；又有中关村科技、清华同方、网通等后起之秀；还有IBM、微软、三菱等国际著名跨国公司设立的研发机构或投资的企业1500多家；境内外上市公司40余家。目前，中关村科技园区已经成为首都经济最重要的增长点。2001年中关村科技园区对北京市工业经济增长的贡献率达60%以上，技工贸总收入约占全国53个国家级高新区的18%。

http://www.zgc.gov.cn

西安高新技术产业开发区

Xi'an Hi-tech Industries Development Zone

国家级西安高新技术产业开发区创建于1991年6月，它位于西安科研、文教单位相对集中的西南郊，现完成规划面积34平方公里，建成的集中新建区20平方公里。2001年以来，高新区启动了二次创业计划，集中新建区新规划面积达94平方公里，计划到2006年完成开发建设60平方公里，2010年完成二次创业确定的94平方公里的开发建设。

西安高新区经过11年的建设与发展，已初步形成基础配套设施完善、管理体制、运行机制先进高效、技术创新成果显著、生产力要素市场活跃、人才聚集效应明显、科研、生产、生活功能齐全的现代化新城区，尤其是在推动技术创新、发展拥有民族自主知识产权的高新技术产品方面形成了自己的特色。

西安高新区在产业实力、经济规模、体制创新、成果转化及园区建设和对外形象等方面走在全国53个国家级高新区的前列，在国家科技部组织的多次评估中，西安高新区一直保持在前四名，并多次被评为“国家先进高新技术产业开发区”。如今，西安高新区已成为中国西部地区投资环境好、市场化程度高、经济发展最为活跃的一个区域，成为陕西、西安新的、最强劲的经济增长点和对外开放的重要窗口，成为我国发展高新技术产业的重要基地。

长春高新技术产业开发区

Changchun High-technology industries Develcpment Area

蓬勃发展的
长春国家高新技术产业开发区

长春高新技术产业开发区是1991年经国务院批准建立的国家级高新区，位于长春市区西南部，总面积49平方公里。江泽民、胡锦涛等党和国家领导人曾先后到区内视察。近3年来，长春高新区创造了超常规的发展速度，综合经济指标一直位居全国53个国家级高新区前列，2001年9月，被国家科技部授予“先进国家高新技术产业开发区”称号。

长春高新区依托得天独厚的科技和人才优势以及良好的文化和创新氛围，致力于发展生物医药、光电技术、汽车工程、信息技术、新材料五大主导产业，创建了生物制药园、计算机软件园、光电产业园、汽车工业园、海外学人创业园、吉大科技园、农业高新技术园、新材料园。快速崛起的产业园区，使长春高新区成为国家级软件研发基地、国家级光电信息技术产业化基地、国家级海外留学人员创业示范基地、国家级高新技术产品出口基地、国家中药现代化基地，此外，中俄科技合作及产业化基地建设也取得了长足的进展。目前，一个五大主导产业、八大园区、六个基地的发展构架已经形成。在完善新建区基础设施建设的同时，又建立起开放、高效、灵活的服务体系，创造了一流的软环境。长春高新区被国家批准为“实施知识产权制度示范园区”，并成为东北三省第一个通过ISO14001环境管理体系认证的区域。

伴随着中国加入WTO，长春高新区将秉持“与时俱进，开拓创新”的理念，抢抓机遇，应对挑战，努力打造一个数字型、信用型、无费型、生态型、服务型、国内一流并具有国际水准的现代化科技园区。

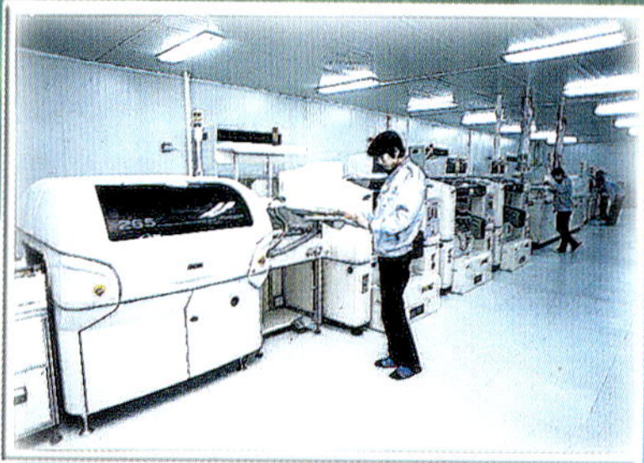

http://www.chida.gov.cn

杨凌示范区

杨凌农业高新技术产业示范区

杨凌农业高新技术产业示范区于1997年7月29日经国务院批准建立，是列入国家高新区序列中的唯一的农业高新区，并已成为中国亚太经合组织（APEC）科技园区。

杨凌地理位置优越，交通便利。它位于八百里秦川腹地，东距西安82公里、西安咸阳国际机场70公里，欧亚大陆桥陇海铁路及西（西安）宝（宝鸡）高速公路等交通干线纵穿全区。示范区南临渭河，周围名胜古迹甚多，区内水资源丰富、空气清新、环境优美、无工业污染，具有发展农业高新技术产业的良好条件。

杨凌农业高新技术产业示范区总面积94平方公里，下辖县级杨凌区，总人口14万，新建区规划面积22.12平方公里，由农业科学园区、现代农业及乡村建设示范园区、农业高科技产业园区、农业综合园区、农业中试园区、生活服务园区、农业观光及休闲带等七个功能区组成。

杨凌示范区经过几年的快速健康发展，初步形成了以良种繁殖、节水灌溉设备制造、生物工程、制药、农用化工、农副产品深加工等行业为代表的产业格局。一个环境优美、功能齐全、充满商机、具有创新精神的现代农业科技城、生态城、产业城，正在中国西部悄然崛起，已经成为中国西部大开发和实施山川秀美工程的桥头堡。

http://www.ylagri.gov.cn

厦门火炬高技术产业开发区

厦门火炬高技术产业开发区（简称厦门火炬高新区）于1990年由原国家科委和厦门市人民政府共同创办，1991年被国务院批准为首批国家级高新技术产业开发区，2000年3月，厦门火炬高新区被科技部和外经贸部确定为国家高新技术产品出口基地；2000年9月，厦门软件园被科技部确定为国家火炬计划软件产业基地；2001年6月，厦门留学人员创业园被科技部、人事部、教育部和国家外专局联合确定为国家留学人员创业园；2001年8月，厦门高新技术创业中心被科技部确定为国家高新技术创业服务中心。

1998年8月，厦门火炬高新区实施“一区多园”战略。在这种战略布局下，不仅整个厦门火炬高新区将变成一个全方位加快科技成果转化的市场化平台，每一个专业科技产业园也将由提供专业服务的技术平台变成带动社会发展的区域经济龙头。这种由建设高新区形成的集团作战式的专业资源聚集及因此而形成的科技产业链条和地方经济带，将对整个厦门的城市经济建设产生良好的共生、共振效应。该战略实施4年来，“一区多园”已初具规模：初步建立了核心区（包括火炬高科技园、软件园、留学人员创业园、路桥高科技园、北大生物园和同集高新技术园区）和政策辐射区（包括海沧高科技园、集美高科技园、开元科技园、杏林环保高科技园、厦门大学科技园校内孵化中心、湖里区科技创业中心等），总规划面积10平方公里。

http://www.xmtorch.gov.cn

包头稀土高新技术产业开发区

搞好稀土开发应用
把資源優勢轉化為
經濟優勢

江澤民 一九九九年九月廿九日于包頭

包头稀土高新区是1992年经国务院批准成为全国53个国家级高新区中唯一冠以专业名称的高新区，也是内蒙古自治区唯一的国家级高新区。

包头稀土高新技术产业开发区在各级党委、政府的正确领导和社会各界的大力支持下，抢抓机遇、开拓创新，逐步探索和形成了一套适应市场经济要求的管理体制和运行机制，有力地推动了经济建设和社会发展，主要经济指标高速增长，招商引资成效显著，各项建设事业呈现出了持续、快速、健康的发展态势。

稀土高新区机构精简、办事高效、政策优惠、环境优美、科技创新能力强，基础设施和各类支撑服务体系得到了进一步健全和完善，特别是封闭式管理、开放式运行的特区运行机制，使稀土高新区的投资创业环境更加完善和优化，基本形成了以稀土高新技术产业为主导的新材料、机电一体化、电子信息、生物工程、环保等高新技术产业及其它效益好、无污染项目的研发、生产基地。稀土高新区已成为包头市及内蒙古自治区经济社会的重要组成部分和最具活力的增长点，争取通过10～15年的努力，把包头稀土高新区建成中国的“稀土谷”。

http://www.re-zone.gov.cn

青岛高新技术产业开发区

Qingdao Hi-Tech Industrial Park

青岛高新技术产业开发区成立于1992年5月，是国家级先进高新技术产业开发区、国家高新技术产品出口基地。经过10年卓有成效的开发建设后，区内高新技术产业初具规模、投资环境日臻完善、创新能力不断增强，已初步构筑了电子信息、生物技术、新材料三大主导产业框架，成为海内外客商前来投资的一个热点。2001年，青岛高新区实现国内生产总值103.5亿元，财政收入7.7亿元，税收20.1亿元，技工贸总收入372亿元，正在成为青岛市最具发展潜力和活力的科技新城区。

在经济全球化、高新技术产业日新月异的21世纪，伴随着中国加入WTO的脚步，青岛高新区的发展迎来了新的机遇和挑战。高新区的建设者们以“创新成就未来”的发展理念，开拓奋进，勇于创新，全力推进高新区二次创业，在发展中不断完善机制、改善环境，青岛高新区将建设成为高新技术产业基地、高科技成果产业化基地、创新人才培育基地、创业文化气息浓郁、人居环境优美、充满生机活力的现代化新城区，充分发挥研发创新、孵化创业、产业辐射、人才培养、机制创新的功能，真正成为技术创新的源泉、科技产业发展的载体和带动青岛市经济发展的龙头。

http://www.qdhtz.com

中国宜兴
环保科技工业园

中国宜兴环保科技工业园创立于1993年5月，是国务院批准设立的我国唯一以发展环保产业为主的国家高级技术产业开发区，是国家科技部、国家环保总局“共同管理和支持”的科技单位，它的建设与管理被列入《中国21世纪议程第一批优先项目计划》。

环科园规划面积11平方公里，基础设施配套齐全，104国道、新长铁路纵贯全境，宁杭高速公路和锡宜高速公路在园区交汇。园区的支撑服务体系——全国环保培训中心、信息中心、设备仪器质量检测中心及环保市场正在逐步建立，国家、省两级专家组正为入园企业提供强有力的支持。园区坚持“一体两翼”（以环保产业为主体，以高新技术产业和外向经济为两翼）的发展方针，通过近10年的开发建设，已形成一定规模。至2002年底，全国累计引进外资项目142个，其中超3亿美元项目2个，超2000万美元项目7个，超1000万美元项目2个。累计实现合同利用外资7亿美元，实际利用外资4.5亿美元，2002年完成科工贸总收入65亿元。目前，该园已与日本、德国、美国、芬兰、印尼、荷兰、澳大利亚及中国香港、台湾等20多个国家和地区建立了合资合作关系，共同开发的水处理设备、环保药剂、垃圾焚烧设备、环抱生物菌以及电线电缆、精密陶瓷等一大批高科技产品已投入市场，一个融科工贸于一体的新兴环保科技城雏形已经形成。

http://www.cyipest.gov.cn

http://www.haicang.com

厦门海沧台商投资区

Haicang Investment Zone for Taiwan Inverstors

厦门海沧台商投资区于1989年5月经国务院批准设立为国家级投资区，是我国最大的台商投资区，其规划开发面积100平方公里，目标是建成厦门市的新工业区、新港区、新市区。海沧三面环海，海岸线长26公里，深水岸线长5.5公里，具备建设第五、六代集装箱码头的条件，按规划可建设万吨级深水泊位36个，年吞吐量可达7000万吨。海沧地势平坦，地质结构稳定，发展空间和内陆腹地广阔，具备建设发展大工业的良好条件。

海沧投资区实行厦门经济特区政策，鼓励发展高新技术和资金密集型产业，重点发展石化、电子、机械、精细化工、新型建材和生物制药等。

郑州国家高新技术产业开发区

辦好高新技術產業
開發區為振兴中原
作出貢獻

江澤民
一九九六年六月五日
于鄭州

郑州国家高新技术产业开发区始建于1988年，1991年被国务院批准为国家级高新技术产业开发区。1993、1998年先后两次被国家科技部评为全国先进高新区。

郑州高新区总规划18.6平方公里，基础设施已覆盖16.5平方公里，6平方公里范围内布满科技项目。新郑州大学、解放军信息工程大学、郑州工程学院等院校已进区建设，国家“863”信息产业基地、国家烟草研究院、煤炭科研所等科研机构也陆续进区，随着一批电子信息、软件、新材料、生物医药产业项目落户郑州高新区，一区多园建设已见规模。

郑州高新区正在实施“1+6”建设方案，按照把郑州高新区建设成为“河南省高科技、高智力密集区”的总体目标，在“兴智”、“强孵”、“建园”、“搭台”、“上市”、“扩区”等六个方面寻求新的突破与发展。

“西扩北进”

常州高新区投资100亿再造一个现代化新城区

1992年8月，在江南古城常州的城北诞生了一家国家级高新技术产业开发区——常州高新区。

常州高新区环境优美、生态良好。为改善生态，优化人居环境，全区绿化总投资已达3000多万元，通过10年努力，目前已基本形成以高新区公共绿地建设和单位、专业园区绿化建设为龙头，以种植大树为主，以道路绿化为主轴，乡镇经济林规模建设为重点，农田林网一体化为标准，公园、广场、公共绿地、居住区全面铺开，全面提高生态环境的新格局。目前，高新区绿化覆盖率达40%，初步实现工厂园林化、园区生态化、设施配套化，成为53个国家高新区中第三个通过ISO14000环境管理体系认证的地区。

十年砥砺，十年拼搏，从最初的5.63平方公里到439.16平方公里，常州高新区经历了两次大“扩容”，承担着常州市建设特大城市、优化城市要素配置和加快城市化进程的重要任务。常州高新区正按照高新技术产业先导区、现代制造业集聚区、可持续发展的生态环境示范区、沿江一流的现代化新城区的要求，规划构筑三大经济区：结合已初具规模的国家环保产业园、电子科技产业园、国家软件园、江苏“三药”基地、留学人员创业园等各专题园区，建设高新技术发展区，规划中的常州市行政中心也位于这一区域；整合江苏第二大空港——常州航空港、沪宁高速公路道口、水网等资源优势，规划建设以运输仓储、市场群体为主体的现代物流园区；整合长江岸线、国家一类口岸常州港口资源，重点发展重化工和原材料工业，规划建设沿江工业带。

预计到2005年，高新区将实现国内生产总值150亿元，工业总产值400亿元，成为科教发达、经济繁荣、环境优美的可持续发展的现代化新城区和常州新的政治、经济、文化中心。

海口保税区

海口保税区自1992年10月国务院批准成立以来已有10年。在邓小平理论和“三个代表”思想的指引下，在省市各级党委政府的正确领导下，依靠海关和有关部门的大力支持，借鉴国际惯例和国内兄弟保税区的成功经验，以体制创新为主要动力，大力开展招商引资，改善投资软硬环境，克服资金缺乏、交通不便等不利因素的影响，吸引了一大批高新技术企业进入保税区发展，在一片昔日的荒郊野岭上初步建成了有一定规模的高新技术园区，同时保税区物流等其他功能也开始逐步得到发挥，为海南的区域经济发展起到了积极的推动作用。

到2001年底为止，海口保税区共批准生产性项目53家，投资总额40多亿元人民币，实际投入达20多亿元。工业总产值突破了10亿元人民币，实际达到了10.34亿元，同比增长26%；财政税收达到了1.46亿元，同比增长41%，创下了建区以来的最好水平。海口保税区已逐渐成为海南省的高新技术产品的产出基地。到2002年9月份为止，保税区又吸引各类中外投资8亿多元人民币。完成工业产值11.2亿元，完成财政税收1.24亿元，分别比上年同比增长20%和26%。

目前，海口保税区在海口市委提出的“做大、做强、做精、做美”新海口的战略性发展思路指导下，借党的十六大东风，与时俱进、开拓创新，把海口保税区做精做美。

北京天竺空港工业区
北京天竺出口加工区

http://www.chianbaiz.com

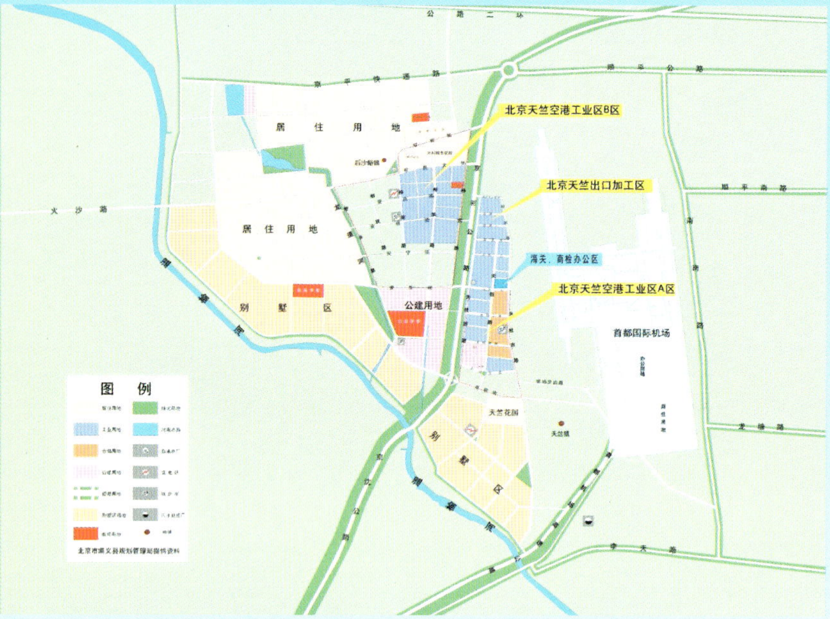

北京天竺空港工业区

北京天竺空港工业区是1994年1月经北京市人民政府批准成立的市级开发区。总体规划7.8平方公里，首期开发4.0平方公里。经过近9年的努力，工业区已初步形成了电子信息、生物医药、光机电一机化、新材料、仓储保税等五大产业格局，区内有包括爱立信、索尼、JVC、松下、SMC、普惠、空中客车等50余家跨国公司的企业140余家，投资总额16.5亿美元。

得天独厚的位置、完善的配套设施、优质、高效的服务——奉行“今天事今天办”的服务承诺，以国际惯例运作。工业区是全国优秀物业管理区，并在全国开发区中率先通过ISO9002质量体系认证。2001年又通过了ISO14001环保管理认证。

未来5年，空港工业区将继续建设高科技产业化基地、高新技术孵化基地、现代物流基地和出口创汇基地；重点支持留学人员空港创业园和空港生物科技园。

北京天竺出口加工区

北京天竺出口加工区是2000年4月经国务院批准，在空港工业区基础上设立的，北京市仅此一家，它同时也是全国唯一依托空港口岸的出口加工区。出口加工区实行“境内关外”的监管模式。区内24小时报关，并提供优惠的税收、外汇政策，是出口型企业的理想选择。

加工贸易：加工区与境外之间的货物往来，取消进出口配额、许可证件管理，税收：区内三资企业所得税税率为15%，当年出口量达到70%以上的，所得税税率为10%；对区内产品和应税劳务免征增值税；从加工区外运入区的产品视同出口，区外企业可办理退税；区内企业进口设备等予以免税，原材料、零部件等予以保税。外汇：区内企业自有外汇可自由汇兑，区内货物进出口涉及的外汇，不需办理收汇付汇核销手续。

发展预测：“十五”期末，北京天竺出口加工区将成为首都对外开放程度最高，外向型企业最集中、出口规模最大的区域，成为北京市高新技术产业先导区、出口创汇重点区、加工贸易管理示范区。

威海出口加工区

威海出口加工区作为对外开放的新前沿，区内重点发展电子信息产业、精密机械制造、生物工程及医药工业、新材料、食品加工业五大产业。

山东威海出口加工区依靠威海市区和威海经济技术开发区并以全省为腹地，具有广阔的发展前景和空间，所在的威海市地处山东半岛最东端，三面环海，一面接陆，与朝鲜半岛、日本列岛隔海相望，北与辽东半岛成犄角之势，素有“京津的钥匙与门户”之称，是我国距韩国最近的地区。所辖文登市、荣成市、乳山市和环翠区都是沿海开放区，有经国务院批准设立的高技术产业开发区和经济技术开发区。有三个国家一类开放口岸、两个二类开放口岸，是我国北方重要的开放城市和对韩贸易的“桥头堡”。

威海出口加工区将继续按照“快速、优质、规范、科学、有效”的工作思路，把国家赋予的优惠政策与当地实际有效结合，认真探索，不断实践，加快建设发展速度，把威海出口加工区建成一个规划科学、配套齐全、环境优美、管理规范的大型出口加工贸易基地；建成一个政策优惠、服务优质、手续便利，投资放心、生活安心、赚钱开心的投资乐园。

西部大开发最具发展潜力宝地上的明珠

——新疆伊宁市边境经济合作区——

伊宁边境经济合作区位于伊宁市西郊，与市区相连，距市中心3公里，北沿218国道，东起西环路，南至伊犁河畔，地势平坦、空气清新、风景优美、交通便利，规划面积6.5平方公里，控制面积15平方公里。现已开发建设4.5平方公里；基本建设及固定投资5.94亿元人民币；注册各类企业104家，合同金额9亿元，其中外商投资企业4家，建成一批以酿酒、造纸、彩色印刷、乳制品深加工、肉制品加工、蜂蜜精加工、林产品开发、生物制药、建材、房地产开发为主的骨干企业。建成区内已实现"六通一平"；区内居住、医疗、教育、娱乐、交通等服务设施也日趋完善，一个集贸、工、商、服务为一体的多元化、多层次的经济新区的框架初步形成。

合作区依托的母城伊宁市是伊犁州的政治、经济、文化中心，是我国最早的沿边开放城市之一，城市规划科学、管理规范、设施完善、分区合理、功能完备、道路宽敞、空气清新、环境优美、吸引着中外游客。

随着西部大开发战略的实施，必将对促进合作区与区内外、国内外的交流与合作，改善投资环境、促进边贸发展、更多地吸引国内外投资、拉动合作区经济发展产生重要作用。

大连金石滩国家旅游度假区
http://www.jinshitan.com.cn

http://www.lfdz.com

廊坊经济技术开发区

廊坊经济技术开发区建于1992年6月26日，是经河北省人民政府批准设立的省级开发区。辖区面积54平方公里，规划面积14平方公里，目前已有730多家企业进区注册经营，投资总额达到230亿多元人民币，初步形成了以机械电子、食品、新型建材、轻工纺织、生物制药为主的五大主导产业。

廊坊经济技术开发区蕴育着无限商机和广阔的发展空间。随着我国加入WTO，市场经济体制的完善，以及全方位、宽领域、多层次对外开放的更加深入，廊坊经济技术开发区的投资环境将更加优美。

晋中明珠

A BRIEF SURVEY OF YUCI ECONOMIC AND TECHOLOGICAL DEVELOPMENT ZONE

榆次经济技术开发区

榆次经济技术开发区成立于1996年9月，为山西省省级开发区，规划控制面积138.5平方公里，区内现有企业800余家。

开发区基础设施完善，道路纵横交错，畅通便捷，水、电、热、气、通讯等各种配套设施齐全，一批标准厂房、商场、宾馆、写字楼、住宅楼、学校、公园等配套项目正在陆续兴建或启用。

榆次经济技术开发区管委会为晋中市派出机构，行使地、市级综合经济和部分行政管理权限，对开发区实行统一领导、统一管理、统一规划。几年来，开发区围绕“领先一步”的工作意识，以招商引资为中心，积极培育医药、精细化工、机电一体化、新材料、洁净能源和农副产品深加工等六大产业，突出发展医药产业，“十五”期末，开发区将成为山西省最大的医药生产基地。目前区内建有医药工业园、留学人员山西创业园、台商工业园、民营科技园（高新技术创业中心）、民营工贸园、晋商文化广场休闲商贸住宅园等，投资势头强劲，发展潜力巨大。

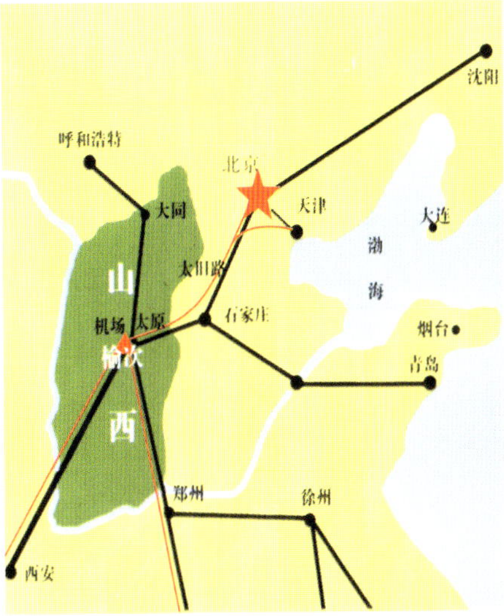

http://www.ycetdz.gov.cn

天津市津南经济开发区（双港）

天津市津南经济开发区（双港）是天津市人民政府于1997年8月批准成立的区级开发区，坐落在天津市津南区外环线东侧，地理位置优越，距天津市区2公里，距天津国际机场8公里，距京津塘高速公路12公里，距天津港36公里。开发区规划面积10平方公里，一期开发面积1.5平方公里，已实现“六通一平”，基础配套条件、投资环境优越。开发区自建立以来，由于具备优越的地理位置、良好的投资环境、合理的规划布局、优质高效的服务管理，尤其是优惠的税收政策、低价位的土地开发等诸多因素，吸引了众多的客商前来考察、洽谈、投资开发。通过强化服务职能，实行全方位服务，赢得了投资者的认可和信赖，成为天津市热点投资地区。

基础配套：“六通一平”：通路、通电、通迅、通天然气、给水、排水、平整土地。

管理服务：“封闭式”管理，避免干扰，保证企业安心生产。“一站式”无偿代办，各项手续专人代办，保证高效快捷。

税收政策：内外资企业在执行国家政策的基础上，根据不同项目做到“一事一议”。

对外价格：根据企业的投资内容、规模及年度税收情况具体商定。

招商方式：购买土地使用权；租买厂房场地；按项目要求新建厂房。

付款方式：一次性付款；分期付款；以租代买；先租后买。

项目要求：无污染、低耗能、高附加值。

“双港古寨，海门要津”开发区所在地双港镇，地处城郊结合部，经济实力雄厚，人文环境优美，被天津市政府列入天津市八大工业组团、天津市城市化建设试点单位和农业现代化建设试点单位，具有广阔的发展前景。

中国普天
CHINA PUTIAN

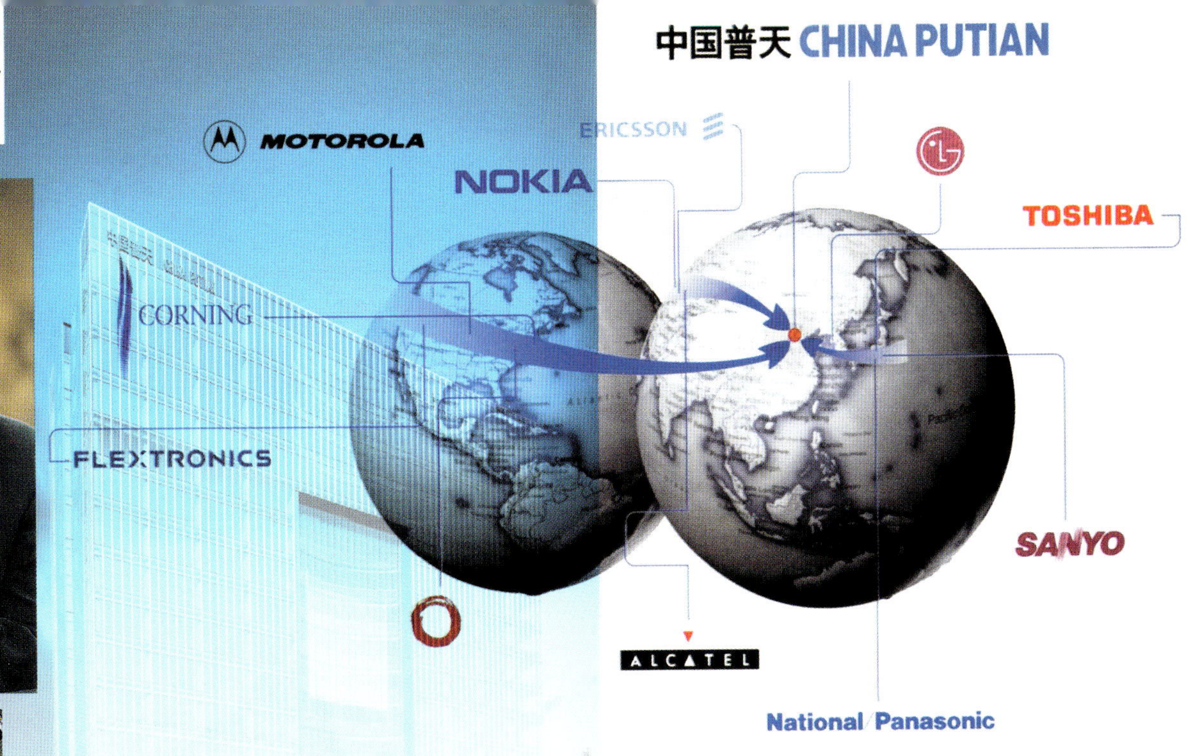

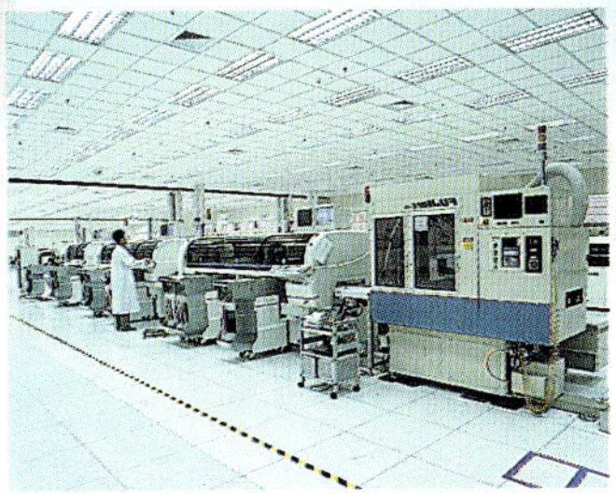

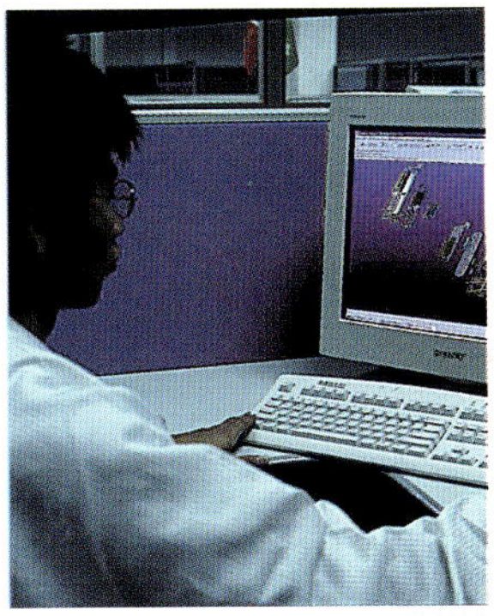

中国普天信息产业集团公司(CHINA PUTIAN CORPORATION) 成立于1980年，前身为中国邮电工业总公司(PTIC),隶属于信息产业部，1998年年底成为中央直属大型企业。公司拥有北京邮电通信设备厂（首信集团)、普天东方通信、宁波电子等50余家总部直接投资的子公司（其中含东方通信、上海邮通、成都电缆、南京普天、波导股份等5家上市公司)，是面向国内国际市场、从事研究开发和生产经营系统成套通信技术装备的信息产业集团公司。2001年销售收入465亿元、2002年销售收入642亿元，连续两年排位中国电子信息百强企业第一名。

“九五”期间，中国普天依靠科技进步，加快调整产品结构，顺利实现了产品的升级换代。通过技术引进、自主开发、联合开发等方式，带动和促进了产业发展。现有产品的开发主要集中在移动通信、传输与光通信、数据与网络、宽带接入、电信支撑网、电信配套产品和邮政设备等领域。主要产品或开发项目绝大部分已成为商用化产品，在电信网和邮政系统中有应用。其中41项产品获得了国家、信产部科技进步奖励，38家企业通过了ISO9000认证，3家企业通过了ISO14000认证，6家企业获得了“全国质量效益型先进企业”称号，39个产品获得“全国用户满意产品”称号。

2001年，普天入选《亚洲新闻》评选的“亚洲企业1000强”行列，排名234位，在亚洲通信设备制造业排行榜上列第18位；同年获得中国企业联合会、中国企业家协会联合会评选的“全国十大最具影响力的企业”第四名的称号；连续2年排名国家统计局公布的全国各行业销售收入最大的企业集团第10位；2002年，全国进出口额最大的500家企业第四位和出口额最大的200家企业第五位。

中国普天正在提升七个方面的核心能力：即资金的运筹能力、资产的运作能力、产品的开发能力、市场的开拓能力、新思路的导向能力、高质量的服务能力、强有力的行政管理能力。并且围绕集团公司主业的发展、核心能力的培育和整体优势的发挥，稳步推进实施六大战略：资产重组战略、组织再造战略、品牌凝聚战略、人才开发战略、联合发展战略、跨国经营战略。

对于未来，中国普天已经确定了发展目标：继续保持国内电子信息产品制造业领先地位和世界电信制造业50强地位，到2005年，整体实力争取进入世界经济500强，成为国际知名、国内一流的全球化、综合性产业集团公司。

通信未来　普天制造　http://www.ptic.com.cn

联想集团成立于1984年，由中科院计算所投资20万元人民币、11名科技人员创办，到今天已经发展成为一家在信息产业内多元化发展的大型企业集团。2001年营业额达到206亿元，目前拥有员工11200余人，于1994年在香港上市（股份编号992），是香港恒生指数成份股。2002年第二季(即4至6月)，联想电脑的市场份额达27.7%（数据来源：IDC），从1996年以来连续6年位居国内市场销量第一，并连续9个季度获得亚太市场（除日本外）第一（数据来源：IDC）；2002年第二季度，联想台式电脑销量首次进人全球前五，其中消费电脑世界排名第三。

在过去的十几年里，联想集团一贯秉乘“让用户用得更好”的理念，始终致力于为中国用户提供最新最好的科技产品，推动中国信息产业的发展。为此，联想集团组成了六大业务群组，即：为个人和家庭客户提供各种接人端设备和信息服务的消费IT群组、移动通信业务群组、互联网服务业务群组；为企业和大行业客户提供针对性的产品和为中小企业提供服务的企业IT业务群组；为大行业／大企业提供管理咨询、应用实施、集成服务和外包运营全方位服务的IT服务业务群组；在QDI主板业务的基础上构筑合同制造业务群组以配合公司发展，联想同时在战略上实现了三个转变，即前端产品实现从单一到丰富的转变；后台产品从产品模式向方案模式转变；服务方面，由增值服务扩展到服务业务。此外，联想在全国范围内全面实施一站式服务，并更加注重服务与技术、服务与业务的结合，切实提高竞争力。

在技术竞争日益激烈的今天，联想集团不断加大对研发技术的投人和研发体系的建立，加强软件产业的发展。目前，已成立了以联想研究院为龙头的二级研发体系。新成立的高性能服务器事业部和研究院服务器研究室密切配合，推出高性能机群系统iCluster1800系列产品。2002年8月27日，由联想自主研发的每秒运算速度实测峰值达1.027万亿次的联想深腾1800计算机，通过了包括6位院士在内的专家鉴定组的鉴定。2002年11月，权威机构全球高性能计算机TOP500排行榜再次公布，联想深腾1800万亿次服务器排名全球第43位，成为首家正式进人排行榜前100的中国企业。联想万亿次计算机的研制成功对中国高性能计算机的产业化具有重要意义，更为新世纪联想技术的发展和腾飞奠定了基础。

2001年12月，在《亚洲货币》11个项目的最佳评选中，联想获得“综合性投资者关系”、“财务管理”等7项评选的第一；在《亚洲财经》(《FinanceAsia》)5个项目的最佳评选中，联想获得“最佳管理企业’等4项第一。在2002年9月《财富》杂志公布的中国上市企业百强中，联想集团位列第六。面向新世纪，联想将自身的使命概括为四为，即：

为客户：联想将提供信息技术、工具和服务，使人们的生活和工作更加简便、高效、丰富多彩；

为员工：创造发展空间，提升员工价值，提高工作生活质量；

为股东：回报股东长远利益；

为社会：服务社会文明进步。

未来的联想将是：

高科技的联想

服务的联想

国际化的联想

首信 capitel
实现客户的梦想

周明海 博士
普天首信集团总裁

普天首信集团
PUTIAN CAPITEL GROUP

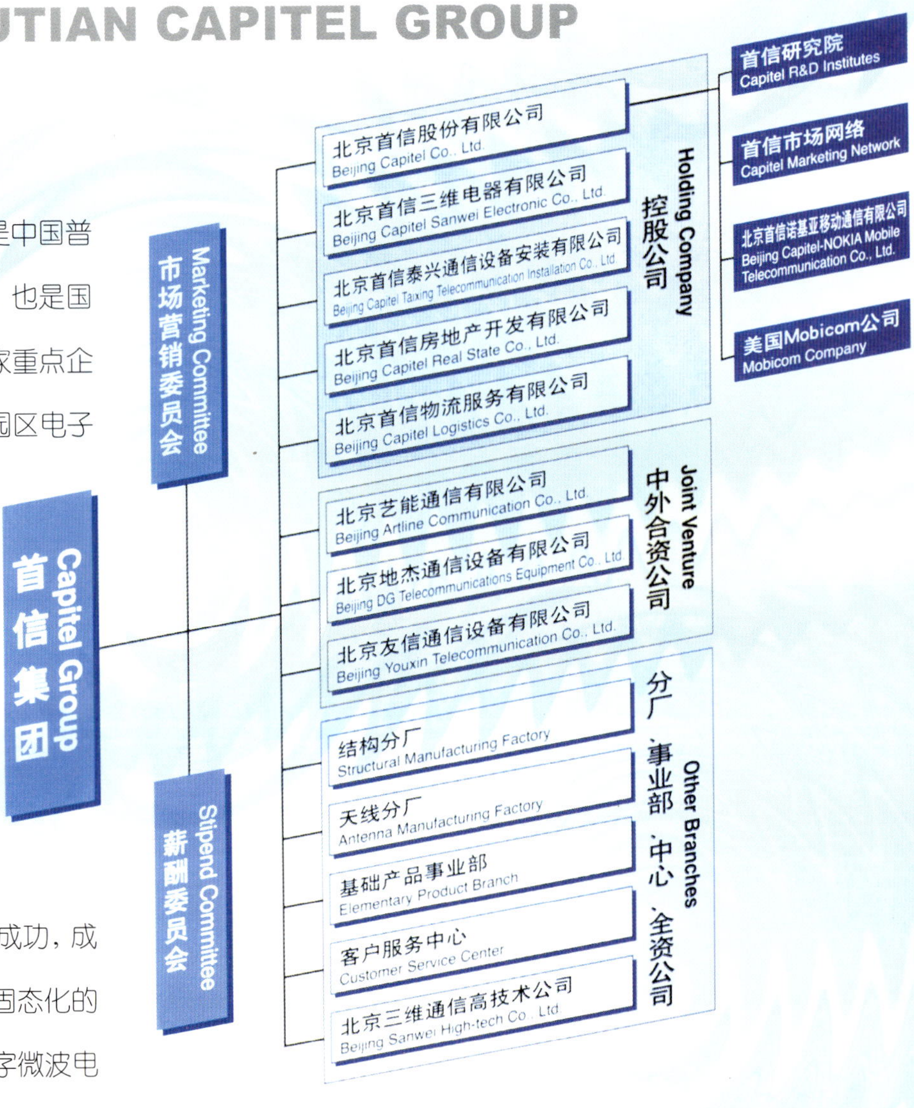

普天首信通信设备厂（集团），是中国普天信息产业集团公司主要骨干企业，也是国家经济贸易委员会确定的520户国家重点企业之一，总部设在北京中关村科技园区电子城科技园内。

首信集团始建于1941年，60多年来，首信集团栉风沐雨，搏涛击浪，由一个“话机修理部”不断发展壮大，创造了中国电信史上一个又一个第一：1958年开始研制和生产微波设备，成为“中国微波第一家”；1982年，移动通信产品试制成功，成为“中国移动第一家”；1986年，用固态化的34MB/S设备建成了中国第一个数字微波电路…… 如今，成为了中国最大的研发、生产、销售通信产品的国家高新技术企业之一。高新的技术、优质的产品、完善的服务，使首信集团全面具备了为各类电信运营商和各类企业网等不同客户提供完整的产品集成和系统解决方案能力。在新世纪里，首信人将进一步团结奋斗，不断创新，力争把首信建设成为国际化的一流知名企业，并愿与业界同仁并肩携手，共铸中国信息产业新的辉煌。

凝聚科技精华　共创美好未来

KONKA®
康佳高清
五大高清技术·缔造明亮视界
康佳高清逐行背投，开创高清新视界
KONKA
康佳高清逐行背投
BT4301·BT4310·BT4320·BT5080·BT5090
[五大高清技术]视界从未如此清晰
[更 明 亮]高清、高亮度投影光学系统，大幅提高屏幕亮度
[更 稳 定]高清数字变频，画面稳定无闪烁
[更 逼 真]高清1250线逐行扫描，影像细致过人
[更宽视角]高清超宽视角，即使大倾斜角度，同样看得清晰
[更数字化]高清全数字会聚，基色精确重合，色彩真实动人
[四大功能模块]画面真实自然，更加出色
■超强VM速度调制 ■双制式数字梳状滤波器 ■数码降噪 ■数码彩色瞬态改善
SRS WOW三维环绕立体声.震撼声音美学
家庭娱乐信息网络核心.享受E时代精彩生活
多功能画中画.让观赏充满乐趣!

敬人、敬业、创新、高效

海信集团是以海信集团公司为投资母体组建的山东省最大的专业电子信息产业集团。创业30年，从最初的青岛无线电二厂，到青岛电视机厂、海信电器公司，海信先后涉足家电、通讯、信息、商业、房地产领域，发展成为集科、工、商、贸于一体大型高新技术企业集团。

多年以来，海信坚持"高科技、高质量、高水平服务、创国际名牌"的发展战略，以优化产业结构为基础、技术创新为动力、资本运营为杠杆，快速成长，迅猛发展，率先在国内构架起家电、通讯、信息为主导的3C产业结构，主导产品为电视、空调、计算机、移动电话、冰箱、软件开发、网络设备。

目前海信集团在国内外拥有20多个下属公司，在中国电子百强企业中名列前茅，并连续11年跻身于《中国500家经营规模最大、经济效益最佳企业》排行榜。2001年，海信集团实现销售收入161亿元，净资产达26亿元。同年，海信电视、空调、电脑全部被评为首届中国名牌；海信电器股份有限公司荣获"全国质量管理奖"。2001年11月，海信投入巨资建设的CDMA手机正式投产，第一款海信CDMA彩屏手机在国内率先问世，并以优异的质量、性能和兼容性成为联通CDMA网络测试的基准手机。在通讯产业的异军突起使"海信（Hisense）"这一中国驰名商标再次吸引了社会目光的关注。目前，海信在全国有20多个营销中心，100多个集销售、服务于一体的分公司，10000多个维修服务网点。产品还远销到欧洲、非洲、东南亚、南美等近百个国家和地区，并在美国、日本、巴西、印尼、香港等国家和地区设立了分公司。在南非建立了生产基地，实现了本土化经营。2001年4月，海信用资本运营的杠杆购并的韩国大宇南非工厂经技术改造后开工，一跃成为中国在南非最大的彩电生产基地。目前，海信电视已经进入了南非包括连锁店在内的2000多家商场，产销量占南非彩电市场的15%左右，销售网络辐射到了整个非洲，成为当地极具人气的家电品牌。

2002年，海信完成了一场立足于全球的"蝶变"。

海信集团

http://www.hisense.com

http://www.tcl.com

TCL集团股份有限公司

TCL CORPORATION

TCL集团股份有限公司创办于1981年，是一家从事家电、信息、通讯、电工产品研发、生产及销售，集技、工、贸为一体的特大型国有控股企业。经过20年的发展，TCL集团现已形成了以王牌彩电为代表的家电、通讯、信息、电工四大产品系列，并开始实施以王牌彩电为龙头的音视频产品和以手机为代表的移动通信终端产品的发展来拉动企业增长的战略。20年来，TCL发展的步伐迅速而稳健，特别是进入20世纪90年代以来，连续12年以年均50%的速度增长，是全国增长最快的工业制造企业之一。目前TCL涉及的家电、通讯、信息、电工几大主导产品都居国内同行前列。2001年，TCL集团销售总额211亿元，利润7.15亿元，税金10.8亿元，出口创汇7.16亿美元，在全国电子信息百强企业中列第6名，是国家重点扶持的大型企业之一。2001年TCL品牌价值144亿元，在全国知名品牌中排第5名。

TCL通讯事业本部以TCL通讯设备股份有限公司为主体，其投资公司TCL移动通信有限公司为龙头、TCL金能电池有限公司、TCL通讯设备（国际）有限公司等成员企业组成，在中国著名企业中TCL集团股份有限公司被列为第二大支柱产业。它立足于电话、移动信息终端产品，逐步向高科技通讯终端与3C相结合的强相关的高端通讯产品发展，在大通讯产业群系统内力求“全局最优”。实施销售2005年300亿、2010年750亿，向世界级的通讯产业供应商和服务商目标迈进。

TCL通讯设备股份有限公司是TCL通讯产业群的主体，是集研发、制造、销售、服务为一体的中国最大的电话机企业，是中国通讯行业第一家上市公司。拥有厂房面积17000多平方米，员工1550人，具有国际先进水平的SMT生产线，年生产电话机800多万台，已持续12年全国市场同类产品产销量第一，全球拥有1亿用户。产品通过了挪威DNV和中国赛宝认证中心的ISO9001国际国内质量体系双认证。先后被国家授予“中国电话大王”、“全国产品质量售后服务达标企业”、“全国优秀服务先进单位”、“中国名牌产品”、“中国免检产品”。公司立足于保持强势品牌，在将电话机做精、做强的基础上，逐步发展数字与语音相结合的、面向家庭与小型办公用户的无线（有线）终端产品，并致力于投资企业和投资项目的发展。

TCL移动通信有限公司成立于1999年3月，是一家致力于移动信息终端产品研发、制造、销售和服务的现代化高科技企业，是国家计委和信息产业部重点扶持的国产手机生产企业之一。经过几年的高速发展，公司目前已拥有世界一流的制造基地，拥有一支高素质的研发团队，以及一个遍布全国和部分海外地区的营销网络。2002年，TCL手机成功地做到中国手机市场第三名，国产手机第一名，仅列摩托罗拉、诺基亚之后，成功打响了“中国手机新形象”的知名度和美誉度，基本具备了与世界同行企业同台竞技的能力。公司将现代科技与传统文化完美结合，把手机产品做成科技精品和艺术珍品，世界上第一款宝石手机在公司诞生。2002年12月11日，TCL移动通信有限公司以在过去3个财政年度的营业额增幅高达26330%，名列德勤首届亚太区高科技高成长500强企业排行榜首，成为亚太地区成长最快的高科技企业。同日，本年度生产的第600万台手机顺利下线。

TCL金能电池有限公司是中国具有国际一流水平的新型能源生产厂商，专业从事各种高技术电池产品的研发、制造和推广。产品主要有聚合物锂离子电池、液态锂离子电池、动力电池等50多种，年生产能力1000万只。公司在锂离子电池特别是应用前景良好的聚合物锂离子电池方面，具有世界领先的核心技术和国际专利。公司自行设计了中国第一条聚合物锂离子电池工业自动化生产线，所制造的博能聚合物锂离子电池，代表了当今世界锂离子电池技术的先进水平。

扬帆远航——城外诚

京城家居航母

北京城外诚家居文化广场位于南四环成寿寺路，创建于1995年。多年来，城外诚以独具特色的经营方式、超前的经营理念，将城外诚家具商场拓展成为集家具、建材、装饰、装修、餐饮为一体并充满文化氛围的大型综合家居文化广场。如今一座建筑面积10万平方米的新场馆，在南四环肖村桥畔拔地而起，并于2003年元月5日隆重开业。城外诚将以一流的环境、一流的服务营造消费乐园，以文化为特色成为家居行业新亮点。

文化广场3万平方米的停车场可容纳近千辆汽车，200米京都文化长廊有巧夺天工的工艺品展示，8万平方米的营业大厅荟萃了国内外900个知名厂家的上万种名优家居商品。为提高档次，在经营上城外诚重新定位，努力办成款式新、品位高、名优产品多、品种齐全、质优价廉的家居文化广场。

2003年元月5日，城外诚——这艘名副其实的家居航母将亮相京城。

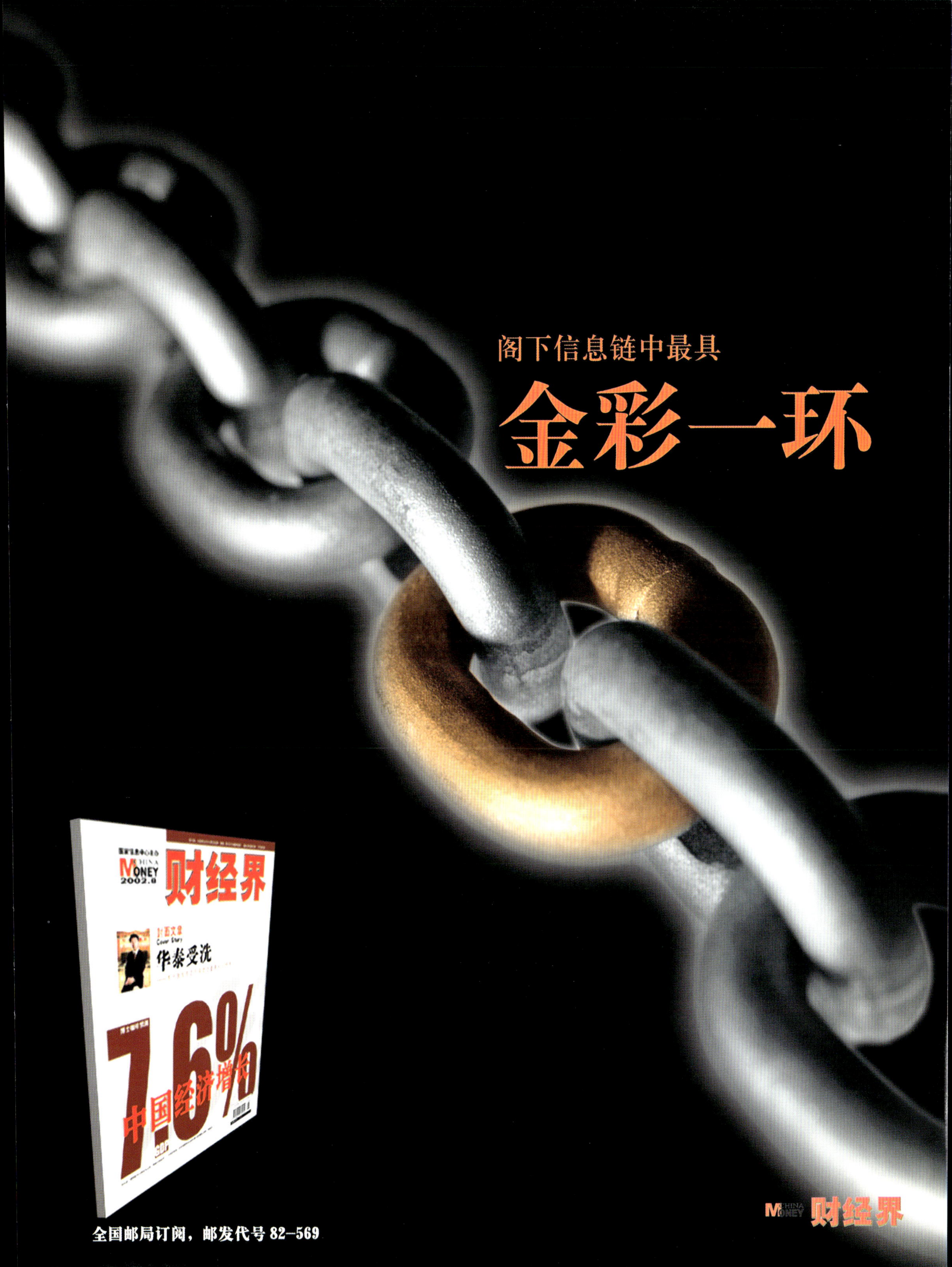
阁下信息链中最具
金彩一环
财经界
2002.8
华泰受洗
7.6%
中国经济增长
全国邮局订阅，邮发代号 82-569
财经界

中国经济信息网

CHINA ECONOMIC INFORMATION NETWORK

中经网介绍

中国经济信息网(简称“中经网”，http://www.cei.gov.cn)，是国家信息中心联合部委信息中心和省(区、市)信息中心共同建设的全国性信息网络，由中经网数据有限公司负责承建和运营，于1996年12月3日开通。

国家信息中心是国家发展计划委员会归口管理的事业单位，国家计委常务副主任王春正同志兼任中心主任。

中经网在国家信息中心多年来建设的大量经济预测成果、经济数据库和全国性网络的基础上，利用自主开发的专网平台和互联网平台，为政府部门、金融机构、企业集团、研究机构及海外投资者提供强有力的决策信息支持。中经网日更新量达250万汉字和150兆的视频节目，是互联网上最大的中文经济信息库，是描述和研究中国经济的权威网站。

同时，中经网组织建设的宽带自治域专用网络，物理上连接了全国 150多个城市和地区的地方经济信息中心，覆盖全国并与互联网宽带连接，为互联网接入和各类大型全国性专用网络应用提供了坚实的基础。

1996年1月，朱镕基副总理、李铁映国务委员等领导视察建设中的中国经济信息网

统计数据库

中国统计数据库是以统计数据为主要内容的大型数据库。它把反映国民经济状况的各项指标按照一定的结构组织起来，并使每一个指标都按时间序列的形式存储到数据库中，数据库涵盖31个省市区、国内各级城市宏观经济各项指标、工业行业经济效益指标。

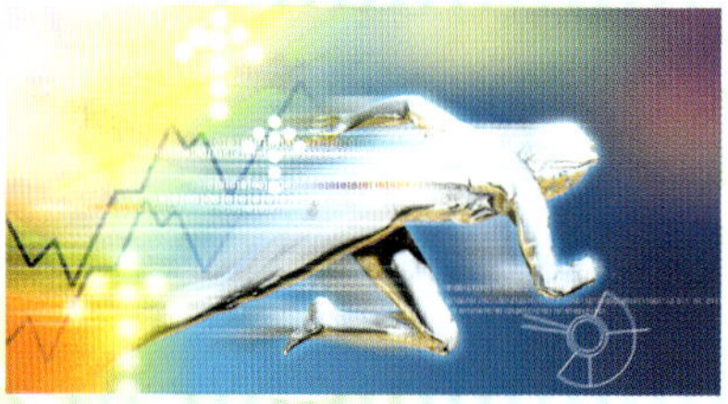

中经专网

中经专网集成了中经网全部单项信息产品，采用卫星、专线等更新方式保证信息的及时更新，并且解决了不与互联网连通的部分内部网的专业信息支持问题，同时也保障了用户内部网的安全。

中国行业分析报告

1. 数据真实、权威分析：

权威机构提供数据，200 余专家鼎力加盟。

2. 主题明确、时效性强：

每篇报告分为若干行业热点、重点话题，目标性强。每季度提供一篇报告，及时反映行业发展趋势。

政策法规篇

中华人民共和国中外合资经营企业法

（2001年3月修订）

（1979年7月1日第五届全国人民代表大会第二次会议通过，1990年4月4日第七届全国人民代表大会第三次会议修订，2001年3月15日根据第九届全国人民代表大会第四次会议《关于修改〈中华人民共和国中外合资经营企业法〉的决定》再修订）

第一条 中华人民共和国为了扩大国际经济合作和技术交流，允许外国公司、企业和其他经济组织或个人（以下简称外国合营者），按照平等互利的原则，经中国政府批准，在中华人民共和国境内，同中国的公司、企业或其他经济组织（以下简称中国合营者）共同举办合营企业。

第二条 中国政府依法保护外国合营者按照经中国政府批准的协议、合同、章程在合营企业的投资、应分得的利润和其他合法权益。

合营企业的一切活动应遵守中华人民共和国法律、法规的规定。

国家对合营企业不实行国有化和征收；在特殊情况下，根据社会公共利益的需要，对合营企业可以依照法律程序实行征收，并给予相应的补偿。

第三条 合营各方签订的合营协议、合同、章程，应报国家对外经济贸易主管部门（以下称审查批准机关）审查批准。审查批准机关应在3个月内决定批准或不批准。合营企业经批准后，向国家工商行政管理主管部门登记，领取营业执照，开始营业。

第四条 合营企业的形式为有限责任公司。

在合营企业的注册资本中，外国合营者的投资比例一般不低于25%。

合营各方按注册资本比例分享利润和分担风险及亏损。

合营者的注册资本如果转让必须经合营各方同意。

第五条 合营企业各方可以现金、实物、工业产权等进行投资。

外国合营者作为投资的技术和设备，必须确实是适合我国需要的先进技术和设备。如果有意以落后的技术和设备进行欺骗，造成损失的，应赔偿损失。

中国合营者的投资可包括为合营企业经营期间提供的场地使用权。如果场地使用权未作为中国合营者投资的一部分，合营企业应向中国政府缴纳使用费。

上述各项投资应在合营企业的合同和章程中加以规定，其价格（场地除外）由合营各方评议商定。

第六条 合营企业设董事会，其人数组成由合营各方协商，在合同、章程中确定，并由合营各方委派和撤换。董事长和副董事长由合营各方协商确定或由董事会选举产生。中外合营者的一方担任董事长的，由他方担任副董事长。董事会根据平等互利的原则，决定合营企业的重大问题。

董事会的职权是按合营企业章程规定，讨论决定合营企业的一切重大问题：企业发展规划、生产经营活动方案、收支预算、利润分配、劳动工资计划、停业，以及总经理、副总经理、总工程师、总会计师、审计师的任命或聘请及其职权和待遇等。

正副总经理（或正副厂长）由合营各方分别担任。

合营企业职工的录用、辞退、报酬、福利、劳动保护、劳动保险等事项,应当依法通过订立合同加以规定。

第七条 合营企业的职工依法建立工会组织,开展工会活动,维护职工的合法权益。

合营企业应当为本企业工会提供必要的活动条件。

第八条 合营企业获得的毛利润,按中华人民共和国税法规定缴纳合营企业所得税后,扣除合营企业章程规定的储备基金、职工奖励及福利基金、企业发展基金,净利润根据合营各方注册资本的比例进行分配。

合营企业依照国家有关税收的法律和行政法规的规定,可以享受减税、免税的优惠待遇。

外国合营者将分得的净利润用于在中国境内再投资时,可申请退还已缴纳的部分所得税。

第九条 合营企业应凭营业执照在国家外汇管理机关允许经营外汇业务的银行或其他金融机构开立外汇账户。

合营企业的有关外汇事宜,应遵照《中华人民共和国外汇管理条例》办理。

合营企业在其经营活动中,可直接向外国银行筹措资金。

合营企业的各项保险应向中国境内的保险公司投保。

第十条 合营企业在批准的经营范围内所需的原材料、燃料等物资,按照公平、合理的原则,可以在国内市场或者在国际市场购买。

鼓励合营企业向中国境外销售产品。出口产品可由合营企业直接或与其有关的委托机构向国外市场出售,也可通过中国的外贸机构出售。合营企业产品也可在中国市场销售。

合营企业需要时可在中国境外设立分支机构。

第十一条 外国合营者在履行法律和协议、合同规定的义务后分得的净利润,在合营企业期满或者中止时所分得的资金以及其他资金,可按合营企业合同规定的货币,按外汇管理条例汇往国外。

鼓励外国合营者将可汇出的外汇存入中国银行。

第十二条 合营企业的外籍职工的工资收入和其他正当收入,按中华人民共和国税法缴纳个人所得税后,可按外汇管理条例汇往国外。

第十三条 合营企业的合营期限,按不同行业、不同情况,作不同的约定。有的行业的合营企业,应当约定合营期限;有的行业的合营企业,可以约定合营期限,也可以不约定合营期限。约定合营期限的合营企业,合营各方同意延长合营期限的,应在距合营期满6个月前向审查批准机关提出申请。审查批准机关应自接到申请之日起1个月内决定批准或不批准。

第十四条 合营企业如发生严重亏损、一方不履行合同和章程规定的义务、不可抗力等,经合营各方协商同意,报请审查批准机关批准,并向国家工商行政管理主管部门登记,可终止合同。如果因违反合同而造成损失的,应由违反合同的一方承担经济责任。

第十五条 合营各方发生纠纷,董事会不能协商解决时,由中国仲裁机构进行调解或仲裁,也可由合营各方协议在其他仲裁机构仲裁。

合营各方没有在合同中订有仲裁条款的或者事后没有达成书面仲裁协议的,可以向人民法院起诉。

第十六条 本法自公布之日起生效。

中华人民共和国中外合作经营企业法

（2000年10月修订）

（1988年4月13日第七届全国人民代表大会第一次会议通过根据2000年10月30日第九届全国人民代表大会常务委员会第十八次会议《关于修改〈中华人民共和国中外合作经营企业法〉的决定》修正）

第一条 为了扩大对外经济合作和技术交流，促进外国的企业和其他经济组织或者个人（以下简称外国合作者）按照平等互利的原则，同中华人民共和国的企业或者其他经济组织（以下简称中国合作者）在中国境内共同举办中外合作经营企业（以下简称合作企业），特制定本法。

第二条 中外合作者举办合作企业，应当依照本法的规定，在合作企业合同中约定投资或者合作条件、收益或者产品的分配、风险和亏损的分担、经营管理的方式和合作企业终止时财产的归属等事项。

合作企业符合中国法律关于法人条件的规定的，依法取得中国法人资格。

第三条 国家依法保护合作企业和中外合作者的合法权益。

合作企业必须遵守中国的法律、法规，不得损害中国的社会公共利益。

国家有关机关依法对合作企业实行监督。

第四条 国家鼓励举办产品出口的或者技术先进的生产型合作企业。

第五条 申请设立合作企业，应当将中外合作者签订的协议、合同、章程等文件报国务院对外经济贸易主管部门或者国务院授权的部门和地方政府（以下简称审查批准机关）审查批准。审查批准机关应当自接到申请之日起45天内决定批准或者不批准。

第六条 设立合作企业的申请经批准后，应当自接到批准证书之日起30天内向工商行政管理机关申请登记，领取营业执照。合作企业的营业执照签发日期，为该企业的成立日期。

合作企业应当自成立之日起30天内向税务机关办理税务登记。

第七条 中外合作者在合作期限内协商同意对合作企业合同作重大变更的，应当报审查批准机关批准；变更内容涉及法定工商登记项目、税务登记项目的，应当向工商行政管理机关、税务机关办理变更登记手续。

第八条 中外合作者的投资或者提供的合作条件可以是现金、实物、土地使用权、工业产权、非专利技术和财产权利。

第九条 中外合作者应当依照法律、法规的规定和合作企业合同的约定，如期履行缴足投资、提供合作条件的义务。逾期不履行的，由工商行政管理机关限期履行；限期届满仍未履行的，由审查批准机关和工商行政管理机关依照国家有关规定处理。

中外合作者的投资或者提供的合作条件，由中国注册会计师或者有关机构验证并出具证明。

第十条 中外合作者的一方转让其在合作企业合同中的全部或者部分权利、义务的，必须经他方同意，并报审查批准机关批准。

第十一条 合作企业依照经批准的合作企业合同、章程进行经营管理活动。合作企业的经营管理自主权不受干涉。

第十二条 合作企业应当设立董事会或者联合管理机构,依照合作企业合同或者章程的规定,决定合作企业的重大问题。中外合作者的一方担任董事会的董事长、联合管理机构的主任的,由他方担任副董事长、副主任。

董事会或者联合管理机构可以决定任命或者聘请总经理负责合作企业的日常经营管理工作。总经理对董事会或者联合管理机构负责。

合作企业成立后改为委托中外合作者以外的他人经营管理的,必须经董事会或者联合管理机构一致同意,报审查批准机关批准,并向工商行政管理机关办理变更登记手续。

第十三条 合作企业职工的录用、辞退、报酬、福利、劳动保护、劳动保险等事项,应当依法通过订立合同加以规定。

第十四条 合作企业的职工依法建立工会组织,开展工会活动,维护职工的合法权益。

合作企业应当为本企业工会提供必要的活动条件。

第十五条 合作企业必须在中国境内设置会计账簿,依照规定报送会计报表,并接受财政税务机关的监督。

合作企业违反前款规定,不在中国境内设置会计账簿的,财政税务机关可以处以罚款,工商行政管理机关可以责令停止营业或者吊销其营业执照。

第十六条 合作企业应当凭营业执照在国家外汇管理机关允许经营外汇业务的银行或者其他金融机构开立外汇账户。

合作企业的外汇事宜,依照国家有关外汇管理的规定办理。

第十七条 合作企业可以向中国境内的金融机构借款,也可以在中国境外借款。

中外合作者用作投资或者合作条件的借款及其担保,由各方自行解决。

第十八条 合作企业的各项保险应当向中国境内的保险机构投保。

第十九条 合作企业可以在经批准的经营范围内,进口本企业需要的物资,出口本企业生产的产品。合作企业在经批准的经营范围内所需的原材料、燃料等物资,按照公平、合理的原则,可以在国内市场或者在国际市场购买。

第二十条 合作企业依照国家有关税收的规定缴纳税款并可以享受减税、免税的优惠待遇。

第二十一条 中外合作者依照合作企业合同的约定,分配收益或者产品,承担风险和亏损。

中外合作者在合作企业合同中约定合作期满时合作企业的全部固定资产归中国合作者所有的,可以在合作企业合同中约定外国合作者在合作期限内先行回收投资的办法。

合作企业合同约定外国合作者在缴纳所得税前回收投资的,必须向财政税务机关提出申请,由财政税务机关依照国家有关税收的规定审查批准。

依照前款规定外国合作者在合作期限内先行回收投资的,中外合作者应当依照有关法律的规定和合作企业合同的约定对合作企业的债务承担责任。

第二十二条 外国合作者在履行法律规定和合作企业合同约定的义务后分得的利润、其他合法收入和合作企业终止时分得的资金,可以依法汇往国外。

合作企业的外籍职工的工资收入和其他合法收入,依法缴纳个人所得税后,可以汇往国外。

第二十三条 合作企业期满或者提前终止时,应当依照法定程序对资产和债权、债务进行清算。中外合作者应当依照合作企业合同的约定确定合作企业财产的归属。

合作企业期满或者提前终止，应当向工商行政管理机关和税务机关办理注销登记手续。

第二十四条 合作企业的合作期限由中外合作者协商并在合作企业合同中订明。中外合作者同意延长合作期限的，应当在距合作期满180天前向审查批准机关提出申请。审查批准机关应当自接到申请之日起30天内决定批准或者不批准。

第二十五条 中外合作者履行合作企业合同、章程发生争议时，应当通过协商或者调解解决。中外合作者不愿通过协商、调解解决的，或者协商、调解不成的，可以依照合作企业合同中的仲裁条款或者事后达成的书面仲裁协议，提交中国仲裁机构或者其他仲裁机构仲裁。

中外合作者没有在合作企业合同中订立仲裁条款，事后又没有达成书面仲裁协议的，可以向中国法院起诉。

第二十六条 国务院对外经济贸易主管部门根据本法制定实施细则，报国务院批准后施行。

第二十七条 本法自公布之日起施行。

中华人民共和国外资企业法

（2000年10月修订）

（1986年4月12日第六届全国人民代表大会第四次会议通过，根据2000年10月31日第九届全国人民代表大会常务委员会第十八次会议《关于修改〈中华人民共和国外资企业法〉的决定》修正）

第一条 为了扩大对外经济合作和技术交流，促进中国国民经济的发展，中华人民共和国允许外国的企业和其他经济组织或者个人（以下简称外国投资者）在中国境内举办外资企业，保护外资企业的合法权益。

第二条 本法所称的外资企业是指依照中国有关法律在中国境内设立的全部资本由外国投资者投资的企业，不包括外国的企业和其他经济组织在中国境内的分支机构。

第三条 设立外资企业，必须有利于中国国民经济的发展。国家鼓励举办产品出口或者技术先进的外资企业。

国家禁止或者限制设立外资企业的行业由国务院规定。

第四条 外国投资者在中国境内的投资、获得的利润和其他合法权益，受中国法律保护。

外资企业必须遵守中国的法律、法规，不得损害中国的社会公共利益。

第五条 国家对外资企业不实行国有化和征收；在特殊情况下，根据社会公共利益的需要，对外资企业可以依照法律程序实行征收，并给予相应的补偿。

第六条 设立外资企业的申请，由国务院对外经济贸易主管部门或者国务院授权的机关审查批准。审查批准机关应当在接到申请之日起90天内决定批准或者不批准。

第七条 设立外资企业的申请经批准后，外国投资者应当在接到批准证书之日起30天内向工商行政管理机关申请登记，领取营业执照。外资企业的营业执照签发日期，为该企业成立日期。

第八条 外资企业符合中国法律关于法人条件的规定的，依法取得中国法人资格。

第九条 外资企业应当在审查批准机关核准的期限内在中国境内投资；逾期不投资的，工商行政管理机关有权吊销营业执照。

工商行政管理机关对外资企业的投资情况进行检查和监督。

第十条 外资企业分立、合并或者其他重要事项变更，应当报审查批准机关批准，并向工商行政管理机关办理变更登记手续。

第十一条 外资企业依照经批准的章程进行经营管理活动，不受干涉。

第十二条 外资企业雇用中国职工应当依法签定合同，并在合同中订明雇用、解雇、报酬、福利、劳动保护、劳动保险等事项。

第十三条 外资企业的职工依法建立工会组织，开展工会活动，维护职工的合法权益。

外资企业应当为本企业工会提供必要的活动条件。

第十四条 外资企业必须在中国境内设置会计账簿，进行独立核算，按照规定报送会计报表，并接受财政税务机关的监督。

外资企业拒绝在中国境内设置会计账簿的，财政税务机关可以处以罚款，工商行政管理机关可以责令停止营业或者吊销营业执照。

第十五条 外资企业在批准的经营范围内所需的原材料、燃料等物资，按照公平、合理的原则，可以在国内市场或者在国际市场购买。

第十六条 外资企业的各项保险应当向中国境内的保险公司投保。

第十七条 外资企业依照国家有关税收的规定纳税并可以享受减税、免税的优惠待遇。

外资企业将缴纳所得税后的利润在中国境内再投资的，可以依照国家规定申请退还再投资部分已缴纳的部分所得税税款。

第十八条 外资企业的外汇事宜，依照国家外汇管理规定办理。

外资企业应当在中国银行或者国家外汇管理机关指定的银行开户。

第十九条 外国投资者从外资企业获得的合法利润、其他合法收入和清算后的资金，可以汇往国外。

外资企业的外籍职工的工资收入和其他正当收入，依法缴纳个人所得税后，可以汇往国外。

第二十条 外资企业的经营期限由外国投资者申报，由审查批准机关批准。期满需要延长的，应当在期满180天以前向审查批准机关提出申请。审查批准机关应当在接到申请之日起30天内决定批准或者不批准。

第二十一条 外资企业终止，应当及时公告，按照法定程序进行清算。

在清算完结前，除为了执行清算外，外国投资者对企业财产不得处理。

第二十二条 外资企业终止，应当向工商行政管理机关办理注销登记手续，缴销营业执照。

第二十三条 国务院对外经济贸易主管部门根据本法制定实施细则，报国务院批准后施行。

第二十四条 本法自公布之日起施行。

关于外商投资企业境内投资的暂行规定

（2000年7月25日）

中华人民共和国对外贸易经济合作部
中华人民共和国国家工商行政管理局 令2000年第6号

第一条 为规范外商投资企业的投资行为，根据《中华人民共和国公司法》（以下简称“《公司法》”）以及有关外商投资的法律、法规的有关规定，制订本规定。

第二条 本规定所称外商投资企业境内投资，是指在中国境内依法设立，采取有限责任公司形式的中外合资经营企业、中外合作经营企业和外资企业以及外商投资股份有限公司，以本企业的名义，在中国境内投资设立企业或购买其他企业（以下简称“被投资公司”）投资者股权的行为。

外商投资举办的投资性公司境内投资，依照国家有关外商投资的法律、法规以及《关于外商投资举办投资性公司的暂行规定》办理。

外国投资者与外商投资企业共同在中国境内投资，按照国家有关外商投资的法律、法规办理，其中外国投资者的出资比例一般不得低于被投资企业注册资本的25%。

第三条 外商投资企业境内投资，应遵守国家法律、法规。

外商投资企业境内投资比照执行《指导外商投资方向暂行规定》和《外商投资产业指导目录》的规定。外商投资企业不得在禁止外商投资的领域投资。

第四条 被投资公司应为有限责任公司或股份有限公司。

第五条 外商投资企业应符合下列条件，方可投资：

1.注册资本已缴清；

2.开始盈利；

3.依法经营，无违法经营记录。

第六条 外商投资企业境内投资，其所累计投资额不得超过自身净资产的50%；投资后，接受被投资公司以利润转增的资本，其增加额不包括在内。

第七条 外商投资企业在鼓励类或允许类领域投资设立公司，应向被投资公司所在地公司登记机关提出申请，并应提供下列材料：

1.外商投资企业关于投资的一致通过的董事会决议；

2.外商投资企业的批准证书和营业执照（复印件）；

3.法定验资机构出具的注册资本已经缴足的验资报告；

4.外商投资企业经审计的资产负债表；

5.外商投资企业缴纳所得税或减免所得税的证明材料；

6.法律、法规及规章规定的其他材料。

第八条 公司登记机关依《公司法》、《中华人民共和国公司登记管理条例》（以下简称《公司登记管理条例》）的有关规定，决定准予登记或不予登记。准予登记的，发给《企业法人营业执照》，并在企业类别栏目加注

“外商投资企业投资”字样(以下简称“《(加注)营业执照》”)。

第九条 外商投资企业在限制类领域投资设立公司的,应向被投资公司所在地省级外经贸主管部门(以下称“省级审批机关”)提出申请,并应提供下列材料:

1.依照第七条规定提供的材料;

2.被投资公司的章程。

被投资公司的章程应当载明下列事项:

1.公司名称和住所;

2.公司经营范围及产品国内外销售比例;

3.公司注册资本;

4.投资者的名称或姓名;

5.投资者的权利和义务;

6.投资者的出资方式和出贷额;

8.公司的机构及其产生办法、职权、议事规则;

9.公司的法定代表人;

10.公司的解散事由与清算办法;

11.投资者认为需要规定的其他事项。

投资者应当在公司章程上签名、盖章。

第十条 省级审批机关接到上述申请后,按照被投资公司的经营范围,征求同级或国家行业管理部门的意见。省级审批机关应自收到同级或国家管理行业部门同意或不同意的意见起10日之内,作出书面批复。

第十一条 省级审批机关对外商投资企业作出同意批复的,外商投资企业凭该批复文件向被投资公司所在地公司登记机关申请设立登记。

公司登记机关依《公司登记管理条例》的有关规定,决定准予登记或不予登记。准予登记的,发给《(加注)营业执照》。

第十二条 自被投资公司设立之日起30日内,外商投资企业应向原审批机关备案。备案材料包括:

1.外商投资企业投资备案表;

2.被投资公司的营业执照(复印件);

3.被投资公司经营范围涉及限制类领域的,还应提交省级审批机关作出的同意设立被投资公司的批复。

第十三条 外商投资企业以其固定资产投资而改变原经营规模或内容的;投资前应向原审批机关申请并征得原审批机关的同意。

原审批机关应自接到申请之日起15日之内予以答复;逾期不答复的,视作同意。

原审批机关不同意的,外商投资企业可向其上级审批机关或对外贸易经济合作部(以下简称“外经贸部”)提出申诉。该上级审批机关或外经贸部应自收到申诉之日起20日内,对外商投资企业作出书面答复。

第十四条 按照本规定第七条、第八条设立的公司变更经营范围,涉及限制类领域的,应按照本规定第九条、第十条规定的程序办理,并向其原公司登记机关申请变更登记。

第十五条 外商投资企业购买被投资公司投资者的股权,被投资公司经营范围属于鼓励类或允许类领域的,被投资公司应向原公司登记机关报送本规定第七条所列的材料,,并按照《公司登记管理条例》等有关规定,申请变更登记。

被投资公司经营范围涉及限制类领域的,外商投资企业应按照本规定第九条、第十条规定的程序办理后,被投资公司凭省级审批机关的同意批复,按照《公司登记管理条例》等有关规定,向原公司登记机关申请变更登记。

公司登记机关依《公司登记管理条例》的有关规定,决定予以登记或不予登记。准予登记的,发给"(加注)营业执照"。

被投资公司属于外商投资企业的,按照《外商投资企业投资者股权变更的规定》办理。

第十六条 外商投资企业向中西部地区投资,被投资公司注册资本中外资比例不低于25%的,可享受外商投资企业待遇。

第十七条 被投资公司享受外商投资企业待遇,应按有关外商投资企业设立程序的规定,向被投资公司所在地的省级审批机关提出申请。申请人应提供下列材料:

1.依照第七条规定应提供的材料;

2.被投资公司的名称、住所;

3.被投资公司的投资合同及章程;

4.被投资公司经营范围涉及限制类领域的, 还应提交设立被投资公司的项目建议书和可行性研究报告。

其投资者出让股权的被投资公司享受外商投资企业待遇的,申请人除向被投资公司所在地的省级审批机关提供上款所列材料之外,还应提交相应的投资者股权转让协议。

第十八条 省级审批机关确认外商投资企业的投资符合国家有关法律、法规且被投资公司注册资本中外资比例不低于25%的,向申请人下发批准文件,颁发《外商投资企业批准证书》,并加注"外商投资企业投资"字样。

被投资公司经营范围涉及限制类领域的,省级审批机关批准之前,应依照本规定第十条的规定,征求有关行业管理部门的意见。

第十九条 申请人凭《外商投资企业批准证书》向被投资公司所在地公司登记机关申请登记注册。

公司登记机关依《公司登记管理条例》的有关规定,决定准予登记或不予登记。准予登记的,发给《(加注)营业执照》。被投资公司经营范围未涉及限制类领域的,按本规定第七条办理。

第二十条 中西部地区的被投资公司凭《外商投资企业批准证书》和《(加注)营业执照》享受国家法律、法规规定的外商投资企业待遇。

第二十一条 在中西部地区设立的被投资公司投资总额超过其所在省、自治区、直辖市审批机关审批权限的, 应报外经贸部审批。

第二十二条 被投资公司属于法律、法规和部门规章明确规定的应由外经贸部审批的特定类型或行业的外商投资企业的,省级审批机关应将有关申请材料转报外经贸部审批。外经贸部根据有关法律、法规和部门规章的规定决定批准或不批准。

第二十三条 本规定颁布前,根据有关规定已设立的外商投资企业参股企业,符合本规定要求的,可参照本规定补办有关手续,享受外商投资企业待遇。

第二十四条 本规定由外经贸部和国家工商行政管理局负责解释。

第二十五条 本规定自2000年9月1日起施行。

外商投资产业指导目录

（2003年3月11日）

中华人民共和国国家发展计划委员会
中华人民共和国对外贸易经济合作部 令2002年第21号
中华人民共和国国家经济贸易委员会

鼓励外商投资产业目录

一、农、林、牧、渔业

1. 中低产农田改造

2. 蔬菜（含食用菌、西甜瓜）、水果、茶叶无公害栽培技术及产品系列化开发、生产

3. 糖料、果树、花卉、牧草等农作物优质高产新技术、新品种（转基因品种除外）开发、生产

4. 花卉生产与苗圃基地的建设、经营

5. 农作物秸秆还田及综合利用、有机肥料资源的开发生产

6. 中药材种植、养殖（限于合资、合作）

7. 林木（竹）营造及良种培育

8. 天然橡胶、剑麻、咖啡种植

9. 优良种畜种禽、水产苗种繁育（不含我国特有的珍贵优良品种）

10. 名特优水产品养殖、深水网箱养殖

11. 防治荒漠化及水土流失的植树种草等生态环境保护工程建设、经营

二、采掘业

*1. 石油、天然气的风险勘探、开发

*2. 低渗透油气藏（田）的开发

*3. 提高原油采收率的新技术开发与应用

*4. 物探、钻井、测井、井下作业等石油勘探开发新技术的开发与应用

5. 煤炭及伴生资源勘探、开发

6. 煤层气勘探、开发

7. 低品位、难选冶金矿开采、选矿（限于合资、合作，在西部地区外商可独资）

8. 铁矿、锰矿勘探、开采及选矿

9. 铜、铅、锌矿勘探、开采（限于合资、合作，在西部地区外商可独资）

10. 铝矿勘探、开采（限于合资、合作，在西部地区外商可独资）

11. 硫、磷、钾等化学矿开采、选矿

三、制造业

（一）食品加工业

1. 粮食、蔬菜、水果、禽畜产品的储藏及加工

2. 水产品加工、贝类净化及加工、海藻功能食品开发

3. 果蔬饮料、蛋白饮料、茶饮料、咖啡饮料的开发、生产

4. 婴儿、老年食品及功能食品的开发、生产

5. 乳制品生产

6. 生物饲料、蛋白饲料的开发、生产

（二）烟草加工业

1. 二醋酸纤维素及丝束加工

2. 造纸法烟草薄片生产

（三）纺织业

1. 工程用特种纺织品生产

2. 高档织物面料的织染及后整理加工

（四）皮革、皮毛制品业

1. 猪、牛、羊蓝湿皮新技术加工

2. 皮革后整饰新技术加工

（五）木材加工及竹、藤、棕、草制品业

1. 林区“次、小、薪”材和竹材的综合利用新技术、新产品开发与生产

（六）造纸及纸制品业

1. 年产30万吨及以上化学木浆、年产10万吨及以上化学机械木浆（CTMP、BCTMP、APMP）和原料林基地的林木浆一体化工程的建设、经营（限于合资、合作）

2. 高档纸及纸板生产（新闻纸除外）

（七）石油加工及炼焦业

1. 针状焦、煤焦油深加工

2. 捣固焦、干熄焦生产

3. 重交通道路沥青生产

（八）化学原料及化学品制造业

1. 重油催化裂化制烯烃生产

2. 年产60万吨及以上规模乙烯生产（中方相对控股）

3. 乙烯副产品C5－C9产品的综合利用

4. 大型聚氯乙烯树脂生产（乙烯法）

5. 有机氯系列化工产品生产（高残留有机氯产品除外）

6. 基本有机化工原料：苯、甲苯、二甲苯（对、邻、间）衍生物产品的综合利用

7. 合成材料的配套原料：双酚A、4.4′二苯基甲烷二异氰酸酯、甲苯二异氰酸酯生产

8. 合成纤维原料：精对苯二甲酸、丙烯腈、己内酰胺、尼龙66盐生产

9. 合成橡胶：溶液丁苯橡胶、丁基橡胶、异戊橡胶、丁二烯法氯丁橡胶、聚氨酯橡胶、丙烯酸橡胶、氯醇橡胶生产

10. 工程塑料及塑料合金生产

11. 精细化工：催化剂、助剂及石油添加剂新产品、新技术，染（颜）料商品化加工技术，电子、造纸用高科技化学品，食品添加剂、饲料添加剂，皮革化学品、油田助剂，表面活性剂，水处理剂，胶粘剂，无机纤维、无机粉体填料生产

12. 纺织及化纤抽丝用助剂、油剂、染化料生产

13. 汽车尾气净化剂、催化剂及其他助剂生产

14. 天然香料、合成香料、单离香料生产

15. 高性能涂料生产

16. 氯化法钛白粉生产

17. 氟氯烃替代物生产

18. 大型煤化工产品生产

19. 林业化学产品新技术、新产品开发与生产

20. 烧碱用离子膜生产

21. 生物肥料、高浓度化肥（钾肥、磷肥）、复合肥料生产

22. 高效、低毒和低残留的化学农药原药新品种开发与生产

23. 生物农药开发与生产

24. 环保用无机、有机和生物膜开发与生产

25. 废气、废液、废渣综合利用和处理、处置

（九）医药制造业

1. 我国专利或行政保护的原料药及需进口的化学原料药生产

2. 维生素类：烟酸生产

3. 氨基酸类：丝氨酸、色氨酸、组氨酸等生产

4. 采用新技术设备生产解热镇痛药

5. 新型抗癌药物及新型心脑血管药生产

6. 新型、高效、经济的避孕药具生产

7. 采用生物工程技术生产的新型药物生产

8. 基因工程疫苗生产（艾滋病疫苗、丙肝疫苗、避孕疫苗等）

9. 海洋药物开发与生产

10. 艾滋病及放射免疫类等诊断试剂生产

11. 药品制剂：采用缓释、控释、靶向、透皮吸收等新技术的新剂型、新产品生产

12. 新型药用佐剂的开发应用

13. 中药材、中药提取物、中成药加工及生产（中药饮片传统炮制工艺技术除外）

14. 生物医学材料及制品生产

15. 兽用抗菌原料药生产（包括抗生素、化学合成类）

16. 兽用抗菌药、驱虫药、杀虫药、抗球虫药新产品及新剂型开发与生产

（十）化学纤维制造业

1．差别化化学纤维及芳纶、氨纶、碳纤维等高新技术化纤生产

2．粘胶无毒纺等环保型化纤的生产

3．日产400吨及以上纤维及非纤维用聚酯生产

（十一）塑料制品业

1．聚酰亚胺保鲜薄膜生产

2．农膜新技术及新产品（光解膜、多功能膜及原料等）开发与生产

3．废旧塑料的消解和再利用

（十二）非金属矿物制品业

1．日熔化500吨级及以上优质浮法玻璃生产（限于中西部地区）

2．日产2000吨及以上水泥熟料新型干法水泥生产（限于中西部地区）

3．年产1万吨及以上玻璃纤维（池窑拉丝工艺生产线）及玻璃钢制品生产

4．年产50万件及以上高档卫生瓷生产

5．陶瓷原料的标准化精制、陶瓷用高档装饰材料生产

6．玻璃、陶瓷、玻璃纤维窑炉用高档耐火材料生产

7．无机非金属材料及制品生产（人工晶体、高性能复合材料、特种玻璃、特种陶瓷、特种密封材料、特种胶凝材料）

8．新型建筑材料生产（轻质高强多功能墙体材料、高档环保型装饰装修材料、优质防水密封材料、高效保温材料）

9．非金属矿深加工（超细粉碎、高纯、精制、改性）

（十三）黑色金属冶炼及压延加工业

1．宽厚板生产

2．镀锌及耐高腐蚀性铝锌合金板、涂层板生产

3．直接还原铁和熔融还原铁生产

4．废钢加工

（十四）有色金属冶炼及压延加工业

1．年产30万吨及以上氧化铝生产

2．低品位、难选冶金矿冶炼（限于合资、合作，在西部地区外商可独资）

3．硬质合金、锡化合物、锑化合物生产

4．有色金属复合材料、新型合金材料生产

5．稀土应用

（十五）金属制品业

1．非金属制品模具设计、制造

2．汽车、摩托车模具（含冲模、注塑模、模压模等）、夹具（焊装夹具、检验夹具等）设计、制造

3．高档建筑五金件、水暖器材及五金件开发、生产

（十六）普通机械制造业

1. 三轴以上联动的数控机床、数控系统及伺服装置制造

2. 高性能焊接机器人和高效焊装生产设备制造

3. 耐高温绝缘材料（绝缘等级为F、H级）及绝缘成型件生产

4. 比例、伺服液压技术，低功率气动控制阀，填料静密封生产

5. 精冲模、精密型腔模、模具标准件生产

6. 精密轴承及各种主机专用轴承制造

7. 汽车、摩托车用铸锻毛坯件制造

（十七）专用设备制造业

1. 粮食、棉花、油料、蔬菜、水果、花卉、牧草、肉食品、水产品的贮藏、保鲜、分级、包装、干燥、运输、加工的新技术、新设备开发与制造

2. 设施农业设备制造

3. 农业、林业机具新技术设备制造

4. 拖拉机、联合收割机等农用发动机设计与制造

5. 农作物秸秆还田及综合利用设备制造

6. 农用废物的综合利用及规模化畜禽养殖废物的综合利用设备制造

7. 节水灌溉新技术设备制造

8. 湿地土方及清淤机械制造

9. 水生生态系统的环境保护技术、设备制造

10. 长距离调水工程的调度系统设备制造

11. 特种防汛抢险机械和设备制造

12. 食品行业的高速、无菌灌装设备、贴标机等关键设备制造

13. 氨基酸、酶制剂、食品添加剂等生产技术及关键设备制造

14. 10吨／小时及以上的饲料加工成套设备、关键部件生产

15. 卷筒纸和对开以上单纸张多色胶印机制造

16. 皮革后整饰新技术设备制造

17. 高技术含量的特种工业缝纫机制造

18. 新型纺织机械、新型造纸机械（含纸浆）等成套设备制造

19. 公路、港口新型机械设备设计与制造

20. 公路桥梁养护、自动检测设备制造

21. 公路隧道营运监控、通风、防灾和救助系统设备制造

22. 铁路大型施工及养护设备设计与制造

23. 园林机械、机具新技术设备制造

24. 城市环卫特种设备制造

25. 路面铣平、翻修机械设备制造

26. 隧道挖掘机、城市地铁暗挖设备制造

27. 8万吨／日及以上城市污水处理设备，工业废水膜处理设备，上流式厌氧流化床设备和其他生物处理废水设备，废塑料再生处理设备，工业锅炉脱硫脱硝设备，大型耐高温、耐酸袋式除尘器制造，垃圾焚烧处理设备制造

28. 年产30万吨及以上合成氨、48万吨及以上尿素、45万吨及以上乙烯成套设备中的透平压缩机、混合造粒机制造

29. 火电站脱硫技术及设备制造

30. 薄板连铸机制造

31. 平板玻璃深加工技术及设备制造

32. 井下无轨采、装、运设备，100吨及以上机械传动矿用自卸车，移动式破碎机，3000立方米／小时及以上斗轮挖掘机，5立方米及以上矿用装载机，全断面巷道掘进机制造

33. 石油勘探开发新型仪器设备设计与制造

34. 机电井清洗设备制造和药物生产

35. 电子内窥镜制造

36. 具有高频技术、直接数字图象处理技术、辐射剂量小的80千瓦及以上医用X线机组制造

37. 高场强超导型磁共振成像装置（MRI）的制造

38. 单采血浆机制造

39. 全自动酶免系统（含加样、酶标、洗板、孵育、数据后处理等部分功能）设备制造

40. 药产品质量控制新技术、新设备制造

41. 中药有效物质分析的新技术、提取的新工艺、新设备开发与制造

42. 新型药品包装材料、容器及先进的制药设备制造

（十八）交通运输设备制造业

*1. 汽车、摩托车整车制造

2. 汽车、摩托车发动机制造

3. 汽车关键零部件制造：制动器总成、驱动桥总成、变速器、柴油机燃油泵、柴油机涡轮增压器、柴油车机外排放控制装置、滤清器（三滤）、等速万向节、减震器、组合仪表、专用高强度紧固件

4. 电子控制燃油喷射系统、电子控制制动防抱死系统、安全气囊及其他汽车电子设备系统制造

5. 摩托车关键零部件制造：化油器、磁电机、起动电机、盘式制动器

6. 石油工业专用沙漠车等特种专用车制造

7. 铁路运输技术设备：机车车辆及主要部件设计与制造，线路、桥梁设备设计与制造，高速铁路有关技术与设备制造，通信信号和运输安全监测设备制造，电气化铁路设备和器材制造

8. 城市快速轨道交通运输设备：地铁、城市轻轨的动车组及主要部件设计与制造

9. 民用飞机设计与制造（中方控股）

10. 民用飞机零部件制造

11. 民用直升机设计与制造（中方控股）

12. 航空发动机设计与制造（中方控股）

13. 民用航空机载设备设计与制造（中方控股）

14. 轻型燃气轮机制造

15. 船舶低速柴油机的曲轴设计与制造

16. 特种船、高性能船舶的修理、设计与制造（中方相对控股）

17. 船舶中高速柴油机、辅机、无线通讯、导航设备及配件设计与制造（中方相对控股）

18. 玻璃钢渔船、游艇制造

（十九）电气机械及器材制造业

1. 火电设备：60万千瓦及以上超临界机组、大型燃气轮机、10万千瓦及以上燃气－蒸汽联合循环发电设备、煤气化联合循环技术及装备（IGCC）、增压循环硫化床（PFBC）、60万千瓦及以上大型空冷机组（限于合资、合作）

2. 水电设备：15万千瓦及以上大型抽水蓄能机组、15万千瓦及以上大型贯流式机组制造（限于合资、合作）

3. 核电机组：60万千瓦及以上机组制造（限于合资、合作）

4. 输变电设备：500千伏及以上超高压直流输变电设备制造（限于合资、合作）

（二十）电子及通信设备制造业

1. 数字电视机、数字摄录机、数字录放机、数字放声设备制造

2. 新型平板显示器件、中高分辨率彩色显像管／显示管及玻壳生产

3. 数字音、视频编解码设备，数字广播电视演播室设备，数字有线电视系统设备，数字音频广播发射设备制造

4. 集成电路设计与线宽0.35微米及以下大规模集成电路生产

5. 大中型电子计算机、便携式微型计算机、高档服务器制造

6. 大容量光、磁盘驱动器及其部件开发与制造

7. 计算机辅助设计（三维CAD）、辅助测试（CAT）、辅助制造（CAM）、辅助工程（CAE）系统及其他计算机应用系统制造

8. 软件产品开发、生产

9. 半导体、元器件专用材料开发、生产

10. 电子专用设备、测试仪器、工模具制造

11. 新型电子元器件（片式元器件、敏感元器件及传感器、频率控制与选择元件、混合集成电路、电力电子器件、光电子器件、新型机电元件）生产

12. 无汞碱锰电池、动力镍氢电池、锂离子电池、高容量全密封免维护铅酸蓄电池、燃料电池、圆柱型锌空气电池等高技术绿色电池生产

13. 高密度数字光盘机用关键件开发与生产

14. 可记录光盘生产（CD－R、CD－RW、DVD－R、DVD－ARM）

15. 民用卫星设计与制造（中方控股）

16. 民用卫星有效载荷制造（中方控股）

17. 民用卫星零部件制造

18. 民用运载火箭设计与制造（中方控股）

19. 卫星通信系统设备制造

20. 卫星导航定位接收设备及关键部件制造（限于合资、合作）

21. 光纤预制棒制造

22. 622兆比／秒及以上数字微波同步系列传输设备制造

23. 10千兆比／秒以上光同步系列传输设备制造

24. 宽带接入网通信系统设备制造

25. 光交叉连接设备（OXC）制造

26. 异步转移模式（ATM）及IP数据通信系统制造

27. 移动通信系统（含GSM、CDMA、DCS1800、PHS、DECT、IMT2000等）手机、基站、交换设备及数字集群系统设备制造

28. 高端路由器、千兆比以上网络交换机开发、制造

29. 空中交通管制系统设备制造（限于合资、合作）

（二十一）仪器仪表及文化、办公用机械制造业

1. 数字照相机及关键件开发与生产

2. 精密在线测量仪器开发与制造

3. 安全生产及环保检测仪器新技术设备制造

4. 水质及烟气在线监测仪器的新技术设备制造

5. 水文数据采集、处理与传输和防洪预警仪器及设备制造

6. 新型仪表元器件和材料（主要指智能型仪用传感器、仪用接插件、柔性线路板、光电开关、接近开关等新型仪用开关、仪用功能材料等）生产

7. 新型打印装置（激光、喷墨打印机）制造

8. 精密仪器、设备维修与售后服务

（二十二）其他制造业

1. 洁净煤技术产品的开发利用（煤炭气化、液化、水煤浆、工业型煤）

2. 煤炭洗选及粉煤灰（包括脱硫石膏）、煤矸石等综合利用

四、电力、煤气及水的生产及供应业

1. 单机容量30万千瓦及以上火电站的建设、经营

2. 煤洁净燃烧技术电站的建设、经营

3. 热电联产电站的建设、经营

4. 天然气发电站的建设、经营

5. 发电为主水电站的建设、经营

6. 核电站的建设、经营（中方控股）

7. 新能源电站的建设、经营（包括太阳能、风能、磁能、地热能、潮汐能、生物质能等）

8. 城市供水厂建设、经营

五、水利管理业

1. 综合水利枢纽的建设、经营（中方相对控股）

六、交通运输、仓储及邮电通信业

1. 铁路干线路网的建设、经营（中方控股）

2. 支线铁路、地方铁路及其桥梁、隧道、轮渡设施的建设、经营（限于合资、合作）

3. 公路、独立桥梁和隧道的建设、经营

4. 港口公用码头设施的建设、经营

5. 民用机场的建设、经营（中方相对控股）

6. 航空运输公司（中方控股）

7. 农、林、渔业通用航空公司（限于合资、合作）

*8. 定期、不定期国际海上运输业务

*9. 国际集装箱多式联运业务

*10. 公路货物运输公司

11. 输油（气）管道、油（气）库及石油专用码头的建设、经营

12. 煤炭管道运输设施的建设、经营

13. 运输业务相关的仓储设施建设、经营

七、批发和零售贸易业

*1. 一般商品的批发、零售、物流配送

八、房地产业

1. 普通住宅的开发建设

九、社会服务业

(一) 公共设施服务业

1. 城市封闭型道路建设、经营

2. 城市地铁及轻轨的建设、经营（中方控股）

3. 污水、垃圾处理厂，危险废物处理处置厂（焚烧厂、填埋场）及环境污染治理设施的建设、经营

(二) 信息、咨询服务业

1. 国际经济、科技、环保信息咨询服务

*2. 会计、审计

十、卫生、体育和社会福利业

1. 老年人、残疾人服务

十一、教育、文化艺术及广播电影电视业

1. 高等教育机构（限于合资、合作）

十二、科学研究和综合技术服务业

1. 生物工程与生物医学工程技术

2. 同位素、辐射及激光技术
3. 海洋开发及海洋能开发技术
4. 海水淡化及利用技术
5. 海洋监测技术
6. 节约能源开发技术
7. 资源再生及综合利用技术
8. 环境污染治理及监测技术
9. 防沙漠化及沙漠治理技术
10. 民用卫星应用技术
11. 研究开发中心
12. 高新技术、新产品开发与企业孵化中心
十三、产品全部直接出口的允许类外商投资项目

限制外商投资产业目录

一、农、林、牧、渔业
1. 粮食（包括马铃薯）、棉花、油料种子开发生产（中方控股）
2. 珍贵树种原木加工（限于合资、合作）
二、采掘业
1. 钨、锡、锑、钼、重晶石、萤石等矿产勘查、开采(限于合资、合作)
2. 贵金属（金、银、铂族）勘查、开采
3. 金刚石等贵重非金属矿的勘查、开采
4. 特种、稀有煤种勘查、开发（中方控股）
5. 硼镁石及硼镁铁矿石开采
6. 天青石开采
三、制造业
（一）食品加工业
1. 黄酒、名优白酒生产
2. 外国牌号碳酸饮料生产
3. 糖精等合成甜味剂生产
4. 油脂加工
（二）烟草加工业
1. 卷烟、过滤嘴棒生产
（三）纺织业
1. 毛纺、棉纺
2. 缫丝

（四）印刷及复制业

1. 出版物印刷（中方控股，包装装潢印刷除外）

（五）石油加工及炼焦业

1. 炼油厂建设、经营

（六）化学原料及化学制品制造业

1. 离子膜烧碱生产

2. 感光材料生产

3. 联苯胺生产

4. 易制毒化学品生产（麻黄素、3，4－亚基二氧苯基－2－丙酮、苯乙酸、1－苯基－2－丙酮、胡椒醛、黄樟脑、异黄樟脑、醋酸酐）

5. 硫酸法钛白粉生产

6. 硼镁铁矿石加工

7. 钡盐生产

（七）医药制造业

1. 氯霉素、青霉素G、洁霉素、庆大霉素、双氢链霉素、丁胺卡那霉素、盐酸四环素、土霉素、麦迪霉素、柱晶白霉素、环丙氟哌酸、氟哌酸、氟嗪酸生产

2. 安乃近、扑热息痛、维生素B1、维生素B2、维生素C、维生素E生产

3. 国家计划免疫的疫苗、菌苗类及抗毒素、类毒素类（卡介苗、脊髓灰质炎、白百破、麻疹、乙脑、流脑疫苗等）生产

4. 成瘾性麻醉药品及精神药品原料药生产（中方控股）

5. 血液制品的生产

6. 非自毁式一次性注射器、输液器、输血器及血袋生产

（八）化学纤维制造业

1. 常规切片纺的化纤抽丝生产

2. 单线能力在2万吨／年以下粘胶短纤维生产

3. 日产400吨以下纤维及非纤维用聚酯生产，氨纶生产

（九）橡胶制品业

1. 斜交轮胎、旧轮胎翻新（子午线轮胎除外）及低性能工业橡胶配件生产

（十）有色金属冶炼及压延加工业

1. 稀土冶炼、分离（限于合资、合作）

（十一）普通机械制造业

1. 集装箱生产

2. 中小型普通轴承制造

3. 50吨以下汽车起重机制造（限于合资、合作）

（十二）专用设备制造业

1．中低档B型超声显像仪制造

2．一般涤纶长丝、短纤维设备制造

3．320马力以下履带式推土机、3立方米以下轮式装载机制造（限于合资、合作）

(十三)电子及通信设备制造业

1．卫星电视接收机及关键件生产

四、电力、煤气及水的生产和供应业

1．单机容量30万千瓦以下以发电为主的常规燃煤火电厂的建设、经营（小电网除外）

五、交通运输、仓储及邮电通信业

1．公路旅客运输公司

*2．出入境汽车运输公司

*3．水上运输公司

*4．铁路货物运输公司

5．铁路旅客运输公司（中方控股）

6．摄影、探矿、工业等通用航空公司（中方控股）

*7．电信公司

六、批发和零售贸易业

*1．商品交易、直销、邮购、网上销售、特许经营、委托经营、销售代理、商业管理等各类商业公司，以及粮、棉、植物油、食糖、药品、烟草、汽车、原油、农业生产资料的批发、零售、物流配送

*2．图书、报纸、期刊的批发、零售业务

*3．音像制品（除电影外）的分销

4．商品拍卖

*5．货物租赁公司

*6．代理公司（船舶、货运、外轮理货、广告等）

*7．成品油批发及加油站建设、经营

8．对外贸易公司

七、金融、保险业

1．银行、财务公司、信托投资公司

*2．保险公司

*3．证券公司、证券投资基金管理公司

4．金融租赁公司

5．外汇经纪

*6．保险经纪公司

八、房地产业

1．土地成片开发（限于合资、合作）

2．高档宾馆、别墅、高档写字楼和国际会展中心的建设、经营

九、社会服务业

(一) 公共设施服务业

1. 大中城市燃气、热力和供排水管网的建设、经营（中方控股）

(二) 信息、咨询服务业

1. 法律咨询

十、卫生、体育和社会福利业

1. 医疗机构（限于合资、合作）

2. 高尔夫球场的建设、经营

十一、教育、文化艺术及广播电影电视业

1. 高中阶段教育机构（限于合资、合作）

2. 电影院的建设、经营（中方控股）

十二、科学研究和综合技术服务

1. 测绘公司（中方控股）

*2. 进出口商品检验、鉴定、认证公司

十三、国家和我国缔结或者参加的国际条约规定限制的其他产业

禁止外商投资产业目录

一、农、林、牧、渔业

1. 我国稀有的珍贵优良品种的养殖、种植（包括种植业、畜牧业、水产业的优良基因）

2. 转基因植物种子生产、开发

3. 我国管辖海域及内陆水域水产品捕捞

二、采掘业

1. 放射性矿产的勘查、开采、选矿

2. 稀土勘查、开采、选矿

三、制造业

(一) 食品加工业

1. 我国传统工艺的绿茶及特种茶加工（名茶、黑茶等）

(二) 医药制造业

1. 列入国家保护资源的中药材加工（麝香、甘草、黄麻草等）

2. 传统中药饮片炮制技术的应用及中成药秘方产品的生产

(三) 有色金属冶炼及压延加工业

1. 放射性矿产的冶炼、加工

(四) 武器弹药制造业

(五) 其他制造业

1. 象牙雕刻

2. 虎骨加工
3. 脱胎漆器生产
4. 珐琅制品生产
5. 宣纸、墨锭生产
6. 致癌、致畸、致突变产品和持久性有机污染物产品生产

四、电力、煤气及水的生产和供应业

1. 电网的建设、经营

五、交通运输、仓储及邮电通信业

1. 空中交通管制公司
2. 邮政公司

六、金融、保险业

1. 期货公司

七、社会服务业

1. 国家保护的野生动植物资源开发
2. 动植物自然保护区的建设、经营
3. 博彩业（含赌博类跑马场）
4. 色情业

八、教育、文化艺术及广播电影电视业

1. 基础教育（义务教育）机构
2. 图书、报纸、期刊的出版、总发行和进口业务
3. 音像制品和电子出版物的出版、制作、总发行和进口业务
4. 新闻机构
5. 各级广播电台（站）、电视台（站）、广播电视传输覆盖网（发射台、转播台、广播电视卫星、卫星上行站、卫星收转站、微波站、监测台、有线广播电视传输覆盖网）
6. 广播电视节目制作、出版、发行及播放公司
7. 电影制片、发行公司
8. 录像放映公司

九、其他行业

1. 危害军事设施安全和使用效能的项目

十、国家和我国缔结或者参加的国际条约规定禁止的其他产业

注：标*的条目与我国加入世界贸易组织的承诺有关，具体内容见附件。

《外商投资产业指导目录》附件

一、鼓励类

1. 石油、天然气的风险勘探、开发:限于合作

2. 低渗透油气藏（田）的开发:限于合作

3. 提高原油采收率的新技术开发与应用:限于合作

4. 物探、钻井、测井、井下作业等石油勘探开发新技术的开发与应用:限于合作

5. 汽车、摩托车整车制造:外资比例不超过50%

6. 定期、不定期国际海上运输业务:外资比例不超过49%

7. 国际集装箱多式联运:外资比例不超过50%; 不迟于2002年12月11日允许外方控股; 不迟于2005年12月11日允许外方独资

8. 公路货物运输公司:不迟于2002年12月11日允许外方控股; 不迟于2004年12月11日允许外方独资

9. 一般商品的批发、零售、物流配送:限定条件见限制类第（五）

10. 会计、审计:限于合作、合伙

二、限制类

（一）出入境汽车运输公司:不迟于2002年12月11日允许外方控股，不迟于2004年12月11日允许外方独资

（二）水上运输公司:外资比例不超过49%

（三）铁路货物运输公司:外资比例不超过49%; 不迟于2004年12月11日允许外方控股; 不迟于2007年12月11日允许外方独资

（四）电信公司

1. 增值电信、基础电信中的寻呼服务:自2001年12月11日起允许外商投资，外资比例不超过30%; 不迟于2002年12月11日允许外资比例不超过49%; 不迟于2003年12月11日允许外资比例达50%

2. 基础电信中的移动话音和数据服务:自2001年12月11日起允许外商投资，外资比例不超过25%; 不迟于2002年12月11日外资比例不超过35%; 不迟于2004年12月11日允许外资比例达49%

3. 基础电信中的国内业务、国际业务:不迟于2004年12月11日允许外商投资，外资比例不超过25%; 不迟于2006年12月11日允许外资比例达35%; 不迟于2007年12月11日允许外资比例达49%

（五）商品交易、直销、邮购、网上销售、特许经营、委托经营、销售代理、商业管理等各类商业公司，以及粮、棉、植物油、食糖、药品、烟草、汽车、原油、农业生产资料的批发、零售、物流配送; 图书、报纸、期刊的批发、零售业务; 成品油批发及加油站建设、经营

1. 佣金代理、批发（不包括盐、烟草）:不迟于2002年12月11日允许外商投资，外资比例可达50%，但不允许经营书报杂志、药品、农药、农膜、化肥、成品油、原油; 不迟于2003年12月11日允许外方控股; 不迟于2004年12月11日允许外方独资，允许经营书报杂志、药品、农药、农膜; 不迟于2006年12月11日允许经营化肥、成品油、原油

2. 零售（不包括烟草）:允许外商投资，但不允许经营书报杂志、药品、农药、农膜、化肥、成品油; 不迟于2002年12月11日允许外资比例可达50%，允许经营书报杂志; 不迟于2003年12月11日允许外方控股; 不迟于2004年12月11日允许外方独资，允许经营药品、农药、农膜、成品油; 不迟于2006年12月11日允许经营化肥。经营产品包括汽车（不迟于2006年12月11日取消限制）、书报杂志、药品、农药、农膜、成品

油、化肥、粮食、植物油、食糖、烟草、棉花的超过30家分店的连锁店不允许外方控股

3. 特许经营和无固定地点的批发、零售:不迟于2004年12月11日允许外商投资

(六)音像制品(除电影外)的分销:限于合作,中方控股

(七)货物租赁公司:不迟于2002年12月11日允许外方控股,不迟于2004年12月11日允许外方独资

(八)代理公司

1. 船舶:外资比例不超过49%

2. 货运(不包括邮政部门专营服务的业务):外资比例不超过50%(速递服务不超过49%);不迟于2002年12月11日允许外方控股;不迟于2005年12月11日允许外方独资

3. 外轮理货:限于合资、合作

4. 广告:外资比例不超过49%;不迟于2003年12月11日允许外方控股;不迟于2005年12月11日允许外方独资

(九)保险公司

1. 非寿险保险公司:外资比例不超过51%;不迟于2003年12月11日允许外方独资

2. 寿险保险公司:外资比例不超过50%

(十)证券公司、证券投资基金管理公司

1. 证券公司:不迟于2004年12月11日允许外商投资,外资比例不超过1/3

2. 证券投资基金管理公司:允许外商投资,外资比例不超过33%;不迟于2004年12月11日允许外资比例达49%

(十一)保险经纪公司:外资比例不超过50%;不迟于2004年12月11日允许外资比例达51%;不迟于2006年12月11日允许外方独资

(十二)进出口商品检验、鉴定、认证公司:不迟于2003年12月11日允许外方控股;不迟于2005年12月11日允许外方独资

中西部地区外商投资优势产业目录

（2000年6月16日）

中华人民共和国国家经济贸易委员会
中华人民共和国国家发展计划委员会　令2000年第18号
中华人民共和国对外贸易经济合作部

为了引导外商向中西部地区投资，国家经贸委、国家计委和外经贸部三部委共同制订了《中西部地区外商投资优势产业目录》（以下简称《目录》），已经国务院批准，于6月16日以三部委令发布执行。

《目录》分别列出了中西部地区，20个省（区、市）的优势产业，以农牧业产品加工、发展旅游、植树造林、开发矿产资源、交通基础设施建设和新型电子元器件开发制造等领域为重点，鼓励外商进行投资。这是国家的一项重要的产业政策。《目录》中的利用外商项目享受在投资总额内进口的自用设备免征关税和进口环节增值税等优惠政策。《目录》所列鼓励外商投资的产业，体现了中西部地区各地在环境、资源、人力、生产、技术、市场等方面不同的优势，通过积极有效地利用外资，引进国外先进技术装备和现代化的经营管理方式，加速发展，使之成为具有地方特色的新的经济增长点，可以有效地带动中西部地区产业结构、技术结构和经济结构的调整和升级。这些产业有利于资源的节约和生态环境的保护，符合可持续发展战略。

《目录》要求各有关方面在审批外商向中西部地区投资项目时，要全面贯彻国家产业政策，严格执行有关法律、法规，按照现行的审批权限和程序进行审核，注重技术装备水平的提高和产品结构的改善，注重资源的合理利用和生态环境的保护。

为实施国家西部大开发战略，鼓励利用外资，引进先进技术、设备，发展中西部地区比较优势产业和技术先进的企业，促进产业结构的优化升级，带动中西部地区经济整体素质的提高，依据国家产业政策，制定本目录。

目录基于中西部地区自身的条件，提出了各地在环境、资源、人力、生产、技术、市场等方面确有显著优势和潜力的产业、产品。中西部地区通过积极有效地利用外资、国外先进技术装备、现代化的经营管理方式和国际大市场，促进这些产业和产品快速成长，发展成为具有地方特色的经济增长点，推动中西部地区产业结构、技术结构以及经济结构的转化和提高。同时，这些产业和产品也属于国家产业政策支持和鼓励发展的范畴。

属于本目录的外商投资建设项目，享受《指导外商投资方向暂行规定》中鼓励类项目的各项政策和《国务院办公厅转发外经贸部等部门关于当前进一步鼓励外商投资意见的通知》（国办发〔1999〕73号）中的有关优惠政策。

本目录生效前的在建项目，亦按照本目录的有关政策执行。

各有关方面依据本目录审批外商向中西部地区投资项目时，要全面贯彻国家产业政策，严格执行国家有关法律、法规，按照现行的审批权限和程序进行审核，要注重生产技术水平的提高和产品结构的改善，注重资源的合理利用和对生态环境的保护，防止重复建设和盲目扩大生产能力。

国家将根据经济发展和国内外市场环境变化的需求，适时对此目录进行调整、修订。

山西省

1. 粮食、蔬菜、水果、禽畜产品的贮藏、保鲜和加工
2. 林木营造及林木良种引进
3. 无磷洗衣粉生产
4. 棉纺织、印染生产企业技术改造
5. 新型纺织机械制造
6. 公路、独立桥梁和隧道的建设、经营
7. 煤炭加工应用技术开发及产品生产
8. 煤焦油深加工
9. 煤层气资源勘探、开发利用
10. 单机容量30万千瓦及以上火电站的建设、经营
11. 铜资源的勘查、开采（不允许外商独资）
12. 高性能钕铁硼材料及稀土电机的开发、制造

内蒙古自治区

1. 粮食、蔬菜、水果、禽畜产品的贮藏、保鲜和加工
2. 林木营造及林木良种引进
3. 保健酒的生产
4. 皮革的后整理及高档皮革产品制造
5. 乳制品加工
6. 毛纺织、毛针织品生产企业技术改造
7. 公路、独立桥梁和隧道的建设、经营
8. 煤炭加工应用技术开发及产品生产
9. 煤层气资源勘探、开发利用
10. 单机容量30万千瓦及以上火电站的建设、经营
11. 风力发电站建设、经营
12. 稀土矿物加工及产品制造
13. 铜资源的勘查、开采（不允许外商独资）
14. 中、蒙药材加工

黑龙江省

1. 粮食、蔬菜、水果、禽畜产品、水产品的贮藏、保鲜和加工
2. 林木营造及林木良种引进
3. 大豆、玉米深加工及其制品开发、生产
4. 木浆及造纸生产企业技术改造

5. 亚麻纺织及制品生产
6. 公路、独立桥梁和隧道的建设、经营
7. 煤炭加工应用技术开发及产品生产
8. 煤层气资源勘探、开发利用
9. 铜资源的勘查、开采（不允许外商独资）
10. 高精铝材加工企业技术改造
11. 电工仪表及电网智能管理控制系统设备制造
12. 计算机软件开发
13. 新型电子元器件开发、生产
14. 石墨开采、加工及制品生产
15. 抗生素药物原料生产
16. 中药冻、干、粉、针制剂生产

吉林省

1. 粮食、蔬菜、水果、禽畜产品、水产品的贮藏、保鲜和加工
2. 优良农业作物和畜禽品种繁育基地建设、经营
3. 林木营造及林木良种引进
4. 农作物副产品（玉米秸杆等）的综合利用
5. 化纤木浆生产企业技术改造及综合利用
6. 公路、独立桥梁和隧道的建设、经营
7. 风力发电站建设、经营
8. 乙烯下游深加工产品及精细化工产品生产
9. 汽车零部件制造
10. 汽车电子元器件生产
11. 高性能钕铁硼材料及稀土电机的开发、制造
12. 液晶显示器开发、制造
13. 计算机软件开发
14. 药用植物种植、加工和制药新工艺开发
15. 生物工程技术制药

安徽省

1. 粮食、蔬菜、水果、禽畜产品、水产品的贮藏、保鲜和加工
2. 林木营造及林木良种引进
3. 竹资源的综合利用
4. 棉纺织生产企业技术改造

5. 碳纤维的开发、生产
6. 公路、独立桥梁和隧道的建设、经营
7. 煤炭加工应用技术开发及产品生产
8. 煤层气资源勘探、开发利用
9. 非金属矿的勘查、开采及产品深加工
10. 农用机械制造
11. 铜材料相关电子产品制造
12. 旅游景区（点）及其配套设施的开发、建设和经营

江西省

1. 粮食、蔬菜、水果、禽畜产品、水产品的贮藏、保鲜和加工
2. 林木营造及林木良种引进
3. 竹资源的综合利用
4. 高档日用陶瓷生产（青花玲珑瓷除外）
5. 苎麻纺织及制品生产
6. 公路、独立桥梁和隧道的建设、经营
7. 煤炭加工应用技术开发及产品生产
8. 煤层气资源勘探、开发利用
9. 稀有金属（铷、铯、钴、钽、铌）冶炼、加工
10. 湿法磷酸及高浓度NPK复合肥生产
11. 新型电子元器件及电子发光材料开发、制造
12. 中药材、中成药加工
13. 发酵工艺药物的开发、生产
14. 旅游景区（点）及其配套设施的开发、建设和经营

河南省

1. 粮食、蔬菜、水果、禽畜产品、水产品的贮藏、保鲜和加工
2. 林木营造及林木良种引进
3. 棉纺织、印染生产企业技术改造
4. 公路、独立桥梁和隧道的建设、经营
5. 煤炭加工应用技术开发及产品生产
6. 单机30万千瓦及以上火电站的建设、经营
7. 铜加工企业技术改造
8. 天然碱矿开采、加工
9. 新型电子元器件开发、制造

10. 新型数字产品及配套件生产
11. 电能综合管理自动化及电工仪表制造
12. 优质浮法玻璃加工
13. 中药材种植、加工

湖北省

1. 粮食、蔬菜、水果、禽畜产品、水产品的贮藏、保鲜和加工
2. 林木营造及林木良种引进
3. 竹资源的综合利用
4. 水资源合理开发、利用与保护工程
5. 水产品养殖及深加工
6. 棉纺织、印染生产企业技术改造
7. 高档服装面料及服装加工
8. 公路、独立桥梁和隧道的建设、经营
9. 风力发电站建设、经营
10. 磷矿开采、高浓度磷复肥、磷化工及盐化工产品生产
11. 汽车零部件制造
12. 大型环保设备制造
13. 新型电子元器件开发、制造
14. 石墨开采及深加工

湖南省

1. 粮食、蔬菜、水果、禽畜产品、水产品的贮藏、保鲜和加工
2. 林木营造及林木良种引进
3. 竹资源的综合利用
4. 红壤改造工程
5. 水资源合理开发、利用与保护工程
6. 高档日用陶瓷生产
7. 苎麻纺织及制品生产
8. 公路、独立桥梁和隧道的建设、经营
9. 煤炭加工应用技术开发及产品生产
10. 铁、锰矿采选及锰系列产品深加工
11. 大规模集成电路设计与封装
12. 中药材、中成药半成品及成品生产

广西壮族自治区

1. 粮食、蔬菜、水果、禽畜产品、水产品的贮藏、保鲜和加工
2. 林木营造及林木良种引进
3. 竹资源的综合利用
4. 松香深加工
5. 水产品养殖和加工
6. 蔗糖生产的综合利用
7. 公路、独立桥梁和隧道的建设、经营
8. 水电资源的开发、建设和经营
9. 铟、锌有色金属矿的开采（不允许外商独资）
10. 氟化盐、氯化盐、聚合磷酸盐生产企业技术改造
11. 新型电子元器件开发、制造
12. 中药材、中成药半成品及成品生产
13. 旅游景区（点）及其配套设施的开发、建设和经营

四川省

1. 粮食、蔬菜、水果、禽畜产品、水产品的贮藏、保鲜和加工
2. 林木营造及林木良种引进
3. 优质农产品基地建设和经营
4. 竹资源的综合利用
5. 棉纺织、麻纺织、丝绸企业生产线改造
6. 公路、独立桥梁和隧道的建设、经营
7. 煤炭加工应用技术开发及产品生产
8. 水电资源的开发、建设和经营
9. 钒钛矿物开采及加工（不允许外商独资）
10. 天然气资源开发及天然气化工产品生产
11. 计算机软件开发及网络产品制造
12. 新型数字产品及配套件制造
13. 新型电子元器件制造
14. 中药材、中成药、植物化学原料药开发、生产
15. 旅游景区（点）及其配套设施的开发、建设和经营

重庆市

1. 粮食、蔬菜、水果、禽畜产品、水产品的贮藏、保鲜和加工
2. 林木营造及林木良种引进

3. 竹资源的综合利用
4. 水资源合理开发、利用与保护工程
5. 库区生态环境保护及整治工程
6. 苎麻纺织及制品生产企业技术改造
7. 公路、独立桥梁和隧道的建设、经营
8. 城市地铁、轻轨交通建设、经营（中方控股或占主导地位）
9. 天然气勘查、开采及天然气化工产品生产
10. 汽车、摩托车零部件及电子元器件制造
11. 大型环保设备制造
12. 大型成套自动控制系统制造
13. 中药材、中成药半成品及成品生产

云南省

1. 粮食、蔬菜、水果、禽畜产品、水产品的贮藏、保鲜和加工
2. 林木营造及林木良种引进
3. 花卉及栽培技术引进、开发、经营；现代花卉园区建设和经营
4. 竹资源的综合利用
5. 天然香料、食用菌的种植、加工
6. 水资源合理开发、利用与保护工程
7. 滇池污染治理及环境保护工程
8. 绿色食品、保健食品开发、生产
9. 蔗糖生产的综合利用
10. 公路、独立桥梁和隧道的建设、经营
11. 煤炭加工应用技术开发及产品生产
12. 磷矿开采、高浓度磷复肥、磷化工产品生产
13. 中药、生物药开发、生产
14. 旅游景区（点）及其配套设施的开发、建设和经营

贵州省

1. 粮食、蔬菜、水果、禽畜产品、水产品的贮藏、保鲜和加工
2. 林木营造及林木良种引进
3. 竹资源的综合利用
4. 水资源合理开发、利用与保护工程
5. 公路、独立桥梁和隧道的建设、经营
6. 煤炭加工应用技术开发及产品生产

7. 钛冶炼、加工企业技术改造
8. 低品位、难选冶金矿开采
9. 钡盐生产企业技术改造
10. 磷矿开采、高浓度磷复肥、磷化工产品生产
11. 新型电子元器件开发、制造
12. 中药材、中成药半成品及成品生产
13. 旅游景区（点）及其配套设施的开发、建设和经营

西藏自治区

1. 粮食、蔬菜、水果、禽畜产品的贮藏、保鲜和加工
2. 林木营造及林木良种引进
3. 民族特需产品、工艺美术、包装及容器材料及制品生产
4. 公路、独立桥梁和隧道的建设、经营
5. 电力基础设施及新能源电站建设、经营
6. 铬矿的开采与加工（不允许外商独资）
7. 盐湖资源的开发利用
8. 新型干法水泥生产线
9. 藏成药品的开发、生产
10. 旅游景区（点）及其配套设施的开发、建设和经营

陕西省

1. 粮食、蔬菜、水果、禽畜产品、水产品的贮藏、保鲜和加工
2. 林木营造及林木良种引进
3. 棉纺织及印染生产企业技术改造
4. 公路、独立桥梁和隧道的建设、经营
5. 煤炭加工应用技术开发及产品生产
6. 煤层气资源勘探、开发利用
7. 铜资源的勘查、开采（不允许外商独资）
8. 天然气资源开发及天然气化工产品生产
9. 现场总线智能仪表制造
10. 新型电子元器件开发、制造
11. 天然药物、保健药物及保健用品生产
12. 民用飞机设计与制造（中方控股或占主导地位）
13. 旅游景区（点）及其配套设施的开发、建设和经营

甘肃省

1. 粮食、蔬菜、水果、禽畜产品、水产品的贮藏、保鲜和加工
2. 林木营造及林木良种引进
3. 优质酿酒葡萄基地建设，优质葡萄酒酿制
4. 马铃薯淀粉、玉米淀粉深加工
5. 水资源合理开发、利用与保护工程
6. 毛纺织生产企业技术改造、产业用纺织品开发、生产
7. 公路、独立桥梁和隧道的建设、经营
8. 超高功率石墨电极及碳素制品生产
9. 天然气化工产品生产
10. 钻机及油田设备制造
11. IC元件集成电路封装及电子专用设备、仪器制造
12. 旅游景区（点）及其配套设施的开发、建设和经营

青海省

1. 粮食、蔬菜、水果、禽畜产品、水产品的贮藏、保鲜和加工
2. 林木营造及林木良种引进
3. 水资源合理开发、利用与保护工程
4. 公路、独立桥梁和隧道的建设、经营
5. 铜、铅、锌矿开采、冶炼、加工（不允许外商独资）
6. 钾资源的开发、加工
7. 盐湖资源综合利用及产品生产
8. 新型建筑材料生产
9. 中药、藏药材种植、加工
10. 旅游景区（点）及其配套设施的开发、建设和经营

宁夏回族自治区

1. 粮食、蔬菜、水果、禽畜产品、水产品的贮藏、保鲜和加工
2. 林木营造及林木良种引进
3. 水资源合理开发、利用与保护工程
4. 葡萄的种植和酿酒
5. 玉米、马铃薯种植及深加工
6. 蚕养殖、蚕茧丝加工
7. 公路、独立桥梁和隧道的建设、经营
8. 钽、铌的冶炼和加工

9. 钽电容及钽粉生产制造
10. 旅游景区（点）及其配套设施的开发、建设和经营

新疆维吾尔自治区

1. 粮食、蔬菜、水果、禽畜产品、水产品的贮藏、保鲜和加工
2. 林木营造及林木良种引进
3. 优良蕃茄种植及深加工
4. 优质葡萄的种植及酿酒生产
5. 水资源合理开发、利用与保护工程
6. 公路、独立桥梁和隧道的建设、经营
7. 棉纺织生产企业技术改造及新产品的开发
8. 风力发电、太阳能发电的建设、经营
9. 锂盐的开发（不允许外商独资）
10. 旅游景区（点）及其配套设施的开发、建设和经营

当前国家重点鼓励发展的产业、产品和技术目录

(2000年修订。已于2000年7月27日经国务院批准，国家计委主任曾培炎、国家经贸委主任盛华仁签发第7号令予以发布，自2000年9月1日起执行。原《当前国家重点鼓励发展的产业、产品和技术目录（试行)》同时废止。)

为推进经济结构的战略性调整，促进产业升级，提高竞争力，特颁布《当前国家重点鼓励发展的产业、产品和技术目录（2000年修订)》。

确定当前国家重点鼓励发展的产业、产品和技术的原则是：①当前和今后一个时期有较大的市场需求，发展前景广阔，有利于开拓国内市场；②有较高的技术含量，有利于促进企业设备更新和产业技术进步，提高竞争力；③国内存在从研究开发到实现产业化的技术基础，有利于技术创新，形成新的经济增长点；④符合可持续发展战略，有利于节约资源和改善生态环境；⑤供给能力相对滞后，提高其供给能力，有利于促进经济结构的合理化，保持国民经济持续快速健康发展。

本着上述原则，当前国家重点鼓励28个领域，共526种产品、技术及部分基础设施和服务的发展。

本目录是国家引导经济结构战略性调整，改善投资结构以及审批投资项目的主要依据之一。

有关经济管理部门，要依据本目录，采取相应的措施，保证经济结构战略性调整的顺利进行。

对符合本目录的国内投资项目，在投资总额内进口的自用设备，除《国内投资项目不予免税的进口商品目录（2000年修订)》所列商品外，免征关税和进口环节增值税。

各地区要根据本地区的实际情况，认真分析国内外市场需求和供给条件的变化，从实际出发，量力而行，选择目录内有可能形成本地比较优势的领域发展，避免盲目重复建设。

一、农业

1. 动植物优良品种繁育
2. 重大病虫害防治
3. 农作物、家畜遗传基因工程及基因库建设
4. 种(苗）脱毒技术开发
5. 蔬菜、花卉无土栽培
6. 果、茶、桑等多年生经济作物良种繁育及优质产品开发
7. 农作物种子（种苗）繁育、储藏、加工、检验
8. 优质、高产、高效模式化栽培及养殖
9. 先进农业技术开发及推广
10. 农产品储藏、保鲜、加工及综合利用
11. 中低产田综合治理
12. 商品粮、棉、油、糖、肉、毛等农产品基地建设
13. 旱作农业、节水农业及生态农业建设

14. 天然橡胶种植
15. 草业
16. 水产品生态养殖
17. 秸秆氨化养牛
18. 奶业
19. 牛羊胚胎工厂化生产
20. 农业克隆技术开发
21. 土壤肥力培育技术开发

二、林业及生态环境
1. 天然林等自然资源保护工程
2. 植树种草工程
3. 水土保持技术及工程
4. 优质种苗工程
5. 经济林树种、花卉、中药材良种繁育及储藏
6. 森林灾害防治
7. 生态环境脆弱地区特殊困难立地造林技术开发
8. 生态示范工程
9. 速生丰产林工程
10. 竹林基地建设
11. 名特优新经济林建设
12. 防护林工程
13. 退耕还林及恢复森林资源工程
14. 荒漠化防治
15. 附带原料林基地的木浆造纸
16. 人工林、小径木材、竹材和林区剩余物的深度加工及系列产品开发
17. 木材功能性改良
18. 竹质工程材料及植物纤维工程材料生产
19. 林产化学工业产品的深度加工
20. 树木生理活性物质提取技术开发
21. 固沙、保水、改土新材料生产
22. 中幼林抚育工程
23. 天然经济林树种保护及开发
24. 珍稀濒危植物、野生动物保护及森林公园建设
25. 野生动植物基因库建设

26. 生态环境及小流域综合治理工程
27. 采矿植被恢复工程

三、水利
1. 大江、大河、大湖治理及干支流控制性工程
2. 跨流域调水工程
3. 水资源短缺地区水源工程
4. 干旱地区人畜饮水及改水工程
5. 蓄滞洪区安全建设
6. 海堤防维护及建设
7. 江河湖库清淤疏浚工程
8. 病险水库和堤防除险加固工程
9. 城市防洪工程
10. 出海口门整治工程
11. 综合利用水利枢纽工程
12. 微咸水、劣质水、海水的开发利用及海水淡化工程
13. 水能资源保护及开发
14. 水利工程用土工合成材料开发制造
15. 大中型灌区改造及配套设施建设
16. 高效输配水、节水灌溉技术及设备制造
17. 高效耐磨及低扬程大流量水泵制造
18. 水情自动测报及防洪调度自动化系统开发
19. 水利工程勘测设计(CAD)系列软件开发
20. 水文数据采集仪器及设备制造

四、气象
1. 自动气象站系统技术开发及设备制造
2. 特种气象观测及分析设备制造

五、煤炭
1. 煤田地质及地球物理勘探
2. 年产120万吨及以上高产、高效矿井（含露天）改扩建
3. 大中型高效选煤厂建设
4. 瓦斯、煤尘、矿井水、井下火灾防治
5. 工业及生活用环保型煤制造

6. 水煤浆技术开发
7. 煤炭气化、液化
8. 煤层气勘探及开发利用
9. 低热值燃料及煤矿伴生资源开发利用
10. 管道输煤
11. 洁净燃煤技术开发

六、电力
1. 水力发电
2. 大型煤矿坑口电站及重要枢纽电站建设
3. 热电联产
4. 太阳能、地热能、海洋能、生物质能及风力发电
5. 燃气联合循环发电
6. 洁净煤发电
7. 利用煤矸石或劣质煤发电
8. 远距离超高压输变电
9. 城乡电网改造及建设
10. 继电保护技术开发
11. 变电站自动化技术开发
12. 跨区电网互联工程技术开发
13. 电网商业化运营技术开发

七、核能
1. 百万千瓦级压水堆核电站建设
2. 低温核供热堆、快中子增殖堆、聚变堆、先进研究堆
3. 铀矿地质勘查和先进的铀矿采冶
4. 高性能核燃料元件制造
5. 乏燃料后处理
6. 核分析、核探测仪器仪表制造
7. 同位素及辐照应用技术开发
8. 先进的铀同位素分离技术开发
9. 核废料污染监视监测设备制造

八、石油天然气
1. 石油、天然气勘探、开采及利用

2. 原油及成品油管道输送及管网建设
3. 天然气管道输送
4. 石油、天然气储备技术及设施建设
5. 油气伴生资源综合利用
6. 油田提高采收率技术开发

九、铁路
1. 铁路干线网建设
2. 既有线路提速及扩能
3. 高速铁路系统技术开发及建设
4. 25吨轴重货运重载技术开发
5. 铁路行车安全技术保障系统开发
6. 重型优质钢轨及新型轨枕制造
7. 编组站自动化、装卸作业机械化及货场设备制造
8. 铁路客货运装备制造
9. 铁路客货运信息系统开发
10. 铁路集装箱运输

十、公路
1. 国道主干线系统建设
2. 智能公路运输系统技术开发
3. 公路快速客货运输系统开发
4. 公路管理信息系统开发
5. 公路工程新材料开发及生产
6. 公路新型机械设备设计制造
7. 公路集装箱运输
8. 特大跨径桥梁修筑技术开发
9. 长大隧道修筑技术开发

十一、水运
1. 沿海主枢纽港口建设
2. 内河干线航道及码头建设
3. 大型港口装卸自动化工程
4. 海运电子数据交换系统开发
5. 水运安全保障系统开发及设备制造

6. 港口新型机械设备设计与制造
7. 水上集装箱运输
8. 集装箱多式联运
9. 水上高速客运
10. 沿海船舶溢油监测及应急消除系统开发
11. 水上滚装多式联运

十二、航空运输
1. 干线机场改造
2. 高性能机场安检设备开发制造
3. 航空特种车辆制造
4. 航空计算机管理及其网络系统开发
5. 航空货物装卸、货场设备、仓储设备、集装器及其配套设备制造
6. 航空货物检测设备制造
7. 机场通讯导航系统开发
8. 机场高性能消防设备制造

十三、信息产业
1. 2.5GB/s及以上光同步传输系统建设
2. 155MB/s及以上数字微波同步传输系统建设
3. 卫星通信地球站建设
4. 网管监控、七号信令、时钟同步、计费等通信支撑网建设
5. 数据通信网建设
6. 智能网等新业务网建设
7. 宽带异步转移模式网络建设
8. 数字蜂窝移动通信网建设
9. IP业务网络建设
10. 通信链路实时调度系统(交叉连接)建设
11. 邮政金融网建设
12. 邮政综合业务网建设
13. 邮件处理自动化工程
14. 光纤波分复用传输系统设备制造
15. 2.5Gb/s及以上数字同步系列光纤通信系统设备制造
16. 数字交叉连接设备制造
17. 支撑通讯网的新技术设备制造

18. 卫星通信系统（含卫星移动通信）及地球站设备制造
19. 智能网络设备制造
20. 高速宽带数字程控交换机制造
21. 数据通信用网络系统设备制造
22. 同温层通信系统关键技术及设备制造
23. 155Mb/s及以上数字同步系列微波通信系统设备制造
24. 数字移动通信（GSM、CDMA、DCS1800等）手机，基站及交换设备制造（须经国家计委批准）
25. 有线及无线用户接入网系统设备制造
26. 数字集群通信系统设备制造
27. 路由器、集线器、网关、网卡等网络设备制造
28. 工作站、高性能服务器制造
29. 大中型电子计算机制造
30. 高性能微型电子计算机制造
31. 线宽1.2微米以下大规模集成电路设计制造
32. 新型电力电子器件及系统制造
33. 新型表面贴装元器件制造
34. 光电器件、敏感元器件及传感器制造
35. 电子专用材料、电子功能陶瓷材料制造
36. 软件开发生产
37. 计算机辅助设计（CAD）、辅助测试（CAT）、辅助制造（CAM）、辅助工程（CAE）系统开发生产
38. 电子专用设备、仪器、工模具制造
39. 大容量光、磁盘驱动器及其部件制造
40. 液晶显示器件、等离子体（PDP）显示器件等新型显示器件开发制造
41. 大屏幕彩色投影电视及其关键器件开发制造
42. 激光打印机、喷墨打印机制造
43. 单模光纤及光纤预制棒制造
44. 数字音视频广播系统设备制造
45. DVD系列数字激光视盘产品机芯、光头、专用芯片制造
46. 高密度数字激光视盘播放机(DVD)盘片制造(须经国家定点)
47. 数字录放像技术开发
48. 数字电视产品（包括传输设备、机顶盒、数字彩色电视机）制造
49. 普通纸传真机制造
50. 新型保密机制造
51. 多媒体终端制造
52. 高速无线寻呼系统设备制造

53. 数字多功能电话机制造
54. 新型频率器件制造
55. 无汞碱锰二次电池、镍氢电池、锂离子电池、太阳能电池制造
56. 移动通信用射频电缆制造
57. 混合集成电路制造
58. 6英寸及以上单晶硅、多晶硅及晶片制造
59. 喷墨打印机用墨水生产
60. 数字照相机制造
61. 多普勒雷达技术及设备制造
62. 空中交通管制系统开发与制造
63. 汽车电子产品制造
64. 医疗电子产品制造

十四、钢铁

1. 高效采矿及运输
2. 高效选矿及矿产资源综合利用
3. 氧化球团生产
4. 炼焦煤调湿、配型煤炼焦、捣固炼焦、干法熄焦技术开发
5. 高风温热风炉长寿技术开发
6. 高炉富氧喷煤技术开发
7. 高炉高效长寿综合技术开发
8. 直接还原
9. 熔融还原
10. 高炉、转炉煤气回收及综合利用
11. 铁水预处理
12. 钢水炉外精炼
13. 转炉溅渣护炉技术开发
14. 高效连铸技术开发
15. 连铸坯热装热送技术开发
16. 薄板坯、薄带坯等近终型连铸连轧
17. 冶金综合自动化技术开发
18. 控制轧制及控制冷却系统开发
19. 板型控制系统开发
20. 表面镀锌（锌、铝）、镀锡、彩色涂层及复合
21. 微合金钢冶炼

22. 大中型不锈钢冶炼新工艺
23. 冷轧硅钢片生产
24. 高强度机械用钢生产
25. 热、冷轧不锈钢板生产
26. 高速铁路用钢生产
27. 石油油井管及油、气长输管生产
28. 高铝矾土、硬质粘土矿开采及熟料生产
29. 冶金炉窑及节能技术开发
30. 高性能精密合金板带生产

十五、有色金属

1. 深部及难采矿床开采
2. 多金属共生矿综合利用
3. 难处理金矿、含金尾矿资源综合回收
4. 低品位、难处理铜矿利用技术开发
5. 稀有、稀散金属开发及综合利用
6. 采用焙烧新工艺、热压预氧化－氰化提金工艺和细菌氧化－氰化提金工艺开发利用难处理金矿石
7. 金属硫化矿无污染强化熔炼技术开发
8. 高效节能选矿和电化学控制浮选
9. 高效选矿药剂开发
10. 氧化铝生产及新工艺开发
11. 280KA以上预焙槽电解铝技术开发
12. 有色金属湿法冶炼
13. 超临界萃取技术开发
14. 铝及铝合金快速铸轧技术开发与设备制造
15. 非晶合金薄带制造
16. 稀土应用
17. 有色金属复合材料、新型合金材料制造
18. 高性能、高精度硬质合金、锡化合物、锑化合物及陶瓷材料制造
19. 高性能磁性材料制造
20. 超细粉体材料、电子浆料及其制品制造
21. 新型刹车材料制造
22. 地铁用高性能金属材料制造

十六、化工

1. 大中型化学矿山建设
2. 大型氮肥生产装置新建及现有氮肥企业的节能、增产改造
3. 高浓度磷复肥、钾肥及各种专用复混肥料生产
4. 各种新型化肥的开发利用
5. 高效、低毒、安全新品种农药的开发和生产
6. 易回收、可降解农膜生产
7. 采用新型节能、环保技术新建和改造现有无机化工生产
8. 新型精细无机化工产品生产
9. 新型涂料生产
10. 染料新品种生产
11. 饲料添加剂、食品添加剂、水处理化学品、油田化学品、电子化学品、造纸化学品、皮革化学品、胶粘剂生产
12. 新型生物化工产品生产
13. 新型信息化学品生产
14. 新型高效催化剂生产
15. 工程塑料及通用塑料的高性能化生产
16. 有机硅产品生产
17. 有机氟产品生产
18. 新型膜材料及制品生产
19. 无机纳米材料生产
20. 高等级子午线轮胎及配套专用材料和专用关键设备制造
21. 化工生产“三废”治理和资源综合利用
22. 生物活性饲料及肥料生产

十七、石化

1. 适应原油结构、油品品种结构调整和提高油品质量的炼油改造以及重油深度加工
2. 大型乙烯及后加工
3. 乙烯改扩建
4. 大型合成树脂及合成树脂新工艺、新产品制造
5. 大型合成橡胶和橡塑性弹性体先进工艺、新产品制造
6. 大型合成纤维单体及聚合物制造
7. 工程塑料及新型塑料合金生产
8. 符合经济规模的基本有机化工原料生产
9. 提高合成纤维差别化率技术及差别化合成纤维新品种制造
10. 乙烯氧氯化法制聚氯乙烯

11. 土工合成材料原料生产
12. 炼厂气、化工副产品的综合利用
13. “三废”治理及综合利用

十八、建材
1. 日产4000吨及以上熟料新型干法水泥生产
2. 新型墙体材料、新型保温材料、新型防水材料及新型建筑密封材料生产
3. 利废建材生产
4. 一万吨及以上无碱玻璃纤维池窑拉丝技术装备的开发及制造
5. 优质塑料复合门窗及年产万吨以上塑料管材生产线建设
6. 平板玻璃深加工技术开发
7. 50万件以上高档卫生洁具及30万件以上五金配件生产线建设
8. 非金属矿超细、改性深加工技术装备开发及制造
9. 高技术陶瓷技术开发

十九、医药
1. 国家一、二、三类新药生产
2. 高附加值的出口优势产品生产
3. 药用生物工程新技术开发
4. 放射性药品生产
5. 艾滋病治疗药物生产
6. 新型药物制剂及辅料生产
7. 医药紧缺的中间体生产
8. 新型诊断试剂生产
9. 新型药用包装材料生产
10. 新型卫生材料和敷料生产
11. 计划生育药物及器具新产品生产
12. 新药筛选技术与筛选模型开发
13. 新菌种培育技术开发
14. 抗生素提炼和纯化技术开发
15. 发酵过程自动控制
16. 大规模药用多肽合成、纯化
17. 大规模药用核酸合成、纯化
18. 高产基因工程菌生产
19. 天然类药物、海洋类药物生产

20. 中药有效成份的提炼、纯化及分析技术开发
21. 药物生产中的膜技术、结晶技术、超临界萃取技术、手性技术及拆分技术开发
22. 药品生产中大规模动植物细胞培养技术开发
23. 酶技术开发
24. 输液软包装技术开发
25. 药用丁基胶塞生产技术开发
26. 优质、丰产、地道药材技术开发及野生变家种技术开发
27. 中药饮片全浸润炮制工艺技术开发
28. 医学影像信息采集技术开发
29. 新型医疗器械及制造技术开发
30. 介入治疗用装备及器械制造
31. 植入、进入人体的新型医用材料生产
32. 高效节能制药机械制造
33. 医药生产废水处理技术开发
34. 填补国内空白的药物制造

二十、机械

1. 精密成型技术开发及设备制造
2. 五轴以上联动的高速、精密数控机床，数控系统及交流伺服装置、直线电机制造
3. 机械产品开发用先进计算机软硬件技术开发及设备制造
4. 机械产品开发用先进试验、检测技术开发及设备制造
5. 数控机床关键零部件（高速主轴、刀库、动力卡盘）制造
6. 新型传感器制造
7. 轿车轴承、铁路机车车辆轴承、精密轴承、高速轴承制造
8. 转轮直径8.5米及以上混流、轴流式水电设备及其关键配套辅机制造
9. 大型贯流及抽水蓄能水电机组及其关键配套辅机制造
10. 超临界火电机组制造
11. 60万千瓦及以上大型空冷机组制造
12. 10万千瓦及以上循环流化床锅炉制造
13. 3.6万千瓦及以上燃气、蒸汽联合循环设备制造
14. 大型风力发电机组制造
15. 核电机组及关键配套辅机制造
16. 50万伏及以上超高压交直流输变电设备制造
17. 大电流断流容量试验及变压器突发短路试验设备制造
18. 脱硫技术及装置开发

19. 新型绝缘材料制造
20. 大型化肥、乙烯装置关键制造技术开发及设备制造
21. 重大技术装备的分散型控制系统开发
22. 在线自动测试技术及系统开发
23. 大型精密仪器制造
24. 新型液压、密封、气动元器件制造
25. 智能式低压电器制造
26. 高强度异型紧固件制造
27. 20吨／时及以上树脂砂铸造设备制造
28. 先进模具设计、制造技术开发及设备制造
29. 大型真空电子束焊技术开发及设备制造
30. 可控气氛及真空热处理技术开发及设备制造
31. 安全生产及环保检测仪器新技术设备制造
32. 秸杆分解利用新技术及关键设备制造
33. 城市垃圾处理技术开发及设备制造
34. 大型污水处理技术开发及设备制造
35. 烟气脱硫脱硝设备制造
36. 重大自然灾害监测技术及设备制造
37. 消烟除尘成套设备制造
38. 环境监测仪器及测试仪器制造
39. 煤矸石发电成套设备制造
40. 粉煤灰储运、制砖成套设备制造
41. 废旧塑料回收利用设备制造
42. 海水淡化技术开发及设备制造
43. 工业机器人开发制造
44. 500万吨／年及以上井下无轨采、装、运设备制造
45. 2000万吨级及以上大型露天矿成套设备制造
46. 隧道掘进机制造
47. 地铁暗挖设备制造
48. 2米及以上大型冷热连轧及过程控制技术开发及设备制造
49. 3万立方米／时及以上空分设备制造
50. 机械式立体车库制造
51. 天然气集输设备制造
52. 石油化工装置配套用大型透平压缩机制造
53. 柔性版印刷关键设备制造

54. 全自动高速多色印刷设备制造
55. 先进、适用的农业机械设备制造
56. 农、渔、畜、糖蔗产品深加工及资源综合利用设备制造
57. 生态农业设备制造
58. 农业（棉花、水稻、玉米、豆类、青饲料等）收获机械及农机具制造
59. 林业机械设备制造技术开发
60. 真空精炼与铸造技术开发及设备制造
61. 新型仪表元器件及材料制造
62. 大型工程施工机械设备制造
63. 先进内燃机及关键零部件制造
64. 集中供热热量计量系统设备制造
65. 城市供水、污水处理仪器仪表及集中控制设备制造
66. 地铁变频变压（VVVF）设备制造
67. 城市轨道交通设备国产化项目
68. 石油天然气勘探、钻采设备制造
69. 高性能清淤设备制造
70. 城市绿化型草皮工业化生产技术及设备制造
71. 旅游抢险系统和设备制造

二十一、汽车
1. 汽车车身和车身附件开发及制造
2. 汽车、摩托车新型发动机制造
3. 汽车关键零部件开发制造
4. 汽车重要部件的精密锻压、黑色铸造、有色铸造毛坯制造
5. 汽车模具开发制造
6. 汽车轻型化新材料制造
7. 汽车、摩托车整车及发动机、零部件研制系统开发
8. 发动机管理系统、三元催化转化装置等汽车尾气排放控制系统开发制造
9. 国家级检测中心用于汽车、摩托车型式认证检测系统开发
10. 燃气汽车燃气转换系统等关键零部件开发制造

二十二、船舶
1. 高技术、高性能、特种船舶及6万吨级以上大型船舶设计及制造
2. 万吨级及以上客滚船、客箱船制造
3. 5000立方米及以上液化石油气（LPG）、液化天然气（LNG）船制造

4. 船舶主机制造
5. 船用电站制造
6. 船用曲轴、特辅机、电子仪表制造
7. 海上钻井船、钻采平台制造
8. 3000标准箱（TEU）及以上集装箱船舶制造

二十三、航空航天

1. 民用飞机及零部件开发制造
2. 航空发动机开发制造
3. 航空电子综合系统开发制造
4. 机载设备系统开发制造
5. 直升机总体、旋翼系统、传动系统开发制造
6. 航空航天新型材料、新工艺及应用
7. 燃气轮机制造
8. 卫星、运载火箭及零部件制造
9. 卫星应用
10. 航空、航天技术应用
11. 航空器地面模拟训练系统开发制造
12. 航空器地面维修、维护、检测设备开发制造

二十四、轻工纺织

1. 非金属制品模具设计、加工、制造
2. 符合经济规模标准的纸浆、纸和纸制品生产
3. 农用塑料节水器材制造
4. 新型高速九层以上瓦楞纸生产
5. 皮革后整理加工
6. 高技术陶瓷、高档出口日用瓷制造
7. 特种工业缝纫机制造
8. 酶制剂生产
9. 合成香料、单离香料生产
10. 无氟制冷技术开发
11. 黄原胶（食品级）生产
12. 新型包装材料生产
13. 新型复合材料制造
14. 数字印刷技术及高清晰度制版系统开发

15. 高档织物印染和高技术后整理加工
16. 单系列日产400吨及以上聚酯生产
17. 高仿真化纤面料生产
18. 纺织用油剂、助剂、染化料生产
19. 碳纤维、芳纶纤维、新型纤维素纤维以及多功能、差别化化学纤维生产
20. 特种天然纤维加工
21. 产业用特种纺织品制造
22. 高技术的轻工、纺织机械及关键技术和零部件制造
23. 单线能力3万吨／年及以上直接纺涤纶短纤维生产
24. 单线能力1万吨／年及以上直接纺涤纶长丝生产
25. 符合经济规模的连续纺粘胶长丝生产

二十五、建筑
1. 建筑工程计算机辅助设计
2. 建筑机械计算机辅助设计及制造
3. 建筑节能关键技术开发
4. 高层建筑与空间结构设备制造
5. 建筑施工关键设备制造
6. 住宅高性能外围护结构材料与部件制造
7. 新型建筑结构系统开发
8. 建筑隔震减震材料制造
9. 地下工程盾构施工技术与装备制造
10. 市政设施用复合管道制造
11. 墙体吸收噪声技术与材料开发

二十六、城市基础设施及房地产
1. 城市地铁、轻轨（设备国产化比例70%及以上）及公共交通建设
2. 城市道路建设
3. 城市交通管制系统及设备制造
4. 城镇供水水源、自来水、排水及污水处理工程
5. 城镇垃圾及其他固体废弃物无害化、资源化、减量化处理和综合利用
6. 城镇燃气工程
7. 城镇集中供热工程
8. 节能、低污染取暖设备制造
9. 城镇园林绿化及生态小区建设

10. 城市立体停车场建设
11. 经济适用住房建设
12. 城市汽车燃气改造工程

二十七、环境保护和资源综合利用
1. 生态及环境整治工程
2. 生物多样性保护技术与工程
3. 林区资源综合开发与利用
4. 废弃物综合利用
5. 海洋开发及海洋环境保护
6. 消耗臭氧层替代物开发
7. 放射性废物处理处置
8. 农膜回收及无害分解技术开发

二十八、服务业
1. 现代化配送中心、加工中心、代理经营配套设施建设及连锁经营
2. 粮食、棉花、食糖、食用油、化肥、石油等重要商品的现代化仓储设施建设
3. 农产品贸工农、产加销一体化经营及流通设施建设
4. 闲置设备调剂市场
5. 农业社会化服务体系建设
6. 旅游交通等基础设施建设
7. 重大旅游度假项目和专项旅游项目建设
8. 大型旅游资源综合开发项目建设
9. 旅游信息服务系统开发
10. 信用卡及其网络服务
11. 租赁服务
12. 文化艺术、广播影视、大众体育设施建设
13. 文物保护
14. 高等学校、职业技术教育及特殊教育
15. 远程教育系统建设
16. 信息网络建设
17. 城市社区服务中心及服务网络建设
18. 养老院、老龄公寓、老人护理院等老年服务设施建设
19. 残疾人服务设施建设
20. 基本医疗服务设施建设

21. 预防保健服务设施建设

22. 地级以上中心血站建设

23. 国家工程（技术）中心、国家重点实验室、高新技术创业服务中心、新产品开发设计中心、科研中试基地、实验基地建设

24. 技术推广、科技交流、技术咨询、气象、环保、测绘、地震、海洋、专利、技术监督等科技服务

25. 经济、科技、工程、管理、会计、审计、就业、法律、环保咨询

26. 高新技术广告制作、经济和科技展览、科学普及

27. 精密仪器、设备维修及服务

28. 科学仪器、实验动物、化学试剂、文献信息等科研支撑条件共建共享服务

国家高新技术产业开发区高新技术企业认定条件和办法

（2002年7月23日）

第一条 为规范全国高新技术企业认定工作，推动我国高新技术产业的发展，根据国家有关法规和政策，制定本办法。

第二条 国家高新技术产业开发区（以下简称高新区）内的高新技术企业认定工作，按照本办法进行。

第三条 科学技术部负责归口管理和指导全国高新技术企业认定工作。各省、自治区、直辖市、计划单列市科技行政管理部门（以下简称省、市科技行政管理部门）具体负责本办法在当地的实施工作。

第四条 根据世界科学技术发展趋势和我国的科技、经济、社会发展战略，划定高新技术范围如下：

（一）电子与信息技术

（二）生物工程和新医药技术

（三）新材料及应用技术

（四）先进制造技术

（五）航空航天技术

（六）现代农业技术

（七）新能源与高效节能技术

（八）环境保护新技术

（九）海洋工程技术

（十）核应用技术

（十一）其他在传统产业改造中应用的新工艺、新技术

科学技术部根据以上高新技术范围制定颁布高新技术产品目录，并根据世界高新技术的发展对高新技术范围和高新技术产品目录适时进行补充和修订。

第五条 高新技术企业认定的条件：

（一）从事本办法第四条规定范围内的一种或多种高新技术及其产品的研究开发、生产和技术服务。单纯的商业贸易除外。企业的高新技术产品，由省、市科技行政管理部门根据高新技术产品目录进行认定。

（二）具有企业法人资格。

（三）具有大专以上学历的科技人员占企业职工总数的30%以上，其中从事高新技术产品研究开发的科技人员应占企业职工总数的10%以上。

从事高新技术产品生产或服务为主的劳动密集型高新技术企业，具有大专以上学历的科技人员应占企业职工总数的20%以上。

（四）企业每年用于高新技术及其产品研究开发的经费应占本企业当年总销售额的5%以上。

（五）高新技术企业的技术性收入与高新技术产品销售收入的总和应占本企业当年总收入的60%以上；新办企业在高新技术领域的投入占总投入60%以上。

（六）企业的主要负责人应是熟悉本企业产品研究、开发、生产和经营，并重视技术创新的本企业专职人员。

第六条 区内高新技术企业的认定，须向高新区管委会提出申请，经高新区管委会审核后，由省、市科技

行政管理部门批准并发给高新技术企业证书。

第七条　对企业集团(总公司)及其下属企业(公司)进行高新技术企业认定时,应分别审查、认定。

第八条　经认定的高新技术企业变更经营范围、合并、分立、转业、迁移的,需对其重新认定。

第九条　经认定的高新技术企业享受国家政策规定的优惠待遇。

第十条　省、市科技行政管理部门会同高新区管委会对经认定的高新技术企业每两年进行资格复审。不合格者,取消其高新技术企业的资格。

第十一条　各省、市科技行政管理部门根据本办法,结合本地区的实际情况,制定相应的实施细则,并报科学技术部备案。

第十二条　本办法自发布之日起施行,由科学技术部负责解释和修改。

国家高新技术产业开发区“十五”和2010年发展规划纲要

一、形势与任务

在新的世纪里，智力资源的富集、优化和开发将会成为经济发展和社会进步越来越重要的推动力量。我国必须抓住机遇，迎头赶上，努力发展高新技术产业。

20世纪在科技产业化方面最重要的创举是兴办科技工业园区，这种产业发展与科技活动的结合，解决了科技与经济脱离的难题，使人类的发现或发明能够畅通地转移到产业领域，实现其经济和社会效益。

当前，鉴于科技园区在国家创新体系建设的核心地位，加速其规划与发展，已成为各国发展战略中的重要措施。

（一）取得的成绩和面临的形势

我国高新区自1991年建立以来，已取得了重大经济、社会效益，充分显示了高新区的优越性。

1. 超常的发展速度　按53个国家高新区统计，2000年技工贸总收入达到9209亿元，是1991年的105倍，平均增长率为67.8%；是1995年6倍，平均增长率为43.2%。

2. 巨大的经济效益　2000年利税总额是1991年88.8倍，1995年的6倍，达到1057亿元。人均工业产值为31.6万元，是1991年的5.1倍，1995年的2倍，是2000年全国平均值的10倍多。

3. 突出的社会效益　在高新区内创造了251万个就业岗位，拉动区外就业人数为直接就业人数的5倍。高新区工业增加值占所在城市的比重迅速提高。1999年，苏州占46%、吉林39%、绵阳31%、北京27%、南京27%、西安22%、武汉21%、深圳11%，有效地改变着当地的产业结构。

4. 大批高新技术企业迅速成长　至2000年底，共有高新技术企业达2.1万家，其中，技工贸总收入亿元以上的达1252家，过10亿的143家，百亿元以上的6家。联想、四通、北大方正和深圳华为等为代表的著名高技术企业在高新区迅速崛起。

5. 开发了大量高新技术产品　区内具有自主知识产权的高新技术产品份额达70%以上，近6000项省部级以上科技项目在高新区实现产业化，许多高技术产品出口国外，参与国际竞争。2000年出口创汇186亿美元，是1991年的103倍，1995年的6.3倍。

6. 聚集了大批科技产业化人才　至2000年底，国家高新区内大专以上科技人员83万人，其中工程师以上40.8万名，硕士近5.2万名，博士9000多名，吸引留学归国人员9700名。

7. 形成了科技创新和产业化发展的良好环境　高新区的建立，全面推进和深化了科教体制、经济体制和行政管理制度的改革，全方位推进产权制度、分配制度、劳动人事制度、社会保障制度的改革和现代企业制度的建立，为高新技术产业的发展提供了良好环境和条件。

随着近200家高新技术创业服务中心、大学科技园、留学人员创业园、软件科技园、专业技术孵化器、国际企业孵化器、国有企业孵化器、博士创业园等创业孵化机构的建立，为科技成果转化和科技人员创业提供了良好的创新创业的环境和条件。截止到2000年，131家创业服务中心具有272万平方米孵化场地，设立孵化基金7.4亿元，在孵企业7693家，累计毕业企业2770家，为社会创造了17.7万个就业岗位。

目前，国内外风险投资机构都把高新区作为项目投资的重点选择区。据不完全统计，共有39个省市建立科技创新及产业化投资机构约100个，其中以科技项目为主要投资对象的风险投资公司约40家，注册资本金额达

40多亿元,已投资122家高新技术企业,投入金额超过12亿元,另外还有约11亿元以上的投资意向。截至1999年8月,除国家科技型中小企业基金外,还有8个省市建立了科技中小企业创新基金,拥有资金大约3.5亿元。

绝大多数高新区和创业孵化机构在互联网上都建有网页和电子信箱;全国性的政府网站已经开通;北京、上海、天津、江苏建立了孵化器工作网络;西部、北方、国际企业孵化器建立了协作网络;西安、上海、北京的网络企业孵化器即将进入实质性运营。通过因特网进行孵化和服务将为我国科技产业化的发展在更大的空间和更深的层次上提供良好环境和优质服务。

深圳和苏州高新区首批通过了ISO14000环境管理认证,为国内外高新技术企业提供了国际水平的硬环境和公益服务。

国家高新区所取得的骄人成绩是在党中央、国务院宏观指导下,通过市场机制实现的。新千年进入知识经济时代,我国面临加入WTO及迎接经济全球化的挑战,也面临着发展的新机遇。调整产业结构和完善经济运行机制,是在经济全球化和科技飞速发展新趋势下,提高我国经济竞争力的必然选择,是解决我国社会发展深层次问题,提高经济发展水平,实现持续发展的根本性措施。加快科技进步是促进国民经济结构战略性调整的关键环节。高新区的建设与发展,已经成为加快科技产业化步伐,实现产业结构调整的重要基地。

(二)“十五”期间高新区发展的主要任务

目前,多数国家高新区基本上完成了初创时期的主要任务,建立了适合高新技术产业发展的管理体制与市场推进机制,奠定了产业发展基础,实现了原始资本的积累,,为在新形势下推动高新区进一步发展创造了良好条件。

高新区发展存在的问题:

1.创新创业环境建设需进一步完善,技术创新能力有待进一步提高;

2.特色产业不突出,企业规模偏小,市场覆盖为区域性;

3.国际化水平较低;

4.发展不平衡,有效竞争机制尚在形成之中;

5.辐射带动能力还没有成分发挥,对传统产业改造所作贡献不大。

“十五”期间,高新区的发展将进入创新建设时期。这一时期的主要任务是:

1.强化高新区科技创新、创业环境建设,建立创业孵化体系和公共创新服务体系;

2.努力抓好科技创业园的建设,扶持多种类型的科技创业孵化机构,吸引大批科技创业人才进园创业,大幅度提升高新区的自主创新能力和水平;

3.在现有产业发展基础上,各高新区应根据当地条件,集中力量扶持一二个在全国有影响的高新技术产业,形成特色主导产业;

4.提高国际化水平,按照国际规范建设高新区,扶持出口型高新技术企业和产品,增强国际化发展能力;

5.突出示范,分类指导,有条件的地方要办好高新技术产业带,全面提升高新区的整体发展质量和辐射带动能力,为经济结构战略性调整作出更大贡献。

二、指导思想与发展原则

本规划以科教兴国和可持续发展战略为前提,以实现局部跨越式突破、带动全局发展为主要指导思想,提出以下若干具体发展原则。

（一）把握发展方向，坚持市场导向

从国家中长期发展战略需求出发，坚持超前构想、科学规划。贯彻落实《中共中央、国务院关于加强技术创新，发展高科技，实现产业化的决定》。坚持政策调控市场、市场引导产业发展的方针。

（二）突出示范，带动全局

在全面规划、合理布局的前提下，适当集中资源，培育若干有代表性的示范高新区，形成国际竞争力，并引导和带动全国高新区发展。

（三）形成特色主导产业

各高新区应在政策和市场的引导下，形成一两个有特色的、有市场竞争力的主导产业。集中力量培养本地区的核心发展能力，成为本地高新技术产业发展的主导力量。

（四）点、线、面渐次推进

以高新区（点）、产业带（线）、密集区（面）的渐次推进方式，充分发挥高新区示范引导和辐射带动功能，形成依托东部发展优势，推进西部高新技术产业纵深发展，全面推动我国产业结构的优化调整，带动全国经济的持续快速发展。

（五）坚持中央指导，依靠地方推动

中央从宏观政策和专项资金上对全国高新区进行指导和支持。主要依靠地方政府和民间力量推动高新区的发展。使中央和地方两个积极性得以充分和协调发挥。

三、战略方针与目标

（一）战略方针

“十五”期间至2010年，国家高新区发展的战略方针采取“强化创新能力，发挥两个积极性，抓好示范引导，实现渐次推进”的方针。

1. 在强化市场机制条件下，发挥集中力量办大事的优势，依靠国家和地方力量办好示范高新区。中关村科技园区具有全国的影响力，具备世界级科技资源，将以国际一流水平加速建设。上海、深圳、西安和杨凌高新区作为不同类型、不同地区高新区的杰出代表和西部农业高新技术产业发展的核心基地，将以国际水平的高新区加以建设。其中上海作为生物和信息产业发展和传统产业改造基地；深圳作为香港与内地高技术产业发展的纽带、国际融资窗口和南方信息产业基地；西安和杨凌作为西部大开发的技术创新基地和农业高新技术产业发展基地，力争在“十五”期间达到国际水平，2010年达到国际一流水平；有关省市政府要抓好武汉、天津、沈阳、南京、苏州、青岛、杭州、广州、重庆、成都等区域性高新技术产业示范区，在中央宏观政策指导和专项资金支持下，加大改革力度，创造良好环境，提高办区质量，以国际科技工业园区的标准进行建设，带动周边高新区的发展，实现国家高新区整体发展质量的大幅度提高。

2. “十五”期间，在原有创业中心、高新区、产业带发展战略构想的基础上，创业中心将扩展提升为科技创业园，成为科技创新创业基地；高新区作为高新技术产业化基地；产业带将成为高新技术产业辐射区和传统产业改造基地，从而在更大范围内解放和发展科技生产力，带动产业结构的优化调整，有条件的省、地区可以进行产业带建设试点。

“十五”期间，待条件成熟时将全面推动高新技术产业带的建设，主要有如下地区：京津石产业带、沈大高速公路产业带、齐鲁火炬产业带、关中产业带、中原产业带、沈哈高速公路产业带、江苏沿江产业带、杭嘉湖产业带、湖北沿江产业带、湖南潇湘产业带、成德绵(渝)产业带、珠江三角洲产业带、闽南高科技走廊、环北部湾产业带等十余个产业带。

2010年以后,随着高新区、产业带的强力发展,将逐步形成我国高新技术产业发展的四大密集区:

环渤海高新技术产业密集区: 以北京中关村科技园区为中心,依托京津石、沈大高速路、齐鲁火炬、沈哈高速公路产业带。

沿长江高新技术产业密集区: 以上海高新区为中心,依托长江三角洲(江苏沿江、浙江杭嘉湖产业带)、湖北沿江、湖南潇湘、四川成德绵(渝)产业带。

东南沿海高新技术产业密集区: 以深圳高新区为中心,依托珠江三角洲、福建闽南高科技走廊、广西环北部湾产业带。

沿欧亚路桥高新技术产业密集区: 以西安、杨凌高新区为中心,依托关中、中原产业带,沿欧亚路桥延伸,东接齐鲁产业带,南接长江三角洲产业带。

实施西部大开发战略将有力地促进四大密集区的形成,将使东西部优势互补,构成我国高新技术产业纵深配置发展的格局,将对迎接加入WTO的挑战,进军国际市场产生深刻长远影响。

(二) 发展目标

1.“十五”发展具体目标是:在高新区完善体系、优化功能、促进产业发展基础上,国家高新区技工贸总收入将保持在平均年增长30%的速度,2005年将达到3万5千亿元,工业产值3万亿元,工业增加值8000亿元,税收1500亿元,出口创汇600亿美元;创造就业岗位500万个,人均产值60万元;亿元以上的高新技术企业达到3000家以上,50亿元以上的高新技术企业达到200家以上,百亿元以上高新技术企业20家;将北京中关村科技园区、上海高新区、深圳高新区、西安和杨凌高新区建设成为具有国际水平和具有强力示范、带动作用,能够代表中国形象的科技工业园区;各种类型的企业孵化机构达500家以上,在孵企业3万家,累计毕业企业6000家。

2.2010年的发展目标是:国家高新区的建设日臻成熟,创业和产业发展环境良好,创新体系和整体功能齐备,自主创新和发展能力强劲,拥有独特的创业文化氛围,基本完成创新建设阶段的主要任务,全面实施高新区、产业带和密集区的发展战略,若干具有国际一流水平和一批具有国际水平的科技工业园区将脱颖而出,10余个高新技术产业开发带将蓬勃发展,4个高新技术产业密集区将初显轮廓,基本实现高新区点、线、面的纵深战略发展,形成我国高新技术产业的强大实力和国际竞争力,从整体上优化我国的产业结构,经济总量将占到我国工业增加值、出口创汇的20%以上,为解决就业、保持社会稳定、融入经济全球化发展做出重大贡献。

四、措施与步骤

(一) 强化调控机制

强化高新区宏观调控机制是高新区发展的重要措施。

1. 应提高对高新区战略地位的认识,将高新区作为国家技术创新体系的核心、调整国家产业结构和实施西部大开发战略的关键措施予以统筹规划并将高新区发展规划列入国家“十五”总体规划之中,以国家意志强化规划调控的力度。

2. 按分类指导、层次推进的原则,作为重点示范,以北京为主,中央支持为辅,推进中关村科技园区的发展;依靠地方结合国家支持推动上海、深圳、西安和杨凌4个示范高新区的建设;各有关省市政府抓好当地示范高新区的建设,在国家宏观政策和专项资金的支持下,推动高新区的发展。

3. 由科技部完善高新区的资源调控、政策调控与考核措施，形成动态管理和竞争发展机制。

（二）优化园区体制

1. 强化高新区管理制度创新，依靠地方政府，深化体制改革，处理好区域行政管理与园区管理之间的关系，建立有利于科技创新创业、符合高技术产业发展的园区管理制度。

2. 建立科技产业化创新体系，在加速创办各种类型企业孵化机构和为中小科技企业服务的中介服务机构的基础上，建立以企业孵化服务机构为核心、创业资本市场和信息网络为主要组成部分的高新区创业孵化体系，并以此为基础，建立以官、产、学、研、资、介、贸诸方面相互融通，有机结合的公共创新服务体系。

3. 扩大高新区改革自主权，加大在产权制度、分配制度、劳动人事制度、社会保障制度、行政管理制度、建立以人为本的现代企业制度的改革力度，按高技术产业发展和市场运行规律，完善高新区的发展机制。

4. 推动高新区企业制度改革，通过产权制度和激励与约束机制建设，增强企业技术创新的内在动力，促进高新技术企业实现规范化、现代化、规模化、国际化的发展。

（三）完善政策措施

完善政策法规体系是实现高新区发展目标的根本保证。为使高新区的产业发展站在同一的国际竞争起跑线上，应制定税收、信贷、基建、进出口等优惠政策。

1. 税收优惠政策。高新区内各类企业孵化机构一律免征各种税收。在孵企业3年内所上缴的各项税收全部返还孵化机构，用于增加孵化资金。

对软件、归国创业等科技人才提高个人收入调节税起征点，降低留学人员回国创办企业注册资金的底限。制定风险投资机构的税收优惠政策，鼓励民间资本向高新技术产业投资。

2. 资金信贷优惠政策。将高新区基本建设，特别是信息网络工程建设纳入国债项目计划；由政策性银行安排高新区开发、生产、建设专项资金；允许外资银行全面进入高新区，并逐步开展人民币业务。

3. 基本建设优惠政策。高新区基本建设项目按统一规划安排建设，优先纳入当地固定资产投入规模；高新技术企业仪器设备可加大折旧率。

4. 进出口优惠政策。高新区要进一步加强高新技术产品出口基地和研究建立实行特别优惠政策的出口工业园，促进高新技术产业国际化的发展。

5. 其他优惠政策。国家示范园区和APEC科技工业园区享有独立的外事审批权、侨居和外籍人士居留审批权。国家高新区享有省级外商投资项目审批权和土地征占审批权。为鼓励科技创业，留学人员、大学生等在高新区内创办科技企业可适当放宽工商注册限额。

（四）实施步骤

“十五”计划期间为突出示范，创新建设阶段。

这一阶段以5个示范高新区的建设为主要引导。加强科技创业园、创新体系、主导产业、政策法规和基础设施的建设，使之形成良好的创新创业环境，优化功能、提高质量，具备特色，带动全国高新区的发展。

第十一个五年计划期间作为“十五”计划的延续，5个示范高新区进入规范化、规模化、国际化发展，各省、市示范高新区取得长足进展。在系统评估高新区发展状况的基础上，适时探索高新技术、产业带发展的作用机制与调控模式，实现我国高新技术产业的纵深和全面发展。

开发区建设篇

不断壮大集团实力　促进西安高新区跨越式发展

西安高新技术产业开发区

西安高新区创建以来，集团公司作为西安高新区开发建设的实施主体，紧密围绕管委会的中心工作，为西安高新区的基础设施配套建设和产业发展做出了巨大的贡献。

10多年来，集团公司与管委会按照“政策扶持、贷款起步、负债经营、滚动发展”的开发模式，由集团公司按照企业化方式融通资金，进行开发区发展所必需的土地开发、配套建设、环境营造、产业示范，完成了西安高新区第一次创业发展的宏伟事业。可以说，集团公司在高新区的快速发展中，发挥了不可替代的、非常巨大的作用。与此同时，集团公司自身也迅速壮大。目前，集团公司拥有资产超过60亿，在土地开发、配套建设、房地产、高新技术产业、宾馆服务等产业领域成绩显著，成为在西安乃至全国享有较高知名度和美誉度的大型企业集团。

2001年以来，集团公司在深化内部改革，加强内部管理，调整产业结构，提高人员素质等方面进行了积极的探索和实践，对新经济条件下集团公司如何积极应对，加快自身的发展进行了深层次的思考。面对我国加入WTO和世界经济一体化的大背景，集团公司在今后的定位、发展方向及经营模式等方面已形成了共识。这一点在新一届西安市委市政府提出“中国西安·西部最佳”、“建设西部强市”的奋斗目标、西安高新区启动“二次创业”的新形势下，具有特别重要的意义。

着眼于整个开发区和集团公司的长远发展，集团公司认为要继续做好以下工作：第一，加大西安高新区的土地开发和配套建设力度，保障配套开发所需的融资工作。集团要保证二期、长安园、新区配套开发所需的资金供应，各新园区的开发要做好成本控制，千方百计降低土地开发成本，珍惜并用好土地资源。第二，不断壮大集团公司自身实力。集团公司要站在新的世界经济大格局下，开阔视野，按市场经济的原则和惯例，不断加快集团公司的产业发展。以市场需求为导向，着力提高产业的档次和规模，提高产品的市场占有率，加强企业管理，降低成本，提高集团经济效益，壮大集团实力。第三，不断深化改革，增强集团公司整体竞争力。发挥集团公司重大决策中心和投资管理中心的职能，发挥集团公司对各公司发展的管理、支持、服务的作用。集团要从政策和资金上积极扶持，促进各企业的成长，把集团公司做强做大。各公司要按照集团公司的发展战略和统一部署，不断提高经营管理水平，服从集团公司的大局，增强集团公司整体竞争力。

西安高新区管委会和集团公司是开发区建设和发展的两只手，在开发区的发展中，两者缺一不可。高新区前10年的成功，是经营城市土地资源的成功，是资本运作的成功，更是管委会与集团公司合二为一体制创新的成功。前10年，集团公司对高新区的快速启动和滚动发展作用巨大，功不可没；在西安高新区的二次创业中，集团公司仍然是高新区发展必不可少的重要力量。管委会及各职能部门，将一如既往地给予集团公司更大更多的支持，促进集团公司的发展壮大，为西安高新区取得更大的发展做出新贡献。

构建传媒产业 形成泰达引资新热点

天津经济技术开发区工委 王柏秋

天津开发区自成立以来，经过不断的努力广泛吸引国际资本，形成了电子信息、生物制药、汽车机械和食品饮料四大支柱产业，同时这四大产业也成为我们进一步吸引资金和技术的有效载体。但是，从20世纪末起，天津开发区的招商引资工作面临着越来越严峻的挑战。如何创造天津开发区招商引资的新优势，多方位全角度地吸引各类大公司、大财团进入泰达是一件十分现实而紧迫的任务。必须在保持既有的优势同时，大力寻找新的切入点，筑就新的辉煌。以跨国公司为主导的跨国兼并与收购方式在20世纪末得到空前发展，成为国际资本流动的主要方式。据统计2000年以并购形式产生的国际投资已占直接投资的80%。中国入世后，跨国并购必然成为国际资本流入中国的主要方式。作为以吸引外资为主的开发区一定要创造条件，大力发展各种朝阳产业，创造吸引国际资本进入的条件。创造可以供国际资本并购的各种产业资源，开拓招商引资的新天地。

随着世界经济的发展，第三产业越来越成为综合国力的象征。逐步形成的文化产业概念，到20世纪80年代形成浪潮，这是现代世界文明发展的必然。而传媒是文化产业的巨子，是文化与经济联姻的龙头，传媒产业由早期的信息密集发展成为信息、人才、技术、资本四方面密集的行业，是当前公认的朝阳产业。传媒业大致有以下几种形式，一是传统媒介，如戏剧、图书、期刊、报纸；二是新生的传媒如电影、广播、电视、音像制品、互联网、手机短信息等。传媒业本身不仅是吸引资金、技术、人才的重要手段，而且创造出巨大的社会财富。美国好莱坞创造的经济指标按照投入产出比来看一点也不亚于纳斯达克。视听业产品已成为美国仅次于飞机的第二大出口商品，占国际市场的40%，在美国经济中的地位到1994年已跃居第6位。1997年美国制定的“北美行业分类系统（NAICS）”，将通讯、出版、电影、音像录制、有线电视等均列入信息产业领域，而信息设备、硬件制造如芯片、路游器、网络等被划入制造业。

中国已经成为WTO的一员，正面临着与世界文化的全面碰撞，中国传媒业将经历“成长的烦恼”。中国传媒业不仅要针对国内市场，而且要参与国际竞争。近年来我国陆续组建了几个报业集团、影视集团、出版集团。2002年被称为中国传媒的整合年。2000年我国传媒仅广告收入达712亿元人民币，2001年仅报纸广告就达311亿元，这些足以造就中国的时代华纳了；天津市每年10亿左右的广告市场份额造就几个传媒集团是不成问题的。由于管制的因素，中国传媒业被称为“暴利行业的最后堡垒”。随着大批制造业、物流业、服务业跨国公司的涌现和霸主地位的形成，新老传媒业也产生了大量的跨国集团公司，在世界企业500强中占有重要的份额。

国际传媒大鳄早已虎视眈眈，时代华纳落地广州、贝塔斯曼在书友会后再建印刷企业。国内官方传媒大举组团，国内公司或拓展收购或借壳上市公司化运做传媒事业，已是不争的事实，还不包括从一开始就是公司化运做的网站传媒。2001年开发区工委宣传部接待的比利时AIDA公司拟投资8000万美元在开发区建立多功能影城的意向，足以说明吸引传媒等方面投资的巨大可行性。国内很多媒体都在关注滨海新区的投资机会。如天津日报滨海版、天津广播电台、中央人民广播电台、经济日报、高新技术产业导报、华北信息报等都在寻机进入。塘沽VCD生产基地的建设，更表明传媒大资金的流入是可能的。各种资本都将以更加灵活多样的方式进入国内的各类传媒市场。

传媒业是典型的高税收、高利润环保无烟产业。同时传媒业生产的文化产品属于精神领域，与精神文明一样具有相对独立性，不直接依赖物质生产。传媒产业可以而且能够成为开发区的产业支柱。尽管现在全国各开发区都在争办自己的报纸刊物、电视、网站等，也有能够收支平衡和见到利润的报纸。但时至今日，包括天津开发区在内的全国各开发区对传媒业还没有广泛深刻的从产业经营角度的重视。有的开发区提出将电子信息、生物制药等作为主导产业，还没有人提出发展大跨越的传媒业。北京宣武区隆重推出了国际传媒大道，将致力建设以国际传媒产业为主导，以智能化、数字化的现代建筑为载体；以完善的综合服务配套设施为服务手段的大型国际传媒产业社区，大力发展传媒业，与中关村、CBD、金融街等北京名牌一争雌雄。包括新闻业、出版业、电影电视业、网络业、会展业、演出娱乐业、音像制品业等传媒产业将成为国际传媒大道的“客户”，可谓匠心独运。以开发区的经济实力发展传媒产业，将形成新的产业优势，成为开发区建立在新经济平台上“新九通一平”的重要组成部分。

实施传媒的产业运营，从某种意义讲是手段不是目的，其主旨也是为了更好地加强党对宣传文化事业的领导，树立中国的良好形象，代表中国先进文化的前进方向。古人云：空手无壮士，穷居使人低。一个没有极具扩张能力的大众传媒市场的经济强区是难以担纲历史巨人角色的。正如天津市第八次党代会报告所讲，“一个城市，没有发达的经济，就没有地位，没有高品位的文化，就没有凝聚力”。大上海的十里洋场让人长久回忆的不是经济数字，而是新文学、电影等精神文化的东西。天津是一个有着丰厚文化底蕴的城市，天津发展传媒业是有历史渊源的，历史上大公报、南开大学、天津碱厂就并称天津的三大支柱。天津诞生了中国第一个电报局、第一台电视机，全国晚报业的经典《今晚报》，文革后第一个大众化的娱乐刊物《八小时以外》。天津开发区要想长久地写入中国历史必须拥有自己的强势传媒体系。

最近天津外事办一项调查显示，外国人通过传媒了解天津的比例为12%（互联网6.4，电视3.6，会议1.6，报纸杂志0.4），可见传媒阵地的建设和开发区的信息进入西方社会还有很长的路要走，有很多的工作要做，也可以说大力发展传媒产业就是实践“三个代表”的集中体现。

天津开发区作为以资金注入为主要动力的区域，形象树立与推销区域形象更是重中之重，但在全社会普遍重视传媒有效传播方式的情况下，使天津开发区的宣传攻势明显优于其他区域的难度越来越大。天津开发区的外宣工作经过多年积累，取得了不小的成效，但要取得更大的效果，则如同站在高山上往脚下加砖头，费力不少，收效却不明显。为此必须另辟蹊径，再登高山。现在全国共有2000多种报纸，8000多种刊物，天津开发区仅占其一，与天津开发区在全国的经济比重（天津开发区工业增加值占全国的0.9%，GDP占0.32%）不成正比。如果天津开发区能够拥有自己强势的传媒业，成为大众传播的重要信息源，必然会引起广泛的关注。区域的知名度自然会显著提高，资金的流入自然会更通畅。一句话，就是开发区需要自己的主流媒体的阵地。

吸引各类资金进入天津开发区发展传媒业，大致有几方面工作可以做。第一，大力抢夺新闻媒介资源——

刊号（频道）、资金、人才。其中刊号（频道）包括图书出版号、期刊号、报纸号、广播频道、电视频道等，在我国目前皆属稀缺资源，是吸收资金和人才进入的必要条件。开发区现在有能力争取或收购更多的刊号（频道），以此来吸引各类资金的进入，这有点像办个网站等待收购一样，其实这完全符合外资进入中国趋势的变化。2001年滨海时报招聘时就有人想带动社会资金进入企业化运作，国内这方面比较成功的当属成都商报。有迹象表明，我国的媒体将逐渐开放，必将成为吸引外资的重要渠道。

第二，风物长宜放眼量。开发区可结合产业发展，与已形成的四大产业优势相呼应，创办一些专业研究与应用的期刊，进一步发扬自己的优势。方便面的国家标准就产生于天津开发区，而开发区却没有这方面进一步巩固的学术阵地，实属缺憾。比如我们在力争成为中国的手机之都，作为手机之都不仅要有坚实的产业基础，还要有与之相适应的研究和应用方面的舆论强势，创办手机研究与市场开拓的期刊，来强化自己的地位。这相当于每个专业研究机构不仅有研究队伍还有自己的学术宣传阵地。食品、机械、生物、物流、焊接等方面我们都有优势，但缺乏强势舆论。所以要加大这方面的创建力度，使之成为开发区产业发展的旗帜，成为外资传媒关注的投资目标。

第三，要抓住各种传媒流通环节，像重视大型物流产业一样重视传媒业的流通环节。如吸引国内正在组建的图书、报纸、音像的发行集团，广告集团将总部设在天津开发区。如天津市拟建的天津印务中心和出版物、影视剧、版权、广告批销中心和配送中心，吸引国家正在组建的图书发行中心配送中心等新建的传媒业联合舰队入区经营。调动财政、风险投资、上市公司的资金，如发行集团公司、音像制作和创作公司，甚至是演出公司等。关注世界九大（时代华纳、迪斯尼、贝塔斯曼、维亚康姆、新闻集团、索尼、TCL、环球公司、日本广播公司）传媒巨无霸的动向，吸引那些准备在中国开展业务的跨国传媒公司在开发区内设立相应机构，带动相关产业的发展。

第四，吸引各方面资金建立出版社、报社、期刊社、音像制品制作发行公司、印刷公司等，随着制作与发布的分离，可以成立传媒辛迪加，为各类报刊、影视传媒提供除新闻以外的专栏专刊作品。传媒辛迪加就相当于一群自由撰稿人的集合。国内这样的机构刚刚萌芽，恰是开发区抢抓的大好时机。如果传媒业的核心业务能够大规模地开展起来，那么相关的上游和下游行业——广电器材、纸张、印刷物资、铸塑、新材料等行业的进入，就会相当顺利。

全面建设开发区的信用体系

哈尔滨开发区

哈尔滨经济技术开发区从2001年6月开始推进“信用开发区”建设。经过1年来的开拓建设，对政府行为进行规范，共同打造哈尔滨开发区的信用环境，维护政府的形象，保护金融及服务性企业的利益，支持了诚信企业的发展，塑造了一个崭新的信用开发区品牌。

哈尔滨信用开发区建设分为三个层次:信用环境、信用经济、信用文化。信用环境是信用开发区的基础信息体系,是信用经济发展的机制保障;信用经济是市场经济规范发展的必然要求，是信用环境发展的必然结果;信用文化是信用经济的软环境保障，是信用发展的社会氛围。哈尔滨开发区经过工作实践，建立起了以政府为主导，以银行、社会服务机构、区内企业为依托，以政府、企业、中介机构、企业经营者为信用服务对象，以经营信用、金融信用、社会信用、政府信用为信用主体，以信用征集、信用评价、信用担保、风险预警、信用管理等为内容，以开发区信用网络信息管理系统建设为手段，全面打造系统化、规范化、网络化的信用开发区体系。

通过信用开发区建设，实现了“四个促进”。即促进企业增强信用意识，对内加强信用管理，对外重视信用形象;促进企业家加强道德自律和诚信品质的修养;促进企业获得银行的信贷支持和获得交易对手的信任,降低企业交易成本;促进政府职能转变、改革审批制度。

哈尔滨开发区的信用体系建设有五个特点:

第一个特点是建立了经营信用、金融信用、社会信用、政府信用相配套的系统性信用体系。依照“诚信光荣处处通畅，失信可耻事事难行”的信用开发区管理理念，培养企业“信用是品牌、信用是财富、信用是生命”的信用意识。并相应建立起3个企业信用评价机制，即社会信用、金融信用、经营信用，重在规范企业经营行为、增强社会服务意识、提高企业融资能力、降低整体经营成本。培养政府依法行政、重视信用的行政执法观念，建立了以企业对政府评价的政府信用评价机制，让政府各部门规范行政行为，重视自身形象，以服务承诺为先导，以信用评价为保障，将政府行政行为转化为阳光工程。

第二个特点是在全国率先综合众多的各政府职能部门、金融及服务性企业组成新的共建组织。从2002年年初开始，信用开发区共建的政府部门12个、金融部门9家、服务性企业单位有2个，以开发区企业协会牵头代表开发区3000家企业。由开发区管委会为总牵头部门，协调工商、国税、地税、技术监督、房产、公安、法院、检察院、检验检疫、海关等部门组成的开发区信用政府部门信息源；由电信、电业、物业、中介有关服务行业形成服务部门信息源；由银行、投资公司、担保公司、保险、典当、产权交易等各类金融服务部门形成金融信息源；由企业协会牵头的3000家企业组成评价政府信息源。这些信息源一是保证了信息的完整性、可靠性，将全社会、全方位的信息资源共享，最大限度地将各方信息有效地综合利用起来，避免了由于条块分割造成的信息不畅。二是为信用体系提供了强大的保障手段。开发区的政府部门、金融部门、服务性机构联合起来，将法律手段、行政手段、经济手段集合在一起共同强化对诚信企业的支持，加大对失信企业的监管打击力度，塑造了一个全新的信用开发区品牌。

第三个特点是在全国率先推出中介组织的信用评价。中介是市场经济的助推器，是市场经济发展到一定规模后必要的专业化结构性支撑。哈尔滨开发区的中介作用评价机制就是要给中介机构加一道市场生死线，让诚信者生机勃勃，让失信者无处存生。

第四个特点是在全国率先推出经营者信用评价机制。国内不少地区已推出个人信用制度，但那些都仅仅是针对个人消费信贷推出的。而哈尔滨开发区的经营者信用评价机制是与开发区整体信用体系相配套的，重在防止经营者不珍惜企业的信用，通过各种规避手段，如变更企业名称、废旧立新等方式，逃避惩罚。

第五个特点是按“三结合”原则，推进信用开发区建设。开发区信用体系建设在推进过程中，一是注重把信用开发区建设与行政审批制度改革相结合，在全国率先推出企业联合年检，并根据企业的信用等级，对凡是开发区AA级以上的企业给予免检待遇，对B级以下的企业严管严查。将开发区内3000多家企业、中介评定了信用等级，这次开发区企业联合年检中共有297家企业8类385项分别享受免检待遇，在开发区初步树立了一批资信优良的企业典型。二是注重把信用开发区建设与数字开发区建设相结合，开通了信用开发区网，便于企业了解信用体系、重视信用管理，全社会可以在网上查询企业、中介的信用等级。在企业联合年检中通过企业网上一表制报表，实现数据共享，减轻了企业负担，提高了年检的工作效率。三是注重把信用开发区建设，按照非违法不介入的原则，对诚信守法有良好信用等级的开发区内企业实行切实有效的保护。

“创新制造型”的发展构架已形成

上海张江高科技园区

1992年7月28日，张江高科技园区正式挂牌成立，成为继陆家嘴金融贸易区、金桥出口加工区、外高桥保税区之后，浦东新区又一重点开发区。经历了1992年至1996年的基础开发阶段、1996年至1999年的产业基地框架形成阶段，以及1999年“聚焦张江”战略决策出台以后的快速发展阶段，如今展现在人们面前的张江，已经成为一个创新创业氛围浓郁、人文环境与科技发展高度融合的高科技园区。2002年，上海市委市政府黄菊书记、陈良宇市长视察园区时，充分肯定了“聚焦”两年来张江所取得的跨越式发展，尤其是在信息产业方面的迅猛发展，要求张江要建设成为新世纪浦东新一轮开发开放的新亮点。

张江园区的快速发展，无疑来自于“聚焦张江”战略实施的强大推动。2000年和2001年是“聚焦”的头两年，其间，园区引进项目231个，吸引外资45.77亿美金，吸引内资51.5亿元人民币，固定资产投资达102.6亿元人民币，完成土地开发面积8平方公里，这五项指标分别是前7年的5.4倍、3.6倍、2.6倍、2.4倍、4倍。张江开发公司的注册资本从原来的2.52亿元人民币扩增至7.71亿元人民币；净资产从原来的4.14亿元人民币增至目前的13.8亿元人民币。

2002年，园区继续承接良好的发展势头，截至6月份，引进合同项目137家，同比增长132%，其中外资项目54个，内资项目83个，合同吸引投资额约5.31亿美元。园区累计引进合同项目457个，吸引投资额超过70亿美元。园区固定资产投资持续保持较高发展势头，完成投资40.25亿元，同比增长65%。实现工业销售产值31.5亿元，同比增长52%，高新技术企业实现工业销售产值28.3亿元，占园区总产值的70%。出口交货值5.2元，同比增长12.6%。

步入2002年的园区发展亮点不断涌现，“聚焦”的效应进一步放大，“聚焦”成果也得到了进一步巩固，“创新制造型”的发展构建基本形成。

——张江已成为创业创新人才奋斗的起点和事业发展的推进器。目前，留学生创业企业已达250余家，浦东90%的回沪留学生都燕归张江。留学加拿大的郑志鸿、赵箭夫妻共同创立的大道计算机公司、留美博士常兆华创立的微创医疗器械公司已成为业内知名企业。各类“头脑型”企业由原先100余家迅速发展至600余家。无论是具有百年历史的世界500强企业如GE、勃林格，还是国内新生代的联想、东软、中兴，都纷纷落户张江；

——张江已将科技创新和产业发展紧密联系在一起。审上海改革开放进程之时，度世界科技发展之势，明确将信息和生物医药确定为张江的主导科技领域，而且在集成电路方面形成了晶园制造、芯片设计、封装测试、设备安装、配套服务和教育研发等环环相接的集成电路产业链。信息产业和生物医药产业在张江已初具规模。在产业集聚的基础上，张江又向着形成自主创新的核心竞争力的目标进发；

——张江已具备了优美的园区环境和高质量高品位的服务。园区内“鼓励成功、宽容失败”的创业文化和“自我设计、自主经营、自由竞争”的创业氛围正在形成。今日之张江，设施先进、环境宜人、配套设施齐全、同时还构筑起社会化的综合创业服务体系。园区内已集聚了29家社会中介服务机构，发挥着信息服务和人才培训等多种服务功能，风险投资机构也迅速发展到46家。张江正成为风险投资的集聚地，成为海内外投资家和创业者瞩目的焦点；

——张江已形成了顺应世界经济特别是科技园区发展潮流的创新的体制与机制。国家每投入一元钱的资本，就能吸引和调动了14元民间资本和12.57元美元外资投向张江；2001年，园区相继组建了各具特色的四大基地开发公司，促使张江的开发主体走向多元化。为了增强园区发展能力，积极探索了“公司建设—政府回租—授权经营”的开发模式。张江正以机制和体制的不断创新，使“张江的事在张江办结”成为现实，并努力成为最具有活力的中国新一代高科技园区。

中国加入WTO之后 泰达对外招商引资策略

天津经济技术开发区

天津经济技术开发区（TEDA）（以下简称天津开发区）成立于1984年，是经国务院批准成立的第一批国家级经济技术开发区之一。到今天，凭借其优越的地理位置、良好的区域配套环境和完善的服务，已经成为中国最成功的工业园区之一。2001年全区实现GDP 312.03亿元人民币，工业生产总值 865.11亿元人民币，出口 40.35亿美元，财政收入约 67亿元人民币。截止2002年6月，天津开发区已成功吸引了来自世界70多个国家和地区的投资，区内已经成立了3400多家外商投资企业及台资、港资企业，形成了电子电气、食品轻工、机械制造和生物医药四大支柱产业，一大批国际著名的跨国公司已进入区内投资，包括美国摩托罗拉、霍尼韦尔、可口可乐、百事、柯达、葛兰素—史克，法国施耐德、拉法基，丹麦诺和诺德，瑞士雀巢，日本丰田、松下、雅马哈、三洋，韩国三星、现代和中国的台湾顶新、统一与英业达等。根据2001年统计，美国《财富》杂志评选的500强企业中，有35家在开发区投资建立了70家企业。

1994年，天津市政府提出了建设天津“滨海新区”的新概念，将天津开发区、天津保税区、天津港及周边几个区域统一合并为“滨海新区”，并提出了“战略东移”的规划，将位于天津市内的制造业逐步迁移到滨海新区。作为滨海新区的经济中心，天津开发区也适时提出了自己的区域功能定位，即:建设现代化国际港口大都市的标志区和中国北方的加工制造中心。目前，天津开发区正在进一步的改善区域投资环境，一批重要工程包括市区至开发区的轻轨铁路，文化广场、数字图书馆、金融区、森林公园等正处于紧张有序的实施当中，相信再过几年，天津开发区将被打造成一个全新的中国吸引外资的乐园。

加入WTO对招商引资工作的影响

一、在制造业中，中低技术水平的劳动密集型产业将吸引更多来自我国中国香港、中国台湾和亚洲周边国家的外商投资。目前,我国在世界上具有竞争力的产业主要集中在中低技术档次的劳动密集型行业。随着中国加入WTO，世界市场也将向中国产品扩大开放，导致贸易机会增加，商品贸易规模扩大，供给增加，从而带动投资和当地生产的增长。以纺织业为例，美国纺织品制造商协会说，将使美国纺织和服装业失去15万个就业机会，占总数的12%。一些美国分析家还认为，可能夺走向美国出口的其他发展中国家的市场份额。近年来美国纺织业已不断向中南美洲转移，中国加入WTO，必将使世界纺织品生产和贸易格局发生进一步调整。根据乌拉圭回合谈判中达成的纺织品服装协议（ATC），世贸组织所有成员分三个阶段取消对纺织品进口的数量限制，即在2004年以前完成纺织品自由。据测算，到2005年，中国纺织品在欧美的市场份额将比目前提高30%。其他如轻工、服装、工艺、食品、家用电器、中低档机电产品等都将与纺织业一样，出口贸易机会将会增加，国内生产规模将扩大，从而会吸引更多的外商投资。

欧美企业的投资也会增加，但在这些行业里不会成为主要的来源。一般而言，中低技术档次的劳动密集型行业在欧美国家成为边际产业的历史已经较长，比较优势已基本丧失，产业转移也基本完成。虽还有一些产品生产的差异优势，也可能对外投资，但数量不会很大。而在亚洲国家和地区中，这些行业成为边际产业的历史较短，有的甚至刚刚进入产品生命周期的标准化阶段。在企业的国际投资竞争中，来自亚洲国家和地区的投资更容易在中国大陆延续其比较优势，更容易使投资者作出新的国际生产的安排，取得新的竞争优势。

二、在制造业中，技术水平较高的资本密集型行业欧美日跨国公司投资将增加。从世界产业结构变动趋势看，这些行业的许多产品在欧美等发达国家已进入其生命周期的标准化，有的正在或即将成为边际产业，面临跨国投资实现产业转移和结构调整的挑战，对外和兼并收购海外企业已成为一些发达国家自身结构调整的内在要求。尤其在欧美日相互竞争中，欧盟和日本的制造业在经济结构中所占比重更大，调整的要求更强烈，欧盟和日本制造商更需要海外投资市场。从分工的梯度逻辑来看，它们选择比中国发达程度更高的国家和地区进行投资可能更容易创造或延续其竞争优势。尤其是这些行业中尚保存差异的产品，发达国家更倾向于进行相互投资。因此在这些领域，我国吸收跨国公司投资将面临与其他国家的竞争。特别是从20世纪90年代以来，愈来愈多的国际直接投资采取购并形式。从1996年以后，全球直接投资一半以上是以跨国企业购并形式进行的，而且90%以上发生在发达国家之间。我国连续6年成为吸引外资最多的发展中国家，我国允许跨国购并的政策环境和其他社会基础设施还存在不完善之处，吸收欧美日跨国公司投资还难以适应当前国际资本流动的变化趋势。

当前国际资本流动的新趋势反映了世界经济结构变化的发展方向。我国应尽快研究和调整利用外资政策，以便扩大吸收欧美日跨国公司的投资，特别要积极探索在国有企业改革中利用外资的有效途径，完善相关立法，允许外资进入企业拍卖市场或通过购并参与国有企业的改组改制，并有重点地推动国有大中型企业与跨国公司的联合。

三、汽车工业的外资流入在短期内受到不利影响，但从长远看，汽车工业将是吸收外商投资的重要领域。中美协议鼓舞了发达国家的汽车厂商，已在中国进行汽车制造的厂商在准备进行更加激烈的竞争，汽车零部件贸易商正等待大举进入中国市场。但在此之前，汽车工业的关税和非关税保护，曾激励一部分外国投资者对中国汽车工业投资，一旦丧失保护，在短期内，会使世界上大汽车制造商的市场战略从投资进入暂时转变为出口进入，以攫取贸易利益，这将不利于吸收外国直接投资。

但从世界产业结构变动的趋势看，许多类别的汽车产品的生命周期已逐步进入标准化阶段。汽车工业的比较优势、差异优势在国际间转移的趋势正在加速。随着中国加入WTO，外国汽车进口的增加，将逐渐导致提高当地生产水平以替代进口的需求。面对新形势和未来转变的挑战，我国汽车工业利用外资政策要进行主动调整。允许外商投资企业合理竞争并在合资企业中增资扩股或建立控股企业。这样有利于促进汽车工业利用外资，有利于开发当地生产，有利于促进内资企业与跨国公司的联合，最终有利于壮大我国民族经济。

四、电信业将是外国直接投资大幅度增加的一个重要领域。目前，中国电信设备市场对外开放已经达相当高的程度，外资企业生产能力已占全国的70%以上。中国之所以坚持在开放电信服务市场的初始阶段在合资企业中控股，是因为电信服务涉及国家安全，我国电信服务企业尚难于应付国际大跨国公司的竞争。中国电信管理体制与企业经营机制还不适应WTO的要求，这都需要在开放市场的初步阶段有一个必要的过渡期，以让中国电信服务企业创造一个具有参与公平竞争的自身条件。坚持外商投资电信服务企业的初时阶段由中方控股是合理要求。尽管欧美一些大公司对此不满意，但仍会有许多大公司愿意接受这个条件而投资中国电信业。外国投资的增加会进一步带动电信设备产品生产的投资增长，整个电信业会成为外商投资的一个重要领域。

五、金融和保险业将是外国直接投资增加的重要领域。美国银行界认为，中国加入WTO，是打入中国大市场的机会。尽管外国银行业的存贷款利率将继续由中国当局确定，使外国银行将不能在价格上削弱中国内资金融机构的竞争能力，但中国金融仍面临外国银行的激烈竞争。中国银行业的管理水平、资产质量和技术能力等方面都明显表现出竞争力较低，将诱使外国投资者大规模投资中国银行业市场，这将使中国银行业所有制结构发生较大变化。

在保险业领域，我国保险企业的竞争能力相对高一些。纽约人寿保险公司董事长塞斯特恩伯格说，美国商界认为，如获得中国1%的市场份额，就会使纽约人寿保险公司的业务扩大一倍，使保险单持有者达到600万。美国保险业巨亨们都认为，这对美国整个国家利益都非常有利。可以预计，保险业的外国投资将有一个较大的增长。保险业市场上的中外竞争和外国企业之间的竞争将会明显增强。从中国方面来看，外资保险公司的进入，将给中国保险业带来新的保险技术，新的保险技术不仅有新的险种组合，而且还有先进的经营管理技术。外资保险公司将使竞争态势加强，中国内资保险公司的竞争压力也将加大，这有利于改善市场结构，促进内资企业改善服务质量，提高自身竞争力，从而全面提高中国民族保险业的竞争力。

招商策略变革

随着中国成功加入WTO，很多游戏规则都在变化之中，在这种大环境的扭转推动下，开发区的外资工作思路和方式到了思变之日。

一、政府招商角色转变

天津开发区的招商引资工作主要由经济发展局负责，经济发展局同时也是天津市工商行政管理局天津开发区分局，具备招商、审批和工商登记注册三项职能，这在全国也是独一无二的。招商办和外资科人员以年轻人为主，均为大学本科以上学历，专业以外语为主（英、日、韩、法、德），并兼有经济、电子和工程等专业人员。此外，天津开发区还分别在美国芝加哥、纽约、旧金山，德国科隆，日本东京及中国北京和上海设有代表处，主要也是负责本地区的信息收集和渠道建立工作。

这种政府审批职能与招商引资相结合的形式，大大的简化了外商在TEDA的投资和设立程序，在中国加入WTO之后，各项相关外资改革措施之一就包括如何简化审批手续。政府参与招商可以在了解项目的基础上，灵活掌握政策尺度，并可以随时发现一个企业在成立期间和运营期间所存在的障碍和问题，使得政府的工作变得有针对性，变得更有效。

二、招商渠道多样化

一个地区进行招商推广、引进投资者，其原理与为一件商品做推销是一样的。不同的只是招商引资工作需要推广的这个“商品”是一个地区的整体投资环境（包括硬环境和软环境），它的“顾客”就是来这里的投资者。招商工作的一个重要步骤就是要采用灵活多样的手段，利用广泛而恰当的渠道去发现潜在的投资者，并通过一定的渠道把介绍、宣传本地区的信息、资料传递给这些可能的顾客，并与之建立联系。

发挥产业招商独特魅力

如果一个区域的产业配套完善，那么，要吸引该产业的投资者到区域内投资则容易得多。比如天津开发区的主打产业是电子信息通讯产业，其一，摩托罗拉在天津开发区建立了其亚洲通讯产品基地，成立了中国移动通讯产品最大的生产基地，因此一大批的电子通讯零部件厂商为此吸引前来开发区考察和投资；其二，我们与天津市电子仪表工业总公司建立了良好的伙伴关系，在韩国三星集团项目上，可见一斑，并且这样的专业公司为我们不断更新相关产业数据，使得我们掌握了“职业化”的第一手资料。因此，与强力产业相结合，与专业公司彼此配合的工作是招商工作中很关键的环节。

整合中介机构有效力量

这里的中介机构主要包括投资咨询公司、律师事务所、会计师事务所、商会等扮演桥梁角色，发挥催化剂作用的单位。它们一般与许多跨国公司都有业务来往，也掌握着一些公司的发展计划及投资动态。跨国公司在选择投资地点之前都会聘请一些咨询公司为其做各项调查、比较、分析；聘用律师事务所为其做各地的法规比较，起草法律文件和办理法律手续；聘用会计师事务所为其从财务、税务的角度做分析、比较、策划项目财务预算等。这三种机构提交的分析报告都会影响这些公司的投资决策和选择。同时，这类机构往往还介入跨国公司与开发区进行的投资谈判中，比如天津开发区在引进英国BBA项目和法国拉法基项目时，都与对方所聘请的律师进行了长时间的、艰巨的谈判和协商。因此，我们需要与这类机构建立经常性的联系，介绍情况，提供资料，可以使本地区在他们给客户的报告中占一席之地，成为可供选择的地区之一。

运用诚信“以商引商”

以商招商即通过已经在区内投资企业的介绍，吸引新的投资者入区投资。通常情况下，投资者到一个地区进行考察时，往往会拜访已经在当地投资的企业，从而得到在当地投资经验的第一手资料。这些已投资企业的意见非常重要，新的投资者认为它们对当地的优势和劣势深有体会，所提供的意见比较客观，具有很大的可信度。已经在开发区内投资的几个大客户如法国拉法基公司、英国BBA公司和美国巴特勒公司等都是通过区内客户介绍，从而前来开发区考察并最终确定投资的。

为了建立这种诚信的形象，和“以商引商”的渠道，开发区定期与已投资客户协调的机制，并且分别组建了“在建项目协调小组”和“企业运营协调小组”，定期的走访企业，随时了解并及时解决企业在建设与运营过程中遇到的问题。其实综观其他广大兄弟开发区的成长趋势，有很多值得我们学习和借鉴的“以商引商”经验，继续改善投资环境，以期未来能有更好建树。

其实，一个开发区的发展，其道路之曲折，其工作之艰辛，或许只有其中之人尚能体味，在国家宏观政策大好的形势下，开发区应该根据自身优势和实际情况，各取所长，曲径通幽，思变之后，为我国外资工作贡献一份力量。

构筑现代化国际物流基地

上海外高桥保税区

刚刚走过10年历程的外高桥保税区开发股份有限公司宣布:以现代物流业为战略核心，用10年时间，将外高桥保税区建成产业链完整、辐射面宽广的现代化国际物流基地。

作为国内唯一一家以保税区开发建设为主营业务的上市公司，外高桥保税区开发股份有限公司借力资本市场，形成了现代物流、房地产、医药医疗和酒店服务业四大产业群。面对中国加入WTO、经济全球化以及上海加快国际贸易、航运中心建设步伐的新形势，外高桥股份公司调整战略部署，全面进军现代物流业。

构筑大口岸、大通关、大流通、大辐射的现代物流支撑平台，拓展进出口贸易和转口贸易空间，强化跨国采购中心和国际货物集散中心的枢纽功能——外高桥保税区着力打造称雄亚太区的国际物流基地。

外高桥物流基地建设采取两翼展开、全面推进的方略。北区，依托外高桥港区，以发展海运物流为主，扩建方圆1.2平方公里的现代国际物流园区，为中外物流企业提供一个集装箱快速集并、中转、分拣、分送的全方位的高效服务平台；南区，以园区跨国公司高科技产品出口加工业为支撑，依托浦东国际机场，发展空运物流。

根据规划，今后10年，外高桥直接投资于物流基础设施和物流项目的资金将超过100亿元，力争吸引20家国际知名的船公司、50家大型物流企业、200家跨国公司分拨中心（自营物流企业），使年国际物流量达到2000万吨，年进出口货值达到400亿美元。

建设全国领先并具有全球影响的现代物流基地，外高桥保税区在地理区位、政策环境、产业规模、基础设施等方面拥有综合优势。

外高桥是我国建立最早、规模最大、实力最强的保税区，现已成为上海重要的海运物流枢纽和外国物流企业进入中国的桥头堡，其GDP、吸引外资、贸易总量、利税等经济指标大于国内其他14个保税区的总和。开发10多年来，封关运作的7.5平方公里内，已吸引来自60多个国家和地区的5000多个项目，总投资66亿美元，其中在国际贸易、高科技产品出口加工和仓储物流领域，集聚了包括70多家跨国公司在内的3000多家加工贸易企业，以及600多家物流企业（包括300多家仓储企业、250多个分拨中心和50多家第三方物流企业），仓储面积达80万平米。2001年，这些物流企业共实现增加值35亿元，比上年同期增长64%。

近年来，外高桥保税区贸易企业进出口额持续增长，刺激了物流产业的发展。据统计，2001年外高桥进出口总额近89亿美元，比上年递增16.3%，其中出口26.7亿美元，同比增长35%。一个海运与空运、保税物流与非保税物流、区外物流与区内物流、自营物流与外协物流相结合的物流产业，已在外高桥初步崛起。

外高桥港口吞吐量的扩大，有力拉动了物流业的发展。外高桥集装箱港区4个集装箱码头泊位长度3700米，港内陆域3.6平方公里，设计年吞吐量500万TEU，现有国际班轮干线9条、支线20余条，全球排名前20位的航运集团全部入驻港区。从现代物流发展来看，95%的货物运输选择集装箱运输，全球集装箱网络化运输已成为专业化、全球化的物流服务业的基石。据统计，2001年外高桥港口集装箱吞吐量为289万TEU，占上海的46%，货物吞吐量2500万吨，占上海的12%。2002年上半年，集装箱吞吐量达203万TEU，同比增长1.1倍，预计今年全年集装箱吞吐量将达400万TEU。

在加强硬件建设的同时，外高桥保税区积极构筑符合国际惯例的软环境。简化行政审批事项，提高政府工作效率和货物通关速度；率先与国际接轨，实施“告知承诺制”，放宽外资物流企业的市场准入，在外贸经营权、货代、分销等领域进一步开放搞活，最终实现贸易和物流的便利化和自由化。

外高桥保税区开发股份有限公司，还将利用上市公司的优势，进行资本运作，引进战略伙伴，导入国际先进的管理理念和方法，提高物流产业的档次和竞争力。公司计划以外高桥港区为依托，以高桥、高行、高东三镇为腹地，筹建外高桥物流投资发展公司，通过对货运代理、进出口贸易、仓储配送、信息平台的收购和整合，形成相对完整的物流产业链，构筑第三方物流服务平台和完善的现代物流体系。

该物流体系包括：广泛收集物流信息，针对企业的不同需求提供物流服务，增强企业物流竞争力；依托电子商务网络，整合保税区物流信息资源；区港联动，引进专业物流和码头公司，以集装箱海运转长江航运为主，实现保税区与港区的直通；以多式联运为手段，通过资产运作建立一批涵盖海运、陆运、空运且相互衔接配套的运力网络，为客户提供快捷的配送服务；以现代仓储为基地，发展综合性、专业性的物流基地；以金融保险为配套，吸引银行、保险机构加盟，拓展物流的金融衍生服务，提高物流企业资信度；对物流企业进行ISO9000质量认证，建立标准化服务体系，创立服务品牌。

专家分析，外高桥国际物流基地的建设，将与建设中的大小洋山国际集装箱深水港相呼应，有助于确立上海国际航运中心的地位，发挥上海港口在全球物流网络中的枢纽作用；有助于促进上海市和浦东新区产业结构调整，提升上海作为国际中心城市的综合竞争力；有助于加速中外物流企业在浦东集结，拓展我国现代物流市场的发展空间，并推动外高桥保税区向国际自由贸易区转轨。

外商看重昆山什么

昆山开发区管委会政研室主任 黄承圯

昆山开发区的优惠措施与同类开发区相比，数量少、幅度小，处在上海浦东、苏州新加坡工业园与苏州高新区这些强劲对手的夹缝中，昆山靠什么吸引外资，留住外企呢？

高标准的生态环境和人文环境是吸引外资的基础

昆山开发区的各级干部对环境有这样的认识，环境出形象、环境出效益，环境也是生产力。它成为吸引外资一块强劲的磁铁石，成为构筑外向型经济的有力载体，对提高城市的品味、知名度起着重要作用。更体现了现代文明。在经济全球化的趋势下，环境的竞争已成为一个国家、一个地区综合竞争力的重要标志。对外开放的竞争实际已演化为开放环境的竞争。谁的环境优、服务好、投资回报率高，谁就具有更多的发展机遇。

我们坚持经济发展不以牺牲环境为代价。区内实现“七通一平”，完全集中供气供热。引进的70多家外资企业，厂房、车间宿舍、办公楼没有烟囱，不需要烟筒。开发区绿化覆盖率为41.6%，饮用水达国家二级水标准。污水下管道、雨水下河道。在建设过程中，每条主干道上兴建一个大花园，称作“一路一园”。让开发区和老市区的扩建，能够沉浸在花园中，花园中有城市、城市中有花园；让城市与环境共存，人与自然和谐；形成了“城在林中，绿在街中，人在景中”的美丽格局。

昆山开发区对环境建设认识也有一个过程。在20世纪80年代曾引进过一个3000万美元的化工项目，生产苯胺，污染严重，签订合同后回来一看没法搞，研究来研究去，环保一票否决，最后主动撕毁合同，宁可赔了几十万，把这个企业挪出去了。通过这个例子，我们对环境认识有了重视，提出一句话“金山银山，有污染不进昆山”。上世纪90年代在创建国家卫生城市过程中，昆山人对环境又有了新的说法，提出“既要金山银山，又要绿水青山”。当昆山荣获国家环境保护模范城市称号，创建国家文明城市之际，又提出“有了绿水青山，才有金山银山”的口号，体现了十多年来昆山实施可持续性发展过程中逐步深化的认识。

优化服务的软环境是吸引外资的核心

我们把服务看作第一投资环境。服务必须体现出以人为本，以企业为本。开发区各级干部都已经具有这样的理念。服务绝不仅是招商部门的事，而是每个政府部门的事，是整体的服务，是人人的服务，是一种整体意识。为什么这样说，外资企业进中国靠的是一部外商投资企业法，进来后就会涉及所有的法律与法规。所以优良投资环境要求政府每个部门的服务，整体的服务，人人的服务。

早在自费开发初期，昆山开发区就明确提出“硬件不足软件补”、“政府不足服务补”、“寓招商于服务之中”的引资策略，创造出鲜明的招商引资新优势；随着外资企业的不断增多，建立了外商投资企业协会，为了让外商有说话交流的场所。以“拓宽服务领域，深化服务层次，规划服务行为，提高服务质量”为宗旨，建立外商投资企业服务中心，变单个项目服务为整体服务，对项目的服务为社会服务，由被动服务为主动服务；建立“马上办”办公室，实行“首问负责制，两问终结制”，做到事事有着落，件件有回音。成立了外商投诉中心，24小时接受投诉，想外商所想，急外商所急；建立外商沙龙，定期阐述有关政策的变动。在收费问题上，实行规范收费，持卡收费。维护了开发区对外开放的良好形象。

昆山开发区1997年提出，对外资企业服务不说“不”，只说“怎么做”；确立为纳税人服务的观点。树立千方百计帮助企业排忧解难的政府服务理念。1999年再提出，优化投资环境新优势的三条措施：一是诚信服务。政府承诺的一定要办到、办好。二是规范行政。对投资者一定要讲法制、讲规范服务。三是降本增效。制止不规范收费行为，降低收费的总幅度。2001年又推出“团队合作、效率效能、国际惯例”三条服务准则。

现在，我们已形成了“三个服务体系”

外商投资审批的一条龙服务、项目建设的全方位服务、企业开工投产后的经常性服务，这是沟通政府部门与外商之间的“三条通道”，成立了为外企服务的“三个中心”和“三条服务措施”，营造了“亲商、安商、富商”的投资环境。

实现可持续发展　建设生态工业园区

烟台经济技术开发区

一、实现可持续发展

体系为保障机制，以实施清洁生产为技术手段，以生态园区建设为奋斗目标的三位一体、共同推进的发展模式。国家、省、市环保部门对开发区深化ISO14001环境管理体系和创建ISO14001国家示范区、实施区域清洁生产、建设生态工业园区的种种举措给予了充分肯定和高度赞赏。

创建ISO14001国家示范区——2000年3月，开发区管委ISO14001环境管理体系建设全面启动。该体系的建立先后经历了组织准备、初始环境评审、文件编制等八个阶段。9月26日，获得了环境管理体系认证证书，成为山东省第一家通过环境管理体系认证的区域。

环境管理体系获得认证之后，开发区不断抓好三级监控，搞好运行维护，使开发区在经济快速发展的同时，环境质量各项指标得到良好保持和持续改善，水环境、空气环境、声环境质量均符合相应功能区标准。2000年，开发区万元GDP耗水量13.8吨，比上年下降了5.5个百分点。近5年来平均环保投资指数达到2.86%。区域污水在1999年底全部实现截流，统一输送至烟台市污水处理厂集中处理，实现了城市污水对辖区海域的零排放。环保设施运行率达到100%，清洁能源利用率达到56%。目前城市生活垃圾全部实行了集中填埋处理。各企业对于不能自行利用或无害化处理的少量危险废物，或委托市环保局指定处理单位进行无害化处理，或暂时进行封存，待区域危险废物集中处理中心建成后，再进行集中资源化利用和无害化处理。

环境管理体系的建立提升了政府依法行政水平，改善了企业经营的法制环境，树立了我区崭新的国际形象。2000年，在全国经济技术开发区投资环境年度评比中，烟台开发区社会环境指数排名第一。区域率先通过ISO14001环境管理体系认证，强化了政府的引导作用，目前，已有6家企业通过认证，另有10余家企业正在建立体系或筹备体系的建立工作。

环境管理体系带来的有目共睹的另一成果，就是改善了居民的生活环境。开展了社区综合整治活动，区管委相继投入配套资金4000多万元，使公共服务设施、市场环境、社区管理都有较大改观。目前，有2个社区通过了省级达标小区验收，1个社区通过了国家级达标小区验收。

在顺利通过认证机构对开发区环境管理体系的例行监督审核之后，2001年12月28日，创建ISO14001国家示范区工作圆满通过国家环保总局的现场考核验收。

推行清洁生产——清洁生产是一种新的战略性思想，该思想将综合预防的环境战略持续应用于生产过程、产品和服务中，以提高效率，降低对人类和环境的危害。

推行区域清洁生产，是以行政区域为控制对象，以辖区工业企业为控制主体，从区域整体环境目标出发，运用清洁生产的原理和系统工程的方法，着眼于工业企业的污染物削减，兼顾生活社区和办公区域的污染物控制，不断提升区域整体环境服务和环境保障能力，实现区域内资源的合理利用和有效配置，达到整个区域废物减量化、无害化、资源化的目的。

自1993年开始，首先将清洁生产的思想引入到区域性的源头控制当中，政府部门建立了集约、高效的经济和环境管理体制，培育了优良的法制环境，具备了以区域为整体对象、调控各相关方协同开展环境保护工作的能力。其次，在环保部门的组织指导下，在各个行业开展了不同程度的清洁生产尝试和探索，取得了一些经验。同时由于区内大部分企业是外资和高科技企业，能够快速接受清洁生产思想，部分企业在建立ISO14001环境管理体系的过程中，或在其总部的推动下，已经开始将清洁生产融入到企业的生产经营活动中。有些企业还呼吁开发区建立废物处理机制，建立配套的专业化、社会化环境服务和环境保障设施。这些为区域清洁生产的开展提供了有利条件。

二、建设生态工业园区

ISO14001环境管理体系的持续改进把开发区的环境管理工作推向生态工业园区这一国际最前沿环保领域。我们建设生态工业园区，就是要通过物流、能量、技术集成和信息、基础设施共享，实现园区综合效益的最大化和废物排放的最小化。目前，开发区生态工业园区建设在理念把握、组织准备、优先工程选择等方面走在了全国的前列。

烟台开发区的环境管理体系注重了与现行环境管理制度的结合，重点在海滨生态系统保护、绿化生态网络建设以及清洁生产推行等方面有所体现。突出建设项目前置环境管理、干部环保政绩考核和环保目标责任制考核，强化环境与发展综合决策机制；规范相关部门在社区环境管理、白色污染、机动车污染防治工作中的职责，促进热点难点环境问题解决。

区管委把建立ISO14001环境管理体系这一保障机制，作为优先工程先期进行。在它的保障下，开发区的一体化水资源管理、固体废弃物处理处置、环境孵化器建设等生态工业园区建设项目以及循环经济的发展朝着既定目标稳步推进。管委还建立了企业实施ISO14001标准的激励政策，2001年拨付鼓励资金32万元。目前，辖区投产企业251家，其中有污染物排放的企业90家，已签订咨询和认证合同或通过认证的企业累计达到10家，占有污染物排放的企业数量的11%，达到国家环保总局颁布的《ISO14001国家示范区创建条件》。

今后，开发区将主要从七个方面加快生态工业园区建设的步伐：一是在规划编制上下大气力，继续搞好技术、物质、人员、智力和信息的投入与保障，按照近期建设目标，搞好前期调查和潜力分析。二是在水资源一体化上做文章，将雨水、污水、地表水、地下水、海水统筹考虑，搞好水的梯极利用，形成从水的开发、使用、处理、回用闭路循环的系统工程。三是在固体废物循环利用上求实效，实现企业内部的废物减量化，在此基础上，对辖区种种固体废物进行分类收集、统一清运、集中分拣、无害化处理和资源化利用，实现园区系统整体的废物无害化、资源化。四是完善城市绿化美化。不断加大绿化投入，增加绿化总量，营造乔灌草结合、点线面一体的立体网状绿化格局。五是提高环境管理能力。通过市场经济杠杆的作用，规避企业环境风险，不断调整产业结构和产品结构，优化全区工业整体布局。六是加大污水、固体废弃物处理等环境基础设施的建设。利用留学生创业园区和物流园区，搞好孵化器建设，建立信息平台，为企业和区域污染集中防治提供信息支持。

前进中的西安经济技术开发区

西安经济技术开发区

世纪之初，在国家西部大开发的热潮中，西安市作为连接东西部的“桥头堡”，以其独特的地理位置和人力资源，审时度势，率先提出要争创“西部最佳”的目标。

国家级西安经济技术开发区立即感受到了这份沉甸甸的压力。因为连续几年，开发区拉动西安全市经济增长近3个百分点，成为西安经济发展的生力军和新亮点。

一、“以大带小”开发区招商引资的独特视角

西安经济技术开发区1993年9月正式动工兴建，2000年2月被国务院批准为国家级开发区。近几年，开发区主要经济指标一直保持40%的增，各项经济指标在西部地区同类开发区中名列前茅。至2001年底，开发区共引进各类合同项目279项，引进外资达11.8亿美元。去年实现技工贸收入110.8亿元，工业总产值70.6亿元，工业增加值18.5亿元。2002年上半年，实现技工贸收入73亿元，工业产值48亿元，工业增加值14亿元，继续保持高速增长态势。

说到开发区取得的成绩，与近几年开发区领导在招商引资中“以大带小”的独特视角分不开。这里的“大”，就是国际知名企业。他们充分认识到国际大企业的带动效应，着力于有影响的“龙头”项目，由初期单纯追求项目数量，向注重项目的质量和规模方向转变，提出“招大商，引大资”。连续几年，在吸引众多中小企业的同时，他们更着力在“引大资”上下功夫。

正因为如此，他们不放过任何与国内国际大企业对视和接触的机会。每个人都知道，一次与企业巨头的谈话可以带来一条重要信息，一次国际会议也可以成就一桩大生意。这条经验在开发区经常可以得到验证。2002年3月28日，“中国加入WTO与中韩经济合作研讨会”在北京举行，面对中韩两国众多的知名企业，参会的管委会领导在一天的会期里不是只简单提交研讨会论文了事，更从会议上看到了潜在商机，他们在广交朋友，积极热情向中韩两国的企业家介绍西安经济技术开发区的良好投资环境。他们的热情打动了韩国LG公司石油化学会长成在甲，他当即退掉了预定好的返程机票，次日就专程到西安考察，并决定在开发区设立办事处，为投资建厂进行前期准备。

不只是LG，不只是韩国客商，如今的开发区已经成为国内外知名企业云集的投资热土。几年间，世界500强企业中已有12家在这里找到了适合发展的沃土。可口可乐、通用、西门子、瑞士ABB等入区建设，不仅带来了先进的技术装备、经营理念和管理模式，也带动了一大批中小企业的投资热情，形成了“产业聚集”效应。开发区“以大带小”战略已经初见成效。

二、“一流服务”开发区改善投资环境的承诺

2002年4月27日，西电三菱开关设备有限公司总经理河内先生，专程到管委会赠送锦旗一面。原来是该公司为感谢管委会财政局、经发局多方奔走，为其解决了历史遗留的契税问题。这只是开发区为客商提供“一

流服务”的一个小例子。

开发区管委会没有简单地把自身定位为西安市政府的派出机构，而是作为一个放大了的企业，他们认为投资环境就是开发区的主产品，所有经营管理活动都必须围绕改善投资环境这一主产品进行。为此，管委会提出，要大力树立“一流的服务、一流的管理、一流的信誉、一流的环境”的观念。

除了加大基础设施建设，建设一流的投资硬环境以外，他们更把“一流服务”作为事业发展的内核。他们推出“一站式办公”，把所有办事机构全部集中在一栋大楼里，所有项目手续均由管委会各部门无偿办理。本着“快捷、高效”的原则为入区企业提供优质服务。管委会的同志介绍说，在手续齐全的情况下，平均一个项目5天左右就可办完所有前期手续，最快的3天就可全部完成。同时，他们还制定领导干部和员工行为准则，设立服务投诉箱，随时接受社会各界和投资者对企业服务的监督。

在开发区，每一个职能部门都愿意为招商引资工作提供最优质的服务。工商、税务、海关、公安……开发区的每一个职能部门、每一个工作人员，为进驻开发区的客商留下了服务一流的印象。

三、“二次创业”开发区长远发展的动力

面对西部大开发，面对WTO，开发区管委会意识到了机遇与挑战。西部大开发，使得开发区在与其他地区竞争时，必须站在同一起跑线上而不是像以前可以依靠享受的优惠政策；加入WTO，使得他们必须面对国际国内间更激烈的竞争。

严峻的形势让他们明白，要想争做“西部最佳”，靠已有的成绩吃老本远远不够。他们未雨绸缪，主动提出“二次创业”，积极导入经营开发区的新理念，力争创“西部最佳开发区”。决心在今后5至10年内把开发区建设成一个环境优美、功能齐全，按照国际惯例运作的外向型工业园区和城市新区。

“二次创业”，将使开发区的建设逐步由基础建设阶段向园林化、现代化、生态化阶段转化。在这种情况下，他们提出“规划优先”，就是在设计过程中不仅有细致入微的总体规划，还需要宜人的人文环境。大到车间、楼宇，小到厕所、路灯，无一不体现以人为本的特色。

“二次创业”，更要加大招商引资力度。近年来，开发区积极参与国内外一系列重大招商洽谈活动。香港陕西投资与贸易洽谈会、西安投资与贸易洽谈会、东西部投资与贸易洽谈会……开发区的招商引资步伐越迈越快。2002年以来，在开发区的世界500强企业名单上，又增加了意大利菲亚特、德国奔驰、维维集团等一批国内外知名企业，以及一批规模大、科技含量高的特大型项目，极大地推动了开发区大产业的快速形成，为开发区“二次创业”奠定了坚实的基础。

与时俱进 再创辉煌

宁波保税区

在学习贯彻党的十六大精神之际，宁波保税区迎来了她的10周岁生日。

宁波保税区于1992年11月19日经国务院批准设立。10年来，宁波保税区根据党中央、国务院设立保税区的宗旨，高举邓小平理论的伟大旗帜，认真实践“三个代表”重要思想，在宁波市委、市政府的正确领导下，乘着中国改革开放的大潮，以全新的理念，全新的思路，全新的机制，促进了生产力的大发展，对外开放能量的大释放。在没有依靠国家财政拨款的情况下，艰苦创业，励精图治，探索出了一条前无古人的建设中国特色自由贸易区的创新之路、发展之路。一个以国际贸易、出口加工、保税物流分拨为主体功能，经济迅猛发展、科技不断创新、外资集聚强劲、投资环境优越的现代化花园式新经济区域正在崛起，成为东海之滨一颗璀璨的明珠。

10年只是弹指一挥间。在邓小平理论和“三个代表”重要思想指引下，宁波保税区海上生明月，沧海变桑田。10年的建设，累计完成国内生产总值156亿元，财政收入35亿元，工业总产值91亿元，进出口贸易额54亿美元，引进各类企业4052家，其中三资企业630家，有35个国家和地区的外商在宁波保税区投资建厂，合同利用外资16亿美元，实际利用外资5.8亿美元。综合经济实力在全国15个保税区中名列前三位，连续多年被评为全省、全市先进开发区。

10年的探索，在将功能优势、政策优势转化为竞争优势、发展优势的过程中，经济驶入发展快车道，实现了跨越式发展。GDP年均增长19%，财政收入年均增长55%，合同利用外资年均31%，实际利用外资年均18.4%。

10年的创新，创造了全市、全省多个第一：人均GDP14.3万元，人均财政收入4万元，每平方公里合同利用外资7.4亿美元、实际利用外资2.53亿美元，均居全省第一。率先与国际接轨、按国际惯例办事，率先建立了电子信息产业园、留学人员创业园，率先建立了海关信息化管理系统，率先建立区域性博士后科研工作站，率先通过区域性ISO14001环境管理体系认证，率先建立起能上能下的干部用人机制，率先实施直属企业委派会计制和区域会计结算中心等，建起了一整套有效的管理体制和运行机制。

一、高科技产业的发展高地

早在1997年，保税区人就敏锐地看准了世界产业第三波大转移的趋势，抢抓机遇，创造性地开展工作，主动顺应世界经济发展的新潮流，积极抢占高科技产业发展制高点，在当时区内商贸性企业处于高峰发展时期，果断提出了“实业立区，科技强区”的发展新战略，在加强商贸型企业招商的同时，加大高新技术产业招商引资的力度，大力发展高新技术产业，率先在全市和在全国15个保税区内建起了电子信息产业园和国家留学人员创业园，之后又规划建立了国际软件园、半导体光电科技工业园。这些园区成了构筑高科技产业发展的有效载体，赢得了高科技产业发展的先机。

经过几年的奋力拼搏，保税区人美梦成真，在2.3平方公里的土地上，迅速崛起了高科技企业105家，总投资11亿美元，其中已有30多个项目列入国家、省、市级各类科技计划，经认定的省、市级高新技术企业4家，国家中小企业技术创新基金资助项目3个，国家级火炬计划项目1个，国家高技术研究发展计划（863计划）成果产业化基地1个。累计获得市科技三项经费575.5万元，国家级项目配套经费132.5万元。据统计，近年来，保税区高新技术产品产值以年均150%的速度递增，高新技术产品出口额占全区出口总额的比重达20.5%，高于全市平均水平10个百分点，并呈大幅上升趋势。2001年高新技术企业增加值占全区增加值80%以上。保税区也走过了从发展计算机外设周边产品到计算机整机，进而发展以集成电路为核心的微电子、光电子产业，并深入到计算机与集成电路整个IT产业链的整合。

目前，保税区已形成了四个高新技术产业群：

计算机产业群——已形成电子零组件、主机板、整机等相互配套的计算机产业链。拥有以技嘉、智鸿、普洛咪、特一、日协为主体的10条主机板生产线，月产主机板30万片。预计到2003年底，主机板生产线将达到20条。其中仅技嘉企业一家，就可形成年产主机板500－600万片，整机250－300万台规模。同时，还有电脑系统项目、机箱、显示器、电源器、导线架、网卡、声卡、光纤鼠标等50多家电脑外延产品生产厂家。保税区已成为浙江省最重要的主机板生产基地和电脑整机生产基地。

微电子产业群——保税区内拥有国内最大的单晶硅生产基地海纳半导体公司，拥有全市规模最大、技术含量最高的IC龙头企业中纬积体电路公司，以及中国台湾第四大IC封装测试企业菱生公司投资的力源科技公司IC封装测试项目和由全球第三大光碟厂商中国台湾精碟公司投资建设的精胜科技公司等。已基本形成由拉晶、单晶硅片生产到IC设计、制造、封装、测试这样一个较为完整的IC产业链。

留学生产业群——自1999年9月成立以来，留学生企业园区已引进留学生企业近50家，总投资4000多万美元，主要从事电子信息、光机电一体、生物医药、新材料等项目的研发生产，其中不少项目填补了国内空白，有的被列为2002年度国家火炬计划项目。

软件产业群——目前国内唯一设在保税区内的宁波国际软件园，被科技部批准认定的唯一一家国家火炬计划软件出口加工试验园，并被宁波市政府列入“十五”规划重点产业园区和新世纪工程。两年来，园区已集聚了30多家软件企业，形成了500多人的研发团队。由国内软件巨头之一的托普集团投资5000万元的托普国际软件园，第一年便取得盈利，第二年盈利600万，其开发的交通枢纽指挥系统获得了科技部中小企业创新基金无偿资助100万元。宇泰软件是一家台资企业，在短短的一年时间内开发、销售队伍便由40人发展到200人，销售机构遍及上海、广州、成都等九大城市，其所开发的企业流程知识库系统也已通过宁波市科技创业资金计划的初审。极地网络公司开发出了国内首创的网络管理系统，引起了行内专家和媒体的关注，中央电视台对此作过特别报道。

二、“千军万马”的集聚地

国际贸易功能是保税区主体功能之一。保税区建区之初，恰逢国家外贸经营管理体制改革的深入，原国有外贸公司纷纷改制，众多中小型外贸企业应运而生。具有传统商业文明的宁波，在打破国有外贸一统天下的传统体制后，涌现出了为数众多的中小民营及股份制外贸企业，成为支撑宁波外贸持续增长的“千军万马”。宁波保税区抢抓机遇，顺应国家外贸体制改革方向，充分利用允许设立贸易性公司的政策，依托深水良港的区位条件和港区联动的机制优势，深化拓展贯通国际国内市场的国际贸易功能，促进了全市、全省对外贸易的发展。截止目前，吸引了近2000家企业在保税区设立国际贸易企业，成为中小外贸企业“借船出海”的基地。在1998年亚洲金融风暴的冲击下，全市乃至全国的外贸出口形势十分严峻，保税区中小外贸企业利用独立进出口渠道和外商客源，依然保持了22.5%的高速增长，有效支撑了外贸出口量的增长，成为当时全市外经贸新的增长点。1999年以后，随着国际市场需求好转和国内经济环境趋好，保税区中小外贸企业抓住机遇获得了较快发展，涌现了丰收、鸿美、中迪等外贸出口大户和纳税大户。随着我国加入世界贸易组织外经贸经营管理体制的进一步放开，保税区又一次抓住历史机遇，积极实施外贸品牌战略和工贸一体化战略，目前已有多家企业建立了出口品牌产品生产加工基地，形成了一支全市最具活力和发展潜力的外贸经营主体队伍。

以推进外贸结构和功能的调整为抓手，促进外贸经营方式多元化和经营人才的集聚。在国际贸易总量增长和宁波口岸进出口总额增长的有利条件下，宁波保税区进一步抓住有利时机，主动调整外贸结构，在积极推进国有、私营及外商投资外贸企业协同发展的同时，大力鼓励加工贸易的发展。今年头10个月，完成加工贸易出口1.23亿美元，同比增长77.6%。在实施“科技兴贸”战略方面也取得突破性进展，区域高科技出口加工产业规模和IT产品出口额占工业产品出口额大幅增长，是保税区实现外贸可持续发展的潜力所在。同时，保税区积极帮助企业引进和培养外经贸人才，为中小外贸土高新技术产品出口主导产业群、人力资源管理与开发的终身化和手段的多样化，为外贸企业参与国际竞争做好人才储备。

三、现代物流的集散中心

物流功能是保税区的优势所在。针对世界物流发展新趋势和我国加入世贸组织后物流所面临的发展机遇，保税区充分发挥功能政策优势，依托港口，服务全省，营造低成本、高效率物流运作环境，辐射国际国内两个市场，努力建成宁波现代物流中心和省内最具特色的进出口货物集散分拨中心。

以推进港区联动为载体，为进出口物流提供有效的支撑。进出口贸易规模的大幅度增长必然带来物流规模的快速发展，为了营造外贸企业持续发展的口岸环境，从1998年开始，保税区积极推进与北仑港联动发展，在保税区与港口、机场、海关、检验检疫、货运代理等部门之间建立了较完善的协调配合机制，促进了港区功能优势互补，拉动了口岸贸易量和物流规模的扩大，尤其促进了进口物流分拨业务的发展。

以全球电子物流项目和西班牙巴塞罗那物流合作项目为重点，促进物流企业的集聚。“全球（宁波）电子物流营运中心”项目由国际八大知名物流软件企业联合投资，一期投资3000万人民币，主要投资商有中国台湾的关贸网路、中国台湾的第一大货运物流公司大荣货运、中国台湾的第一大空运物流公司永储股份及美国知名电子商务跨国公司i1（艾旺）等。该项目主要开发通关、保税、物流、储运和认证为一体的综合软件，并与海关、国检、税务、外管、港务等有关口岸部门联网，在宁波保税区内建成国内一流的物流电子商务平台。巴塞罗那物流合作项目也已经落户保税区，这将对促进宁波市乃至浙江省物流产业的发展产生重要影响。

此外，区内还设立了专业仓储物流企业20多家，仓储面积30多万平方米，形成了以高新货柜、新世纪物流、太平联运物流企业群体。2001年全区进出仓货物总量达50多万吨，进出口贸易总额达15.5亿美元，已经成为浙江省的纺织原料、化工原料、金属材料等生产资料分拨集散中心和周边省市生产资料的物流分拨基地。

四、高科技人才的创业乐园

由于历史原因，宁波市高层次人才短缺，这就造成了高科技企业人才需求与人才匮乏的矛盾。为适应高科技产业快速发展的需要，宁波保税区不惜重金大力引进和培养高科技人才，为区内高科技产业发展提供强大的人才支撑。区内设立的留学人员创业园是国家首批9家留学人员创业园示范基地之一，已成为回国留学人员创业的大舞台。目前，已有50多位留学人员在此投资创业。由留学人员张天佑教授创办的浙江瑞康生物技术有限公司投产仅1年时间，便完成了12个标准样品的研制工作，填补了国内空白，达到了国际先进水平。留学生企业宁波保税区理工监测设备有限公司研制的变压器在线故障测试系列设备，获得了2001年度国家科技部中小企业科技创新基金85万元。

为了吸引高层次专业技术人才进站工作，促进以人才带项目，以项目引人才，宁波保税区出台了相关政策，对引进的博士后，采取企业优惠薪酬和政府津贴相结合，并解决博士及进站工作及生活上的后顾之忧。最近，来自浙江大学、西安交大、中国科大、上海交大等20多所全国知名高校的28名博士生来到宁波保税区参观考察。他们对宁波保税区良好的创业环境和一流的服务，产生了浓厚的兴趣，有4位博士向博士后工作站提交了个人简历和入站申请。

为了加快培养高层次软件专业人才，宁波保税区还投资近300万元与浙江大学合作建立了浙江大学软件工程硕士北仑基地，该基地在全省尚属首家。目前，首批51名学员于10月12日正式开学。为了鼓励学成人员参与北仑区域的经济建设，保税区还制订出台了优惠政策，凡在北仑区域工作满3年的，将给予60%－80%的学费补助。

据不完全统计，近年来，宁波保税区引进了大学本科以上人才1200多名，硕士以上人才90名，其中院士2名，博士、博士后35名，教授5名。大批高级人才的集聚，成了宁波保税区高科技产业发展的助推器。

五、接轨国际的投资环境

10年巨变，沧海桑田。昔日蔓延着大片大片的芦苇和荒草的盐碱地，已被今天鳞次栉比的高楼大厦和现代化工厂所取代。10年来，保税区管委会按照规划合理、配套齐全、环境优美的发展定位和建设港城花园式园区的要求，累计基础设施投资16亿元，实现了“八通一平”的工业配套标准，建成了30万平方米的标准厂房、20万平方米的生活用房、生活小区和外商别墅区。双回路供电保障系统，满足了高科技企业的特殊要求。搭起的信息港平台，做到了光纤入区、网络入户，高速畅通的宽带网络为入区企业展现一个全新的信息世界。投资1亿多元实施区域绿化工程，全区绿化覆盖率达到40%，人均公共绿地达到了50多平方米，形成了绿洁亮美、四季常青的美丽景观。在全市率先实施并通过了ISO14001环境认证，使保税区拥有了一张国际“绿色通行证”，进一步提升了区域的竞争力。如今漫步在保税区，处处绿草如茵，花木扶疏，姹紫嫣红，仿佛徜徉在大自然的怀抱中。

在环境建设上，保税区不仅硬件过硬，而且软件也过硬，在不断完善基础设施建设的同时，注重强化软环境建设，把依靠政策优势竞争转到依靠综合环境优势竞争上来。

创新服务方式。针对企业生产经营过程中的不同环节，管委会相继设立了外商投资服务中心、建设项目服务中心、经贸服务中心、人力资源服务中心、创业服务中心、软件服务中心等6个中心，并在全市率先推出全天候、全过程全免费代理服务。企业只要落户保税区，投资者就像上了高效运作的服务流水线，从注册登记、项目建设、直到投入生产，整个过程中凡是要和政府部门打交道的事项，全部由各个中心指派专人免费代理，环环相扣，一气呵成。不少外商由衷地赞叹，在宁波保税区投资，只要一心一意搞好生产，其他事情不用自己操心，政府能提供这样的服务在国外都没碰到过。

营造服务氛围。管委会多年内坚持在全区广泛深入开展“双争一营造”（争创文明机关，争当服务明星，营造一流商务环境）活动，为软环境建设鸣锣开道，促进机关转变作风，实现了从“被动服务”向“主动服务”的转变。在“双争一营造”活动“大合唱”中，海关、税务、国检、外管、工商等各驻区机构也奏出了一串串美丽的音符。工商分局在全国率先推出网上企业注册登记服务，受到广大投资者的欢迎。原上海市市长徐匡迪看到此消息后，立即批示要求在上海市推广。海关在全国率先推出了“电子海关”，实现了对区域物流的全过程信息化管理，使海关监管的有效性和业务效率大幅提高，加快了货物通关速度，降低了企业通关成本。

实施服务实事工程，全心全意为企业办实事、办好事。管委会把企业的事当作自己的事，急企业之急，想企业所想，主动上门为企业服务，每年都要根据区内企业运行特点和投资软环境中的薄弱环节，打造服务实事工程。内容涉及改进企业运行环境，完善功能性政策，充实口岸管理服务职能，改进区域大通关，改善生活、交通等配套设施等。一次，在对晟铭电子公司厂房设计方案进行评估时，建设项目服务中心本着对企业高度负责的态度，提供专家化服务，对原设计不合理处进行修改完善，仅地基处理部分就为企业节约投资230万元。针对区内高科技产业对快速运输的需要，管委会开通了保税区至上海空港直通车。为解决企业员工上班问题，管委会为企业开通了区公交班车。

百尺竿头更进一步。展望未来，宁波保税区的明天将会更美好。2002年1月国务院批准设立了保税区南区，6月又批准设立出口加工区，由保税区管委会负责管理，为保税区的长远发展开辟了新的天地。充满希望的宁波保税区一定会在党的十六大精神鼓舞下，继往开来，与时俱进，在推动我市乃至我省外向型经济发展中发挥更大的作用，取得新的辉煌。

加大创新力度　再造发展新优势

威海经济技术开发区党工委书记、管委会主任 隋贵廷

随着中国正式加入WTO和经济全球化进程的不断加快，我国整个经济社会发生了深刻变化。作为中国对外开放的前沿阵地的开发区，目前正面临着政策优势逐步淡化、体制优势不断弱化的严峻挑战，换言之，就是在参与国际竞争的市场经济大潮中，开发区与国内其他开放区域一样站在了同一起跑线上，面对这一新形势，开发区如何适应入世，加快创新，再造综合竞争新优势，实现可持续发展，是开发区当前需要探讨的一项重要课题。

一、加入WTO对开发区的影响

加入WTO以后，开发区既面临着严峻的挑战，又面临着千载难逢的机遇，但从总体来讲，机遇要大于挑战。

讲挑战，主要体现在四个方面：

1.招商引资的竞争更为激烈。加入WTO后，开发区与其他地区的开放程度逐渐趋向一致，招商引资竞争也将更为激烈。开发区主要以良好的投资环境和优越的区位优势来吸引外资，但有时为了长远利益和总体发展，有时不得不牺牲自身利益参与招商引资竞争，从而增加了利用外资的难度。

2.出口竞争加剧，影响开发区出口潜力的发挥。加入WTO后，外贸进出口企业的资格限制将取消，各类企业都可以参与商品出口，出口竞争将日益激烈，在一定程度上将影响开发区出口效益的提高。

3.外资进入可能会冲击开发区部分企业。目前，开发区农业、电子等产业的成本、价格及技术附加值等方面与国外同类产品有一定的差距，金融、电信、保险等企业仍处于成长期，相对落后，加入WTO后，这些产业将受到国外公司的冲击。

4.对开发区投资环境和经济管理水平要求更高。当前，开发区虽然积极营建国际仿真环境，力求按国际惯例办事，但与完善的市场经济规则和国际惯例相比，仍有不小的差距，还不能够满足国内外投资者的需求。加入WTO，国内外投资的大量涌入，对开发区投资环境和经济管理水平提出了更高的要求。

讲机遇，主要体现在五个方面：

1.开发区较早地建立了社会主义市场经济体制。市场经济发达，依法治区水平较高，并且一直在按国际惯例办事，对外商的心理、要求及他们对国家政策、法律、法规的期望都比较了解，可以说在某些方面率先实现了与国际接轨，这是开发区入世后潜在的最大优势。

2.有利于提高招商引资的层次和水平。加入WTO,大大改善了我国投资环境、政策法规和国民待遇水平，取消了外资进入的行业限制，法律的透明、外汇平衡制约的取消、关税的降低、国民待遇的实现，为外商打开了广阔的投资通道，有利于开发区将招商引资的产业向高科技产业倾斜，在招商引资的主体上向跨国公司、大财团、大公司倾斜。

3.有利于引进国外先进技术和管理经验，加快高新技术产业的发展。加入WTO，发达国家对技术输出到中国的限制将逐步放松，这有利于开发区引进国外先进的适用技术和管理经验，尤其是引进跨国公司的高技术项目。

4.有利于推动开发区扩大出口，优化出口商品结构。加入WTO对我国商品出口的限制条件有所减少，有利于扩大出口。与此同时，国际贸易的竞争日益激烈，对出口商品结构要求也会更高。将为优化出口商品结构创造良好的条件。

5.有利于形成新的观念和机制。WTO负责实施和管理的协议与协定包括25个独立的法律文件，范围从农业到纺织品，从服务到政府采购，从原产地规则到知识产权保护。开发区必须认真按照这些规定的内容，有意识地改进管理职能，创造更加符合国际惯例的环境。

二、努力推进“三个创新”，再造开发区综合竞争新优势

面对中国加入WTO的新形势。2001年国务院召开的全国外资工作会议，对开发区的发展提出了明确要求，即由带头发展向带动发展转变，从着力引进外资向着力引进先进技术和管理转变，从偏重引进向注重消化吸收创新转变，从注重政策优势向依靠综合环境优势转变，从注重规模效益向注重质量效益转变。这“五个转变”为开发区下一步的发展指明了方向，是开发区今后一个时期的工作重点和奋斗目标。当前，我们要紧紧抓住入世新机遇，以加速创新和发展为主题，再造新优势，再创新业绩。重点要抓好三个创新：

(一)加大观念创新力度，再造开放新优势

解放思想、更新观念是时代进步的客观要求，是扩大开放的现实需要。随着我国加入WTO和信息时代、网络经济、数字世界的来临，经济全球化、一体化步伐不断加快；“地球村”的逐步形成，把所有国家、所有地区推上了同一竞争舞台；资本、技术、信息、人才等资源跨越地域界限，在更大范围内优化配置，竞争变得更为激烈。在这种时代背景下，我们要实现对外大开放，思想必须首先大解放；要实现经济与国际接轨，思想必须首先接轨。威海开发区虽然近几年发展得较快，但与南方一些先进开发区相比，差距仍然很大，其中最大的差距还是思想观念上的差距。我们要大力克服死板教条的思维观、自我封闭的发展观，努力构筑起思想大解放、观念大创新、经济大发展的开发区新格局。

(二)加大体制创新力度，再造管理新优势

加入世贸组织，将对我国经济和社会各个领域产生深刻而广泛的影响，尤其对现行宏观管理体制和政府行为方式改革提出了紧迫的要求。如果说开发区前一轮的建设和发展，主要得益于国家优惠政策，那么在新一轮建设和发展中，必须依靠体制创新再造新优势。目前，开发区已经按照“精简、效能”的原则，初步建立起了“小政府、大社会、大服务”的行政管理体制，为下一步体制创新奠定了基础。但是，要真正建立符合国际惯例的管理体制和运行机制，还有许多工作要做，当前最紧迫的是要抓好两项工作：一是要切实转变政府职能，提高行政效率。开发区管委会及各级行政执法机关要按照建立社会主义市场经济体制的要求，加快政府职能和工作方式的转变，严格依法行政，提高行政管理的规范性和透明度，把主要精力集中到搞好宏观调控和建造良好的市场环境方面，为外商投资创造公开、公正、高效的行政环境。要加快行政审批制度的改革，凡不符合

WTO规则要求、与国际惯例相违背的审批事项要坚决废止，进一步简化审批程序，提高行政效率。要按照国际惯例标准建立社会化服务体系和市场中介组织，充分发挥市场机制的作用，凡是能够通过市场机制解决的问题，要尽量通过市场来解决。二是要尽快为开发区立法，下放有关管理权限。目前，国家级开发区管委会大多是当地市政府的派出机构，在行政执法方面没有明确的法律保障，而且城市规划、土地管理、房产、环保、城管等管理权限不到位，使许多工作开展受制约，在一定程度上影响了开发区的健康发展。应尽快为开发区立法，在更多的方面赋予开发区市级经济管理权限。

(三)加大环境创新力度，再造发展新优势

开发区是改革开放的试验区，是与国际市场接轨的桥头堡，对开发区来讲，最好的环境就是努力营造国际仿真环境。所谓国际仿真环境，是指代表先进社会生产力的发展要求、与国际竞争环境相适应、有助于外商投资兴业、符合国际惯例、被大多数国家和企业所认同的环境。创建国际仿真环境，一直是各开发区孜孜追求的奋斗目标。几年来，威海开发区不断加强投资环境建设，创建国际仿真环境的进程日趋加快。在硬环境建设方面，坚持“中心起步，扇形辐射，滚动发展”的开发战略，累计投入40多亿元，修建道路22条，铺筑油路140万平方米，铺设地下管线20万米，完成绿化面积120万平方米，建成区绿化覆盖率达40%，使37.88平方公里的规划区实现了“三通一平”，20平方公里的起步区实现了“七通一平”，城市综合服务功能不断完善；同时建起了皇冠小区、海上公园、青岛路、上海路等一系列精品工程，其中海上公园被评为1999年山东省新建三大优秀园林之一，皇冠花园小区继1997年获全国城市物业管理优秀住宅小区后，1999年又被建设部授予全国城市物业管理优秀示范住宅小区。在软环境建设方面，开发区提出了“人人都是投资环境，个个都是招商窗口”、“服务就是招商，效率就是效益、就是成功率”的口号，实行了挂牌上岗，推行了48小时必给答复的办事程序。在机构和队伍建设上，成立了“两个中心”、“两个协会”。“两个中心”，一是外商投资综合服务中心，从项目立项、选址、批准到规划审批、开工许可、领取营业执照等十几个环节，为外商提供一个窗口对外、一站式办公、一条龙全方位服务；二是园区服务中心，为进驻各工业园区的项目搞好服务。“两个协会”，一是外商联谊会，定期开展活动，与外商进行面对面地交流，解决难题，增进友谊；二是翻译协会，区直机关共配备韩语翻译14名，英语翻译6名，日语翻译2名。我们认为，要与国际环境接轨，必须培养一支高素质的干部职工队伍，世界之争在科技，科技之争在人才，人才关键在知识，开发区要发展，关键在人才。管委对现有的在职干部提出了“四化”标准，即语言国际化，都要会外语；知识专业化，干什么就要懂什么；办公自动化，都要学会操作微机；行为规范化，对内是招商窗口，对外就是国际型人才。下一步，我们要继续抓好硬环境建设，努力把开发区建成经济繁荣、环境优美、人民富裕、社会安定的现代化滨海旅游新城，建成外商投资兴业的乐园，使外商在开发区投资放心、生活安心；继续抓好软环境建设，完善投资审批的一条龙服务体系、项目建设中的全方位服务体系、投产后的经常性服务体系，全力以赴为外商提供优质服务。总之，要在开发区努力创造稳定的政策环境、公平竞争的市场环境、体制和科技的创新环境、优越的人才环境、完善的法制环境，不断营造综合竞争新优势，再创开发区发展新业绩。

发展研究篇

当前经济改革的重点

中国经济体制改革研究会会长　高尚全

跨国投资与民营经济发展在经济改革的重点没有解决的前提下,跨国投资也跨不出去,民营经济的发展也受到限制。十六大报告中指出:改革要有新思路,开放要有新局面,各项工作要有新的举措。动力是什么呢? 动力是改。

经过20多年的高速增长,市场化程度的不断提高,同时也不断地面临着新旧体制的碰撞,随着市场化进程由体制外向体制内推进,对传统体制核心部分的变革越来越成为现时的迫切的要求。这种变革的长期滞后,不仅制约着市场经济体制的最终完善而且对现实经济增长构成了突出的障碍。近年来我国经济运行当中的内需不足、金融财政风险突现等一系列的矛盾,在相当程度上都根源于这种体制性的障碍。因此,要有效地化解经济运行当中的风险和矛盾,释放经济增长的空间。

一、要加大清除体制性障碍的力度，进一步完善市场机制发挥重要作用的体制环境

一是加快开放民间金融的步伐。改革以来，各类非银行金融机构和非国有银行相继出现，股票市场和地方产权市场初步发展，我国已经初步形成了资金工具的多渠道的格局。但是总体上来说，金融体制结构的变化仍然滞后于整个市场化进程，这种体制性结构的缺陷，不仅造成了金融领域的风险，而且严重地制约了整个经济的发展。一方面，由于加入WTO和金融领域对外开放，使国有金融体系面临着国外金融机构强有力的竞争和挑战，正在逐步进行金融服务重点转移;另外一方面，国内开放民间金融几乎没有进展，在国有金融收缩的情况下，地方经济、非国有经济做为经济增长的主体力量，正在面临着日益严重的金融短缺，这使我国当前资本相对过剩和短缺并存。一方面过剩，银行的钱贷不出去，另外，我们又存在大量的资金短缺，解决政策性的扩张与体制性的紧缩并存的关键所在，是鼓励和支持发展非国有民间银行和民间机构，通过非国有或者民营经济的发展，化解存量的风险，提高整体经济增长质量和效率。首先是要将目前实际存在的民间金融合法化，深入探索适合民间金融发展的监管机制，使民间金融成为支撑地方经济、支撑中小企业发展的重要力量。

二是总结、借鉴民间金融的经验，发展名副其实的基层合作金融组织，特别是应支持农村金融合作的发展，切实解决农村资金外流和资本短缺的矛盾（一方面农村资本很短缺，另一方面农村的资金大量外流），为农村经济的发展提供有力的支持。

三是推进场外交易的发展,形成和完善多层次的资本市场,认真总结以往资本市场发展方面的经验教训。政府在推动对场外交易发展的过程中，重点应放在建立公开的可操作的监管规范和程序方面。正常情况下，要限制政府利用市场直接索取利益的权利。应强化资本市场并购的功能，加大企业单纯圈钱的责任和风险。

四是无论是发展直接融资体系,还是间接融资体系,必须坚持市场导向,防止所谓的以国情为理由,动摇市场经济的基本原则,防止以市场的名义,行计划体制和利益争夺之实。

二、进一步深化产权制度改革

市场化资源配制的基础在于产权的多元化和可流动性。经过10多年的改革，尽管我们已经形成了多元化产权的运行格局。但在体制层面上，以国有产权为主要内容的原有产权制度并没有发生实质性的改变:一方面国有资产的产权和行政管理机构不分，并存在多头管理所有制软约束的弊病，不仅难适应以分散决策，与分担分风险与责任为主要特征的市场化产权，制约国有产权规范的流动与重组，容易导致国有资产流失乃至一些腐败的寻租行为;另外一方面在个人产权扩大的情况下，为个人产权的保护依然缺乏有效的制度和法律保障，使得公民难以建立起创造和积累财富的长期预期，削弱了经济可持续发展的动力。因此，随着经济市场化进程的加速，产权制度的改革的现时要求开始变得越来越迫切了，深化产权制度改革就是要根据产权的配套性和流动性的要求，打破原有的观念和束缚，打破原有的体制性障碍，建立和完善与市场经济相适应的产权制度，为各种产权提供平等保护和公平竞争的制度环境。首先是加快国有产权管理和运行体系的改革，明确国有产权分解委托的责任体系和相应的激励机制。十六大已经明确提出了建立中央和地方政府分级管理的国有资产管理体制的基本框架和原则，为深化国有产权制度改革开辟了空间。在推进这项改革的过程中，一方面强调对国有资产行政管理的社会监督，所以我们建议各级政府的国有资产管理机构，应当对本届人大负责，定期向本届人大报告资本和资产运作的情况，并向社会公布。另外一方面，国有资产经营管理机构应成为纯粹的控股公司，不直接从事商品和劳务经营活动，在法律地位上控股公司与受控股企业是平等的，不存在领导与被领导关系。其次，应当明确宪法对公民个人产权的保护，公民个人产权神圣不可侵犯，应当作为普遍的原则和理念写进宪法。市场经济条件下，这种普遍的产权存在形式是人格化的产权，这种产权可使社会形成良好信用关系，也是现代公民权力的重要标志。离开对个人财产权利的平等对待，公有产权就会被抽象为一般绝对的公共权利和普遍的滥用。

最后，制定和完善有关个人产权保护的法律制度。有效的产权保护必须有一系列相关的法律对财产权利、责任以及遭受侵犯以后的诉讼法律的利用有明确和具体的规定，对与宪法基本原则相抵触的法律法规应当废除的要废除，该修改完善的要修改完善，特别是应当尽快地理顺经济法与民法的关系，逐步形成较为完善的民法典，使它成为调整市场经济条件下基本经济关系的重要法律。

三、加快财税体制向公共财政体制转变

市场经济条件下的公共财税体制是建立在政府财产与事权相统一的基础上的，因此财税体制向公共财政转变是政府职能转变的重要内容和标识。我国目前的财政体制依然存在着计划经济时代的特征，也就是人们经常提到的国家财政、国有银行和国有企业三位一体的特征，财政收入和支出结构并没有充分反映现实经济结构，特别是收入分配结构与社会结构发生的重大变化和要求，制约了财政作为公共财政发挥应有的作用，特别是由于现行分税制的缺乏以及事权科学划分的基础，使得地方政府财政收入当中，社会结构严重失衡，大量的不合理的非规范性的收费，实际上加大了广义税负，抑制了地区经济增长的活力。此外，现行税制方面是以国有经济体制为基础设计的，在所有制结构已经发生重大变化的条件下，对社会投资和消费具有双重的抑制作用。在收入差距、贫富差距扩大的情况下，财政应具有的合理的再分配功能才越来越扭曲和弱化了。财税体制向公共财政转变就是要在明确建立政府与市场关系的前提下，以政府事权科学划分为基础，调整财政收入和支出结构，在促进经济增长的同时，提高社会公共服务水平。第一，要在科学地合理划分事权的基础上，明确各级政府的财政收入来源。特别是在当前，主要税种逐步向中央财政集中的情况下，应当尽快建立规范的转移支付制度，确保各级政府的财权与事权的统一。第二，按照政府行政与专门服务职能分开的原则，调整税费征收的结构，政府收费必须提供特定的服务与依据，凡是不能明确具体服务对象的收费，都应当纳入税收的范围。第三，根据现实的经济结构变化，加快税收结构的调整，要在确保经济持续增长的前提下，形成合理的稳定的规范的税收增长机制，使税收能够充分发挥自动调节经济的功能。第四，规范政府收费，政府收费项目必须公开透明，接受社会监督。任何政府收费项目的出台都不应当由某一个部门单独来决定，应当经过社会听证的程序与政府统一确定。

四、加快政府职能转变

应当说经过20多年经济体制的演变，人们对市场经济条件下政府间接调控经济的性质，在原则上已经基本上形成了共识。问题在于政府在实际调控经济的具体过程当中，往往自觉地或者不自觉地复制着传统的直接管制办法。在一些地方，政府凭主观确定支柱产业和支柱产品，用行政的手段代替经济手段指挥资产重组，直接投资进行重复建设，实行市场封锁，保护落后企业等现象，仍在较大范围内和程度上存在。在国有企业改革上，不是把重点放在政府职能转变和消化体制成本方面，而是冀望于通过各种途径来圈钱，使得旧体制强化。对于维护市场秩序和规范市场行为，不是从维护市场主体平等权利出发，更多的是考虑单纯的政府行政便利，偏好事先的思考和事后取缔的管制。这些现象的存在，使得政府职能的转变停留在一般的口号和形式上，抑制了市场的活力，阻碍了经济的发展。政府职能转变的关键是解决职能上越位、缺位和错位的问题。就是说，政府不能介入管不好也管不了的领域，大幅度地削减政府直接干预经济的职能，把市场能解决的问题交给市场去解决，强化政府的公共服务职能。通过体制创新为各类企业提供公平的竞争的市场环境，在减少行政干预方面，重点是要尽快地直接通过行政法规，切实加大削减行政审批和审批项目的力度，禁止以各种内部文件形式出现的社会审批。为了削弱部门利益驱动造成的阻力，应在体制上分为审批和执行系统，实现审批决策和执行程序的公开化、透明化。在强化公共职能方面，重点是强化公民的义务教育、社会保障和生态环境保护等职能，特别是社会保障职能，不仅是我国经济社会转型急需强化的政府职能，也是市场经济条件下，政府调控经济的主要职能。要根据我国城乡二元结构的特点，建立符合我国经济转型和发展的社会多元化的社会保障体系。

五、强化依法行政和法律监督

我国正处于从人治到法治的社会过渡阶段，这一过渡必然伴随着政府由权利本位向职能本位、公民从义务本位向权利本位的转变。同时我国市场化进程的初级阶段是在政府主导下开展的，行政权利与市场关系不可避免地存在着交叉，这种交叉又是当前各种腐败的根源，也是私有经济、体制创新的重要障碍。在这个意义上强调依法行政的核心思想，应当放在正确认识、摆正政府权利和市场的关系上。当前政府依法行政的重点要实现由治民向治权、治官的方向转变，其核心内容首先是治权，法制与人治的根本区别在于法律不再是在人治条件下，仅仅作为治理的手段而存在，而是被确立为社会至高的治理依据和权威。法制意味着其他任何社会规范所寄予的法律效率，任何权利的获得和行使都应当基于法律上的依据，任何组织和个人都没有超越法律之上的特权。法制原则不仅强调法制管理的强制性，而且更应该强调对行政的限制和权威，强调保护公民权利免受不法行政的侵害。根据法制的基本原则，当前强化依法行政必须突破以下几个重点：一是明确界定立法主体的立法权限和约束条件，这是公正执法的基础。我国行政执法当中的侵权行为，源于立法主体缺乏明确、有效的立法限制，以致法律、法规和规章之间的效率之间的制约关系常常是本末倒置，一些所谓的依法行政演变为依法谋权之类的出租、寻租行为。二是要加强行政执法主体的资格。执法内容的安排，应当严格按照行政执法的要求，不得随意设置和安排，在执法的方式上应当强调规范性，尽快制定统一的行政程序法，从根本上确保执法机关正确执法。三是加强司法监督，不仅要加强行政监督机关的职能监督，而且要形成包括群众、新闻媒体以及公民个人在内的广泛的社会监督机制。

当前跨国投资在中国的发展趋势和特点

国家计委外资司副司长　胡祖才

一、跨国公司在华投资的趋势和特点

2002年以来世界经济恢复缓慢，全球跨国直接投资在2001年下降了51%的情况下，预计2002年的降幅仍将超过20%。面对不断变化的外部环境，在党中央国务院正确领导下，我国坚持扩大对外开放积极利用外资政策不动摇，抓住机遇积极应对，大力改善投资环境，利用外资工作取得了显著成绩。外商直接投资在2002年达到历史最好水平基础上，继续保持强劲增长的势头，一到十月新批外商投资企业27630家，合同外资金额749.9亿美元，实际利用外资金额447.2亿美元，比2001年同期分别增长34.5%、35.9%和20.1%，其中实际利用外资的外资金额的增幅有五个月在30%以上。我们预计全年吸收外商直接投资有望达到540亿美元，再创历史新高。跨国公司投资已经成为我国利用外商直接的一个重要组成部分，世界500强的跨国公司中已有约400家在华投资，设立了2000多个项目。中国加入世贸组织后，国家先后发布实行了新的外商投资产业指导目录。外商投资电信、银行、保险以及外商参与国有企业改组改造，上市公司国有股法人股向外商转让，QFII等多项法规，进一步增强了跨国公司在华投资信心。国际著名跨国公司纷纷加快在中国的投资步伐，跨国公司新投资和增资项目大量增加。据统计2002年1至11月由国家计委和报国务院批准审批的重大投资项目达到38个，总投资超过120亿美元。一批由大型跨国公司投资的重化工、汽车、电子等资金密集型大项目相继签约和开工建设。银行、保险、商业流通等服务贸易领域的投资日趋活跃，新来华投资的跨国公司不断增加，我国吸收跨国公司投资呈现良好发展势头。

相比入世前后，跨国公司在华投资出现了一些新的趋势和特点，主要集中在以下三个方面：

1.投资结构进一步优化。首先在外商投资最集中的加工制造业中，资金技术密集型项目明显增加。如电子通信制造业，2001年实际利用外资金额为70.9亿美元，占全国吸收外商直接投资总额的比重达到15.1%，比

1997年提高了9.2个百分点，2002年1至10月份这一比重进一步上升到17.1%，该行业国际前十位的跨国公司中已有8家在华投资设立了130多个合资和独资企业，这些行业的产品已经在国际国内市场上占据了相当的份额。在汽车行业中，上海大众、南京依维柯进行了增资，宝马、现代设立了新的合资企业，丰田、日产分别与一汽、二汽签署了全面的合作协议，本田计划在广州合资建立出口基地。在石油和石化行业中，西气东输、福建炼油乙烯一体化等均为著名跨国公司投资的数十亿美元的特大项目，这些资金技术密集型的大项目，弥补了我国产业中的空白，形成了产业聚集的区域，极大地增强了我国制造业的技术水平，产品附加值和国际竞争能力。

随着入世后我国服务贸易领域的对外开放，服务业利用外资发展迅速。2002年1至9月，我国服务业吸收外资合同额161亿美元，同比增长36%，实际利用外资金额95亿美元，同比增长49%，约占我国同期实际利用外资的1／4。部分地区外商投资服务业趋势更加强劲，上海2002年1至10月，服务业吸收外资合同金额增长了97%。表明入世后境外投资者特别是跨国公司对我国服务业的投资日益活跃。服务业吸收外商投资的巨大潜力初步显现。2002年以来，金融、商业领域吸引跨国公司投资取得了积极进展，其中，商业分销领域新批外商投资商业企业17家，其中连锁企业16家，原有外商投资商业企业新设分店7家。银行领域，至2002年9月底国内已设立外资银行分行147家，其中45家获准开展人民币业务。美国新桥投资参股深圳发展银行超过18%的股份。保险领域，继上月英国标准人寿等三家外国保险公司获准进入中国后，在华外资保险公司已达到34家，设立营业性机构的约50家。汇丰集团出资6亿美元参股平安保险10%的股份。服务贸易领域一直是跨国公司投资的目标；一些跨国公司已经准备多年，随着服务贸易领域对外开放的进一步扩大，将吸引更多的跨国公司进入该领域，也将是今后跨国公司投资的热点之一。跨国公司投资服务业对我国服务业的发展起到了积极的促进作用，并可以为制造业的发展提供有力的支持。

2.跨国公司更加注重本地化经营。

首先，跨国公司将生产制造中心向中国转移的速度加快。虽然我国加入世贸组织后，大幅度降低了进口关税，但是，从降低成本、增强国际竞争力和确保市场份额等长期战略来考虑，跨国公司纷纷将制造业的重心向我国转移，将中国作为跨国公司重要的生产基地，如拜尔公司、巴斯特公司、BP公司都已经开始实施几十亿美元的大规模投资计划，在华建立一体化的生产基地，这也为中国由制造业大国向制造业强国转变提供了难得的机遇。在转移制造业的基础上跨国公司加快了研发和本地化的战略化调整，在华设立研究开发中心。目前，我国外商投资设立的研发中心已近400家，摩托罗拉在华已有18家研发中心，2002年9月又宣布，将在未来5年内增加10亿美元研发资金，并在北京建立全球研发基地；爱立信公司在已有的6个研发机构基础上，2002年5月在北京成立了中国研发总院。这些研发活动已经不仅仅限于简单的技术开发，而是关注于如何在中国特定的环境下，面向全球进行占有优势的生产活动。这将进一步提升中国在跨国公司全球经营中的地位。随着跨国公司投资规模的扩大和投资水平的提升，原先分散投资、分散管理的模式，已不适应其发展战略的需要。跨国公司客观上要求将运行管理中心转移到中国。目前，跨国公司在华设立的投资性公司已有约220家，大部分承担着统筹管理在华业务的职能，世界500强公司设立的投资性公司已超过120家，其中有很多正在逐步向中国甚至亚洲地区的总部过渡。据我们不完全统计，北京和上海两地设立的跨国公司地区总部已达28家，近期即将设立的还有4家。为了增强在全球范围的竞争力，降低采购成本，许多跨国公司开始在华设立全球采购中心，将中国质优价廉的商品和原材料、零部件同跨国公司强大的全球销售网络相结合，既扩大了中国的出口，也为跨国公司实现全球资源配置、不断发展壮大提供了动力。如沃尔玛公司以深圳为基地，开始在全国布点，2001年在中国直接和间接采购金额达到103亿美元。GE公司明确表示中国生产能力强的领域，它们不准备投资建新厂，而将进行大规模的采购，2001年GE的医疗部门在华采购达到3亿美元。联合利华也宣布将在上海建立全球采购中心，未来5年内采购原材料和商品超过5亿美元。跨国公司在品牌、人才等方面都加大了本地化的力度，将中国化做为实现全球化的一项重要战略，这将在很大程度上拓展中国经济的外部空间，同时也给中国经济开拓发展和宏观管理带来巨大的机遇和挑战。

3.投资方式更加多样化。入世后跨国公司加快进入中国的同时，投资方式逐步突破传统的三资模式，呈现出更加多样化的新局面。

首先，外商独资方式发展迅速，目前已成为我国利用外商直接投资的主要方式，并呈上升趋势。2002年1至10月新批准外资独资企业18049家，占新批外商投资企业总数的65.3%，同比提高了6.3个百分点。新批的外资独资项目的合同外资金额为512.7亿美元，比重达到68.4%，比2001年同期上升了7.5个百分点，反映出我国的投资环境不断完善，外资对华投资信心进一步增强。

其次，近年来跨国并购已成为国际直接投资的主要方式，跨国公司对中国企业的并购同样会有巨大的兴趣，但跨国并购投资在我国发展得比较缓慢。据联合国贸发会议的数据，1991年至2001年跨国并购投资在我国年平均金额只有12多亿美元，占全国接受外商企业投资的平均比重为3.4%。针对这个情况，我国政府明确提出鼓励跨国公司采取并购方式参预国有企业改组改造，国家有关部门也在适当范围内制定了一些政策措施，使跨国并购在中国逐渐进入一个新的发展时期。2002年以来，跨国公司采取并购方式的投资项目明显增多，如法国通用水务公司收购上海浦东水厂项目。此外，经营权转让、项目融资、境外上市以及外资收购国有经营资产管理公司处置的不良资产，中外合资投资产业资金等方面的工作也取得了积极的成果，使跨国公司在华投资逐渐向多渠道多方式转变，有利于更多更好地利用跨国公司投资。

二、进一步改善投资环境，积极吸引和引导跨国公司来华投资

跨国公司拥有技术、资金、管理、人才和全球营销网络等巨大的优势，吸引跨国公司投资对我国经济结构调整，产业结构升级，加快国有企业改组改造，提高利用外资质量和水平，都将发挥积极的促进作用。党的十六大提出了21世纪前20年翻两番的宏伟目标，快速增长的投资需求和日益扩大的巨大市场，为跨国公司提供了广阔的投资空间，我国正面临着利用跨国公司投资的良好机遇，抓住机遇大力吸引并积极引导跨国公司投资是今后我国利用外资工作的主要任务。

为此，应做好以下几方面工作：

第一，积极营造有利于跨国公司投资的良好软硬环境。适应投资者投资结构改变、产业结构升级和生产经营方式变更等新情况，努力改进投资环境特别是投资软环境，将成为中国提高利用外资质量的关键因素。跨国公司更加重视受资国的法律环境、市场环境，人才、融资、物流、零部件等配套环节，对我国投资环境提出了更高的要求。经过多年的努力，我国改善投资环境已经取得了积极的成效，比如，在减少审批环境，简化程序、提高办事效率等方面，鼓励类不需要国家综合平衡的外商投资项目由地方政府自行审批；在西部地区鼓励类外商投资项目和西部地区优势产业项目，项目建议书和可行性研究报告合并一道审批。国务院第一批取消的行政审批中，涉及外资的就有16个部门的35项。但是，我们目前的投资环境，还不能完全适应跨国公司投资的新形势。因此，必须继续全面改善和优化投资环境，努力建立稳定、透明、可遇见性的法制环境，诚信规范统一的市场环境，物流通畅、中间服务健全、便于配套生产的企业发展环境，有利于人才聚集和可持续发展的人文、自然环境，加快解决外资企业发展中遇到的突出矛盾使投资环境更上新台阶，进一步增强吸引跨国公司投资的综合竞争能力。

第二，积极吸引和引导跨国公司投资，提高投资质量。要按照国家产业政策的要求鼓励跨国公司投资现代农业，促进农业产业化，鼓励跨国公司投资高新技术产业和装备制造业，鼓励在华设立生产性基地和制造中心，鼓励跨国公司和战略投资者参与国有企业的改组改制。要按照我国加入世贸承诺的地域、数量和时间表，积极扩大商业、外贸、银行、保险、旅游、会计、审计、律师等服务贸易领域的对外开放，使之成为吸引跨国公司投资的新的增长点，并促进投资环境的进一步改善。鼓励跨国公司在华设立采购中心、研发中心和地区性总部，适当放宽中西部地区吸引外商投资的条件，积极引导跨国公司参与中国的西部大开发，抓紧修定中国西部地区吸引外商投资优势产业目录，鼓励跨国公司投资西部地区的优势产业，加快西部地区对外开放的步伐。

第三，以多种方式适应跨国公司投资。要在传统方式的基础上积极拓宽利用跨国公司投资的渠道和方式，并完善相关法律法规，多渠道、多方式适应跨国公司投资。比如结合国有企业的改组改造，进一步推进国有上市公司国有股、法人股向外商转让的工作，具备条件的国有大型企业，要积极稳妥地引入国际专业投资者，促进经营机制转变。另外还要积极探索利用外资的新方式。中国加入世贸组织一年来，进一步扩大各项政策的公开、透明，并符合国际惯例的要求。中国已经成为全球对外方投资最具有吸引力的国家之一，许多跨国公司在投资中国的同时，自身也实现了较大的发展，增强了扩大投资的信心和动力。我们有理由相信，跨国公司在中国的投资规模会更大，投资的领域会更宽，投资的方式更加多样化，投资水平会迈上一个新的台阶。

我国高新技术产业开发区比较优势分析

中国人民大学区域经济与城市管理研究所　研究室主任 孙久文

我国高新技术开发区从20世纪90年代初开始设立，到今天已经走过了10多年的辉煌历程，目前的53个高新技术产业开发区，或者成为国家的高新技术产业基地，或者成为区域性技术创新中心。

进入新世纪，我国高新技术产业开发区的发展进入一个新的时期，同时也面临着增长速度减慢、产业结构老化、高新技术不新、发展后劲不足等问题的困扰。所以，重新确立高新技术开发区的比较优势，是高新技术产业开发区继续发展必须率先解决的问题。

一、我国高新技术产业开发区的比较优势

我国高新技术产业开发区的比较优势主要表现在以下几个方面：

(一)技术优势

高新技术产业开发区从设立伊始，国家为了发展的需要，确定了入园企业的技术要求，“高新技术”是入园的基本条件。高新技术开发区所确立的技术优势，包括四个方面：第一，园内企业的平均技术水平高于所依托的城市，代表我国各产业的发展趋势和技术水平。如北京的中关村科技园区，代表我国计算机产业的发展水平；杨凌农业科技园区则代表了我国农业科技的发展水平。第二，高新技术产业开发区设立之后，吸引了大量的科技人才，使高新技术产业开发区成为各地区的人才高地。第三，高新技术产业开发区的R＆D经费投入增长很快，1995年为57.1亿元，1999年增加到230.8亿元，使高新技术产业开发区成为各地区的技术创新基地。第四，高新技术产业开发区在科技开发上具有优势，1998年，全国高新技术产业开发区人均R＆D经费为11586元，1999年R＆D经费达到21664元。

(二)政策优势

高新技术产业开发区的发展是与中央和地方对高新技术产业开发区的优惠政策分不开的。这些政策包括：(1)吸引、凝聚高素质人才方面的优惠，为他们提供更宽阔的创新空间；(2)资金投入的支持。包括加大财政对科技的投入、设立创新基金和发行股票债券的优惠等；(3)税费征收的优惠。包括税收的减免、返还等政策，土地出让金的减征和市政费的减征等。(4)企业改制方面的支持。高新技术开发区内的企业，在设立股份制企业和合资、独资企业方面享有更优惠的政策支持。政策的优势，一直支撑高新技术产业开发区的发展基础。

(三)经济实力优势

经历了10多年的发展，高新技术产业开发区的经济实力大为提高，成为继续发展的优势所在。1999年全国高新技术产业开发区的技工贸总收入达到6774.8亿元，2000年更达到9209.3亿元。1995年到2000年，年均增长达40%。这个速度与同期国家的GDP或工业增长速度相比，都要快很多。此外，高新技术产业开发区对所在地区经济发展的贡献也提高很快，以江苏省为例，1996年四个高新技术产业开发区的利税总额11.38亿元，占当年全省财政收入的5.1%，2000年达到52.4亿元，占当年全省财政收入的11.7%，可见，高新技术产业开发区的经济实力在不断提高，对当地经济发展的贡献越来越大。经济实力的优势还表现在高新技术产业开发区的基础设施比较完善，能够为各类企业提供发展所需要的能源、水资源及交通、通讯等方面的条件。

（四）国际化优势

所谓国际化优势，是指对外经济贸易的条件优越于其他地区。高新技术产业开发区是我国继经济特区之后设立的对外开放的窗口，是吸引国际资本、扩大对外贸易的重要基地。自1990年初，高新技术产业开发区就成为我国吸引国外企业来华投资的重要区域，外资和港澳台企业一直占到高新技术开发区企业总数的20%左右，1999年出口创汇119亿美元。所以，高新技术产业开发区始终保持较高的国际化优势。

二、高新技术产业开发区比较优势的变化

进入21世纪，高新技术开发区的比较优势在以下几个方面发生了显著的变化。

（一）发展高新技术带来的技术优势正在减弱

随着我国经济发展水平的提高，各地区都把发展高新技术产业当作是提升当地产业结构的重要举措，建设高新技术的企业，或者用高新技术来改造传统产业，大大提高了各地区的技术水平，使高新技术产业开发区与所在地区的技术差距逐渐缩小。以北京为例，10年以前北京的主导产业是钢铁、建材、化工和机械，今天已经转变为高新技术产业、旅游业和新兴第三产业，全市的整体技术水平提高很多，与高新技术产业开发区的技术差距已经不是十分明显。与此同时，某些高新技术产业开发区由于招商引资的困难，一些非高新技术的企业纷纷进入，使高新技术开发区的技术水平提高不快。

（二）高新技术产业开发区独有的政策优势正在消失

高新技术产业开发区的政策优势是改革开放过程当中某一个阶段的产物，是先行地区所独有的。然而，随着改革开放的深入，对外开放的政策逐渐放开；各地区为了吸引资金，仿照高新技术开发区的政策体系，制定了许多更加优惠的政策。其结果是优惠政策的普通化和政策资源的共享化，高新技术产业开发区的政策优势不可避免地逐渐消失了。随着西部大开发的实施，国家给予西部广大的地区在发展经济方面的各类优惠政策，使政策条件能够公平地提供给全国更加广大的地域。

（三）高新技术产业开发区优越的发展条件正在被超越

高新技术产业开发区的发展条件是在90年代形成的，特别是基础设施条件，基本是90年代的水准，当时要明显优于周边地区。近年来，国家把建设的重点放在基础设施的建设上面，无论是东部沿海，还是西部内陆，基础事实条件都有了很大改善。以高速公路为例，90年代初仅有1000多公里，到2001年已达20000公里。交通和通讯条件的改善，使很多城市的区位条件发生了变化，于是他们在经济发展的各个方面，特别是在招商引资方面，成为高新技术开发区的竞争对手，许多高新技术产业开发区外的地区，其发展条件正在赶上高新技术产业开发区。

（四）对外开放成为各地区发展经济的必由之路

我国加入WTO之后，国内的经济发展与国际接轨，经济全球化的趋势影响到每个地区，经济发展的国际化已经不在是个别地区的独有，而成为广大地区发展经济的现时背景。每个地区都把吸引外资作为促进经济发展的重要手段，把对外贸易作为拉动经济发展的重要杠杆。高新技术产业开发区的国际化优势已经消失，只是作为国家对外经济贸易的一个重要区域而存在。

在高新技术产业开发区比较优势逐渐减弱的同时，存在于高新技术产业开发区的一些固有的问题也渐渐暴露出来，如高新技术产业开发区的管理体制问题、科技创新问题、专业化分工问题、民营企业发展问题等，都影响高新技术产业开发区的进一步发展。

三、发挥比较优势与高新技术产业开发区的重新定位

我国高新技术产业开发区在新形势下如何发展，已经摆在各地区和高新技术产业开发区的面前。我们应当从新审视高新技术产业开发区的比较优势，对高新技术产业开发区的经济和技术功能进行重新定位。

第一，高新技术产业开发区的技术优势的发挥，应当从单纯地生产高新技术产品向技术开发、技术转让和企业孵化器的功能转化。高新技术产业开发区的技术比较成熟，产品开发实力雄厚，技术人员经验丰富，开发新技术、新产品的能力应当成为高新技术产业开发区优于其他地区的主要方面，发挥优势就要发挥这个优势，而不是去与那些人力成本很低的地方拼产品生产，或者拼市场份额。此外，高新技术产业开发区作为企业孵化器的功能应进一步完善，为周边地区孵化更多的高新技术企业，带动地区的技术水平上新的台阶。

第二，高新技术产业开发区应当在经济发展上重新定位，把过去的纯粹的高新技术生产基地转变为区域经济发展的增长极和地区经济的中心区。高新技术产业开发区拥有的经济发展条件，如果与地区大的发展环境相结合，通过对基础设施的改造，必然会形成新的优势条件，但高新技术产业开发区单一的发展道路不可能永远走下去，必须走综合发展的道路。发展高新技术产业开发区的第三产业，营造优良的生活环境，开发房地产和高新技术产业开发区旅游业，使高新技术产业开发区重新焕发青春。区域经济发展的最好的投资环境是综合的发展环境，是一个地区经济发展的中心区才可能拥有的。高新技术产业开发区的重新定位，是把高新技术产业开发区从一个区域经济的特殊地区转变为区域经济的中心地区。

第三，高新技术产业开发区应当在空间上重新规划，重新定位。从空间上看，高新技术产业开发区有三种未来的演化形式：(1)独立生长型。高新技术产业开发区在地理上与城市脱节（如天津高新技术开发区），未来发展宜单独成为一个城市或一个城区，并按照主城区的规划进行建设；(2)边缘生长型。高新技术产业开发区位于城市的边缘地带，随着发展的进度，渐渐与城市连为一体（如烟台高新技术开发区），未来发展宜向城市靠拢，条件成熟可以建成城市的一个行政区，从而完成高新产业技术开发区的历史使命；(3)内涵生长型。此类高新技术产业开发区位于城市的内部，一般面积有限，发展空间亦有限（如北京、西安等高新产业技术开发区）。未来发展宜转为内涵式的发展模式，主要强化科研、技术开发和企业孵化器等功能。

第四，高新技术产业开发区应当是动态的，服从生命周期规律。正如一个产业的发展周期一样，高新技术产业开发区也有自己的生命周期。它从一片处女地的开发开始，到高新技术产业蓬勃发展为最盛，最后成为城市的一个部分结束一生。那些不成熟的高新技术产业开发区应通过综合发展而成熟起来，成熟的高新技术产业开发区应最后成为城市的一个新的行政区。从政策的连续性上讲，一个地区的高新技术产业开发区并入所在城市后，应当重新建立新的高新技术产业开发区。

总之，我国的高新技术产业开发区正面临新的形势，面对新的环境。如何应对高新技术产业开发区比较优势的新变化，找到继续发展的新途径，无疑关系到高新技术产业开发区未来的发展前途和发展方向。

参考文献：

夏海钧：《中国高新区发展之路》，北京，中信出版社，2001年版

顾朝林、赵令勋：《中国高技术产业与园区》，北京，中信出版社，1998年版

费洪平、戴公兴：《经济开发区产业规划与管理》，北京，科学出版社，2000年版

国外生物科技园区发展模式研究

生物科技园区(生物谷)是其发展与集中布局的典型载体。本文以国际主要生物科技园区为研究对象，对其经营与发展的条件、要素、产业体系、管理与运行机制等方面进行了对比研究。其研究结论对我国生物技术产业发展和布局具有重要的借鉴意义。

生物技术产业与信息技术、新材料并称当代世界三大高新技术产业，其未来发展的主要方向包括：生物基因研究与产业化开发、新型药物研制与开发、海洋生物技术、环境生物技术开发等。随着生物技术产品的不断出现和应用，其社会经济价值正逐步显现，其巨大发展潜力和良好应用前景，引起世界各国政府、企业界和金融界的广泛支持与关注并积极进行投入。与电子信息产业相类似，国际现代生物技术产业大多采取空间集群(clusters)的方式进行发展与布局，生物技术园区是生物技术产业发展的主要载体之一。

海洋大学海尔经贸学院《青岛市高科园生物谷发展模式研究》课题组受青岛市市委和青岛高新区管委会的联合委托，对国际范围内部分生物科技园进行了分析对比，本次研究的对象主要包括：美国麻省生物科技园(Massachusetts Biotechnology Research Park)、美国弗吉尼亚生物科技园(Virginia Biotechnology Research Park)、美国硅谷地区(圣迭戈附近)生物科技园、欧洲莱茵河上游生物谷(Germany rance witzerland Biovalley)、法国巴黎“基因谷”(Gene Valley near Paris)、加拿大渥太华生命科学园(Wottawa Life Science Research Park)、挪威挪瓦姆生物医学科技园(NovumBio edical Research Park)。限于篇幅，本文只对具有代表性的3个生物科技园进行简单介绍，并对所有7个生物科技园的发展模式进行归纳和总结。

一、典型案例分析

（一）美国麻省生物科技园

美国麻省生物科技园创建于1985年，是美国最重要的生物技术研究和生产中心之一。科技园由10多家生物科技公司，几家非盈利的学术机构和一些服务设施组成，生物科技园属于伍斯特(Worcester)商业发展公司。科技园的生物科学研究是在麻省生物研究所(一个非盈利的教育和科研公司)的领导下进行的。生物科技园通过吸引大公司和促进小企业的发展，加速了科学技术从学术研究到商业应用的转化。

与其它生物技术园相比，麻省生物科技园的竞争优势主要体现在：(1)可以随时提供相对廉价的土地；(2)可提供用户需要的一流的实验室和办公场所；(3)麻省大学医学中心图书齐全的医学图书馆，医学院一流的设施、专家和教学医院；(4)科研力量雄厚，其附近有8所学院和大学，包括占全国医学院前20名的麻省医学中心；(5)有规模较大的包括科学家和半熟练工人在内的就业群；(6)有提供从医学试验设备和材料等必需品和服务的公司；(7)有便利的交通；(8)迷人的自然风景和统一规划的建筑；(9)有适用于各种用途的办公设施和便利的生活娱乐设施。

（二）欧洲莱茵河上游生物谷

欧洲莱茵河上游谷地跨国生物谷始建于1996年7月，位于莱茵河上游的谷地，包括瑞士的西北部、巴登的南部(德国)和阿尔萨斯(法国)，不仅在地理位置上处于欧洲的中心，也是欧洲生物技术的中心。目前生物谷有450万居民，300多家生命科学公司，78000学生，40多所大学和私人生命科学研究机构，还有大量的专业培训中心和各种技术园。

欧洲莱茵河上游谷地跨国生物谷形成与发展的原因表现在以下几个方面：(1)优越的自然物质基础。这个谷地具有丰富的生物物种资源，为欧洲生物技术的发展提供了丰富的生物基因、物种和陆地生态系统资源；(2)雄厚的生物技术实力。生物谷建立前，本区已经有众多生命科学公司和机构(共约300家)，其中包括两家跨国公司、40所独立或大学所属研究机构以及4所大学；(3)长期国际合作历史。近邻的德国、瑞士和法国三方，具有长期的国际经济、政治合作关系，在生物技术发展及其产业化开发上很容易达成共识；(4)便利的交通条件。莱因河上游谷地处于德国、瑞士和法国三国的交界处，靠近各国的工业区，离巴塞尔的经济中心有不到5分钟的距离，靠近飞机场、港口和铁路，同时还有发达的高速公路，交通运输极其发达和方便；(5)参与者的共同努力。各国政府机构、生产企业、研究与开发机构、高等教育机构和金融机构等，通过互利互惠的合作，为生物谷的发展铺平了道路；(6)稳定高效的组织保障。为了协调三国之间的利益，使生物谷的合作得以顺畅进行，三国还成立了生物谷促进机构，促进机构由来自各国的15名代表组成(各国5名代表)，代表们分别来自科技、开发、贸易、商业等不同的领域，该机构进行积极的协调和提供及时的信息服务；(7)有效的资金运作模式。生物谷提供了一系列的资金融通渠道，包括大型的风险基金、股票市场的资金融通和吸引一些对生物谷、生物技术有特殊兴趣的基金，以及具有专业评估能力的银行投资等，生物谷筹划机构本身也提供一定的种子基金，并给各创业者提供商业策划和咨询。

（三）法国巴黎“基因谷”

法国巴黎“基因谷”成立于1998年10月，位于巴黎南郊30公里处的埃佛利小镇，至今已有25家公共研究中心和私营企业落户。这里聚集了法国许多国家级的科研机构、高等院校和高技术企业，除基因科学的基础研究外，同时开展基因技术在医学、农业食品和环境方面的工业化应用研究和开发。“基因谷”计划的目的在于提高技术开发能力。

法国巴黎“基因谷”形成与发展的主要因素包括：(1)有利的社会经济区位。巴黎是法国乃至欧洲的科技、经济与文化中心之一，在巴黎市郊建立生物科技园——基因谷，具有人才、技术、资金、设施等的比较优势；

(2)公共资金的前期投入。由于生物技术、生命科学的美好经济前景，法国政府(包括中央和地方)以及公共研究机构均对“基因谷”大力投资;(3)积极的科技与产业政策。法国国家及地方政府制定积极的政策，吸引国家级科研机构、高等院校和生物医学高技术企业到“基因谷”落脚，使它成为法国最高水平的基因工程和生物技术研究开发、教学、生产基地;(4)有效的组织机构。“基因谷”成立之初，其管理工作是一个非盈利性协会，由于包括政府机构在内的众多机构、企业的持续投入，管理委员会的使命就发展为如何通过高效的组织与协调，实现基因谷参加者的赢利和基因谷自身的持续发展，最终实现“基因谷”与所在地的发展紧密结合，使它在法国科学、经济的协调发展之中占有一席之地;(5)优质的协调与服务。“基因谷”不仅从事一般社区服务的管理与协调工作，而且积极从事组织研究、组织教学和创建企业等工作，如组织研究人员和工业界参与的研讨会，组织“谷”内人士的生物学知识培训，支持研究人员召开学术讨论会，协调“谷”内研究与其他研究机构的相关研究关系等等。

二、发展模式总结

根据区域经济地理学理论和高新技术产业布局原理，生物科技园区的建设属于高新技术产业与区域经济通过创新关联实现协调发展的具体表现形式之一，可以从区位选择、要素聚集、产业创新、园区管理、园区服务等5个方面进行模式的总结。

（一）区位选择模式

国际生物科技园建设的地域选择，具有如下几方面特征:(1)近生物资源地，包括特定植物集中分布区、动物聚居地等，如案例中的欧洲莱茵河上游谷地跨国生物谷;(2)近技术、人才、资金集中地，如大学城、独立研究与开发机构所在地，金融中心等，本次研究的大部分案例符合这一特征;(3)近市场消费地，如大型医疗机构所在地、食品及药品集散地等;(4)生物、医药企业相对集中布局，以便共同利用优势要素和产品市场，同时便于企业间的竞争与合作。

（二）要素聚集模式

国际生物科技园在建设初期注重对要素的吸引和鼓励其自由流动(进入、过境或撤出)，其中主要包括:(1)资金的筹集与流动，除了政府设立一定规模的种子基金，主要鼓励风险投资基金组织(公司)的成立与资金运作(包括自由退出);(2)企业家(创业者)及技术人才的培育与吸引，通过实施相应的地区及产业政策，鼓励企业家自主创业，通过园区企业与大学（研究机构)联合设立博士后流动站，以及设立专业学术论坛等手段，培育具有专业素养和开发能力的复合型人才;(3)注重对技术专利的申请和知识产权保护，使生物技术的基础研究和产业化开发得到更多保障，在不具备比较优势的生物技术领域，积极与园区外其它机构或地区进行合作或建立联盟，以保持专业技术的整体优势。

（三）产业创新模式

国际生物科技园区在建设过程中，特别注意促进和协助区内生产企业、R&D机构、大学、服务机构(尤其是金融机构、中介机构)之间的结网(networking)，使其形成创新综合体（innovation complex)，具体做法包括:(1)鼓励企业成立和加入区域性行业协会，提供其交流场所，如中小企业(SME)圆桌会议等;(2)由政府机构出面组建网络化促进队伍(Bio alley Promotion Team),人员由相关政府官员和专业专家组成(贸易促进专家、学术专家、技术转移专家、经营专家、政府协调员);(3)建立强大而务实的公共信息交流与服务平台,主要形式包括生物谷官方网站、发表通讯及网络期刊等;(4)注重对非专业人士(一般公众)的普及针对性宣传,使其起到信息传播、扩散并以此加强网络化的文化氛围。

(四)园区管理与服务模式

一般由政府官员、生物技术专家、企业及机构管理者代表、金融专家等组成,如欧洲跨国生物谷的生物谷促进机构由来自各国的15名代表组成;而法国巴黎基因谷成立之初,是一个由巴黎大区议会、埃松省议会、埃佛利用和法国抗疾病协会联合成立的非盈利性协会,法国政府(包括中央和地方)以及公共研究机构均对"基因谷"大力投资,使它已经可以转变为公共利益集团,管委会成员由各方利益的代表组成。

生物科技园管理与服务的主要内容可以概括为:(1)负责成立生物科技园(生物谷)发展与促进机构,协调研究机构、大学、生产企业和投资者的关系,使其为发展生物谷产业服务;(2)进行宣传与推介,鼓励企业家、科学家、投资者到生物谷创业;(3)规划建设公共基础和专业服务设施;(4)创建生物企业孵化器;(5)提供信息服务和必要建议,建立网站、通讯、新闻办公室;(6)负责制定或建议制定有关政策和地方法规,并监督执行。

三、对我国的启示

我国在原有高新技术产业开发区建设的基础上,于近年提出建设生物/医药产业基地,其中最早提出建设的国家级生物/医药产业基地如上海生物医药科技产业基地、国家中山健康科技产业基地、中药现代化四川科技产业基地等,至今已经有几十个地区(城市)提出建设生物科技园(生物谷),其中建设(或规划)规模比较大的园区主要包括:云南"中华生物谷"(1999年提出)、深圳"北大生物谷"(2000年)、北京"北大生物城"(2000年)、"广州国际生物岛"(2000年)等。我国如何有面对生物产业园区建设热潮,如何实现生物科技园(生物谷)的科学建设与合理布局,关系到每个园区的生存与持续发展,是各地区地方政府必须面对的问题。

与国际发达国家的生物科技园相比,我国的生物科技园(谷)建设时间较晚,并且大部分处于规划或构想阶段,建设园区所需的关键要素(核心技术及其研究开发能力、创新型及创业型人才、风险资金)普遍缺乏,建设大部分园区建设规划规模小,产业模式雷同,园区相互之间协作与专业化分工程度低,国际化(吸引外资和学习国际流行管理模式,开拓国际市场和进行国际推销与宣传等)程度低,研究开发与生产销售的关系脱钩,大部分尚未建立理想的运行机制。

针对上述存在的问题,通过借鉴国际生物科技园建设的经验,我国在生物科技园的发展规划方面应注重以下几个方面的问题:(1)合理选择区位。我国建设生物科技园区时,应充分考虑本区所具有的在生物资源或生物技术、人才等方面的国际、国内比较优势;同时在园区具体选址时应注重尽量靠近有关大学、研究机构,以充分利用其人才、技术的"溢出效应"。(2)积极吸引和培育优势要素。在建立种子基金的基础上,注重建立风险投资企业和中介服务机构,同时吸引具有投资实力的企业加入园区;注意自主知识产权的生物技术的引进与培育;应借鉴国际生物科技园区的做法,与高等院校、研究机构建立密切合作关系,在人才引进和联合培养方面建立稳定机制。(3)建立产业创新综合体。生物科技园区一般具有高度的开放性,与区外有着密切的经济技术联系，同时注重园区内部企业、机构间的创新网络建设（经过调查发现，我国高科技园区企业之间普遍缺乏合理的学习、合作与竞争机制，彼此戒备森严，失去了集聚布局的重要目的）。(4)实行企业化运作的管理与服务模式。国际生物技术园区成功的管理经验告诉我们，应避免那种单纯的将园区管理等同于一般性区域行政管理的做法，而应该按照企业的运行机制进行园区经营与管理，必须体现园区企业机构，以及区外投资者的利益与意愿，在此基础上形成整体经营与发展的理念，并积极进行园区的整体包装、策划与推销，从经营的角度为生物科技园区服务。

（海洋大学海尔经贸学院）

建立华中现代物流中心
—武汉阳逻开发区产业定位研究

汤尚颖　石峰

改革开放的春风终于唤醒了古老的大地，阳逻——这个历史名镇，在新的世纪将承担起服务武汉、面向华中、沟通国内外的现代国际物流中心的角色，相信在不久的将来，这块沉寂的土地将重现其青春和活力。

一、阳逻开发区的功能优势与产业选择

（一）现代物流产业发展的一般态势

1.发展现代物流产业已成为世界发达国家的共识。物流产业是从事连接生产和消费、实现物的价值的经济活动的企业总称，在物质财富的生产过程中起着桥梁和纽带的作用，因此，物流产业的发展状况直接影响着经济社会的发展。作为企业行为，由于经济发展对物流产业的发展提出了越来越高的要求，因此，缩短物的在途时间、实现零库存、及时供货和保持供应链的完整和稳定，达到减少成本、提高经济效益，始终是物流企业追求的目标。也正是在这一目标的推动下，物流产业得到了快速发展和壮大，并成为“第三方利润源”。因此，各国都非常注重现代物流产业的发展。

进入20世纪80年代以后，全球性的企业并购浪潮推动着国际贸易的货物流动加速向全球化方向发展，并促进各国物流企业的联合和并购活动。大型跨国物流企业的出现加速了物流产业与网络经济的结合，使物流产业的业态发生了革命性的变化：一是现代物流产业将传统的物流产业与网络经济进行了有效的结合，在现代物流技术和物流管理理论的支持下，物流的速度加快，不仅提高了物流产业的经济效益，而且实现了零库存；二是伴随世界经济的一体化和生产的国际化，传统的“商物合一”的物流方式逐渐被现代的“商物分离”物流方式所取代，物流形式“虚拟化”趋势越来越明显，形成以电子商务为主导、以实物流通为支撑的现代物流产业；三是物流产业向规模化、专业化方向发展，出现了新兴业态，即第三方物流企业的产生和发展，并成为物流产业的支柱。

2.我国的现代物流产业也呈现出了强劲的发展势头。现代物流产业是现代市场经济和经济全球化发展到一定阶段的产物，是国民经济中的一个重要产业。中国的物流产业在从计划体制向市场经济体制的转变过程中得到了缓慢的发展，但由于人们对物流产业是“第三方利润源”的认识不足，以及管理体制、运作方式等方面存在着诸多缺陷，使物流产业的发展不能适应现代经济发展的要求，现代物流产业的发展严重不足，与发达国家存在着巨大的差距。中国加入WTO以后，经济社会环境将发生巨大的变化，大力发展现代物流产业已经成为我国经济实现可持续发展的必然选择。为了大力发展现代物流产业，促进经济的快速发展，我国的上海、天津、深圳、山东等地已经在这方面进行了积极的尝试，并取得了一定的成效，推动了现代物流产业的发展。为了规范现代物流产业的发展，推动现代物流产业的建设进程，国家已下发了加快全国物流业发展的若干政策意见。通过企业的努力和政府的指导，相信在不久的将来，我国的物流产业将进入一个较快的发展时期。

3.发展现代物流产业是武汉城市现代化发展的需要。武汉市是我国内陆地区最大的中心城市，处于东中西三大地带的结合部，具有承东启西的中部大支点作用，对我国的区域经济协调发展起着重要的作用。改革开放20年来，武汉市在“两通起飞”和“开放先导”战略的指导下，大力调整产业结构，实现了城市发展的历史性跨越，对区域经济发展的带动性作用也越来越突出。武汉市作为一个传统的商业城市，物流产业已有一定的发展基础，有着发展现代物流产业的基础和条件，并在1998年提出了在阳逻合资创办面向海内外、服务华中腹地和长江流域的整合型国际物流中心的设想。从此，发展现代物流产业得到了社会各界的高度重视。经过多年的发展，一批具有现代物流性质的物流产业开始形成，并得到了一定的发展。但是，总体来看，仍然存在着物流组织不尽合理、缺乏专业化组织服务、服务水平低、内在质量和运作效率亟待提高等方面的诸多问题。

现代物流产业发展水平是评价一个城市综合经济实力和现代化水平的重要标志，是经济发展新的经济增长点和“信息化带动工业化”的重要支撑，同时也是发挥城市功能、实现区域经济共同发展的重要环节。因此，武汉要成为区域经济的发展中心，在现代化建设的过程中就必须强化物流功能，大力发展现代物流产业。

（二）阳逻开发区产业选择的依据

1.阳逻的功能优势分析。阳逻是武汉东北地区的重镇，其西南依托科技、人才和经济实力雄厚的大武汉，东、北部是地域广阔、资源丰富、市场潜力大的鄂东北、豫东南、皖西地区，南临长江黄金水道，可与上海、重庆等长江沿江和沿海地区联系，隔江相望的是武汉青山工业区、东湖高新技术开发区、葛店开发区，有汉施公路、新施、阳靠、阳团和106国道横贯其中，区内的铁路线又与京广、京九铁路相连，形成了铁、公、空、水现代化的立体网络，同时，国家两条通讯干线京—汉—广中同轴和沪—汉—渝光纤光缆在此相交，通讯优势明显。“十五”期间，国家和地方将投入200多亿元资金进行基础设施建设，包括武汉国际集装箱转运中心、阳逻长江大桥、武汉绕城公路、军民两用机场、阳逻电厂第三期扩建项目等等。这些项目的建设将进一步增强其交通和区位优势。

2.阳逻在区域经济发展中的作用。阳逻地处武汉市的东北，是武汉市东北的门户，承担着城市功能的传递和中转作用。长期以来，由于武汉市经济注重南北，而忽视东西方向，使阳逻成为经济发展比较薄弱的地区。阳逻作为一个重镇承担着带动鄂东北、豫东南、皖西地区经济快速发展的历史使命，是武汉城市发展的一个重要支撑点，可以分担全市产业结构调整过程中出现的老城区改造、传统产业外迁所带来的压力，成为部分传统产业置换发展的重要基地。发展阳逻的经济有利于地区经济的平衡发展，促进鄂东北、豫东南、皖西地区经济的快速发展，增强武汉的经济实力，符合武汉市发展的总体要求，同时，阳逻又具有交通、通讯、特别是港口优势，充分利用其优势资源，可以达到加强区域经济(特别是长江沿江地区经济)的联系，发挥武汉在区域经济发展中的带动作用。阳逻的资源优势在交通、在港口、在农业，充分利用其优势资源，建立现代物流产业基地，形成以阳逻开发区为主导的现代物流中心，有利于弥补武汉现代物流功能不足，增强城市的集聚和扩散能力，达到提升城市功能的目的。另外，阳逻又处于新经济增长带的重要支撑点上，通过阳逻的开发不仅可以带动整个东部地区经济的发展，而且可以通过阳逻整合四个高新技术产业区的技术、产业、资源优势，达到共同发展的目标，从而为增强武汉的综合竞争实力创造条件。

3.阳逻现有的产业发展情况。阳逻是一个依长江而发展起来的小镇，具有悠久的发展历史，在发展过程中，水运对其产生着重要的支撑作用。从阳逻现有的产业来看，产业主要集中在港口、能源、机械、建材、轻纺、农业和围绕水路运输发展起来的客货运输及其配套和相关的仓储、加工以及为企业发展和居民生活服务的邮电、银行等服务业方面。以货物集散为主要形式、以传统物流产业为主导的产业结构比较明显。从总体来看，阳逻仍然是一个开发不够的地区，基础设施薄弱，产业规模偏小，结构不合理，技术水平不高，发展不足，但是充足的用地和较大的发展空间，以及优良的岸线和深水港区、现有的物流基础，使其具有成为武汉对外开放的窗口和辐射华中乃至全国的区域性国际物流中心的客观条件和巨大潜力。

二、阳逻开发区的产业定位

阳逻开发区作为武汉未来经济发展的重要支撑点，对城市现代化的建设将产生重要的影响，而产业的选择就成为影响阳逻开发区发展的重要因素，因此，必须对其进行科学的定位。

(一)产业定位的指导思想

坚持从实际出发，依据武汉市城市总体规划和阳逻新城总体规划的要求，结合当前国内和国际的发展形势，充分依托阳逻交通、区位优势以及武汉市雄厚的产业基础，立足全国，面向世界，服务华中，搞活大流通，提供大服务，寻求大发展，形成主导产业突出、配套产业完善、支持产业优势明显、基础设施配套、服务业发达的产业结构体系，力争使阳逻开发区成为世界进入中国中西部的桥头堡、中国区域经济协调发展的纽带、武汉服务华中乃至全国的物流中心和武汉的新兴产业区，与其他开发区一起共同形成功能互补、产业配套、技术含量高、结构优化的新经济增长带。

(二)产业定位的基本原则

一是要着眼于全球化、信息化和城市化的发展趋势。经济的全球化、信息化和城市化是21世纪世界经济社会发展的主要趋势。因此，阳逻开发区产业的发展必须站在世界和新世纪的高度，正确把握世界的发展方向，立足长远，体现前瞻性和全局性。现代物流产业作为新世纪的朝阳产业具有明显的全球化、信息化的特点，是实现城市国际化和经济全球化的重要途径，通过现化物流产业的发展不仅可以带动其它产业的发展，提高城市化的水平，而且有助于地区国际综合竞争力的提高。阳逻具有发展现代物流产业不可替代的条件和优势，高起点、高标准的建设，使其尽快形成规模，就可以实现经济社会发展的历史性跨越。

二是要充分发挥地区的功能优势，突出发展特色产业，实现功能互补、产业配套。根据阳逻的优势，它在发展现代物流产业方面具有明显的优势和条件，可以承担起武汉市物流功能的角色，因此，在产业选择上必须突出发展物流产业，形成现代物流产业中心。从当前阳逻的实际来看，产业的发展，一方面要处理好阳逻镇和阳逻开发区的产业互动发展关系。必须通过阳逻开发区现代物流产业的建设来带动和改造阳逻镇现有的物流产业，形成相互联系、互为发展的产业结构体系；另一方面要处理好阳逻开发区主导产业与其他几个开发区的优势产业的关系。要在突出发展主导产业的基础上，考虑产业布置的配套性和地区产业发展的差异性，发挥所长，与其它开发区之间形成互补和产业互动的关系，促进产业的健康发展。

三是要坚持走可持续发展的道路。可持续发展已经成为世界经济社会发展的共同趋势。作为规划的新兴产业区，阳逻必须适应这一形势发展的需要。但是由于历史原因，长期以来阳逻的产业发展缺乏规划的支撑，盲目发展，无序分布，规模过小，使有的资源特别是土地资源和岸线资源得不到充分和合理的利用，成为阳逻，陕速发展的主要障碍。因此，在资源的利用问题上，必须严格规划、分类指导、着重长远、合理使用，切实改变当前资源利用不合理的状况。在产业的选择和发展上必须有所侧重，重点解决好经济发展与环境保护、近期与长期、改革与发展的关系，实现人口、资源和环境的协调发展，走可持续发展的道路。

(三)产业定位

根据武汉市城市发展的需要和阳逻开发区自身的优势，阳逻开发区的主导产业定位应该是：依托武汉城市的集聚与辐射功能，在充分发挥区位、港口及空间优势资源的基础上，以物流信息平台和港口建设为中心，整合港口、铁路、公路、航空四大运输手段，完善物流信息网络，突出发展“第三方”物流产业，强化水陆联运的物流中转集散基地角色，形成以电子商务和国际集装箱运输为主体、仓储发达、加工业完善、转口贸易活跃、贸易咨询服务业支撑、服务武汉、面向华中地区、物流网络发达、商流与物流合一的现代国际物流产业基地；支柱产业要结合全市产业结构调整、中心城区的改造和老企业的外迁，大力发展现代机电、环保、轻纺产业，同时依托鄂东北丰富的农业资源，借助东湖开发区、武汉经济技术开发区的智力和技术优势，大力发展生物工程、高科技农副产品的生产和深加工产业。

(四)产业发展思路

按照大市场、大流通、高起点和系统工程的要求，突出发展主导产业，积极发展为物流产业配套和服务的产业，以现代物流中心的建设为依托，大力发展以水陆联运为主体的现代物流产业，形成以电子商务和港口运输为主导，以仓储、加工、转口贸易为支撑，机电、环保、轻纺、高科技农副产品的生产和深加工产业发达的产业结构体系，逐步成为华中地区的现化国际物流中心、农业高科技推广基地和结构优化的新兴产业园区。

(五)产业布局基本框架

根据产业的相近性、配套性和关联性，形成功能分布合理、环境优美的若干工业小区，具体来讲就是要形成现代物流产业园区、现代制造工业园区、高新技术产业园区、生物工程和现代农业园区、新兴服务产业园区等5个工业小区。

（六）产业发展目标

产业发展目标为：通过近10年的努力把阳逻建设成为功能突出、优势产业明显、产业结构高效、产业园区分布合理、环境优美的新区；形成现代物流产业优势明显、配套产业完善、服务业发达、基础设施完备的产业结构体系。近期目标：用5年时间建设成为现代物流中心，并使农业高科技推广基地逐渐形成规模。远期目标：用10年的时间使之成为华中地区的现代国际物流中心、新兴工业园区和农业高科技推广基地，形成布局合理、配置高效、功能齐备的现代物流产业基地。力促把武汉建成我国中部重要的、辐射全国、联通国际的区域性、国际性的物流中心城市。

三、促进产业发展的若干对策建议

（一）以基础设施建设为先导，为产业发展创造良好的环境和基础条件

基础设施建设先行，是各地开发区成功和快速发展的普遍经验。基础设施和生态环境建设包括开发区的场地平整及道路、交通、电力、通信、给排水、防灾抗灾、防污治污、园林绿化等诸多方面。应该说，阳逻开发区从成立到现在已近10年历程，其发展步伐始终没有取得突破，除了宏观政治经济背景的影响外，基础设施和环境建设滞后是一个重要原因。因此，尽快全面启动和展开基础设施建设，是推动开发区发展步入快车道的先决条件。

（二）以优势宣传和形象宣传为突破口，加大招商引资力度

阳逻开发区所独有的交通优势、资源优势和地理优势决定了其在整个城区经济乃至整个城市产业再构造中不可替代的战略地位（尤其是物流产业在武汉乃至华中地区有不可替代的战略地位），因此，必须站在构筑武汉新兴产业经济带的战略高度及构筑华中区域物流中心的战略高度，加强阳逻开发区的优势及功能地位的宣传，大力塑造阳逻开发区的社会形象。

（三）以优惠产业政策为动力，鼓励、引导和推动开发区产业（企业）发展

1.财政政策。(1)建立开发区独立财政体系。“十五”期间，开发区所在区域的税收，除了上缴国家部分外，其税收留成、土地开发收益、国有资产收益、各种规费和其它收入，全部留开发区财政，用于开发区的基础设施建设，实现滚动发展；(2)在开发区内，市区两级行政性收费项目由开发区管理办公室统一征收，用于相关方面配套建设；(3)“十五”期间，每年由市区两级财政各出资1000万元，用于开发区产业发展基金，扶持开发区产业或企业发展；(4)市政府相关部门的财政项目投入适当向阳逻开发区倾斜，引导开发区产业发展。

2.税收政策。(1)从事物流产业的企业及出口加工企业，自投产年度起免征所得税2年，第3至第5年按7.5%的税率征收，期满后一律按15%的税率征收；(2)高新技术企业除享受以上政策外，在5年内，由开发区产业发展基金给予按企业所交纳产品增值税地方留成部分的全额返还，第6至第8年，按增值税地方留成部分的50%返还；(3)营业收入一律免征营业税；(4)购买开发区土地、厂房、办公用房用于兴办企业，由买卖双方依法交纳的契税、印花税等，“十五”期间，由开发区产业发展基金予以返还。

3.土地开发政策。(1)鼓励各级政府相关部门及境内外企业按照谁投资、谁开发、谁受益的原则进行土地开发，其收益由开发方从土地批租价差所得补偿；(2)鼓励房地产开发。对于投资建设标准厂房、办公楼、商务

住宅的企业，由开发区统一办理规划审批手续，免收相关税费。

4.人才引进政策。(1)对开发区企业录用的大中专以上学历人员及初级以上职称的人员可直接办理开发区所在城镇户口，免收人口增容费及其它相关费用；(2)对在开发区服务的博士或高级研究人才、管理人才，每年提供不低于1万元的生活补助金。

5.企业登记注册政策。(1)在开发区办理企业实行登记注册备案制，可以先登记注册备案，其注册资金可根据企业基本建设需要逐步到位；(2)开发区企业登记注册费一次性收取，在以后会计年度内，免收一切工商登记管理费用和年度审验费用。

(四)开展体制创新，完善管理服务体系

1.要按照“小政府、大服务”的管理模式，建设开发区独立、精干、高效的行政管理服务体系。在管理体制上，构造由领导小组、开发区管理局和联合办事机构组成的三级管理体系。开发区领导小组由市区主要领导出任正、副组长，相关委办局领导任成员，主要职责是审定园区发展战略和规划，协调解决开发区发展的重大问题等；开发区管理局作为市区两级政府的派出机构，受市区政府双重领导，赋予区级经济管理权限，对开发区实施统一建设和管理；联合办事机构由市区财政、税务、工商、劳动、人事、环保、公安、城建等部门相关人员组成，定期为开发区开展相关方面的服务。

2.借鉴国内外科技工业园区的经验，对开发区实行封闭式管理、开放式运行的管理模式。充分赋予开发区管理局管理和协调服务的双重职能。

3.按照“精简、统一、高效、务实”原则，整合开发区的办事机构，提高工作质量和办事效率。建立“一个口径对外”、“一条龙服务”、“一只笔审批”的管理机制。

4.成立开发区专家咨询机构。开发区专家咨询机构是开发区领导小组、管理局的决策咨询机构，由高校、科研院所及有关方面的专家组成，主要是对开发区的战略规划、土地规划、产业规划以及有关政策提供参考意见，提高决策的科学性。

5.推动开发区管理服务的公司化运作。组建开发区发展总公司，具体负责开发区的投融资、开发区基础设施建设、物业管理、开发区社会化服务等。

(五)开展金融创新，完善投融资服务体系

1.借鉴陕西杨凌开发区发展建设经验，争取省直、市直经济杠杆部门和市政建设部门对开发区科技开发项目、基本建设项目的投入力度。

2.联合国际国内投资银行、非银行金融机构、证券金融机构以及大型企业组织，设立中小企业产业发展基金、民营企业风险投资基金或创业投资基金。

3.寻求与金融部门的广泛合作，建立合作关系。设立开发区企业贷款担保中心，为企业贷款提供担保。

4.充分发挥证券市场的融资功能，推动开发区企业上市融资。

(六)开展科技创新，构造开发区自主创新体系

1.建立开发区创业者服务中心，为进入“中心”孵化的企业提供配套的政策和服务措施。

2.与高校、科研机构合作，建立虚拟科技园。

3.推动开发区企业的产学研合作，构筑开发区企业的自主技术创新体系。借国有独立科研机构转制和结构调整之机，运用优厚的政策吸纳其入区或与开发区企业建立全面的合作关系。

（作者单位：武汉市社科院长江经济所）

民族地区开发区的现状及入世后的机遇和挑战

周来发

我国正式加入WTO后，必将推动对外开放向纵深发展。入世后究竟给民族地区开发区带来怎样的机遇和挑战，如何抓住机遇，迎接挑战是民族地区开发区目前面临的一个十分重要的问题。

一、民族地区经济技术开发区目前的现状

民族地区经济技术开发区自创立以来，曾在民族地区发挥了“技术的窗口、知识的窗口、管理的窗口、对外开放的窗口”以及经济发展火车头的作用。但是由于民族地区经济技术开发区属于老、少、边、穷(老革命区、少数民族地区、边疆地区、穷困山区)，起步较晚，市场化程度远远低于沿海等发达地区的开发区和经济特区，宏观调控和经营机制不够完善。主要表现在：一是从宏观方面看，虽然开发区管委会一直致力于加强宏观指导下开放搞活，更多地发挥市场作用，但是由于在旧观念、旧体制被打破之后，新观念、新体制尚未完全形成之时，对投资结构的改善和产业结构的调整上作用还未完全发挥出来。二是从微观方面看，引进的少数企业由于自身后劲不足和经营管理水平不高导致夭折。三是吸引外资的软硬环境不协调，招商引资的方式方法缺乏灵活性和创新性，主要是“守株待兔”式的引资，且引进的项目规模小、科技含量低、引资速度慢，引进的外资项目数量偏低，招商引资的总体规模不大。四是产业结构不合理，高技术产业比重小，高档商品的技术档次不高，出口少。五是支柱产业尚未形成规模化、集团化，高精尖产业发展缓慢。

二、有利条件和发展机遇

入世后将给我国发展带来许多有利条件和机遇，但对于民族地区开发区的发展带来的主要有利条件和发展机遇是：

1.有利于吸收国外先进思想、先进文化、先进观念。

入世后，民族地区开发区可以获得更多的机会了解世界、学习世界先进的思想观念、科技文化知识和思维方式，以及更多的对外开放经济信息，从而可以使民族开发区更多地在开放的世界舞台上开阔眼界，学习先进的管理知识，促进思想的解放、观念的更新，并根据民族地区的特点，制定出符合民族地区的发展战略。

2.有利于民族地区开发区扩大开放，加快招商引资步伐，再掀投资热潮。

加入世贸组织，外商更有理由相信:第一，中国贯彻世贸组织关于非歧视性的多边无条件最惠国待遇就会得到真正的保证。中外双方即使发生了矛盾，也比较容易解决，外方的正当利益也会得到合法保护，因而对在中国投资比较放心;第二，在国际贸易活动中，中国是全球最大的贸易市场，谁失去了中国市场，谁就会失去未来，这已成为国际型企业进行跨国经营活动的普遍共识;第三，民族地区开发区搭乘的是末班车，起步晚，发展慢，区内大部分地区又尚未开发，市场很大;第四，民族地区资源广阔，原材料丰富，也是国内潜在的待开发的大市场;第五，目前，民族地区开发区已渡过了创业时期，体制基本理顺，具有比较相对的优势;第六，开发区的经济龙头作用明显，各级党委政府大力支持;第七，劳动力价格低廉，劳动力资源丰富;第八，区内的高、精、尖端机械制造业、食品加工业等相当稀少，有很多尚属空白，这为高科技外企的进入提供了条件。这些都是沿海等发达地区开发区所不具备的优势。因此，有理由相信这些将对外资产生更大的投资吸引力。现在，世界上许多跨国公司看好中国市场，跃跃欲试。相信在不远的将来，民族地区开发区将再次掀起投资热潮。

3.有利于提高企业的综合素质，增强综合竞争力。

入世后，民族地区开发区将实行真正意义上的全方位对外开放，将有利于刺激企业提高产品技术质量，降低生产成本，提高产品竞争力。同时，充分利用和借鉴国外先进技术、设备，管理经验，加快支柱产业的发展，降低企业自然死亡率。

三、入世后民族地区开发区面临的挑战

与经济发达地区的开发区相比较，由于民族地区的开发区起步晚、发展慢，那些重复建设的企业，致使生产能力远远超过市场需求，且产品受地方主义保护严重。入世后，这类产品在失去地方政策保护的情况下，将统一置于国际大市场上公平竞争，必然会遭到淘汰。

有些企业由于生产的产品成本高、科技含量低、价格昂贵，过去一直靠吃税收优惠政策的“饭”，并且在销售数量上靠民族地区的保护政策。入世后，这类企业将失去税费照顾和销售保护的情况下，再加上产品价格本身缺乏竞争力，有可能在一定时期内陷入困境。

四、对策

面对机遇和挑战，民族地区开发区内的企业，应抓住机遇，积极采取对策迎接挑战。

1.大力推进观念创新。以江泽民同志“三个代表”为标准，在认真研究贯彻好、落实好中央、省制定的现有政策的同时，也要研究和用足、用好、用活民族区域自治政策。

2.大力推进用人观念创新。在用人上，既要用脚踏实地、懂业务、干实事的人，又要用出谋划策的智囊型人才。

3.大力推进体制创新。一方面，开发区管委会通过体制创新，进一步转变政府职能，改进管理方式，提高工作效率，建立办事高效、运转协调、行为规范的行政管理体系，不断扫除生产力发展的障碍;另一方面，企业通过体制创新，为建立社会主义市场经济体制塑造市场主体，使企业能在市场上与外国企业一争高低。

4.大力推进科技创新。企业通过科技创新，利用加入世贸组织3至5年的过渡期，加速技术改造，淘汰陈旧落后设备，加快新型技术和设备的研制与开发，优化产业结构，提升产业结构，增强竞争力。

5.努力加大改善投资软硬环境建设力度。软环境建设重点抓法制建设，依法行政，一切按国际规则办事，同时抓服务质量和办事效率;硬环境建设重点抓基础设施建设和文化设施建设等，做到软硬环境建设协调配套发展。

6.深入研究和掌握WTO各项规则。尤其涉及法律法规、经济政策和行政管理规范等方面的内容，邀请有关专家和学者针对WTO的具体要求，有针对性的举办行业培训，同时帮助研究对策，把有关行业整改措施落实在具体工作中，提高按国际规则行政水平。组织有关人员尽快对过去制定的与WTO规则不相符的工商管理、招商引资和税收优惠政策等进行认真清理、调整和修改。如不合理、不科学的项目引进的申报、审核、审批程序和规定、对外资与内资不同的优惠政策等，并研究制定出更加规范、公平、透明、高效的招商引资政策、程序及规定。

7.加快产业结构调整。开发区管委会紧紧依托民族地区的资源优势，集中力量培育重点产业，并全力扶持现有企业集团和重点骨干企业，尽快实现专业化、大生产。区内的重点骨干企业尤其大型企业集团，必须根据自己的实际情况，按照产业政策和专业化大生产的要求，有计划、有步骤地调整内部结构，合理安排生产要素，打破“大而全”的格局，缩短战线，突出重点，形成整体优势，提高竞争力。

8.抓住机遇，再掀招商引资高潮。入世后中国对外开放的大门完全被打开，国外的集团化企业蜂拥而至，民族地区的开发区应抓住入世带来的这一大好机遇，尽快完善投资软硬环境，再掀招商引资高潮。第一，按照国际惯例和规则，剔除一切不利于招商引资的羁绊，努力创造一个法制环境;第二，要转变政府职能，规范行政行为，提高工作质量和工作效率;第三，夯实基础设施，强化配套建设;第四，围绕建设基础设施工程，努力营造良好的人文地理景观，建设绿色投资环境，改善生存条件;其五，抓好社会稳定，努力创造一个使投资者满意、居住者自豪、来访者羡慕的环境。

（作者单位：楚雄经济技术开发区）

苏州太湖旅游度假区的发展策略初探

许兴林

苏州太湖国家旅游度假区是1992年经国务院批准建立的国家级旅游度假区。2002年3月，经苏州市委市政府批准，太湖旅游度假区实现了扩容升格，区域面积从原来的11．2平方公里扩大到160平方公里，下辖西山、光福二镇，形成了真正的环太湖旅游经济带。此举为太湖国家旅游度假区翻开了新的一页。

随着扩容的实现，太湖旅游度假区内的旅游资源得到了新的整合与充实，较过去更加丰富和完善。这里优美的湖光山色与众多的历史文化遗迹相映共辉，绝佳的生态环境与丰饶的土特物产资源齐备并俱。太湖山水之间，四季分明，拥有一级空气、二级水质的绝佳环境。据权威部门统计，仅西山岛上的森林植被每昼夜就能吸收4200多吨的二氧化碳，同时释放出2900多吨氧气，足以供500万人呼吸之需。放眼之处，碧水涟涟，青山绵绵，一派迷人景色，100多处人文古迹点缀其间。这里还有“月月有花，季季有果，天天有鱼虾”美名，碧螺春茶叶、各种水果以及独特的太湖三白(白鱼、白虾、银鱼)享誉中外，广受青睐。

近年来，随着苏州大市范围内基础设施建设的推进，太湖旅游度假区内便捷发达的交通条件即将形成。正在建设中的苏州绕城高速公路道口设在度假区，并正连接沪宁高速和苏嘉杭高速;投资2亿多的环太湖旅游专线公路年内建成;度假区内的光福机场每星期二个航班;座上快艇可直达无锡和湖州，均在2个小时以内。

这些得天独厚的旅游资源使太湖旅游度假区获得了天时与地利，具备了实现新发展的条件。现在的关键就在于人和，即抓住机遇，充分利用新的资源条件，以科学合理的工作思路和得力有效的措施，实现度假区的新发展。

一、从实际出发确定新的发展思路

在区划调整以后，太湖旅游度假区的发展思路也要随之进行调整和完善，只有这样，才能为下一轮的发展奠定成功的基础。

旅游推动、资源启动。旅游产业不仅仅是一个朝阳产业，也是一种战略产业，可以带动其他行业的发展。旅游度假区就是要实施旅游推动的战略，以旅游促发展，实现整个区域的繁荣。作为基础性的工作，先要对度假区内的旅游资源进行全面的调查、清理、挖掘和开发，如区内的鸟峰林瀑布、缥缈峰溶洞等就是合适的对象。同时，从不断满足游客旅游心理需求出发，围绕人文传统、自然山水、生态休闲等具有较大吸引力和影响力的主题，加强旅游资源的整合力度。

投资带动、环境拉动。旅游业是太湖旅游度假区的主业，要提高旅游资源的开发建设水平，必须要提供水准高、影响大、市场竞争力强的产品，同时，还需要加大旅游景区和度假区范围内旅游配套设施和项目的投资力度。因此，度假区的旅游业项目招商是至关重要的，而要吸引投资，创造良好的软硬环境是一个关键。因为环境与发展是相辅相成的，有了好的环境，才能有发展的基础。这样，度假区又必须坚持投资带动、建设拉动的战略，以投资带动旅游项目的开发和整体环境的提升，借助环境的改善，促进投资的不断增强，使度假区的招商引资由冷转温，由温升热，成为中外客商寻求旅游项目、落地发展的首选之地。现在，环太湖专线公路即将建成，污水处理厂年内可以竣工，绿化、交通等正在逐步改变面貌。硬环境上去了，软环境也不可忽视。

改革联动、创建互动。发展旅游事业，必须加大改革力度，加快旅游企业的转制改革步伐。要按照企业化经营、产业化发展、社会化服务、多元化投入的方向，对旅游企业进行资产重组改造。鼓励有条件的民营企业及个人，以及其他非公有制企业参与旅游项目及其他产业的开发、经营、建设。对现有景点景区及旅游线路，可以实行买断经营权，将出让收入用于环境建设。旅行社同样可以转制或实行股份制改革。改革能给度假区带来新的发展。

教育鼓动、宣传轰动。度假区要有新发展，树立良好的外部形象是重要的一环，而要做到这一点，教育和宣传是两个有效的渠道。首先，对度假区行政部门的工作人员要加强旅游业相关知识、行为礼仪和普通话的培训。其中，对招商人员和各业务部门人员的培训，更为当务之急。其次，对度假区内的居民要进行公民道德行为规范教育，重点内容是热爱环境、保护环境，让他们认识到度假区的兴旺与每个居民都是息息相关的，度假区的开发建设可以为他们带来看得见、摸得着的好处。最后，要利用多种形式、多种渠道，加强对外宣传，提高度假区的知名度。基本工作为做到“三个一”，即一本高质量高水平的旅游宣传推介画册、一张独具特色的VCD光盘、一句涵盖度假区整体旅游形象的宣传广告语。同时，要深度挖掘各类旅游产品，特别是要做美做好几件精品，打响太湖牌。还要通过举办各种活动来提升度假区的对外影响。生命在于运动，感情在于走动，而扩大知名度则在于多搞活动。现在，度假区已从建设环太湖体育圈基地和举办全国百城市自行车赛中得到了一定的收益，今后，度假区所办的活动都要紧紧围绕整体形象的塑造，大张旗鼓地进行宣传，进一步提高度假区的知名度。

二、以新制度新机制统领全局工作

度假区要加快发展，创新制度、理顺机制是根本的保证。建立新制度新机制应在这样几个方面着力。

加强协调，提高办事效率。度假区升格扩容后，工作职责、工作内容、工作方式都发生了变化。为此，度假区应按照小政府、大服务的要求设置机构。各部门要明确具体的分工和职责，保持较高的工作积极性和办事效率，形成一个良好的工作氛围。在管理体制上，应尽快与吴中区理顺关系，并使有关部门实现对接。同时，建议吴中区各部门尽可能将有关权限下放到度假区，使度假区能在区域范围内办好有关的事务，解决开发建设中出现的问题，从而保证工作效率的提高。

建立末位淘汰制，营造积极向上的工作氛围。为营造一个能上能下的管理机制，应在全体人员中建立末位淘汰制。年初制订全年目标责任状，半年度进行一次打分，年终进行打分总评，分数最低者“淘汰”，即离开工作岗位，不再订立用工合同。改变以前的干好干坏一个样，干与不干一个样，没有岗位考核的高低，只有奖金一样的状况。以此激发全体人员认真学习的积权性，提高素质，开创工作的新局面。

实施项目责任制，提高项目建设水平。度假区升格扩容后，预期在今后一阶段中，区内的项目建设将会形成一个旺季，而这些项目对度假区今后的发展至关重要。为保证施工进度和质量，应对重大项目实施责任考核制，如太湖国际高尔夫球场、水上食府这样的项目。将全部工作进行分解，明确责任到人，并实行全程跟踪服务，一环扣一环，环环扣紧，遇到困难和问题，共同商量，及时解决，保证重大项目的顺利推进和全面建成。

采取有效措施加强招商引资工作。招商引资是度假区发展的生命线，要使度假区在短时期内形成良好的发展氛围，招商引资工作必须加强，而这就需要强化激励机制，调动各方面的积极性。首先，要确立度假区以外的资金都是“外资”的概念，“放低门槛、拆除围墙、掘地三尺、放水养鱼”，使度假区成为招商引资的洼地，让多种资金尽可能汇流过来。其次，在招商方式上，应运用多种办法和多种渠道，如走出去、请进来、上门招商、委托招商、上网招商，以及以外引外、以商引商、“骑马追马”等的方法。在此过程中，要做到政策透明、要求清晰、目标明确。再次，在招商内容上，应做到三个重点三个兼顾。以外资为重点，兼顾内资；以旅游休闲度假项目为重点，兼顾景观房产和高档房产项目；以旅游三产项目为重点，兼顾二产大项目。度假区2003年的招商目标是合同外资1.5亿至2亿美金，到帐外资3000万美金以上。

太湖旅游度假区新一轮发展的时机已经成熟，其目标应是五个国家级的内容：度假区、森林公园、农业示范园区、地质公园、4A级景区。如果上述工作能够做好，那么，这个目标是完全可以达到的。

（作者单位：苏州太湖国家旅游度假区管委会）

中新两国工业园区发展比较

鲍　克

苏州工业园区的发展现状可以从环境和制度方面解释我国与新加坡在园区发展方面广度和深度有不同。苏州工业园区到现在已经有7年的历史。从开发商的角度看，苏州工业园区是到目前为止发展状况最好的园区。但是这个园区的发展过程却生动地展现了我国与新加坡在园区发展方面的不同。

一是竞争程度不同。在中国，园区是一个典型的地方政府项目。几千个不同级别的政府组建的园区之间正在进行着激烈的竞争。以苏州工业园为例，规划在市区建立一个70平方公里的园区，以此来使这个地区实现工业化。从这个意义上讲，这与裕廊地区的情形非常相似，因为裕廊地区的园区建设实际上也是由政府主管的。但与其不同的是，在苏州还有很多其他的工业园区，而其中至少有3家：苏州新加坡工业园、苏州高新技术园区以及昆山经济技术开发区（台商投资为主的开发区），它们在进行着激烈的竞争。同时在邻近的江苏省、浙江省以及上海市同样也有很多的园区，它们之间也在进行竞争。最大的竞争者来自上海。距离苏州新加坡工业园最近的是苏州高新技术园区，只有10公里的距离。这两个工业园都有各自的主管领导，并同时从属于苏州市政府。尽管高新技术园区建立的时间比较长，但从资金和技术方面讲，新加坡园区却更胜一筹。它们在市场上进行着激烈的竞争。这种竞争在中国很常见，但在新加坡却不是这样。

二是两国管理机构的自主权不同。裕廊镇管理局有很高的自主权，只要符合新加坡政府的工业政策，就有权吸引各种类型的投资者。但是在中国，情况就不一样了。就投资项目的批准和许可证的颁发来看，中国的各级政府是根据单个项目的投资额来颁发投资项目的许可证的。投资额在1亿美元以上的项目，需国务院批准；投资额在3000万美元以上的项目，要由部委(国家计委和外经贸部)批准；3000万美元以下的项目，由省政府批准（包括国家级经济技术开发区)；地区一级的项目可以在1000万美元以下。尽管苏州新加坡工业园享有中国国内最高的批准权限1亿美元，但仍然不能随便批准单个项目，许多项目的审批还要得到中央政府的批准。对于其他一些事项，包括海关(中央或省)、资金以及外汇（中央或省)、土地定额(中央)、劳动力流动(省以及城市)、特殊行业的许可(中央)等问题，也是如此。这将不可避免地增加信息传递的时间以及进行协调的过程。

三是两个国家的园区主管部门的责任范围不同。裕廊镇管理局本质上是一个房地产开发商，而中国的园区管理机关却是准政府。苏州新加坡工业园的主管机构实际上是由苏州市人民代表大会授权，由国务院相关部门认可的管理委员会。这个管理委员会有批准项目，批准城市规划以及园区规划的权力，同时能发放居民暂住证，管理贸易和市场，征税，发放商业许可证等。它不仅是园区的开发者，同时也是园区的推广者(招商)。委员会同时还提供警察、税收、海关、社会保障、教育、计划生育、全民体育运动，以及社区发展、劳工等多项公共服务，甚至还涉及到党群工作和政治工作等。在中国有些地方的管理委员会甚至还有立法、执法和司法功能等。因此，中国的园区管理机关实际上是一个地方政府，它的责任范围实在是太大了。

四是两国的开发模式不同。裕廊管理局采用的是一种公司模式，它投资于土地和设施并通过其产品和服务的销售来获得收入。它们所要考虑的主要事项是土地的生产力、设施的使用率以及地产的销售。然而在中国，园区的开发完全是由政府主导的。政府(园区管理委员会)参与了从规划到建设基础设施、征用土地、建设工业厂房设施、推销工业设施以及获得收入的全过程，更为重要的是，获得税收收入。因此，园区的设施和服务在某种程度上得到了政府的补贴，政府是真正的开发商。政府建立园区的主要目的是获得税收收入，保持当地经济的增长以及创造就业机会。

苏州工业园区实际上是将公司模式嵌入了政府模式中。开发商试图以裕廊镇管理局模式进行开发，但却不能获得税收收入，收入进入了管理委员会的财政局。尽管从理论上讲，委员会可以对开发商进行补贴，但却会因此而增加协调的过程。如果我们将新加坡政府看作管理委员会，理解起来可能会更容易一些。裕廊镇管理局作为法定机构主要从政府的财政以及国有银行贷款获得资金支持。裕廊镇管理局所保留的大量廉价土地是土地法案出台的结果。裕廊镇管理局建立园区的主要目的不是为了获取利润，而是为了保持长期的垄断地位，它可以通过逐渐卖掉其土地和房地产来实现账目的平衡。与此同时，新加坡政府从进入园区的投资者手中获得了大量的税收收入，并能以此对裕廊镇管理局提供补贴。如果我们以这种方式来进行园区的开发，这与中国国内的大部分园区开发模式非常相似。

五是两国开发的范围不同。裕廊镇管理局只是进行工业土地和房地产的开发，这和一个真正的房地产开发商的开发范围非常相似。在中国，园区的开发商不仅要进行工业土地和房地产的开发，同时还要进行市政能源项目的开发，例如发电厂、供暖厂、排污厂以及自来水厂等。有时，开发商还要负责通信设施以及有线电视设备的安装，高速网络开发商还要负责通信设施以及有线电视设备的安装、高速公路的建设、天然气主管道的铺设、居民区的开发、学校的建设以及公共设施的建设等。责任的广泛是市政府的一个典型特征，这将不可避免地带来成本。这种模式不能被扩展到市场化的行业和设施，因为在激烈的竞争下，承担过多的责任将会使竞争者处于不利的地位。大量的成本只能从吸引外资的税收收入中获得。

（作者单位：《中国改革报》报社）

数字开发区篇

2002年1~11月中国利用外资统计简表

金额单位：亿美元

外资方式	本年批准外资情况						本年实际使用外资		
	项目数			合同外资金额					
	本年累计	去年同期	比去年%	本年累计	去年同期	比去年%	本年累计	去年同期	比去年%
总计	30728	22915	34.10	787.42	622.60	26.47	499.91	437.10	14.37
1.外商直接投资	30728	22915	34.10	769.47	604.06	27.38	480.11	418.97	14.59
中外合资企业	9221	7841	17.60	178.45	152.26	17.20	136.53	133.80	2.04
中外合作企业	1446	1404	2.99	63.20	73.18	-13.64	44.76	54.18	-17.38
外资企业	20046	13656	46.79	522.45	374.93	39.35	286.63	222.68	28.72
外商投资股份制	12	10	20.00	4.72	3.28	43.73	5.58	4.53	23.09
合作开发	3	3		0.64	0.19	237.68	6.59	3.63	81.47
其他		1	-100.00	0.01	0.23	-94.37	0.02	0.15	-89.40
2.外商其他投资			17.95	18.53	-3.13	19.80	18.13	9.21	
对外发行股票			0.13	-100.00		0.13	-100.00		
国际租赁			1.30	1.02	27.45	1.31	1.02	28.33	
补偿贸易						0.04			
加工装配			16.65	17.38	-4.20	18.46	16.98	8.70	

注：

截止2002年11月底，全国共批准外商投资企业420753个，合同外资8222.38亿美元，实际使用外资4432.35亿美元。其中，2002年11月，全国共批准外商投资企业3098个，合同外资49.58亿美元，实际使用外资32.91亿美元。仅供参考。

（外经贸部）

2001年北京经济技术开发区经济发展统计公报

2001年在开发区工委、管委会的正确领导下，全区各企业、各部门认真落实开发区年初确定的工作方针，团结进取、奋勇拼搏，积极创建良好的投资兴商和社会、经济发展环境，全区经济跨越式发展，社会事业协调发展，区域环境大为改观，投资规模不断扩大，经济运行质量显著提高。

一、综合经济

经济增长步入高速发展。2001年全区实现国内生产总值（含诺基亚）69.7亿元，比上年增长139.2%，其中：第二产业实现增加值67.16亿元，比上年增长149.7%，占全区国内生产总值的96.35%；第三产业实现增加值2.55亿元，比上年增长15.5%。第二、三产业的比重分别为96.35%和3.65%，全区人均国内生产总值19.3万元。

全年完成销售（营业）收入467亿元，比上年增长375%，其中第二产业销售收入434亿元，比上年增长441%；第三产业完成营业收入33亿元，比上年增长82.2%。

全年实现利润 31.8亿元，比上年增长327.8%，其中第二产业实现利润31.2亿元，比上年增长285%；第三产业利润总额5859万元。

全年实现财政收入26.8亿元，比上年增长148.4%，其中税收收入19.5亿元，比上年增长99.1%，土地收入7.2亿元，比上年增长649%。全年财政支出14.4亿元，比上年增长105.7%。

二、行业发展

工业和高新技术产业：工业生产快速增长，截止2001年底，全区工业投产企业195家，全年实现增加值66.8亿元，比上年增长149.7%，占全区国内生产总值的95.8%。

全年完成工业总产值（现价）423亿元，比上年增长404%，完成产品销售收入431亿元，比上年增长449%。工业产品销售率为98.5%，按增加值计算全员劳动生产率为29.3万元。

全年工业企业实现利润31.2亿元，比上年增长287.6%，其中盈利企业112家，盈利额34.5亿元，亏损企业83家，亏损额3.2亿元。

高新技术产业占据主导地位，截止2001年底，累计认证高新技术企业109家，在109家中已投产的工业企业45家，全年完成工业总产值（现价）377亿元，比上年增长738%。完成产品销售收入391亿元，比上年增长877%。实现利润 29亿元，比上年增长308%。分别占全区总量的89.1%、90.7%和96.5%。

建筑业：建筑业平稳发展，全年实现增加值3472万元；完成总产值3.5亿元，完成销售收入3.4亿元；利润为亏损状态，亏损额为234万元，全区四级以上的建筑施工企业5个。

交通运输及邮电通讯业：交通运输及邮电通信业稳定发展，全年实现增加值4825万元，比上年增长498%。2001年开发区新开了5条公交线路。完成邮政业务总量606万元，比上年增长60.4%。发送报刊221.7万件，比上年增长1105%；杂志3.4万份，比上年下降48.9%；特快专递5.32万件，比上年下降33.3%。全区电话交换机容量2.2万门，已安装用户14040户，安装率为63.82%。

国内贸易业:全年批发和零售贸易、餐饮业实现增加值947万元，比上年下降74.8%。完成营业收入17.5亿元，比上年增长49.6%，利润为亏损状态，亏损额1932万元。

金融:金融业务不断扩大。全区5家银行机构，2001年人民币各项存款余额30.4亿元，比年初增加13.68亿元，比上年增长81.8%。其中建行13.97亿元，占总量46%；中行6.63亿元，占总量21.8%；农行4.41亿元，占总量14.5%；交行2.15亿元，占总量7.1%；工行3.23亿元，占总量10.6%。

外币各项存款余额4545万美元，比年初增加674万美元，增长17%。其中中行3030万美元，占总量的66.73%；建行1001万美元，占总量的22.02%；工行345万美元，占总量的7.6%；农行101万美元，占总量的2.22%；交行65万美元，占总量的1.43%。

人民币各项贷款余额15.2亿元,其中建行7.4亿元,占总量的48.7%;交行3.86亿元,占总量的25.4%;农行1.78亿元,占总量的1.17%；中行1.33亿元，占总量的8.7%；工行8200万元，占总量的5.4%。

房地产业:房地产业发展速度提高。全年实现增加值385万元，销售商品房2.8万平方米，其中销售商品住宅1.2万平方米。商品房销售额1.5亿元，其中住宅销售额1.5亿元。

三、区域建设

土地集约化利用程度高。在已出让的307公顷工业用地中每公顷投资密度为1180万美元，已经投产的企业用地面积214公顷，按已经投产企业的用地面积计算，每公顷用地创造工业总产值为1.98亿元人民币。

固定资产投资:2001年开发区完成固定资产投资34.5亿元,比上年增长71%。其中入区企业完成投资21.9亿元，比上年增长50%；管委会项目完成投资12.6亿元，比上年增长125%，在管委会项目中，基础设施项目完成投资9亿元，同比增长125%。本年施工面积155.4万平方米，其中当年新开工面积38.6万平方米，竣工面积23万平方米。本年新增固定资产4.5亿元。

截止2001年底，全区累计完成固定资产投资134.5亿元。其中入区企业完成投资89.9亿元，管委会项目完成投资44.6亿元。累计开工面积245.6万平方米，累计竣工面积167.5万平方米。累计新增固定资产59.5亿元。

道路建设:年末全区道路总长度25.37公里，区内累计已建成并正式使用道路长度55.35公里。

公用事业:2001年全区公用事业稳步发展。全年供水量472万吨,比上年增长39%,其中工业用水327万吨,比上年增长22.4%,生活用水195万吨,比上年增长192%；全年供电量20354万千瓦时，比上年增长42.2%，其中工业用电量16062万千瓦时，比上年增长37.3%；供热量24万吨,比上年增长20%。

环境保护:环境质量继续保持良好。全年空气污染指数三级及好于三级的天数占全年总天数的93.85%,二级及好于二级的天数占全年总天数的51.96%。全区危险废弃物安全处置率达100%。2001年开发区管委会顺利通过了区域ISO14001环境管理体系的认证。开发区以BOT方式建设的日处理能力2万吨的污水处理厂投入试运行。本年绿地面积12万平方米，植树21902棵。累计完成绿地面积52.87万平方米。

四、吸引投资和对外经济贸易

入区企业质量提高。2001年北京开发区进一步加大招商引资力度，采取积极措施，把握时机，以商引资，吸引了一些重量级企业入区，入区企业质量有所提高。2001年新批入区企业283家，比上年下降20.3%。投资总额（含增资）11亿美元，比上年增长86.3%，完成了全年10亿美元的目标值。其中外商及港澳台地区投资企业73家，比上年增长10.6%，投资总额6.9亿美元，比上年增长131%。内资企业210家，比上年下降27.3%，注册资本15.5亿元，比上年增长3.9%。增资企业增资额2.24亿美元，其中外商及港澳台地区企业增资额1.34亿美元。内资企业增资额7.5亿元。全年合同外资金额2.93亿美元，外商实际投资1.7亿美元。

截止2001年底，全区已入区企业986家（不含分支机构），累计投资总额36.23亿美元。其中内资企业713家，注册资本77亿元人民币。外商及港澳台地区投资企业273家，投资总额26.96亿美元，平均投资规模987万美元。累计合同外资金额12.97亿美元，累计外商实际投资10.6亿美元。

对外贸易发展速度加快。据北京海关统计，北京经济技术开发区全年完成进出口总值35.8亿美元，比上年增长495.4%。其中进口总值23.4亿美元，比上年增长406%。出口总值12.4亿美元，比上年增长794.5%。

五、社会事业

教育：2001年建立了开发区实验学校、国际艺术学校和国际管理专修学院，初中阶段教育招收新生105人，小学阶段教育招收新生85人，艺术学院招收学员320人。

体育：群众体育蓬勃发展。2001年新建了开发区体育中心，组建了4个小区全民健身辅导站，完善了运动设施，成功的举办了开发区第三届体育运动会。

六、就业及社会保障

2001年，北京开发区从业人员36205人，其中第一产业107人，第二产业26738人，第三产业9360人。全区职工人数32324人，外方人员186人。按受教育程度分，全区研究生人，大学大专人，中专以下人。全年在岗职工工资总额87880万元。 2001年全区参加养老保险的职工14615人；参加失业保险的职工14585人；参加基本医疗保险的职工14299人；参加工伤保险的职工14904人。

注：

1.本公报含北京首信诺基亚移动通信有限公司。

2.本公报所公布的各项指标数据，均系根据2001年各单位正式统计年报的汇总。以前供参考的“快报”数停止使用。

（北京经济技术开发区）

2002年1~10月份广州开发区经济运行情况

2002年1~10月份广州开发区经济运行保持快速增长，大部分经济指标呈良好发展态势。从总体上看，1~10月份，四区累计完成国内生产总值176.81亿元；其中，开发区完成国内生产总值158.10亿元，同比增长25.86%。1~10月份，四区合计完成工业总产值455亿元(不变价产值603.56亿元)；完成合同利用外资按注册资本)9.75亿美元，实际使用外资4.57亿美元；出口15亿美元，进口17.42亿美元；实现固定资产投资27.06亿元，财税总收入58.94亿元，地方财政支出23.84亿元。

1~10月份，开发区工业产值增幅继续保持上升趋势。累计完成现价工业总产值439.40亿元(不变价产值537.59亿元)，按可比口径计算，同比增长29.05%，比1~9月月份累计增幅提高1.37个百分点；完成工业增加值145.71亿元，同比增长36.72%，比1~9月月份累计增幅提高7.41个百分点。合同利用外资按注册资本完成9.48亿美元，同比增长68.86%；按投资总额完成19.55亿美元，同比增长81.12%；实际使用外资完成4.23亿美元，同比增长0.55%。出口完成12.89亿美元，同比增长66.66%；固定资产投资增幅进一步提高:1~10月份开发区累计完成固定资产投资25.15亿元，同比增长86.43%，比1~9月份累计增幅提高17.41个百分点。利润总额增幅提升大，经济效益表现良好。1~10月份累计实现利润总额36.95亿元，同比增长75.55%，比1~9月累计增幅提升14.35个百分点。

保税区累计完成现价工业总产值15.61亿元，按可比口径计算，同比增长42.54%，比1~9月份累计增幅提高1.97个百分点；完成工业增加值1.83亿元，同比增长132.56%。合同利用外资2722万美元，实际使用外资3416万美元，同比增长64.07%，比1~9月份累计增幅提高6.31个百分点。出口完成2.11亿美元，同比增长83.89%；进口完成4.90亿美元，同比增长42.73%。实现固定资产投资1.91亿元，同比下降33.28%，比1~9月累计降幅收窄1.2个百分点。

（广州开发区）

2002年1季度国家级经济技术开发区经济运行情况

2002年1~3月份，全国49个国家级经济技术开发区（以下简称国家级开发区）实现工业产值1566.87亿元，工业增加值435.22亿元，税收收入103.47亿元，出口50.51亿美元，进口44.50亿美元，合同外资金额24.67亿美元，外商实际投资12.70亿美元。依次分别比上年同期增长29.67%、27.92%、12.80%、24.88%、29.40%、0.06%和14.35%。

其中，1995年以前批准的32家国家级开发区实现工业产值1446.62亿元，工业增加值397.60亿元，税收收入96.47亿元，出口49.64亿美元，进口43.34亿美元，合同外资金额23.82亿美元，外商实际投资12.32亿美元。

依次分别比上年同期增长28.72%、26.06%、11.82%、25.25%、27.75%、3.22%和13.11%。

中西部16家国家级开发区实现工业产值120.26亿元，工业增加值37.62亿元，税收收入7.01亿元，出口0.86亿美元，进口1.16亿美元，实际外资金额0.38亿美元。依次分别比上年同期增长42.30%、51.59%、38.21%、6.85%、149.02%和77.22%。

（外经贸部）

2001年广州开发区国民经济和社会发展统计公报

（2002年5月10日）

2001年，是新世纪的开元之年，也是广州开发区实施“十五”计划的第一年。在这一年里，广州经济技术开发区(下称开发区)、广州高新技术产业开发区（下称高新区)、广州出口加工区（下称加工区)，在市委、市政府的领导下，以跨跃式发展为主题，以招商引资、增强区域综合竞争力为主线，紧紧围绕结构升级、环境优化和体制创新三个重点，全面提升区域综合竞争力，全区经济实现了持续、健康、快速的发展，综合经济竞争力得到了进一步增强。

一、综合

2001年开发区实现国内生产总值173.39亿元，比上年增长22.20%。其中：第二产业增加值146.89 亿元，增长26.37%；第三产业增加值26.50亿元，增长0.61%。人均国内生产总值为23.12万元，增长6.64 %；实现税收47.50亿元，增长23.54%。

2001年，开发区完成财税总收入56.29 亿元，比上年增长32.0%。全区工业总产值（现价）434.24亿元，按可比价格比上年增长22.5%。外贸出口完成9.77亿美元，比上年增长8.89%。全年全区固定资产投资完成25.19 亿元，其中基础设施投资完成9.42亿元。历年累计全区固定资产投资306.77亿元，其中基础设施投资80.6亿元。2001年，全区实现合同利用外资按投资总额合计12.96亿美元，实际利用外资额5.00亿美元。截止2001年底止，全区累计合同利用外资（按投资总额计）71.56亿美元，累计实际利用外资额37.54亿美元。

2001年高新区企业实现增加值61.42亿元，实现利税26.96亿元。

二、工业

工业经济继续保持良好的运行态势，呈现快速增长势头。全年开发区完成工业增加值144.21亿元，比上年增长26.26%；工业总产值434.24亿元，增长22.50%，占广州市工业总产值的15.35%。其中，外商投资企业实现工业总产值400.53亿元，增长26.02%，占全区工业总产值的92.24%。

高新区实现工业总产值170.81亿元，实现工业增加值46.86亿元。

骨干企业作用突出，对全区经济的拉动作用明显。全年开发区工业产值(不变价)超亿元企业72家，比上年增加8家，仅前20家就实现工业产值265.45亿元，占全开发区工业产值的61.16%；工业产值(不变价)超10亿元的企业13家，比上年增加5家，实现工业产值220.34亿元，占全开发区工业产值的50.7%。广州宝洁有限公司、安利（中国）日用品有限公司、松下万宝（广州）压缩机有限公司、广州松下空调器有限公司、三菱电机（广州）压缩机有限公司等一批企业发展势头良好，实力进一步增强。旭丽电子（广州）有限公司、广州珠江钢铁有限公司、京信通信系统（广州）有限公司、广州南方高科有限公司、广州金鹏集团有限公司、广州乐华电子有限公司等近年新投产企业呈现良好的发展态势，为开发区经济的增长注入了新的活力。

支柱产业地位进一步加强。2001年，开发区有化学原料及化学制品制造业、电气机械及器材制造业、有色金属冶炼及压延加工业、食品制造业、电子和通讯设备制造业、饮料制造业等6个行业的工业产值分别超过20亿元，比上年增加1个，工业产值合计345.92亿元，占全区工业总产值的79.7%。全区各大行业工业总产值均有不同程度的增长，其中增幅超过30%以上的分别为：电子及通讯设备制造业增长41.37%，饮料制造业增长36.24%，电气机械及器材制造业增长34.1%和化学制品制造业增长30.4%。

工业经济效益好。工业利润总额增长明显，全年企业实现利润31.11亿元，比上年同期增长38.33%；工业增加值高于工业总产值的增长幅度，高出4.5个百分点；实现现行价劳动生产率25万元／人，比上年高出3万元，工业企业经济效益有所提高。

工业企业生产规模有所增大。全区企业按工业总产值（现价）计算的平均规模由上年同期的1.32亿元上升为1.64亿元，平均增加0.32亿元。

2001年，开发区批准投（试）产工业企业31家，其中投资额超1000万美元的企业9家，比上年增加1家；历年累计批准投（试）产生产性企业447家，其中工业企业435家。

三、投资促进

继续坚持把招商引资工作摆在“重中之重”的位置，不断优化投资环境，加强调查研究，审时度势，因势利导，结合行业招商，突出抓好国内外重点行业项目的引进，全年利用外资工作取得了较好的成绩。全年开发区新批外商直接投资项目85个，批准增资46项，合同引进外资按注册资本计6.56亿美元，比上年增长38.90%，占广州市合同引进外资的32.70%，按投资总额计为12.96亿美元，比上年增长44.84%；实现实际利用外资5.00亿美元，增长3.21%，占广州市实际利用外资的16.66%。合同引进外资和实际引进外资两个指标占广州市的比重均有所增加。

全年高新区新批外商直接投资项目64个，合同引进外资按注册资本计1.92亿美元，实现实际利用外资7954万美元。

出口加工区基础设施和服务环境进一步完善，对外推介和招商引资工作有序地全面展开。

2001年，全区利用外资的主要特点为：一是项目规模大，新批项目平均投资额1003万美元，新批投资总额1000万美元的项目有30个，占新批项目数的35.29%；增资项目平均增资额970万美元，增资1000万美元以上的项目有10个，投资总额3.8亿美元，占增资总额的86%；二是增资项目多，全年共有46个项目进行了增资，项目投资总额达4.46亿美元，占全年全区项目投资总额的34.34 %,；三是工业项目仍占主导，工业项目数占全区全年引进项目数的78%；四是科技项目多，科技项目占项目总数的62%。

内资项目引进取得明显成效。全年引进内资生产性项目38个，注册资本总额4.85亿人民币。

截止2001年底，开发区累计批准来自36 个国家和地区的外商投资企业842 家，项目投资总额91.24亿美元，累计合同利用外资（按投资总额计）71.56亿美元，累计实际利用外资37.54亿美元。世界500家最大的工业企业中已有58家在区内兴办了合资、合作及外资企业，如美国的宝洁、百事可乐、安利、欧文斯科宁、高露洁公司、联信公司，日本的松下、住友、三菱电机、丸红，德国的先灵药业公司，英国的ICI公司、利高曼公司，法国的埃尔夫公司，澳大利亚的BHP集团，瑞士的ABB公司、雀巢公司等，已经成为开发区投资主体。

高新区累计批准外商投资企业292 家，合同利用外资额累计8.31亿美元，累计实际利用外资3.38亿美元。

四、对外经济贸易

对外经济贸易保持增长。2001年，在不利的国际经济大环境下，克服各种困难，开发区全年实现进口总值23.65亿美元，比上年增长3.97%；实现出口总值9.77亿美元，比上年增长8.89%，占广州市外贸出口的比重为10.63%，增长幅度高出广州市8.8个百分点。

外贸出口呈以下基本特点:一是出口仍然以三资企业为主，三资企业外贸出口额占出口总额的74.21%；二是出口产品中机电产品出口总量大幅增长，比上年增长14.34%，机电产品仍然是我区出口的主导产品，机电产品出口额占出口总额的65.40%；三是外贸出口的新增长点已显端倪。2001年12月当月出口达1.14亿美元，创我区有史以来之最，以旭丽电子、松下空调、乐华电子等为主的大型出口企业群即将形成。

高新区全年实现进口总值5.89亿美元，实现出口总值2.62亿美元。

五、固定资产投资

全社会固定资产投资继续保持较大的规模。全年开发区完成固定资产投资25.19亿元，其中基础（公共）设施投资9.42亿元，比上年增长0.21%，占全区完成固定资产投资总量的37.40%；工业项目投资15.36亿元，占全区完成固定资产投资总量的60.98%。全年高新区完成固定资产投资10.06亿元。

高起点、高标准、高速度推进科学城的开发建设。2001年，科学城全年投入资金4.3亿元，新征用地1.9平方公里，累计投入资金10.9亿元，征地9.5平方公里。截止2001年底，科学城累计批准项目68个，投资总额3.09亿美元。其中，外商投资项目9个，合同外资总额1.22亿美元；内资项目59 个，总投资15.58 亿元。管委会组织各有关部门“进城”现场办公，企业办事更为便捷，在建项目建设进度明显加快，旭丽电子、南方高科等重点企业项目在年内顺利投产，科学城作为广州市高新技术产业基地已现雏形。

出口加工区完成了首期90万平方米的基础设施和海关等相关配套设施的建设，并于2001年3月通过了海关总署等国家有关部门的联合验收，实现了封关运营。为加快启动项目引进和建设，管委会公布了一系列专门的配套优惠措施。配套项目正在建设中，生产项目也在积极落实之中。

截至2001年底止，开发区累计完成固定资产投资306.77亿元，其中基础（公共）设施投资80.60亿元。建成可通车道路150公里，排水、排污管道590 公里；厂房竣工面积205.6 万平方米；自有发电能力67.7万千瓦；日供水能力15.8万立方米；日污水处理能力 3.2万立方米；电话交换机装机容量12.5万门。

六、商业、服务业

商业、服务业有较大发展。全年开发区商业、服务业营业（销售收入）额141.61亿元，比上年增长14.54%。其中商业销售总额99.70亿元，增长15.21%。大中型商业企业24家，销售额97.97亿元，占全区销售额的98.26%。社会零售商品额4.60亿元。全年高新区技术服务实现收入32.49亿元，增长9.80%。

开发区口岸客货运输局部回升。全年开发区口岸出入境旅客8.58万人次，比上年下降12.45%；进出口集装箱2.67万标箱，比上年下降33.25%；散货8.2万吨，比上年增长110.8%；货运总收入1831.1万元，比上年增长26.5%。

七、科技

高新技术产业发展较快。2001年开发区新认定高新技术企业7家，新批先进技术企业2家；高新技术企业工业产值为82.8亿元，占全区当年工业产值的19.1%，先进技术企业工业产值为249.7 亿元，占全区当年工业产值的57.5%。截至2001年底止，开发区已累计认定高新技术企业33家，累计审批先进技术企业52家。2001年高新区实有科技企业1475家，实现技工贸总收入268.22亿元，按可比口径增长44.20%；当年新认定高新技术企业 54家，新批新办高新技术企业287家，新增实施火炬计划13项。截至2001年底，高新区已认定高新技术企业339家，累计实施火炬计划项目135项。

科技创新服务体系不断完善。2001年，成立了广州火炬高新技术创业服务中心，有效地聚集和配置区内外各类科技产业化资源，有力地促进了高新科技产业的发展。与国内外风险投资公司的合作也取得了重大进展，风险投资公司对我区的科技项目投资明显加大。进一步规范运作，修订了《广州经济技术开发区、广州高新技术产业开发区鼓励留学人员广州创业园兴办项目若干规定》，促进了创业园的发展，留学人员广州创业园规模不断扩大，被确定为国家级留学人员创业园建设示范点。至2001年底止，留学人员创业园已累计引进留学人员科技项目72个。知识产权保护进一步加强，制订了《关于广州经济技术开发区、广州高新技术产业开发区、广州出口加工区知识产权工作的意见》，成立了知识产权保护的专门机构。

各科技园区建设成绩喜人。天河软件园进入国家十大软件产业基地的行列，黄花岗信息园被列入广东省首家电子商务示范基地；民营科技园的开发建设也取得了重大进展，招商引资工作取得了实质性突破；南沙资讯园的建设全面铺开。

八、文教、卫生

教育事业不断发展。全区在校中学生1040人，在校小学生1386人，在园幼儿709人，分别比上年增长8.04%、12.27%、0.04%；区中学升大上线率93.5%；区教育部门举办各种培训班218期，参加人数18600人次。

卫生事业进一步发展，医疗卫生设施建设更加完善。2001年，区医院扩建部分正式启用，医疗条件进一步改善。区医院已有各类专业医务人员198人，医疗病床300张。全年门（急）诊病人26.15万人次，住院治疗病人2385人次。全年开发区开展食品卫生检测1378宗；免疫接种6236人次，接种率100%。开展劳动卫生监测868宗。

注:

1. 公报中国内生产总值、各产业产值和增加值指标绝对数和劳动生产率均按当年价格计算（另注明的除外），增长速度则按可比价计算；

2. 高新区所有指标均为新口径指标；

3. 高新区合同利用外资和实际利用外资历年累计数与统计公报历年数据之和有出入的主要原因是高新区企业有迁出和迁入。根据外经统计规则，迁出或迁入的企业，其历年数据也必须一同迁出或迁入。本公报中高新区合同利用外资和实际利用外资当年数采用本年发生数，不作调整，而将历年累计数调整为实际数。

2001年浦东新区经济指标

浦东开发开放以来，浦东新区国民经济保持快速、健康发展，综合经济实力不断增强。新世纪的第一年，浦东新区更是克服全球经济回落等不利影响，以迎接APEC会议为动力，全面完成了各项经济发展目标，2001年新区GDP总量突破1082.02亿元大关，比上年增长16.1%，占全市GDP的比重达21.9%，比上年提高1.7个百分点。2002年1～2月，实现GDP168.78亿元，同比增长14.2%。

图1　浦东新区国内生产总值(GDP)增长图(1990年～2000年)

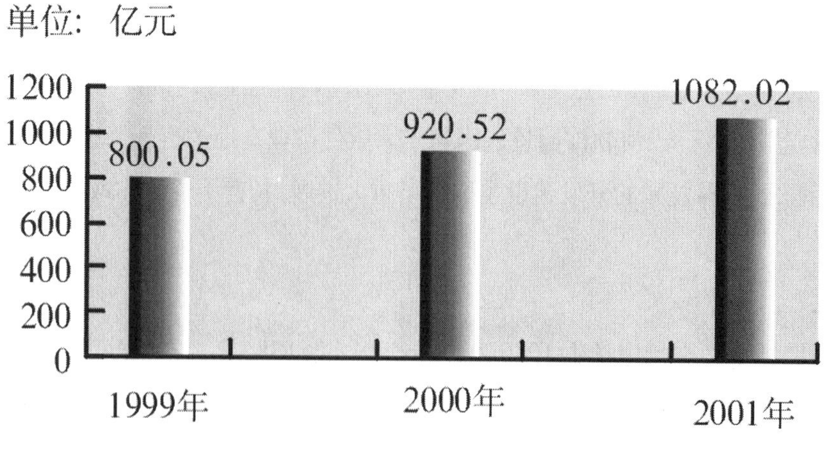

表一　浦东在上海的地位(2001年)

项目指标	单位	上海市	浦东新区	浦东所占全市的比重(%)
GDP	亿元	4950.84	1082.02	21.9
合同外资额	亿美元	73.73	20.01	27.1
外贸出口额	亿美元	276.28	110.22	39.9
人口	万人	1327.14	240.23	18.1
面积	平方公里	6340.50	533.44	8.4

图2　浦东新区经济结构图(三次产业占GDP比重)

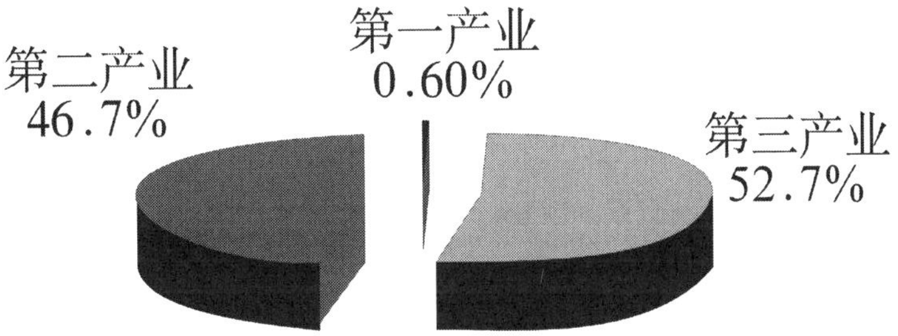

表二 经济特区和浦东新区主要经济指标比较

城市＼指标	国内生产总值(亿元)		第三产业增加值(亿元)		工业总产值(亿元)	
	2001年	同比增长(%)	2001年	同比增长(%)	2001年	同比增长(%)
深圳市	1908.15	13.2	886.97	12.5	2880.44	17.4
珠海市	367.23	12.1	148.52	11.2	716.42	17.5
汕头市	460.99	-2.0	205.21	2.7	771.91	-6.3
厦门市	556.38	12.2	236.92	10.7	800.50	16.3
海南省	566.05	8.9	234.59	8.3	246.22	12.7
浦东新区	1082.02	16.1	505.27	14.7	1885.54	20.1

2001年度高新区企业收入情况

单位　千元

高新区	总收入	技术收入	产品销售收入	商品销售收入
北京	198649078	21503684	129801808	39661786
天津	38328185	1771503	32024954	2694763
石家庄	1277966	270089	10098641	1937441
保定	7287473	128363	6788832	78165
太原	113005506	484085	9701334	1078828
包头	5410045	270191	4659950	398140
沈阳	32015921	847883	21693886	9422274
大连	21077864	2592538	13602990	1879817
鞍山	10456612	168338	9502063	487552
长春	27694436	1482859	25325940	647866
吉林	28005442	466815	27292650	237824
哈尔滨	18841445	453122	17222081	576868
大庆	8173822	292102	7743276	97151
上海	93941636	685065	89406257	2995220
南京	10079755	570014	48665493	299711
常州	10079755	20991	9537069	396205
无锡	37851479	305915	30334402	7018059
苏州	37071412	54245	36578852	254570
杭州	23429277	1131134	21838206	419738
合肥	13517305	293180	10577297	1603259
福州	11681906	130486	11248312	276358
厦门	14392944	56405	14211744	69169
南昌	8091376	108704	7128256	694307
济南	15902897	509006	14332438	920482
青岛	37362288	153971	37059662	103558
淄博	13657964	2558	13540042	86836
潍坊	7284630	162978	6793772	239780
威海	10664008	14000	10141519	508489
郑州	10032727	634292	8599402	445101
洛阳	6394372	525199	4706024	760450
武汉	33358838	2005540	24388433	4019518
襄樊	10083850	13097	6601547	21346
长沙	24681915	706016	20217657	2874140
株州	8058871	30490	7098310	918122
广州	26822062	3248981	17280769	5601052
深圳	59551246	103080	59245190	115142
珠海	10924481	37446	9315476	855147
惠州	14279021	893	14268291	92
中山	14742721	4175	14734589	3957
佛山	19531351	401499	18807840	160798
南宁	8663731	1159060	5926709	1542289
桂林	7001909	27396	6921237	23758
海南	4112867	9164	3917643	163362
成都	19289517	1266167	21634640	1540294
重庆	19278556	539736	14462104	3864478
绵阳	13008336	2246	12990502	15333
贵阳	4001635	9375	3829574	7032
昆明	9177259	71007	7529943	908374
西安	38686310	3058593	23393486	8511161
宝鸡	5065502	21006	4929078	55020
杨凌	958212	44306	885066	12524
兰州	7050302	185867	5145588	1243716
乌鲁木齐	2095544	25638	1751797	315173
合　计	1192841349	40960493	995432621	109061495

2001年度高新区企业主要经济指标

单位 千元

高新区	净利润	实际上缴税费	年末资产	年末负债
北京	9785134	8847491	372954263	160724800
天津	1767958	1970389	55878709	29861153
石家庄	505168	588806	23938305	14425209
保定	235155	506314	16629899	9481647
太原	632861	613282	21382584	10800283
包头	400471	412780	13029766	5942831
沈阳	873661	1179879	45215458	24422822
大连	1891932	1420923	42602844	23205267
鞍山	536117	749020	17858928	12714996
长春	2385188	1926236	56178285	27117154
吉林	908209	1643943	42846121	26467358
哈尔滨	1566686	1303109	38575357	19770583
大庆	408469	462935	11808178	7164761
上海	4482223	5543893	114114645	54471655
南京	2515102	3365750	45918335	25861609
常州	402335	453780	11079436	6314086
无锡	1881720	1604597	34311016	17405382
苏州	1407678	1987319	35202702	20015457
杭州	1191981	1402034	26965593	10574074
合肥	934171	621680	21273449	10008442
福州	453534	585617	12849568	7267471
厦门	807808	1161136	10993629	7139607
南昌	621008	401757	14904428	6069075
济南	491722	759442	22868260	12865370
青岛	1408513	2072996	30479006	13253814
淄博	552810	972704	211664404	9565674
潍坊	381406	370608	10241663	6193181
威海	445864	620906	901690	5346015
郑州	1103551	815858	19513153	9192928
洛阳	193339	392005	9474900	6129606
武汉	3415420	2424692	53235893	27726415
襄樊	823115	635306	12179473	6702330
长沙	1960616	1416703	40747561	18020880
株洲	195365	481915	14458608	7891779
广州	1587497	1108804	34769755	18908377
深圳	5446554	3153232	50463246	25757172
珠海	235283	299602	9676207	5187882
惠州	215347	352288	7220614	5283210
中山	285441	395327	12600559	7691811
佛山	822126	1277263	16215726	8863372
南宁	398036	366459	9125747	5541289
桂林	302308	406230	9898582	5748012
海南	219968	217157	6206014	3608728
成都	3135363	1717561	52972547	25224512
重庆	954070	988177	30478119	14478665
绵阳	89168	918499	20928347	7858251
贵阳	362325	265279	8736579	3335870
昆明	526750	525013	18798176	9892793
西安	1624845	1498187	68402673	35795152
宝鸡	－80835	292074	111441187	6192604
杨凌	135871	20379	2123156	708134
兰州	510099	430316	16589295	6374237
乌鲁木齐	120346	88033	4275278	2506114
合　　计	6445742	64035686	1720513914	859078899

2001 年国家高新区主要经济指标

单位：千元　千美元

高新区	企业数	从业人员	工业总产值	总收入	工业增加值	出口创汇	净利润	上缴税费
北京	7911	358184	125589352	198649078	29940000	2928876	9785134	8847491
天津	1149	130645	32271512	38328185	6500739	1134032	1767958	1970389
石家庄	406	42077	10533507	12677966	3244633	100288	505168	588806
保定	134	37249	7001856	7287473	1901218	61018	235155	506314
太原	351	60998	10252798	11300506	2858285	73940	632861	613282
包头	231	32575	4798343	5410043	1512312	100983	400417	412780
沈阳	1162	61706	18357674	32015921	5311008	329158	873661	1179879
大连	891	86143	13916695	21077864	4727481	423152	1891932	1420923
鞍山	279	53192	9522908	10456612	2786249	46953	536117	749020
长春	519	97035	25898515	27694436	7099871	212564	2385188	1926236
吉林	496	81180	28500538	28005442	7214323	38588	908209	1643943
哈尔滨	224	70458	18242739	18841445	3661057	144095	1566686	1303109
大庆	189	31992	8097121	8173822	1786672	12198	408469	462935
上海	405	84008	83787171	93941639	26808053	2512629	4482223	5543893
南京	140	56528	43909468	51042544	7450169	579174	2515102	3365750
常州	231	41373	9997970	10079755	2154446	230445	402335	453780
无锡	257	53060	31019617	37851479	8057118	1400823	1881720	1604597
苏州	273	33112	37172479	37071412	9644302	2579484	1407678	1987319
杭州	329	27034	18845824	23429277	4564073	408727	1191981	1402034
合肥	181	44218	10691861	13517305	2570621	62165	934171	621680
福州	109	23780	11185400	11681906	2796609	232599	453534	585617
厦门	74	26820	14637373	14392944	2572482	723445	807802	1161136
南昌	134	37986	7450180	8091376	1979982	29635	621008	401758
济南	246	44373	13480959	15902897	3550067	69886	491722	759442
青岛	94	40000	38166314	37362288	8075146	561789	1408513	2072996
淄博	116	49158	14015010	13657964	3491201	82658	552810	972704
潍坊	81	16510	6390063	7284630	1919870	24814	381406	370608
威海	123	37196	10468237	10664008	3015285	485620	445864	620906
郑州	266	38686	8720315	10132727	3055058	10074	1103551	815858
洛阳	298	35489	4724949	6394372	1287528	37610	193339	392005
武汉	458	112566	28744965	33358838	10639246	142184	3415420	2424692
襄樊	73	41725	6677663	10083850	2004792	9431	823115	635306
长沙	582	68285	21880703	24681915	5657072	143626	1960616	1416703
株洲	130	37090	7152856	8058871	2147134	121503	195365	481915
广州	817	48268	17080965	26822062	4686173	310246	1587497	1108804
深圳	136	84990	63093366	59551246	15104674	2530961	5446554	3153232
珠海	197	31852	10714164	10924481	2217588	343966	235283	299602
惠州	61	20787	16505241	14279021	2001565	919177	215347	352288
中山	305	61667	16352145	14742721	3481981	1048949	285441	3953327
佛山	41	21236	19675759	19531351	6116626	493531	822126	1277263
南宁	230	24930	6158649	8663731	2151407	19829	398036	366459
桂林	197	36955	7362949	7001909	2319928	60636	302308	406230
海南	89	11791	4484836	4112867	1039658	27393	219968	217157
成都	509	81664	27630232	29289517	9477997	101689	3135363	1717561
重庆	342	89845	15214807	19278556	3509464	178520	954070	988177
绵阳	69	41394	13642968	13008336	3410861	116102	89168	918499
贵阳	63	27513	4416727	4001635	1326285	6630	362325	265279
昆明	125	29013	7297006	9177259	2085990	124087	526750	525013
西安	1921	131307	27530096	38686310	7921770	175469	1624845	1498187
宝鸡	128	34898	5295982	5065502	1317494	27334	0385	292074
杨凌	46	4282	553523	958212	128111	5743	135871	20379
兰州	364	27450	5384113	7050302	1361471	17862	510099	430316
乌鲁木齐	111	8086	1641462	2095544	488228	11000	120346	88033
合　计	24293	2943356	1011677924	1192841349	262131372	22664389	64457242	64035687

高新区企业产品主要指标(按技术领域分类)

单位：千元　千美元

技术领域	产品种数	年工业总产值	年销售收入	年出口额
合　计	26314	798659790	786713169	22235145
电子与信息领域	9237	388097427	391330023	16143724
生物技术领域	2962	54187416	51738899	567077
新材料领域	3074	89339847	82110669	1420122
新能源及高效节能技术	4697	110288387	104347258	1911627
环境保护技术	851	29198684	28025780	201382
光机电一体化	1774	12362540	12042432	511128
航空航天技术	98	1841999	1420681	15070
地球、空间、海洋工程	125	2037005	2149573	125671
核应用技术	96	1153226	1241286	36717

高新区高新技术企业主要生产经营产品品种(1991～2000)

单位：种

高新技术领域	1991	1992	1993	1994	1995	1996	1997	1998	1999	2000
电子信息	1288	2263	2878	3242	3281	3694	3833	4446	4653	6521
生物技术	417	690	840	1108	1106	1247	1567	1729	1832	2376
新材料	394	838	969	1300	1405	1649	1827	2146	2302	2661
新能源	339	578	804	1016	926	757	3236	3856	4326	4339
环境保护	80	201	280	310	362	369	549	620	660	767
光机电	783	1347	1851	2292	2424	2936	628	551	520	1523
航空航天	62	74	57	196	58	44	35	38	54	68
地空海※	8	2	12	99	17	33	39	40	28	60
核应用	20	75	60	184	69	65	60	54	75	96
其　它	599	1152	1643	2137	2950	2607	2577	2971	3199	3485
合　计	3775	7220	9394	11884	12598	13401	14351	16451	17649	21896

注：地空海※　为地球空间海洋领域

国家高新区各经济类型企业数量发展概况(1991～2000)

单位：个

经济类型	1991	1992	1993	1994	1995	1996	1997	1998	1999	2000
国有	1030	2227	3476	3831	3810	3711	3304	3043	2666	2448
集体	643	2169	3805	4124	4103	3605	3185	2657	2237	1804
股份合作	0	0	0	0	0	0	0	724	695	763
联营	513	793	454	486	481	404	426	380	329	263
有限责任	0	0	0	0	0	0	0	3367	4511	6536
股份有限	0	0	568	1280	1868	2437	2866	641	692	893
私营	234	318	295	447	658	1012	1251	2160	3111	4328
港澳台	0	6	422	633	860	879	884	1124	1212	1335
外商	167	57	599	823	1076	1424	1503	1779	1940	2352
合　计	2587	5569	9687	11748	12937	13722	13681	15935	17498	20796

国家高新区各经济类型企业工业总产值概况(1991～2000)

单位：亿元

经济类型	1991	1992	1993	1994	1995	1996	1997	1998	1999	2000
国有	39	99	180	275	363	526	760	738	821	587
集体	7.6	50	70	130	168	298	401	335	421	460
股份合作	0	0	0	0	0	0	0	43	38	58
联营	4.7	37	22	22	31	37	40	23	22	22
有限责任	0	0	0	0	0	0	0	581	864	1109
股份有限	0	0	64	142	331	377	679	699	1077	1736
私营	8.5	0	4	11	42	99	120	136	189	268
港澳台	0	0.1	46	72	144	207	279	320	546	791
外商	11.4	0.7	60	163	280	572	795	1208	1934	2895
合　计	71.2	187	447	853	1382	2142	3109	4094	5944	7942

高新区高新技术企业主要生产经营产品出口额(1991～2000)

单位：亿美元

高新技术领域	1991	1992	1993	1994	1995	1996	1997	1998	1999	2000
电子信息	0.5	1	0.8	5.6	8.5	18.6	29.2	34.9	52.7	90.6
生物技术	0	0	0.13	0.3	0.3	1.6	1.1	1.4	1.6	3.1
新材料	0	0.2	0.35	0.6	0.6	1.1	2.4	2.6	5.2	8.8
新能源	0	0.3	0.08	0.3	1	2.1	2.9	5.9	8.9	12.4
环境保护	0	0	0	0.03	0.4	0.01	0.9	0.8	1.5	1.9
光机电	0.5	0	0.13	0.3	1	1.1	0.5	0.09	0.14	0.7
航空航天	0	0	0.02	0.01	0.05	0.01	0.02	0.18	0.01	0.1
地空海※	0	0	0	0	0	0	0	0.02	0.006	0.07
核应用	0	0	0	0	0	0	0	0	0.009	0
其　它	0.3	0.9	0.99	1.26	4.15	5.98	6.28	8.51	9.635	20.43
合　计	1.3	2.4	2.5	8.4	15.5	29.5	43.3	54.4	79.7	138.1

注：地空海※　为地球空间海洋领域

国家高新区各经济类型企业出口额(1991～2000)

单位：亿美元

经济类型	1991	1992	1993	1994	1995	1996	1997	1998	1999	2000
国有	0.5	1.0	1.4	2.0	5.2	7.6	8.9	10.9	10.5	8.9
集体	0	0.2	0.3	1.1	0.9	1.6	1.8	2.6	2.7	4.3
股份合作	0	0	0	0	0	0	0	0.3	0.2	0.2
联营	0.2	0.6	0.1	0.1	0.2	0.1	0.3	0.6	0.4	0.2
有限责任	0	0	0	0	0	0	0	2.5	5.4	11.5
股份有限	0	0	0.3	0.5	2.6	1.8	2.7	4.2	7	11
私营	0	0	0	0	0.1	0.2	1	0.6	0.7	2
港澳台	0	0	1.8	1.4	5.4	8.8	8.7	7	17.3	29.6
外商	0.3	0.4	1.5	6.8	13.9	22.9	41.4	49.7	73.3	117.9
合　计	1.8	4.1	5.4	12.7	28.8	43	64.8	78.5	119.1	185.8

国家高新区各经济类型企技工贸总收入(1991～2000)

单位：亿元

经济类型	1991	1992	1993	1994	1995	1996	1997	1998	1999	2000
国有	44	109	219	300	425	615	858	929	1116	796
集体	11	66	110	172	227	358	456	440	528	589
股份合作	0	0	0	0	0	0	0	60	54	75
联营	15	54	28	33	34	44	49	38	29	29
有限责任	0	0	0	0	0	0	0	644	1061	1447
股份有限	0	0	92	154	351	427	741	765	1232	1999
私营	6	0	5	12	45	107	155	181	240	370
港澳台	0	0.1	43	68	142	211	265	327	517	869
外商	11	0.9	66	165	269	510	814	1211	1950	2996
合　计	87.3	231	564	943	1512	2300	3388	4619	6775	9209

国家高新区各经济类型企业年末从业人员(1991～2000)

单位：万人

经济类型	1991	1992	1993	1994	1995	1996	1997	1998	1999	2000
国有	8.5	20.8	29	37.8	42	47.1	55.4	49.8	52.9	41.8
集体	2.8	6.3	12.1	16.2	17.7	24.4	21.2	18.7	19.2	16.6
股份合作	0	0	0	0	0	0	0	3.9	3.2	3.2
联营	0.7	4.1	2.1	2.2	2.1	2.2	2	2.1	1.9	1.5
有限责任	0	0	0	0	0	0	0	30.2	42.7	53.3
股份有限	0	0	4.3	8.7	16.8	22.7	31.3	27.7	37.8	55.4
私营	0	0	0.7	1.2	2.1	4.6	4.5	7.6	11.3	16.2
港澳台	0.8	0	2.3	4.2	6.8	9.9	11.3	11.7	16	19.5
外商	0.9	0.2	3.1	6.1	9.1	16.8	19.8	27.9	34.1	41.6
合计	13.8	34	54.7	79.6	99.1	129.1	147.5	180.2	221.1	250.9

国家高新区企业主要生产经营产品销售收入(1991～2000)

单位：亿元

高新技术领域	1991	1992	1993	1994	1995	1996	1997	1998	1999	2000
电子信息	18	96.5	103.3	191.4	293.9	626.5	885.9	1226	1698	2482
生物技术	3.5	9.4	14.3	30.7	55.8	104.6	218.2	207	269	359
新材料	2	9.2	21.4	46.2	62.9	109.5	168.7	252	458	677
新能源	2	5.2	15.2	25.5	34.8	87	204.7	347	479	761
环境保护	0.2	1	1.9	3	7.5	6	160.4	85	136	177
光机电	5	17.6	34.7	39.8	70.5	86.4	22.4	22	32	95
航空航天	0.2	0.4	0.8	4.2	2.3	4	6.2	3.8	4.9	19
地空海※	0.1	0	0	4.1	0.2	0.3	0.4	0.9	0.9	10
核应用	0.1	0.4	0.6	1.5	0.9	0.6	0.6	6	7.7	9
其　　它	8.9	27.9	67.7	110.4	227.8	292.8	395.6	639.5	736.3	1061.4
合　　计	40	167.6	259.9	456.8	756.6	1317.7	2063.1	2789.2	3821.8	5650.4

注：地空海※　为地球空间海洋领域

国家高新区十年(1991～2000)发展概况

单位：个　亿元　万人　亿美元

项　　目	1991	1992	1993	1994	1995	1996	1997	1998	1999	2000
园区企业数量	2587	5569	9687	11748	12980	13722	13681	16097	17498	20796
技工贸总收入	87	231	564	943	1529	2300	3388	4840	6775	9209
技术性收入	17	26	53	58	71	105	133	202	256	401
产品销售收入	45	151	346	645	1093	1801	2752	4014	5593	7633
商品销售收入	24	42	137	184	263	315	412	517	745	928
工业总产值	71	187	447	853	1403	2142	3109	4334	5944	7942
企业出口额	1.8	4.1	5.4	12.7	29.3	43.0	64.8	85.3	119.1	185.8
年末从业人员	14	34.0	54.7	79.6	99.1	129.1	147.5	183.7	221.1	251
高级技术人员	3.9	8.5	13.7	16.4	19.8	21.8	23.6	29.6	34.5	40.8
研究开发经费	–	15.2	48.0	64.9	57.1	62.4	95.4	134.0	230.8	–
企业净利润	8	23.9	53.0	73.7	107.5	140.5	206.6	256.2	398.7	597
上缴税费	3.9	9.9	21.5	36.4	69.0	97.7	143.3	220.8	338.6	460

2000~2001年国家高新区主要经济指标比较

单位：亿元　亿美元

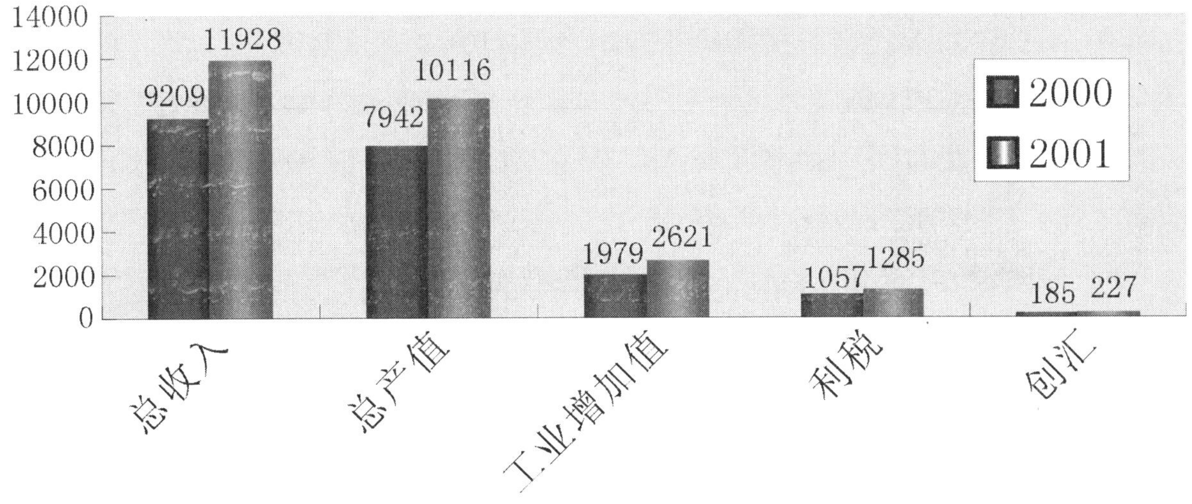

全国各高新区出口额概况(1991～2000)

单位：千美元（全国：亿美元）

	1991	1992	1993	1994	1995	1996	1997	1998	1999	2000
全国	1.8	4.1	5.4	12.7	29.3	43	64.8	85.3	119.1	185.8
北京	48128	87095	108932	132095	222759	261476	312030	652805	962625	1816922
天津	6276	14774	32908	95570	382357	424027	412740	488895	718552	912691
石家庄	4640	7402	3184	13328	43842	114633	2587799	309052	285768	242271
保定	0	64	60	7900	15514	16141	49494	60462	64231	73552
太原	9	44	14	1900	8676	12914	12945	19778	41509	56794
包头	0	6831	20	6597	4693	12841	40170	39416	43052	73391
沈阳	191	15380	17385	20186	88891	24518	92610	57883	93758	459094
大连	3556	4355	5050	10184	23273	91949	159475	180253	282190	406190
鞍山	-	693	1890	695	4024	4095	6675	6353	9487	41702
长春	277	277	324	14288	26948	30297	28517	20165	33859	193667
吉林	-	-	27840	6105	15300	25180	28180	77711	50430	60783
哈尔滨	1247	1190	8462	49991	178860	185728	182633	183511	250910	199165
大庆	-	-	-	238	1600	735	49	1255	3010	2287
上海	12894	21852	70686	121122	219127	309890	501971	977137	1639604	2327534
南京	23	1738	13555	12146	72547	66234	94274	152660	328365	644515
常州	-	4307	3911	5339	8585	64309	75936	107056	133668	191756
无锡	-	-	1957	3237	1698	405837	753661	1156590	1062647	1270308
苏州	-	484	9731	84426	239108	261375	753227	915262	1483714	2249153
杭州	536	1395	2277	11230	32674	24997	30156	37155	79031	231898
合肥	1181	4837	6175	18003	24885	33071	62022	50983	45511	60476
福州	7224	5449	6369	20939	27664	38114	100884	199022	188508	251861
厦门	-	251	7925	18220	93588	155676	224806	259326	346796	552140
南昌	-	88	23	345	6347	6403	7794	6223	14285	28580
济南	7649	7649	8143	37281	57016	43338	31276	36877	38602	57237
青岛	-	-	2015	-	110665	161778	90059	217182	275253	405398
淄博	-	11288	1100	19056	32972	42881	51466	61226	58984	61334
潍坊	-	5383	-	4000	6300	23339	38563	26084	10765	48000
威海	1576	5398	11431	13922	42452	73021	138112	169172	268002	366634
郑州	31	172	556	27311	52422	66555	73277	36100	43048	115396
洛阳	-	600	41171	42825	41970	48986	50049	51143	50955	50738
武汉	4134	1366	6138	15678	17644	95166	108279	104235	110861	135290
襄樊	-	-	810	924	4936	6939	12780	13952	13782	10959
长沙	22	1676	2097	8872	7546	30716	59373	80045	91259	109815
株洲	144	2069	639	402	15365	12605	10082	12899	84532	105273
广州	2179	2530	1046	4565	30697	44974	70387	77946	51384	73636
深圳	11144	40859	91335	282105	348635	201852	441736	671000	1186790	2085795
珠海	-	-	-	1864	12213	26207	26203	37039	160950	344776
惠州	-	-	392	63697	156202	254598	222596	250927	357409	728246
中山	6	1498	7892	27901	50132	380368	591384	412094	401019	742061
佛山	-	-	17325	13692	34905	63767	84047	122727	118600	171153
南宁	201	288	694	908	4357	5033	5345	5519	20082	18629
桂林	181	255	170	3849	15199	26802	25585	22817	28904	74910
海南	-	204	-	207	-	180	6259	3768	2192	31803
成都	7852	5047	2538	13558	27594	9961	2678	4730	19823	34938
重庆	1882	11822	5623	12459	53649	29468	41817	41902	66728	154995
绵阳	-	-	-	250	-	1741	6424	5272	17988	34603
贵阳	423	2353	1467	8226	12283	12286	11791	10753	9217	11033
昆明	38	1360	5070	2559	9984	11967	7354	12214	95413	104030
西安	9	496	1137	5557	32036	41654	57556	49026	122802	104079
宝鸡	-	132	34	260	115	5736	9945	13067	14715	21674
杨凌	-	-	-	-	-	-	-	-	2400	2000
兰州	377	1056	994	3951	1239	2285	3359	2433	5296	9569
乌鲁木齐	-	-	208	-	5168	7621	11677	14279	18918	21017

全国各高新区工业总产值概况（1991～2000）

单位：千元（全国：亿元）

	1991	1992	1993	1994	1995	1996	1997	1998	1999	2000
全国	71	187	447	853	1403	2142	3109	4334	5944	7942
北京	2422805	1768677	6695484	10064686	14104171	19810691	27223257	36995505	64342605	91037774
天津	325746	966248	2238213	3979237	6136044	8616093	12305356	15239626	19598932	27461403
石家庄	290095	572898	899216	1498712	2177063	2654631	3442383	4238734	544869	8401775
保定	–	98347	248010	1117302	1441333	1741107	3236242	3931947	4590198	6128308
太原	60849	208400	381337	596089	1033280	1436666	2195836	3653937	4507570	6997192
包头	–	231949	36025	291351	517850	921831	1679646	2305170	2661312	3685390
沈阳	240580	1277732	2603609	3749236	5754431	6190807	8965751	8715209	13426602	15830282
大连	–	606872	931099	1754148	1994594	5527221	6907289	6177123	7643029	10578370
鞍山	–	35414	148394	142334	513756	886585	1037760	1100294	2459973	4941399
长春	115211	426734	574217	1967187	3235439	5001308	11159896	12652902	14634173	22356387
吉林	–	48731	1036137	1254373	1840992	2805181	4048915	11599393	17502217	21597493
哈尔滨	85688	279899	750805	2412475	5712786	6012037	7032591	9815803	10732154	15219657
大庆	–	7592	169883	540236	1135431	2009980	3338352	3736765	3882355	5019351
上海	696415	3223902	6501881	8916369	11104418	8821955	11995331	35728578	54932471	67476828
南京	60286	147134	684657	2815191	4639465	8422137	12673895	16475385	29465677	44406738
常州	–	208721	400590	429952	547961	2517542	3978057	4370171	5279290	7653777
无锡	–	–	472544	556603	1041558	5914624	10556078	15089385	15975848	22775213
苏州	–	76937	567120	3272016	5685158	12329529	15057203	17656616	25806851	34621316
杭州	76193	230419	439613	737636	3081937	5270392	7042057	9592984	10126315	15541788
合肥	64494	484777	737954	1507228	3271186	4844420	5894924	6703397	7618277	10333786
福州	216524	461321	954605	1413596	1950554	4050366	6107600	8590693	10318217	12662293
厦门	–	146264	228876	426364	1213137	1971143	2706847	3766989	6965716	11364406
南昌	18210	77452	102345	541519	950852	1467778	2833645	3129432	4420072	6405009
济南	323801	466363	1338055	1912874	4390069	6480332	8175867	6720118	7787834	10003678
青岛	33304	–	287191	2389188	8628079	10039932	13083122	21306919	27151089	30145399
淄博	–	155008	573018	2002661	3113002	3061664	3862491	4859192	9415890	10136890
潍坊	–	434012	1038925	1249757	1368635	1657250	2631537	2596489	2600527	3942232
威海	122805	236789	526110	1050933	1401808	2610288	3091660	3422591	6711388	8423619
郑州	28685	67513	161575	1175315	1725720	3367100	5907277	72255121	7952736	8370667
洛阳	–	70662	520846	902849	1671588	2797081	3735796	3764671	4446601	4308407
武汉	373454	945338	1545089	2145190	3429965	6405024	9504606	10586963	15380149	21335775
襄樊	–	–	361678	665656	1285009	1586382	2175361	5341988	5260724	5821282
长沙	121244	353413	749348	1326860	2538694	3739120	6994676	10677897	13977644	17530313
株洲	13200	57076	106520	204793	930053	959509	1456953	1930657	3364340	4244494
广州	157801	327430	729123	2062290	2552187	3367147	4802041	4442309	5508971	8249664
深圳	287744	535107	1884385	2635659	3748388	5865376	9686674	23922000	30205501	45636371
珠海	–	–	–	510975	555560	1306122	1819195	2046964	3528179	8054595
惠州	–	–	160397	2544606	3958067	5700548	6793846	8587654	13608067	14876230
中山	41310	291326	505162	1769401	2020253	6275502	8514265	10262573	92933358	11653803
佛山	–	253674	493340	644912	910776	2823289	3662295	3914555	12805834	15245277
南宁	59200	85564	242658	382149	622726	859630	1264023	1414778	2824279	4546582
桂林	142928	185966	348333	545809	809295	1314801	2382030	3174230	3927041	5860371
海南	–	56881	–	112580	–	27188	379560	1062531	1785813	2635831
成都	266956	865280	1079739	2143130	3695682	3650184	4531824	6693886	9894424	15740755
重庆	112125	424569	885633	1372601	2031903	3081624	5384085	8489913	10588209	12546474
绵阳	–	26000	458806	1161646	2190885	7810659	14002543	20440169	16738045	14980381
贵阳	58618	253291	313362	645146	796618	791702	1340360	1640183	2684571	3067672
昆明	47195	331316	1081832	1135125	1602390	1023986	1646510	3165840	4340323	5598458
西安	102321	403652	925486	1909071	7028493	6282654	8622752	9588215	14246117	19162510
宝鸡	–	18977	182651	259715	242280	981030	2240609	2613432	3181249	4144802
杨凌	–	–	–	–	–	–	–	–	230134	277332
兰州	124775	221260	375994	426895	606767	838925	1290532	1555046	1855671	4284188
乌鲁木齐	–	31369	55581	–	326359	300982	547214	647085	727403	8785531

全国各高新区技工贸总收入概况(1991~2000)

单位:千元(全国:亿元)

	1991	1992	1993	1994	1995	1996	1997	1998	1999	2000
全国	87	231	564	943	1529	2300	3388	4840	6775	9209
北京	3688433	5841436	13651648	15490614	22972870	30432336	40602831	68742970	103710720	143660499
天津	368773	1110470	2466365	4156595	6705183	9694417	13038972	17246371	23224627	29698898
石家庄	221893	458764	869074	1478147	2366603	3054075	4658617	6331679	8328467	11546436
保定	–	86649	219090	898016	1262232	1737143	3263376	3970391	4553288	6151106
太原	70968	220454	429483	605295	1180195	1423479	2402112	4124420	5720556	7673360
包头	–	187712	31010	310530	408930	908488	1728814	2379263	2872815	4321295
沈阳	362191	1516640	2805585	3760241	5989752	7704553	9903020	12035553	22142620	26194833
大连	354544	616014	1240573	1668462	2142808	5866410	7035004	8093838	10404058	15095410
鞍山	–	39256	72536	90741	399907	735567	843487	787556	2452076	4853208
长春	169764	387204	801886	1983279	3989940	5511441	10898567	13025568	16600763	25765479
吉林	–	50251	982978	1312582	1922886	2954209	4237892	10504811	15067751	21341625
哈尔滨	77036	262842	917609	2470799	5870348	6842948	8161311	10422837	12513684	16461029
大庆	–	14202	371814	882578	1797232	1864246	2987335	3703678	3836958	5162838
上海	723327	3435497	7634808	9187726	10351414	9687996	15322994	37245625	55725341	75136247
南京	53603	163953	1262449	3263314	6147279	10213941	13038314	14770756	29955508	43485916
常州	–	177093	356435	512740	459816	2445420	3814728	4266069	5333070	7747135
无锡	–	–	463546	515172	917828	5362613	10093731	14681717	17372428	27478909
苏州	–	77023	709072	2657558	4732175	6982890	15446797	17786678	24788671	33908728
杭州	75876	220750	596676	809318	3072824	5898854	7185690	9626423	12780013	17779004
合肥	56076	474296	716502	1439004	2836380	4577220	5965298	6981619	8202919	10923356
福州	173065	347743	829554	1106676	1688955	3717213	5836865	7687694	9265945	12000304
厦门	–	121948	301959	532600	1197102	1834469	2726682	3765745	6869553	11079283
南昌	12716	110878	111751	657826	1142233	2055894	2692755	3821308	5377039	7220558
济南	345218	456973	1972624	2517619	4979263	7450068	11080673	7253616	8344302	10430711
青岛	30659	–	275592	3606104	8330538	9789479	12840807	21135005	28380188	36507728
淄博	–	595377	583134	2000220	2692345	3154856	4073676	4957126	9639090	10282006
潍坊	–	256440	546794	1429000	1520815	1661774	2669056	2868833	3405162	4184065
威海	83191	139320	357655	568137	914951	2190379	2675213	2713389	6818764	8531003
郑州	23741	48572	187758	957438	2032385	4137207	6317695	7591818	8127349	9158070
洛阳	–	73476	658034	1009929	1809054	2905582	4061067	4513831	5014849	5633611
武汉	424163	965937	1861380	2660246	4164810	7469600	10202333	13058506	17894372	25238508
襄樊	–	–	327166	591803	1078215	1549102	2082408	5822180	5655710	6503481
长沙	117992	337837	841109	1324005	2387628	3363745	7798639	11930168	15312737	20349031
株洲	12005	57638	137051	391037	1607979	1388928	1686973	2214458	3699166	4936561
广州	315779	376916	1475072	2546056	3813316	5366950	7395109	9213582	10540828	15199848
深圳	242159	551261	966000	2576093	3750946	5546300	9315013	22121000	29528317	42576786
珠海	–	–	–	357136	492775	1260058	1645284	1828647	3619812	8135044
惠州	–	–	129179	2783230	3342068	5414052	6138649	7518653	11218115	13582339
中山	33656	353506	849907	1574496	1691055	5851150	8155737	8674184	7954971	10131301
佛山	–	207603	490737	643628	755529	2920579	3587139	4044132	13865666	15991659
南宁	48488	82870	274681	319076	541622	900409	1438148	2207732	3757948	6234937
桂林	141607	190036	335910	497161	728604	1296649	2311442	3006151	4000513	6053621
海南	–	61571	–	226248	–	30132	367335	927065	1700352	2741630
成都	263708	754619	1213654	2044083	3587100	3542355	3920235	6814145	9853886	16669941
重庆	127203	467578	973050	1563932	2106848	3627439	6088049	11081974	13656894	16014089
绵阳	–	–	510412	1108466	2043901	5422282	12992206	13456386	13167464	13317151
贵阳	59389	192528	338382	541737	657080	731241	1254208	1729395	2523672	3134669
昆明	53320	269157	1266121	1297526	1551662	1508513	1927020	3635241	4939860	6752750
西安	165289	440883	1199927	2607814	5037516	7695019	10298757	14160061	20166988	27419840
宝鸡	–	18589	209797	201265	268145	905457	2087272	2302172	3121357	4059740
杨凌	–	–	–	–	–	–	–	–	377231	3071139
兰州	121226	258249	439423	525202	707684	956405	1452500	2053140	2826498	5041223
乌鲁木齐	–	14483	103732	–	478359	484338	1028640	788514	1267991	1522370

全国各高新区年末企业从业人员概况(1991～2000)

单位：人（全国：万人）

	1991	1992	1993	1994	1995	1996	1997	1998	1999	2000
全国	14	34	54.7	79.6	99.1	129.1	147.5	183.7	221.1	251
北京	2889	43567	91145	112253	102839	122358	123635	171316	246422	291473
天津	10440	18147	22185	36581	41617	63342	68553	90954	106970	121235
石家庄	9521	13777	14468	21002	25700	28573	24641	32366	40404	38404
保定	–	3499	5861	13764	14851	18411	29551	31462	35743	40645
太原	3285	9393	8898	13553	19585	18302	20979	32646	39469	51128
包头	–	2854	2136	6914	9444	11600	18386	18832	19793	31485
沈阳	5870	35014	52845	38952	50013	49487	55093	50035	71547	49525
大连	8252	10149	11904	15622	15289	53170	58515	60102	61713	83095
鞍山	–	1518	2821	6317	10492	11913	22649	21788	37000	30082
长春	8259	21159	13330	25001	34700	46750	46720	54410	68709	102561
吉林	–	1739	13748	25825	26488	27646	27004	67712	61351	84568
哈尔滨	3006	9121	12040	15708	46897	54961	56421	71895	75107	71190
大庆	–	106	1946	5140	6547	13426	18890	17908	15896	17161
上海	18693	34799	55264	51519	50442	46574	64005	77558	88079	90563
南京	1570	1569	5672	12965	22275	31618	39519	32832	50233	51576
常州	–	6462	6407	6966	6664	23330	20382	22797	29079	31759
无锡	–	–	2662	3634	2680	16794	23198	27280	30682	31865
苏州	–	1124	6884	25227	26516	38767	46884	55322	58648	69038
杭州	1553	2405	4340	5861	11682	12512	14036	17132	20242	23452
合肥	1509	6548	8075	15424	19883	28704	32389	34835	37381	42160
福州	3137	3199	4665	9096	8563	10622	16194	20014	20780	23575
厦门	79	646	1689	2997	5235	6652	7726	13674	18402	24206
南昌	1088	2406	2625	5742	7785	11298	15344	16051	21983	30780
济南	2965	4172	6780	18353	25496	37975	42116	40604	34213	41482
青岛	323	–	2459	13081	44646	53100	19860	41250	50237	39016
淄博	–	7528	4800	25624	28935	31577	31740	43976	40932	40415
潍坊	–	5046	4742	4609	5133	12061	15342	15712	15115	12930
威海	1729	2269	3952	6711	9605	21329	21096	28118	32664	33930
郑州	677	780	2037	9755	9224	15510	19157	20044	17884	33971
洛阳	–	2551	10098	15919	22292	26101	30214	34434	37360	34296
武汉	6742	14905	19804	19471	27799	36433	45963	54277	65863	85914
襄樊	–	–	13773	21923	25140	25183	32170	35611	36513	37695
长沙	2329	6693	7531	10300	12602	17390	25577	38979	47490	51973
株洲	303	1333	1795	2966	3480	4367	6522	11639	17007	20773
广州	2637	2800	4423	9189	14077	19274	21018	21435	23606	32590
深圳	3051	3650	1825	3688	5037	9018	16344	34500	41228	63606
珠海	–	–	–	2182	3192	4594	4652	5689	10032	23129
惠州	–	–	707	12346	15936	15642	18543	19232	20682	22389
中山	230	853	1665	5046	5862	36260	36970	36246	48496	49380
佛山	–	643	5660	1656	2241	5987	7184	8418	19920	21162
南宁	1356	1579	2776	3479	4160	4684	9166	12100	15727	19545
桂林	2409	2628	5419	8291	8968	13874	16901	22133	22670	28932
海南	–	495	–	752	–	500	1961	3901	4427	8991
成都	3383	6974	10245	17667	26067	26923	20704	32015	43598	48654
重庆	3333	9830	19437	29677	32403	23229	21969	49667	76270	79201
绵阳	794	4460	5489	4533	8178	38475	44819	42703	33380	
贵阳	4821	10735	13604	16971	21807	20885	22037	22065	24310	21676
昆明	1621	5123	11828	10258	12514	8435	15610	13606	18955	27038
西安	2744	8080	20808	31742	34138	32675	40483	61741	80474	97738
宝鸡	–	531	2836	942	3419	14308	19620	19815	28169	33275
杨凌	–	–	–	–	–	–	–	–	1980	2158
兰州	5206	10057	10138	11826	11754	12906	13466	17220	18548	24335
乌鲁木齐	–	1146	1371	–	3979	5862	9799	7718	7781	7976

全国各高新区企业净利润概况（1991～2000）

单位：千元（全国：亿元）

	1991	1992	1993	1994	1995	1996	1997	1998	1999	2000
全国	8	23.9	53	73.7	107.5	140.5	206.6	256.2	398.7	597
北京	317469	388740	1017487	808099	1181220	1453568	1784858	2555987	5915786	9386118
天津	36685	121726	297855	360679	475427	626243	726286	676489	893122	1631353
石家庄	20589	45288	78810	195197	261807	325075	162472	244821	236066	418553
保定	–	1761	24016	51366	61816	64030	115575	116232	181039	249469
太原	7277	26089	25315	21678	91104	87995	138392	172082	470664	486661
包头	–	33646	1883	23562	-17610	16157	134874	134536	227098	429223
沈阳	31718	191077	360953	356142	374254	374389	273423	510229	1375213	1539859
大连	38883	71253	128027	13331	-147577	42227	282931	401269	570530	1281603
鞍山	–	7268	8577	9645	74967	-9781	6650	-101180	92202	373301
长春	16053	68853	120763	292343	537216	695010	1102776	1383399	1738005	2280175
吉林	–	9132	57837	124826	172918	162684	254513	460628	682626	920593
哈尔滨	12252	29048	124579	294690	417208	547088	797896	1097858	913826	1366736
大庆	–	2405	51586	112533	205558	116167	144798	34571	106812	155929
上海	79972	191508	708969	773175	671724	490437	968191	1779563	3304118	6356501
南京	7285	21572	152906	393425	855573	712641	639254	879883	1697045	2187666
常州	–	8384	14890	16874	14775	1921	1856	1984	155463	301436
无锡	–	–	12968	15199	36048	301490	822570	282358	1045677	1770783
苏州	–	9516	44073	112137	162034	100360	628805	329991	913399	1209845
杭州	7079	23002	83145	111648	396752	488050	566348	557696	817132	1325881
合肥	13310	73235	109652	127875	154710	195877	296004	313490	442792	660178
福州	24631	38668	52993	50196	125755	170154	121140	32534	399524	561605
厦门	–	20768	5817	15374	-3662	33032	120065	190884	382276	814419
南昌	1163	8700	8940	7404	19700	34755	72403	372396	837240	767898
济南	16190	29356	70516	194098	457257	1401759	800297	323663	296028	358329
青岛	8486	–	37444	281406	626074	500090	547516	797834	674405	1235722
淄博	–	71010	61468	104176	59685	116516	126303	191003	479964	559893
潍坊	–	18563	35342	54745	50176	99394	183635	139278	207330	298417
威海	7229	14970	29284	45552	56589	112901	131716	34405	217053	304962
郑州	4848	10462	21778	59451	107725	102003	239308	332875	695591	1755494
洛阳	–	8542	38207	37851	109100	128359	135685	317	58773	164422
武汉	33769	105539	233851	480046	683173	961093	1416927	1616577	1647558	2321185
襄樊	–	–	31592	30740	32753	65722	65172	267791	365082	358551
长沙	12237	36087	101685	159364	362503	345191	805794	1158356	1791877	1987816
株洲	1113	1500	24725	20599	155502	174262	203825	181300	268066	243695
广州	23825	15592	147552	211155	237819	318207	357298	482023	640213	859833
深圳	16324	36852	85846	51081	95778	450861	901076	2393000	1965172	4361054
珠海	–	–	–	5118	4382	26093	49777	86902	49452	335495
惠州	–	–	9811	87977	132269	64911	222125	339817	795712	466212
中山	3255	3925	95272	164737	51754	131985	109918	130050	213909	231789
佛山	–	47315	117788	136240	61758	76664	-73317	48535	1039435	73941
南宁	951	2903	21711	22124	23581	26806	61643	87410	386201	464456
桂林	7036	10872	25750	26173	24488	26366	138086	137776	132162	284052
海南	–	8122	–	63796	–	-5655	12007	15158	184817	273074
成都	40872	450879	216718	356891	502206	434809	504340	907295	1057310	1538991
重庆	9882	22683	90827	128407	216000	166377	411655	587808	667616	947602
绵阳	–	–	19238	71695	160584	764591	2128450	1798937	695031	714486
贵阳	1468	16099	15685	24547	25622	20232	96332	133874	183421	305711
昆明	2792	22613	99186	102561	70568	54198	56094	275022	385144	526680
西安	6207	30271	122803	84684	259050	364082	561567	561402	946336	1583600
宝鸡	–	3270	14613	45694	10748	28777	75192	31851	55933	106204
杨凌	–	–	–	–	–	–	–	–	35415	24919
兰州	7937	–	25605	34252	45040	48119	172928	126882	223481	400212
乌鲁木齐	–	2199	10648	–	1080	12959	59375	8318	116478	140861

全国各高新区企业上缴税费概况（1991～2000）

单位：千元（全国：亿元）

	1991	1992	1993	1994	1995	1996	1997	1998	1999	2000
全国	3.9	9.9	21.5	36.4	69	97.7	143.3	220.8	338.6	460
北京	153915	185947	404122	513739	776093	995631	1153419	2134775	4031031	5479544
天津	24297	55668	93625	205602	225577	375770	478352	874469	969370	1472682
石家庄	6063	15200	18993	41540	204046	179837	230668	274611	419631	589165
保定	–	3479	8357	55340	56765	92141	266422	305399	373272	350407
太原	3245	7164	8501	15881	42265	33792	80492	241902	286752	408248
包头	–	20950	2140	12944	24710	70849	82842	144025	172944	329007
沈阳	14525	103520	115920	166487	223934	396526	303204	298933	831072	1101189
大连	20992	40787	39082	126481	97391	223140	402125	507165	568286	877404
鞍山	–	1725	2111	5862	51071	43920	73634	56107	121502	299060
长春	7791	13615	24964	83218	166340	264014	516706	802107	1231883	1640836
吉林	–	2844	108487	115206	141677	234433	203518	683285	896473	1317433
哈尔滨	4900	11216	26624	79324	312167	322875	333709	589504	730769	881701
大庆	–	682	10255	37023	77308	83298	171918	212399	236134	322549
上海	49865	158322	322881	381345	472162	492008	613832	2145152	3086991	3974538
南京	1525	4716	40616	67002	171381	382180	468595	851463	1920778	2288414
常州	–	5072	11798	30175	33485	102441	127514	194440	266346	342121
无锡	–	–	16828	47730	169616	112003	216146	377556	625049	1355315
苏州	–	3985	15702	66400	122204	252406	525507	659627	1307463	1629560
杭州	2561	5961	23766	31678	86535	160499	265453	408729	493412	1257143
合肥	1269	20780	24634	51190	105653	190526	169772	279176	403937	576938
福州	8861	14765	19041	48663	82469	141859	160962	234626	646246	523134
厦门	–	3378	22564	13522	38402	65364	71144	131180	308509	583218
南昌	987	1995	2145	11704	31432	23722	52472	168684	329377	397659
济南	3393	7168	41251	76863	276026	785717	1218468	415769	480580	481947
青岛	1643	–	18072	117436	3925590	300058	397365	857735	1375355	1380341
淄博	–	45990	50277	120110	151224	163722	198369	259850	799235	711972
潍坊	–	4762	4262	26578	38774	65971	150192	124846	179440	215615
威海	2965	5939	12888	21598	27776	57580	52914	104224	462155	562549
郑州	1448	4592	6961	44611	47470	123146	187819	239636	407360	925381
洛阳	–	2664	17508	22293	46156	116257	205075	348614	369879	354830
武汉	14859	23001	53833	122069	202766	452844	665189	817722	1118399	1478396
襄樊	–	–	9615	19725	45842	95999	115153	268053	322943	396877
长沙	4008	10214	10279	49253	140398	261688	506461	554041	780933	1031071
株洲	605	2145	3295	8218	49227	69494	143292	216490	226100	282933
广州	8646	15068	268994	79015	100575	173199	249878	354913	417605	557254
深圳	10042	19534	44032	21297	569386	124719	501864	760000	1230011	2203422
珠海	–	–	–	15074	29498	28971	43321	63483	139040	398381
惠州	–	–	2329	78049	90343	119610	73201	157617	242262	137010
中山	20	1871	17340	58781	51040	105306	110359	158309	202560	214046
佛山	–	10162	17604	29972	37289	125441	425677	309691	660028	1176249
南宁	1546	1721	5455	10232	18585	24493	57558	100089	154237	247821
桂林	3131	4870	12790	23577	28754	49860	171202	204388	215671	459828
海南	–	1798	–	5014	–	71	24405	42847	68695	194860
成都	36292	66606	62806	151765	293640	265394	358719	455335	612307	821030
重庆	4735	26165	38220	73475	126000	172662	198195	590747	752762	920130
绵阳	–	–	3612	29130	84480	254519	536597	995310	898832	694330
贵阳	2661	7844	13339	28822	34383	44187	83395	108377	110115	171499
昆明	2855	12748	41794	55767	58111	61219	120562	205348	187766	338859
西安	3967	15137	33370	90825	159815	342380	326027	502517	762039	1074537
宝鸡	–	944	7490	18448	15668	77313	124513	151743	211365	272427
杨凌	–	–	–	–	–	–	–	–	5401	7828
兰州	2583		15834	31608	39109	48891	73707	95813	146092	240895
乌鲁木齐	–	571	5218	–	31641	15283	41435	39003	62399	74564

全国各高新区企业数量概况(1991～2000)

单位：个

	1991	1992	1993	1994	1995	1996	1997	1998	1999	2000
全国	2587	5569	9687	11748	12980	13722	13681	16097	17498	20796
北京	–	1510	2674	3152	3402	3407	3046	4258	4421	6181
天津	–	430	486	1002	1303	1479	1484	1737	2156	1987
石家庄	–	285	351	388	309	205	322	368	388	393
保定	–	19	37	54	58	59	100	118	120	118
太原	–	160	153	158	164	117	128	215	268	325
包头	–	20	38	53	57	82	103	133	158	173
沈阳	–	631	1264	806	847	870	872	874	424	391
大连	–	332	422	492	506	607	623	731	787	844
鞍山	–	33	43	64	66	82	99	100	104	212
长春	–	117	222	410	577	725	382	356	453	578
吉林	–	27	53	98	69	83	86	194	293	393
哈尔滨	–	194	276	337	356	258	292	317	335	355
大庆	–	5	52	114	126	133	136	127	161	175
上海	–	73	178	196	208	240	290	372	407	438
南京	–	32	103	62	175	143	340	207	162	144
常州	–	14	14	31	33	109	105	138	185	205
无锡	–	–	16	14	18	58	76	106	177	250
苏州	–	2	133	124	354	170	179	225	228	236
杭州	–	81	134	171	197	194	210	226	259	277
合肥	–	69	65	113	123	143	114	112	132	138
福州	–	50	55	76	87	88	105	105	104	106
厦门	–	12	19	34	32	38	45	56	63	54
南昌	–	73	74	88	92	92	94	70	88	102
济南	–	48	250	292	332	269	222	203	202	227
青岛	–	–	49	50	165	110	43	122	103	84
淄博	–	6	12	39	54	78	86	104	110	110
潍坊	–	10	26	17	29	41	33	38	37	43
威海	–	6	19	27	32	54	49	55	89	90
郑州	–	9	24	109	91	140	162	173	217	236
洛阳	–	2	38	126	142	152	162	198	225	225
武汉	–	246	306	136	327	394	338	369	431	484
襄樊	–	–	26	34	45	42	47	51	57	68
长沙	–	160	196	214	221	191	253	367	406	469
株洲	–	28	62	62	74	66	75	82	104	112
广州	–	40	73	318	312	408	409	413	464	689
深圳	–	40	25	37	35	30	34	162	102	122
珠海	–	–	–	37	33	56	52	49	27	96
惠州	–	–	5	37	38	40	39	45	44	60
中山	–	7	19	37	43	194	184	195	215	210
佛山	–	2	9	7	11	26	31	37	37	42
南宁	–	20	72	105	124	125	142	112	120	214
桂林	–	49	49	68	91	96	153	163	155	177
海南	–	7	–	11	–	6	32	32	38	66
成都	–	63	105	136	151	119	125	149	195	254
重庆	–	166	210	346	280	270	304	190	223	262
绵阳	–	5	35	43	31	55	57	56	64	72
贵阳	–	13	51	97	83	55	64	51	57	45
昆明	–	29	103	98	118	69	106	78	80	104
西安	–	248	800	1003	662	862	817	1032	1275	1590
宝鸡	–	10	19	18	18	32	46	55	88	107
杨凌	–	–	–	–	–	–	–	–	32	21
兰州	–	145	189	207	208	236	235	255	322	336
乌鲁木齐	–	41	53	–	71	124	150	116	106	106

国家级经济技术开发区篇

国家级经济技术开发区发展简介

1986年，邓小平同志在天津经济技术开发区写下“开发区大有希望”的题词。在开发区建区10周年的时候，江泽民总书记为开发区题词“努力把经济技术开发区办得更好”，我国经济技术开发区的建设进入了持续快速的发展阶段。

我国的经济技术开发区始建于1984年底，国务院首次批准建立的经济技术开发区有大连、秦皇岛、天津、广州、漕河泾、宁波等14家；1992~1993年，国务院第二批批准了营口、长春、北京、武汉、重庆等18家为国家级经济技术开发区；2000~2002年，国务院第三批批准了合肥、昆明、银川、南京、拉萨等17家开发区。此外，国务院又批准了上海浦东新区、苏州工业园区和宁波大榭开发区实行国家级经济技术开发区的政策。

目前，我国国家级经济技术开发区共计52个。其中东部沿海地区30个，中西部地区22个。国家级经济技术开发区在全国各省、市、自治区中心城市和其它开放城市的设立，其布局已较为合理，特别是西部地区增设国家级经济技术开发区，将有力促进西部大开发战略的实施，对推动区域经济协调发展起到积极作用。

2002年1~3月份，全国49个国家级经济技术开发区实现工业产值1566.87亿元，工业增加值435.22亿元，税收收入103.47亿元，出口50.51亿美元，进口44.50亿美元，合同外资金额24.67亿美元，外商实际投资12.70亿美元。

作为实施西部大开发战略的重要措施之一，1999年国务院决定“允许中西部各省、自治区、直辖市在其省会或首府城市选择一个符合条件并已建成的省级开发区申办国家级经济技术开发区”。2000~2001年7月，国务院先后批准合肥、西安、昆明、西宁等14个具有较好条件的省级开发区升格为国家级经济技术开发区。

实践表明，经济技术开发区在对外开放、吸引外资、扩大出口、发展高新技术、促进区域经济发展等多方面起到了窗口、辐射、示范和带动作用，已经成为当地经济新的增长点，在区域经济结构调整和产业结构调整方面起了很重要的作用，已成为我国吸引外商投资的热点地区和外贸出口的生力军。

北京经济技术开发区

地　　址　北京市经济技术开发区万源街4号　　邮　　编　100176
电　　话　010—67881380　67880309　　传　　真　010—67881207
网　　址　http://www.bda.gov.cn　　信　　箱　webmaster@bda.gov.cn
主管部门　北京市人民政府　　招商部门　管委会经济发展局
招商电话　010—67881209　67882080

【开发区简介】

北京经济技术开发区是于1994年8月25日经国务院批准为北京市唯一的国家级经济技术开发区。其中的一部分是中关村科技园区亦庄科技园。该区同时享有沿海经济技术开发区优惠政策和国家高新技术产业园区优惠政策，是一个具有与国际接轨的新型管理体制的经济区域。

北京市人民政府在北京开发区设立管委会，代表市人民政府对北京开发区的工作实行统一领导和管理，享有与北京市人民政府同等的项目审批权限。

北京市人民政府在今后若干年内，将要继续采取有利措施，进一步改善北京开发区的投资环境，培育新的优势，使其成为吸纳高新技术产业，吸纳跨国公司投资，吸纳大型骨干工业企业并致力于发展高新技术产业的重要基地。

北京开发区一期15平方公里的区域，东靠京津塘高速公路，西邻凉水河，北侧为1公里宽的城市规划绿地，东侧是高尔夫球场。区内东部是工业区，西部是生活区，中部为公共建筑区。其周边为143平方公里的配套协作区，为开发区及投资商的发展提供了广阔的空间。

截至2002年7月，有35个国家或地区的1055家企业在区内落户，投资总额约40亿美元。世界500强企业中有40余家在园内办厂，开发区成为集中体现首都知识经济发展和跨国公司、高新技术企业集聚的重要产业基地和现代制造业基地。

10年来，开发区以体制创新为保障，以服务创新为主题，以技术创新为核心，取得累累硕果，形成了电子产业、光机电一体化产业、生物技术与新医药产业、新材料与新能源产业和软件制造产业等五大支柱产业，建成了全国最大的移动通信产业基地。从1995年到2001年，开发区GDP年均增长99.6%，税收年均增长80%，出口创汇年均增长119.2%，综合经济实力指数在国家级开发区中名列第五，成为展示北京国际大都市形象的重要平台。

目前，国家已经批准北京经济技术开发区的扩区申请，将在一期建设15平方公里基础上，增加24平方公里建设用地。随着扩区和一大批跨国公司和高新技术企业的陆续投产，北京经济技术开发区将迎来又一个发展高潮。

【北京开发区总揽】

优势篇

北京经济技术开发区有着得天独厚的地理区位、交通条件和物流条件。北京城市总体规划中明确城市发展的方向是向东和向南，特别是明确了经济发展的主轴是沿京津塘高速公路延伸。而北京经济技术开发区正好就建在这素有“黄金通道”之称的入口处，其优势在于：向京城，经过京津塘高速路与城市交通的大动脉三环、四环、五环、六环连通。距天安门仅16.5公里，距首都国际机场也不过25公里；距北京站12公里；距北京国际集装箱中转站1公里，距北京国际货物交流中心2公里；沿高速公路，抵达天津新港140公里。从高空俯视，北京经济技术开发区在“环渤海经济带”中，就像高昂的龙头，占据着极其显要的经济战略位置。

北京经济技术开发区的设计者充分运用现代城市规划理念：北京不仅因文化底蕴深厚而使世人向往，而且在科技、教育、人才、信息、资金、技术和市场等方面也有着得天独厚的优势。设计者用1公里宽、4.7公里长的绿化带把开发区与北京城区隔开，但同时又使她能够紧紧依托北京并利用北京所有的有利条件。北京经济技术开发区就是在这种优良的平台上，经过几年的积累、铺垫和开拓，具备了总体规划科学、市政条件配套、政策环境优越、服务体系完善、法制环境良好的投资环境。

中关村高新技术上游企业的飞速发展使下游高新技术产业的平台呼之欲出。北京经济技术开发区顺应了这一历史和经济的发展潮流，迅速与中关村高新技术上游企业的强大优势相呼应，形成首都高新技术下游产业的平台，共同构筑了北京高新技术产业的强势。

人文篇

北京开发区不仅是特殊的经济区域，在发展过程中也在不断形成自己独特的文化内涵。比如：政府工作人员“人人都是投资环境”的要求与理念，从形式上来说是一种政府的行为规范，从作用上来说是实现经济发展的手段，而从精神实质上来说，所体现出的就不仅仅是北京开发区人的个人素质，而是一种区域文化内涵。再比如：国际企业文化公园，从运行模式上来看，是一种很好的政府引导、企业开发、服务百姓的形式；而从内涵看，它是固化、展示和发扬企业文化的平台，它是提升北京开发区品位的重要手段。

国际跨国公司投资北京开发区的意义不是找到了“加工厂”，而是找到了企业效益与企业文化同时发展的平台。

与经济建设密切相关的人文概念还有“节水型社会”、“学习型社会”、“以人为本的高尚社区”等，这些概念不是孤立存在的，这些概念都是以健康、合理、高效和有示范意义的经济概念、经济发展措施为基础的，在发展建设过程中或者说为了促进经济更为快速、高效发展而主动地、必须地注入的人文关怀。

还有集中小学于一体、融中外学生于一校的开发区实验学校，与新加坡国际教育机构合作创办的北京国际管理专修学院，占地1000余亩，设计容纳2万余人的职业教育城，计算机软件学院等教育机构，洛杉矶城市大学等即将建成或在积极推进之中。包括校企联合、中外合作等多种办学模式、兴办学前教育、基础教育、中高等职业教育、社区教育，具有开发区特色的教育体系已见雏形。此外，在居住小区里，引进新加坡先进社区服务模式的邻里中心和与加拿大合作建设的多伦多国际医院将投入使用；大型商业文化设施SHOPPINGMALL开始启动；中高档别墅、公寓和高清晰度数字电视传输实验网络的建设为入区企业和居民提供一流的条件。博达国际交流中心、高尔夫球场等娱乐设施，为投资者提供了一流的休闲环境。

经济理念在“以人为本”的原则下与文化内涵交融所形成的就是北京开发区独特的文化内涵。

创新篇

北京开发区的创新成果不仅起到了促进北京开发区更为迅速发展的作用，同时更展示开发区管理体制和运行机制的先进性。重点创新项目主要有:

海关监管——北京开发区为保证国际跨国公司生产需要而建立起独特海关监管模式。改变原有的纸制手册管理模式，变为通过计算机处理分析系统对整个园区进行电子化、信息化监管，适应出口企业“零库存”的管理和竞争要求。

国家工业节水示范园区——国内第一个“国家工业节水示范园区”；一批“国家工业节水示范工程”和涉及北京开发区全面节水的“博大计划”已经启动；北京经济技术开发区正在开始全面建设“节水型社会”；与之相结合的凉水河改造工程也已经启动，京南的一道重要水上景观不久将建成。这些工程是北京“绿色奥运”的重要组成部分。

国有土地资本运营——北京开发区是国土资源部国有土地资本运营的试点，开发区提出“决定土地价值的不是土地价格”的原则，进行土地资本运营，在已经出让的307公顷工业用地中，每公顷投资密度为1180万美元，最高的达到4880万美元。已经投产的企业用地面积为214公顷，按照已经投产企业的用地面积计算，每公顷工业用地创造工业总产值1.98亿人民币，实现税收913万元人民币。土地创造出了更高的价值。

环境质量管理体系ISO14001示范区——北京经济技术开发区2001年通过了环境质量管理体系IS014001认证，目前正在进行IS014001示范区的建设。

北京首个无违法建设区——2002年北京表彰了33个无违法建设地区，其中包括街道、大院、住宅小区等，北京经济技术开发区是其中面积最大的，并且是唯一以“区”的概念名列其中的。

绿化带试点工程——北京开发区利用“以绿养绿”的原则开展绿化带试点工程，目前已经取得良好效果，不仅保证了绿化，而且还建成了精品绿化，目前北京开发区的国内乃至世界第一家国际企业文化公园就是这个工程极具特色的项目。

产业篇

北京开发区现有入区企业1000多家，投资总额超过41.1亿美元；其中三资企业近300家，投资额超过31亿美元，占投资总额的76%。三资企业单个平均投资1119万美元，是全国三资企业平均投资额的4倍(全国平均280万美元)。2001年开发区的主要经济指标均呈三位数增长，是目前国内成长最快的国家级经济技术开发区。三资企业投资额高和主要经济指标超高速增长是北京经济技术开发区发展最为显著的特色。

主导产业——北京开发区目前已经初步形成的主导产业有：电子信息、光机电一体化、生物技术与新医药、新材料与新能源、软件制造业等，其中前三个已经有一定规模，是全国最大的移动通信产业基地、北京最大的电子信息产业基地、具备相当规模的“药谷”、正在形成的北京三大软件制造基地之一……

公司——开发区有世界500强企业40余家，国际跨国公司60多家。2001年评出的世界最有影响的十大品牌有6个在北京开发区有投资(可口可乐、通用电器、ATT、IBM、麦当劳、诺基亚)。通过认证的高新技术企业114个，北京开发区80%的工业产值来自高新技术企业。

未来篇

北京开发区走过了综合发展、齐头并进的阶段，主导产业已经形成。目前处于主导产业进一步加强的跨越式发展阶段。移动通信产业的代表项目——星网工业园的形成标志着开发区一种新的招商模式形成。“园中园”项目将在北京开发区今后的发展中发挥更大的作用，开发区主导产业的体量、水准、层次和内涵将进一步提高。这样的发展方向奠定了北京开发区成为全国强势开发区、优质开发区和精品开发区的基础。

在未来3年，北京经济技术开发区的国内生产总值将达到360亿元，占全市国内生产总值的比重的10%左右，对全市经济增长的贡献率将达到27%左右，成为拉动全市经济增长的重要力量。几大主导产业将进一步完善。作为北京最重要知识经济产业基地，北京经济技术开发区将发挥出更为重要的作用。

天津经济技术开发区

地　址	天津经济技术开发区宏达街19号	邮　编	300457
电　话	022—25201111	传　真	022—25328173
网　址	http://www.teda.gov.cn	信　箱	teda@teda.gov.cn
主管部门	天津市人民政府	招商部门	管委会经济发展局
招商电话	022—25201350		

【园区概况】

天津经济技术开发区（TEDA-Tianjin Economic-Technological Development Area）于1984年12月6日经国务院批准建立，为中国首批国家级开发区之一。“TEDA”是天津经济技术开发区的英文名称缩写，“泰达”是其音译。

天津经济技术开发区位于天津市东60公里，紧邻塘沽区。总规划面积33平方公里。此外，还分别在武清县、西青区和汉沽区辟建了逸仙科学工业园、微电子工业区和化学工业区等三个区外小区。

天津经济技术开发区具有得天独厚的区位优势，依托京、津，辐射三北，其所在的环渤海区域是一个人口密集、城市集中、交通便利、工商业发达、市场容量大、购买力高的黄金地带，具备发展工商业的良好条件。以“21世纪现代化国际工业新城区”为目标，天津经济技术开发区致力于塑造与国际惯例和国际市场接轨的投资环境。经过十几年的开发建设，天津经济技术开发区投资环境日臻完善，经济实力迅猛发展，已成为中国乃至整个亚洲最具吸引力的投资区域。

目前，天津经济技术开发区已有3300多家外商投资企业落户，投资总额超过150亿美元。以摩托罗拉、雀巢、SEW、诺和诺德等跨国企业为代表，形成了电子通讯、食品、机械、生物医药四大支柱产业，经济实力日益高速发展壮大，在全国开发区中名列前茅，成为“滨海新区”的龙头和天津市重要的经济增长点。根据跨世纪的宏伟战略，以“21世纪亚洲最大、中国最好的现代化工业区”为目标，天津经济技术开发区“第二次创业”已奏响了序曲，新一轮投资环境、城区环境、人文环境等全方位园区综合建设工程同时启动。在不久的将来，一个以工业现代化为基础，管理现代化为支撑，城市现代化为标志的工业新城区将会呈现在世界的东方。

【天津开发区投资环境】

地理位置

天津经济技术开发区位于天津市东南，距市中心45公里，南依天津—塘沽干线公路（新港四号公路），西界北京—哈尔滨铁路，东邻天津新港，西南方向紧靠拥有 42万人口的天津市塘沽区，京津塘高速公路从区内穿过。

功能分区

天津经济技术开发区规划总面积33平方公里。全区以横贯其中的京津塘高速公路进港延伸线为分界，形成南北两大功能区。高速公路以南为金融贸易生活区，占地面积8.5平方公里；高速公路以北为工业区，占地面积24.5平方公里。

地质地貌

天津经济技术开发区地处渤海湾西侧，属冲积—海积平原，填垫前为盐田。地面标高东高西低，按大沽高程系，平均高度为2.5米。经填垫后，地面标高可达3.5米。地形属于退海滩地，并处于新华夏构造体系。地质状况良好，无地震断裂带穿过。按国家规定，建筑物抗震等级按七度设防。但本区属软土地基，须进行变形校核或采取复合地基，各种类型的桩基是本区较好的人工地基选型。

规划建设

天津经济技术开发区总面积33.78平方公里，其中工业区规划占地23.03平方公里，占总面积68.18%，生活区规划占地10.75平方公里，占总面积31.82%。

天津开发区的地理位置优越，具有良好的交通条件和城市依托。距离首都140公里，距母城天津市区45公里，与日本、朝鲜半岛隔海相望。开发区海陆空交通发达，东邻中国最大的人工港——天津港，是我国第二大集装箱码头，是东北亚地区通往欧亚大陆桥距离最近的起点；距离天津滨海国际机场38公里，该机场设有中国最大的航空货运中心。

根据《天津市滨海新区总体规划方案》对滨海新区性质的确定，确定天津开发区性质为：技术先进的外向型工业基地和天津市金融、商贸副中心，建设成为一个现代化、外向型的工业新城区。

开发区建区15年来，十分注重城区建设，在基础设施及其他公用设施的开发建设方面，投入了大量资金，城市功能日趋完善，逐步形成符合生态城市要求的城区环境。

开发区建有发达的交通网络，已建成了泰达火车站，有直达天津、北京的城际客车及多条公交线路。

居住建筑、商业金融建筑、文化娱乐设施、体育设施、医疗卫生设施等各项建设发展迅速，有力地支撑了天津开发区的经济社会发展。

天津开发区非常重视绿色环境的建设，坚持经济发展与环境建设同步进行，经济效益与环境效益同步增长。财政每年投入巨资保证绿化建设，形成了有泰达特色的园林景观环境，为建成生态城市奠定了基础。

经济发展

作为管理者和开发区建设者，天津经济技术开发区管理委员会一直坚持这样一个信念：要把天津开发区建成全球投资者的乐园。

天津开发区地理区位优势突出，巨大的土地开发和基础设施建设投入保证了经济持续发展的需求。天津开发区较早建立了完善的市场经济体系，各种要素市场运行有序，发展迅速。法律法规体系健全，政府管理透明、宽松。天津开发区管委会发挥政府职能，推行“贸易促进战略”，帮助区内企业开拓国内外市场，借助地理优势，通过有形、无形的网络，实现对国内外市场的有力控制，让区内的每一家企业受益。

经济持续快速发展。自1984年建立以来，天津开发区经济蓬勃发展，主要指标保持两位数增长速度。2000年，共实现国内生产总值256.44亿元，工业总产值731.8亿元，出口31.1亿美元，财政收入49.53亿元。各项经济指标在全国52个国家级开发区中均位居第一。

天津开发区已累计批准外商投资企业3300多家，合同外资额超过126亿美元。美国《财富》杂志最新公布的全球500强企业中，除中资企业外，已有28家跨国公司在天津开发区投资48个项目。以世界著名跨国公司在天津开发区的投资项目为主体，天津开发区迅速崛起了四大支柱产业——电子电气、食品饮料、医药化工、机械制造。其中许多产品具有很高的市场占有率和较强国际竞争力。

在利用外资大力发展外向型经济的基础上，天津开发区成为全国高新技术产业的重要生产基地之一。2000年，全区共完成高新技术产品产值410.12亿元，比上年可比增长27.0%，占全区工业总产值的56.0%，高新技术产品实现出口18.51亿美元，增长31.2%，占全区出口总额的59.6%。成为天津市新增长点天津开发区已经成为天津市最大的经济增长点，有力地推动了天津经济的总量增长和结构调整。

天津开发区通过利用外资嫁接改造国有老企业、引导外商投资企业提高国产化比率、实施本土化发展战略等方式推动了天津市经济结构调整。国内企业为天津开发区的跨国公司投资企业生产配套产品，既使这些企业的产品随着跨国公司的全球销售网进入了国际市场，又提高了自身的管理水平和产品的科技含量。

以创新科技为新动力面向21世纪，天津开发区将继续发挥原有的资本引进型经济增长方式的重要作用，尽快形成新的科技创新型经济增长方式，以获得开发区持续高速发展的新的动力，通过走“科技兴区”之路，使天津开发区的经济和社会发展再上新水平。

社会人文

天津经济技术开发区从建区之日起，就致力于实现具有高度文明和高度民主的社会主义现代化这一共同理想，不仅努力创造高度发达的物质文明，而且努力建设高度发达的社会主义精神文明，弘扬中华民族传统美德，吸取人类进步文明成果，积极探索构筑社会主义市场经济体制下道德文明和制度文明的规范体系。

在精神文明建设中，天津开发区提炼出“开放、开拓、励精图大志；求新、求实，众志建新城”的泰达精神，并以党组织为核心，紧紧围绕涉外经济区域的特点，坚持社会主义精神文明建设的正确方向，十分注重发动广大群众的热情参与，注重物质保障和资金投入，软件硬件一起抓，取得了巨大的社会效益，同时也为经济发展产生强大的推动作用。

放眼天津开发区，仿真的国际环境，新型的政企关系，创造性的三资企业党建，战略性的区域形象识别系统（CIS），凝炼十余年历史的泰达精神，各具特色的企业文化，回馈社会的公益活动，丰富多彩的业余文化生活，飞速发展的教育、卫生事业，锦上添花的环境年建设……等等这些，构成了天津开发区全新的区域形象，在海内外投资者心目中产生了独特魅力。

秦皇岛经济技术开发区

地　址	秦皇岛市经济技术开发区管委会办公大楼	邮　编	166000
电　话	0335—8051180　8054505	传　真	0335—8051519
网　址	http://www.qetdz.com.cn	信　箱	info@mx.qetdz.com
主管部门	秦皇岛市人民政府	招商部门	管委会招商局
招商电话	0335—8052624　8052614　8051872		

【园区概况】

秦皇岛经济技术开发区于1984年10月经国务院批准设立，分东西两区，规划面积28.39平方公里。其中西区10平方公里，东区18.39平方公里。截止2000年底，秦皇岛经济技术开发区已累计批准各类项目2509个，其中外商投资项目525个，投资总额31.8亿美元；内资项目1984个，投资总额42.2亿元。目前已有美国、德国、日本、澳大利亚、韩国、新加坡等27个国家或地区的客商来开发区投资置业，初步形成了以冶金、机械、电子、轻纺、精细化工、建材、服装等门类为主的工业体系，并向地产、房产、保税业务等第三产业拓展。一些跨国公司如日本伊藤忠公司、韩国LG集团、泰国正大集团、德国曼内斯曼公司、英国TI集团、美国雷诺兹公司等分别在开发区投资。目前，秦皇岛经济技术开发区经济增长势头强劲，利用外资和出口创汇等主要指标完成额，占秦皇岛市总量的70%以上，成为秦皇岛市最主要的外商投资区。

经过十几年的开发建设，开发区的投资环境日趋完善。现已开发了具备兴建工业项目条件的土地约8平方公里，兴建了较为完备的道路、供电、供热、通信、给水、排污等基础设施。2001年6月，秦皇岛开发区被国家环保总局批准为ISO14000国家级示范区。目前，开发区享有的各项权利及优惠投资政策均得到国家和地方政府法律、法规的保证。开发区管委会将一如既往，努力为企业营造一个高效、优质、规范的投资环境。

“十五”期间，秦皇岛经济技术开发区根据国家政策和自身的特点，统筹东西两区的发展规划。西区以电子信息、机电一体化、生物工程、精细化工、新型材料和节能环保技术及产品为重点，发展高科技产业；东区重点发展临港大工业、商贸物流业和旅游业。

21世纪的环渤海经济圈将成为中国经济最活跃的地区之一。秦皇岛经济技术开发区依托的秦皇岛口岸作为新亚欧大陆桥中国北方桥头堡，处于“一堡”跨“两桥”的战略位置，将在推进中西部合作，融入世界经济一体化中发挥重要作用。独特的地理位置和良好的投资环境，使秦皇岛开发区成为国内外客商青睐的知名投资区。今日的秦皇岛经济技术开发区，经济迅速发展，环境日新月异，正朝着建设现代化和国际化工业园区的宏伟目标迈进。

【开发区投资环境】

地理位置

西区——秦皇岛经济技术开发区西区位于秦皇岛市区西部，距首都北京281公里，距天津市245公里，地处中国东北、华北两大经济区的交通要塞，地理位置较为优越。

秦皇岛是中国重要的能源输出港口城市和建材工业基地，同时又是中国的旅游胜地和国家机关暑期办公地，被称为中国的“夏都”。每年都有650多万游人慕名而至。秦皇岛的北戴河海滨、山海关暨老龙头是全国著名景区，被评为全国旅游胜地四十佳。

秦皇岛是中国首批进一步对外开放的沿海开放城市，也是全国投资硬环境“40优”城市、“全国卫生城市”、“国家园林城市”。1998年秦皇岛市跨入全国首批“中国优秀旅游城市”行列。

东区——秦皇岛经济技术开发区东区位于秦皇岛市东南沿海。东与辽宁省接壤，西界万里长城老龙头至东水关段，北抵京哈铁路山海关货运编组站，南临渤海。

自然资源和物产

气候——秦皇岛属于暖温带半湿润大陆性季风气候，四季分明，冬暖夏凉。年平均气温10.1摄氏度，年平均降水为698毫米，空气相对湿度为62%。

矿产资源——秦皇岛市自然资源丰富。已探明的金属、非金属矿产有镁、黄金、铅、铜、铁、煤、大理石等40多种，蕴藏量达4亿吨的镁矿具有良好的开发前景。

农副产品——秦皇岛市物产丰富。昌黎的葡萄及干红葡萄酒、青龙板栗、卢龙的薯制品等闻名遐迩。辖区内海岸线126.4公里，盛产对虾、海参、海蟹、扇贝等海珍品。

交通、通讯

交通——西区：距中国北部大港——秦皇岛港仅1.5公里。秦皇岛港是中国华东、华南地区主要能源枢纽港，外贸出口煤炭流向为中国香港、日本、东南亚、欧洲等国家和地区。秦皇岛港也是中国东北、华北和环渤海经济区域的重要商贸大港，大量的散粮、木材、矿石、化肥、水泥、集装箱等货物进出港口。2000年，秦皇岛港货物吞吐量超过9000万吨，距全国大陆港口第4位。

京—哈、京—秦、大—秦等三条铁路干线在秦皇岛交汇。从北京乘座高速铁路列车只用2个多小时即可到达秦皇岛。

京—哈、津—秦等两条国道分别从开发区的南端和西侧通过。北京经秦皇岛至沈阳的高速公路从开发区北侧通过，开发区距出口仅2公里。

开发区距秦皇岛民航机场15公里，该机场已开通上海、大连、西安、昆明等17条国内航线，并正在积极筹建国际航线。新国际机场的建设也已列入城市发展规划中。

东区：建有与京哈铁路山海关编组站相接并连通山海关港的铁路专用线。山海关编组站是全国6大编组站之一。

区内已有投入运营的山海关船厂港口，年吞吐量60万吨。开发区内规划有预计年吞吐量1000万吨的杂货港——山海关港，共8个泊位，其中2个泊位已经省计委立项。

区内公路与从开发区北部穿过的102国道（北京—哈尔滨）和已正式通车的北京—沈阳高速公路以及连通环渤海地区的河北省沿海公路相连。

东区距秦皇岛民航机场仅3公里。

通讯——秦皇岛经济技术开发区电话装机总容量为15万门。先进的程控电话系统可满足用户与国内各城市和世界各地直拨电话、传真和计算机数据通信的需要。

目前，秦皇岛市程控电话和移动电话的普及率在河北省位居首位。

人口、教育和工业

人口——秦皇岛市辖海港、北戴河、山海关三个城市区和抚宁县、昌黎县、卢龙县和青龙满族自治县，总面积7523平方公里，总人口264.41万，其中城市区面积363平方公里，人口67.6万。

教育——秦皇岛市拥有燕山大学、东北大学等8所高等院校，16所中等专业学校，15所职业学校，各类专业人才12万人。每年大、中专毕业生3000人左右，技校、职业学校毕业生3000人左右，可为企业提供可靠的人才保证。

工业——秦皇岛市主要工业行业有冶金、建材、纺织、化工、电子、机械、食品等，门类比较齐全。秦皇岛市素有“玻璃城”之誉，著名的中国耀华玻璃集团，其平板玻璃生产能力占全国的1/10。其他重点工业企业如秦皇岛首钢板材有限公司、渤海铝业有限公司、秦皇岛市腈纶厂、戴卡轮毂制造有限公司、秦皇岛浅野水泥有限公司、秦皇岛正大有限公司、中国—阿拉伯化肥有限公司、山海关船厂、中铁山桥集团等也都在全国相关行业中占有重要位置。

环境保护

秦皇岛经济技术开发区为国家ISO14000示范区。开发区的环境方针是：以人为本，全员参与，科学规划，合理布局，遵纪守法，层层负责，持续发展，繁荣经济。

根据国家有关规定，区内严禁建设污染大、耗能大、又很难治理的工业项目，积极支持高新技术项目、无污染项目、“三废”综合利用项目的建设。对于轻污染项目，有相应的治理措施，要严格执行“三同时”制度，环保部门积极协助投资者办理有关环保审批手续。开发区工业企业执行国家规定的排放标准。

服务机构和投资业务程序

独立的项目审批权——开发区管理委员会是开发区的最高行政机构。经河北省人民政府授权，对于投资总额在3000万美元以下的外商投资项目，管理委员会可独立审批，核发批准证书。超过3000万美元的项目，由管理委员会有关部门代为上报我国对外经济贸易合作部办理审批手续。

配套的投资服务机构——开发区招商局负责中外客商在开发区兴办企业的投资促进工作。企业被批准成立后的各项手续，由设置在区内的工商、税务、土地规划、环保、劳动管理等行政机构就近办理。区内还设有银行、保险、公证、律师、会计、审计、邮政、电信、电力、供水、热力等服务机构，可为企业提供便利的后续服务。

太原经济技术开发区

地　址　山西省太原经济开发区128小区创业街　　邮　编　030032
电　话　0351—7093269 7098055　　传　真　0351—7098043

【开发区简介】

山西太原经济技术开发区位于山西省省会太原市南隅，于1992年由太原市人民政府成立，同年被山西省人民政府批准为省级经济技术开发区，2001年6月经国务院批准为国家级经济技术开发区。经国务院批准，太原经济技术开发区总规划面积9.6平方公里，总规划面积不低于50平方公里。

太原经济技术开发区管委会是太原市人民政府的派出机构，代表市政府对开发区的工作实行统一领导和管理。太原经济技术开发区公路、铁路、航空等交通运输条件极为完善，已形成公路、铁路、航空相配套，有较为健全的立体交叉及疏运体系。

太原经济技术开发区处于太原市“南移西进”战略的黄金地带，也是太原市环境质量，美化绿化最佳区域，距离机场2公里，市中心10公里，大运路贯穿经济区南北，东西两侧分别有208国道和307国道经过，与太原市南环高速及出境高速紧紧相连，山西省最大的物流中心近在咫尺，区域开阔，地势平坦，是投资休闲的理想场所。

开发区内有平坦、完整、连片的土地9.6平方公里，规划有食品加工区、医药电子工业区、机电轻工包装工业区、农村产品加工区、保税区、仓储区，中心地带可提供金融、商贸、服务和娱乐设施进行综合利用。太原经济开发区北临太原高新技术产业开发区，西接小店区，东临榆次经济技术开发区，是“两市三区”合作开发的中心地带。

太原经济技术开发区以现代华工业城市定位，同时汲取三晋古老文化的丰富内涵，充分结合各地区特点和城市命脉，集贸易、文教、科研、居住、文化、娱乐、风情为一体，高起点、高标准、高质量完成50平方公里总体规划设计。物业、基础公用设施市场化运作，与供热、供电信、水厂等全面签定合作建设协议，正在加紧全面运作。首期2.5平方公里建设正在完善。2003年新开道路10多条，总长近30公里，日供水量8000吨以上，近期建成110KVA和35KAV变电站各一座，通讯设施和中国网通联合建设，煤气已引入园内，集中供热一期工程可满足3平方公里使用等。2003年是经济区大建设发展之年，设计开工面积达100万平方米以上，竣工面积达30万平方米，总项目投资超10亿元人民币。

在软件建设上，开发区坚持“为您服务，助您发展”的大服务理念，制定入区企业办理各项手续操作程序，优惠政策，限时服务制度，设立政务服务大厅，实行“一个窗口受理”、“一个窗口收费”、“一个窗口领证”的“一条龙”式服务。所有客商都可以对我区人员的服务提出意见，区内设有投诉中心，24小时受理投诉并为客商和区内企业服务。

太原经济技术开发区在全面推进招商引资的基础上，提升区位层次，逐渐实现产业定位，初步形成以富士康、山西摩天涂料公司、太原通力磁材和太原美绿合公司为主的新材料工业园；以中国电子科技集团太原园区和山西北软科技集团为主的信息产业园；以瑞福莱药业、天星生物制药为主的生物制药园；以太原众禾实业为主的机电工业园和聚集了恒康乳业、山西种业、中国台湾洪全食品包装（太原）有限公司的食品工业园等五个山西省内最大规模的专业产业园。

2003年经济区将实现几个全省第一：年内开、竣工建设面积和投资额第一；实现当年开工企业数量第一；实现专业园区建设规模、层次第一；实现工业总产值、税收增长率第一；以实际行动争取早日进入中西部地区国家级经济技术开发区先进行列。

呼和浩特经济技术开发区

地　址	内蒙古呼和浩特如意区一纬路2号	邮　编	010010
电　话	0471—4696492　4696495	传　真	0471—4696492
网　址	http://www.hetdz.com.cn	信　箱	zsj@hetdz.com.cn
主管部门	呼和浩特市人民政府	招商部门	管委会招商局
招商电话	0471—4612615　4929893		

【开发区简介】

呼和浩特经济技术开发区是2000年7月经国务院批准设立的国家级经济技术开发区。呼和浩特市是内蒙古自治区的首府，是自治区政治、经济、科技、文化、教育的中心，是中国历史文化名城和沿边开放城市之一，是国家西部大开发重点支持的地区之一，享有国家赋予的特殊政策。

开发区分为东西两片，总规划面积23平方公里，已规划建设总用地9.8平方公里。开发区经过10多年的发展，已初步建成了两个现代化工业园区，即如意区（东区）和金川区（西区）。

目前。两区以改善投资环境为重点的二次创业已全面展开。白塔高新技术产业区和出口加工区也开始规划建设。开发区从建区伊始，就按照改革创新和国际惯例的要求，借鉴全国开发区的经验，逐步建立起一套适合市场经济需要、以服务为中心的管理体制和运行机制。

截止2001年底，开发区已批准内资企业811家，其中，工业企业241家，外商投资企业77家。引进内资33.25亿元，实际利用外资5955万美元。

开发区初步形成了以乳制品加工业、生物医药、电子信息、新材料、绿色食品、精细化工、机械、纺织工业为主要行业和高新技术产品为主导产品的工业生产体系。

建区以来，开发区在开发建设、招商引资、产业发展等发面都取得了显著成绩，对地方经济的贡献日益增大，已成为呼和浩特市乃至自治区一个新的经济增长点，深化改革的试验田，对外开放的窗口。

沈阳经济技术开发区

地　　址	辽宁省沈阳市经济技术开发区管委会	邮　　编	110000
电　　话	024—25810324　25811010	传　　真	024—25812748
网　　址	http://www.sydz.gov.cn	信　　箱	sydz@sydz.gov.cn
主管部门	沈阳市人民政府	招商部门	管委会招商局
招商电话	024—25363597		

【开发区简介】

2002年6月18日，沈阳市委、市政府抢抓重要战略机遇期，用世界的眼光、战略的思考、现实的谋划面对全球经济研究沈阳的发展，做出了铁西区和经济技术开发区合署办公，建设铁西新区，全力打造铁西工业带，建设全国先进装备制造基地的重大战略决策。

经过多年的发展沈阳已形成了雄厚的装备制造产业基础和开放优势，尤其是铁西和经济技术开发区已成为沈阳市工业的支柱区域。两区集中了沈阳全市60%的工业资产，62%的工业产值，66%的工业利税和75%的大中型企业，优势互补性极大，具有承接国际大公司产业转移的能力和与跨国公司合作的良好条件。两区合署后，又集中整合和提升了铁西的存量优势、人才储备优势、级差地租优势和开发区的开放优势、筹集资金优势，形成了较大的核心竞争力和经济影响力。

铁西新区由铁西区和经济技术开发区连接起来的区域组成，总面积74平方公里。其中，由铁西工业区和经济技术开发区连接起来的“S”型区域，称为铁西工业带，总面积54平方公里。未来的铁西新区（铁西工业带）将突出装备制造业和城市功能的定位，由东向西规划4大功能分区：一是现代商贸生活服务区，由建设大路至北一路，兴工街到兴华大街段和建设大路至北四路，兴华街到重工街段组成的L型区域；二是现代商贸生活服务规划区，由北四路至北一路，兴华街到重工街所组成的区域，包括工业转型区和工业控制区，是未来工业向现代生活服务区转换的地方。这个区域中将不再植入新的工业企业，原有的工业企业将通过产业结构的转换逐步向装备制造发展重点区域转移，腾出土地，植入新兴业态产业，建设现代生活服务区。三是由重工街以西的狭长区域到经济技术开发区所组成的40平方公里区域，是未来沈阳装备制造业的重点发展区域。也就是沈阳经济技术开发区。在该区域要着力构建8大产业园区，包括重矿机械制造工业园、通用设备制造工业园、数控机床制造工业园、航天及新型材料制造工业园、汽车零部件及模具制造工业园等。四是西部的装备制造发展预留区。未来铁西新区将体现集中的大工业、大物流、大环境、大文化、大商贸5个特点。

按照这个构想，铁西新区管理委员会提出了“一年见形象，三年大变样，五年大发展”的建设目标，用2~3年时间完成现代商贸生活服务区企业的全部搬迁改造，2002年启动霁虹现代生活服务区的建设；3~5年时间完成现代商贸生活服务规划区企业的全部搬迁改造，实现建大以北工业占地的全部退出，建设功能完备的现代商贸生活服务区；5~8年时间完成传统产业全部向装备制造业重点发展区的聚集和提升，

作为铁西工业带重点产业发展区，沈阳经济技术开发区是国家级经济技术开发区。开发区位于铁西工业带的西部，总规划面积34.5平方公里。沈阳经济技术开发区创建于1988年6月，1993年4月经国务院批准为国家级经济技术开发区。

经过近14年的开发建设，已有40个国家和地区的外商在沈阳开发区投资兴业。共有43家跨国公司入主沈阳开发区，其中世界500强企业有19家。累计批准进区项目1300多个，协议投资总额739亿元，合同外资额27亿美元，实际利用外资额12.8亿美元，实现国内生产总值431亿元，工业总产值886亿元，利税总额113亿元，税费收入58.7亿元，项目平均投资规模达到5649万元，投资在1000万美元以上的外资项目和投资在5000万元人民币以上的内资项目分别为162个和90个。

从外资结构上看，沈阳开发区外资结构可分为四个层次。一是港澳台地区，占协议投资总额的34%；二是美日等国，占协议总额的35.2%；三是新加坡、泰国、韩国等，占协议投资总额的9.3%；四是加拿大、德国、澳大利亚、英国等世界经合组织国家，占协议投资总额的6%。

从产业分布上看，沈阳开发区现已初步形成了汽车、化工、医药、食品四大主导产业，这四大产业的产值占全区工业总产值的80%以上。全区高新技术企业实现工业产值占全区工业总产值的33%；实现利税占全区工业企业实现利税的46%；出口创汇占全区企业的37%。

从发展水平上看，沈阳开发区国内生产总值、工业总产值、利税总额、税费收入、固定资产投资总额、协议利用外资额、实际利用外资额和出口创汇等项主要经济指标，平均发展速度达到200%。建区14年来，政府财政投资12亿元用于基础设施和公用设施建设，形成了167亿元的固定资产，吸引了739亿元的协议投资额，实现工业总产值886亿元，利税113亿元，税费收入59亿元。2001年，沈阳开发区在全国国家级开发区综合经济实力评比中排名第7位。开发区三资企业的工业总产值、上缴税收、实际利用外资等指标分别占全市三资企业上述指标的42%、40%和37%。

从投资环境上看，沈阳开发区已经具备了优良的城市功能和符合国际投资惯例的管理与服务机制，特别是成立投资服务中心，设立招商服务电话，24小时提供全方位服务，对外商做到有求必应，推出了以“一幢楼办事，一个部门对外，一条龙服务”的为外商服务的举措，吸引了包括松下、日野、三菱、米其林、可口可乐、诺维信、阿尔卡特、巴斯夫等世界500强在内的企业投资。在铁西工业带的开发建设上，在建设中国先进装备制造业基地的进程中，沈阳开发区将以经济、技术、人才、产业、机制、政策等优势为国内外投资者提供全方位的支持与服务。

大连经济技术开发区

地　　址	辽宁省大连经济技术开发区管委会	邮　　编	116600
电　　话	0411—7622666　7612785	传　　真	0411—7611284
网　　址	http://www.ddz.gov.cn	信　　箱	info@mail.ddz.gov.cn
主管部门	大连市人民政府	招商部门	管委会经济发展局
招商电话	0411—7613959		

【开发区简介】

大连经济技术开发区是1984年9月25日经中华人民共和国国务院批准成立，于同年10月15日正式动工兴建的第一个国家级经济技术开发区，是享有沿海经济技术开发区优惠政策并实行与国际惯例接轨的新型管理体制的经济区域。大连市人民政府在开发区设立管委会，代表市人民政府对开发区的工作实行统一领导和管理。

目前，大连开发区拥有20余万人口，开发面积达28平方公里。形成了15平方公里的工业区，4平方公里的居住区、4平方公里的公建区，其他用地5平方公里。已成为大连新兴的高科技产业和现代化工业基地，成为大连市新的经济增长点。大连开发区成为世界了解中国的窗口，是各国投资者进入中国的大门。世界500强跨国公司有39家落户这里。

大连开发区依靠大连雄厚的经济和社会文化基础，享有大连独特的地理优势、交通优势、人才优势和产业优势，得益于率先改革开放的国家经济发展战略，以及政通人和的社会环境，被誉为“神州第一开发区”，成为连接中国与世界经济的桥梁之一。

【独特优势】

大连经济技术开发区是我国政府20世纪80年代确定的重点国家建设项目，是国家的经济发展战略之一。改革开放的总设计师邓小平同志的“开发区大有希望”推动了大连开发区的开发开放。大连开发区的发展对整个东北发挥了辐射、带动和示范的作用。

交通优势——大连周围环绕六大独特的优良港口，港阔水深，终年不淤不冻。大连周水子国际机场与世界各地的大城市通航。

国内地理优势——大连开发区位于环渤海经济圈的中心地带，紧靠工业基础雄厚的大连老市区，背倚占全国土地总面积13%和总人口12.6%的东北腹地。

国际地域优势——大连开发区三面临海，她的扇形面正好对着亚洲经济最发达的国家，这就使大连开发区成为世界了解中国的窗口，是各国投资者进入中国的大门。

人才优势——大连有17所大学、300多家科研院所、150家国有企业，拥有大批专业技术管理人员，普通劳动力也有较高的技术素质。

【投资环境】

综合实力——大连开发区建区以来，国民经济始终保持快速、健康发展，综合经济实力不断增强。1985年开发初期的GDP仅为0.36亿元人民币，2001年底已达到201.4亿元，年平均增长速度为53%。

作为中国改革开放的“先导区”、“示范区”，大连及东北地区为大连开发区的发展提供了极为有利的条件。

资源——资源丰富，种类繁多，分布广泛，易于开发。目前已探明的矿种有104种，占全国已探明矿种的71%。树种类有100多种，森林覆盖率超过全国平均水平的一倍以上，年产木材占全国木材总量的45%。野生植物2700多种，野生动物1500多种。粮食产量占全国的60%，亚麻占全国的90%。辽东半岛一带是中国北方重要的渔场，海产品量占全国的10%以上。大连地区以渔果为主，盛产对虾、鲍鱼、海参等；水果栽培历史近百年，苹果、黄桃、葡萄、樱桃等驰名中外。

工业——中国东北地区是全国最早建立以重工业为主体的工业基地，已形成钢铁、机械、石油、化工、煤炭、电子、建材、林业以及纺织、食品、造纸等比较完整的工业体系。东北的许多工业产品在全国占有举足轻重的地位，仅大连市就有150多个工业门类，1万余家工业企业。

港口——大连是中国理想的欧亚大陆桥的中转站和国际货物集散地之一。大连港已成为中国北方重要的集装箱枢纽港、粮食码头和石油码头。

电力——已建成220千伏输电线路18公里，66千伏输电线路60公里，电缆 沟48公里，两座220千伏变电所及10座66千伏的变电所已投入使用， 1999年总用电量为10亿度 / 年。

防洪及排水——现有东山、西山、小孤山等排洪沟25公里。于家屯污水处理厂、日处理能力为8万吨，大窑湾污水处理厂日处理能力为8万吨。

【投资导向】

大连开发区优先发展微电子、新材料、生物工程、信息通讯、海洋开发、节能环保、资源再生及综合利用等高新技术产业，鼓励在基础设施、商贸旅游、国有企业嫁接改造等领域投资。 具体投资领域有:

轻工业非金属制品模具设计制造，皮革后整饰加工，新型电池、保鲜薄膜、高效酶制剂，合成香料，氟利昂替代产品等；

机械工业高效精密数控机床及功能部件，石油、化工、电子、通讯、冶金、港口成套设备及部件制造，安全生产及环保节能新技术设备制造，新型仪表元器件和材料，精密模具、精密轴承和精密阀门制造。汽车装配及关键零部件制造；

电子工业大规模集成电路生产，新型电子无器件生产，电子计算机及关键部件生产，新型家电产品制造;卫星通讯系统设备，数据通信多媒体系统设备制造，半导体、光电子专用材料开发；

石油化工业精细化工产品生产，工程塑料及塑料合金合成橡胶、废气、废液、废渣综合利用开发技术，汽车尾气净化剂、催化剂生产；

医药工业替代进口的化学原料药及中间体、新型抗癌、心脑血管药物、肝炎等新型免疫疫苗生产，采用生物工程技术生产的新型药物；

建材工业、新型墙体、装饰、装修、防水、保温、等建材。高档卫生洁具及其配套的五金件、塑料件。

营口经济技术开发区

地　　址	辽宁省营口经济开发区钱塘江路8号	邮　　编	115007
电　　话	0417—6251222　6251500　6251223	传　　真	0471—6251028
网　　址	http://www.ykdz.gov.cn	电子信箱	gov@ykdz.gov.cn
主管部门	营口市人民政府	招商部门	管委会招商局
招商电话	0417—6244372　6244373		

【开发区简介】

营口开发区是在营口出口加工和营口新经济区的基础上发展起来的。1988年国务院批准辽东半岛全面对外开放，辽宁省政府决定设立营口出口加工区，起步区开发面积为0.5平方公里。1990年，根据发展的需要并参考联合国开发计划署专家组的建议，营口出口加工区更名为营口新经济区，确定了近期开发面积和规划面积。

营口开发区基础设施累计投资超过100亿元人民币，已经完成24平方公里起步的"六通一平"，为外商投资创造了有利条件。

目前，营口开发区的外商投资者主要来自美国、日本、韩国等20国家和地区。外商投资的主要行业有以水产养殖业加工为主的农业；以服装加工、耐火材料、木材加工日用品生产为主的工业；以工程装修为主的建筑业；以宾馆、酒楼、海滨游乐业和房地产开发为主的第三产业等，外商投资的领域还在不断的扩大。

营口开发区的总体发展思路是：辽宁省中部城市群和东北暨内蒙古东部地区为腹地基础，充分利用其地理位置、优越的交通条件和雄厚的腹地基础，借助国外的资金、技术和市场，配合营口港二期工程、华能营口电厂、芦屯火车站扩建等项目的建设，兴办技术密集、精深加工、高附加值、出口创汇型的新兴产业，使之成为辽东半岛乃至东北地区吸引外资，引进和消化国外先进技术、发展国际金融、扩大对外贸易、培养人才、传递信息的重要基地。

【开发区投资环境】

基本概况

营口经济技术开发区（简称营口开发区）位于辽东半岛中部的渤海之滨，坐落在中国投资环境40优城市之一的营口市南端的鲅鱼圈区，北距沈阳210公里，面距大连180公里。起步区面积为6平方公里，近期开发面积为16平方公里，规划控制面积为183平方公里。该地区属温带海洋性气候，历年平均气温9.8度，历年平均最高气温13.5度。年平均降水量549.9毫米，该区地势较为平坦。

历史沿革

营口开发区是在其前身营口出口加工区的基础上发展而来的。1988年3月，辽宁省委、省政府决定在营口市鲅鱼圈设立营口出口加工区，作为辽东半岛继大连开发区后对外开放的第二个窗口，确定起步区为0.5平方公里。1990年，联合国开发计划署派出高级专家组到营口进行考察，对营口的经济战略地位开发潜能给予了高度的评价。根据经济和社会发展的需要，并参考联合国开发计划署专家组的建议，营口出口加工区改名为营口新经济区，确定了近期开发面积和规划控制面积。经过两年的发展，国务院于1992年10月21日正式批准营口开发区为国家级经济技术开发区，享受中国沿海经济技术开发区的优惠政策。

资源优势

营口开发区北邻辽河油田，近海和地下蕴藏着大量的石油和天然气资源。另外抚顺石化和辽河油田的两条输油管道穿过开发区，可将成品油和天然气输至营口新港－鲅鱼圈港。营口及周边地区已探明的金属及非金属矿藏有32种之多，其中菱镁矿储量居世界之首，滑石、硼、金矿在中国均占有重要位置；天然矿泉水日涌量442.5吨，品质优良；沿海盐田年产盐80万吨，是中国四大盐区之一；该地区盛产水稻、水果和水产品；来自地表和地下的淡水资源十分丰富，能满足工业和人民生活用水的需要。营口开发区现有人口12万人，劳动力约4.5万人。加上周边地区的35万人口，合格劳动力可达到18～22万人。其中年龄在18～25岁，素质较好的劳动力约6万余人。

发展现状

营口开发区自设立以来，已经完成24平方公里区域内道路、上、下水管网、电力线路、通讯网络的建设和土地平整工作，累计完固定资产投资100多亿元人民币，工业区、生活区、金融区、仓储区和旅游区已经建成，社会服务体系形成网络，以外向型经济为主的海滨城市已初具雏形。截止到目前，已有24个国家和地区的外商进区投资，现有外商投资项目300多个，协议投资额愈10亿美元，实际利用外资3亿多美元，并初步形成5个投资国别群体和7个产业群体，5个投资国别群体是:日本、韩国、欧美国家、东南亚国家，其他国家和地区。7个产业群体是:利用营口地区镁矿资源优势形成矿产深加工业;利用当地及腹地粮食资源形成的粮食深加工业;利用东北地区林业资源优势形成的林产品加工业;利用东北及内蒙古畜牧资源形成的皮革制品业;利用港口优势和交通优势，发展形成的仓储业;利用腹地工业基础优势，发展形成的机械加工业;利用外资，结合当地劳动力资源，形成以服装加工为主的劳动密集型产业。

总体实力

营口开发区毗邻营口新港，北距辽宁省省会沈阳210公里，南到海滨城市大连180公里。该地区年平均温度9摄氏度，降水量606毫米，属温带海洋性气候。

营口开发区是在营口出口加工和营口新经济区的基础上发展起来的。1988年国务院批准辽东半岛全面对外开放，辽宁省政府决定设立营口出口加工区，起步区开发面积为0.5平方公里。1990年，根据发展的需要并参考联合国开发计划署专家组的建议,营口出口加工区更名为营口新经济区,确定了近期开发面积和规划面积。

经过几年的开发建设，这里已由原来的小渔村，一跃成为初具规模的港口城市。营口开发区基础设施累计投资超过100亿元人民币，已经完成2 4平方公里起步的“六通一平”，为外商投资创造了有利条件。

目前，营口开发区的外商投资者主要来自美国、日本、韩国、加拿大、澳大利亚、新加坡、泰国、德国、奥地利、比利时、英国等国家；香港、澳门、台湾地区也有投资。投资的主要行业有以水产养殖业加工为主的农业;以服装加工、耐火材料、木材加工日用品生产为主的工业;以工程装修为主的建筑业;以宾馆、酒楼、海滨游乐业和房地产开发为主的第三产业等，外商投资的领域还在不断的扩大。

营口开发区具有良好的投资环境。1990年春,由联合国开发计划署的高级专家组织对营口进行了考察，专家组在向联合国和中国政府提交的报告书中，对营口市的地理条件、经济优势、开发潜能和投资环境，给予了高度评价。……“有理由认为，营口在腹地工业基础、自然资源、技术人才、地理位置和港口条件等方面的优势，均非目前中国任何经济开发区或经济特区可比。”

地理位置

营口经济开发区的地进位置，恰好处在包括中国东北诸省、俄罗斯远东地区、蒙古、朝鲜半岛和日本在内的东北亚地区中心地带，其战略地位十分重要。由于这些地区海陆交通畅达，经济互补，因而相互之间的经济联系和贸易合作发展快，一个潜能巨大的“成长金三角”已初见雏形。

交通条件

营口新港是1982年始建的国家重点工程,现年吞吐能力已达到2500万吨。

目前已经开通营口至中国香港、营口至日本（神户、横滨、大阪、名古屋)、营口至韩国（釜山）及国内沿海支线的集装箱货运班轮航线。营口港已同世界上40多个国家和地区的100多个港口建立了运输业务联系。

在陆路交通方面，利用大连至珲春、绥纷河、黑河、满州里的铁路和公路特别是沈阳至大连的高速公路，营口开发区与东北三省、内蒙古东部以及欧亚大陆紧密相连，比大连距东北腹地和欧亚大陆还近约200公里。当东北电气化铁路和高速公路网建成后、营口开发区在陆路运输方面的优势将更加明显。空中运输条件正在改善。到沈阳、大连、鞍山各机场有高速公路连通。从营口开发区到鞍山机场需1小时，到大连周水子国际机场1.5小时，到沈阳桃仙国际机场2小时，待规划筹建中的营口国际机场落成后，海陆空立体交通网络将为中外客人提供更为便捷的交通服务。

通讯

营口开发区通讯十分便利，拥有15000平方米多功能邮电服务综合大楼。具备1万门NEAX61E程控电话交换机容量，可直拨国内2055个市、省和198个国家和地区；有全球通和全国联网的移动电话（A、B、GSM网)、省内联网的汉、数字无线寻呼机；有国际国内传真、电传；有DDN数字数网；200号密码记账业务；108国际对方付费等业务。邮政方面，除提供函、包、汇服务以外，还开办国际、国内特快专递业务。

能源供应

华能营口电厂是“八五”期间(1991～1995)国家重点工程，规划装机容量为180万千瓦，分两期建设。一期工程安装两台30万千瓦超临界燃煤发电机组，总投资25.0275亿元人民币。二期工程拟安装两台60万千瓦发电机组。 一期工程第一台机组已于1995年11月试投产，于1996年1月并网发电，第二台机组也已进入工程建设后期。华能营口电厂投产发电，不仅为营口经济技术开发区提供强大的动力供应，提高供电质量，而且对整个开发区和营口地区的建设乃至辽东半岛的国民经济发展、引进外资创造良好的环境。

营口开发区北邻辽河油田，近海和地下蕴藏着大量的石油和天然气资源。另外，大庆油田两条输油管道穿过开发区，可将石油、天燃气输往营口新港。营口地区已探明的金属和非金属矿藏有32种之多，其中菱镁矿储量居全国之首，滑石、硼、金矿在全国均占重在位置；天然矿泉水日涌量442.5吨，品质居全国前列；沿海盐田年产盐80万吨，为全国四大盐区之一；该地区盛产水稻、水果和水产品，来自地上和地下的淡水资源十分丰富，能满足工业和人民生活用水的需要。

工业基础

营口是辽宁省重要的轻纺工业城市,工业门类齐全，全市拥有轻工、纺织、化工、机械、家电、建材、电子、冶金、造船等37个行业，一大批工业产品在国内外占重要位置，特别是作为开发区浅层腹地的辽宁中部城市群，工业经济实力和科技力量雄厚，各类人才济济。其中，钢产量占全国的12%，铁产量占20.3%，机床产量占8.3%，原油产量占9.2%，化纤产量占9.8%。拥有国家和省级科研机构623个，大专院校47所，自然科学人才44.1万人，社会科学人才31.9万人。营口经济技术开发区，有如此雄厚的后方实力做为依托，使其大规模开发建设具有更加广阔的前途和巨大的潜能。

自然环境

营口地处暖温带，冬无严寒，夏无酷暑，气候宜人。全市96公里长的海岸线，浪缓滩平，水清沙净，是天然的浴场和水上赛场，被誉为国内外少有的“金沙滩”。海滨公园和浴场游乐设施日趋完善，中外游客逐年增多，每年来访的中外游客达百多万人次。开发区附近，有保存着28万年前完整猿人化石的金牛山文化公园，有亚洲最大的植物园、闻名遐迩的望儿山、温泉浴和兀立在海滨的古烽火台，还有令人神往的仙人岛、青龙山森林公园等。诸多的名胜古迹和自然景观，构成了山、海、林、泉交相辉映的海滨旅游度假胜地.

投资导向

根据国家指导外商投资方向暂行规定中鼓励外商投资产业目录，结合营口开发区的资源、能源及产业结构的形成重点考虑鼓励外商投资的领域是:

一、有利于农业产业化的项目，如：农业养殖、水产品养殖、滩涂开发、种子培育、经济作物种植、水果加工等农业开发项目。

二、提倡利用国外高新技术发展机械、电子、化工领域的先导产业。

三、开发投资、开发旅游、餐饮等第三产业。

四、鼓励以各种形式从事其础设施开发和建设，并根据项目规模和社会效益给予特殊的优惠。

五、根据开发区腹地资源，结合现有企业投产形成的产业群体，吸引以下几个产业。

1.利用当地菱镁等矿产资源，发展镁产品及石材加工工业。

2.利用东北三省粮食资源，发展粮食深加工产业。

3.利用腹地林产资源，发展林产品加工业。

4.利用东北及内蒙古畜牧资源，发展皮革制品加工业。

5.利用当地劳动力资源，发展以针织、服装等日用品加工业为主的劳动密集型产业。

长春经济技术开发区

地　址	吉林长春市自由大路118号开发大厦	邮　编	130031
电　话	0431—4630011	传　真	0431—4644215
网　址	http://www.cetdz.com.cn	信　箱	cetdz@mail.cetdz.com.cn
主管部门	长春市人民政府	招商部门	管委会经贸局
招商电话	0431—4644077		

【开发区简介】

长春经济技术开发区位于长春市区东南部，东至京哈高速公路，南以小河沿子河为界，西起伊通河，北至自由大路—大路一路，距长春市中心约5公里，距长春火车站7.8公里，距长春口岸机场14.8公里，距铁路货站2公里。长春经济技术开发区是一个外延式的开发区，所依托的母城——长春市经济实力雄厚，在全国城市综合经济实力50强中居上游。

另外，长春市地处于环日本海东北亚经济圈的中心位置，距蒙、俄、朝等国家都比较近，是开发图门江金三角珲春至长春间经济走廊的内端，是周边地区自然资源、劳动力、技术等生产要素实行科学配置的最佳区域。目前，在东北平原中部已形成了一条东北—西南走向的城市带，其中明显形成了以大连、沈阳、长春、哈尔滨为中心的四个城市集团，共聚集了百余个城镇。长春市位于沈阳、哈尔滨的中间，在东北地区处于中心位置，成为南北物流、人流的集散地，具有较强的辐射作用和核心优势。

建区9年来，长春经济技术开发区年年实现新的跨越，开发建设事业呈现出健康、快速、良好的发展势头。1999年底，在国家35个经济技术开发区各项主要经济指标排行榜上，长春经济技术开发区在国内生产总值、工业增加值和财政收入三项指标均居第6位。在2000年全国国家级经济技术开发区主要经济指标排名榜上，长春经济技术开发区的国内生产总值跃居第4位、工业产值位居第5位、税收收入列第10位、合同利用外资列第10位、实际利用外资列第5位、进出口总额列第5位。

截止2001年末，全区已累计批准设立内外资企业2968户，外资注册资本14.33亿美元。其中，外资投资企业391户，总投资23.46亿美元，全区累计实现国内生产总值399.59亿元，财政收入实现50.56亿元。

如今开发区已经形成了汽车零部件制造、电子工业、光电子产业、粮食深加工、生物制药、新型建筑材料等六大主导产业，同时根据周边的资源和产业优势，规划并建设出10大工业园区，这些园区建设都已初具规模。

【投资导向】

目前，长春经济技术开发区内的汽车零部件加工业、粮食深加工业、电子与电器业、精细化工业、新型建筑材料业和光电子产业已经成为支撑长春开发区经济发展和腾飞的六根巨柱。

汽车零部件产业——长春是有名的汽车城，依托“汽车城”的优势，长春经济技术开发区大力支持和发展了汽车零部件加工业；围绕轿车和轻型车，相继开发了化油器、保险杠、燃油箱、车灯、密封件等产品，最终形成了高水平、大批量、专业化的企业配套群。开发区内40余户企业已建成投产，其中，长铃集团有限公司、富奥汽车零部件（集团）有限公司、长春海拉车灯有限公司等都已成为产值超亿元的大企业。

粮食深加工产业——吉林是个农业大省，随着人们生活水平的提高，粮食深加工被提上了日程。将粮食资源优势转化为经济优势，是长春开发区执着的目标。经过几年的培育和发展，粮食深加工已经渐成规模:大成、吉发、吉粮、正大等企业集团相继落户该区，产品领域涉及玉米加工、食品、饮料和饲料等行业，玉米深加工业尤为引人注目。

电子与电器行业——围绕家用电器产业，开发区相继建成了健雄电子、罗兰电器和金港空调等以生产家用电器为主的高新技术企业，开发了一批高科技产品，并初步实现了产业化。

生物制药——生物制药是高投入、高产出、高风险、高回报的朝阳产业，自20世纪80年代以来，发展迅速。开发区的生物制药业以“生物城”为依托，形成了一定的规模效应。现已有天诚药业、盖普药业、东生药业、精优药业等7户生物医药类高新技术企业。

新型建筑材料业——时代的发展和市场对新型材料的大量需求，为新型建材业的发展提供了良好的契机。区内建材类企业把研制重点放在了新型金属材料、光电子信息材料、新型玻璃、特种复合材料、环保节能材料等上面，突出了研制产品的高科技含量。

哈尔滨经济技术开发区

地　址	哈尔滨市长江路368号经开区管理大厦	邮　编	150090
电　话	0451—2281107	传　真	0451—2310931
网　址	http://www.kaifaqu.com.cn	信　箱	xxzx@kaifaqu.com.cn
主管部门	哈尔滨市人民政府	招商部门	管委会招商局
招商电话	0451—2295138		

【园区概况】

哈尔滨开发区由哈尔滨经济技术开发区（国家级）和哈尔滨高新技术产业开发区（国家级）组成。开发区党工委和管委会分别是中共哈尔滨市委和市人民政府的派出机构，代表市委、市政府统一领导和管理开发区内的党务、经济、行政和有关的社会事务。主要任务是通过招商引资，搞好服务，营造富商、亲商、安商的优良投资环境，发展高新技术产业，成为带动省、市经济发展的新经济增长点。区内设有国家级高科技创业中心、国家级高新技术企业孵化中心、国家级海外学人创业园。全面开通了对俄罗斯“跨国直销贸易通道”；与俄罗斯重点科研基地新西伯利亚科学院技术园区结为友好园区；创办了对俄科技合作中心；被批准为首批国家高新技术产品出口基地。构建了开发区集中区、大学园区、行政区科技园的“一区多园”发展格局。经过10年发展，通过利用国家优惠政策，营造一流的发展环境，为投资者提供热情细致周到的服务，哈尔滨开发区已经成为投资者的沃土、创业者的乐园。

哈尔滨是黑龙江省省会，是中国省会城市中面积最大的城市，是中国东北北部地区政治、经济、科技、文化、交通中心。总人口941万，总面积5.3万平方公里，下辖7个区、12个县（市）。哈尔滨市城市发展目标定位是：用5到10年时间把哈尔滨建设成为全国重要的装备制造业基地、高新技术产业基地和绿色食品基地，区域性经济贸易中心和世界冰雪旅游名城。

【开发区投资环境】

自然条件

自然条件优良，腹地资源丰富。哈尔滨属中温带大陆性季风气候，四季分明。大豆、马铃薯、亚麻、甜菜等农产品产量居全国之首，绿色食品深度开发已形成较大规模，辖区及周边地区盛产粮食、木材、石油、煤炭等重要物资。哈尔滨的冰雪和森林等旅游资源十分丰富，冰雪节、冰灯游园会、雪雕及冬泳活动在国内外久负盛名。

基础设施

基础设施完善，交通便利。哈尔滨城市能源、通讯、供电、供水等基础设施配套完善；商贸、旅游、娱乐、饮食服务独具特色；金融、证券、保险、信息咨询、房地产开发业发展迅速。哈尔滨水、陆、空交通四通八达，有京哈等6条铁路干线和7条公路交汇于此，有19条公路呈放射性从哈尔滨通往全国各地，有国际国内航线58条，可办理100多个国家和地区，200多个机场的客货联运。全国第一个内陆口岸　哈尔滨内陆港于1997年正式对外开放，它是目前中国唯一的内陆一类开放口岸，可以直接办理进出口业务的报关、报检手续和运输业务。

区域市场

贸易基础良好，投资市场广阔。哈尔滨是中国东北北部商流、物流中心，目前已与世界100多个国家和地区建立了经贸往来关系，有中国香港、韩国、日本、美国等40多个国家和地区的客商前来投资，投资领域包括电子、机械、轻工、纺织、医药、房地产等许多方面。闻名遐迩的“哈洽会”和“冬洽会”已成为哈尔滨面向世界各国，特别是对俄罗斯及独联体和东欧国家展示经济发展成就、开展贸易和经济技术合作的重要窗口和桥梁。

人力资源及工业基础

人力资源特色明显，产业基础雄厚。现有高等院校19所，各类科研机构521个，专业技术人员近40万人，俄语专业人才数量位居全国首位，高素质、低成本的劳动力资源十分丰富，科技综合实力列全国大城市第6位。哈尔滨是中国重要的工业基地，经过多年发展，形成了一个以医药、汽车、食品和电子信息为四大支柱产业的行业门类较为齐全的工业体系。

管理服务体系

哈尔滨开发区是由国家级哈尔滨经济技术开发区和国家级哈尔滨高新技术产业开发区于2001年11月合并组成。哈经开区、高新区分别创建于1991年和1988年，分别于1993年和1991年经国务院批准为国家级开发区。现集中区规划总面积30.7平方公里。设有南岗、哈平路和迎宾路三个集中区，其中：南岗集中区主要作为高新技术项目孵化和企业研发基地，金融、保险、中介服务、餐饮、旅游、文化、休闲、娱乐中心，国内外著名大公司总部及驻哈分支机构的集中地；哈平路集中区主要作为发展汽车及零部件、医药、食品、电子、纺织等工业投资项目的综合工业基地；迎宾路集中区主要作为高新技术孵化项目接收、高新技术产业发展和对俄经济技术合作、出口产品加工基地。10年来，开发区累计投入建设资金17.5亿元，完成了集中区已开发土地的“八通一平”建设，建成了可以满足企业入区生产、生活需要的较为完备的基础设施。同时，积极营造一流发展环境，构筑企业服务高地。对新入区企业实行“一个窗口受理，网上并联审批，内部代办服务，限时高效完成”的项目审批服务模式和建设项目“一揽子”审批办法，为企业提供“一站式”便捷服务；开通了对俄“跨国直销贸易通道”，为区内外企业进入俄罗斯市场提供各种便利条件；开展数字开发区建设，为企业提供网上查询、登载、报送各种信息，进行网上材料报批和年检等各项服务；深化行政审批制度改革，行政审批项目精简了71%；设立企业求助中心，启动了求助服务热线；实施首问负责制、替代式服务等制度，帮助企业解决生产经营中遇到的各种困难和问题。

上海闵行经济技术开发区

地　址	上海市闵行江川路1251号	邮　编	200245
电　话	021—64300888	传　真	021—64300789
网　址	http://www.smudc.com	信　箱	smudc@online.sh.cn

【开发区简介】

上海闵行经济技术开发区（简称闵行开发区）创建于1983年，是1986年国务院批准的全国首批14个国家级开发区之一，位于上海市闵行区的西南部，总面积为3.5平方公里。1985年，成立中外合资的上海闵行联合发展有限公司（简称闵联公司），采用企业化经营运作的方式，负责闵行经济技术开发区的开发建设和经营管理。

在中央和市委、市政府领导的亲自关心和指导下，闵行开发区在引进外资、消化吸收先进技术、发挥对外窗口、经济辐射作用和带动区域经济发展、解决劳动力就业方面取得较大成就，六项主要经济指标居全国各开发区首位，成为国内成熟开发区的成功典范。

开发区招商引资成绩喜人，成为上海对外开放的窗口和引进外资的基地之一。16年间，闵行开发区累计引进外资企业151家，累计吸引外资20.7亿美元，新增近4万个就业机会。全球500强企业中有28家进驻开发区。开发区良好的投资环境，吸引了投资者不断追加投资，区内60%以上的企业都进行过一次以上的增资扩建，全区每年增资额均在1亿美元以上。

坚持集约化开发的思路，开发区建设获取良好投入产出回报，初步建成精品型开发小区。至2000年底，闵行开发区在基础设施方面大约投入了8亿元，整个开发区累计产生利润113.9亿元，劳动生产率人均59万元／年，每平方公里年销售收入超过50亿元，居全国各开发区首位。

建立战略联盟，扩大对外辐射，实现强强联合，促进联动发展。近年来，我们与闵行区政府结成联盟，积极参与国有大企业的改制和重组，通过资产置换，将区内企业的资产运作与国有企业的改造结合起来，求得共同发展。

走出了一条“一手抓开发建设与招商引资，一手抓环境保扩与环境管理，实现开发区可持续发展”的路子。在改善投资环境方面，我们一向注重生态建设、投资环境与区域开发同步的国际理念，历年基础设施投入约8亿元，积极营造适合投资者工作、创业的良好氛围。开发区还投资近4亿元，参与了莘闵轨道交通的建设，将轻轨引入了开发区内，改善了区内公共交通状况，与上海外国语学院和上海师范大学合作，在区内设立了上外国际教育合作学院和上师大欧洲文化与商务学院，为区内企业提供培训、提高员工素质以及解决企业员工子女接受高等教育创造了条件。

积累了开发区建设的成熟管理经验和模式。作为国内最早设立的对外开放窗口，闵行开发区始终将改革发展创新作为一项重要的政治任务和开发区的主要工作，始终坚持“可持续发展”的战略目标，不断总结经验，已建立起一套梯度开发、提升服务、优化引资结构和改善投资环境“四位一体”的良性循环发展机制，为国内和本市其他开发区的成功开发提供了可借鉴的经验。

上海浦东新区

地　址	上海市世纪大道2001号1号楼21楼	邮　编	200135
电　话	021—58788388　58215111	传　真	021—58219427
网　址	http://www.pudong.gov.cn	信　箱	qfb@pudong.gov.cn

【浦东概览】

浦东新区是上海市位于黄浦江以东、长江口以西的一块三角形地区，地处我国海岸线中点和长江入海口的交汇处，浦东新区面积533.44平方公里，2001年末户籍人口165万人。由于历史上黄浦江两岸没有桥梁和隧道沟通，浦东虽然与繁华的上海外滩、南京路仅一江之隔，但经济发展远远落后于上海老市区。

1990年4月18日，中国政府宣布开发开放上海浦东，提出以浦东开发开放为龙头，进一步开放长江沿岸城市，尽快把上海建成国际经济、金融、贸易中心之一，带动长江三角洲和整个长江流域地区经济的新飞跃。浦东开发开放为上海发展提供了历史性的机遇。经过10年开发开放，浦东经济高速发展，城市面貌发生了惊人变化，浦东新区已成为上海新兴高科技产业和现代工业基地，成为上海新的经济增长点，成为中国20世纪90年代改革开放的重点和标志。浦东，依靠上海长期积聚的经济和社会文化基础，享有上海独特的地理优势、交通优势、人才优势和产业优势，得益于率先改革开放的先发效应，以及政通人和的社会环境，被海内外人士誉为："进入中国经济的大门，打开中国市场的金钥匙，连接中国与世界经济的桥梁"。

2002年1月，市委、市政府正式启动了浦江两岸综合开发工程，这是继1990年浦东开发开放以后又一世纪性工程。在黄浦江两岸综合开发2260公顷规划面积中，浦东有1390公顷，占六成多，以此为契机，浦东将现有工厂、企业、码头进行全面的功能置换。包括在江边建设大片的亲水绿地，在沿江地区建造高品质的都市型景观住宅，在沿江周边建设休闲、旅游、娱乐设施，以此建成沿江开发错落有致、疏密相间的梯次格局。

【开发投资环境】

综合实力

浦东开发开放以来，浦东新区国民经济保持快速、健康发展，综合经济实力不断增强。2001年新区GDP总量突破1082.02亿元大关，比上年增长16.1%，占全市GDP的比重达21.9%，比上年提高1.7个百分点。2002年1~2月，实现GDP168.78亿元，同比增长14.2%。

区位优势

浦东新区地处中国海岸的中点和长江入海口的交汇处，紧靠基础雄厚的上海老市区，背依物阜民丰的长江三角洲。而整个长江三角洲和长江沿岸地区的土地面积占全国的1/3，国内生产总值占全国的1/3强。浦东新区面对着太平洋，它的扇形面正好对着亚洲经济最发达的国家和地区，这就使浦东新区成为世界了解中国的窗口，是各国投资者进入中国的大门。

信息网络

浦东信息网络建设发展迅速。到1999年底，新区的电话机容量达到115万门，总量约占全市的1/6，全部实现程控化；城市地区（包括重点功能小区）光纤到大楼、光纤到小区的覆盖率已达80%，处于全市前列；窄带和宽带综合数字网（如ISDN、ADSL）、DDN数据交换、移动通讯、虚拟交换电信新业务迅速发展；上海信息枢纽大楼、市宽带交换中心和市集约化信息管线工程等在浦东建设；上海IP宽带技术在浦东应用试验成功；多种宽带通信接入技术的迅速应用。已建和在建的智能化大楼超过200栋，为形成金融、贸易的信息流提供了现代化载体，已被上海市认定的5栋甲级智能化大楼中，坐落于浦东的通贸大厦、上海证券交易所名列其中。1996年建立的与市政府联网、覆盖新区党政机关的政务电子邮件网络，以及2000年5月开通的新区门户网站"上海浦东网"，已初步显现出电子政务的功能和影响。

高新技术

浦东新区的高心技术产业始终保持着良好的发展势头。2000年，浦东新区经认定的上海市高新技术企业206家，高新技术产业产值570多亿元；民营科技企业新增319家；完成66项上海市高新技术成果转化项目，居全市第一　。

以集成电路产业、软件产业、计算机和通讯产业为主的信息产业已成为浦东新区的支柱产业，现代生物医药、光机电一体化也初具一定的产值规模。2000年，新区信息产品制造化产值为455.11亿元，约占新区工业总产值的30%。同时，浦东以企业为主体的技术创新群体继续扩大，现有国家企业技术中心（工程中心）9家，市级企业技术中心6家，实现了从技术产品引进为主向引进与自主创新并重的转变。

外高桥、金桥、张江和孙桥，集中了浦东新区近70%的高新技术企业，成为重要的高新技术产业化基地和技术创新示范基地。

2000年底，浦东新区推出《关于支持浦东新区企业技术开发机构发展的若干规定》等优惠政策，强化了政府服务意识。为推动技术资本、产业资本和个人资本在浦东的有效整合，提供了更加有利的条件。

行政审批改革与招商中心“一门式”服务

浦东新区为了进一步改善投资环境，简化办事程序，方便广大投资者，实行对投资项目的“一门式”审批服务，新区有关项目审批和服务部门联合办公，为投资提供从政策咨询，办事程序咨询到项目审批的“一条龙”服务。同时，对总投资3000万美元以下的非限制性外商投资项目和在地方审批权限内的非限制性内资项目，在保证政策对投资项目产业导向、规划控制、环境保护等要求的前提下，实行“十个工作日”审批制，限时服务。

2001年，浦东新区作为上海市推进行政审批制度改革的试点区，根据改革的总体方案，新区涉及的724项审批事项中，保留和完善的348项，不再审批的292项，改变审批方式的84项，总体改革率达到52%。通过改革，新区行政审批效率明显提高。外高桥保税区空运直通时间缩短到10小时，目前正向6小时的目标努力。

金融服务

金融业已成为浦东新区重要的支柱产业。至2001年末，中外金融机构达到123家，其中外资金融机构60家。外资银行经营人民币业务规模迅速扩大，经营方式呈现多元化发展，经营的范围已扩大到长江三角洲地区，外资银行外汇贷款业务已拓展到深圳、长春、青岛等城市。上海证券交易所等7家国家级要素市场和25家跨国公司总部或地区总部相继进入，现代化服务中心功能进一步凸现。

人才资源

浦东新区通过政策引导、市场引导和事业引导，开放门户，广纳贤能，积极引进高学历、高资历、高层次人才。凡浦东经济急需的紧缺人才，取得国家重大科技成果的优秀人才，学科和专业上能起带头作用的高级人才，不受户籍限制，想方设法给予引进。同时，打破行业部门、职业身份的限制，鼓励各类人才平等竞争，唯才是用。对学有所成的出国留学人员一律实行“来去自由”的政策；为出国留学人员建“创业园”，设“创业基金”和“奖励基金”。在人才的引进上，简化手续，把市内和区内的人才流动审批权限放到各部委办局及无行政主管的企事业单位。

10年来，初步形成了一支与开发建设任务相适应的人才队伍。至今，浦东新区人才总量已达到22.7万人。其中，研究生以上的占2.3%，本科、大专、中专学历的分别占24.2%、30.0%、35.5%，中专以下但已获得初级以上专业技术职称的占7.9%。88家经认定的高新技术企业拥有技术开发人员6500多人；有博士(含博士后)169名。

生态环境

浦东新区在发展经济的同时，始终注重保护良好的自然生态外境，实现经济、社会和环境效益的统一，努力把浦东新区建设成为规划布局合理、基础设施完善、市容整洁优美、环境舒适、空气新鲜、绿树成荫的花园式的生态型城市。

到2001年为止，浦东创建园林城区的总面积达86平方公里．绿地总量由1993年300多万平方米增至目前的近3000万平方米，其中公共绿地面积近1000万个方米；人均公共绿地面积由1993年0.54平方米增至目前的8平方米；城区绿化覆盖率由1993年8.41%增至目前的近35%，绿地率达到30%，形成了以绿色生态走廊、绿色景观走廊、绿色生活走廊三大体系为主的园林式新浦东的基本构架、2万平方米的陆家嘴中心绿地、2万平方米的东方路绿地、2.6万平方米的“96广场”、美丽的滨江大道和世纪广场等标志性绿地已经成为浦东亮丽的景观。1999年10月，经国家建设部正式验收审定，浦东被命名为全国第一个“国家园林城区”。

【浦东重点支持发展的产业、产品及技术目录】

电子信息

1. 线宽0.5微米以下大规模集成电路
2. 系统集成和网络技术
3. 高性能微型电子计算机及相关设备
4. 路由器等网络设备
5. 多媒体信息事融合处理技术
6. 软件开发
7. 计算机辅助设计（三维CAD)、辅助测试（CAT)、辅助制造（CAM)、辅助 工程（CAE）技术开发
8. 数字式程控交换机及移动通信设备
9. 大容量光、磁盘存储器及其部件
10. 各类接触式和非接触式IC卡

现代生物与医药

1. 基因工程技术应用及产品开发
2. 医用单抗诊断试剂与试剂盒
3. 酶诊断试剂及酶制剂
4. 生物化工新产品
5. 生物技术研究用试剂
6. 医药专用紧缺中间体和新型抗生素
7. 新型抗肿瘤药品
8. 新型医疗器械与卫生衬料
9. 新型药物的筛选技术与筛选模型
10. 新型中药研制和开发

新材料

1. 高性能功能陶瓷等无机非金属材料
2. 新型工程塑料等有机高分子材料
3. 新型墙体材料、装饰装修材料、防水及保温材料
4. 金属系新材料

机电一体化

1. 计算机集成制造系统（CIMS）应用
2. 新型汽车及关键零部件
3. 柔性制造技术及产品、快速成形技术
4. 智能化电器及机械设备
5. 高性能智能化仪表、仪器
6. 新型传感器
7. 中高档数控系统、伺且控制系统数控机床
8. 激光加工技术与设备

现代化农业

1. 现代设施农业引进技术的消化及国产化
2. 适应温室栽培的蔬菜品种培育与种子制取技术
3. 植物快繁、脱毒种苗技术
4. 蔬菜、花卉的无土栽培技术
5. 农业生物技术的推广与应用
6. 农产品深加工及贮运技术
7. 适应轻型栽培的新型农机具开发
8. 名、特水产的繁殖技术
9. 优质、高产粮食作物品种的选育、示范与推广
10. 生物农药的研制与应用

上海市漕河泾新兴技术开发区

地　址	上海市宜山路900号科技大楼	邮　编	200233
电　话	021—4850000	传　真	021—4850523
网　址	http://www.shtp.com.cn	信　箱	webmaster@.shtp.com.cn

【园区概况】

漕河泾开发区是全国唯一同时享受经济技术开发区和高新技术开发区优惠政策的开发区。是经国务院批准的第一批以引进外资、引进国外先进技术、发展新兴技术为主的国家级经济技术开发区和高新技术开发区。

开发区位于上海市区的西南部，园区致力发展的高新技术有：微电子、计算机（软、硬件）、通讯、激光、生物工程、新材料及科技含量高的传统工业。

目前,漕河泾开发区内微电子、光电子、计算机及软件、新材料、航天航空等高新技术产业巍然成群，拥有中外高科技企业800多家，其中外商投资企业300多家；经市政府认定的高新技术企业达186家，占全市高新技术企业总数的16%。

在国家外经贸部对国家级经济技术开发区投资环境的综合评价指数体系之中漕河泾开发区名列第四名。即将创建完成的质量和环境双优园区、数字园区、国际园区等三大园区更将会大大改善开发区环境。

【数字园区】

填补数字鸿沟，以信息化带动工业化，推动高新技术产业发展。漕河泾开发区正积极推进数字园区建设，已与上海电信签订了合作协议，共同投资建设和经营漕河泾开发区数字园区，为进区企业提供电信业务和互联网增值服务，提供电子政务、电子商务平台。

2000年和2001年，漕河泾开发区发展总公司为了实施漕河泾开发区数字园区建设规划，分别与中国电信集团上海市电信公司和瀚洋投资公司合作，通过重组和增资，建立了上海英特耐特网络信息技术有限公司、上海电信恒联网络有限公司。

漕河泾开发区将在中国电信、上海市互联网交互中心等单位的支持下，创造企业实现信息化的数字环境。上海漕河泾开发区是全国实现“三率两化、五个100%工程”的数字园区：

基础电信普及率 —100%

在漕河泾新兴技术开发区内，通过对信息通信网络的大规模建设、网络的结构优化和技术提升、新技术的引进和应用，使基础电信业务的服务达到国内最高水准，园区内的用户对基础电信业务只要有需求，在规定的时限内都能得到充分的满足，普及率达100%。

企业上网满足率 —100%

通过对漕河泾新兴技术开发区的信息化普及与信息通信网络化的提高和普及，使开发园区内的任何企业都具备上网能力。园区企业的内部，可以根据企业发展的需要，在任何地方都能提供上网的能力，并能享受到足够的带宽。对到园区落户的新企业，根据用户的需要，能提供各种上网的接入手段和相应的带宽。在网上能够实现高速的信息查询、信息共享、软件下载、文件传送在线交易等功能。

大楼光纤到达率 —100%

漕河泾新兴技术开发区内的每幢大楼都将实现光纤接入，大楼的光纤到达率100%，并能根据用户需要，将光纤延伸到楼层或房间。通过光纤的接入，为实现媒体的高带宽、高速率的信息通信创造条件，向个人通信终端提供10M级的信息通信能力，向办公室或楼层提供100M级的信息能力，向企业商务提供1000M级的信息通信能力，并能根据用户的特殊需要"量体裁衣",提供特殊的信息通信能力。

政府办公网络化 —100%

利用本地电信网络，为政府不同部门、不同地理位置的信息网络提供互通服务，为政府及相关的职能部门（工商、税收、审计、政法等）信息网络提供互通服务，为政府面向社会服务的远程信息终端提供网络连接，使漕河泾新兴技术开发区的行政管理、社区管理与社会服务等职能全面实现网络化。

园区服务信息化 —100%

漕河泾技术开发区是国家认定的高新技术开发区,也是上海最早和最成熟的高科技开发区之一,聚集了大量世界一流企业的研发机构和新兴技术产业公司。

开发区将通过服务功能的信息化，为园区内各高新技术企业提供开放式、高效率的服务。园区服务信息化，将通过政府主管部门牵头，集中统一调动相关职能部门和服务领域和信息资源，率先实现园区内的信息共享。

园区服务信息化，将采用多种方式来实现，可通过固定电话、移动电话、固定信息终端、无线接入终端、多媒体终端（触摸式、交互式、顾问咨询式）来获取信息，其服务内容有社会公共的信息、专业服务的信息终端、街区的信息。将为园区的企业和员工，提供全方位的信息和信息化的服务:

在企业运作方面：提供工商、税收、法律、审计、财务会计、金融、项目咨询、采购定购等方面的信息和信息化服务;

在商务活动方面：提供商务代理、交通保障、来往票务、会展组织、市场调研、公关策划等方面的信息和信息化服务;

在员工个人发展方面：提供人才招聘、职业培训、健康保障、房产租购等方面的信息和信息化服务。

上海虹桥经济技术开发区

地　址	上海市娄山关路83号新虹桥中心大厦	邮　编	200336
电　话	021—62756888	传　真	021—62194505
网　址	http://www.shudc.com		

【开发区简介】

上海虹桥开发区1979年开始规划，1983年开始建设，是中国唯一以外贸中心为特征集展览、展示、办公、居住、餐饮、购物为一体的新兴商贸区和商务区。开发区还辟有驻沪领馆区。经过10多年的开发建设，目前开发区万商云集，商贸活动频繁，呈现出一派欣欣向荣的景象。

开发区由上海虹桥经济技术开发区联合发展有限公司统一负责开发建设和经营管理，从事开发区市政公用设施的开发;负责开发区内土地的使用管理;以独资、合资、合作等多种形式投资经营工商企业、从事房地产经营;兴建并出租办公楼、公寓住宅;兴建并经营旅馆、餐厅、商场、文体娱乐、交通运输和其他服务性企业;办理公司和区内企业的有关进出口业务;为投资者介绍区内兴办企业的合资、合作对象和其他委托代办业务,包括在有关法律、法规设定的代理权限内从事相应的企业法人登记事务,即开业（设立）登记、变更登记、注销登记、年检等,并提供企业登记事务咨询。

虹桥开发区位于上海市区西部，东起中山西路,西至古北路,北临仙霞,南界虹桥路,占地面积65.2公顷。区内道路全部环通，区外临近内环线外环线和延安路高架道路，到虹桥国际机场只有5.5公里。开发区建设了4个变电站保证两路供电;建设了古北电话局保证用户要求及时安装电讯设施;地下管线（水、电、煤、通讯、包括宽带）已全部敷设到位。有关管理服务机构及金融保险、公用事业单位（海关、商检、财政、税务、保险、银行、电话电讯、供电所、煤气公司、自来水公司、速递公司等机构）在开发区设点服务，形成开发区管理服务中心，实现“一站服务”。

连云港经济技术开发区

地　址	江苏省连云港市黄九埝开发区管委会	邮　编	222047
电　话	0518—2344840　2341071　2341427	传　真	0518—2314809　2341573
网　址	http://www.lygetdz.gov.cn	信　箱	admin@lygetdz.gov.cn
主管部门	连云港市人民政府	招商部门	管委会招商局
招商电话	0518—2341287　2342533　2343081		

【开发区简介】

连云港经济技术开发区是1984年12月经国务院批准设立的第一批国家级开发区，1985年9月动工建设，规划面积45平方公里，已开发11.7平方公里,拥有国家级开发区、高新技术产业开发区、出口加工区、国家级新医药产业基地、东部工业园和大浦化工区等接纳各类项目入驻的载体。

连云港经济技术开发区位于中国江苏连云港市东部城区，西距市政府所在地新浦区22公里，东距连云港新港区5公里，坐落在前云台山与后云台山之间，南接旅游胜地花果山，东临“世外桃源”的宿城山水，周围环境幽雅，除局部山地外，开发区地势平坦，平均海拔高度为3.0米左右。

建区以来，开发区已经吸引了日本、韩国、法国、意大利、美国、澳大利亚以及中国台湾、中国香港等

35个国家或地区的客商进区，建成了医药、纺织、电子、化工、食品、机械、建材等一批大中型企业，有5个国家重点高新技术企业，7个省级高新技术企业，9个在国内同行业排名第一的企业，开发区已经成为地方经济的重要增长点，成为新亚欧大陆桥沿桥省份对外开放的重要窗口和沿桥国家来中国投资的热点地区。

连云港经济技术开发区依托的母城——连云港市，是新亚欧大陆桥的东方桥头堡，区位优势独特，是中国重要的交通枢纽、重点旅游城市，也是中国首批对外开放城市，投资政策优惠，软硬环境优越，各种能源与自然资源丰富。作为连云港市对外开放的前沿和窗口，连云港经济技术开发区管理委员会享有市级管理权限，赋予投资者的各项优惠待遇均得到国家和地方政府法律、法规的保障。面临加入WTO新形势，连云港经济技术开发区采取积极措施，主动融入经济国际化进程，提出了新的、更高的目标:建成花园城市和现代化工业基地，努力建设与国际惯例接轨的投资环境，不断完善服务承诺制和扎口收费制度，为进区客商提供“全天候”的服务。

作为东起中国连云港、西迄荷兰鹿特丹的新亚欧大陆桥东桥头堡的连云港，是连接亚欧两大国际市场的国际贸易通道。连云港口岸是中国唯一开展新亚欧大陆桥过境集装箱运输的口岸，年运输过境集装箱达3万多标箱。连云港也是横贯中国大陆东、中、西部的陇海兰新铁路的东端起点，是沿线11个省区的最近出海口，腹地辽阔，面积达350万平方公里，总人口2.6亿，资源十分丰富；连云港是辐射中国市场，利用中国资源的理想地区。随着中国西部大开发战略的深入实施和亚欧大陆桥东桥头堡作用的日益显现，连云港经济技术开发区的投资优势将更加突出。

【开发区投资环境】

基础设施

连云港经济技术开发区是国务院批准设立的国家级开发区，是连云港市对外开放的窗口，是以高新技术、外向型经济为主的集金融、商贸、房地产开发等各项社会事业协调发展的综合性开发区。开发区经过多年的开发建设，初步形成了良好的投资环境，基础设施配套已基本完成。

物流交通

连云港开发区交通便利，已形成海陆空交通网络:

港口——连云港港口是中国沿海八大海港之一，现有21条国际航线与世界154个国家(地区)的962个港口有往来。每月有55个集装箱航班通往世界各地。连云港至韩国木浦的客货班轮即将开通。

港区面积30平方公里，现有泊位31个，其中万吨级泊位19个，泊位设计靠泊能力3.5万吨级，实际靠泊已达7～8万吨级。2001年吞吐量达3058.1万吨，其中集装箱吞吐量为15.8万标箱。2002年吞吐量有望达到3300万吨。

空港——民航连云港机场是中国4D标准机场之一，可以起降波音737等大型客机，已开通北京、上海、广州、厦门等航班。

铁路——以连云港为东端起点，横贯中国东西的大动脉——陇海兰新铁路与中亚相连，向西可直达荷兰鹿特丹港，全长10900公里，成为连接太平洋和大西洋距离最短的欧亚大陆桥。经陆桥运往哈萨克斯坦等中亚五国的货物，其中95%经由连云港上桥。

火车客运已开通直达北京、上海、宝鸡、广州、汉口、济南等10多个车次。

公路——连云港是中国公路交通五大枢纽之一，正在建设的中国两横两纵公路交通主骨架，有一横一纵在连云港交汇，即连云港至新疆霍尔果斯、黑龙江省同江市到海南省三亚市两条公路。高等级公路有宁连高速公路和徐连高速公路。

资源优势

连云港经济技术开发区规划面积广阔，拥有可供开发的土地45平方公里；它的周边环绕着江苏省最大的山系——云台山，各类岩石发育齐全，矿产资源丰富，已探明储量的有色金属、非金属、建材、矿泉水、海盐、磷矿等6大类40多个品种。石英、水晶蕴藏量大，质量好；蛇纹石矿年产60万吨。淮北盐场年产原盐200万吨。开发区被162公里海岸线所拥抱，海洋资源非常丰富，全国八大渔场之一的海州湾渔场与其相邻，海产品种类齐全。《全国海洋规划》已将开发区所在的连云港区域列入全国三个海洋特殊开发区之一，《江苏省海洋经济发展规划》也将连云港市作为建设的重点。

人力资源

连云港有科技活动机构151个，科技活动人员6078人；通过鉴定的科学研究成果117项，其中达到国际水平7项，填补国内空白9项，达到国内先进水平58项；各类专业技术人员10.1万人，其中高级职称人员3126人，中级职称人员2.39万；普通高等学校3所；中等专业学校8所，技工学校6所，职工学校23所；连云港劳动资源丰富，全市常住人口443.53万，从业人员219.78万人，其中职工人数43.7万人。是科技人员较多、科技力量较强、职工受教育程度和技术水平较高的地区。

旅游资源

连云港开发区倚山傍海，风景旖旎，旅游资源十分丰富。向东三公里是海上风光，水天相接，沙滩如金。这里有江苏最大的岛屿——东西连岛，有全国最长的拦海大堤——西大堤，有从20世纪初就开始构想“东方大港”的连云港港口，被称为“世外桃园”的宿城风景区和黄窝风景区与之相连，环境清幽，几千年的文化积淀使之充满灵气；向北几十公里，可到被称为“江苏北戴河”的海洲湾渡假区；西边紧邻古老文明的锦屏风景区，在这里可以欣赏到孔子(中国古代思想家)望海处——孔望山及其神奇的摩崖造像，还可以欣赏到将军崖壁画、桃花涧、海州古城以及白虎山、石棚山等秀丽风光；开发区的南边与《西游记》所描写的花果山相接，登山能够领略到众多的名胜古迹。

【连云港经济技术开发区鼓励投资领域】

1.农牧渔业:特种蔬菜和花卉的工业化生产，粮、棉、油、果树新品种和优良种畜的培养，出口种畜的生产，珍贵鱼类养殖，优质饲料生产和出口，优质农产品的加工。海水育苗，规模化海水养殖，海洋新兴产业。

2.纺织业:高档特种棉、毛织物、化纤混纺织物的后整理，超细类型、阻燃防静电等特种纤维，化纤用油剂，高档特种丝绸产品深加工，高档合织仿真丝绸产品，麻混纺织物改织物改兴与后整理。氨纶纤维、涤纶纤维、长、短毛绒，新型化纤，新型纺机。

3.化学工业:农用化学品：化肥，高效、低毒、经济的新农业，包括杀虫剂、杀菌剂和除草剂新品种的生产技术和复配剂型。饿机化工原料，精细化工，橡胶加工制品。新型添加剂，新型阻燃剂。

4.医药业:医药制品：抗生素高产菌种，各种新型半合成抗生素，新型抗肿瘤药，新型抗肝炎藻，心血管药，激素，缓释剂，靶向剂及其他新剂型项目，用发酵、合成、提取、酶法等工艺生产的氨基酸原料药，采用基因工程、细胞工程技术生产的藻物。新型医疗器械及药品复合包装材料。

5.轻工业:日用机械、家用电器、电光源、日用硅酸盐、日用化学、塑料制品、五金制品、裘皮革染整及制品加工、高档电子玩具、鲜花保鲜和干花。工业酶开发、柠檬酸工业改造。

6.机械工业:数检系统、柔性加工中心机床、通用机床、电工产品、轻纺机械、基础件、仪表类、精密轴承、精密模具。水表、压铸机、新型农用机械。

7.电子工业:电子测量仪器及应用产品，电子元器件产品，基础材料及专用设备、仪器、工模具制造。环氧模塑料、石英制品、专用树脂、硅微粉等微电子材料。石英晶体元件、片式二极管、电子功能模块、 汽车传感器等新型电子元器件制造。

8.建材类:大型水泥厂，高档屋面及墙体建筑材料，非金属矿开采及加工，高纯度水晶粉提纯，建筑节能技术（包括太阳能及地热利用），玻璃深加工，特种玻璃纤维制品，防水涂料，防火片材，装饰材料，无机非金属新材料，耐火材料，塑料管材。

9.服务业:旅游、餐饮、房地产、信息咨询，高新技术、新产品开发中心的建设与企业孵化。

南通经济技术开发区

地　址　江苏省南通市富民巷开发区管委会　　邮　编　226009
电　话　0513 —5922110　　传　真　0513 —3596003
网　址　http://www.netda.com

【开发区简介】

南通经济技术开发区，1984年12月19日经中国政府批准设立，是中国首批14个国家级开发区之一。南通开发区地处中国黄金海岸线中部、长江入海口北岸，与国际大都市上海隔江相望，是通向长江三角洲和长江流域的重要门户，其通江达海的区位优势，不断完善的投资环境，已经形成的产业基础，以及所具有的港口、淡水、政策、人才等条件，是投资兴业的理想之地。

目前，南通开发区已开发面积20平方公里，实现通路、通自来水、通下水、通电、通电讯、通蒸汽、通污水处理、通港口、通工业用气和土地平整。累计兴办外商投资企业200余家，总投资近20亿美元，实际利用外资10亿美元。投资客商来自22个国家和地区，日本伊藤忠、丸红、东丽、帝人，英国帝国化学，美国ITT、瑞利，法国液化空气，新加坡三德集团，中国台湾合成橡胶等知名公司在开发区落户。开发区正在成为长江三角洲利用外资最集中、发展速度最快和经济活力最强的区域之一。

南通开发区坚持按国际惯例和市场经济规则办事，奉行“为投资者服务，让投资者盈利”的宗旨，把开发区作为一个星级宾馆来健全服务体系，以一流的环境、一流的服务、一流的效率，保证投资者满意、盈利、发展。

南通开发区在功能上以建成国际性出口加工区、高新技术产业聚集区和现代化新城区为目标，在形象上以“把开发区建在花园里”为目标，一如既往地与各界朋友携手合作，共创美好未来。

【开发区发展优势】

南通开发区区位优势明显，发展条件得天独厚，其特点是“五大、一中心”。

大通道——开发区地处我国黄金海岸线中部、长江入海口北岸，面向太平洋，背靠整个长江流域，江海河联运，是长江流域出海的重要门户和联系世界的重要水上通道。开发区南联沪宁高速公路，北接宁通高速公路；正在筹建中的苏通长江大桥，将把开发区与国际大都市上海直接联通，使开发区成为中国沿海南北公路交通大动脉的重要陆上通道。与全国铁路运输大动脉陇海线和京沪线相联接的新长铁路和宁启铁路直达开发区。

大港口——南通滨江临海，三面环水，拥有430公里江海岸线。南通港是中国十大港口之一，是国际航运协会会员，是上海国际航运中心的组合港，为长江下游的一个开放型、多功能、综合性的江海大港，目前已形成狼山港区、开发区港区及吕泗和洋口港区等十大港口群，拥有各类泊位45座，其中万吨级泊位28座，主要从事国际集装箱、矿石、饲料、木材、煤炭、钢铁、化肥、石油、散糖、粮食、建材、石化产品及旅客中转运输。长江口疏浚一期工程已完成，水深达－8.5米，5～7万吨级货轮往来自如；其二期疏浚工程完成后，10万吨级货轮可直达南通。

开发区拥有20公里长江岸线资源，江域宽广，平均水深－12米，目前已建成5万吨级码头7座，千吨级码头3座，并建有容积达70万立方米的各类液体化工原料储罐区，集装箱、大宗物资、化工产品、石油、液化气仓储运输便捷。

大水源——开发区濒临长江，淡水资源极为丰富，有利于举办用水量大的工业项目。

大地盘——开发区整个规划面积70平方公里，具有广阔的发展空间，适宜于举办用地量大的各类项目。

大用工——开发区所在城市文化教育发达，教育水平在全国处于领先地位，每年高校录取人数1.5万人，回通人数1万人左右，劳动力资源丰富，各类技术工人和专业人员齐全，普通职工文化水平达到高中以上。

一中心——南通开发区地处以上海为中心的长江三角洲，这里大中城市密集，市场潜力巨大，十分便于接受上海的带动辐射。

【产业导向】

从已形成的基础和比较优势出发，开发区将重点发展四类项目：

大吞吐量项目——新型建材、重型机械、船舶、冶金、电力和食品加工、饲料加工，以及仓储、中转、贸易批发市场等基地型项目。

高新技术项目——近期重点是新材料、新医药、动植物保护、种子工程等，新材料包括新型化学合成材料（结构性材料、功能性材料）、特种纤维用树脂、电子新材料、陶瓷新材料、合金材料及纳米材料等。

提升传统产业项目——依托南通和开发区纺织、服装工业及精细化工的基础，提升发展档次。

高新技术产业中劳动密集型工序加工项目——如电子信息产品零部件加工项目。

【开发区园区发展】

在进一步完善提高现有中心区域功能的基础上，重点拓展建设8个功能小区：

出口加工区——位于纬二路以北，通启运河以东、以南，东快速干道西侧，规划面积3平方公里。整个区域四周具有明显的自然界限，路、水、电等基础设施配套完善，特别是该区域可以充分依托开发区外向型经济基础及港口功能，建设出口加工区的条件十分优越。以出口加工为主的项目主体在这个小区内建设。

高新技术产业区——位于天星横河北侧，是一个面向新世纪的高标准配套小区，环境质量优良，着重发展高新技术项目。

精细化工区——位于营船港以东、富民港以西、通兴路以南、长江岸线以北。该区域目前已初具规模，百草枯、丁苯橡胶、农药、吡啶、甲醛等项目已建成或正在建设。精细化工项目重点在此区域摆布。

食品工业区——位于新大港储码头北侧、裤子港以东、营船港以西、疏港路以南。这里环境质量良好，交通运输便捷，基础设施完善。重点发展食品工业，特别是大运输吞吐量的食品加工项目。

化工新区——位于中心区南侧、港口后沿，总规划面积9.2平方公里，具有和世界上著名化工工业区相类似的发展条件和环境，可以充分利用开发区港口优势、基础设施和化工产品的储运能力，发展各类化工项目。

现代纺织工业区——地处开发区中心区域范围内，重点摆布现代纺织工业项目。目前已建成东丽、帝人等大型现代纺织企业。

三产开发园区——正在建设高品位的住宅区、大型仓储式超市、瑞慈国际医院以及以应用学科为主的大学等文教、卫生、商贸、居住设施，并发挥港口集散等优势，建设大型特色专业市场。

民营经济区——位于开发区与市区的连接点上，沿通富路两侧展开，距规划建设中的南通新城区1.5公里，总规划建设面积2平方公里。该区域主体吸引民间资金，发展具有一定技术含量的纺织、服装、轻工、电子项目，建成具有专业特色的民营工业园。

苏州工业园区

地　　址	江苏省苏州工业园区苏华路2号国际大厦	邮　　编	215021
电　　话	0512—62880114	传　　真	0512—62881186
网　　址	http://www.sipac.gov.cn	信　　箱	webmaster@sipac.gov.cn
主管部门	苏州市人民政府	招商部门	管委会招商局
招商电话	0512—62881160		

【开发区简介】

苏州工业园区是中新两国政府间的重要合作项目，是苏州市对外开放的重要窗口。它位于苏州古城以东金鸡湖畔，1994 年正式启动，行政辖区面积为 260 平方公里，其中，中新合作区规划面积 70 平方公里。

苏州工业园区开发建设一直得到了中新两国领导人的高度重视，8年多来，在中央和省、市的正确领导下，在中新合作双方的共同努力下，园区结合国情，自主地、有选择地借鉴新加坡经验，不断加快建立起既符合社会主义市场经济要求，又与国际经济发展相适应的管理体制和运作机制，区域经济以年均 50% 左右的速度快速增长。与开发之初相比，2001 年国内生产总值翻了四番多，达 180.2 亿元，人均 GDP 超过 10 万元；财政收入增长 61 倍，达到 24.3 亿元；进出口总额从几百万美元扩大到 38 亿美元，其中出口达到 16.5 亿美元；新增就业岗位 4 万余个，职工人均收入增长了 3.4 倍达 20080 元，农民人均纯收入增长 2.5 倍达 7098 元。目前，园区已经成为国内发展速度最快、最具竞争力的开发区之一。

2002 年 5 月，中新联合协调理事会第六次会议在新加坡成功举行，按照江总书记希望“把园区建设成为具有国际竞争能力的高科技工业园区”的指示精神，工业园区管理委员会进一步制定了园区今后三年的发展目标：即新投入建设资金超过 100 亿元，基本完成 70 平方公里基础设施开发，初步形成一定的城市形态；努力实现合同外资累计超过 200 亿美元，实际利用外资超过 100 亿美元，国内生产总值达到 500 亿元；创造“优美环境、优质服务、优秀人才”的综合新优势，初步成为具有国际竞争力的开发区之一。

国家赋予苏州工业园区“不特有特，特中有特”的优惠政策，各国投资者在园区可以享有沿海开放城市经济技术开发区的各项优惠政策，并享有一些类似特区的优惠政策。在园区可以设立外资、中外合资的金融机构和中外合资、合作的商业零售企业。为了对园区的进出口货物实施快捷、有效的监管，园区内单独设立了海关，并设有保税仓库。

中新合作完成了总体规划和详细规划，形成了完整科学的规划体系。苏州工业园区总体规划 70 平方公里，按照规划，将建成一座 60 万人在这里居住工作的新型工业城市。首期开发 8 平方公里，这里紧靠苏州古城，将建成一个以工商业为主体、包括金融业和旅游业的中心区；第二区环绕秀美的金鸡湖，将建成一个富有水城特色的居住区和高新技术产业区；第三区靠近上海，地势开阔，将建成一个技术密集的制造业和加工工业基地。全部建成后，园区将提供 36 万个就业岗位。

这个规划体系综合了世界各国 90 年代城市发展和兴办开发区的新经验，注重环境的质量，努力创造适应高科技工业聚集发展的良好投资环境，强调工业、交通、商贸、人口、生活的协调发展，并对相应的商住和公益设施建设，作了较高水平的规划设计。

苏州位于中国两大经济带——沿海经济带和长江经济带的交接处，是中国最富饶的地区之一。苏州是历史文化名城，又是著名的风景旅游城市，是国务院最早批准的沿海经济开放地区之一。

昆山经济技术开发区

地　址	江苏省苏州昆山市前进中路167号	邮　编	215300
电　话	0512—57303999　57303777	传　真	0512—57313888
网　址	http://www.ketd.gov.cn	信　箱	ketd@ketd.gov.cn
主管部门	昆山市人民政府	招商部门	管委会招商局
招商电话	0512—57313889		

【开发区简介】

昆山经济技术开发区创办于1985年，1991年1月被江苏省人民政府列为省重点开发区，1992年8月经国务院批准为国家级开发区。经过10多年的开发建设，昆山开发区已基本形成一个具有现代化气息的综合园区。

投资环境日臻完善——昆山开发区坚持科学规划，合理布局，严格实施高起点、高标准建设区域环境。十几年来，先后投入30多亿元资金，用于交通、电讯、供水、能源等基础设施，基本实现了“七通一平”。区内主次干道线100多公里，均为混凝土路面，与312国道、沪宁高速公路、虹桥国际机场路、沪宁铁路线相连接，交通十分便捷。并做到集中供热供气，区内没有烟囱，气化率78%，绿化覆盖率41.6%，饮用水达到国家二级水标准。还创办了国际学校，新建了友谊医院，设立了外商公寓。同时建立了完善的配套服务机构，成立了外资企业服务中心，开通了陆路口岸通关点，构筑了良好的投资环境。

招商引资成果丰硕——开发区视项目开发为生命线，不断加大招商引资力度。截至2001年底，累计引进外资项目802个，投资总额67.10亿美元，合同外资63.54亿美元，实际到账资金29.42亿美元，在全国45个国家级开发区中名列前茅。来开发区投资合作的有日本、韩国、欧美、中国台湾等36个国家或地区的客商。引进项目呈规模大、独资多、层次高、技术新的特点。进区项目平均投资规模835万美元，1000万美元以上的项目192个，高新技术项目占总数的40%。世界500强有18家在开发区兴办项目。

区域经济健康发展——2001年，开发区完成工业产值312亿元，出口创汇18亿美元，财政收入12.79亿元，在全市经济发展中龙头作用明显。已开工投产的361家外商投资企业，完成的工业产值占开发区总量的90%以上，出口创汇的98%。共吸纳员工10万人，安置了一批企业富余人员和下岗待业职工，为社会稳定做出了一大贡献。

辐射带动成效明显——开发区自1992年在兵希镇创办第一个配套小区至今，已先后建成15个乡镇工业配套小区，帮助引进外资项目150多个，投资总额15亿美元，初步形成了陆家橡胶、化纤，张浦新型材料，兵希高档家具，蓬朗“三车”零配件，新镇电子元器件，锦溪服装加工等各具特色的专业配套小区。在外相配套协作过程中，开发区发挥外资企业集中的优势，以国际名牌产品为龙头，组织和引导区内外国有、集体、乡镇企业和个体私营企业与外资企业攀亲结眷，配套生产，促进了产品结构的合理调整，推动了相关产业的健康发展，拉动了区域经济的强劲增长。

载体建设初具规模——为营造发展新优势，1998年以来，昆山开发区先后创办了出口加工区、留学人员创业园和国际商务区，正在规划建设微电子工业园、欧美工业园、日本工业园作为招商引资的新载体，努力发展高科技产业。昆山出口加工区于2000年4月27日获国务院批准，成为全国首批15个出口加工区的试点之一，并于同年9月6日率先通过海关总署等国家9部委联合验收，10月8日成功封关动作，成为中华人民共和国历史上第一个出口加工区。昆山留学人员创业园，由昆山开发区和省人事厅、科技厅联合创办。2000年11月，经科技部、人事部、教育部批准，命名为首批国家留学人员创业示范基地，并被科技部确认为高新技术创业服务中心。至2001年底，已有美、英、法、日等国家的留学生创办的50家企业，从事高科技研发项目，主要集中在软件开发、网络技术等方面。

昆山开发区新一轮的发展思路和奋斗目标是：以邓小平理论和江泽民同志“三个代表”的重要思想为指导，发展为主题，现代化、国家化为总目标，创新开发功能，提高开放水平，努力把昆山开发区建设成国内一流的开发区、全国IT产业的重要基地、台商投资密集区、欧美客商投资重镇，为扩大对外开放、加速经济发展作出新的贡献。

【开发区规划】

昆山经济技术开发区位于城区东侧，规划总面积77平方公里，建成区面积30平方公里，已基本形成一个核心区、二个城市副中心。截至2002年9月底，已开发土地面积55平方公里。目前，基本实现“五通一平”可供招商工业用地20平方公里。自1985年至今，开发区已投入40多亿元资金，用于基础设施建设。全区建成桥梁75座，道路149公里，道路面积238万平方米。区内集中供热供气，气化率78%，绿化覆盖率41%，饮用水达到国家二级标准。区内有50万KVA变电站1座、22万KVA变电站2座、11万KVA变电站5座，日供水量达26万立方。区内已建成港西污水处理厂，港东污水处理厂正在建设中。

【发展历程】

党的十一届三中全会后，伴随着改革开放的时代旋律，昆山掀起了轰轰烈烈的建设热潮。为加快经济发展，1985年，当时的县委、县政府统筹规划，在县区东侧自费创办了第一个工业新区，这便是今天昆山经济技术开发区的雏形。十几年来，开发区经历了从1985年到1991年的启动开发、1992年到1994年的国批升格、1995年到2002年的二次创业三个发展阶段，并在不断的摸索、创新中走出了一条令世人瞩目的“昆山之路”。创业之初，县委、县政府在当时资金有限、经验不足的条件下，适时制定了“富规划，穷开发”，“三先三后”的方针和“依托老城，开发新城”的策略，积极学习、大胆尝试，并带领广大干部群众发扬自力更生、艰苦创业的优良传统，在昆山这片热土上开辟出3.75平方公里的开发区，很快达到通车、通电、通信、通给水、通排水的“五通”要求，并迎来了首批落户企业，从而开创了昆山建设史上的新纪元。

经过不懈的努力，到1986年10月，开发区面积达到6.18平方公里，1988年，工业新区正式更名为昆山经济技术开发区。1989年9月，又适逢昆山撤县设市，开发区面临新的机遇和挑战。1992年4月，中共江苏省委下发文件，授予昆山经济技术开发区更大自主权，开发区面积迅速扩大到20平方公里。1992年8月，开发区顺利通过了国务院批准，成为国家级开发区。为适应更新更高的要求，市委、市政府决定加大开发区基础设施建设力度，完善配套功能，建筑城市新区。截止到2001年，开发区共投入资金20多亿元，用于交通、能源电信等基础设施建设，首期开发的6.18平方公里全面实现了通路、通电、通信、通给水、通排水、通煤气、通蒸汽和土地平整的“七通一平”，14平方公里东扩区基本达到“五通一平”，铁路以南8平方公里延伸区主要道路骨架已经形成，高新技术出口加工区、留学人员创业园、富民私营经济区也初具规模，一个规划严谨、布局合理、功能齐备的开发区格局业已形成。另外，为了加强对内辐射、联动发展功能，自1992年以来，开发区在周边乡镇相继建立起17个工业配套区，形成了庞大的工业区体系，为昆山经济的全面迅速发展奠定了坚实的基础。

抓好了软硬件建设，关键的一步就是招商引资。20世纪80年代初，党委、政府提出“东依上海，西托三线，内联乡镇，面向全国，走向世界”的发展横向经济联营的思路，主动在上海地区寻找合作伙伴，建立了首家沪昆联营企业上海电视一厂昆山分厂，很快又引来四川、陕西、江西等省客商纷纷前来。接着，他们又把眼光投向国际资本市场。1988年，日本苏旺你株式会投资创办了全省第一家外资公司。1990年10月，昆山首家台资企业顺昌纺织有限公司正式投产，不久，顺隆、顺丰、顺进、顺发等“顺”字台资企业先后诞生，一时间台商纷至沓来。欧美企业也于20世纪90年代初相继进入昆山经济技术开发区这片广阔的天地。特别是1992年沪士电子有限公司的到来，开启了昆山“以商引商”、“以大引大”,与国际大型跨国公司合作的新阶段。

卓越的工作换来了丰厚的回报。目前全区规划总面积77平方公里，已有欧美、日韩、港澳台等38个国家和地区的900多家企业落户区内，初步形成了电子信息、精密机械、民生用品等三大主导产业。2002年通过ISO14001环境体系认证，综合投资环境在全国开发区中名列前茅，成为中外客商投资的一方热土。

【鼓励投资产业】

信息技术——计算机及其周边产品和电子元器件产业，包括半导体、微电子、光电子、软件、网络、汽车电子产业及通信器材等。

精密机械——汽车零部件为主的机械产业，机电一体化、节能环保设备、大型模具模架及其产业延伸。

农产品深加工——农副产品加工业，包括蔬菜加工、鲜切花、畜禽加工、农产品冷藏仓储。

服务贸易——现代物流、金融、保险、旅游服务、会计审计等。

生物科技——生命科学、生物制药等。

民生用品——轻工、纺织、特色食品等。

南京经济技术开发区

地　址	南京市新生圩外贸港区新港大道100号	邮　编	210038
电　话	025—5800800	传　真	025—5800900
网　址	http://www.njxg.com	信　箱	zsc@xggk.com

【开发区简介】

南京经济技术开发区成立于1992年9月18日，2002年3月15日被国务院正式批准为国家级经济技术开发区。开发区先期规划面积13.37平方公里（含乌龙山风景区），远期规划面积30平方公里。区内设有工业、保税仓储、金融贸易和综合服务等4个功能区域，并设有国家级南京海峡两岸科技工业园、国家级南京新港高新技术产业工业园、江苏高校科技工业园、南京生物医药科技工业园、南京韩国工业园等“区中园”。

建区10年来，开发区始终坚持以引进外资为主，以工业项目为主，以出口创汇为主，致力于发展高新技术产业，获得了稳步发展，已初步形成为一个现代化、多功能、优势独特的开放型港口工业新区。截止2002年10月底，在开发区注册企业1161家，总投资229.4亿元，其中外资企业235家，总投资18.97亿美元，千万美元以上项目73个，世界500强投资企业15家，累计合同利用外资14.05亿美元，实际利用外资6.79亿美元。区内有高新技术企业50多家，高新技术产品近百个，有10多家外资企业设立了研发机构。以日本夏普、富士通、日商岩井，荷兰飞利浦，瑞典爱立信、法尔玛西，韩国LG等为代表的世界知名企业进区落户，开发区已初步形成电子信息、光电通信、生物医药、轻工机械、精细化工、物流储运等支柱产业，并成为南京市重要的出口加工基地。开发区一些主要经济指标都在以50%以上的速度逐年递增，技工贸总收入、利税和出口创汇三项指标从1996年的30亿元、2.3亿元和1415万美元，上升至2001年的205亿元、19.2亿元和 3.9亿美元。开发区已连续3年被授予江苏省“先进开发区”称号。

【开发区发展优势】

区位交通优势突出，集水、陆、空于一体。开发区所依托的南京港新生圩外贸港区是我国内河第一大港，是南京地区及长江中下游地区外贸物资最主要的集散、中转口岸，拥有码头泊位16个，与世界上70多个国家和地区的180多个港口通航，每月有50多个国际集装箱航班。在陆路运输方面，从开发区至南京市区道路网仅5公里，绕城公路将开发区与二桥高速、宁沪高速、机场高速以及312、104、205国道连为一体。疏港铁路环线直通开发区，通过华东地区最大的铁路枢纽尧化门编组站覆盖全国。南京长江二桥与开发区相邻，为开发区外引内联创造了更为有利的条件。

开发区管委会为市政府派出机构，享有市级经济管理权限，实行“一个窗口对外、一站式管理、一条龙服务”。开发区“一站式”服务中心有市物价局、外经局、国税局等19个职能部门指定的特派员进驻，以集中办公、现场服务、统一协调的形式，实行“一次受理、并联审批、两次办结、扎口收费”的工作流程。开发区只收税不收费。除养老保险、失业保险、工伤保险、生育保险、住房公积金外，免收基金10项，行政性收费48类（项），减免1/3收取政府定价的有偿服务、中介服务收费25类（项）。坚持按市场经济规律办事，对企业入区、项目申办提供全程服务。

开发区内设有工商分局、公安分局等分支机构，设有海关、边检、检验检疫、金融、保险、外运、外供、外代等涉外服务机构和法律、公证、会计等中介服务机构，并设有进口保税和出口监管库，开发区依照国家政策为进区企业提供一系列优质服务，并保证进区企业享受国家级开发区的全部优惠政策。

【开发区优惠政策】

1.在开发区内兴办的生产性外商投资企业，减按15%的税率缴纳所得税。其中，经营期在10年以上的，自获利年度起，第1年和第2年免缴企业所得税，第3至第5年减半缴纳企业所得税。

2.外商投资兴办的产品出口企业，减免企业所得税期满后凡当年出口产品产值达到当年企业产品产值70%以上的，减按10%的税率缴纳企业所得税。

3.外商投资兴办的先进技术企业，减免企业所得税期满后仍为先进技术企业的，可以延长3年减半缴纳企业所得税。

4.设在开发区的生产性企业，自1998年1月1日起，符合国家产业政策的项目，在投资额内，进口设备可免征进口关税和进口环节增值税。

5.外商投资企业的外国投资者，将从企业获得的利润再投入该企业，增加注册资金，或作为资本再投资开办其他外商投资企业，经营期不少于五年的，经投资者申请，税务机关批准，退还其再投资部分已缴纳所得税的40%税款；外国投资者将从企业获得的利润再投资举办、扩建产品出口企业或先进技术企业的，可全部退还其再投资部分已缴纳的企业所得税。

6.外国投资者从外商投资企业获得利润和其他合法收入，以及在企业终止时分得资金；外商投资企业的外籍职工和港澳台职工的工资收入和其他合法收入，可依法汇出境外，免缴所得税。

7.在开发区内兴办的外商投资企业享受开发区“一站式”服务并减免市政府(2000)21号文件规定的各项收费。

【鼓励发展行业】

一是区内已形成的电子信息、生物医药、精细化工、轻工机械、新材料、物流储运等六大支柱产业，基础雄厚，厚势正发，发展空间广阔、前景美好；

二是独特的港口区位和交通优势以及出口加工区即将批建，区内非常适合并积极鼓励发展出口加工业；

三是区内电子信息，特别IT产业发展迅猛，并已形成强大集聚效应，是有意生产平板显示器件等IT产业企业投资兴业首选区域。

温州经济技术开发区

地　址	浙江省温州市汤家桥南路开发区大厦	邮　编	325011
电　话	0577—88910701　88913950	传　真	0577—88910803
网　址	http://www.wetdz.gov.cn	信　箱	wetdz@wetdz.gov.cn
主管部门	温州市人民政府	招商部门	管委会招商局
招商电话	0577—88910103　88910212		

【开发区简介】

温州经济技术开发区于1992年3月16日经国务院批准设立，是浙江南部唯一的国家级开发区，原规划面积5.11平方公里。

经过9年多的开发建设，开发区已成为温州吸引国内外客商投资兴业的重要基地，各项事业取得了长足发展。开发区形成“一区三园”联动发展的格局和“三园合一”的管理体制，进入了新一轮开发建设的新阶段。为了更好地发挥温州经济技术开发区的窗口和龙头作用，提高区域科技含量，扩大经济外向度，开发区积极抓住发展机遇，增创竞争优势。

1998年12月18日，温州高新技术产业园区经浙江省科委批准设立，由开发区管委会统一管理。2000年4月26日，浙江省人民政府批准温州经济技术开发区滨海新区开发建设，温州市人民政府委托开发区管委会对滨海新区进行统一规划、统一开发、统一管理。

【开发区投资环境】

交通条件

港口——温州港拥有大小泊位33个，其中万吨级以上泊位4个（含集装箱码头）。

机场——温州机场现已开通飞往北京、上海、广州、深圳等城市的57条航线。每周班机达300多个，并已开通到中国香港、中国澳门的航线。

铁路——金华至温州铁路已建成通车，开发区东侧有其支线终点站，温福铁路已经进入前期准备阶段。

公路——区内公路纵横交错，区外道路四通八达。机场大道和温州大道分别沿北边通过和贯穿开发区，连接104、330国道和温州大桥，通往全国各地。沿东边通过甬台温高速公路正在建设。

基础设施

供水——区内目前供水能力为3万吨 / 日，由状元水厂和温州东向水厂联合供应。

供电——开发区电力由华东电网直供，区内建有一座3.5万伏和一座22万伏变电所。

通讯——开发区已建成拥有1.5万门程控电话以及一整套现代邮政设施的开发区电信和邮政分局。

排污——按雨污分流的原则，已建成区内的雨水和污水排放系统。

投资导向

机电设备行业——以引进先进技术为主的印刷机械、包装机械、医疗电子器械、节能电机、微电机、低压电器、控制元器件、智能自动化控制系统、精密模具等。

电子信息行业——计算机外围设备、应用软件、微电子及元件、新型传感器、办公自动化设备、现代通讯及数据传输设备等。

化工医药行业——以开发新技术、新品种为主的精细化工，包括染料、助剂，铝硅系列及催化剂、分子筛、橡胶制品、食品和饮料添加剂、保鲜剂、日用清洁品、生物药品、新型特效中西成药、新型诊断试剂和药物、血透检系统等。

建筑材料业——发展广泛适用的建筑陶瓷、玻璃钢制品、花岗岩制品及新型、轻型的建筑材料。

轻纺行业——以出口为主的鞋革、箱包、五金、工艺美术、塑料、服装、食品、包装物料等。

房地产开发和城市基础设施——工业厂房、港口码头、仓储和服务设施建设、污水处理工程等。

浙江萧山经济技术开发区

地　址	浙江省杭州市萧山区市心北路99号	邮　编	311200
电　话	0571—82835906　82835908	传　真	0571—82835866
网　址	http://www.xetdz.com	信　箱	xetdza@xsptt.zjpta.net.cn
主管部门	杭州市人民政府	招商部门	管委会经济发展局
招商电话	0571—82835909　82835910		

【开发区简介】

萧山经济技术开发区于1993年5月12日经国务院批准设立。萧山开发区位于钱塘江南岸，与浙江省省会城市杭州城区仅一江之隔，经沪杭甬和杭金衢高速公路，开发区距上海、宁波两港口均为150公里。华东地区第二大现代化空港杭州萧山国际机场离开发区仅10公里，浙赣、萧甬两铁路干线从萧山境内穿越。萧山开发区投资环境日趋完善，道路、通讯、电力、供水、排污、供热等基础设施配套齐全，给进区企业的正常生产提供可靠的保障。

自1993年5月建区至今，已有来自日本、英国、意大利、瑞士、比利时、新加坡等国家和中国香港、中国台湾地区的投资者进区落户，截止2001年底，进区外资企业已达250余家，投资总额近13亿美元，协议外资9亿美元，并已构成了以纺织、机械、建材、化工、食品、电子为主导的产业框架。

为进一步便捷和吸引国外高科技企业投资，开发区设立了萧山高新技术产业园区，并建立了高新技术创业服务中心。开发区鼓励发展的产业：电子信息、光机电一体化、生物医药工程、机械制造、精细化工、新型材料等资金或技术密集型产业。

杭州经济技术开发区

地　址	浙江省杭州市经济开发区银都商厦（下沙）	邮　编	310018
电　话	0571—86910312　86910297	传　真	0571—86911467　86911473
网　址	http://www.hetz.gov.cn	信　箱	webmaster@hetz.gov.cn
主管部门	杭州市人民政府	招商部门	管委会经贸局
招商电话	0571—86912400　87061463		

【开发区简介】

杭州经济技术开发区是国务院1993年4月批准的国家级开发区，规划控制面积104.7平方公里，距市中心仅20公里，处于浙江省“四小时交通经济圈”的中心地位，外围交通极为便捷。开发区拥有全国试点、全省惟一的国家级“浙江杭州出口加工区”，实施“两块牌子，一套班子”的领导和管理体制；同时开发区还建有浙江省最大的高教园区“杭州下沙高教园区”，高校云集、人才荟萃。开发区已成为形成杭州市对外开放的创业基地、人才基地，以及享受国家特定政策，实现科技创新和管理体制创新的重要基地。

开发区创业9年已完成土地开发18平方公里，完成固定资产投资113.7亿元，并卓有成效地开展了“ISO14000国家环保示范区”创建活动。营造了“七通一平”的城市基础设施和“天蓝、地绿、水清”的生活、工作环境。截至2001年底，已有来自美、英、德、法、日等22个国家和地区的195家外商投资企业落户，协议利用外资20.5亿美元，实际利用外资9.2亿美元。其中投资1000万美元以上的项目有72个，3000万美元以上的项目有11个。位居世界500强的跨国公司有17家在开发区投资项目26个。与此同时，还引进内资75.3亿元人民币。以摩托罗拉、西门子、安万特、松下、三菱、泰尔茂、旭化成、矢崎、可口可乐、LG等著名企业为“龙头”，奠定了开发区电子机械、生物医药、纺织化纤、轻工食品和高科技化工五大支柱产业基础。经济总量年均增幅30%以上，是杭州市最具发展潜力的区域之一。

在杭州市“构筑大都市，建设新天堂”的宏伟蓝图中，杭州经济技术开发区抢抓机遇，与时俱进，正全力打造IT产业和新药产业等新兴支柱产业。目前已初步形成移动通信、集成电路、信息家电、光电子、多层电路板和消费类电子6大基础企业，集聚起一批生物医药、天然药材研制、中西药结合创新的医药企业，有力地提升和优化了开发区产业结构，为实现开发区快速、健康和可持续发展打下了雄厚的项目基础。同时，以高教园区兴起为契机，各项社会事业快速发展，开发区城市化进程的步伐也日趋加快。

【开发区投资环境】

交通条件

建设中的钱江六桥高架穿越开发区，北部直接沪杭、杭宁两条高速公路，南部直接杭甬、杭金衢两条高速公路，同时还贯通总长为112公里的杭州市绕城公路。在开发区内设有大型互通立交桥，从而使开发区处在5条高等级公路，内通市区主干道的交通枢纽位置。

浙江省依托高速公路和专用公路为骨架的现代公路交通网络，以杭州为轴心，正实施全省“四小时经济圈”，辐射覆盖中国经济最发达的长江三角洲四省一市。人口近1亿，具有广阔的市场腹地和较高的生活消费水平。开发区处于“四小时经济圈”的轴心地位，区域优势十分明显。

开发区到上海、宁波的车程均为90分钟，从而使中国两大网际深水海港——上海港、宁波港成为杭州开发区对外海运的最佳“组合港”。

基础设施

污水处理——为开发区配套的10万吨处水能力的污水处理厂2003年投入使用。

供水——SDN1000自来水管形成双水源供水，日供水能力达到10万吨，20万吨的开发区供水工程将在2003年投入使用。

供电——11万伏10万KVA专变两座形成双回路供电。

供热——年供热能力215万吉焦的开发区热电厂提供充足的热源。

供气——液化气气化能力达到1.1万吨，拥有4000立方米储存量。

排水——敷设污水总干道。开发区按雨污水分流的原则建有排水系统。

通讯——设有6万门程控局一个。

道路——建有主次干道48公里，形成纵横畅通的区内道路网络。

【开发区发展优势】

区位优势

杭州经济技术开发区位于中国长江三角洲南翼，毗邻上海。开发区内建有浙江省高速公路枢纽中心，通过该枢纽，浙江省在2002年形成全省“四小时交通、经济、生活圈”，并同时覆盖上海市、江苏南部、安徽南部和江西、福建部分地区，总覆盖人口达1.2亿，是中国经济增长最快、市场容量最大的区域。开发区可等距离利用上海、宁波两大海港，距杭州萧山国际机场15公里，距华东最大的铁路编组站及杭州内河航运中心均在10公里以内。

人才优势

杭州素以“人杰地灵”著称，拥有全国著名的学府浙江大学等33所高等院校和30多个国家重点实验室及国家技术中心。浙江省在杭州经济技术开发区建设全省最大规模的高教园区，占地10.12平方公里，规划容纳15所以理工类、综合类为主的高等院校及13万在校学生，2000年启动建设。2001年，杭州电子工学院、浙江工程学院、中国计量学院等首批5所高校已招生开学，2002年还将有6所大学启动建设。高教园区的发展将为开发区发展提供充裕的人才资源和技术创新成果，有利于推进高新技术产业的发展。

出口优势

杭州经济技术开发区拥有规划2.92平方公里的“浙江杭州出口加工区”，实施“两块牌子，一套班子”的领导、管理体制。杭州出口加工区是浙江省惟一的国家出口加工区试点，实施“境内关外”一系列优惠政策，由海关实行封闭管理的特定区域，运行按电子报关、口岸直达方式进行。

凭藉开发区各方面的优势，杭州出口加工区第一期2平方公里于2001年5月全面建成，通过国家验收封关运作，并已有一批出口加工贸易型的境外高新技术企业落户，招商引资热潮方兴未艾。

杭州经济技术开发区海关是开发区和出口加工区的独立主管海关，对开发区和出口加工区的进出口业务提供方便、快捷、规范、有序的保障。开发区和出口加工区还专设商检、外汇、国税、银行等机构为企业提供服务。

环境优势

杭州经济技术开发区按照国际通用标准ISO14000环境管理服务体系，积极创建“国家环保示范区”，成为全国第3个以整体区域为对象实施该标准的国家级开发区，目前已通过国家环保总局ISO14001的认证。讫今开发区已累计投入基础设施建设资金21.5亿元，营造了良好的供电、供水、供热、道路、电信、排污、排雨水等“七通一平”投资发展环境；累计绿化151万平方米，使建成区内绿树成荫，绿草成坪，花团锦簇，四季长青。水环境、声环境、空气环境均达国内一流水平。

除国家和省政府赋予的优惠政策外，开发区还享有杭州市政府实施的特殊优惠政策。与此同时，开发区十分重视以法治区和提高行政效率，已形成稳定透明的政策环境、公平公正的法制环境、规范高效的服务环境、安定优美的生活环境，尽显杭州开发区投资环境的综合优势。

产业优势

依托杭州市工业基础，杭州经济技术开发区已组建成出口加工区、高新科技园区、新医港产业基地、机电工业园区、轻纺工业园区、高科技化工园区等专业生产基地，集聚效应、配套能力、产业形象大大提升。根据杭州市大力发展高新技术产业的战略要求，开发区正着力打造“信息港”和“新药港”专业园区，目前已形成信息技术的移动通信、集成电路、光电、数字家电、多层电路板及电子原器件基础；引进新药类的生物制药和天然药材研制等一批高新前沿企业。各新兴园区的建设与发展，加大了相关人才、资金、技术、信息等要素的集聚，为广大投资商营造了良好的创业氛围，同时也形成了杭州开发区“高新为主、一区多园”的产业特色优势。

宁波经济技术开发区

地　址	浙江省宁波市北仑明州西路477号创业大厦	邮　编	315800
电　话	0574—86881172　86850225	传　真	0574—86881816
网　址	http://www.netd.com.cn	信　箱	webmaster@netd.com.cn
主管部门	宁波市人民政府	招商部门	管委会投资合作局
招商电话	0574—86850220　86850225		

【宁波概况】

宁波位于中国大陆海岸线中段、经济发达的长江三角洲南翼，毗邻上海、杭州。宁波是中国对外开放城市、享有省一级经济管理权限的计划单列城市、具有制定地方性法规权力的大城市，是全国历史文化名城。全市总面积9365平方公里，总人口533万。全市辖鄞县、象山、宁海3个县，余姚、慈溪、奉化3个县级市。市区设海曙、江东、江北、镇海、北仑5个区。

宁波历史悠久，是有7000年文明史的河姆渡文化的发祥地，自古以来就是中国对外贸易的重要港口。宁波在唐时与扬州、广州并称为中国三大对外贸易港口，宋时又与广州、泉州同列为对外贸易的三大港口重镇，清代被辟为“五口通商”口岸之一。宁波港目前是中国最重要的港口之一。1999年，港口货物吞吐量9700万吨，名列中国大陆港口第二位，国际集装箱吞吐量达60万标准箱。

宁波具有发展经济的良好条件，改革开放以来，全市经济和社会得到了快速发展。1999年，全市国内生产总值1070亿元，人均国内生产总值20075元。宁波的综合实力在全国219个地级以上城市中名列第12位。宁波是中国华东地区重要工业城市和对外贸易口岸，是长江三角洲区域中心城市和工业基地。作为浙江省经济中心，宁波已形成了以电力、石油及精细化工为主，电子、冶金、建材、轻纺、食品、医药等协调发展的工业体系。目前已有4501家外资企业在宁波投资，总投资116.6亿美元，合同外资74亿美元，实际利用50亿美元，全球500强企业有26家来宁波投资。宁波曾被世界著名咨询机构评为中国大陆九个外商最佳投资地区之一。

宁波不仅是全国历史文化名城，也是全国旅游热点城市，境内山川秀丽，人文荟萃，拥有各级文物保护单位232处，其中包括有7000年文明史的河姆渡文化遗址、全国最古老的藏书楼天一阁、长江以南幸存的最古老木结构建筑保国寺、中国青瓷发源地上林湖越窑遗址、它山堰古代水利工程、镇海口海防遗址、奉化蒋氏故居等全国重点文物保护单位7处，以及天下禅宗五山之第二的天童寺，珍藏有释迦牟尼真身舍利的阿育王寺，全国五大佛教名山之一的弥勒佛道场雪窦寺，有“浙江第一大淡水湖”之称的东钱湖省级风景区和蒋氏父子故里溪口、雪窦山国家级风景区等。以宁波为轴心，东通“海天佛国”普陀山，南连天下秀峰雁荡山，西接美丽的杭州西湖，北倚上海，连接成交通便捷、设施完善的旅游网络。

宁波拥有巨大的发展潜力。宁波必将成为经济实力雄厚、对外开放度高、科学文化发达、人民生活富裕、社会风气良好、城乡环境优美的现代化国际港口城市。

【开发区概况】

宁波经济技术开发区于1984年10月经国务院批准成立，总面积29.6平方公里，是中国建区最早、面积最大的国家级开发区之一。

宁波开发区位于母城宁波市东北部，地处国内最大的深水良港北仑港后方，距离市中心约27公里。经过近20年的艰苦创业，开发区已经具备大规模开发建设的总体框架，形成了良性循环的软硬投资环境，吸引了近30个国家和地区的投资，一些世界著名跨国公司如美国EXXON、Samsonite、DOW化学、雅培医药，欧洲BP、赫斯特、曼内斯曼、易达文具，日本依藤忠、三菱、三井，兼松、丸红，韩国三星以及东南亚的金光、正大等众多国际著名企业已在此投巨资兴办企业，中国台湾天鹰电脑、旗元公司、利华羊毛、厚生胶料、见龙化学、统一食品、天鹰电脑、长荣货柜、敏孚机械、名钟机电、晶技电子、美敦文仪等70余家台资企业也在宁波经济技术开发区落户。已形成电子、机械、化学、食品、纺织印染等产业群。截至2000年8月，全区共批准外资企业共计506家，总投资43.5亿美元，协议利用外资35.5亿美元，实际利用外资13.6亿美元；其中世界500强企业17家，投资额在千万美元以上大项目87个。宁波开发区已经成为浙江省及宁波市对外开放的战略重心和新的经济增长点。

【发展思路】

继续贯彻开发区“以吸引外资为主、工业项目为主、出口创汇为主，致力于发展高新技术”的发展方针，积极推进三个结合，即利用外资和利用内资相结合，出口创汇和满足国内市场需用求相结合，发展工业和发展服务业相结合。同时不失时机地加快城市化建设。逐步实现从单一产业型向多功能型转变，形成开发区自身的特色和优势。

以提高国际、区际竞争力为目标，利用港口、基础设施和现有工业基础条件，进一步发挥要素集聚和产业延伸作用，继续发展临港型工业，加快培育和引进高新技术产业，积极扩大工业经济的总体规模。

进一步完善和发挥开发区新的经济运行机制的作用，大力促进经济结构调整、产业升级，全面提高经济运行质量。

【发展目标】

完成开发区的基础开发任务。经济发展全面实现由集聚到幅射、由单一到综合、由产业到城市化的跨越。许多经济和社会发展指标达到目前较发达国家水平。

按照国际市场规则全面建立社会主义市场经济体制。政府行为规范，企业充满活力，各项配套制度健全，为浙江省乃至全国制度创新起示范、先导作用。

全面形成以临港型工业为主体、高新技术为支柱的工业体系，其产品结构、技术结构和企业组织结构，在国内居领先水平。不仅其工业总量在宁波市、浙江省的比重明显提高，同时带动浙江工业和经济发展的作用显著增强，有相当部分企业和产品成为浙江省行业发展的龙头。

经济总量和发展速度，高于全国开发区平均水平，挤入全国开发区的前五位。

【开发区投资环境】

区域优势

宁波所处的长江三角洲地区，是中国工业城市最密集、市场体系最完善、产业门类最齐全、消费水平最高、市场容量最大、国民文化素质最高的黄金地区。与国际国内市场有着极强的接近性，外销导向的企业可以凭借北仑深水良港便捷地接通国际市场；内销导向的企业可以宁波开发区为桥头堡，逐渐向长江三角洲经济区渗透。宁波经济技术开发区毗邻国际、国内经济、金融中心——上海，在人才、信息、金融和市场营销等方面具有其他地区无可比拟的优势，特别是蕴藏着巨大的市场扩展潜力，使其对整个中国市场具有极好的控制力和传导性。长江三角洲地区人口占全国的10.6%，GDP占全国19.5%，商流规模占26.6%。仅就宁波本地而言，人均GDP达20200元，人均收入亦可与上海并驾齐驱，仅列深圳、广州之后，居全国第三位，可见其购买力之强。宁波开发区所具有的区位优势，使她成为外商进入中国市场最便捷的门户和桥梁。

港口优势

北仑港：北仑港具有水深流顺、风浪小、不冻不淤、陆域大等得天独厚的优越建港条件。港池主航道水深在50米上，20万吨级船舶可自由进出，30万吨级船舶可候潮进出。

在北仑港17.5公里长的深水岸线上，已建成了万吨级以上的泊位24座，其中包括25万吨级的原油码头，20万吨级矿石中转码头（北仑港一期），5万吨级的煤码头，3万～5万吨级的国际第三、四代集装箱码头（北仑港二期）、5万吨级液体化工码头和5万吨级的通用泊位。1999年，宁波港完成货物吞吐量达9700万吨（其中集装箱60万标箱），居我国大陆港口第二位。

北仑港已与全世界80多个国家和地区的500多个港口开通了航线。

目前中国享受优惠政策最多的宁波保税区位于开发区内，宁波市委、市政府提出了“两区联动，优势互补”的发展策略，这就使得落户宁波开发区的企业，在生产原料及制成品的进出口和设备进口方面享有多种便利和优惠，更显灵活。

人力资源

宁波开发区所依托的母城宁波市是中国大陆历史文化名城之一，向来是人才比较集中的地方。可以提供数量充足、素质良好的人力资源。全市现有530万人口，劳动力资源达到411万人，从业人员为388万人，其中国有、集体及其他经济类型单位的在职职工超过80万人。20年来，宁波市为了适应大规模经济建设的需要，竭尽全力多层次、多渠道、整体性开发各类人才。

基础设施

开发区已累计投入基础设施建设资金200多亿元，为海内外投资者在区内设厂兴业提供完善的硬件环境。

环境质量:每年投入大量经费用于环境保护，对区域内空气污染严格控制，空气污染指数API在60以下，空气质量常年保持在Ⅰ级。

电力：附近已建成投产的两个发电厂总装机容量达405万千瓦。区内建有3.5万伏至11万伏变电站10座，可对企业实行双回路不间断供电。

蒸汽：区内建有两座热电厂，保证充足的蒸汽提供。

供水：日供水能力为33万吨，年潜在供水量在1亿吨以上。

排污：区内已建有污水处理厂、污水处理站、排污泵站多个，日污水处理能力达18万吨。

通讯：区内现有9万门程控电话，IDD、ISDN、DDN等服务一应俱全。

石油液化气：区内区内有埃索公司生产石油液化气，20公里范围内有镇海炼化股份有限公司和在建的英国BP石油公司100万吨LPG中转项目。

交通运输

宁波开发区已形成了以北仑港为中心的海、陆、空立体集疏运网络。开发区紧邻北仑港。区内公路四通八达，沪杭甬高速公路直达本区，至上海全程时间为3小时。宁波栎社机场已开通宁波—中国香港、宁波—中国澳门—台北（高雄）及宁波—上海—福冈等30多条航线。北仑铁路从本区始发，经萧甬、沪杭、浙赣线，连接全国铁路网。

管理服务

宁波开发区管理委员会是宁波市政府的派出机构，按“精简、高效、统一”原则设置政府机构；

宁波开发区管理委员会拥有近20年的外资服务经验，机关员工牢固开放创新意识和服务第一的理念；

宁波开发区管理委员会拥有自行审批3000万美元以下项目的权限；

宁波开发区管理委员会对外商投资项目实行从咨询考察，洽谈签约，批准设立，直至建设运营的全方位一条龙服务，免费代办投资设厂的一切手续。

宁波大榭开发区

地　址	浙江省宁波市大榭开发区管委会	邮　编	315812
电　话	0574—86768552　86768227	传　真	0574—86768433
网　址	http://www.citic　axie.com	信　箱	citicdx@mail.nbptt.zj.cn
主管部门	中国国际信托投资公司　宁波市人民政府	招商部门	管委会经济发展局
招商电话	0574—86768969　8676922　786768848		

【开发区简介】

中信（宁波）大榭开发区位于宁波市大榭岛，与宁波港海隔相望，国家级开发区，一类开发口岸。1993年国务院同意中信公司成片开发大榭岛。开发区面积35平方公里，海岸线总长26公里，能适应20万~30万吨大型船舶进出，宜建造大型储罐及集装箱项目。

宁波大榭开发区位于全国海岸线中段，长江黄金水道和黄金海岸线的“T”型交汇点，面积为30.8平方公里。北至上海约100公里，西距宁波市中心仅40公里，距大陆最近处不到0.5公里。大榭岛处于我国四大深水中转枢纽港之一北仑港域的中部，濒临国际深水航道，有舟山群岛作天然屏障，拥有10.7公里深水岸线，具有建设国际性深水大港的优良条件。根据开发区总体规划，可建设5000~30万吨级码头30座，年吞吐能力可达1亿吨。

经过7年的开发建设，大榭开发区的水、电、路、信等基础设施已能满足建设大型港口和工业项目的需要，投资4.5亿人民币的大榭大桥已建成通车；工商、税务、海关、口岸等政府服务机构及银行、学校、医院、酒店等服务设施已能为投资者提供高效的服务和良好的工作生活条件。由BP—MOCO公司控股，总投资近1亿美元的华东液化石油汽基地站项目将于2002年6月投产，中石化控股的大榭25万吨级原油中转码头一期工程2001年8月投入运行，中信大榭开发公司投资的2万吨多用途码头已开工建设，2002年5月建成投入运行。目前，已有日本、意大利、中国台湾等国家和地区企业及中国民营企业百强中的万向集团、盾安集团、海天塑机等40多家中外企业落户。

今后，开发区将充分利用优越的地理位置和水深资源，把大榭岛建成以港口为龙头，工业为基础，出口加工、内外贸易、仓储运输为支柱，第三产业较为发达，功能齐全，环境优美，具有世界一流水平的港口和外向型经济贸易区。

【发展历程】

大榭岛位于全国海岸线中段，长江黄金水道和黄金海岸线的“T”型交汇点。距宁波市中心约40公里，距上海直线距离约100公里。东临东海大猫洋，濒临国际深水航道，西与北仑港相邻，南距大陆最近处不足500米，外围有大陆和舟山群岛作天然屏障，且水域宽阔，陆域广阔平坦，具备建设国际中转码头和大型临港工业项目的天然条件。

根据邓小平1992年南巡讲话及沿江地区经济规划座谈会精神，为进一步发挥北仑深水良港的优势，使上海浦东在开发中发挥更重要的作用，促进浙江省和长江三角洲及沿江地区的开放和建设，进一步开拓中国国际信托投资公司的业务，由原中信公司董事长、前任国家副主席荣毅仁先生亲自决策，经浙江省政府、宁波市政府和中信公司反复磋商，一致同意由中信公司对宁波北仑区大榭岛进行土地成片开发建设，于1992年11月7日签署了合作开发协议，并于1992年12月23日向国务院报送开发请示报告。1993年3月5日国务院以国函发[1993]27号文批复，同意由中国国际信托投资公司成片开发大榭岛，并实行国家经济技术开发区的政策。

中信公司开发大榭岛是一项跨世纪的宏伟工程，专门为此于1993年筹建成立了中信大榭开发公司，代表中信对大榭岛进行土地成片开发建设；同时大榭开发区设立管理委员会，作为宁波市人民政府的派出机构，代表宁波市人民政府实施政府管理职能，大榭管委会有权自行审批3000万美元以下的生产性外资项目。大榭开发区管委会与中信大榭开发公司合署办公，按照“小政府、大服务”的原则，目前已建立起一套能为投资者提供高效服务的独特管理体制。

大榭岛开发建设总体规划由中国国际工程咨询公司编制，国务院已授权浙江省人民政府批准，目前正在积极实施中。

开发目标：中信公司计划将大榭岛建成一个以港口为龙头，以工业为基础，以出口加工、内外贸易、仓储运输为支柱，第三产业较为发达、功能较为齐全、环境较为优美的港口和外向型经济贸易区。

规划功能区：港口仓储区，工业园区——出口加工区，行政商务区，居民居住区，休闲度假区。

规划岸线26公里，其中深水岸线10公里，建造5000吨级至30万吨级泊位30个，年吞吐能力可达1亿吨。

【鼓励投资导向】

1.基础设施

2.港口、码头及储运中转

3.原油、成品油、液体化工、仓储集散

4.修、造船、集装箱修造

5.石油炼制、冶金、机电产品

6.建筑材料

7.电子信息产业

8.生物技术

9.精细化工

10.轻纺加工

11.粮油、水产品加工

12.房地产

13.旅游服务等第三产业

【优势所在】

1.地理位置优越，交通便捷；

2.具有建设国际深水良港的天然条件；

3.国家赋予设立对外开放的一类口岸机构；

4.基础设施配套齐全，岛内交通与全国运输网相通；

5.管理体制独特，党政企有机结合的管理体制能提供高效服务；

6.由中信公司负责开发，有利于按国际惯例吸引国内外投资者共同开发大榭岛；

7.国家一次性批准大榭土地成批出让，项目建设用地由中信大榭开发公司办理土地转让手续即可。

合肥经济技术开发区

地　址	安徽省合肥市南郊明珠广场	邮　编	230601
电　话	0551—3811070　3812989	传　真	0551—3812940　3811889
网　址	http://www.hetac.com	信　箱	info@hetac.com
主管部门	合肥市人民政府	招商部门	管委会招商事务中心
招商电话	0551—3811070		

【开发区简介】

合肥经济技术开发区（HETA）是1993年4月成立的国家级经济技术开发区。合肥经济技术开发区是合肥现代化大城市建设的重要组成部分，安徽省对外开放的重要窗口，全国开发区行政管理体制和机构改革首家批准实施试点单位。

合肥经济技术开发区总面积约39平方公里，首期开发6平方公里。自创办以来，开发区始终以经济建设为中心，坚持改革开放，坚持发展是硬道理，奉行以现代化工业为主、利用外资为主、出口创汇为主，致力于发展高新技术产业的办区宗旨，高起点、高标准、高效益地快速推进开发建设。

合肥经济技术开发区基础设施配套完善，为国内外投资者创造良好的投资环境，众多知名公司来开发区投资兴业，佳通轮胎、日立、兆峰陶瓷、华新电工、正大、可口可乐等一批外商投资项目已进入开发区。开发区初步形成了以机械制造、化工、新型建材、食品、饲料加工等为主的现代工业格局。

2001年合肥经济技术开发区工业总产值为102亿元，国内生产总值为27.6亿元，进出口总额2.95亿美元，财政收入达4.7亿元。至2001年年底累计引进内外资项目230个，项目投资总额141.4亿元，其中外资项目89个，总投资11.15亿美元，涉及21个国家和地区，初步形成了以电子、机械制造、化工、食品等为主的现代工业格局。

芜湖经济技术开发区

地　　址	芜湖市银湖北路开发区投资服务中心大厦	邮　　编	241001
电　　话	0553—5841555	传　　真	0553—5841876
网　　址	http:// www.weda.gov.cn	信　　箱	wuetdz@mail.ahwhptt.net.cn
主管部门	管委会经济贸易局	招商电话	0553—5842987　5841768

【开发区简介】

芜湖经济技术开发区是1993年4月经国务院批准设立的国家级经济技术开发区，实行沿海经济技术开发区的优惠政策。芜湖开发区地处长江大三角的西端，占据着承东启西、连接南北的枢纽地位，区位优势明显，交通条件优越，是投资者建设生产基地、物流中心，占领华东、华中市场的黄金宝地。芜湖开发区以其完善的基础设施、优越的政策环境和优质高效的服务，吸引了国内外一批跨国公司、国内上市公司和知名大企业投资兴业，已经形成了新型建材、汽车及零部件、电子电器三大支柱产业群，生物工程、信息网络等高科技产业蓬勃发展。

开发区基础设施完善，在已开发的16平方公里区域内，实现了道路、供水、供电、通讯、供热、供气、排水及场地的七通一平。开发区宽带通信网、环区液化气管道已建成运营，区内热电厂正在建设之中，绿化覆盖率达32%。目前已修建道路40多公里，建设各类厂房、公建配套设施等房屋面积140万平方米。

到2001年底，已有8家世界500强、15家国内上市公司进区投资，德国西门子威迪欧公司、可耐福公司、基伊埃公司、法国道达尔公司、日本日立公司、三木特纸公司、美国凌通公司、泰国正大集团、马来西亚太平洋公司、中国台湾的台塑集团、台泥集团等一批跨国公司，海螺集团、科龙集团、美的集团、实达集团、铜都铜业、风华高科、通化金马、鑫科材料等一批上市公司和一汽集团、扬子集团、荣事达集团等一批国内知名企业纷纷纷进区。有100多家工业企业建成投产。2001年实现工业总产值120亿元，开发区已成为芜湖市主要经济增长区域。

【产业及区域优势】

经过多年的努力，开发区已成功地吸引了一批著名企业来区投资。美的、日立、科龙、凌通等一批国内外著名空调制造企业相继进区投资;开发区汽车制造产业也已经形成规模，上汽集团奇瑞公司生产的轿车成功地推向了市场。龙头企业的快速发展为进区投资配套产业提供了巨大的发展空间，到2001年为止累计进区的空调配套企业已达20多家，汽车配套企业达10多家，大批高水平、多门类的配套企业纷纷进区发展，强化支柱产业的集聚效应，已成为开发区新的投资热点和重要的经济增长点。

芜湖是安徽省最大的沿江城市，风景优美，气候宜人，距长江入海口仅380公里，处于沿海开发向内地梯度推进的交汇处，拥有国务院批准的国家级沿江开放城市、对外籍轮开放港口和经济技术开发区等三个国家级政策优势。

【发展概述及展望】

2001年是开发区继续实现大发展的一年，各项主要经济指标大幅增长，全年实现GDP41.2亿元，比上年增长23.0%。

1.招商引资。2001年开发区招商引资取得显著成效。全年协议引进工业项目33个，实际利用内资22.1亿元，合同利用外资8836万美元，同比增长41.9%。

2.工业生产。2001年开发区坚持以发展工业为主，加强服务管理力度，取得了显著成效。实现工业总产值120.6亿元。同比增长42.0%。其中新建规模以上企业实现产值102.1亿元，同比增长62.2%；实现利润总额9.0亿元，同比增长1.81倍。

3.内外贸易。2001年开发区进出口贸易继续保持稳定发展的势头，实现进出口总额6404万美元，比上年增长33.0%。区内大企业的快速增长，长江大桥的建成通车，使开发区对内贸易更加活跃，物流更加顺畅。

4.固定资产投资。2001年开发区完成固定资产投资总额13.8亿元，是建区以来最好的一年。全年施工项目37个，其中当年新开工28个，竣工21个。美的制冷三期、风华高新、海螺五期、华亨汽车部件、华辰网业、鹤壁天元等一批重大项目建成投产。

5.高新技术。2001年开发区继续坚持科技兴区战略，区内高新技术产业得到快速发展。2001年技工贸总收入达52.1亿元，比上年增长78.0%。科技创业中心继续扩大建设孵化规模，入驻企业已达50多家，芜湖软件园已建成运营。

6.社会事业。2001年随着开发区经济建设取得巨大成就，开发区的社会事业也得到新的发展。2001年开发区劳动就业人数持续上升，新增就业人数4000多人。

7.2001年开发区的一些主要经济指标在全市所占的比重继续提高。国内生产总值占全市的18.5%，合同利用外资占全市的56.5%，新建规模以上工业企业产值占全市的49.5%，对全市的增长贡献率达80.5%。

8.2002年展望。2002年开发区将投资4亿元，按照新的规划向北、向东开发，推进凤鸣湖周边地区和出口加工区的开发建设。进一步加大招商引资力度，招大商，引巨资，使三大支柱产业进一步聚集扩张，生物制药、软件信息等新的战略性产业快速成长。预计2002年全区GDP有望突破50亿元，工业产值有望达到160亿元以上。

福州经济技术开发区

地　址	福建省福州市马尾君竹路172号	邮　编	350015
电　话	0591—3983129　3988305	传　真	0591—3682346
网　址	http://www.fdz.com.cn	信　箱	mwwlzx@public.fz.fj.cn
主管部门	福州市人民政府	招商部门	管委会经济发展局
招商电话	0591—3682686		

【开发区简介】

福州经济技术开发区（以下简称开发区）地处中国福州马尾，位于福建省闽江出海口，是国务院批准对外开放并享有特殊优惠政策的14个沿海开放城市经济技术开发区之一，设立于1985年1月，工业开发面积16平方公里（首期为4.4平方公里，1993年1月经国务院批准延伸扩大至10平方公里，开发区规划向闽江口方向延伸，工业开发面积扩大至16平方公里），是我国唯一集国家级开发区、保税区、台商投资区和科技园区于一体的对外开放区域。1996年8月，国家交通部选定以开发区为主依托的福州港作为中国台湾海峡两岸货物定点直航试点口岸。

10多年来，开发区着力营造国际化的投资环境，投入大量资金进行了基础设施建设，已开发了具备兴建现代工业项目条件的土地10平方公里，引进了一批包括国际上著名跨国公司在内的40多个国家和地区的投资者在开发区内投资，形成了以电子、光机电仪一体化、生化制药、机械冶金、建材、轻纺和食品等门类为主的工业体系，并向贸易、旅游、运输金融等第三产业和现代农业拓展，呈现出强劲的发展势头。开发区管委会致力于建设人与自然和谐的环境，通过了ISO14001环境管理体系认证。独特的人文地理优势和良好的投资环境吸引了众多投资者在此创业并获得成功。福州开发区已成为福建省享有开放政策最多、外商投资最密集、经济发展最具潜力的对外开放区域。

【开发区投资环境】

人力资源

福州市现有各种科研机构100多个，高等院校23所，普通中学、职业中学和中等专业学校360多所，有各种专业技术人员6万多人。全市每年大专以上毕业生1万多人，并且还有大批的技工学校和各种中短期职业培训班毕业。马尾地区有普通中学、职业中学、国际学校、技工学校和中等专业学校20多所，可为开发区输送大批高素质的劳动者。另外，每年有大批的外省地大学、研究生院毕业生进入福州人才市场求职，为开发区提供丰富的专业技术人才资源。

邮政通讯

开发区是全国最早实现长途电话自动化的城区。现建有市话母局2座，模块局2座，程控交换总容量近5万门，可直拨国内外各主要城市和地区。用户还可申请办理数据业务（电子商务、分组交换、数字数据网DDN、帧中继业务、INTERNET、ADSL）、图文传真、移动电话、无线传呼以及智能业务。邮政枢纽已开展国内、国际邮政特快转运业务。

管理与服务体系

福州经济技术开发区管委会代表政府对全区行使管理职能，简化外商投资项目审批程序，实行项目登记制、办事限时制、机关政务“红灯”呈报制、企业预警报务制和外商投资企业接待日制度等，优化了投资软环境。口岸单位配套齐全，货物进出口便捷。区内有各种金融分支机构30多家，具有良好的金融保险服务环境，还设有会计师事务所、律师事务所、审计师事务所、职业介绍所、房地产交易所等服务机构。

区位优势

福州经济技术开发区地处中国东南沿海，南临港澳，距中国香港492海里，往上海433海里，是珠江三角洲与长江三角洲经济发达地区的中间连接点，同时背靠辽阔的腹地，其辐射范围可扩展闽、浙、赣、湘等数省，陆域面积50万平方公里，人口近2亿，创造的国内生产总值占全国的1／5。这一带是中国对外开放最早、经济最繁荣、市场发育较完善的地区之一。

福州经济技术开发区依托的福州市及周边地区是一个人口密集、经济繁荣、交通便利、工商业发达、市场购买力强、发展潜力大的黄金地带，对整个中国市场具有很强的影响力和传导性。

对台优势

1.福州经济技术开发区东濒中国台湾海峡，与中国台湾仅一水之隔，马尾港至中国台湾基隆港149海里，朝发夕至，是中国大陆离中国台湾最近的国家级开发区。目前，福州马尾港是中国台湾海峡两岸直航试点口岸，具有开展对台经贸得天独厚的人文、地理优势；区属企业马尾轮船公司的“闽远1号”、“通兴”轮返还于福州马尾港与中国台湾高雄港之间进行货物运输，实行“两岸三地”航运方式后，将实现大陆货物“可通关可入境”的真正直航。自2001年1月2日马祖507名香客首次直航马尾后的多次来访和8月2日马尾经济文化交流合作中心理事长张秋率团直航马祖，实现了马尾与马祖之间的人员来往和交流。

2.福州经济技术开发区处于海峡两岸经贸、科技交流与合作桥头堡的特殊地位，是海峡两岸的产业衔接区域，尤其是在电子信息与通讯技术等高新技术产业及两岸贸易、航运、旅游、农业等领域具有良好的合作基础；随着台资项目不断增多，投资日益增长，特别是集团公司的挺进和与马祖签订了《福州马尾—马祖关于加强民间交流与合作的协议》，极大地促进了福州开发区对台经贸合作与交流，为在闽江口建立“海峡两岸经贸合作区”奠定了良好的基础。

3.地处福州马尾港的福州保税区是“境内关外”特殊区域，与中国台湾出口加工区功能、性质相近，政策优势互补，可以实行“中国台湾接单，福州生产；中国台湾开单，福州提货；福州接单，福州生产”的多种两岸经贸合作形式；福州保税区还设有台货进出的“绿色通道”和“集装箱专用堆场”，台货可通过保税区方便、快捷进入国际市场。

港口优势

中国大陆十大集装箱港口之一——福州港的主体港地处福州经济技术开发区内，是闽东南和闽江流域的主要货物集散地，1996年8月，被国家交通部、外经贸部确定为中国台湾海峡两岸货运定点直航的试点口岸之一，现共拥有万吨级码头泊位13个（其中集装箱专用码头3个，国际客运码头1个），已开辟日本、菲律宾、新加坡、中国香港等40多个国家和地区航线，年吞吐量达1500万吨。港口的国际集装箱业务已与世界上最大的集装箱码头经营公司——新加坡港务集团合资，采用国际上先进的集装箱生产管理系统，货物进出十分方便快捷。

【政策优势】

福州经济技术开发区是中国大陆唯一集国家级开发区、保税区、台商投资区和高科技园区于一体的对外开放区域，享有多种功能区的复合政策优势。

福建福清融侨经济技术开发区

地　　址　福建省福清融侨经济开发区管委会　　邮　　编　350000
电　　话　0591—5228360　5222237　　传　　真　0591—5218034
网　　址　http://www.fqrq.doe2e.com　　信　　箱　fredz@publ.fz.fj.cn
主管部门　福清市人民政府　　招商部门　管委会经贸发展局
招商电话　0591—5377819

【开发区简介】

福清融侨经济技术开发区创建于1987年，其前身为省级工业区，1992年10月21日经国务院批准成为国家级经济技术开发区，规划控制面积 28平方公里，目前已开发面积10平方公里。融侨经济技术开发区凭借法规完善、政策开明、位置优越、设施完备、多侨近台等诸多优势，成为海内外客商竞相投资的热土。

融侨开发区已具规模，全区累计批准外商投资企业303个，总投资18.31亿美元，共创产值696.26亿元，出口额57.5亿美元，上交税金10.19亿元（未含关税）。2001年区内三资企业工业产值计划165亿元，出口交货值12亿美元，上交税金3.6亿元。

融侨开发区地处福建省闽江口“金三角”南部、著名侨乡福清市的西部，是中国大陆距中国台湾最近的国家级开发区，区位优势明显。国道福厦路和省道人真路、福北路穿区而过，北距（长乐）国际机场45公里；福厦高速公路南北贯穿全区，行车仅需半小时即可抵达省会福州。建区10年来陆续投资建设区内道路为开发区运输提供切实的保障。开发区东连国家一类口岸，已建第一个3万吨级泊位的无洪码头，南有国家二类口岸3000吨级的融侨集装箱码头。

开发区内电力供水充足，通讯便捷，建有 110KV变电站 3座，日供水10万吨自来水厂1座；程控电话容量达万余门，并开通移动电话、无线寻呼、邮政特快专递等业务。开发区为海内外客商在融安居乐业，配套建设了高级酒店、公寓、休闲娱乐场所及医院、学校等，设立了海关和联检机构、银行、电信、供电等。

福建东山经济开发区

地　　址　福建省东山经济开发区管委会大楼　　邮　　编　363400
电　　话　0596—5856867　5861007　　传　　真　0596—5852790
网　　址　http://www.detdz.com　　信　　箱　jfj@detdz.com

【东山简介】

东山岛地处福建南端，介于厦门与汕头两个经济特区之间，东去高雄141海里，南下中国香港210海里。东山港是国家级对外开放一类口岸，是大陆距中国台湾最近的口岸之一。东山岛素有“东海绿洲”之美称，是福建重点旅游区，拥有丰富的创汇农业及海洋水产、硅砂矿产资源。东山是重要侨乡，也是台胞主要祖居地之一。改革开发以来，东山围绕建设港口旅游城市的目标，致力于深化改革，扩大开发，形成了东山经济技术开发区、旅游经济开发区、港口开放区、创汇农业试验区整岛全方位开放的格局，成为福建省对台对外经贸合作的重要“窗口”。

【开发区简介】

东山经济技术开发区于1993年1月经国务院批准设立，总规划面积10平方公里。主要规划为工业用地、商贸用地、生活用地、公建用地等功能区，具有工业综合开发区特色。现已完成首期3.5平方公里工贸启动区的开发建设，至2001年12月已累计批准外资企业85家，合同外资52384.9万美元，实际利用外资30631万美元；累计批准内资项目121个，总投资7.2456亿元，形成以电子工业、食品工业、轻型工业、新型建材等为主的支柱产业。开发区以创造优良的投资环境为已任，以灵活、优惠的政策吸引投资，力争在不久将来建设形成一个新型的滨海港口工业城市。

南昌经济技术开发区

地　址　江西省南昌市昌北枫林大街　邮　编　330013
电　话　0791—3805600　3805606　3805604　传　真　0791—3805611
网　址　http://www.nc-tdz.com

【开发区简介】

南昌经济技术开发区是江西省唯一一家经国务院批准的国家级经济技术开发区，建设和管理面积88.6平方公里，重点开发的工业园规划建设面积18平方公里，开发区坚持“吸收外资为主，兴办工业为主，出口为主，致力于发展高新技术”的方针，按照南昌市“一江两岸”城市发展战略，将其努力建成具有自身特色和优势的高新技术产业基地，大产业、大公司配套制造业转移基地；大专院校、科研机构科技成果转化基地；科技人才、留学人员创业基地。经过9年建设，尤其是2001年以来，开发区进入高速发展时期，落户企业数量骤增。目前，已形成一定规模，截止2001年，到开发区投资的国家和地区近20个，内外商投资项目300余个，总投资达50亿元，形成了一批以清华科技园、光电科技园、信息科技园、煤炭科技园和国际汽车城为支柱和特色产业的高科技和外向型企业。

【发展优势】

1.开发区具有明显的区位优势。位于南昌市赣江北岸的昌北新城区，与南昌老城仅一江之隔，被誉为南昌“浦东”，有新八一大桥等3座现代化桥梁与老城相连。京九铁路、昌九高速公路纵贯全区，105、316、320国道在区内交汇，江西最大的航空港——昌北机场建在区内，区内还建有江海联运的集装箱码头。

2.开发区政通人和，具有良好的服务法制环境。江西省、南昌市政府高度重视开发区建设，视其为全江西省对外开放的"桥头堡"，全市经济"增长极"，决心举全市之力办好开发区。区管委会是一个精简高效的管理机构，享有市级规划、土地、投资等经济管理和审批权限，开发区设有统一登记办证中心，在全国率先实现了项目投资审批制改登记制，限时3天内办完登记注册、工商执照，限时7天内办好土地证。同时组建经济"110"服务投诉中心，对进区企业提供随时服务。

3.开发区具有诱人的优惠政策。为使企业在开发区投资成本最优、回报最快，进区企业除了可享受国务院关于国家级经济技术开发区的优惠政策以外，还可享受一系列富有地方特色政策，尤其是管委会为引进客商专门制定的"86"条特别优惠政策。

4.开发区具有较好的科教基础，有很强的智力依托。区内拥有江西财大等36所大中专院校和10多所科研机构，可为进区企业产品研发和培训员工提供极好条件。

5.区内资源丰富，规划功能齐全。区内具丰富的电力、水力资源，建有4座变电站，总容量20.3万千伏安，建有2座电信大楼，装机容量5万门，建有2座自来水厂，日供水能力10万吨，这些资源优势可充分转化为经济优势。与此同时，区内土地资源也十分丰富，生活、生产配套服务功能比较全，分为五大功能区：红谷滩市级行政中心、商贸金融区、风景旅游区、工业园区以及高校科研区，其建设格局大，吸纳项目能力强，无论是工业、旅游，还是商贸、房地产等项目在此均有可为。

6.开发区基础设施日臻完善。近年来，开发区加大了基础设施投入，工业园区框架已由原来不足1平方公里迅速扩大至10平方公里，并全部实现"五通一平"，可满足进区企事业生产和生活需要。

【投资导向】

南昌经济技术开发区积极培植家电、建材、食品、制药、汽车配件等五大支柱产业，致力于发展高新技术产业。另外分步实施临江商贸金融住宅区和森林公园风景旅游娱乐区的开发建设，发展教育、文化、卫生、体育、金融、证券、保险等事业。

青岛经济技术开发区

地　　址	山东青岛开发区长江中路369号泽润大厦	邮　　编	266555
电　　话	0532—988933　6988966	传　　真	0532—988989
网　　址	http://www.bestinvest.org	信　　箱	propro@bestinvest.org
主管部门	青岛市人民政府	招商部门	管委会经济发展局
招商电话	0532—988625		

【开发区简介】

青岛经济技术开发区是国务院1984年10月批准设立的首批国家级经济技术开发区之一。全区划分为重化工业区、临港工业区、加工工业园区、国际贸易区、高效观光港口区、旅游度假区和行政商务中心区七个功能区。开发区建设16年来，累计投入基础设施建设资金160多亿元，现已初步形成了以现代化港口、重化工业、电子家电、生物制药、国际贸易、旅游度假为主要特色，集开发区、保税区、高新技术产业区和旅游度假区四位于一体的现代化新城区框架，投资环境日臻完善。

代表性的企业有:以三美、松下、海尔、海信、澳柯玛为代表的电子家电产业;以太阳玻璃、金晶玻璃、印华地砖为代表的建材产业;以高合、日毛、罗纳普郎克为代表的化纤产业;以国风药业、三生生物、国大生物、双龙制药为代表的医药产业;以轻骑摩托、颐中汽车、北海修造船为代表的机械产业。在开发区已经形成了电子、建材、石油化工、机械、医药、旅游等产业框架。全区人口30万人。其中，劳动力16万人，占总人口的70%，是非常年轻化的新城区。至2001年6月底共引进大中专毕业生26000多人，其中本科学历6500多人，硕士以上学历175人，博士26人。

开发区建区以来已有来自52多个国家和地区的客商前来投资,截止到2001年11月,累计批准三资项目1231个,合同外资32.1亿美元,实际利用外资17亿美元。过千万美元的大项目118个，过亿美元的大项目3个。

【区域地理优势】

1.港口：位于青岛开发区内的前湾港为天然良港，水深域阔，不冻不淤。目前已建成一期工程的6个矿石、煤炭泊位，和规模居亚洲第一、世界第二的20万吨级矿石码头，年吞吐能力3820万吨，已成为我国五大煤炭出口基地之一和北方最大的矿石转基地。可以停靠10万吨级煤船和20万～25万吨级大型矿石船舶。

与英国铁行集团合资1.76亿美元兴建的前湾港二期集装箱码头已进入运营期，这里可以靠泊第五代和第六代集装箱运输船，年设计规模可达150万标准箱,目前前湾港已成为远东地区的煤炭、杂货、集装箱和矿石重要集散地之一。

位于前湾港北侧的两座黄岛油港，是中国目前规模最大、设施最先进的原油、成品油输出输入码头之一，年设计通过能力3000万吨，停靠过30万吨级的油轮。

2.铁路：青岛开发区至胶州的胶黄铁路已建成通车，全长42公里，与青岛至济南的胶济铁路接轨。

3.公路：青岛开发区至青岛市区的环胶州湾高速公路全长66公里，已于1995年竣工运行。这条高速公路连接济南至青岛高速公路和烟台至青岛一级公路。同三高速公路黄岛段2001年下半年动工建设。区内道路四通八达，形成网络。全区通车里程达168.2公里，硬化总长度109.35公里，公路密度达到76.5公里 / 百平方公里，公路硬化率达到95.7%。

4.空港：青岛开发区距青岛国际机场53公里，汽车行程约50分钟。机场为民航等级4D，开通国际、国内航线65条，每周300多个航班，其中国际和地区航线9条。有13家中外航空公司参与运营，是国家批准对外开放的一类航空口岸。

5.渡轮：青岛开发区至青岛老市区有轮渡和快船相通，渡轮30分钟，快船12分钟即可抵达彼岸。

6.海湾大桥：连接青岛开发区与青岛老市区之间的海湾大桥，已经国家计委批准立项，即将动工兴建。建成后将成为青岛开发区和青岛市新世纪的标志性建筑，成为连接青岛开发区和母城青岛的黄金通道。

7.通讯:青岛开发区拥有10万门程控交换机，可提供国内国际电括服务以及电报、传真、信息数据传输业务。各项通讯技术达到国内先进水平。开发区信息港是以专业从事计算机网络信息服务及网络集成为主，经营中国公用计算机互联网（CHINANET）、中国公众多媒体通信网在青岛开发区的业务。以推进青岛开发区信息产业的进步、完善开发区信息化基础设施，向广大用户提供全方位的Internet服务为已任，以丰富完善的中国电信网络为依托，采用世界先进技术水平的设备平台，已拥有了逾千条连接电话中继线与各种高速数据专线的接入能力，为用户提供满意的服务。近期开始电信面向商务楼、写字楼用户推出的信息化大厦宽带接入服务，采用光纤到大厦及对大厦进行结构化布线的方式，把整座写字楼直接接入到中国电信宽带网，从面对商务楼实现“千兆到大楼、百兆到楼层、十兆到桌面”的全程全网的高速畅通，为写字楼用户提供真正高达10M或100M的高速接入Internet服务；同时，还便于企业用户组建自已的城域网，移动电话已达到了无缝隙覆盖。

8.供水：青岛开发区拥有日供水能力10万吨的供水能力。从棘洪滩水库向开发区输水10万吨的供水工程2002年建成并投入运行。

9.排水：青岛开发区南城区拥有日处理4万吨污水的泥布湾污水处理厂及配套排污设施。北城区日处理4万吨污水的镰湾河污水处理工程建设前期工作已经完成，即将建成并投入运行。

10.供电：青岛开发区的电源来自山东省电力网。区内的黄岛发电厂，现有2台21万千瓦、2台12.5万千瓦机组运行，装机容量67万千瓦，是山东省四大火力发电厂之一。新增装机容量60万千瓦的扩建工程正在筹建。开发区电力充足，输电配置合理。

11.供热：青岛开发区实行集中供热，目前锅炉容量285吨／小时。主蒸汽管线60公里，汽水热交换站11座。已投产使用的有3×20吨／小时和4×75吨／小时锅炉系统。其中为二期6×75吨／小时锅炉系统配套建设的150米烟囱、上煤系统、沉淀池已建成投产。目前，在黄岛老城区利用黄岛电厂余热，供热面积160万平方米的集中供热工程正顺利实施，青岛开发区为用户提供管道天然气、管道液化石油气及罐装液化气。

【配套服务体系】

1.人才优势：区内现有大专院校4所，分别为山东科技大学、青岛建工学院、青岛职业技术学院、青岛滨海职业技术学院。现有在校学生15000余人，2002年毕业学生约为2400人。区内现有职业中专（高中）16所（其中5所为学历教育），在校学生约为6000人。区内有各类培训机构11所，可随时根据企业的不同需要，为企业培训员工。青岛开发区大力推进素质教育，优化新区教育结构，营造出了良好的教育环境。现有高等院校4所，中小学42所，在校生3万人，教职工2100人。全区民办教育发展迅速，现有32所私立学校，每年可为三资企业提供大批高素质的劳动者。区内的海宾职业学院是教育部批准的首批民办高校。

南洋发展集团在青岛开发区投资1.5亿元人民币兴建占地300亩总建筑面积6万平方米的青岛南洋国际学校，1999年9月1日已正式开学，是胶东地区规模最大、档次最高的民办学校，许多外商子女已入校就读。

2.医疗保健：青岛开发区现有医院5所，卫生监督和疾病控制等机构5处，副高级以上专业技术人员83人，中级专业技术人员248人。已形成了医疗、预防、康复、保健、科研为一体的完善的医疗保障体系，医疗设施先进，拥有螺旋CT、核磁共振、直线加速器、800ma大型X光机、彩色多普勒超声诊断仪、自动生化分析仪、人工肾、动态心电监护仪等先进诊疗设备。有设施和技术力量完备的“120”急救中心、中心血库和网上远程会诊中心、肿瘤诊疗中心和骨伤诊疗中心。

3.文化生活：青岛开发区投资兴建了大型科技文娱中心，设有大型图书馆。区内还设有电视台、有线电视台和广播电台，拥有自办的《开发区报》和全国刊号的《沿海经贸》杂志。公园、油画院、电影院、书店、游乐场、游泳馆、舞厅等文化生活娱乐设施齐全。

4.居住:青岛开发区现有旅游涉外宾馆多家。迎宾馆、黄岛宾馆、太平洋大酒店、海都大酒店、怡隆大酒店的特色餐饮以及保龄球馆、网球场、门球场、游泳馆、影视城、跑马场、游乐场等休闲娱乐场所相配套，大型高尔夫球场正在建设之中，是旅游、度假、生活的理想场所。

5.金融、保险:随着青岛开发区的发展建设，区内银行、保险等服务体系日趋完善，目前驻区的金融机构主要有人民银行、工行、农行、中行、建行、交行、中信银行、商业银行以及农村信用社。驻区保险机构主要有中国财产保险公司、中国人寿保险公司、太平洋保险公司和平安保险公司。证券机构有青岛万通证券交易营业厅。

威海经济技术开发区

地　址	山东威海经济开发区黄山路建设大厦	邮　编	264205
电　话	0631—5980099　5980030	传　真	0631—5982200　5980098
网　址	http://www.eweihai.net.cn	信　箱	wesd@public.whptt.sd.cn
主管部门	威海市人民政府	招商部门	管委会经济发展局
招商电话	0631—5980066　5980600		

【开发区简介】

威海市是中国著名的港口及旅游城市，是中国沿海开放城市之一，是中国第一个“国家卫生城市”，是中国首批“国家环境保护模范城市”之一，是全国投资硬环境40优城市，也是全国综合经济实力50强城市，威海市现辖三市三区，即荣成、文登、乳山三个县级市和环翠区、经济技术开发区、高新技术开发区，总面积5436平方公里，其中市区面积731平方公里，总人口245.09万人，其中市区人口48.5万人。

威海经济技术开发区是1992年经国务院批准设立的国家级经济技术开发区，行政辖区面积72平方公里，已规划面积36平方公里。总人口6万。经过10年多的建设，区内建成了出口加工区、科学工业园区、金融贸易区、中国台湾电子工业园、生活居住区和旅游度假区等多种功能小区，集生产、生活、旅游于一体，成为投资兴业的理想之地。该区已成为中国经济发展最快、投资环境最佳、最具有国际竞争力的区域之一。

建区以来，威海经济技术开发区始终保持着良好的发展势头，国家内生产总值、财政税收等主要经济指标平均每年都以40%以上的速度递增，用了第一批国家级开发区一半的时间，经济总量跃居全国开发区的中游水平，工业产值增长速度居全国第一，国内生产总值增长速度居全国第三，成为全国国家级开发区中经济发展速度最快、经济运行质量最好、投资回报率最高的开发区之一。

截止目前，已建设了出口加工区、留学生创业园、清华紫光工业园、中国台湾电子工业园、日本食品工业园、个体私营经济工业园、中兴工业园、化工工业园、建材工业园以及加工贸易园。已批准进区外商投资项目309个，总投资10多亿美元，其中1000万美元以上的项目达到20多个，投资者涉及美国、韩国、日本等20多个国家和中国香港、中国台湾地区，培植形成了汽车、机械、电子、纺织、化工、医药、建材8大支柱产业。

面向21世纪，威海经济技术开发区管理委员会一直坚持这样一个信念:作为服务者和开发者，要把威海开发区建成投资者的乐园。威海开发区管委会将发挥政府职能、完善的市场经济体系，使各种要素市场运行有序、迅速发展。健全法律法规体系，使政府管理透明化、宽松化。

在新的世纪，威海开发区将继续发挥原有的资本引进型经济增长方式的重要作用，尽快形成新的科技创新型经济增长方式，以获得开发区持续高速发展的新的动力，通过走“科技兴区”之路，使威海开发区的经济和社会发展再上新水平。威海开发区已经成为威海市最大的经济增长点，有力地推动了威海经济的总量增长和结构调整。

【基础设施】

从建区开始，威海经济技术开发区就坚持“高起步、大投资、超前性”原则，全力做好基础设施建设和能源保障。已经在区内完成基础设施投资70多亿元人民币，建成了电厂、煤气厂、污水处理厂、热电厂，在20平方公里的起步区内实现“七通一平”，形成了道路、桥梁、雨污水处理、热力、电力、燃气、自来水、通讯、交通等一整套基础保障，城市综合服务功能不断提高，为经济的持续发展提供了条件。 在全国国家级经济技术开发区投资环境评比中，威海经济技术开发区城市基础设施指标居全国第一。

交通——威海开发区已形成完善的交通体系，与大连现代化的海、陆、空立体交通网络紧密连接。 是我国北方重要的开放城市和对外贸易的“桥头堡”。

海运——威海有3个国家一类开放口岸、两个二类开放口岸。港口设备齐全、功能完善。国家一级开放港口威海南港居开发区内。区内建有5万吨级的液体码头、2万吨级的集装箱码头、2万吨级的煤炭专用码头、万吨级的通用泊位和5000吨级的客运泊位。目前已开通了威海至中国大连、韩国仁川的客货运输班轮和至中国香港、日本的货运班轮。

铁路——威海桃威铁路直接进入华东铁路网，进而通过中国铁路动脉胶济铁路与全国铁路网相连。开通了至北京、济南、青岛等地的客运列车。铁路延伸至主港区，联合运输能力大为增强。

公路——威海公路四通八达，主干线全部实现了高等级化，公路网密度是全国平均水平的3倍。拥有青威、烟威两条全封闭高等级汽车专用路。

空运——开发区距一小时车程内，有两个机场。已开通汉城、大阪、中国香港、北京、上海、广州、哈尔滨、深圳、成都、武汉、南京、温州、牡丹江、济南等23条客货运航线，每周航班120多个航班。

供水——区内日供水能力10万吨。

供电——威海发电厂位于区内，总装机容量为205万千瓦，85万千瓦的发电机组已投产发电。

供热——开发区实行企业和居民集中供热，2座热力站的供汽能力为170吨 / 小时。

污水处理——开发区实行雨水和污水分流。污水处理厂目前具备日处理污水2.5万吨的能力，正在兴建的国内先进的污水处理工程日处理能力可达到10吨以上。

通讯系统——区内通迅事业发达，装机容量1.9万门的程控电话枢纽工程可沟通与世界100多个国家和地区的直接联系。可提供国内、国际电话服务及电报、传真、无线通信、电话、信息数据传输等多项业务。通讯线路多少可以根据企业要求安排，没有任何限制。

供气——区内管道燃气供应充足，威海市煤气厂日供气能力为16万立方米。

烟台经济技术开发区

地　址	山东省烟台市经济开发区长江路1号	邮　编	264006
电　话	0535—6377777　6396111　6396659	传　真	0535—6396999
网　址	http://www.yeda.gov.cn	信　箱	yeda@public.ytptt.sd.cn
主管部门	烟台市人民政府	招商部门	管委会经济发展局
招商电话	0535—6372346　6377777		

【开发区简介】

烟台经济技术开发区是1984年10月经国务院批准兴办的首批14个国家级开发区之一，1985年3月动工建设。规划面积36平方公里，目前在建区28平方公里，建成区16平方公里。累计完成固定资产投入185亿元，其中基础设施投资21亿元。2001年，全区GDP、工业总产值、工业利税，分别完成60亿、130亿和10亿元；实现预算内财政收入8亿元，完成外贸进出口总额8.3亿美元。

烟台开发区地处中国东部美丽的山东半岛，环境优美，气候宜人，年平均气温12℃左右。北部是山东省级金沙滩旅游度假区，度假区内社区服务体系完善，康复医疗体系完备，吃、住、行、旅游、购物舒心便利。腹地自然资源丰富，所依托的烟台市是中国著名的渔业基地、苹果之乡、樱桃之乡、黄金之乡。货物进出通道便捷，是国家启动建设的沿海重要交通枢纽，中国南北“黄金大通道”、南北横跨10省45市的“同江 - 三亚”高速公路穿区而过；从开发区到火车站、港口9公里，到机场20分钟的路程。

烟台开发区在建区内实现“九通一平”，主干道路框架延展到36平方公里范围；日供水总量5万立方米，工业、生活用水满足供应；供电能力达到20万千伏安，双回路供电；拥有现代化通信设施2处，交换机容量达15万门。结合国家交通主枢纽建设，正在建设1.2平方公里的烟台物流园。另外，开发了与投资配套的标准厂房和办公、生活设施，以及国际学校、涉外医院和金融、保险机构等，被国家环保总局和联合国环境署定为全国工业园区环境管理示范园区，是山东省第一家通过ISO14001环境管理体系认证的区域。

烟台开发区在投资政策方面，借鉴中国特区政策，除享受国家及省、市赋予的优惠政策外，还制定了税收、土地、收费等鼓励投资的特殊政策；办事程序方面，一般项目不出区便可以办妥手续，项目审批注册可在3~7日内完成；同时，投资者可以享受投资服务机构提供的全程陪同式和全程免费代理式服务；配套服务方面，法制、工商、税务、海关、商检等职能机构配套齐全，会计、审计、律师、公证等各类中介机构服务完善。烟台开发区兴建科研机构50多家，引进科研人员1000多人；承担国家和省“火炬计划”76项，新产品开发项目186个，其中20项达到国际先进水平；拥有各类技术人员8000多名，中高级职称人员2000多名，其中博士和硕士200多名。1996年成立的留学人员创业园区，被国家科技部、人事部、教育部、外国专家局确定为“国家留学人员示范区”；国家人事部批准组建了博士后科研工作站。目前，已有80多名留学人员进驻创业，兴办项目80多个，年产值4亿多元、利税2亿多元。

烟台开发区已有25个国家和地区的客商前来投资，兴办外资项目500多个，项目总投资31亿美元，合同外资额17亿美元，实际利用外资13亿美元；世界500强企业有13家进区落户。投产工业企业270多家，集中形成了机械汽车零部件、电子信息、化纤纺织、生物医药等主导产业，培育发展了LG通讯、大宇重工、氨纶股份等龙头企业，创出了LG手机、大宇挖掘机、金丝波格钢琴、荣昌肛泰等名牌产品。

【开发区产业政策】

以工业项目为主、吸收外资为主、产品出口为主 ,致力于发展高新技术产业。

鼓励发展高新技术产业和国家鼓励外商投资的产业。着力发展汽车、机械、电子信息、精细化工、医药及生物工程、化纤纺织及服装加工、食品、轻工、新材料等行业，同时加快吸收外资开发第三产业，形成整体产业优势。

鼓励发展投资规模较大的工业生产项目，实行大中小项目并重的原则，着重构筑大工业基地的框架。着力引进跨国公司，建设跨国公司的研发、制造基地。

鼓励发展外商独资和外商投资比例较大的项目，积极探索国际上通行的合作方式。

鼓励产品外销但不限制内销，产品销售方向完全由投资者根据市场需求来决定。

郑州经济技术开发区

地　址	河南郑州经济技术开发区（航海路东端）	邮　编	450047
电　话	0371—6781251　6781252	传　真	0371—6781248
网　址	http://www.zz-economy.gov.cn	信　箱	zzetda@public.zz.ha.cn
主管部门	郑州市人民政府	招商部门	管委会招商局
招商电话	0371—6781589		

【开发区简介】

郑州经济技术开发区创办于1993年4月，2000年2月13日被国务院批准为国家级经济技术开发区。郑州经济技术开发区在河南省各开发区中名列前茅，是中原地区扩大开放、吸引外资、扩大出口的前沿阵地，是河南省、郑州市的外商投资基地、工业经济结构调整基地和高新技术产业发展基地。

建区近10年来，在开发区12.49平方公里的规划区域内，设立了工业区、仓储区、混合区、生活区等功能区，基础设施覆盖面积已达7平方公里，实现了“七通一平”。5平方公里的起步区内布满了项目，累计批准进区项目300多家，形成了电子信息、电力器材、印刷包装、食品加工等四大主导产业。

为加快省会郑州的城市化进程，发挥郑州市东部第三产业发达、娱乐设施、科研机构、金融机构、高档住宅、教育机构相对集中的优势，河南省委、省政府、郑州市委、市政府决定建设一座现代化的新城区——郑东新区，以此促进郑州市商贸城建设和经济发展。郑州经济技术开发区以其良好的区位优势、交通优势、环境优势、产业优势和发展前景成为郑东新区强有力的产业支撑地，郑东新区的开发建设也必将带动开发区的快速发展。

按照国家关于经济技术开发区“三为主，一致力”（即以工业为主，以外资为主，以出口创汇为主和致力于高新技术）的发展方向，开发区确定了以现代工业为基础、以高新技术为先导、以第三产业为推动的内陆开发区发展战略。着眼于新世纪，开发区立志建成河南第一、中西部一流、全国知名的经济技术开发区，提出了“面向新世纪，建设智能园”的发展目标，用10～15年的时间，把开发区建设成为集知识经济、科学管理、可持续发展为一体的现代化新城区。在扩大开放、吸收外资、发展高新技术、改革创新等方面发挥示范、辐射、带动作用，成为高新技术产业、外向型经济居主导地位的现代工业园，成为发展持续强劲的经济增长点，成为体制创新、管理创新、技术创新的科学园，成为经济与环境协调发展的文化生态区。

【开发区发展优势】

区位优势

郑州经济技术开发区归口国家外经贸部管理，河南省分管领导为张以祥副省长，郑州市分管领导为王福成副市长。从国家到地方的各级领导都对开发区的发展给予极大的关注，省市领导不间断地到开发区视察，为开发区协调和解决发展中遇到的问题和困难。

作为河南省惟一一家国家级经济技术开发区，拥有国务院赋予国家级开发区的一系列扩大开放、吸引外资、鼓励出口、发展高新技术产业的优惠政策，可以对符合产业政策和导向的内外资项目给予有力支持。这些条件均可为企业进一步拓展业务提供极大的方便，同时在国家级开发区设厂，会为企业带来更多的宣传影响。为拉大郑州作为我国九大区域性中心城市的总体框架，加快省会郑州的城市化进程，发挥郑州市东部第三产业发达、娱乐设施、科研机构、金融机构、高档住宅、教育机构相对集中的优势，河南省委、省政府、郑州市委、市政府决定在郑州东部建设一座现代化的新城区——郑东新区，以此促进郑州市商贸城建设和经济发展。郑州经济技术开发区被确定为郑东新区产业发展基地，它将以其良好的区位优势、地理优势、环境优势、产业优势和发展前景成为郑东新区强有力的产业支撑地，而郑东新区的开发建设也必将带动开发区的快速发展。到2050年，郑州城区面积将达到350平方公里，人口达到1000万人，城市化水平达到80%以上。

交通优势

郑州以“米”字为骨架向四周延伸，河南将形成京珠、连霍为骨架，连接周边省份和省内各市地的高速公路运输网。因此在河南建立基地性企业，不仅可以辐射本省各中小城市，而且对周边六个省市有着极强的辐射、传输和配送能力。

郑州经济技术开发区处于金三角地带，周围铁路、公路、航空等设施配套齐全。距新郑国际机场22公里，仅15分钟车程；距陇海线上的圃田车站3公里；距国家一类铁路口岸——郑州铁路货运东站2公里；距郑州公路货运中心站1.5公里。京广铁路、陇海铁路、107国道、机场高速公路、环城公路、京珠高速公路环绕开发区四周，区内主干道即郑州市的迎宾大道——航海路。区内道路已连接成网，通往外部的道路四通八达。经开第三大街、第八大街2002年将北延至郑汴路，与郑州市规划建设中的郑东新区主要道路连通。

东距开发区四公里的京珠高速公路也是国家规划“两纵两横”高速公路建设的重中之重，京珠高速公路与连霍高速公路相连，形成一个连接西北、东部沿海、华北与南方各省份的“黄金十字道”，在全国公路运输网中的地位举足轻重，无可替代，2003年将建成通车。届时，从首都北京到河南境内形成一条全封闭高速运输大通道，大大提高河南与首都及华北地区的运输能力。

土地资源优势

郑州经济技术开发区位于昔日的黄河古道上，属黄河泛滥冲积区，93.6%以上都是非耕地，符合国家土地开发政策，有一次性征用1000亩地以下的权限，可以为入区企业提供配套条件良好的大面积基建用地，并提供充足的发展空间。

配套优势

郑州经济技术开发区基础设施依托母城郑州形成了大配套格局，功能完善，配套齐备，可以满足大型和超大型项目以及外资项目进区建设的特殊要求。区内格林度假山庄、郑州市网球中心、可容纳30000人的郑州市航海体育中心、启明文化广场、风筝广场、占地180亩的开发区中心广场、紧临开发区的高尔夫球场等均可为投资者提供娱乐、休闲场所。

中国银行、建设银行、商业银行等金融机构已经进入开发区，这将为入区企业融通资金提供方便。

服务优势

开发区确立了“宁肯自己千辛万苦，不让企业一事为难”的服务宗旨，实行项目进区代办员负责制，全程代办开发区洽谈成熟项目所需办理的一切进区手续，做到了“企业提供资料，中心全程办理”。开发区的项目进区联席会议制度，由招商局主管主任主持，区内各相关职能部门负责人参加，负责协调解决项目进区前期涉及的项目审批、规划、环保、消防、土地、建设、工商、税务等有关问题，提高办事效率，加快项目进区速度。此外，每周六由区管委主任主持，召集各个局长定时召开协调办公会，进一步解决区内企业遇到的各类问题。开发区还为入区企业不断提供项目合作、融通资金、技术支持、企业上市等后续服务工作。

政策优势

郑州经济技术开发区管理委员会是郑州市人民政府的派出机构，享有市级经济管理权限和部分省级经济管理权限。作为河南省唯一一家国家级经济技术开发区，拥有国务院赋予的一系列扩大开放、吸引外资、鼓励出口、发展高新技术产业等优惠政策。

形象优势

郑州经济技术开发区在内陆各开发区中第一个、在全国开发区中第三个全面导入CI（城市形象识别系统）。开发区的形象标志：由汉字“州”字变形成大海扬帆抽象造型图案所构成，同时也代表着国家级经济技术开发区“三为主，一致力”的建区方针。蓝色部分象征中州厚土在改革开放的今天一改旧貌变成一片生机勃勃、通向世界、通向未来的海洋，也象征着开发区带着远古文明丰厚的底蕴走向以海洋文明为象征的现代文明。红、黄、绿色船帆象征以高科技为主，集多种功能为一体的国家郑州经济技术开发区，朝着建“中国一流、中西部第一”的目标乘风破浪、扬帆远航。

武汉经济技术开发区

地　址	湖北省武汉市经济技术开发区沌阳大厦	邮　编	430056
电　话	027—84891006　84892700	传　真	027—84891934　84899673
网　址	http://www.wedz.com.cn	信　箱	wetdz@public.wh.hb.cn
主管部门	武汉市人民政府	招商部门	管委会招商局
招商电话	027—84891006		

【开发区简介】

以“21世纪现代城市新区”为目标，武汉经济技术开发区致力于塑造一个与国际惯例和国际市场接轨的投资环境。经过十多年的开发建设，开发区投资环境日臻完善，经济实力迅猛发展，已成为中国内陆最具吸引力的投资区域之一。

武汉经济技术开发区创建于1991年5月，1993年4月经国务院批准为国家级经济技术开发区。2000年4月，经国务院批准，在区内设立了中国中部地区唯一的出口加工区。开发区位于武汉市西南，毗邻长江，318国道贯区而过，有铁路专用线连接京广线，离市中心15公里，交通便捷，自然环境优美。

开发区规划面积31平方公里，前期已开发18平方公里。区域远期控制规划面积90.7平方公里，发展腹地广阔、区位优势明显。

开发区基础设施完善。已形成双水源供水、双回路供电、煤气、蒸气、通讯、道路、铁路、排水等基础设施一应俱全。开发区产业特色鲜明。以东风汽车公司与法国雪铁龙公司合资的年产30万辆轿车项目为龙头，一大批国外跨国公司及国内著名企业纷纷来区落户，形成了以汽车及汽车零部件为主、食品饮料、机械、电子、信息、医药、生物工程等产业蓬勃发展的多元化发展格局。成为我国中西部投资规模最大、发展最快的国家级经济技术开发区。

随着我国加入世贸组织和国家西部大开发战略的实施，全国新一轮开放开发热潮正在到来。武汉经济技术开发区将牢牢抓住这一历史性机遇，进行新一轮大发展，以高标准、高起点建设好“一区多园”（出口加工区、高科技产业园、民营工业园和高科技农业园）为重点，努力把开发区建设成为开放型、多功能、现代化、国际性的武汉新区。

长沙经济技术开发区

地　址　湖南省长沙市东郊星沙镇　　邮　编　410001

电　话　0731—4011101　4012685　　传　真　0731—4016143

【开发区简介】

长沙经济技术开发区位于湖南省会长沙市东郊星沙镇，创建于1992年8月，2002年2月被国务院批准为国家级经济技术开发区，规划控制面积38.6平方公里。

长沙经济技术开发区地处湖南省“五区一廊”经济开发带的黄金地段，既是湖南省级重点开发区、长沙市整体规划中的卫星城，又是湖南省星沙特别招商区、长沙（国家）高新技术产业开发区星沙工业高科技园和长沙县新县城所在地，具有广阔的开发开放前景。

得天独厚的区位优势、完善配套的基础设施建设赢得了国内外投资者的特别青睐。截至2001年底，开发区已与国内外、省内外企业和个人签订了投资项目339个，合同总投资145亿元；引进企业106家，其中三资企业40家，内资企业66家，合同总投资4.81亿元，到位资金3.85亿元。区内形成了以光南摩托、三一重工、大众汽车、长沙一汽为主体的先进机械制造产业，以LG曙光、长海视听、中芯数码为主体的电子信息产业，以华天铝业、长沙力元新、瑞翔为主体的新材料产业，以中粮可口可乐、长沙娃哈哈、荷兰泰松、喜瑞来速冻系列为主体的食品饮料产业，以金沙利彩印、金和包装为主的轻印等五大产业格局。至2001年底，区内累计完成总产值220.5亿元，实现利税31.48亿元，出口创汇8874万美元。开发区现已组建6个居民委员会，辖区人口近6万人。

【投资导向】

1.电子信息技术及产品：微型电子计算机软件及硬件；先进的广播、电视、通讯技术及设备；新型电子元器件及相应的新材料；智能仪表；光纤维电缆。

2新材料开发及应用：超导材料；储能材料；非晶、微晶合金；精细陶瓷材料及产品；新型高分子材料；特种纤维材料；特种玻璃及镀膜；金属基复合材料；树脂基复合材料；陶瓷基复合材料；工程塑料；无缝钢管；高岭土开发及应用防腐技术及材料；卫生材料及其他行业的新材料。

3.生物工程及产品：微生物的应用技术；生物药品的开发制造；糖化酶；蛋白酶；酶制剂；增产菌；食用菌的开发及生物农业等。

3.高效节能技术及产品:能源的回收及充分利用技术;新能源的开发及应用;太阳能应用技术及产品;节能降耗技术及产品;能源转换、输送、贮存新技术及其产品;火力发电厂;核电厂。

4.光、机、电一体化技术及产品:光、机、电一体化技术的开发及应用;工业控制自动化技术;测量、控制技术;传感器;机、电、液一体化技术及装置。

5环境保护技术及产品:工业“三废”处理技术;能量回收及降低排污技术;城市垃圾处理技术及装置;城市污水处理技术及设备;用于检测环境净化程序、处理各种污染环境有害物质的仪器、设备、装置等高新技术及产品。

6化工技术及产品:盐化工，高效低污染化肥;双甲工艺新技术。

7.基础设施及文化娱乐设施建设:城市供水、供电、排污、道路建设工程;文化娱乐设施;园林、绿化、游乐、教育、卫生、体育等公共设施项目。

8.传统产业基础上应用的新技术、新工艺、新材料。

9.其他高新技术产业。

广州经济技术开发区

地　　址	广州经济技术开发区管委会大楼	邮　　编	510730
电　　话	020—82212242　82210132　82214917	传　　真	020—82212242
网　　址	http://www.getdd.com.cn	信　　箱	web@getdd.com.cn
主管部门	广州市人民政府	招商部门	管委会经济发展局
招商电话	020—82224516		

【开发区简介】

广州开发区是首批国家级开发区。成立至今，已实现合同利用外资80多亿元，实际利用外资50多亿元，生产性企业700多家，其中世界500强跨国公司有近70家在广州开发区落户，涉及投资国别和地区达30多个，已形成光电子、生物医药、特种钢、汽车、食品、饮料、精细化工、电子及电器制造、机械制造、包装材料等为主的产业链。广州开发区累计实现工业总产值2700多亿元，是广州重要产业基地和经济增长点，各项主要经济指标在全国先进开发区中名列前茅。

广州开发区拥有全国唯一的“四区合一”管理模式，国家级经济技术开发区、高新技术产业区、出口加工区、保税区，可根据投资者的不同需求，提供不同的服务和政策优惠。

广州经济技术开发区是1984年经国务院批准成立的首批国家级对外开放区域之一，也是目前中国办得最好的开发区之一。于1984年12月28日奠基，总规划面积约30平方公里，由西区、东区、永和经济区三个部分组成。

广州高新技术产业开发区(简称广州高新区)是1991年3月经国务院批准成立的首批国家级高新技术产业区之一，目前总规划面积47.44平方公里，由广州科学城、天河科技园、黄花岗科技园、民营科技园、南沙资讯科技园组成。

广州出口加工区是2000年4月国务院批准成立的首批15个出口加工区之一。规划面积3.05平方公里。国家设立出口加工区旨在对加工贸易企业实行“优化存量，控制增量，规范管理，提高水平”，更好地与国际惯例接轨。首期90万平方米已经实现封关运营。

广州保税区于1992年5月13日经国务院正式批准设立，1993年5月10日，广州保税区海关隔离设施顺利通过检验，启动运营。封关仅5年多时间，完成基础建设投资约10.3亿元，形成“六通一平”等设施和市政配套设施框架。它属于广州市城市总体发展规划的第三组团，是广州东南部发展规划的重要组成部分。

由于广州开发区、广州高新区、广州出口加工区、广州保税区都是经国务院批准的国家级的对外开放功能区，四块牌子，一套机构，这种“四区合一”的管理架构，目前在全国是唯一的，具有体制、开发、资源得天独厚的资源优势。

以广州经济技术开发区、广州高新技术产业开发区、广州出口加工区、广州保税区为主体的广州东部国家级经济功能区是广州发展的主要经济增长点，是推动广州东部地区工业化、城市化的主要力量。

广州构筑“都会区”的基本发展战略为:南拓、北优、东进、西联。都会区由旧城大组团、南翼大组团、东翼大组团、北翼大组团构成，呈多中心、网络型的空间结构。旧城大组团建设成为广州传统的城市商业贸易中心、环境优美的历史文化名城;东翼大组团以高新技术产业为导向，建设成为广州制造业的基地;南冀大组团发展基于信息网络技术和知识经济的新兴产业，建设综合性新城区;北翼大组团集中发展航空运输业、现代化物流业、仓储业、无污染轻型工业、都市型农业，增强交通枢纽、生态屏障功能。

广州市政府决定，今后以广州经济开发区为主体按城市功能进行广州东部的规划，广州东部将建设成为:

1.能够适应广州作为华南大中心城市和现代化区域中心城市目标要求的新城区；

2.最适宜创业、居住的绿色生态新城;

3.产业结构优化，能配合全市15年基本实现现代化战略目标的新区域;

4.广州市外向型经济的主要基地;

5.管理体制和经济运行先进地区。

广州开发区管理体制优势。一套管理机构，覆盖四个区域，机构高度精简，同时区管委会是广州市政府的派驻机构，依法享有市一级的经济管理权限，管理层次少、工作效率高。

广州开发区毗邻港澳，地处华南对外开放前沿，对外开放程度高，与国际接轨早，离国际市场近，便于开展对外经济技术交流与合作。广州出口加工区是由海关监管的特殊封闭区域，实行“一次通关、一次审单、一次查验放行”的全新通关模式，通关方面的优势十分明显。

广州开发区地理位置优越，交通便捷，广深一级公路、广源快速路、广深高速公路、广州环城高速公路、广汕公路以及广深铁路、广梅汕铁路交汇于此，可以十分便捷地到达白云国际机场以及未来的新机场、广州东站和广州火车站；华南最大的集装箱码头——黄埔新港、国家一类口岸——穗港客运码头位于开发区区内，从广州开发区乘高速船到中国香港仅需一个半小时。

加入WTO,广州开发区的投资、创业环境将从过去的“仿真”状态转变为“全真”国际环境。在高新技术、现代服务业的宽广领域，广大客商将会在开发区捕捉到众多先机。展望“十五”，全区经济、科技将力争实现跨越式发展。预计到2005年，全区工业总产值将超过1000亿元，技工贸总收入达到600亿元，开发区综合经济实力继续保持全国开发区前列，高新区进入全国高新区10强行列；一个以高新技术产业为先导，以现代工业为主体，以附加值高的智能型第三产业为支撑的现代化、国际化的综合型经济区将崛起在广州东南部。

惠州大亚湾经济技术开发区

地　址	广东省惠州市大亚湾开发区管委会	邮　编	516081
电　话	0752—5577760　5579462	传　真	0752—5577620
网　址	http://www.dayawan.gov.cn	信　箱	hzdywic@pub.huizhou.gd.cn
主管部门	惠州市人民政府	招商部门	管委会招商局
招商电话	0752—5572269　5577773		

【开发区投资环境】

地理位置

惠州大亚湾经济技术开发区于1993年5月经国务院批准设立，开发区位于广东省惠州市南部，东邻汕尾，西接深圳，陆路距中国香港60公里，海路距中国香港中环码头47海里，到广州、汕头、珠海、中山、佛山、东莞等发达城市均不超过300公里；待澳深沿海一级公路完工后，距深圳市区仅36公里。开发区属于京九铁路沿线经济带和广东省经济最发达、最活跃的珠三角经济区范围，是我国和广东省要优先发展的地区之一；此外，从到亚太各中心城市的航线距离看，还处在亚太经济圈的中心位置。

自然条件

大亚湾开发区陆地面积265平方公里，海域面积488平方公里，海岸长51公里，这里地势平坦，淡水和建材资源丰富，可供开发利用的土地达150平方公里，且耕地少，人口密度低，适宜进行大工业连片开发；大亚湾海域宽、航道短、淤积少、风浪小、屏闭性好，是中国华南地区不可多得的天然深水避风良港，全面开发可建大小泊位200多个，其中万吨级以上泊位110个，10万吨以上泊位20个，年货物吞吐量可达1亿多吨。

规划目标

开发区的规划目标是“惠州中心城市的重要组成部分，以发展临海型大工业为主，逐步发展远洋港口，协调发展旅游业的外向型、现代化的城市化地区”。

按城市功能区分，未来的大亚湾将具有六个城市区域：南面滨海区和荃湾半岛是一个功能齐全、客货两运的现代港区;东面的霞涌是一个旅游、商住区;霞涌和中心区之间是大型的石化区,位于中部的中心区将是一个行政、金融和商贸的中心;西南的西区将是一个钢铁工业城和高新技术工业区。西南海滨区、山区和海岛还有待规划。

预计在未来20年内,大亚湾将发展成为一个新兴的港口工业明星城市,大亚湾将成为中国香港的重要分流港和京九铁路南端最便捷的出海口,并极有可能与中国香港、深圳优势互补,组成一个世界级的主枢纽港群;将成为广东省主要的大型石化、钢铁工业基地和东部沿海工业走廊的发展核心;将成为我国兼有海洋、海岛旅游、山地探险和大工业旅游特色的重要旅游城市;还将通过两条工业走廊与惠城区连接,形成以惠州大亚湾为中心区的功能齐全的组团式现代化城市。

开发区重点扶持产业

1.基础设施建设,港口、码头、公路、铁路建设及水、电、通讯建设等;

2.电子、精密机械、汽车制造及零配件、船舶、机电等;

3.石油化工中下游产品加工、化纤、塑料原料、精细化工、纺织等;

4.中高档家用电器、服装、食品、饮料、农副产品、海产品深加工等;

5.沿海、岛屿、山林等旅游资源的开发、旅游景点的建设等;

6.以高级工业厂房为主的房地产综合开发,三高农业等;

7.与大工业相配套的金融服务业和第三产业。

广州南沙经济技术开发区

地　址	广东省番禺市南沙进港大道蝴蝶洲花园	邮　编	511458
电　话	020—84688220　84688120	传　真	020—84687763
网　址	http://www.nansha.gov.cn	信　箱	nansha@panyu.gd.cn

【开发区简介】

1993年5月12日,国务院批准设立广州南沙经济技术开发区。南沙开发区位于广东番禺市的东南部。珠江出海口虎门水道西岸,循水路距中国香港38海里,距中国澳门41海里,陆路距广州54公里,东与东莞市虎门镇隔海相望,西与中山市、顺德市接壤,处於穗港澳城市经济圈的中心位置,是在建设的穗深珠高速公路的交汇处。

经过几年的开发建设,南沙开发区的基础设施已初具规模,营造了一个良好的投资环境。1996年7月23日,国务院批准南沙开发区为一类对外开放口岸;1997年11月20日,国家批准在南沙开发区设立全国高技术产业化中试配套(南沙)基地;同年,南沙开发区又跻身於全国投资环境优秀开发区别50强行列。

得天独厚的地理位置、优越的自然条件和良好的投资环境,吸引了许多中外客商前来投资。目前,南沙开发区已迎来18个国家和地区的206家外商投资企业，如美国通用电器、德国巴斯夫等世界著名的跨国公司也先后落户南沙。

广州南沙经济技术开发区依据其得天独厚的地理位置和优越的自然条件，确立了用15年左右时间，建成一座以深水港口为中心，交通运输、工业加工和第三产业齐头并进，功能齐全，布局合理，环境优美，具有世界水平的现代化中等海滨城市的发展目标。

湛江经济技术开发区

地　　址　广东省湛江市人民大道中路二号桥　　邮　　编　524022

电　　话　0759—3380334　3380011　　传　　真　0759—3380349

网　　址　http://www.zetdz.gov.cn　　信　　箱　invest_zjda@163.net

主管部门　湛江市人民政府　　招商部门　管委会经济发展局

招商电话　0759—3380334

【开发区简介】

湛江经济技术开发区（简称湛江开发区）于1984年11月经国务院批准成立，是全国首批14个沿海开放城市经济技术开发区之一，是实行类似特区的优惠政策和新型管理体制的经济技术区域，规划总面积9.2平方公里。湛江开发区管委会是湛江市人民政府的派出机构，代表市政府对开发区的工作实行统一领导和管理。

湛江开发区以国家产业政策为导向，坚持“以工业为主，以吸引外资为主，以出口创汇为主，致力于发展高新技术产业”的办区方针。经过18年的开发建设，已初具规模，成为湛江市一个布局合理、功能齐全、设施完善、环境优美、最具活力的新兴经济区。

围绕新世纪发展战略目标，湛江开发区将努力扩大对外经济技术合作，进一步提高利用外资的质量和效益，重点发展高新技术产业，建立与国际经济相接轨并能参与国际经济大循环的市场经济体系，形成更大规模、更高层次的对外开放格局和适应经济国际化的管理服务系统，进一步完善投资环境，大力发展高新技术产业和信息产业，把湛江开发区建设成为粤西地区高新技术产业基地，并集金融、信息及国际贸易加工于一体。

湛江经济技术开发区内现拥有工商企业近1000家，高新技术企业数十家。基本形成生物医药、化工材料、机电通讯、纺织服装、办公用品及设备、农副产品及食品等产业为主的工业体系。

【开发区投资环境】

市场优势

湛江开发区地处中国北部湾经济圈的中心地带，背靠幅员辽阔的大西南，与中国最大的经济特区海南省隔海相望，东受经济发达的珠江三角洲经济辐射，西与广西相连，是中国西南大市场货物进出口的集散地和枢纽通道。湛江开发区的母城湛江市拥有630多万人口，是一个经济繁荣、交通便利、工商业发达、市场容量大、购买力较强的极具发展潜力的黄金地带。

地理位置

湛江开发区坐落在湛江市区中心，母城湛江市是全国“投资硬环境40优”城市及“全国城市综合实力50强”之一，湛江市位于中国大陆的最南端、广东省的西南部，居粤、桂、琼三省的交汇处，东临南海，西临北部湾，南与海南岛隔海相望，北靠大西南，是中国大西南的主要出海口，亦是中国大陆通往南亚、非洲、欧洲、大洋洲和中东航程最短的对外贸易口岸。

物产资源

湛江三面环海，海岸线长1556公里，占广东省海岸线长的46%，10米等深线内浅海面积48.9万公顷。热带、亚热带资源和海洋资源十分丰富,已探明储量的矿产25种。 海水珍珠产量居全国之最，拥有全国最大的桉树生产基地和剑麻基地，蔗糖、花生、橡胶及亚热带水果芒果、菠萝，各种鱼类和虾、蟹、鲍鱼、蚝等海产品的产量居广东省前列，发展加工工业具有很大的优势。湛江市旅游资源也非常丰富。

管理服务

湛江开发区管理委员会代表湛江市人民政府实行区域行政管理，广东省人大常委会颁布的《湛江经济技术开发区条例》从法律上确立了开发区管委会的管理职能。管委会以经济建设为中心，招商引资为重点，致力于完善投资环境和促进经济技术发展。全区上下“亲商”意识浓厚，并以政策优惠、机构精简、运作高效和服务优质赢得国内外投资者的好评。开发区内金融、海关、检验检疫、保险等服务机构齐全，按国际惯例为投资者提供“一条龙”优质服务。

交通条件

湛江开发区具有得天独厚的海、陆、空交通网络，距湛江港、火车站、飞机场仅3~4公里。

湛江港是中国十大枢纽港口之一，拥有5个装卸作业区，24个万吨以上泊位（含一个5万吨级油码头），与世界100多个国家和地区通航。开发区内的霞海港也是经国务院批准的对外开放港口，目前，已有2个5000吨级泊位，是小宗货物进出口的理想码头。

湛江民航机场为4D级机场，可起降波音737、757客机。已开通中国香港、北京、上海、广州、深圳、重庆等20多条航线，每月有上百个航班。

湛江有黎湛铁路、三茂铁路与国家铁路干线京广铁路相连接，粤海铁路即将通车，通过铁路运输，湛江的货物和旅客可达全国各地。公路纵横成网，四通八达，广州至湛江的高速公路已部分通车。

基础设施

湛江开发区位于湛江市霞山、赤坎两个老城区之间，区内交通、通讯、供水、供电、供气和污水处理等设施完善，已具备了整体开发和吸引大项目的配套条件。有日供水2万吨、5万吨的水厂各一座；有变电站一座，全区由广东省电网及规模120万千瓦的湛江电厂供电；区内建有电信、宾馆、酒楼、市场、学校、医院、体育馆、娱乐场所、住宅区等生活配套设施，环境舒适，社会治安良好。

南宁经济技术开发区

地　　址	广西南宁市江南路76号	邮　　编	300457
电　　话	0771—4516161　4516293	传　　真	0771—4516162
网　　址	http://neda.gxi.gov.cn	信　　箱	nndev.zo@163.net
主管部门	南宁市人民政府	招商部门	管委会招商局
招商电话	0771—4516161		

【开发区简介】

南宁经济技术开发区创建于1992年，2001年5月经国务院批准为国家级经济技术开发区。南宁经济技术开发区位于广西壮族自治区首府南宁市南部，是南宁市通往北海港、钦州港、防城港和凭祥等边境城市的必经之地，交通十分便利。开发区规划面积为10.796平方公里，总体控制面积为148平方公里，首期开发面积9.46平方公里，已建成区7.68平方公里，累计固定资产投资总额45.5亿元，其中基础设施投资额19亿元。目前入区企业已达232家，其中外商投资企业62家（投资1000万美元以上的有5家，3000万美元以上的有1家，世界500强企业投资项目3个，合同外资总额5.8亿美元，实际利用外资金额1.8亿美元），内资企业170家（注册资本10.6亿元，投资总额38.7亿元），已形成以汽车配件、印刷制版、精细化工、食品加工等为主导的产业群、产业链。2001年全区完成工业总产值16亿元，国内生产总值5.4亿元，工业增加值4.8亿元，实现财政收入0.8亿元，进出口总额达0.2亿美元。开发区是南宁乃至广西地域内技术、资金、人才最为集中的区域之一，是南宁市经济发展最具活力的地区。

开发区处于南宁市邕江的中游，属于亚热带季风气候，环境优美，四季宜人，阳光充足，雨量充沛，霜少无雪，年平均气温21.7度，年平均降雨量1300毫米。开发区距市中心4公里，距南宁港6公里，距南宁国际机场15公里，现有国内、国际航线数十条，南宁铁路货运编组站、南宁客运南站在开发区内。有数条公路和铁路贯穿开发区而过，其中有2条国道、2条高速公路将开发区与全国各地及越南等东南亚各国连接起来。

开发区坚持“三为主，一致力”的发展方针，配套发展保税仓储、商品集散市场、物流中心、房地产、学校、旅游等多功能综合性项目，区内有日供水30万吨的水厂一座，装机容量24万KVA的变电站一座，日处理污水10万吨的污水处理站一座，程控电话装机容量1万门的电信分局及医院、金融、综合商场等配套服务设施。开发区实行“一区三园”的管理模式，北区以引进外资、高新技术企业为主，中区主要体现综合服务功能，南区以私营工业园为特色，三区功能互补，产业布局合理，所开发的土地皆达到“五通一平”，符合现代工业发展的需要。

开发区实行特区式封闭管理体制，行使市一级管理权限，实行一站式审批、一条龙服务。开发区独特的区位优势，完善的基础设施，良好的投资环境，强劲的后发优势，将成为国内外广大客商投资的热土。

重庆经济技术开发区

地　　址	重庆市经济开发区万寿路2号	邮　　编	400060
电　　话	023—62982932　62982929	传　　真	023—62982636　62982745
网　　址	http://www.cetz.com	信　　箱	webmaster@cetz.com
主管部门	重庆市人民政府	招商部门	管委会经济贸易发展局
招商电话	023—63982780		

【开发区简介】

重庆经济技术开发区于1993年经国务院批准设立，是中国西部地区最早设立的国家级经济技术开发区。开发区分为南部园区和北部园区，分别地处重庆市南岸区南坪地区和渝北区鸳鸯地区。南部园区规划面积9.6平方公里，已形成住处产业工业区、丹桂工业区、回龙工业区、罗厂湾生活区。北部园区将建设加工区、汽车产业区、科技产业区和中央商务区，规划面积50平方公里。

开发区以其优良的投资环境和优质的服务，吸引着纷至沓来的中外投资者。截止2000年，全区共计批准外商投资企业285家，投资总额达到13.45亿美元，其中投资额上千万美元的项目24个，世界500强企业和著名跨国公司11家。

重庆经济技术开发区管委会，受重庆市人民政府委托，在开发区范围内行使管理职权。按照“一个窗口对外”的原则，实行特别简化的办事程序和特殊的优惠政策，为投资者营造一个能够参照国际惯例进行投资、经营管理的一流投资环境和提供高效、优质的全过程服务。

成都经济技术开发区

地　　址	四川省成都经济技术开发区龙都南路3号	邮　　编	610012
电　　话	028—4853233　4853592	传　　真	028—4872887
网　　址	http://www.cdetdz.com	信　　箱	cdetdz@mail.sc.cninfo.net
主管部门	成都市人民政府	招商部门	管委会招商局
招商电话	028—4853233　4853280		

【开发区简介】

成都经济技术开发区是根据中共中央、国务院关于扩大内陆地区对外开放，保护成都平原优质耕地和历史文化名城，加快中西部地区经济发展的精神，于1990年7月创办的，2000年2月，被国务院正式批准为国家级经济技术开发区。

开发区位于成都市东郊的龙泉驿区，总体规划面积26平方公里，规划的区域是国务院批准的成都市城市总体规划明确的城市向东发展重点区域。

作为四川省唯一的国家级经济技术开发区，四川省和成都市将它定位为“省、市对外开放，城市和经济建设的重点，科技创新、结构调整、产品升级的工业基地，未来的开放型、科技型、生态型新城区”。

开发区经过10多年的开发建设，累计投入基础设施建设资金14亿多元，道路、通讯、供水、供电、供气等基础设施，已基本具备现代化大工业进区建设的条件。通过加强软环境建设，创新管理体制，初步建立起了与国际投资惯例接轨、适应市场需要的高效管理服务体系。目前，开发区已有欧美、东南亚、中国港澳台等10余个国家和地区的400多个项目进区建设，初步形成了以机械、电子、光学制品、新型建材、医药及食品加工为主的产业结构。

贵阳经济技术开发区

地　　址	贵州省贵阳经济开发区黄河路443号	邮　　编	550006
电　　话	0851—3833531　3830813	传　　真	0851—3830813
网　　址	http://www.geta.gov.cn	信　　箱	geta@cnuninet.com
主管部门	贵阳市人民政府	招商部门	管委会经济贸易局
招商电话	0851—3830813		

【开发区简介】

贵阳经济技术开发区位于贵州省省会贵阳市中心区南部，辖区总面积共63.13平方公里，首期开发面积9.55平方公里，已建成区规划6.5平方公里，人口12万，其中企业职工超过6万人，工程技术人员7000人，是贵州省最集中的航空、航天、机电加工工业基地。

开发区大力发展已具有一定规模的以光机电一体化、生物食品及生物医药为特色的龙头产业；加大电子信息产业、现代高效农业、新材料及新型建材业、环境保护产业等领域科技成果转化的力度，强化辐射功能，加速产业化发展的进程；引导和鼓励服装服饰业、商贸业等运用现代高新技术加予改造提高；带动风险投资、中介服务、文化传播以及教育培训等产业的发展。

【发展思路】

贵阳经济技术开发区管委会审时度势，明确提出开发区的开发建设要紧紧抓住西部大开发、国有企业改革与发展、国家级开发区建设这三大机遇；充分发挥地理环境优越、工业基础雄厚、基础设施完善这三大优势，认真抓好经济结构调整；切实做好壮大第二产业与发展第三产业、提高第一产业相结合，招商引资与国有企业改革相结合，建设新区与盘活现有存量相结合；坚持以工业项目为主、引进外资为主、出口创汇为主，致力于发展高新技术，努力实现现代化都市新区、现代化都市特区、现代化农业示范园区三大目标。

昆明经济技术开发区

地　址	云南省昆明经济技术开发区昌宏路	邮　编	650021
电　话	0871—7275011　7275008	传　真	0871—7275005
网　址	http://www.ketdz.gov.cn	信　箱	ketdz@public.km.yn.cn
主管部门	昆明市人民政府	招商部门	管委会经济发展局
招商电话	0871—7275011		

【开发区简介】

昆明经济技术开发区（以下简称“开发区”）始建于1992年，是经国务院批准的国家级经济技术开发区。总规划面积13.5平方公里，已建成4平方公里。开发区坐落在昆明城市东部，具有良好的区位优势、政策优势和环境优势，是未来5年昆明城市重点开发的新区域。

开发区的发展目标是把开发区建设成为云南重要的技术成果孵化和辐射的基地；传统产业改造、新兴产业培植的基地;进出口贸易及加工的重要基地。随着开发区出口加工区、数字化园区、科技创新园等项目的开发建设，开发区将成为集科技开发、生产制造、商贸服务、文化生活为一体，服务一流、环境优美的现代科技工业园区。

开发区距离昆明国际机场2公里。昆明国际机场为中国五大航空港之一，开通国内航线70多条，国际(地区)航线8条，年吞吐量800多万人次。

开发区距离昆明火车站3公里。从昆明乘火车经贵昆线、成昆线、南昆线、滇越线，可抵达贵阳、成都、南宁和越南的河内市。

开发区距离昆明市市区4公里。从昆明沿公路可直接抵达中(国)老(挝)边境磨憨口岸(国家一级口岸)、中(国)越(南)边境河口口岸(国家一级口岸)、中(国)缅(甸)瑞丽口岸(国家一级口岸)

开发区大力发展已具有一定规模的以光机电一体化、生物食品及生物医药为特色的龙头产业；加大电子信息产业、现代高效农业、新材料及新型建材业、环境保护产业等领域科技成果转化的力度，强化辐射功能，加速产业化发展的进程；引导和鼓励服装服饰业、商贸业等运用现代高新技术加予改造提高；带动风险投资、中介服务、文化传播以及教育培训等产业的发展。

西藏拉萨经济技术开发区

地　址	拉萨市江苏路22号政府行政大楼502室	邮　编	850000
电　话	0891—6343747　6331334	传　真	0891—6324663

【开发区简介】

西藏拉萨经济技术开发区位于拉萨市西郊，规划用地总面积5.46平方公里，距离拉萨市中心10公里，2001年9月19日西藏拉萨经济技术开发区被国务院批准为国家级经济技术开发区。

拉萨经济技术开发区充分发挥资源和政策两大优势，认真实施“科教兴藏”和“双开推进”及持续发展三大战略，坚持“抓紧启动、规范运作、滚动发展、分片开发、逐步亲善”的指导方针，重点发展科技型企业、外商投资企业、出口加工企业和其他特色企业，努力实现科技与企业的紧密结合、规模与效益的有机统一，把开发区建设成经济快速发展、机制不断创新、转化辐射功能逐步增强的国家级经济技术开发区。

西藏拉萨经济技术开发区本着“三个有利于”的原则和标准，不论所有制形式和经济成分，只要具备条件，符合西藏的产业政策都可到开发区投资开发、创办企业，并享受区内的各项优惠政策。

根据西藏的实际情况和发展需要，目前，开发区按照“五通一平”的基础进行园区基础设施建设。区内设有高新技术产业区、工业区、出口加工区、商贸区、保税仓库等功能区，使其互为依托、协作配套。

西安经济技术开发区

地　　址	陕西省西安市北郊岗家寨	邮　　编	710016
电　　话	029—6520244	传　　真	029—6521102
网　　址	http://www.xetdz.com.cn	信　　箱	xetdz@xetdz.com.cn
主管部门	西安市人民政府	招商部门	管委会招商局
招商电话	029—6515975		

【开发区简介】

西安经济技术开发区位于西安市北门外、南北中轴线——未央路两侧，规划总面积23.5平方公里，其中一期规划面积9.88平方公里。开发区距市中心5.5公里，距西安铁路客、货运站仅5.5公里，距西安国际航空港仅需25分钟的车程，是市区去机场的必经之路，区位优势十分明显。

西安开发区1993年10月正式开工建设，2000年2月被国务院批准为国家级开发区。8年多来，在市委、市政府的正确领导下，在中央及省市有关部门的关心支持下，开发区认真贯彻“以建立三资企业、工业企业和出口创汇企业为主，致力于高新技术产业化”的“三为主一致力”方针，自力更生，艰苦奋斗，在观念、体制、管理等方面积极探索和大胆创新，采取对内对外的全方位开放，努力建立起自我积累、自我发展的运作机制，走上了一条持续、快速发展的路子，并已成为西安市的一个新的经济增长点和众所瞩目的投资热点。

开发区近几年来一直保持40%以上的经济增速，不仅在全市经济目标任务考核中始终名列前茅，而且各项经济指标在西部地区国家级开发区中位居前列，充分展现了西安经济技术开发区快速、稳健的发展态势。西安经济技术开发区作为国务院批准的西部地区国家级开发区，不仅享受国家级经济技术开发区的优惠政策，而且也享受中央关于西部大开发的各项优惠政策，包括税收、进出口关税、外汇、金融支持、技术开发和创新等方面。同时，开发区管委会还结合开发区的实际，对技术含量高、投资规模大、市场前景好的投资项目，给予特殊的优惠。

经国务院批准，西安经济技术开发区即将设立西北地区唯一的国家级出口加工区，这是海关监管的特殊封闭区域，具有“境内关外”的功能，为进一步简化出口型企业的办事程序、缩短通关时间、降低运营成本提供优良的保障。

截止2001年底，开发区已引进各类合同项目300多项，总投资234.6亿元人民币，引进外资达13.9亿美元，外资实际到位6亿多美元。已有美国可口可乐、普惠、德国西门子、英国罗尔斯·罗伊斯、日本三菱、瑞典沃尔沃、挪威海德鲁、瑞士ABB等世界500强企业及中国台湾顶新集团、中国香港华信集团、山东万杰集团、广东乐百氏集团、山西永济电机厂、西安飞机工业公司、西安电力机械制造公司等大型知名企业在开发区投资建厂，并取得了丰厚的回报，开发区已基本形成了以机械电子、轻工食品、生物医药、新材料为支柱产业和以高新技术产品为主导的工业体系。在入区项目中，三资项目占62%，工业项目占70%，出口创汇项目占54%，高科技或先进技术项目占60%。累计实现技工贸总收入399亿元，完成工业总产值239.7亿元，实现工业增加值65.9亿元。

国家实施西部大开发战略、我国加入WTO，陕西省、西安市创建“经济强市”和“西部最佳”，是开发区面临千载难逢的历史机遇，开发区已经进入到“二次创业”的历史阶段。

通过“二次创业”的实施，将把西安经济技术开发区建成“两个基地”和“三个中心”，即中国西部现代产业加工基地和出口创汇基地，西安市重要的物流中心、生态旅游中心和城市综合服务中心，使开发区技工贸收入到2006年将实现600亿元，2010年突破1000亿元大关，将不仅成为拉动西安市经济增长的现代化、创新型产业区，而且要建设成为西安市一个配套完善、功能齐备的新兴中心城区和新城市亮点。通过二次创业的实施，将以一流的服务、一流的管理、一流的信誉、一流的环境，使西安经济开发区成为中国西部最佳经济开发区，以最佳的投资服务环境成为世界知名企业在中国西部地区投资的首选之地。

兰州经济技术开发区

地　址	甘肃省兰州市东岗西路324号7楼	邮　编	730000
电　话	0931—8552462　8552003　8552507	传　真	0931—8552003
网　址	http://www.lz.gansu.gov.cn		

【开发区简介】

兰州经济技术开发区是兰州市委、市政府按照国务院精神，于1993年初批准成立的，开发区规划控制面积9.42平方公里。根据市委发[1997]35号文件，兰州高新技术产业开发区管委会与兰州经济技术开发区管委会合署办公，一个机构，两块牌子，下设一办六局：即办公室、人事劳动局、财政局、规划土地建设局、经济贸易发展局、招商局、社会事业局,行使市委、市政府授予的市级行政、经济管理权限。

目前新建区累计开发土地面积1.59平方公里，竣工建筑面积54.29万平方米，完成基本建设投资18.28亿元，新建道路总长5.67公里及相应的供水、排水、供热、电力、通讯、路灯等基础设施和2.5万平方米的工业通用厂房。开发区已基本具备了“六通一平”条件；城市主干道路已联成网络；总投资1.71亿元的兰州银滩黄河大桥工程主体已合拢；总投资5.68亿元的兰州第二电信枢纽工程、总投资1.75亿元的省广播电视中心和总投资1.1亿元的省电力教培中心等重点工程正在抓紧建设之中；通用厂房、写字楼、住宅楼、专家别墅的建成可满足投资者生产、生活需要；支撑服务体系日益完善，公安、工商、税务、银行、法律等社会服务机构落户开发区，为投资者提供了良好的社会化服务，具备了较好的投资环境。

开发区现有注册进区企业500多户，其中高新技术企业250多户，外商投资企业60多户，非公有经济企业240多户。企业中，年技工贸总收入过千万元企业发展到20多户，过亿元企业5户，已初步形成了重点以“精细化工、生物技术与新医药、节能环保、信息产业”为支柱产业的发展方向，以高新技术企业为主体，集国有、集体、民营、外商投资等各种经济成分并存的产业格局。先后建成投产了三星石化、兰港石化、威信制药、奇正藏药、联创系统集成、万维多媒体等一批技术密集度高、辐射作用强的骨干企业，初步显示出高新技术产业的强大生命力，成为兰州市新的经济增长点。

西宁经济技术开发区

地　址	青海省西宁市八一西路36号	邮　编	810000
电　话	0971—8125306	传　真	0971—8125196
网　址	http://www.xnkfq.com	信　箱	xnjfj@163.com
主管部门	西宁市人民政府	招商部门	管委会经济发展局
招商电话	0971—8125379　8174612		

【开发区简介】

西宁经济技术开发区是2000年7月3日，经国务院批准的国家级经济技术开发区，是我国目前青藏高原区域内唯一的国家级开发区。它是实施西部大开发以来，国家为了扩大中西部地区吸引外资的规模，提高利用外资水平而采取的重大举措之一，标志着西宁经济技术开发区将成为青海经济建设发展进程中的前沿阵地和重要窗口。

西宁经济技术开发区位于青海省省会西宁市的东部地区，地理位置优越、交通便利、地势平坦、风光秀美、基础设施较为完善。按照国务院和省、市政府要求，结合青海实际，开发区将以工业项目为主、利用外资为主、出口创汇为主和致力于高新技术产业,重点发展盐湖化工、有色金属、石油天然气等资源精深加工产业;以高原动植物为主的中藏药、食品、生物化学制品等特色产业；生态环保、高新科技、新材料、信息技术工程等新兴产业；流通、金融、房地产、旅游、宾馆、餐饮、中介、进出口贸易等配套服务产业。力争把开发区办成一个以优惠政策为依托、以基础设施为保证、布局合理、环境优美、功能齐全、展示21世纪高原城市新形象的现代化新兴绿色工业城区。

西宁经济技术开发区实行相对封闭的管理，青海省政府和西宁市政府在开发区内设立专门的管理委员会及相关机构，为广大国内外投资者提供高效、快捷、优质的服务，制定并兑现鼓励和吸引外来投资的各项优惠政策，依法保障国内外投资者一切合法权益。

西宁经济技术开发区严格遵循市场经济规则和国际惯例，在开发建设上，积极探索建立市场机制的开发体系，坚持“统一规划、分块实施、利益分享、共同发展”的原则，通过多渠道、多方式来吸引国内外投资者直接参与开发区的土地开发和基础设施建设，使投资者在获得长期稳定回报和收益的同时，加快开发区自身的开发和建设步伐。

银川经济技术开发区

地　址	宁夏银川市城西西桥巷11号	邮　编	750001
电　话	0951—5033165　5058618	传　真	0951—5058658
网　址	http://www.ycda.gov.cn	信　箱	postmaster@ycda.gov.cn
主管部门	银川市人民政府	招商部门	管委会经济贸易发展局
招商电话	0951—5058153		

【开发区简介】

银川经济开发区总规划用地面积7.5平方公里，主要由两块组成：

区块一面积为2.26平方公里，北起银新北路，南至银新南路，东起唐徕渠，西至气象局路，该区起步于1992年，经过9年的建设发展已初具规模，并在特色医药、机电一体化、信息产业等领域初步形成了独特的产业优势。截止2000年底，注册企业1143家，其中三资企业22家，总投资2.5亿元人民币，利用外资9000万元人民币，出口创汇480万美元。主要重点企业有：小巨人、博尔泰力公司等。目前该区内可供开发的用地剩0.37平方公里。

区块二为新建区，位于新市区工业区南部，面积5.24平方公里，北起银西铁路专用线，南至2010年城市规划用地界线，东起自治区果品公司仓库专用线，西至规划的西外环路。该用地范围及用地性质经国土资源部、建设部、外经贸部、国家体改办审核后，符合国务院2000年5月批复的《银川市城市总体规划》和1999年11月批复的《银川市土地利用总体规划》。2001年7月27日国务院正式批准成立银川经济技术开发区。

本次规划的银川国家级经济技术开发区（以下简称开发区）是银川市区的重要组成部分，是与城市紧密联系又相对独立的综合性工业区。市区为开发区提供了多方面的支持，开发区是市区产业和用地结构优化调整的空间。

开发区的规划用地位于新市区南部工业区的南部，北起银西铁路专用线，东、南、西三个方向被规划的新市区外环路围合，总用地面积5.24平方公里 。该用地北部与城市工业区相连，东部是城市纤维板厂滞洪区，南部和西部是城市郊区林地和农田。向西约5公里进入西夏王陵风景区。

银川经济技术开发区(Ⅱ区)有方便的对外交通条件和便捷的城市道路交通条件。银川贺兰山机场位于开发区西部约8公里处；银川河东机场位于开发区东部的黄河东岸，相距开发区约25公里。银川火车站在开发区东面，相距约6公里；银川西铁路从开发区北部边缘经过，并设有银川西站；宁夏炼油厂和东侧仓库区的铁路专用线从北部进入开发区。开发区西部有110省道呈南北向经过；开发区经天路与长城路相接，是城市总体规划中确定的城市快速路；2002年开工建设的环城高速路在开发区南部经过；开发区通过城市主干路长城路、富平路、宁朔南路、同心路和新市区外环路与城市各功能区保持便捷通畅的道路交通联系。

银川经济技术开发区，根据《自治区党委、人民政府关于银川经济技术开发区规划建设有关重要问题的决定》，园区定位和产业布局主要突出高新技术产业化，以及用高新技术提升有比较优势的传统产业，包括信息技术产业、以生物工程技术为主的特色医药产业、现代化工技术为主的天然气化工业、高新技术改造的传统产业、金融服务业、中介服务业等六大产业。

银川经济技术开发区是宁夏回族自治区境内唯一的国家级经济技术开发区，21世纪自治区和银川市新的经济增长点，具有高新技术产业特色的新经济区域，西部地区对外开放的窗口和发展外向型经济的重要基地。开发区以高新技术为主导，以研究、开发、中试为支撑，以生产加工为基础，产学研一体化，具有21世纪城市景观和人居环境、综合型的新兴工业区。

乌鲁木齐经济技术开发区

地　　址	乌鲁木齐经济技术开发区中亚大道68号	邮　　编	830026
电　　话	0991—3716656　3713238　3713834	传　　真	0991—3713116
网　　址	http://www.urumqi.gov.cn	主管部门	乌鲁木齐市人民政府
招商部门	管委会经贸招商局	招商电话	0991—3713469

【开发区概况】

乌鲁木齐经济技术开发区于1984年8月25日经国务院国函[1994]90号文件批准设立，是目前我国西北地区唯一的国家级经济技术开发区，经国务院批准开发区规划面积4.34平方公里。开发区位于乌鲁木齐新市区地——窝堡地区，距市中心10公里，距乌鲁木齐国际机场1.5公里，距乌鲁木齐火车北站(货运站）2公里，距亚欧大陆桥西北编组站一火车西站 3.5公里，距火车南站（客运站）10公里，距铁西变电站（开发区专供线）4公里。开发区紧邻312国道，东邻北京路，四周道路宽广，交通方便，完全融入了城市交通网络。

开发区地表有0.4~1.5米厚的耕地层，其下为砂砾石地层，基岩较深，地质条件好，属于亚中温带大陆性半干旱气候。开发区地处乌鲁木齐工业经济带，环境优美、城乡结合部的优越条件连接着市场和原料基地，是兴办工业、商贸、旅游等事业的理想场所。

开发区于1993年3月5日破土动工，按照“先地下后地上，小块起步，滚动发展”的建设思路，采取边建设、边招商的运作方式。经过几年的建设，目前，起步区 3.5平方公里范围内，总投资总额已达30多亿元人民币，“七通一平”基础设施建设已经完善，环境优美，已初步形成了集吃、住、行、游、购、娱为一体，支柱产业初具规模的建设新区。目前，绿化面积达35%，生产性企业近百家，非生产性企业近千家。开发区的外商投资企业分别来自美国、加拿大、德国、澳大利亚、比利时、意大利、韩国、菲律宾、新加坡、印度、哈萨克斯坦、塞拉里昂、马来西亚等国家;中国香港、台湾、澳门地区也有投资。出口涉及运输、轻工、纺织、化工、机电、通信、建筑材料、农产品开发、畜产品等行业和高科技、高附加值等新产品。开发区规划建设的国际旅游购物市场，包含广货商城、韩货商城等专业市场，运作情况良好，前景广阔。

乌鲁木齐经济技术开发区是乌鲁木齐市的一个组成部分，是新疆对外开放的窗口。为加速乌鲁木齐经济技术开发区的发展，自治区党委、自治区人民政府以新党发[1997]7号文件确定了开发区的行政管理和经济管理权限。市委在开发区设立的党的工作委员会，对开发区实行党的领导；管委会作为乌鲁木齐市人民政府的派出机构，根据国家法律法规、上级党委政府的授权，对开发区行使行政管理职能，制订并组织实施开发区的经济和社会发展规划，依法管理开发区的国有资产、财政、税收、劳动人事、工商行政、公安、民政、外事旅游、环保绿化，土地、规划、建设和房地产籍、技术监督、卫生监督、文化市场等。开发区依照依法治区和精简、高效的原则，实行社会主义市场经济模式的全新管理机制，管委会下设两办、十局、一个街道办事处，采取联合办公、一条龙服务的模式，并以全新的管理机制为保证，为投资者提供便捷优质的服务。

新疆石河子经济技术开发区

地　　址	新疆石河子开发区北四东路56号	邮　　编	832014
电　　话	0993—2610868　2611390	传　　真	0993—2611868　2611370
网　　址	http://www.kfq.xjshz.com	信　　箱	kfqgw—sh@xj.cninfo.net
主管部门	石河子市人民政府	招商部门	管委会招商局
招商电话	0993—2622081		

【开发区简介】

石河子经济技术开发区位于新疆天山北坡经济带腹地，是中国最西部的国家级开发区，是中国唯一定位于面向亚欧大陆桥沿线各国的出口外向型国家级开发区，设有唯一的“中国与中亚五国经贸合作论坛”，是中国西部唯一被联合国评为“人类居住环境改善最佳范例奖”所在城市的国家级开发区，是国家“十五”重点科技开发和自治区、新疆生产建设兵团优先发展的区域。开发区于1992年12月成立,2000年4月24日经国务院批准升格为国家级经济技术开发区，规划面积为16.1平方公里。按照“统一规划，分步实施，注重效益，滚动发展”的原则，坚持高起点规划、高标准建设。截止2001年底,累计完成土地开发面积5.3平方公里,完成固定资产投资22.48亿元(其中基础设施建设投资6.42亿元)。注册外商投资企业9家，合同外资总额5400万美元，实际使用外资金额1060万美元，内资工业企业100家，注册资本8亿元，投资总额22亿元。

石河子开发区已经成为世界最大的节水灌溉器材生产基地、中国最大的乳业生产基地之一、中国最大的蟠桃生产加工基地、中国最大的蕃茄生产加工基地之一、中国最大的果汁饮料生产基地之一、中国西部最大的纺织城、中国最大的彩色和优质出口棉生产基地。已吸引美国、意大利、新加坡、马来西亚等国家和中国香港、中国台湾地区的企业投资。现已形成食品加工、饮料制造、塑化、纺织、节水器材、饲料、专用肥、建材为主的支柱产业。经省级以上科技部门认定的高新技术企业有：石河子浙江大学联合科技开发中心、新疆科赛生物工程有限公司。

【发展现状及目标】

2001年,开发区经济建设以招商引资为重点,以加快发展为总目标,各项经济指标较上年有大幅度增长。完成国内生产总值4.54亿元，比上年增长50.33%；工业总产值11.08亿元，比上年增长25.51%；工业增加值2.8亿元，比上年增长35.27%；实现税收5597万元，比上年增长31.29%；财政收入9828万元，比上年增长129%；进口250万美元，比上年增长95%；出口2220万美元，比上年增长20.2倍;实现招商引资额3.9亿元,比上年增长41%；签订协议项目18个，协议投资额18.5亿元。已形成“农用、农工、农科”的开发建设特色和“精简、统一、效能”的服务体系。

开发区总体发展思路和目标是：依托新疆优势资源，以“绿色、生态、环保”为开发理念，以“三为主一致力”为总方针，立足于我国干旱、半干旱地区生态条件的改造，立足于我国农业技术装备的现代化，立足于特色农产品的增值增效，把开发区建设成以农业高新技术的生产、推广与应用，农产品的精深加工及涉农服务为特色，规划科学、环境优美、经济繁荣的城市新区，成为石河子市重要的经济增长点，成为我国东进西出的“桥头堡”。

【产业导向】

优先发展与农牧业生产相关的新技术、新工艺、新产品的“三新”产业。重点发展与农牧业产品深加工相关的高技术、高附加值、高回报的“三高”产业。配套发展与“三新”、“三高”产业相关的基础设施、基础工业、基础服务的“三基”产业。

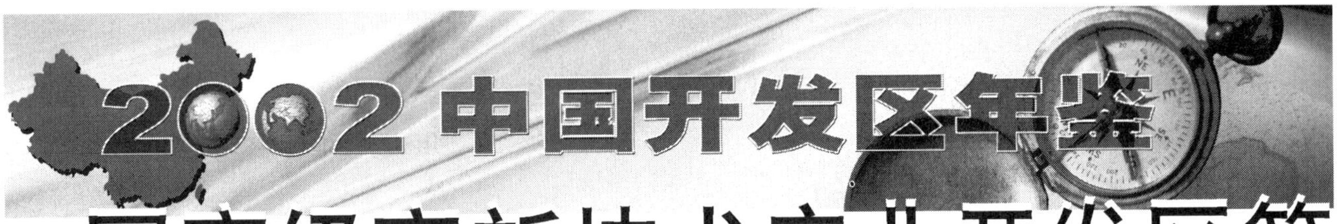

国家级高新技术产业开发区篇

国家高新技术产业开发区发展概况

我国的高新技术产业开发区是在为迎接世界新技术革命挑战，各国不断加强高技术产业发展，国内不断深化改革的背景下创建发展起来的。它的诞生不仅顺应了国际竞争和新技术革命的发展潮流，也反映了国内改革开放脉搏的跳动，是改革开放的产物。

1984年6月，原国家科委向党中央、国务院提出了关于迎接新技术革命对策的报告，其中明确地提到了要研究、制定新技术园区和企业孵化器的优惠政策，要大胆实践，跟上新技术革命的步伐。

1985年3月，在《中共中央关于科学技术体制改革的决定》中指出，“为加快新兴产业的发展，要在全国若干智力密集区，采取特殊政策，逐步形成具有不同特色的新兴产业开发区。”同年4月，国家科委向国务院提出试办高新技术产业开发区的报告，并组织了软课题研究。

1985年7月，中国科学院与深圳市人民政府联合创办了我国第一个高新技术产业开发区——深圳科技工业园。

1988年3月，《国务院关于深化科学技术体制改革若干问题的决定》中进一步明确提出，“智力密集的大城市，可以积极创造条件，试办新技术产业开发区，并制定相应的扶植政策。”与此同时，国家科委会同有关部门调查了北京中关村电子一条街两年多的情况，向国务院提交了调查报告。

1988年5月，国务院批准建立北京市新技术产业开发实验区，并制定了有关实验区的18条优惠政策，从而奠定了我国高新技术产业开发区发展的基础。

1988年8月，国务院批准实施的“火炬计划”明确把创办高新技术产业开发区、高新技术创业服务中心（企业孵化器）作为国家火炬计划的一个重要组成部分。在火炬计划推动下，各省、自治区、直辖市、计划单列市人民政府纷纷结合当地条件和特点，积极创办高新技术产业开发区。

1991年3月，国务院在全国37家地方兴办的高新技术产业开发区的基础上，批准建立了第一批26家国家高新技术产业开发区，同时制定了一整套扶持高新区发展的国家政策。1992年11月，在邓小平同志南巡讲话精神的推动下，经过专家组对16个城市的调查，国务院又批准建立了25家国家高新技术产业开发区。1997年6月，在全国高新技术产业开发区蓬勃发展的基础上，为推动农业高新技术产业的发展，经国务院研究，在北方农业科技、教育实力最为密集的陕西杨凌，批准建立了国家农业高新技术产业开发示范区。至此，经国务院批准建立的国家高新技术产业开发区达到53个。

1996年11月25日，江泽民主席在亚太经合组织非正式首脑会议上郑重宣布，在中国科技工业园中，开放若干个有代表性的园区，以扩大同亚太经合组织成员间的合作。经过外交部、科技部和有关高新技术产业开发区的共同努力，从1998年10月至今，已有北京、苏州、合肥、西安、烟台、武汉、上海、深圳、成都、杨凌10个高新技术产业开发区被批准为“中国亚太经合组织科技工业园区”。

在1999年召开的全国科技创新大会上，党中央国务院要求首先把高新区建设成为全国高新技术产业的发展基地、高新技术产品出口基地、高新技术企业孵化基地、高新技术企业迅速成长基地、高新技术产业示范区、改革开放先行区和两个文明的新社区。

回顾高新区和高新技术产业的发展道路，经过10多年的不断探索和开拓创新，高新区从小到大，由弱变强，成效卓著。高新区已经成为我国高新技术商品化、产业化、国际化的重要基地，成为国家发展经济、进行结构调整的新支柱，它在国家及区域经济建设和社会发展中正发挥着越来越重要的作用。

10多年来，国家高新区始终高举创新的旗帜，充分发挥政府与市场两方面的积极作用，实现了高新技术产业的飞速发展。国家高新区主要经济发展指标10多年来年均增长率都在60%以上。2000年，53个高新区实现技工贸总收入9209亿元，工业总产值7942亿元，财政收入460亿元，出口创汇186亿美元。

在社会主义市场经济条件下，企业只要有技术创新的能力，有开拓市场的本领和经营管理水平，就能够在市场竞争中很快发展起来，关键是社会要能提供科技成果快速商品化、产业化的环境。高新区正是创造了这样的环境条件，使得一批年轻的高新技术企业，在短短的几年时间里，迅速成长为国民经济发展中的新生力量，充分显示了中国高新技术产业发展的巨大潜力。

随着知识经济时代的来临，国家高新技术产业开发区的作用日趋重要，必将为中国，乃至世界高新技术产业的腾飞作出杰出的贡献。

中关村科技园区

地　址	北京市海淀区倒座庙9号（乙）	邮　编	100080
电　话	010—82690500	传　真	010—82690506
网　址	http://www.zgc.gov.cn	信　箱	zgc@zgc.gov.cn
主管部门	北京市人民政府	招商部门	管委会产业发展处
招商电话	010—82690520　82690521		

【园区简介】

中关村科技园区是1988年5月经国务院批准建立的中国第一个国家级高新技术产业开发区。中关村科技园区管理委员会作为市政府派出机构对园区实行统一领导和管理。

中关村科技园区覆盖了北京市科技、智力、人才和信息资源最密集的区域，包括海淀园、丰台园、昌平园、电子城科技园和亦庄科技园。海淀园位于海淀区，其中建有1.8平方公里的上地信息产业基地和4平方公里的永丰中试基地；丰台园位于南郊的丰台区，昌平园位于北郊的昌平区，作为高科技产业基地，两园面积各占地5平方公里；亦庄科技园位于北京东南郊京津唐高速公路起点，面积7平方公里；电子城科技园位于首都东北郊酒仙桥，面积10.5平方公里，五个科技园共同构成了沿京城四环路布局的颇具特色和充满活力的高科技产业带。

中关村地区是我国科技智力资源最密集的地区，拥有一流的科技人才和科研成果，具有极大的发展潜力，党中央、国务院领导对此寄予厚望。科技园区将在北京市委市政府的领导下，进一步改善中关村地区的投资环境和创业环境，力争用10年左右的时间，把中关村地区建成：国家科技创新示范基地、科技成果转化和科技产业的孵化基地、高素质创新人才的培育基地、推动科教兴国战略、实现两个转变的改革试验区和世界一流的科技工业园区。

在过去的10年里，中关村科技园区经济发展始终保持30%以上的增长速度。2000年，实现技工贸总收入1679亿元，全年完成增加值为326亿元，工业总产值（现价）1067.6亿元，出口创汇20亿美元，上缴税费61.6亿元，分别比上年同期增长60.1%、44.2%、63.7%、1.1倍和51.0%，对北京市工业增长贡献率达50%以上，成为北京市经济发展的重要增长源，涌现出了一大批拥有自主知识产权的新技术企业。目前园区拥有新技术企业超过8000家，技工贸总收入超亿元企业180家。一大批符合市场经济运行机制要求的高新技术企业群体的形成，为高新技术产业发展奠定了重要基础。

中关村科技园区内的各类孵化器已成为科技成果转化和高新技术企业成长的摇篮。目前，园区内拥有丰台科技创业中心（设有国际科技企业孵化器IBI）、海淀留学人员创业园、清华科技园等孵化器。

国家为促进园区内的高新技术企业发展给予了优惠政策：自开办之日起，3年内免征所得税，第4至第6年减半征收所得税，第7年起按15%税率征收所得税；企业出口产品的产值达到当年总产值40%以上的，减按10%税率征收所得税等。

中关村科技园区愿意同世界各国企业和机构在平等互利的原则下，开展多领域、多样化的广泛合作，共同发展高新技术产业。

【产业规划】

重点发展以软件产业、信息服务和信息制造业为代表的特色产业；大力促进电子信息、光机电一体化、生物工程与新医药、新材料、环保等支柱产业发展；带动中介服务业、文化体育产业、教育培训产业以及商业等相关产业的发展。

天津新技术产业园区

地　址	天津市华苑产业区华天道海泰大厦5楼	邮　编	300384
电　话	022—23709365　23709380	传　真	022—23709365
网　址	http://www.thip.ac.cn	信　箱	pangjh@eyou.com
主管部门	天津市人民政府	招商部门	管委会招商局
招商电话	022—23709458　23709460		

【园区简介】

天津新技术产业园区是国务院批准的首批国家高新技术产业开发区之一，面积21.85平方公里。园区由三部分组成:华苑产业区，位于市区西南部，总面积10平方公里;政策区，位于本市南开区;京津塘高速公路产业带辐射区，包括武清开发区、北辰科技工业园及塘沽海洋科技工业园。

华苑产业区是天津园区的主体产业区和中心区,占地10平方公里，其中外环线以外8平方公里，市区外环线以内2平方公里。华苑产业区位于天津市区西南部，东起陈塘庄铁路支线，西至北京—福州高速公路，南抵迎水道，北邻大学道。产业区距天津站8公里，天津国际机场18公里，天津港50公里，京塘高速公路3公里，驱车至北京仅需1小时。

【投资产业导向】

华苑产业区是高新技术产业的基地，重点发展高效、低耗、无污染的高科技产业。鼓励投资产业项目领域有：微电子科学和电子信息技术、空间科学和航空航天技术、光电子科学和光机电一体化技术、材料科学和新材料技术、生命科学和生物工程技术、能源科学和新能源、高效节能技术、生态科学和环境保护技术、地球科学和海洋工程技术、基本物质科学和辐射技术、医学科学和生物医学工程、其他高新技术和在传统产业上应用的新工艺、新技术；公建项目领域有：商用写字楼、饭店、酒店、商场及娱乐设施。

石家庄国家高新技术产业开发区

地　址	河北省石家庄市高新区黄河大道151号	邮　编	050035
电　话	0311—5961924	传　真	0311—5963266
网　址	http://www.shidz.com	信　箱	public@shidz.com
主管部门	石家庄市人民政府	招商部门	管委会招商局
招商电话	0311—5964114		

【开发区概况】

石家庄高新技术产业开发区是1991年3月经国务院批准设立的全国首批国家级开发区之一。现在，高新区注册企业已达1300多家，建设项目投资总额超过220亿多元人民币。其中，外资企业110多家，实际利用外资8.17亿美元，涉及美国、德国、英国、意大利、日本、加拿大、瑞典、马来西亚、波兰、韩国等10多个国家和中国香港、中国澳门和中国台湾地区。2001年1月全区实现技工贸总收入145 亿元人民币，在已建成的企业中，电子信息、生物医药、新材料产业的产值占70%以上。

开发区良好的投资环境吸引了世界众多的知名大公司，如日本的日商岩井、伊藤忠、富士通、NEC、日绵，德国的赫司特，美国的孟山都、永胜公司，英国的TMD、国家电力公司，马来西亚的金狮集团等纷纷前来投资建厂。

开发区总规划面积18平方公里，分东区、西区和良村区。

东区规划面积9.8平方公里，是高新区管理委员会所在地。区内道路纵横，基础设施完善，发展前景广阔。几年来，东区建设取得了长足的发展。在5.8平方公里的起步区内，现已注册企业360多家，其中外资企业42家。投资44亿元人民币生产电视机彩色玻壳的宝石电气硝子玻璃公司、投资4600万美元年产万吨Vc的维生药业（石家庄）有限公司、投资35.7亿元人民币年产5万吨已内酰胺的石家庄化纤有限责任公司等大公司都已投产，并取得了显著的经济效益。随着一批有影响的大项目相继开工建设和金融、学校、住宅、娱乐、餐饮行业的迅速发展，东区作为石家庄市集高科技产业、外向型经济和文化教育为一体的现代化新城区已初具规模。

西部区位于石家庄市西南部，目前已投产的大部分企业集中于此。西部区具有十分雄厚的科技开发能力，有各类高等院校8所，有代表我国通信和微电子技术领域最高水平的信息产业部54所、13所两个国家级研究所，以及导航设备检测中心、半导体行业技术发展中心等20多个国家和部级科研发展机构，有上万名高、中级科研人员和几千项科研成果。

1991年6月创办的开发区创业服务中心发挥了科技企业孵化功能，现有孵化楼3.4万平方米，已累计孵化企业180家，毕业40家，1998年被国家科技部评定为国家级创业服务中心。

良村园区与东区毗邻，于1993年初起动建设，政策区面积4平方公里，是以医药、化工、食品为主的工业园区。目前进区企业已达165家，总投资额56.6亿元。其中有华药集团公司和德国赫司特公司投资1.38亿马克兴建的华北－赫司特药业有限公司，华药集团与美国永胜公司、中国香港长盈财务公司投资3240万美元兴建的华胜药业有限公司，华药集团与日本日绵公司投资2400万美元合资兴建的华北制药集团倍达有限公司等。八个药厂相继投入运营，形成了以医药化工为主导的发展格局。

【基础设施】

东区基础设施建设已投入资金3.5亿元人民币，在5.8平方公里的起步区内已实现道路畅通；区内总装机容量12万KVA的两座110KV变电站双向供电；开发区热电厂已投入运行，对区内企业实行集中供热；现有供水设施已形成日供水4万吨的能力，10万吨水厂正在建设之中；排水、排污管道已全部铺设完成，日处理污水10万吨的污水处理厂正在建设中。

西区已完成基础设施投资3亿多元人民币，先后修建或拓宽了新石北路等4条干道，在起步区内实现了“六通一平”。投资4000万元建设了现代化标准厂房，建成了金石工业园、振新工业园、河北省软件园、石家庄市民营企业创业基地，为创业者提供了良好的科研和生产条件。

良村园区基础设施建设总投资达3.1亿元，区内形成了总长15.8公里的路网，铺设地下管线17.8公里，日供水13万吨的水厂已于1994年投入使用，万门程控电话交换机已与市通讯枢纽并网运行，7.2万KW热电厂已投入运行，实现了集中供热，装机容量为9.45万KVA的110KV变电站已建成，可满足双回路供电，日处理污水量7万吨的污水处理厂正在建设中。

【创业服务中心】

石家庄高新技术创业服务中心成立于1991年6月，是全国首家高新技术企业孵化器，隶属于石家庄高新技术产业开发区，为管委会直接领导下的公益性科技型事业单位。

创业服务中心宗旨是为高新技术成果商品化在创业阶段提供孵化场地、开发条件、资金筹措、人才培育和指导性管理等综合服务，为高新技术企业的技术创新服务，建立并完善适应市场经济要求的运作机制，是高新区技术创新体系的核心和培育自主知识产权的高新技术企业孵化器。

创业中心成立以来，从无到有，逐步发展壮大。目前，已有孵化面积3.4万平方米，在孵化企业44家，累计孵化企业180家，有62家企业被省科委命名为高新技术企业。有40家企业已从创业中心毕业，到开发区更广阔的空间发展。2000年在孵化企业可实现年技工贸总收入3.3亿元，就业职工达5000人，转化科技成果240项。

为了给企业提供一个良好的发展环境，便于信息交流和资源的优化配置，相继建成了河北省软件园、河北省（石家庄市）新石民营科技园、海外学子河北省（石家庄市）创业园、河北省大学科技园及四家专业园区（河北省科学院高新技术产业孵化基地、开元科技创业园、河北神兴高新技术产业孵化基地、信息产业部电子第五十四研究所信息产业孵化基地）。创业服务中心已成为石家庄市科技成果转化的基地、高新技术企业的摇篮、培育企业家的学校，是国家级创业服务中心。

保定国家高新技术产业开发区

地　址	河北省保定市高新区化纤路118号	邮　编	071051
电　话	0312—3108801　3108800	传　真	0312—3108830
网　址	http://www.bd-ctp.net.cn	信　箱	gxq@bd-ctp.net.cn
主管部门	保定市人民政府	招商部门	管委会招商合作局
招商电话	0312—3108818		

【园区概况】

保定位于河北省中部，地处北京、天津、石家庄三大城市构成的金三角中心地带，距北京137公里，距天津145公里，距省会石家庄120公里，素有“首都南大门”之称。保定辖管3区、4市、18个县，总面积2.21万平方公里，总人口1050万。

保定国家高新技术产业开发区是1992年9月经国务院批准的全国53个国家级高新技术产业开发区之一。1996年9月经国家科委批准，调整为“一区三园”，即中心科技园、华北工业园(东区)、八达工业园(西区)，总体规划面积14平方公里。保定国家高新区管委会行使市级管理权限，实行“封闭式管理、一条龙服务”。

保定国家高新区中心科技园位于保定市城市中轴线上，距市政府1公里。区内公路向东5公里直达京深高速公路、107国道。开发区一期开发面积1.53平方公里，区内配套设施齐全，实现九通一平，已开发完毕，进驻企业60余家。开发区二期开发面积1.5平方公里，依托一期优良的配套基础设施进行开发，已具备入区条件。开发区三期开发面积为3平方公里，是极具开发潜力的远期开发区。

保定高新区大学城(原华北工业园)位于保定市迎宾道七一东路北侧，紧贴中国南北大动脉京深高速公路保定交流道的出口。大学城占地面积2平方公里，于1996年9月经国务院批准，划归保定国家高新技术产业开发区统一管理，享受国家级开发区优惠政策。是一个拥有教学楼、科研楼、学生公寓、教师公寓以及集相关商业、餐饮、文化、交通等多项服务设施为一体，计划城内可容纳50000学生和2000名教职工的教育园区。整体规划5年完成，累计投资20亿人民币。

到2001年为止，大学城已按原计划动工建设。城内五通一平的基础设施建设已完成，部分教学楼、学生宿舍、图书馆、体育馆已经竣工，将有河北大学、河北第二外国语中专的7000余名大、中学生入住大学城学习、生活。为迎接新的知识经济时代的到来，促进高等教育的发展，保定高新区大学城热忱欢迎各高校前来设立分校，为国家培养更多的高素质的人才。

西区——八达工业园，自1996年9月国家科委批准纳入保定国家高新技术产业开发区统一管理，享受国家级开发区的优惠政策。西区规划控制范围2.466平方公里，计划分三期开发，一期起步区0.8平方公里，二期1.2平方公里，三期0.466平方公里。

西区以食品、轻工业为重点，围绕生力啤酒的大规模生产，发展配套产业和相关产业，形成新型综合性食品生产基地。西区开发建设几年来，已相继投产了生力八达啤酒项目、欧麦项目、肠衣公司、能源中心、包装公司等一批大项目。目前进驻区内的企业主要有：生力八达啤酒有限公司、欧麦八达麦芽有限公司、八达肠衣有限公司、八达胜柏包装有限公司、能源中心等。目前区内现有企业均为1996年10月后陆续投产的项目。

【产业优势】

保定市拥有良好的产业基础，合作领域广泛。以30余家在全国有影响的大集团、大公司为骨干，如中国乐凯胶片公司、保定风帆集团、天威集团、天鹅化纤集团、宝硕集团、八达集团等形成了机械、纺织、电子、轻工、化工、建材、汽车、矿产、食品、医药等十几个主导行业。保定农业具有一定特色和规模，形成了粮食、蔬菜、草莓、药材、油料、畜产品、禽蛋、水产品、果品九大主导行业。保定物产资源丰富。西部已探明的具有很高开发价值的主要矿种有铁、铜、铅、锌、钼、金、石棉、花岗岩、大理石、陶土等50多种，东部平原有石油、天然气、地热、矿泉水等资源。同时还有著名的粮棉油产区，年产粮47.7亿公斤，干鲜果品4亿公斤。已形成小麦、玉米、棉花、油料为主体的农副产品生产基地和大枣、核桃、苹果、鸭梨、草莓等十大林果基地，物产品种繁多，独具特色。

【科研实力】

保定人才资源丰富。现有国家重点大学华北电力大学，河北省唯一的综合性大学河北大学及河北农业大学等11所高等院校，每年大中专毕业生8400多人。各种科研机构140所，市区每万人拥有科技人员数量居全国同类城市之首。不仅如此，保定已经成为首都北京科研院所科技中试转化基地。

【投资导向】

开发区鼓励兴办高新技术产业项目、生产性项目、外商独资、外商投资比例较大项目和引进先进技术和工艺、改造现有企业项目。开发区严格控制能耗大和国家限制外商投资项目，开发区禁止兴办技术落后、设备陈旧、污染环境而无切实治理措施项目以及属于国家禁止兴办项目。

电子信息技术及产品——电子计算机及外部设施设备，自动绘图仪，计算机网络软件及产品，计算机应用软件，新型电子元器件及电子电力元器件产品，人工智能产品，通讯设备，光纤通讯设备、计算机通信及数据传输设备。

机电一体化技术及产品——传感器产品，自动测试及信号处理技术系统，自动控制技术设备，智能化电器、电力设备，智能化仪器、仪表产品，电子电力产品。高压开关及开关柜，低压开关及开关柜，交直流互感器，电网遥控及自动调度设备，直流输电控制设备，变电站综合自动化，特种变压器。

生物工程及新医药技术及产品——基因工程产品，食品加工用新型食品级酶制剂，临床诊断用酶制剂，微生物农药，生物肥料，新型医药产品及制取设备，新型抗癌及心血管药物，医疗器械，保健药品。

新材料技术及产品——高纯、超细金属材料及其制品，高性能磁性材料及磁介质，特种金属纤维材料，高纯、超细陶瓷粉体材料，新型建筑材料，新型工程塑料、新型塑料合金的制造和加工，自然降解性及生物降解性高分子材料，金属基符合材料，陶瓷基符合材料。

食品加工技术——微生物多糖及糖脂，新型食品添加剂，天然色素及香精，生物保健食品，功能性食品，蔬菜、水果、水产品深加工，食品保鲜及加工新技术、新设备。

太原国家高新技术产业开发区

地　址	山西太原市学府西街太原高新区管委会大楼	邮　编	030006
电　话	0351—7027087　7022300	传　真	0351—7024897
网　址	http://www.tyctp.com.cn	信　箱	webmaster@tyctp.com.cn
主管部门	太原市人民政府	招商部门	管委会招商局
招商电话	0351—7029393		

【园区概况】

太原高新技术产业开发区成立于1991年7月，1992年11月经国务院批准成为国家级高新区，高新区包括新建区（学府园区）和政策区两部分，总规划面积60.8平方公里，位于山西高等院校、科研单位和相关产业集中，科研人员密集，工业基础和城市设施良好的山西省省会城市太原市。

高新区以发展高科技，实现产业化为宗旨，不断优化投资环境，新建区范围内已全面实现了道路、供水、排水、供电、煤气、热力、通讯、宽带网的通畅，区内绿树成荫，芳草如茵，配套生活小区、灯光球场、娱乐中心、医院、学校等配套设备完善、功能齐全，为入区企业创造了一流的投资环境。

高新区内为企业发展配套的支撑服务体系全，设有财政局、经济发展局、工商局、国税分局、地税分局、规划分局、电信分局、海关、五大银行高新支行、保险公司等机构，并设有国家级山西省高新技术服务创业中心、进出口公司、人才交流中心、法庭、律师事务所等机构，入区企业可在高新区管委会统一办理各项手续，实行“一站式”服务。

目前，高新区企业已达840多家，其中高新技术企业236家，高新技术项目440多项，三资企业35家，上市公司7家。2001年实现科工贸收入108.2亿元，出口创汇6050万美元。科工贸总收入上亿元的企业15家。经过10年的发展，形成了微电子信息、光机电一体化、新材料、高效节能与环保、医药与生物工程五大支柱产业组成的产业化格局。与此同时，高新区与科研院所、大专院校密切合作，分别创建了山西大学科技园、太原理工大学科技园、中国日化所科技园、太原高新区软件园等多个科技分园；同世界15个国家和地区建立了广泛的合作与联系，并在北京、上海、厦门、深圳等地建立了对外合作联络处。

【投资优势】

1. 资源丰富，为基础工业的发展创造了条件。

山西资源丰富，除煤炭著名外，还有丰富的金属矿产资源，如铁、铝土、锰铁、铜、铅锌、稀有金属矿等，非金属矿产资源也非常丰富，有耐火粘土、熔剂石灰岩、白云岩、石用石炭岩、花岗岩等，这些资源为科学技术和工业经济的发展提供了得天独厚的条件，促进了特种钢、磁材、棕刚玉、建材特种耐火材料、纳米材料、铜、铝、铝镁合金等产业的发展。加之，拥有全国装机容量最大的发电厂，更为工业发展奠定了基础，托起了太原高新区新材料产业兴起并已形成了支柱产业。

2. 工业基础雄厚，为企业提供了广阔的合作领域和协作配套基础。

太原市是全国重要的工业基地之一，已形成门类齐全、协调发展的15大行业的工业体系。拥有一大批大型国有企业、军工企业和高新技术企业，为企业与企业间提供了广阔的合作领域和协作配套基础。尤其是在薄壁焊接、精密铸造、深孔加工，高精度机械加工，电子装备等领域更具有技术优势。是投资者降低生产成本，走高度专业化发展道路的最佳途径。太原高新区许多企业已以生产设计方案和拓展市场为经营特征，走出了一条跨跃式发展的制造业行业的成功之路。

3．智力资源集中，是产学研结合及成果转化的基地。

太原高新区位于高等院校、科研单位和相关产业集中、科技人员密集的区域，周边有大专院校12所、科研院所110所，从事高科研开发的人员10万人以上，研究领域涉及9大领域22个行业，具有自主知识产权国际领先水平的技术230项，国内领先水平的技术500多项。已形成产业规模的高新技术项目440项，这些项目的实施，促进了产学研的结合、成果的转化。

4．区域经济与产业群聚的形成，是促进和带动相关产业发展的原动力。

太原高新区经过11年的发展，拥有1200多家企业，16个科技园，近500项技术水平高市场前景好的项目。形成了以新材料、生物医药、电子装备与信息产业为特色的支柱产业，及以高新技术产业为主导，一、二、三产协调发展的立体经济格局。对内建立了相关行业的协作，对外同世界20多个国家和地区建立了广泛的合作与联系。在利用一个产品启动一个市场，一个市场发展一个企业，一个企业创造一个基地，一个基地推动一个产业的运作中，企业与企业之间上下游相互依存的产业链已形成，显现出了以一业带动多业发展的强劲动力，形成了高新区经济发展的优势。

5．以“诚信”为品牌，营造一流的投资环境为目标的太原高新区是投资者最佳的选择。

太原高新区正在搭建的“以诚信的理念构建新型管理平台、以市场化运作构建快速发展平台、以环境创新构建对外开放的平台、以完善社会中介体系构建规范服务平台、以加强思想政治工作形成精神文明建设的平台”五大平台，是高新区二次创业的发展思路。在实施高新区发展战略中，在为客商创造以最小投资获最大利润为目的而营造一流经济环境中，准会以一流服务、一流效率，打造“诚信”的品牌，塑造全国最诚信的高新区和最诚信的管委会。“诚信兴区”是高新区的方针，诚信的高新区应是投资者第一选择的合作伙伴。

包头稀土国家高新技术产业开发区

地　　址	内蒙古包头市轻南路稀土高新区管委会	邮　　编	014000
电　　话	0472—5156391　5156779	传　　真	0472—5159784　5156391
网　　址	http://www.re-zone.gov.cn	信　　箱	xtgx@re-zone.gov.cn
主管部门	包头市人民政府	招商部门	管委会招商局
招商电话	0472—5118888　5156625		

【园区概况】

包头稀土高新技术产业开发区于1992年11月经国务院批准成为内蒙古自治区唯一的国家级高新区，也是全国53个国家级高新区中唯一冠有稀土专业名称的高新区。

稀土高新区位于包头市区南侧，属全市规划中心，管辖面积49平方公里，其中新建区规划面积为15.53平方公里。包头"高校园区"和"科技园区"也一并纳入稀土高新区，进一步完善了"一区多园"的发展模式。

稀土高新区的交通条件十分便利，距火车站6公里，距民航机场16公里，区内拥有多条城市规划主干道，辅以纵横交错的区间路，形成了四通八达的快捷交通网络。高新区经过近10年的建设，基础设施建设日趋完善，全部实现了供电、供热、供汽、给水、排污、道路、通讯、煤气等"八通一平"。高新区内道路纵横林立，绿化率达35.6%，绿化、美化、硬化面积达10万平方米，同时稀土高新区还建有总建筑面积39086平方米，集厂房、仓储、办公、服务于一体的黄河工业园区，创建了一个全新的投资环境。

稀土高新区逐步健全和完善了各类政策体系，相继出台了《关于进一步加大对企业发展资金扶持力度的若干规定》、《关于进一步加快创业中心建设和发展的决定》、《招商引资奖励办法》和《吸引、试用、培养人才暂行办法》等政策，此外，还建立了风险投资资金、中小企业贷款担保基金、科技创业孵化基金和扶持企业发展资金，在资金、技术、人才及土地、厂房价格等方面享受到多种形式的优惠和服务，营造了良好的创业环境。

稀土高新区实行"封闭式管理，开放式运行"的特区运行模式，强化优质服务，提高办事效率，建立了以企业为中心的"产业引导，政策扶持，跟踪服务"的新型政企关系。工委和管委会设办公室、综合经济发展局、土地规划建设局、人事劳动局、财政局、财务中心、招商局、农村和社会事业管理局、公用事业管理处、综合监察大队、国税局、地税局、工商分局和公安分局，这些部门承担所有的政府职能，真正实现"小政府、大社会，小机构、大服务"。管委会机关全部实现了现代化办公和信息化管理，平均年龄34岁，大专以上文化程度的占职工总数的97.8%。稀土高新区下属的科技创业服务中心是全国最大的国家级科技孵化中心之一，它是以科技开发和综合服务为主的社会公益型事业单位，建筑面积23000平方米，是一个功能齐全、政策优惠的高新技术孵化基地，进驻企业可及时得到仓储、住宿、餐饮、商务、法律咨询服务。

为了促进科技创新，扶持进区企业发展壮大，稀土高新区建立了全国第一家稀土企业孵化器，组建自治区首家包头软件园和包头软件企业联合会，并与清华大学、中国工程院、内蒙古大学等大专院校、科研院所互建了虚拟孵化器，聘请了一批国内外知名的稀土专家为科技顾问和稀土企业孵化器管理委员会成员，技术创新能力显著增强，企业成果转化能力大幅度提升，软环境建设进一步完善。与此同时，稀土高新区还建立健全了金融、邮电、保险、法律、审计、财会、公证等各种支撑服务体系，拓宽了服务领域，扩大了服务职能，健全了一条龙服务工作机制。

【高新区经济发展】

稀土高新区经过近10年的建设和发展，主要经济指标逐年上升，经济总量不断增大，基础设施进一步完善，招商引资质量和管理水平有了明显提高。2000年，稀土高新区实现工业总产值36.5亿元，比上年增长37%；实现技工贸总收入42亿元，比上年增长46.1%；实现利税6.6亿元，比上年增长64.3%；出口创汇

7295.3万美元，比上年增长69.5%；实现财政收入1.61亿元，比上年增长110%。

国家实施西部大开发战略和包头建设经济强市，为稀土高新区带来了又一次加快发展的良好机遇，按照稀土高新区产业发展方向和工作实际，我们提出今后的基本发展思路是：以实施西部大开发战略和建设经济强市为契机，发挥地区资源优势，强化技术创新能力，继续巩固稀土高新技术、机电一体化和电子信息支柱产业地位，培育壮大新材料、生物工程和环保产业，实施"加强创新、开拓市场、突出主体、跨越发展"的战略方针，以招商引资和项目建设为重点，以强有力的政策支持为保障，努力把包头稀土高新区建设成为以稀土为特色的高新技术产业化基地、产品出口基地和孵化创新基地，为建成中国的"稀土谷"而努力奋斗。

主要目标是：到"十五"期末，主要经济指标在1999年基础上实现翻两番，工业总产值达到106亿元，"十五"期间五年年均递增27.1%；新建区实现工业总产值80亿元，5年年均递增为23%；高新技术产业产值达到85亿元，占工业总产值的80%，稀土高新技术产业产值达到55亿元，占工业总产值的52%。年技工贸总收入115亿元，其中新建区88亿元，5年年均递增分别为27.6%和33%。创利税16亿元，其中新建区12亿元，5年年均递增32%和32%。年出口创汇1.5亿美元，其中新建区1.1亿美元，五年年均递增分别为28.4%和29.7%。综合指标接近全国53个国家级高新技术产业开发区的中游水平。

【投资导向】

鼓励投资的相关领域

1.以能源、交通、港口建设为主要内容的基础设施领域；

2.以发电和供热为目的的电厂建设；

3.以改善城市交通条件为目的的交通系统建设；

4.以新港口开发建设、老港口的改造为目的的港口建设；

5.以提高附加值、增加出口创汇为主要内容的工业加工领域；

6.以电子工业、自动化仪表、轻工机械、数控机床等的加工装配项目；

7.以精细化工、服装纺织、冶金、建材、食品等的开发及加工项目；

8.以旅游度假区为主的旅游开发建设以及相关的项目；

9.以安居为主的房地产开发建设项目；

10.以信息、金融为主的服务业项目；

11.以高技术和实用技术为主的高新技术项目；

12.以品种改良和保鲜为主的农业开发项目；

13.以劳动密集型为主的工业开发小区项目；

14.以转口贸易，仓储加工为主的保税区内的项目；

15.在投资方式上，欢迎在工业开发小区内包片开发建设；

16.欢迎合资、合作、外商独资经营，或以"BOT"方式投资；

17.也欢迎购买国有企业部分股权或全部股权。

沈阳国家高新技术产业开发区

地　址	辽宁省沈阳浑南产业区世纪路1号	邮　编	110003
电　话	024—23745010　23787666	传　真	024—23892622
网　址	http://www.hunnan.gov.cn	电子信箱	sygx@sygx.gov.cn
主管部门	沈阳市人民政府	招商部门	管委会招商局
招商电话	024—23788595		

【园区概况】

沈阳市浑南新区前身为沈阳高新技术产业开发区，始建于1988年5月，1991年被国务院首批批准为国家高新技术产业开发区，是科技部重点支持的10个开发区之一。高新区的建设和发展经历了初创起步、发展提高和新区建设三个阶段。

初创起步阶段（1988~1992年）。1988年5月，市委、市政府决定在智力最密集的南湖地区，建设高新技术产业开发区，面积22.2平方公里（以政策区为主）。一是以三好科技街为载体，沿街两侧新建和改建科技门点，为入区企业科研成果开发、转化及营销提供场所。企业的特点以“前店后厂，两头在内、中间在外”的经营方式进行资本原始积累。二是对入区企业实行“自筹资金、自愿组合、自主经营、自负盈亏、自我约束、自我发展”以及技工贸相结合的运行机制，将企业推向市场。三是初步形成“纵向垂直领导，横向相互协调”，减少管理层次，初具市场经济雏形的综合管理服务体系。四是以政策驱动为主，起到了对科技人员走出大院、下海创业，投身经济建设主战场的推动作用。

发展提高阶段（1992~2000年）。小平同志南巡讲话发表之后，市委、市政府作出把南湖科技开发区建设成“北方深圳”的重大决策，提出了“放开胆子，用足政策，跳跃发展，辐射全市”的十六字方针，高新区驶入了加快发展的快车道。一是以政策区为主转向以产业区建设为主，开始建设0.5平方公里的南塔产业试验区，1993年经国务院批准，在浑河南岸开发建设10平方公里的浑南产业区，高新区工作重心转向招商引资。二是外向型经济发展由主要依靠政策驱动，逐步向注重优化配置资源和加强软硬环境建设转变。三是产业发展由小规模分散发展向集中优势发展特色产业和主导产业转变，更加注重产业的规模化、融资的多元化、资产的股份化和市场的国际化。四是从渐进式改革向建立适应市场经济和高新技术产业发展规律要求的新体制、新机制转变，营造出了局部优化的投资环境。

新区建设阶段。2001年1月，市委、市政府作出在高新区基础上建设浑南新区的战略决策，提出把新浑南新区建设成为“北方浦东”的战略目标，高新区进入了“二次创业”的新的发展阶段。经过十几年的开发建设，高新区已形成了以民营企业为主体、多种经济形式并存的高新技术企业群体，发展了一批高新技术产业，造就了一批高新技术产业带头人，初步形成了适应市场经济需要、有利于高新技术产业迅速发展、与国际惯例接轨的良好环境，为扩大对外开放、带动地区经济发展和社会进步发挥了重要作用。

【发展状况】

1.各项经济指标高速增长，成为沈阳最有活力的新经济增长点。

高新区创建以来，经济总量一直保持稳定的高增长态势。1991年到2001年，全区技工贸总收入从3.62亿元增长到315亿元，年平均增长56.4%；工业总产值从0.83亿元增长到225亿元，年平均增长75.1%；实现利税从0.46亿元增长到25亿元，年平均增长49.1%；自营出口从14万美元增长到3.4亿美元，年平均增长127.6%。2001年高新技术产品销售收入157.5亿元，增长30%；国内生产总值58亿元，增长30%；固定资产投资8.5亿元，增长54.5%；实际利用外资额2亿美元，其中直属利用外资额9069万美元，增长27.5%；财税收入15.2亿元，增长78%，高新区已成为沈阳市最富生机和活力的新经济增长点。

2.招商引资成效显著，对外交往进一步扩大。

高新区拥有外资企业700余家，总投资37.3亿美元。投资者来自亚、欧、美、澳、非五大洲38个国家或地区。美国通用汽车、IBM、康柏、德州仪器、德国宝马、加拿大北方电讯、比利时贝尔、荷兰博安通讯、意大利威尔玛、澳大利亚阿斯创、日本东芝、NEC、三洋、韩国LG、三宝、新加坡维用电子、中国台湾宏基电脑、大众电脑、五享车桥、辉达实业、中国香港新世界、长江实业、扬子实业等一批国际知名企业纷纷通过各种方式进入高新区，投资规模从1991年的151万美元到2001年的732万美元。近年来，高新区企业掀起了与国际知名厂商携手同行的合作浪潮。东软、协合、LG、三宝、东宇等40多家企业，已分别在美国、日本、韩国、加拿大、中国香港等国家和地区设立了分公司或办事机构，推销拥有自主品牌的高科技产品，开始与国外争雄。同时，高新区进一步加强了与世界各国科技园区之间的联系，已同日本神奈川、加拿大魁北克、芬兰坦布雷、新西兰坎特伯雷、美国硅谷华人创业联合会等国际科技园区结成了友好园区，并成为国际科学园组织的理事单位和亚洲科学园协会的发起园区及协会常务理事。

3.企业实力日益壮大，主导产业初具规模。

目前，高新区共有各类企业近4500家，其中科技企业近3000家，高新技术企业270家，总从业人员约6万人。技工贸总收入超50亿的1家，超20亿的2家，超10亿的2家，超1亿的17家，从业人员超千人的企业有7家，500人至1000人的企业有13家。已形成了电子信息、先进装备制造、生物制药、新材料、新能源与环保等主导产业。在2001年高新区238亿产值中，电子信息产业实现133亿元，占55.9%；先进装备制造实现60亿元，占25.2%；生物制药实现5亿元，占2.1%；新材料实现7亿元，占3%；新能源与环保实现16亿元，占6.8%。

4.高新技术产业源头不断开掘，创新体系建设逐渐完善。

高新区投资3亿多元先后建成了设施先进、国内一流的高科技创业中心和海外学子创业园，总建筑面积达6.5万平方米，辽宁沈阳海外学子创业园于2000年3月被国家三部一局（科技部、教育部、人事部、外专局）列为试点创业园，创业中心被国家科技部评为国家先进孵化服务单位。高新区已有海外留学人员创办的企业46家，创业中心在孵企业144家，开发生产360余项高科技产品。高新区还创办了我国第一个大学科学园——东大科学园，由此带动了沈阳工业学院、药科大学、医科大学、建工学院、化工学院等高等院校积极创办科技工业园，推动了高新技术产业的发展。

5.区域中心市场已经形成，影响力和辐射力不断扩大。

三好科技城已被国家工商总局批准为“中国电脑软件城”。在3.5公里沿街两侧，云集了1300多家科技门点，10座面积在1万平米以上的大型商厦，总营业面积达70万平米。微软、IBM、戴尔、惠普、宏基以及联想、清华同方、北大方正、海尔、TCL、同创等国内外著名的IT企业，都进入了科技商城，年营业额达到百亿元。三好电脑软件城已成为东北地区最大的科技、贸易、文化和信息的中心市场。

6.体制创新步伐加快，软硬环境进一步改善。

高新区在浑南产业区总投入达40亿元，其中管委会投入近15亿元，浑南产业区已有5平方公里完成了基础设施建设，总开工面积180多万平方米，竣工面积80多万平方米，进区项目115个，现正在进行二期5.64平方公里的基础设施建设工作。在加强硬环境建设的同时，不断优化软环境。1996年市人大通过立法出台了《沈阳高新技术产业开发区条例》，1998年市委、市政府开始在高新区实行“封闭式”管理，赋予管委会市级经济管理权限和社会管理权限，2001年，又出台了《全面开发浑南新区的若干意见》。高新区对企业实行无上级主管和积极不干预政策，不对企业设定法外义务，实行“无费区”管理，推行“一栋楼办公，一条龙服务，一站式审批，一个窗口对外”的运行机制，不断加快体制创新和机制创新，推动招商引资和各项事业的发展。

【总体规划】

浑南新区——位于沈阳城区南部，规划面积120.6平方公里。新区与母城隔河相依，环抱母城南部，与母城交映生辉。本着“线形城市的带状组团结构，公交主导的出行方式，可持续发展的生态系统”的规划理念，由北京、上海、中国台湾、美国、日本、澳大利亚、加拿大等国内外著名规划设计单位竞标产生的规划设计方案，其主要功能单元为为“三区一城一带”。即高新技术产业区、高档次中央商务区、高品质居住区、大学城、浑河观光旅游带。主要建设用地80平方公里，其中产业用地20%，商贸金融用地4%，居住用地20%，教育科研用地6%，道路用地20%，公共绿地20%，其他用地10%。

高新技术产业开发区——规划用地16平方公里，由长白工业区、高新区浑南产业区和未来产业区三部分构成。产业主要设计了863软件园、AMT园、信息产品制造园、新材料产业园、海峡两岸科技工业园。重点发展电子信息、先进制造技术、生物工程、新材料、汽车等为主导的高新技术产业。

高档次中央商务区——规划面积2.6平方公里，是为发展高新技术产业服务的金融商贸区，体现浑南新区高科技、现代化、国际化特征，将规划建设成为具有金融、贸易、商业、文体娱乐、商务服务、政府服务、科教会展、通讯服务等功能配套的综合区域。

高品质居住区——规划用地5.2平方公里，具有住宅、幼儿园、学校、购物、邮电、电信、有线电视、银行、旅馆、饭店、娱乐、停车场、小型公园等配套服务设施。高等级大学城规划用地10平方公里，实行开放、资源共享模式，为国际一流水平和规模的大学科研、教育园区。，包括教学楼、办公楼、图书馆、体育场馆、音乐厅、学生公寓、职工住宅、高科技人才交流中心、大学科技园等综合配套设施。

浑河观光旅游带——参照世界著名滨水城市的治河模式改造浑河，把浑河及其两岸建成集自然、休闲、娱乐、防洪为一体的观光旅游带。规划建设大型公园绿地、大型综合性游乐场等建筑景观与浑河河岸自然景观。

大连国家高新技术产业开发区

地　址	大连高新区七贤岭产业化基地高新街1号	邮　编	116025
电　话	0411—4793602　4792100	传　真	0411—4793639　4793620
网　址	http://www.ddport.com	信　箱	dlhizic@dalian-gov.net
主管部门	大连市人民政府	招商部门	管委会招商局
招商电话	0411—4792100		

【开发区简介】

大连高新技术园区是1991年3月经中国政府批准建立的首批国家级高新技术产业园区，也是大连市的对外开放先导区、科技兴市的示范区，园区总占地35.6平方公里，由七贤岭产业化基地、双D港、海外学子创业园、软件园、黄河路科技城等发展区域组成。

园区坐落在大连市大专院校和科研院所最集中的区域，区内汇集着大连理工大学、大连海事大学、东北财经大学、大连医科大学等11所高等院校和中科院大连化学物理研究所、机车研究所等40余所科研机构，拥有20名中国科学院院士和工程院院士，为高新技术产业发展提供了有力的技术和人才支撑。

园区已与世界50多个国家和地区建立了密切联系，累计引进美国、日本、德国、英国、澳大利亚、中国台湾、中国香港等国家和地区的投资企业近500家。目前，园区累计注册企业1700家，围绕电子信息、生物医药、新型材料和节能环保等高新技术领域，发展高新技术企业400余家。园区经济实现高速增长，已成为大连市新的经济增长点。

鞍山国家高新技术产业开发区

地　址	辽宁省鞍山市千山路288号	邮　编	114044
电　话	0412—5211018　5211028	传　真	0412—5211056
网　址	http://www.asht-zone.gov.cn	主管部门	鞍山市人民政府
招商部门	管委会经济发展局	招商电话	0412—5211018　5211016

【开发区简介】

鞍山高新区始建于1991年，1992年被国务院批准为国家级高新区，总体规划面积32.5平方公里。鞍山高新区由东区（原高新区）、西区（原经济区）和政策区三部分组成。

高新区建区伊始即着手确定总体规划，经充分论证，高新区总体规划性质定义为“以鞍山市为依托，是鞍山市引进、开发高新技术成果商品化、产业化、国际化的新兴产业开发基地，是以高新技术成果为先导，融科研、教育、生产、生活为一体，科工贸相结合的现代文明新城区。”

按照这一定义，鞍山城乡规划设计院依据鞍山市城市总体规划和清华大学专家教授的总体构思，于1992年7月完成鞍山高新区的总体规划报请国务院审批，经国家科委代国务院审定后，1993年4月，鞍山市政府下发了《关于鞍山高新技术产业开发区总体规划的批复》。该规划还于1996年获得国家高新技术产业开发区总体规划研讨会优秀规划奖。

根据总体规划，8年来，鞍山高新区不断加强基础设施建设和基本建设。截止2000年末，全区累计征用土地4.64平方公里，基本建设累计投入15亿元；区内共修建道路25.2公里，黑色路面共计47万平方米；铺设排水干管及暗渠共计25.2公里；已建成1000立方蓄水站1座，汤河水源可供区内日供水量5万吨；区内变电站供电容量已达2.8万千伏安；5万立方米贮罐供气管线已供至区内；已建成3000平方米通讯机房，现已开通8000门电话容量；按照绿化规划，共种植乔木6171株，灌木10875株，草坪95288平方米，加上区内长白山支脉6000亩山林及人工种植的行道树等面积总计4173533平方米，绿化覆盖率22.7%。

高新区基础设施功能齐全，全区累计开发面积4.7平方公里，建成了高标准的路网、通讯、供水、排水、供电、供气、供暖等公用设施，建设了电子政务平台，绿化覆盖率达到26%。

高新区管理服务体系保障有力。管委会设立了精干高效的管理机构。工商、税务、公安、技术监督、土地等部门在区内设立了分支机构，会计、审计、律师、金融、公证等中介服务机构俱全。管理服务机构对进区企业实行“全程式”服务，免缴各种行政事业性收费，设立了种子基金，风险基金和担保基金，出台了多种扶持和奖励政策，形成了良好的投资“洼地”效应。

高新区企业技术创新能力普遍增强。全区现有180多家高新技术企业，其中130多家企业自主研发了200多项高新技术项目。清华、北大、矿山院等一批高等院校和科研院所与进区企业合作，促进了产、学、研一体化发展。创业中心孵化面积突破4万平方米，在孵化企业近200多家，2001年进入国家级行列，同年投入使用的软件园、海外学子创业园的入驻企业已近百家。软件出口实现全市零的突破。

高新区产业发展迅速。2001年底，全区技工贸总收入实现103亿元，比上年增长112%。累计入区企业达1062家，年销售收入在1亿元以上的企业18家，1000万元的企业41家。清华紫光、托普软件等一大批国际国内知名企业入驻高新区，聚龙集团、海诺集团等一批民营企业正在崛起。新材料、环保与节能设备、电子信息、机电一体化、精细化工和生物医药等主导产业得到了快速发展。

长春国家高新技术产业开发区

地　址	吉林省长春市前进大街95号	邮　编	130021
电　话	0431—5171636 5671352	传　真	0431—5171636 5671348
网　址	http://www.chida.gov.cn	主管部门	长春市人民政府
招商部门	管委会招商局	招商电话	0431—5171619　5171617

【园区概况】

长春高新技术产业开发区是于1991年3月经国务院正式批准的53个国家级高新技术产业开发区之一，长春高新区位于市区南部的自然延伸部分，总面积49平方公里，其中政策区27平方公里，科技新城规划22平方公里。区内有18所全日制高等院校，39个国家、省直属科研机构和11个国家重点开放实验室，有28位学部委员、科学院士、工程院士集中在开发区内，科技人员占人口总数的16.6%，具有丰富的智力资源和雄厚的科研创新能力。这里交通发达，与长春至大连高速公路相连接，距长春火车站仅2.5公里，距长春飞机场仅10公里。这里生活舒适、环境优雅、基础设施完善，金融、工商、税务、保险、会计师事务所、律师事务所等支持服务体系健全。

1998年12月，长春市政府下达了对开发区实行封闭管理和对外商投资企业实行全面保护的文件，使开发区的投资环境进一步改善。高新区的良好投资环境吸引了美国的通用、福特公司；日本的伊藤忠商事、丸红；德国的奔驰、西门子等著名跨国公司和厂家，投资兴办250多家三资企业。

10年间高新区累计实现技工贸总收入1021亿元。2000年长春高新区技工贸总收入和工业总产值均列全国53家高新区的11位，工业增加值列第8位，利润和税金列第5位。已经形成了以汽车及零部件、生物和医药、光电子、信息及新材料为特点的产业优势。

【东北地区的优势】

东北地区辖黑龙江、吉林、辽宁和内蒙古三省一区，总面积近198万平方公里，人口约1.28亿。广袤的东北平原物产丰富，农、林、矿产的产量位于全国的前列，除拥有全国最大的商品粮生产基地之外，它还是目前大陆的重要工业基地之一。号称“煤海”和“煤都”的大型煤矿都位于东北地区。东北地区拥有全国最稠密的铁路网线，使得其在交通运输上有着其他地区无法比拟的优势。东北地区北临俄罗斯、蒙古，南临朝鲜，交通极为便利，是大陆通往东欧的主要交通要道。

【长春地区的优势】

长春——吉林省的省会，地处中国东北松辽平原腹地，地势平坦开阔，位居东北三省的中心，是未来东西走向的第三条“欧亚大陆桥”的交汇点、东北亚经济圈的中心，全市总面积2.057万平方公里，人口713万，市区面积1452.8平方公里，人口283万，是吉林省政治、经济、文化的中心，享有“汽车城”、“科技文化城”、“森林城”的美誉。著名的长春电影制片厂、第一汽车制造厂、末代皇帝伪皇宫、亚洲第一大人工森林公园长春净月潭、中科院长春光机所、长春应化所、卫星观测站等单位均坐落在市内。作为东北地区的交通要冲，交通便利，南可接连中国辽东半岛的大连、营口等出海口，北可通过黑龙江省向俄罗斯及东欧各国扩展，东可经珲春、图们江通往朝鲜、韩国、日本，西可由白城地区与蒙古国交往。长春机场已开通日本仙台、俄罗斯伊尔库斯克、马加丹、新西伯利亚、韩国汉城以及中国香港的空中国际航线。

【长春市场潜力】

1.地理资源:东北城市间的经济交流主要依靠铁路、公路运输。长春市位于东北交通的网络中心，地处城市通衢的十字路口，区位优势明显，对长春市的经济发展十分有利。在长春市500公里的范围内，分布有哈尔滨、沈阳、吉林市、四平、抚顺、乌兰浩特等多个东北消费能力强的大中型城市，有利于拓展市场并降低销售成本。

2.交通资源:作为欧亚大陆桥的重要组成部分，北京—莫斯科国际列车途经长春极大的地方便了东北地区同俄罗斯以及东欧各国之间的交流与合作，上世纪90年代初期以来的中国同二郎山以及东欧各国的贸易活动便是凭借本线路开展起来的。长春高新技术产业开发区的“中俄科技合作基地”是长春市与俄罗斯、乌克兰等国家的专家进行多渠道、多方面的协商与沟通，与乌克兰南方科学院和化学协会等国外团体签署协议成立的科研基地，是东北乃至全国与东欧国家科技合作的窗口与桥梁。俄罗斯等东欧国家是世界上市场开发相对落后的地区，对于各类产品的需求十分巨大，长春市的地理和交通优势是同这些国家建立贸易关系的良好基础保障。同时，吉林省作为东北亚经济圈的中心，东部地区与俄罗斯和朝鲜接壤，距日本海仅有不足100公里的水路，具有十分广阔的发展前景。

3.自然资源:长春地处富饶的松辽平原中部，地域平坦，土壤肥沃，土质优良，具有粮食作物生长得天独厚的自然条件。所辖地区为国家商品粮生产基地和玉米出口基地，农业机械化程度高，盛产玉米、大豆、谷子、高粱、水稻等粮食作物。在正常年景下，粮食产量可保持75亿公斤的水平，约有30亿公斤的粮食可作为工业深加工和畜牧业发展的资源，商品率在55%左右。在全国各大中城市中，粮食总产量、商品量、出口量以及人均占有量均居前列，农业产业化前景十分广阔。已经建成的大成公司、赛力事达公司、浩月公司等，都是拥有规模优势的大型粮食深加工或畜牧业产品精加工企业。

4.人力资源:长春市科技教育基础雄厚，高等院校集中，具有丰富的智力资源和雄厚的科研创新能力。拥有吉林大学、东北师范大学等30多所大专院校，在校生16万，包括中国科学院长春应化所、光学机械与物理研究所等驰名中外的100多所独立科研机构，上述单位拥有28位中国科学院和中国工程院院士，在光学电子、激光技术、高分子材料、生物工程等方面的研究居全国前列，有的已经达到国际先进水平。长春市还拥有700多所各类中等学校，在校生49万人。教学科研人员4万多人，其中在国内外享有声誉的教授和研究人员近千人，各类专业技术人员30多万人，科技人员占总人口的比例在全国大、中城市中名列第四位，教育整体水平居全国大城市前列，可谓科研装备精良、人才资源丰富，是国内屈指可数的知识密集区。经过长春市政府不断地努力培育和积极扶持，目前形成了一批具有较强国际竞争能力的高新技术企业集团，在光学、精密仪器、激光技术、高分子材料、生物制品、超导材料、汽车等方面的研究均居国内领先水平。

5.产业资源:汽车及汽车配套、农副产品深加工和高新技术产业构成了长春市三大支柱产业，并形成了食品加工、医药工业和电子信息业三大优势产业，此外长春市的重要产业还包括微电子、光电子、新材料、新型建材、流通业、房地产业、旅游业。现有工业企业3000多家，主要产品品种3000多种。以新中国汽车工业摇篮——长春第一汽车厂为核心的中国第一汽车制造集团公司(含一汽大众集团公司)是中国最大的汽车工业科研生产基地和中国卡车和轿车的生产基地，汽车产量占全国总产量的1/5，推动长春市形成了以交通运输设备制造业为主体的工业体系。一汽集团不仅拥有年产40万辆重、中、轻、微、轿、客6大系列550多个品种汽车的生产能力，而且形成了一个跨地区、跨行业、跨国界的中国最大的汽车企业集团，依托“一汽”集团公司，长春市建立了100多家与一汽相配套的厂家。作为全国最大的铁路客车和地铁等城市轨道车辆的科研、生产基地，长春客车厂新造铁路客车产量占全国产量的半数以上，北京、天津使用的地铁客车都出自该厂，它是世界上几个较大规模的铁路客车生产厂家之一，其产品出口到欧、亚、非的一些国家。长春市在光电子产业方面拥有得天独厚的优势，中国科学院长春光机所、长春光机学院是中国唯一的光学研究专业研究所和高校，为中国的“两弹一星”做出了突出的贡献，同时长春市有五个光学仪器厂，为科技成果转化提供了良好的产业环境。

6.经济基础:长春是沿边开放城市，享受国家沿海开放城市有关优惠政策，全市共有国家级高新技术产业开发区、经济技术开发区和省级净月潭旅游开发区、汽车贸易开发区、长江路电子科技城开发区等5个开发区。其中高新区在全国53家国家级开发区处于10强行列，经济技术开发区50平方公里的大规模建设成果显著;净月潭旅游开发区依托近200平方公里亚洲最大的人工森林公园——净月潭公园，配合以末代皇帝伪皇宫、伪满八大部和电影城等重要的旅游景点资源的支持，发展迅速并且前景广阔;汽贸开发区建成了全国规模最大的大型国家级汽车交易市场，是东北地区最重要的汽车交易场所;长江路电子科技城开发区的发展推动长春市成为东北地区电子科技产品的大型集散地。

7.国际合作:长春是一座文化古城，但同时也是一座充满生机和朝气的开放城市。目前，长春已同日本的仙台、英国的伯明翰、美国的小石城和弗林特、加拿大的温泽等十几个国家的城市结为友好城市；与世界60多个国家和地区建立了稳定的经贸关系，以美国的福特公司、可口可乐公司、百事可乐公司、克莱斯勒公司、WAL－MART公司，德国的大众公司、西门子公司、汉高公司、英国的皮尔金顿公司、日本的伊藤忠商社等一些国际大企业、大财团、大商社为代表的世界著名企业都在长春兴建了合资、合作或独资企业。

8.创业成本:长春市目前拥有人口713万，丰富的劳动力资源和高素质的人力资源构成，使得企业在生产过程中成本降低，提高产品质量和科技水平，有利于抢占市场，获得先机。2001年长春市区从业人员平均月收入为812元，低于东北地区的沈阳、哈尔滨、大连等大中型城市的收入水平。长春高新区提供符合“七通一平”条件的土地供工厂建设，“七通”:道路、水、电、燃气、通讯、雨水管、污水管通至地块线边缘;“一平”:拆除地块上所有构筑物后的自然平整。

【长春高新区10年发展巡礼】

20世纪90年代，在邓小平同志“发展高科技，实现产业化”题词精神的巨大鼓舞下，一个充满生机与活力的国家级高新区—长春高新技术产业开发区在中国东北这片神奇的土地上迅速崛起。

辉煌的业绩

从1991年8月8日长春高新技术产业开发区正式挂牌成立以来，10年的艰辛创业，10年的风雨历程，被誉为“东北硅谷”的长春高新区，以它强烈的创新意识、顽强的拚搏精神，创造了超常规的发展速度，铸就了辉煌的业绩。到2000年末统计，区内注册企业发展到1380户，高新技术企业871户。年收入超千万元企业发展到123户，超亿元企业发展到35户。10年累计实现技工贸总收入744亿元，利税127.4亿元，高新技术产业产值410亿元。

1999年，在全国创新大会精神的巨大鼓舞下，长春高新区全面掀起二次创业高潮。当年技工贸总收入、利税分别进入全国53家高新区的第12名和第5名。2000年技工贸总收入、利税、全口径财政收入分别实现了212亿元、37亿元和12亿元，又攀历史新高，成为推动地方经济快速发展的重要增长点。

建区10年来，长春高新区先后获得国家“十佳高新区”、“高新技术产业开发区优秀管理奖”等多项荣誉称号和表彰。1999年8月，又作为全国53家高新区的四家代表之一，参加了全国技术创新大会。

创新：立区之本

创新是民族的灵魂，更是科技特区立区之本和发展的不竭动力。

为了全方位开发创新源头，引导、推动科技人员走出象牙塔，变科技人才密集区为高科技产业密集区，高新区采取与大学大所联办产学研基地，组织校企联办技术开发中心，发挥国家级科技创业服务中心的孵化作用，组建风险投资公司、积极申报国家中小科技企业创新基金、完善中介服务体系等多方面措施，为大批科技人员和科技成果迅速进入生产领域铺设了条条绿色通道。到目前为止，长春高新区内由高校和科研院所创办、联办的高新技术企业就达到近500户，占全区高新技术企业总数的1／2以上。开发并实现产业化的高新技术项目近千项，其中80%都具有自主知识产权。基因工程干扰素、“白介素－2”、“人生长素”等基因工程新药先后被列为国家火炬计划优秀项目和国家重大科技成果产业化项目。“甲肝减毒疫苗”达到国际先进水平，国内市场占有率达到40%以上。新一代“人用精制狂犬疫苗”已成为世界卫生组织推荐的产品，公安综合信息管理软件应用，占国内市场的80%以上。一批名牌企业、名牌产品正在迅速成长壮大。

人才：高新区发展的支点

创新的核心是人才，高新区发展的支点是人才。为了广聚天下英才，长春高新区于1999年6月份成立了中国长春海外留学人员创业园。目前，已有百名博士、博士后入园，创办企业52户。崔维力、金磊等一批海外学人创办的软件、基因药业企业已经成为长春高新区内的一道亮丽风景线。2001年11月，国家科技部、人事部、教育部正式批准长春海外学人创业园进入国家留学人员创业园示范建设试点单位行列。

为了增创人才优势，从1999年开始，长春高新区在省市领导的大力支持下，又作出了创建中国长春大学城的战略构想。计划利用5～7年时间，在吉林大学南侧6平方公里的地域，立足抢占世界高科技发展制高点，有目标地吸纳国内外著名高校，建设一座集院系所、实验室、研究生院、博士后流动站于一体的中国长春大学城，在校生人数达到6万人，为建设一流的高新技术产业基地提供人才智力资源。目前，大学城内2.3平方公里的基础设施建设已经基本峻工。吉林大学信息学院等8所大学已经顺利入园。大学城的创办得到了国内外的广泛关注。一个人造硅谷、中国的斯坦福大学园，不久必将悄然兴起。

园区化带动产业化

创新是产业化的前提，产业化是创新的归宿。以园区化带动产业化，是长春高新区经过10年探索走出的一条成功之路。走进长春高新区，一座座科技园区，像一颗颗璀璨的明珠熠熠生辉。

生物医药园：总体规划面积150万平方米。已完成一、二期工程建设80万平方米，入园企业达到47户．长生基因药业公司、长生实业公司、金赛药业公司、深圳海王长春分公司、迪瑞公司等一批名牌企业正在迅速成长。先后开发出国家一类、二类新药15个，中药保护品种21个。三期工程占地50万平方米，目前正在进行前期准备，拟投资15亿元，安排项目20项。另外，面积为30万平方米的中药现代化基地也正在建设之中。

计算机软件园区成立于1999年初，2000年9月份被科技部批准为国家级软件产业基地；汽车研究开发园区，始建于1997年2月，2000年9月经国家科技部批准，更名为汽车研究开发园区，正式成为长春高新区的一个专业园区；国家火炬计划长春光电信息技术产业化基地于2001年4月28日正式奠基，占地面积为20平方公里；由华禹光谷股份有限公司为主体，长春中国光谷的浩大工程正在全面启动，计划到2010年投资50亿元，重点建设光电子产业30个大项目，实现销售收入400亿元。长春高新区已经成为国家高新技术产品出口基地、国家中药现代化科技产业基地、长春中俄科技合作基地。

一流的软硬环境

长春地处东北亚经济圈腹地，是吉林省省会城市，这里风景秀丽。高新区位于市区南部，总面积为49平方公里，其中政策区27平方公里，新建区22平方公里。10年累计投资近30亿元，10平方公里新区“七通一平”等基础设施建设年内将全面完成。这里交通便利，距长春火车站仅2.5公里，距长春机场仅10公里。长大高速公路与新区相连，硅谷大街、新世纪大街、高新路等主干道在区内纵横交错。这里通讯便捷，全市国际直播程控电话装机容量达100万门以上。这里服务设施齐全，南湖宾馆、名门饭店等三星级以上宾馆达20多家。这里环境幽雅，在南湖四周的绿色森林中，一片片住宅、别墅、写字楼正在拔地而起，商贸、娱乐、文化等社会服务设施正在日臻完善。这里更有健全完善的社会服务体系，面积为2.6万平方米的创业大厦可以为科技孵化企业提供多功能的服务。

良好的投资指南，巨大的发展潜力，吸引了一批批海外客商。到目前统计，已有美国、德国、日本、澳大利亚、韩国、泰国等26个国家和中国香港、中国澳门地区的客商来高新区投资，仅世界500强前10名的大跨国公司就有8家。创办中外合资、独资企业330多户。高新区在推动长春走向世界，加快国际化发展步伐方面正在发挥着越来越大的作用。

以超达精神创造未来

长春高新区10年发展，取得了阶段性的重要成果，这是国家及省市领导高度重视，社会方方面面全力支持的结果，是全体高新区人发奋努力的结果。更是历届领导班子坚定贯彻小平同志“发展高科技，实现产业化”重要题词精神，解放思想、开拓进取的结果。特别是实施二次创业以来，以苗若愚同志为代表的新一届领导班子，以“只能争第一，不能当第二”的强烈责任意识和进取意识，全面加大了技术创新、体制创新、管理创新、环境创新的工作力度，积极培养和大力弘扬“开拓进取、团结拚搏、务实高效、争创一流”的高新区精神，使长春高新区迅速进入了跨越式发展的快车道。计划到2005年，实现技工贸总收入800亿元，利税160亿元，经济总量达到全市1/5以上，22平方公里的科技新城基本建成，确保进入全国重点高新区行列，为推动长春乃至全省经济的跨越式发展做出更大贡献。

“领超科技，通达未来”，这是长春高新区永远的执著追求。面对新的世纪，长春高新区人正在以超达的精神，全面推进二次创业的伟大工程。

吉林国家高新技术产业开发区

地　址	吉林省吉林市深圳街6号火炬大厦	邮　编	132000
电　话	0432—4798186　4798019	传　真	0432—4798000
网　址	http://www.jlhitech.com	信　箱	webmaster@jlhitech.com
主管部门	吉林市人民政府	招商部门	管委会招商局
招商电话	0432—4798071		

【开发区概况】

国家吉林高新技术产业开发区成立于1992年11月，规划面积11.18平方公里，位于松花江畔素有“北国江城”美誉的吉林省第二大城市——吉林市。

吉林高新区一面靠山，三面临水，地势平坦，气候宜人，交通畅达，通讯便捷，医疗、教育条件优越，高等院校、科研院所密集，智力资源丰富，基础设施完备，服务产业发达，是投资兴业的理想园区。按照区域特征，高新区大致可以分为综合功能区、高新技术产业区、科教文化区、旅游渡假区、商贸区和居住区。

管委会办公大楼——火炬大厦就座落在综合功能服务区内，企业和个人在这里可以方便、快捷办理规划、工商、税务、用地、建设等方面的手续。另外，功能服务区内金融、保险、中介服务业比较发达，已经形成了较完备的服务支撑体系。

高新技术产业区主要指吉林市深圳街两侧区域，面积大约2平方公里，重点发展高新技术产业。目前电子信息产业园、医药产业园已基本形成。

科教文化区主要指吉林市恒山西路以南、吉林大街西侧区域，含有北华大学、第四军医大学军医学院等大学2所，吉林商贸学校、化工学校、教育传播学院等专科学校3所、吉林市松花江中学、市二中学等中小学校5所，能够充分满足区内居民和外来投资者子女的就学需要，满足投资者对各类人才的需求。

旅游度假区主要指吉林市江滨西路以东的江滩区域，高新区和企业内企业共同投资1.5亿元建设了总面积达39万平方米的江滨公园，成为假日里人们休闲娱乐的好去处。

商贸区主要指0.8公里长的厦门街及两侧店铺，在这里你可以购到最新技术的信息电子产品，也可以品尝到各具特色的美味食品。

居住区主要包括烽火、日升、光明三个村民小区和世纪花园、紫光秀苑、江畔别墅区等高级商住区。小区里软硬覆盖达到100%，无裸露地面，活动休闲场所、大型超市等一应俱全，干净整洁，没有污染，居住环境理想。

【发展思路】

在坚持加快“基础”和“形态”开发的同时，加速六个“功能”开发，即产学研功能、孵化功能、产业化功能、开发创新功能、市场经济功能和国际化功能。

要根据市场经济和国际惯例的要求，逐步调整工作重点。即从主要依靠优惠政策，逐步向进一步优化环境、改善服务转变；从大规模基础设施建设和形态开发，逐步向功能开发转变；从主要依靠招商引资引进企业和技术，逐步向完善创新体系，依靠自主创新转变；从侧重区域优惠政策，逐步向高科技产业政策转变；从注重依靠政府行为，逐步向主要依靠市场行为转变。“不求最大，但求最好”，把吉林高新区建设成政治清明、经济发达、环境优美、社会文明、人民富裕的科技新城区，使高新区成为践行“三个代表”的示范区。

【发展目标】

1.“二次创业”和2002年工作目标。今后5至10年，是国家高新区实现“二次创业”的关键时期，“十五”期间，即到2005年吉林高新区经济发展主要目标是：技工贸总收入达到510亿元，其中封闭区达到300亿元，四年翻一番半；GDP达到150亿元，其中封闭区达到90亿元，四年翻一番半；出口创汇达到2亿美元，四年翻两番；封闭区全口径财政收入达到5亿元，年均增长13.6%；基本消除城乡二元经济结构、城乡差别和工农差别。

2.2002年吉林高新区经济和社会发展主要预期目标是：技工贸总收入达到337亿元，比上年增长20.4%；其中封闭区达到125亿元，比上年增长25%。工业总产值达到340亿元，比上年增长19.3%；其中封闭区达到95亿元，比上年增长36%。GDP达到95亿元，比上年增长18.8%；其中封闭区达到38亿元，比上年增长25%。出口创汇达到5000万美元，比上年增长25%。引进资金实际到位20亿元，比上年增长40.8%；其中外资到位4000万美元，比上年增长81.9%。固定资产投资达到50亿元，比上年增长190.7%。农民人均收入达到6000元，比上年增长18.9%。观念创新、体制创新、机制创新、技术创新、城市建设、文化建设和发展速度均走在全市前列。

3.区域形象建设目标：达到ISO14000标准，建成具有现代气息、特色鲜明的新城区。

4.产业发展目标：建设机电一体化、电子信息、生物医药、新材料和精细化工产业化基地，基本规模大的基地到“十五”末年技工贸总收入达到150亿元，小的要达到30亿元。同时，加大电子信息、生物医药、新材料三大产业引导扶持力度，使其规模到“十五”期末占经济总量的50%。

【发展措施】

吉林高新区实现“二次创业”的预期目标要实现以下“六个新跨越”：

一是在管理体制创新上实现新跨越。抓住中国加入WTO的契机，坚持解放思想、实事求是，按照高新技术产业发展规律、市场经济、国际惯例和WTO规则要求，与时俱进，在更深层次、更广范围研究、探索管理体制和运行机制的创新。政府职能要进一步实现“五个转变”：从万能的包揽一切的政府，转变成有限作用的政府；从主要是通过管制和审批来对企业进行管卡的政府，转变成主要是通过完善法制规范环境、提供服务的政府；从主要为国有经济服务的政府，转变成为整个国民经济服务的政府；从计划经济的政府，转变为基本适应市场经济的政府；从臃肿的政府，转变为精简高效的政府。

二是在技术创新和产业化上实现新跨越。加快技术创新体系建设，大力提高高新区的整体发展质量和综合竞争能力，把高新区建设成为高新技术企业孵化的基地、高新技术产业化的基地、高新技术产品出口的基地、高新技术企业家迅速成长的基地。孵化基地总建筑面积要保证15万平方米，吸引1500户中小科技企业在其中开展技术创新，5年内孵化培育出20户以上年销售收入在1亿元以上企业，100户以上销售收入在1000万元以上企业。建设机电一体化、电子信息、生物医药、新材料和精细化工产业化基地，其中规模大的基地到“十五”末年技工贸总收入达到150亿元。高新技术企业达到700户，高新技术产品发展到800种，高新技术企业技工贸总收入占全口径技工贸总收入的比重达到80%以上。建设电子信息、生物医药、新材料、食品和精细化工出口基地，抓好出口创汇工作，参与世界经济循环。抓好企业家基地建设，培养出一大批高新技术企业家，使高新区成为培养造就能够熟练驾驭市场经济、按照国际惯例经营管理企业的企业家辈出的摇篮。

在政府引导、推动、示范的前提下，积极吸引企业、投资商参与建立和完善风险投资公司、担保公司和创新基金等，为科技企业创新和产业化提供资金支持。加快运筹区内企业在境内外上市工作，力争在5年内3~5户高新技术企业挂牌上市。

三是在硬环境建设上实现新跨越。“十五”期间投资5亿元左右，全面完成基础设施配套建设和高新区形象建设的任务，达到“七通一平”。实施绿化、亮化、美化工程，裸露地面全部铺装硬覆盖或植树种草，主要建筑物、道路广场及休闲娱乐区域安装彩灯。实施形象工程，投资1.5亿元建设广场和公园，建设20个左右高层建筑和40个左右花园式工厂。

四是在招商引资和招才引智上实现新跨越。要把优势跨国公司、国内具有扩张能力的强势企业、国家重点大学和科研院所作为招商的主攻对象，引进世界优势跨国公司达到20家，国内具有扩张能力的强势企业40家，国内重点大学和科研院所项目40个，建设销售收入1亿元以上的花园式工厂50个，扩大高新区经济总量，提升经济质量，在推动地区经济发展和结构调整中发挥龙头作用。同时抓好招才引智工作，吸引一大批高素质人才到高新区创新创业。

五是在文化建设上实现新跨越。要逐步建设既不同于传统文化，又不照搬西方文化，而是以现代科技为主线、以适应市场经济为核心，与法律相适应的高新区文化。要逐步创建“六个环境”，即创建以美化、绿化、亮化和净化为主，基础设施完备、具有现代气息、适于人们生产生活的生存环境；创建以博爱和奉献为主，人们之间相互礼让、讲究诚信的道德环境；创建以人们自由和平等为主，政治清明、个性飞扬的民主环境；创建以没有乱摊派、乱收费、乱罚款、乱检查为主，市场调节、平等竞争的经济环境；创建以公平和公正为主，崇尚法治、依法行政、社会安定的法制环境；创建以包容和宽容为主，追求真理、勇于创新、容忍失败的社会环境，使文化建设成为高新区改革创新、对外开放、经济建设和社会发展中的新亮点、新优势、新动力。

六是在人民生活上实现新跨越。把提高人民群众的物质文化生活水平作为根本出发点，基本解决城乡二元经济结构，按照市场经济和国际惯例搞好社区和物业管理，为区内人民提供安静、闲逸的空间氛围和安全宽松的社会治安环境。“十五”期间职工收入和农民收入都要翻一番，农村集体经济不断壮大，基本上消除工农差别和城乡差别。

哈尔滨国家高新技术产业开发区

地　　址	黑龙江省哈尔滨市长江路368号	邮　　编	150090
电　　话	0451—2312267	传　　真	0451—2317807
网　　址	http://www.kaifaqu.com.cn	信　　箱	xxzx@kaifaqu.com.cn
主管部门	哈尔滨市人民政府	招商部门	管委会招商局
招商电话	0451—2302325　2305647		

【园区概况】

哈尔滨开发区由哈尔滨经济技术开发区（国家级）和哈尔滨高新技术产业开发区（国家级）组成。开发区党工委和管委会分别是中共哈尔滨市委和市人民政府的派出机构，代表市委、市政府统一领导和管理开发区内的党务、经济、行政和有关的社会事务。主要任务是通过招商引资，搞好服务，营造富商、亲商、安商的优良投资环境，发展高新技术产业，成为带动省、市经济发展的新经济增长点。区内设有国家级高科技创业中心、国家级高新技术企业孵化中心，国家级海外学人创业园。全面开通了对俄罗斯“跨国直销贸易通道”；与俄罗斯重点科研基地新西伯利亚科学院技术园区结为友好园区；创办了对俄科技合作中心；被批准为首批国家高新技术产品出口基地。构建了开发区集中区、大学园区、行政区科技园的“一区多园”发展格局。经过10年发展，通过利用国家优惠政策，营造一流的发展环境，为投资者提供热情细致周到的服务，哈尔滨开发区已经成为投资者的沃土，创业者的乐园。蓬勃发展的哈尔滨开发区竭诚欢迎中外客商前来投资洽谈、共求发展！

哈尔滨是黑龙江省省会，是中国省会城市中面积最大的城市，是中国东北北部地区政治、经济、科技、文化、交通中心。总人口941万，总面积5.3万平方公里，下辖7个区、12个县（市）。哈尔滨市城市发展目标定位是：用5到10年时间把哈尔滨建设成为全国重要的装备制造业基地、高新技术产业基地和绿色食品基地，区域性经济贸易中心和世界冰雪旅游名城。

大庆国家高新技术产业开发区

地　　址	黑龙江省大庆市东城区高新区管委会	邮　　编	163316
电　　话	0459—6282929　6281237	传　　真	0459—6282082
网　　址	http://www.dhp.gov.cn	信　　箱	BGS@dhp.gov.cn
主管部门	大庆市人民政府	招商部门	管委会招商局
招商电话	0459—6282371　6282359		

【开发区概况】

大庆高新区是国家级高新技术产业开发区，是全国53个重点开发区之一，是国内唯一依托石油和石油化工产业优势而建立的开发区，同时也是黑龙江省规划的电子产业城。从1992年开始，这里进行着大庆有史以来的又一次大规模开发，一个北国边陲现代化高科技产业新城区正在崛起。

大庆高新区位于大庆市东城区，距市中心2公里，南邻滨洲铁路，东接哈大高速公路，301国道穿区而过，距规划中的大庆机场仅10公里。大庆高新区总规划面积57.13平方公里，其中主体区30.65平方公里，宏伟化工园区19.6平方公里，兴化化工园区5.1平方公里，林源化工园区1.78平方公里。开发区主体区已开发面积7.3平方公里，实现了“七通一平”，具备了各种兴建高新技术企业的能力。建成区与大庆东城区连成一片，成为大庆市中心的重要组成部分。一个融科技开发、产业发展、商贸金融、文化教育、休闲娱乐等多功能为一体的科技园区已具规模，成为大庆乃至黑龙江省投资环境最好的地区。

大庆高新区实施“一区多园”发展战略，在三大中省直企业辟建“宏伟”、“兴化”、“林源”三个化工园区，在主体区创办创业园、医药园、软件园、农牧高科技园和出口加工等专业园区。进入园区的企业不仅享受国家发展高新技术产业的所有优惠政策，还将享受园区特有的专项优惠政策。这些园区已成为创业的平台、投资的乐园。

大庆高新区建有大庆大学、国际学校等设施先进的配套教育体系，大庆人民医院、大庆眼科医院也坐落在开发区内，具有良好的教育、医疗配套环境。

大庆开发区管委会是大庆市政府的派出机构，享有省辖市的管理权限，主要有项目审批、城区规划、土地审批、工商管理、财税管理、劳动人事、公安、建设管理、司法民政、进出口业务等管理权限。大庆开发区管委会拥有总投资在1000万美元以下的项目审批权。一般7个工作日即可完成全部的项目审批手续。总投资在1000万美元以上的项目，经管委会转报上级机关审批。

大庆高新区实施“以地换税，零价收费，先投后退，比例匹配”的优惠政策。高新区完全实行“零费区”，同时设立高新技术创新基金和高科技项目风险资金，用于支持高科技项目研发和企业技术创新，对高新技术项目、企业进行风险投资和提供贷款担保。为国内外的高科技项目提供更加宽松的软环境。

10年累计发展企业918家。截止到2001年底，累计实现技工贸总收入413亿元，工业总产值280亿元，利税41.4亿元。特别是进入“十五”期间，高新区经济发展驶入快速增长、良性循环的快车道。2001年实现技工贸总收入120亿元，工业总产值81亿元，利税11亿元，与上年相比分别增长58%、70%和69%，工业经济总量占全市地方工业总量的31%，拉动全市经济增长2.8个百分点。2002年上半年，实现技工贸总收入81.3亿元，工业总产值53.1亿元，工业增加值12.13亿元，利税7.56亿元，同比分别增长56.3%、60.9%、62.4%、65.7%，工业经济总量占全市地方工业总量的43%。

【产业发展】

大庆高新区是我国唯一依托石油石化优势而辟建的国家级高新区。依据大庆自身优势，从大庆产业调整总体需要和高新区自身建设的实际出发，经过10年建设，逐步构筑起高新技术主导产业框架，在全国53个高新区中形成了独有的产业特色。在精细化工和新材料领域，重点开发生产石油化工下游产品，延长产业链，增强科技含量，提高附加值，在石化产品精深加工上做特色文章。目前已开发研制生产各种化工助剂、添加剂、催化剂、三采助剂、工程塑料及新型建材等80余种产品，其中聚丙烯酰胺、烷基苯磺酸盐、H88环氧一次成膜漆、ST无毒升华剂等15种产品填补国内空白。目前大庆高新区中、高档润滑油的生产能力达到20万吨，产量占全国的11%、东北地区的73%；塑料专用料及其制品加工能力达到19万吨，2001年产量占东北地区的35%。在电子信息领域，重点开发计算机及周边设备、工业控制软件和网络设备等产品，目前已开发研制生产出93种产品，形成25亿元的生产规模，培育出了TOP北方软件园、三维公司等重点企业。在机电一体化领域，围绕油田三次采油技术的需要，研制生产出螺杆泵、注聚合物专用泵、高分辨率声波测井仪等21种产品，广泛用于油田勘探、开发、开采领域。在现代医药领域，目前已建设华科医药、北兴制药等一批骨干企业。发展企业750多家，累计吸引投资132亿多元。开发生产出400多种高新技术产品，有12种产品达到国际先进水平。初步形成了一个以电子信息、化工、新材料、机电一体化和生物工程为发展重点的高新技术产业集中的新城区。

【投资方向】

石化产品深加工及新材料——医药、农药、染料及其中间体、食品及饲料添加剂、油田采油助剂、催化剂、塑料加工助剂、高档润滑油添加剂等精细化工产品；有机高分子材料及制品、高性能复合材料、新型建筑材料、金属基复合材料、树脂基复合材料等。

电子信息——计算机软件、工业控制软件、油田开发软件、应用软件、信息处理软件、系统集成、计算机及周边设备、信息处理设备、IC卡应用产品、片式电子元器件、通讯产品、数字技术产品等。

生物医药——生物技术在农副产品深加工中的应用产品、生物化学制药、化学合成新药特药、北方中药产品开发。

其他领域——农副产品深加工、新能源技术设备、高效节能设备、环保产品等。在兴办高新技术产业的同时，鼓励中外投资者兴办旅游、宾馆、房地产开发、娱乐服务业等。

上海高新技术产业开发区

地　址　上海宜山路900号A120室上海高新区管委会　邮　编　200233

电　话　021—64850247

【园区概况】

自1991年经国务院批准建立上海高新技术产业开发区（以下简称：高新区）以来，经国家科委批准已有6个园进入上海高新区，使上海市高新区发展成为“一区六园”的格局。各园区在上海所处地理位置：东部有张江高科技园区和金桥现代科技园、西南部有漕河泾新兴技术开发区、中北部有上海大学科技园区、西部有中国纺织国际科技产业城、西北部有嘉定民营技术密集区，在上海市范围内，已呈星罗棋布之势。经过近10年的努力，截至2001年底，上海的高新区“一区六园”已基本完成22.13平方公里的开发建设，全年技工贸总收入达711。2亿元，高新技术产业总产值达658。7亿元。

根据上海市委、市府的要求，按照布局、产业及项目、政策集中的原则，上海高新区建设突出重点，聚焦张江，基本上达到“七通一平”。有的的园区还达到“九通一平”（集中供热，卫星通讯），区内通讯交通便捷，城区建设合理配套，有产业开发区、住宅小区、还有绿化带等。

高新区在重视城区基础建设的同时，高度重视软环境的建设。市有关主管部门和机构，如海关、商检、金融、保险、外税、邮政、运输等部门和机构直接派员进驻高新区，为高新区内的科技企业提供“一站式”服务，方便企业和提高办事效率；有的园区内还设立人才交流培训中心、进出口公司、回国留学生服务中转站，律师、会计、专利商标事务所以及计量测试和质量检测中心，为企业提供全面服务；有的园内还设立街道办事处和公安派出所等机构。逐步形成和完善的软硬支撑体系，为高新区成为一个对外开放与合作、交流的窗口，具有现代文明的新城区创造条件。

上海高新技术产业开发区各园区已具有不同的功能、发展重点和特色：漕河泾新兴技术开发区以发展微电子、计算机和现代通讯为重点；张江高科技园区以发展生物医药、信息技术和光机电一体化为重点；上海大学科技园区以加速高等院校科技成果转化为重点；中国纺织国际科技产业城以发展高新技术改造振兴纺织行业为重点；金桥高科技园区以发展现代通讯、汽车、家电、生物医药、微电子和光机电一体化为重点；上海嘉定民营技术密集区以吸引海外学子归来和科技人员下海兴办民营科技企业为重点。上海高新技术产业开发区内已初步形成门类比较齐全、技术比较密集、层次比较合理和具有一定规模的高新技术产业群体，已成为高新技术产业新的经济增长点。

上海高新区各园区围绕信息通讯、现代生物与医药、新材料三大产业确定自己发展的功能和特点。在张江高科技园区，以发展现代生物与医药及微电子信息技术等为重点；在漕河泾新兴技术开发区，以发展微电子、计算机和现代通信技术等为重点；在金桥现代科技园区，以发展现代通信技术和光机电一体化等力重点；在上海大学科技园区，以发展新材料，新能源和计算机应用技术力重点；在中国纺织国际科技产业城，以发展纺织，新材料等为重点；在嘉定民营科技密集区，以发展新材料、激光应用技术。计算机和软件为重点。各自形成了特色。在技术创新方面，高新区内的各类高新技术企业纷纷设立起自己的研发机构，企业的科技开发投入逐年上升，2000年认定的高新技术企业319家，技工贸总收入449.7亿元，总产值413.9亿元，创利税62.7亿元，科技投入30亿元，占收入6.45%；国内外的科研开发机构看好高新技术产业开发区，越来越多的国际高技术跨国公司将研发部门设到高新区来；一批创业园区和创业中心纷纷兴起。

2000年，上海高新区获得了多项国家级的桂冠，经国家科技部、外交部批准，上海高新区被确认为第二批中国亚太经合组织科技工业园区。经国家科技部、外经贸部批准，上海高新区被列入全国16个国家高新技术产品出口基地之一。经国家科技部、人事部、教育部批准，上海高新区的张江高科技园区、留学生创业园和嘉定留学生创业园为国家留学人员创业园。经国家科技部、教育部批准，上海交大科技园为国家大学科技园区。

苏州国家高新技术产业开发区

地　址	江苏省苏州新区运河路8号	邮　编	215011
电　话	0512—68251888　68252677	传　真	0512—68251579
网　址	http://www.cs-snd.com.cn	信　箱	webmaster@cs-snd.com.cn
主管部门	苏州市人民政府	招商部门	管委会招商局
招商电话	0512—68251660		

【开发区简介】

苏州新区是遵照国务院关于苏州城市总体规划批复的精神，于1990年开始建设的，1992年经国务院批准为国家高新技术产业开发区；1997年9月，被外交部和科技部联合确定为首批向亚太经合组织成员（APEC）开放的国际科技工业园区；1999年8月，被国家环保总局授予全国首家ISO14000环境保护管理示范区，最后又被确定为国家环保高新技术产业园。

苏州新区的发展目标是建设成一个现代化、生态化的新城区和国际型的科技工业园区。全区规划总面积52平方公里，首期开发25平方公里，按功能划分为三个区：

中央商贸区——主要集中一批金融、商贸及管理、中介服务等机构，发挥区域性金融和贸易集散功能；

科技工业园——重点发展电子通讯、精密机械、精细化工、新材料的等新兴产业；

环中心生活区——规划可供30万人口居住生活的现代化城区，健全各项生活服务功能。

苏州新区开发建设以来，主要依靠大力发展高科技的开放型经济和加快提高自主创新能力，区域经济社会获得了较好的发展，在经济总量发展和城市化建设等方面，都在全国53家高新区中处于比较领先的地位。

无锡国家高新技术产业开发区

地　址	江苏省无锡市天山路5号	邮　编	214028
电　话	0510—5213201　5217777	传　真	0510—5211327
网　址	http://www.wx-wnd.com.cn	信　箱	wnd@wnd.gov.cn
主管部门	无锡市人民政府	招商部门	管委会经济发展局
招商电话	0510—5215644　5213969		

【新区概况】

无锡是镶嵌在太湖之滨的璀璨明珠，地处当今中国经济最为发达的长江三角洲，是全国15个经济中心城市和中国优秀旅游城市之一，交通网络健全，是区域性交通枢纽，并跻身全国城市综合实力50强和投资环境40优的行列。

无锡新区是在1992年设立的无锡国家高新技术产业开发区和1993年设立的无锡新加坡工业园的基础上，于1995年3月正式成立的，现辖一区（无锡国家高新区）、一园（无锡新加坡工业园）、五个镇和一个街道，面积约140平方公里，人口近20万。

在邓小平理论指引下，在无锡市委、市政府的正确领导下，无锡新区人民坚持发展是硬道理，解放思想，深化改革，与时俱进，开拓创新。经过10年艰苦奋斗，取得了令人瞩目的成就，先后被评为先进国家高新技术产业开发区、省先进开发区，并在全省开发区综合评比中列第一位。一座以电子信息、精密机械及机电一体化、生物工程及医药、精细化工和新材料五大高新技术产业为主体的现代化科技型新城区正在迅速崛起。近几年来，党和国家领导人李鹏、尉健行、李岚清、丁关根、吴仪、乔石、荣毅仁等先后来区视察。

综合实力不断增强——10年来，无锡新区主要经济指标呈现“裂变式”增长的强劲势头，成为无锡市最具活力的经济增长区。国内生产总值、技工贸总收入年均增长50%左右，财政收入年均增长72.4%，进出口总额年均增长57%。2001年完成国内生产总值100亿元，技工贸总收入378亿元，工业总产值310亿元，财政收入16亿元，进出口总额近30亿美元。

对外开放持续扩大——无锡新区积极主动融入国际经济大循环，全方位、宽领域、多层次地实施对外开放，招商引资不断取得突破。截止2001年底，累计批准外商投资企业469家，总投资近50亿美元，合同外资41亿美元，实际利用外资22.6亿美元，投资额超过1000万美元的大项目达141个，超亿美元项目近10个。美国柯达、通用电气、希捷，日本夏普、日立、索尼、东芝、松下、住友，德国西门子、拜耳、罗伯特·博世，瑞典阿斯特拉、沃尔沃，法国欧尚，中国台湾统一、光宝、东元电机、光群镭射等著名大公司、大集团纷纷落户园区。世界500强跨国公司已有30家在无锡新区投资了37个项目。

科技创新进程加快——无锡新区围绕加快高新技术产业城建设，不断加强与国内外名校、名所、大集团、大公司及国际知名科技园区的交流与合作，重点启动了以“一区多园”为载体的技术创新工程，建成了国家IC设计无锡产业化基地和国家级软件园。国家级科技创业服务中心、国家级高新技术产业出口基地、国家级农业高新技术示范区互为支撑和依托，形成了高新技术产业化基地。目前，区内高新技术企业累计达到105家，高新技术产品产值占园区工业总产值的68%，科技进步对工业、农业的贡献份额分别达到54%和61%。

投资环境日臻完善——无锡新区按照国际标准，全力营造投资环境，建立服务体系，力求以优惠的政策、优美的环境、优质的服务吸引投资者。环境建设已由形态开发向功能开发、特色开发迈进，基础设施达到了高质量的“九通一平”。新的功能特色初步形成，成为全国首批国家高新技术产品出口基地和ISO14000国家环保示范区，为进区企业提供支撑服务的银行、保险、国际学校、国际医疗诊所、外商俱乐部、外商公寓、海关直通点、公共保税仓库等相继建成并投运。在努力改善投资硬环境的同时，无锡新区不断强化对进区企业的服务，建立了由市、区28个职能部门入驻的“一站式”服务中心和由国税、地税、银行组成的联合办税中心，建成了无行政性收费的“零费区”，连续多年被英国《企业测位》杂志评为亚太区投资环境最佳科技工业园，并被国务院特区办定为直接联系点，同时被评为中国投资环境优秀开发区50强，荣获全国火炬计划开发区优秀管理奖。

社会事业协调发展——无锡新区在改革开发的实践中，坚持以“三个代表”重要思想统揽全局，党的建设、民主法制建设、精神文明建设和社会事业发展取得了显著成绩，真正做到了“经济建设出效益，干部队伍建设出人才，精神文明建设出成果”。乡镇工业小区，农民经济结构调整和小城镇建设出现了前所未有的好势头，农民人均纯收入在全市处于领先水平，达到年6400多元。实现了农村繁荣、农民富裕。

进入新世纪，无锡新区审时度势，顺应无锡建设现代化的要求，掀起新一轮大开发、大建设的高潮，目前，22平方公里开发区域已基本建成，并正迅速拓展到50平方公里范围，富有特色的“一区五园一校”（出口加工区、无锡软件园、信息产业园、科技产业园、机电工业园、华扬科学工业园和无锡电子信息技术学院）建设正在加速推进。“十五”期间，无锡新区将围绕“富民强区”和率先基本实现现代化，以体制创新和技术创新为动力，加快经济国际化进程，大力推进科技创新和高新技术产业化，进一步提升功能，完善服务，增创优势，全面推进“二次创业”，努力把无锡新区建成国内一流、国际上有影响的科技城、生态城、无锡新城。

常州国家高新技术产业开发区

地　址	江苏省常州市河海中路85号	邮　编	213022
电　话	0519—5100668　5107992　5127110	传　真	0519—5105661
网　址	http://www.cznd.org.cn	信　箱	cndfi@public.cz.js.cn
主管部门	常州市人民政府	招商部门	管委会招商局
招商电话	0519—5108600　5108229		

【开发区简介】

常州高新技术产业开发区是1992年经国务院批准成立的国家高新技术产业开发区。常州新区是在开发区的基础上于1995年正式成立的，新区与开发区实行“两块牌子、一套班子”的管理体制。

常州高新区环境优美，生态良好。为改善生态，优化人居环境，全区绿化总投资已达3000多万元，通过10年努力，目前已基本形成以高新区公共绿地建设和单位、专业园区绿化建设为龙头，以种植大树为主，以道路绿化为主轴，乡镇经济林规模建设为重点，农田林网一体化为标准，公园、广场、公共绿地、居住区全面铺开，全面提高生态环境的新格局。目前，高新区绿化覆盖率达40%，初步实现工厂园林化、园区生态化、设施配套化，成为53个国家高新区中第三个通过ISO14000环境管理体系认证的地区。

从最初的5.63平方公里到439.16平方公里，常州高新区经历了两次大“扩容”，承担着常州市建设特大城市、优化城市要素配置和加快城市化进程的重要任务。常州高新区正按照高新技术产业先导区、现代制造业集聚区、可持续发展的生态环境示范区、沿江一流的现代化新城区的要求，规划构筑三大经济区：结合已初具规模的国家环保产业园、电子科技产业园、国家软件园、江苏“三药”基地、留学人员创业园等各专题园区，建设高新技术发展区，规划中的常州市行政中心也位于这一区域；整合江苏第二大空港——常州航空港、沪宁高速公路道口、水网等资源优势，规划建设以运输仓储、市场群体为主体的现代物流园区；整合长江岸线、国家一类口岸常州港口资源，重点发展重化工和原材料工业，规划建设沿江工业带。

预计到2005年，高新区将实现国内生产总值150亿元，工业总产值400亿元，成为科教发达、经济繁荣、环境优美的可持续发展的现代化新城区和常州新的政治、经济、文化中心。

常州新区具有宽松的政策环境和高效的管理体制。她享有国家、省、市赋予国家高新技术产业开发区的优惠扶持政策。常州新区管委会享有相当于省辖市一级的经济管理权限，机构精简，人员精干，实行“封闭式管理”和“一幢楼办公、一门式服务、一个窗口收费”，具有较高的办事效率。

常州新区建立以来，累计批准进区投资企业400多家，其中总投资1000万美元以上的项目53个，进区外商投资企业总投资17.5亿美元，合同利用外资15亿美元。重点项目有中国台湾光阳工业股份有限公司及其25家协作厂投资的摩托车项目，日本国株式会社小松制作所投资的装载机项目，意大利蕾迪斯集团投资的工程塑料项目，美国亚什兰精细化工项目，瑞典卡特门—瑞福通信设备项目，美国华生制药（亚洲）有限公司投资的医药制剂项目等。在新区内已建成投产的项目都已获得很好的经济效益。

【常州新区十周年发展巡礼】

2002年8月，江苏省常州高新技术产业开发区迎来建区10周年。10年来，常州国家高新区走过一段不平凡的历程。在20世纪9０年代中期，一度默默无闻，少有项目动工，经济发展近乎停滞而面临摘牌“危险”。而近3年来常州国家高新区正以超常规的速度跳跃式发展：连续3年在江苏省开发区综合考评中名列前茅，在全国开发区中的排位也不断向前跃进，

10年开发，10年砥砺，常州高新区已从过去的稻田、河汊、农舍发展成为一个外向型、多功能、现代化新城区，这里高楼林立、厂房鳞次栉比，如今常州高新区已拥有三个“国”字号招牌：国家高新区、国家环保产业园和国家软件园。

综合经济实力快速增长，招商引资成果显著

10年来，尤其是1998年以来，常州高新区已连续多年高速发展。2001年，新区经济更是呈现出快速强劲的发展态势，全年实现国内生产总值45.5亿元，比上年增长21%；实现财政收入9.79亿元，增长40%，相当于1992年到1998年7年总和；完成工业总产值124亿元。特别是招商引资取得了历史性突破，协议外商直接投资达5亿美元，同比翻了一番；实际外商直接投资1.6亿美元，增长30%。

目前，常州高新区对全市经济增长的龙头拉动作用明显增强，据统计，2001年，常州新区完成财政收入、固定资产投资占全市的比重达13%，其中新增财政收入占全市新增的18.23%。2002年上半年，常州新区行政面积虽比原来扩展了近3倍，但经济继续呈现出高速增长的势头。上半年新区实现国内生产总值41.6亿元，同比增长18.2%；财政收入6.48亿元，占全市14.24%；工业总产值实现98.78亿元，增幅达到23.48%。国内生产总值和工业总产值增幅都比全市高7个百分点。

常州高新区坚持“招商引资就是生命线”，面向国际和国内两种市场、两种资源，积极引进国际、民间资本，开发国内外市场。

据统计，2001年，常州高新区实际利用外资占全市的26.13%，合同利用外资占全市的43.58%，引进总投资1000万美元以上项目16个，占全市的45.71%；投资2500万美元以上项目有8个，并实现这个市单体总投资超亿美元项目零的突破。2002年上半年，高新区利用合同外资达4.5亿美元，同比增长78.53%，实际利用外资8351万美元，同时引进的项目质量明显提高，在引进的47个项目中超千万美元的大项目达19个，电子信息、光机电等高科技含量项目约占引进项目的一半。

到2002年10月为止，常州新区已有20多个国家和地区的大财团、大公司前来投资兴业，这些大财团、大公司包括日本的小松、富士通、富士重工、三菱电机、三菱重工，美国的通用电气（GE），意大利的雷迪斯，英国的星海，韩国的现代集团，中国香港的新鸿基，中国台湾的光阳、东森媒体等。迄今，新区已累计兴办外商投资企业500多家，合同利用外资近30亿美元。

“软”“硬”环境日趋完善，投资环境不断优化

1992年以来，常州高新区已累计投入30多亿元人民币进行基础设施建设，目前已实现了“七通一平”，并基本布满了工业项目。在高新区南部30平方公里范围内，已建成22万伏和11万伏变电所各2座；建成日产5万吨的自来水厂、装机容量为2万门的程控电话交换局和日处理10万吨污水的二级污水处理厂各一座；建成覆盖全区的煤气管网工程，日供气能力达5万立方米；还建成了纵横交错的标准化城市道路网络。

目前，常州滨江工业区的自来水厂、热电厂、污水处理厂等基础设施也已全面启动建设，其中石化储罐区等已建成投运。经过多年建设，常州高新区（新北区）的基础设施日臻完善。

新区社会服务体系也日趋健全，各大金融机构和中介机构已相继进区，有效地为区内企业提供了投资、法律、审计、培训等多方面的服务。区内还设立了公共保税仓库，为进区企业开展保税服务。

在加强“硬”环境建设的同时，近几年，常州新区在体制上不断创新，投资的“软”环境也在不断优化。

常州高新区具有宽松的政策环境和高效的管理体制，享有国家、省、市赋予国家高新技术产业开发区的优惠扶持政策。在各地开发区竞争已经白热化、政策的边际效应不断下降的情况下，常州高新区及时转变招商引资思路，从强调优惠政策向体制创新、强化服务转变。

首先从理顺开发区管理体制入手，1999年常州市委、市政府分别下发文件，对开发区实行封闭管理，由开发区党工委、管委会负责区内统一管理和协调，其他各部门各单位不再对区内单位进行直接具体管理。

常州高新区管委会以“规范、透明、效率、信誉”为目标，以“一切为投资者着想”为原则，实行“一幢楼办公、一门式服务、一个窗口收费”。管委会坚持依法行政，迅速构筑起与国际惯例对接、与世贸组织规则相适应的政策体系，积极在区级机关和驻区单位中推行政务公开和首问责任制，由区纪检监察部门牵头建立综合环境监控机制，出台《涉企负担举报查办制度》，对行政性收费和中介收费项目进行全面清理，取消收费项目31项，并大幅度降低水、电、气增容费，投资成本远低于周边地区。

实施“科技兴区”战略，科技创新能力大大增强

常州高新区曾一度把“以贸兴区”作为发展战略，尽管短期看起来红红火火，但实际只是低水平上的扩张；在招商引资方面，也同某些开发区一样“重引进外资，轻自主创新”。总结正反两方面经验，常州高新区管委会确定了“外向带动、科技兴区”的战略，以项目为载体，围绕“高新”特别是自主创新做文章。经过论证，组建了环保、电子、化工、软件、“三药”示范基地等一批专题园区，扩大完善了创业中心，积极培育自主知识产权产业，把引进科研机构和孵化高科技企业作为产业结构调整的重点。

1999年，常州高新区管委会紧紧抓住国家改革科研单位体制的时机，制定了一些专门的政策，先后引进了托普集团、中科院成都晨光研究院、合肥物理所等有较强实力的科研开发机构。目前常州高新区内已有江苏省农用激素工程技术中心、江苏省聚碳酸酯新材料工程技术中心、江苏省手性生化工程技术中心和江苏新科数字视听设备工程技术中心、江苏省有害生物防制工程技术中心等5家省级工程中心以及1个企业博士后技术创新中心。与区内企业开展产学研合作的中科院系统单位和部省属科研院所已有120多个，一批企业已相继建立了创新中心、研发中心。科研机构与区内企业以资产为纽带，建立现代企业制度，实现优势互补，为企业的技术升级和产品更新换代提供了条件，使区内科技创新包括原始创新的能力呈几何级增长。据不完全统计，到现在为止，常州高新区内拥有自主知识产权的转化项目达到180多项。

在引进和创建科研机构、增强区域内原始创新能力的同时，常州高新区还充分利用孵化创业中心，新开辟了15000平方米标准厂房，用于建设创业中心第二基地，使创业中心孵化面积增加到51000平方米，布设了多媒体宽带网，组建了技术监督检测中心，建成了软件和医药研发中心，并开发了“交互式专业化电子商务综合服务系统”。新区还拿出1500万元的科技三项经费，用于支持企业的技术创新活动。同时，新区还设立了科技创业企业担保资金，并在孵化创业中心内建立了留学人员创业园、软件研发中心和医药研发中心等专业孵化器，为下海创业的科技人员提供研发、设备、信息、检测、商务等一系列硬件服务。

常州新区孵化创业中心自建立以来，已先后孵化科技型企业140多家，从1999年起，毕业的企业达45家，而每年新入驻的企业都在40家以上。2001年，被科技部评为“国家高新区先进孵化服务机构”，被江苏省科技厅授予“先进孵化器”；另一方面，常州高新区积极支持区内的50多家企业相继建立了创新中心、研发中心，高标准地规划了常州软件园，启动了“三药”示范基地工程，通过各类专题园区建设吸引、留住、培养了大批有科技创新意识的人才，使得该高新区的技术创新能力大大增强。

经过几年的努力，常州高新区已逐渐形成了以免维护同步集中器、计算机远程集成抄表系统、数据用户环路为核心的网络通信产品群；以数据通信、网络安全、金融财税为核心的软件产品群；以人用精制狂犬病疫苗、三氟氯氰菊酯、棉花脱叶剂为核心的“三药”及其中间体产品群；以瓶级聚酯切片、铸造用树脂、电吸式水处理材料为核心的化工新材料产品群等6个高新技术产品群，其中具有自主知识产权的高新产品占全部高新产品的77%。在全区技工贸总收入中，高新技术产业总产值已占半壁江山，其中拥有自主知识产权的产值达到了70%。高新技术产业，特别是具有自主知识产权的高新技术产业在推动区域经济发展的过程中已发挥了关键作用。

南京高新技术产业开发区

地　　址	江苏省南京市浦口区大桥北路高新区管委会	邮　　编	210061
电　　话	025—8843666	传　　真	025—8843843
网　　址	http://www.njnhz.com.cn	信　　箱	njhnza@public1.ptt.js.cn
主管部门	南京市人民政府	招商部门	管委会
招商电话	025—8843666		

【园区概况】

南京高新技术产业开发区由江苏省人民政府和南京市人民政府共建，1988年9月1日破土动工，1991年3月6日被国务院批准为国家高新技术产业开发区。

南京高新区地处长江北岸，规划面积16.5平方公里，目前进区企业1000余家，其中外商投资企业100多家。2001年实现技工贸收入340亿元，工业总产值335亿元，新增GDP占全市新增值中接近20%。

南京高新区依托南京地区雄厚的科技力量和工业基础，坚持以发展高新技术产业为主，在电子信息、生物工程与医药、新材料和航空航天等四个产业现已具有一定规模，是南京市重点发展的两大产业——电子信息和生物工程与医药的集中地和生产基地。区内拥有150多家高新技术企业，占全市高新技术企业总数的75%，其产值占全区技工贸总收入90%。

南京高新区目前正按照建设“园林式高科技园区和高尚生活社区”的总体目标，加快开发建设，为江苏省和南京市高新技术产业发展创造更好条件。

杭州国家高新技术产业开发区

地　　址	浙江省杭州市文三路199号	邮　　编	310000
电　　话	0571—88060686　88061990	传　　真	0571—88060687
网　　址	http://www.hhtz.gov.cn	电子信箱	gwh@hhtz.com
主管部门	杭州市人民政府	招商部门	管委会经济发展局
招商电话	0571—88061990		

【开发区简介】

杭州高新技术产业开发区（简称高新区）始建于1990年3月，1991年3月经国务院批准为国家级高新技术产业开发区。杭州高新区由主区块、之江科技工业园和下沙科技工业园三部分组成。高新区将充分利用园区内智力密集的优势，依托杭州市得天独厚的地理环境和优惠的投资政策，正逐步建设成为一座以高科技产业为基础的科技新城、举世瞩目的天堂硅谷。

主区块位于杭州市区西北部，毗邻西湖，为文教区和电子仪表工业区；

下沙科技工业园位于钱塘江下游的北岸，紧靠杭州经济技术开发区；

之江科技工业园位于钱塘江南岸，与六和塔等风景名胜隔江相望，距市中心5公里，是发展高新技术产业的理想之地。

【优越的投资环境】

杭州高新区地理位置优越，交通便捷，基础设施完备，是高科技培育、发展的优良土壤。加之政府大力扶持高新产业，并由此制订了相应的税收、人事等一系列优惠政策，使杭州高新区已成为投资者兴办实业、发展高科技的理想乐园。

区内道路、供水、供电、供气排污等基础设施完备，并具有一流的通信条件。宾馆、学校、商场、医院、商住等生活设施和各类娱乐场所齐全。

主区块中云集着浙江大学等16所高等院校，13所中等专业学校，19个自然科学研究机构和9和国家级、专业级重点实验室。之江区块已有中国美院分院、浙江中医学院等学校进入，杭州市还计划分批将部分科研机构向之江区块转移，或在其中设立分支机构。

高新区重点发展五大高新技术产业，即信息微电子、生物医药、新材料、光机电一体化、计算机及应用。经过几年努力，结合杭州地区优势与工业特色，高新区拥有自主知识产权的产业已具相当规模，高科技的创新机制已初步形成。总产值、技工贸总收入、出口创汇等经济指标连年高速递增，人均创利在全国国家级高新区中名列前茅。

【高新软件园】

杭州高新软件园位于高新区之江科技工业园内，规划占地面积800亩，启动示范区块150亩。软件园主要依托高等院校、科研机构，吸引境内外智力和资金，促进计算机软件技术与其他生产要素的优化组合，在一定区域内组成具有工业化生产能力、互为协作联系的软件企业群体，形成新的高新技术产业增长点，培育一支面向国民经济信息化主战场的生力军，并成为我国软件出口加工基地。

1998年8月，杭州高新软件园被国家科委批准为“国家火炬及软件产业基地”。现有人园企业40家，1999年软件园企业总收入已达10亿多元。

【留学生创业园】

“浙江省留学人员创业园区杭州高新基地”暨“杭州市留学人员高新区创业园”经省、市政府批准，在杭州高新技术产业开发区建立。园区绿化占地达到50.7%，高速宽带通讯网络及科技交流馆、学术报告厅、酒店式公寓等配套设施一应俱全。目前，已有100余名海外学子在杭州高新区创业或工作，以作为外企代理人或资金入股、技术入股等方式兴办了各类企业35家。该园区已被国务院侨办列为全国仅有的两个重点支持单位之一，并已向国家科技部、人事部、教育部申报“国家留学人员创业园示范基地”。

园区主要承担为来杭州高新区创业、工作或短期服务的留学人员提供咨询服务；帮助联系、落实接收单位；组织开展技术咨询、技术转让、新产品开发等科技活动；为留学人员兴办企业疏通渠道；为即将回国的留学人员申办科研资助经费；为再次出国留学人员办理有关手续。

园区坐落在位于钱塘江南岸的杭州高新区之江科技工业园区内，毗邻于国家火炬软件产业基地——杭州高新软件园。之江科技工业园区是杭州高新区“二次创业”的主阵地，是规划中的杭州市的城市副中心，是一座建设中的以高新技术产业为主导，集商住、贸易、旅游、文化、教育、科研为一体的技术先进、管理文明、环境优美、基础设施完备、二三产业协调发展的现代化新城。

合肥国家高新技术产业开发区

地　　址	安徽省合肥市长江西路669号	邮　　编	230088
电　　话	0551—5312212　5313264	传　　真	0551—5312961
网　　址	http://www.hfnhz.com.cn	信　　箱	hfgxq@mail.hf.ah.cn
主管部门	合肥市人民政府	招商部门	管委会招商局
招商电话	0551—5313264		

【园区概况】

合肥高新技术产业开发区1990年10月17日隆重奠基，1991年3月经国务院批准首批进入国家级高新区行列。1997年9月，合肥高新区被国务院批准为向亚太经济合作组织（APEC）成员特别开放的科技工业园区。合肥高新区总体规划面积40平方公里，由集中新建区、政策区、农业科技园、孵化点等部分组成。合肥高新区规划建设高标准，基础设施高效能，已在5平方公里范围内全面实现了道路、供水、排水、供电、煤气、热力、通讯、有线电视、宽带光纤网和“土地平整”等“十通一平”；兴建了130多万平方米的工业厂房、公建服务配套设施和住宅。

合肥高新区管委会是合肥市政府的派出机构，行使市级管理权限。作为全国开发区行政管理体制和机构改革试点单位，合肥高新区建立了适应社会主义市场经济体制需要和高新技术产业发展要求的，与国际惯例接轨的现代行政管理体制和运行机制。理想的环境，优惠的政策，全新的体制，高效的服务，吸引国内外投资者纷至沓来。截止2001年5月，合肥高新区入区企业已达718家，项目794个，总投资109.7亿元。合肥高新区初步形成了电子信息、光机电一体化、新材料、生物医药和高新技术农业等支柱产业。

经过几年的开发建设，合肥高新区已成为发展高新技术产业的基地，对外开放的重要窗口，深化改革的试验区，科技和经济密切结合的示范区，迎接知识经济挑战的前哨，合肥现代化大城市建设的龙头。

合肥高新区高新技术项目涉及的领域有：微电子科学和电子信息、光机电一体化、生命科学和生物工程技术、医药科学和医学工程，高效节能、辐射技术，以及在传统产业基础上应用的新工艺新技术，已形成了五大支柱产业。同时还创建了高新技术产业园，进行高科技农业的开发。

福州市科技园区

地　址	福建省福州工业路北段548号创业大厦南楼	邮　编	350002
电　话	0591—3711234	传　真	0591—3722394
网　址	http://www.fdz.com.cn	信　箱	fzkjyfzb@pub5.fz.fj.cn

【园区概况】

福州市科技园区的前身为马尾高科技园区，该园创办于1988年，并于1991年3月由国务院批准设立。1995年福州市人民政府决定在园区内划出1.2平方公里建设“百亿电子信息城”，使其成为福州市电子工业的龙头。为了进一步强化园区发展高新技术产业的功能，1999年马尾高科技园区成立园区管委会，明确将鼓山隧道与马尾隧道之间和江滨路与福马路之间的5.6平方公里区域划定为高科技园区。

多年来，园区本着促进高科技发展的目标，按照国际惯例进行建设和营运，引进科技风险投资，支持科技创业，营造高科技成果向产业化转化的良好环境。以高新技术产业为主导地位，重点向电子信息、半导体、计算机软硬件、生物医药、轻工机电、冶金机械等高新技术领域。目前，已初步形成了电子信息技术、生化工程、冶金机械等支柱产业，中华映管、JVC电器、多多良音响、EPSON打印机、南海岸生物工程等重点项目迅猛发展。随着江滨大道的建成，“百亿电子信息城”在首期开发的基础上新扩大至1.8平方公里，地域向闽江沿岸拓展，并利用江滨大道的优势，塑造“百亿电子信息城”高科技、国际化的新形象。园区内的“新大陆科学园”、“国家863计划科技成果转化基地”等正整装待发，高科技园区已成为福建省电子工业布局最集中、密度最高、规模最大的电子基地之一。

“科学技术是第一生产力”，立志要成为福建“硅谷”的马尾高科技园区在加大科技经费投入支持高新技术企业发展的同时，十分重视加速跨世纪人才队伍建设，出台了相应政策，改善和提高高科技人才的生活福利待遇，营造一个积极、健康的用人环境，园区聚集了一批有突出贡献的专家、回国留学人员和一批文化素质高、工作能力强的各种专业人才。

厦门火炬高技术开发区

地　址	福建省厦门火炬高技术开发区光厦楼北三层	邮　编	361000
电　话	0592—6035175	传　真	0592—6035174
网　址	http://www.xmtorch.gov.cn	信　箱	Torch@public.xm.fj.cn
主管部门	厦门市人民政府	招商部门	管委会外商投资服务中心
招商电话	0592—6035145		

【园区概况】

厦门火炬高技术产业开发区（简称厦门火炬高新区）于1990年由原国家科委和厦门市人民政府共同创办，1991年被国务院批准为首批国家级高新技术产业开发区，2000年被科技部和外经贸部认定为首批国家高新技术产品出口基地。规划占地面积10平方公里，北距高崎国际机场1.6公里，南离火车站集装箱货运处3.5公里，西至东渡码头2.7公里，紧邻福厦高速公路，海、陆、空交通极为便利。

美国贝恩公司通过对厦门火炬高新区软硬环境的综合考察后认为：厦门火炬高新区是全国53个国家级高新区中最适宜外商投资的开发区之一。一些进入世界500强的企业如戴尔、ABB开关、ABB低压、ABB高压、松下、FDK、厦芝、富士通软件等在此高速发展。1992至2001年，厦门火炬高新区主要经济指标10年增长了100倍。工业总产值从1.46亿元增加到146亿元，产值超亿元企业达19家。

厦门火炬高新区产业发展方向为电子信息、生物科技、新能源和新材料、海洋科技、先进制造业、环保科技。2001年，厦门火炬高新区出口交货值占全区工业总产值的 41 %，产品主要出口美国、日本、东南亚、中国港澳台和西欧等国家和地区，主要出口产品有电脑整机、彩色显示器、显微镜、电源供应器、集成电路、步进马达、热敏电阻、无绳电话、开关设备、碳化钨微钻头等高新技术产品。主要发展呈现如下特点：

各项经济指标继续快速增长——厦门火炬高新区坚定不移地实施“科教兴市”的发展战略，以招商引资和科技创新为生命线，始终贯彻“人人都是投资环境，事事树高新区形象”的理念，以抓“一区多园”建设为基础，抓精神文明建设为动力，抓规范化管理为手段，管理与效益并重，强化品牌意识，逐步理顺高新区管理体制，经济发展保持了快速增长的态势，在全市经济发展中发挥了较好的示范带动作用。2001年高新区经济保持快速发展态势，全年（含政策区4家企业）实现工业总产值146亿元、技工贸总收入142亿元、出口创汇7.1亿美元、利税14亿元。其中核心区工业产值、技工贸总收入、出口额和利税分别为127亿元，126亿元、5.6亿美元和12亿元，分别比去年增长31.12%、33.05%、36.69%和6.47%。

品牌建设取得累累硕果——2000年3月，厦门火炬高新区被科技部和外经贸部确定为国家高新技术产品出口基地；同年9月，厦门软件园被科技部确定为国家火炬计划软件产业基地；2001年6月，厦门留学人员创业园被科技部、人事部、教育部和国家外专局联合确定为国家留学人员创业园；2001年8月，厦门高新技术创业中心被科技部确定为国家高新技术创业服务中心。

“一区多园”发展战略得以顺利实施并初见成效——1998年8月，厦门火炬高新区实施“一区多园”战略。在这种战略布局下，不仅整个厦门火炬高新区将变成一个全方位加快科技成果转化的市场化平台，每一个专业科技产业园也将由提供专业服务的技术平台变成带动社会发展的区域经济龙头。这种由建设高新区形成的集团作战式的专业资源聚集及因此而形成的科技产业链条和地方经济带，无疑将对整个厦门的城市经济建设产生良好的共生、共振效应。该战略实施4年来，“一区多园”已初具规模：初步建立了核心区（包括火炬高科技园、软件园、留学人员创业园、路桥高科技园、北大生物园和同集高新技术园区）和政策辐射区（包括海沧高科技园、集美高科技园、开元科技园、杏林环保高科技园、厦门大学科技园校内孵化中心、湖里区科技创业中心等），总规划面积10平方公里。

营造了有利于科技创新、科技成果商品化、产业化的政策法规环境——推动《厦门经济特区高新技术产业园区条例》和《厦门经济特区鼓励留学人员来厦创业工作规定》的审议并于2002年6月1日以地方法规的形式实施。促进市工商局设立火炬区工商处、市国税局在园区设立办事机构、市人事局在园区设立留学人员工作站。出台《厦门火炬高新区企业注册登记试行办法》，用好火炬区中小企业创新资金、留学人员企业扶持资金和留学人员企业配套资本金，从政策法规、资金扶持等方面为留学人员入区创业开通绿色通道。全年共争取中小企业创新资金、留学人员企业扶持资金和留学人员企业配套资本金等各类扶持资金460万元。2002年8月，管委会经外资局批准取得3000万美元以内的外商投资项目审批权，大大方便了投资者，提高了办事效率。预计2002年当年审批入区企业72家，其中留学人员企业40家，软件园企业25家；完成合同外资1.6亿美元、到资额9000万美元。

高水平建设各类专业科技企业孵化器，不断健全完善火炬区的创新孵化体系——2002年共投入8312万元资金建设国家级软件产业基地、国家级创业中心、国家级留学人员创业园，与开元区、象屿保税区合作的创办创业分中心，与科技部火炬中心、厦门大学、市科技局共建了厦门大学科技企业孵化器研究中心，并已对外开展咨询服务；积极鼓励区内企业申请设立企业技术研究中心、企业博士后流动站，目前园区已有博士后科研工作站4家，分别为厦门高新技术创业中心（留学人员创业园）、北大生物园、厦门华侨电子股份有限公司、麦克奥迪公司。

南昌国家高新技术产业开发区

地　　址	江西省南昌高新路火炬大街	邮　　编	330029
电　　话	0791—8103024　8100284	传　　真	0791—8104528
网　　址	http://www.nchdz.net	信　　箱	info@nchdz.com
主管部门	南昌市人民政府	招商部门	管委会经济发展部
招商电话	0791—8103024　8102026		

【高新区简介】

南昌高新技术产业开发区创建于1991年3月，1992年11月经国务院批准为全国53家国家级高新开发区之一，是江西省唯一的国家级高新区。高新区地处南昌市城东，位于风景秀丽的赣江、青山湖与艾溪湖之畔。经国务院批准的政策区面积为19.5平方公里，其中集中新建区6.8平方公里。2001年11月，市委决定将高新区集中新建区面积扩大为33平方公里。目前，已开发7.3平方公里产业区，已建成4.7平方公里产业区。

“九五”期间，各项经济指标年均增长率超过40%，2001年，技工贸总收入82亿元，工业总产值75亿元，工业增加值21亿元，利税10亿元，出口创汇2964万美元；财政总收入突破3亿元，地方财政收入9669万元。2002年1～8月，技工贸总收入62亿元、财政总收入1.88亿元，地方财政收入5390万元，分别同比增长15%、10.6%、10.6%。

开发区相继引进了15个国家和地区的78家外资企业，代表性外资企业情况，2001年，开发区实际利用外资1774万美元，实际利用内资7.7亿元，出口创汇2964万美元，2002年1至8月，实际利用外资3158万美元、实际利用内资6.76亿元、出口创汇648万美元，分别同比增长1946%、97.6%、12.2%。

截止2001年，全区进区企业583家，其中高新技术企业155家，国家重点高新技术企业3家，均占全省75%；年技工贸总收入超千万元的企业51家，其中超亿元的18家；2002年1～8月，进区企业新增114家，其中高新技术企业11家。区内的上市公司和上市控股公司共有12家，是全江西省上市公司最密集的区域。2001年，南昌市上市的3家企业有2家是高新区企业。截止2001年，区内从业人员3.8万人，其中博士87人、硕士704人、高级职称1458人、专业技术人员10756人。全区共研发高新技术项目194项，其中65项列入国家和省级火炬计划，先后有70多项产品在国际国内获奖。2002年1至8月，被列入国家火炬计划项目7项，国家技术创新计划3项，国家重点新产品试产计划3项。南昌大学科技园被批准为江西省唯一的国家级大学科技园，清华泰豪、先锋软件被国家人事部批准设立博士后科研工作站。

开发区现有企业孵化器：国家级创业服务中心、江西省高科技产业发展中心、江西省留学人员创业园、金庐软件开发中心；大学科技园：国家级南昌大学科技园、浙江大学科技园；专业园区：国家火炬计划软件产业基地金庐软件园、江西医药港；企业科技园：清华泰豪科技园、联创光电科技园、万年青电子科技园、金圣科技工业园、东方科技工业园。

截止2001年，累计投资15亿元实施7.3平方公里产业区的开发，建成道路总长28公里，铺设各类管线145公里，实现了“七通一平”。2002年1～8月，建成9条道路，总长15.5公里，铺设各类管线41公里，新增产业用地4平方公里，2002年9月，将正式启动艾溪湖湖东产业新区的开发。

开发区将大力发展以高新技术产业为代表的新兴产业，重点发展电子信息、生物医药、光机电一体化、新材料、节能环保五大高科技产业，着力培育具有鲜明地方特色和产业特点的支柱产业。

高新区致力于全市经济结构的调整优化和传统产业的改造升级，全面提升高新区在全市经济格局中的战略地位，使之成为全市经济发展的重要增长极，努力把高新区建成全省起点较高的新型产业区、经济发展的带动区、体制与科技创新的试验区。充分依托“一江两湖”环抱的生态优势，积极推进园林式产业区建设，实现可持续发展，把高新区建成为集自然风光、园林景观与现代建筑为一体的生态型、花园式、智能化的现代化科技新区。

“十五”期间，高新区区域经济将保持年均30%以上的增长速度。到“十五”末，全区技工贸总收入达到300亿元，工业总产值260亿元，工业增加值75亿元，利税总额45亿元，出口创汇2亿美元。财政总收入达到10亿元以上，地方财政收入达到2.5亿元以上；到2010年，各项经济指标比2005年再翻一番，使高新区成为振兴省市经济的高科技产业主力军和重要的经济增长极。

济南高新技术产业开发区

地址	山东省济南市工业南路28号高新区管委会	邮编	250101
电话	0531—8871617 8871678	传真	0531—8871600
网址	http://www.jctp.gov.cn	信箱	wj@jctp.gov.cn
主管部门	济南市人民政府	招商部门	管委会招商局
招商电话	0531—8871621		

【园区概况】

济南高新技术产业开发区是1991年3月经国务院批准建立的全国53个国家级高新区之一。济南高新技术产业开发区位于济南市市区东部，地跨历下、历城两个行政区，总规划控制面积为128平方公里，以东外环路为界，分为建成区和集中新建区两部分。其中建成区为高等院校、科研院所和大中型企业的集中地；集中新建区由1.76平方公里的科技城和22平方公里的核心区组成。以世纪风雕塑为中心，西至大辛河、东至刘智远路、南至济王公路、北至胶济铁路的核心区，是济南高新区重点发展领域。

依托省会城市，济南高新区地理位置、自然环境和交通、通信条件十分优越。绕城高速公路贯穿南北，济青高速、京沪高速、京福高速与之相连，东距济南国际机场15公里，南依景色秀丽的浆水泉风景区和龙洞风景区，西接繁华市区。区内及周边有山东大学、山东师范大学、山东省科学院等大专院校、科研院所64个，拥有25个省级以上重点实验室、30个博士授予站、1万多名高级科研人员，是山东省最大的技术和科研智力密集区之一。

根据济南产业结构的特点和资源优势，济南高新区以发展软件开发、生物医药、电子信息、新材料等为主导产业，规划建设了齐鲁软件园、大学科技园、创业服务中心、留学人员创业园、软件学院、出口加工区、新型建材园、科贸城、齐鲁纳米港等科技工业园。

目前，区内已拥有各类企业2326家，其中高新技术企业182家，产值过亿元的企业有20家，由大专学校、科研院所的科技人员兴办的企业达520家；直接从事高新技术产业的人员超过5万人，其中大专以上人员占2/3，硕士、博士1000余人，并吸引了一批留学归国人员。在高新区注册的各类公司企业中，科技型企业所占比例已达到80%以上，高科技企业拥有自主知识产权的产品占产品总量的85%。企业承担国家火炬计划55项，省部级火炬计划238项，以软件开发，生物医药、电子信息技术、新材料为支柱的产业构架已初步形成。一大批具有高科技含量、高附加值，经济效益和市场发展前景好的高新技术企业正在迅速成长。

高新区的建设有效地推动了高新技术产业的发展，促进了科技与经济的结合，加速了科技成果转化和高新技术产业化。10多年来，高新区的经济建设和各项事业大踏步向前推进，取得了显著成绩。2001年实现技工贸总收入160亿元，完成工业增加值40亿元，利税11.8亿元，出口创汇6500万美元。齐鲁软件园、大学科技园、创业服务中心、留学人员创业园、软件学院等5个园区分别获得国家级品牌。

10多年来，济南高新区紧紧围绕发展高科技，实现产业化，把高新区建成济南市高新技术产业发展基地和现代化新城区这个中心，在实践中不断探索，在改革中不断创新，初步建立起了一个有一定规模，有一定创新发展能力的高新区。10多年中，高新区累计完成固定资产投资额41亿元，开发利用土地面积4.3平方公里，进区建设项目302项，开工面积242万平方米，竣工面积191.2万平方米。

截止2001年底，全区累计实现技工贸总收入708.4亿元，工业总产值606.7亿元，利税89.3亿元，认定高新技术企业182家，认定高新技术产品424种，实施科技计划项目723项（其中火炬计划309项，攻关计划356项），出口创汇3.9亿美元，完成固定资产投资52.7亿元，主要经济指标年平均增长速度超过48%，显示了强劲的发展势头，高新区已经成为济南高技术产业的重要聚集地和新的经济增长点。

济南高新区认真贯彻落实济南市委、市政府关于“两翼展开、高新先导”的总体发展战略，注重发挥省会中心城市科研基础雄厚、技术创新能力强等方面的综合优势，坚持以高起点、高投入、高速度、高效益的原则，加强基础设施和配套服务设施建设，不断优化创新环境，提高创新能力，大力培植科技企业和开发高科技产品，努力把高新开发区建设成为全市聚集创新人才的基地、改造提升传统产业的辐射基地、高新技术成果孵化和产业化基地以及高新技术产品的出口加工基地。

青岛高新技术产业开发区

地　址	山东省青岛市崂山区行政大厦	邮　编	266061
电　话	0532—8996529　8893390	传　真	0532—8996530　8893201
网　址	http://www.qdhtz.com	主管部门	青岛市人民政府
招商部门	管委会招商局	招商电话	0532—8998533　8893201

【园区概况】

青岛高新区成立于1992年5月，是国家高新技术产品出口基地，先进国家级高新技术产业开发区。由三个功能区组成，分别为高新技术产业区、孵化器功能区和大学科技园区。

经过10年卓有成效的开发建设后，区内高新技术产业初具规模，投资环境日臻完善，创新能力不断增强，已经逐步形成了电子信息、生物技术、新材料三大主导产业，初步形成了以政府政策为引导、风险投资为支撑、孵化创业为推动的技术创新服务平台，形成了人才培养、研究开发、中试孵化、产业化紧密相衔接的创新服务体系。

青岛高新区规划面积58平方公里，其中产业区规划面积16.7平方公里，西临青岛老市区，东接崂山风景名胜区，南靠青岛石老人国家旅游度假区，交通条件便利，自然环境优美。

2001年，青岛高新区实现国内生产总值103.5亿元，财政收入7.7亿元，税收20.1亿元，技工贸总收入372亿元，正在成为青岛市最具发展潜力和活力的科技新城区，成为海内外客商前来投资兴业的一个热点。

潍坊高新技术产业开发区

地　址	山东省潍坊市北宫东街火炬大厦	邮　编	255005
电　话	0536—8786638　8786680	传　真	0536—8882507
网　址	http://www.wfgx.gov.cn	信　箱	tjxx@public.wfptt.sd.cn
主管部门	潍坊市人民政府	招商部门	管委会经济发展局
招商电话	0536—8786680		

【园区概况】

潍坊高新技术产业开发区（以下简称高新区）于1992年4月开工建设，同年被国务院批准为国家级高新区，规划面积21.6平方公里，行政辖区面积19.8平方公里。高新区管委会享有地市级经济管理权限。

高新区位于潍坊市奎文、寒亭、坊子三区中心，交通便利，济南至青岛、潍坊至莱阳高速公路横贯高新区，并在高新区内设有互通立交式出入口，东到青岛、烟台，西至济南分别只需90分钟、150分钟和120分钟；济南、青岛两个国际机场和潍坊机场分别距高新区180公里、120公里、10公里；胶济铁路复线距高新区5公里。高新区配水厂日供水20万立方米，入户水压0.35～0.45MPa；区内有2座110千伏、12.6万千伏安的变电站，电力供应充足；高新区热力公司实行集中供热，可满足用户生产、生活需求；潍坊已形成有线、无线现代化立体电信网络，电话交换机总容量65万门，高新区装机总容量4万门，信息联络畅通。地势平坦，无污染源，空气清新，环境优雅，2001年已通过国家 ISO14001 环境管理体系认证，是潍坊产业发展和国际科技交流、经济合作的良好地域。

高新区依托潍坊市雄厚的工业基础和科技实力，凭借国家级开发区的优惠政策和区位优势，现已形成电子信息、机电一体化、新材料、新医药和生物工程等高新技术产业。累计批复进区企业546家。电子工业园、大学工业园、软件园、科技创业园、民营科技园、留学生创业园、中国台湾机电工业园等10个工业园初具规模。现有高新技术企业48家，各类科研开发机构40多家。累计实施市以上火炬计划、推广计划、攻关计划200项，拥有自主知识产权和来源于国内的自有技术65项。目前，已有美国、日本、德国、中国港澳台等20多个国家和地区的客商在此投资，现有外商投资企业73家。

高新区按照“小机构、大服务”原则进行了大刀阔斧的改革。机构设置不求上下对口，体现“精简、统一、效能”特色。内设行政机构6个，辖一个街道办事处，市直部门驻区办事机构3个（国税分局、地税分局、工商分局）。与此同时，高新区管委会切实转换职能，按照市场经济和国际惯例的要求，突出特事特办，强化职务职能，寓管理于服务中。目前，高新区党工委、管委会领导之下的“一个窗口对外，一个楼斗对内”的服务机制业已形成。

按照国际惯例，高新区建立健全了律师事务所、会计师事务所以及信息咨询、人才交流、合同仲裁、社会保险、金融服务等投资保障和社会服务体系；幼儿园、中小学、大学、医院等文化、教育、卫生体系日趋完善；国际五星级标准的富华大酒店和多处四星级、三星级标准的酒店以及游乐园、夜总会等生活设施相继投入运营。区内生产、经营、生活设施齐全，社会秩序良好。高新区作为潍坊市新的经济增长点和对外开放的窗口，正以积极的姿态走向世界，加强同世界各地经济技术合作与文化交流，形成全方位、多层次、宽领域的对外开放格局，成为山东半岛充满生机、最具活力的投资热点地区之一。

【基础设施】

海运——开发区周围200公里范围内有青岛、烟台、日照等国际客货港口，可直达世界各地；潍坊市的万吨级泊位港口即将投入运营。

公路——潍坊公路以通车里程多、路面等级高闻名全国。济南至青岛、潍坊至莱阳高速公路横贯开发区，并在开发区内设有互通立交式出入口；东到青岛、烟台，西至济南分别只需90分钟、150分钟和120分钟。

铁路——东西横贯山东半岛的胶济铁路复线距开发区5公里，并连通全国各大主要铁路干线，客货运输便捷。

空运——开发区距济南、青岛两个国际机场和潍坊机场分别为180公里、120公里、10公里。潍坊机场可通达北京、广州、深圳、厦门、大连、南京等众多城市。

供水——潍坊境内水源充足，山东省最大的峡山水库常年储水6~10亿立方米；开发区配水厂日供水 20万立方米，入户水压0.35~0.45Mpa。

供电——开发区电力来自居全国第二位的山东电网，装机总容量1450万千瓦，年发电量800亿千瓦时。区内有两座110千伏、12．6万千伏安的变电站，电力供应充足。

供热——开发区热力公司实行集中供热，可满足用户生产、生活需求。 邮电通讯潍坊已形成有线、无线现代化立体电信网络；电话交换机总容量65万门；开发区装机容量4万门，信息联络畅通。

厂房——开发区内建有通用厂房，客商可根据生产需要租用、购置或自行建造。

商住——开发区已建成各种档次的住宅、别墅、写字楼50多万平方米，可供投资者购置或租用。

【优势投资产业】

1.电子信息技术及其产品

2.光机电一体化技术及其产品

3.新材料技术及其产品

4.新能源和高效节能技术及其产品

5.医药科学和生物工程技术及其产品

6.化学工业技术及其产品

7.其他无环境污染的工业项目

淄博高新技术产业开发区

地　　址	山东省淄博市张店区柳泉路北首火炬大厦	邮　　编	255086
电　　话	0533—3580205　3586550	传　　真	0533—3583091　3580065
网　　址	http://www.china-zibo.com	信　　箱	webmaster@china-zibo.com
主管部门	淄博市人民政府	招商部门	管委会经济发展局
招商电话	0533—3580205		

【园区概况】

淄博高新技术产业开发区于1992年11月经国务院批准设立，辖区面积77.2平方公里，其中高新技术产业开发区规划局面积7.04平方公里。

8年来，高新区坚持科技创新、招商引资、基础设施建设三大开发，保持了持续、快速、健康发展的好势头。经过几年的发展，淄博高新区已形成了以医药化工、新型材料、电子信息为主体的高新技术产业群，高新技术产品83种，高新技术企业26家，累计实施国家火炬计划7项，省级火炬计划14项，截止目前，已完成基础设施建设投资26亿元，实现竣工面积149.24平方千米,拥有各类企业1000余家。

高新区在市委、市政府的领导和支持下，对区域内实行封闭式管理，开放式运行，全新高效的管理体制和运行机制，为高新区的建设和发展，为进区企业的兴旺发达创造了有利的条件和良好的外部环境。

威海高新技术产业开发区

地　　址	山东省威海市文化西路198号火炬大厦	邮　　编	264209
电　　话	0631—5680118　5680711	传　　真	0631—5680118
网　　址	http://www.whtdz.com.cn	信　　箱	webmaster@whtdz.com.cn
主管部门	威海市人民政府	招商部门	管委会经济发展局
招商电话	0631—5680027		

【园区概况】

威海火炬高技术产业开发区是1991年3月经国务院批准，由国家科委、山东省政府和威海市政府三方联合创办的国家级高技术产业开发区。

威海火炬高技术产业开发区坐落在威海市区内，位于市区西部，总面积39.8平方公里，距威海港4公里，火车站10公里，飞机场30公里。市南与青岛、西与烟台相接，北与辽东半岛相对，东与朝鲜半岛、日本列岛隔海相望，是21世纪中国重点开发的环渤海经济圈内的重要生长点。

经过10多年的开发建设，威海高技园10平方公里的基础设施已经完成。一个设施齐全、环境优美，集科技、教育、文化及高新技术产业为一体的新兴工业城区已基本形成。良好的投资环境，吸引了美国、韩国、日本、新加坡、德国等20多个国家和中国香港、台湾以及国内其他企业前来投资兴业。目前，共批准进区项目1000多项，外商投资项目200多个，实施火炬、星火、科研计划项目达120多家，由山东省科委认定的高新技术企业达40多家，认定的高新技术产品达7多个，均占威海市总数的80%以上。

威海火炬高技术产业开发区管理委员会是威海市政府的派出机构，代表威海币政府对开发区实施统一管理，根据国家法律制定开发区的行政管理办法，编制开发区的建设规划并组织实施，按照国家授予的审批权限审批投资总额3000万美元以下的外商投资项目，统一管理开发区的土地使用和建筑设计，兴办教育、文化、卫生等公益事业，维护开发区的治安，保护开发区企业的合法权益。下设若干职能机构和社会服务组织，构成完整的投资服务体系。

威海火炬高技术产业开发区所在的威海市是一座新兴的沿海开放城市，是国家重点开发的环渤海经济圈内的重要城市，是中国城市社会经济发展水平评价中心首次评选的"全国综合经济势力50强"和"中国投资环境40优城市"之一。威海市辖三县级市一区，总面积5436平方公里，总人口243.9万。其中，市区面积731平方公里，人口46.2万。威海市三面环海，海岸线总长985.9公里，沿岸峡湾相联连港口星罗棋布，海洋资源十分丰富，是中国最大的水产品生产基地。地下矿藏较多，已探明可供开采的有金、铁、铜、锌等30多种矿物。威海市环境优美，气候宜人，既有众多优良的港湾、岛屿、天然浴场和地下温泉，又有著名的甲午海战纪念馆、秦始皇登临过的著名的东方好望角成山头等名胜古迹。市内大气、水质和噪声等环境质量均优于国家标准，被评为全国第一个"国家卫生城市"和第一批"园家环保模范城市"，是工作、生活、旅游和疗养的理想地方。威海市先后建成威海机场、桃威铁路、青威二级汽车专用路、烟威一级汽车专用路、威海港万吨级以上泊位；邮电通讯业在全国率先开通了至韩国的卫星通讯光缆，在全省率先实现了城乡电话一体化和长途传输光缆化。市内电话已全部实现了程控化。威海市拥有各类科研机构172家，科技人员8万多人；至1997年取得重大科技成果722项，科技成果转让铝达到91%。

郑州国家高新产业开发区

地　址	河南省郑州国家高新产业开发区国槐街6号	邮　编	450001
电　话	0371—7981354 7981535 7981577 7981706	传　真	0371—7981424 7981800
网　址	http://www.zzgx.gov.cn	信　箱	Zhx706@public.zz.ha.cn
主管部门	郑州市人民政府招商部门管委会招商局	招商电话	0371—7981535　7981654

【园区概况】

郑州高新技术产业开发区自1988年10月31日动工兴建，1991年3月6日，《国务院关于批准国家高新技术产业开发区和有关政策规定的通知》(国发[1991]12号文件)，郑州高新技术开发区等21家高新技术开发区为国家级高新技术开发区；1993年被国家科委评为全国10家先进高新技术产业开发区之一。1996年2月，郑州高新区被中央编办、国务院特区办、国家科委确定为10个高新区行政管理体制和机构改革试点单位之一。1998年8月，郑州高新技术产业开发区管理委员会被国家科技部评为1997～1998年度火炬计划管理先进单位。目前，郑州高新区总体规划18.6平方公里，基础设施覆盖已达6平方公里，其中，在4平方公里范围内建成了社会主义现代化新社区的雏形。

郑州高新区位于郑州市西北隅，距市中心13公里，距市区边缘2公里。南近陇海铁路，北接郑汴洛高速公路，东以一条铁路专线为界，西部则是广阔的预留发展区，高新区半径3公里内，拥有电厂、水厂、亚洲最大的货运编组站和风景秀丽的西流湖。区内地面开阔，地势平坦，地耐力达18吨／平方米，地下水资源丰富，潜水埋深一般3～8米，水温17～21度。郑州高新区与相对集中在西部、北部的科研机构、大专院校以及分布在西部的大中型骨干企业构成郑州市科技与经济发展的金三角。高新区既依托母城，能充分利用母城的优势，又相对独立于市区之外，实施“封闭式管理、开放式运营”，享有国家及省市规定的优惠政策，实施特殊的引资优惠措施，是新兴工业发展的理想场所。

截止2001年底，郑州高新区共批准企业1249家，其中高新技术企业652家，总投资179亿元，2001年实现技工贸总收入130.2亿元，财政收入3.95亿元。

建区10余年来，郑州高新区始终以项目工作为先导，以发展高新技术产业为重点，逐步优化投资环境，大力搞好基础设施建设，积极创建新型的管理体制和运行机制，努力搞好城市规划和环境建设，完善支撑服务体系。初步实现了投资环境建设、招商引资、经济发展等方面的良性循环，逐步建成了以高新技术产业为主导，经济发展快、基础设施比较完善配套、城市环境优美、第三产业方兴未艾的现代文明新城区的雏形，初步成为河南省和郑州市发展高新技术产业的基地、对外开放的窗口、体制改革的试验区和新的经济生长点。

洛阳国家高新产业开发区

地　址	河南省洛阳市南昌路2号牡丹城宾馆高新区	邮　编	471003
电　话	0379—4902651　4902654	传　真	0379—4902654
网　址	http://www.lhdz.gov.cn	信　箱	bgs@lhdz.gov.cn
主管部门	洛阳市人民政府	招商部门	管委会对外经济贸易局
招商电话	0379—4902653		

【开发区简介】

洛阳国家高新技术产业开发区（以下简称开发区）是经国务院批准的国家级高新技术产业开发区，享有中国政府赋予的税收减免、财政返还等一系列优惠政策，具有省级经济管理权限。

开发区位于洛阳市西南，距市中心8公里，紧邻涧西大工业基地和智力密集区。开发区总控制面积30平方公里，北依周山，南望洛河，依山傍水，环境优美。首期开发的5.6平方公里，由高新技术一条街、中亚商务区、周山电子工业区、三山科技工业园、科技工业园二期工程组成，现已完成开发面积3.2平方公里，实现水、电、路、热、通讯和场地平整五通一平，并已建成功能完善、服务配套的商业、办公、居住、餐饮、娱乐设施，一个现代化的新城区已初具规模。

洛阳高新区至2001年底，进区企业已达483家，其中外商、港澳台企业127家。已经省认定的高新技术企业165家，高新技术产品321项，初步形成了新材料、电子信息、光机电一体化、生物工程及制药、节能环保五个产业框架。累计实现技工贸总收入322.2亿元，创造利税26.4亿元，出口创汇4亿多美元。

洛阳高新区享有省级经济管理权，洛阳高新区还制定了一系列鼓励投资、支持创新、促进发展的政策，同时还将出台对开发区内各类专业园区建设及企业更加优惠的政策。洛阳高新区建立了"精简、统一、高效、优质"的管理体制和独具特色的服务保障体系，实行了项目首问制和服务绿卡制。

【基础设施】

供水——洛阳水资源丰富，是我国贫水地域少有的富水地区，现综合供水能力每日56万立方米。开发区供水规模已纳入市供水计划，现日供水能力为2万立方米，采用环网供水，满足企业用水的要求。

供电——洛阳市电力总装机容量现为185万千瓦，为开发区发展提供了充足的电力。区内设有3座变电站，其中三山变电站已投入使用，徐家营变电站和张庄变电站正在建设之中。

通讯——开发区邮电局现安装具有国际先进水平的程控交换机，容量为2万门，可提供国内、国际电话服务，以及电报、传真、无线通讯、电传和数据传输等多项服务，并可办理国内、外特快专递等其他邮政业务。

道路——开发区首期开发的5.6平方公里区域内已完成路网建设，对外有河洛大道、孙辛路与市区连通。

热力与煤气——开发区首期开发的5.6平方公里区域由建设中的一期、二期供热中心输送热能，集中供热。煤气管道并入洛阳市煤气管网，由义马－洛阳－郑州煤气工程供应。

【产业政策】

开发区发展立足有利于吸引国内外资金；有利于拓宽国内外市场，参与国际合作和国际竞争；有利于获得国际先进技术，发展以出口导向为主的工业；有利于开发区成为中国中西部地区高新技术产业基地和外向型经济中心。根据国家产业政策，开发区鼓励发展高新技术和外向型产业，着重发展以下几类:

基础设施——包括高等级公路、雨污水泵站、供热中心、公共娱乐设施的建设与经营等；

电子信息技术——包括计算机、微电子、信息处理、广播电视、邮电通讯、计算机通讯网络系统等技术；

新材料——包括金属系材料、有机高分子材料、无机非金属材料、复合材料的生产等；

光机电一体化——包括智能化机械及设备、新型仪器仪表工业过程控制技术及产品、新型医疗器械的制造等；

生物工程——包括农林牧渔业基因工程、细胞工程技术及产品，医药卫生生物技术及产品，轻工食品生物技术及产品的研究和制造；

传统产业改造——包括机械、电子、轻工、纺织、化工等。

武汉东湖高新技术产业开发区

地　址	湖北省武汉东湖高新科技园东湖高新大楼	邮　编	430040
电　话	027—87561810　87804115	传　真	027—87561266　87802764
网　址	http://www.elht.com	信　箱	dhgx@public.wh.hb.cn
主管部门	武汉市人民政府	招商部门	管委会经济发展局
招商电话	027—87804115		

【园区概况】

武汉东湖新技术开发区（简称东湖高新区）是国务院批准的首批国家级高新技术产业开发区之一，位于“九省通衢”的武汉东南部。1988年12月建区，1991年3月被国务院批准为国家级高新技术产业开发区，是中国最早创建的国家级高新技术产业开发区，区域面积为30平方公里。其中政策区为20平方公里，新建产业园区为10平方公里（现已建成4平方公里）。

东湖高新区是中国智力高度密集区，聚集了包括武汉大学、华中理工大学等23所高等院校和56个科研院所，有近千余家高新技术企业从事高新技术的研究、开发和生产，已建成中国最大的光通信产业基地。

东湖高新区依山傍水，景色秀丽，区内山峦起伏，湖泊镶嵌，空间层镒错落有致，融优美的自然景观、现代化的城区与当代高科技产业基地为一体，正在成为集科、工、贸于一体，具有产、学、居功能的新兴科学城和高新技术产业基地。

东湖高新区是武汉、湖北乃至华中地区对外开放的重要窗口，吸引了来自美、英、法、日、德、新加坡等23个国家和中国香港、台湾地区的投资。世界500强的大企业中有11家在区内投资或设办事处，如菲利浦、爱立信、施乐、NEC、住友、三井、西屋电气、西门子、ABB等。

东湖高新区根据区域特色，确立了以通信、生物工程与新医药为重点，电子信息、先进制造技术、新材料、激光技术等为基础的六大产业。未来5年的奋斗目标：完全建成10平方公里新区，成为华中地区一流的高科技产业园区；形成年产值600亿元的经营规模；培植现代通信、生物工程及新医药2个百亿元产业。

襄樊高新技术产业开发区

地　址	湖北省襄樊市春园西路2号火炬大厦5楼	邮　编	441003
电　话	0710—3220246　3230478	传　真	0710—3241044
网　址	http://www.xfhdz.org.cn	信　箱	xfhdz@263.net
主管部门	襄樊市人民政府	招商部门	管委会招商局
招商电话	0710—3220246		

【园区概况】

襄樊高新技术产业开发区是1992年11月经国务院批准设立的，位于素有“七省通衢”的襄樊市境内，扼市区北大门，316、207国道穿区而过，毗邻襄樊火车站和襄樊飞机场，区位十分优越。辖区政策面积7.5平方公里，建成区面积5平方公里，是襄樊2010年城市总体发展规划的中心区域，是我国军工企业的重要聚集地和鄂、豫、川、陕毗邻地区技术、智力最密集的地区。聚集了17家科研企业、8家军转民大中型企业；汇集了襄樊学院、襄樊职业技术学院等6所大中专院校和2000多名专业技术人员。1992年建区以来，开发区各项经济指标每年均以40%以上的速度递增，发展势头良好。

基础设施建设基本实现“六通一平”。高新技术创业服务中心、火炬数字大厦、图书馆、海关大楼、标准厂房、商贸小区、四星级大酒店、专家公寓、邮政分拣中心、诸葛亮文化广场等相继建成投入使用。区内服务设施一应俱全，水、电、气供应充足，政府网站、局域网、宽带信息网已建成并投入使用。

高新技术产业发展迅猛。区内科技型生产企业近300家，其中被省科技厅认定高新技术企业60家，八年来共承担省以上各类科技计划项目108项，其中国家火炬计划30项。初步形成了航空航天、新材料、电子与信息技术、光机电一体化四大支柱产业。区内建有亚洲唯一的民机座椅生产基地和我国唯一的航空救生装备研发中心以及我国最大的特种光学玻璃生产基地。

外向型经济蓬勃发展。建区以来，共引进“三资”企业36家，引进外资项目53个，投资总额4.5亿美元，协议利用外资1.5亿美元。迄今为止，已同美、英、日、法、德、南非、新加坡、中国香港、中国台湾等国家和地区开展了广泛的交流与合作。

高科技农业发展步伐加快。近年来，先后投资3000多万元建成了农业高科技示范园区。示范园融生产经营、技术推广、组织培育、观光休闲为一体。其中有引进美国胖龙公司温控设备的百亩果菜园，引进法国温控设施和技术的百亩花卉园以及展示古今农作技术并融观光旅游于一体的神农观光农业园。

新型管理体制及运行机制日趋完善。高新区按照“小政府、大服务、高效能”的要求，实行封闭式管理、开放式运行。开发区管委会享受市级人民政府经济管理权限和相应的行政管理权限，积极推行“低税区和零费楼”政策，实行一支笔审批、一个窗口对外、一条龙服务。

长沙国家高新技术产业开发区

地　址	湖南省长沙市河西桐梓坡	邮　编	410005
电　话	0731—8806521　8806991	传　真	0731—8806540
网　址	http://www.cshtz.gov.cn	信　箱	cshtz@cshtz.com
主管部门	长沙市人民政府	招商部门	管委会招商局
招商电话	0731—8806991　8900515		

【园区概况】

长沙高新技术产业开发区创建于1988年10月，1991年3月经国务院批准为国家级高新区，由岳麓山高科技园、星沙工业高科技园、隆平农业高科技园、远大高科技园和政策区组成。全区现有高新技术企业616家，其中外资企业近200家；开发高新技术项目1128项，其中335项列入国家、省（部）级重点计划。

2000年，高新区完成技工贸总收入203亿元，出口创汇1.08亿美元，均比上年增长40%左右。年收入过千万元以上企业114家，形成了一批如乐金曙光、远大空调、湘计算机、海利化工、创智集团、中联重科、金瑞科技、长海数码、湘邮科技等39家过亿元企业和集团。电子信息、先进制造技术、生物医药高效农业、新材料等支柱产业分别占全区高新技术产品产值的48%、15%、10%和13%，高新技术总产值占全市工业总产值的比例达到26.1%，占全省高新技术产值的1／3。在全国53个国家高新区2000年主要经济指标排序中，该区技工贸总收入居第14位，利税居第9位。

高新区管委会作为市政府派出机构，行使市一级经济管理权限和相应的行政管理权限，对园区实行统一管理，充分享受国家、省、市给予高新技术产业的各项优惠政策，可为投资者提供一流的产业发展和社区环境。

【投资优势】

长沙市是湖南的省会，长沙高新区地处长沙市中心地带。所辖4个高科技园沿319国道和城市外环线展开，形成高新技术产业开发带。其中，岳麓山高科技园位于市区内风景名胜岳麓山下，东临湘江，依山傍水，风景秀丽，是长沙市委、市政府新址所在地，属长沙市新城区，距城市中心2公里。星沙工业高科技园、马坡岭农业高科技园、远大高科技园均位于城市东郊，距市中心约10公里，距黄花国际机场约10公里。京广铁路、319国道、107国道、京珠高速公路和长永高速公路、市外环线在园内交汇贯通。园区的铁路、公路、航空、水运等交通条件均十分便捷。

配套的基础设施——长沙高新区各个园内均有大批通平完整的土地。按产业规划布置的主干道路均已建成。双回路联网供电亦趋完善。供水能力均能满足工业发展的需要。岳麓山高科技园内拥有日供水能力40万吨的长沙市四水厂、2座110KVA输变电站，正在兴建装机容量5.9万KW、供热能力200t／h的热电站。

良好的社区环境——各个园内除规划了科研、办公、工业基地外，均配套规划建设了区内医院、学校、写字楼、商贸楼、住宅小区和休闲度假区，并配有严格、规范、标准和优质的物业管理，社区环境堪称一流。

健全的管理机构——长沙高新区管委会作为长沙市人民政府的派出机构，享有市一级经济管理权限和与之相适应的行政管理权限，对长沙高新技术产业开发区各园区产业发展实行统一有效管理，并统领全市高新技术产业。可以直接审批投资额3000万美元以下的项目。工商、国税、地税、涉外税、财政、国土、规划、建设等部门都在高新区设立分支机构。长沙高新区实行“一站式办公”、“一个窗口对外”制度。

完善的服务体系——长沙高新区设有创业服务中心、投资咨询服务中心、对外科技交流中心、外商投资企业协会、人才交流培训中心、高级人才事务所、INTERNET服务中心、保税仓库、物业管理公司等服务机构。中国银行、工商银行、农业银行、建设银行、建设银行铁道支行、建设银行电力支行以及保险、律师、会计、审计、公证等均在长沙高新区建立了办事机构，为企业和投资者提供全方位优质服务。

株洲高新技术产业开发区

地　址	湖南株洲河西黄河北路火炬大厦	邮　编	412007
电　话	0733—8818549　8822907	传　真	0733—8818549　8827230
网　址	http://www.zzhitech.com	信　箱	zsj@zzhitech.com
主管部门	株洲市人民政府	招商部门	管委会经济发展局
招商电话	0733—8818549　8822907		

【园区概况】

株洲高新技术产业开发区创建于1992年2月，同年12月经国务院批准为国家高新技术产业开发区。规划区总面积35平方公里，政策区面积8.8平方公里。

1999年至2000年，经国家科技部批准，国家新材料成果转化及产业化基地和国家火炬计划传感技术产业基地先后在株洲高新区重点布局建设，并调整建立田心、董家段2个高科技工业园，高新区形成了“一区三园两基地”的产业发展格局。

作为高新技术产业区的辐射源区、内陆的经济特区和改革开放的试验区，株洲高新技术产业开发区以发展高新技术产业和兴办出口创汇企业为重点，走技工贸相结合、出口导向型的发展路子。至2001年底，区内已拥有各类企业700余家，其中工业企业190家、高新技术企业75家、外商投资企业58家，已形成了新材料、光机电一体化、电子信息、生物医药四大新型高技术产业。已有美国、英国、德国、意大利、澳大利亚、韩国、新加坡以及中过香港、台湾等十几个国家和地区的客商前来投资。目前，高新区基础设施均已配套，道路网已经形成，水、电、气、通讯均已到位，管理机构和服务体系均已健全和完善，高科技产业及第三产业蓬勃发展，高新区已步入健康的成长期。

【开发区投资环境】

基础设施

株洲高新区是株洲市委、市政府所在地，与株洲市老中心城区仅一桥之隔，是株洲市的政治、经济、科技和文化中心；株洲高新区除了能充分享受株洲市的基础设施外，区内已形成“六纵四横”的道路网络，拥有装机容量6万门的程控电话和完备的供水、供电、供氧等基础设施；高新区环境优雅，建有中国南方最大的城市广场、优美的天台公园、各类学校、幼儿园、医院、三星级以上涉外宾馆、高档公寓、别墅等，为区内企业、投资商和居民提供完善配套的生产生活服务。

行政管理体制

高新区管委会是株洲市委、市政府的派出机构，在项目进区、立项、审批、国土、规划、建工、环保等方面享有市一级综合管理权限和行政职能，能为进区企业提供优质、高效的服务。

支撑服务体系

为了帮助和促进高新区企业健康发展，区内设有公证、律师、会计、审计、创业服务中心、人才交流中心、信息咨询、劳动仲裁、产权交易、评估等市场、服务体系以及海关、商检、银行、外汇管理、进出口公司等涉外服务机构，为投资者和企业提供全方位服务。

技术创新体系

株洲高新区创业服务中心是国家级创业服务中心，也是是区内的科技项目孵化基地，现有孵化面积4万平方米，入驻孵化的科技企业55家，已有38家企业毕业。

株洲留学人员创业园创建于1999年7月，是湖南省最早的留学人员创业园，现已吸收归国人员18人，创办留学人员企业15家。

区域发展优势

长沙、株洲、湘潭是湖南省经济最发达的区域，三城之间各相距约30公里。长株潭一体化建设将推动长株潭经济发展外向化、产业结构高级化、城市功能现代化、区域经济一体化。已经开展的“五同”（电力同网、交通同管、金融同城、信息同享、环境同治）将使株洲高新区在区域经济中发挥更重要的作用，高新区将抓住这一历史机遇，按照非均衡发展战略，“东提西拓、合拢三角”，将株洲市建设成为江南环境优美的、经济发达的、开放的工业重镇，并使其成为西部大开发的“桥头堡”。

发展前景

“十五”期间，株洲高新区将扎实有效地实施高新技术产业先导、开放强区和环境发展战略，实现跨越式发展，把株洲高新区建设成为以高新技术产业为主体的现代化新城区。发展目标：GDP年均增长率32.3%，年销售收入突破200亿元，进出口额年均增长30%；重点建设“一环两带（快速环道，滨江风光，天易—长江大道高新技术产业带）”，构建“六纵四横”道路骨架，形成“一区三园两基地”的产业发展新格局。

广州国家高新技术产业开发区

地　　址	广州经济开发区管委会大楼	邮　　编	510730
电　　话	020—82212115	传　　真	020—82212115
网　　址	http://www.getdd.com.cn	信　　箱	web@getdd.com.cn
主管部门	广州市人民政府	招商部门	管委会经济发展局
招商电话	020—82224516		

【开发区简介】

广州高新技术产业开发区（以下简称广州高新区）是1991年3月经国务院批准成立的首批国家级高新区之一，地处广州市东部。为加速广州高新技术产业的发展，1997年广州市政府对高新区管理体制进行了调整，形成由广州科学城、天河科技园、黄花岗科技园和民营科技园组成的“一区多园”的新格局。1998年下半年，经市委、市政府研究决定，报请国家科技部同意，广州经济技术开发区与广州高新区合署办公。

广州高新区地处广州中心城市组团与东南部组团的交汇处，知识密集、人才荟萃，区内有华工、暨大、华农等高等院校12所，有中科院广州分院、广东农科院等科研机构44个，国家级重点实验室3个，各类科研人员2万多人，为高新技术企业的发展提供了良好的技术人才依托。广州经济技术开发区与广州高新区合署办公是区域经济资源共享、优势互补、联动发展模式的创新；是实现新的经济增长点与经济发展制高点有机统一的机制创新；是推进市场经济条件下政府促进经济发展的体制创新。

建区以来，全区承担火炬计划项目117项；开发高新技术产品20余类600多种，有200多种产品分别获得国家、省、市行业奖项。目前，全区已有各类企业1200多家，其中三资企业186家，经认定的高新技术企业217家，出口创汇企业超过20家。世界排名前500名跨国公司已有55家在区内投资设厂。

深圳高新技术产业开发区

地　址	广东省深圳市南山区高新区综合服务楼四楼	邮　编	518057
电　话	0755—26551703　6551527	传　真	0755—26551526
网　址	http://www.shipgov.net	信　箱	dcj@ship.szptt.net.cn
主管部门	深圳市人民政府	招商部门	管委会投资管理处
招商电话	0755—26551702		

【高新区概况】

深圳市高新技术产业园区（以下简称深圳高新区）成立于1996年9月，面积11.5平方公里，是国家重点支持的5大科技园区之一。2001年高新区工业总产值630亿元，是1996年建区之初的6.3倍；高新技术产品产值602亿元，是1996年的9.5倍，占全市高新技术产品产值的45%；出口25亿美元，是1996年的17倍；税收32亿元，是1996年的9倍。高新区被国家认定为“高新技术产品出口基地”、“亚太经合组织（APEC）科技工业园区”、“先进国家高新技术产业开发区”、“中国青年科技创新行动示范基地”和“国家火炬计划软件产业基地”等。

【管理模式】

深圳高新区由市政府统一领导、统一政策、统一规划、统一管理。实行“开放式”管理体制，即在国家有关法律、法规之下，不改变政府各部门现有职权管辖范围。三级管理体制是指，决策层贯彻执行市委市政府有关建设高新技术产业园区的方针、政策；管理层负责日常行政事务;服务层为企业和科研教育提供服务。在高新区建设中，政府的主导作用是：产业导向、制定政策、创造环境和提供服务。

【投资环境】

为促进和保障高新区的可持续发展，高新区条例已正式实施。高新区积极营造完善的产业生态、激情的人文生态和良好的环境生态，实现“三网合一”的宽带网络，区内用户可通过10M／100M信息口实现高速上网。高新区获得ISO9002质量管理、ISO14000环境管理、SA8000社会责任管理三大体系认证。6万余名园区人汇聚这里，体现“敢于冒险、勇于创新、宽容失败、追求成功”的园区精神。

【重点产业】

随着投资环境的日益完善，高新区招商引资的磁场效应愈加明显，大批国内外企业竞相入驻，逐渐形成了电子信息产业群、生物工程产业群和新材料产业群。国内大企业有华为、中兴、联想、长城、TCL、创维、海王、东大阿尔派、创智等；跨国公司有IBM、菲利浦、康柏、奥林巴斯、爱普生、朗讯、哈里斯、汤姆逊等。2001年共安排入区项目225个，投资额81亿元人民币，主要项目有深超半导体集成电路、美国甲骨文和日本住友光纤光缆等。

自主知识产权：2001年深圳高新区具有自主知识产权的高新技术产品产值已占“半壁江山”。华为、中兴的程控交换、移动通讯和接入设备；长城的计算机系统；金蝶、创智的软件产品；飞通的光器件；迈迪特、迈瑞的医疗器械；科兴、匹基的基因工程产品；海王、海普瑞的医药产品；长园的新材料等，都在国内外占有相当的市场份额。高新区聚集了一批拥有核心技术的高水平集成电路设计中心。

【研发基地】

许多企业都在高新区设立研发中心，相当一部分企业的研发经费已超过销售收入的10%，高新区已形成了以市场为导向、以产品为核心、以企业为主体、以大学、科研院所为依托，辐射周边地区，拓展国内外，“官产学研资”相结合的研究开发体系。两院院士活动基地、大学研究院、企业博士后工作站、工程技术开发中心和国家重点实验室共同构成了服务中小科技企业的公共技术平台。

珠海国家高新技术产业开发区

地　址	广东省珠海市红山路230号	邮　编	519001
电　话	0756—2616299　2616799	传　真	0756—2616099
网　址	http://www.zhuhai-hitech.com	信　箱	zhhitech@pub.zhuhai.gd.cn
主管部门	珠海市人民政府	招商部门	管委会产业拓展处
招商电话	0756—2616399		

【高新区概况】

珠海国家高新技术产业开发区（以下简称珠海高新区），是1992年12月经国务院批准，1993年3月经国家科委（现科技部）授牌并进行动态管理的国家级高新技术产业开发区，毗邻港澳，占地面积9.8平方公里，由南屏科技工业园、三灶科技工业园、新青科技工业园、白蕉科技工业园及珠海高科技成果产业化示范基地（即科技创新海岸）组成，行使市一级经济管理权限，实行“一个窗口对外、一站式管理、一条龙服务”机制。

珠海高新区重点扶持软件、生物制药、数据通讯和网络技术产业，全面推动高新技术产业的发展。高新区自成立以来，得到了国家、省、市领导的高度重视和大力支持，在加快科技进步、提高技术创新能力方面已显示出勃勃生机。

珠海市委、市政府十分重视培育发展高新技术产业，重奖有突出贡献的科技人员，为鼓励技术创新，促进科技成果转化，1999年又率先以地方立法的形式出台了《珠海市技术成果入股与提成条例》。这些措施凝聚了高科技人才，催生了有竞争力的高科技企业，推动了高科技的产业化。几年来，特别是按一区四园一海岸新的架构运作以来，珠海高新区在国家科技部的指导和省、市两级党委和政府的领导下，推出一系列优惠政策和措施，各项工作取得了巨大的成绩，已有57个项目正式落户各园区和基地，新增投资28亿人民币（其中人民币15亿元，外资1.5亿美元），电子陶瓷等一批高新技术项目进入示范基地孵化，美国德丽科技、荷兰菲利浦、扬子集团等国内外知名企业或企业集团进入高新区，高新区已成为珠海高新技术产业发展的龙头。

珠海高新区在财税、土地、水电、资金和人才引进等方面享受一系列优惠及特惠扶持政策：政府在投入方面给予政策性倾斜，降低投资成本；企业所得税地方留成及企业营业税、增殖税实行减免或奖励返还；为企业提供科研项目孵化、中小企业创业支持、企业贴息贷款等方面的资金支持；风险基金和创业基金机制促进科技成果在高新区内产业化；政府采购时优先购买区内企业产品；为高新区内工作的留学归国人才及其他高级人才在工作环境、住房、入户、子女入学等方面提供特别优惠；宽松的商务出入境审批制度等。

珠海高新区本着“求实、创新、博纳、进取”的精神，创建吸引智力、释放知识的投资环境，以利于高新技术成果优先转化，营造知识密度高于其他地区的“高平台”和企业投资运作成本低于周边地区的“低洼地”，以完善的基础设施和产业配套能力促进高新技术成果孵化，走向产业化和市场化。

【重点产业】

根据珠海市的地理环境优势和发展特点，在高新区重点扶持如下产业：

1.以软件业为主的信息产业：珠海具有毗邻港澳、信息发达、交通便利等独特优势，是发展软件业的理想之地。珠海软件产业在全国也又一定影响，金山电脑公司开发的“WPS2000系统”、亚洲仿真控制系统工程公司开发的工业系统仿真、亿达公司开发的IC卡公交收费系统等在全国都处在领先水平，南方软件园、工商银行总行软件中心也已落户珠海。要进一步扶持珠海软件业的发展，特别要利用紧邻中国澳门的优势，针对中国澳门的博彩业和娱乐业，开发出一些软件游戏和虚拟现实的软件，并争取更多的软件开发企业在珠海高新区落户。

2.生物制药：珠海目前已有多家知名的制药企业在开发生产生物药品，如丽珠集团、联邦制药、许瓦兹制药、金沙制药等，还有一些大的企业也准备在珠海设厂，从而形成了生物药品开发与生产聚集珠海的势头。要充分利用这一良好态势，吸引更多的企业在高新区研究和开发生物药品。

3.海洋资源的开发和利用：海洋资源的开发利用是21世纪人类的希望所在。珠海是百岛之市，海洋面积6000多平方公里，海洋产业大有可为。要鼓励发展海洋养殖，海岛及海洋滩涂资源的开发，海水淡化的利用，在高新区重点发展海洋生物的深加工和综合利用，如海洋生物制品、海洋药物制品和海洋保健制品的生产，并形成规模和产业化。

4.航空航天：珠海高新区发展航空航天产业独具优势，航空航天工业园已经起步，每两年一届的“中国国际航空航天博览会”更是招商引资的大好机会。要充分利用珠海的优势，使珠海高新区成为航空航天的基地和中国航空航天业的一个窗口。

5.环保产业:珠海环境清新优美，是国家环保模范城，要很好地产发挥这一品牌效应，在高新区发展环保高新技术产业，如汽车尾气净化的技术与设备技术、三废处理与资源再生利用的技术与设备、高效节能产品、绿色食品、清洁能源产品、新型环保材料等。

6:精细化工：珠海市一批重化工项目的上马投产，将提供相当一部分精细化工原料，要利用各方优势吸引国内外化工公司来珠海投资办厂，重点发展食品添加剂、胶粘剂、涂料、洗涤剂及表面活性剂、饲料添加剂及电子化学品等。其中南屏科技工业园以发展电子信息和生物制药产业为主，三灶科技工业园以发展海洋工业、环保技术和航空航天产业为主，新青科技工业园以发展电信和通讯设备产业结构为主，白蕉科技工业园以发展现代“三高”农业和农产品深加工工业布局为主，广东珠海高科技成果产业化示范基地以发展软件产业为主并负责高新技术成果的产业化示范。

【产业布局】

充分利用珠海优势，以高新技术产业开发区为龙头，辐射和带动高新技术产业的发展，形成“孵化器—产业化基地—工业园”的技术创新链条和“一区多园”的产业布局：以市科技中心为代表的孵化器是高新技术的成果资源库，科技人员的发明创造和科技成果在孵化器内依托风险投资和特殊政策的支持，得到验证、完善和发展，使之产品化，转移到广东珠海高科技成果产业化示范基地进行产业化培育和示范。市科技中心和广东珠海高科技成果产业化示范基地是高新区产业发展的技术依托和项目来源，高新技术成果的产业化开发在这里通过探索和示范，成熟后向其他园区扩散，进入产业化生产。

中山火炬高新技术产业开发区

地　址	广东省中山市中山港康乐大道火炬大厦	邮　编	528437
电　话	0760—5597902　5597906	传　真	0760—5597917
网　址	http://www.zstorch.gov.cn	信　箱	info@zstorch.gov.cn
主管部门	中山市人民政府	招商部门	管委会经济发展局
招商电话	0760—5596818		

【园区概况】

中山火炬高新技术产业开发区于1990年3月由国家科技部、广东省政府和中山市政府共同创办，并于次年被国务院批准为首批国家高新技术产业开发区。1994年区内创办了首家规模最大的国家健康科技产业基地;1999年兴办了全国目前规模最大、技术设备最先进的中国包装印刷生产基地；2000年3月被国家科技部和外贸部认定为第一批国家高新技术产品出口基地，成为拥有4个国家级基地牌子的高新技术产业开发区。

工业是开发区经济发展的重中之重。目前区内有世界上几十家知名跨国公司和大财团在此投资设厂，有企业300多家，区内骨干企业——中山火炬高新实业（集团）股份有限公司是全国53个国家级高新技术产业开发区首家上市公司，广东省首批重点发展的70个大型企业集团之一。初步形成电子信息、现代包装印刷、生物医药、化学工业、新能源、新材料、光机电一体化等七大产业群。建起了中国科技开发院中山分院电子研究所和化工研究所、创业服务中心 中山火炬电子技术研究所、通讯技术研究所、真空技术研究所。

建区10年来，在中山市市委、市政府的正确领导下，开发区的工业实现了跳跃式发展，“八五”末期全区工业产出40亿元，从1995年起，区工业产值实现了每两年翻一翻。2000年完成国内生产总值43.9亿元，工业总产值189.2亿元。组建了中炬高新实业（集团）股份有限公司、张家边企业集团公司、工业开发有限公司、健康科技产业基地有限公司、工业联合总公司等五大工业总公司，引进和创办工业企业300多家，其中，年产值超亿元的企业36家。区属张家边企业集团公司被评为全广东省50强企业。

中山火炬高新技术产业开发区始终以调整产业结构为主线，以提高项目科技含量，实现以最少的资源投入、获得最大的产出为目标，“九五”期间，形成了电子信息、现代包装印刷、生物医药、化学工业、新能源、新材料、光机电一体化等七大产业。

【开发区投资环境】

地理位置

开发区位于中山市东部，毗邻港澳，交通便利。区内的中山港是对外开放的口岸，每日有数班双翼船飞往中国香港，单程只需75分钟；广珠东线公路、京珠高速公路贯穿全区；100公里范围内有6个飞机场。开发区控制面积为70平方公里，其中经国家科委审定的火炬开发区面积为15.1平方公里（包括集中新建区和享受政策区），健康科技产业基地为13.5平方公里，包装印刷基地起步区为2平方公里。2000年全区总人口约13万人，其中户籍人口5万人。

经济发展

建区10年来，中山火炬开发区工业经济实现了跳跃式发展。到2000年，全区完成国内生产总值43.9亿元，工业总产值189.2亿元，引进和创办企业300多家，其中年产值超亿元的企业36家，出口创汇6.7亿美元，实现税收3.6亿元。2001年上半年完成工业总产值123.69亿元，同比增36.73%，实现工业税收2.7亿元，同比增73%，完成出口创汇3.5亿美元，同比增43.8%。合同利用外资4.7亿美元，实际利用外资6011万美元，同比增150%。产业发展特色明显，形成了电子信息、生物医药、化工、现代包装印刷等四大主题产业。一批批科研成果和国际资本在这里实现了较好结合，一批批高新技术成果在这里得到升华，一群群高新技术企业在这里落户开花，开发区已进入高新技术产业化、国际化的重要发展时期。

管理架构

开发区管理上分为中山火炬开发区领导小组和中山火炬开发区管委会两级架构。领导小组定期召开会议，研究和指导开发区的发展战略，制定长远发展规划。由市长任组长，国家科技部火炬中心、广东省科技厅领导和开发区管委会主任任副组长，领导小组成员由市政府有关部门和开发区党委、管委会领导组成。管委会为中山市政府的派出机构，负责日常工作。

优惠政策

开发区除享受国家规定的高新区的有关政策外，中山市政府还赋予高新区管委会行使“市一级经济管理权限”，设立开发区一级财政体制，并制定地方配套的优惠政策。市属工商、财政、税务等都在开发区设立分局，由区党委、管委会统一领导和管理，内部管理体制健全，可为投资者提供“一站式”和“一条龙”的优质服务。

基础建设

为了适应经济规模快速扩张和产业调整、发展的需要，从2000年下半年起，开发区把建设高素质的园区作为全区经济发展的基础性工作来抓，对工商业配置和产业分布进行了重新调整，整合形成了电子信息产业园、高科技产业园、包装印刷产业园、健康科技产业园和民族工业园等五大工业园区作为高新区支柱产业的载体和孵化基地。在五大工业园区内又配置了员工宿舍、商店、餐饮、文化娱乐等生活服务设施，从而使五大工业园区成为了五大制造中心，每个园区内还包含了若干个产业园，并由五大工业公司管理五大工业园区。初步形成规划科学、配置合理、相对集中、点线结合、管理配套的工业区域体系。

佛山国家高新技术产业开发区

地　　址	广东省佛山市大幅路市政府大院10号楼3楼	邮　　编	528000
电　　话	0757—3386093　3355158	传　　真	0757—3355686
网　　址	http://www.fs-hitech.gov.cn	主管部门	佛山市人民政府
招商部门	管委会综合计划部	招商电话	0757—3386031

【园区概况】

佛山高新技术产业开发区是1992年12月经国务院批准建立的国家级高新技术产业开发区，全区面积10平方公里，由城南、城西高新技术产业开发园和顺德高新技术产业开发园组成，并已建立了佛山高新区政策区。

依照规划，区内支柱产业和产业发展重点为电子信息、光机电一体化技术、生物技术、新材料技术产业等。建区以后，佛山市政府成立了高新技术产业开发区管理委员会。目前开发区已征用土地7.55平方公里，开发土地7.09平方公里，区内已竣工各类建筑89万平方米。

进区的企业有与美国、日本、瑞典、加拿大、意大利、中国台湾、香港等国家和地区合资、合作或内资企业68家，其中一些项目的技术处于国内外先进水平，生产的各种高新技术产品除供应国内市场外，还出口美国、日本、中国香港等世界各地。

在全国53个国家高新技术产业开发区各项指标排序中，佛山高新区人均产值连续多年名列前茅。2001年，全区实现工业总产值186亿元。初步显示出高新技术产业的强大生命力。佛山高新区正在逐步发展成为佛山市优化产业结构和技术创新的基地，成为佛山市经济新的增长点。

为了加快高新区的建设，全区已累计投入基建资金达31亿元。完成了一系列大型配套设施的建设。目前，高新区的运输、商业、海关、金融、通信、生产、住宅等各种服务设施配套齐全，同时，进区的高新技术企业享受国家和省、市给予税收、金融、信贷、进出口、用地、人才引进和人员出入境等方面的优惠政策。区内还设立了留学人员创业园，为海外学子回国创业、报效祖国创造条件，佛山高新区已形成了优越的软硬投资环境。佛山高新区水、电供应充足，通信条件良好，交通便捷。通过新港码头，水路可达广州、中国香港、中国澳门、江门等珠江三角洲各地，还可抵达广西梧州、柳州、南宁等地。通过区内公路，陆路可达全国各地。佛山机场及佛山火车站也是佛山与全国各地联系的重要途径。

惠州仲恺高新技术产业开发区

地　址	广东省惠州仲恺高新技术产业开发区管委会	邮　编	516000
电　话	0752—2600059　2603402	传　真	0752—2600059
网　址	http://www.hzzk.org	信　箱	hzzk@pub.huizhou.gd.cn
主管部门	惠州市人民政府	招商部门	管委会经济发展局
招商电话	0752—2600059		

【开发区简介】

惠州仲恺高新技术产业开发区是1992年11月经国务院批准成立的全国53个国家级高新技术开发区之一，高新区位于惠州市区西南面，经国家科委审定、批准的面积为8.8平方公里，地处惠深高速公路与京九铁路（惠州段）之间，距市中心7公里，距深圳68公里，距中国香港90公里，地理位置优越，交通十分方便。

仲恺高新区成立至今，累计完成基础设施等固定资产投资3.4亿元人民币，开发建设面积4.6平方公里，其中建成区和在建区各占2.3平方公里。现在，除建成区“五通一平”工作全部完成之外，区内还建有11万伏和22万伏两座输变电站，在通讯网络上建有一个装机容量为1.8万门的程控电话分局；高新区周边还设有海关、商检、动植物检疫及市场、银行、学校、幼儿园、医院、公交车站等各种生产和生活服务设施。

截止2000年底，仲恺高新区已有入区企业87家，其中高新技术企业15家，工业人口2.28万，工业总产值约136亿元，高新技术企业产值约116.9亿元，出口创汇约3.57亿美元，实施国家火炬计划项目3个，省火炬计划项目4个，1998年，仲恺高新区管委会荣获国家火炬计划管理表彰奖。目前高新区已经成为惠州市高新技术产业的基地、惠州市新的重要经济增长点。

南宁国家高新技术产业开发区

地　　址	广西南宁市火炬路1号创业大厦10楼B座	邮　　编	530003
电　　话	0771—3825743　3836225	传　　真	0771—3827201
网　　址	http://www.nnhitech.gov.cn	信　　箱	nnhitech@public.nn.gx.cn
主管部门	南宁市人民政府	招商部门	管委会招商局
招商电话	8008791588		

【高新区简介】

南宁高新区自1992年经国务院批准成立以来，已经发展成为南宁市经济增长最具活力的重要区域。

园内规划科学合理——高新区规划面积为18平方公里，其中新建区8.5平方公里，功能规划为“一园四区”，即:科技工业园、中心区、农业生物工程示范区、保税仓储区、相思湖别墅区。

基础设施配套齐全——高新区现已建成一批写字楼、标准厂房和住宅楼投入使用，交通、通信方便，供排水、供电、供气等基础设施齐全。

管理体制精简高效——高新区管委会是南宁市人民政府的派出机构,在高新区范围内行使市一级规划、土地、建设、工商、税务、财政、劳动人事、项目审批、外事审批等经济管理权限和部分行政管理职能。此外，高新区还设有一系列社会化服务机构，可为入区企业提供“一门式”服务。《南宁高新技术产业开发区管理条例》为高新区的建设和管理提供了法律保障。

创新体系渐趋完善——高新区设有创业者中心、留学人员创业园等科技企业孵化器。此外，还设立风险投资基金和创业基金，为中小型企业提供发展资金和融资担保，加快科技成果的转化。

高新区累计开发新产品280多项,实施国家级火炬计划20项,高新区企业达1000多家,初步形成了生物工程及制药、电子信息、新材料、机电一体化等为主导的高新技术产业体系。到2005年，计划累计实施火炬计划项目130项，开发高新技术产品150项，认定高新技术企业300家；建立2个国家级技术创新基地和2个博士后流动站；年实现技工贸总收入245亿元，进出口创汇8000万美元。

【投资环境】

交通——高新区距南宁火车站3公里，距南宁港3公里，距南宁机场30公里，距防城港、钦州港、北海港分别为140公里、100公里和240公里，南宁已建成直达北海、钦州、防城港的高速公路，交通十分便捷。

供电——区内已建成3*3.15万千伏安变电站，电力充足。

供水——区内已建成日产60万吨的陈村水厂，可充分满足工业及生活用水。

通信——区内已建成装机容量为3万门的程控电话交换分局，可直接同世界各国和地区及国内各地联系。

供气——区内已建成管道煤气，方便居民生活。

学校——区内拥有31所综合性大学及高等专科学校，可为企业提供高素质的人才。

科研——区内建有17家省级科研院所，是企业持续发展的技术后盾。

【重点发展领域】

1.生物工程及制药：动植物细胞工程育种、食品及工业用酶制剂、医用药用酶、发酵工程及用生物工程法制取的药品等。

2.电子信息：计算机推广应用产品及外部设备、网络工程、多媒体应用软件、电力电子及汽车电子产品。

3.机电一体化：光电控制系统、数控技术、智能化的电器设备和医疗设备等。

4.精细化工：蔗糖与淀粉深加工技术。

桂林国家高新技术产业开发区

地　址	广西桂林市骖鸾路高新开发大厦	邮　编	541000
电　话	0773—5819973　5814389　5813247	传　真	0773—5814333
网　址	http://www.guilin-ctp.net.cn	信　箱	glgxq@public.glptt.gx.cn
主管部门	桂林市人民政府	招商部门	管委会招商局
招商电话	0773—5813247		

【园区概况】

桂林高新技术产业开发区创建于1988年5月，1991年3月经国务院批准为国家级高新开发区，成为我国五个少数民族自治区中的第一个国家级高新技术产业开发区。

桂林高新区位于桂林市漓江东畔，区域面积83平方公里，依山傍水，风景秀丽，位置优越，交通便捷，资讯发达，设施完善。桂林两江国际机场，现有航线50多条，可直航北京、广州、上海、西安、深圳、昆明、厦门、成都、大连、中国香港等城市，设计年旅客吞吐量可达1000万人次，同时开通有日本、韩国、马来西亚等国际直航线。铁路北接京广复线，南连桂、柳动脉，可直达国内主要城市。新建成的桂林新火车始发站，候车大厅可容纳1.5万人，将增开10多对客运始发列车。桂林公路四通八达，有桂黄一级公路、桂柳高速公路，可直达广西各地和邻近省份。区内科研实力雄厚，智力资源丰富，拥有14所大中专院校，8所部省属科研院所，8处国家级和部级产品检测中心，9个国际贸易展览、科研交流、科技培训中心。邮电资讯、供水供电、银行海关、商检、宾馆、高级公寓、娱乐中心、医院学校一应俱全。

桂林高新区创建以来，在科技部、火炬中心领导及各有关部门的大力支持下，在市委、市政府的直接领导下，经过10年的艰苦创业，已初具规模。特别是1995年以来，市委、市政府对高新区实行封闭式管理体制和开放式发展模式，赋予高新区市一级经济管理权限和相关行政管理权限，确定了“统一管理、全市共建、外引内联、政策灵活、管理创新”的20字发展方针，进一步扩大对外开放，推进科技与经济的结合，桂林高新区进入了快速发展轨道，综合实力显著增强。2000年，全区实现技工贸总收入60.5亿元，完成工业总产值59.2亿元，各项主要经济指标基本实现了每三年翻两番的快速发展速度，高新区工业总产值占市总产值比重由1994年的7%提高到2000年的24%，对全市经济社会发展的辐射和带动作用日趋明显，目前全区拥有各类企业900多家，其中“三资”企业200多家，经认定的高新技术企业150家；累计实施高新技术项目628项，其中国家火炬计划项目等国家级项目44项，自治区火炬计划项目等自治区级项目118项。基本形成了电子与信息、机电一体化、新材料、生物医药工程、环保产业等五大支柱产业。

海南高新技术产业开发区

地　　址	海南省海口市科技大道裕科大厦	邮　　编	570314
电　　话	0898—68664518　68666883	传　　真	0898—68655212

【开发区简介】

1991年经国务院批准创办的海南唯一的国家级高新技术产业开发区，园区位于海口市西部，为秀英港、金盘工业开发区、长流新区、海口中心区四大经济中心所环绕。园区总开发面积4.67平方公里，分三期完成开发建设，一期64.4公顷，已完成“六通一平”；二期占地74.1公顷，规划工作已完成。

园区已形成一整套从生产、生活到服务的完备设施，可为投资者提供较为完善的综合配套服务体系。园区将重点发展电子、生物制药、新材料和高效节能、热带高效农业等产业。

重庆国家高新技术产业开发区

地　　址	重庆市石桥铺科园一路5号	邮　　编	400039
电　　话	023—68601972	传　　真	023—68606272
网　　址	http://www.hnzcq.com.cn	信　　箱	hnzcq188@sina.com
主管部门	重庆市人民政府	招商部门	管委会产业发展局
招商电话	023—68601984		

【园区概况】

重庆高新技术产业开发区是1991年3月经国务院批准的国家级高新技术产业开发区，并由国家科委和国家体改委确定为全国五个综合改革试点开发区之一。

高新区地域面积20平方公里，包括2平方公里的石桥铺高科技开发园和10平方公里的二郎科技新城。石桥铺高科技开发园于1993年5月动工建设，已成为重庆市发展高新技术产业的基地，对外开放的窗口，深化改革的试验区，技术创新的示范区，向传统产业扩散高新技术的辐射源，培育科技企业家、孵化高新技术企业的学校，社会主义物质文明和精神文明的新社区。

截止1999年底，高新区有科技企业4000家，其中经认定的高新技术企业334家，“三资”企业300余家，其产品涉及电子、通讯、计算机应用与开发、仪表、光机电技术、生物工程、精细化工及医药、新材料、节能与环保等高新技术领域。2000年，高新区技工贸总收入158亿元，工业总产值106亿元，实现税收6.1亿元。

【地理位置】

重庆高新技术产业开发区是1991年3月经国务院批准的国家级高新技术产业开发区，也是国家科委和国家体改委确定的全国5个综合改革试点开发区之一。

高新区地域面积20平方公里，包括2平方公里的石桥铺高科技开发园和10平方公里的二郎科技新域。高新区位于重庆西大门，地处成渝高速公路的起讫点，周边的几条城市主干道连接市内几个中心区，距重庆江北国际机场36公里，距重庆火车站8公里，距重庆港和集装箱码头10公里。

【园区建设】

石桥铺高科技开发园于1993年5月动工建设，现已成为重庆市发展高新技术产业的基地，园内的重庆生物生化制药技术开发园、软件园、出国留学人员创业园等项目正积极期待投资者的参与。

二郎科技新城将建成重庆21世纪的绿色高新技术产业基地，新城的规划已经完成，征地、拆迁工作正顺利进行，热忱欢迎海内外客商投资新城基础设施、房地产开发和高新技术产业等项目。

【发展现状及目标】

依托区内及周边地区的25所大专院校，380所国家、市级独立科研机构，高新区以其丰富的人才资源，雄厚的技术力量，已发展成为重庆市的高新技术产业基地。截止1999年底，已注册科技企业近4000家，其中经认定的高新技术企业334家，日本、美国、德国、法国、意大利、新加坡、中国香港等国家和地区的投资企业300余家，已初步形成电子信息，生物生化制药及医疗器械，节能与环保，汽车、摩托车配套新型产品等四大高新技术产业群。

【管理与服务】

重庆高新区管理委员会是市政府的派出机构，代表市政府负责高新区的经济建设和社会发展，对高新区企业进行宏观管理、政策引导，负责落实国务院及重庆市人民政府批准的一系列涉及工商、税务、海关、金融、劳动人事等方面的优惠政策，并实施相应的产业扶持措施，主要有：高新区标准厂房出租优惠办法、高新区专家公寓出租优惠办法、大专院校优秀科技成果转化优惠办法、产业发展基金使用管理办法、信贷担保基金管理办法、招商引资奖励办法以及生物生化制药技术开发园、软件园、出国留学人员创业园实施办法等。

高新区内设有工商、税务、国土、规划、创新服务中心、金融、会计、审计、律师等20多家管理及服务机构，可为企业的申办、运行提供优质高效的“一站式”服务。

【产业发展】

重庆高新区优先发展电子信息，生物、生化制药及医疗器械，新材料、节能与环保，汽车、摩托车配套新型产品等高新技术产业，在对高科技企业实施政策引导和宏观管理的同时，注重在技术引进和企业准入中的高起点，特别是具有跨世纪特点的新技术和能快速形成规模的产业领域。

成都高新技术产业开发区

地　　址	四川省成都市高新区高新大道创业路18号	邮　　编	610041
电　　话	028—5184155　5193802	传　　真	028—5193802　5184155
网　　址	http://www.cdht.gov.cn	信　　箱	cdht@cdht.gov.cn
主管部门	成都市人民政府	招商部门	管委会投资服务局
招商电话	028—5158812		

【开发区简介】

成都高新技术产业开发区于1991年3月被国务院批准为首批国家级高新技术产业开发区，是中国亚太经合组织（APEC）科技工业园区。

成都高新技术产业开发区位于成都市南，为城区一部分，未来的城市副中心，地理位置优越，距市中心4.5公里，距机场5公里，火车南站位于区内，城市干道横贯其间，交通便利。

成都高新技术产业开发区内聚集着四川大学、华西医科大学、中国科学院成都分院等知名高校和科研机构，是成都的智力密集区。

成都高新技术产业开发区基础设施完备，教育、医疗机构、商贸、娱乐、休闲等配套设施齐全。

成都高新技术产业开发区建立了以国家级科技企业孵化器——成都创业服务中心、成都高新技术产业开发区技术创新服务中心和成都留学人员创业园为骨干的科技成果孵化体系。

【主要园区】

成都高新区集中新建区（简称成都高新区）——位于成都市南，面积47平方公里，户籍人员12万，是成都高新技术产业开发区起步发展的基地，是成都市以高科技为主题的城南副中心。

四川成都出口加工区——是中国西部首家设立的出口加工区，位于四川省会——成都市正南的国家级成都高新技术产业开发区内，规划面积3平方公里，首期建成0.6平方公里，是西部地区目前唯一封关运作的加工出口区，现已建成园区海关围网、卡口、监管仓库、办公大楼、标准厂房，设立了海关、商检、仓储、运输、银行等配套管理服务体系，目前已有美国帕克汉尼芬公司、中国香港康维克科技公司投资的项目在区内投产，美国仙童公司等中外企业投资的20多个项目正在洽谈进区，四川成都出口加工区拥有优良的投资环境和优惠的配套政策。

成都高新西区——2001年4月科技部批准成立，位于成都市西，三环路与绕城高速路之间，距成都市中心6公里，将建设成为四川电子信息、现代中药的产业化基地。西部软件园位于成都高新西区。

海峡两岸科技产业开发园——原为成都台商工业开发区，地处温江县境内，始建于1992年，规划面积6平方公里，1998年经科技部和国务院台办批准为成都高新技术产业开发区海峡两岸科技园。

绵阳国家高新技术产业开发区

地　　址	四川省绵阳市绵兴路西段40号火炬大厦	邮　　编	621000
电　　话	0816—2531536　2531872	传　　真	0816—2532610
网　　址	http://www.mgonl.com	主管部门	绵阳市人民政府
招商部门	管委会招商局	招商电话	0816—2531536

【高新区概况】

绵阳高新区是1992年国务院批准建立的国家级高新区,规划面积6.1平方公里,控制面积43平方公里,总人口8万。高新区建区10年来发展迅速。GDP年均增长52.4%，2000年实现工业总产值170亿元,技工贸总收入138亿元,形成了以电子信息产业为龙头，以新材料、生物科技产业为支柱的产业体系。区内明星企业有:长虹集团、九洲光通、中力电子、新欣电子、江海电子、西磁高科、辉阳生命、一康制药、安昌江药业、西普日化、日普精化等。区内共规划4个园区：高新技术产业园区——规划面积5.1平方公里，先期已建成3.7平方公里的启动区；中国工程物理研究院军转民基地——面积1平方公里；普通工业园区——面积6平方公里;私营经济发展园区——规划面积2平方公里。

高新区投资环境优越。基础设施实现了“九通一平”，建有西南首家公共保税仓库，各大银行和金融机构在区内均设立了分支机构，科教文卫设施省、市一流。区内企业可享受国家、省、市最为优惠的产业扶持政策。高新区建有国家级创业服务中心。拥有总面积达43000平方米的专业化孵化厂房，建立了留学生创业园和博士后工作站。已有国际国内高科技孵化企业80多家，年创产值3亿元以上。

目前高新区正依托自身优势，努力建设中国西部电子信息产业园、中国西部生物科技产业园和中国西部新材料产业园。

目前，高新技术产业园区累计完成近50亿元的固定资产投资，其中基础设施建设投资12.5亿元、工业固定资产投资36亿元；累计征用土地7257亩、完成建筑面积243万平方米。基础设施已实现“九通一平”(道路、自来水、污水、供电、供热、供气、通讯、有线电视网、INTERNET互联网、场地平整)。建设的绵阳机场也已投入使用。

【科技优势】

绵阳市具有雄厚的科技和人才优势，是中国西部科学电子城，中国三线建设的重要基地。有中国工程物理研究院、中国空气动力发展与研究中心、西南自动化研究所、西南应用磁性材料研究所为代表的大中型科研院所36家，非独立科研机构90多个，大型企业长虹电子集团公司建有博士后流动站一个，大专院校8所、中专和技校49所、各类专业技术人员13万余名、包括中国科学院和工程院院士16名，著名科学家王淦昌、朱光亚、周光召以及“两弹元勋”邓稼先等曾在此从事科研工作。

随着四川省成都、德阳、绵阳高技术产业带的形成和壮大，绵阳高新区充分利用中国工程物理研究院等军工科研单位军转民两用技术，加强中小型科技企业孵化，加大技术创新力度，培养新的经济增长点，在产业格局和发展规模上，实现辐射和带动作用，成为西部经济的亮点，区内投入资金近4000万元，兴建了15000平方米的电子标准厂房和科技项目孵化大楼，逐渐完善和建立起科技创新创业中心的硬软件设施和相关功能。

目前，科技创业中心已有数家生产电子产品及新材料的企业进驻标准厂房；科技孵化大楼已开始实施项目孵化，新纪元软件公司的教育软件项目，有中国工程物理研究院四所的传感器开发项目等；具有集计算机网络、电脑展示、知识培养、网络俱乐部为一体的资讯广场，吸引了30余个国内外电脑厂家，致力于资讯产品销售和网站建设，将资讯广场建成川西北资讯产品中心和教育中心，加速绵阳高新区科技产业花进程。

【产业优势】

全区已形成以电子产业为支柱，以光机电一体化、新材料和精细加工为重点的产业框架，全区共有企业930余家，其中工业企业384家，由美国、日本、泰国、新加坡等国家地区的客商投资兴办的外商投资企业近60家。其中有中国香港创意公司与中方合资兴办的西浦油脂化工有限公司，日本精细化工株式会社和日商岩井株式会社投资兴办的日普精化有限公司。美国正康国际公司和绵阳电子仪器厂合资的三意高技术公司，泰国正大集团投资兴办的正大集团绵阳公司等合资企业。中国最大的电子企业——长虹电子集团公司也在区内投资32亿元兴建中国最大家电生产基地——长虹家电城和长虹集团公司总部和工程技术中心等项目，并与飞利浦、东芝、三洋、MICRONAS等国际知名在高新区内建立了联合实验室。

绵阳高新区已逐步发展为中国主要电子产品制造基地，包括：彩电、空调、VCD、高性能环保电池、通讯设备、汽车零配件、传感器、电容器、电阻器、电子接插件、黑白B超仪、雷达等。全区的经济有两大特色：雄厚的实力及多元化。输往全国各地的商品供应充足，需求量不断增长，经济实力现在已晋升为全国53个国家级开发区的前列。绵阳高新区1998年的技工贸总收入134.5亿元，GDP55亿元，工业总产值204亿元，是绵阳乃至四川省的经济增长点。随着重庆设立为直辖市，新四川发展重点向绵阳转移，计划在成都与绵阳之间形成一电子工业走廊和经济发展轴心，这必将给绵阳高新区带来更加有利的外部条件和心得发展机遇。

绵阳是中国电子企业云集的地方，中国的最大电子企业——长虹电子集团公司就坐落在绵阳高新区，并且还有许多原电子工业部的科研院所。绵阳在科技开发、专业人才、产业配套、上都有十分显著的优势，正在成为中国西部最大的电子元器件制造基地，电子信息技术产业将作为高新区的支柱产业。

贵阳国家高新技术开发区

地　址	贵州省贵阳市新添大道火炬大厦	邮　编	550018
电　话	0851—6460673　6462112	传　真	0851—6460673

【园区概况】

贵阳高新技术产业开发区(简称贵阳高新区)是1992年经国务院批准设立的国家级高新技术产业开发区,也是贵州省的国家级开发区。

贵阳高新技术产业开发区地处贵阳市东北面，距市中心区仅6.5公里，距龙洞堡国际机场9公里，距火车站12公里，规则面积11.32平方公里，可供开发面积5.3平方公里。

贵阳高新区从建立以来，完成了道路、电力开闭所、自来水厂、给排水管网工程、煤气管网工程、标准厂房、行政大楼、通讯等基础配套设施。建成高新技术企业“孵化器”和支撑服务体系。

贵阳高新区以高技术成果的商品化、产业化、国际化为宗旨，以军区企业为依托，积极扶持民办科技企业的发展，逐步形成了汽车零部件、表面贴装技术（片式电子元器件及贴装设备）、液压技术、新材料、制药、精密光学仪器为支撑的产业格局,为企业按照社会化大生产的要求、实现企业间的协作、配套提供了有力保障。贵阳高新区在享有国务院批准的国家级开发区各项优惠政策的基础上,又配套采取了一系列的优惠措施,采取多种形式，吸引投资者进入高新区。工商、税务、土地等部门已在高新区建立分局; 会计师事务所、审计事务所、律师事务所等中介机构也建立办事机构，为进区企业提供全方位服务。

贵阳高新区从2000年起，将在贵阳市西北部开拓新的发展空间，启动建设“金阳科技工业园”，从而形成贵阳高新区“一街两园”新布局，为投资者提供更广泛的发展机会，推动贵阳市新城区拓展。

根据国家产业政策，结合贵阳高新技术产业开发区支柱产业现状，增大投资者在基础设施建设、汽车零部件、电子元器件、新材料及光、机电一体化等领域进行投资。

昆明高新技术产业开发区

地　址	云南省昆明市高新区管委会	邮　编	650106
电　话	0871—8311306　8183563　8188751	传　真	0871—8320518　8188794
网　址	http://www.kmhnz.gov.cn	信　箱	kmgx@kmhnz.gov.cn
主管部门	昆明市人民政府	招商部门	管委会招商局
招商电话	0871—8188795		

【园区概况】

昆明是云南省的省会，是全省政治、经济、文化中心，同时也是云南省交通、通讯的枢纽。昆明国际机场是全国6大航空港之一，有7条国际和数十条国内航线通往国内、外。贵昆铁路、成昆铁路、把昆明和全国各省市紧密联系在一起。最近通车的南昆铁路和重新恢复营运的昆河（河内）铁路，为昆明提供了便利的出海口岸。昆明地势平坦，气候宜人，年平均气温15.1摄氏度，是世界闻名的春城。这里风景秀丽，旅游资源、矿产资源、动植物资源极为丰富。昆明正在成为国内外客商新一轮的投资热点。

昆明国家高新技术产业开发区是1992年经国务院批准建立的全国53家国家级高新技术产业开发区之一，总规划面积11.5平方公里，由新建区、金鼎科技园、云南民办科技园和科技街等部分组成。作为云南省发展高新技术产业的基地和外向型经济的重要窗口，昆明国家高新技术产业开发区充分发挥云南省得天独厚的资源优势和区位优势，经过近10年的建设发展，园区已形成以生物技术和生物医药工程、电子信息技术、光机电一体化、新材料技术为主导的产业发展方向，为云南经济的可持续发展作出了积极的贡献。

到2000年为止，全区累计投入基础设施建设资金4亿元，规划区内土地七通一平已基本完成，环境。日趋完善。区内公共设施、保税仓库、体育活动中心、普尔斯马特会员制商店、高新正大电子电器城、高新第一小学、云南师大第二附属中学、人才公寓等为企业提供了便捷的生产、生活条件。一个以新建区为主的基础设施和公建设施配套的科技新城区已初步形成。

截至2000年，昆明国家高新技术产业开发区拥有进区企业800余家，其中经认定的高新技术企业111家、外资企业51家。产值上千万元的企业有22家，上亿元的企业6家。全区累计完成技工贸总收入167.9亿元、工业总产值152.2亿元。2000年实现技工贸总收入65.9亿元、工业总产值55.2亿元，引进项目400余项、资金约30亿元人民币，已成为云南省一个新的充满活力的经济区域。

作为昆明市人民政府的派出机构，昆明国家高新技术产业开发区管理委员会本着面向市场经济、衔接国际规范的原则，在机构设置、职能转变和运行机制等方面进行了大胆的改革和创新，确立了“小机构、大服务”的管理模式，并建立了包括工商、税务、海关、法律、金融、人才等在内的一整套社会支撑服务体系，为发展高新技术产业创造了良好的投资发展环境。

【投资导向】

开发区欢迎在以下产业投资：生物工程技术及其产品、光机电一体化技术及其产品、新材料技术及其产品、新能源技术，高效节能技术及其产品、信息技术及其产品、其他在传统产业基础上应用的新工艺、新技术、新材料。

西安高新技术产业开发区

地　址	陕西省西安市高新区高新路火炬大厦	邮　编	710075
电　话	029—8238431　8210486　8225028	传　真	029—8210481
网　址	http://www.xdz.com.cn	信　箱	xdz@xdz.com.cn
主管部门	西安市人民政府	招商部门	管委会招商局
招商电话	029—8210489　8211744		

【高新区概况】

国家级西安高新技术产业开发区（以下简称“西安高新区”）创建于1991年6月，它位于西安科研、文教单位相对集中的西南郊，现完成规划面积34平方公里，建成的集中新建区20平方公里。2002年以来，高新区启动了二次创业计划，集中新建区新规划面积达94平方公里，计划到2006年完成开发建设60平方公里，2010年完成二次创业确定的94平方公里的开发建设。

西安高新区经过11年的建设与发展，已初步形成基础配套设施完善，管理体制、运行机制先进高效，技术创新成果显著，生产力要素市场活跃，人才聚集效应明显，科研、生产、生活功能齐全的现代化新城区，尤其是在推动技术创新、发展拥有民族自主知识产权的高新技术产品方面形成了自己的特色。

西安高新区在产业实力、经济规模、体制创新、成果转化及园区建设和对外形象等方面走在全国53个国家级高新区的前列，在国家科技部组织的多次评估中，西安高新区一直保持在前四名，并多次被评为“国家先进高新技术产业开发区”。如今，西安高新区已成为中国西部地区投资环境好、市场化程度高、经济发展最为活跃的一个区域，成为陕西、西安新的、最强劲的经济增长点和对外开放的重要窗口，成为我国发展高新技术产业的重要基地。

西安高新区是20世纪西安建设成就的一个杰出代表和重要标志，得到了社会各界的普遍认可。在2001年年初西安市民广泛参与的“20世纪西安十大历史事件评选”活动中，西安高新区以高票入选，与西安事变、西安解放、秦兵马俑的发现等重大历史事件齐名入选。江总书记1993年6月15日来区视察并为高新区题词“发展高新技术，实现经济飞跃”，对西安高新区的建设与发展寄予厚望，给予肯定。2002年3月30日总书记又一次莅临西安高新区视察，对西安高新区的发展成就给予了充分肯定。省市对西安高新区的建设一直十分重视，省委、省政府把西安高新区作为关中高新技术产业带的“龙头”给予了战略上的定位和发展上的支持；市委、市政府把高新区作为带动西安市经济实现跨越式发展的两个轮子之一。

1997年9月经国务院批准，西安高新区率先加入了亚太经合组织（APEC）科技工业园区网络，2001年又被列入我国“十五”期间重点建设的五个国家示范高新区之一。经过多年的不断创新和发展，西安高新区已经形成了较强的科技创新能力，具备了发展高新技术产业的雄厚基础和良好条件。目前，在高新区孕育着一大批科技成果，建设着一大批高新技术产业化项目。尤其是西部大开发实施3年来，西安高新区更成为中外客商在我国中西部地区投资的一个热点。

【建设发展】

一、建设了一个设施配套、功能齐全、具有现代化水准的科技工业园区

西安高新区按照“在古城建设一个现代化新城区”的指导思想进行选址、规划和建设的。在政府未投入启动开发资金的情况下，高新区按照“政策扶持、贷款起步、负债经营、滚动发展”的开发模式，累计筹措并投入基本建设资金125亿元，开工建筑面积850万平方米，竣工面积520万平方米。西部大开发以来，西安高新区凭借较强的经济实力和融资能力，在开发模式上变滚动开发为大面积成片开发和组团式开发，目前面积达40多平方公里的新区正在开发建设。高新区集中新建区已成为一个集科研开发、生产经营、居住生活、文教娱乐、商业贸易为一体的现代化新城区。

目前，区内已建成环境优雅的国家级产业区，三个国家级文明示范住宅小区，以及省内一流的中学、小学、幼儿园和高档次的国际俱乐部、宾馆、别墅区、公园等休闲及体育设施。建成40多栋高层楼房和一大批标准厂房，两栋150多米的高层楼房已经封顶。西部电子商城获我国建筑界最高奖——鲁班奖，亚美大厦也获全省建筑最高奖。园区绿化覆盖率达38%，1000兆宽带光纤网络也已建成，电子政务网已经全面开通。

二、建立了符合市场经济规律和国际惯例的管理体制和运行机制

体制创新是西安高新区的一大特色。体制创新对技术创新、市场机制与环境的营造以及高新区的发展起着决定性的作用。对此，省市领导高度重视，改革到位，措施得力，为高新区的发展创建了全新的管理体制和运行机制。通过体制创新，理顺了管理机构、市场和企业的关系，建立了一个行政管理、经济管理和社区管理趋向国际惯例、符合科技园区发展的新模式，实行了企业化的运作，促进了高新区的快速健康发展。

高新区管委会作为市政府的派出机构，行使市政府授予的市一级经济管理权限和部分行政职能，对园区实行统一管理，为入区企业及投资者提供项目审批、土地征用、建设规划、人才招聘、出国政审、入城户口、计划审报等服务，有力地确保了高新区“小机构、大服务、高效率、快节奏”的运转。

作为全国唯一一个政府没有投入开发资金的高新区，西安高新区从一开始就树立了“经营开发区”的理念，在园区开发建设上以土地为资源，以房地产开发为手段，通过企业化运作方式融通资金、完善配套、改善环境，实现了高新区的快速启动和滚动发展。企业化运作不仅有效地解决了高新区建设初期资金短缺的难题，而且使西安高新区走上了良性发展的快车道。

为了调动高新区所在区政府建设高新区、发展高新技术产业的积极性，高新区管委会和相关区政府共同建立了碑林、莲湖、新城、雁塔等四个科技产业园区，实行市区共管，以区为主。这四个科技园的产业发展、园区规划、产业政策和经济统计等由高新区管委会统一管理，行政管理、财税管理和人事管理由各区政府直接管理，形成了高新区“一区多园”的管理格局。

管委会从市场经济和国际惯例出发，推行现代企业制度，不断完善企业法人治理结构，使企业一成立就做到产权清晰、责权明确、政企分开、管理科学，使企业真正成为市场经济的主体，自主经营，自负盈亏，自我约束，自我发展。

健全了生产力要素市场和社会化服务机构。高新区先后设立了科技创业服务中心、生产力促进中心、科

技投资服务中心、人才交流服务中心、社会保障基金管理中心、专家咨询服务中心、企业注册服务中心、土地勘测服务中心及科技交易、信贷担保、房地产交易、风险投资、财会审计、法律咨询、企业注册等服务机构，为企业提供专业化的社会化服务。目前，区内已有各类中介服务机构102家。

管委会不断简化办事程序，提高办事效率，减少行政事业性收费项目，实行限时承诺服务。成立了企业注册服务中心，实行“一厅式”办公，免费为企业办理注册服务。西安高新区管委会2001年6月通过了ISO9001质量认证，使管委会在科学管理、规范运作上迈上了一个新台阶。ISO14000环境认证也于2002年2月份顺利通过评审。

经过多年的创新与实践，西安高新区已经形成一个科技人才社会化、科技成果商品化、科技投资多元化、资源配置市场化的产业发展环境。

三、完善技术创新体系，培植技术创新能力，促进高新技术成果的商品化、产业化和国际化

“创新是一个民族的灵魂，是国家兴旺发达的不竭动力”。在技术创新方面，西安高新区起步早、发展快，体系比较完善，具备了较强的科研开发和成果转化能力，受到了国家有关部委的肯定，曾被作为全国高新区的唯一代表在1999年召开的全国技术创新大会上作主题报告。

西安高新区建立了按企业化运作、具有社会公益性质的企业孵化体系；按照“财政引导、社会参与、市场配置、企业运作”的思路构建了多元化的投融资体系；帮助企业建立了现代企业制度，培育了具有生机和活力的市场主体；加快研发基地建设，以本地高校及科研机构为依托，促进产学研的有机结合，创办了大学科技园和专业科技园。高新区已具备了较强的科研开发和成果转化能力，累计转化科技成果4000多项，其中90%以上拥有自主知识产权。

西安高新区已成为全国高新区中依靠本地科技资源创办创新型中小科技企业数量最多的高新区，现在平均每天新成立3个以上的企业，每天至少有1项科研成果变为产品进入市场。

1.建立了国家级创业服务中心。作为高新区技术创新体系的核心，创业中心为科技企业、技术创新和企业成长提供了强有力的支撑服务。建成了5个科技企业孵化器，总孵化面积达6.25万平方米，转化了330多项科技成果，孵化科技企业300多家，毕业100家。高新区创业服务中心充分发挥本地的科技资源优势，促进“产学研”的紧密结合，使大量的科研成果入区孵化并实现商品化、产业化。西安高新区创业中心已成为全国规模较大、功能较全、孵化器企业成活率较高的国家级创业中心和国际企业孵化器，2001年9月又一次被国家科技部评为“国家高新技术产业开发区先进孵化服务机构”。

2.建设了国家级留学人员创业园。1998年5月，高新区成立了西安留学人员创业园，出台了一系列鼓励海外留学人员回国创业的优惠政策，并通过孵化基地的建设和孵化体系的完善，吸引400多名留学人员来高新区创业，创办140家留学人员企业。

2001年5月，西安高新区留学人员创业园已被国家首批确定为“国家留学人员创业园”。目前，高新区管委会正在建设“留学人员火炬创业广场”，该工程占地34亩，建筑面积6万平方米，共分为六大区域，除了孵化区以外，还规划设计了留学人员公寓。

3.建立了多元化、多层次的投融资服务体系。高新区科技投资服务中心已为120多个优秀项目提供了贷款担保。通过制定鼓励政策，区内已相继成立风险投资公司140家。2001年境内外投资机构已向高新区企业提供了17亿元的风险资金。高新区财政还设立了“青年科技人才创业基金”、“留学人员创业基金”和产业发展基金，作为扶持科技人员创业的“种子资金”。

管委会积极组织企业进行股改，促进企业多渠道融资。区内已设立股份公司110多家，其中上市公司12家。高新区与各专业银行建立了良好的信贷关系，仅2001年各大银行给高新区用于基础设施建设和企业发展的贷款授信额度就达110亿元。

西安高新区已成为我国西部地区资本市场十分活跃，融资活动相当频繁的一个区域，成为科技与经济、资本与技术有机结合的一个基地。

4.建立了企业经营管理服务体系。按照“管理就是服务”的宗旨，多方位地为企业服务。管委会组织企业申报国家各类产业计划累计达500多项，在总数上居全国高新区前列，其中列入国家计委高技术示范项目、国家科技部中小科技企业技术创新项目均居全国高新区之首。西安市所承担的火炬计划项目有90%是在高新区内实施的，西安高新区成为全国唯一一家创新基金扶持企业过百家的高新区。

西安高新区聚合了生产力各大要素，为企业在人才、资金、项目、信息、后勤保障等方面提供社会化服务，解除了入区企业的后顾之忧。

四、构筑人才高地，聚集优秀人才

这些年，高新区凭借机制、政策和环境优势，凝聚了人才，锻炼了队伍，造就了一支“想事、干事、干成事，敬业、创业、创大业”的干部队伍；一支懂经营、善管理、具有驾驭市场经济能力的高级管理人才队伍和一支掌握高科技、具有较强创新能力的科技人才队伍。这3支队伍是西安高新区多年来形成的宝贵财富，对高新区今后的发展至关重要。

目前，区内有13万从业人员，其中具有大专以上学历的达60%左右。博士有680人、硕士4000多人、本科30000多人。近5年来，高新区每年接收应届大学、研究生毕业生达2000多人，占全市的近一半。西安高新区不仅成为吸引各方人才的“磁石”，而且成为培养高级经营管理人才和科技创新人才的“摇篮”。

五、积极培育骨干企业，不断壮大产业规模，促进地方经济快速发展

管委会通过制定政策、营造环境、改善服务、创造条件，加速了西安科技智力资源向具有市场导向的科研成果的转化。一大批高科技企业在高新区的快速成长，培植和增强了西安高新区的整体技术创新能力，形成了电子信息、生物医药、光机电一体化三大支柱产业，涌现出一批国内外著名的企业，如大唐电信、庆安冷机、兄弟标准、开米股份、协同软件、通视数据、康鸿电子等。

西安高新区产业发展和项目入区势头良好。区内现有科技企业4100家。2001年技工贸收入过20亿元的企业有3家，过10亿元的企业9家，过亿元的企业61家，过5000万元的企业有96家，过千万元的企业有267家；年销售收入过亿元的产品25个，过5000万元的产品60多个，产业发展和企业成长呈现出一派生机勃勃的景象。

2001年西安高新区完成技工贸总收入358.2亿元，是1993年的30倍。累计完成技工贸总收入1250亿元，年平均增长67.3%；2001年完成工业总产值252.6亿元，是1993年的36.4倍。累计完成工业总产值855亿元，年平均增长69.4%；2001年完成GDP 104.57 亿元，拉动西安经济增长4.53个百分点。

六、加强对外交流与合作，招商引资工作取得突破

近7年来，西安高新区共接待了850多个国外商团，达5000余人（次）；派出了700多个达3000多人（次）商务考察团，赴国外进行交流与招商。截至目前，西安高新区已与28个国家和地区建立了广泛的合作关系，目前区内已有外商投资企业488户。这些企业已成为带动高新区经济发展的重要力量，其工业总产值已经占到全区的15%。已有富士通、大金、惠普、博士、ABB、IBM、NEC、兄弟等20家世界500强企业和一批跨国公司已进入高新区设立企业或研发机构。

七、适应西部大开发，适时地建设了“十园一基地”，启动了建设“中国西部创新科技城”的计划

建设“十园一基地”，即软件园、火炬创业园、环保产业园、医药工业园、新材料园、光电子园、大学生物园、交大科技园、西工大科技园、西安电子科大科技园和长安科技产业基地。这是西安高新区为抓住西部大开发的良机、改变过去滚动开发为大规模成片开发而采取的一项重大举措。目前，软件园、火炬创业园、环保产业园、西工大科技园、交大科技园分别首批成为国家级。西安软件园被国家确定为全国十大软件产业基地之一，目前已建成了国内一流、面积达42000平方米的软件产业示范区。通过6个专业园区和4个大学园区的建设，进一步拓宽了高新区的发展空间，加大了高新区的融资力度，调动和利用了西安的科技优势，促进了支柱产业的规模化、专业化发展。“十园一基地”的建设已初见成效，项目与资金入区呈现良好态势。在这些园区已开工建设的大项目有110多个，总投资90多亿元，投产后年产值可超过130亿元。

在新的经济形势下，西安高新区根据发展需要，为改变目前分散开发的局面，决定把集中新建区、西部电子社区和长安科技产业基地连成一片，创建面积约34平方公里、具有强大科研开发和产业化能力的“中国西部创新科技城”。管委会已成立了三期指挥部，三期开发已经正式启动。中国西部创新科技城的建设，对提升西安的经济实力和进一步奠定西安高新区在全国高新区中的领先地位具有重要的现实意义和深远的历史意义。

【未来的发展思路和目标】

目前，西安高新区同全国高新区一样，目前仍处在“二次”创业的关键阶段。根据西安高新区10年的发展经验和所面临的竞争形势，高新区今后发展的思路是：在国家有关部门的指导下，在陕西省委、省政府、西安市委、市政府的领导下，以西部大开发为契机，认真贯彻落实江泽民同志“三个代表”的重要思想，全面实施“二次创业”计划和建设中国西部创新科技城计划，按照“抓住大机遇、实施大开发、培育大产业、实现大发展”的指导思想，通过规模化战略、国际化战略、专业化战略、体制创新战略、技术创新战略、人才高地战略与结构调整战略的实施，促使支柱产业上规模、上水平、上效益，促进科技成果商品化、产业化、国际化。

目前，西安高新区正在实施“二次创业”，制定了“抓住大机遇、实施大开发、培育大产业、实现大发展”的发展思路和建设中国西部创新科技城的发展目标，通过规模化战略、国际化战略、专业化战略、体制创新战

略、技术创新战略、人才高地战略与结构调整战略的实施，促使支柱产业上规模、上水平、上效益，促进科技成果商品化、产业化、国际化。通过二次创业，高新区将建成面积达124平方公里、集科技研发、软件加工、制造加工和金融商贸等功能为一体的“中国西部创新科技城”，确保2006年实现技工贸总收入1100亿元，国内生产总值400亿元。努力把西安高新区建成国际知名、国内一流、中西部地区最大的高新区和发展高新技术产业的重要基地，努力为促进陕西、西安经济社会的全面进步做出更大的贡献！

国家杨凌农业高新技术产业示范区

地　址	陕西省杨凌新桥北路1号国际会展中心	邮　编	712100
电　话	029—7036900　7036935	传　真	029—7036882
网　址	http://www.ylagri.gov.cn	信　箱	ycheng@ylagri.gov.cn
主管部门	陕西省人民政府	招商部门	管委会经贸发展局
招商电话	029—7036935　7036938		

【开发区简介】

杨凌农业高新技术产业示范区于1997年7月29日经国务院批准建立，是列入国家高新区序列中的唯一的农业高新区，并已成为中国亚太经合组织（APEC）科技园区。

杨凌地理位置优越，交通便利。它位于八百里秦川腹地，东距西安82公里、西安咸阳国际机场70公里，欧亚大陆桥陇海铁路及西（西安）宝（宝鸡）高速公路等交通干线纵穿全区。示范区难临渭河，周围名胜古迹甚多，区内水资源丰富、空气清新、环境优美、无工业污染，具有发展农业高新技术产业的良好条件。

杨凌以中国的“农科城”著称于世，农林水科技实力雄厚。在方圆4平方公里内，拥有西北农林科技大学和杨凌职业技术学院两所农业学院，聚集着农、林、水等64个学科的4000多名农业科教人才。区内现有两院院士6人，在读硕士、博士生及博士后研究人员1006人，硕士授予点45个，博士学位授予点16个，博士后流动站9个。在过去的几十年里，取得农业科研成果5000多项，创造的直接经济效益超过2000亿元。目前，杨凌在小麦育种、旱作节水农业、植物保护、土壤肥料、家畜生殖内分泌与胚胎工程、黄土高原水土流失综合治理、荒漠化防治、森林培育、园林绿化、果树园艺、木材加工与综合利用、植物资源的保护、开发及综合利用等方面的研究居全国领先水平，部分研究达到国际先进水平。

杨凌农业高新技术产业示范区总面积94平方公里，下辖县级杨凌区，总人口14万，新建区规划面积22.12平方公里，由农业科学园区、现代农业及乡村建设示范园区、农业高科技产业园区、农业综合园区、农业中试园区、生活服务园区、农业观光及休闲带等七个功能区组成。

示范区由国家科技部等18个部委和陕西省人民政府实行“省部共建设”。陕西省26个部门组成了示范区陕西省建设领导小组，实行“省内共建”。省部共建和省内共建的特殊优势，为示范区建设和发展提供了有力保证。

杨凌示范区享受国家级高新技术产业开发区的各项优惠政策和农业产业的倾斜扶持政策。示范区管委会为省政府直属派出机构，享有省级经济管理权、地市级行政管理权和部分省级行政管理权。目前，示范区新建区各项设施日益完善，服务功能齐全，总长26公里的9条市政道路已经建成使用，集电信、电视和计算机三网合一的高速宽带光纤网络系统以及电、热、气、水等管网铺设同步完成，建筑面积24万平方米的安居工程以及与之配套的小学、幼儿园、高标准的医疗中心已投入使用，初步具备了发展农业高新技术产业的良好的硬环境。

示范区管委会实行全新的运行机制，推行“首问责任制”、办文办事限时承诺制和“一站式”办公、“一条龙”式服务，投资者在区内可快捷地办完开办企业的全部手续。

杨凌示范区以雄厚的科教实力，良好的投资环境和独特的优惠政策，在国内外引起广泛关注，前来考察和洽谈投资的客商络绎不绝。截止到2001年底，入区企业348家，总投资22亿元，其中外企和中外合作企业14家，已建成投资企业28家，上市公司1家。

示范区成立两年多来，在国家有关部委的支持下发展迅速，城市基础设施建设完善，科教体制改革取得重大突破，农业产业格局初步形成，对外合作与交流不断扩大，已经形成在发展农业高新技术产业方面的环境优势、人才优势、机制优势和资金优势，并且建立了与国内外科技交流的便捷渠道和高效率的成果转化机制。杨凌示范区经过几年的快速健康发展，初步形成了以良种繁殖、节水灌溉设备制造、生物工程、制药、农用化工、农副产品深加工等行业为代表的产业格局。一个环境优美、功能齐全、充满商机、具有创新精神的现代农业科技城、生态城、产业城，在中国西部悄然崛起，已经成为中国西部大开发和实施山川秀美工程的桥头堡。

宝鸡国家高新技术产业开发区

地　址	陕西省宝鸡市高新区火炬路19号	邮　编	721006
电　话	0917—3312952　3316986	传　真	0917—3319818
网　址	http://www.bj-hightech.com	主管部门	宝鸡市人民政府
招商部门	管委会经济发展局	招商电话	0917—3316986

【宝鸡概况】

宝鸡古称“陈仓”，位于陕西关中平原“八百里秦川”的西端，是中国西北著名的工业重镇、国家优秀旅游城市和国家卫生城市。宝鸡辖十县两区，总面积1.8万平方公里，人口368万，其中市区人口61万。宝鸡属温带大陆性气候，年平均降水量710毫米。

宝鸡地处陕、甘、宁、川四省（区）结合部，是连接中原与西北、西南的交通要塞，处于4个对称省会城市西安、兰州、成都、银川的中心位置，是实施西部大开发的前沿。宝鸡交通四通八达，陇海铁路、宝成铁路、宝中铁路在此交汇，是新欧亚大陆桥上重要的枢纽城市。

宝鸡工业基础雄厚，国有大中型企业、军工企业密集，尤以机械、电子、轻工、有色金属四大行业最具实力。钛材、钢桥梁、铁路道岔、石油钢管等产量居全国前列；航天工业、机床工具、通讯导航、石油钻采设备等在全国占主要位置；有不少产品达到世界先进水平，有180多种产品远销往世界50多个国家和地区。

宝鸡有15万训练有素的产业职工队伍，上万名中、高级工程技术人员，劳动力成本相对低廉；宝鸡资源丰富，有色金属、稀有金属、黑色金属、多种矿产丰富。水、电、天然气等能源供应充足，价格相对便宜。

宝鸡作为国家二类口岸，海关、商检、动植物检疫等口岸联检机构健全，服务到位，投资环境日臻完善，是东部沿海及境外企业开拓西部市场的战略要地，已成为在西部投资的最具潜力的地区之一。

【高新区概况】

宝鸡高新区1992年经国务院批准设立，分东、西两区。西区科技创新园规划面积1.49平方公里，位于市中心商业区和电子工业区之间，是科研单位、军工企业、技术人才密集的区域；东区科技产业园位于城市新区，一期规划5.6平方公里，远景规划20平方公里。目前，宝鸡高新区入区企业近500家，其中入区合作的世界500强企业2家，高新技术企业近100家。高新区已形成了电子信息、机电一体化、新材料等主导产业。已成为宝鸡市科技创新的中心、经济发展的新亮点和投资创业的环境最优区。

高新区距西安咸阳国际机场仅90分钟里程，距铁路客运站2.5公里，距市中心1.5公里，高等级310国道贯穿高新区东、西区并设有进出口。

【基础设施】

目前，西区供水、供电、供暖、天然气、通讯、广电、宽带网等“九通一平”基础设施完备，区内有三星级宾馆、国际俱乐部、高层公寓、医院、学校、超市、体育场、体育馆，毗邻全市最大的人民公园。完善的配套功能和优雅的环境为区内企业和居民生活、生产提供优质的服务。

【支撑服务】

高新区管委会作为宝鸡市政府的派出机构，享有市一级经济管理权限和相应的行政管理职能，可为投资者和入区企业提供项目审批、土地征用、规划建设、土地证、房产证发放、人才招聘、办理出国审批手续、入城户口、社会保障等管理服务。

高新区内设有人才交流、创业服务、投资服务、信息咨询、科技成果交易、货运、口岸联检、金融服务等市场服务体系，可为投资者和企业提供全方位优质服务。目前，已吸引了德国西门子、日本住友等世界500强企业和10多家国内知名上市公司入区合作。

【投资项目】

（一）宝鸡高新区东区功能区

高新区东区起步区规划面积5.6平方公里，其中居住用地面积为1358公顷，公共服务设施用地为116.79公顷，作为城市的副中心区同时具有高新技术产业研发和生产的功能；居住生活用地布局也相对集中，未来区域人气旺盛、商业繁荣，充满城市化活力。因此，以人为本，以营造高品质的环境为目标，精心塑造生动和谐的都市建筑群体与开放空间，构筑优美、舒适的绿化环境，安排亲切宜人的市民活动场所，配置完善的服务设施，强化城市的文化氛围和生态环境，满足新世纪城市物质与精神文明的更高需求成为高新区追求的目标。东区安排建设大学1所、中学1所、小学3所、幼儿园7所；并设立市级三甲医院1所，体育场3个、公园2个，并建设行政办公中心、金融中心、商业中心和若干生活小区，其中住宅建筑面积达到100~150万平方米，市场开开发潜力巨大。

（二）宝鸡高新区东区产业园区

按照国际城市标准规划建设的宝鸡高新区东区建设已经启动，市委、市政府将东区开发建设纳入了宝鸡新区规划，按照现代化城市标准规划建设。结合宝鸡和高新区现有产业优势及未来5年的发展要求，在高新区东区重点发展四大产业园区。

（三）电子信息产业园

规划用地40公顷。重点发展现代通信产品、数字化家用电器、网络产品、医疗电子产品、汽车电子、个人数字产品、计算机软件、计算机及外围设备、传感器及仪器、仪表、通讯交换设备及终端产品、新型电子器件及材料，园区建成后将形成60亿元的年产值。

拟引进建设：电脑及网络设备产品生产基地；数字家用电器生产基地；液晶显示器生产基地。

（四）新材料产业园

重点发展钛材、钛合金板材及其应用产品、锆管及稀有金属材料、贵金属材料、新型复合材料、特种钢管、特种油漆、防锈油、箱式钢结构桥梁、新型焊剂及电子信息基础材料等，规划用地40公顷。

重点发展：钛及钛深加工产品；新型高耗能电子新材料、电子浆料、电子磁片、敷铜板、电子精炼铜等。

（五）生物医药产业园

规划用地30公顷。重点发展优质、高产、抗逆的动植物新品种、中西药优新产品、心脑血管生物医药、各种抗癌药品、紫杉醇、大豆异黄酮、绿色农药等。

重点发展：中药西制生产提取加工基地。

（六）新型机电工业园

规划用地50公顷。主要是宝鸡的机电产业在企业改制、产品升级、技术改造、扩大规模以及与外地企业合资合作所形成的新的生产基地；重点发展机械、医疗、轻工、能源、冶金行业的数控机床、机械自动化、智能化仪器与设备、高性能数字化、网络化电力设备、传感器和监控设备与控制系统、新型特种车辆、高中低压智能开关柜、高压断路器等。

重点发展：引进中高档新型轿车生产企业；引进大型载重车生产企业。

（七）软件园

软件园位于宝鸡国家高新技术产业开发区英达路黄金地段，占地20亩，总建筑面积近3万平方米。主体框架结构六层姊妹楼两栋，工程设计合理，质量标准高，欧式建设风格，外形高雅、独特。集IT产业、科研、开发、生产办公、仓储为一体，功能齐全。平面布局充分考虑不同企业性质、不同产品对生产场地之要求，同楼层可随意分隔且互不干扰，水平与垂直运输方便。

（八）留学生博士园

留学生博士园由宝鸡高新技术产业开发总公司自行开发，是一个专门为高级知识分子提供优良的成果孵化环境，集科研、实验、生产于一体的现代化智能大厦，该大厦位于宝鸡国家高新区中心位置，地理位置优越，交通便利，环境优美。

大厦设计为主体六层、局部三层的框架结构，总建筑面积近1.6万平方米，大厦内供水、供电、供暖、通讯、宽带网等各种基础配套设施齐全，是一个高级人才进行科研、成果转化、投产上市、进行创业、实现发展壮大的最佳现代化工作场所。

兰州国家高新技术产业开发区

地　址　甘肃省兰州市城关区张苏滩555号　邮　编　730020

电　话　0931—8552003　8552507　8551061　传　真　0931—8552003

【兰州市简介】

兰州是古“丝绸之路”的交通要冲和商埠重镇，她以其久远的历史文明和黄河上游最大的工业城、繁荣兴旺的科学城而驰名中外。交通便利，陇海等4条铁路干线和8条过道交汇兰州，开通22条航线和航空口岸，是西北最大的交通枢纽；工业发达，现有工业企业1500多家，成为我国以石油、华工、机械、冶金四大行业为主体的重华工、能源和原材料生产基地之一；科技实力雄厚，以中国科学院兰州分院为主体的各类科研机构150多家，综合科技实力在全国占第九位，科技人才密度在全国占第四位；地理条件优越，冬无严寒，夏无酷暑，景色宜人。

【园区概况】

兰州高新技术产业开发区于1991年3月被国务院批准为全国首批27家国家高新技术产业开发区之一。高新区分政策区和新建区。政策区4.7平方公里，新建区10.45平方公里（其中起步区5.48平方公里），规划总面积29.18平方公里。

兰州高新技术产业开发区经过几年的建设，已经形成了以“精细化工、生物技术与新医药、节能环保、建筑装饰材料、信息产业”为支柱产业，以高新技术企业为主体，集国营、集体、民营、外商投资等各种经济成份并存的产业格局。

目前，开发区已基本具备了供水、排水、供热、电力、通讯、道路的“六通一平”条件；三纵二横的城市主干道路已联成网络；银滩黄河大桥、110KV变电所就20万门程控电话的电信主体工程正在建设；金融、商业、文体中心等服务设施逐步配套，具备了良好的投资环境，正在成为集科、工、贸于一体、具有产、学、研功能的产业基地。与此同时，开发区按照市场经济要求和国际惯例，实行全新的惯例体制，制定投资优惠政策，简化办事程序，便利了来区投资的客商，对外公布和严格执行的各类法规，有效的保障投资者合法权益。

开发区作为深化改革的实验区，对外开发的窗口，科技与经济结合的示范区，带动和改造传统的产业发展的辐射源，新的经济增长点，正以软硬兼优的环境向投资者展示着广阔的发展前景。经过努力，力争在2005年建设成为以高新技术为依托，以工业为主体，集金融、商贸、生活、文化娱乐为一体的社会主义现代文明的新城区。

乌鲁木齐高新技术产业开发区

地　　址	新疆乌鲁木齐北京南路钻石城5号	邮　　编	830011
电　　话	0991—3830834　3840385	传　　真	0991—3830834
网　　址	http://www.uctp.gov.cn	信　　箱	uctp@mail.xj.cninfo.net
主管部门	乌鲁木齐市人民政府	招商部门	管委会产业发展局

【乌鲁木齐概况】

乌鲁木齐是新疆维吾尔自治区首府,全疆政治、经济、文化中心，也是第二座亚欧大陆桥中国西部桥头堡。地处亚欧大陆中心，位于天山中段北麓，准噶尔盆地南缘。地形以山地平原为主，三面环山，北面是广阔和冲积扇平原，地势东南高、西北低，平均海拔680～920米，属中温带半干时大陆性气候，年平均气温为6.4℃，年均降水量为236毫米，年均蒸发量为2300毫米。全市辖七区一县，总面积139.5平方公里，城市规划区面积1600平方公里，建成区面积12000平方公里。城市规划区面积1600平方公里，建成区面积139.5平方公里。全市总人口208.2万人，其中农业人口均占15%，少数民族人口51.3万人，占总人口的24.6%，居住着汉、维吾尔、回、哈萨克、蒙古、柯尔克孜等51个民族，是全国民族成份最多的城市之一。

【自然资源储量丰富】

乌鲁木齐东有吐哈油田，南有塔里木油田，北有准东油田，西有克拉玛依油田。地下煤炭储量有百亿吨以上，可采煤层总厚度80米，素有“油海上的煤城”之称。湖盐、芒硝、石膏、油页岩、铜、锰、铁矿也有很大储量。拥有耕地5.4万公顷、牧草场60万公顷、野生草原植物300余种、可养殖水面3600公顷。热力、风力资源极为丰富。

【旅游资源独具特色】

乌鲁木齐地势起伏剧烈，气候差异显著，有险峻的冰峰峡谷、出露完整的地质刻面、规模宏大的化石产地，是高山探险、滑冰滑雪、沙海猎奇、科学考察等活动的极好场所。从巍巍天山到古尔班通古董特沙漠之间，依次分布着高山冰雪景观、山麓荒漠景观、沙漠景观。千变万化的垂直自然景观为科学考察和旅游观光提供了丰富的内容。乌鲁木齐市区有著名的红山、鉴湖、阅微草堂等“八景”，市郊有南山风景区、天山天池等旅游胜地。

【高新区投资环境简介】

乌鲁木齐高新技术产业开发区（以下简称高新区）1992年创立，同年跨入国家级高新区行列，目前仍是新疆唯一的国家级高新区。经过近9年的开发建设，高新区投资环境日益完善，正以优越的地理位置、优美的环境、灵活的管理机制和优惠的政策吸引着国内外、区内外客商前来投资合作。截止2000年底，进区企业679家，其中高新技术企业143家，外商投资企业及中国港澳台投资企业51家，分别来自美国、日本、加拿大、德国、澳大利亚、新加坡、韩国、泰国、俄罗斯等10余个国家和中国香港、台湾、澳门地区，吸引外资4482万美元。

高新区位于新疆维吾尔自治区首府乌鲁木齐市建成区内，依托首府城市，其地理位置、自然环境和交通条件十分优越。临近城区科研院所遍布，智力密集，又有国家、区、市对高新技术产业的政策倾斜和对高新区的有力支持。尤其是2001年国家两大战略——西部大开发和加快高新技术产业发展的实施，其环境优势得天独厚。

高新区总体规划面积18.7平方公里，其中，集中产业发展区4.06平方公里，首期开发建设的2.4平方公里的科技新城已基本建成，并将形成“一区多园”辐射全市的开发格局。建城区内，“六通一平”建设基本完成，基础设施日趋完善，服务功能日臻齐全，环境优美，独具特色，为来此投资置业的商家提供了良好的生产条件和生活环境。

高新区正逐步建立起一套符合市场经济的管理体制和运行机制。管委会为市政府派出机构，行使市级管理权限，拥有项目审批、土地征用、规划建设、房地产证发放、人事劳资、税务、公安、会计、审计等支撑服务体系，实行“一站式办公”、“一条龙服务”，具有较高的办事效率和相应的特事特办权限。对进区企业实行“六自主”管理方针，为进区企业建立全新的运行机制创造了条件。区内企业享受国家、区、市有关高新区内高新技术企业的优惠政策，管委会在财政返还、地价、房价等方面对入区企业实施扶持。2002年元月，《乌鲁木齐高新技术产业开发区管理条例》颁布实施，使高新区发展步入法制化建设轨道，拥有了更加优越的投资环境。

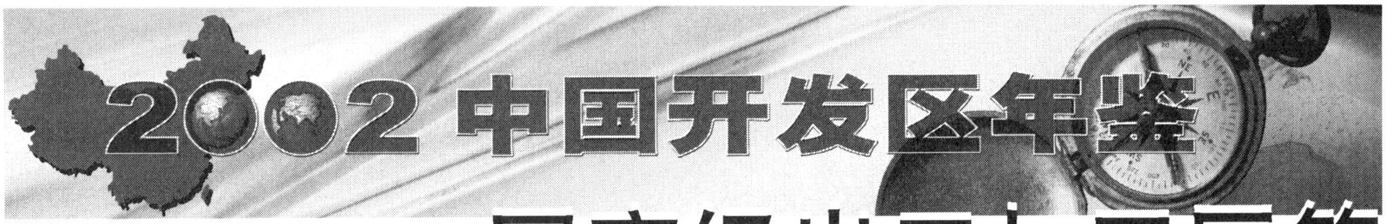

国家级出口加工区篇

国务院批准设立的出口加工区名单

国家出口加工区的发展简介

出口加工区是我国海关监管的特殊封闭区域，区内可设置出口加工企业及其相关仓储，运输企业。出口加工区将实行封闭式的区域管理模式，在管理手段等方面较之传统的监管模式具有较大的优越性，海关在实行24小时监管的同时，将简化现行手续，为规范的出口加工企业提供更宽松的经营环境和更快捷的通关便利，实现出口加工货物在主管海关“一次申报，一次审单，一次查验”的通关要求，逐步满足现代跨国型企业“零库存生产”的需要。

设立出口加工区对我国对外贸易及吸引外资具有深远影响。它的设立有以下四个方面的积极作用:

一是积极探索符合国际惯例，又能满足我国规范加工贸易管理需要的新的监管模式，为规范管理，提高水平，促进加工贸易健康发展，探索和积累经验。

二是为与区内企业配套的区外企业提供更宽松的经营环境，带动国产原材料、零部件的出口。

三是积极探索新的科学管理的通关作业模式，把出口加工区试点和建立现代化海关制度结合起来，突破现有通关模式的局限，为出口加工区内企业物流提供方便、快捷的通关便利。

四是引导加工贸易增量入区，引导大型下游加工出口企业入区，吸引配套厂商聚集区外，使出口加工区成为地区性的加工贸易龙头，形成以点带面的作用。

到2002年底，国务院先后共批准设立25家出口加工区，分别是：北京天竺出口加工区、天津出口加工区、大连出口加工区、珲春出口加工区、上海松江出口加工区、上海金桥出口加工区、昆山出口加工区、苏州工业园区出口加工区、杭州出口加工区、厦门出口加工区、烟台出口加工区、威海出口加工区、武汉出口加工区、广州出口加工区、深圳出口加工区、成都出口加工区、重庆出口加工区、郑州出口加工区、芜湖出口加工区、秦皇岛出口加工区、西安出口加工区、宁波出口加工区、无锡出口加工区、南通出口加工区、呼和浩特出口加工区。

中国内地出口加工区的发展状况和展望

海关总署副署长　　赵光华

（2002年10月19日）

一、中国内地出口加工区的基本情况

2000年4月底，国务院批准设立出口加工区并选择部分地区进行试点。经过2年多的建设和发展，目前经国务院批准的出口加工区已达到25个。根据各地经济发展状况，出口加工区近70%（17个）设在沿海地区，中部和西部地区各占15%（各4个），布局比较合理，虽以沿海地区为主，但在内陆省会城市、沿江开放城市和边境开放城市也都设有出口加工区，可根据不同地区经济发展状况和特点进行试验，探索出口加工区健康、有效发展的方式和途径。

第一批试点的17个出口加工区，从2000年9月到今年8月，已全部通过了由国家8个部门组成的联合验收小组的验收，并正式开始运行。第二批批准的8个出口加工区有2~3个也有望在今年内验收并开始运行。在2年的时间内，陆续建成一批规范的、高质量、高标准、具有良好基础设施和运行条件的出口加工区，进展速度是比较快的。

17个出口加工区经过验收的面积，合计20.98平方公里。虽然运作的时间不长，但已取得令人鼓舞的业绩。截止到2002年9月底，进区企业数量已达到351个，投资总额36.71亿美元，已累计实现进出口总额38.80亿美元，其中，进口22.18亿美元，出口16.62亿美元。也就是说，每平方公里平均引进项目16.7个，吸收投资总额1.75亿美元，实现进出口1.85亿美元。

值得指出的是，出口加工区总体上尚处于运行初期，运作时间最长的只有2年，短的仅1个多月，能取得上述成绩是难能可贵的。而且发展潜力很大，累计实现的进出口总额中，有73%是今年1－9月实现的，估计今年一年的进出口额将会超过40亿美元，是去年的4倍以上。实践证明，设立出口加工区的决策是正确的，设定的基本政策是可行的，总体运作是顺利的，进行的试点是成功的，发展前景是可观的。

二、出口加工区的主要特点和优势

出口加工区是实行全封闭、卡口管理的海关特殊监管区。出口加工区的基本政策是按照“境内关外”的思路进行设计的。已通过验收开始运行的17个出口加工区有以下主要特点：

（一）出口加工区的硬件建设规范、统一，设施先进，为高效、快捷运行和有效管理提供了良好条件

出口加工区实行统一规划，分期开发。已验收的区块，基础设施完备，为入区投资者提供了良好的条件。出口加工区的监管设施技术先进，为既要高效快捷运行又能实现有效监管提供了充分的保障。

比如在货物进、出通道卡口安装集装箱和车牌识别系统、电子地磅及电子闸门放行系统，大大提高了卡口的通关效率。在出口加工区海关建立计算机局域网系统，可实行计算机联网管理和无纸化报关，既简化了手续，又保证了严密监管。

（二）出口加工区的管理和运行，有较健全的法规，可实现规范管理和依法行政

国务院在批准设立出口加工区进行试点的同时，以国务院文件形式正式批准《中华人民共和国海关对出口加工区监管的暂行办法》，对出口加工区的性质、功能、实行的主要政策、出口加工区与境外、区外及区内货物监管等都以国务院行政法规作了明确规定。此办法以海关总署署长令第81号对外公布并实施。此后，海关总署、外经贸部、国家税务总局、国家外汇管理局、国家质检总局等有关部门都按照国务院批准的《办法》，相继制订了有关管理办法或实施细则，总共有10多个配套办法，为出口加工区的规范管理和正常运作提供了法律保障。为进一步加强出口加工区的法制建设，国务院法制办已将《出口加工区条例》列入立法计划，有关部门正在进行调研起草。

（三）出口加工区实行一系列税收、外汇管理等优惠政策，有利于入区企业降低成本，更好地发展

中国加入世贸组织后，按世贸组织规则办事，只有出口加工区和保税区在特定区域中实行进口税收优惠政策。这些政策的要点是：

1.区内生产性的基础设施建设项目所需的机器、设备和建设生产厂房、仓储设施所需的基建物资，予以免税；

2.区内企业生产所需的机器、设备、模具及其维修用零配件，予以免税；

3.区内企业为加工出口产品所需的原材料、零配件、元器件、包装物料及消耗性材料，予以保税；

4.区内企业和行政管理机构自用合理数量的办公用品，予以免税；

5.国家对区内加工产品不征收增值税；

6.从区外进入加工区的货物视同出口，区外企业可凭有关单证向税务机关申请办理出口退税；

7.区内企业收付汇手续较区外企业简便。区内机构的所有的外汇收入均可以存入外汇帐户，所有外汇支出均可以从外汇账户支付。出口收汇和进口付汇均不需办理核销手续。

这些政策使得区内生产的出口产品不含有任何税赋。

（四）出口加工区的货物通关最快捷，对企业的管理手续最简便，可以提高企业在国际市场上的竞争能力

海关对出口加工区内企业的加工贸易管理模式进行了重大改革。货物进出出口加工区，企业只需在加工区海关“一次申报”，海关“一次审单，一次查验”即可放行。有的出口加工区卡口，在货物进出上，已实现了视同于口岸的延伸（如上海松江、大连等出口加工区）。区内企业免设保证金台账，取消登记手册，通过计算机联网，实现了无纸报关。区内企业从事加工贸易的审批和管理手续极为简便，为提高企业在国际市场上的竞争能力创造了非常有利的条件。

三、关于出口加工区功能的认识

（一）出口加工区是实现加工贸易规范管理、提高企业竞争力、促进发展的有效形式

出口加工区是国家为了促进加工贸易健康发展、规范加工贸易管理、适应加入世贸组织和面临经济全球化新形势而设立的。改革开放以来，我国加工贸易取得了巨大发展，从1996年起，一直占据我国外贸进出口总值的半壁江山，其中出口占到全国出口总值的55%左右。2002年1至9月，加工贸易进出口占全国进出口

总值48.6%，其中出口占全国出口总值55.2%。加工贸易在我国的经济发展、扩大出口、吸收外资、促进产业结构升级、解决就业等方面起着十分重要的作用，具有举足轻重的影响。但由于加工贸易范围广泛，几乎涉及到海关税则所列的所有大类商品，在海关注册的加工贸易企业近10万家，每年备案的加工贸易合同约40万份。每年进口的加工贸易保税货物为900多亿美元，保税税款高达2000多亿元人民币，海关监管任务重，风险大。由于各地经济发展和产业结构的差异，加工贸易的规模大小、产业结构、具体形式各不相同，因此海关的管理难度也是很大的。但在海关监管中有一条根本原则是坚定不移的，就是既要做到严密有效监管，又要最大限度简化手续，达到高效快捷。出口加工区是能够实现这二者结合的一种很好的管理模式。在管理的严密性、规范性以及最大限度抑制走私行为发生方面，是任何其他管理方式都无法相比的，同时又是手续最简便、通关最快捷、管理最宽松的监管方式。在经济全球化和国际市场剧烈竞争的形势下，出口加工区可以成为促进加工贸易健康发展、提高企业在国际市场上竞争能力的非常有效的措施和手段。

（二）出口加工区有特定功能，进区企业是有条件的

出口加工区是一个有特殊功能的区域，进入出口加工区的企业有两个必须，即：企业类型必须是生产加工型的（或为其服务的仓储企业、运输企业）；企业生产的产品必须是面向国际市场、以出口为主的。对于产品以内销为主的，就没有必要进入出口加工区。我认为，出口加工区对以下几类企业是很合适的：（1）产品在国际市场竞争激烈、接到订单后要求在很短期间内交货的企业；（2）原材料、零部件品种繁多，单耗核定复杂，在区外运用加工贸易手册管理手续极为繁琐的企业；（3）出口产品的龙头企业，也就是我们说的下游企业，产品总装在加工区，配套在区外的企业。这些类型企业进区后，肯定会提高其竞争能力，有利于其发展。

（三）关于对企业加工产品部分内销的看法

生产企业面临激烈的市场竞争，无论内资或外资，投资者都希望充分利用国际、国内两个市场。如国际市场发生变化，产品无法全部外销时，希望能够有一部分内销。企业的这种考虑，我认为是可以理解的。

在出口加工区监管办法中，没有不允许内销的规定。由出口加工区运往区外的货物即为进口，要按规定办理进口报关手续，按进口状态征税，如属许可证管理商品还应向海关出具有效证件。我认为这样规定是合理的，因为出口加工区享受“境内关外”的政策，区内所有生产要素（厂房、设备、材料等）都是不含税的，从进出口税收角度讲，与在海关关境之外生产的产品是一样的，内销时理所当然要像进口一样征税和管理。对企业没有内外销比例的限制，这是符合世贸组织规则的。我认为，内销是企业的自主行为，但要遵守市场经济的运行规则，按国家的法律法规办事。

四、关于出口加工区的前景展望

现在已有一批出口加工区顺利正常运作，随着入区企业的陆续建成投产，将会呈现进出口业绩快速增长的良好势头。一些出口加工区将会成为IT产业或其他产业的生产基地。同时，由于区外配套企业的发展，对周边地区经济发展的拉动作用也会明显增强。出口加工区将会在我国加工贸易和地区经济发展中，发挥突出的作用，占有重要的地位。在政策导向和走势上，有关部门将会对出口加工区给予更多的关注和支持，促进其健康发展，使其发挥更大的作用。

（一）与时俱进，改革创新，我国政府将为出口加工区创造越来越好的发展环境

在2年多的试点运行中，根据形势的发展，如我国加入世贸组织，海关业务改革的不断深化，快速通关系统的建立，“大通关”制度的逐步推行，加工贸易联网监管试点的成功和推广，深加工结转方式的改进，等等，出口加工区的某些政策也会随着形势的发展作相应的调整，总的精神是要有利于出口加工区发展，要有利于保持区内相对于区外的优势和吸引力。比如说，经国务院批准，放宽了区内企业委托区外企业加工的限制，可将有关工模具、半成品等运往区外进行外发加工。此项调整海关总署已对外公告（2002年第22号公告），从2002年9月10日起执行。又如，为有利于加工区的发展，经国务院批准，现已选择江苏昆山、上海松江出口加工区进行深加工结转试点，海关已制定了相关规定办法，待试点运作成功后，就可允许在全部出口加工区开展深加工结转业务。再如，我国加入世贸组织后，对部分农产品进口实行关税配额管理，在关税配额管理暂行办法中，明确规定出口加工区内的加工贸易企业，进口列入关税配额管理的商品，免予申领进口关税配额证。在这里更值得提到的是，国家税务总局经商财政部同意，已正式发文决定，从2002年9月1日起，对出口加工区耗用的水、电、气实行退税政策。

以上情况表明，随着经济形势的变化和各项改革的深入，国家对出口加工区的政策也会从有利于加工区发展的角度，进行相应的调整。

（二）宏观政策的局部调整有利于出口加工区发展

我国加入世贸组织后，国家外贸、财税、产业等宏观政策将进一步规范。从今年10月1日起国家对部分进口税收优惠政策进行了适当调整。其中《外商投资企业指导目录》中，“产品全部直接出口的允许类外商投资项目”一律先照章征收关税和进口环节税。经核查如产品全部直接出口情况属实的，每年返还已纳税额的20%。5年内予以全部返还，如情况不实，当年税款不再返还，同时还追缴该项目已返还的税款，并依法予以处罚。此项政策调整将有利于出口加工区吸引企业入区，企业入区可以享受进口设备免税，而区外是先征税，核实后再分年返还。由此可见，随着区外优惠政策的规范，出口加工区作为特殊区域的优势将会凸显出来。

（三）发展出口加工区代表着加工贸易监管模式改革的一个重要方向

根据国务院提出的对加工贸易“优化存量、控制增量、规范管理、提高水平”的要求，最近我们提出了对加工贸易要围绕一个目标，即围绕促进我国外向型经济健康快速发展的目标，抓好“两个转变”，即实现以合同为单元向以企业为单元、以纸质手册向电子帐册管理的两个转变，逐步实现加工贸易及保税监管的“三化”，即“规范化、网络化、区域化”。其中所谓的区域化，就是引导加工贸易向出口加工区、保税区等封闭管理区域集中。根据这一思路，进一步探索出口加工区发展之路，使其成为规范运行管理的示范区，改革加工贸易的试验区，提高通关效率的先导区，促进经济发展的样板区。从海关管理的角度，可以从两个方面进行探索：一是将出口加工区放在“大通关”、大物流的背景中，突出区域管理的特点，进一步发展出口加工区快捷通关的优势。二是积极学习借鉴国际经验，在区内加工贸易管理上，从以企业为单元的管理向以区域为单元的管理转变，将会大大简化手续，提高效率。当然，在其他方面也还有很多需要进一步探索改革的内容。相信经过进一步改革探索，出口加工区将会适应形势变化，更好更健康地发展，取得辉煌的业绩。

北京天竺出口加工区

地　址	北京市首都国际机场西侧	邮　编	101312
电　话	010—80489568　80489922	传　真	010—80489568
网　址	http://www.chinabaiz.com	信　箱	baizinfo@public.bta.net.cn
主管部门	北京市人民政府	招商部门	管委会招商部
招商电话	010—80489568		

【加工区简介】

北京天竺出口加工区于2000年4月经国务院批准设立，为全国首批15个出口加工区试点之一，是首都北京唯一的国家级出口加工区。

北京天竺出口加工区位于首都国际机场西侧1公里，总体规划面积2.726平方公里，一期规划面积1.251平方公里。建有1万平方米验货场，1万平方米监管库，3万平方米标准化厂房，市政设施达到“六通一平”。

出口加工区为海关实施封闭管理的特殊区域，实行“境内关外”的监管模式。北京天竺出口加工区将以优越的地理位置、完善的基础设施、优惠的投资政策、优质高效的服务、按照国际惯例运行操作。为出口加工型企业提供更为宽松和便利的生产经营环境。

天津出口加工区

地　址	天津开发区宏达街19号A区3层	邮　编	300457
电　话	022—25201652　25201964　25201726	传　真	022—25201021
网　址	http://www.teda.gov.cn	信　箱	teda@teda.gov
主管部门	天津市人民政府	招商部门	管委会济发展局
招商电话	022—25202694　25202234		

【加工区简介】

天津出口加工区是2000年4月27日由国务院批准设立的首批15个出口加工区之一。这是一个由海关对进(出)区的货物及区内相关场所进行24小时监管的“境内关外”的特殊封闭区域.中央政府赋予了这个特殊经济区域特殊的优惠政策，旨在吸引更多的从事加工贸易的企业在此区域投资。

天津出口加工区位于天津经济技术开发区东北部，规划面积为2.54平方公里，第一期开发面积为1平方公里，出口加工区与非出口加工区之间建立永久性围墙作为隔离设施。

天津出口加工区管理委员会是天津市人民政府在此区域内设立的派出机关，负责此区域的一切行政管理。在管理委员会的领导下，所有政府职能部门将同基础设施、公用设施的供应部门一同为投资者提供全面、优质的服务。

作为环渤海经济圈的中心，天津出口加工区的地理位置具有战略意义。落户天津出口加工区，企业进口的原料能够便利、迅速地进入出口加工区。生产的产品能很便利的运送到国外市场。

与此同时，天津出口加工区周边工商业配套市场也相当完善。天津市雄厚的工业基础能向企业提供各种支持，使企业的本地化成为可能。基本上，无论企业是生产车床还是服装，生产电子产品还是酶制剂，都能在当地找到合适的原材料、零配件和其他配套产品。

【独特优势】

行政级别高——天津出口加工区是国务院批准的15个出口加工区中唯一一家设在直辖市国家级经济技术开发区内的出口加工区，行政级别高，行政层次少，渠道直接，速度快捷，有利于通关和与政府部门的各项协调工作的进行。

天津经济技术开发区的优势支持——天津开发区经过16年的发展,各项经济指标均位于全国开发区前列，基础设施条件较好，行政服务系统完善齐全，企业运营成本较低，区内已形成强大的产业群。

天津市的支持条件——作为中国四大直辖市之一，天津发展工商业的历史可以追溯到19世纪。天津工业基础雄厚，工业门类超过150种，主要工业门类包括电子、汽车、冶金、机械、化工、纺织和医药。

【交通便利】

设立在天津出口加工区的企业都能享受可靠而便利的交通，如公路、铁路、水运、空运等，如此便利的海陆空立体交通网能大大提高企业的物流效率。

公路:十几条公路和高速公路将天津出口加工区与中国的所有重要城市联成一体。

铁路:从20世纪起天津的铁路系统就是运输的主力，今天，一个综合的铁路网已建成使用，它既连接了天津出口加工区的物流企业,也可将天津出口加工区产品输往世界各地。天津出口加工区目前客运已可直达天津和北京。这为出口加工区企业员工的通勤问题提供了很好的解决办法。

空运:天津滨海国际机场是中国最大的货运机场，距天津出口加工区仅40公里；北京首都机场——中国最大的客运机场，距天津出口加工区145公里，驱车一个半小时即可到达。

海运:在天津出口加工区东南方向5公里处的天津港是中国北方第一大港口，与世界上170个国家和地区的300多个港口通航，2000年，吞吐量已超过7000万吨。天津港拥有中国第二大集装箱码头，年处理能力为130万标箱。

大连出口加工区

地　址　辽宁省大连保税区泰华大厦　邮　编　116600

电　话　0411—730295　7301637　传　真　0411—7316565

网　址　http://www.dlftz.gov.cn　信　箱　huiminli@online.ln.cn

主管部门　大连市人民政府　招商部门　管委会招商局

招商电话　0411—7312440　7308566

【加工区简介】

大连出口加工区位于大连新市区中心，西邻大连经济技术开发区，与国家级开放区域——大连保税区一路之隔；南接大窑湾国际集装箱港，北连建设中的大连“双D港”。于2000年4月27月经国务院批准设立，为全国首批15个出口加工区试点之一，是中国东北地区沿海开放城市中唯一的国家级出口加工区。

截止2001年4月底，区内已引进光洋轴承、根本化学、爱丽思生活用品、山口制作、道氏硅业、波莱特蜡业、千代田空调、中西眼镜等20余家外商投资企业，总投资1.35亿美元。

出口加工区为海关封闭管理的特殊经济区域，实行“境内关外”的监管模式，按国际惯例运行操作，为出口加工型企业提供更为宽松和便利的经营环境。根据国家要求，出口加工区设立后，新增加的加工企业及区外现有加工贸易企业将被引导入区经营，逐步实现对加工贸易的集中规范管理，促进其健康发展。

大连出口加工区以其完善的基础设施、突出的区位优势及优惠的投资政策而受到海内外人士的普遍关注。大连出口加工区的设立，对扩大大连对外开放、推进周边地区外向型经济发展将发挥十分重要的作用。

【投资环境】

大连出口加工区规划面积2.95平方公里，围网隔离的1.5平方公里起步区已完成基础设施建设。区内已有来自于日本、美国、韩国等国家和中国台湾、中国香港地区的投资项目开工建设。

港口——大连新市区周围环绕六大港口码头:大连港、大窑湾集装箱港、鲇鱼湾油港、大连湾渔港、和尚岛煤港、北良粮港。大连港口为北方地区重要的集装箱枢纽港;铁路新市区有铁路与东北铁路动脉相接，并贯通全国六大铁路干线，客货运输可达全国各地，并可经蒙古转口到欧洲，是欧亚大陆桥的主要通道之一;公路新市区公路与沈大高速公路相连，四通八达;连接新市区至大连的城市快速路——振兴路，驱车只需30分钟即可到达大连市中心;航空新市区距大连周水子国际机场汽车行程约30分钟，该机场开通国内航线58条，国际航线13条，与一些欧美国家的航空公司建立了不定期包机业务联系，是中国东北地区最大的货运空港。

金融——大连是中国北方外资金融机构最为集中的地区，已有日本、韩国等国家和中国香港地区的17家外资银行或代表处在大连落户；科技大连有17所高等院校、300余所科研机构以及数量众多的职业技术学校，人力资源大连每年可提供经职业培训的各类劳动力10万余人，具有高中文化程度的占其中的70%。

珲春出口加工区

地　　址	吉林省珲春出口加工区管理局	邮　　编	133300
电　　话	0440—7612219	传　　真	0440—7612218
网　　址	http://www.hcexport.com	信　　箱	webmaster@hcexport.com

【加工区简介】

珲春出口加工区于2000年4月27日经国务院正式批准设立，是国务院首批设立的全国15个出口加工区试点之一。该区位于经国务院批准设立的珲春边境经济合作区5平方公里开发面积内，规划面积2.44平方公里，起步区面积0.60平方公里。

【区位优势】

珲春出口加工区所处的地理位置独特，区位优势明显，周边环境优越，发展出口加工工业和进出口贸易具有诸多有利条件。

1.珲春出口加工区所在的珲春边境经济合作区，是1992年9月14日由国务院批准设立的国家级开发区，位于中俄朝三国交界的图们江下游珲春平原南部，与朝鲜罗津—先锋自由经济区隔江相望，与俄罗斯纳霍德卡自由贸易区相邻。控制面积88平方公里，规划面积24平方公里，近期开发面积5平方公里，起步区面积2.28平方公里，是一个以发展出口加工工业和高新技术产业为主，兼有金融、商贸、旅游、房地产等业务的综合性开发区。开发建设7年来，合作区已累计投入15亿多元人民币，按照高标准对基础设施和配套设施进行了开发和建设，起步区及边缘已经完成了供水、供电、供热、通讯、道路、排水、排污和场地平整“七通一平”。兴建了保税仓库、边贸市场、标准厂房、娱乐城、学校、办公楼、综合写字楼等服务设施，基本能满足外来投资者的生产生活的需要。同时，合作区管委会还以提高效率、强化服务为核心，不断改善和优化投资软环境。到目前，已有韩国、新加坡、日本等10多个国家和地区的外商来合作区投资兴业，合作区已累计批准外商投资企业41家，项目总投资12933万美元，合同利用外资9462万美元，实际利用外资7930万元，形成了以吉林裳邦尔纺织、东一针织、宏达弹力织物为代表的纺织业，以金发木业、锦江建材、山川野彩板为代表的新型建材业，以泰士昆电子为代表的新兴电子业等优势产业，初步形成了外向型经济发展格局。

2.珲春出口加工区所依托的珲春市现有4个对俄、对朝口岸。加工区西靠长岭子口岸公路，距中俄珲春公路口岸4公里，与中俄铁路换装站和国际客、货运站仅有一路之隔，距中朝圈河口岸和沙坨子口岸分别为36公里、11公里，距延吉机场115公里。此外，珲春市周围还分布着众多的俄罗斯和朝鲜港口。其中，中俄珲春口岸距俄罗斯波谢特港42公里、扎鲁比诺港71公里、海参崴港170公里、纳霍德卡港340公里、东方港350公里；中朝圈河口岸距朝鲜先锋港36公里、罗津港48公里、清津港127公里；经上述俄、朝港口到韩国釜山港750公里左右，到日本新泻港850公里左右。这些畅通的口岸和天然的良港，为珲春出口加工区进出口货物创造了有利条件。在联合国开发计划署和东北亚各国的共同努力下，珲春先后开通了利用朝鲜和俄罗斯港口通往日本、韩国、北美的多条海陆运输航线主要有：珲春经俄罗斯扎鲁比诺港至韩国釜山港；珲春经俄罗斯扎鲁比诺港至日本伊予三岛港;珲春经俄罗斯波谢特港至韩国釜山港和日本秋田港;珲春经朝鲜罗津港至韩国釜山港和日本新泻港;珲春经俄罗斯扎鲁比诺港至韩国束草港的客货运输航线;珲春经俄罗斯海参崴港至美国西雅图港和洛杉矶港的货运航线也已正式开通。这些航线的开通，大大缩短了通往韩国、日本、北美的距离，使运输成本大幅下降。

【投资导向】

珲春出口加工区起步阶段以发展劳动密集型和资源密集型的出口加工业为主，重点发展轻工、食品、纺织、服装、木制品、中成药、新型建材等行业和对农产品、土特产品精深加工，以及来料、来样、来件等加工装配项目。同时，积极引进电子、通讯等技术含量高、附加值高的知识技术密集型项目和产业。

上海松江出口加工区

地　址	上海市松江荣乐东路81号	邮　编	201613
电　话	021—57741102　57741859　57741368	传　真	021—57743188
网　址	http://www.sjepz.com	信　箱	sjiz@public.sta.net.cn
主管部门	上海市人民政府	招商电话	021—57741102　57741859

【加工区概况】

国家级上海松江出口加工区，于2000年4月27日经国务院正式批准设立,是全国首批国家级出口加工区，也是上海唯一的国家级出口加工区。加工区位于上海市区西南，松江城区东部，位于上海市首家市级工业区——松江工业区规划范围内。一期规划面积1.98平方公里，二期规划面积1平方公里。

上海松江出口加工区位于松江工业区规划三期范围内，北临沪杭铁路、沪杭高速公路，东依连接沪杭、沪宁、沪嘉高速公路的徐新快速干线，与松江工业区一、二期有铁路立交相联。距上海市区18公里，距虹桥国际机场20公里，距浦东国际机场42公里。地理位置优越，交通条件便利，是理想的出口加工企业投资地之一。

松江出口加工区是经国务院批准设立，由海关监管的特殊封闭区域。园区内实行全封闭管理，区内按照国际标准建成“七通一平”的市政基础设施。落户园区的企业可以享受出口加工区内特有的税收优惠政策。园区内海关、商检、工商、税务、银行、外贸等机构一应俱全，落户企业不出园区就可办理完一切进出口手续。松江出口加工区通关迅速，空运进口从飞机落地到货物进厂只需4个小时左右。

松江出口加工区自2000年4月27日批准以来，以其通关迅速，政策优惠的优势吸引了35家外资企业落户，计划总投资14亿美元，实际已批准外资总投资4亿多美元。形成了以中国台湾广达电脑集团为龙头的笔记本电脑生产的主导产业。

【区位优势】

水运——上海吴淞港距松江出口加工区47公里;松江境内3个千吨级码头。

铁路——上海铁路新客站距出口加工区40公里。上海通往中国南方的铁路干线紧靠松江出口加工区；松江城南端有一个大型货运编组站。松江到上海市区的轻轨铁路正在规划中。

公路——沪杭高速公路位于出口加工区北侧，高等级的徐新快速干道、松闵公路、沪松公路与松江出口加工区相邻。同三国道将沪杭高速公路和沪宁高速公路连成一体。上海市区距松江出口加工区18公里。

航空——上海虹桥国际机场距松江出口加工区20公里;上海浦东国际机场距松江出口加工区42公里。

【产业导向】

根据国家海关总署的要求，出口加工区可设置出口加工企业，专为出口加工企业提供服务的仓储企业和海关核准专门从事加工区内货物进、出的运输企业。

松江出口加工区鼓励发展的支柱产业:

1.信息产业:引进先进技术和设备，开发新产品，发展个人电脑、数字通信多媒体系统、先进线路板材、新型电子元器件、卫星通讯设备等。

2.生物医药:现代生物医药相关的研究、开发、工业性试验、产业化以及技术改造项目。

3.新型建材:开发先进的轻型高强、隔音、保温建筑材料、装饰材料及其他新型材料的生产型项目。

4.精细化工:中间体、催化剂、助剂及添加剂等新产品、表面活性剂、水处理剂、胶粘剂、食品添加剂等。

5.轻工机械:各种精密轴承、高新技术数控机床及数控加工中心、汽车关键零部件、汽车摩托车模具等。

上海金桥出口加工区

地　　址	上海市浦东新金桥路28号	邮　　编	201206
电　　话	021—58991818	传　　真	021—58991812
网　　址	http://www.goldenbridge.sh.cn	信　　箱	jqepz@public1.sta.net.cn
主管部门	上海市人民政府	招商电话	021—58991818

【加工区概况】

上海市金桥出口加工区是1990年经国务院批准设立的第一个以“出口加工区”命名的国家级开发区，位于上海市浦东新区中部，规划面积20平方公里，西连陆家嘴金融贸易区，北接外高桥保税区，南近张江高科技园区。整个开发区经浦东新区政府授权，由上海金桥集团公司（原金桥开发公司）负责进行统一规划、动拆迁、基础设施建设、招商引资和土地管理。以金桥路为界，金桥出口加工区分为东西两部分。东部为工业区，1998年4月经国家科技部正式批准为“上海金桥现代科技园”。西部为生活区——碧云国际社区。

1990年，金桥出口加工区和开发公司相继成立后，开发公司不失时机地从设施建设、产业发展、融资渠道、开发经营、人才引进等诸方面，推进开发区发展战略的拟订与编制，体现出“综合性、灵活性、引导性”的特色，使金桥开发区的建设立足于较高的起点。

为了走出一条市场化融资滚动开发的新路，金桥公司在上海市委、市府和浦东新区的领导下，积极实施集团化发展战略，先后组建设立了金桥联合投资公司、金桥出口加工区联合发展有限公司、金桥出口加工区股份有限公司，通过“土地空转”，在没有向财政要钱的基础上筹集了大量资金，支持小区开发建设，构成形态开发与功能开发并举、产业开发与社会开发并重、区域开发与企业开发联动的格局。

【基础设施】

经过10年的开发，金桥出口加工区内的基础设施已十分完善，在“七通一平”基础上增加了“集中供热”和“卫星通讯”配套，达到了“九通一平”。区内的配套服务项目也十分齐全，金融、物流、商检、保税、报关、仓储、运输、科研、咨询、零售、餐饮娱乐、房地产、物业管理等一应俱全，形成了比较完备的服务贸易体系和信息、资金、商品、技术、人才流的集散功能，满足了进区企业的发展需要，并对外产生辐射。2000年8月，金桥获得“ISO14000国家示范区”荣誉称号,成为全国第三、上海第一个ISO14000国家示范区。目前，区内已有20家企业通过该认证。

【产业发展】

截至2001年6月底，金桥出口加工区已引进398个项目，协议吸收中外投资89.63亿美元，平均每个项目超过2250万美元。其中工业类将近70%，3000万美元以上项目有50多个。在投资金桥的60家世界著名跨国公司中，有28家被《财富》杂志评为1999年度全球500强。区内有26家企业被评为1999年度“上海销售收入前500家工业企业”。区内有72家企业获上海市高新技术认定，41家企业具有各类研发机构，其中国家级技术中心2家，形成了以电子信息、汽车及零部件、现代家电、生物医药四大支柱产业为骨干的产业群。1998年4月，金桥出口加工区的工业分区，被国家科技部正式批准为“上海金桥现代科技园区”。

2000年，金桥出口加工区实现工业总产值456.7亿元，占浦东新区总产值的28.1%。按可比价格计算，比上年增长43.2%，区内年产值超亿元的企业有44家。外贸出口继续增长，全年完成出口交货值100.9亿元，比上年增长86.7%。金桥出口加工区历年累计上缴国家税收90亿元,是全国经济发展和经济效益比较好的开发区之一。

昆山出口加工区

地　址	江苏省昆山市经济技术开发区内	邮　编	215300
电　话	0512—57329158	传　真	0512—57313888
网　址	http://www.ketd.gov.cn	信　箱	ketd@ketd.gov.cn
主管部门	昆山市人民政府	招商部门	管委会招商局
招商电话	0512—57313889		

【加工区简介】

江苏昆山出口加工区于2000年4月27日经国务院批准设立。2000年9月6日在全国第一家通过国家验收，并于10月8日正式封关运作，成为中国首家封关运作出口加工区，加工区位于国家级昆山经济技术开发区内，首期规划面积2.86平方公里，A区封关1.86平方公里。

江苏昆山出口加工区位于沪宁高速公路昆山出入口处，东距上海市中心50公里，西临苏州35公里，距虹桥国际机场45公里，距上海港货运码头60公里。京沪铁路、312国道、机场路在出口加工区旁侧穿越而过，交通运输便利快捷。

江苏昆山出口加工区是经国务院批准设立，由海关监管的特殊区域，海关实行“一次申报、一次审单、一次查验”，24小时通关服务的新通关模式。区内企业不仅享有海关提供的简单、快捷的通关便利，还享有出口加工区和国家级经济技术开发区特有的税收等优惠政策。区内建有“七通一平”的市政基础设施，海关、商检、银行、运输、仓储等机构一应俱全，落户企业不出园区即可办理完一切进出口手续。

苏州工业园区出口加工区

地　址	江苏省苏州市苏州工业园区	邮　编	215021
电　话	0512—62880114　62881160	传　真	0512—62880114
网　址	http://www.sipac.gov.cn	信　箱	web@sipac.gov.cn

【加工区简介】

苏州工业园区出口加工区是经国务院批准的全国首批15家出口加工区之一，海关将在区内采用“境内关外”的监管模式，简化手续，使通关速度限制在24小时之内，满足外向型出口企业生产“零库存”的要求。在对入区企业取消《加工贸易手册》管理和银行保证金台帐制度之后，海关将改用计算机联网管理，实行半年一次的总量扣减核销制度。同时，区内企业进口建厂的原材料、设备、包装、消耗性材料和自用的合理数量办公用品均可免税。国家对区内生产的产品不征收增值税，区内与境外之间进出的货物，除限定的之外，不实行进出口配额和许可证管理；从区外进入区内供企业使用的国产设备、原材料、零部件、包装及合理数量的建材、办公用品直接享受出口退税政策，以有效地带动配套协作企业的发展。

杭州出口加工区

地　址	浙江省杭州经济技术开发区银都商厦	邮　编	310018
电　话	0571—86910312　86910297	传　真	0571—86911467　86911473

【加工区简介】

浙江杭州出口加工区是2000年4月27日经国务院批准设立的全国首批出口加工区试点之一，,位于国家级开发区——杭州经济技术开发区内，规划总面积2.92平方公里，首期启动开发2.007平方公里。浙江省杭州出口加工区所在的浙江省地处中国东南沿海长江三角洲南翼，毗邻上海。省会城市杭州产业基础雄厚，工业门类齐全，可为加工区提供便利的配套服务；拥有以中国规模最大的学府浙江大学为代表的20余所高等院校，可提供加工区高素质的理、工、商及管理人才。杭州经济技术开发区正在建设的“浙江省高教科研城”毗邻出口加工区，规划有15所大学落户，可为加工区提供强有力的科研、技术人才支持。

浙江杭州出口加工区管委会为杭州市政府的派出机构，根据国家授权统一行使对浙江杭州出口加工区的行政管理权。杭州经济技术加工区海关是浙江杭州出口加工区的主管海关，将为加工区的运作提供方便、快捷、规范、有序的保障。

厦门出口加工区

地　址　福建省厦门海沧沧虹路170号建行二楼　　邮　编　361021
电　话　0592—6586665　　传　真　0592—6586664
网　址　http://www.xmckjgq.com　　信　箱　webmaster@xmckjgq.com

【加工区简介】

厦门出口加工区是经国务院批准设立，由海关监管的特殊区域，实行境内关外管理，海关实行“一次申报、一次审查、一次查验”24小时通关服务的新通关模式。区内企业不仅享有海关提供的简单、快捷的通关便利，还享有出口加工区和厦门经济特区特有的税收等优惠政策。

区内建有“七通一平”的市政基础设施及部分通用厂房，海关、检验检疫、银行、运输、存储机构一应俱全，落户企业不出园区即可办理一切进出口手续。

厦门出口加工区管委会为加工区的行政管理机关，下设投资管理公司，负责区内企业信息咨询、安全保卫、后勤保障、仓储运输、报关报检等各项工作。厦门出口加工区鼓励以出口为主的高新技术产业，主要包括：电子信息、生物制药、名优产品、精细化工、精密机械等。

厦门出口加工区位于福建省东南部经济最繁荣、工业最发达、最具有发展潜力的厦漳泉金三角地区突出部，是中国沿海珠江三角洲与长江三角洲经济发达地区之间的连接点，与中国台湾岛隔海相望。与内外市场联系方便，内陆腹地辐射范围可扩展到福建、浙江、江西、湖南等省，拥有优越的港口条件。海沧港区是海峡两岸船舶直航试点口岸厦门港的重要组成部分，是中国东南沿海重要的货物出海口。

烟台出口加工区

地　　址	烟台市环海路88号加工区管委综合楼	邮　　编	264000
电　　话	0535—6800049	传　　真	0535—6840880
网　　址	http://www.yantaiepz.gov.cn	信　　箱	office@yantaiepz.gov.cn
主管部门	烟台市人民政府	招商部门	管委会经济发展局
招商电话	0535—6800043		

【加工区简介】

烟台出口加工区是经国务院批准的首批15个出口加工区之一，由海关全封闭监管，实行“境内关外”的管理体制。投资者在加工区可享受到最优惠的政策，最规范的管理，最便捷的服务。烟台出口加工区主要安排出口加工企业及其为之服务的仓储、运输企业。

烟台出口加工区位于烟台市区北部，与日本、韩国隔海相望。南靠烟台火车站止疏港高速公路，东连烟台港，西邻市区生活区，地理位置优越，交通运输便捷，依托腹地广阔，发展潜力巨大。区域规划总面积3平方公里。

烟台出口加工区建成标准厂房12万平方米，保税仓库4万平方米，已有来自日本、韩国、新加坡、中国香港、中国台湾、瑞典、美国、加拿大等国家和地区的外商及国内企业在区内投资运营。

出口加工区管委作为烟台市政府的派出机构，将认真执行国家的对外开放政策，发挥区港结合的优势，借鉴国际成功运作的出口加工区的先进管理经验，努力优化投资环境，为投资者提供全面、优质、高效的服务，将出口加工区建成一个与国际市场接轨、按国际惯例运作的对外开放新区。

威海出口加工区

地　　址	山东省威海齐鲁大道威海出口加工区管理局	邮　　编	264205
电　　话	0631—5981673	传　　真	0535—6840880
网　　址	http://whckjgq.51.net	信　　箱	netwhepz@163.com
主管部门	威海市人民政府	招商部门	管委会经济发展科
招商电话	0631—5981672		

【加工区概况】

山东威海出口加工区是2000年4月27日经国务院批准而设立的15家首批试点单位之一。于2000年10月18日通过青岛海关的预验收，2001年1月8日，通过国务院联合验收组的验收，成为全国第3个封关运做的出口加工区。

目前区内已累计投资近2亿多元人民币，完成了区内的供水、供暖、通讯、场地平整、道路等基础配套工程建设，还建设了专供区内使用的3.5万千伏安变电站，已经达到了“七通一平”的投资条件。威海出口加工区作为对外开放的新前沿，区内重点发展的产业是电子信息产业、精密机械制造、生物工程及医药工业、新材料、食品加工业五大产业。

威海出口加工区坐落在威海经济技术开发区内，规划面积2.6平方公里，实行一次规划、分期封关，一期面积为1.34平方公里。二期面积为1.26平方公里。

1.海关监管设施完善。建区以来，投入资金2000多万元，建成了3200平方米的海关办公和综合用房，并配备了驻区海关必要的办公设施，建成了12000多平方米的验货场、2197平方米的海关监管仓库和255平方米的验货平台；按照海关总署的要求完成了卡口建设，完成了闭路电视监控系统；安装了振动报警和电子巡更系统；实现了围网隔离。

2.基础设施配套齐全。区内累计投资近2亿元人民币，完成了区内的供水、供暖、通讯、场地平整、道路等基础配套工程建设，还建设了专供区内使用的3.5万千伏安变电站，已经达到了“七通一平”的投资条件。

3.招商引资势头良好。2002加工区借国家赋予出口加工区的优惠政策,通过抓宣传、抓信息、抓服务，招商引资工作取得了一定的成效。一批1000万美元以上的项目投产或开工建设。截止2002年11月,累计有进区项目50个，主要以电子产品加工、食品加工、生物医药工程、新兴建材等行业为主，合同投资额达到2.84亿美元，实际到位资金9646万美元。威海东源食品有限公司、威海多星电子、善和电子、仁昌电子等20个项目已投产，另有10多个项目在建。

【投资优势】

威海出口加工区不仅享有优惠的政策，而且还有得天独厚的区位优势和良好的投资环境。

一是政策优势。已经出台的《中华人民共和国海关对出口加工区监管的暂行办法》，对进区投资的中外加工贸易企业给予了很多优惠政策，概括起来主要是“便捷、免证、免税、保税”；还有税收、外汇管理等方面的配套政策。也就是说出口加工区是目前中国各类经济开发区中开放层次最高、政策最优惠的区域。

二是区位优势。威海市地处山东半岛最东端，是中国环渤海经济圈内的重要城市。与日本、韩国隔海相望，是沿海重要的开放城市之一。威海出口加工区所的依托威海经济技术开发区的基础设施配套完善，在全国43个国家级经济技术开发区投资环境6项指标评比中有3项指标居全国前10位，其中投资硬环境（基础设施建设）居全国第一，开发成本低居第二，社会安全与环境保护居第七。

三是交通优势。威海出口加工区毗邻国家一级开放港口威海新港，可以优势互补，相互促进，联动发展；距威海火车站3公里；两条高速公路与烟台、青岛和其他内地城市相连接；半小时路程内两处空港，已经形成了海陆空四通八达的立体交通网络，人员和货物进出十分方便。

四是其他配套优势。首先是资金优势，中信实业银行承诺为到威海出口加工区投资的中外企业提供16亿元人民币贷款额度，可以解决投资企业资金缺口。其次是载体优势，区内已建好各种标准厂房75211平方米，在建标准厂房125000平方米，可供给投资企业自由选择。

【前景展望】

威海出口加工区作为对外开放的新前沿，区内重点发展的产业是电子信息产业、精密机械制造、生物工程及医药工业、新材料、食品加工业五大产业。

加工区管委会将继续按照“快速、优质、规范、科学、有效”的工作思路，把国家赋予的优惠政策与当地实际有效结合，认真探索，不断实践，加快建设发展速度。把威海出口加工区建成一个规划科学、配套齐全、环境优美、管理规范的大型出口加工贸易基地。建成一个政策优惠、服务优质、手续便利，投资放心、生活安心的投资乐园

武汉出口加工区

地　　址	湖北省武汉市汉阳沌口开发区沌阳大厦	邮　　编	430056
电　　话	027—84891006	传　　真	027—84891934
网　　址	http://www.wedz.com.cn	信　　箱	wetdz@public.wh.hb.cn

【加工区概况】

武汉出口加工区位于武汉经济技术开发区内，是我国中部地区唯一的经国务院批准设立的出口加工区，规划面积 2.7平方公里，首期开发0.7平方公里，2001年5月通过国家验收、正式封关运行。

加工区按照国际惯例，高点起、高规格进行规划、设计和建设。加工区内已完成道路、排水、电力、电信、网络、给水和场地平整等“六通一平”的市政基础设施建设；还建有3500平方米海关监管楼、65000平方米标准厂房、8000平方米仓储以及室外验货场、卡口、围网等公建设施。入驻企业即可方便、快捷的办理完一切进出口手续和业务。

广州出口加工区

地　　址	广州经济技术开发区管委会大楼中座405室	邮　　编	510730
电　　话	020—82228063　82228065	传　　真	020—82228070
网　　址	http://www.getdd.com.cn	信　　箱	web@getdd.com.cn
招商部门	管委会经济发展局	招商电话	020—82222754

【加工区简介】

广州出口加工区是我国政府批准成立的首批15个出口加工区之一，加工区位于广州东南部最重要的产业基地——广州经济技术开发区东区内，总体规划面积3.05平方公里，区内环路宽8米，标准厂房面积10万平

方米，通关查验场面积10万平方米。

出口加工区定位为海关对进出出口加工区的货物及区内相关场所进行24小时监管的特殊封闭区域，在出口加工区内可设立：出口加工企业；专为出口加工企业生产提供服务的仓储企业；经海关核准专门从事加工区内货物进出的运输业。

【发展优势】

1.管理体制优势。广州出口加工区与广州经济技术开发区、广州高新技术产业开发区、广州保税区“四区合一”，实行四块牌子、一套人马管理的体制，开发区管委会是广州市政府的代表机构，享有市一级管理权限，从而保证了灵活、高效的管理和优质的服务。

2.区位地理优势。广州出口加工区位于珠江三角洲中心地带，是我国经济发展和加工贸易最具活力、最为发达的地区之一，其丰富的加工贸易生产配套资源，将成为出口加工区加快发展步伐的重要契机。

3.投资环境优势。广州出口加工区投资环境优越，区内拥有现代化深水良港——黄埔新港，机场、铁路、公路运输四通八达。往返港澳快捷便利，区内供电、供水、通讯、供气等基础设施及生活配套设施完善。

4.通关、管理优势。出口加工区是由海关监管的特殊封闭区城，实行一次报关、一次审单、一次查验三个“一次”的全新通关模式，取消登记手册，不实行银行保证金台帐制度。设在广州工开发区内的黄埔海关是广州出口加工区的主管海关，广州出口加工区位于广州开发区东区，就近监管，十分方便。

5.人才资源优势。广州出口加工区坐落在广州市东部，该市是华南地区经济、政治、文化、金融中心，商贾云集，人才荟萃，可为进区企业提供强大的技术支持和人才支持。

6.资源配置优势。广州出口加工区与开发区、高新区、保税区“四合一”的管理体制，使得资源配置上可得到充分利用，彼此辐射，特别是在管理资源、产业配套资源、环境资源上，出口加工方面得到支持。

7.投资成本优势。广州出口加工区办事规范、政策透明，除国家和上级部门规定的必要收费外，不再收取其他费用，其综合投资成本将会比较低廉，企业可在较短时间内开始运作并得到回报。

8.依托母城优势。广州出口加工区所依托的母城广州，其外向型经济发展水平居于全国先进行列，特别是出口加工贸易十分兴旺发达，必将为出口加工区带来无限商机。

深圳出口加工区

地　址	广东省深圳市龙岗区	邮　编	518000
电　话	0755—84622195 4622226	传　真	0755—84622924
网　址	http://www.szgiz.gov.cn	信　箱	zsc@szgiz.gov.cn

【加工区简介】

深圳出口加工区是2000年4月经国务院批准成立的15个出口加工区之一，它位于深圳市龙岗大工业区内，面积3平方公里。根据加工区的发展需要，经国务院批准，可扩大用地范围。

为提高办事效率，深圳市政府成立了深圳市龙岗大工业区、深圳出口加工区管理委员会，行使市一级经济管理权限。

深圳出口加工区隔离设施及海关监管设施全部按照海关总署的要求建设，设有长达9.1公里钢板围网，闸口、查验场、闭路电视监控系统等。区内道路纵横宽阔，水电管网齐全，光纤电缆、宽带传输网络铺设就绪。至今，已有6家国际知名企业相继签约入围落户，投资总额十几亿美元。

【投资环境】

地理位置优越，出口加工区距深圳黄田国际机场60公里，至盐田国际集装箱港口、广深铁路编组站均约25公里，离文锦、罗湖、皇岗等口岸约40公里，深（圳）汕（头）高速公路擦肩而过，一级公路穿行其间。

基础设施完善。区内主干道全部建成，管网地下铺设完毕，光纤电缆，宽频网络智能信息化工业园区成型。

路网纵横有序。道路系统已形成“三横三纵”城市道路骨架。路宽30~80米不等，直通深广、深惠、深汕高速公路，前往深圳口岸、港口、机场以及广深铁路沿站极其方便。

水源优质充足。周边有水厂5座，总供水规模为14.4万吨／日，可供园区用水6万吨／日。松子坑水库与西技江引水工程相连后，年供水量可提高10倍。

排水雨污分流。出口加工区标高基本处于45~50米之间且排洪与截洪系统已构筑完成，不会有洪涝之忧。污水由各级支管汇集后，由干管输入污水处理厂。

电力、气源充足。除原有坪山、坑梓电网供电之外，又规划建110KV变电站一座，装机容量3X50000KVA。东有大亚湾核电站，南有深圳液化天然气接收站，电力、气源充足。

通讯网络具备。规划中心邮电支局装机6万门，现有装机容量3000门，电讯设备以程控化、数字化、微波传输系统为主体，光纤电缆、宽频网络穿管敷设地下，现代化通讯网络条件齐备。

生活配套齐全。规划了两个生活配套区，面积约3平方公里。目前，一座功能齐全的、集饮食、住宿、娱乐于一体的酒楼正在筹建中。

成都出口加工区

地　址	四川省成都市高新大道创业路18号	邮　编	610041
电　话	028—5180019　5321798	传　真	028—5321788
网　址	http://www.scepz.gov.cn	信　箱	info@scepz.gov.cn

【加工区概况】

国家级四川成都出口加工区，于2000年4月27日经国务院正式批准成立，是全国首批国家级出口加工区，也是西部12省市（区）唯一的国家级出口加工区，于2001年6月22日通过海关总署等国家8部委联合验收，封关运行。

四川成都出口加工区位于成都市正南，规划面积3平方公里，建成后预计总投资可达10亿美元，年实现出口创汇20亿美元，新增就业岗位3万个。

四川成都出口加工区设在成都高新区大源组团范围内，东邻成都市人民南路南延线，西靠成都高新区元华路，北傍成都市绕城高速公路，南望府南河高新段，与高新区起步区相联。距成都市中心天府广场11.4公里，距成都双流国际机场16.4公里，距成都火车南站5.4公里。地理位置优越，交通条件便利，是理想的出口加工企业投资地。

四川成都出口加工区是经国务院批准成立，由海关监管的特殊区域，实行全封闭管理。区内按照国际惯例建成“七通一平”的市政基础设施。落户区内的企业可以享受出口加工区特有的各种优惠政策。园区内海关、商检、工商、税务、银行、外经贸等机构一应俱全，企业不出园区就可办理完一切进出口手续。

【投资导向】

鼓励发展的产业包括：信息资询、航空航天零部件、光电元器件、精密机械、生物、中医药、食品、农副产品深加工等上述产业为基础的研发中心、维修中心。

【发展优势】

西部投资热点——中央政府支持中西部发展，实施西部大开发的战略为四川省和成都市的经济发展注入了新的活力。国际大公司、大财团对中西部的发展更加关注，美国康宁、摩托罗拉、法国阿尔卡特、日本伊藤忠、富士重工、住友、三菱等10余家国际知名公司已在高新区投资建厂或设立研发中心，英特尔、GE、NEC、诺基亚、LG等数十家跨国公司已先后来到四川成都出口加工区所在地成都高新区进行投资考察。

市场前景广阔——成都自古以来就是中国西南地区的物资集散地和贸易中心。近年来，随着商贸流通改革的不断深化，成都的消费品市场日益繁荣，大商贸、大流通、大市场的格局已初步形成，集市贸易成交额、商业服务网点数、商业从业人数位居全国大城市前列。通过成都，可辐射中国国土面积1/4，人口1/5的大西南广阔市场。

电子工业基地——地处中国重要的电子工业基地，成都出口加工区具有得天独厚的优势。成都电子科技大学拥有国内著名的大规模集成电路设计中心。中国科学院成都分院光电研究所具有光电技术的综合优势和配套齐全的生产制造、开发能力。四川峨半导体材料厂拥有年产多晶硅1000吨的国家重点工业性试验示范线。

航空航天工业基地——精密机械工业方面，成都出口加工区在航天航空零部件的研制开发与生产上，具有十分明显的优势。成都飞机工业集团(CAC)凭借所具备的开发高科技产品的雄厚实力，以及与世界100多个国家和地区的客商建立的良好贸易合作关系，是中国500家最大工业企业之一。

人文经济优势——成都市作为中国西部的科技中心，拥有各类科技人员近50万人，在中国位居前茅。四川省有普通高校42所，成人高校44所；其中，在蓉普通高校22所。在校本、专科生18万多人。全省有博士学位授权单位19个，博士点140个，博士后科研流动站40个。硕士学位授权单位42个，硕士点445个。国家重点学科19个，国家重点实验室7个。全省电子信息类高等教育共有51种本、专科专业，181个专业点，信息专业在校生达67000人，其中，普通高校4.2万人，成人高校2.5万人。

成都同时也是各类国家重点科研院所的集中地，如：中国科学院成都分院（光电研究所、生物所等）、西南物理研究所、信息产业部29所、10所、国家邮电部5所等院所，全市有各类科技人员49万余人，每万人科技人员拥有量在全国特大城市中占第三位。全省64个重点实验室中，电子信息类14个，占1/5强。成都市有9个国家级工程中心、12个国家重点实验室和121个各类科研开发机构以及20所高校。

金融优势——中国人民银行成都分行的成立，确立了成都在西南地区的金融中心地位。全市拥有各类金融机构营业网点2748个，金融从业人员2万余人。至1999年底，银行各类存款余额1380.3亿元，贷款余额1155.7亿元。全市有各类证券机构69家。在成都，已有英国标准渣打银行、泰国盘谷银行、日本东京三菱银行、中国香港上海汇丰银行、加拿大宏利保险公司、英国商联保险公司、巴黎国民银行、中国香港东亚银行等13家外资、港资金融机构设立了代表处。新加坡华侨银行设立的首家外资银行已开业。

交通优势——成都地处内陆，和沿海地区距离较远，但作为中国西南地区的交通枢纽，却有着其独特的优势。

航空——成都双流国际机场距出口加工区16.4公里。成都双流国际机场是国内六大航空港之一，年客流量超过500万人次，共有飞往国内100多个城市及中国香港、新加坡、曼谷、加德满都等200多个航班。

铁路——成都铁路客运站距加工区17.4公里，成都火车南站（大型货运编组站）距加工区5.4公里。成都是宝成、成渝、成昆三干线的交汇点。成都火车北站、东站是西南地区最大的客、货运输中心站。年货物周转量147亿T.km，年旅客周转量75.7亿P.km。位于高新区内的西客站、火车南站扩建后，将成为西南地区较大的客、货运输中心。

公路——成雅成乐高速公路位于加工区西侧，成都市区距出口加工区1.4公里。成都公路网是全国密度最大的地区之一，现有国道13条，公路密度0.5公里/平方公里；成渝、成绵、成乐、成雅、成灌高速公路已建成通车。

国家保税区篇

天津保税区

地　址	天津市滨海新区新港	邮　编	300456
电　话	022—2570693　25760532	传　真	022—25706932
网　址	http://www.tjftz.gov.cn	主管部门	天津市人民政府
招商部门	管委会贸易发展局	招商电话	022—25761006　25700049

【保税区概况】

天津港保税区于1991年5月12日经国务院批准设立。天津港保税区具有优越的区位条件，背靠京津两大城市，地处环渤海地区的中心位置，面向东北亚，服务于中西部11个省市自治区；作为天津滨海新区的核心区，坐落在中国北方最大的国际贸易港口——天津港港区之内，京津塘高速公路直入保税区，从保税区至天津滨海国际机场仅需30分钟，至北京首都机场仅需90分钟，拥有全国保税区中唯一的铁路，与国家铁路干线相通。天津港保税区以海运、陆运、空运和铁路运输构成国际货物多式联运系统，形成了便捷的交通运输网络。

天津港保税区成立11年来，高举邓小平理论伟大旗帜，认真实践“三个代表”的重要思想，在国家有关部委的关心帮助下，在市委、市政府和滨海新区的正确领导下，努力探索具有中国特色的自由贸易区之路。完成了7平方公里的规划和5平方公里的土地开发，累计固定资产投资50多亿元，国内生产总值以每年30%以上的速度增长，形成了国际贸易、国际物流和加工制造三大功能体系，建立了以保税为特色、临港为依托、自由贸易为运作空间的功能性支柱产业基本框架，为我国外向型经济的发展做出了应有的贡献。

保税区在国内超前实行市场准入，采取较为宽松的贸易政策，使其成为大批国际贸易企业的聚集地。天津港保税区处于东北亚汇接点的区位优势，大大促进了转口过境贸易、国际商品展示展销业务的成长，既为跨国公司进入中国市场创造了条件，也为国内企业参与国际市场竞争架起了桥梁，目前2000多家贸易公司同世界上100多个国家和地区建立了贸易联系，实现的关税占到天津关区总量的1／5强，已成为全球营销网络的重要节点。

作为国际货物大进大出的绿色通道，保税区发挥了培育现代物流的示范作用。天津港保税区拥有CBW、华铁隆津泰、中轻腾发等一大批现代物流企业，已成为国际商品的重要集散地，形成了集货物仓储、分拨、配送为一体的现代物流运作模式，极大地提高了贸易效率，降低了贸易成本，每年国际货物进出区总量达50多亿美元，2000多个品种的货物在保税区得到及时的分拨配送。

保税区具有临港之便，与物流、贸易联系密切，非常有利于加工制造业的发展。天津港保税区已吸引了卡特彼勒、台达电子、加德士等跨国公司，临港保税加工产业已成为保税区的特色产业。

作为对外开放的先行区，天津港保税区成为吸引国际、国内资本的聚集区，已累计实现协议外资额50亿美元，实际利用外资20多亿美元，有97个国家、地区、全国27个省市区和47个国家部委、大公司投资兴办的4000多家企业落户天津港保税区，其中包括世界500强的跨国公司33家。

作为与国际惯例接轨的特殊区域，天津港保税区始终不渝地在规范政府行为、精简审批事项、减少行政干预、提供优质服务上下功夫，使保税区成为审批时间最短、办事效率最高、优惠力度最大、经营成本最低、实行国际惯例最好的地区之一。

【建设发展】

中国加入世贸组织，为保税区发展提供了难得的历史机遇，有利于保税区发挥更大的先导作用和示范辐射作用，在更大范围和更高层次上参与国际经济合作与竞争。天津港保税区认真贯彻市第八次党代会精神，按照“与时俱进、力争上游、抢抓机遇、跨越发展”的基本要求，加快向自由贸易区的转型，大力提升保税区的突出优势，立足于“三个面向”，搞好“三个服务”，实现“三大目标”：即面向中国北方，面向东北亚，面向国际市场；服务天津港，服务开发区，服务京津冀和环渤海地区；把天津港保税区建设成为辐射中国北方的国际物流中心、临港加工制造的现代工业园区和国际货物大进大出的绿色通道。

一是打好服务牌，加快国际物流中心建设。构筑硬件载体，集中力量建设保税区国际物流示范基地。国际物流信息化是建设国际物流中心的必要条件，将搭建覆盖全区、与国际互联网连接的国际物流公共信息平台，提升保税区作为中国北方进出口的集散地和国际商品分拨配送中心的功能。要在已经形成的具有一定规模物流产业的基础上，吸引一批国际知名物流商进区。充分依托滨海国际机场，全面建设1平方公里的空港国际物流加工区建设，以国际航空物流的集散、分拨、配送为中心，积极发展以空港为依托的高新技术加工业，使之成为面向东北亚、辐射中国北方的航空物流中心。

二是构建国际贸易桥梁，推动进出口商品展示采购交易基地的建设。创新对外贸易方式，建设国际商品采购中心，为跨国公司与国内企业构建一个直接贸易平台，形成长期稳定的供货关系和高效率、低成本的采购供应链，同时建设5万平方米的世界精品城，作为进口商品采购的一级市场，使保税区成为一个“永不闭幕”的国际商品展示采购的交易基地。加快建设滨海国际汽车城，办好国际汽车展，吸引世界著名汽车厂商和国内主要汽车制造厂进区，提升汽车贸易层次，做大汽车相关产业，巩固进口汽车占据全国进口汽车总量半壁江山的地位。积极培育国际服务贸易体系，吸引国际金融、保险、航运、货代、商业批发等服务及中介机构，努力推动金融租赁、离岸金融等业务的试点，形成一流的国际商务环境。

三是发展高级加工制造业，建设临港加工制造的现代工业园区。建设一流的软硬环境，依托保税科技发展中心和11万平方米标准厂房，建设4～6平方公里的保税区工业园，吸引高新技术产业化项目和进出口加工项目，构筑高新科技支柱产业，努力成为吸纳世界加工制造业转移的重要区域。

【区域功能】

一、国际物流的功能

作为国际货物大进大出的绿色通道，保税区发挥了培育现代物流的示范作用。对于进入保税区的国外货物不征关税和进口环节增值税、消费税，保税区是国际商品流通的“蓄水池”。其优越条件是货物储存实行保税，储运结合，手续简单，仓储费用低廉，货品与消费者直接见面。对于卖主来讲，可以一次储存多次分拨；对于买主来讲，可以一次定购多次提货。把原来由生产国或输出地储存的货品搬到保税区储存，更加有利于看样、订货、成交和分拨调运，缩短了国际市场和中国市场的距离，大大节省了流动资金占有，大大加快了流动资金周转，大大提高了成交率。保税区已成为国际商品的重要集散地，形成了集货物仓储、分拨、配送功能为一体的现代物流模式，极大地提高了贸易效率，降低了贸易成本。天津港保税区每年国际货物进出区总量达50多亿美元，2000多个品种的进出口货物在保税区得到及时的分拨配送。

操作形式：

1.中国市场向国际市场出口的货品经由保税区储存；

2.中国市场向国际市场进口的货品经由保税区储存。

二、加工制造的功能

作为享有特殊政策的开放区，保税区具有加工出口的天然优势。出口加工是国家赋予保税区的三大功能之一。与一般出口加工区相比，保税区免税范围更广，具有临港之便，加工与物流、贸易联系密切，因此，保税区也是最佳的出口加工区域。保税区的出口加工企业可以充分利用保税区的优惠政策，使各类加工料件在保税情况下得到增值，使低级产品成为高级产品，使低附加值产品成为高附加值产品。天津港保税区出口加工产业起步较晚，但已吸引了一批加工企业，临港保税加工产业已成为保税区的特色产业，实现加工和贸易、区内和区外、国内和国外、国际先进科技和国内劳务国际化的最佳结合和优势互补。

操作形式：

1.从国际市场购进原材料加工或元器件组装后转销世界各地；

2.从国际市场购进关键元器件、原材料，从中国市场购进其它元器件、原材料，加工后转销世界各地；

3.从中国市场购进初制品、半成品，利用国际先进技术和装备，在保税区进行精加工或深加工后再转销世界各地；

4.将国际市场和中国出口的商品在区内进行货物分级、包装、分装、挑运、贴商标签等商业性简单加工后再转销世界各地。

三、国际贸易功能

作为两个市场的汇接点，保税区开创了国际贸易的新形态、新市场。保税区在国内超前实行市场准入，采取较为宽松的贸易政策，在保税区注册的企业均可开展包括进出口贸易、转口贸易和过境贸易的国际贸易业务，使其成为大批国际贸易企业的聚集地。企业可以充分利用保税区有关免税、减税和保税的优惠政策，利用国际市场间的地区差、时间差、价格差、汇率差，实现商品多流向、宽领域、快节奏的销售，选择最佳消费国，抓住最佳销售时机，运用最佳营销手段，做到进出并举，吞吐自如，实现销、储、运的最佳结合，从而获得最佳的经济效益。其优势是货品、价格、质量、信息、服务直接见面，销售时机准确，销运距离短、销售成本低、资金周转快、经济效益高。天津港保税区处于东北亚汇接点的区位优势，大大促进了转口过境贸易、国际商品展示展销业务的成长。这些，既为跨国公司进入中国市场创造了条件，也为国内企业参与国际市场竞争架起了桥梁。对于有效地利用两种资源，辐射两个市场、参与经济一体化进程，产生了积极的作用。天津港保税区的2000多家贸易公司同世界上100多个国家和地区建立了进出口贸易联系，保税区实现的关税占到天津关区总量1／5强，成为全球营销网络的重要节点。

操作形式:

1.商品从生产国运往保税区储存，再销往消费国;

2.商品从生产国运到保税区加工或委托区外加工后再销往消费国;

3.商品从生产国直接销往消费国，但成交手续可由设在保税区的中转商进行办理;

4.商品从中国国内出口到保税区经储存加工后销往消费国;

5.商品从生产国进口到保税区经储存或加工后销往中国国内;

6.商品在区内企业间交易，与中国其它保税区企业间交易。

大连保税区

地　址	辽宁省大连保税区泰华大厦	邮　编	116600
电　话	0411—7302951　7301637　7316565	传　真	0411—7302951
网　址	http://www.dlftz.gov.cn	信　箱	huiminli@online.ln.cn
主管部门	大连市人民政府	招商部门	管委会招商局
招商电话	0411—7308561　7308570		

【保税区概况】

大连保税区位于大连经济技术开发区与大窑湾国际深水港之间，是1992年5月13日由国务院批准设立的，由海关监管下的特定区域。大连保税区的主要功能是：出口加工、转口贸易、保税仓储、国际贸易、商品展示以及与之相关的运输、金融、保险、信息咨询及商业服务等业务。

经过8年的开发建设，大连保税区各项基础设施配套齐全，投资环境日臻完善。截止2000年底，有来自中国香港、美国、日本、韩国、新加坡等30多个国家和中国台湾地区的近千家企业在大连保税区投资兴办企业。现已形成以爱丽思欧雅玛、日东塑料、岸本工贸、大显模具为骨干的生产加工企业;以日通外运、金门物流、大九流通、金鼎物流为支柱的仓储物流企业;以国际车城、石化产品交易市场、信息电子商务为主体的从事国际贸易分拨的内外商投资的贸易企业。

未来几年，大连保税区将以提高全区综合经济竞争力为中心，以引进大项目为突破口，继续加强“两区一园”的功能开发，进一步优化投资环境，大力发展市场、物流产业，做大做强出口加工业。继续开拓进取、先行先试，借“入世”东风，以大连和东北经济区为依托，坚持以出口加工、国际物流与市场建设为主体，以辐射国内外两个市场为目标，大力发展高新技术产业，建设国家一流出口加工工业园区，大力发展金融、信息、商品展示及商贸服务业，建设国内一流的国际物流园区，成为促进东北经济区经济发展的最具有国际化色彩的“桥头堡”，开放的超前试验区、最具活力的经济增长点，按照国际惯例运作的综合性自由贸易区。

上海浦东外高桥保税区

地　址 上海市浦东外高桥保税区华京路2号　邮　编 200131
电　话 021—50461100　传　真 021—50461441
网　址 http://www.waigaoqiao.gov.cn　主管部门 上海市人民政府
招商部门 管委会经济贸易处　招商电话 021—50461100

【保税区概况】

上海外高桥保税区是1990年6月经国务院批准设立的全国第一个规模最大、启动最早的保税区，集自由贸易、出口加工、物流仓储及保税商品展示交易等多种经济功能于一体，地处中国黄金海岸和黄金水道长江的交汇点，外高桥保税区规划面积10平方公里，目前已开发运作区域7.52平方公里。

作为上海市人民政府的派出机构，外高桥保税区管理委员会统一管理保税区的行政事务。管理委员会实行委员制度，由管委会、海关、公安、工商、税务、出入境检验检疫及外汇管理等行政职能部门组成，实行“小政府、大服务”及集中、封闭的管理体制。

上海外高桥保税区的设立借鉴了国际自由贸易区的通行规则，是中国建立的一个新政策的先行先试区，是改革开放的对外窗口，是与世界经济的接轨点，在进一步扩大对外开放、发展国际贸易、促进经济繁荣方面发挥了积极作用。经过12年的开发建设，目前已形成国际贸易、出口加工、仓储物流三大功能。

国际贸易逐年增长，从1993年以来，区内各类企业已与世界127个国家和地区开展了贸易往来，目前区内已有3000多家贸易公司；出口加工主要集中在IT产业、新材料产业、机电加工产业等三个方面，目前区内已有生产加工型企业200多家，其中IT产业的产值占总产值的76.5%。；物流分拨发展迅速，目前区内已有600多家物流仓储企业，仓储面积达到88.9万平方米。越来越多的跨国企业开始将其亚太分拨中心从中国香港、新加坡搬迁至外高桥保税区。

外高桥保税区与国际接轨的运行规则、透明的运行环境、完备的服务能力不仅让企业得到一个优越的经营环境，也让浦东乃至上海得以体会到伴随国际资本而来的先进管理理念和国际运作模式的冲击。

除了在优惠政策上保税区享有独特的优势外，区内企业也可以充分享受到政府所提供的优质服务。为了优化区内的投资环境，保税区政府不断在提高工作效率上下工夫：目前，在区内设立贸易、仓储企业从项目立项到拿到营业执照只需3天，空运货物通关从降落机场到区内确保在6小时之内，部分甚至可以达到4小时之内。

优质的服务吸引了众多企业的青睐。到2002年底，保税区批准投资项目已近6000个，总投资额超过72亿美元。区内就业人员达到8.3万人，其中外籍员工3000人。全球500强跨国企业中的70家已落户保税区。在IT企业中有IBM、JVC、英特尔、飞利浦、惠普等；机电企业中有GM、伊顿、德尔福等；物流企业中有丸红、日通等；贸易企业中有3M、施乐、伊藤忠等。这些企业也在保税区不断增资。比如英特尔公司，最初的投资额为9000万美元，随着每年不断增资，目前投资额已达到了5亿美元。

张家港保税区

地　址	江苏省张家港保税区管委会	邮　编	215634
电　话	0512—58320702	传　真	0512—58320295
网　址	http://www.zjgftz.gov.cn	信　箱	ftz@zjg.sti.js.cn

【保税区概况】

江苏省张家港保税区是1992年10月经国务院批准设立的全国唯一的内河型保税区。它的建立在于利用海关保税的独特条件，借鉴国外实行自由贸易区促进本国经济发展的经验，最大限度地利用国外资金和技术，发展外向型经济。

张家港保税区具有通江达海的区位优势，优越的港口条件、发达的交通网络、广阔的内陆经济腹地、灵活的优惠政策和特殊的功能优势。它作为“区港合一”、辐射和推动江苏乃至整个长江流域经济国际化的新型实验场，为国内企业进军国际市场、国外企业进入国内市场架起了一座“金桥”。

张家港保税区管委会是江苏省人民政府派出机构。它参照国际惯例，提供精简高效的管理和优质的服务，努力为国内外工商企业营造有利的软硬投资环境，使张家港保税区发展成为长江流域外向型经济的新亮点。

为加快保税区的发展，尽快形成规模效益和集聚效应，保税区规划为5大区：纺织工业区、机电工业区、粮油加工区、仓储码头区、化学工业园。

张家港保税区已进入全方位快速发展阶段，区内各项基础设施日趋完善，一个以出口加工、国际贸易、保税仓储为主要功能的特殊外向型经济区域已初具规模，逐步形成的出口加工基地和口岸货物集散中心，正显示出强劲的发展态势。

【区位优势】

张家港市位于中国“黄金水道”长江下游南岸，处在中国沿江和沿海两大经济带交汇处，为上海、南京、苏州、无锡、常州等大中城市所环抱，接收中国浦东开发开放的紧密辐射，是上海经济圈的重要组成部分，与杭嘉湖经济圈相邻，经济腹地广阔，市场条件良好，物资供应充裕。张家港市是一座新兴的港口工业城市，2001年实现国内生产总值306.8亿元，同比增长14%，财政收入32.08亿元，同比增长56.3%，综合经济实力位居全国同类城市前列。被评为全国首家环保模范城市、全国创建文明城市工作先进城市。

通过长江直接沟通着祖国内陆腹地沿江省份，为保税区的发展提供了广阔雄厚的内陆经济背景；呼应国际化大都市上海和浦东新区的开发，又使其处在长江三角洲对外开放区域的“金三角”之中，对长江流域的经济国际化起到了一定的辐射和推动作用，因而张家港保税区的区位优势可谓得天独厚。

张家港保税区的水、陆、空立体交通优势十分明显。它濒临中国运输能力最大的黄金水道——长江，从这里溯江而上，可达武汉，重庆，直接辐射中国广阔的内陆腹地；顺流而下，100多公里便到达上海；通过与其唇齿相依的国际性商港——张家港港开辟的18条国际海运航线和上海港组合的航线，保税区的货物可运抵世界上任何一个国家和地区的港口。保税区距无锡的硕放、常州的奔牛机场不到1小时车程，距上海的国际航空港和南京禄口国际机场也只需2小时。

保税区与横贯苏南的沪宁高速公路直接相连；行车10分钟即可到达沟通南北的江阴长江大桥入口，跨入黑龙江同江到海南三亚的纵贯中国南北的高速通道，离建成的锡澄高速公路和正在建设的沿江高速公路仅10公里，距正在建设中的新长铁路不到15分钟。极端便利的水、陆、空交通，把保税区与中国辽阔的内陆腹地和世界联系得更近，为保税区的经济发展提供了优良的外部大环境。

保税区紧邻国际商港——张家港港，港口深水贴岸，平均水深13米，引桥短，投资少，见效快，不冻不淤，现有35个万吨级泊位，15个江心浮筒，可同时停靠36艘万吨级货轮，承担集装箱、粮油、化工等12类货种的装卸中转任务，年吞吐能力达3000万吨。同世界上40多个国家和地区的140多个港口有货运往来，每月有42个定期航班，2001年完成吞吐量2183万吨，外贸运量886万吨，集装箱运量16万标箱，进口木材200万立方米，水运集卸量位居全国第一。是我国木材、植物油、钢材和化工品的主要集散港，是海外与中国中西部、沿江省份的重要货物转运港。

在规划范围内，保税区可建4个数万吨级码头，其中万吨级化工码头已投入运营。现有37个储罐，容量为9.6万立方米，区内现有仓储企业10家，仓库总面积8万平方米，2000年货物储存总值28亿美元。张家港市具有57公里沿江岸线，其中33公里岸线可建万吨级泊位。张家港保税区利用岸线优势，大力兴办临江工业，所办企业享受保税区优惠政策。

张家港保税区充分利用与国际性商港——张家港港唇齿相依的优势，并在保税区沿江岸线建设了化工码头、散杂件码头和待建集装箱码头，还有保税区企业的自备码头。这不仅便于进出口货物运输，也便于海关监管，为保税区企业开展保税业务提供有利条件。因此，张家港保税区区港合一的建设、发展模式，是最合理，最理想的，也是最有可能建设成为国际模式的自由贸易区。

宁波保税区

地　址	浙江省宁波保税区保税大厦	邮　编	315800
电　话	0574—86884850　86881075	传　真	0574—86883518　86896543
网　址	http://www.nftz.gov.cn	信　箱	yaoli@nftz.gov.cn
主管部门	宁波市人民政府	招商部门	管委会投资合作局
招商电话	0574—86880139		

【保税区概况】

宁波保税区于1992年经中国政府批准，按国际京都公约关于自由贸易区运作规范设立，享有“免证、免税、保税”特殊政策，具有进出口加工、国际贸易、保税仓储等功能，实行“境内关外”运作方式，贸易自由，外汇自由，货物、人员进出自由，是目前中国大陆开放度最高、运作机制最活、政策最优的对外开放区域之一。

宁波保税区已开发建设面积2.3平方公里，现正在拟议扩建区域规模。经过近10年的开发建设，区域基础设施配套齐全，经济发展初具规模，万商云集，国际资本集聚，已成为中国华东大上海经济区外商投资的热点区域。截止2001年底，已有35个国家和地区的投资者在区内设立企业3700多家，总投资额达25.2亿美元。

【保税区投资环境】

区位优势

宁波紧邻国际大都会——上海，是中国华东国际港口城市，长江三角洲南翼的经济中心。总面积9365平方公里，人口596万。是直属中央政府管辖的国家计划单列城市，拥有省一级经济管理权和地方法规立法权，是中国政府对外开放战略重点区域，中国大陆综合投资环境最佳地区之一。

毗邻“黄金水道”长江入海口和国际远洋运输的主航线，是中国政府开放开发的战略重点区域之一。园区所依托的宁波市是中国沿海地区重要的对外贸易口岸，中国历史文化名城和旅游胜地，长江三角洲南翼的经济中心。

城市依托

宁波是中国历史文化名城，7000年历史的“河姆渡文化”的发祥地，人文荟萃，商贾云集。有普陀佛国、溪口国家风景名胜区、东钱湖国家旅游风景区。

宁波属亚热带季风性气候，年平均气温16.3℃，平均降雨量1360毫米，平均湿度58.5%。空气质量达到国家一级标准。无地质断层、无地震、无水患。 宁波是国家环境保护模范城和社会治安综合治理模范城，拥有一流的医院、学校、跨国公司连锁超市，休闲娱乐设施一应俱全，是中外客商生活的乐园。

交通配套

航空——半小时至三小时交通圈内，建有四大国际机场（栎社国际机场、萧山国际机场、虹桥国际机场、浦东国际机场）。宁波保税区与各空港海关之间实行空港直通关作业方式。EMS、UPS、TNT、DHL、FedEx等国际空运快递公司在保税区内都设有代理处。一流的空运条件提供了最便捷的运输服务。

陆路——进区高速公路连接沪杭甬高速公路、同三沿海大通道、甬金高速公路。驱车至杭州1.5小时、上海3小时、苏州3小时，经建设中的宁波－上海跨海大桥，至上海仅需1.5小时、苏州2小时。萧甬铁路复线延伸至宁波保税区，经京沪线、京九线纳入中国铁路网。

海运——宁波保税区与紧依的中国第一深水良港——宁波北仑港实行港区一体化运作，形成自由港。拥有万吨级以上泊位24座，与80多个国家和地区的520多个港口通航。区内货物通过海关EDI电子报关系统报备即可直接进出，货物流转十分便捷。年货物吞吐量超过1.2亿吨，居中国大陆港口第2位。年集装箱吞吐量超过100万标箱，并以超过45%的年均速度增长。

人力资源

宁波是全国科技兴市先进城市，2000年高新技术产品产值达到306亿元。宁波教育发达，人力资源充裕。拥有自然科学研究机构170多个，各类专业技术人员23.1万人。周边有100多所高等院校，每年提供各类大学本科以上人才10多万人，接受各类职业技术教育的人力30多万人。其中有目前亚洲规模最大、在校生最多、学科门类齐全、研究院所最多的全国重点大学——浙江大学。

产业基础

电子资讯产业——中国半导体材料的研发生产基地、中国移动通讯和家庭通讯产品及配件研发加工基地、中国计算机产品及配件研发加工基地、中国其他类电子资讯产品及配件加工基地；

能源、原材料产业——电力、钢铁、化工等重工业较为发达，可为发展轻工业提供充足的原材料保证；

机械工业——汽车、注塑机械、缝纫机械等工业较为发达；

塑料工业——宁波素有“中国塑料王国”之美誉，是中国注塑件加工及模具加工最发达地区；

生物制药产业——生物制药产业研发、生产的重要基地之一；

纺织服装产业——中国重要的纺织服装生产基地之一。

福州保税区

地　　址	福建省福州市马尾罗星路	邮　　编	350015
电　　话	0591—3683954　3684846　3684854	传　　真	0591—3683954
网　　址	http://www.fdz.com.cn	信　　箱	mwwlzx@public.fz.fj.cn
主管部门	福州市人民政府	招商部门	管委会外商投资服务中心
招商电话	0592—3681122		

【保税区概况】

福州保税区于1992年经国务院批准设立，规划面积1.8平方公里。主要发挥港口优势和临近中国台湾的优势，从事国际贸易、保税仓储、出口加工及相关业务，是中国实行特殊政策、具有综合经济功能的特殊区域，是目前中国首推市场经济最充分、国内外市场衔接最紧密，按国际惯例办事最迅速的“关外境内”区域。

经过近10年的开发和建设，保税区已初具规模，各项基础设施完善。截止2000年底，共引进项目600多个，其中三资项目368个。吸引内外资54596万美元，利用外资48150万美元。目前，福州保税区已进入各项功能协调发展阶段，招商引资的重点也转移到与保税区功能协调开发相结合，与增强保税区综合经济实力和发展后劲相结合的路子上来。

福州保税区发展方向：以物流分拨为导向，以繁荣保税区、提升经济总量，服务福州外经为目标，大力发展仓储、加工。

【区位优势】

地理位置——地处福建省闽江下游北岸的福州马尾港内，距中国台湾基隆港149海里，距中国香港492海里、距上海433海里。

港口条件——福州保税区所在地马尾港既是中国10大集装箱港口之一，又是两岸直航试点口岸，现有万吨级码头10个，可与世界上60余个国家和地区通航，年吞吐量2000万吨以上。

交通条件——陆路交通十分便利，国道、高速公路贯穿全区。有铁路专线与全国路网相连。距国际机场仅15公里，国际航线30余条，每周有300多个航班通往国内和港澳地区。

基础设施——区内各项市政设施均完善，已完成通水、通路、通电、通邮、电话、通排污、标准厂房、仓库等设施建设。

区港联动货物直提——保税区与福州港主体港——青州港相接，具备区港联动的独特优势，采用国际上先进的集装箱生产管理系统，货物进出十分方便快捷。同时，区内设有生产资料分拨中心、台货专用堆场及物流分拨基地等各种不同功能的运营实体，为货物进出保税区提供便捷的服务。

人才资源——所在地省会福州现有各种科研机构100多个，高等院校23所，普通中学、职业中学和中等专业学校360多所，有各种专业技术人员10万多人。全市每年大专以上毕业生2万多人。此外，还有大批的技工学校和各种中短期职业培训班毕业生。

厦门象屿保税区

地　址　福建省厦门象屿保税区象屿大厦　　邮　编　361006

电　话　0592—6035822　　传　真　0592—6035831

网　址　http://www.shinyco.com

【保税区概况】

厦门象屿保税区于1992年10月15日经国务院批准设立，规划面积236平方公里，其中首期0.9平方公里，于1993年11月28日经海关总署验收合格并正式运转。

厦门象屿保税区位于厦门岛内东渡港区，海陆空交通发达。设施配套，供投资商使用的办公写字楼、仓储加工楼、保税市场展销厅均已完工，工业和金融用地的水、电、通讯、土地平整已完成，可全面满足贸易商、加工商、货物供应商的投资需要。与保税区相连的保税区专用码头正在抓紧建设中，到目前一个3万吨级集装箱泊位已建成并通过验收。另外3个泊位已开工建设，还有2个泊位也经市政府批准列入保税区专用泊位。

厦门象屿保税区开通运作以来，区内业务不断扩大，投资企业不断增多，现有企业近900多家，其中外资300多家，进出口业务累计超过30亿美元，成为厦门经济特区对外经济的重要区域。

【投资导向】

厦门象屿保税区根据国家赋予的一系列优惠政策，结合本身独特优势规划发展五大行业：

1.保税加工业：发展高科技或高附加值的保税加工和制造、机电设备的修理修配、货物的分级、包装、分装、刷贴标签等商业性加工。

2.仓储业:发展进出口、转口货物的保税仓储。为各种商品，原材料的供应、集散中心。

3.贸易业:发展国际、国内贸易特别是转口贸易，成为国内、国外货物进出口贸易往来的重要通道。

4.口岸业:即码头开发、经营、船舶货物代理、国际国内航运等。此外，允许在保税区内开展金融、保险、商品展销、房地产、运输、信息及其他相关业务。

5.货物分拨业。

青岛保税区

地　址	山东省青岛市经济技术开发区太行山路	邮　编	266555
电　话	0532—6894097	传　真	0532—6894090
网　址	http://www.qdftz.com	信　箱	qingbsq@public.qd.sd.cn
主管部门	青岛市人民政府	招商部门	管委会经济贸易局
招商电话	0532—66766677		

【保税区概况】

青岛保税区经国务院批准，于1992年11月19日成立，地处国家级开发区青岛开发区内，靠近黄海，与风光秀丽的沿海开放名城、北京2008年奥运会唯一伙伴城市——青岛市隔海相望，规划面积3.8平方公里。

作为中国大陆15个保税区之一，青岛保税区具有“境内关外”特性，实行“免证、免税、保税”的特殊优惠政策，是目前大陆开放层次最高、政策最优惠、按国际惯例运作的特殊经济区域，也是山东省及沿黄河流域唯一的保税区。

青岛保税区交通便利。处于中国大陆最大、最先进的高速公路网络之中；胶黄铁路使保税区与全国铁路网连为一体；青岛机场有通达国内各大中城市和中国香港、汉城、大阪、福冈、新加坡的航班。

保税区拥有优越的港口优势。青岛港是中国五大外贸口岸之一，年通过能力超过亿吨，与世界130多个国家和地区的450多个港口有贸易往来，是环太平洋地区重要的中转港和海上运输枢纽。保税区紧邻的前湾港区拥有亚洲最大的20万吨级矿石码头和可以接卸第六代大型集装箱船舶的专用深水泊位。

青岛保税区充分利用区位优势、政策优势和功能优势，主要培育开发国际贸易、出口加工、保税仓储三大基本经济功能，并致力于建成以国内、国际两个市场接轨为主要特征，设施完善、功能齐全、服务一流、效益上乘的现代化自由贸易区，形成沿黄河流域国际贸易口岸、对外出口加工基地和仓储物流中心。

青岛保税区重点发展出口加工业,鼓励中外投资者设立出口加工生产基地；重点发展海洋运输、集装箱装运和货物仓储业,鼓励设立面向国内外市场的大型保税仓储基地和货物集散、分拨中心；重点发展科技兴贸产业,鼓励发展高新技术外向型企业；重点引进国内外大型综合性贸易公司和机构,开展进出口贸易和转口贸易。

中外投资者均可在保税区成立贸易或非贸易企业，从事贸易、加工、仓储、物流分拨、商品展示、房地产开发、运输及其它服务贸易等行业。

经过10年的开发建设，青岛保税区已基本完成供电、通讯、供排水、供热、供汽等基础硬件设施的配套，形成了完备的基础设施和商务环境，建成了山东省第一个投资“无费区”和花园式投资示范区，成为山东省对外开放的先行区、体制创新的实验区、科技创新的示范区、流量经济的辐射带动区。

青岛保税区管理委员会作为青岛市政府的派出机构，负责保税区的招商引资和企业管理事务。在这里，“客户就是一切，一切为了客户”。保税区管委实行投资全程免费代理服务，企业事务可在区内迅捷、高效地办结；同时管委设有“24小时投资服务热线”，为客商提供全方位专家式服务，随时解决企业在投资、生产过程中遇到的困难和问题。

海关对进出境通关采用国际通行做法，实行申报、代理申报、信誉放行，通关速度方便快捷；商检接受24小时报检，接受电话、传真及计算机联网后的网上报检。

青岛保税区目前已吸引了40多个国家和地区及国内20多个省市的投资者前来兴办企业，投资各类项目2000多个。日本的松下、伊藤忠，美国的朗讯科技，德国的德固萨等15家世界500强企业，已在这里抢滩登陆并取得了良好的经济效益。

保税区的三大功能优势：国际贸易、仓储物流和出口加工等，都通过入区企业的迅速发展，而淋漓尽致地发挥出来。已基本形成了以出口加工、国际贸易、转口贸易、仓储物流及服务贸易为基本框架的外向型产业群。

保税区区域功能开发取得重大突破。实现了空港进出口货物直通关；保税区与前湾港港区联动进入实质性阶段；中国北方唯一的贵金属加工园区初具规模。正在建设北方国际汽车展示城和汽车展示、交易及零部件分拨基地。

青岛保税区园区建设初具规模，已形成了“中国台湾工业园”、“国际科技城”、“橡胶加工工业园”、“贵金属加工工业园”、“IT产业园”、“中国香港工业园”等10个功能园区。

环境的优化及功能的不断完善，促使青岛保税区经济实现跨越式发展。经济增长速度显著加快，综合实力大幅度增强，已跨入全国先进保税区的行列，有利推动了山东省和青岛市的对外开放和外向型经济的发展。

向全国一流保税区迈进，向与国际惯例接轨的自由贸易港区转型，是青岛保税区的发展目标。青岛保税区计划利用“入世”后3～5年的过渡期，逐步发展形成三大区域中心：区域国际贸易中心、区域物流集散中心和出口加工中心及高科技产业开发中心。争取成为人才流动、信息流动、资金流动、物资流动和观念辐射、创新辐射、技术辐射、效益辐射的集结点、辐射点，初步建成贸易繁荣、经济发达、环境优美、功能完善、基础设施配套的现代化自由贸易港区。为国内外产品进入国际市场开辟通道，为东北亚国家和地区物流分拨业提供便利。

【区位优势】

青岛保税区位于中国华北地区山东半岛的东南部胶州湾畔，濒临黄海，面向广袤的太平洋，依山傍水，具备良好的地理环境。青岛保税区位于青岛新城区黄岛区。青岛是一个具有百年历史的港口城市，同时又是中国沿海14个开放城市之一，港口运输业发达，是中国五大港口之一。青岛保税区所在黄岛区的前湾港区，即为青岛新港区，原油、矿石、煤炭、集装箱都有专用现代化、大吞吐量的码头。

【发展目标】

青岛保税区的目标是创一流保税区，向自由贸易区发展。

保税区作为中国对外开放的最前沿，其地位优势将随着入世越来越明显，对沿黄河流域经济的拉动作用越来越大。工委、管委将进一步解放思想，加大工作力度，制定以下目标：

一、加快向自由贸易区转型的步伐。随着入世，保税区作为境内关外的区域，与国际惯例接轨，成为自由贸易区，方便广大投资者，繁荣经济，是新形势下的必然趋势。

二、加快国际物流区建设，充分发挥保税区的海港（青岛大港、前湾港等）、公路（山东发达的公路网）、铁路（胶黄铁路、济青铁路）、空港（青岛国际机场）四大优势。利用其自身功能优势，吸引大物流公司，建成大的物流分拨中心。

三、 加快海陆空立体集散区的建设，抓好海港、空港、信息港三港联动。

四、 发挥保税区对外向型经济的辐射作用，建成拥有大港口、大贸易的自由贸易区。

广州保税区

地　　址	广东省广州市黄浦广州保税区国际大厦	邮　　编	510730
电　　话	020—82217591　82214383	传　　真	020—82214382
网　　址	http://www.getdd.com.cn	信　　箱	web@getdd.com.cn
主管部门	广州市人民政府	招商部门	管委会经济发展局
招商电话	020—82214376　82219311		

【保税区概况】

广州保税区位于广州东部，广州市黄埔区东缘、广州经济技术开发区北部。保税区的西北以横窖河为界，东临东江，南与开发区接壤。首期总面积为1.4平方公里。与广州市区相距25公里，与香港相距88海里。它属于广州市城市总体发展规划的第三组团，是广州东南部发展规划的重要组成部分。

广州保税区于1992年5月13日经国务院正式批准设立，1993年5月10日，广州保税区海关隔离设施顺利通过检验，启动运营。封关仅5年多时间，完成基础建设投资约10.3亿元，形成“六通一平”等设施和市政配套设施框架。广州保税区电脑工业城于1997年筹建，1998年被列为广东省和广州市重点项目，电脑工业城内已有世界著名的电脑厂商投资设厂，电脑工业城正成为广州市信息制造业的重要基地。

广州保税区主要发展国际转口贸易、出口加工、保税仓储、商品展示，以及与之相关的运输、金融保险、信息咨询、商业零售等业务。其发展目标是建成一个按国际惯例办事、与世界市场接轨，实现货物、资金、人员进出自由和投资贸易自由的、高度开放的综合性自由贸易区，成为周边国家和地区的商品集散分拨中心。

珠海保税区

地　址	广东省珠海市洪湾	邮　编	519030
电　话	0756—8825123　8824163	传　真	0756—8824166
网　址	http://www.zhfreetradezone.org	信　箱	zhftz@pub.zhuhai.gd.cn
主管部门	珠海市人民政府	招商部门	管委会经济发展局
招商电话	0756—8824189　8824639		

【保税区概况】

珠海保税区于1996年11月3日经国务院批准设立，面积3平方公里。保税区位于珠海经济特区南部紧靠湾仔口岸，与中国澳门隔水相望，通过横琴大桥和莲花大桥与中国澳门陆路连通。距市中心约11公里，距珠海港口44公里，距九洲港18公里，距珠海机场40公里，距建设中的珠海火车站仅5公里。距香港也只有36海里，这里气候温和，年平均气温22.4度。

珠海保税区的发展目标是：珠海保税区将发展成为广东改善投资环境、吸引跨国公司投资的窗口;珠江三角洲西南部的物流、资金流、信息流的集散基地;加强粤、澳两地经济合作的“先行区”;广东发展高科技产业、高附加值产业和高创汇产业基地，珠海经济管理体制和行政管理体制改革的“试验区”。

【投资环境】

1.交通运输:珠海保税区的对外交通运输以珠海市的交通设施为依托。经过20年的开发建设，珠海市已创造了良好的海陆空交通条件。珠海港已建成为中国南方主枢纽港之一，并已被批准为对外开放口岸；高等级公路平坦宽阔，四通八达，连接国内各地；广珠铁路已于1997年10月动工兴建；按现代化国际机场标准建设的珠海机场已开通30多条国内航线。

2.水、电、电讯:珠海保税区生产、生活用水供应充足，水质优良；电力主要由广东省大电网提供，同时，就在保税区旁边的洪湾燃机发电厂和洪湾柴油发电厂更可保证保税区的生产、生活用电；珠海市邮电通讯业十分发达，可为保税区提供直拨国内外1800多个城市的电话、传真和电传等服务。

3.配套完整的工业体系:到目前为止，珠海保税区所在地的珠海市已形成了拥有66个行业的工业生产体系，配套能力强，为珠海保税区的发展奠定了良好的工业基础。

4.高素质的人才市场:珠海市自设立经济特区，特别是1992年实施重奖科技人员政策以来，吸引和培养了大批各种高素质的管理人员、技术人员、技术工人。在珠海保税区投资经商，所需的各种人才基本上可以得到满足。

5.稳定的社会环境:珠海保税区所处的珠海市，经过近20年的发展，已由昔日小渔村跃居“中国城市综合实力50强”行列和24个进入“小康”的城市之一，并被国家授予“国家卫生城市”、“全国园林城市”和“中国旅游胜地”等称号，并于1998年荣获联合国颁发的“国际改善居住环境最佳范例奖”。

6.集中而高效的管理模式:珠海保税区管委会作为珠海市人民政府的派出机构，根据珠海市人大常委会通过的《珠海市珠海保税区条例》的规定，按照“精简、统一、效能”的原则，统一管理对保税区的行政事务，行使市政府授予的经济管理权。这种精简、高效的管理模式无疑将为保税区内企业的运营带来极大的方便。

【发展优势】

1.区位优势:珠海保税区位于珠海市“西重、东轻、中高”区域产业布局的战略基点的中心，与横琴岛连接的横琴大桥已经合拢，而连接横琴岛与中国澳门之间的莲花大桥在中国澳门回归前通车，对外可以经由香港、中国澳门和珠海的海港或空港辐射世界各地，对内可以通过珠江三角洲发达地区辐射到全国各地。因此，珠海保税区独特的区位条件和对内对外的辐射作用是其它经济区域不可替代的。

2.政策优势:在保税区内，企业生产、经营所需的进口自用物资，除车辆外，都享受免关税待遇，比非保税区的免税范围宽。国家制订的《保税区海关监管办法》保证了这种优惠政策的连续性和稳定性。

3.真正实现了国内和国际市场的结合:在保税区内,无论是国内公司还是境外公司都可以设立贸易公司及商品展示、仓储场所，这样，国内国际交易市场，交易主体真正实现了结合，从而可降低交易成本，减少交易风险，加快国内国际市场行情的传递，提高交易效率和工作效率。

4.灵活的外汇管理措施:国家颁布了《保税区外汇管理办法》,对保税区内企业的外汇管理措施相当灵活，区内企业的外汇经常项目帐户不设限额，企业的外汇收入实行意愿结汇，从而不仅使企业的外汇支付更为方便，同时也减少了企业的汇兑损失风险。

5.快捷的海关监管措施:对于保税区与境外之间的货物进出口，海关实行备案制；对区内加工企业进料加工和来料加工业务，不实行加工贸易银行保证金台帐制度。这些措施，不但可简化货物进出口手续，而且降低了经营成本。

6.投资领域广阔:根据国家规定，除出口被动配额管理和国家禁止进出口的货物外，其他所有物资都可在保税区与境外之间自由流通，这无疑给投资者在保税区投资提供了更广泛的投资领域。

7.跨国公司进入中国市场更便捷:根据有关规定在保税区投资的外商投资企业可以不设定内外销比例,投资者可根据国内外市场需求情况,自己确定内外销比例。这无疑给投资者进入中国市场提供了更为便捷的途径和广阔的空间。

8.公平的竞争环境:凡在保税区设立的项目，不论是外商投资项目还是国内投资者投资项目，都同样享受保税区的优惠政策和灵活措施，为投资者提供了一个公平竞争环境。

【投资导向】

珠海保税区主要发展出口加工、保税仓储、国际贸易及其他第三产业。

1.加工制造业:鼓励发展有一定规模的以资金、技术密集型和高附加值为主导的加工工业，包括电子、通讯、机械、家电、医药化工、黄金首饰、轻纺、环保及其他专利产品等。特别鼓励发展现代生物医药技术产业、现代通信技术产业、光机电一体化产业、微电子技术产业和海洋工程技术产业。

2.保税仓储业:发挥保税区与中国澳门相连的特殊地理优势,并通过在珠海港及九州港设立保税区专用运输作业点，逐步形成内地与港澳台地区相联系的大型仓储基地和进出口货物的集散分拨中心。

3.国际贸易:鼓励国内外大型跨国公司、综合商社和连锁店等机构利用保税区特有优势，开展形式多样的生产资料、农用物资、机器设备、汽车、电子产品、化工、建材、医药及食品等商品对国内和对国外的转口贸易及代理进出口贸易。

4.商品展示业:鼓励世界各地高、新、精、尖产品在区内展览、展销和寄售及选样定货，鼓励举办国货精品博览会和世界专业商品展销会。

5.国际运输业:重点发展高效、快捷和安全的国际集装箱多式联运，并鼓励发展国际货运代理。

6.金融保险业:鼓励国内外有影响的银行、保险公司及财务公司等机构到区内设立相应分支机构，重点发展与国际贸易相配套的金融业务，经有关部门许可，可试办离岸金融业务和外汇期货业务。

7.国际经济、科技信息咨询业:鼓励国内外有影响的信息咨询机构进区，重点发展多媒体电子咨询系统及EDI服务系统，通过信息高速公路建立连接世界各地电子信息网络。

8.其他服务业:如会计师事务所、审计师事务所、报关行和律师事务所等。

汕头保税区

地　址	广东省汕头市保税区管委会	邮　编	515071
电　话	0754—7590271　7590278	传　真	0754—7590127
网　址	http://www.stftz.gov.cn	信　箱	ftzst@pub.shantou.gd.cn
主管部门	汕头市人民政府	招商部门	管委会经济发展局
招商电话	0754—7590271　7590047　7590127		

【保税区概况】

保税区是中国政府借鉴国际自由贸易区模式设立的海关特殊监管区。汕头保税区1993年1月经中国政府批准设立，区域面积2.34平方公里，主要发展出口加工、仓储运输、国际贸易和金融信息业。

汕头保税区拥有良好的投资硬环境，基础设施配套主要依托中国最早对外开放的特区城市——汕头经济特区。汕头市名列“中国城市综合实力50强”，气候宜人，属亚热带海洋性气候。电讯发达，可与世界200多个国家（地区）及国内1300多个城市直接拨号通话。交通方便，海陆空综合配套，海运至香港179海里，至中国台湾高雄180海里，汕头港与40多个国家（地区）160多个港口及国内各大港口有货运往来，3万吨级货轮可直接在保税区专用码头靠岸停泊，距保税区仅500米；陆运有高速公路南连广东省省会广州市、深圳经济特区，324国道东接厦门经济特区；广梅汕铁路以汕头为始发站，在龙川县与京九线接轨；空运已开通40多条国际、国内航线。保税区内实现“五通一平”，绿化覆盖率36.5%；建成42万平方米工业厂房、仓库、堆场和写字楼可供租购。

汕头保税区管理委员会是汕头市人民政府派出机构，接受市政府授权，行使市一级经济管理权限。属下设立办公室、财政局、经济发展局、公共事业局等四个职能机构，与海关、工商、税务、公安等集中办公，实施“一站式”管理，提供“一条龙”服务。明确规定，凡客商投资咨询，24小时内给予确切答复；资料齐全者，3天之内办妥企业立项审批、注册登记等有关手续，特殊项目当天办妥。

【区位优势】

汕头是中国重要的港口城市、著名侨乡和五大经济特区之一，是粤东政治、经济和文化中心。汕头有悠久对外商贸历史，经济发展的最大特点是外向型，历来是粤东、赣南、闽西南的重要交通枢纽、进出口岸和商品集散地。自1992年到1998年，汕头市国内生产总值年均递增18.7%。1992年，汕头被评为全国“城市综合势力50强”和“首批投资硬环境四十优”城市，1994年成为全国55个人均国内生产总值超万元城市之一。1996年，国家统计局对全国219个地级以上城市的综合实力进行比较，汕头名列第41位。

目前，汕头积极实施“外向带动”、“科教兴市”、“可持续发展”三大发展战略，用好经济特区试验权和立法权。努力发展外向型经济、民营经济和港口经济，建设以高新技术产业为依托的新型工业，以商贸、现代服务业为重点的第三产业，以“三高（高产、高质、高效）、四化（商品化、基地化、规模化、现代化）”为特征的现代农业，奠定港口经济的产业基础，朝着现代化国际港口城市的目标迈进。

【投资导向】

1.加工制造业:鼓励发展有一定规模的以资金、技术密集型和高附加值为主导的加工业，以及在国内外有广泛市场的一般加工工业。

2.保税仓储业:鼓励兴办大型保税仓储基地，开展仓储、物流、分拨、配送及运输业务。

3.国际贸易:鼓励国内外大型跨国公司、综合商社和连锁店等机构开展国际贸易、转口贸易和过境贸易。

4.金融保险业:鼓励国内外有影响的银行、保险公司及财务公司等机构在区内设立分支机构，开展金融、保险业务。

5.房地产业:鼓励投资土地成片开发，为仓储、加工出口、贸易配套服务。

深圳福田保税区

地　址　深圳市福田保税区桂花路1号管理局大楼　邮　编　518000

电　话　0755—83590915　83590900　83590310　传　真　0755—83590767

网　址　http://www.szftz.gov.cn

【保税区概况】

福田保税区于1991年5月28日经国务院批准设立；1993年2月18日隔离围网设施通过海关总署验收。面积为1.35平方公里，配套生活区面积为0.63平方公里。福田保税区位于深圳经济特区内，是比特区更为开放、更多特殊政策的“特区中的特区”。福田保税区是依照自由贸易区模式、采取某些自由港政策、按国际惯例运作的我国改革开放格局中的最高层次。福田保税区是深港衔接和深圳特区进一步发展的“先行点”和“试验点”。福田保税区东起皇岗口岸，北邻广深珠高速公路，比邻兴建中的深圳地铁与香港西北铁路接驳的皇岗地铁总站。

福田保税区建有一号专用通道经落马洲大桥直通香港，区内企业拥有的香港货柜车可自由进出保税区，经批准的私家车可从香港到保税区并在深圳市内行使。另建有二号通道、三号桥与深圳市区相连，并已开通公共巴士。

福田保税区内的各项市政设施均已完善，已完成通路、通水、通电、通电话、通邮、通排污。配套生活区内建有宝瑞轩、朗庭豪园、居雅苑、京隆苑等供家庭居住的豪华寓所，另有充足的员工宿舍可供租用。区内银行、保险公司、律师事务所和报关行等一应俱全。

福田保税区致力于发展高科技工业和现代物流业。目前已有22个国家和地区的投资者在福田保税区内投资，产品主要为微电子、电脑及零配件、光通讯元器件、生物医药工程等。

福田保税区商品交易市场已投入运作，可协助区内企业开展进出口贸易及与国内企业开展贸易活动。

深圳沙头角保税区

地　址　广东省深圳市盐田区　　邮　编　518081
电　话　0755—25260223　25260189　　传　真　0755—25260389
网　址　http://www.szftz.gov.cn

【保税区概况】

深圳市沙头角保税区，于1987年12月25日经深圳市人民政府批准创办，并于191年5月28日由国务院正式批准设立。她位于深圳经济特区东部的沙头角，东北接华南最大国际中转港盐田港，南接通住香港的沙头角口岸，西通梧桐山隧道与深圳市区相连。现规划区内工业用地27万平方米，生活用地15万平方米，是中国创办最早的保税区。

沙头角保税区的发展目标是：以发展先进的外向型工业为主，并适当发展进出口贸易、转口贸易、仓储、运输、房地产及其他第三产业。目前，保税区拥有出口加工企业70多家，投资客商主要来自日本、新加坡、美国、德国国家和中国香港、台湾地区，其中中国台湾精英、大众、唯冠等知名企业分别在保税区投资设立了鑫茂科技、才众电脑、唯冠科技等高新技术企业。企业产品主有电脑主机板、电脑显示器、智能玩具、黄金珠宝、纺织服装、塑胶制品等，2001年全区工业总产值达183亿元人民币，出口创汇19.6亿美元。

深圳盐田保税区

地　址 广东省深圳沙头角官上路4号区委大楼6层　电　话 0755—25354471　25554047
传　真 0755—25352972　网　址 http://www.szftz.gov.cn

【保税区概况】

盐田港保税区于1996年9月27日经国务院批准成立，首期开发0.85平方公里，以盐田港大道为界分为南北两片，南北两片将以全封闭高架专用通道相联。北片区面积约为0.68平方公里，正在进行开山填海工程；南片区面积为0.17平方公里，其隔离围网设施已于1999年1月8日通过海关总署验收。

盐田港保税区位于盐田港港区内，设有区港专用通道直通码头作业区。盐田港为中国四大集装箱大港，已开通了国际班轮航线通往欧洲及亚太地区；盐田港建有全长24公里的平盐疏港铁路与京广、京九铁路大动脉连通，铁路运输连通全国各地。盐田港保税区周边还有盐坝高速公路、惠盐高速公路及盐田港大道等公路网络。海运、公路与铁路共同组成了一个便捷快速的海陆联运交通网络。盐田港保税区内的各项市政设施均已完善，已完成通路、通水、通电、通电话、通邮、通排污等工程。

盐田港保税区充分发挥毗邻盐田港的优势，以港口为依托，重点发展仓储物流和转口贸易，相应发展高科技工业、保税区商品市场、展示、商贸等业务。

海口保税区

地　址 海南省海口市工业大道168号　邮　编 570216
电　话 0898—6817087　传　真 0898—6814885
网　址 http://www.hkftz.gov.cn　信　箱 invest@hkftz.gov.cn

【保税区简介】

海口保税区于1992年10月21日经国务院批准设立，1993年4月13日开关运行，面积193公顷。是由海关实行监管，借鉴国际上自由贸易区、出口加工区的模式，创造优美完善的投资环境，发展出口加工业、保税仓储、国际贸易、商品展示、金融保险、信息咨询等业务的特殊区域。是中国对外开放程度最大、政策最优惠、手续最便捷的自由贸易区之一。

海口保税区自1992年10月国务院批准成立以来已有10个年头。这10年来，保税区在邓小平理论和“三个代表”思想的指引下，在省市各级党委政府的正确领导下，依靠海关和有关部门的大力支持，借鉴国际惯例和国内兄弟保税区的成功经验，以体制创新为主要动力，大力开展招商引资，改善投资软硬环境，克服资金缺乏，交通不便等不利因素的影响，吸引了一大批高新技术企业进入保税区发展，在一片昔日的荒郊野岭上初步建成了有一定规模的高新技术园区，同时保税区物流等其他功能也开始逐步得到发挥，为海南的区域经济发展起到了积极的推动作用。

一、基本情况和做法

1.积极筹措资金，较快地完成了基础设施建设

保税区成立不久，就遇上了国家宏观经济调整，使保税区的资金供应遇到了很大困难，但保税区还是想方设法利用各种渠道筹措资金，保证基础设施的投入。几年来，陆续投入资金5亿多元人民币，完成了全区的"五通一平" 基础设施建设，建成厂房、仓库、办公场所40万平方米，货物堆场1万多平方米，兴建11万伏变电站一座，为中外投资者提供了较好的投资硬环境。

这几年，保税区大力开展保税区的形象建设，投资近千万元搞绿化，培植和移栽了800多株高大的油棕、椰子、槟榔、榕树等植物，把海口保税区初步建成了富有热带风光的绿色生态型的保税区，更加受到了投资者的青睐。

2.大力开展招商引资，形成了一定的经济规模。

利用国家和海南省地方政府赋予保税区的优惠政策，结合本地实际，确定了以发展高新技术产业为主导，以此带动保税仓储、商品展示等相关产业发展的路子，始终把项目当作保税区的生命线，依靠生产性项目促进保税区的启动。为此，保税区不断加大招商引资的力度，利用各种大型的招商会、交易会和领导出访等形式，走出去、请进来，广泛宣传保税区的优惠政策和投资环境，吸引国内外各种类型的投资企业到保税区。到2001年底为止，共批准生产性项目53家，投资总额40多亿元人民币，实际投入达20多亿元。在这些企业中，有9家进入海南省企业50强，7家医药企业通过了国家GMP认证，部分企业的产品打进了国际市场，可以说这些企业的科技含量、生产规模、外向水平在海南省内都是名列前茅的，海口保税区已逐渐成为海南省的高新技术产品的产出基地。2001年，海口保税区的工业总产值突破了10亿元人民币，实际达到了10.34亿元，同比增长26%；财政税收达到了1.46亿元，同比增长41%，创下了海口保税区建区以来的最好水平。

到2002年9月份为止，保税区又吸引各类中外投资8亿多元人民币。完成工业产值11.2亿元，完成财政税收1.24亿元，分别比上年增长20%和26%。

3.抓好投资软环境建设，提供优质服务，促进企业健康发展。

同国内其他保税区相比，保税区的地缘优势、辐射腹地略逊一筹，要想吸引投资者，除了用好用活现有政策外，还必须在软环境上下更大工夫。保税区以海南省人民政府颁布的《海南省海口保税区管理办法》、海关总署颁布的《保税区海关监管办法》以及海口市政府颁布的相关法规为依据，与海关、工商、税务、国土规划、检疫检验等部门一道，设立了"海口保税区投资服务中心"，建立"一站式"审批和"一条龙"服务体系，让投资者在区内就可以办完项目审批、工商登记、土地出让、劳动用工、纳税申报等一系列手续；保税区还对投资者实行"先予后取、先上后理"的开明政策，在土地价格、水电费用、厂房租金等方面提供优惠，增强保税区的吸引力。

4.积极推进港区一体化，为保税区的仓储物流发展创造条件。

海口保税区与海口港有一段距离，且双方不隶属于同一个单位，关系协调颇费周折，对保税区的物流发展

产生了不利的影响。保税区按照国务院在关于设立海口保税区的批复中“港区不设保税区，可考虑设保税仓，具体事宜请商海关办理”的精神，经过多方努力，终于与海口港集团已达成协议，在港区划出了430亩地作为保税区的专门用地，并取得了对保税区港区用地的项目审批和管理授权。在港区和保税区双方的共同努力下，目前保税区港区用地上的基础设施建设已经完成，一批国内外的知名物流企业正在洽谈进入。

二、下一步发展的主要措施

虽然海口保税区的开发建设虽然取得了一定的成绩，但受各种条件的制约，发展速度还不够快，物流仓储起伏较大，保税区的功能尚未充分发挥出来。但随着我国加入世界贸易组织后，经济的持续向上发展，特别是最近海口琼山两市合并，对海口保税区发展将带来新的机遇。保税区要在海口市委提出的“做大、做强、做精、做美”新海口的战略性发展思路指导下，借党的十六大东风，与时俱进、开拓创新，把海口保税区做精做美。保税区将采取以下主要措施:

1.进一步解放思想。把保税区的思想解放放在更加开放的场景中，放在建设服务型、开放型省会中，放在落实城市化战略中，放在抢抓机遇、加快发展中，放在为企业创造生存、成长发展环境中，放在创新体制和创新机制中进行。凡是与这六方面相抵触的思想观念都要坚决破除，以思想的大解放推动经济的大发展。

2.按照《新海口建设与发展战略研究》的要求，坚持以发展高新技术产业为突破口，把发展高新技术产业当做保税区工作的重中之重，进一步加强对区内高新技术产业的培育、扶持和引导，使之在激烈的市场竞争中保持快速、健康的发展势头，发挥这些企业在海口市高新技术走廊中的核心作用。

工作的重点是加快保税区几大产业的建设: 一是以海马厂为龙头的汽车城建设;二是以中和、康利等制药厂为龙头保税区药谷建设；三是以托普软件为龙头保税区IT产业建设。

3.搞好保税区的物业管理配套工作，完善保税区的管理体制与运行机制，在争取必要的授权的同时，还要压缩管理层次、减少审批事项，简化办事程序。在企业与审批部门之间充分发挥协调、沟通作用，实行代办、协办，使企业能真正专注于自身的研究开发和生产经营活动。

4.利用保税区债务得到化解的机会，重新确定保税区的土地价格，以优惠的措施吸引社会中介服务机构和银行进入保税区，完善保税区的投资环境。吸引、组织、和协调区内外的各类中介服务机构为高新技术企业提供管理、技术、市场营销、信息、人才、财务、金融、法律等方面的服务，延伸保税区管理与服务功能。鼓励社会各类投资主体参与保税区建设发展，形成以社会投入为主、政府财政资金投入为辅的投资格局。

5.在吸引高新技术产业入区的同时，要不失时机地推出物流发展项目，制定鼓励物流企业发展的优惠政策，吸引有实力的物流公司投资保税区的港口、仓储设施建设，使保税区物流分拨功能得到发挥，把港口保税仓建设成为海南省的一个区域性物流中心。

国家级边境经济合作区篇

强边富民——14个边境经济合作区成立十年

1992年邓小平同志南巡讲话之后，党中央和国务院决定，在沿海开放取得经验的基础上，进一步开放沿长江和沿边境地区的城市和内陆的省会城市，这是我国对外开放的又一重大战略部署，从而进一步完善我国沿海、沿江、沿边和内地开放地带相结合的全方位、多层次的对外开放格局。

自1992年国务院批准设立14个边境经济合作区以来，10年间边境经济合作区取得可喜的成就。1992年到2001年，合作区的国内生产总值累计270亿元，工业生产总值140亿元，财政收入35亿元，税收28亿元，进出口贸易额66亿美元，实际引进资金103亿元，其中外资5亿美元。共完成建设投资112亿元，共开发建设了大约33平方公里土地，兴办各类企业3300多家，其中外商投资企业450多家。

2001年，各边境经济合作区在西部大开发方针带动下加快了发展步伐。据统计，14个合作区国内生产总值达到50亿元，工业生产总值30亿元，财政收入5亿元，税收4亿元，进出口贸易额10亿美元，出口6.5亿美元，实际引进资金15亿元，其中外资2500万美元，完成建设投资15亿元。2001年是我国边境经济合作区成长最快的一年。

边境经济合作区走上西部大开发轨道

根据沿边对外开放的方针，边境经济合作区以吸引内地产业投资为主，兴办对相邻国家出口的加工企业和相应的第三产业，对区内以出口为主的生产性内联企业，其生产出口规模达到一定额度的，经外经贸部批准，给予对相邻国家的进出口经营权。

国务院于1992年先后批准7个省、自治区所辖的14个边境城市设立边境经济合作区，它们是：黑龙江省的黑河、绥芬河，吉林省的珲春，内蒙古自治区的满洲里、二连浩特，辽宁省的丹东，新疆维吾尔自治区的伊宁、博乐、塔城，云南省的河口、瑞丽、畹町，广西壮族自治区的凭祥、东兴等合作区，几乎包括了我国所有边境城市。

边境经济合作区是借鉴国家级经济技术开发区的经验创建的，同样属于国家级开发区的范畴，但其功能和优惠政策则有所不同。合作区实行对外和对内开放同时并举，以面向国内吸引较发达地区的资金、技术为重点，加强东部地区与边境地区的合作，推进边境贸易和加工出口；同时争取引进外资和进口周边国家的资源和工业加工技术，加速发展我国与周边国家的经贸合作，从而繁荣边疆经济。

边境经济合作区强力拉动边疆经济

合作区都是在边境城镇起步成长，10年来在国家和地方政府支持下，基础建设迅速展开，新的管理经营机制逐步形成，与境内境外发达地区的经济合作不断扩大，经济总量不断增长。由于合作区形成了各具优势的投资环境，很快成为边境城市的经济亮点，有力地拉动着边境区域经济。

合作区加强与毗邻国家贸易往来，注重与国内沿海和内地间经济技术合作，成为边境城市外引内联的纽带，各合作区主要经济指标每年平均以两位数的速度递增，对带动当地经济发展和技术进步起到了重要作用。

丹东合作区在沿鸭绿江边8公里长的荒滩地上分别建成工业加工区、商贸旅游区、口岸贸易区、高科技园区。珲春合作区2001年工业总产值达7亿元，占全市的67%，财政收入3170万元，占全市的2／3。东兴合作区吸引浙江绍兴纺织工贸集团建厂设店，每年出口到越南的商品额10多亿元以上，对当地的边贸发挥了积极作用。

通过扩大边境贸易，输出了大量轻工纺织日用品，为国内供过于求的产品找到了新的市场；从毗邻国家输入的橡胶、木材、藤条、铁矿、废钢铁、水产品、药材、玉石等都是国内紧缺的原材物料，很大程度上满足了国内生产建设和市场的需求。

边境贸易兴盛，推动着边境城市的对外经济技术合作、对外劳务输出、工程承包，促进了与周边国家的经济合作，边境旅游业也空前繁荣。据不完全统计，近几年，每年14个边境城市过境旅游、观光和经商人数不下1500万人次。

边境经济合作区改变当地城市面貌

在实行沿边开放以前，边境城市基础设施建设很差，市政设施破旧不堪，“路不平、灯不明、楼不高、(电)话不灵”是多数城市当时的真实写照。边境城市对外开放后，由于合作区的开发，当地城市建设发生巨大变化。合作区成为边境新城区，“绿起来、亮起来、美起来”逐渐构成了城市的新景观。

边境城市开放后，与毗邻国家除进行经济技术合作外，还积极发展多种方式的边境小额贸易、边民互市活动，边境贸易额成倍增长。合作区还利用地缘优势积极实施“走出去”战略，到境外开拓市场，满洲里、绥芬河等合作区在俄罗斯辟建了果菜批发市场。俄罗斯等独联体国家效仿我国的做法，也在其边境地区建立了自由经济区或互市贸易区。

边境经济合作区促进边境地区稳定发展

14个边境开放城市中，除黑河、绥芬河、丹东三个是汉族与少数民族聚居地外，其余11个都是少数民族自治区域，历来经济欠发达，群众生活较为穷困。边境城市开放后，各族边民逐步摆脱自然经济的束缚，在合作区建设中，积极参加各项生产建设事业、对外经济技术合作劳务和旅游商贸服务，扩大了就业，提高了收入。到2001年底，各边境经济合作区内人口总共达到30万，安排了12万人就业。

边境城市实行开放政策以后，随着合作区的建设、边境经济快速发展和人民生活水平的提高，当地各族居民间的团结不断增强，边境双方民众之间的友好往来日益频繁，与邻国的睦邻友好关系不断发展。边境双方之间的文化、体育、科技交流越来越多，大大地增进了边境双方人民的友好合作关系。边境城市实行对外开放的政策，实实在在起到了富民、强边、安邦的重大作用。

《经济日报》

满洲里边境经济合作区

地　　址	满洲里市301国道东经济合作区管委会大楼	邮　　编	021400
电　　话	0470—6225166　6223055	传　　真	0470—6220366
网　　址	http://www.manzhouli.net.cn	信　　箱	WMTH99Q@public.hh.nm.cn
主管部门	满洲里市人民政府	招商部门	管委会经发局
招商电话	0470—6234707　6237503　6225166		

【合作区简介】

满洲里以中国最大的陆路口岸而闻名于世，作为欧亚第一大陆桥的交通枢纽，已初步建设成为在国际区域经济合作区中发挥重要作用的国际贸易城。

满洲里边境经济合作区是经国务院国函[1992]21号文件批准建立的。位于市区东北部，规划面积6.4平方公里，内设高科技园区、工业区（含私营工业城）、仓储保税区、商贸区、行政管理区、文化娱乐区、居民区。其中：起步区1.56平方公里。“六通一平”设施齐全，有良好的投资环境和美好的发展前景。

经济合作区以功能开发为主、办实业为主、高新技术为主的方向，多功能开发、多产业发展。充分利用欧亚大陆桥头堡的优势，连接国内外两个市场，大力兴办对独联体、蒙古、东欧国家出口技术先进的加工业和第三产业，可建生产型、贸易型、工贸结合型和高新技术产业、科工贸一体化的各类企业，使经济合作区实现对内对外双向开放、开发的经济功能。

经济合作区按照国家赋予沿边开放的政策导向，充分发挥改革开放实验地、对内对外双向开放“对接器”和招商引资项目孵化器作用，全力实施“项目立区”战略。注重引进发展出口加工业、利用俄罗斯资源、开发当地资源和吸收国外先进技术的项目进区。

【发展优势】

地理优势：经济合作区位于市区东北部，距市中心2公里，西离国门、公路口岸9公里，东与创汇农业区接壤。

交通优势：301国道穿区而过，西与俄罗斯东与内地联通。满航公路区边而过。铁路是连接欧亚铁路的交通枢纽，是我国最大的陆路口岸，年换装能力500万吨。新公路口岸14条通道和二卡口岸年过货能力350万吨。

能源优势：距矿储量101亿吨的扎赉诺尔大煤田15公里，有石灰石、珍珠岩、膨润土矿。天然草原面积87万亩。我国五大淡水湖之——达赉湖水面2268平方公里，年产鱼虾万吨。区内有11万千伏变电站。区内自来水厂日供水量8000吨，确保工业和生活用水。

通讯优势：合作区邮电支局已并网，程控电话可直播与国际、国内长话。

政策优势：享受国家、自治区、满洲里制定的各项优惠政策。土地出让价格：商贸项目160元／平方米，工业项目80元／平方米，高科技项目20元／平方米。

经济优势：合作区已完成固定资产投资2亿元，起步区“六通一平房”设施齐全。区内企事业单位150多个，已形成服装、针织、毛纺、建材、仓储、运输等产业优势。区农业银行及时办理信贷、储蓄业务。

人文优势:高级中学一所，初级中学一所、小学一所。劳动力素质高，85%达到初、高中毕业。已形成文化娱乐、宾馆、商场、医疗等综合服务业优势。进区人口6000多人。

【投资导向】

第一类是进口工业产品粗加工或精加工;

第二类是出口产品的加工;

第三类是利用当地资源开发加工;

第四类是引进专利项目和高科技含量项目。

具体发展的产业是：轻工纺织工业、建材工业、化工工业、有色金属工业、木材加工业。

二连浩特边境经济合作区

地　址　内蒙古二连浩特市友谊路联检楼　邮　编　011100
电　话　0479－7523512　传　真　0479－7521930

【合作区简介】

二连浩特市边境经济合作区是1993年由原国务院特区办批准设立的开发区，位于二连浩特市区的北端防风林带以北、仓储运输公司验关库区以南、市区通向国门公路以西。总控制规划发展面积约3平方公里，启动期核定面积1平方公里，此地段环境质量良好，距市中心1公里，距国境线2.5公里，交通与通讯便利，邻近公路口岸联检楼与仓储公司验关库，紧靠市区，地势平坦，是国内外客商在口岸投资的最佳场所，通向蒙古、独联体进入东西欧的理想基地。

二连浩特市边境经济合作区采取灵活的规划结构，便于分期开发建设，同时也考虑了建设项目规模，性质可变性调整的可能，基础设施建设先期达到“四通（道路、上水、下水、供电）一平”，分公建区与生产区两个功能小区。公建区由高级职员住宅小区、商业服务文化娱乐小区及行政管理金融贸易小区组成，生产区主要为工业生产、生产服务和科研用地。合作区坚持整体规划、分期建设、开发一片、收益一片、滚动发展的原则，边规划、边开发、边招商。

二连浩特市边境经济合作区以外向型经济为主要模式，以国内外市场特别是国际市场为导向，以高新技术、新兴产业为重点，以先进工业为主体，兼顾发展商贸旅游，走技工贸旅紧密结合发展的道路。经过建设发展，把合作区建设成投资环境良好、资金和技术密集程度较高、第三产业发达、按国际惯例运作的综合性、多功能的现代化城市新区和新的经济增长点，使其成为深化改革的示范，扩大开放的窗口，联接内外的纽带，国际贸易城的支点。

丹东边境经济合作区

地 址	辽宁丹东边境经济合作区房坝3号楼	邮 编	118000
电 话	0415—3127399 3122384	传 真	0415—3123154
网 址	http://www.dbecz.ddptt.ln.cn	信 箱	dbecz@mail.ddptt.ln.cn
主管部门	丹东市人民政府	招商部门	管委会招商局
招商电话	0415—3122384 3142077		

【合作区简介】

丹东是我国最大的边境城市，与朝鲜民主主义共和国的新义州市隔江相望。

丹东边境经济合作区是1992年7月7日经国务院批准成立的国家级开发区，位于丹东市市区，东起鸭绿江中朝友谊大桥，西至金板路，南界为腾天街、鸭绿江边，北临输港铁路、黄海大街、青年大街，面积为12.3平方公里，在东港市还设有10.4平方公里的保税仓储加工区。全区具体规划为三个功能小区，东起依次为商贸旅游区、金泉工业区和保税仓储加工区。

丹东边境经济合作区以母城为依托，以辽宁中部城市群和东北三省为腹地，主要借助国外的投资和技术，充分发挥丹东地缘、资源、交通及政策优势，采取外引和内联相结合，挖潜和新建相结合，改造和开发相结合的办法，重点发展高科技、外向型产业和产品，同时发展劳动密集型产业和产品，逐步把合作区建成集出口加工、转口贸易、国际金融、信息咨询、保税仓储、科技开发和海、陆、空运输为一体的多功能新经济区。

商贸旅游区

商贸旅游区与朝鲜民主主义共和国隔江相望，异国风情，近在咫尺。现在开辟的多条跨国旅游热线每年吸引大量中外游客，使这里人如潮涌，更是商贾生财聚财的黄金宝地。它以母城为依托，距火车站不到1公里，距民航机场17公里，距大东港38公里，综合基础设施齐备，区内拥有万门程控电话及电传、传真等现代化通讯系统和声控装置系统，自行加压供水、集中供暖、供应管道煤气、供电。工商、税务、财政、劳动人事等部门提供“一条龙”服务。

商贸旅游区是边境经济合作区的起步区，它以鸭绿江大桥为起点，顺江而下，规划面积为1.41平方公里，其中包括商贸小区、口岸贸易区和高科技园区。

商贸小区结构以单体小楼为主，错落有致，富丽典雅，一或一至二层横向分割，可作商业铺面或餐饮娱乐场所，楼上竖向分割，可作办公间或生活起居用房。建筑面积从100平方米起步至2000平方米。另有10栋写字楼精彩规划，气宇不凡，总面积5万余平方米，一层可做商业旺铺，楼上可做写字楼、内宾酒店，并建部分标准厂房，适合兴办各类商贸公司、驻丹办事处和轻型加工企业。写字间布局合理，功能考究，配备电梯及公用服务设施，并有专业人员进行科学管理，完全满足现代人对办公高品位的要求。

口岸贸易区是辽宁省政府批准的二类口岸，其核心功能是开展对朝贸易。该区占地面积8万平方米，区内有商贸楼、综合写字楼、公寓、交易大厦、中心广场等。合作区管委会拟在该区设立对朝贸易区，内设边防、海关、商检等部门现场办公，为对朝贸易提供方便。贸易分水上、陆上两种形式，水上贸易由往来专营船队负责货物运输，陆上交易在交易大厅进行。

正开发建设的高科技园区（含欧洲花园小区）东临花园河口，北临福春住宅小区，南临鸭绿江和月亮岛，西临五道河口。岸线总长为2000米，该区占地面积约25万平方米，周边有城市上水、下水、煤气、电力和通讯管线，交通方便。该区拟建设成为集商贸、办公、娱乐、高级住宅、别墅和高科技项目等多种功能为一体的新型小区。该区将吸收世界高科技和尖端技术，重点引进微电子、生物工程、信息通讯等无环境污染的高新技术项目，促进实现科学技术成果商品化、产业化和国际化。

金泉工业区

金泉工业区位于浪头专用线至金板路，规划面积为11.76平方公里。该区划分为若干个工业团地，重点发展轻工、化工、电子、机械等技术密集型产业。该地块地势平坦，与丹东老工业区相接，北靠疏港公路，南临胜天街，距浪头港3公里，大东港20公里，丹东机场2公里，交通十分便利。该地块属浪头地区变电所送电范围内，可提供电压63KV/10KV，容量31.5MVA电能，该地块水源充足，附近设有自来水管道。该地块的通讯已与市邮电局并网，可国际直拨。

金泉工业区的地块可成片开发，使用权可一并出让，也可按客商要求分割出让，还可以采取合资入股、联合开发等形式。

韩国仁川广域市政府独资兴建的0.5平方公里的“仁川丹东产业团地”现已形成规模，韩国企业已陆续进驻投资办厂。

江湾出口加工区属金泉工业区的起步区，该区位于黄海路工业区，占地面积22万平方米，适用于轻工、机械、电子、精细化工、纺织、服装、食品等无环境污染的工业项目。

该区交通方便，临近铁路、鹤大公路和建港80余年历史的浪头港。距丹东机场4公里，距大东港25公里。该区已开发为“六通一平”工业熟地并建有4栋工业标准厂房，总面积为8万平方米。该区电力设施完备、电力资源充足，设有电压为63kv/10kv、容量为20MVA的变电所和电压为10kv、容量为10MVA的开闭所，可以为用户提供10KVA或380V电压供电。

该区的工业熟地可成片出让，也可按客商要求分割出让，还可采取合资入股等方式联合开发。该区内的工业标准厂房可以根据客商的要求出售、出租、合资入股。该区实行封闭管理，环境优雅，运输方便，是工业项目投资的理想地块。

保税仓储加工区

保税仓储加工区设址于大东港的港前，北起友好路，西临进港铁路、东港火车站、进港公路，南界、东界为鸭绿江边，距离大东港5公里，距丹东市区35公里，距丹东民航机场17公里，规划面积10.4平方公里。起步区规划面积2.5平方公里，主要用于保税仓储、出口加工、金融贸易、写字楼的开发建设。

该区以大东港万吨级码头为依托，以保税仓储、高新产业为主，使之成为具有保税仓储、出口加工、科技信息、商业贸易、转口运输、观光旅游等多种功能的新经济区。

【丹东简介】

丹东(原名安东)——美丽的江城，一个以轻纺、电子、 旅游、港口为特色的沿海开放城市，也是全国最大的边境城市。全市辖三区二市一县(振兴区、元宝区、振安区、东港市、凤城市、宽甸满族自治县)。

丹东市位于辽东半岛经济开放区东南部鸭绿江与黄海的汇合处,在东北亚经济圈的中心地带,与朝鲜民主主义共和国的新义洲市隔江相望，北与本溪接壤，西界鞍山、营口，西南与大连毗邻，南邻黄海，东经124度23分,北纬40度07分，面积1.49万平方公里。

丹东地区属暖热带季风型大陆性气候，年平均温度9.5度，年平均降雨量在900至1100毫米左右，年平均日照时数2800小时，年平均湿度60%，风级2～3级。

丹东自然资源丰富，盛产柞蚕、烟草、柱参、山楂、草莓等，其中柞蚕年产量占全国40%以上；柱参被誉为“园参之冠”。丹东海岸线长120公里，产鱼类80余种，贝类40余种。

境内可供开采的矿产资源有铅、锌、铜、金、镁、硼、玉石、高岭土等50余种，已开发利用的有31种，其中固体硼矿储量占全国固体硼储量的94%；菱镁矿MGO含量平均高达46.5%；“丹东绿”大理石被东南亚国家誉为“理石之冠”。丹东的水资源得天独厚，境内有大小河流1361条，全市人均有水量是全国人均有水量的1.5倍，且水质优良，水的总硬度、PH值、生物原生质和透明度均达到国际标准。丹东还蕴藏着大量的温泉资源，现已开发17处，有中国最大的温泉游泳馆、温泉水疗馆，温泉疗养、温泉浴已成为丹东的一大特色。丹东市三面青山环绕，一面江水碧流，环境幽雅，银杏成荫，杜鹃满城，冬无严寒，夏无酷暑，素有“北国江南”之美称。市内有国家级风景区鸭绿江公园、 锦江山公园和国门公园；境内的国家级白石砬子自然保护区是天然植物园和动物园；道教名山凤凰山集雄、险、幽、奇、秀于一身；古廊建筑群大孤山；天然瀑布青山沟；黄海“珍珠”大鹿岛；中国明长城东端的起点就在丹东的虎山。丹东名胜古迹众多,是度假、旅游的好地方。

丹东工业以轻工、纺织、电子为主体，基础雄厚。现有企业1700多家，轻工业比重大，门类比较齐全，国家划分的82个轻工业门类中，丹东拥有68个，产品1300多种，传统工业历史较长，形成一定规模。丝绸、纺织、造纸等工业产值约占全市工业产值的18.5%。新兴工业有一定基础，电子产品已达到55个优质品种，仪器仪表工业的产品开发能力在全国领先。丹东化纤、手表、丝绸、机制纸、射线探伤机、家用电器、大客车、汽车和内燃机零部件、硼砂、染料、轮胎、渔利原料药、自来水笔、调谐器等主要产品80%面向全国，许多产品远销世界各地。

丹东科研、教育力量较强，现有蚕业、丝绸、农林业、畜牧业、轻工、化工、轻化工、电子、仪表和生物化学等科研机构，从事科技工作的各类人员2万余人。医疗卫生机构497个。有高等院校7所，中等专业学校17所，职业高中和技校50所，每年大约有4000名大中专应届毕业生。

早在1903年，丹东就被清政府辟为商埠，后为自由贸易港，是东北三大贸易口岸之一。近年来，丹东对外交往和对外贸易日趋活跃，同100多个国家和地区建立了经济技术贸易关系。边境贸易发展迅速，贸易额成倍增长。

【投资环境】

铁路:铁路有横贯南北的丹沈干线和凤上、丹大两条支线，另有36条铁路专用线，连接大东港、浪头港等，与全国铁路网连接，沟通全国各地。有直达北京、沈阳、大连、长春、青岛的客运和货运列车,莫斯科—北京—平壤的国际联运列车途经丹东出入国境。

丹东铁路距平壤220公里，距汉城420公里，距釜山871.5公里，是我国沟通欧亚大陆及朝鲜半岛的主要陆路通道。

公路:公路纵横交错，总长3484公里，连接辽宁省各地及吉林，黑龙江，河北，北京等省市。6条国家级、省级公路横贯境内，丹东有国营、中外合资、合作的各种运输企业，豪华舒适的大型客车每天往返于大连、营口、本溪、沈阳、通化等地。有往返丹东—大连的集装箱运输车。

特别是作为规划建设中的人称“21世纪伟大壮举”的从日本东京、通过“日韩海底隧道”经过汉城、平壤、经由丹东通向北京和南亚、中近东、到莫斯科、达英伦三岛的国际高速公路一部分的丹东古城—本溪南芬段，全长约136公里，现已全面开工，将于2002年贯通，届时丹东—本溪—沈阳—山海关—北京这段国内高速公路将全线联网通车。国际高速公路的规划建设，不仅将对中国东北地区的经济发展起主要作用，还将对亚太地区特别是东北区域经济的开发发挥重要的作用，更加体现出丹东居于东北亚经济圈中心的特殊地理位置，使丹东真正成为我国东北地区对外开放的窗口。

航空:丹东民航机场距市中心18公里(距丹东边境经济合作区金泉工业区2公里)，现已开通丹东至北京、广州、上海、深圳、三亚、成都、沈阳、温州、长春、大连等航线。目前正在做开通国际航线的准备工作。

海运—丹东现拥有大东港和浪头港两个港区，生产泊位10个，其中万吨级深水泊位4个(一个已达5万吨级)，港口年通过能力达225万吨。并拥有车库、铁路、机械、港作船舶、供水、供电、通讯、导航等配套设施。目前，丹东港已同日本、韩国、朝鲜、俄罗斯、中国香港等30多个国家或地区的70多个港口开辟了海上航线，丹东至韩国仁川的客货滚装班轮现已开通。与此同时，港口保税区集装箱运输的筹措工作正在开展。

通讯:丹东现拥有邮电支局(所)144处，拥有世界先进程控交换机37.7万门，电话装机数达23.3万部。农村乡镇已实现国际、国内直拨，开通了移动电话和无线寻呼。

供电:丹东电网与东北电网联接，全网装机容量达3,000万KW。丹东境内有拉古哨、太平湾等各类发电站十几个，装机容量157万KW。华能丹东电厂一期工程装机容量为70万KW，已于1998年并网发电，为丹东地区的生产和生活用电提供了可靠的保证。

给水:丹东市坐落在鸭绿江畔，水资源充足，水质优良。市区自来水水源沿江建设，丹东地下水资源也十分丰富，境内地下水储量22.9亿立方米，为丹东的建设和发展提供了得天独厚的条件。

供热:丹东市依托鸭绿江造纸厂热电厂、丹东造纸厂热电厂及丹东化纤公司热电厂一期工程，市区供热面积已接近60%，随着华能丹东电厂的全面启动及丹东化纤二期工程的开工，丹东市的供热能力将进一步加强。

【发展优势】

从历史和目前发展趋势来看，丹东发展同朝鲜的边境贸易具有良好的外部环境和独具特色的综合优势。

地域优势——丹东与朝鲜沿江边界线长306公里，面对朝鲜两道、一市、八郡(即平安北道、慈仁道，新义州市，铁山郡、薪岛郡、龙川郡、义州郡、朔州郡、昌城郡、碧洞郡、时郡），丹东市区与平安北道首府新义州隔江相望，宽甸县虎山、丹东市安民两地同朝鲜陆路接壤，有铁路、公路、水路连通朝鲜腹地，是连接朝鲜半岛与欧亚大陆的重要通道，地理位置得天独厚。

口岸环境优势——我国实行改革开放政策以来，丹东口岸硬环境建设有了很大发展，在沿江口岸线上，拥有各类口岸13个，其中：一类口岸5个，二类口岸8个，口岸基础设施比较完备，全市交通十分便利，初步形成了陆海空立体交通体系。丹东港有大东港和浪头港两个港区，8个泊位。其中大东港已形成五个万吨泊位，年吞吐能力220万吨，民航已开通11条航线。在进出口货物的主要口岸丹东和大东港均设立了完善的海关、进出口检验检疫和边防检查等联检部门，为扩大和发展丹东的对外贸易提供了良好的条件。

经济互补优势——丹东作为东北地区重要工业城市，轻工纺织和电子工业发达，门类比较齐全，粮油食品充裕，各类商品丰富，另有全国各地源源不断的商品涌入丹东市场，这些商品大多是朝鲜紧缺和急需的，由于价廉物美，能够被朝鲜市场所接受，目前，朝鲜虽然经济比较困难，支付能力较差，但朝鲜矿产资源、森林资源、海洋资源以及旅游资源都比较丰富，如果我们能扩大同朝鲜的经济合作领域，发展对朝边境贸易潜力是很大的。

人文优势——由于历史的原因，丹东市朝鲜族人口密集，从朝鲜归国的华侨众多，据初步统计，现居住在朝鲜的华侨达8000余人，历年归国回丹东居住的华侨7000余人。近年来，随着丹东对外开放的深入和投资环境的逐步改善，这些华侨及亲属通过探亲和民间商务活动形式频繁往来，密切联系，洽谈合作，成为丹东发展对朝经贸合作的重要人文资源。

珲春边境经济合作区

地　　址	吉林省珲春市新安街1号	邮　　编	133300
电　　话	0440—7611567	传　　真	0440—7611545
网　　址	http://www.hcbecz.com	信　　箱	kjj@hcbecz.com
主管部门	珲春市人民政府	招商部门	管委会经济发展局
招商电话	0440—7611543		

【合作区简介】

珲春边境经济合作区是1992年9月14日由国务院批准设立的国家级开发区，行政区划面积73平方公里，规划面积24平方公里，起步区2.28平方公里。2000年4月和2001年2月，国务院先后批准在合作区内设立了珲春出口加工区和珲春中俄互市贸易区，出口加工区规划面积2.44平方公里，互市贸易区占地面积9.6公顷。

珲春边境经济合作区做为吉林省实施开边通海的前沿阵地，吉林省专门制定颁发了《珲春边境经济合作区管理条例》，以立法的形式对合作区的开发建设、功能定位、管理权限、优惠政策等一系列事宜做出明确规定，享有吉林省赋予的省级经济管理权限。

珲春边境经济合作区所在的珲春市，东南与俄罗斯接壤，西南与朝鲜毗邻，南面日本海，是东北亚各国经济互补的最佳结合点，在这里形成国际性的人流。而珲春边境经济合作区的开发建设必将起到龙头和带动作用。到2001年为止，合作区已累计审批项目180多个，协议投资总额近32亿多元人民币，利用外资项目总投资2亿多美元，合同利用外资1.3亿多美元，各项经济指标增长速度连续上升。其中引进工业项目160多项，形成了纺织业、林产品加工业、水产品加工业等三大主导产业。1998年以来，国内生产总值年平均增长31.9%，2001年达到25540万元，是1997年的2.7倍；工业生产总值年平均增长47.8%，是1992年的4.6倍；进出口总额年平均增长18.5%，是1997年的2倍；财政收入年均增长13.4%，是1997年的3.4倍。

合作区成立伊始，便始终以建设出口加工业和高新技术产业为主，确立了工业生产、金融、贸易、旅游、商业、服务、娱乐、建设的主线，推动了合作区各项事业的全面发展。加工区建设以发展劳动密集型和资源密集型的出口加工业为主，重点发展轻工、食品、纺织、服装、林产品深加工、建材等行业。积极寻求引进电子、通讯，技术含量高、附加值高的技术密集型项目和产业，将中俄互市贸易区建设成中俄商品交易和现货中心、中俄经贸合作洽谈中心、信息服务中心，汇集国内外的人流、物流，成为辐射俄罗斯和朝鲜、韩国的国际商品集散地。

2001年，合作区批准项目总投资201354.88万元，合同利用外资12685.6万美元，完成工业产值70000万元，是珲春市工业总产值的66.7%。出口加工区在2001年5月通过了国家8部委组织的检查验收，并正式封关运行，吸引了韩国、日本等国家和地区15家加工企业的总投资3亿元。启动后的中俄互市贸易区涌现了深圳铭川公司、长春新恒集团、俄罗斯金雕公司签约入区。

珲春边境经济合作区、珲春出口加工区、珲春中俄互市贸易区“三区”一体，将以吉林裳邦尔纺织、东一针织等骨干企业为龙头，落实配套项目，形成纺织服装产业群体；充分利用劳动力资源和俄罗斯、朝鲜丰富的海产品资源，依托出口加工区建立水产品加工基地，吸引国外资金和先进技术从事深加工、精加工，把农林资源转化为高附加值产品向外输出，满足适应跨国公司在我国布点生产和企业零库存生产需要，吸引跨国公司选择在出口加工区内进行加工生产，大力培育劳动密集型的合作区产业群体。

合作区将以商贸和仓储设施建设来带动我国南方的企业和日本、韩国的中小型加工企业入区，使互贸区在发展成为中俄日用品进出口集散地的同时，形成东北亚地区的水产品集散地；以多种类、多渠道的特色贸易形成互市贸易的分支门类；以中俄商贸城项目建设为先导，带动利用辐射功能，从而推进万吨冷库建设项目以及配套的水产品加工项目，拉动俄罗斯海产品进口，吸引韩国海产品加工企业进区，形成水产品加工产业链条，把互贸区建成相当规模的海产品集散地。

为了改善通关条件，吉林省正与俄、朝协商修建长岭子—克拉斯基诺口岸联检楼，改造克拉斯基诺标准轨铁路，将其延伸至海参崴，协助朝鲜修筑元汀—罗津口岸公路等，进一步开拓对俄、对朝的边境贸易。

绥汾河边境经济合作区

地址	黑龙江省绥芬河市政府大厦二楼	邮编	157300
电话	0453—3924494	传真	0453—3922560
网址	http://www.suifenhe.gov.cn	信箱	sfhzf@mail.hl.cn

【绥芬河市简介】

绥芬河市位于黑龙江省东南部，南、北、西三面与东宁县毗邻，东与俄罗斯远东最发达地区——滨海边疆区接壤，边境线长27.5公里。辖区面积460平方公里，下辖阜宁镇、绥芬河镇和边境经济合作区，总人口10万（包括5万流动人口）。1975年国务院列为省辖计划单列市。1992年被国务院批准为中国首批沿边扩大开放城市。1999年6月，经中俄两国政府外交换文，设立绥芬河中俄互市贸易区。

绥芬河是一座风光秀丽的山城，坐落在长白山北端，年平均气温2.3℃，属海洋性季风气候；无霜期119天，年平均降水582毫米；平均海拔500米左右；境内有小绥芬河、寒葱河穿过，辖区山多林茂，森林覆盖率为60%；可利用的野生植物300余种，野生食用木耳、蘑菇、蕨菜等山产品畅销国内外。

绥芬河作为国际通商口岸已有近百年历史。1903年中东铁路通车后，以这条铁路为纽带，绥芬河曾与海参崴、哈尔滨同步发展。曾有美、英、澳、日、韩、俄等18个国家和地区的商贾云集于此，时称“国境商业都市”。20至30年代曾为东北北部“第三特别市”，是黑龙江省东部的政治、经济中心。中华人民共和国成立后，绥芬河作为国家一类口岸，一直承担着中苏贸易进出口运输和分拨任务。1987年10月我国恢复对原苏联的边境贸易后，绥芬河凭借悠久的贸易历史和突出的地缘优势，使边境贸易和经济技术合作得以迅猛发展，形成了对外开放的新格局。

改革开放20多年来，绥芬河市的经济建设和社会事业实现了跨越式发展。1999年，全市国内生产总值实现5.5亿元，同比增长14%；财政收入实现1.2亿元，同比增长3%；社会商品零售总额实现34018万元，同比增长6.2%；城镇职工人均货币收入达到8200元，同比增长10.6%；农村人均纯收入达到4000元，同比增长7.1%。对外贸易进出口总额实现7.2亿美元，同比增长22%，连续4年占全省边境贸易总额的50%以上；边境小额贸易占全省的83%；口岸过客58万次，同比增长24.7%，过货216吨，同比增长29.5%，连续四年占全省各口岸过货总量的70%以上。互市贸易区的启动促进民间贸易额同比增长10%以上。陆海联运货物40万吨，首次开通了由绥芬河口岸发往美国西雅图的集装箱业务。对俄旅游方兴未艾，1999年累计接待进口出境旅游者21.9万人次，比上年增长11.2%，旅游企业创汇2570万美元，比上年增长25%。

绥芬河市按照适度超前的原则，发展交通、建设、能源等基础设施建设及城市建设，根本改善了投资环境和生活环境，初步形成了功能完善的现代化城市格局。铁路口岸年过货过客能力达500万吨、100万人次，公路口岸年过货过客能力达100万吨、50万人次。市区形成了一高等级路面为主、桥路相接、四通八达的公路网络。日供水能力3万吨，日供电能力2万千伏安，供热能力60兆瓦小时，市话装机2万门，大气质量接近国家环保模范城市标准，完全能够满足客商投资和人民生活的需要。市场建设向专业化、规模化方向发展，建成服装、鞋帽、家电、小百货、果菜、建材、肉类、木材等十余个专业市场，总营业面积突破20万平方米，年交易额最高时达60亿元人民币，是中俄边境线上最大的商品集散中心。科技、教育、体育、卫生、文化等社会各项事业长足发展，城市文明的整体水平不断提高，荣获“黑龙江省文明城市建设先进市”称号。

黑河边境经济合作区

地　址	黑龙江省黑河市通江路8号	邮　编	164300
电　话	0456—8225705	传　真	0456—8223391
网　址	http://www.heihe.gov.cn	信　箱	hhzfmqb@mail.hl.cn

【合作区简介】

黑河边境经济合作区，是1992年3月经国务院批准的国家级边境经济合作区，是一个享受国家特殊政策，依托口岸和资源两大优势，以发展国际间经贸和合作和出口导向型工业为重点，积极发展高新技术产业的多功能、现代化、国际性经济区域。黑河市人民政府在合作区设立管委会，代表市人民政府对黑河边境经济合作区工作实行统一领导和管理。

黑河边境经济合作区位于黑河市市区与俄罗斯远东第二大城市旧布拉戈维申斯克城隔江相望，是中俄边境线上规模最大、距离最近、规模最高、功能最全的对应城市，是开展俄罗斯等独联体国家经贸合作的一个重要枢纽。

黑河边境经济合作区经国务院批准首期开发面积为7.63平方公里，中期规划为15平方公里，远期规划为30平方公里。经过10年多的开发建设，3.4平方公里区域内基本具备了道路、给水、排水、供热、电力、通讯等基础条件，并形成了一批门类比较齐全的骨干企业。正在建设中的出口加工园区和木材加工园区已见雏形，黑河新兴基础原材料加工区和配套组装工业区正在启动建设。目前区内新建工程竣工面积已累计达到65万平方米。

黑河边境经济合作区以优惠的政策、宽松的环境、优质的服务以及依托口岸的优势、丰富的资源、充裕的能源、便利的交通、现代化的通讯为国内外客商提供了得天独厚的投资兴业理想场所。

广西东兴边境经济合作区

地　址	广西东兴市新华路	邮　编	538100
电　话	0770—7683572	传　真	0770—7686485

【合作区简介】

东兴边境经济合作区地处广西东兴市，东南临北部湾，西南与越南接壤，与越南水陆相交，是中国通向东南亚地区唯一最便捷的水陆门户。

东兴边境经济合作区拥有国家一类口岸——东兴口岸，东兴边境贸易点既有国际贸易口岸，又有边境贸易通道，合作区除享受沿海开放城镇和经济特区优惠政策外，国家还给予合作区边境贸易、对外经济技术合作、少数民族、边境旅游等多方面优惠政策。

建区以来，合作区管理委员会投入12亿多元，建成了供水、供电、通讯、城市道路等一大批基础设施项目，合作区目前基础设施日趋完善，具备了良好的商贸、旅游投资和生活环境。东兴边境经济合作区已经初步成为我国西部对外开放的窗口和桥梁。

广西凭祥边境经济合作区

地　址	广西自治区凭祥市南大街07号	邮　编	532600
电　话	0771—8523099	传　真	0771—8523099

【合作区简介】

凭祥边境经济合作区于1992年9月经国务院批准成立为国家级边境经济合作区，合作区核定面积7.2平方公里，已开发4.2平方公里，已建成“五通一平”比较完善的基础设施。

凭祥边境经济合作区地处亚太经济圈中越两国结合部，是我国特别是大西南通往越南和东南亚各国的主要通道之一，国际铁路、322国道贯穿合作区南北，国家一级口岸——凭祥火车站，国家部分联检机构和一些涉外部门均设在合作区内。

畹町边境经济合作区

地　址	云南畹町市民主街118号	邮　编	678500
电　话	0692—5151404　5151394	传　真	0692—5151394

【合作区简介】

畹町市是我国沿边对外开放城市之一，地处中缅边境，国境线长28.64公里，是320国道的终点站。

畹町合作区于1992年经国务院批准设立，占地面积平方公里。合作区发展方向：主要是充分利用中缅两国原料和市场，可搞国贸、外贸、边贸，从事边贸加工、农业资源开发、国际经济劳动技术合作和旅游业的开发等等。

畹町市经济合作区享有省级有关经济管理权限，区内可批3000万美元以下外贸、内资企业，可以为外商办理外资企业的有关手续，水、电、路、通讯、交通基础设施条件好，可提供优质服务，并具有地方一系列优惠政策、提供保税业务，“五大”联检部门齐备，可为外商提供高效服务。

云南瑞丽边境经济合作区

地　址　云南省瑞丽市边境经济合作区管委　　邮　编　679600
电　话　0692—4148655　4148950　　传　真　0692—4148059
网　址　http://www.dh.yn.gov.cn　　信　箱　rlhzq@mail.dh.yn.cninfo.net

【合作区简介】

瑞丽边境经济合作区位于我国沿边开放城市瑞丽市区与缅甸木姐城区之间，是两城乃至两国之间的连接带，也是澜沧江—湄公河经济合作次区域昆明—曼德勒—仰光经济走廊的连接点。为了充分发挥其独特的区位优势，综合利用国内国外两种资源两个市场，于1992年12月经国务院批准设立国家级边境经济合作区。

合作区规划开发面积13.45平方公里，是以进出口加工业为基础，以热区资源开发尤其是特种生物资源开发形成龙头产业体系，并配以商贸、金融、旅游等产业开发，享有省级经济管理权限的综合性开发区。

河口边境经济合作区

地　址　云南省个旧市河口县北山路　　邮　编　661300
电　话　0873—3421158　3421821　　传　真　0873—3421821

【合作区简介】

河口瑶族自治县位于云南省东南端，是国家一类口岸，是云南省政府制定的“昆河外向型经济带”发展规划中的重要“矢点”。也是昆河外向型经济的重要点，同时河口交通便捷，昆河公路、滇越铁路贯穿全境，是云南乃至大西南通向东南亚的最直捷的通道之一。

1992年，国务院批准河口为国家一类开放口岸，确定了“以边贸为龙头，农业为基础，加工业为重点，保护生态，发展旅游业，依靠科技和教育进步，提高对外开放的水平，使贸工商全面发展，把河口建设成为边境商贸旅游城市的发展思路”。

河口边境经济合作区与越南老街市一桥之隔，有滇越铁路、昆河公路、红河水道与西贡、河内相连，距海防港仅397公里，区位独特，交通便利，是我国西南地区便捷的出海通道和走向越南和东南亚的重要门户。

合作区实行一个窗口对外，一个图章管到底，一条龙服务，对外商投资从可行性报告到立项审批、规划、颁领证照以及土地征用，提供全程服务。

博乐边境经济合作区

地　址 新疆博乐市长城东路　　邮　编 833400

电　话 0909－2223275

【合作区简介】

博乐边境经济合作区于1992年7月18日创建，同年12月经国务院特区办准为国家经济合作区。规定区面积7.83平方公里，起步区面积0.79平方公里。主要分为商贸区、工业区、仓储区、生活区等四个功能区。

合作区设博乐市边境经济合作区管委会,下设办公室、土地房产局、规划建设局、工商行政管理局、外事办和联合办公大厅。基本完成了起步区0.79平方公里的"六通一平",初步完成了道路、绿化、电力、电讯、集中供热、供水、排水等基础设施,在合作区内金融、宾馆、学校、粮站、车站、文化娱乐和各类市场功能齐全。

博乐边境经济合作区是博乐的重要组成部分，距国家一级铁路、公路口岸阿拉山口73公里，距博乐火车站43公里，交通便利，环境优美，条件优越，发展潜力大，是兴办企业的理想场所。合作区坚持依据博乐市总体规划，依托老城，开发新区，基本具备了对外招商引资的条件。截至1999年底，合作区累计投入基础设施资金4000余万元，起步区0.79平方公里已完全具备"六通一平"和比较完善的基础设施。

博乐边境经济合作区以"沿边、沿桥、外引内联、东联西出"的发展方针，强化自身功能，面对国际、国内两大市场，以口岸为依托，发挥当地资源优势，进一步解放思想，加大招商引资力度，以工业为重点，商业、房地产开发、服务等配套设施为辅助，以出口加工为主，大力发展多领域、多形式的经济合作，发展开放型经济，努力把合作区建成工贸结合型的经济区域。

塔城边境经济合作区

地　址 新疆塔城市光明路边境合作区　　邮　编 834700

电　话 0901－6226163

【合作区简介】

塔城位于新疆维吾尔自治区西北部，距自治区首府乌鲁木齐580公里，总人口13万人，有汉、哈萨克、回、维吾尔、俄罗斯等25个民族。西部、北部与哈萨克斯坦共和国接壤，边境线长150多公里，市区距国家一类开放口岸——巴克图口岸仅12公里，是新疆三个沿边城市中距口岸最近的城市。

塔城市边境经济合作区于1992年12月经国务院特区办批准成立。合作区东依塔城市，西邻口岸，规划面积6.5平方公里。合作区自成立以来在各级党政领导的直接关怀下，加强软硬环境建设，以吸引国内外投资、促进城市经济进一步繁荣为宗旨，在0.95平方公里的起步区内，围绕"六通一平"进行了基础设施建设,目前已配套完善，为合作区的长远发展打下了一个坚实的基础,为各类投资者提供了一个良好的投资环境。

伊宁边境经济合作区

地　址	新疆伊宁市边境经济合作区北京路商业城	邮　编	835000
电　话	0999—8133066　8120443	传　真	0999—8128184
网　址	http://www.ycatv.com.cn	信　箱	lfa-yn@mail.xj.cninfo.nett

【合作区简介】

经国务院批准，1992年伊宁市在沿边开放城市的基础上兴建了边境经济合作区。合作区位于伊宁市西郊，距市中心3公里，规划面积6.5平方公里，起步区面积0.61平方公里。合作区内重点设置商贸区、出口加工区、高新技术区、行政生活服务区、伊犁河码头区、旅游度假村等区域。

合作区是以外向型经济和高新技术为主的贸、工、商结合的多层次、多元化的综合经济区。它的发展紧紧依托霍尔果斯、都拉塔和木扎尔特三个对外开放口岸的地缘优势和伊犁地区的资源优势、人文优势，充分利用国家和各级人民政府赋予的优惠政策，托老城，发展新区，外引内联，积极拓宽与国内外的经济技术合作领域，并坚持以工业项目为重点，边贸为突破，商业、住宅等配套设施为辅助的建设方针。

几年来，合作区管委会狠抓了起步区的投资硬环境建设，完成了道路、给水、排水、照明、电力、通讯、供热等基础设施配套建设，为合作区企业的健康发展提供了便利条件，满足了投资者的需要。

招商引资和项目建设进展顺利，在合作区注册登记的企业和与管委会签订建设项目、合同和协议的国内外客商越来越多。中—马合资伊犁刨花板厂、食用酒精厂、浦伊塑料厂、蜂蜜深加工厂、石材加工厂、木器制造厂、服装厂、电器设备厂等一批资源开发型企业相继建成投入生产，并取得了良好的经济效益。商业城、国际贸易市场、邮电大楼、海关大楼、林则徐纪念馆、交警办公大楼、商住小区、伊宁口岸货物检验厂等一批商业服务设施也相继投入使用，为合作区人流、物流的引进、经济的繁荣创造了条件。即将投产的年产1.7万吨木浆新闻纸厂将填补西北五省区新闻纸生产的空白。上述项目的顺利建设票志着合作区开发建设已全面展开。

紧抓住改革开放对边疆地区形成的历史机遇和有利条件，充分利用当地优势，积极开展边境贸易，是促进合作区发展的重要措施。几年来，管委会充分发挥享有边贸进出口权的合作区经济技术合作总公司这一国营外贸公司的主渠道作用，不断完善内部管理机制，坚持灵活的经营方针，多层次、多形式、多渠道地开展边境贸易，初步形成了一个独立的对独联体贸易网络，并取得了较好的经济效益。伊宁口岸货物查验场的运行，海关、商检、边检、动植检、卫检、涉外运管等部门进入合作区办公，促使对外贸易和独联体旅游购物更加活跃。

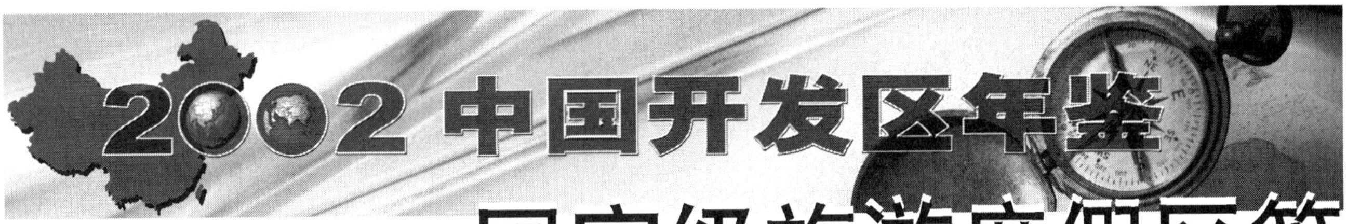

国家级旅游度假区篇

国家旅游度假区发展简介

为进一步扩大对外开放，开发利用我国丰富的旅游资源，促进我国旅游业由观光型向观光度假型转变，加快旅游事业发展，国务院决定在条件成熟的地方试办国家旅游度假区，鼓励外国和中国港澳台地区的企业、个人投资开发旅游设施和经营旅游项目。截止到2002年底，国务院共计批准16家度假区为国家级旅游度假区，分别为大连金石滩、青岛石老人、苏州太湖、上海佘山、无锡太湖、杭州之江、福建湄州岛、福建武夷山、广州南湖、广西北海银滩、昆明滇池、湖南韶山、西藏巴松湖、温州马荞潭、北京中华民族园、三亚亚龙湾等16家。

国家级旅游度假区大都分布在旅游度假资源丰富，客源基础较好，交通便捷，对外开放工作已有较好基础的地区。国家为鼓励发展旅游业，对国家旅游度假区实行众多的优惠政策。

创办国家旅游度假区，是中国旅游业深化改革、扩大开放，改变我国旅游产品结构，提高旅游产品档次，提高国际竞争力的一项重要措施。

北海银滩国家旅游度假区

地　址	广西北海银滩白虎头	邮　编	536000
电　话	0779—3882012　3886156　3886758	传　真	0779—2053538
网　址	http://www.beihai.gov.cn	信　箱	bheic@ppp.nn.gx.cn

【度假区简介】

北海银滩国家旅游度假区是1992年10月经国务院批准建立的12个国家级旅游度假区之一，位于“中国优秀旅游城市”——北海市市区南部海岸，东起大冠沙东端，西至侨港镇渔港东岸，北至咸田、曲湾、大冠沙北端，南面临海。

北海银滩国家旅游度假区分为银滩东区、银滩西区和潮间带沙滩区，规划面积22.148平方公里。规划有综合服务区、度假别墅区、海滩康复区、海上运动区、娱乐购物区、高尔夫球场、文化活动区和商贸区8个功能小区。已建成银滩公园、海滩公园、恒利海洋运动娱乐度假中心（世界名画大观园、银滩海上世界）3个度假单元。度假区内拥有宾馆（饭店）42家，共有床位2128个，其中二星级饭店2家。

北海银滩国家旅游度假区管委会成立于1993年2月，是北海市人民政府的派出机构，代表北海市政府对北海银滩国家旅游度假区实行统一管理。

度假区内气候属亚热带季风气候，温和湿润，年平均气温22℃左右，年平均日照量2100小时，负氧离子含量高达5000个/立方厘米。冬无严寒，夏无酷暑，一年四季均适合旅游度假，是最理想的海滨浴场和度假胜地。

度假区规划有综合服务区、度假别墅区、海滩康复区、娱乐购物区、高尔夫球场、文化活动区和商贸区8个功能小区。经过几年的开发建设，已建成银滩公园、海滩公园、银滩乐园三个度假单元，推出了海滨浴场、海上运动、沙滩运动、大型音乐喷泉、欧陆风格建筑群、世界风情歌舞表演、海洋动物表演、会议培训等一系列旅游项目。正在动工或已签订协议的项目有北海银滩情人岛度假公园、海洋公园、银滩文化广场、银滩夜景灯光工程、情人路、银滩水上乐园等。

杭州之江国家旅游度假区

地　址	浙江省杭州市南山路58号	邮　编	310007
电　话	0571—7970922	传　真	0571—7970926
网　址	http://www.hz-zj.com	信　箱	hzzjnthz@mail.hz.zj.cn

【度假区简介】

杭州之江国家旅游度假区是国务院批准建立的12个国家旅游度假区之一。是国务院为深化改革，扩大开放，改变我国旅游产品结构，提高旅游产品档次，提高国际竞争力的一项重要部署，也是杭州市委、市政府贯彻邓小平同志南巡谈话精神，加快杭州旅游改革，促进资源的深度开发，发挥独特优势，加快旅游产业发展的重大举措。

度假区位于杭城西南，南濒钱塘江、北依五云山，总面积9.88平方公里。区内修篁滴翠、林木森森、景色秀丽、环境幽雅；登山远眺，西湖之静美、之江之壮丽，尽收眼底；沿江而下，可观赏冠绝古今的钱江潮；溯江而上，又可饱览“两江一湖”的湖光山色，为西湖和“两江一湖”风景名胜的最佳结合部。

之江度假区地处亚热带季风气候范围，全年四季分明，年平均温度16.1℃，常年风向为东北风，年均降雨量1153.7mm，年均日照1900小时。度假区北部为山麓低丘地，地质基岩多为泥盆纪的千里岗砂岩，坡度标高12~50米（黄海）；南部为钱塘江淤积平原，平均标高6.4米。

大连金石滩国家旅游度假区

地　址　辽宁省大连金石滩国家旅游度假区管委会　邮　编　116600
电　话　0411—7900139　7900133　传　真　0411—7900139
网　址　http://www.jinshitan.com.cn

【度假区简介】

金石滩位于辽东半岛南端的黄海之滨，毗邻大连经济技术开发区、大连保税区、大连双D港和大窑湾国际深水港。距大连市中心50公里、大连国际机场45公里、沈大高速公路30公里，高速公路网将金石滩与市中心的距离缩短为40分钟。大连市人民政府投资70亿元人民币建设市中心至金石滩的快速轨道工程已经开工，届时大连市内至金石滩仅需30分钟。

金石滩国家旅游度假区为大连市四个对外开放先导区之一，由东部半岛、西部半岛及两个半岛之间的开阔腹地和海水浴场组成。诞生于6亿年前震旦纪的岩石散落在绵延13华里的海岸线上，形态各异，巧夺天工，被世界地质学界称为“天然地质博物馆”、“神力雕塑公园”。全区陆地面积62平方公里，海域面积58平方公里，海岸线长达30公里，地区常住人口1.8万人。

大连金石滩国家旅游度假区三面环海，由东部半岛、西部半岛及两个半岛之间的开阔腹地和海水浴场组成。属暖温带半湿润气候，四季分明，气候温和，冬无严寒，夏无酷暑，晴天偏多，日照充分，昼夜温差小，海域不淤不冻，气候宜人，沙软滩平，有“东北小江南”的美誉，是中国北方理想的海滨旅游度假胜地。

大连金石滩国家旅游度假区是经国务院批准的以接待海外游客为主的国家级旅游度假区，是大连市四个改革开放先导区中的旅游度假功能区。经过9年的开发与建设，到目前为止，金石滩已累计投资超过3亿美元，进行基础设施和项目的建设。部分旅游设施如高尔夫球场、国际会议中心、游艇俱乐部、沙滩排球场、狩猎俱乐部、大连名人蜡像馆、模特影视中心、婚礼殿堂、外事公寓、金石园、滨海观光路等几十个旅游项目已建成，正敞开怀抱，笑迎四海宾客；最近成功开发出温泉，温泉度假村正在建设当中；连接大连至金石滩的快速轨道交通工程正在建设，预计将于2002年6月份正式运行。快速轨道的开通，将为金石滩带来更多的客商；建设之中的中华武馆将吸引无数的武术健身爱好者；正在建设中的骑士乐园和规划中的国际赛车场将引来数以万计的赛车和赛马爱好者。

大连金石滩，是自然景观和人文景观最佳结合的度假胜地。在这里，以欧式风格为主调的建筑群，以度假休闲、运动康乐为主要活动内容的旅游项目，与文化教育、博览展示、现代雕塑、艺术欣赏融合为一体，既充满着异国情调，又散发着大自然神秘的诱惑。金石滩经过几年的建设，将建成为中国乃至世界瞩目的度假休闲目的地。

昆明滇池国家旅游度假区

地　址	云南昆明滇池国家旅游度假区管委会	邮　编	650000
电　话	0871—4311530　4311224	传　真	0871—4311530
网　址	http://www.yunnan-window.com.cn/dianc		

【度假区简介】

昆明滇池国家旅游度假区位于“高原明珠”滇池之滨，距昆明市区5公里，总体规划面积18.6平方公里。历史上这里一直是度假观光和避暑的胜地；这里山、水、林、园皆备，周围风景名胜众多，与西山森林公园、大观公园等隔水相望，云南民族村、国家体育训练基地、云南民族博物馆等既相联成片又相对独立，互为依托，是游览、娱乐、度假的理想场所。

昆明作为我国联系东南亚、南亚地区的重要门户，气候条件、地理位置和旅游资源对国内外旅游者都有较强的吸引力。这里四季如春，气候宜人，风光旖旎、名花纷呈、物产丰富而具特色，加之历史悠久、民族风情浓郁、荟萃全省25个少数民族特色鲜明的历史文化遗产。昆明周围地区又是星罗棋布着九乡风景区、阿庐古洞、大理蝴蝶泉、洱海公园、剑川石钟山、宾川鸡足山、宁蒗泸沽湖、景洪曼飞龙塔等名胜。所以昆明已越来越引起国内外的关注。前来观光游览、度假的旅客近10年来年均递增20%，2001年以来更急剧增加。仅海外游客2001年已达38万余人次，昆明的旅游业优势已明显的显示出来。随着对昆明旅游资源的进一步挖掘，昆明将成为即将形成的中国——亚太地区国际旅游循环网络中一颗璀灿的明珠。

度假区水陆交通便捷，湖畔游艇可通往滇池各码头。昆明至旅游度假区原有宽14米的二级公路，现已扩改为宽50米的双向单行道路。根据规划，目前正加速供、排水系统的改造并网工程；新建11万伏(双向路)变电站；新建具有国际水准的电信中心。

经过几十年的绿化和建设，这里已绿荫覆盖、鸟语花香、空气清新、幽雅清静、土地平坦，可以大大减少初级开发的投资。这些优越的条件，为旅游度假区的开发创造了优良的环境。

昆明是中国六大航空港之一。昆明机场属国际一级机场，目前有通往泰国、缅甸、老挝、新加坡、马来西亚、中国香港及国内24 个大中城市的航线，年旅客吞吐量逾240万人次。

昆明是成昆、贵昆、滇越铁路的交汇点，直达北京、上海、广州、成都、重庆、西安、贵阳、河口等地。南昆铁路、广大铁路、内昆铁路和滇越铁路正修建或恢复之中。

昆明的公路辐射全省各地。昆明至南宁、贵阳、成都以及至缅甸、老挝、越南的公路近年内将进一步改建，提高路面标准和运输能力，以便加强与邻省的交往和加入亚洲公路网络。昆明是云南省邮电通讯的枢纽，市话已实现全网程控化，可与100多个国家和地区以及国内200多个大中城市实现长途直拨，形成了有线和无线并存，载波、微波、光缆和卫星通信并用的功能齐全的现代化通讯网。

湄洲岛国家旅游度假区

地　址　福建莆田湄洲岛国家旅游度假区管委会　　电　话　0594—6694604　6694611

传　真　0594—6692031

【度假区简介】

湄洲岛是海上和平女神妈祖的故乡，妈祖文化的发祥地，全岛陆域面积14.35平方公里，人口3.8万。1988年6月被辟为福建省对外开放旅游经济区，1992年4月被国家台办批准为台胞落地签证点，同年10月被国务院辟为国家旅游度假区。1999年10月，湄洲岛3000吨级对台客运码头通过国家一类口岸验收，正式对外开放。湄洲岛管委会为莆田市人民政府派出机构，辖一个镇11个行政村，岛上设有公安、边防、交警、检察、消防、司法、保险、邮电、工商、银行、税务、商检、信息咨询等机构。

10年来，在中央、省、市有关部门的关心、支持下，湄洲岛工委、管委会紧紧围绕国家旅游区建设目标，发挥妈祖文化优势、对台优势、资源优势、政策优势，紧抓规划设计、基础建设、招商引资、宣传促销、政策落实等各项工作。

对外签订合同、协议50多项，投资总额达25亿多元人民币，利用外资1亿多美元，其中合同项目17项，总投资额14.5亿元，利用外资8000多万美元；1992年以来，累计完成固定资产投资6亿多元人民币。

根据总体规划要求，“十五”期间，计划完成投资15亿~18亿元人民币，逐步配套完成全岛基础设施和旅游设施，把湄洲岛建设成为名符其实的国家旅游度假区。在此基础上，再用10~20年时间，完成固定资产投资50亿元人民币，把湄洲岛建设成为世界妈祖信众朝圣中心、妈祖文化研究中心、海峡两岸科技文化交流和经贸合作的重要基地，独具特色的多功能、综合性的国家旅游度假区。力争基本形成“三个中心”，即在北部形成集朝圣、旅游、购物、娱乐、美食于一体的妈祖文化朝圣旅游中心；在南部形成以黄金沙滩海滨浴场、度假酒店为重点的滨海游乐度假中心；在中部形成以家庭旅游、海鲜美食、商贸科技、加工服务等为主的综合性的行政商业中心。

青岛石老人国家旅游度假区

地　址　山东青岛市崂山区石老人国家旅游度假区　邮　编　266061
电　话　0532—8996576　传　真　0532—8996172

【度假区简介】

青岛石老人国家旅游度假区位于山东半岛青岛市区东部，温带海滨度假区类型，冬暖夏凉，风景宜人，总面积10.8平方公里，1992年10月被国务院批准为国家级旅游度假区。

青岛石老人国家旅游度假区内有山、海、岛、礁、林、洞、花等众多自然旅游资源，人文旅游资源包括大型游乐场、海滨浴场、高尔夫球场、美食村、海豚表演馆、啤酒城、体育中心、星级酒店、直升机游览项目、高新技术工业园区等。

春、夏、秋三季的旅游度假热潮绵延不断，既可在远东最好的天然海水浴场进行水上运动，又可参与刺激性游乐项目，观看海豚海狮富有灵气的表演，还可以到国际标准的十八洞高尔夫球场潇洒挥杆，坐直升机游览岛城风光，参观高新技术开发区内的海尔、惠普、朗讯、扶桑化工、可口可乐等国际知名大公司。青岛国际高尔夫俱乐部是由中国香港投资兴建，位于青岛市石老人风景区，距青岛市中心仅15分钟车程，距青岛流亭国际机场仅20分钟车程，交通极为便利。是青岛市唯一的“都市高尔夫”。

青岛海洋游乐城是青岛海洋游乐有限公司(中方与加拿大万通实业有限公司合资兴办)下属的一家中外合资企业，作为青岛市创建现代化国际城市的一个重大项目，已经日益成为青岛市的重要旅游景点，吸引了四面八方的游客并深受赞誉。由于注重广告宣传方面的投入，通过电视电台、列车冠名、路牌站牌及大力支持赞助文化事业、公益事业，青岛海洋游乐城在省内乃至全国都有极广泛的影响，享有很高的知名度。自1996年8月8日试营业以来，青岛海洋游乐城的开发建设日趋完善，游乐项目水陆兼容，服务大众。特别是1997年底竣工的全新美国立体动感电影城又创辉煌。拟将进行的后续二、三期工程也将陆续展开，与市政府大旅游、大景区和大项目的发展战略相一致，真正体现高水平、高效益。

青岛海洋游乐城占地91亩，建筑面积5800多平方米。配备的30余台（套）游乐项目都居全国先进行列，为游客提供惊险刺激又安全舒心的游乐设施，加上风格独特的城堡式建筑，依山面海的地理优势更令人赏心悦目。游乐城还特设快餐厅、冷饮部、小商品部等为游客提供餐饮游乐一条龙服务。

青岛海豚表演馆于1995年5月建成，同年7月28日正式对外开放。占地面积为4万平方米，建筑面积为7200平方米，是一座白蓝相间的船型建筑，是香港路和东海路去崂山的必经之路。目前，馆内所驯养的海兽有4头北太平洋宽吻海豚、4头南美海狮和2头斑海豹，另外，还有孔雀、珍珠鸟、热带鱼等供游客观赏。海豚馆是集观赏、娱乐、餐饮服务、科普教育为一体的综合性场馆。

青岛国际啤酒城位于青岛石老人国家旅游度假区中心地带，环境优雅，交通方便，是集游乐、休闲、度假、观光为一体的旅游胜地。

自1994年起，一年一度的青岛国际啤酒节在啤酒城内举办，节日期间，百万游客云集城内，开怀畅饮，尽情享受啤酒的浓香。青岛国际啤酒节作为青岛市的旅游拳头产品已经成为青岛对外开放的窗口，其国际性、群众性、专业性的特点日益提高，极大地展示了青岛日新异变化与良好的旅游发展前景。

经过2年的建设，目前啤酒城内水电通讯等基础设施基本完备，为后期的进一步开发打下了良好的基础。现啤酒城新的规划已经出台，1998年6月底以前，啤酒城将建成一座集大型游乐设施、啤酒文化色彩为一体的东方“迪斯尼”乐园。城内充的啤酒城堡、啤酒屋，定以迷人的光采展示在世人面前。

上海佘山国家旅游度假区

地　址　上海佘山度假区沈砖公路1号　　邮　编　201602
电　话　021—37810662　57728950　57653324　　传　真　021—37810662

【度假区简介】

上海佘山国家旅游度假区位于上海市西南的上海历史文化发源地——松江，距市心约30公里。佘山地区有12座小山，俗称九峰，自古以来就是风光秀丽的著名风景区。

1995年6月13日，国务院批准建立上海佘山国家旅游度假区，区域规划控制面积64.08平方公里，其中首期开发的核心区面积10.88平方公里。1995年11月24日建立度假区管委会。1996年5月27日市政府批准度假区总体发展规划。

上海市委、市府确定度假区的建设定位为“回归自然、休闲度假”，以自然山林为依托，以度假休闲和现代娱乐设施为重点，高起点、高质量地建设融休闲度假、旅游观光、宗教朝圣、科普教育等功能为一体的综合性旅游度假区。

上海市政府明确将度假区列为上海旅游业发展重点，投入了资金，全面开发规划建设。区内现有天马高尔夫球场、锦江国际会议中心、水上漂流世界、769亩湖区工程、森林宾馆、假日酒店、百鸟苑等十余个重大项目多数已建成并开放。

苏州太湖国家旅游度假区

地　址　江苏苏州吴县市东关北路18号太湖发展大厦　邮　编　215128
电　话　0512—65284116　65254169　　传　真　0512—65254168

【度假区简介】

苏州太湖国家旅游度假区是1992年10月国务院批准建立的首批国家旅游度假区之一，度假区处于中国旅游金三角和太湖风景名胜区的中心，距苏州市区15公里、上海浦东新区100公里，与中新合作苏州工业园区仅25公里之距；度假区与上海港、张家港也仅相距90多公里；距上海虹桥国际机场90公里；区内光福机场已经启用开航；沪宁高速公路、312国道、沪宁铁路横贯苏州及吴县市，为度假区形成内外完整配套的水、陆、空立体交通网络提供了优越的条件。

度假区内人文景观、稠密质高。方圆600平方公里范围内有着西山、东山、光福、木渎等10多个著名景区及100多处文物古迹。三山岛一万五千年前的旧石器文化遗址，孙武校练场、伍子胥遗迹、林屋古洞等无以计数。度假区又是吴文化的发祥地之一。名扬中外的苏州刺绣、吴地服饰、吴门画派、香山建筑等都体现了吴文化的深蕴内涵。

经过9年多的开发，目前全区基础设施建设总投资已达5亿多元。区内已建成长15.5公里、宽40米的旅游专线公路及35公里长的沟通各功能小区的骨架道路。1994年10月通车的太湖大桥全长4308米，连接湖中三岛，气势恢宏，为全国内湖第一长桥。区东南新建的 22.5公里长的环太湖观光公路将度假区与沿太湖的其他风景区连接起来，进一步确立了其太湖旅游中心位置。区北部5公里处又投资建成了中型光福机场，20余公里长的机场路直通沪宁高速公路和312国道。与此同时，区内已建成 3.5万伏变电站一座，11万伏变电站正加紧建设，日供水6万吨的自来水厂和容量为2万门程控电话邮电大楼已建成并投入运行，日处理4万吨的污水处理厂正在建设之中。度假区基本具备了兴建和经营旅游、娱乐、度假项目的条件。

度假区的项目开发以吸引外资为主。优越的区位优势、日益完善的投资环境及真诚的服务，使度假区成为外商争相投资的热土。9年来，共接待来自东南亚、欧美等地近500多家客商，合作开发总投资近7亿多美元，合同利用外资5亿多美元。太湖明珠乐园、渔洋山缆车、滑道、桥岛公园、叶山岛俱乐部、新世纪俱乐部、蒯鲁班园等旅游项目及太湖明珠酒店、太湖山庄、叶山岛酒店等已建成，中外合资的贵都度假村、水星海事游艇俱乐部、宝岛花园、卓运酒店、中土度假村、假日山庄等一大批项目即将竣工。目前，度假区以“一桥、一岛、一园”为中心，已形成旅游观光、度假休闲的最佳场所。

温州马荠潭国家旅游度假区

地　址	浙江省洞头县大门镇振兴北路388号	邮　编	325000
电　话	0577—3451118　3451120	传　真	0577—3451118

【度假区简介】

温州巨龙马荠潭度假区位于美丽的东海明珠——大门岛的西北麓，是温州旅游金三角线上一颗璀灿的新星，被列为省级重点风景名胜区。度假区内“山青、水蓝、石奇、滩佳、礁美”，素有“温州夏威夷”之美誉，是都市人看日出日落、避夏消暑、度假休闲、品尝生猛海鲜的好去处。

度假区有开阔的港湾、沙软潮平的800米海滨浴场，可以冲浪和打沙滩排球、玩海上摩托。有欧式豪华别墅、情侣小木屋、标准客房共100余套，配有卫星电视、奥斯卡家庭影院系统、直拨电话、空调及完备的卫生设施。度假区内设有海鲜厅、会议中心、商务中心、电子游戏中心、台球室、棋牌室、KTV包厢、桑拿康乐中心、海钓等，是度假、休养、旅游、会议的的理想胜地。

无锡太湖国家旅游度假区

地　址	江苏省无锡市马山梅梁路26号	邮　编	214092
电　话	0510—6795377	传　真	0510—6795003

【度假区简介】

无锡太湖国家度假区是1992年10月经国务院批准建立的国家级旅游度假区之一，位于无锡市西南端的马迹山半岛，东距上海128公里，西距南京183公里。

度假区位于准亚热带湿润区，四季分明，气候温和，雨水充沛，日照充足，无霜期达230天。区内自然环境优越，“一级空气、二级水质”，绿化覆盖率达46%，众多的历史古迹与秀美的湖光山色交相辉映。度假区水陆交通便捷，沪宁铁路、沪宁高速公路、312国道及新建的新长铁路紧贴马山而过，上海虹桥、浦东国际机场、南京禄口国际机场均分布于度假区周围。度假区基础设施完善，通讯畅捷；区内拥有11万伏输变电所二座，实行双回路供电；日供水5万吨自来水厂和日处理5万吨的污水处理厂各一座。

度假区总面积51.4平方公里，由二块不同的地形地貌构成，其中一块面积为20平方公里，已形成以制药、机械、服装为特色的工业基础。另一块面积为31.4平方公里，以自然山水见长，适合重点发展旅游业。目前，已建有汇集88米高释迦牟尼青铜大佛立像、千年古刹祥符禅寺、佛教文化博览馆等项目的灵山胜境景区，建有以月亮湾度假中心、绿波湾度假村、碧波花园度假村、桃源山庄等为代表的一批度假单元。以鼋头渚公园、锦锈公园、慕湾果园为重点的生态农业观光园已初具规模。

福建武夷山国家旅游度假区

地　址	福建武夷山国家旅游度假区管委会	邮　编	354302
电　话	0599—5113053　5116221	传　真	0599—5112228
网　址	http://www.whwy.org		

【度假区简介】

武夷山国家旅游度假区是1992年10月国务院首批设立的12个国家级旅游度假区之一。规划总面积12平方公里，与著名的武夷山风景区一溪之隔，距自然保护区40公里，毗邻机场，距火车站9公里，距市区11公里。度假区以发展国际旅游休闲度假为目标，在总体布局上划分为旅游接待区、休闲度假区、高尔夫度假区、综合娱乐区和特色游览区等5大功能区和15个功能小区。

度假区基础设施完善，旅游接待区已基本形成，拥有一类国际旅行社和宾馆、酒店，别墅141家，5800余张中、高档床位，年接待海内外游客100万人次，已建成迷你高尔夫、球队场、游泳池，目前以引进综合性娱乐项目为主，包括旅游服务、休闲、度假、文化娱乐、美食购物、特色游览等，以完善区内功能，提高接待能力。

1999年12月4日，联合国教育、科学及文化组织世界遗产委员会按照自然遗产标准第3条和第4条，文化遗产标准第3条和第6条，将武夷山列入《世界遗产名录》，此系确认武夷山遗产地的文化和自然景观具有突出意义和普遍价值，为了全人类的利益应对其进行保护。

武夷山是当今世界最优秀的亚热带林区之一。它保存着大量完整无损、多种多样的林带，是中国亚热带森林和南中国雨林最大和最具有代表性的例证。它保存着大量古老和珍稀的植物物种，其中很多是中国独有的；还生存着大量的爬行类、两栖类和昆虫类动物。九曲溪（低山峡谷）沿岸比肩并列的奇峰和光滑的峭壁，映衬着清澈深邃的河水，还构成了奇妙秀美的杰出景观。

武夷山是一处被保存了12个多世纪的极其美妙的景观。它拥有一系列优秀的考古遗址和遗迹，包括建于公元前1世纪的汉城遗址、大量的寺庙和与公元11世纪产生的后孔子主义（朱子理学）相关的书院遗址。

亚龙湾国家旅游度假区

地　址	海南省三亚市亚龙湾国家旅游度假区	邮　编	572016
电　话	0898—88568899	传　真	0898—88568898
网　址	http://www.ylb.com		

【度假区简介】

亚龙湾位于中国最南端的热带滨海旅游城市——三亚市东南面25公里处。1992年10月4日经国务院批准，在此建立我国唯一具有热带风情的国家级旅游度假区——亚龙湾国家旅游度假区。度假区规划面积为18.6平方公里，是一个拥有滨海浴场、豪华别墅、会议中心、高星级宾馆、度假村、海底观光世界、海上运动中心、高尔夫球场、游艇俱乐部等国际一流水准的旅游度假区。

亚龙湾气候宜人，冬可避寒，夏可消暑，自然风光优美，青山连绵起伏，海湾波平浪静，湛蓝的海水清澈如镜，柔软的沙滩洁白如银。“三亚归来不看海，除却亚龙不是湾”这是游人对亚龙湾由衷的赞誉。亚龙湾属典型的热带海洋性气候，全年平均气温25.5度，绵软细腻的沙滩绵延伸展约8公里，海滩长度约是美国夏威夷的3倍。海水能见度10米以上，海底珊瑚礁保存十分完好，生活着众多形态各异、色彩缤纷的热带鱼种，属国家级珊瑚礁重点保护区。海湾面积66平方公里，可同时容纳10万人嬉水畅游，数千只游艇游弋追逐，可以说这里不仅是滨海浴场而且也是难得的潜水胜地。

1992年10月，联合国世界旅游组织秘书长尼亚克先生考察完亚龙湾后，很兴奋地挥笔写到“亚龙湾具有得天独厚的自然条件，银色的沙滩、清澈的海水、绵延优美的海滩、未被破坏的山峰和海岛上原始粗犷的植被，这里有一个真正的天堂”。

近几年来，亚龙湾开发股份有限公司投入数十亿元资金，对亚龙湾进行了大规模的开发建设，相继建成了亚龙湾邮电分局、卫视中心、燃气站、东西污水处理厂、变电站及15.6公里的道路，为亚龙湾的开发建设和招商引资提供了可靠的保证。度假酒店、别墅、高尔夫球场、景区景点及娱乐项目相继建成开业，形成了吃、住、行、游、购、娱为一体的旅游体系。中国第一家五星级度假型酒店——三亚凯莱度假酒店就坐落于亚龙湾秀美的海滨；以墨西哥文化为主题的亚龙湾仙人掌度假酒店依山傍湖，拥有600间客房和亚洲最大的酒店室外游泳池；36洞亚龙湾高尔夫球场，占地面积2000多亩，其最具特色的是9洞夜间灯光球场；由亚龙湾公司投资兴建的中心广场、贝壳馆、蝴蝶谷等景点已成为海南省著名旅游景点，其中中心广场是度假区的标志性建筑，它位于度假区中心，占地7万平方米。广场中心的图腾柱高26.8米，上面雕刻着太阳神和风、雨、雷电等自然神，还有龙、凤、麒麟、神鱼等吉祥物，象征着人类对吉祥太平与丰收富足的企盼，柱基由三圈石阵和一圈二十四气节雕塑组合。图腾柱的设计体现出中华民族5000年的文明，这是智慧与自然的结合。该广场荣获了国家建筑最高奖——鲁班奖；有着陆地上“海洋世界”之称的贝壳馆，是我国第一个以贝壳为主题，集展览、销售、科普为一体的综合性展馆。馆内设有现代先进的放映设备，为游客不断地放映海洋中各类鱼类、贝类、珊瑚等奇特的自然景观，展厅则向游客展示了世界四大洋形态各异、色彩斑斓的奇珍贝壳和珊瑚；蝴蝶谷是一个集科普、观光、购物为一体的现代园林旅游景点，环境清幽，涓涓细流伴随游客穿谷而行，占地1500平方米的大型不锈钢网式蝴蝶园中翩翩飞舞的彩蝶让人充分感悟到天地间生灵的美妙。

北京中华民族园

地　址　北京市朝阳区民族园路1号　　邮　编　100101
电　话　010—62063640　62063646　　传　真　010—62063650

【度假区简介】

中华民族园是集中国少数民族的传统建筑，民俗风情、歌舞表演、工艺制作以及民族美食为一体的大型民族文化基地。北园内共建有民族村寨16个，包括藏族、苗族、彝族、侗族、台湾原住族、布依族、朝鲜族、哈尼族、傣族、佤族、羌族、达斡尔族、景颇族、鄂温克族、鄂伦春族、赫哲族景区。园内还建有国内最大的铸铁雕塑以及仿真的热带榕林、水中溶洞、土林以及盘龙瀑布、阿里山神木、沧源岩画等。南园包括民族博物馆、雕塑广场等大型设施以及20余个民族村寨，全部建筑均采用1：1的比例，真实地再现出各个民族的文化遗存。

省、自治区、直辖市开发区篇

北京市开发区

北 京 市

北京是中华人民共和国的首都，是全国的政治、经济、文化中心和国内、国际交往中心，同时也是有着3000年建城史和800年建都史的世界著名的历史文化名城。

北京市全市总面积16807.8平方公里，划分为16区2县：东城区、西城区、崇文区、宣武区、朝阳区、丰台区、石景山区、海淀区、门头沟区、房山区、通州区、顺义区；昌平区、大兴区、平谷区、怀柔区、密云县、延庆县。北京属温带半湿润季风型大陆性气候，春季干燥多风，夏季炎热多雨，秋季晴爽，是一年中最好的季节，冬季寒冷、少雪。平原地区平均气温为10℃~20℃，1月份最低，7月份最高；年平均降水量为600毫米，夏季（6~8月）占75%。北京市常住人口1107.5万人，流动人口近300万人，城区人口密度是每平方公里27332人，中国的56个民族都有成员在北京居住。

北京是中国经济实力最强的城市之一。2001年，全市国内生产总值达到2817.6亿元，按可比价格计算，比上年增长11%，人均国内生产总值达到2.53万元，比上年增长10.2%。综合经济实力保持在全国前列，是全国重要的综合性产业城市。第一产业实现增加值93亿元，比上年增长4.5%；第二产业实现增加值1063.7亿元，比上年增长12.8%；第三产业实现增加值1660.9亿元，比上年增长10.2%。三次产业结构为3.3%:37.8%:58.9%。第三产业在全市经济中居于主体地位，同时，高新技术产业崛起，北京经济形成了二、三产业并驾齐驱之势。

北京拥有门类齐全的较为完整的工业体系。2001年全市工业实现工业增加值845.6亿元，增长13.7%，其中高新技术产业实现增加值263.6亿元，增长17.6%，占全市工业增加值的比重达到31.2%，成为带动工业增长的龙头。

北京作为首都，不仅自身的市场潜力巨大，而且对外地市场的影响力也大。总体布局和商业按照国际化、现代化大都市的要求发展，形成多处有较大规模、有良好购物环境和文化氛围的商业文化中心。2001年全市有各类商业网点24万多个，全年社会消费品零售额1593.5亿元，比上年增长10.4%。

北京市已形成了全方位、多层次、宽领域的对外开放格局。2001年，北京地区外贸进出口总值515.4亿美元，其中出口总值117.9亿美元。到2000年末，全市累计批准外商投资企业15882家， 协议外资金额342.3亿美元，外商直接投资321.3亿美元，累计实际利用外资211.3亿美元，全球最大500家跨国公司已有158家来京投资。全市累计签订对外承包工程和劳务合作合同总金额26.5亿美元，营业额21.48亿美元， 北京市共有30个开发区和工业小区，累计入区企业已达13288家，投产企业累计达11281家。

北京集中了绝大多数全国性的金融机构，中国的中央银行、政策性银行和主要商业银行的总部都在北京，还有一大批国家级的保险公司、信托投资公司、财务公司、租赁公司等非银行金融机构的总部也设在北京，同时它们在北京还设有许多分支机构。中国的金融政策都出自北京，全国的金融结算大多在北京进行。2001年全市金融机构存款余额11533亿元，比年初增加2343.5亿元。国际金融业发展迅猛，到2000年末，外国金融机构和组织在京的代表机构达118家（为非营业机构），占全国的50.6%。18家外资银行在京设立了分行。2000

年完成国内外保险业务收入88亿元，比上年增长1.8%。全年保险理赔总额18.7亿元，比上年增长41.5%；综合赔付率21.3%。

北京成功申办2008年奥运会也给北京市的经济发展带来新的契机。北京计划为奥运会准备32个体育场所，其中新建19个，改建13个，对城市基础设施的投资将达到1800亿元人民币，重点建设142个项目。相信北京申办奥运成功和加入世界贸易组织后城市将更加开放，发展更为迅速，北京市正在向建设国际一流城市的目标迈进。

20世纪90年代初，北京市为了发挥首都地区优势，吸引国内外投资，相继建立起不同类型的开发区，这也是北京市政府调整北京市产业结构布局，推动首都现代化建设的一个创举。到2001年底为止，北京市共有28个开发区，其中国家级开发区有中关村科技园区和北京经济技术开发区两家。

北京市各开发区自主体建设起步以来，遵循“小片起步、滚动发展”的原则，基础设施建设取得显著成效。截止到2001年底，北京市各开发区累计进行“七通一平”土地开发面积为49.65平方公里，共投入建设资金664.9亿元，完成固定资产投资587.1亿元。目前，北京市各开发区已初步建成为基础设施完善、人文环境良好、生态环境优美、交通快捷方便、服务体系健全的新城区。

首都政治文化优势、良好的地理环境、雄厚的科研力量、完备的基础设施条件为北京开发区提供良好的招商引资条件，同时开发区管理部门转变观念、提高政府服务水平与办事效率，这些都使北京市的招商工作取得丰硕的成果。截止到2001年底，北京市开发区共完成招商项目15527家，项目总投资1359.2亿元，合同外资111.2亿美元。在入区项目中工业项目站主导地位，同时行业门类也广泛、产业结构合理、投资规模较大，目前世界500强企业中有40多家已进入开发区。

北京大兴工业开发区

地　址	北京市大兴工业开发区广茂大街9号	邮　编	102600
电　话	010—60213300　61272966	传　真	010—61272817
网　址	http://www.didz.com.cn	信　箱	idz@didz.com.cn
主管部门	北京市人民政府	招商部门	管委会招商部
招商电话	010-61272995		

【开发区发展简介】

依据国务院批复的北京规划，大兴区中心黄村镇是北京重点建设的三个卫星城之一，卫星城人口近20万，建成区24平方公里。有完善的商业、居住、教育设施，正努力建设成为高科技产业基地，到2010年人口将达34万人，面积达42平方公里。

区位：大兴工业开发区处于“点-轴”交集处。

根据“点-轴”理论，北京市区、北京经济技术开发区（亦庄卫星城）、黄村卫星城的“三点”（区域发展中心），京开路、五环路、六环路和改造后的黄亦路、进京天然气管线、“南水北调”（终点在开发区附近）等多“轴”（线状基础设施），将为沿“轴”传递各“点”生产要素，进行资本技术交流而形成产业开发带，为大兴工业开发区提供了良好的产业发展环境，使其迅速由城市“边缘生长式”的工业开发区向城市“内涵生长式”的科技产业园区过渡。

1992年，大兴工业开发区正式设立。园区土地使用权转让期限为50年，开发区位于黄村卫星城东北部，投入了3亿多元用于市政基础设施建设，实现了高标准的“七通一平”，为其配套的9万吨污水处理厂已建成使用，园区绿地占50%。南区经过10年建设，项目已基本摆满。

2000年，大兴工业开发区被列为北京市级工业开发区，启动北区3.5平方公里开发。

2001年，在复杂的国际经济形势面前，大兴工业开发区仍以良好的态势发展。截止到12月底，开发区实现税收1.38亿元，超额4000万完成全年计划，技工贸总收入完成15.5亿元，超额5000万完成年度计划，完成工业产值10.2亿元，超额2000万完成全年计划，工业增加值2亿元，完成全年计划，工业销售收入10.3亿元，超额3000万完成计划，实际引进外资637.9万美元，超额422万元完成计划。

【开发区的主要功能】

集聚功能：形成大兴发展高新技术产业和现代先进制造业的要素条件。

孵化功能：对高新技术成果的孵化和对高新技术企业的孵化。

扩散功能：将区内的人才、技术、产品、组织等资源不断向区域外扩散，逐步形成产业链。

渗透功能：将区内的技术、信息和组织等要素向大兴的传统产业以及社会各领域和部门渗透，推动大兴经济发展和社会进步。

示范功能：将区内先进的管理经验、企业组织和分配制度、经营理念，成为大兴其他企业仿效的榜样。

波及功能 区内产生的巨大经济、社会效应,反过来使开发区本身的集聚功能进一步增强,形成良性循环。

【产业发展】

经过10年的开发建设，开发区已进入成长期，软件园、基因园、创业园三园鼎立，新经济、传统经济交相辉映，基本形成以形成了以软件开发、生物制药、服装制造等行业为主的产业特色。三元基因、北大青鸟、金恒生电脑、腾氏制衣、多元电气、阿姆斯壮等名牌企业入区。

【发展目标】

适应入世和办奥后的首都经济新机遇,北京将作为向世界展示中国改革开放和现代化建设成就和重要窗口。作为进入北京的南部门户，大兴将以“北城、南园、东区、西带”的新格局在区域经济上布局。

位于东部工业化新区的大兴工业开发区的目标是:以规模产业承接和创业孵化为中心,提高园区的持续发展能力，形成公开、公平、高效的园区形象，努力成为国际规范化园区，建设京南高科技产业和现代化制造业的基地。

【服务体系】

北京大兴工业开发区为入区企业提供高品位、一站式的服务。

开发区在与企业签订用地合同后，便开始为企业提供立项、工商注册、规划建设土地证办理等各项服务，直到企业正式投产。

为进一步优化投资环境，开发区对入区企业实行封闭式管理，已在区内设立了警务区、国税所、地税所、财政所。开发区还建立了工程、石油、供热、市政园林、电力公司，可为入区企业提供物业服务。并为企业提供法律咨询、广告代理、招工用工、职工培训等服务。区内的办公、商贸、餐饮、娱乐等生活服务设施也日趋完善。

【产业导向】

北京大兴工业开发区正在向以高新技术产业、现代制造业为代表的现代产业经济区发展,根据国家和北京市产业政策，继续大力发展下列产业:

1.电子信息技术;

2.生命科学和生物工程技术;

3.现代通信技术;

4.光机电一体化技术;

5.材料科学和新材料科学;

6.新能源技术及产品;

7.生态科学和环境保护技术及产品;

8.新医药技术及产品;

9.为首都经济服务的都市型工业。

北京房山高新技术工业园区

地　址	北京市房山区昊天大街116号	邮　编	102401
电　话	010-69351094	传　真	010-69368668
网　址	http://www.fsgy.com.cn	信　箱	gyzgs@bjfsh.gov.cn

【地理位置】

房山高新技术工业园区总占地面积511.04亩，位于北京市西南部，良乡卫星城东南，与北京各大专院校的发展基地——良乡高教园区隔路相望。距京石高速公路4公里，距京广铁路仅2公里，距北京西客站只有15分钟车程，得天独厚的地理位置和四通八达的交通，为投资者提供了良好的地理交通条件。

【投资环境】

工业园区从选址到基本建设，始终坚持“以人为本，对外开放，面向市场，面向投资人”的原则，本着为投资人提供方便、创造绿色环境、让投资人赢得利润的宗旨，努力为投资人提供最好的投资环境和最佳的投资服务。

整个工业园区分为生产动力区和办公生活区二部分，全部七通一平。生产动力区建有配电室和锅炉房，办公生活区建有写字楼和公寓，为提高效率，降低投资人的经营费用，对水、电、汽、住宿、就餐、洗浴等实行现代化的集中统一管理

并建有统一的污水处理系统进行污水处理，区内还设有电信支所提供通信服务，预设天然气管网以备今后使用高清洁燃料。区内各部分由9米宽的主路相连，外围被4米宽的环场路和2米宽的绿化带环绕，环境优美怡人。

区内设有监控巡更系统，64个摄象头在围墙上均匀分布，对全区实行24小时全天候监控。

生活饮用水和生产用水分别单独设置管网，生活饮用水为良乡卫星城市政管网引入的有天然矿泉水之称的“上万水”，含有多种微量元素，长期饮用有益健康，生产用水为工业区内自备井，自动变频供水。

入区企业除享受国家和北京市的优惠政策外，还可享受房山区的优惠政策（附优惠政策节选），入区投资人在地方事务承办中，还将享受工业园区提供的高效率、包揽式、一条龙服务。工业园区将立足于把工业园区建成“以高新技术为先导，现代工业为主体，服务设施和服务机构相配套，与国际经济发展相适应”的高水准工业园区。

【发展前景】

随着北京市政建设和良乡卫星城建设的进一步发展，工业园区的区位优势将进一步凸现，规划中的北京外二环路从工业园区南侧横 通而过，与北京地铁直接相连的轻轨铁路直达工业园区北侧，乘轻轨列车到北京地铁只需10分钟。

为拓宽市内各大专院校的发展空间，北京市政府批准在良乡卫星城开辟10000亩的高教园区，与工业园区隔路相望。目前，已有一批国家重点大学率先入驻，清华大学、 北京理工大学以与房山区全面合作形式入驻，

北京大学与房山区已达成合作开办北京亚太教育中心与社会发展研究院意向。

可以预见，随着各大专院校陆续入园，其科研成果及科技项目必将向周边地区辐射扩散，工业园区将成为最直接的受惠者，高教园区将成为工业园区的科研基地和人员培训基地，工业园区将成为高教园区科技成果转化为生产力的孵化基地。

北京林河工业开发区

地　址	北京顺义区首都国际机场东侧	邮　编	101300
电　话	010－89492548　89495550	传　真	010－89492548
网　址	http://www.bjindustrialzone.com.cn	信　箱	lhkfq@sina.com
主管部门	北京市人民政府	招商部门	管委会项目部
招商电话	010－89495550		

【开发区简介】

北京林河工业开发区创建于1993年，2000年被北京市人民政府批准为市级工业开发区，同年还被北京市人民政府确定为“中国北方微电子生产基地”。

林河工业开发区总体规划面积为4.16平方公里，开发区坚持以微电子产业为主导，已规划出1000亩具备“七通一平”的工业用地作为微电子项目一期用地，以吸引微电子项目及有关的新型材料项目入区。

林河工业开发区位于北京首都国际机场东侧，距市区25公里，距首都机场5公里，毗邻101国道、顺平快速路、通顺快速路、机场高速路、京承铁路和规划建设中的公路二环。开发区西邻101国道、京承铁路，北有顺平公路，顺通路纵贯南北，与航空港形成立体交通，拉近了与市政府规划的以中关村为中心的“一区带两线”的京密线，与酒仙桥电子城和空港工业区共同构成北京东北部的电子产业带。

林河工业开发区自成立到今，大力发展电子通讯、生物制药、光机电一体化三大行业。目前已拥有以研制节能材料及产品为主的北京国投节能公司、以生产电子通讯器材为主的汇能亚澳通讯设备厂、以生产集装箱检测设备为主的北京华力兴科技发展有限公司等大批骨干企业50多家。

北京密云工业开发区

地　址	北京市密云县城西	邮　编	101500
电　话	010—89099987　69044661	传　真	010—89099929　69044644
网　址	http://www.bmida.com	信　箱	bmycl@ccec.com

【开发区简介】

密云县工业开发区于1992年5月经北京市政府批准建立，规划面积16平方公里，是教育部认定的“全国高校科技产业基地”，科技部批准的“国家火炬计划北京绿水高新技术产业基地”，是正在规划中的“北京软件基地”、“北京生物工程与医药产业基地”和“北京市科技成果孵化基地”。1999年，国务院将其列入中关村科技园辐射区，2000年升入北京市级工业开发区。

工业开发区总公司注册资金2.8亿元人民币，实际总资产达20亿元人民币。公司经营范围：开发区总体规划、基础设施开发、土地出转让及资本运营产业投资产业。发展宗旨是：按照北京市经济发展战略和总体规划要求，坚持小平同志“发展是硬道理”的理论，在资源共享、共同发展的基础上，以“三个有利于”为中心，加快开发区的建设，使之成为规划科学、布局合理、设施完备、环境优美、服务一流的现代化高科技工业区。同时以知识为先导、以资金为纽带，加快北京高校创业股份有限公司、北京市太阳投资管理公司、北京九松投资实业公司的发展步伐，促进开发区的更快发展。

目前，入区企业120家，清华、北大、化大、邮大、北京航空航天大学、上海交大、吉林工大、天津大学、中国药科大学等16所高校及中科院、军事科学院、光电研究所等科研院所所属的高新技术企业在区内建立产业基地，恒基伟业、澳柯玛、巨能实业、伊利、贵州神奇、美登高等众多知名企业均已入驻园区。

开发区将以雄厚的资金实力、完善的设施、优惠的政策、良好的服务和信誉，为进区企业创造宽松、舒适的投资环境，本着真诚互利、共同发展的原则，同国内外各界朋友合作，为首都经济的繁荣发展共同奋斗。

北京上地信息产业基地

地　址	北京市海淀区上地信息产业基地	邮　编	100085
电　话	010－62981809　62981810	传　真	010－62987268
网　址	http://www.strong.com.cn	信　箱	strong@strong.com.cn

【开发区简介】

上地信息产业基地属中关村科技园区第一发展组团。1991年经国家科委和北京市人民政府批准建设。它是我国的一个以电子信息产业为主导的综合性高科技工业园。经过多年发展，基地已经成为以电子信息产业为主导，集科研、开发、生产、经营、培训、服务为一体的综合性高科技工业园。其重点发展计算机、通信、机电一体化、生物工程等高新技术产业，以促进高新技术成果向产业化、规模化和国际化的方向发展。1998年由国家科委确定为国家火炬计划上地软件园。

上地信息产业基地分为南部和北部地区，其中上地基地南区已于2000年正式宣告基本建成，占地面积1.81平方公里。上地北区是南区的延伸，占地面积51公顷，计划3年建设，将重点发展IT产业，可容纳大型高科技企业20家左右及部分孵化型企业，建成后的上地北区将成为我国IT产业的摇篮。

北京石景山高科技园区

地　址	北京石景山苹果园北路海特花园实兴大厦	邮　编	100041
电　话	010－68863624　68863640	传　真	010－68863640
网　址	http://www.bj－badachu.com	信　箱	badachu@badachu.com

【开发区简介】

石景山高科技园区的前身是北京八大处高科技园区，是1992年8月经国务院同意，北京市人民政府批准成立的高科技园区，是石景山人民政府领导和管辖的高科技经济技术开发区，规划占地面积18.8平方公里，区内水、电、气、暖、通讯、光缆等设施完备，能够满足不同层次的需要。

经过几年的发展，园区已经形成了电子信息、生物工程、医疗器械、新材料为主的支柱产业，并具备了一定的规划和实力。截止到2000年底，园区内已完成投资14元亿人民币，园区累计注册企业645家，注册资金23亿元，已实现经济总收入68亿元，实现总税收2亿元人民币。

园区地处著名的西山风景区，距市中心16公里，距中关村10公里。区内名胜古迹众多，八大处释迦摩尼佛牙舍利塔、法海寺明代壁画闻名于世；长安街、地铁一线、阜石路和将建设的莲石路、五环路纵横交错，创造了便利快捷的交通条件；碧水青山环绕着数座现代化园林平地而起，形成了清新幽雅的良好环境；科研院所技术力量雄厚，高等院校莘莘学子云集，提供了强大的科技支持，为发展高新技术产业奠定了坚实的基础。

石景山高科技园区发展的目标是以建设北方微电子基地为核心，大力发展微电子产业，带动电子信息、生物工程、光机电一体化、新材料等产业发展，创造完善的投资环境、成为吸纳科技人才、吸纳高新技术、吸纳多方投资、具有与国际接轨的新型管理体制的高科技产业园。

北京光机电一体化产业基地

地　址	北京市光机电一体化产业基地	邮　编	101111
电　话	010－69505500　69506000	传　真	010－69506288
网　址	http://www.bjoip.com.cn		

【开发区简介】

北京市光机电一体化产业基地是2001年7月23日经北京市政府批准正式成立的。它是北京市“十五”期间五大高新技术产业、十大产业基地之一，2002年的市政府工作报告中提出将光机电一体化产业基地作为市政府重点支持的项目进行建设。

光机电一体化产业基地的布局原则是：发挥整体优势，集合北京地区的研发力量，以项目为纽带，以市场、效益为目标，以市规划的工业布局和产业现状为基础，根据运作的可能和发展，以通州基地为建设重点，其他园区相应发展的基本框架。

基地位于北京市东南部，地处五环路和六环路之间，东临京沈高速路，南接北京经济技术开发区二期规划居住区，西傍京津塘高速路。基地规划总面积7平方公里。

为了加强对基地建设的领导，北京市市政府成立了北京市光机电一体化产业基地领导小组，统一领导基地的建设工作。北京市光机电一体化产业基地的建设，将有力地带动北京工业结构的调整，促进新型产业的发展。基地将重点形成以高新技术经济增长为主，传统产业改造为辅，多个领域支撑的格局。

北京市石龙工业开发区

地　址	北京门头沟石龙南路6号管委会办公楼	邮　编	101407
电　话	010—69803474　69803454	传　真	010—69803414
网　址	http://www.shilong.com.cn	信　箱	mtgslgyq@bjmtg.gov.cn

【开发区简介】

北京石龙工业开发区经北京市人民政府批准，于1992年初创建，开发区位于北京市门头沟永定镇，距北京市中心24公里，规划面积4平方公里。工业开发区充分利用门头沟区在北京市的区位优势、资源优势、人才优势，以发展“三资”企业、高新技术企业和出口创汇企业为主。对于在工业开发区投资建厂的企业，除享受国务院、北京市统一制定的优惠政策外，当地政府又投更优惠的政策，自有销售收入之日起5年内，对于企业缴纳的增值税、营业税、所得税由区财政按一定比例奖励给企业。截止2000年12月末，先后已有50多家企业在工业开发区资建厂。北京石龙工业开发区已经发展成为一个外向型、多功能、综合性的工业园区。

工业开发区地理位置优势，东邻北京城区，南望卢沟晓月，西靠能源基地，东北方有中关村高科技园区。工业开发区以北京四通八达的交通网络、迅捷高效的信息传递中心和人才云集的社会环境为依托，以广阔的山地为能源基地，工业开发区自身地势平坦，地质条件好，水、电、暖、汽、通讯、交通等基础设施完备，商业、旅游、住房以及文化、卫生等服务设施配套，工商、税务、保安、物业管理等社会服务机构齐全，是理想的投资场所。

北京天竺空港工业区

地　址	中国北京首都国际机场西侧	邮　编	101312
电　话	010-80489568　80489922	传　真	010-80489568
网　址	http://www.chinabaiz.com	信　箱	baizinfo@public.bta.net.cn

【开发区简介】

北京天竺空港工业区，是1994年1月经北京市人民政府批准成立的市级工业区，是一个以国际标准建设、国际惯例管理的经济区域总规划面积7.8平方公里，首期开发3.5平方公里。

北京天竺空港工业区管委会，代表政府对工业区实行统一领导和管理。北京天竺空港工业区规划科学、政策环境优越、基础设施、市政条件完善，已开发的土地实现了“九通一平”。目前已吸引了来自30多个国家和地区的一批著名跨国公司和高科技企业投资，初步形成了生物技术和新医药、电子信息、光机电一体化、新材料等支柱产业。

截止到2001年12月，入区投资企业90多家，其中排名世界500强企业15家，投资总额12.2美元。北京天竺空港工业区将继续沿着“生态型开发”和可持续发展的道路前进，努力将之建成“改革开放的窗口、与国际接轨的典范及国内一流的工业区”。

北京通州工业开发区

地　址	北京市通州区张家湾	邮　编	101113
电　话	010—69573439　69573459	传　真	010—69574843
网　址	http://www.bjtzh.gov.cn	信　箱	txgyp@publlic.bta.net.cn

【开发区简介】

北京通州工业开发区建于1992年5月，2000年12月经北京市人民政府批准为市级工业开发区。

北京通州工业开发区外资内资“两栖并进”，高新技术与外向型经济“比翼双飞”，截止到2001年底，开发区已经先后吸纳10多个国家和地区的数百家中外客商到开发区注册经营，开发区已累计批准成立企业200余家，技工贸总收入累计达20亿多元。

北京通州工业开发区现已成为新技术、新材料的产业基地、对外开放的窗口、新的经济增长点和现代化的新城区。

北京望京科技创业园

地　址	北京朝阳望京新兴产业区利泽中园106号楼	邮　编	100102
电　话	010-64392299	传　真	010-64322411
网　址	http://www.wangjing.bj.cn	信　箱	wjpioneer@263.net

【开发区简介】

望京高新技术产业区位于北京市城区的东北部，往东可接酒仙桥电子城，往西可接亚运村和未来的奥运村，往南可接燕莎商圈和CBD，往北可达首都机场。与四环路、京顺路、机场高速路、京承高速路、一环高速路（五环路）毗邻相连。北京地铁三号线、十一号线及城市公交铁路纵贯全区，构成了北京市交通最便利、距市区中心最近的高新技术产业开发区。

望京高新技术产业区总体规划面积达8平方公里，是一个集居住、文化、教育、科研、高新技术产业为一体的新兴综合高科技园区。按照北京市总体规划，望京高新技术产业区与望京住宅小区有机结合在一起，构成总面积近16平方公里、规划常驻人口达50万人的“望京大社区”。

2001年6月，国家科技部正式批准望京高新技术产业区北部约3平方公里跨越五环路的土地正式纳入中关村科技园区电子城科技园的政策区域，被称为“电子城西区”，是中关村一区五园中所规划建设的电子信息产业基地。

望京科技创业园是中关村科技园区政策区域的一个组成部分，是国家科技部认定的高新技术创业服务中心，是北京市科委认定的高新技术产业孵化基地，是培育、扶植高新技术企业发展的创业园区；是促进科技成果商品化、产业化和国际化的专业服务机构。

望京科技创业园位于北京城区东北部的望京高新技术产业区内，占地面积4公顷，其中，一期为24000平方米；二期46000平方米，是集办公、科研、生产为一体的智能化、多功能、花园式的高新技术产业孵化基地。

望京科技创业园成立3年来，共吸引160家科技企业入驻，从业人员达1200余人，总注册资本已达到8.43亿元，三年累计实现技工贸总收入41365.52万元，上缴税收3456.88万元，取得了良好的社会和经济效益。

北京兴谷经济开发区

地　址	北京平谷县城东兴谷经济开发区	邮　编	101200
电　话	010－69964071	传　真	010－69963464
网　址	http://www.bjpg.gov.cn	信　箱	webmaster@xinggu.com

【开发区简介】

兴谷经济开发区是北京市人民政府1993年8月3日批准设立的。开发区位于平谷县城东北侧，与县城连为一体，为平谷县城新区的重要组成部分。开发区经首都规划委员会总体规划、设计，总规划面积5平方公里，首期开发3.7平方公里。

兴谷经济开发区按照国家的产业政策和有关规定，在项目安排上，以电子、机电、轻工、化工、食品、建材、工艺品等行业的工业项目为主，同时吸收商饮服务、信息产业、房地产等方面的项目；在企业类别上，以市场为导向，加工型企业、资源型企业、出口型企业并举；在投资来源方面，以兴办外商投资企业为主，同时积极引进国内新技术项目；对入区项目的要求是污染少、技术含量高、附加值高、效益高。

兴谷经济开发区设置管委会，管委会是平谷县人民政府下设的行政管理机构，全面负责开发区的开发建设、经营管理工作，负责协调开发区的内部各企业单位之间、开发区与市、县各部门之间的关系，维护开发区的正常生产、生活秩序，安排区内土地，为入区企业提供优质服务。

北京延庆经济技术开发区

地　址	北京延庆县湖南东路一号	邮　编	102100
电　话	010－69149224　69143476	传　真	010－69142562
网　址	http://www.badaling.net	信　箱	kfk@badaling.com.cn

【开发区简介】

北京市延庆经济技术开发区1992年8月经北京市政府批准建立，规划面积6.56平方公里。该区地处延庆县城南城，毗邻官厅水库上游妫水湖畔，位于众多旅游景点交汇处。开发区以发展无污染的现代科、工、贸企业为主，同时发展住宅、别墅、公共、公益设施等，致力于建成为与延庆城市发展相协调与旅游卫星城发展相适应的花园式科技工贸园区。

延庆位于首都北大门，以山青水秀、地杰人灵闻名于世。与其他区县相比，延庆有得天独厚的“净土、净空、净气”，空气质量达到国家一级标准，土壤地表无污染，被评为国家二级自然保护区和国家级生态示范县。开发区属京郊避暑胜地，被规划为北京旅游卫星城。

【投资导向】

1.生物工程、新医药

2.环保工程

3.新材料

4.绿色食品加工业

5.仓储物流业

6.纺织及服装加工业

7.电子及通讯设备制造业

8.计算机计算机及软件开发

9.消防器材制造业

10.其他高新技术、高附加值、出口创汇产品制造业

【资源优势】

农业资源——延庆是京郊的农业大县，是首都北京的农副产品供应基地。农业资源丰富、无污染、气候冷凉，为发展生态农业提供了得天独厚的条件。粮食产量常年稳定在3.6亿公斤。近几年，根据市场的需求，加大了农业内部结构调整步伐，大力发展以特种出口蔬菜和名特优新果品为主的特色农业。蔬菜种植面积10多

万亩，以荷兰豆、甜豆为主的特种菜发展迅猛。1999年蔬菜出口创汇1300万美元。干鲜品种总量达到万公斤，所产玫瑰红苹果曾荣获全国林业博览会金奖及马来西亚博览会银狮奖，红地球、里扎玛特、黑澳林三个优质品种葡萄获1998年全国评比第一名，引进澳洲十四李子、韩国兴高梨等名特优新品种，发展势头迅猛。1997年，全县10多万亩粮田被国务院绿色食品办公室批准为“绿色食品基地”，玉米、蔬菜、苹果等19个品种，被注册为“八达岭”牌，销往国内外。1996年与中国农科院合作成立了全国第一家白色农业研究所。

森林资源——森林面积14.2万公顷，林木覆盖率达到57%，活木蓄积量112.9万立方米，松山国家级自然保护区内现存有华北地区唯一的原始油松林。

矿产及地热资源——探明的矿产资源有金、银、铜、铁、铅、锌、大理石、花岗石、石灰石、海泡石、石英石、磁粘土矿等，其中地热资源较为丰富，有很高的利用价值。目前，已利用地热兴建了温泉度假村，松山温泉城也正在积极开发建设当中。

水资源——水资源丰富，水质优良。延庆地处永定河、潮白河水系上游，属独立水系。境内有四级以上河流18条，三级河流两条，妫水河是全境最大的河流，流域面积1064.3平方公里。全县水资源总量7.8亿立方米，其中地表水5.64亿立方米，地下水2.23亿立方米，人均水资源占有量2088立方米，是北京市人均占有量的5倍。

北京雁栖工业开发区

地　址	北京怀柔雁栖工业开发区888号	邮　编	101407
电　话	010－61668124　61666615　61666617	传　真	010－61667431
网　址	http://www.zxjj.com	信　箱	zxjj@zxjj.com

【开发区简介】

北京雁栖工业开发区，1992年北京市人民政府批准成立，总体规划9.6平方公里。位于怀柔区北5公里，距首都55公里，首都机场35公里，坐落在长城脚下、雁栖湖畔。

北京雁栖工业开发区交通便利，111国道自区前穿过。基础设施实现了供水、排水、供电、供热、通讯、道路等“七通一平”。北京雁栖工业开发区有入区生产企业70多家，其中外资企业20多家，来自美国、日本、韩国、英国、泰国、新加坡、中国香港等国家和地区。

开发区管委会是区政府的派驻机构，以诚信、高效为原则，对开发区招商引资进行审批和管理，为入区企业提供快捷、周到的服务。

北京永乐经济开发区

地　址	北京市通州区柴厂屯南	邮　编	101115
电　话	010－80512919　80511459　87783090	传　真	010－80511573　80572224
网　址	http://www.yongl.com.cn	信　箱	yongle@bte.gov.cn

【开发区简介】

北京市永乐经济开发区地处北京市东南的通州区永乐店镇域内，与京、津、冀三省市交界，是京—津—塘高速公路沿线高新技术产业带、环渤海经济圈战略的中心地区。

北京永乐经济开发区1992年9月经北京市人民政府批准成立。规划面积10平方公里，一期开发面积4.6平方公里，起步区1.5平方公里。开发区现分为A、B两大区域:

A区是1992年9月经北京市人民政府批准成立。规划面积10平方公里，一期开发面积4.6平方公里，起步区1.5平方公里。重点发展资本、技术密集型产业，其中包括:电子、汽车、机械、物流仓储、运输业。适当发展商住及相关的娱乐和服务业。

B区是2000年10月经首都规划委员会批准成立。规划面积3平方公里，一期开发面积1.3平方公里，重点发展劳动密集型产业及高新技术产业。

按照国家产业政策和北京市总体规划要求，北京永乐经济开发区将依托北京，以京、津、塘高速公路为纽带，吸引国内外知名企业，以合资、合作、独资等方式入区投资建厂；以BOT或其他方式开发基础设施项目，鼓励发展高新技术产业，重点发展制造业，其中包括电子、汽车、机械设备；建材业及仓储、运输业；适当发展商住业及相关的娱乐和服务业。

北京八达岭工业开发区

地　址	北京延庆县西街2号八达岭工业开发区	邮　编	102100
电　话	010－69145222	传　真	010－69141563
网　址	http://www.bdlkfq.com.cn	信　箱	bdlkaifaqu@hotmail.com

【开发区简介】

北京八达岭工业开发区原为延庆县八达岭经济开发区，1992年8月经市政府批准成立，2000年12月经市政府批准为市级开发区。

北京八达岭工业开发区位于延庆县城西南，周围环境优美，东邻举世闻名的八达岭长城，西毗绿草如茵的康西草原，并与延庆万亩森林公园相连。京包铁路横贯全区。开发区距市内62公里，八达岭高速公路直通区内，从市区驱车40分钟即可到达。

北京八达岭工业开发区规划面积4.891平方公里,按照《北京城市总体规划》和《北京工业布局调整规划》,区内分为高新技术产品加工区、轻工业加工区、科技服务项目区、新产品开发中试基地、服务设施区等部分。经过10年多的建设，开发区基础设施已达到六通一平。进入区内的客户除享受北京市规定的优惠政策外，还将享受延庆县制定的特殊优惠政策，进入该区企业将享受到系列化优质服务。

天津市开发区

天　津　市

天津是中央四大直辖市之一， 简称津， 又称津沽、沽上、直沽、丁沽、津门、三津、瀛津等。

天津市地处我国华北平原的东北部，海河流域下游。它东临渤海，北依燕山，南北长189公里，东西宽117公里，总面积11919.7平方公里。 从市中心计算，天津距北京137公里，为首都之门户。

天津市现有18个区县，包括和平、河西、河北、河东、南开、红桥6个市中心区，东丽、西青、津南、北辰4个近城区，塘沽、汉沽、大港3个滨海区和武清、蓟县、宁河、宝坻、静海五个县。全市常住人口952.59万人。

天津海拔高度从蓟县北山区向南部平原逐级下降，西从武清县永定河冲积扇尾部向东缓缓倾斜，形成北高南低、西高东低的地貌特征。天津最高处为蓟县九山顶，海拔1085.5米，最低处为塘沽区大沽口，海拔为零。地貌类型可划分为山地、丘陵、平原、海岸四类，主要是平原。天津属暖温带半湿润季风型气候，全年平均气温为12.3℃。

天津有丰富的自然资源，已探明的金属矿、非金属矿和燃料、地热资源30多种，是全国矿产资源最多的城市。主要矿产有石油、煤、锰硼石、锰金、钨、铂、铜、锌、铁、水泥石灰岩、重晶石、大理石、迭层石、紫砂陶土、麦饭石等。天津的燃料资源主要有石油、天然气和煤成气，主要埋藏在平原地下和渤海大陆架等。大港油田已探明石油储量14.5亿吨， 天然气储量400多亿立方米。已探明的煤田在蓟县下仓及宝坻北潭镇一带，面积72平方公里、储量6.8亿吨。全市发现10个有勘探开采价值的地热异常区，热水总量1103.6亿立方米。目前地热已被应用于工业、农业、供热、洗浴、医疗等。中国最大的海盐产区长芦盐场就在这里，原盐生产量200多万吨。

天津已形成以港口为中心的海陆空为一体的高度发达的立体交叉网络。天津港是中国最大的人工港，与170多个国家和地区的300多个港口有贸易往来。有各类泊位75个，其中万吨深水泊位48个。1997年，港口吞吐量6789万吨，集装箱运能和杂货吞吐量居全国前列。天津是京山、京沪、京九铁路干线的支汇处，中国北方铁路运输枢纽。天津滨海国际机场不仅是重要的客机机场，而且是华北地区最大的航空货运中心，有数十条国际、国内航线。天津拥有公路400多条，总里程4000余公里，市内已建成以3条环线、14条放射线为骨架的城市道路网。京哈、津渝、京福、京淄、京同等国家干线途经天津。 天津1997年市话交换机容量194.5万门，平均每百人拥有电话23.1部。

天津科技人才数量之多，比例之大在全国名列前茅。天津有普通高校20所，国有独立研究和开发机构155个。到1997年底，全市拥有科技人员58.5万人，平均每万人口有科技人员651万人，“八五”期间，全市获重大科技成果3681项，获国家发明奖数量居全国第二，科技成果推广率超过70%。

作为历史文化名城，天津有丰富的旅游资源。目前，天津已形成了以海河为风景轴线，以文物古迹、革命斗争纪念地为主自然风景为辅的市中心游览区；以港口、盐场、油田为主、具有海湾特色的塘沽滨海游乐区、以自然风景和名胜古迹为特点的蓟县旅游观光区。 长城黄崖关、大沽炮台遗址、蓟县独乐寺、盘山游览区、海河风景线、水上公园、中环线风景线、古文化街、南市食品街和旅馆街、天津电视塔被称为“津门十景”。中上元古界地质自然保护区、八仙山天然次生林自然保护区、古海岸线和湿地自然保护区被批准确定为国家级自然保护区。素有万国建筑博览会之称的天津，有数百栋各国小洋楼仍完好地保护下来。它是帝国主义侵略使中国沦为殖民地的见证，也是劳动人民智慧的结晶，成为天津市的一大景观。

良好的社会环境已成为天津的最重要的优势。天津的社会风气较好，民风朴实，市场秩序好，物价在全国大中城市中较低。天津社会治安秩序近年来一直是全国最好的地区之一。经国家统计局测定，天津社会治安居全国第一。这些不仅受到国内和外地游客的青睐，也受到海外投资者的称赞。摩托罗拉经过4年考察，决定把中国本部设在天津开发区。他们在一项调查报告中把天津誉为充满温馨的东方式大家庭。

早在14世纪后的元明时代，天津的煮盐、车船零件制造业已经兴起。到了17世纪初的清代，天津成为长芦盐的转运中心，车、船等制造业也更加发展。1860年，天津被辟为通商口岸后，近代工业开始兴起。但是1949年以前，天津的重工业的基础十分薄弱，机电等行业主要是进口零部件进行装配和修理。中华人民共和国成立后，特别是实行改革开放后，天津的工业有了很大的发展。目前，全市已形成机械、电子、化工、冶金为支柱产业的36个大行业，180多个门类的工业体系。天津市现有工业企业12000家，全市工业总产值2838.21亿元，是1990年的4倍多。

天津很早以前就成为商埠码头，1860年天津被辟为通商口岸后，外国商人蜂涌而至。解放前，天津外贸出口总值占华北地区的50%～60%，内贸基本垄断了我国北方的商业批发业，成为我国北方的商贸中心。解放后，天津成为全国南北物资交流枢纽和东北、西北、华北地区的物资集散地。随着社会主义市场经济的发展和改革开放的深入，天津商贸中心的作用正在逐步加强。到1997年底，全市有各类市场656家，全国和区域性的生产资料或要素市场16家，年交易额突破1200亿元。天津期货市场经国务院批准已建立。

解放前，天津曾是中国第二大金融中心和北方最大的金融市场，中外银行100多家，总资本占全国15%，居北方各城市之首。解放后，形成高度统一、以行政管理办法为主的金融体制。党的十一届三中全会后特别是进入1990年后，天津金融改革取得很大进展，基本形成以证券交易、外汇调剂、资金融通三大金融市场为龙头的多元化金融机构。全市现有各类金融机构2500多家，其中外资银行13家，外资金融机构代表处25家，融资规模仅次于上海，居全国第二位。早在1984年，天津市就提出了工业战略东移的发展战略，并先后建成了经济技术开发区、天津港保税区。1994年，天津市又提出用10年左右时间建成滨海新区的战略目标。

滨海新区位于天津市东部，濒临渤海，面向太平洋，由塘沽区、汉沽区、大港区和东丽区、津南区的部分区域组成，规划用地面积350平方公里。这里有天津港、开发区、保税区、海洋高科技园区、大港油田、无缝钢管公司、渤海石油公司、天津石化公司和三大化工厂以及12万吨乙烯工程，是天津对外开放的前沿阵地。近年来天津市又投资60亿元在这里建设了道路、交通、能源等一大批基础设施，使这里的投资环境进一步改善。经过多年的建设，天津滨海新区已经成为天津经济的新增长点。到1995年底，滨海新区建成面积125平方公里，常住人口105万人。全区累计签约三资企业6112家，占全市的65%，协议外资额64.5亿美元，占全市的55%。1997年全区实现国内生产总值382.06亿元，占全市的30.8%，人均国内生产总值3.78万元，是全市平均水平的2.7倍。据不完全统计，天津滨海新区已开发高科技项目100多个，石油化工、海洋化工、电子、通讯、生物制品、冶金、机械等一批支柱产业已经形成。

按照天津市的总体规划，到2003年，滨海新区国内生产总值将达到1000亿元，占天津市的50%，人均7万元，等于再造一个新天津。

天津市制定的国民经济和社会发展总体目标是:到2010年,努力把天津建设成为全国率先基本实现现代化的地区之一，成为中国北方的商贸金融中心、技术先进的综合性工业基地、全方位开放的现代化国际港口大都市。

天津东丽经济开发区

地　址	天津市东丽经济技术开发区管委会	邮　编	300300
电　话	022- 24994488　24993730	传　真	022-24993730
网　址	http://www.tjdeda.com	信　箱	tjdeda@mail.zlnet.com.cn

【开发区简介】

天津东丽经济开发区地处连接天津市区和天津新港的津塘公路沿线，中心坐标北纬41度、东经117度。据北京120公里，距天津市中心14公里，距天津新港30公里。处于素有“金色走廊”美誉的东丽区的中心位置。东丽经济开发区交通便利，有天津滨海国际机场、天津新港、天津火车站、京—津—塘高速公路、津滨高速公路等交通枢纽。

天津市是环渤海地区的经济中心，交通、通讯、销售网络和信息渠道等方面的优势，确定了天津在中国北方具有重要的战略地位。商品及物资交流、交易活动频繁，同时，天津1000万的人口，也具有很大的消费能力和市场潜力。西北部120公里范围内有首都北京，东部又有港口。可以说，这里工商业发达、人口密集、城市集中、市场繁荣、交通便利，是进行投资的理想场所。

天津津南经济开发区

地　址	天津市津南经济开发区腾飞路	邮　编	300350
电　话	022-28393192　28588888	传　真	022-28584048
网　址	http://www.jneda.com	信　箱	gong@jneda,com

【开发区简介】

天津市津南经济开发区是1992年7月经天津市政府批准建立的，开发区位于天津的东南部，位于津南区三大镇之间，第一期开发面积为2平方公里。开发区距天津市区16公里，距天津港18公里，距京津塘高速公路12公里，距天津机场15公里，北临海河、南靠大沽排污河。开发区北面紧靠津沽公路、南面紧傍津沽二线公路，东临李港铁路津南支线，海河二道闸码头距开发区3公里。地理位置十分优越，交通运输便捷。

开发区致力于发展微电子、信息、光纤、计算机、现代通讯激光、生物医学、交通以及各种新能源材料等高新技术。

天津静海经济开发区

地　址	天津市静海经济开发区泰山道9号	邮　编	301600
电　话	022-68685988	传　真	022-68685412
网　址	http://www.tjeda.com	信　箱	tjeda@tjeda.com

【开发区简介】

天津市静海经济开发区是1992年6月经天津市人民政府批准建立的。是以国家产业政策为导向，以外商独资、中外合资、合作企业为主体，以环境宽松、管理有序、服务优质、有利发展为特点，享有中国沿海开放城市开发区优惠政策和灵活措施的经济区域。

静海经济开发区规划科学、功能齐全、基础设施完善。在已开发的土地上实现了“五通一平”。这里法制健全、环境优越、办事程序简便、服务优质高效。目前已吸引了来自30多个国家和地区的一批著名跨国公司和高科技企业投资，初步形成了生物技术和新医药电子信息、光机电一体化、新材料等支柱产业。

【地理位置】

静海经济开发区位于天津市西南方向，依托静海县城。距天津市区30公里，距天津国际机场50公里，距天津新港70公里，距北京及北京国际机场120公里。北与首都北京毗邻，东、西、南分别与河北省的唐山、承德、廊坊、沧州地区接壤。

【物流交通】

距静海开发区50公里的天津滨海国际机场设有国内最大的航空货运中心及冷冻库、保鲜库、贵重物品库等设施,也是中国北方重要的客运空港，有直达航班通往日本、韩国、蒙古、俄罗斯、中国香港等国家和地区。

距静海开发区70公里的天津新港是中国北方最大的综合性国贸易港，可通航和停靠5至7万吨级船舶，拥有定期班轮、航线70多条海上航线，通航世界170多个国家和地区的300多个港口，年货吞吐量一亿吨。天津港集装箱码头是中国最大的集装箱码头，年吞吐能力可达100万标准箱。是从太平洋彼岸进入欧亚内陆的主要通道和欧亚大陆桥的主要出海口。

北京至上海的京沪铁路纵贯区旁，天津铁路网是由京山、京浦、京秦等铁路干线、大秦京九的联络线以及津蓟、唐遵支线等组成，地跨经济发达、人口众多的天津、北京两市和河北、山东两省，是我国铁路网的重要组成部分，是衔接东北、华北、华东至华南的枢纽，是欧亚大陆桥的起点。年吞吐量150万吨的铁路静海货场距开发区1公里。

【产业基础】

静海经济开发区是1992年6月经天津市人民政府批准建立的省市级开发区。规划面积10.8平方公里，起步2平方公里。至今，已入区企业共150多家，其中外资企业40家，有美国、日本、德国、荷兰、韩国等国家及中国香港、台湾地区在此投资。投资总额达14亿元人民币，其中利用外资近1亿美元。

【基础设施】

供电:为双源头，主要供电来源为华北电网，并自备一座5万KVA发电厂，有110KV和35KV两座变电站同时向区内供电，保证全天24小时不停电。

供水:采用双水源环状供水，有万吨水厂及储水量1．8亿立方米的团泊湖水库同时向开发区直接供水，可直接用于工业生产和日常生活，日供水能力可达8万吨，保证向区内企业24小时持续供水。

排水:采用雨污分流排放系统，通过地下管道直接排出区外。

道路:区内主干道宽35米，均按国家二级公路标准建设，保证每一家企业均有一侧以上的红线临路。

通讯:电话局安装具有国际先进水平的程控交换机,有5万门程控通讯装置,可为企业配备国际通讯标准的ADSL和DDN设备，并与日、美、英、法等100多个国家建立了特快专递邮政业务，以满足国内、国际通讯的需要并可提供多方面通讯服务。

天津宁河经济开发区

地　址	天津市宁河县经济技术开发区管理委员会	邮　编	301500
电　话	022－25585995　69117018	传　真	022－69117286
网　址	http://www.ninghe.com	信　箱	nhfinder@public1.tpt.tj.cn

【开发区简介】

天津宁河经济开发区是天津市人民政府于1992年批准设立的。地处天津市东北部，规划建设面积2.5平方公里。地理位置优越，地质良好，交通便捷，规划先进，设施完备,政策优惠，并为中外投资者提供优质高效服务。

天津宁河经济开发区确定以机械、轻工、电子、食品四大行业为导向，以发展高新技术产业为投资重点，着力吸引外资，引进规模较大的环保型朝阳项目，并发展“区中区”、“园中园”，先后建立了“天津清华科技园产业基地”、“天津宁河神户经济小区”等。

现规划建设区域可出让土地面积已不足200亩。正在着手建设二期工程——生态工业园，规划面积3.73平方公里，为开发区保持快速、持续发展提供了拓展空间。

天津市蓟县经济开发区

地　址	天津市蓟县经济开发区管理委员会	邮　编	301914
电　话	022－29899599	传　真	022－29899895
网　址	http://www.tjjxkfq.com		

【开发区简介】

天津蓟县经济开发区于1992年6月经天津市人民政府批准建立。地处蓟县城南，规划面积5平方公里，总体规划分为综合工业区、科工贸企业园区和旅游度假区。蓟县经济开发区自建区以来，坚持以服务为本，构筑了安商、服商、富商工程，并依托本县丰富的物产资源和优越的投资环境，吸引了来自瑞士、日本、新加坡、德国、中国香港、中国台湾等10多个国家和地区的客商投资，行业涉及建材、冶金、化工、食品、电子、轻纺、服装等十多个门类，发展势头良好。

【地理位置】

蓟县毗邻北京、天津两大城市，境域1470平方公里。这里北依燕山，物产丰富。蓟县经济开发区地处县城南京哈(北京到哈尔滨)、津围(天津至围场)两条国道交汇处；京沈(北京到沈阳)，津蓟(天津到蓟县）高速公路以及大秦(大同到秦皇岛)、京秦(北京到秦皇岛)、津蓟(天津至蓟县）铁路均紧邻开发区，形成了便捷的交通网络。这里距首都国际机场80公里，天津国际机场110公里，天津塘沽港口145公里，秦皇岛港口257公里，交通畅达。

【自然资源】

水资源——蓟县的地下水储量巨大，水质甚佳，极富开采价值。地表水年平均产水量10.58亿立方米。县城东侧的翠屏湖，是天津市最大的淡水湖和重要的水资源基地。

物产资源——蓟县，犹如硕大的聚宝盆。古老绚丽的叠层石、“药石之王”的麦饭石、质地优良的玄武石和紫砂陶土……钾、钨、锰等30余种金属、非金属矿藏，储量丰富，开发前景广阔。蓟县是北京、天津建筑材料供应基地，种类齐全，质优价廉；是中国北方重要的果品和优质水产品生产基地；建成了万亩葡萄和万亩板栗基地等。丰富的物产资源，为发展资源开发加工项目奠定了坚实基础。1994年11月经国家计委、农业部批准建立的全国首家绿色食品综合示范区就座落在蓟县，规划建设总面积23.3万亩。

旅游资源——蓟县是华北地区著名的旅游胜地。自然景观秀美，人文古迹众多。国家级和市、县级文物保护单位59处，每年吸引百余万的中外游客来此地旅游观光。配合津蓟高速公路的开通，在蓟县九大旅游景区发展旅游、度假、观光等类项目，也是蓟县今后重要投资方向之一。

天津市塘沽海洋高新技术开发区

地　址	天津市塘沽区塘汉路0－99号	邮　编	300451
电　话	022－25212698　25215394	传　真	022－25212698
网　址	http://www.tg－ocean.com	信　箱	adm@tg－ocean.com

【开发区简介】

高新区位于天津市塘沽区，东临渤海湾，处于中国环渤海地区的中心地带。塘沽区距离天津市区38公里，距离首都北京140公里，是天津市重点发展的港口城市。

高新区起步区面积4.54平方公里，总体规划范围为：东至渤海海岸和蓟运河口线，西至河北路和新河干渠，南至天津开发区北塘高压电厂输电的高压走廊绿化带，北至北环线和永定新河。总体规划面积24平方公里。

天津塘沽海洋高新区成立于1992年6月，1995年1月经国家科委批准正式晋升为国家级高新技术开发区。高新区致力于发展海洋、微电子、新材料等高科技产业。为加速科技成果产业化和培植科技企业，1996年12月，高新区创建了海洋创业服务中心；1998年6月，出台了吸引高科技企业入区的规定，对中小型科技企业从政策和资金上进行积极的扶持。

【交通状况】

航空——天津国际机场距离开发区38公里，是中国最大的航空货运中心，拥有现代化仓库1000平方米，已开辟20多条国内、国际航线，年客运能力可达200万人次，货物务吞吐量8万吨，可以为包括波音747－200F大型客机在内的300吨以下各种型号飞机的起降提供安全迅速准确的服务。

海运——天津新港位于开发区东南8公里，是中国北方最大的综合性国际贸易港，也是首都北京的出海门户，外贸进出口量和集装箱吞吐量分列中国的第一二位。

天津新港有各种部泊位140多个，其中万吨级以上深水泊位47个，定期开通航班40多条，与世界160多个国家和地区的300多个港口有货运业务往来，

铁路——天津火车站是中国两大铁路动脉京沪和京哈铁路的交汇点，位于贯穿全国的六大铁路干线上（其他四条为北京—广州，北京—包头，大同—秦皇岛，北京—九龙），塘沽火车站是欧亚大陆桥的主要通道之一，客货运输通达全国各地，并可经蒙古转口欧洲。

公路——京津塘沽高速公路横贯天津塘沽海洋高新技术开发区，由此驱车半小时即可到达天津，驱车一个半小时到达北京；山海关—广州高速公路，北京—福州高速公路和北京—塘沽—唐山高速公路均紧邻开发区。

【投资导向】

开发区鼓励的投资项目：能生产适应国内外市场需要的新设备、新材料而国内不能生产的；能适应国外市场需求，提高产品档次，开辟新市场、扩大外销、增加出口创汇的；能改进产品性能、降低消耗、增加生产能力和提高技术经济效益、国内急需、技术先进的；为能源、交通运输和原材料工业建设所急需的。

开发区欢迎投资的产业类型：海洋高科技产业；海洋资源的综合开发利用、海洋工程技术；海洋生物技术、海洋化工、海洋石油装备技术；海洋环保和监测技术；海岸带的开发利用技术。

其他高科技产业：微电子科学和电子信息技术、空间科学和航空航天技术；生命科学和生物工程技术；材料科学和新材料技术、能源科学和新能源、高效节能技术；生态科学和环境保护技术、地球科学、基本物质科学和辐射技术、医药科学和生物医学工程；其他在传统产业基础上应用的新工艺、新技术。

传统的产业类型：轻工业；机械工业；化学、石化工业；建筑材料及其他非金属矿物制品；纺织业；森林工业；农业及农用。

天津西青经济技术开发区

地　址	天津市西青经济技术开发区兴华七路8号	邮　编	300381
电　话	022-23971889　83966666	传　真	022-23971259
网　址	http://www.xeda.gov.cn	信　箱	abc@xeda.gov.cn

【开发区简介】

西青经济开发区于1992年7月经天津市人民政府批准成立，坐落在天津市区南部，区域开发面积达10平方公里。西青经济开发区以国家产业政策为导向，以外商独资、中外合资、合作企业为主体，是享有中国经济特区优惠政策和灵活措施的经济区域。

西青经济开发区自建立以来，以其优越的地理位置、完备的基础设施、特别是良好的法制环境和优质的服务吸引了众多外国投资者到区内投资。21世纪的西青经济发区正在逐步成为多功能、开放型、现代化、国际化的经济区域。

目前，已有230多家中外投资企业在西青经济开发区登记注册，90多家企业在区内受让土地建厂，其中70多家已建成投产。

天津市武清开发区

地　址	天津武清县杨村镇北武清开发区管理委员会	邮　编	301700
电　话	022-82116586　82115688	传　真	022-82116325
网　址	http://www.tjuda.com	信　箱	tjuda@mail.zlnet.com.cn
主管部门	天津市人民政府	招商部门	管委会招商局
招商电话	022-82116526		

【开发区简介】

天津武清开发区是国家1991年12月正式批准建立的国家级高新技术产业开发区，规划总面积24.8平方公里。首期开发的6.4平方公里基础区由3平方公里的高新技术区、2平方公里的经济区及为两区配套的1.4平方公里生活区组成。

武清开发区位于中国北京和天津两大城市中间，京津塘高速公路在区内通过，并设有上下道口。沿高速公路去北京或天津港仅行71公里，40分钟即可到达。开发区周边另有京福、津围等十几条国家干线公路及京山、京沪铁路和京九铁路。去天津市区或天津国际机场也仅用30分钟。区位优势得天独厚，交通运输非常方便。武清开发区地处京津科技智力密集带，科技智力人才占全国的17%。开发区周围，每年可参加工作的初、高中毕业生一万多人，大中专及职业中专毕业生2000多人，劳动力资源丰富。

武清开发区自1992年6月23日奠基以来，以创造适合于投资者需求的高品位环境为目标，投入大规模的基础设施和公用设施建设。目前，6.4平方公里的基础区内基本实现了道路、给水、排水、供电、通讯五通和土地平整。同时，海关、银行、税务、公安等服务体系完善，创新大楼、天鹅湖渡假村、海关培训中心、两片国际标准网球场等设施为投资者提供孵化基地、休闲、娱乐、餐饮、培训等服务场所。

在不断完善硬环境的同时，武清开发区还努力营造符合国际惯例的投资软件。武清开发区设有开发区管委会和开发区总公司，两块牌子一套人马。设七部四公司，两个办事处（北京、天津）。对入区企业实行“封闭”式管理和“一条龙”服务，“一站”式办公体系。入区企业只要提供必要的资料，一切手续都可以由开发区总公司无偿代为办理（两周内），直到领取营业执照、动土、开工。

截至2002年2月，来自世界近30个国家和地区的385家企业在区内落户，投资总额近72.04亿元，其中外资6.1亿美元。投资领域主要集中在电子信息、新型建材、生物工程、机电一体化、磁性材料、医药、食品等行业。丹麦丹佛斯公司，芬兰瑞特格集团，美国麦格昆磁，日本东棉、丸红、三井、住友、伊都锦，中国台湾光宝、功学社等世界著名公司都在区内投资建厂。

天津津南经济开发区（双港）

地　址	天津市津南区咸水沽镇津沽路174号	邮　编	300350
电　话	022—28588888　28585988　28586666	传　真	022—28588822
网　址	http://www.sgeda.com	信　箱	sg@sgeda.com

【开发区简介】

天津市津南经济开发区（双港）是天津市人民政府于1997年8月批准成立的区级开发区。坐落在津南区段外环线东侧，地理位置优越，距天津市区2公里，距天津国际机场8公里，距京津塘高速公路12公里，距天津港36公里，已被天津市政府列为“九五”期间重点建设的地铁工程终点站设在距开发区0.5公里的镇中心。区内与外环线、津沽路、梨双路贯通，地理位置优越，交通便利，电力充足，具备双回路供电系统，通讯设施完备，区内生产和生活用水及排污、排沥管线、天然气供气等配套设施齐全。

开发区规划面积6平方公里，一期开发面积1.5平方公里，已实现“六通一平”，基础配套条件、投资环境极佳。开发区自建立以来，由于具备优越的地理位置，良好的投资环境，合理的规划布局，优质高效的服务管理，尤其是优惠的税收政策，低价位的土地开发等诸多因素，吸引了众多的客商前来考察、洽谈、投资开发。通过强化服务职能，实行全方位服务，赢得了投资者的认可和信赖，成为天津市热点投资地区。

“双港古寨，海门要津”，开发区所在地双港镇，由于地处城郊结合部，地理位置优越，经济实力雄厚，人文环境优美，而被天津市政府列入天津市八大工业组团、天津市城市化建设试点单位和农业现代化建设试点单位，具有广阔的发展前景。

河北省开发区

邯郸高新（经济）技术开发区

地　址	河北邯郸中华北大街98号邯郸开发区管委会	邮　编	056002
电　话	0310－3059225　3043168	传　真	0310－3059225
网　址	http://www.hdkfq.hd.gov.cn	信　箱	hdkfq@mx.hd.gov.cn

【开发区简介】

邯郸市是一个具有2000多年历史的文明古城，位于河北省的南部，晋、冀、鲁、豫四省交界，地理位置优越，资源丰富，交通便利，工业基础雄厚，文物古迹众多。总面积1.2万平方公里，人口800万，是中国较大的城市之一。

扎根于这块土地的邯郸高新技术产业开发区于1992年经河北省政府批准兴建，2000年9月，省政府又批准设立了邯郸经济技术开发区。经过数年开发建设，老区企业已达68家，2001年技工贸总收入达14.9亿元，利税2个多亿元。

邯郸开发区新区位于邯郸市东北部，京深高速公路两侧，规划面积20平方公里，起步区3.5平方公里，是邯郸建设工业项目的黄金地段。区内有高速公路出入口和省道邯临公路。距北京4小时车程，距天津港5小时车程。

邯郸开发区坚持“以工业为主，以利用外资为主，以出口创汇为主，以发展高新技术产业为主”的办区方针。开发区新区将着力发展“五大产业”，即电子信息产业、新材料技术产业、生物工程和新医药产业、光机电一体化产业、环保产业。建设“三大基地”，即高新技术产业化基地、高新技术成果孵化基地、高新技术产品出口基地。

目前，新区开发工作已全面展开。2002年将完成起步区一期工程（1平方公里）达到“七通一平”，二期工程（2.5平方公里）达到“三通一平”。2003年起步区内项目基本摆满。

开发区的目标是把开发区建设成为政策宽松、法制环境规范、人文环境和自然环境和谐以及基础设施完善，生产服务和社会化、服务体系健全的“国际化新城区”，为投资者提供全方位的优质服务。

沧州经济技术开发区

地　址	河北省沧州市经济技术开发区渤海路8号	邮　编	061000
电　话	0317－3090784　3090425	传　真	0317－3091483
网　址	http://www.cedz.gov.cn	信　箱	zsj@cedz.com.cn
主管部门	沧州市人民政府	招商部门	管委会经济发展局
招商电话	0317－3090784　3090425		

【开发区简介】

沧州经济技术开发区是1992年7月经河北省人民政府批准成立的省级经济技术开发区，总体规划面积6平方公里，起步区1平方公里，是沧州市重点发展的新型工业区。

沧州开发区东临渤海，北靠京津，地理位置优越，北距天津120公里，距北京240公里，东距在建的黄骅港90公里。京九、京沪两条贯通中国南北的铁路大动脉在沧州穿过。在建的我国第二条西煤东运大通道朔黄铁路傍区而行，公路网四通八达，沧州已成为交通运输的枢纽城市。

沧州开发区建区以来，为完善投资环境进行了大规模的基础设施建设，区内已基本完成“六通一平”，已经具备了基本的工业生产基础设施和摆放大型项目的条件。开发区在建立市场经济机制、完善服务职能方面进行了综合改革，在项目审批方面实现了“一条龙”服务，“一个窗口”对外，同时制定了相应的政策规章，建立了律师事务所、审计事务所、投资咨询服务中心等服务机构。

1998年开发区制定了“以路港建设为契机，以化工城为依托、立足本市、借助京津、放眼海外，以借力招商、借台唱戏为侧重，做到全员招商、全民招商、内外并举、工贸并举、全方位完善、全方位服务、开创招商工作新局面”的招商总体思路。

开发区将紧紧依托沧州化工城建设，牢牢抓住国家跨世纪重点工程沧州黄骅大港及朔黄铁路建设的契机，力争各项工作取得新突破，将沧州经济技术开发区建设成渤海湾新的工业发展聚集地。

河北沧州市黄骅港开发区

地　址	河北省沧州市黄骅港开发区管委会	邮　编	061110
电　话	0317－5768016	传　真	0317－5767172
网　址	http://www.huanghua－port.com	信　箱	zsj@huanghua－port.com

【开发区简介】

黄骅港开发区地处河北省东部渤海之滨，城市总体规划用地73.62平方公里，总建设用地22平方公里，总控制面积635平方公里，到2020年计划建设成为20万人口的现代化港口城市。

黄骅港开发区是1992年随着国务院批准黄骅港立项经河北省人民政府批准设立的一个省级经济技术开发区，它伴随着举世瞩目的神华工程，亦称国家跨世纪四个特大工程之一——西煤东运二大通道的兴建应运而生。神华工程，意即神府—黄骅港二大通道工程。按照规划设计，神华工程是一个包括神府东胜矿区开发、电厂、神木至黄骅港800多公里的双轨电气化铁路、万吨级码头以及航运，所谓“矿、路、港、电、航”五位一体的系统工程，总投资900余亿元。

开发区境内拥有享誉海内外的长芦盐场，年生产能力150万吨，距开发区40公里处是大港油田，西部是华北油田，开发区在盐化工、煤化工、石油化工的开发建设方面具有得天独厚的条件，将成为中国第三个化工城——沧州市的重要组成部分。开发区对虾养殖年产量500万公斤，海洋捕捞年产量6000万公斤，具有丰富的渔业资源。境外可利用港口、铁路，廉价方便地获得中西部的煤炭和工业原料以及其它地区的原料。

【投资导向】

黄骅港开发区的发展策略和指导思想是“依港兴港，以城促港”，充分发挥港、路、电等大项目的辐射力和地处渤海、傍依京津、面向东北亚经济圈、连贯东西、承南启北的区位优势，实现大交通、大流通带动大发展，到2020年，发展成为20万人口的中等港口城市。投资招商的基本指导思想是：谋划长远、面对现实、形式多样、规模不限、灵活应变，依据国家大项目和开发区建设相互影响的内在经济规律，确定阶段性投资重点。

近期内有下列有关门类投资：

一、基础设施建设

在现有港城建设的基础上，继续搞好“四通一平”。重点加强新建水厂、城市路网、水网、电网及土地填方等方面的投资与合作。

二、房地产开发

以适应先期进驻开发区的单位、施工队伍和办公、居住的需要为宗旨，同时考虑该产业为开发区初期易兴起的行业，特别鼓励率先投入，可搞成片（1000亩以上）开发，也可小片开发，可搞中、高档建筑，亦可搞普通住宅和服务设施，并实行适度开发，寻机转让的办法。

三、第二产业

以盐化工、煤化工和精细化工为主的化学工业应成为黄骅港开发区工业产业发展的首选目标与方向，外向型加工业和高新技术产业应作为开发区工业重点扶持的新兴产业。在今后较长一段时间内，开发区工业发展的思路是：以黄骅港建设和带动效应为契机，积极发展资金密集、技术密集、产业关联度大、带动能力强的以盐化工和精细化工为主的化学工业；同时创造条件积极发展外向型加工业和高新技术产业，重点扶持，适时推进。

四、第三产业

发展和建设区域性购物中心、商品集散中心和商业信息中心，建设集批发、仓储、运输为一体的物流中心。大力发展临港仓储，建设一些集散能力强、辐射面宽的农副产品批发市场、生产资料市场（煤炭交易市场、建材市场、农业生产资料市场等）和工业品批发市场，大力发展转口贸易与外贸代理业务。旅游业发展颇有潜力，投资者应有创新。

五、社会公益事业

具有现代水平，规模适度的医院、学校、广播、电视等均是投资者看好的行业，欢迎合作合资共建，也可集体投入或部分“私立”。

河北衡水开发区

地　　址	河北衡水市胜利西路开发区管委会	邮　　编	053000
电　　话	0318－2130040　2108767	传　　真	0318－2111347
网　　址	http://www.hsdz.org	信　　箱	hsctpbi@sina.com
主管部门	衡水市人民政府	招商部门	管委会招商合作局
招商电话	0318－2130040		

【开发区简介】

衡水开发区是河北省政府批准设立的省级高新技术产业开发区和经济技术开发区。控制面积为10.7平方公里，规划面积9.97平方公里，规划居住人口6万人。经过多来的开发建设，已累计批准进区项目200多个，并先后与美、德、意、韩及中国港、澳、台等20多个国家和地区建立了友好联系与合作。初步形成了工程橡胶、机械制造、精细化工等主导产业，并将进一步向生物工程、电子信息等新兴产业拓展。力争“十五”末把开发区建成兼有经济特区和科学工业园功能的集中工业区、衡水经济的速增点、发展高新技术的产业基地和向传统扩散高新技术的辐射源。

河北省霸州经济技术开发区

地　　址	河北省霸州市迎宾道经济开发区管委会	邮　　编	065700
电　　话	0316－7228280　7220515　7225106	传　　真	0316－7214227
网　　址	http://www.bazhoukfq.com	信　　箱	bzkq@sina.com

【开发区简介】

霸州市是中国环太平洋沿岸城市，属环渤海、环京津城市群，在以100公里为半径的范围内，拥有两个国际机场，一个特大货运港口，包括北京、天津两大直辖市和河北省在内的近1亿人口的消费群体，是中国北方产业和人口高度密集、城市集中、工商发达、区位独特、市场容量大、购买力强的黄金地域，在未来的经济发展中，必将成为国际经济交流与合作的重要角色。

霸州经济技术开发区位于市区西北部，是经河北省人民政府批准的省级经济技术开发区，暨省级高新技术产业园区，总体规划面积8.6平方公里，起步区3.5平方公里。在天津－保定高速公路的三个出入口处，设有华鑫、胜芳、东段、兴港四个经济园区，统一管理、统一规划、统一政策，形成了“一区四园”的对外开放格局，正在成为国内外客商投资的热点。

截止目前，进区企业已超过200余家，投资总额达35亿元，投资商来自美国、加拿大、新加坡、日本、韩国及中国港澳台等十几个国家和地区。

邢台高新技术产业开发区

地　址	河北邢台市中兴东大街440号	邮　编	054001
电　话	0319－3033370 3025335　3025603	传　真	0319－3033370
网　址	http://www.xingtai.gov.cn		

【开发区简介】

邢台市开发区是1994年省政府批准的省级高新技术产业园区，2000年在高新区的基础上设立省级经济技术开发区，享有省政府赋予的各项管理权限，行使市政府授予的市一级经济管理权限，实行统一领导和封闭式管理。

开发区现有面积3.24平方公里，辖5个居委会，总人口近万人。自1999年11月理顺体制、重新起步以来，经济实力不断增强，2001年实现国内生产总值5000万元，财政收入840万元。

开发区西部紧连市区，东邻京深高速和107国道，区位优势明显，交通极为便利。通过3年的建设，区内已初步形成了“三纵三横”的路网体系，供水、排水、热力、电力、燃气、工业蒸汽、通信等基础设施齐备，基本实现了“七通一平”。这里法制体系健全、政策环境优越、办事程序简便、服务优质高效、入区生产成本低廉。目前，已吸引三九集团、永磁材料、思达电子、特种电缆、华都家具城、大海乐园、日月木纤维、美国华顺、中国香港善美、中国香港生利等众多国内外投资者入驻，区内现有企业共98家，累计投资总额4.5亿元。

开发区将继续贯彻“以工业为主，以出口创汇为主，以利用外资为主，致力发展高新技术”的方针，围绕现代制造、食品加工、新型材料三大主导产业，加大对外招商引资力度，积极开展与国际国内知名企业的合作，精心构建开发区独具特色的产业体系，努力把开发区建成邢台市改革开放的实验区、跨越式发展的示范区、现代化的工业新城区。

河北省石家庄经济技术开发区

地　址	河北省石家庄市东郊良村	邮　编	052160
电　话	0311－8086336　8086256	传　真	0311－8086007
网　址	http://www.sjzetdz.com	信　箱	sjzkfq@mail.sjzetdz.com

【开发区简介】

石家庄经济技术开发区是1992年经河北省人民政府批准建立的省级开发区，1998年又被河北省人民政府确定为省8个重点开发区之一。全区规划面积为9.8平方公里。建区10年来，开发区注册企业380多家，其中工业项目80多个，总投资额达60亿元，其中外资及中国港澳台资3.9亿美元，涉及美国、英国、加拿大、德国、奥地利、日本、印度等10余个国家和中国香港、台湾、澳门地区，进区项目中，工业项目占86%，外资占总投资额的54%。到2001年全区工业项目产值达21亿元。

开发区位于石家庄东部，地理位置优越。开发区西距石家庄市中心10公里，距京深高速公路5公里，石黄高速公路出口处与开发区主干道相接，北依307国道和石德铁路复线。距石家庄民航机场25公里，即将兴建的石家庄东南铁路联络线环绕开发区，开发区已形成内外连接、四通八达的立体交通网络，省会石家庄发展规划的重点是东南部，开发区位于省会发展规划的中心地带和集科、工、贸为一体的重点发展区域和投资热点。

铁路运输便捷。石德铁路良村火车站设在区内；石家庄炼油厂铁路专线纵贯开发区南北，区内企业可根据需要就近铺设厂内专用线，有利于大项目的建设与发展；石家庄陆运港已在开发区动工建设，该项目具有一关三检的功能，到时国内南来北往、东调西运以及发往海外的物资，将会为进区企业提供更大的方便。

给水、排水条件好。开发区地下水资源丰富，水质全淡，自然补给条件较好，现有排水条件便于利用。地势平坦，土地价格便宜，便于基础设施和投资企业建设，以地生财，滚动发展的潜力巨大。

基础设施环境完善。开发区基础设施投资已达8.6亿元，宽敞平坦的18条主干道已经开通，区内形成了总长18.9公里路网，铺设地下管线12.6公里。由国家水利部投资兴建的日供水13万吨的水厂能满足企业的生产和生活用水；万门程控电话交换机已与市通讯枢纽并网运行，并开通了国内外直拨电话，开办了传真和邮政业务；7.2万KW热电厂一期工程2.4万kw发电机组已并网发电，2.4万kw二期工程已竣工，已形成280吨供汽能力，可集中供汽、供热；装机容量容量为94500KW的11万伏变电站可满足进区企业的双回路供电需要；日处理污水量10万立方米的污水处理厂已投入使用。学校、医院、消防、娱乐、金融、商业等公益事业日臻完善。开发区在确保满足在建项目“六通一平”建设的同时，着重实施以“天蓝、地绿、水清、路净、灯明”为主要内容的形象工程建设，进一步强化绿化、美化工程。努力把开发区建设成花园式现代化城区，开发区邀请省绿化设计部门对开发区街道绿地街心花园进行了全面规化设计，并按照规化要求，投资2000万元对街心花园、带状公园进行高标准建设，另外对主要街道进行了全面绿化，栽种各种苗木53000棵，种植草坪18000平方米，建成花园式企业12家。为加强市政管理，开发区会同职能部门，加大城区管理力度，并会同电力、邮电、等部门，对区内的高压线路、通讯线路、进行了重新规划改造，彻底消灭了空中蜘蛛网现象，城区形象得到彻底改观。另外，开发区本着“标准高、样式新”的原则，投资546万元完成了所有主干道的路灯安装工作，进一步改善了开发区的对外形象。

全方位服务优质高效。开发区合理设置机构，按照“小机构、全功能、大服务”和“精简、高效、统一”的原则，开发区设五部二局二室（招商部、经济监督部、经济管理部、农村工作部、规划建设部、财政局、劳动人事局、管委办公室、党委办公室），坚持一机构多职能、一人多岗，交叉兼职，综合使用。在干部人事制度上，实行全员聘任制，严把用人关。目前开发区人员已达50人，大中专毕业生占总数的72%，高级工程师、经济师、会计师等技术人员达22人，人员素质比较高，工作适应能力强。开发区对进区企业所涉及到的工商、税务、土地、环保等一系列手续，实施“一站式”封闭管理和“一条龙”服务，现在凡进区项目需要办理的各项必要手续，从立项、可行性报告、合同章程、营业执照，到土地出让、税务登记、银行开户、司法公证、施工建设等，均可在区内办理。

良好的投资环境，吸引了大批客户前来投资置业。入区项目充分体现了开发区三为主的特点：一是以大项目为主，入区项目中过亿元的项目10个，其中过10亿元1个，过5亿元的项目3个；二是以工业项目为主，入区项目中工业项目占92%；三是以外资项目为主，入区项目中外资企业13家，总投资3.9亿元，占总投资额54%。开发区与华北制药集团石家庄制药集团共建的北方药城已初具规模，总投资46亿元。华北制药集团与日本合资的国家“双加”重点项目投资10.5亿元，目前开发区以北方药城为龙头，已初步形成以医药、化工、建材、食品、电子等主导产业结构。开发区民营企业发展迅速。目前，开发区具有一定规模的民营企业已达40多家，投资超过500万元的24家，投资超过1000万元的13家。石家庄中天化工有限公司总投资6600万元。石家庄长城麦高食品有限公司总投资2000万元。冀凯金钢石、中天化工、正元塔器等被省科委认定为高新技术企业。“退市进郊”企业石家庄市动力机械厂投资2.97亿元，开发区污水处理厂投资1.4亿元，华信钢结构、电厂二期投资都在4000万元以上。

河北省唐山市南堡经济技术开发区

地　址　河北省唐山市南堡经济技术开发区管委会　邮　编　063305
电　话　0315－8500011　8519888　传　真　0315－8515520
网　址　http://www.nanpu.gov.cn

【开发区简介】

唐山市南堡经济技术开发区作为环渤海经济圈的重要组成部分，具有较好的经济发展的客观物质和人文地理条件，是1995年9月经河北省人民政府批准设立的以发展盐化工、石油化工为主的经济技术开发区，是河北省规划的五大化工基地之一的盐化工基地，是区域化工发展的重点和唐山市未来经济发展新的增长点。经河北省政府批复，南堡开发区总的控制面积381平方公里，其中城市建设面积20平方公里，到2010年，建成面积20平方公里、人口20万的现代化滨海化工城市。现有长期居住人口5万人。

南堡开发区位于唐山市南部45公里的渤海湾北岸，处于环渤海经济圈的中心位置，地理位置优越。西距天津机场和天津港分别为80和70公里，东距唐山京唐港80公里，并有环渤海公路相连接，仅需1小时30分钟车程即可到达。区内有3条公路通往市区和省内外，京山铁路汉（沽）南（堡）支线直通开发区，为开发区提供了便利的交通运输条件。南距正在谋划的曹妃甸深水港岸仅20公里。随着曹妃甸港的建设和发展，将为开发区发展临港加工业、石油化工业创造良好的条件，是南堡开发区未来经济发展的又一潜在优势。开发区内的邮电支局现有4500门程控电话和180路中继光缆系统，直通世界130多个国家和地区。

目前，开发区内已初步形成了由我国三大碱厂之一、年产80万吨纯碱的唐山三友碱业集团；世界第三、亚洲第一、年产180万吨原盐的河北南堡盐场；具有20世纪90年代先进水平、年产2万吨粘胶短纤维的唐山化纤厂为骨干，以南堡盐化厂、丰南焦化厂等中小型企业为群体的工业格局。

目前区内机构设置齐全，公安、工商、税务、财政、金融、土地、建设、环保等部门管理到位。开发区管委会是市人民政府派出机构，专司开发区的各项事物管理，具有工作程序简单，审批手续简便，易于沟通协调。办事效率高，决策周期短等特点。南堡经济技术开发区拥有丰富的海盐、纯碱、石油、天然气、渔业等资源，是理想的化工产业基地和海产品产业基地，鼓励兴办高技术、高附加值的知识密集型、技术密集型、出口创汇型产业；鼓励发展外商投资企业，同时配套发展金融、商贸、服务、房地产等第三产业。

河北省涿州市开发区

地　址	河北省涿州市范阳东路182号	邮　编	072750
电　话	0312—3853300	传　真	0312—3850340
网　址	http://www.zzkfq.com	信　箱	kaifaqu@public.bdptt.he.cn

【开发区简介】

涿州开发区是顺应改革开放的大潮于1992年7月经河北省政府批准设立的省级开发区，总面积12.28平方公里，辖6个行政村，是河北省对外的窗口，是涿州市经济新的增长点。10年来，经过全区人员共同努力，基础设施日趋完善，服务体系已经建立，形成了一条龙服务、封闭式管理的格局，一座现代化的新城区已经在京畿重地崛起。

河北唐山海港开发区

地　址	河北省唐山海港开发区管委会	邮　编	063611
电　话	0315-2914124　2914118　2914123	传　真	0315-2914118
网　址	http://www.tshg.gov.cn	信　箱	hg3188@heinfo.net

【开发区简介】

唐山海港开发区是河北省级经济技术开发区，近期规划面积44平方公里，起步区5.3平方公里。建区以来，修筑了20多公里城市主次干道，道路、给水、污水、雨水、电力、通讯、服务机构完备，区内先后有130多个项目开工，注册企业200多家，已成为日益繁荣的新兴市区。

开发区内有大面积国有滩涂，建设开发不占良田，无需拆迁。港口和开发区统一规划，协调建设，互为依托，共同发展。形成“码头、仓储、加工三位一体”的新型格局。

唐山海港开发区今后发展，按照以“工业为主，利用外资为主，出口创汇为主”的发展方向和产业构成，优先发展陆海运输业、两头在外、三来一补、大进大出的临港加工业和高新技术产业，不失时机地发展轻工、机械、电子、化工、医药、服装工业和商贸、金融、旅游、信息服务等第三产业，逐步形成城市功能齐全，基础设施配套，产业结构合理，港口运输通畅，经济实力较强，第三产业繁荣，科教事业发达，人民生活舒适方便，环渤海湾及整个东北亚地区具有一定影响的新型海港工业城市。

唐山市高新技术开发区

地　址	河北省唐山市建设北路	邮　编	063020
电　话	0315－3178668　3178024	传　真	0315－3178127
网　址	http://www.tsdz.gov.cn	信　箱	info@tsdz.net
主管部门	唐山市人民政府	招商部门	管委会招商局
招商电话	0315－3178029 3178024		

【开发区简介】

唐山市高新技术开发区暨经济技术开发区地处城市中心区的北部，成立于1992年1月，同年5月和7月分别被河北省人民政府批准为省级高新技术开发区和省级经济技术开发区（以下简称开发区），1998年4月被河北省人民政府列为河北省重点开发区。

开发区总规划面积13平方公里，属城市总体规划的一部分，具有良好的外部依托条件。开发区分为工业生产、科技贸易、综合服务、生活居住、保税仓储五个功能区。分三期建设，目前，一期区3.22平方公里已经基本建成，正在全面转向二期区开发建设。优越的地理位置，完善的基础设施，优质的管理服务，明确的产业政策吸引了众多国内外企业来此发展。目前，投资开发区的客商涉及日本、美国、德国、加拿大、韩国、中国香港、中国台湾等10多个国家和地区。世界500强投资企业日本松下产业机器株式会社、日本碍子株式会社、伊藤忠商事株式会社、美国罗克维尔公司、德国西门子等都在园区投资兴业。初步形成了机电一体化、新型材料、节能环保、医药生物为重点的产业群体。开发区重点发展的产业有对焊接、生物医药、智能仪器与仪表、新型材料与建材、节能环保五大产业的扶持力度，适度发展第三产业，兼顾其他高新技术领域的发展。

未来的发展目标是：到“十五”末期，实现各类工业项目摆满二期区，把高新区建成设施配套、功能齐全、结构合理、环境优美、综合优势明显、能与国际经济接轨的高科技工业园区。在此基础上，再用5～10年的时间，把高新区建成体制更新、机制更活、功能更全、实力更强、开放程度和文明程度更高的现代化新城区。

【投资优势】

区位优势——唐山具有独特的地理位置，近临京津，濒临渤海。作为中国环渤海中部地区第三大工业城市，与北京、天津构成了环渤海地区经济发展的“金三角”，是国务院批准的沿海对外开放地区。唐山高新区的地理位置在市中心的北部，是城市总体规划的一部分。总体规划面积13平方公里，这里可依托城市现有设施和投资环境，使海外客商获得“工期短、易开发、投资少、见效回”的效果。

工业基础优势——唐山是一座有近百年历史的工业城市，被誉为“中国近代工业摇篮”，素有“北方煤都”

和“北方瓷都”之称。现已形成以煤炭、钢铁、电力、建材、机械、化工等重工业为主，以陶瓷、纺织、电子、食品等轻工业为辅的工业体系。唐山高新技术开发区，在唐山市发挥着发展高新技术产业的带动作用，传统产业的改造作用，高新技术成果的孵化和辐射作用，具有广阔的发展情景和良好的经济社会效益。

交通优势——唐山市境内有京哈、京秦、大秦、通坨4条国家级铁路干线通过，市内有专用铁路113条；“京哈”、“津唐”、“唐港”3条高速公路在境内形成“X”型高速公路网；唐山距京唐港、秦皇岛港、天津新港分别为90公里、110公里和88公里，另外距首都机场、天津机场、秦皇岛机场分别为180公里、120公里和130公里。高新区紧临“京哈”高速公路入口处，从高新区出发只需1小时和1个半小时左右，就可到北京、天津、秦皇岛，乘坐航班和轮船到全国各地和海外。

成本优势——唐山市现有电厂发电能力150亿千瓦时／年。高新区有10千伏开闭站和110千伏变电站，可为企业提供0.38／0.22和10千伏电源。日供煤气40万立方米。日供水能力50.8万立方米。区内生产、生活污水处理达标后，近期纳入城市管网，远期纳入北郊污水处理厂。

人力资优势——唐山市内有5所大学（华北煤炭医学院、河北理工学院、唐山学院、唐山师范学院、河北科技大学唐山分校）以及50多所高等职业技术学校，并且，唐山高新区可以凭借优越的地理条件，利用京、津、唐经济金三角的优势，大力吸引北京及天津地区的管理、科技等高级人才来唐山工作。

管理服务优势——唐山市高新技术开发区管理委员会是唐山市政府派出机构，代表市政府履行政府管理职能，对开发区实行封闭式统一管理，享有省级项目审批权（投资额在3000万美元以下的项目可自行审批）。

唐山高新技术开发区管理委员会根据开发区作为一个经济新城区的实际情况，明确政府职能定位，合理设置机构，保证干部高素质，保持一流的行政效率，坚持“小政府，大社会”的原则为项目进区提供全程一站式服务。另外，高新区还设有“外商投资企业合法权益保护中心”和“进区企业管理服务中心”，为投资者创造手续简单、政策优惠、服务周到、机智灵活的投资环境。

【园区规划】

唐山市高新技术开发区总体面积13平方公里，在土地利用上，充分考虑与城市总体规划相衔接，规划区分为工业、生活、科技贸易、仓储、管理服务5个功能区。开发园区分三期建设，一期区规划用地总面积3.22平方公里，目前，一期区基础设施建设已基本完成，实现了“八通一平”。

建设路北段做为未来唐山市的主要轴线和展示特色的窗口，全长2.5公里，规划上建设路两侧各布置了90米进深的公共设施用地，作为科工贸一条街开发建设，集中安排科技开区、生活服务、行政办公、金融保险、文化娱乐等用地；东侧以安排行政办公为主，兼容商业、服务业、金融保险业；西侧以文化娱乐为主，兼容商业、金融保险业。建设北路（开发区路段）全长2275米，规划用地59.3公顷，控制性详细规划用地44.58公顷。该路段是未来唐山市主要发展地段，规划考虑在此路段建设成具有现代化、超前性、集科工贸一体化，两侧20米带状公园特色的一条街。

目前，二期区的分区规划正式上报市政府审批。二期区在满足一期区的各种功能基础上，又增加了文化教育区。

燕郊经济技术开发区

地　址　北京东燕郊迎宾北路2号　　邮　编　101601
电　话　010－61594020　0316－3312796　　传　真　010－61594131
网　址　http://www.yanjiao.gov.cn　　信　箱　Info@yjkfq.com

【开发区简介】

1992年7月，燕郊被正式批准为河北省省级经济技术开发区。1999年12月，被批准为省级高新技术产业园区。2001年又被批准为省级高新技术产品出口基地、河北省首家软件产业基地和省级海外留学生创业基地，目前综合实力在全省27个省级开发区中位居第三，在全省县（市）域开发区中位居第一，是河北省6个重点开发区之一。

燕郊开发区已跨入了加速发展的快车道，目前已引进国内外投资项目400余个，项目总投资130亿元人民币，其中注册外资项目130个，累计利用外资5.2亿美元。已初步形成信息电子、生物医药、新型材料、绿色食品和旅游休闲五大主导产业。

燕郊开发区人积极吸收世界两大文明成果，利用国际国内两大市场，使燕郊开发区以京东硅谷的崭新姿态屹立在京东大地上。经过创业者们辛勤不懈的建设，燕郊开发区已发展成为幅员30平方公里、人口10余万人，集科技、生产、旅游、度假、金融、商贸于一体的崭新现代化首都卫星城和高新技术产业发展基地。

【园区规划】

燕郊开发区一期规划面积15平方公里，二期规划面积达到30平方公里，目前已基本开发完毕；三期规划达到45平方公里。开发区下辖19个村街，总人口11.7万人，其中城镇人口7.8万人。

燕郊开发区按功能划分为高科技工业区、金融商贸区、科研文化服务区和旅游休闲度假区四个功能区：

高科技工业区——位于开发区东北部，以引进高科技工业项目为主，目前目前已形成信息电子、生物医药、新型材料和绿色食品四大主导产业。工业区内建有“燕郊信息产业园”和“燕郊生物医药园”是两大高新技术产业龙头园区；

科研文化服务区——位于开发区中部，面积3.3平方公里。以科研、教育、文化、体育、医疗等综合服务设施为主。还包括保健康复、商业住宅、仓储、社会公益设施、科技开发、软件开发、信息、咨询等；

金融商贸区——位于开发区中心地带，面积1.6平方公里。以开发高档商贸中心、大型商品交易市场、商业设施建设、商业服务、金融保险、村街城市化改造为主；

旅游休闲度假区——位于开发区西部，西邻潮白河，与北京隔河相望。自然环境优雅，面积5平方公里，以开发旅游休闲设备、度假村、会议中心、高档房地产以及声、光、电于一体的大型娱乐项目为主，目前已建有18洞国际高尔夫球俱乐部、国际会议中心、万亩自然公园和安花园别墅等。

【投资导向】

燕郊开发区经过8年来的高速发展，已初步形成高科技工业、金融商贸、旅游度假、综合服务4大功能园

区。根据国家产业政策，结合自身长远发展规划，特制定燕郊开发区鼓励国内外客商投资行业导向:

一、高科技产业区

信息产业园区——以高新技术电子信息产品及先进机械产品的开发制造为主。拟招商项目: 采用尖端或高新技术电子项目，电子计算机及微电子工业、半导体及光电子专用材料开发、电子元器件生产、家用电器、新型电池（无汞碱性电池、镍氢电池、锂离子电池）、大规模集成电路、液晶显示产品、软件开发生产，广播通讯设备、信息通信系统网络技术及产品、激光技术及应用、办公自动化产品，机电一体化设备、精密仪器设备、精密数控机床及大型高效机械设备、精密机械基础件、电动工具、模具制造业，飞机、汽车及零配件制造业、先进机械设备制造项目。

生物医药园区——以生物工程与医药产品的开发制造为主。拟招商项目: 专利期内及受我国行政保护的化学原料药、需进口的医药专用中间体，国内尚未生产且疗效好的新品种（如: 消炎解热类、氨基酸类、维生素类药品），新型抗癌药物及心脑血管药物，药品制剂（缓释剂、控释剂、靶向剂、透皮吸收剂等新品种）的研究生产; 提高中成药质量的新技术、新设备，中药加工提取新工艺、新产品，新型保健品、生物工程技术产品; 新型药品包装材料、容器及先进的制药设备、精密医疗及临床诊断设备的开发与制造项目。

绿色食品园区——以食品及饮料的生产开发为主。拟招商项目: 保健食品、绿色食品、方便食品、新型食品、酿酒（白酒、啤酒、葡萄酒、果酒等）、新型饮料、油脂及调味品等生产和制造项目，各种食品的储藏、保鲜、加工新技术项目。

新型材料园区——以有色金属复合材料、新型材料、新型轻质节能基础建材及装饰材料为主的开发项目。

二、旅游休闲度假区

位于开发区西部，西邻潮白河，与北京隔河相望。自然环境优雅，面积5平方公里，以开发旅游休闲设备、度假村、会议中心、高档房地产以及声、光、电于一体的大型娱乐项目为主。

三、综合服务区

位于开发区中部，面积3.3平方公里。拟招商项目: 保健康复、体育、教育、商业住宅、仓储、社会公益设施、科技开发、软件开发、信息、咨询等项目; 基础设施项目（水厂、污水处理厂）、资源再生及综合利用、环境污染治理工程及治理技术、新兴环保产品的研制与生产、节约能源开发新技术等项目。

四、金融商贸区

位于开发区中心地带，面积1.6平方公里。以开发高档商贸中心、大型商品交易市场、商业设施建设、商业服务、金融保险、村街城市化改造为主。

任丘经济技术开发区

地　址	河北省任丘经济技术开发区	电　话	03172296861 2735993
网　址	http://www.retdz.com	信　箱	rqkfq@jiubaosw.com

【开发区简介】

任丘经济技术开发区坐落在北京、天津、石家庄三角地带，位于华油田腹地，“华北明珠”白洋淀南边，106国道穿区而过，驱车2小时就可抵达北京国际机场、天津新港和黄骅港。

任丘经济技术开发区始建于1992年7月，1995年12月被河北省政府批准为省级经济技术开发区，规划面积2.05平方公里。1997年5月，任丘市委、市政府对开发区实行“封闭式”管理，开发区实行独立的财务体制，设置了工商、土地、国税、地税、公安等执法部门。

开发区“十五”规划的指导思想和发展思路:高举邓小平理论伟大旗帜，坚持两个文明一起抓，解放思想，抢抓机遇，继续坚持“三为主一致力”持续发展的建设方针;合理调整产业结构，努力提高利用外资水平和经济运行质量;健全服务体系，强化服务功能，不断改善投资环境，再造开发区新优势。

开发区的总体目标是:以现代工业和石油化工工业为基础，高新技术产业为先导，第三产业协调发展，社会事业繁荣进步的 生态型、现代化的开放型经济新区。目前，开发区二期开发土地65万平方米，分南北两区，南区占地25万平方米，开发商贸休闲区；建设有垂钓园、运动场等项目，使开发区的人文环境得到了进一步提升。北区占地40万平方米，开发“石油化工产业园”和民营为优化区内服务环境，增强开发区的综合竞争力、通用厂房和污水收集及日处理能力10万吨的污水处理系统，进一步完善中水排放和利用体制。产业园内建有冷热供给系统，可以满足30万平方米建筑的冷热供应，使开发区向生态型新区又迈进了一步。

2001年度,任丘经济技术开发区社会总产值4.05亿元,工业企业总产值3.8亿元,全区国内生产总值1.2亿元,企业固定资产投资额0.55亿元,利税总额0.26亿元。2005年度，任丘经济技术开发区社会总产值15.88亿元,工业企业总产值13.22亿元,全区国内生产总值3.96亿元,企业固定资产投资额2.88亿元,利税总额1.39亿元。

山西省开发区

山西省长治高新技术开发区

地　址	山西省长治市城北街	邮　编	046011
电　话	0355－2014543 2048739	传　真	0355－2034015
网　址	http://www.czgxq.com	信　箱	gxq@mail.czgxq.com

【开发区简介】

长治高新技术产业开发区是经山西省人民政府批准设立，实行特殊优惠政策的对外开放区域。自1992年9月设立以来，经过10年多的开发建设，已初步成为投资环境优良、服务设施配套、产业结构合理的现代化工业园区。

迄至2000年9月，开发区基本上实现了“七通一平”。区内建有各类工业厂房、金融中心、商业楼宇和住宅区，以及宾馆、学校、医院等公共服务设施，具备了投资兴业的良好环境和条件。与此同时，长治高新区已初步形成了简明、高效的投资服务管理系统，大大便利了前来投资的海外客商，对外公布并严格执行各类法则，有效地保障了投资者的合法权益。

投资环境的日臻完善，使长治高新区正在成为国内外工商实业界投资的热点。已有7个国家与地区的客商投资兴办了30多家外商投资企业，在建项目20多项。

长治高新区的发展目标以高新技术为先导，以适用先进技术为主体，重点发展技术型、效益型、外向型的工业及高效农业，发挥对长治经济的产业先导和牵动作用。借鉴和引入国际上行之有效的经济运行规则，逐步建立起符合国际惯例、适应外向型经济发展的管理体制和运行机制，发挥在长治地区改革开放中的示范作用。

重点鼓励的行业有原材料（包括稀土材料、金属材料、化工原材料、包装材料以及各种新型材料）；电子（计算机板卡、电子通讯器材、电子元器件等）；轻纺（包括能利用国内原材料，提高附加值后出口的产品，如医药、食品、健身器材、针织成衣、日用五金、塑料制品等）；重化工（煤炭碳转化及深加工，如型煤及型煤粘合剂等）；房地产业（包括工业厂房、住宅、商场、酒店、写字楼及休闲娱乐设施的建设与经营）；贸易（包括出口、转口贸易以及为贸易服务的仓储设施、商品展示、信息咨询、运输业等）。

山西省大同经济技术开发区

地　址	山西大同文瀛湖畔开发区管委会	邮　编	037300
电　话	0352－6108300 6108790	传　真	0352－6108553
网　址	http://www.kfq.dt.gov.cn	信　箱	dtkfq@dt.gov.cn

【开发区简介】

大同市经济技术开发区是山西省人民政府批准的省级开发区。开发区由城南片和湖东片组成。总体规划面积37.2平方公里，首期开发面积为8.2平方公里。

开发区城南片紧靠大塘公路（与同太路交汇），距火车站9公里，距民航大同机场1 5公里；湖东片位于大同城东6公里处文瀛湖畔。南靠大秦铁路编组站，北倚京包铁路，东邻大准铁路解庄站，距京大高速公路1公里，距大同机场5公里。109国道贯穿区内。开发区不仅地势平坦，交通便利，地理条件得天独厚，而且也是观光旅游闻名遐尔的云岗石窟、五台山、恒山悬空寺、应县木塔、大同九龙壁等文物景点的最佳通道。

大同市是久负盛名的煤都，煤炭、花岗岩、大理石、高岭石、金、银、铜、铁、镁等40余种矿产资源，储量分别位居全国全省前列。今日的大同，已成为一个以煤、电为主，建材、机械、冶金、化工等30个产业并举的新兴工业城市。

国家和山西省、大同市政府为开发区制定了一系列优惠政策，并在工商、土地、税收、保险、治安、通讯等方面形成了完整的社会支撑服务体系，简化手续，提高了办理效率，为国内外投资者提供、营造了良好的政策环境和投资环境。

【投资环境】

大同市位于山西北部，介于内外长城之间，地处晋冀蒙交界地带，是国务院批准的全国较大城市之一。全市辖4区7县，总面积14127平方公里，人口280万。

大同市是著名的历史名城，具有2400多年历史，曾是北魏京师，辽金陪都，明清重镇，文物古迹有200余处，其中云岗石窟、北岳恒山闻名于世。

大同市矿产资源丰富，主要有煤炭、花岗岩、大理石、高岭岩、金、银、铜、铁、镁等，其中，煤炭资源最为丰富，被誉为中国的“煤都”。全市已探明的含煤面积为962平方公里，总储量718亿吨，年产原煤8000多万吨，其生产量、外调量和出口量均占全国煤炭城市之首，是优质动力煤和化工原料。得天独厚的资源优势，使大同市成为全国重要的能源基地。

大同市经济技术开发区是经山西省人民政府批准的省级开发区。开发区总体规划面积为37.2平方公里，由城南片和湖东片组成。首期开发面积为8.2平方公里，是大同市对外经济合作和技术交流、开发新兴产业和技术、全方位开放的经济试验区。

大同市经济技术开发区划分为：能源化工小区、商业住宅小区、轻工业区、重工业区、光彩事业开发小区、高新技术产业开发小区及开发实验小区。

开发区按照大同市经济发展和产业结构调整的要求，遵循引进科技含量高，设备、技术与先进的管理经验相结合的原则，以及基础建设铺底、房产商贸引导、轻重工业并举、外引内联结合的总体指指导思想，统一规划、分步建设、利用优势、共同开发的建设方针，以招商引资为主，大力开发产业化前景好、附加值高、市场竞争力强的产业或行业。逐步建立起技术、资金、集约型的新兴产业结构。九五期间，计划引进项目58个，吸引外资9亿元，科工贸总收入达到20亿元，工业总产值达10亿元，实现利税1亿元，出口创汇5000万美元。

山西省侯马经济技术开发区

地　址	山西省侯马市经济技术开发区管委会	邮　编	041506
电　话	0357－4234652	传　真	0357－4234652
网　址	http://www.hma.gov.cn	信　箱	hmkfq@public.lf.sx.cn

【开发区简介】

侯马经济技术开发区是1997年经山西省人民政府批准成立的省级开发区，规划面积为8.16平方公里，起步区面积2平方公里。区内已全面开通的“五横四纵”道路网络与高新工业区、商贸市场区、口岸仓储区、信息产业园、生物医药科技试验园、民营企业园、五彩商业街及新世纪文化广场相互配套，并在2002年率先在山西省所有省级开发区中实现“两化”，即生态园林化、宽带网络管道化，现在开发区正向以高新技术产业为先导，以先进工业为主体，以第三产业为支撑的现代化综合型经济新区迈进。

开发区位于侯马市规划的中心位置，地处晋、陕、豫三省中枢地带和临汾、运城、晋城三区市的中心位置。侯马市是山西南部的商贸中心、交通枢纽和历史文化重镇，境内南同蒲铁路和侯西、侯月铁路在此交汇，晋韩公路和大运公路成十字穿区而过，北京－西安高速公路在此过境，构成发达的交通条件。

侯马经济技术开发区本着“优先基础设施，主攻高新技术，坚持工贸并举和全方位创新、超常规推进、跳跃式发展”的思路，依照“一个窗口对外、一站式办理、一条龙服务”的模式，以优越的地理位置、完善的基础设施、雄厚的科技实力、便利的交通条件、发达的通信网络、高效的服务管理、优良的投资环境、积极的政策支持等多方面优势欢迎中外客商前来洽谈贸易、投资经商、兴办实业。

【开发区规划】

侯马经济技术开发区规划设计坚持高起点、高标准，贯彻可持续发展战略和生态园区的指导思想，体现“四个窗口”（引进人才、利用外资、引进先进技术、先进管理经验）作用。开发区将发展成为以高新技术产业为先导，以先进工业为主体，以第三产业为支撑，体现地域传统文脉特征与现代城市风貌有机结合的现代化综合型经济新区。

开发区规划面积为8.16平方公里，其中起步区面积为2.02平方公里。起步区分为6个功能区，分别是信息产业园区、高新工业区、中心商务区、口岸仓储区、商贸市场区、居民生活区。各园区内基础设施完善，已实现“七通一平”。

1.信息产业园区：采取“优中更优、特中更特”的政策措施，重点发展信息产业，集科研生产、信息服务、经贸交流为一体。三至五年内将建成为华北南部乃至中西部地区较有影响、颇具规模的信息产业城。现区内企业有中国移动通信第七研究所、山西诺高通信设备公司、山西诺高移动通信建设公司、山西金亮电器有限公司等高新技术企业。

2.高新工业区：该园区以科技水平领先、附加值高为特点，体现现代工业发展新方向，重点发展国家鼓励的高新技术领域，如：生物技术、新型医药、新材料、汽车零部件等。

3.中心商务区:围绕山西省最大的生态园林广场——新世纪广场，形成以商业、金融、办公、服务业为一体的核心空间，是开发区的商务中心。

4.口岸仓储区:侯马口岸于1998年3月批准成立，主要经营国际集装箱中转,以侯马海关、侯马进出口商品检验检疫局、铁路专用线为依托，形成以仓储、保管、运输、报关、商检为一体的口岸区域，发挥侯马市在晋南物流中的核心与枢纽地位，建立规模化、专业化、多功能的口岸物流中心。

5.商贸市场区:发挥侯马商贸优势、市场优势，进一步推进侯马集散地的功能。主要发展各类专业市场和综合性市场,促进开发区商业贸易的发展。现已建设的有电子市场、家俱市场、建材市场、步行一条街等。

6.生物医药科技试验园:以现有的制药企业为基础,利用长期以来积累的人才优势和周边地区的自然资源,发展科技含量高的项目，引进前景看好的企业，实现科研、生产、销售一体化，利于企业间联手和协作，优势互补，填补山西省南部在制药领域的空白。

7.居民生活区:区内既有别墅式的民营企业园区,也有单元式的住宅楼群,是一个强调个人和自然协调、具有创意和特色、绿化和环境优美、社会功能齐全的现代生活示范小区。

山西省临汾市经济技术开发区

地　址	山西省临汾市汾河路中段	邮　编	041000
电　话	0357－2882011　2881886	传　真	0357－2882011
网　址	http://www.linfen.gov.cn	信　箱	sxlfkfq@sina.com

【开发区简介】

临汾经济技术开发区是经山西省政府批准设立的省级开发区,规划面积7.8平方公里,起步区面积0.8平方公里。开发区位于山西省南部的临汾盆地，西傍汾河，紧靠临汾市区，土地平坦、物产丰富、气候宜人,实为经济开发的理想场所。

开发区西靠大运路，东依南同蒲铁路，南有“旱码头”之称的侯马铁路枢纽，祈临高速公路开通在即，霍侯一级公路横穿本区，309国道、大三线、临宜、临大等公路形成四通八达的交通格局。

开发区西临吕梁山脉，东屏太岳余支，煤炭、铁、铜等矿产资源储量丰富，地下水量充足，苹果、红枣、核桃等农副产品独具特色，开发加工前景广阔。

开发区基础设施完善，区内道路、水、电、通讯、煤气等配套设施齐全，学校、住宅、商场、公园、写字楼、标准厂房等项目正在筹建，将为广大投资者提供最优越的条件。

临汾经济技术开发区管委会为临汾行署的派出机构，享有地市级管理权限，对开发区实行统一领导，统一规划，统一管理。开发区遵循“平等互利、恪守信誉、携手合作、共谋发展”的原则，采取“一站式审批、一条龙服务”，对中外客商实行灵活优惠的投资鼓励政策。

山西省朔州经济技术开发区

地　　址　山西省朔州市府东街8号开发区管委会　　邮　　编　038500
电　　话　0349－2026188　2022725　　传　　真　0349－2026188
网　　址　http://www.sz.sx.cei.gov.cn

【开发区简介】

朔州经济技术开发区创建于1992年，1996年10月由山西省人民政府批准为省级开发区。开发区位于朔州市区东北部，总体规划面积16.4平方公里，中期开发4平方公里，起步区1.2平方公里。开发区地理环境得天独厚，交通便利。北同蒲铁路、大运公路横贯东西，平朔机场、怀仁机场可直飞北京、上海等地。朔州矿产资源丰富，主要有煤炭、石灰等。这里有全国最大的安太堡和安家岭露天煤矿，有规模较大的神头第一、第二发电厂。区内已初步完成了小区域的“七通一平”基础设施建设，已初步形成以陶瓷产业为“龙头”、以电子、电器、高档饮料、新型材料为辅的工业产业群。

山西省阳泉经济技术开发区

地　　址　山西阳泉市开发区大连路　　邮　　编　045000
电　　话　0353－2130278　2052488　　传　　真　0353－2033685
网　　址　http://www.yq.gov.cn

【开发区简介】

阳泉经济技术开发区是山西省政府批准设立的集科、工、贸于一体的省级开发区。位于阳泉市区东北部，总面积85平方公里，规划建设面积3.83平方公里，区中重点安排金融贸易、科教文卫及高科技、高附加值项目。东区规划建设面积2.5平方公里，以各类工业项目为主。

阳泉经济技术开发区的发展目标是把开发区建设成为阳泉市改革开放和建立社会主义市场经济的“经济特区”，成为山西太旧经济开发带“知识的窗口，技术的窗口，开放的窗口”。

山西省运城经济技术开发区

地　　址　山西省运城市东郊开发区管委会　　邮　　编　044000
电　　话　0359－2421440　　传　　真　0359－2421114
网　　址　http://www.yuncheng.gov.cn

【开发区简介】

运城经济技术开发区是在原运城禹都市场的基础上发展起来的，是我国华北地区最大的商品集散地，占地680亩，有12个交易区，形成了烟酒、副食、汽车、瓜果、蔬菜、服装、鞋帽、建材、钢材等10大主导批发业。

运城经济技术开发区管委会发扬“团结奋进、开拓务实、快速高效、争创一流”的精神，本着“流通先导、以贸促工、科教兴区、全面开发”的指导思想，一手抓市场繁荣，一手抓产业开发，将把运城经济技术开发区建设成生产与销售、经商与生活、购物与游乐于一体的综合性一流开发区。

山西省忻州经济技术开发区

地　址	山西省忻州市经济开发区管委会	邮　编	034000
电　话	0350－3120550 3120741	传　真	0350－3120501
网　址	http://www.xzkfq.com.cn	信　箱	xzkfq@public.xz.sx.cn

【开发区简介】

山西省忻州经济技术开发区成立于1992年9月，1996年经山西省人民政府批准为省级开发区。其规划面积4平方公里，起步面积1平方公里。

开发区位于忻州市城北，东依北同蒲电气化铁路，西傍大运高速公路，南接忻州至五台山旅游公路。距太原飞机场85公里，一日内可到达秦皇岛港、天津港。

开发区设施齐全，功能完备，机构精干，办事快捷，是广大客商投资兴业的理想场所。目前，已有以山西桂龙医药有限公司等为代表的50多个工商企业落户开发区，使这成一方备受关注的投资热土。

山西省榆次经济技术开发区

地　址	山西省晋中市榆太路民营经济大厦	邮　编	030600
电　话	0354－3066127　3068725　3068726	传　真	0354－3063004
网　址	http://www.ycetdz.gov.cn		

【开发区简介】

榆次经济技术开发区是1996年9月经山西省人民政府批准成立的省级开发区，规划控制面积为55.8平方公里，辖17个行政村及部分城区。区内现有各类企业580余家，个体工商户640多户。先后创建了山西医药工业园、留学人员山西创业园和山西民营科技园3个省级产业园。开发区位处省城太原市和晋中市城市之间的接壤地带。距太原机场7公里，太旧高速公路、榆太路、108国道穿境而过，太焦、石太、南同蒲铁路在榆次交汇，区内建省内最大的集装箱货场，区位优势明显，交通十分便捷。

几年来，开发区围绕“领先一步”的工作意识，以招商引资为中心，积极培育医药、精细化工、机电一体化、新材料、洁净能源和农副产品深加工等六大产业，突出发展医药产业，“十五”期末，开发区将成为山西省最大的医药生产基地。目前区内建有医药工业园、留学人员山西创业园、台商工业园、民营科技园（高新技术创业中心）、民营工贸园、晋商文化广场、休闲商贸住宅园等，投资势头强劲，发展潜力巨大。

根据山西省政府晋政发[1996]85号和原晋中行署行发[1996]35号文件精神，榆次经济技术开发区管委会为晋中市派出机构，行使地市级综合经济和部分行政管理权限，对开发区实行统一领导、统一管理、统一规划。

榆次经济技术开发区成立6年来，以创建优良投资环境为目标，主要经济指标增长速度连续位居晋中市各县市区首位，经济运行质量明显提高，后续实力不断增强，呈现出强劲的发展势头，2000年被山西省人民政府评为全省先进开发区，2001年度实现科工贸总收入23亿元，其中民营经济占到70%以上。截至2001年底，开发区累计引进投资200万元以上项目62项，总投资21.02亿元，已到位资金6.08亿元，按设计能力，项目全部建成达产达效后可新增产值62.85亿元，新增利税14.89亿元。引进了山西省清华紫光药业股份有限公司原料药基地、山西安特制药股份有限公司符合GMP标准药厂、山西德元堂药业有限公司符合GMP标准药厂、山西辰光科技有限公司山西基因科技文化城、留学人员山西创业园等一批高新技术企业（项目）。

“十五”计划期间，开发区将突出投资环境的进一步优化，集中精力抓好三个园区的建设。第一，山西医药工业园：由省经贸委重点支持，规划面积2099亩，目前已有12家医药生产企业入驻，发展势头强劲。第二，留学人员山西创业园：由省留学生管理办公室（设在省计委）牵头推进，创业园由孵化区和产业区两部分组成，目前孵化区1号孵化楼已投入使用，入驻留学人员企业16户，产业区规划面积1087亩，正在抓紧实施。第三，山西民营（企业）科技园，恳请省科技厅重点支持，规划面积848亩，目前项目招商工作正抓紧推进，势头良好。力争在“十五”计划期末通过区中集约化发展模式将榆次经济技术开发区建设成为全省一流的开发区和区域经济实现跨越式发展的示范区。

【投资环境】

交通条件——开发区区内航空、公路、铁路纵横交错，畅通便捷。距太原机场7公里，太旧高速公路、榆太路、108国道穿境而过，太焦、石太、南同蒲铁路在此交汇。新建的迎宾西路连通榆太路和108国道。省内最大的陆路口岸、大型铁路集装箱货场已建成运营。

基础设施——区内基础设施完备，道路畅通，水、电、热、气、通讯等各种配套设施齐全。开发区先后投资建成了迎宾西路、健康大道、晋商文化广场和北晨供热中心。金融大酒店、浅水湾大酒店，南都住宅小区等一批生活服务项目已投入使用，并配套有金融、保险、会计、法律、信息等服务机构。

管理服务——榆次经济技术开发区管委会为晋中市派出机构，行使地、市级综合经济和部分管理权限，管委会依照“一个窗口对外，一站式办理，一条龙服务”的模式，为中外客商提供服务。

投资政策——开发区建立了《科技发展基金和出口创汇发展基金》，对入区投资建设的科技型项目和出口创汇型项目在技术创新、新产品开发上予以资金扶持，并在土地出让、地方性收费等方面给予优惠。

内蒙古自治区开发区

呼和浩特金川资源经济开发区

地　址　内蒙古自治区呼和浩特市西郊　　邮　编　010080

电　话　0471－3601046　3601234　3601100　　传　真　0471－3901211

网　址　http://www.hjcda.com.cn　　电子信箱　webmaster@hjcda.com.cn

【开发区简介】

呼和浩特金川资源经济开发区于1992年8月8日建立，1995年7月被内蒙古自治区人民政府批准为自治区级开发区，1999年8月5日被自治区批准为内蒙古自治区民营科技工业园区，2000年7月2日被国务院批准为国家级开发区。

金川开发区位于呼和浩特市市区西2公里处。规划面积23平方公里。按用途规划为工业区、生活区、商贸金融区、科教区、高科技园区和旅游风景区。现已建成各类厂房、写字楼及与之相配套的学校、幼儿园、酒店、宾馆、商店等生活服务设施，总建筑面积达40多万平方米，为入区企业生产、生活提供了极大的方便，已成为呼和浩特市新的工业园区。

金川开发区为呼市实施对外开放的窗口和经济发展龙头区，建区以来，在经济建设方面取得了较好的成绩，保持了较快的增长速度。到2000年底，已引进企业358个，基中工艺企业80个，三资企业395个，引进外资8123.88美元。开发区形成了以资源开发为主体，产品涉及建材、冶金、纺织、机械、食品、生物工程、精细化工、电子信息、机电一体化、新材料、新能源等十几个门类或行业。

截止2000年底。开发区累计完成工业总产值（不变价）41.03亿元，年均增长率116.65%；完成工业增加值15.33亿元。年均增长122.87%；实现财政收入累计达到3.8亿元，年均长80.80%。2000年，全年完成工业总产值（不变价）12.54亿元，同比增长31.05%，完成工业增加值4.59亿元，同比增长35.93%，完成财政收入1.1亿元，同比增长20.77%。

呼和浩特如意经济技术开发区

地　址　内蒙古呼和浩特市机场东路2号　　邮　编　010010

电　话　0471－4616961　4627630　　传　真　0471－4929877

网　址　http://www.hetdz.com.cn　　电子信箱　mcohetdz@public.hh.nm

【开发区简介】

如意经济技术开发区是国家级呼和浩特经济技术开发区的东区，规划面积10.97平方公里，开发区划分为几大功能区。在开发区内有内蒙古自治区人民政府批准设立的高新技术产业园区和正在建设的国家火炬计划生物医药产业基地。开发区由管委会统一管理，享受国家、自治区、呼和浩特市、开发区的各项优惠政策。

内蒙古海拉尔开发区

地　址	内蒙古海拉尔开发区商城广场东1号	邮　编	021000
电　话	0470—8350498	传　真	0470—8350174
网　址	http://www.hkfq.com	信　箱	hkfq@hkfq.com

【开发区简介】

沿海、沿边开放开发的浪潮，使一批成绩斐然的新区迅速崛起，沿海、沿边开放开发的洪流孕育着一个个生机盎然的新的经济增长点。素有草原“小特区”之称的内蒙古海拉尔经济技术开发区，正是这样一颗璀璨耀眼的明珠。

海拉尔经济技术开发区得到了国内外各界人士的关注。目前已有美国、德国、韩国、印度尼西亚、中国香港、中国台湾等国家和地区以及国内20多个省市自治区的100多个考察组，到海拉尔经济技术开发区参观、考察，洽谈投资和使用项目，其中部分项目正在实施中。

海拉尔经济技术开发区总体规划是在21平方公里的开发区域内，构建三个功能小区：

1. 海东工业区：位于海拉尔东郊，海拉尔河以南，滨州线以北，301国道1357　1365公里之间，区中心距市中心约15公里，总的控制面积为20平方公里。第一期规划面积5平方公里，起步区为1.5平方公里。该区域的特点是地域宽阔、交通便利、电力充足、水源丰富、地势平坦、环境优美，总的开发目标是建成以工业为主的综合性、多功能卫星城。

2. 呼伦高新产业区：位于市区北部，伊敏河以东，胜利三路以西，呼伦路与滨州线之间，总面积为0.56平方公里。该区道路、通讯、给排水、供热、电力等基础设施距市区主干线较近，稍加延伸即可使用。该区的开发目标是：建设产业结构新、科技含量高、外向型产业区。“十五”期间，重点发展绿色食品加工业、冷饮加工业以及旅游、民族特需产品加工项目。

3. 伊敏河旅游服务区：位于伊敏河以西、中央桥和伊敏桥之间，东五道街以东，占地0.38平方公里。该区属于中心繁华闹市区，是海拉尔区的黄金地段。该区的开发目标是建成集旅游、娱乐、商业、服务及高级公寓、写字楼、住宅、为一体的现代化城市新区，强化物业管理，重点发展旅游业，社会服务业，完善和增强中心城市的功能，积极培育各类要素市场，大力发展第三产业。

【投资环境】

自然资源——海拉尔周围地区蕴藏着极其丰富的自然资源。东面是全国闻名的大兴安岭林区，林木蓄积量占全国的1/10，每年可提供500多万立方米木材；海拉尔北、西、南面是世界著名的三大草原之一——呼伦贝尔大草原，天然优良草场面积达1.49亿亩。大兴安岭以东是素有“东北小粮仓”之称的嫩江平原，现在耕地面积1000多万亩；海拉尔四周的煤炭存储量达1000亿吨以上，是东北最大的后备能源基地，现已发现的各类矿产资源有40多种，其中金、银、铜、钼、铅等储量十分丰富。3000多条河流、5000多个湖泊及丰富的地下水，使海拉尔周围成为内蒙古水资源最丰富的地区。

九口通商——做为呼伦贝尔市政治、经济、文化、交通中心的海拉尔区随着满洲里、黑山头、室韦、沃布德格、阿日哈沙特、二卡、圈河、胡列也图等8个沿边口岸的相继开放，九口通商枢纽位置越加突出。

交通环境——海拉尔交通发达，通讯便利。飞机可直达北京、呼和浩特。火车可直达北京、天津、呼和浩特、哈尔滨、沈阳、大连、齐齐哈尔、满洲里及莫斯科。301国道及通往各口岸、旗市公路形成了以海拉尔为枢纽的公路网。耸立在伊敏河两岸环境优美、富丽堂皇的星级宾馆可提供称心的设施、优良的服务。

旅游资源——海拉尔西山国家森林公园里生长着世界罕见的樟松——沙漠蒙古赤松”，又名“海拉尔松”它四季苍翠，盘根错枝，景象奇观，绝妙独特，使许多游客流连忘返。一望无际的草原，神秘的原始森林，冬暖夏凉的气候，多彩的民族文化，豪爽、热情的民风，形成了独具特色的旅游资源。

【投资方向】

海拉尔经济技术开发区以国内外市场为导向，以新产业为重点，以先进工业为主体，集中兴办技术密集、技术先进的中外合资、合作，外商独资企业、国内独立经营企业、科研机构以及服务、旅游、娱乐项目。以下投资方向供投资合作者选择:

1.结合开发区基础设施建设，进行成片土地开发，发展建筑业和房地产业。

2.以市场为导向，发展电子业、机械制造业、新型建筑材料业、包装技术行业、精细化工业以及填补海拉尔工业空白的行业。

3.新材料、新能源技术、电子技术、生物技术、草原资源开发技术及机光电一体化技术。

4.发展矿产冶炼，高载能工业，木材综合利用和畜产品加工业，绿色食品加工业等。

5.兴办文教、卫生、娱乐等公益事业，及满足开展区功能需要的第三产业。

6.面向国际市场，大力发展对外贸易、转口贸易及与之相应的交通运输业等。

7.荟萃全国各地名、优、新 、特产品发展商贸业，活跃海拉尔市场，促进俄、蒙的出口贸易。建设祖国北方国际贸易、金融市场。充分发挥海拉尔在国际贸易中的“金三角”作用。

8.开展商贸技术咨询、培训、兴办科研机构及各类专业学校。

9.兴建三星级宾馆，建设河心岛公园及沿河公园等旅游景点建设项目。

10.野生资源利用、少数民族特需用品等工业项目。

内蒙古通辽市经济技术开发区

地　址	内蒙古通辽市通辽发电总厂路开发区管委会	邮　编	028000
电　话	0475-8234930　8292778	传　真	0475-8268615
网　址	http://www.tlkfq.org		

【开发区简介】

通辽经济技术开发区位于内蒙古自治区东部，松辽平原西端，科尔沁草原腹地，东北经济区和环渤海经济区交汇处，是2001年5月选址启动的自治区级开发区。

开发区在区位、资源、政策环境等方面条件优越。开发区距沈阳280公里、长春300公里，为西部大开发省区中离东部沿海最近的开发区之一，区位优势得天独厚。所依托的通辽市是内蒙古自治区实施西部大开发的东端前哨和桥头堡。通辽站是全国38个铁路编组大站之一，现已形成5条线6个方向出入的铁路枢纽。开发区依托通辽市丰富的资源，充足的能源，矿产资源开发潜力巨大，全市矿产资源潜在价值约在1.3万亿元。通辽发电厂装机容量84.8万kw，是东北电网的主要电源之一。通辽市土地辽阔，水利充沛，气候适宜，是国家商品粮生产基地和黄牛、生猪、绒毛生产基地，素有“内蒙古粮仓”和“黄牛之乡”之称。开发区有着丰富的劳动力资源、优越的人才优势及深厚的文化底蕴。通辽市是内蒙古自治区东部的经济、文化、技术中心。产业工人较多，专业技术人员相对集中，各类科技人员4.5万人。

开发区以大出大进、发展工业项目为主，按照“规划高标准、建设高起点、产业高科技、产品高质量、坚持可持续发展”的原则进行建设，在产业发展引进上以食品、饲料、能源通讯、机械电子、生物制药、新型高新建筑材料等高效、高新技术产业为重点，同时兼顾传统产业和现代技术结合，使之形成特色鲜明、优势突出、现代化、多功能的综合产业开发区。

通辽经济技术开发区机构设置本着“精干、高效”的原则，成立了开发区管理委员会、党工委及相应的职能机构，授予了市级经济和社会管理权限，开发区享受西部大开发和少数民族地区优惠政策，出台了优惠于其他地区的投资政策。开发区实行封闭管理及行政区域管理，实施“一站式、一条龙”优质服务。

内蒙古锡林郭勒经济技术开发区

地　　址	内蒙古自治区锡林浩特市	邮　　编	026000
电　　话	0479－8267377　8267004　8264005	传　　真	0479－8230005
网　　址	http://www.xlgl.com.cn	电子信箱	lina@xilinguole.com

【开发区简介】

锡林郭勒盟区于内蒙古中部、世界“四大天然草场”之一的锡林郭勒大草原上，北接蒙古国，总面积20.3万平方公里。盟行署所在地锡林浩特市被誉为“草原明珠”，是全国卫生城市、全区优秀旅游城市。

锡林郭勒经济技术开发区设在锡林浩特市西端，是发展牛羊肉精深加工、生物提取、畜产品开发、生物医药工程等多种产业的综合性园区。

开发区环境优美，依托美丽的锡林湖风景区、敖包山风景区，与市区紧密相连，是城市今后发展的主要方向。全区规划面积18平方公里。

开发区资源优势明显。锡林郭勒大草原物产丰富，草原生态保存完整，多彩多姿态的草原风光，古朴淳厚的民族风情，每年吸引国内外人众多游客纷至沓来；绿色的畜产品资源得天独厚，牛、马、羊、驼总数和肉类、绒毛、皮张等畜产品产量均居内蒙古自治区首位。优质畜产品远销日本、东欧、中国香港、中东等国家和地区，在国际市场享有盛誉；矿产资源以种类多、品位高、分布广、储量大、易开发为特点，已探明的矿藏达50多种，其中煤、锗、石油、天然碱等均居自治区前列。金、银、芒硝、铁等矿藏也很可观，开发前景广阔。

开发区交通便捷。新建的铁路客、货运站位于开发区。通往北京、赤峰、呼市的G207、G303国道和S101省道环绕开发区。

在西部大开发的良好政策环境下，开发区制定了一系列优惠政策，并实行封闭式管理，开发区人将以“务实、创新、高效、服务”的开发区精神全心全意为投资者服务。

【投资优势】

能源优势——锡盟电力、用水供应充足。南部与华北电网联接，西部与呼包电网接通，东部与东北电网并网，北部以小火电为主。全盟可供取用的总水量为17.2亿立方米，其中地表动态水量6.30亿立方米，地下水10.93亿立方米。锡林浩特市电力、用水供应相当充足。锡林浩特一、二电厂装机容量已达5.4万千瓦;全市日供水量达2万立方米，自来水覆盖面达80%以上。

交通优势——锡盟交通运输较为便利，境内现有干线公路7条，总里程达5121公里。国道207、303、208及省道101、204、207、304构成了纵横交错、贯通区内外、连通蒙古人民共和国的快速交通网;集通铁路横穿锡林郭勒大草原，锡兰铁路即将竣工通车。公路、铁路、民航构成了推动经济发展的立体交通网。G207国道经张家口直达北京、天津，S101省道西至呼和浩特，G303国道直达沈阳市；由北京通往乌兰巴托、莫斯科的国际铁路联运干线穿越锡盟西部，集（宁）通（辽）铁路横跨锡盟南部；公路客运现已开通直达北京、天津、石家庄、沈阳、呼和浩特、二连浩特、赤峰、集宁等地班车，锡林浩特机场可起降中型客机，有直通北京，呼和浩特、大连等的航班。

通讯优势——锡林郭勒邮政、电信及联通的进入为锡林郭勒草原的经济发展插上翅膀，服务项目有固定电话、移动通讯、图文传真、特快专递、网络寻呼，互联网（开通了百兆的带宽）等，旗县牧区也开通了C3级本地电话网，无线通讯也得到普及。

工业基础优势——工业生产稳定发展。全盟现有煤炭、石油、电力、化工、建材、矿产、皮革、乳品、造纸、印刷、服装、食品加工等工业企业。已初步形成了电力能源、畜产品加工、矿产品开发、轻纺化工、建工建材、食品加工和饲料加工等门类比较齐全、布局较为合理的具有地方特色的民族工业体系。矿产品开发和畜产品加工是锡林郭勒的支柱产业。矿产品以原油和煤炭为主，形成以兴发集团、鸿雁乳业、锡林高勒乳业、双骄乳业、众星和金易科工贸为代表的系列生产销售体系。

区位优势——内蒙古自治区锡林郭勒盟位于中国的正北方，内蒙古自治区的中部。这里既是国家重要的畜产品基地，又是西部大开发的前沿，是距京、津、唐、最近的草原牧区。　　处于国内连接东西、国际贯通欧亚的重要位置，具备北开南联全面开放的区位优势。

畜产资源优势——锡林郭勒草原自然保护区是全国第一个草地类国家级自然保护区。1987年被联合国教科文组织“人与生物圈计划”接纳为国际生物圈保护区网络成员，国外科学家称之为：欧亚大陆上的一块净土。锡林郭勒草原地形平缓，土质良好，牧草生产力高，以土壤肥沃、牧草茂盛、水草丰美、六畜兴旺而驰名中外。

畜牧业是锡林郭勒盟的基础产业，也是全国重要的畜牧业基地，为其天然的、原始的大型草场肉类食品加工业的发展提供了得天厚地的条件。

矿产资源优势——锡盟地大物博，资源丰富。锡盟矿产资源开发利用也有明显的优势。矿产资源丰富多样，已发现矿种70余种，矿产地200多处，开发利用潜力巨大。现已探明储量极为喜人，如金矿6.5吨，银矿500吨，铜矿21.94万吨，锗矿1626吨，锡矿1283吨，铬矿143万吨，煤722.33亿吨，石油1.8吨（远景储量可达5亿吨），天然碱4500万吨，居亚洲之首。原盐2448万吨，芒硝6859万吨，珍珠岩42080吨，萤石14亿吨，石灰岩73594万吨。锰、钨等到其他金属矿藏和石灰岩、萤石、大理石、珍珠岩、水晶石等非金属矿产的储量也特丰富。这些巨大的资源优势在锡林郭勒盟却远未得到充分利用，因此极具广阔的发展前景，这些为经济技术开发区吸引投资，实现比较优势向竞争优势转化奠定了坚实的基础。

野生动植物资源优势——锡盟区域内可供药用野生动植物资源丰富，其品种达120多种，其中饲用植物670多种，可栽培植物60多种，可供药用植物400余种，树木18种。野生动植物主要有天鹅、灰鹤、苍鹰、百灵鸟、黄羊、狍子、獾子等；天然药用植物主要有黄芪、甘草、防风、知母、黄芩、柴胡等（为药材深加工及制造创造了条件）；天然食用植物有白蘑、黄花、发菜、蕨菜、山杏仁等。

辽宁省开发区

大连旅顺经济开发区

地　址	辽宁省大连市旅顺经济开发区兴港路30号	邮　编	116052
电　话	0411—6201529　6200223 6200217　6200249	传　真	0411—6200278
网　址	http://www.lsedz.com	电子信箱	zsglj@sohu.com

【开发区简介】

大连市旅顺口区于1996年7月1日局部对外开放。旅顺经济开发区（以下简称开发区）坐落于开放区内的旅顺新港。开发区成立于1992年6月8日，2002年1月经省政府批准晋升为省级开发区（辽政2002年20号文件），总体规划面积为12.09平方公里。经过10年来的开发建设，现已完成前期投资14亿元人民币，基础设施日臻完善。

开发区处在环渤海地区的圈首、辽东半岛最南端和东北亚经济区的中心，地理条件十分优越。有海岸线12.49公里，港口条件优越，风景秀丽，气候宜人。交通四通八达，工业基础雄厚，金融商业繁荣，水产品和水果品质优良。

开发区积极发展与世界各国和地区的友好往来和经济技术合作，已有来自日本、韩国、新加坡等国家及国内的50多家外来企业落户开发区。开发区将按照总体规划，进行新一轮的基础设施建设，逐步把开发区建成新型港口城市，技术先进的综合工业基地和东北亚地区一个重要的商贸、金融、旅游、信息中心之一。

【投资优势】

港口优势——旅顺新港是自然形成的天然港湾，平均水深8米，可利用海岸线2公里，适宜建万吨级以下泊位；北侧二头圈码头自然水深20米以下，适于建15万吨级以上的大型散货及专业泊位。这片海域不冻不淤，受海流影响不大，波浪和潮汐运动稳定。

交通优势——旅顺新港在东北地区距山东半岛最近，是东北地区通往华北、华东及华南地区的重要海上出口；铁路连接东北各地及全国铁路网，烟大火车轮渡项目的建成，将使开发区成为东北地区物流运输的中转站；沈大高速公路通往新港的工程即将开工；旅顺至大连高等级公路改扩建工程正在实施。

旅游资源优势——开发区属温带季风气候，具有海洋性气候特点，冬无严寒，夏无酷暑。适宜的气候条件，符合国际旅游标准的温度、阳光和新鲜空气，长达2公里的海岸线，被环保部门认定为零度污染区的天然海水浴场以及比邻的五岛等优越的旅游资源，为开发区开辟旅游业创造了得天独厚的条件。阳光家园、世界和平公园中安达分时度假村的开工建设，为开发区旅游业增添了丰富的内涵。

基础设施优势——开发区已投资14亿元，基本完成了12.09平方公里范围内的“六通一平”建设。21条主次干道路基已全部完成，骨干道路形成黑色路面15公里。供水完成了“引碧工程”即120万吨容量的截流水库建设，日供水能力达4万吨；66千伏变电所已投入使用；拥有100吨供热中心，集中供热能力可达100万平方米；建成排水管线11公里，排水暗渠12公里；程控电话系统装机容量达10000门，移动通讯及有线电视网络覆盖全区。

【投资导向】

“十五”期间，旅顺经济开发区要以“三区一带”为重点，初步达到建成主城区的规划要求。“三区”即工业区、旅游度假区、港口区；“一带”即商贸经济带。

工业区：规划用地面积134.47公顷，占总用地面积的11.12%，以中小企业工业园、留学生创业园和大显工业园为载体，向大规模、高科技、外向型方向发展。以建设低耗能、知识密集、高科技、高附加值的工业企业为主，发展技术先进，产品档次较高的出口产品，形成外向型工业结构的高科技工业区；兼顾发展低耗能、污染轻的普通工业项目，以利于地区经济的快速发展。重点发展精密机械、电子、通讯器材、食品、服装、旅游工艺品等工业项目。

旅游度假区：规划用地面积130.8公顷，占总用地面积的10.82%。旅游度假区以阳光家园、世界和平公园中安达分时度假村等大型旅游项目为先导，发展以老年居住、养生、休闲、健身、餐饮、娱乐等为主要内容的大旅游。利用优越的气候条件和地理条件，依附天然海水浴场，大力发展海上旅游项目。

港口区：规划用地面积185公顷，占总用地面积的15.3%。港口年吞吐能力可达到3965万吨，客运量100万人次。旅顺新港的发展目标是建成一个以杂货和客／车轮渡运输为主的一类口岸。随着烟大火车轮渡项目和万吨级综合码头项目的建设，将建成以轮渡码头为中心，以旅顺新港和二头圈深水码头为两翼的大交通体系，成为环渤海地区重要的物流中心。

商贸经济带：以顺达路为中心，合理摆布金融、商贸、信息和其他社会服务设施，并适当向两侧拓展

葫芦岛国家专利技术园区

地　址	辽宁省葫芦岛市国家专利技术园区	邮　编	125000
电　话	0429-8231095	传　真	0429-8231092
网　址	http://www.hldptpark.com	信　箱	hldzzy@21cn.com

【开发区简介】

葫芦岛国家专利技术园区是国家知识产权局2001年1月18日批准成立的首批国家级专利技术园区，由创业园区、产业园区和生活园区组成。其中产业园区由生物工程、新材料、先进制造和电子信息等功能区组成，规划总面积283.6公顷，紧靠京沈高速公路出口和秦沈高速铁路车站，且紧靠102国道，距海滨旅游区仅4公里，交通极为方便。目前，创业中心已开始启用，产业园区已完成规划和征地并开始通平。现有国内外企业30多家陆续入园投资兴业，现有40多个专利技术和高新技术产业化项目达产后，年产值将达53亿元，利税15亿元。葫芦岛国家专利技术园区建设已列入辽宁省《政府工作报告》。专利技术园区将建设一个现代化、外向型、技术型，以第二产业为主，兼有研究、开发功能的生态型现代化工业园区。

葫芦岛国家专利技术园区坚持高标准规划、高起点建设的原则，实行“全封闭管理，开放式运营，一站

式服务”的全新体制，为广大投资者提供最优惠的政策，配套的基础设施，良好的社区环境，完善的服务体系，为拥有自主知识产权的高新技术产品开发和高新技术产业化提供了更加广阔的舞台。

辽宁省鞍山经济开发区

地　址　辽宁省鞍山市铁西区兴盛路248号　　邮　编　114014
电　话　0412－8218645　　传　真　0412－8233027
网　址　http://www.anshan.gov.cn

【开发区简介】

鞍山经济开发区坐落于老市区的西南端，1993年被辽宁省人民政府批准为省级开发区。她背靠母城、地理位置十分优越。老市区雄厚的工业基础、丰富的人才资源、完备的公用配套设施、舒适的生活娱乐环境构成了开发区发展的强大原动力。

鞍山经济开发区按现代化外向型工业区的标准进行规划和建设。总体规划面积10.5平方公里。她是集工业、居住、仓储、公用设施为一体的综合性、多功能园区，并将最终发展为鞍山新城区。鞍山经济开发区坚持“筑巢引凤”的开发原则，在已过去的几年中，对供水、供电、供热、通讯、交通等公用服务项目进行了大量投资，开发出具有“六通一平”水准的项目用地5平方公里，为国内外客商前来投资提供了良好的条件。

辽宁省本溪经济技术开发区

地　址　辽宁省本溪市石桥子　　邮　编　117004
电　话　0414－5852126　5853414　　传　真　0414－5851012
网　址　http://www.benxi.gov.cn

【开发区简介】

本溪经济技术开发区是1993年3月15日经省政府批准的省级开发区。地处辽宁中部城市的中心地带，南距本溪市21公里，北距沈阳市43公。开发可以通过丹东港、营口港和大连港连接中国沿海城市和世界各地。开发区距桃仙机场仅30公里。由陆海空构成一体的交通运输网络，使开发区的交通十分便捷。

本溪经济技术开发区地域开阔，地势平坦，地质优良，空气清新，无污染源，气候温和宜人。母城本溪市具有丰富的矿产资源、森林资源、水利资源和旅游资源。本溪市作为国家重要的原材料工业城市，在钢铁、建材、机械、电子、医药、化工等产业方面都有比较雄厚的基础和较好的发展前景。这些为开发区的发展提供了有力基础和保障。

本溪经济技术开发区规划面积28平方公里，现已建成的起步1.5平方公里，共投入8亿元资金，全部达到“六通一平”，形成了排水、供电、供热、通讯、道路等配套完善的基础设施，基本建成滨河工业区、商贸区、医药园区和高程湖度假区。几年来，开发区经济持续发展，进区各类生产型企业达到250多户，开发区已经成为本溪市经济增长速度较快的经济区域，已经成为本溪较有规模的经济增长点。

本溪经济技术开发区管委会，为市政府的派出机构，行使管辖区内的全部政府管理职能，根据省人大通过的法规和市政府的授权，行使市级经济管理权限。多年来开发区形成了一整套“政策跟着走”、“大开门，低门槛”等开发工作方针，并且根据形势的变化，不断调整和完善有关优惠政策。这些优惠政策包括财政扶持方面的优惠；土地转让方面的优惠政策；对引进资金、项目的单位和个人给予奖励方面的优惠政策；还包括对特定的开发区域，特定项目进行一事一议的优惠政策。这些优惠政策充分发挥了导向和激励作用，吸引了越来越多的投资者到开发区来投资经商。

为方便投资者，开发区建立了高效、快捷的服务体系，设立了“投资服务中心”，建立了“一站式”服务、“一个窗口收费”、“一个系统综合执法”的“一条龙”的服务体系，为中外企业提供了宽松的投资环境。

辽宁省大连金州经济开发区

地　址	辽宁省大连金州区胜利小区35号楼	邮　编	116100
电　话	0411－7697352　7697347　7670861	传　真	0411－769086
网　址	http://www.jinzhou.gov.cn	信　箱	djd@mail.dlptt.ln.cn

【开发区简介】

大连金州经济开发区坐落在中国北方最开放的城市大连，位于金州城区西部，依托着大连老市区和金州老城区。得天独厚的地域优势，良好的交通通讯条件，充足的水电能源供应，丰富的自然资源和优惠的投资政策，吸引了日本、韩国、新加坡、马来西亚、美国、荷兰、中国香港、台湾等20多个国家或地区的100多家客商来投资建厂。现已形成了5.3平方公里极具发展活力的新型工业区。

辽宁省东港市经济开发区

地　址	辽宁省东港市东港南路9号	邮　编	118300
电　话	0415－7142678　7143696	传　真	0415－7142618
网　址	http://www.dgjjkfq.com.cn	信　箱	kfqzsj@mail.ddptt.ln.cn

【开发区简介】

东港经济开发区是1992年成立，1994年10月经辽宁省人民政府正式批准的省级开发区，开发区位于辽东半岛东部，中朝界河鸭绿江入黄海口处，隔江、隔海与朝鲜半岛相望，具有沿江、沿海、沿边的地理位置。全区一期规划面积10平方公里，划分为工业加工、仓储保税、商贸等8个功能分区，并建立了省级“台湾工业园区”。该区有年吞吐能力300万吨的国际商港——大东港口、发电能力260万千瓦的发电厂，铁路、公路、通讯、给排水等基础设施完善，为来区客户提供“一站式”服务。

沿江、沿海、沿边的地域优势，与国际商港大东港的结合，使东港经济开发区与国际资本市场、商贸市场和信息市场直接对接，构筑了中、日、韩、朝、俄经济交流的纽带和中心地位，形成了中国东部主要对外贸易口岸和临海工业、商贸区。

东港开发区与母城东港市一桥相连，资源共享，经济互补。93公里的“黄金海岸”线，有300多万亩的近海渔场，海产品种145个，年捕捞量近5万吨,36万亩近海滩涂，养殖虾、贝产量年逾3万多吨，是中国虾、贝主要生产出口基地。遍布全市的大中小水库42座，大小河流23条，淡水资源十分丰富，年产各类淡水鱼和河蟹等8000多吨。北部山区盛产柞蚕、水果。120万亩耕地盛产的大米以“香白糯柔”而著名，是国家商品粮和优质大米生产基地。地下矿藏已探明的有黄金、铅、高岭土、滑石等20余种。开发区的腹地东北三省，是中国最具势力的能源和重工业基地，更有丰富的人才和劳动力资源。

辽宁省抚顺经济开发区

地　址　辽宁省抚顺市经济技术开发区管委会　　邮　编　113122

电　话　0413－6601718　　传　真　0413－6603777

网　址　http://www.feda.com.cn

【开发区简介】

抚顺经济开发区总面积118.6平方公里，总人口5.15万人。到2002年，已发展各类企业3000余家，发展“三资”企业近200家。抚顺经济开发区基础设施建设和管理服务体系不断完善，为开发区的招商引资和开发建设提供了有力的保证。开发区内道路纵横交错，中心区与8大工业园区相连接。区内有供水、供暖、供电中心和邮电大厦，有完整的雨排、污排、地下管网。开发区宾馆设施齐全，集餐饮娱乐住宿会议等功能于一体。开发区不断加强软环境建设，简捷高效的办事程序，为中外客商提供了最优质的服务。

抚顺经济开发区加快与国际惯例接轨，整体投资环境日趋完善。抚顺经济开发区背靠沈阳、抚顺两大城市，积极主动抢占东北、华北两大市场，已具备强劲的实力。吸引海内外众多客商云集这块热土上。抚顺有丰富的资源，原油加工，钢铁、煤炭、发电、机械、纺织等行业门类齐全。

辽宁省阜新经济技术开发区

地 址 辽宁省阜新市中华路143号 邮 编 123000
电 话 0418-2281714 2283734 传 真 0418-2282712
网 址 http://www.fxdz.gov.cn

【开发区简介】

阜新经济技术开发区是1992年8月建立的省级开发区。开发区紧邻市区，规划面积9.2平方公里。交通便利，距阜新火车站仅750米。距沈阳机场、锦州港、首都北京，路途都可当天往返。区内地势平坦，有3条河流环绕，6万多平方米绿化面积，构成良好的自然环境。

开发区十分注重基础设施的建设，到目前为止已投入近4亿元进行道路、通讯、水、电、暖等建设。目前一期规划区域内的基础设施已达到“七通一平”,特别是1400长、36米宽的科技路和占地8200平方米的广场，展现了现代化的气息。近7200平方米的国际标准化通用厂房，地理位置优越，布局合理，宽敞明亮，进区企业可直接入驻。为孵化高新技术企业的6400平方米创业中心大楼，内设商务中心、洽谈厅、多功能厅及各式标准的工作间，不但免收入驻企业一至三年的房屋租金，而且还可免费使用国际互联网，享受创新基金、风险投资基金、担保基金的支持和企业发展基金的奖励。中林国际酒店、天宏大酒店可为投资者提供集餐饮、娱乐、住宿、会议、商务洽谈为一体的服务。区内还可提供一系列现代化服务设施。

在认真落实阜新市招商引资政策的同时，又制定了鼓励外商投资，鼓励引进资金、项目、人才等20条优惠政策和创业中心的7条优惠政策，并能逐条及时兑现，为给投资者更加满意的服务，开发区派人从项目进区立项、开工建设到投产经营，全程包办各种手续。此外，帮助企业搞产品认证，协调解决“农转非”户口等一系列服务，使投资者深切地感到开发区就是自已的家。按照开发区是特殊的经济区域的要求，这里实行了全封闭管理，为进区企业提供了非常宽松的环境、优惠的政策、优质的服务。

日臻完善的基础设施，优惠的投资政策，全方位的周到服务，促进了招商引资。开发区已批准进区项目200多个，特别是本着利用外资为主、出口创汇为主、工业项目为主、致力于发展高新技术项目的“三为主一致力”发展方针，已引进“三资”企业20多个，具有高新技术性质的项目和国家级专利技术产品40多个，已开发利用土地220多万平方米，有100多座楼房拔地而起。

辽宁省锦州高新技术产业开发区

地 址 辽宁省锦州高新区雨露街29号 邮 编 121013
电 话 0416—3880442 3884423 传 真 0416—3880442
网 址 http://www.jinzhouhi-tech.com 信 箱 jinzhouhi-tech@163.net

【开发区简介】

锦州高新技术产业开发区前身是锦州高新技术产业园区，是1992年辽宁省政府批准的省级高新技术开发区，是锦州21世纪对外开放、辐射辽西、招商引资、重点开发的新城区。市政府等机关坐落该区，随着高新技术产业的蓬勃发展，该区将成为锦州政治、经济、文化的中心。

高新区位于锦州市区南部，与市区一桥之隔，管辖范围45平方公里。区内环境优雅，山青水秀。规划建设有孵化科研区、产业创业区、商贸集散区、文化娱乐区、度假旅游区、行政办公区、生活住宅区。距机场8公里、港口32公里、火车站3公里。京哈铁路、京哈公路、京沈高速公路、秦沈电气化铁路均从高新区附近通过。高新区建区10年来基础设施建设进展迅速，投资近10亿元，建成了日供水能力3万吨的配水厂、4万千伏安的变电所、1.5万门程控电话交换能力的邮电支局和供热能力70万平方米的集中供热站，公路网络、排水设施及煤气管线已经形成，基本实现了“七通一平”，完全具备了各类高新技术企业入驻发展的基本条件。

高新区进入2000年驶入了发展的快车道，技工贸总收入、工业总产值、高新技术产业产值、利税等主要经济指标以100%的速度增长。区内有企业150余户，引进高新技术项目200余项，其中具有国际领先水平的20余项，国内领先水平的80余项。

高新区招商引资软硬环境得到全面改善，组建了具有17300平方米孵化能力的高新技术产业创业服务中心，形成了完备的工商、税务、金融、中介等服务支撑体系，建立了高新技术企业风险投资公司，与辽宁工程技术大学等高校院所共同创建了5个科技园，出台了招商引资和促进高新技术企业发展的优惠政策。

辽宁锦州经济技术开发区

地　址	辽宁省经济技术开发区南海路6号	邮　编	121007
电　话	0416－3588298　3588289	传　真	0416－3588298
网　址	http://www.jz－zhaoshang.com	信　箱	kfq@jz－zhaoshang.com

【开发区简介】

锦州开发区位于渤海湾畔，地处辽宁省的西南部，是中国东北、华北两大经济结合点。距锦州市区13公里，辽西五市环绕周边，南临渤海、西连京、津、唐，东接辽宁中部城市群，北靠辽阔的东北腹地，在辽宁省“两点一面”的开放格局中占有重要地位，是辽西地区对外开放的窗口和前沿。

建区以来，锦州经济技术开发区累计完成基本建设总投资50多亿元，先期开发的20平方公里的范围内实现“六通一平”。全区共建成城市化道路39条、79.8公里，电话装机容量达到15000门，日供水能力达到7万吨，65公里的排水管线均已建成，供电能力达到48000千伏安，集中供热能力达到150万立方米，区域绿化面积达到49万平方米。标准工业厂房、仓储设施、保税仓库已全部交付使用。目前，靠发区总体规划的港口、仓储、工业、商住、旅游五个功能小区初成规模，现代化海滨新城区雏形已经展现在人们面前。

【投资环境】

锦州经济技术开发区是1992年成立，1993年3月15日经辽宁省政府批准的省级开发区，享有市级经济管理权限和县级政府职能。2001年初，开发区与原锦州经济发展试验区合并，现全区行政辖区134.8平方公里，海岸线长17.2公里，先期开发的20平方公里范围内已实现“六通一平”。港区、开发区、旅游区，“三区合一”，发展潜力巨大。

区位优势——锦州开发区位于渤海湾畔，地处辽宁省的西南部，是中国东北、华北两大经济区的结合点。距锦州市区13公里，辽西五市环绕周边，南临渤海，西连京、津、唐，东接辽宁中部城市群，北靠辽阔的东北腹地，在辽宁省“两点一面”的开放格局中占有重要地位，是辽西地区对外开放的窗口和前沿。

自然环境优势——锦州经济技术开发区地势平坦，大部分为平地，山地极少，全区最大标高为136m，最小标高为1.12m。锦州开发区属温带海洋性季风气候，年平均气温9.4℃，年平均降水541.5mm，无洪水、海啸、台风历史。全区海岸线长17.2公里，近海滩涂2万亩，耕地8.8万亩，盛产高粱、玉米、海蛰、对虾、螃蟹、赤贝，是辽西地区最大的水产品基地和著名的渔米之乡。

交通优势——锦州是连接中国东北、华北的交通枢纽，锦州经济技术开发区交通便利发达，已经形成了中国现代化的海、陆、空立体交通网络。

公路：102国道、京哈高速公路贯穿全区，以七里台为中心，锦州至北京、天津、沈阳、长春、哈尔滨、阜新、朝阳等地一点四射的高速公路网已形成。开发区距北京460公里，距沈阳198公里，距阜新117公里，距朝阳93公里。

铁路：锦州南站坐落区内，正在建设中的我国第一条快速客运双线电气化铁路——秦沈客运专线穿区而过，并有沈山、锦承、锦赤、沟海、大郑等8条铁路干线在此交汇。12.4公里长的高天地方铁路与京哈铁路大动脉相连并直通锦州港码头。

海运：锦州港坐落在开发区内，是中国最北端港口，属国家一类开放商港，是辽西地区及其广阔腹地通往世界的重要门户，是辽宁西部、内蒙古东部、黑龙江、吉林两省西部经济、合理、便捷的出海口岸。现有10个1~5万吨级泊位，港口年吞吐能力1600万吨，具有集装箱运输和杂货、油品及化工产品的装卸仓储运输多种功能。根据中国交通部水运规划设计院“锦州港总体布局规划”，锦州港将建港池5个，万吨以上泊位60个，总吞吐能力6000万吨以上。锦州港将建成大型油品大港、区域性杂货港、综合性集装箱港。目前二港池正在建设之中，将新增1.5万~3.5万吨级泊位13个，到2010年实现吞吐能力2000万吨，实现再造一个锦州港的目标，届时，锦州港将成为北方具有第三代港口特征的多功能区域枢纽港。

航空：锦州机场距开发区仅16公里，现已开通了北京、上海、广州、深圳、南京、青岛、大连、成都、昆明等10多条航线，是辽西地区唯一达到民航4C级标准并可起降大中型客机的机场。

基础设施优势——建区以来，锦州经济技术开发区累计完成基本建设总投资50亿元，先期开发的20平方公里的范围内实现“六通一平”。全区共建成城市化道路39条、79.8公里，电话装机容量达到15000门，日供水能力达到6万吨， 65公里的排水管线均已建成，供电能力达到38000千伏安，集中供热能力达到150万平方米，区域绿化面积达到49万平方米。标准工业厂房、仓储设施、保税仓库已全部交付使用。目前，开发区总体规划的港口、仓储、工业、商住、旅游五个功能小区初具规模，现代化海滨新城区雏形已经展现在人们面前。

社会服务体系——锦州经济技术开发区餐饮娱乐、外商别墅均已健全，教育、医疗、商业、金融、保险等服务业已形成网络。涉外的海关、商检、动检、工商、税务等部门都在开发区设有办事机构，开发区制定了“关于鼓励外商投资的优惠政策”等一系列政策、法规，专门设有项目推进中心、外商投诉中心、投资咨询中心和外商服务中心，外商从项目立项到投产开工都会得到程序化的优质服务。

海洋经济优势——全区已拥有渔船1350条，总动力超过60000马力，20000亩滩涂已实现满贝化，浅海底播管养达20万亩，大力开发了浅海浮筏养殖，初步形成了产业化捕养加、产供销、渔工贸一条龙全面发展的渔业产业化体系。2001年全区海产品产量完成9.2万吨，实现产值3.75亿元，位居辽西地区之首。

旅游资源——有“天下一绝”之称的笔架山风景区坐落在锦州开发区最南端，毗邻锦州港。笔架山距海岸1620米，其间是一条潮汐冲击而成的卵石小路，宽9米，名曰“天桥”。“天桥”五道湾，连通岸岛，潮涨隐，潮落现，神奇绝妙，像一条蜿蜒的蛟龙隐现在大海中。整个风景区以笔架山和天桥为主，大致为岛上游览、海上观光、岸边娱乐、沙滩海浴和度假村修养五个区域，总面积8平方公里。这里山水秀丽、环境优美、文物古迹众多、物产资源丰富、生活服务设施配套，有许多美丽动人的传说。

按照笔架山风景区开发总体规划，目前正在逐步建设和完善海滨公园、笔架山岛、梦兰湾度假区和海滨浴场的硬件设施；正在开辟海上索道、卡丁车世界、海上乐园等娱乐性休闲项目，一个集游、娱、食、宿、购、行为一体，多功能、高档次，闻名遐迩的旅游胜地即将形成。

辽宁营口高新技术产业开发区

地　址	辽宁省营口市渤海大街西105号	邮　编	115004
电　话	0417－4801368　4809201	传　真	0417－4801368
网　址	http://www.ykhi-tech.gov.cn	信　箱	ykgkjyq@mail.ykptt.ln.cn

【开发区简介】

营口高新技术产业开发区是1994年4月经辽宁省人民政府批准成立的省级高新技术产业开发区，位于营口市区西部，与市区相连，距市中心6公里，规划控制面积15.24平方公里。

高新区内基础设施齐全，部分地块已达到“五通一平”（通路、通电、通电讯、通上水、通排水、土地平整），完全具备各类项目进区建设的基础条件。高新区距营口老港(300万吨吞吐量)6公里。距营口新港(2500万吨吞吐量)40公里。与沈阳－大连高速公路、沈阳－北京高速公路相邻，铁路及空中交通十分便利，驱车沿高速公路2小时可达沈阳、大连国际机场。

营口高新区位于辽宁省南部，是省内沈阳、大连、鞍山、抚顺、本溪、丹东、盘锦、锦州等工业发达和消费水平较高的城市群的中心。该城市群是中国机械、化工、电子、石油、煤炭、冶金、纺织等重要基地之一，因此，对外来投资者来说，其产品配套半径最短，生产成本较低。因此，营口高新区在腹地工业基础、自然资源、技术人才、地理位置和港口条件等方面具有巨大的优势。

辽宁沈阳金融商贸开发区

地　址	辽宁省沈阳市沈河区北站路208号	邮　编	110013
电　话	024—22526495　22526475	传　真	024—22524424
网　址	http://www.syftd.gov.cn	电子信箱	Webmaster@syftd.gov.cn
主管部门	沈阳市人民政府	招商部门	管委会招商局
招商电话	024-22524492		

【开发区简介】

沈阳金融商贸开发区创建于1992年，位于沈阳市城区中心，占地112万平方米，可建用地62万平方米，规划建设60余栋高层建筑，总建筑面积300万平方米。

沈阳金融商贸开发区，是中国除上海陆家嘴以外的另一金融商贸开发区，具有得天独厚的区位优势。它以沈阳为依托，辐射东北，进而成为东北亚的金融商贸中心。现已吸纳了中国工商银行辽宁省分行营业部、日本住友银行、法国家乐福集团、凯莱国际酒店等机构的欣然入驻。

开发区由三个功能区域组成：①金融区域主要建设银行、证券、保险性质的项目，开展资本融通、外汇买卖、证券保险、产权交易等金融业务；②商务贸易区重点建设一批高档次的商务宾馆、公寓、智能化服务等项目，为国内外财团、商社、跨国公司等提供一流的经营、办公、购物、餐饮等环境；③配套服务区主要建设管理服务设施和交通、通讯等公共服务项目，为建设项目和商务活动提供配套服务。

经过10年的开发建设，开发区已初具规模。目前，已累计转让土地34万平方米，引进大型项目39个，规划投资70亿元人民币，建筑规模141万平方米，并进行拆迁改造和基础配套设施建设，现已完成变电所、供热中心、电信局、消防指挥中心等项目的建设工作。

开发区交通便利。区内的沈阳北站是中国大型铁路客运枢纽之一，沈阳市内10余条公交线路汇集于此并向外延伸与京沈等5条国家级公路、6条省级公路相连。东北地区最大的国际空港——沈阳桃仙机场距开发区仅20公里，有40余条航线通往国内外。

未来的沈阳金融商贸开发区，将建设成面向国际国内两个市场，体现中心城市新型功能和促进沈阳经济增长方式转变的商务金融中心；成为沈阳经济实力的标志和城市形象的象征；成为东北地区商务、金融、贸易、信息和国际交往等新兴产业的核心区域。

吉林省开发区

吉林省开发区建设情况

吉林省开发区建设大体经历了4个发展阶段。一是20世纪80年代后期，全省创办了长春南南高新技术园区、前扶开发区、集安对外开放区和梅河口贸易区等，开始参照南方经济特区的做法搞一些初步探索与尝试。二是20世纪90年代初期，国家开始实行宏观调控，对开发区进行清理整顿。吉林省也于92年对开发区重新规划和调整，形成了4个国家级和12个省级开发区的格局，开发区建设开始走上健康的发展轨道。三是20世纪90年代中期，特别是1996年全省开发区工作会议以后，开发区建设显示出适应社会主义市场经济的强大生命力和在全省经济发展中的突出作用。四是20世纪90年代末与本世纪初，根据全省经济发展的需要和开发区建设实际，开始对开发区在布局上进行调整，在种类上进行充实，1998年在吉林省的中心城市（地级市），又批准设立一批有一定基础和发展前景的开发区。2001年，按照省委七届五次会议和全省实施开放带动战略工作会议精神，加快发展重点地区和部位，率先实现跨越式发展的要求，在吉长两市分别设立商贸示范区，在松原设立了农业高新技术开发区，在辽源设立了民营经济开发区，将梅河口经济贸易开发区纳入了省级开发区管理序列，并对公主岭经济开发区进行了调整，在国家批准设立国家级农业科技园区的基础上，赋予了省级开发区的各项政策和经济管理权限。最后形成了5个国家级、22个省级开发区，分布在全省9个市（州）、18个县（市、区）的合理布局。目前，全省开发区总规划面积194平方公里，起步区面积37.1平方公里。5个国家级开发区是：长春经济技术开发区，长春高新技术产业开发区，吉林高新技术产业开发区，珲春边境经济合作区、公主岭国家农业科技园区。22个省级开发区是：吉林经济技术开发区，松原经济开发区，白城经济开发区，延吉经济开发区，敦化经济开发区，安图经济开发区，图们经济开发区，集安经济开发区，长白经济开发区，临江经济开发区，大安经济开发区，永吉经济开发区，四平经济开发区，吉林龙潭经济开发区，德惠经济开发区，长春净月潭旅游经济开发区，长春汽车经济贸易开发区，松原农业高新技术开发区，长春长江路电脑商贸示范区，吉林东市商贸示范区，辽源民营经济开发区，梅河口经济贸易开发区。

吉林省开发区大体可分三个层次。一是有近1／3的开发区（主要是国家级开发区）进入了快速发展时期，主要标志是项目建设快速发展，有一批较大规模的项目建成投产。二是绝大部分省级开发区基本完成起步阶段的主要任务，开始进入发展时期，主要标志是基础设施基本完善，项目建设开始起动。三是仍有少数省级开发区处于起步阶段，项目建设滞后，土地资源闲置，政策优势没有发挥出来。

吉林省开发区经过几年的开发建设，基本形成了与吉林省经济发展相适应的产业格局。光电子产业初具规模。国家光电子产业基地“长春光谷”落户开发区，华禹光谷项目进展顺利，长春电子城内的TFT项目建成投产。汽车与汽车零部件产业形成规模。长春高新技术产业开发区内的汽车工业园已成气候，与“一汽”形成了联系紧密的产业链条，其它开发区内汽车零部件项目建设顺利，绝大多数已成为骨干企业。医药与生物技术产业不断壮大。全省开发区内医药与生物技术项目发展迅猛，敖东、华康、长生基因、经开药业、金赛药业等等医药企业都已成为主要经济增长点。农业产业化发展良好，已成为全省龙头。依托省农科院的农业科技优势，设立了公主岭国家级农业科技园区，松原农业高新技术开发区已开始运作，现代设施农业基本形成雏形。

其它开发区内如大成玉米项目、赛力斯达玉米项目、黄龙玉米项目、公主岭60万头生猪项目、吉林80万吨燃料酒精项目、德大肉鸡项目、正大饲料项目等等都发展良好。旅游及第三产业发展迅速。旅游经济开发区、经济贸易开发区和经济贸易示范区都已形成规模，长春净月潭旅游经济开发区的旅游收入已占全省旅游收入的12.17%。第三产业增加值占GDP的比重逐年增加。

截止2001年底，吉林省开发区累计完成建设投资541.12亿元；其中基础设施投资135.88亿元；项目建设投资405.24亿元；实现工业总产值3134亿元；实现利税167.8亿元，财政收入127.63亿元；实际利用外资18.76亿美元，兴办三资企业1073户，完成出口额24.12亿美元。

吉林经济技术开发区

地　　址　吉林省吉林市九站街工农路一号　　邮　　编　132101
电　　话　0432－3055138　3052808　　传　　真　0432－3055138
网　　址　http://www.jeda.gov.cn　　信　　箱　jeda@public.jl.jl.cn

【开发区简介】

吉林经济技术开发区位于吉林市西北郊的平原地带，距吉林市中心15公里，距省会长春市90公里。开发区行政区域面积103平方公里，规划开发面积43.5平方公里，规划区东临松花江、北至通溪河、西至吉林－长春北线公路、南到长春—珲春高速公路，是目前全国较大的开发区之一。

开发区享有省级经济技术开发区的各项管理权限，还同时享受国家级高新技术产业的优惠政策。开发区管委会是市人民政府的派出机构，完全按照市场经济和国际惯例的要求运作，管理机构以“新型、高效、精干、廉洁”为原则，组成了效率型、精英式的管理系统。

开发区综合服务系统完善，对企业实行全天候服务，“一站式”办公制度，实行注册登记制，一照先行，余证后补。开发区实行封闭管理，对进区企业实行企业服务质量监督卡制度、项目跟踪制度、企业服务终身制度和切实有效的企业保护制度，为投资者提供良好的投资环境和全方位的投资服务。

吉林市委、市政府1999年下半年对开发区实行了封闭管理。开发区累计完成基础设施建设投资约4.5亿元，累计项目建设投资17亿元。开发区内除吉林化纤等一批驻区老企业外，新入区企业119户，累计新增加工业投资18亿元，新增工业产值10亿元；全区协议资金630487万元，实际到位资金130279万元。区内现有企业263个，从业人数15944人。

2001年全区完成工贸总收入290856万元，同比增长18.7%；实现GDP80 151万元，同比增长20%；实现工业总产值277990万元，同比增长16%；实现全口径财政收入22557万元，同比增长76%；完成固定资产投资10.5亿元，同比增长16%。三年累计实现工贸总收入734726万元，实现工业总产值68亿元，实现全口径财政收入45385万元，完成出口总额7106万美元，完成固定资产投资245460万元。

吉林龙潭经济开发区

地　　址　吉林省吉林市龙潭区遵义东路65号　　邮　　编　132021
电　　话　0432－3020240　　传　　真　0432－3414515
网　　址　http://www.longtan.gov.cn

【开发区简介】

吉林龙潭经济开发区始建于1995年，前身是吉林（龙潭）化工星火技术密集区。1998年4月，经市政府批准成立吉林（龙潭）化工星火技术密集区集中开发区管委会。1998年12月，经吉林省政府批准成为省级经济开发区，更名为吉林龙潭经济开发区。

吉林龙潭经济开发区位于吉林市西北部，总规划面积9.68平方公里。开发区分为南区和北区，南区（起步区）东起湘潭街，北至遵义西路，西南临松花江，面积为2.44平方公里。北区与南区相连，东起吉舒公路，北至长春－珲春高速公路，西临松花江，面积7.24平方公里。

龙潭经济开发区在吉林市委、市政府及龙潭区委、区政府的高度重视和正确领导下，按照“以政策为依托，以大项目为龙头，以基础设施建设为重点，以优质服务为手段，以超常规发展为目标，力争进入全省省级以上开发区先进行列”的指导思想，经过开发区全体同志的共同努力，各项工作取得了较大进展，特别是王照环市长到吉林市后，并于1998年对开发区实行封闭管理以后，开发区发生了根本变化，呈现出了快速发展的势头，带动了龙潭区经济的发展，在全区经济建设中的龙头地位已初步形成。

吉林龙潭经济开发区具有得天独厚的地域优势，全国最大的化工原料生产基地——吉化公司坐落在龙潭区内，为开发区精细化工及吉化30万吨乙烯下游产品深加工及其配套项目的开发提供了充足的原料和广阔的发展空间。

吉林龙潭经济开发区具有完善的基础设施条件，龙潭区内有装机容量85万千瓦的吉林热电厂和亚洲最大的污水处理厂，龙潭经济开发区自建区以来，投入了3亿多元资金用于道路、给水、排水、供电、供热、供暖、通讯等各种基础设施的建设，可保证不同类型企业的需要，同时，为了满足广大客商的需要，还修建了酒店、商场、金融、保险、办公大楼、住宅小区等生产、生活、服务设施。许多有规模的企业纷纷到开发区投资建设，如台湾独资企业亚森木业公司、韩国独资企业列米肯综合建设有限公司、东北最大的建材超市东方家园、金元建筑材料市场等。

吉林龙潭经济开发区管理委员会实行封闭管理，不断探索适应市场经济、符合国际惯例的经济管理体制和运行机制，积极优化投资环境。在为投资者服务上实行政务公开的首问负责制，并采取一条龙、全方位、全天候的方式，竭诚为投资者提供优质、高效、快捷的服务。

吉林省长春市净月潭旅游经济开发区

地　址	吉林省长春市净月潭	邮　编	130117
电　话	0431－4513533　4516508	传　真	0431－4516508

【开发区简介】

长春市净月潭旅游经济开发区是1995年10月经吉林省人民政府批准设立的省级开发区，2000年初与长春市旅游局合并，实行一套机构两块牌子。开发区现辖一个整建制镇、两个街道办事处和净月潭国家森林公园、长春伪满皇宫、长春汽车文化公园，规划面积190平方公里，总人口6.1万人。净月潭拥有80平方公里人工森林和4.3平方公里水面，生态环境优美，旅游资源丰富，享有"北国绿色明珠"之美誉。先后被批准为国家重点风景名胜区、国家森林公园、国家生态示范区、国家4A级景区、国家文明风景旅游区示范点和吉林省旅游度假区、吉林省生态旅游示范区。

截止2001年，全区社会总产值达到110亿元、国内生产总值达到40.6亿元，财政收入达到2.57亿元，分别比建区之初的1995年增长9.3倍、15.4倍和37.3倍；全区共引进项目达380项，实际利用外资60亿元。

开发区在净月潭森林公园建成了碧松净月塔楼、旅游滑雪场、滑道索道、森林浴场、环潭路、标志性大门以及门前广场等旅游项目和配套设施。接收了长春电影城和长春伪满皇宫，全面启动了电影城重建和伪满皇宫复原工程。2001年全区旅游总收入达到10亿元，实现了由季节性旅游向四季旅游转变；由单一的郊外旅游向知识性、趣味性、综合性、多功能方向转变；由接纳市内游客向接纳国内其他地区和国际游客转变。2001年，开发区已累计投入建设资金10亿元，建成了32条、总长51公里的区内道路，建成了一座日供水3万吨的加压泵站，铺设了给排水管线134.5公里，建成了2座集中供热锅炉房和6座换热站，铺设了供热管线29.5公里，建成了两处二次变电所，铺设了配电线路21.5公里，建成了总装机容量6万门的电信局，铺设通讯线路38公里。全区基础设施配套面积达10平方公里，建成区面积达4平方公里，山水型新城区的框架已基本形成。2000年初开发区与市旅游局合并后，充分发挥开发区在全市旅游业中的龙头作用，带动全旅游业快速发展。2001年，全市旅游总收入达到48亿元，同比增长66%，是1999年的2.7倍；旅游业总收入相当于全市GDP的4.8%，比1999年翻了近一番。成功地承办了"2001中国体育健身游开幕式暨吉林长春冰雪旅游节"，促使长春市进入全国25个重点旅游城市和17个黄金周预报城市行列。

吉林省敦化市经济开发区

地　址	吉林省敦化市新华西路10号	邮　编	133700
电　话	0433－6341301	传　真	0433－6341000
网　址	http://www.dh.jl.gov.cn	电子信箱	dhjjkaq@public.yj.jl
主管部门	敦化市人民政府	招商部门	管委会经济发展局
招商电话	0433－6341301　6223030		

【开发区简介】

敦化经济开发区位于吉林省东部，地处长春—珲春铁路沿线，毗邻吉黑两省四区九县市。敦化市区是连接图们江下游开发与内地市场的中转站和集散地，也是集工业商贸为一体的综合开发区。

敦化经济开发区是1992年经吉林省人民政府批准的省级经济开发区，自1992年成立以来，相继完成了区乡合一体制、工业小区建设和项目摆放的运作，呈现了良好的发展态势。工业区内主要交通干线已开通，水、电、通讯等基础设施完备，区内企业66户，其中，"三资"企业12户。固定资产规模41000万元，其中外商投资规模17000万元。1997年实现工业总产值4.6亿元，实现利税7500万元。商贸区已建成25988平方米敖东商贸城一座，木业集团为主的木制品产业；以华康药业为主的医药产业；以啤酒厂为主的食品工业；以商贸小区商贸城为主的城乡贸易；以辐射延边地区节能日光温室蔬菜生产为主的批发销售一条龙的无公害蔬菜市场正在建设中，截止1998年7 月敦化经济开发区建设投入44000万元。

未来5年奋斗目标：企业全口径总产值实现20亿元，利润实现1.02亿元，固定资产投资总额完成5亿元，工业技术改造和新上项目4.8亿元，招商引资5亿元，力争把开发区建成外向型、高科技、高效益的经济强区。

吉林省临江经济开发区

地　址	吉林省临江市鸭绿江大街142号	邮　编	134600
电　话	0439－5223848　5227547	传　真	0439－5239611
网　址	http://www.linjiang.com	信　箱	invest@linjiang.com

【开发区简介】

吉林省临江经济开发区是1992年11月7是经省吉林省人民政府批准成立的省级开发区，地处吉林省东南部，长白山南麓，鸭绿江中上游，东与长白县毗邻，西与白山市接壤，北与抚松县交界，南与朝鲜民主主义共和国隔江相望。开发区地处环渤海经济圈与图们江入海口之间的联接点和制高点上，鸭绿江沿边开放带的中段，距白山市78公里，距长春市辖区400公里，距沈阳市460公里。

开发区总面积30.5平方公里，规划面积3.5平方公里，工业起步区1.5平方公里。开发区内有得天独厚的自然资源、人文景观，区内交通便利，通讯设施齐全，水电资源充裕，临江口岸同朝鲜中江郡有公路大桥相通，临江海关、边检、卫检、动植物检验机构齐全。朝鲜物产丰富，尤其是木材、硅藻土、高岭石、铜粉等资源丰富，同时对我方的粮食、石油、食品、轻工产品需求旺盛，边境贸易有很大的互补性。临江经济开发区的以资源深加工为主线，以加工工业为方向，以边境贸易为突破口，大力发展外向型经济。在主导产业上，重点发展以硅藻土为主的非金属矿业，以长白山中草药为依托的医药工业，以水利资源为基础的能源工业，以长白山生物资源为依托的山珍食品工业，以金属镁为主的冶金工业，以木材深加工为主的林产工业。

【基础设施】

临江经济开发区自成立以来，始终把加强基础设施建设，改善投资环境作为开发区经济发展的重要环节，不断提高基础设施建设的水平和质量。几年来，克服了资金短缺等实际困难，先后协调市政府有关部门，完成了市区到开发区工业起步区的公路柏油路和通讯光缆的铺设；在投资7000万元建设了元宝电站的基础上，又筹资1.2亿元建设聚宝电站，这2个电站可增容1.3亿千瓦时，是过去发电量总和的6倍，同时还投资500万元，在临城工业起步区建成输入能力为2万千瓦的变电所，加大了招商引资的力度，为开发区的工农业发展提供了可靠的保证；投资2500万元，安装1万门程控电话全部开通；铁路专用线从临江车站直达开发区。所有这一切，加快了基础设施建设的步伐，为临江经济开发区建设创造了良好的经济环境，为国内客商到临江经济开发区投资兴业奠定了良好基础。

【发展优势】

矿产资源优势——临江市域地外优越的地质环境，区域成矿地质条件较好，全国有名的吉林老岭金、银、铁等多金属成矿带主要部位在临江市区内，有丰富的矿产资源。矿产资源的开发已成为临江市的支柱产业，也是白山市地质矿产开发工程的重要组成部分。经10多个地质勘查部门勘探，已发现30多种矿产，如：铁、铜、钼、铅、锌、金、银、钴、锑、锑、稀土矿、硅藻土、煤、白云岩、硫铁 矿、硅石、水晶、石棉、紫砂陶土、亚粘土及各种建筑石材(如花岗岩、砂岩、石英岩、安石岩、玄武岩、大理岩等)，另外还有矿泉地热资源，目前发现的矿化、矿点、矿床数百处。1.28亿吨以上，人均占有量700吨以上，远景储量4.0亿吨以上，人均占有量2200吨以上，名列全省前茅。

森林资源优势——境内林业资源十分丰富，包括临江林业局在内，全市森林总经营面积30.8万公顷，其中：地方经营14.8万公顷，森工企业经营16万公顷，活立木蓄积量2700万立方米，人工林130多万亩，比较珍贵的树种有红松、水曲柳、黄菠萝、胡桃楸、山槐柞木、枫桦等。另外，每年还可从朝鲜进口一定量的优质木材。临江森林资源开发利用主要在以下几个方面:1.木材加工。2.林地资源开发，包括森林蔬菜、森林粮食、森林油料、森林饮料、森林药材、森林蜜源等。3.森林环境资源开发，主要是森林生态旅。

动物资源优势——主要野生动物有：梅花鹿、马鹿、黑熊、貂、野猪、山鸡、花尾榛鸡、林蛙等。目前，临江有集体所有制梅花鹿养殖场及村民个体养殖，亟待投资开发。林蛙封沟养殖52万亩，年出销商品蛙1625万只，产林蛙油503公斤，产值2700万元，而且，每年产量还在不断提高，具有很大的开发价值。

水资源优势——临江市位于长白山东麓，鸭绿江畔，年平均降水量在844.4毫米，是一个多河流的地区，水面面积300.85平方公里，境内有云峰电站库区、鸭绿江水系和7 条主要河流，全市水能蕴藏量48万千瓦，其中中朝界河鸭绿江在临江境内理论水能蕴藏量48万千瓦，可开发水力资源38.8万千瓦。按年平均计算为19.4万千瓦，内河界河共可开发水力资源27.8万千瓦，界河鸭绿江在临江境内可开发中型以上水电站，临江境内河流只能开发建设小型水电站。到1998年末，已开发水力资源17593千瓦，占可开发水力资源的19.4%，临江发展利用水力资源的潜力还很大。

中草药和山珍食品资源优势——临江处长白山腹地，林下植物生长旺盛，植物种类繁多，可做药用的植物有1000多种，产量较多的有人参、天麻、灵芝、红景天、黄芪、桔梗、刺五加、细辛、黄柏、五味子、贝母、百合、党参、龙胆草等。目前，临江人工种植的中草药有人参、天麻、红景天、黄芪、桔梗、五味子、灵芝等。人参留存面积77.4万公顷，人参野化林下栽种面积1.5万公顷，其他品种种植面积6000多亩。山野菜类有薇菜、蕨菜、山芹菜、笼芽葱木、刺五加、猴腿蹄盖蕨等，食品类有木耳、蘑菇、红松籽、榛子等。

吉林延吉经济开发区

地　址	吉林省延吉市长白路371号	邮　编	133000
电　话	0433－2829871　2826692	传　真	0433－2829703
网　址	http://www.yj.jl.gov.cn	信　箱	jjkfqgwh@public.yj.jl.cn

【开发区简介】

延吉经济开发区是1992年8月经省政府批准成立的省级开发区,1995年5月延吉市委市政府正式成立延吉经济开发区管理委员会，代表市委、市政府对开发区内的经济、党务和行政事务实行统一管理。延吉经济开发区位于延吉市市区东部,布尔哈通河两岸。总面积5.33平方公里，其中河北区1.36平方公里，河南区3.97平方公里。开发区内现有玻璃制造、铝业加工、食品生产、生化制药、电子行业等各类企业53户。2001年，开发区共引进15家新企业，总投资16139万元，实际到位资金15555万元(其中实际到位外资485万美元，实际到位内资11530万元)。

截止2001年末，合同引进资金55294万元，实际到位资金27693万元。1995年至2001年累计实现国内生产总值11.55亿元，实现工业总产值26.5亿，出口总额1510万元，实现全口径财政收入11.154亿元，共累计投入基础设施建设资金12060万元，完成道路工程125000平方米，电信工程4800门，供水1400延长米，排水5500延长米,开发区已经基本实现了“六通一平”。

开发区现内设政工部、办公室、经济发展局、高新技术局、财政审计局、土地管理局、规划建设局等7个职能部门。市工商局、地税局、国税局在区内设立了派出机构。

延吉经济开发区坚持统一规划、分步实施、小区起步、滚动发展、开发一片、收益一片的原则，发挥地缘、资源、人缘优势，改善和创造良好的投资环境。目前已经形成了“食品加工工业园”、“延吉韩国中小企业工业园”、“高新技术创业园”和“民营科技工业园”等“多园一体”的开发模式。其中重点项目(企业)主要有：北京汇源果汁延吉股份公司、吉林敖东药业延吉公司异地改造项目、吉林敖东药业生化制药项目、延边白头山股份公司人参脱毒项目和延吉新元管件有限公司项目等等。

吉林省辽源民营经济开发区

地　址	吉林省辽源民营经济开发区管委会	邮　编	136200
电　话	0437－3193311　3193388	传　真	0437－3193311
网　址	http://www.jllykfq.com	信　箱	mxc7466@163.com

【开发区简介】

吉林省辽源民营经济开发区是2001年经省人民政府批准成立的省级开发区，总规划面积15平方公里。开发区区位优势明显，位于沈阳、长春经济走廊的中心地带。开发区基础设施完备，交通通畅，四白公路贯穿全区。新建电厂、热力能源有限公司、污水处理厂均坐落在开发区内，后发优势强劲。开发区处于创业期的建设之中，将投入4亿元人民币，用于区内道路、给水、排水、河堤、供电、供热、通讯等基础设施建设。

长春汽车经济贸易开发区

地　址	吉林省长春市正阳街84号	邮　编	130011
电　话	0431－7635132	传　真	0431－7635189
网　址	http://www.cautonet.com/kfq		

【开发区简介】

长春汽车经济贸易开发区位于长春市区西南，与中国第一汽车集团公司毗邻，是全国独一无二的、以汽车贸易为主的开发区，由汽车贸易区、产业区、汽车文化及旅游活动区、综合服务区四大功能区构成，其主要功能以汽车及零部件、农用机械设备贸易和相关产业开发为主，同时集汽车科技、汽车文化、汽车信息和综合服务为一体的经济开发区。长春汽车经济贸易开发区管委会是长春市政府的派出机构，享有市级管理权限。

全区由核心区和新区两部分构成。核心区占地1平方公里，包括国家长春汽车中心批发市场、机动车配件市场、汽车自选市场、专用车市场、旧机动车交易市场、轮胎市场、运输市场等7个专业市场及长春国际展览中心和长春汽车经济贸易开发区信息中心。入区企业712户。其中有富康集团零部件公司、一汽实业房地产公司、农机集团、一汽四环总公司、长春大众物流装配公司等一批重点骨干企业入区经营。2001年全区实现社会总产值136.7亿元，比2000年增长29%，全口径财政收入达到2.0392万元；全年引进内贸2.99亿元，超额19.6%完成年计划。长春汽车中心批发市场的经济总量与入市企业数量等方面连续4年保持了全国同类市场首位，是全国最大的汽车及零部件贸易集散地，是全国规模最大、功能最全、辐射面最广的汽车及汽车零部件市场。1999年获得国家经贸委确定的全国重点联系市场和吉林省人民政府授予全省“十佳”商业先进单位的殊荣。长春汽车中心批发市场、长春旧机动车交易中心分别于1994年7月7日、1997年12月25日经原国内贸易部批准为国家级市场，并纳入全国商品市场建设规划。长春国际展览中心是一个高标准、大规模、多功能的展览场所。长春汽车经济贸易开发区信息中心立足于开发区，面向全国汽车行业，负责信息系统的开发建设和运营管理，是开发区无形市场建设的主体，与有关单位共同投资建立的吉林易达汽车商务网络股份公司已开始运营。

建设中的长春名车广场，是销售国际国内名车的主题园区，是围绕名车销售、零部件供应、售后服务、信息反馈的现代专卖店集群。长春名车广场占地面积2600平方米，建筑面积25165平方米，可容纳几十种名车在此展示销售。长春汽车经济贸易开发区是国内最大的汽车零部件集散地，是发挥政府职能，利用开发区的优势来促进汽车商品的大批发、大贸易、大流通的特色开发区。

黑龙江省开发区

佳木斯市经济技术开发区

地　址　黑龙江省佳木斯市长青乡四合乡　　邮　编　154002
电　话　0454-8240352　8249661　　传　真　0454-8222591
网　址　http://zsw.jms.gov.cn　　信　箱　jmszsyzj@163.com

【开发区简介】

佳木斯市经济技术开发区是经中共黑龙江省委、省人民政府1991年首批批准的 全省对外经济技术开发区之一。辟建10年来，经过全市上下、方方面面的共同努力 ，初步形成了集“工业生产加工、农业产业化、饮食服务、高新技术开发”于一体的发展格局。

牡丹江市经济技术开发区

地　址　黑龙江省牡丹江市阳阴区裕民路118号　　邮　编　157013
电　话　0453-6380006　　传　真　0453-6380894
网　址　http://trade.mudanjiang.gov.cn

【牡丹江市简介】

牡丹江市地处黑龙江省东南部，是东北亚大通道上的一座多口岸的区域性国际经贸旅游城，是一块正在开发的热土。

牡丹江市有着优越的地理位置。辖区内现有6个县（市），4个城区，人口271万，市区人口81.5万，总面积4.06万平方公里。东与俄罗斯接壤，边境线长211公里，与海参崴直线距离248公里，与纳霍德卡直线距离331公里，处于哈尔滨经俄罗斯海参崴到日本新的国际大通道中段，是黑龙江省东出海参崴、南下图们的交通枢纽。辖区内有牡丹江航空港、绥芬河铁路和公路、东宁公路4个国家一类口岸，货运能力700万吨／年。开通了至上海、广州、大连、海参威等10条航线，是东北亚区域经济合作中的一个重要的人员流动、物资集散、信息传递和交通中心。

牡丹江市资源富庶，风光秀美。广袤的区域内覆盖着302万公顷森林，覆盖率达68%，生长着2000多种野生经济植物；肥沃的黑土地蕴藏着原煤、黄金、大理石等78种矿藏；奔流的江河中蓄积着110万千瓦的水能资源；有世界闻名的高山堰塞湖——镜泊湖、中国北方目前最大的人工湖——莲花湖、火山口地下原始森林、牡丹峰国家森林公园、唐代渤海国遗址等风景名胜古迹30余处。以湖、林、雪、边为特色的湖泊游、冰雪游、森林游和中俄国际游，每年都吸引着百余万中外游客，牡丹江市已成为中国北方的重要旅游城市。

牡丹江市具有较强的经济实力。截止2001年底，牡丹江市国内生产总值达到229亿元，进出口总额达到16.1亿美元，其中，边贸进出口总额达到13.5亿美元。全市已形成了橡胶、木工机床、拉舍尔毛毯、机械、电子、造纸、建材、食品、医药、电力等门类比较齐全的综合性工业体系，有轮胎、化工、卷烟纸、水泥、彩色电视机等一批名牌产品，桦林、石化、水泥集团进入520户国家重点企业行列。

牡丹江市有对外开放的坚实基础。目前牡丹江市已与99个国家和地区开展对外贸易，尤其是中俄边境贸易发展迅猛，进出口额由1999年的8.16亿美元增加到2001年的13.51亿美元，占黑龙江省边贸额的89%，成为俄罗斯远东地区农副产品主要供应地之一。区内建成了牡丹江中俄木材集散中心、中俄果菜出口集散中心、绥芬河青云市场、乌苏里斯克中国商品分拨中心、海参崴中国家电精品城等一批规模较大的综合性、专业性边贸市场，形成了境外、口岸、市区互为依托、相互辐射的市场网络，发展了吉信、华宇、民运等一批实力较强的边贸公司和韩国大宇、日本岩井、香港粤海、深圳康佳等一大批外来投资企业。

上海市开发区

上海白鹤工业园区

地　址	上海市白鹤镇工业园区鹤祥路1号	邮　编	201709
电　话	021-59740344　59740729	传　真	021-59740173
网　址	http://www.bhyq.com	信　箱	bhyq@companyqp.com

【开发区简介】

上海市白鹤工业园区是根据上海市产业结构调整的战略方针和生产力布局的发展规划，经上海市建委[1994]442号文批准的集三资、国集联营、私营企业为一体的综合性工业开发区。园区规划为5平方公里，第一期开发2平方公里，约3000亩。

园区位于上海西郊，距虹桥国际机场25公里，沪宁铁路安亭火车站3公里，与江苏昆山市毗邻。区域位置相当优越，地势高爽，地形平坦，交通十分便捷。园区北部离沪宁高速公路立交道口1公里，园区西面有5120国道（由黑龙江的同江市至海南的三亚市），外青松公路南北连接312、318国道和沪宁高速公路，区外水道纵横、东西航道有吴淞江（苏州河），南北有油墩江和大盈江可直通黄浦江和江浙地区，形成纵横交叉、四通八达的水陆交通网络。

园区配套的基础设施日趋完善，园区内中央大道四快二慢，水泥路面，10千伏供电并有公用变压器、自来水管道、通讯、排水等，达到“五通一平”的能力。

经过几年的艰苦创业，以资源（劳动力、土地）交通，政策、基础设施、服务等六大优势吸引着中外客商和朋友，到目前为止已在园区注册登记私营企业1000多家，同时已有美国、日本、韩国等东南亚和中国港、澳、台地区企业集团公司相继在园区投资落户，并取得了较好的投资回报。

上海淀山湖经济城

地　址	上海市青浦区西岑镇	邮　编	201721
电　话	021—39291000　39291042	传　真	021—39291086
网　址	http://www.dianshanlake.com	信　箱	netcorp@szonline.net.cn

【开发区简介】

上海淀山湖经济城成立于1994年11月，是以私营经济为主、多种经济成分并存的综合经济开发园区，现已落户各类企业1000余家。

淀山湖经济城地理位置优越，水、陆、空交通便捷，基础设施齐全，投资政策优惠，配套服务优质，投资环境得天独厚，是创业者理想的投资宝地。

上海淀山湖经济城位于青浦区西岑镇内，距虹桥国际机场40公里，紧靠318国道，经青枫路到沪杭高速公路只需20分钟，西依淀山湖大观园，东接历史文化古镇朱家角，南临建设中的318高速公路，北沿淀山湖7.2公里。境内318国道、莲西路等东西南北贯穿，太浦河航道距经济城1.5公里。

上海富民经济开发区

地　址	上海市徐家汇路518号天天花园福苑楼五楼	邮　编	200025
电　话	021－64151108	传　真	021－64152180
网　址	http://www.fumin.net.cn	信　箱	hupeifen@21cn.com

【开发区简介】

蒸淀镇(现练塘镇)位于上海西郊，江浙沪的三省交界处，距上海市区60公里，虹桥国际机场仅45公里，离上海著名的风景旅游点淀山湖风景区仅17公里。北依318国道，南临320国道。红旗塘、朱枫公路和沪杭高速公路横跨其境，水陆交通十分便利，投资环境得天独厚。

上海富民经济开发区总体规划1平方公里，共占地1500亩，预算总投资4.3亿人民币，建筑总面积40万平方米，整个开发区分为4个小区，分别是生产区、二商贸区、外贸高科技区、住宅生活区。开发区建成后可容纳6000户私营企业、中外合资、外商独资企业、四万名管理人才来此落户。

到目前，已经有3000多户企业进城注册落户，业主不仅来自上海市区、苏、浙、皖、闽、豫、鲁、辽、黑等地，而且还有来自日、韩、新、马、及中国港、台等国家和地区，有20户合资独资企业。开发区内企业总投资已逾12亿元，到2000年底，这些企业销售产值400亿，向国家缴纳税收5亿元。

上海虹桥临空经济园区

地　址	上海市广顺路33号	邮　编	200335
电　话	021－52187918	传　真	021－62393625
网　址	http://www.hqlk.com	信　箱	hqmyc@online.sh.cn

【开发区简介】

上海虹桥临空经济园区是上海市长宁区“依托虹桥，发展长宁”，实施面向21世纪经济发展战略的三大经济组团之一，是集高新技术产业、城市型工业、空港经济的综合型园区。

园区规划面积280公顷，地理位置优越，距虹桥国际机场仅2公里，与外环线贴邻，南、北各连接沪杭、沪宁高速公路，交通十分便捷。虹桥临空经济园区自1995年启动开发，已先后辟筑了近8000平方米绿地，天山西路、协和路等5条市政道路，5.5万平方米厂房、10万平方米住宅小区，营造了优越的招商引资环境。

上海普陀长征工业区

地　　址　上海市金沙江路1777号　　邮　　编　200333
电　　话　021－52707005　52701001　52706606　　传　　真　021－52706610
网　　址　http://www.changzheng-iz.com　　信　　箱　1777@changzheng-iz.com

【开发区简介】

上海普陀长征工业区位于普陀区境内西南部，地处内、外环线中间，东起真北路、西至祁连山南路、北沿金沙江路、南临云岭西路，占地1平方公里，地理位置优越，交通十分方便。

区内建有60万平方米精品标准厂房，适用于电子、生物、医疗器械、食品、服装等轻工类产品生产。区内已有上海明珠广播科技、艾爵光学科技、3SUISSES、俊成服饰、波力食品等数百家企业落户，分别来自世界10多个国家。

长征工业区管委会代表普陀区人民政府对园区进行全面规划建设和综合管理，旨在全力塑造一个环境优美、服务一流的花园式都市型工业园区。

上海施惠特综合经济开发区

地　　址　上海市松江沪松路315号　　邮　　编　201613
电　　话　021—57780000　5778002　　传　　真　021—57780000
网　　址　http://www.sun-ward.com

【开发区简介】

上海施惠特综合经济开发区位于上海西南投资热土松江区茸北镇，与上海市松江工业区隔路相望（沪杭高速公路），距沪杭高速公路松江站2公里，到上海南方商城仅20分钟车程，地理位置优越，交通便捷。开发区还为投资者配有沪松专线免费双程车，施行注册、纳税、年检等一条龙优化服务。

开发区自1994年创建以来，随着城乡一体化进程的加快、高新技术向市郊的辐射以及乡镇产业结构的合理调整，茸北人民依靠得天独厚的自然条件和人文环境，不失时机地引进人才、引进资金、引进项目，以高科技领先、高起点规划、高水平管理，使整个工业园区的建设面貌日新，效益日增。目前已有1000多户私营企业加盟施惠特综合经济开发区。

上海市宝山城市工业区

地　址	上海市宝山区丰翔路1398号	邮　编	200436
电　话	021－56137198　56136151	传　真	021－56131344
网　址	http://www.sbuip.com	信　箱	sbuip@sbuip.com

【开发区简介】

上海宝山城市工业园区是上海市政府批准成立的高科技、外向型、综合性市级工业区，规划面积5.4平方公里，是新世纪代表上海实力和水平的新兴工业区。

上海宝山城市工业园区地理位置优越，规划布局合理，经济政策优惠，土地增值潜力大，管理规范，服务到位，投资环境优良，是海内外客商理想的投资基地。

上海宝山城市工业园区是根据上海经济和社会发展总体规划而设立的市级工业区，位于宝山区的西南部，东靠市外环线，南接普陀区，西邻嘉定区，地理位置优越，是距市中心、港口、机场最近的市级工业区。上海宝山城市工业园区具有良好的区域环境，教育、卫生、金融、商贸业、房产业发达。与工业园区有着紧密合作关系的上海大学，上海北翼最大的商贸市场上海东方国贸城紧靠工业园区；区域内有上海著名的锦秋加州花园、众望城、上大阳光等住宅小区，形成良好的社区条件和投资环境。

上海市奉浦工业区

地　址	上海市奉贤区奉浦大道111号	邮　编	201400
电　话	8008200246	传　真	021－67100460
网　址	http://www.fengpu.com	信　箱	shfpres@public.sta.net.cn

【开发区简介】

上海市奉浦工业区是上海市人民政府1995年批准成立的市级工业区。2000年4月5日，奉浦工业区因其便捷的交通位置、完善的基础设施、良好的规划前景，由上海市政府进行资产重组，并命名为上海市工业综合开发区，与上海浦东张江科技园区、上海漕泾化学工业区一起被定位为21世纪上海市三大重点工业区，并与上海浦东国际机场、上海大小洋山深水港等形成配套开发。

上海市工业综合开发区正成为一个集高新技术产业、新兴工业、现代生活园区为一体的综合性、多功能现代化开发园区。

上海市嘉定工业区

地　址　上海市嘉定工业区叶城路555号　　邮　编　201821
电　话　021－59162331　59162708　　传　真　021－59161690
网　址　http://www.jdiz.com　　信　箱　jdiz@jdiz.com

【开发区简介】

嘉定工业区是1992年创办，1994年9月经上海市人民政府批准的上海市级工业区，是上海浦东开发的配套区。开发区总规划面积24.8平方公里，首期开发8.4平方公里，将建成以高新技术为先导，现代工业为主体，第三产业和社会公益事业相配套，与国际经济发展相适应的高水准的工业园区。1999年被台湾电机电子公会评为大陆整体投资环境最佳的7座A级城市的首位。

嘉定工业区管委会受嘉定区人民政府委托行使政府职能，管委会和工业区开发总公司合署办公，全面负责区域内的规划实施、招商活动和社区管理。投资总额在3000万美元以下的鼓励类项目，1000万美元以下的允许类项目实行“一站式审定”和“一条龙服务”，并设置有海关、工商、税务、财政、劳动力介绍、银行、法律服务、保安等机构，提供良好的配套服务。

国家级高科技园区——嘉定高科技园区旨在为海外留学人员、科研院所、大专院校、民营企业家营造一个把科技知识转化为生产力的孵化基地，是发展高科技产业，开展科技贸易的理想天地。嘉定工业区始终坚持“为投资者提供方便，创造绿色环境，让投资者赢得利润”的原则，为投资者提供最好的投资环境、最佳的投资服务、最优的优惠政策。

上海市金山嘴工业区

地　址　上海金山区山阳镇亭卫中路66号　　邮　编　201508
电　话　021－67241424　　传　真　021－67241600

【开发区简介】

上海金山嘴工业区是上海市级工业区，位于上海市西南，杭州湾北岸，是上海及长江三角州对外开放的南大门。总面积22. 8平方公里，分四个小区，即招商局金山工业区、山阳工业区、宏山工业区和居民生活区。目前已有“三资”企业55家，内资企业236家，联合利华、香港招商局等著名大公司也在工业区落户。

工业区具有独特的区位优势，紧邻上海石油化工股份有限公司和杭州湾金山嘴深水港区，东毗上海化学工业区仅数公里，南襟海上蓝色通道——申甬车客渡码头，西纵同三国道，北横320国道，金山铁路支线和拟建中的浦东铁路贯穿工业区。

工业区内基础设施日趋完善，道路、水、电、通讯已形成格局。文化、教育、卫生、科研、娱乐等社区服务设施各具特色，新区政府办公大楼也坐落在工业区境内。规划中具有二级市功能的、城乡一体化的、现代化的上海南冀滨海新城逐步形成。

上海市浦东康桥工业区

地　址	上海市浦东沪南路2502号	邮　编	201315
电　话	021—58121488　58121822	传　真	021—58121188　58121488
网　址	http://www.pudong.com.cn	信　箱	com@pudong.com.cn

【开发区简介】

上海浦东康桥工业区是上海市政府批准设立的市级重点开发区，规划面积26.88平方公里，主要发展现代工业、现代生活和现代商贸，是集工业生产、生活居住、贸易经营、商业服务和社区管理等功能于一体，按国际规范运作的高水准的多功能综合型开发区。

区内市政基础设施配套完善，已建成“六通一平”（部分地块已经达到“七通一平”）。初步形成了汽车组装和配件、新型建材、电子电器、医药化工、轻工服装五大支柱产业。工业区以技术含量高的科技产业为投资导向，以汽车、电子、电器、新型建材等上海市六大支柱产业为主要发展方向。除国家明令禁止外商投资的产业和限止外商投资的产业外，兼收并蓄机械、食品、服装、医药保健品等各类项目。

上海市“一城九镇”的规划及洋山深水港的建立将会给康桥带来新一轮经济发展的机遇，也必将给中外客商和企业带来宝贵的商机和广阔的发展空间。

上海浦东康桥工业区规划建设了两个园区，一为杨高南路高科创业园区，该园区处于外环线以南杨高南路两侧，面积约为3平方公里；以吸引计算机软件、系统集成、网络信息技术、通讯技术和医药生物技术开发的高新技术项目为主，逐步形成一个集科研、办公、咨询、服务、经营和居住为一体的科技创业园区，目前已有中国科技大学研究生院上海分院入驻。

上海市浦东星火开发区

地　址	上海市浦东星火开发区民乐路88号	邮　编	201419
电　话	021-57502811　57502413　62136254	传　真	021-57502635
网　址	http://www.shspark.com	信　箱	Xinglian@online.sh.cn

【开发区简介】

上海市星火开发区是1984年由上海市政府、市人大批准筹建的以制造加工业为主的外向型工业开发区，规划面积16.8平方公里，现已开发7.2平方公里。1993年9月正式与浦东新区接轨，全面享受浦东新区的优惠政策，成为浦东新区的重点开发区之一。

星火开发区具备“七通一平”良好的投资环境，区内实行集中供水、供热、供电和排污，基础设施齐全、容量大、水陆运输方便，土地平坦、无动拆迁之虞；地价便宜，劳动力成本低；有为进区企业提供工商、税务、商检等一条龙服务的机构和生活娱乐设施，是海内外企业家投资置业的理想之地。

上海市星火开发区管委会是开发区区政管理和为进区企业服务的领导机构，下设办公室、社区管理部、土地管理所、统计调查所和劳动服务所等部门。

星火开发区是以制造加工业为主的外向型工业开发区，重点发展化工医药、化学纤维、制浆造纸等行业。引进化工项目并在发展高新技术医药类产品的同时，发展维生素类化学原料药和工业用、家用化学品等产品；引进先进技术和设备，开发新产品，发展聚酯切片、涤纶长、短纤维以及印染、服装加工；在建设上海市造纸业生产基地的同时，引进新技术、开发各类中高档生产和生活用纸。

上海国际汽车城零部件配套工业园区（原上海大众工业园）

地　址	上海嘉定安亭于塘路885号	邮　编	201805
电　话	021—59563324 59562394 69576197	传　真	021—59563621
网　址	http://www.shvwip.com	信　箱	shdzizd@online.sh.cn

【开发区简介】

安亭位于上海市西侧，东傍沪嘉高速公路，南濒吴淞江，西邻江苏省，北依嘉定城，为嘉定、昆山、青浦三地之交界，地理位置十分优越。铁路、公路、水路和航运交通便捷，离虹桥国际机场20公里，距吴淞码头35公里，境内有312国道、宝安公路、沪宁高速公路和建设中的上海市外环线，沪宁铁路和拟建中的京沪高速铁路等贯穿其境。

20世纪50年代，安亭被列为上海市工业卫星城，有13家国家部（委）属和市属大、中型国有企业先后迁建于此，如上海人造板机器厂、上海探矿机械厂、上海汽车制造厂、上海汽车发动机厂、上海阀门厂等国有企业，它们为安亭的工业发展打下了坚实的基础。

改革开放以来，安亭是最早走上城乡一体化的城镇。凭借着优越的地理位置、优厚的工业基础、完善的投资环境、优惠的引资政策和真诚的合作态度，前来考察投资的中外客商络绎不绝。先后有美国、德国、法国、英国、日本、韩国、泰国、新加坡及中国港、澳、台等几十个国家与地区的跨国公司前来投资建厂，其中包括一批国际著名大公司，如德国大众、德国博世BOSCH、德国KOSTAL公司、美国Delthi等。

1985年10月，中德合资年产可达40万辆的上海大众汽车有限公司入驻安亭，安亭的经济建设更是如虎添翼，阔步迈向新辉煌。

2000年，安亭完成工业总产值75亿元，同比增长17.2%，工业利润5.5亿元，同比增长3.8%，镇级财政总收入3.45亿元，同比增长11.3%，出口产品外贸解交额16亿元，同比增长17.6%，上缴国家各项税收5.5亿元，创造再就业岗位达2万余个。一批实力型企业迅速崛起。

1998年5月，由安亭镇人民政府全额投资的上海上海国际汽车城零部件配套工业园区开发建设全面启动，总体规划面积8平方公里，其中工业用地6平方公里，绿化用地1平方公里，市政用地0.5平方公里，居住用地0.5平方公里。短短两年的时间，已基本完成1.2平方公里的功能开发。2001年，园区从镇级工业开发区正式升格为市级工业开发配套区。

上海松江大昆工业园区

地　址　上海市松江区松昆路158号　　邮　编　201614

电　话　021－57853502　57852488　　传　真　021－57853585

网　址　http://www.sh-dakun.com.cn　　信　箱　dakun@sh-dakun.com.cn

【开发区简介】

上海市松江区委、区府决定对松江西部地区进行大规模的工业开发和建设，并建立了有区政府直接管理的上海松江大昆工业园区，她位于松江城西侧，南靠沪杭高速公路，北邻风景秀丽的佘山国家旅游度假区，与松江新城（大学城）连为一体。

上海松江大昆工业园区首期规划开发面积7.1平方公里，将以高标准的市政基础设施，高质量的社会服务体系，高效率的办事管理体制，竭诚为海内外投资商提供大展宏图的创业良机。

横穿上海松江大昆工业园区内的沪杭高速公路和同三高速公路（黑龙江至海南）进出口交汇处建造的一座占地面积610亩的大型互通式立交桥，造就了园区交通四通八达、地理优势巨大的增值潜力。上海松江大昆工业园区管委会在园区内行使统一的行政管理权，实施“一站式”管理，实行“一条龙”服务，使园区实现成为上海乃至全国一流的现代化工业园区这一总体目标。

上海新闵经济开发区

地　址　上海松江区新桥镇新北街402号　　邮　编　200135

电　话　021—57646168　57641840　57646859　　传　真　021—57642307

网　址　http://www.xinmin.com.cn　　信　箱　webmaster@xinmin.com.cn

【开发区简介】

上海新闵经济区创办于1993年12月，系上海市松江区最早成立的五大经济开发区之一。目前区内注册企业1100多户，其中实体型企业300多户，全年产值达到10亿元，税收完成5000万元。经济区下辖上海新闵经济发展公司，主管区内招商、办证、基建、管理等业务。公司在上海市区设立了多处办事处，方便私营企业来区咨询、投资创业。

新闵经济区位于上海市区西南的新桥镇，西接上海市松江工业区，距上海地铁莘庄站3公里，距上海虹桥机场12公里，沪杭高速公路第一个出口（新桥）就在镇沿，并有沪闵路、上海外环线、七莘路、沪松公路相连，形成了多处直通市区的交通网络。

上海紫江科技产业园区

地　　址　中国上海七莘路305号莘闵大酒店4楼　　邮　　编　201100
电　　话　021－64981351　54530517　　传　　真　021－64981357
网　　址　http://www.chinazijiang.com

【开发区简介】

上海紫江科技产业园区是经上海市人民政府批准设立的高科技园区，园区面积约37000亩。园区充分利用投资方紫江集团多年发展积累的经验与技术优势，紫江从一个小型加工企业发展成为今天中国著名的大型民营企业集团。目前拥有企业50家，并有一家上市公司，集团现有净资产36亿元，2000年销售额100亿元、创利5亿元、上交税收5.6亿元。企业遍布于中国各地、美国。投资涵盖了包装新材料、模具、通讯电子、信息技术、化工制造、地产置业、贸易等多个领域并且保持了良好的经营业绩，90%以上的企业已经取得盈利并占据国内领先地位，集团主导产业之一包装印刷已成为国内最具规模和实力的行业，信息技术产业也是紫江近年来投资增幅最大的一个领域，五星级万豪虹桥大酒店已顺利开业，并取得了骄人的业绩。美国西北贝尔、日本的大日本油墨、东棉、三菱重工等一大批全球著名企业与紫江展开了合作。

紫江科技产业园区重点兴办以下产业：新工业、新材料、新技术的包装印刷业；信息通讯及处理设备网络产品、电子数据信息交换系统等通讯电子业；高分子合成材料和复合材料等特种材料的研制开发；新能源技术、高效节能技术、生物医药和环保新技术产品研制与开发。

上海市莘庄工业区

地　　址	上海市闵行区沪闵路春申桥申北路8号	邮　　编	200240
电　　话	021－64894712　54425589	传　　真	021－64895589　54424690
网　　址	http://www.shxip.com	信　　箱	david@shxip.com

【开发区简介】

莘庄工业区是经上海市人民政府于1995年8月批准成立的市级工业区（沪府[1995]28号）。总开发面积13.65平方公里，地处闵行区的行政中心。闵行区人民政府授权上海市莘庄工业区管委会和上海市莘庄工业区经济技术发展有限公司负责该地区的开发建设工作。

莘庄工业区在建设者和投资者携手共创下，已迈步走上健康发展之路。到目前为止，已开发面积7平方公里，有150多户中外企业落户，一批世界500强企业及跨国公司纷纷入驻。工业区已形成信息及相关产业、机电和汽车配件、生物医药、新型材料等四大主导产业。

进入新世纪，莘庄工业区这块有着4000年历史的古老土地正焕发出前所未有的勃勃生机。工业区致力于营造一个生态型绿色环保工业园，并且已经启动了ISO14001环境管理体系的认证工作，正在形成一个跨国公司的投资中心、研发中心、销售中心集聚的都市型工业园。

莘庄地理位置优越，交通极其便捷，并呈现立体化网络。工业区距虹桥国际机场12公里，距浦东国际机场35公里;黄浦江岸拥有8个万吨级泊位的龙吴港集装箱码头距工业区6公里;张华浜国际集装箱码头距工业区36公里;距新龙华火车编组站7公里，工业区周边的312、318、320国道连接国内各大城市;仅需15分钟和5分钟的车程就可到达沪宁、沪杭甬高速公路;地铁一号现已通至莘庄，与之相连的莘闵轻轨正在建设之中。

上海市市北工业新区

地　　址	上海市江场西路215号	邮　　编	200436
电　　话	021－56770133　56774235	传　　真	021－56770134
网　　址	http://www.shibei.com	信　　箱	shibeicn@public4.sta.net.cn

【开发区简介】

上海市市北工业新区是经上海市城市规划管理局规划、上海市发展计划委员会批准的工业开发区，是上海中心城区内唯一的市级工业开发区，由上海市闸北区人民政府组建和统一规划开发。市北工业新区规划用地范围：东起共和新路，西临彭越浦，南起汶水路，北至走马塘，总用地面积为128.83公顷（1.28平方公里）。1992年新区正式成立上海市市北工业新区发展公司。1993年闸北区人民政府批准成立市北工业新区管委会，以加快新区开发建设和管理。在市北工业新区开发建设初见成效的基础上，1994年新区与上海大学合作，报经国家科委批准，正式创办市北工业新区高新技术园区。为理顺资产投资关系，建立符合现代企业要求的运营机制，规范国有资产的投资行为，新区1999年组建了上海市北工业新区投资经营有限公司，公司注册资金5000万。为加强党对新区中非公企业党组织的领导，进一步促进两个文明建设，经中共闸北区委批准，2000年建立了中共上海市市北工业新区工作委员会。

市北工业新区地处上海彭浦工业区内，既有彭浦工业区的大中型企业为后盾，又有彭浦镇为延伸腹地；还有上海大学、复旦大学等高等院校为依托，可充分发挥和利用地域优势，实现功能互补。市北工业新区交通区位条件十分优越，北距张华浜国际集装箱码头6公里，南距新客站6公里，东距铁路北郊站0.5公里，汶水路西侧直通沪嘉高速公路，从共和新路可直上内环线高架道路和南北高架道路，通向江、浙两省，距虹桥国际机场不足20公里，地理环境优越、交通极为便利、工业配套齐全，是国内外客商投资的理想之地。

上海市北工业新区投资经营有限公司负责市北工业新区的规划管理和土地开发。公司下设开发合作部、规划管理部、工程建设部、综合管理办公室、财务部、企业服务部和办公室等7个职能部门，为新区开发建设提供一条龙服务。

上海张江高科技园区

地　址	上海市龙东大道200号	邮　编	20001
电　话	021－50801818	传　真	021－50800686
网　址	http://www.zjpark.com	信　箱	zjpark@zjpark.com

【开发区简介】

上海市张江高科技园区位于浦东新区中部，规划面积25平方公里，分为技术创新区、高科技中试产业区、科研教育区、生活服务中心区、居住区和科技产业区等六个功能小区。

1999年8月，上海市委、市政府制定“聚焦张江”的战略决策，明确园区以生物医药和信息技术两大高科技产业为主导产业，集中体现创新创业的主体功能。张江园区步入了快速发展阶段。至2002年一季度，园区完成开发面积近10平方公里，累计引进项目383个，吸引投资额约66亿美元。2001年园区总销售额61亿元人民币。完成出口交货值13.4亿元人民币。

经过近10年的开发，园区构筑了三大国家级基地（国家上海生物医药科技产业基地、国家信息技术产业基地和国家科技创业基地）的框架。生物医药基地目前已形成由25个国内外一流药厂组成的产业群体，以“一所七中心”为代表的研发群体，以及以90多家中小型科技企业为代表的创业群体。信息产业基地以集成电路和软件产业发展为龙头，带动计算机和通讯、光电子、信息安全产业共同发展。随着中芯、宏力和贝岭等晶圆制造项目落户园区，已有25家芯片设计公司、3家硅片制造公司、7家光掩膜和封装测试企业、9家研发教育机构，以及17家配套及设备供应公司集聚张江，集成电路产业链在张江初步构成。

上海陆家嘴金融贸易区

地　址	上海市浦东大道981号	邮　编	200135
电　话	021－58878888	传　真	021－58764039
网　址	http://www.shld.com	信　箱	invest@ljz.com.cn

【开发区简介】

陆家嘴金融贸易区是1990年党中央、国务院宣布开发开放浦东后，在上海浦东设立的中国唯一以“金融贸易”命名的国家级开发区。

为保证金融贸易区开发建设达到世界先进水平，聘请了世界著名规划设计专家与上海规划专家合作设计了总体规划、交通规划和城市规划。其中经上海市政府批准的陆家嘴金融中心区的规划方案，集中了中、英、法、日、意等国规划大师的智慧，体现了当代规划设计的先进水平。根据规划，按功能布局，区内划分为若干重点开发小区，既突出了金融贸易的功能开发重点，又充分考虑了建设现代化都市的需要。

已经建成的延安东路两条车行越江隧道、一条越江地铁2号线、南浦和杨浦两座大桥；年内建成的越江人行隧道；将要建设的明珠线二期越江有轨交通、大道路和复兴东路两条越江车行隧道，将在黄浦江上构筑成立体交通体系，使开发区与浦西保持畅通的交通联系，已建成的浦东国际机场和正在建设的外高桥深水港等又使开发区与全国和世界紧密相连。

区内建造的楼宇（8层以上或总高24米以上）达399幢，其中229幢建成使用，以高468米的东方明珠电视塔和居世界第三高度的88层的金茂大厦为代表的高楼群已成为上海现代化城区的新景观。有83家中外金融机构落户区内，其中外资金融机构42家；上海证券交易所、上海期货交易所等六大要素市场已迁入区内；近300家有影响的国内外大集团、大企业，如西门子、斯米克、阿尔卡特、汤臣、宝钢等进驻陆家嘴。2.5公里长的滨江大道、10万平方米的陆家嘴中心绿地、5公里长的景观道路世纪大道、连结浦西浦东的外滩观光隧道和现代化的大楼群，形成了都市旅游的独特景观。已成功举办’99财富论坛的上海国际会议中心和金茂凯悦大酒店、香格里拉大酒店、新亚汤臣大酒店等，使区内的会展功能和“楼宇餐饮”呈现强劲的发展势头。

根据党中央提出的“以上海浦东开发开放为龙头，进一步开放长江沿岸城市，尽快把上海建成国际经济、金融、贸易中心之一，带动长江三角洲和整个长江流域地区经济的新飞跃”的战略部署，以国家主席江泽民的题词“努力把陆家嘴建设成为面向国际的现代化金融贸易区”为奋斗目标，在“十五”期间基本建成面向国际的现代化金融贸易区的设施框架，在2015年基本形成亚太区域性国际金融贸易中心。

上海化学工业区

地　址	上海市高安路18弄10号	邮　编	200030
电　话	021－64713298	传　真	021－64713301
网　址	http://www.scip－cn.com	信　箱	webmaster@scip－cn.com

【开发区简介】

上海化学工业区是以石油化工为主的专业开发区，位于杭州湾北岸，距市中心60公里，规划面积为23.4平方公里，西侧有6平方公里规划围垦地，最终向西与上海石化连线成片后，将形成近60平方公里的化工产业带。一期开发建设10平方公里，总投入1500亿元人民币，重点发展石油和天然气化工；二期开发13.4平方公里，发展合成新材料、精细化工等石油深加工产品。

上海化学工业区的开发建设引入了世界级大型化工区的“一体化”先进理念，通过对区内产品项目、公用辅助、物流传输、环境保护和管理服务的整合，为进区投资者提供最佳的投资环境。目前，已有世界著名的bp、BASF、Bayer等跨国公司落户区内。不远的未来，她将成为亚洲最大、最集中、水平最高的世界一流化工园区。

江苏省开发区

江苏高邮经济技术开发区

地　址	江苏高邮市经济技术开发区管委会	邮　编	225600
电　话	0514－4611888　4612212　4639380	传　真	0514－4612212
网　址	http://www.jsgy.com/	电子信箱	master@jsgy.com
主管部门	高邮市人民政府	招商部门	管委会经济发展局
招商电话	0514－4611888　4063036　4639709		

【开发区简介】

江苏省高邮经济开发区是1993年11月经江苏省人民政府批准建立的外向型、多功能、现代化的省级经济开发区。开发区位于高邮市区北部，西枕京杭大运河，南连高邮城区，北接生态旅游度假村，中贯京沪高速公路、淮江一级公路和高兴东公路。

开发区总体规划面积41.9平方公里，分设轻纺工业区、机电工业区、精细化工（制药）区、民营工业园区、高新技术园区、科技农业园区、旅游住宅区、管理服务区等。

建区以来，开发区坚持规划高起点、建设高标准，以其得天独厚的区位优势，发达的交通、通讯网络，充裕的水电、人才资源，优惠的投资政策和高效优质的服务体系，吸引了众多中外客商前来投资合作。

江苏姜堰经济开发区

地　址	江苏姜堰经济开发区管委会	邮　编	225500
电　话	0523－8810000　8810697　8813517	传　真	0523－8810697　8812611
网　址	http://www.milu.gov.cn	信　箱	jyjgw@pub.tz.jsinfo.net

【开发区简介】

江苏省姜堰经济开发区始建于1992年6月,1993年11月被江苏省人民政府批准为省级开发区，规划面积20平方公里,开发区管委会实行全新的管理体制,按照国际惯例以最优惠的政策为投资者承办项目审批、建设、工商、财税、征地、进出口及涉外事务，依法保证投资者的合法权益，为投资者创造优良的投资环境。

截止2001年,开发区拥有各类企业100多家,投资总规模达10多亿元,吸引美国、英国、意大利、日本、新加坡、中国台湾、香港等国家和地区的客商进区投资，创办各类中外企业20多个，合同利用外资1亿多美元。

姜堰是新兴的工业城市,已形成机械、制冷、化工、轻工、医药、电子、仪表、纺织、建材、服装等支柱行业。姜堰是物产丰富的鱼米之乡，盛产稻麦、棉花、油菜、生猪、银杏、菱藕、鱼虾、蟹鳖等，是国家重要的商品粮、优质棉花生产基地。开发区重点发展高新技术，以电子、信息、机械、化工、纺织、服装等产业为主要发展方向。

昆山经济技术开发区东部工业区

地　　址　江苏昆山开发区东部工业区B区金阳路10号　邮　　编　215331
电　　话　0512－57671410　57672210　57672121　传　　真　0512－57671310
网　　址　http://www.kunshaneast.com

【开发区简介】

昆山经济技术开发区东部工业区，东距上海45公里，西离苏州37公里，水陆交通十分发达。京沪铁路、312国道、沪宁高速公路横贯东西，吴淞江、青阳港纵横过境。至上海虹桥国际机场仅需35分钟车程。出境货物经昆山经济技术开发区陆路二类口岸及上海港直接出口。

昆山经济技术开发区是国务院批准的首批国家级开发区，其东部工业区创建于1989年，规划总面积14.6平方公里，其中A区4.3平方公里，B区4.7平方公里，C区5.6平方公里。

经过12年的开发建设，投资条件日趋成熟，形成了以电子、橡胶、织染、服装、药品、涂料、建材、机械等为主体的工业特色。区内环境优美，厂房林立，基础设施“五通一平”（通路、通电、通讯、通供水、通排水、地面自然平整），是中外投资者理想的投资发展基地。

东部工业区的开展势头强劲，来自美国、荷兰、瑞士、马来西亚、日本、新加坡、芬兰、泰国、印尼、中国香港以及中国台湾等10多个国家和地区的客商经过慎密调研落户本区。

截止2001年8月，在东部工业区投资落户的三资企业已达180家，外商投资总额超过10亿美元。其中，有20家外商投资企业企业的平均投资总额超过1000万美元，有2家企业的平均投资总额超过1亿美元。其外向型经济发展之快、规模之大位居江苏省工业区前列。东部工业区连续6年被苏州市人民政府评为“外向明星区”，2000年财政收入超2亿元，占昆山市财政收入的10%。

南通港闸经济开发区

地　　址　江苏省南通市城港路100号　邮　　编　226002
电　　话　0513－5545838　5541132　传　　真　0513－5545868
网　　址　http://www.gangzha.com　信　　箱　geye@public.nt.js.cn

【开发区简介】

南通市是1984年中国对外开放的14个沿海开放城市之一，地处长江下游河口段左岸，长江和黄海交汇处，与上海隔江相望，是块风水宝地，素有“扬子第一窗口”之称。

位于南通市市区北侧的南通港闸经济开发区是经江苏省人民政府批准的省级开发区，规划总面积12.09平方公里，分东、西区两部分，其中西区为9.9平方公里，东区为2.19平方公里。南通港闸经济开发区区位优越，交通便捷，基础设施齐全，投资优惠政策配套，1993年1月奠基以来，已有一大批中外客商进区落户。开发区坚持面向世界、面向未来、高标准、高起点、创一流的方针，以国际化、现代化、综合性、开放性为目标，建设以高新电子、精细化工、绿色食品、机械、轻纺为主体的工业体系，兴建南通市区西北部现代化的新城区。

常熟市经济开发区

地　址	江苏省常熟市金沙江路18号开发大厦东楼	邮　编	215500
电　话	0512—52699809　52699818　52699828	传　真	0512—52699807　52699817
网　址	http://www.changshu-china.com	信　箱	cseda@public1.sz.js.cn

【开发区简介】

常熟位于中国经济发达的长江三角洲开放地区，面积1266平方公里，人口104万。东临上海，南接苏州、西连无锡、北与南通隔江相望。常熟境内地势平缓。

常熟是国家级历史文化名城，江苏省重要的工商、旅游城市、国家卫生城市和省级园林城市，经济综合实力连年列全国县级市前5位。

常熟经济开发区成立于1992年，在10年的发展历程中，常熟开发区紧紧依靠自身独特优势，明确发展方向，不断完善投资环境，开发区建设呈现勃勃生机。开发区充分利用长江黄金水道和区位优势，引入世界一流大型工业区的先进理念，通过对区内产品项目、公共辅助、传输物流、环境保护和管理服务的整合，为进区投资者提供最佳的投资环境。目前已有美国、英国、法国、芬兰、比利时、日本、新加坡、中国台湾、中国香港等20多个国家和地区的500多家企业来区内投资，总投资达44亿美元，合同利用外资超过35亿美元，其中1亿美元以上项目11个。区内企业人均GDP、财政收入等各项经济指标均居江苏省各类开发区前列。已连续多年被评为“江苏省先进开发区”，并因此被批准享受国家级开发区政策。世界著名公司如芬兰UPM、法国阿托、比利时威特隆、日本大金、夏普、住友、新加坡泛联集团、中国台湾烨辉、长春、华丰、中国香港华润、理文等纷纷落户开发区。常熟经济开发区正逐步发展成为港口及仓储运输、能源、造纸、冶金、精细化工、电子新材料等临江产业和高科技产业的聚集地。

【基础设施】

道路——区内棋盘式的道路采用国内最高标准（城-A级、挂120）和高速公路、国道网相联结，适宜于超载重货物疏港运输，交通十分便利。

电力——装机容量为120万千瓦的常熟发电厂为华东电网提供了强大的电力。已建成投运的2座110 KV变电站和在建的1座110KV和一座220KV变电站为开发区送变电，电力供应充足稳定。

通讯——通讯设施先进、齐全，为投资者提供方便。区内拥有8万门程控交换机，IP电话、用户电报、传真、移动通讯和无线寻呼业务，已初步形成了拥有ISDN、DDN和宽带网的高速、完备、良好的 通讯环境。长途电话直通100多个国家和地区。开办了邮政快件国内特快专递业务，其中国际特快专递已通达60多个国家和地区。

供水——自来水由常熟市日供水能力70万吨的第三自来水厂供应。另为配套大企业需求，在建一座日供水能力20万吨的工业用水厂，大大降低大用水量企业的成本。

供气——拥有多家公共和大企业自备热电联供厂，蒸气能力充足。另拥有供气能力为1万户的石油液化气管道工程及6000立方米液化气储罐。

排水——区内排水体制为雨污分流制，雨水全部由管理分片收集，集中就近排入附近水体，工业废水由工厂进行预处理，达到《污水排入城市下水道标准》（CJ3082－99）后，再接入污水管道。沿江经济开发区内全部生活污水和预处理后的工业废水由污水管网收集后，送至污水处理厂集中处理排放。

污水处理——开发区内现有一小型污水处理厂，日处理能力1 万吨，在建一个日处理能力6万吨的污水处理厂，区内地下已铺设排污管网，进区企业可实施二种污水处理方案：一是企业自行处理达标纳入工业区污水排放管；二是企业预处理后进入工业区污水处理厂。

保税仓库——常熟港公共保税仓库于2000年10月经海关总署批准设立，总面积约20万M2，一期工程已竣工完成，包括保税仓库约5000 平方米，保税库场约8000 平方米。此外，内区还拥有华东地区最大的林木业及林产品专用保税仓库。

【功能分区】

江苏省常熟经济开发区规划总面积50平方公里，针对不同的产业，开发建设沿江工业区、国际化工园、常熟港区、通港工业园、高新技术园、新龙腾工业园六大板块，特别是依托37.5公里的长江岸线，重点建设“东区西园”，即“沿江工业区”和“国际化工园”。

沿江工业区——规划面积27.5平方公里，北临长江，紧靠国家一类开放口岸——常熟港，苏嘉杭高速公路从区内穿过。该区离连接港区市区的主干道通港公路及苏嘉杭高速公路的互通立交口仅1公里。区内货主码头、管理中心、污水处理厂等配套设施一应俱全，供电、供水、供气、道路、排水、消防、通讯等“七通一平”的系统工程已经全面完成。沿江工业区主要投资导向为能源、造纸、钢铁、石化、化工等大规模临江工业。区内主要企业有芬兰芬欧汇川纸业有限公司、新加坡兴华港口有限公司、比利时威特隆仓储有限公司和中国台湾启扬新型建材有限公司等。

国际化工园——江苏省高科技氟化学工业园规划面积5.04平方公里，首期开发面积为 2.97平方公里，园区的道路框架已经形成，联结区内各个区块，基本完成了供水、供电、通讯、排污管网、污水处理厂、固体废弃物填埋场等基础配套设施的基本建设，具备了企业的入住条件。化工园的发展方向：将在国家产业政策指导下，利用先进的管理模式和完善的公用工程配套设施，重点发展以氟化工为主的精细化工、功能高分子材料、生物化工和医药学化工等，计划建设成为我国氟化工的生产、开发基地和生物化工、医药化工的高科技园地，将着重引进有机氟深加工系列产品、工程塑料专用料系列产品、聚氨酯深加工产品、医药及中间体系列产品。化工园除在招商前要做好论证外，对入住企业加强日常环境监测和检查工作，做好区域性环境评价，严格按国际标准进行管理，确保经济的发展不因环境的影响而受到限制。

常熟港区——北临长江，拥有长江岸线8 公里，可建万吨级、千吨级码头35座。重点规划面积为 4平方公里，南依沿江高速公路。现已拥有5万吨级码头1座、3.5万吨级码头4座、1万吨级码头1座、5000吨级码头5座。目前还拥有一个常熟至南通的汽车轮渡码头。区内重点发展运输、仓储、保税、物流等产业。

通港工业园——位于沿江高速公路与城区至港区主干道通港路交汇处，兼具临港、近城、紧靠交通道口等优势， 地理、区位优势十分明显。 规划总面积8平方公里，首期启动2平方公里，它作为常熟开发区未来几年开发重点之一，坚持走产业链明晰、专业化发展的道路，重点发展精细加工、电子信息技术、生物工程技术、新材料技术和环保技术等高新技术产业为主的中小型外资项目。

高新技术园——位于常熟市区北部，规划面积1.37平方公里，区域北侧沿204国道，南侧黄河路为市区主要交通线，交通运输便捷，区内已经完成了“五通一平”等基础设施工程。重点发展高新技术产业。夏普办公设备有限公司、麦芝西柏轻工塑胶是该区内已有的大型企业。

新龙腾工业园——位于市区东侧，规划面积2.88平方公里，西临204国道，通港公路自西向东穿越园区。区内水网发达，规划中外环河道贯穿园区南北，并在区内设有货物集散码头。基础设施建设已经完成“五通一平”和标准厂房的建设。区内重点发展轻工、纺织、机械等以加工为主的产业。

【投资优势】

区位优势——江苏省常熟经济开发区地处中国经济最发达的长江三角洲，扼长江黄金水道咽喉，紧邻中国最大的经济中心上海市，并处在苏州、无锡、南通等大中城市的环抱之中，具有得天独厚的区位交通优势。

公路——常熟境内公路网发达。204国道直达上海；通港路连接市区和常熟港；2003年竣工的常熟 - 杭州的苏嘉杭高速公路、常熟 - 上海的沿江高速公路和苏通长江大桥在境内交汇。

铁路——目前，距常熟最近的火车站为苏州火车站，约为35公里。从上海经常熟至镇江的镇南铁路现已通过规划论证，不久开工。

水路——常熟濒临长江，境内河川众多，长江黄金水道和纵横的内河网络使内河运输便捷发达。 国际港口常熟港是国家一类对外开放口岸，可停泊5万吨级以下各类船只，已开通14条航线，与世界33个国家和地区的122个港口通航通商，港口年吞吐量1000万吨，集装箱30000标箱，吞吐量名列中国内河港第九。

机场——距常熟最近的国际机场为上海虹桥国际机场，约85公里、70分钟路程；距上海浦东国际机场约140公里。

港口资源优势——开发区濒临长江，拥有长江岸线37.5 公里，其中可供建万吨级以上泊位的优良深水岸线 8公里。区内常熟港是国家一类对外开放口岸，发展定位为上海国际航运中心组合港、苏州工业园区的配套港、国内外贸易的中转港、以集装箱为主的现代化中型深水港。常熟港发展迅猛，已开通国际航线28条，与世界39个国家和地区的162个国际港口通航通商，跻身全国十大内河港口之列。

产业集聚优势——开发区依托独特的港口资源优势、交通区位优势重点发展用水量大、用电量大、运输量大、用地量大的临江临港产业，产业集聚形成了几大支柱产业群体：包括以益成、启扬、欣瑞、科恩马生产热冷轧不锈钢板、新型钢结构件、彩涂卷板、大型油气贮罐等为主的钢铁产业群体，以电力为主的能源产业，以阿托、大金、住友生产氟精细化工、石油化工、橡胶轮胎、电子新材料等为主的化工产业群体，以芬欧汇川、理文生产高档文化用纸、高级箱板纸等为主的造纸产业群体。其中，超亿美元的项目已经达到11 个。

功能设施优势——开发区按照大工业"七通一平"的要求配套完善各项基础设施。区内拥有日处理6万吨的污水处理厂、日处理20万吨的工业用水厂、220KV变电站，建有公共保税库，陆路通关点、港区物流中心、公共服务中心等配套设施也已全面启动建设。

人力资源优势——开发区作为全市经济发展的重点，是各类人才聚集的地方。优秀的企业、优越的环境、良好的创业氛围吸引着更多本地和外地的人才，丰富的教育资源为开发区培养输送大量的专业技术、管理人才和优秀员工，乡镇企业、个私经济的发展把大量的农村人员培养成优秀的熟练工人，而且常熟劳动力的价格比周边大中城市低30%～50%。

服务环境优势——开发区着力打造成为基础设施较优、政府信用较好、制度透明、办事效率高的地区，以高成功率、高回报率回馈投资商。开发区享有与国家级开发区同等的经济管理权限和行政管理职能，推行"免二减八"及增值税奖励等方面的扶持政策，实行"一个头收费"等统一服务，并努力为投资商营造一个良好的投资、生产经营和生活环境。

江苏省淮安市经济开发区

地　址	江苏省淮安市深圳路6号	邮　编	226400
电　话	0517-3713988　3716126	传　真	0517-3713210
网　址	http://www.invest-land.com	电子信箱	hyjjkf@public.hy.js.cn
主管部门	淮安市人民政府	招商部门	管委会招商局
招商电话	0517-3716065　3713988		

【开发区简介】

江苏省淮安经济开发区是于1993年10月经江苏省人民政府批准设立的省级开发区，紧依淮安市区东侧，处于"三淮一体"跨世纪城市发展战略的核心位置。开发区现有面积22平方公里，设有工业、高新技术、综合功能和居民生活4个功能区以及1.5平方公里的韩国投资园区。

开发区交通便利、通讯便捷、基础设施配套。优越的地理位置、良好的投资环境吸引了包括美国、德国、韩国、新西兰、埃及、中国台湾、中国香港等国家和地区的客商来区投资。1999年，淮安经济开发区被江苏省人民政府授予"江苏省先进开发区"荣誉称号。

建区9年来，累计引进项目500多个，总投资41亿多元，实现到位资金28亿多元，其中三资项目50多个，累计实际利用外资1.96亿美元。基础设施日臻完善，在6平方公里范围内实现了"五通一平"，基本形成了“三纵三横”的道路主骨架。工业经济发展迅速。2000年工业总产值17亿元，年均递增49.6%，工业增加值3.15亿元，年均递增47%，工业销售收入13亿元，年均递增83.3%。建成了韩泰轮胎、宏丽化纤、新潮印务、华新纸品、一剪梅集团等一批工业项目，初步形成以化工、轻工、纺织、印刷为主体的工业体系。第三产业势头良好，2000年三产业务收入15亿元，年均递增40.5%，三产增加值2.44亿元，年均递增80%。

开发区计划用5年的时间，基本建成外向型、多功能、现代化的新城区框架，基本建成社会主义市场经济运行机制和现代企业制度框架，基本建成工业、商贸和高新技术产业为主体的经济结构框架，把淮安经济开发区建设成为淮安对外开放的示范区、高效益的经济区、高新技术发展区和现代化的新城区。

江苏省建湖县经济开发区

地　址 江苏省建湖县经济开发区明星路6号　邮　编 224700
电　话 0515－6251988　6252168　传　真 0515－6252191
网　址 http://www.jhedz.gov.cn　信　箱 zyx@jhedz.gov.cn

【开发区简介】

建湖县经济开发区1992年6月开始建设，开发规划面积15.3平方公里，位于建湖县城东北方向。新长铁路、盐淮公路（204国道接线）贯穿其中，交通便利，地理位置优越。在3平方公里的起步区内实现了五通一平，具备了企业进区建设的必要条件。

根据高起点、高标准的发展战略，以建设高新技术的孵化基地和现代化新城区为目标，精心规划设计，按现代化城市功能要求，规划设计工业、仓储、公用、行政、金融、商贸、居住等功能区，按道路、通讯、供电、供水、供热、供燃气、污水排放处理等“七通一平”的标准规划设计区内道路、管线、热电厂、变电站、污水处理厂等公用基础设施。

建湖经济开发区鼓励发展计算机外设、电子元器件、医药、节能环保设备等产业，鼓励发展微电子、软件、网络等行业，在对以上行业、产业方面的投资者、创业者给予特殊的优惠政策。建湖经济开发区在机械加工、石油钻采设备、纺机配件、汽车配件、齿轮加工、纺织、针织、丝绸、照明电器、精细化工等有较雄厚的产业基础。

南京市江浦经济开发区

地　址 江苏南京市江浦经济开发区天浦路1号　邮　编 211800
电　话 025－8287890　8287891　8287892　传　真 025－8287892
网　址 http://www.jpedz.com　信　箱 jpedz@jpedz.com

【开发区简介】

江浦经济开发区是1993年12月经江苏省人民政府批准成立的省级经济开发区，规划面积4.61平方公里。开发区位于江苏省省会城市南京西郊，距南京长江大桥8公里。南临长江，北靠国家级老山森林公园。大气环境优于国家二级标准，供水合格率为100%。江浦经济开发区的大气环境和供水质量是南京及周边地区最好的。

开发区交通便捷，312国道、宁合高速公路段穿区而过，区内主干道经高速公路与104国道、沪宁高速公路和南京绕城公路等相连接。长江二桥2001年建成。即将开工建设的长江三桥距开发区仅5公里。开发区距浦口火车站8公里，距三条重要干线铁路交汇的南京火车站16公里。开发区距南京禄口国际机场60公里，机场专用公路线直达南京城。南京始发全国40个大中城市和5条国际航线业已开通。开发区距南京新生圩国际货运港口30公里，南京港是中国长江第一大港，拥有万吨级以上泊位16个，万吨级以下泊位48个。开发区距浦口长江内河港口仅8公里。

开发区基础设施完善，电力来源于华东一级电网，并采用双回路供电，电力供应充足稳定，区内设置有一座110KV变电站。日产10万吨自来水厂确保区内企业生产、生活用水。区内建有通讯大楼，装机容量5万门的程控电话通讯系统和DDN服务，直接承担国际、国内通讯业务。沿道路边铺设的排水网络已形成。区内高等级的道路纵横交错，与穿区而过的宁合高速公路相连接。

开发区管理服务机构精简、高效，为入区企业提供全方位、全过程的服务。经过8年的开发建设，已有180多家中外客商进区创办独资、合资和内资企业，累计投资总额1亿多美元。

【园区规划】

生态园林式开发区——位于老山国家级森林公园、浦口珍珠泉风景区和南京市滨江景观带之间，依山傍水，空气清新，区内基础设施配套完善，主次干道两侧树木、花卉、草坪层次分明，管委会大楼和各类花园式工厂建筑新颖，风格雅致，隔墙透绿。

高科技产业开发区——以国家外商投资产业目录为指导，重点鼓励高科技、无污染、清洁化及产品出口型项目，已经落户的300多家中外企业以电子信息、生物医药、纺织服装为主，对IT产业、生物医药产业等的大项目、大企业实行特殊的优惠政策。

专业特色型开发——在建区10年的发展历程中，逐步形成了生物医药、纺织服装和电子信息三大产业特色。

生物医药园——占地2平方公里，建有国家级生化工程技术研究中心，东元、本原、大渊、赛尔金等一批骨干企业，新上立业、恩凯等一批重点项目，现有产出能力5亿元。

纺织轻工园——占地2平方公里，为江苏省纺织集团专业生产基地，建有贝宁、中脉、舒逸、远大等一批骨干企业，现有产出能力5亿元。

电子信息园——占地2平方公里，与国家级南京高新技术开发区联合创建，现有部分高科技电子制造企业。

江苏省江阴经济开发区

地　址　江苏省江阴市滨江东路32号　　邮　编　244400

电　话　0510－6400152　6404581　　传　真　0510－6400241

网　址　http://www.jyedz.com.cn/

【江阴概况】

江阴市地处江苏省南部，北临长江、南邻无锡，东连张家港、苏州、上海，西接常州、南京，是自上海溯江而上的第一座滨江港口城市。全市总面积983平方公里。人口115万，下辖20个镇及1个省级经济开发区。

江阴经济发达，交通便捷、商业繁荣，环境优美，2001年，江阴市国内生产总值365亿元，人均国内生产总值3800美元。全市境内已批办来自世界34个国家和地区的1400多家“三资企业”，投资总额超过50亿美元，实际利用外资26亿美元。

江阴地处长江入海口，是苏南重要的交通枢纽城市，拥有35公里长江岸线，已建成45个码头泊位，其中万吨级码头19个，形成了由石化产品、集装箱、件杂货、煤炭、粮食五大支柱货源构成的港口群，建成了长江中下游最大的石化储运基地和国家粮食储备库。2001年全市港口吞吐量超1600万吨，已成为长江下游重要的物资集散中心。

江阴有雄厚的工业经济基础，已形成纺织、机械、冶金、彩印包装、精细化工、建材、电子、船舶等八大支柱产业，全市已有10家企业挂牌上市，占全国A股上市企业总数的1%，形成了独特的“江阴板块”现象。电子信息、新材料、机电一体化、生物医药等一批新兴产业群正在崛起，江阴的综合经济实力已连续多年名列全国2700多个县（市）前茅。

江阴城市建设日臻完善，除了拥有良好的居住设施和众多的超级市场、购物中心、百货商场及各类娱乐场所外，还建有四星级宾馆4家、三星级宾馆5家，同时还建有具备先进医疗条件的医院（包括涉外医院）及拥有现代教学设施的国际学校，商检、海关、边检、卫检、动植物检、外轮代理等涉外机构配备齐全。

改革开放以来，勤劳智慧的江阴人民发扬“人心齐、名性刚，敢攀登、创一流”的江阴精神，在全国万分之一的土地上，以全国千分之一的人口，创造了超过全国三百分之一的国内生产总值，先后荣获国家卫生城市、全国文化模范城市，全国科技先进市、国家环境保护模范城市、中国优秀旅游城市、全国乡镇企业先进市、全国农民收入先进市和全国创建文明城市工作先进城市等47项全国先进称号，江泽民总书记、李鹏委员长等党和国家领导人曾多次亲临江阴视察，并给以较高的评价。

【开发区简介】

江苏江阴经济开发区是江苏省省级重点开发区，总体规划40平方公里，自1991年建区以来，以其得天独厚的区位优势，完善的基础配套设施、充裕的水电、人才资源，发达的交通、通信网络，优惠的投资政策和优质高效的服务体系，吸引了海内外众多客商前来投资合作，至2002年4月底，已累计批准进区项目350个，投资总额211.27亿元人民币，其中外资项目118个，协议利用外资18.61亿美元，实际到帐外资14.01亿美元。特别是成功引进了近50个投资规模超千万美元的大项目，其中的5个项目超亿美元

2001年，江阴经济开发区完成技工贸总收入202亿元，GDP40亿元，实现利税10亿元，连续多年在全省同级开发区综合考评中名列第一，被江苏省人民政府授于“先进开发区”光荣称号。几年来，江阴经济开发区已初步形成了具有特色的“五园一区”发展格局，即形成了以研发、生产电子材料为主的资讯产业工业园；以生产特种钢、钢丝制品、金属制品为主的金属新材料工业园；以粮油精加工、特种纺织为主的轻纺工业园；以生化研究、生物制药为核心的生物医药工业园；以法尔胜为投资主体、生产记忆合金、光纤棒、光纤、光通信器件等产品的法尔胜工业园；以华东地区最大的石化储运基地为依托，生产重胶沥青、聚氨酯等石化产品为主的石化仓储工业区。

随着江阴长江公路大桥和锡澄（无锡—江阴）高速公路和新长铁路（江苏新沂—浙江长兴）的建成和沿江高速公路（江阴—上海）的开工建设，江阴经济开发区已成为长江三角洲地区的物流中心，未来的江阴既是长江黄金水道上的现代化新兴工业港口城市，又是长江下游的交通枢纽和连接世界经济的重要口岸。

江苏省张家港经济开发区

地　址	江苏省张家港国泰北路1号	邮　编	215600
电　话	0512—58692271　58673648	传　真	0512—58696103　58673996
网　址	Http://www.zjgedz.com	信　箱	uuzjgedz@public1.sz.js.cn

【开发区简介】

张家港市是一个新兴的港口工业城市，地属长江三角洲冲积平原，地势平坦，属亚热带海洋性季风气候，年平均气温15.5度。全市总面积999平方公里，2001年底总人口95万，国内生产总值307亿元，财政收入32亿元，综合经济实力名列中国（县）市前茅。

张家港市境内长江岸线有57公里，其中可建万吨级以上码头的岸线达33公里，且深水贴岸，不冻不淤，较低的码头建设投资适合大运量临港工业的发展。张家港港口现有集装箱 、件杂货、钢铁、煤炭、木材、化工等码头泊位33个，其中万吨级泊位29个，可停靠5万吨级货轮，年吞吐能力3500百万吨，2001年货物吞吐量3000万吨，是我国木材、植物油、钢材和化工产品的主要集散港，是海外与中国中西部沿江省份的重要货物转运港。张家港港目前已开辟至日本、中国香港、韩国、东南亚、美国、新加坡、澳大利亚、欧洲等23条航线，每月有42个定期航班，同世界上40多个国家和地区的140多个港口有货运往来。

张家港市注重人与自然的和谐结合，注重环境保护，1994年成为全国首家国家环境保护模范城市，1998年被列为国家卫生城市免检单位，并且是全国创建文明城市工作先进城市。

张家港市注重人的素质提高，以科技和教育为立市之本，市民都能受到良好的教育，全市拥有各类专业

技术人员4万多名。1984年创办了全国第一所县（办）大学，是科技实力百强县（市），具有良好的人文环境。

邮电通讯全面实现程控化、数字化，建成了以SDH和ATM为基础的电信传输交换网，程控电话交换机容量41.4万门，电话主线普及率达31.7号线／百人。实施了宽带网接入工程，实现了“千兆到小区、百兆到大楼、十兆到家庭”。

张家港市水电设施配套，供电能力超过200万千伏安，日供水能力超30万吨，全市均能饮用到取之于长江的水质优良的自来水。

张家港市为使外商投资企业生产经营具有良好的外部环境，形成了一批基础设施配套、行业特色明显的招商园区。张家港保税区经国务院批准设立，是全国唯一的内河港型保税区，规划面积4.1平方公里，是“境内关外”区域，主要功能是国际贸易、保税仓储、出口加工等。

江苏省张家港经济开发区经江苏省人民政府于1993年11月批准设立的省级开发区，规划面积6.2平方公里。她位于中国黄金水道——长江下游南岸，紧靠张家港市区，地理位置优越，水陆交通便捷。

开发区本区位于中国长江三角洲国际贸易港口城市——张家港市境中心，规划面积6.2平方公里。交通十分便捷。距上海130公里、苏州85公里、无锡53公里、常州60公里、南京180公里。

经过几年的建设和发展，开发区已成为全市高新技术产业密集区，全市招商引资的重要载体和发展中的新城区。开发区经历了从形态开发向功能开发的转变，形成了“一区三园”结构，即一区：经济开发机械、纺织、电子本区、三园：扬子江国际化学工业园、高新技术创业园、民营科技工业园。美国杜邦公司、陶氏化学和日本旭化成工业株式会社、日本冈本制袜公司、中国台湾中桦机械集团（王牌机械）等一批著名企业前来投资兴业。至2001年底，区内已建成种类项目近200家，其中外资企业33家，合同利用外资达5亿美元。开发区已投入基础设施资金12亿元，区内道路、给排水、供电、蒸汽、通讯等设施日趋完善。

江苏省金坛经济开发区

地　址	江苏省金坛市华城中路168号	邮　编	213200
电　话	0519－2323232	传　真	0519－2327249
网　址	http://www.hualuogengjt.com	信　箱	hczsb@public.cz.js.cn

【开发区简介】

江苏省金坛经济开发区（华罗庚科技城），位于金坛市东郊，总体规划面积为25.6平方公里，已开发面积5.8平方公里。

金坛经济开发区地理条件优越。京杭大运河支流——丹金漕河贯穿南北；江苏省省道常宁一级公路直穿东西；华东运输大动脉沪宁铁路、沪宁高速公路横贯市北；国内航班常州机场紧挨市东；国际空港南京禄口机场、上海虹桥机杨距此为90公里和200公里；长江航运常州港、镇江港、张家港距离分别为20公里、50公里和100公里。

开发区经过多年的努力，基础设施建设日渐完善。3.6万KVA的自备电厂已并网发电、供汽；5万门程控电话直通世界各地；污水处理厂已进入规划实施阶段；区内的华城、华苑新村分别被列为国家级、省级优秀居民小区；新建的市一中、市三中、市五中、市职中和华城小学、华城幼儿园在区内形成了完善的教育体系。

由于开发区的政策优惠、治安有序、服务到位，目前全区已有各类进区企业200多家。其中，外商投资企业45家,从而形成了集科、工、贸、金融、服务、房地产开发为一体的新的经济体系，成为长江南岸又一个新的经济群体。

南京市六合经济开发区

地　址	江苏省南京市六合县龙池大酒店4F	邮　编	211500
电　话	025-7153878　7153884　7154889	传　真	025-7153880
网　址	http://www.jslhkfq.com	信　箱	lhedz@sina.com

【开发区简介】

南京市六合经济开发区位于南京都市发展圈内，扼南北交通要冲，拥有独特的科技产业、市场、劳动力及自然资源优势，是“苏南版块”新一轮发展的热土。

六合经济开发区位于交通要道。宁连、宁通高等级公路、南京长江二桥连接线在这里交汇，即将开工建设的宁启铁路穿区而过。25分钟车程到达南京长江新生圩外贸港口，30分钟车程到达南京火车站，50分钟车程到达南京禄口国际机场，3小时车程到达上海。六合经济开发区具有优秀的人力资源，南京的48所高等院校及百家一流研究中心为企业提供了各类高层次人才，六合当地相对低廉的劳动力成本为企业发展提供了有利条件。

六合经济开发区区内实现了“五通一平”，完成了供水、供电、通讯、排水、道路等基础设施配套，形成了“四纵两横”的道路主框架，满足了各类企业的生产建设需要。六合经济开发区为投资者提供一系列优惠政策，并提供快捷、周到的一站式的服务。

南京江宁经济开发区

地　址	江苏南京江宁开发区将军路开发区管委会	邮　编	211100
电　话	025-2108310　2110666　2110888	传　真	025-2109929　2109423
网　址	http://www.njjndz.com	信　箱	jnkfq@publicl.ptt.js.cn

【开发区简介】

南京江宁经济技术开发区创建于1992年6月，总体开发面积70平方公里，目前已开发25平方公里。开发区严格遵循科学规律，融南京主城区发展战略和江宁区城市发展规划于一体，按照建设现代化南京东山新市区、高科技花园城市的定位，坚持高起点、高标准、富规划、巧开发的原则，精心规划设计，体现特色，完善功能，层次清晰，有序开发。

开发区总规划面积132平方公里，总体规划是：西部为南京牛首山旅游文化风景区，辟为南京的“后花园”；东部、北部为秦淮河风光带；中间以牛首河绿带为构架，以百家湖、九龙湖为南北向绿化功能轴线，以生态绿地、防护绿地为契入带，将生产、生活用地嵌入其中，形成布局合理、环境优美的综合性新市区。

规划总体布局分为五大部分：产业园区、高教科研区、生活区、绿化功能区和旅游度假区。

目前，开发区已初步步入了收获产出期，GDP、利税、财政收入等主要经济指标年均增长40%以上，高新技术企业的产出占总产出的88%。2001年全区实现技工贸总收入202.35亿元，国内生产总值40.4亿元，出口创汇1.6亿美元，利税23.35亿元，财政收入6.68亿元。现在全区各类建筑物总面积达320万平方米，其中生产用房123万平方米，附属用房62万平方米，商品房135万平方米，展现了一座现代化的南京高科技花园新城形象。

昔日的荒郊原野现在已变成南京地区海内外客商竞相投资的热土和创业的宝地，吸引来自美国、日本、瑞典、德国、澳大利亚、英国、法国、意大利、加拿大、菲律宾、新加坡、韩国、中国台湾、中国香港等21个国家和地区的1000多个项目进区落户，投资总额超过30亿美元，到位外资8亿多美元，投资额在1000万美元以上的大项目有75个，世界排名前500强的企业中已有15家进区。

开发区在强化招商引资的同时，还加大了招才引智的力度，大力发展拥有自主知识产权的高新技术企业。现在，与江苏省高校科技发展中心联办的江宁开发区科技创业中心已初显成效，引入高科技研发企业60多家，成为南京地区科技创新的一个亮点，上万平方米具有星级标准的新科技创业中心正在规划建设之中；东南大学科技产业园已经进区建设，并引进了信息产业部14所、自动化研究院等10多家研究机构；爱立信、西门子、南瑞继保电气、通用磨坊等企业的研发中心纷纷迁入区内。“南京电子信息产业园”和“南京纺织科技工业园”两个高科技园正在建设中。

南通崇川经济开发区

地　址	江苏省南通市城山路旅游中学南首	邮　编	226006
电　话	0513—5707689　5702860	传　真	0513—5702860
网　址	http://www.nantong-ccedz.com	信　箱	ntccedz@public.nt.js.cn

【开发区简介】

江苏省南通台商投资开发区（崇川经济开发区）是经江苏省人民政府批准设立的省级开发区，位于南通市主城区——崇川区，是中国为数不多的港口型开发区之一。总规划面积6.88平方公里，分为东、西两区；东区位于市区东大门，东邻海港引河，北接通吕运河和宁通公路，南连科技文教区，西贴老市区。西区地处市区南郊，南靠狼山风景区，北连老市区，东与新城区隔河相望。开发区邻近繁华的南通市中心，生活条件优越，可充分利用母城的各种公用设施，也利于吸引人才和劳动力。

开发区紧靠南通港主港区和南通集装箱码头，穿区而过的海港引河将长江与苏北运河水系连为一体；区内有多条高等级公路通向南通机场、客运码头、过江轮渡和市中心，并分别与312、204国道、宁通一级公路相连；在建中的南通铁路将有港口专线通至区内。

【投资导向】

1.仓储运输，出口加工等货物进出量大的项目。开发区紧靠港口，运输方便快捷。

2.电子信息，生物医药等高新技术项目。开发区南临风景区，处于城市上风向，空气清新，环境优美；南通的电子，医药工业基础雄厚，配套能力强，专业人才多。

3.高档纺织，服装生产项目。南通是中国著名的纺织服装城市，历史悠久，配套齐全，而且有丰富的原料和人才基础。

4.食品，饮料及农副水产品生产加工项目。开发区有充足的优质水源，有中国最大的糖库，广阔的苏北平原有丰富的农副水产品资源。

5.鞋类，箱包等高档合成革制品加工项目。

启东吕四港港口开发区

地　址	江苏省启东市人民西路944号	邮　编	226200
电　话	0513-3326145　3314206	传　真	0513-3346499　3326145
网　址	http://www.qddvz.com	信　箱	invest@qddvz.com

【开发区简介】

江苏省启东吕四港港口开发区建于1992年7月，1993年批准为省级开发区。全区分南北两区，南区紧连城区闹市，北区傍依千年古镇吕四。首期规划面积10平方公里，已启动开发2.5平方公里。开发区基础设施完善，区内道路、电力、通讯、供水、排水、供热及土地平整已实现“六通一平”。金融、商业、教育、宾馆、娱乐中心等服务设施逐步配套。

开发区坚持面向世界、面向未来、高标准、高起点、创一流的方针，以国际化、现代化、综合性、开放型为目标，规划新建高科技工业园、私营经济区、特色农业区、生活文教区、行政功能区。

江苏省如东经济开发区

地　址	江苏省如东县掘港镇友谊西路28号	邮　编	226400
电　话	0513－4525712　4111403　4111401	传　真	0513－4532073
网　址	http://www.rudong.gov.cn	信　箱	zhouchunling@hotmail.com

【开发区简介】

江苏省如东经济开发区是以综合开发沿海滩涂资源为主的省级开发区，隶属于全国首批对外开放沿海城市之一的南通市。位于南通黄海之滨、长江三角洲北翼的如东县，处于上海浦东新区辐射区内。与南通机场、南通港及在建的新长铁路相通，并与国家拟建中的20万吨级泊位的深水大港洋口港毗临，交通快速便捷。区内规划面积3万公顷，其中堤内滩涂1万公顷，堤外滩涂2万公顷。规划的堤外滩涂海产品养殖区、堤内特种养殖区、特种经济作物种植区，科学合理，超前先进。

自然条件良好。开发区地属北亚热带季风气候区，四季分明、气候温和、雨水充沛、光照充足、无霜期长，适宜多种动植物生长和繁育。沿海滩涂开阔平坦周围滩涂生态环境优越，具有以林带、河床为天然屏障的防疫功能，是发展大规摸畜禽、水产养殖的理想场所。种植、养殖及加工业各功能区分布合理。地面、地下淡水资源丰富，长江自流引水直达开发区。沿海岸线建有多座纳潮闸及蓄水库，可保证区内海淡水养殖之需要。

滩涂生物资源得天独厚。盛产文蛤、鳗鱼、紫菜、沙蚕、梭子蟹等50多种海产品，是全国最大的文蛤养殖出口基地;且文蛤、鳗鱼、紫菜、沙蚕被列为“南黄海四珍”，开发利用潜力巨大。

投资环境优越。区内滩涂农田水利基础设施配套，黑色公路纵横交错。“路、桥、邮、电、水”五通齐全。为鼓励中外客商投资，江苏省如东县人民政府制定的农业开发区优惠政策规定，外商投资农业开发区，除享受省级开发区的优惠政策外，在地价、农业税、农业特产税、水资源费、增值税、所得税等方面享有更大的优惠。

江苏省射阳经济开发区

地　址	江苏省射阳县人民东路8号	邮　编	224300
电　话	0515－2316088　2316080	传　真	0515－23160
网　址	http://www.sunnydz.com	信　箱	song97@public.yc.js.cn

【开发区简介】

射阳经济开发区是1993年经江苏省人民政府批准成立的省级经济开发区，位于射阳县城东侧。2002年1月，成立于1995年10月的江苏省射阳外向型农业综合开发区（省级）与江苏省射阳经济开发区合署。目前射阳经济开发区内按行业、投资规模、投资来源等设立中联工业园、纺织工业园、食品工业园、化工工业园、台商工业园等特色园区，满足不同行业和企业发展的需要。

江苏省射阳经济开发区，规划面积11.8平方公里，启动区面积4.5平方公里。近两年来，在县委、县政府的正确领导下，实现了工作中心的积极转变，坚持以项目为中心，加强基础设施建设，大力招商引资，探索“区中建园”的新思路，取得了明显成效。

在特色工业园建设上，把层次高、规模大、技术领先、关联度好作为项目选择的重点，千方百计加快对国外资金和先进技术的引进利用。在基础设施配套上，以“集中、超前”为原则，高起点规划、高标准建设水、电、路、通信、绿化及附属设施，“五通一平”免费送达厂区红线。2年来累计投入2500万元，在开发区原有框架的基础上形成了2000多亩的工业熟地。

坚持“你是一切，一切为你”的宗旨，改善投资环境，两年来新开工工业项目43个，总投资4.2亿元，已完成投资1.86亿元，21个项目已投产。在重大项目上也有所突破，已落实了环保热电、生化农药、5万纱锭、双山织造等一批项目，计划总投资5.45亿元，年内均可开工。为提升项目建设水平，开发区重点建设三个特色工业园：

中联工业园——Ⅰ期工程2000年12月28日开园，占地300亩，其中工业用地230亩。共吸纳工业项目14个，计划总投资1.65亿元，已完成投资9800万元，其中泰立电子、远洋船舶、华宏地毯等项目总投入均超过1000万元。中联工业园Ⅱ期工程2002年年初开始规划建设，占地520亩，目前已签订进园工业项目14个，计划总投资1.84亿元，上半年已完成投资5010多万元，预计年内可完成投入工作量1.2亿元。总投资500万美元、一期工程125万美元的美商独资阿尔发公司的热敏感应器项目已部分投产。

振阳轻纺园——占地1112亩，已入园企业主要有江苏振阳、巨龙纺织、双山织造等大中型纺织企业。目前，短毛绒扩能改造、锦程机械、新安特电气等项目10月份均可投产，总投资4750万元。双山织造、5万纱锭、120台喷气织机等纺织项目将于近期入园建设。

海都化工园——占地345亩，近期入园的智康生化和海都化工等企业已建成投产，投资2400万元的射阳农化山梨酸和投资1000万元的天源化工化工助剂等项目年内竣工。经省计经委批准，总投资2360万美元的中国台湾统一能源公司300兆瓦环保热电项目、总投资5000万元的江苏长江药业有限公司丹参酮提取项目以及总投资3000万元的迪尔塔公司生物农药等项目2002年三季度开工建设。

【投资导向】

主导产业：轻纺工业、生物化工、精细化工、相关高科技产业

重点发展行业：

轻　　纺——卫生用纺织品、新型内饰材料、精梳纺织、毛绒玩具。

机械电子——半导体材料、网络信息产品、环保设备、节能降耗设备等。

化工建材——生物化工、精细化工、盐化工、新型建材。

食　　品——快餐食品、风味食品、保健品等。

第三产业——房地产业、仓储业、信息、咨询、技术服务业

江苏省太仓经济开发区

地　址	江苏省太仓市经济开发区管委会	邮　编	215413
电　话	0512－53571888　53578569	传　真	0512－53576084
网　址	http://www.jstced.com	电子信箱	tcfertc@public1.sz.js.cn
主管部门	太仓市人民政府	招商部门	管委会经济贸易局
招商电话	0512－53581195　53574155		

【开发区简介】

太仓市位于江苏省的东南端，东濒长江，南邻上海，西接苏州。随着长江三角洲地区交通事业的不断发展，太仓的区位优势日益显露，从太仓至上海市区和上海集装箱码头均为45分钟的车程。

太仓拥有2000年的历史文化，地灵人杰。现有人口近45万，总面积823平方公里，境内地势平坦，土壤肥沃，物产富饶，素有“江南鱼米之乡”之称。太仓是全国经济最为发达的县（市）之一，连续多年位居全国百强县（市）前列。

太仓经济开发区位于太仓市老城区东侧，创建于1991年1月，1993年11月经江苏省人民政府批准为省级开发区。开发区地理位置优越，水、陆、空交通极为发达，东距天然良港——太仓港18公里，南距上海虹桥机场40公里，西距沪宁铁路16公里，沪嘉浏高速公路和沿江高速公路在区内交汇，区内企业只需5分钟便能进入四通八达的苏南高速公路网。

在过去的10年里，太仓经济开发区凭借优越的地理位置、人文环境、政策优势和开发区人的不懈努力，至今已初具规模，至2001年底，已引进各类项目400余家，总投资100亿元人民币，其中外资企业150家，总投资9亿美元。投资总额在1000万美元以上的项目有12家。

开发区总体面积25平方公里，区内以外向工业为主，第三产业日益繁荣。全区各项经济指标连续多年翻番，经济总量快速增长，占太仓全市经济的比重日益提高，逐步成为太仓经济增长的先导区、外向发展的示范区、城市建设的新城区。

开发区总体规划分三期由西向东逐步开发。首期开发的7平方公里内，以道路、通信、水、电、气为主的基础设施配套齐全，一个个各具风姿的工业区、住宅区和商贸区，已如雨后春笋般拔地而起，二期规划的5平方公里内，道路、桥梁、绿化、路灯以及水、电、汽、通信等配套设施建设已全面铺开。

太仓经济开发区管理委员会代表市人民政府行使对开发区的统一领导与全面管理职权，享有3000万美元以下投资项目的审批权。其下设的各职能部门可向投资企业提供项目洽谈、代办立项审批手续、领取营业执照、基础设施建设、人才招聘等全程、优质、高效服务。设在区内的海关、商检、工商、税务、法律、保险、外轮代理运输等机构可向进区投资企业提供相关方面的服务。

无锡市蠡园经济开发区

地　址　江苏省无锡市金匮西路北侧　　邮　编　214072

电　话　0510－5101872　5105929　　传　真　0510－5102785

网　址　http://www.wuxi－lyedz.gov.cn　　信　箱　webmaster@wuxi－binhu.gov.cn

【开发区简介】

江苏省无锡蠡园经济开发区位于无锡市西郊太湖之滨，于1992年6月建区，1993年12月，经省政府批准为省级重点开发区。

蠡园开发区总规划面积为6平方公里，为综合型的开发区，按照区内地理特点，蠡园片的沿湖地带及渔港片区规划为旅游、休闲、别墅区；沿金匮路及隐秀路等开发区的主要干道规划为金融、贸易、办公、综合服务区；开发区金匮路两侧腹地为高新技术工业园。开发区现已有200多家企业进驻，形成了电子信息、精密制造、生物医药三大产业群体。

江苏省兴化经济开发区

地　址　江苏省兴化市五里西路　　邮　编　215700

电　话　0523－3265266　3265688　3263528　　传　真　0523－3265688

网　址　http://www.xhkfq.net

【开发区简介】

江苏省兴化经济开发区是1993年经江苏省人民政府批准设立的省级经济开发区。1995年与兴化市城建开发总公司分开独立运作，2000年区划调整原红星乡整体并入开发区。现开发区总面积46平方公里，已规划建设面积10平方公里。按照统一规划、分期实施的原则，经过几年的建设和发展，开发区已初具规模、显现特色。到2001年底，累计批准进区项目127个，投资总额14.9亿元，已有日本、韩国、新加坡及中国台湾、港等国家和地区的客商进区，兴办独资、合资企业12家，实际利用外资及港资、台资3100万美元。2002年以来，按照兴化市委、市政府对开发区提出的“解放思想、不断创新；招商引资、项目推进；办出特色、形成规模、艰苦创业、一马当先”的新要求，加大招商引资力度，加快项目建设速度，招商引资工作取得新的突破。2002年1～4月份引进大小项目21个，500万元以上规模项目10个，1000万以上项目3个，协议利用资金14500万元。

开发区交通便捷，开发区东距宁盐高速公路15公里，西距京沪高速公路20公里，兴高东高速公路连接线穿区而过，驱车往上海、南京仅需2.5小时、2小时。省级航道南官河边建有货运装卸码头两座。随着经一路、孙金路、葛家东路的建成开通，纬一路的开工建设，区内形成了“三纵多横”的道路循环格局，保证企业物流畅通便捷。

开发区设施齐全，区内建有220千伏变电所，装机容量2.5万千瓦的热电厂及供水量10万吨的净水厂，并利用热电厂的供热系统，为进区企业提供蒸汽。4.5平方公里的发展区“六通一平”全部就绪。区内建有配套齐全的工业厂房，供投资者租赁使用。六大区级配套工业园区为投资者提供了更多的选择。

开发区政策优惠，进区企业可享受省级经济技术开发区的各项优惠政策，同时享受兴化市人民政府制定的各项优惠规定。对关联度大、发展前景良好的项目，还可采取“一事一议”的特殊优惠政策。

江苏省徐州市经济开发区

地　址	江苏省徐州市金山桥开发区金山桥大厦	邮　编	221004
电　话	0516－7793400	传　真	0516－7793408
网　址	http://www.xedz.com	信　箱	jdr@xedz.comzsj@xedz.com

【开发区简介】

江苏省徐州经济开发区成立于1992年7月，1993年10月被省政府批准为省级经济开发区，1995年9月经国家科委批准在区内建立“中国徐州民营科技园”，1996年3月经省政府批准在区内建立“江苏省徐州高新技术产业开发园”。

徐州经济开发区位于徐州市东北郊，总体规划面积19.8平方公里。距市中心6.8公里，距全国第二大铁路编组站1.8公里，104国道、310国道和三环路穿区而过，年吞吐量2000万吨的京杭大运河四大港口和京沪高速铁路徐州站紧靠开发区，水陆空交通十分便捷。按照规划，全区分为台湾工业园区、环保工业园区、机械工业园区、新材料工业园区、教育科技园区、生态居住园区8个功能分区，目前已经初具规模。

到2000年底止，批准进区注册的企业有1000多家，外商投资企业200余家。投资者分别来自美国、德国、日本、菲律宾、澳大利亚、中国香港、中国台湾等十几个国家和地区。其中美国卡特彼勒、阿文美弛、德国利勃海尔、菲律宾上好佳中国（有限）公司、泰国正大等大型跨国公司已经在开发区落户投产。国家级徐州工程机械研究中心及其他科研机构已经在区内建成。

江苏省盐城经济开发区

地　址	江苏省盐城市经济开发区开发大道东路18号	邮　编	224002
电　话	0515－8280302　8280038　8280666	传　真	0515－8281781
网　址	http://www.8280666.com	电子信箱	webmaster@8280666.com
主管部门	盐城市人民政府	招商部门	管委会招商局
招商电话	0515－8280302		

【开发区简介】

江苏省盐城经济开发区1992年8月开始建设，1993年10月经人民政府批准为省级开发区，1996年3月又被批准建立高新技术产业园，发展目标是建成全市“外向型经济示范区、高新技术产业集中区、市区工业转移聚集区和现代化新城区”。

开发区规划面积20平方公里，地理位置优越，位于盐城市区东南方，距市中心5公里；204国道、串场河、通榆运河、新长铁路贯串其中，距盐城民航机场8公里，离盐靖宁高速公路入口仅6公里，海路空交通十分便捷。

开发区投资5亿多元建设了标准基础设施，6平方公里的起步区实现了“六通一平”，具备了现代企业进区的必备要素条件。

开发区为投资者提供优质服务，开发区管委会作为市政府的派出机构，代表市政府在区内行使管理职能，享有市级经济审批管理权限，率先建立了精简高效的符合市场经济要求和国际惯例的管理服务体制和运行机制，管委会各部门对进区项目单位实行服务承诺制、行政公示制、收费公开制和项目服务代办制，实行“一站式”服务和“一个窗口”收费。

经过10年的建设和发展，盐城经济开发区已初具规模，截止2001年底，各类进区企业达560家，年实现生产总值7.5亿元，累计实际利用外资5700万美元。已初步形成以针纺织服装、机械电子、汽保、食品为主体的产业结构和产品特色。涌现了如中大集团、亨威集团、盐城热电有限公司、盐城宏欣针织纤维有限公司、八菱化纤有限公司等一大批骨干规模企业。其中，中大集团成为盐城市首家在中国香港证券交易所上市的公司和全国最大的生产汽保维修产品的企业。

镇江丹阳经济开发区

地　址	江苏省丹阳经济开发区开发大厦	邮　编	212310
电　话	0511－6882700　6887099　6882495	传　真	0511－6882827
网　址	http://www.hopesun.net/dykfq		

【开发区简介】

江苏省丹阳经济开发区成立于1992年，规划面积12.8平方公里，1993年11月被江苏省人民政府批准为首批省级重点经济开发区，开发区位于江苏省丹阳市城市的东侧，是江苏省丹阳市城市的延伸，距江苏省丹阳市城市中心仅1公里；现有常住人口4.6万余人，流动人口5万余人。现有各类项目430个，总投资38亿元。其中外资项目108个，总投资3.28亿美元。

江苏省丹阳经济开发区经过9年的建设和开发，已经形成工业、商贸、房地产、文化娱乐、高新科技多项产业齐头并进的综合开发态势。工业经济已初步形成了机械、冶金、建材、化工、能源、交通、轻工、服装等支柱产业，工业经济呈现良好的发展势头。第三产业蓬勃发展，区内有全国最大的眼镜批发交易市场、华东地区最大的皮革批发交易市场、商业一条街等市场群体；区内7个住宅小区规模配套，服务饮食业各具特色，休闲娱乐设施齐全，促进了人流、物流、信息流、资金流，给开发区经济发展带来了旺盛的活力。

江苏省丹阳经济开发区地处长江三角洲中心地带，东距上海200公里，西邻南京80公里，其所依托的丹阳市及周边地区是一个人口密集、经济繁荣、交通便利、工商发达、市场量大、购买力强的极具发展潜力的黄金地带，是中国最具经济活力的地区之一。

江苏宿迁经济开发区

地　址	江苏省宿迁市人民南路8号	邮　编	223800
电　话	0527－4364789　4360282	传　真	0527－4364283
网　址	http://www.sqedz.com.cn	信　箱	sqkfqb@public.sq.js.cn

【开发区简介】

宿迁经济开发区是江苏省人民政府1998年11月批准建立的省级经济开发区，是宿迁市政府与江苏省东南大学合作共建的高科技工业园区。开发区总体规划面积15.18平方公里，起步区面积3.95平方公里。基础设施已达到“六通一平”。开发区先后与美国、日本、加拿大、澳大利亚等国家的客商进行了洽谈，达成了多个合作意向，现区内已有落户企业10多个，在谈协议性项目32个。

开发区将以国内一流的软硬环境、最优惠的招商引资政策和国内最低的开发成本，为投资者追求最大利润提供广阔的空间，同时以规范、高效的服务，为投资者代办进区手续。

江苏泰州市经济开发区

地　址	江苏省泰州市青年南路18号	邮　编	225300
电　话	0523－6881662	传　真	0523－6881660
网　址	http://www.tzdz.com	信　箱	kfqtz@pub.tz.jsinfo.net

【开发区简介】

江苏省泰州经济开发区始创于1992年7月，是江苏省人民政府批准建立的外向型、多功能、现代化的省级经济开发区。根据江苏省人民政府建设沿江经济开发带的要求，泰州市以建设“经济繁荣、功能齐全、设施配套，环境优美”的现代化新型城区为目标，本着“立足现实，展望未来”的精神，坚持规划高起点，建设高标准，泰州经济开发区总规划面积21.35平方公里，采取以港区开发为前沿、春兰工业园发展为基础、新区建设为重点的“一区三块”的布局模式，按不同地域和功能实施滚动开发。至1998年底基础设施建设累计投入资金约3亿元，基本实现了4平方公里的“五通一平”。

港区规划面积5.33平方公里，以长江“黄金水道”为依托，以国家一类开放港口——泰州港开发为主体，新建4个万吨级海轮泊位和一批江轮泊位，设有保税仓库，并积极创造条件建立保税区和重化工业区。

春兰工业园区是春兰集团及其相关配套企业新上项目建设的基地，位于市区东侧，规划面积4.42平方公里。几年来，先后有德国、韩国、新加坡、中国香港等一批客商投资开发，投资总额已达20多亿人民币，基本形成了以空调器、摩托车、电冰箱、洗衣机为主导的四大支柱产品。春兰中央研究院21层大楼是我国博士后工作站基地之一，将成为春兰集团跟踪世界科技信息、赶超世界先进水平、开发未来新品的科研中心；现已投产运行的春兰摩托车厂、空调器厂、冰箱厂和洗衣机厂，生产能力达到100万辆摩托车，100万台空调器，100万台电冰箱，100万台洗衣机，200万台冰箱压缩机。

新区是泰州市人民政府为适应经济发展的战略要求建立的集金融、商贸、工业开发、文化娱乐、休闲服务于一体的新型经济开发园，是泰州新城区的重要组成部分，位于城区西南，规划面积11.6平方公里。区内项目建设坚持“二三产并重、协调发展”的方针，重点发展以电子、轻型机械、轻纺制品等加工业为主的技术密集型的高科技产业，辅以房地产、商业流通等开发。目前已先后有美国、荷兰、中国香港、中国台湾等一批中外客商来区洽谈。

徐州市铜山经济开发区

地　址	江苏省徐州市铜山开发区同昌街	邮　编	221116
电　话	0516－2735107	传　真	0516－2735041
网　址	http://www.tsxq.com	信　箱	webmaster@tsxq.com

【开发区简介】

铜山新区创建于1992年6月28日，1993年11月被省政府批准为省级经济开发区，规划面积50平方公里，人口规模15万～20万人。开发区位于徐州市南郊，东贴京沪铁路，南临在建中的霍（尔果斯）连（云港）高速公路，北面通过市三环路连接104、307、310国道，206国道纵贯南北。开发区距市中心仅6公里，便于接受其经济、文化辐射，在交通、电力、通讯、商贸、旅游、科教等方面拥有共同的投资环境。

开发区毗连徐州市南郊风景区和泉山自然保护区，青山环抱，绿水萦绕，巧借这一得天独厚的自然风貌，省城乡建设规划设计院、同济大学、清华大学等单位的知名专家精心规划设计，确立了“山中有城、城中有山、山水相宜、天人合一”的城市建设风格和“一个中心（行政商贸）、两条轴线（山轴、水轴）、三片工业、四片住宅”的总体规划布局。

经过几年的建设，开发区基础设施日趋完善，10平方公里的起步区和滚动区实现了“七通一平”。近年来，开发区加大环境建设力度，区内绿化、亮化、净化、畅化、美化达到了较高标准。

吴江汾湖经济技术开发区

地　址	江苏省吴江市芦墟镇浦南路258号	邮　编	215211
电　话	0512－63254416　63271666	传　真	0512－63255317
网　址	http://www.china－luxu.com	信　箱	fenghu@public1.sz.js.cn

【开发区简介】

吴江汾湖经济技术开发区是江苏省省级开发区，位于苏州市芦墟镇。开发区总面积10.85平方公里，启动区4平方公里，现有三资企业55家，主要投资来自日本、韩国、中国台湾、中国香港等国家和地区，吴江汾湖经济技术开发区已成为中国台湾信息产业投资的热点。

吴江汾湖经济技术开发区位于吴江市东南方，直接与上海、浙江交接，距上海虹桥国际机场54公里，上海港约70公里，苏州市45公里，昆山开发区40公里，杭州市100公里。

江苏吴县经济技术开发区

地　址	江苏省苏州吴县市石湖东路	邮　编	215128
电　话	0512－65283430　65258109	传　真	0512－65651102
网　址	http://www.wedz.gov.cn	信　箱	wxkfq@public1.sz.js.cn

【开发区简介】

吴县市位于江苏省东南部、长江三角洲的中心地域，地处我国经济繁荣、人口密集的江浙沪三省交汇处，东邻上海，北靠长江，怀抱苏州，内含太湖。全市山清水秀，资源丰富，自古以来就是开发较早的重要商埠，也是著名的风景旅游胜地，素有“人间天堂”美称。

在深化改革、扩大开放的20世纪90年代，吴县市经济建设和社会事业都取得了长足的发展，被列为中国明星县（市），吴县市经济开发区被列为省级重点开发区。吴县市经济开发区与苏州工业园区、苏州新区分列苏州城郊南、东、西三方，全方位的开放格局和良好的投资环境吸引了众多客商前来考察、洽谈，目前已有欧美港台等十多个国家地区的100多个企业在吴县市经济开发区投资落户，共同为建设这一块改革开放的前沿区、高新技术的密集区、经济振兴的支柱区、市场经济的示范区贡献力量。

吴县市经济开发区位于苏州城区南部，规划面积20平方公里，是江苏省批准的省级重点开发区，区内地势平坦，对外交通畅通，京杭运河贯穿全境，沪宁高速公路、苏杭高级公路从区旁经过，吴县市经济开发区到中新合作苏州工业园区3公里，至苏州高新技术产业开发区8公里 ，至上海虹桥国际机场73公里。

开发区投资环境优越，目前已实现10平方公里“五通一平”，6万门程控电话、11万伏变电站、3万千瓦热电厂、15万吨自来水厂相继建成 ，可随时满足进区项目所需的通讯和水、电、汽供应。区内配套设施日臻完善，20万平方米标准厂房、20万平方米居住小区、10万平方米商城和10万平方米的社会公益设施都已建成使用，一批豪华别墅、高层商住和多功能娱乐中心正在建设中。

开发区对前来投资、经商、合作的各国厂商，将认真执行国家的政策，为投资者提供优惠待遇。在项目审批、土地出让、申领执照、厂房建设、用电用水等方面实行一个窗口对外，一条龙服务。

江苏武进高新技术产业开发区

地　址	江苏省武进市人路187号	邮　编	213200
电　话	0519－6550038	传　真	0519－6550019
网　址	http://www.wujinzone.org	信　箱	whntda@public.cz.js.cn

【开发区简介】

武进高新技术产业开发区位于常州城南，是1996年经江苏省人民政府批准成立的省级高新技术产业开发区。总体规划面积50平方公里，重点发展电子信息、光机电一体化、精密机械、新材料、生物制药等高新技术产业。经过5年的开发，开发区现已初具规模，形成了以电子信息、精密机械、新型材料为产业特色的园区。截止2000年底有进区企业150家，投资总额16.76亿元。

江苏宜兴环保科技工业园

地　址	江苏省宜兴市绿园路88号太平洋大厦	邮　编	214205
电　话	0510－7061840　7064585	传　真	0510－7061315
网　址	http://www.cyipest.gov.cn	电子信箱	cyipest@public1.wx.js.cn
主管部门	宜兴市人民政府	招商部门	管委会招商局
招商电话	0510－7063771		

【开发区简介】

中国宜兴环保科技工业园是于1992年由国务院批准设立的我国目前唯一以发展环保产业为主的国家高新技术产业开发区，是国家科技部、国家环保总局“共同管理和支持”的单位。同年，中国宜兴环保科技工业园的建设与管理被列入“中国21世纪议程优先项目计划”。

工业园规划用地范围70多平方公里，分设一期、二期和配套区三个建设区域。电、水、通讯、排水、道路等基础设施配套齐全。104国道、新长铁路（新沂至长兴）、宁杭高速公路（南京至杭州）和锡宜高速公路（无锡至宜兴）在园区交汇。

工业园支撑服务体系健全，包括具有配套的技术服务机构、技术和人才支持、政策和行政支持、以及对到园区设立企业、兴建项目的全程管理服务。

江苏镇江经济技术开发区

地　址	江苏省镇江市大港港口路8号	邮　编	212132
电　话	0511－3371023　3373418	传　真	0511－3371206
网　址	http://www.zhenjiang-new-area.org		
信　箱	webmaster@zhenjiang-new-area.org		
主管部门	镇江市人民政府	招商部门	管委会招商局
招商电话	0511－3376827　3372276		

【开发区简介】

江苏省镇江经济开发区（镇江新区）是1998年6月在原镇江经济开发区和镇江大港经济开发区两个省级开发区的基础上重新组建的。江苏省镇江经济开发区管委会和镇江新区管委会合署办公，代表市政府对开发区的工作实施统一领导和管理。

开发区规划总面积82平方公里，人口约7万。包括大港、丁卯、化工三个片区，享有沿海开放城市优惠政策，并按国际惯例为投资者提供全方位服务。经过8年的开发建设，江苏省镇江经济开发区呈现出蓬勃发展的良好势头。

到2000年6月底,共批准进区项目700多个，其中外资项目87个，总投资25.08亿美元，协议利用外资23.51亿美元，实际到位外资16.21亿美元。法国道达尔－菲纳－埃尔夫、意大利菲亚特、美国嘉吉、新加坡亚洲浆纸业、西班牙银峰、日本三菱、中国台湾奇美、国乔等国际著名企业集团已在镇江经济开发区投资兴业,初步形成了造纸、工程塑料、化工、精密铸件、食品等主导产业。

【投资导向】

为了指导外商投资方向，使外商投资与镇江国民经济和社会发展规划相适应，并有利于保护投资者合法权益，江苏省镇江经济开发区根据国家有关外商投资法律、政策和国务院批准颁布的《指导外商投资方向暂行规定》、《外商投资产业指导目录》，结合江苏省镇江经济开发区已逐步形成的主导产业，提出在江苏省镇江经济开发区投资举办中外合资经营企业、中外合作企业、外商独资企业的产业导向目录:

1. 基础设施项目;
2. 纸制品原、辅料及加工项目;
3. 塑料制品原、辅料及加工项目;
4. 化工品仓储、中转及精细化工产品;
5. 机电一体化产品及加工;
6. 新型建材;
7. 电子信息、高新技术及新兴产业;
8. 食品及饮料业;
9. 医药及保健品;
10. 汽车及零部件加工业;
11. 出口或替代进口的项目;
12. 利用农业、林业、畜牧业、水产业资源进行深加工和综合利用;
13. 开发利用旅游资源，发展旅游、通讯、服务、娱乐、商业、运输、房地产开发等第三产业。

江苏锡山经济开发区

地　址	江苏省锡山市东亭镇二泉东路8号	邮　编	214101
电　话	0510－8708158	传　真	0510－8701709
网　址	http://www.xsedz.com	信　箱	Info@xsedz.com

【开发区简介】

锡山市经济开发区是江苏省人民政府批准建办的，位于距无锡市区4公里的东亭镇。开发区以发展高新技术和第三产业为重点，是一个以全市经济实力为依托，高起点规划、高速度建设的综合开发区。

开发区总面积20平方公里，内部规划9个小区，即金融贸易区、高新技术工业区、外商投资区、保税仓储区、商品房开发区、教育文化娱乐区、外商公寓区、配套服务区、居民住宅区。第一期5平方公里已全面启动，已建成1.5平方公里，道路、通讯、电力、供水等基础设施已经齐备，宾馆、文化中心、超级购物市场、金融机构，高级别墅区等服务设施，正在抓紧建设，一批内、外资工业项目已动工兴建。1994年，开发区投入资金，完善20平方公里区域内的基础设施和配套建设，新增合资和独资工业项目15个，三产项目10个，组建5家经营性公司，使当年区内国民生产总值超过10亿元，为继续发展锡山市经济立新功。

锡山市人民政府为加快经济开发区的建设，从各方面予以优惠，鼓励国内外合作者前来投资办厂，开展“三来一补”业务，兴办商业，金融设施，进行土地成片批租开发，并按国际惯例保证境外合作者的合法权益。

开发区的行政机构是开发区管委会，锡山市人民政府授予开发区内处理一切建设事务权利，实行一个图章生效、一个窗口对外，一条龙服务。利用外资项目，可在一个月内办完所有手续。

江苏省宝应经济开发区

地　址	江苏省扬州市宝应县叶挺东路	邮　编	225800
电　话	0514-8221217	传　真	0514-8221217
网　址	http://www.cnby.net	信　箱	webmater@cnby.net

【开发区简介】

江苏省宝应经济开发区为省级经济开发区，位于宝应城区东郊，西邻老城区，东邻京沪高速，区内地势平坦，无环境污染，距南京、上海2~3小时路程；规划占地面积4.942平方公里，分为工业区、商贸区、居住区、仓储区四个小区。宝应经济开发区以基础设施建设为先导，依据经济发展的模式，正在有序进行开发。

区内拥有五纵五横主干道，道路总长达15公里，铺设了各种排水管道，实现了“通路、通自来水、通下水、通电、通邮和场地平整”的“五通一平”。京沪高速紧邻开发区东部，已开通8000多门程控电话，日供水能力为10万吨，新建220千伏变电所已投入使用。区内文化、卫生、教育、金融、商贸、娱乐等设施基本配套齐全。

区内现有各类企业220多家，业务总收入20多亿元。其中，工业企业50多家，外商投资企业10多家（其中有两家来自欧美的世界500强企业），进出口总额3000万美元。主要工业产品有电线、电缆、电器、电机、电工绝缘材料、石油液化气钢瓶、灶具、汽车配件、摩托车配件、轻工工艺品、食品等，其中电缆、电器等已具较大规模和较强实力。

苏州浒墅关经济开发区

地　址	江苏省苏州市浒墅关开发区管委会	邮　编	215151
电　话	0512-65393007　65392332　65393364	传　真	0512-65393001
网　址	http://sz-xnd.com	电子信箱	Webmaster@sz-xnd.com

【开发区简介】

苏州浒墅关经济开发区是苏州城市总体规划中的一个新兴工业区，位于素有“天堂”之称的苏州市郊江南第一名镇——浒墅关。1993年12月被批准为省级开发区，1998年成为苏州国家高新技术产业开发区北区，按照“区域联动、政策共享、优势互补、共同发展”的合作方针，与苏州国家高新技术产业开发区，实行联合开发。苏州浒墅关经济开发区，常住人口2.5万，开发区总面积20平方公里，首期开发面积5平方公里。

苏州浒墅关经济开发区凭借各方面的优势，到目前吸引来自中国香港、中国台湾及新加坡、马来西亚、美国等地区和国家客商前来投资置业，形成了新型建材、电子资讯、精密机械、塑胶制品、精细化工等产业。

理想的区位优势——开发区位于苏州古城西北郊，离古城5公里，距上海港、张家港、虹桥国际机场均为90公里，距光福机场和硕放机场仅10公里。

优惠的投资政策——开发区作为苏州国家高新技术产业开发区的北区，进区企业除了享受国家级、省级开发区的各项优惠外，还同时享受本开发区的特别优惠。对引进项目成功者进行奖励。

江苏海门经济开发区

地　址	江苏省海门市解放东路661号	邮　编	226100
电　话	0513-2216128　2107933	传　真	0513-2216118
网　址	http://www.hmdz.gov.cn	信　箱	hmdz@public.nt.js.cn

【开发区简介】

江苏省省级开发区——海门经济开发区建立于1992年7月，位于长江入海口北岸，与国际大都市上海隔江相望，目前规划总面积近40平方公里，分为发展相对独立、功能优势互补的三大区域——新城区、海门港区、青龙化工园区。海门港区、青龙化工园区具有江岸线19公里。

海门经济开发区区位优势得天独厚，交通便捷，2小时车程可达上海虹桥国际机场、浦东国际机场。苏通大桥和穿区而过的沪崇苏通道、宁启铁路、宁启高速公路的通车，使海门经济开发区的优势更加凸显，海门经济开发区将成为上海周边地区最具吸引力和发展潜力的一方投资热土。

海门经济开发区基础设施齐全，城市功能完善，项目建设坚持“以外为主、内外并举”和一、二、三产业协调发展的方针，致力于为进区投资者提供“安全、方便、优惠、赚钱”的投资环境和与国际惯例接轨的优质高效的全程服务。建区以来，全区项目总投资60亿元，美、日、韩、港、澳、台等10多个国家和地区的客商在区内兴办外资企业60多家，投资总额超过4亿美元。

经过10年建设，新城区已形成了比较成熟的轻工纺织、电子通讯、新材料、生物医药、化工等五大产业群；集中供热、集中治污，占地1.8平方公里的青龙化工园区建设日新月异；总面积23平方公里的海门港区，基础设施初具规模，江岸线长，集疏运条件好，用地成本低，宜于发展大型项目和自然风光旅游业。

江苏如皋经济开发区

地　址 江苏省如皋经济开发区工发大厦　　邮　编 226572

电　话 0513—7501592 7501598 7501921　　传　真 0513－7501941

网　址 http://www.redz.gov.cn　　信　箱 bbredz@public.nt.js.cn

【开发区简介】

江苏省如皋市位于长江三角洲中部，东濒黄海，南临长江，与上海、苏州、无锡隔江相望，1991年撤县建市，现辖23镇，总人口146万，总面积1477平方公里，是中国首批沿海对外开放县（市）之一。如皋市先后获得过中国明星县（市）、全国科技综合实力百强县（市）、全国乡镇工业明星县（市）等荣誉称号。

工业经济是如皋的主体经济，通过多年的发展，已形成了纺织服装、食品、机械电子、精细化工、新型材料等优势产业。

如皋社会事业日益进步，城市建设加快，功能逐步完善，面貌日新月异；如皋是全国六大长寿之乡中唯一的一座长寿城市；如皋历史悠久，名人辈出，具有独特的旅游文化。名闻遐迩的水绘园艺"国内徽派园林孤本"；千年古刹定慧寺山门北向，为华夏罕见；如皋教育事业发达，具有丰富的高素质劳动力资源。

如皋交通便捷，已形成水陆空立体交通网络。204国道及正在建设的沿海高速公路贯穿南北，宁通高速公路横跨东西，新长铁路穿境而过，如皋距上海虹桥机场、浦东机场220公里，距南京禄口机场260公里，距南通机场55公里，距全国首批开放港口南通港60公里，江苏江阴大桥的建成大大缩短了如皋与上海及苏南经济发达地区的距离，即将建成的苏通长江大桥将把如皋纳入上海的2小时经济圈。

如皋经济开发区位于如皋市区北郊，规划面积20平方公里，1993年经江苏省人民政府批准为省级开发区。建区以来，一直保持着良好的发展势头，经济增长速度年平均在30%以上，区内现有企业近400家，其中三资企业40多家，初步形成了以纺织、服装、机械、电子、食品、新型材料为重点的多门类工业布局。

如皋经济开发区是如皋水、陆、空立体交通网络中的一个重要枢纽，从烟台到上海204国道纵贯全境，沿通江公路南20公里可接宁通高速公路，新长铁路伴侧而过，苏北两条水运动脉——如泰河、通扬运河在区内交汇穿过，它距南通机场65公里，如皋机场15公里。江阴长江大桥将如皋经济开发区与中国南部经济发达地区的距离拉得很近。正在建设中的苏通大桥将使如皋至上海的车程缩短为1.5小时。

江苏仪征经济开发区

地　址 江苏省仪征市真州东路30号　　邮　编 211400
电　话 0514—3443400 3432372　　传　真 0514—3415121
网　址 http://www.yetdz.com　　信　箱 yetdz@public.yz.js.cn

【开发区简介】

仪征经济开发区南临长江，东临历史文化名城扬州；西接六朝古都南京，东南分别距上海、苏州、无锡等著名城市不到3小时，位于中国经济最为活跃的长江三角洲顶端，处在长江中下游以上海、南京为中心的城市群带之中，已列入“上海、南京都市圈”发展范围，是大中城市产业梯度的转移、梯次发展的理想承载区域，历年来受到大中城市的强力辐射和有力拉动。

仪征经济开发区是仪征市在城郊地段、沿江地带专门开辟的以吸纳外资为重点的省级经济开发区，也是集各种优势于一体、具有极大发展活力的经济开发区。区内设有韩国工业园、民营科技园、化工工业园、化纤工业园及城北工区。目前已有美、韩、日、法、巴西、中国香港、中国台湾等10多个国家和地区的70多家企业来区内投资，项目总投资15亿多元。

【开发区规划】

仪征经济开发区是1992年设立的省级经济开发区，现有区域面积16平方公里，包括原城北老区4平方公里和新划入的滨江新区12平方公里两个区域。开发区实行封闭运作，拥有项目审核权、规划定点控制权、用地审批权等相对独立的职权。开发区在项目用地、财税扶持、费用减免等方面，为进区建设的投资者提供特殊的区内优惠政策，对于重大项目还可以特别对待，实行特事特议、特事特办。此外开发区还将对区内投资者提供灵活便捷和周到的优质服务。区内现有进驻企业近300家，累计合同利用资金15.3亿元，其中合同利用外资7778万美元。

近年来，为提高产业集中度，拓宽和深化经济发展的空间和层次，仪征市经济开发区结合仪征产业布局和资源优势，构建了“一区四园”的发展布局，大力进行专题园区建设。目前已形成化纤纺织园、石化物流园、汽车工业园和城北工业园等园区的初步格局。

1.化纤纺织园

发展优势:该园区是由仪征市人民政府依托亚洲最大的化纤原料生产基地仪征化纤股份公司开发建设的纺织园区，拥有仪征市经济开发区的土地资源和优惠政策优势，也有仪化公司的产业优势、人才优势、品牌优势和技术优势。

发展方向:以化纤纺织为支柱产业，重点发展聚酯切片、涤纶长短丝和涤纶中空纤维等为原料的聚酯瓶、服装面料、纺织印染等到产业，最终形成以仪征化纤为龙头，化纤上下游产品相衔接的，具有较大规模的化纤产业基地。

园区规划：先期规划面积2平方公里。

2.石化物流园

发展优势：该园区位于国家石化产业发展带之中，毗邻仪征化纤、扬子石化、金陵石化、南化集团等众多国家级知名大型化工企业。拥有开发区内近30公里的长江北岸黄金岸线和南京第六港务公司等单位良港优势和港运能力。而且拥有长江内河最大的5万吨级开放式油港，港区内有码头泊位15座、储罐容量7.2万立方米，并设有外籍船舶联检机构，已成为集管道原油、海进江原油、乙二醇、对二甲苯、液碱、磷酸等各种石油化工原料中转、储存的综合性港区，年中转能力达2000万吨。其服务对象直达长江上下游石化企业，是“沿江石化经济带”的重要节点。

发展方向：石化物流园瞄准素有“第三利润泉”之称的物流产业，积极发展石油化工产品为主的大型物流仓储和商贸产业，近期为适应长江上游湖北、湖南、江苏、安徽、江西等地对液化气使用不断增长的需求，还准备在园区内建设包括2×5万立方米低温冷冻库及4×1000立方米高温高压罐及年周转量100万吨的液化石油气一级贮运站，从中东地区进口C3C4掺配，向长江上游地区供气。最终将其建设成为长江中下游沿岸地区较大规模的石化物流集散中心。

园区规划：该园区首期规划面积2平方公里。

3.汽车工业园

发展优势：上汽集团仪征公司作为上汽集团第三整车生产基地，将形成年产5万辆“康巴”轿车的生产规模。该园区依托上汽集团仪征公司而建，直接接受中国三大汽车工业集团之一上汽集团的辐射。另外，仪征曾是全国最大的硬顶吉普车生产基地，对从事汽车工业有丰富的经验和一定的工业基础。

发展方向：该园区主要围绕上汽集团仪征公司产品供需，大力发展汽车零配件及其他配套加工、修理等产业，以及为上汽仪征公司提供试车场、停车场等设施，力争建设成为一个大型汽车配套产业生产及集散区。

发展规划：目前规划面积为2平方公里，该园区目前已将以上汽集团公司为龙头的数十家汽车工业企业容纳在内，正在作中长期的详细发展布局。

4.城北工业园

发展优势：园区地处城市市区，为原开发区老区，各类基础设施较为完备。区内除“五通一平”的基础设施外，还建有各类标准厂房和办公用房40000平方米，以及专门的物业管理中心提供全面的服务。进区投资享有更为灵活的政策。

发展方向：该园区以吸引国内外中小型企业为主，大力欢迎新兴科技企业进园。现有上百家的国内外中小企业在园区内投资兴业，并逐步形成一个有特色、有效益的新兴工业经济园区。

园区规划：该园区目前拟邀请国内外客商共同进行进一步开发，建设园区内部分基础设施和标准厂房，先期规划面积为5万平方米。

【产业环境】

依托大企业。投资150亿元兴建的远东最大化纤原料基地仪化股份有限公司、全国最大的内河运输码头南京港第六港务公司、全国大型施工一级企业核工业部华兴建设公司（曾建设过秦山核电站、大亚湾核电站）均坐落区内。区内原有的全国最大的硬顶吉普车生产企业黎明汽车制造厂经上汽集团进行资产重组，成为上汽集团第三大整车生产基地，区外毗邻扬子石化、金陵石化、南化公司等国内外知名的大公司。同时，区内还是全国重要的无纺产业用布基地、电光源基地、内燃机配件基地、长毛绒玩具基地。

仪征市是一座人环境优美、设施齐全的全国卫生城市，是一个拥有积压类星级酒店、各类中高档休闲娱乐场所的人居环境优雅宜人的城市，也是一个比较优势明显、充满勃勃生机的发展型城市。仪征经济开发区作为充满希望的投资热土，借助大城市、依托大企业、利用大交通，利于发展大水量、大运量的新兴产业，更利于发展物流仓储业、轻纺织业、汽车业、精细化工业、资源加工业以及各类高新技术产业。仪仪经济开发区将以开放的思路、开明的政策竭诚欢迎中外客商前来考察洽谈、投资合作。各类投资者必将拥有优良的投资环境、优惠的经济政策和优厚的经济回报。

南京大厂经济开发区

地　址　南京市大厂经济开发区管理委员会　　邮　编　210048
电　话　025—8399448　8399330　8399282　　传　真　025—8397717

【开发区简介】

南京大厂经济开发区中山科技园（简称中山科技园）是经南京市科委批准建立的科技工业园区，是南京大厂经济开发区（省级开发区）“一区两园”的重要组成部分，是大厂区高新技术产业开发、孵化及发展的重要基地。

中山科技园位于古城南京北郊，北起雍六高速公路，东临长江黄金水道，西至宁启铁路，雄居南京长江二桥、宁连、宁通、宁淮公路与江北大道的交汇处,交通十分便捷，区位优势显著。园区规划面积为1.2平方公里，内设创业孵化区、工业用地区、集中仓储区、管理服务区和绿化景观区等五大功能区。目前，园区已实现了道路、水、电、通讯等基础设施的完善，可为各类企业入驻提供必备的基础条件。

中山科技园是建立的科技与经济的载体、创新与发展的平台、投资与开放的窗口。中山科技园以科技为纽带，建有大厂区科技创业服务中心，着力推进科技成果商品化，重点发展以化工新材料、机电一体化、信息制造业为主体的高附加值、高科技含量、高市场竞争力、无污染的“三高一无”产业。

中山科技园推行市场化运作、企业化管理的运作模式，组建了南京中山科技园经济开发有限公司，为入园企业提供“一站式”服务，对入园企业实行土地费用减免、科技资金扶持、财政奖励资助等一系列优惠政策，全力营造良好的投资环境，力求以优惠的政策、优美的环境、优质的服务吸引投资者，努力将中山科技园建设成为投资创业者的理想家园。

常州钟楼经济开发区

地　址	江苏省常州市勤业西路1号	邮　编	213002
电　话	0519—3288828	传　真	0519—3288878
网　址	http://www.chinajszl.com	信　箱	wwee66@hotmail.com

【开发区简介】

江苏省常州市钟楼区因历史上境内有古钟楼而得名，地处长江三角洲经济、江南名城常州市中心，是政治、经济、文化、商贸、金融中心所在地，区域面积71平方公里，人口34万，下辖5个乡镇、8个街道。2002年，钟楼区被评为“全国社区建设示范区”。江苏省省级钟楼经济开发区的正式启动，

勤劳睿智的钟楼人积极实施“科教立区、开放兴区、产业强区、环境优区、财税富区”的区域经济发展战略，努力勾画农业特色化、工业高新化、商贸现代化的新钟楼蓝图，虚怀若谷、广纳贤才、商贾，全区经济持续健康快速发展。

钟楼区内的金和电子、恒力机械、云锦服饰、红梅乳业等一大批企业享誉国内外。工业体系包括机械、电子、纺织、服装、化工、轻工、建材、食品等，产业配套齐全，水、电、气、通讯等设施完善，作为现代制造业的基地基础良好。辖区内中油国际大酒店、亚细亚影城等一批高档酒店、写字楼、娱乐场所，以及世纪明珠园、银河湾、怀德苑等一批高档住宅区，为投资者提供理想的休闲和人居环境。

通州经济开发区

地　址	江苏省通州市通海路14号	邮　编	226300
电　话	0513—6518175　6515734	传　真	0513—6515730
网　址	http://www.zgtz.gov.cn	信　箱	tzjmjs@public.nt.js.cn

【开发区简介】

通州市位于长江入海口北岸，东临黄海，南依长江，三面环绕南通市区，与沪、苏、锡、常隔江相望，同苏北平原一脉相连，是接受上海浦东、苏州工业园区开发开放辐射的前沿阵地，又是沿江沿海经济带的最佳结合部，素有金三角上的“小上海”之称。工业经济发展迅速，拥有纺织、印染、针织、服装、轻工、医药、电子仪表、机械冶金、建筑材料等20多个门类、2000多家企业，近30个企业集团，共生产6000多种工业产品。建筑业十分发达，10万建筑大军足迹遍布全国各地，走向了亚、欧、美、非洲的10多个国家和地区的建筑市场。

江苏省通州经济开发区，是江苏省人民政府首批批准的省级开发区，位于市城区南郊，规划面积12平方公里。目前，区内的近期规划区5.5平方公里的道路、电力、通讯、供水、排水及土地平整已实现“五通一平”；三纵五横的主干道路已连成网络；公用设施完备，拥有两座110千伏变电所；国际国内长途电话自动直

拨，新型通讯业务一应俱全；金融、商业、教育、宾馆、娱乐中心等服务设施逐步配套。

通州经济开发区地价、税收优惠，地理位置优越、交通便捷、基础设施完备和综合服务功能齐全，吸引了来自美国、日本、加拿大、新加坡及中国香港、中国台湾等10多个国家和地区的客商，目前进区项目已达120多个，总投资超过12亿元，发展前景十分广阔。

浙江省开发区

浙江省投资情况说明

浙江境内水、陆、空交通便捷，邮电通信顺畅，电力充裕，各类开发区众多，金融证券业发达，劳动力素质较高，服务配套周到，十分有利于生产要素迅速转化成商品优势，是中国投资环境最好的省份之一。

海、陆、空交通快速便捷 浙江有可建深水港的海岸线300多公里。已建成以宁波、舟山、乍浦、海门和温州五大港为主的34个港口，有万吨级以上泊位44座，年货物通过能力2.7亿吨，与世界上70多个国家和地区的400个港口有运输往来，并开通了美国、日本及中国香港的班轮航线。中国四大中转港之一的宁波北仑港，可停靠30万吨级货轮，是中国目前最大、最好的进口铁矿中转基地。舟山港已跨入国家级大型港口的行列。舟山岙山可停靠25 万吨超级油轮，是中国最大的石油中转码头。全省有内河航道 1.04万公里，居全国第3位；干线航道10条，1230公里；内河港口105个，年货物通过能力2.1亿吨。

以省会杭州为枢纽，浙江境内有杭州—上海、杭州—江西、杭州—宁波的3条铁路复线和杭州—宣城、金华—温州的2条铁路干线，总里程1185公里。6条国道和66条省道公路构成了浙江的公路干线网，总里程4.2万公里，其中高速公路627公里。继上海—杭州—宁波、上虞—三门高速公路通车后，宁波—台州—温州、杭州—金华—衢州、杭州—南京、金华—丽水—温州等高速公路正在加紧建设，部分路段已通车。到2002年，浙江省内高速公路将超过1000公里，形成省会杭州至市地之间的 “4小时公路交通圈”。浙江现有杭州、宁波、温州、黄岩、义乌、衢州、舟山7个机场，开通国内、国际航线 160余条。新的杭州萧山机场已建成通航。

邮政通信顺利通畅 浙江已基本建成包括航空、铁路、公路等多种运输手段综合利用的快速邮运网。全省邮政营业网点2400多个，大多数实现了窗口营业电子化；设立了杭州、宁波、温州、金华4个航空通运局以及杭州国际邮件交换站，开通了69条通往国内各主要城市的航空邮路，使浙江省成为中国航空邮路较多的省份之一。

全省电话交换机容量超过1330万门，移动通信网总容量超过1000万门。省内长途通信干线已完成从电缆向光缆的转变，实现乡乡通光缆。数据通信、声讯信息服务、电话智能业务等信息化应用在全国领先。到2000年底，全省有互联网用户110万户，数据通信用户3.3万户；电话普及率达每百人41.6部，居全国各省首位。

电力供应充足富裕 浙江是中国利用水力、火力、风力、潮汐、核能等多种能源发电最好的省份，已建有北仑、镇海、台州、温州、长兴、嘉兴等大型火力发电厂，新安江、富春江、乌溪江、紧水滩等一批大中型水力发电厂。秦山核电站是中国第一座自行设计和建造的核电站，一期30万千瓦机组已并网发电，二、三期工程也即将建成。温岭江厦潮汐电站装机容量3200千瓦，规模居世界第三。天荒坪抽水蓄能电站装机容量180万千瓦，规模居世界第二。省内还有三门核电站、滩坑水电站等大型电力项目正在筹建之中，一批大型火电厂可望在近年内建成发电。全省现拥有总装机容量1810万千瓦，2000年总发电量达624.8亿千瓦小时，电力供应充裕。

开发区区位优势明显 浙江省现有国家级经济技术开发区8个，省级经济开发区51个。各级经济（技术）开发区经过几年的开发建设，基础设施明显改善，成为招商引资的重点区域。全省开发区已累计协议引进外资

114亿美元，实际利用外资54.9亿美元，分别占全省总量的46.6%和47.7%。进区企业产业结构日趋合理，除制造业等工业项目外，农业、交通、运输、邮电业等第一、三产业项目大幅度增加。

金融证券业发达 浙江是中国拥有商业银行最多、最全的省份之一，国内4家国有独资商业银行和10家股份制商业银行均在省内设立了各级分支机构。杭州、宁波、温州、绍兴等7个中心城市还设立了城市商业银行。浙江商业银行、协和银行和宁波国际银行3家外资银行运行良好。到2000年底，全省各类金融服务网点达12000余个，遍布城乡各地，为各方投资者提供良好的信贷服务。与此同时，浙江的证券业迅速发展，已成为一条便捷的投资、融资渠道。至2000年底，全省已有53家企业分别在上海证券交易所、深圳证券交易所、中国香港联交所、伦敦证券交易所上市。有证券、信托投资机构和网点140多家。

管理与服务配套周到 浙江各地十分重视改善投资软环境，现已初步形成一个适应国际经济通行规则的涉外管理和服务体系。目前，省政府设有对外经济开放领导小组，对全省对外经济与开放工作实行统一领导，全省县以上各级政府都设有对外经济贸易和外商投资管理机构，形成了管理对外经济与开放的工作网络。省一级设有外商投资服务中心，各市(地)普遍设立了涉外经济咨询服务机构。省和有关市(地)进一步下放外商投资项目的审批权限，简化审批程序。各级海关、商检、金融、财政、物资、邮电、城建、人事、劳动以及公用事业部门，依照法律和法规，为投资者提供便利和服务。在贯彻执行国家有关法规政策的同时，浙江省人大常委会和省人民政府陆续颁布了20多个涉外地方性法规、行政规章及政策性文件，内容涉及对外贸易发展、开发区开发建设与管理、税收优惠、资金借贷、国有土地使用权出让和转让、房地产开发、外汇管理、外商投资企业权益、简化入出境手续等。一个确保外商合法投资权益的法律、政策环境已经基本形成。

浙江省富春江经济开发区

地　址	浙江省富阳市市心北路100号	邮　编	311400
电　话	0571-63326027　63349977　63320844	传　真	0571-63326026
网　址	http://www.fyedz.com	电子信箱	fcjk@fy.hz.zj.cn
主管部门	富阳市人民政府	招商部门	管委会招商局
招商电话	0571-63349977　63320844		

【开发区简介】

富春江经济开发区是浙江省省级开发区，位于杭州西南部，沪、杭、甬“金三角”的交汇处，距杭州市中心仅35公里（25分钟车程），距杭州国际机场50分钟车程，距杭州国际机场50分钟车程，距上海180公里（2小时车程），经富春江出钱塘江直通宁波港，地理位置优越，水陆空交通便捷。开发区依托富阳市区，以320国道、杭富沿江公路为两翼，沿富春江北岸铺陈拓展。根据“呼应浦东、接轨钱江、重点启动、滚动发展”的方针，以土地批租、出让和合股等形式，引进资金、技术、先进管理方法，把它建设成既是高新技术产业发达、现代化工厂众多的新型工业城，又富优美生态环境、生活娱乐设施齐全的旅游胜地。

开发区创立于1992年5月，到2000年底止，已累计引进项目248个，其中1000万美元以上的大项目有20多个，实际利用外资2亿美元，被浙江省政府评为利用外资先进单位，如总投资2200万美元、中日合资的富通昭和光通信有限公司，总投资3000多万美元、台商独资的杭州国际高尔夫球场，总投资2500万美元的CHEDI度假酒店，总投资3亿人民币、占地3500亩的杭州野生动物世界，总投资1.8亿元人民币、开发区与玻利维亚合资的杭富沿江公路工程等一批大项目均落户其间。经过10年建设，区内基础设施齐全，一大批项目竣工投产，2000年创工业产值28.3亿元人民币，开发区已经成为富阳市一个新的经济增长点。

2000年，在基本完成原来银湖、高桥、富春湾、农民城四大区块8平方公里建设的基础上，依据区位资源优势，规划新辟了13平方公里主体区块，其中高新技术产业园区占地300公顷，按杭州市“一区多园”的战略构想，隶属于杭州高新区，享受国家级高新区优惠政策。主体区块充分利用富春江沿岸山水岛林资源，结合人文背景发展旅游业、房地产业，真正融入大杭州、大交通、大旅游格局。为了尽快使高新技术产业园区建设成功，富春江经济开发区在享受国家、省、杭州市有关优惠政策的基础上，对进区高新技术项目、外资项目、规模企业项目，依据科技含量、规模档次等实行更优惠的政策，对特殊项目，灵活实行“一项一策”。高新技术产业园区内实行封闭管理，“一条龙服务，一站式办理，一支笔审批，一个口子收费”。

富春江经济开发区主体区块为低丘缓坡地貌，高新区居于开阔谷地，南濒富春江，北靠青山，气候宜人，风景秀美，江水澄碧，空气达一级标准，是一个投资兴办旅游、高科技企业、洁净工业项目的理想场所。

浙江宁海经济开发区

地　址	浙江宁波宁海城关北斗北路	邮　编	315600
电　话	0574－65595892　65582705	传　真	0574－65595890　65582705
网　址	http://www.nhedz.com		

【开发区简介】

宁海位于浙东中部沿海，毗邻上海、杭州，为计划单列宁波市属县，是国家第一批沿海对外开放地区之一。县域总面积1931平方公里，海岸线长176公里，总人口58万，下辖17个镇乡。

宁海社会经济和城市综合实力增长迅速。2001年，全县国内生产总值达68.2亿元，财政收入7.1亿元。宁海对外经济贸易快速发展，2001年全县进出口贸易额达到2.35亿美元，其中出口2.11亿美元。全县已形成以宁海经济开发区、科技工业园区、新兴工业园区、模具城为重点，全方位、多层次对外开放格局。利用外资的质量、效益和水平进一步提高。到2001年底，累计批准外商投资企业225家，项目总投资3.8亿美元，实际直接利用外资突破1亿美元。目前，全县外商投资企业发展经营状况良好。

宁海区位优越，交通便捷。北倚宁波栎社国际机场和北仑港，国道线，同三线高速公路纵贯县境。现代化通讯、供电、供水和市政基础设施均能满足经济和社会发展的需要，投资环境日臻完善，城乡面貌日新月异，人民生活安康。

宁海位于浙江省东部，长江三角洲南翼，属上海经济区，距宁波市区70公里，宁波国际机场66公里、北仑港码头90公里，距杭州210公里、上海380公里。

浙江省宁海经济开发区于1994年8月人民政府批准为省级经济开发区。开发区紧靠宁海城区，规划开发面积15平方公里，现已开发面积8平方公里，基础设施投资近8亿元，截止到2001年底，已有350余家中外企业进区落户，已形成以电子、橡塑、文具、纺织等行业为主的工业格局，被国家农业部命名为全国乡镇企业示范区。为进一步加快开发区的建设步伐，加大招商引资力度，开发区下设科技工业园区、新兴工业园区和模具城。

浙江省海盐经济开发区

地　址	浙江海盐县武原镇枣园中路128号	邮　编	314300
电　话	0573－6112014　6112009	传　真	0573－6112007
网　址	http://www.investinhaiyan.com.cn	信　箱	hykfj@mail.jxptt.xj.cn

【开发区简介】

浙江省海盐经济开发区创建于1992年7月，1994年被列为省级经济技术开发区，2001年名列浙江省省级经济开发区综合效益指标第九名。

海盐经济开发区地处以上海为中心100公里经济圈内，濒临杭州湾，东距上海、西至杭州、北达苏州均约85公里。海盐也将成为上海至杭州、苏州至宁波双线交汇黄金区域的区位中心以及一个半小时交通的枢纽。海盐经济开发区基础设施配套完善，境内有浙北唯一的省级风景区南北湖。海盐经济开发区规划面积13.81平方公里，首期开发4.41平方公里实现了“六通一平”，形成了紧固件、新型建材、电子通讯、轻纺服装等支柱产业。

到2001年底止，累计批准进区工业企业170个，其中外商投资企业38家，累计合同利用外资1.01亿美元。海盐杭州湾大桥新区位于杭州湾大桥北桥址，开发建设主体为海盐经济开发区管委会，规划面积25.7平方公里，首期开发10平方公里，将选择信息电子、精密机械、精细化工等产业，培育特色产业群，建成集生产、研发、贸易、居住为一体的国际化、现代化科技园区、滨海城区及区域经济的物流中心。

海盐是全国紧固件生产基地，素有“铁海盐”之称，产业配套成龙，产品80%外销欧美和东南亚地区。海盐标准件工业城位于海盐经济开发区，被列为浙江省“十五”特色工业园区，总规划面积2000亩，争取到2005年，建成以高强度紧固件、异形件、不锈钢紧固件、汽车配件等主导产品的标准件生产和出口基地。

海盐经济开发区管委会的服务理念是“以投资者为中心”，行动准则是“诚信、务实、高效”，已建立起按国际惯例办事、运转协调、优质高效的管理体制和运行机制。海盐县经济社会发展发展服务中心是全国首家通过ISO9001国际质量管理体系认证的综合行政审批部门，集中办理来海盐投资项目的审批事项。

浙江湖州市经济技术开发区

地　址	浙江省湖州经济技术开发区龙溪路208号	邮　编	313000
电　话	0572－2102754　2106246　2107396	传　真	0572－2101753
网　址	http://www.hetd.gov.cn	电子信箱	hetd@mail.hetd.gov.cn
主管部门	湖州市人民政府	招商部门	管委会招商与经济发展局
招商电话	0572－2102754		

【开发区简介】

湖州经济技术开发区由浙江省人民政府于1992年批准设立，1995年省政府又批准在湖州开发区内设立台商投资区，以吸引中国台湾地区企业的投资。

湖州开发区1997年被原国务院特区办列为全国9家重点省级开发区之一，1998年被评为浙江省先进开发区。1999年10月，为进一步理顺和完善开发区管理体制，营造良好的投资环境，湖州市委、市政府决定，将湖州经济技术开发区与环太湖农业对外综合开发区（太湖旅游度假区）合并，保留浙江省环太湖农业对外综合开发区、湖州台商投资区、太湖旅游度假区，对外统称湖州经济技术开发区。合并后的开发区总面积133平方公里，规划面积29平方公里。

湖州市委、市政府赋予新湖州经济技术开发区更多的管理权限，批准设立了一批管理机构，并明确了一系列相关扶持政策，使开发区人权、事权和财权基本统一。这必将有利于进一步加强开发区招商引资力度，加快高新技术产业和旅游业的发展，培育开发区产业优势，提高开发区规划、开发和管理水平，加快基础设施建设步伐，为把湖州建设成为现代化的大城市奠定良好的基础。

浙江省嘉善经济开发区

地　址	浙江嘉善谈公北路939号	邮　编	314100
电　话	0573－4183798　4183868	传　真	0573－4183108
网　址	http://www.jsedz.com	信　箱	kfqjf@public.js.jxptt.zj.cn
主管部门	嘉善县人民政府	招商部门	管委会项目部
招商电话	0573－4184233		

【开发区简介】

嘉善经济开发区是1993年11月经浙江省人民政府批准设立的省级经济开发区，规划面积10平方公里，位于县城的东北侧，距上海72公里，离杭州90公里，交通运输便捷，地理位置优越。自1994年下半年全面启动，嘉善经济开发区从无到有，由小变大，日趋发展壮大。

嘉善经济开发区经过6年的开发建设，现已形成10平方公里的工业新区，引进各类项目135个，总投资30亿元人民币。其中，工业项目120个，三资企业50家，利用外资4亿多美元，主要来自中国台湾、中国香港及日本、泰国、韩国、美国等地区和国家。继台商独资投资1.06亿美元的晋亿公司进区落户后，三永电炉、友信机械、鸿亿机械、加胜运动器材、佑源塑胶、丽正电子、嘉荣电子、承田汽配等一大批台资企业相继进区。在开发区二期内由晋亿实业有限公司投资兴建"台湾螺丝城"占地面积648亩。位于开发区三期内的国内知名高科技企业——托普集团投资开发"托普集团·嘉善台商信息产业园"，占地面积5.35平方公里。产业园将建成一个以IT产业为主导、上下游产品联动发展的国内著名高科技产业园。一座以精密机械、电子信息、新型建材、生物化工、高档纺织等行业为主导，以台商投资为主体的新兴工业园区已初具雏形。

嘉善经济开发区通过多年的创业积累，经济实现了滚动式发展，基础设施配套完善，开发区以全方位的优质服务，广招四方宾客，使这片古老的土地形成了新一轮的投资发展热潮。尤其是经省人民政府批准设立的台商投资区的全面启动，以及电子信息工业园的规划实施，为广大客商创造了更多的投资机会和更加优良的外部环境，嘉善经济开发区正日益成为上海周边地区和中外客商最为看好的投资热土。

浙江省嘉兴经济开发区

地　址	浙江省嘉兴市东升西路一号开发区行政中心	邮　编	314000
电　话	0573-2208501　2208502	传　真	0573-2208570　2071174
网　址	http://www.jxedz.com	信　箱	bgs@mail.jxptt.zj.cn

【开发区简介】

嘉兴经济技术开发区是1992年8月被浙江省人民政府首批批准成立的经济开发区，1992年，被浙江省政府列为浙江省五家重点开发区之一，享有沿海经济技术开发区的各项优惠政策。1997年被国务院特区办确定为重点联系开发区。区内外资企业可享受15%所得税率和国家规定的“二免三减半”的税收政策。

开发区东北距上海90公里，西南距杭州90公里，北距苏州70公里，东距乍浦港40公里，处于最具经济活力的长江三角洲和中国沿海经济带的中心。嘉兴是江、浙、沪之间的交通枢纽，过境的铁路、公路和水路均为国家级的交通主干线。

嘉兴经济技术开发区位于嘉兴市区南、西、北侧，呈C字型带状围绕老城区，距市中心3公里，规划面积为36平方公里。区内规划为6个工业园区、1个高教园区、3个商住区和2块大型公共绿地。工业园区分别为高新技术产业园区、轻工纺织工业园区、食品工业园区、机械化工工业园区、东北综合工业园区和出口加工园区。6个工业园区根据不同产业的需求，分别提供各产业所需的专业配套。

嘉兴经济技术开发区现有1家日供水15万吨的水厂，3座11万伏和1座22万伏的变电所，一个局总容量10万门的通讯枢纽，1家每小时供热汽138吨的热电公司，日排污能力大8万立方的污水处理工程，可充分保障进区企业对水、电、汽、迅、路、排污的需求。为区内企业配套的员工公寓、高级住宅、小学、中学、大中专院校以及文化娱乐设施逐步配套，投资者在开发区工作、生活、娱乐可得到全方位的满足。

嘉兴经济技术开发区按照实际工作需要和“精简、统一、效能”的原则,设立相应的职能机构。中共嘉兴经济技术开发区工作委员会（简称党工委）和嘉兴经济技术开发区管委会（简称管委会）分别作为市委、市政府的派出机构，对开发区工作实行统一领导和管理。党工委、管委会内设办公室、政治处、经济发展局和社会发展局4个行政单位，以及工程建设管理处和科技创新服务中心2个事业单位。

嘉兴经济技术开发区实行封闭式管理，充分提高区内的行政和社会服务效率，营造良好的区域经济发展环境。此外，为更好地为投资者服务，开发区实施了“三个一”,即一站式审批，项目的审批、规划建设、土地征用、出让、工商登记、财政税务等均在开发区管委会行政中心办理；一个窗口收费，在开发区行政中心设立统一收费窗口，并实行许可证制度，规范收费；一条龙服务，开发区内设立了外商投资服务中心、项目推进中心和外商投诉中心，为进区企业提供从项目设立、项目建设到生产经营个方面的服务。

到2001年底,嘉兴经济技术开发区内现有工业企业604家,其中外商投资企业118家，合同利用外资6.5亿美元，其中2000万美元以上的外资项目有11家，已初步形成以机电、金属制品、汽车配件、轻工纺织和化工产品为主的行业特色。

浙江省金华市经济开发区

地　　址　浙江省金华市双溪西路235号　　邮　　编　321000

电　　话　0579－2068183　2374632　　传　　真　0579－2370521

网　　址　http://www.jk.net.cn　　电子信箱　office@jk.net.cn

主管部门　金华市人民政府　　招商部门　管委会经济发展局

招商电话　0579－2370205

【开发区简介】

浙江金华经济技术开发区成立于1992年7月，是金华市发展外向型经济的示范区，是金华对外改革开放的窗口，金华市经济发展新的增长点。

开发区位于婺江南岸，与金华老城一江之隔，处在金华城市总体规划的中心部位，是市区的“城中新城”。金华独特的地理位置，奠定了开发区明显的区位优势。

金华经济技术开发区总面积72.78平方公里（包括浙江省金华经济技术开发区、浙江金华省级高新技术产业园区），由金华经济技术开发区管委会代表金华市人民政府统一领导，统一规划，统一开发建设。开发区下辖苏孟乡、江南街道、三江街道、西关街道、秋滨镇。开发区分4个功能区，分别是：中心生活区、科技园区、工业园区、农业科技园和湖海塘旅游区。

【交通优势】

金华是浙江中西部的交通枢纽，具有突出的交通优势，境内的公路、铁路、水运、民航都十分便捷。公路北通杭州，西接衢州，东连宁波、椒江港口，南达温州，330国道沿市区江南而过；建设中的杭金衢高速公路和金丽温高速公路不久将开通运行；浙赣铁路复线、金温铁路、金千铁路及规划中的金甬铁路，金椒铁路均在此交汇；兰江—富春江—钱塘江航线在此起点；义乌机场离市区仅20分钟便可到达，杭州萧山国际机场也仅70分钟路程之遥。总之，金华已经形成水、陆、空“立体大交通”的格局。

【投资服务】

金华经济技术开发区管委会，是金华市人民政府的派设机构，代表市政府，对开发区实行“一元化领导、一站式办公、一条龙服”。开发区立足机制创新，不断进取。

一是组织构架上的创新。机构设置“一办五局”，人员精简，奉行“投资者利益高于一切”的服务宗旨，采取一条龙配套服务方式，保证开发区机构精简、办事高效、服务优良。

二是政企关系上的创新。一方面政府不办企业；另一方面对进区企业，遵照经济规律办事，不搞行政干预。管委会集中精力搞好软硬投资环境，搞好招商引资，搞好为投资者服务。

三是投资体制的创新。建立多元化的投资体系，充分利用社会力量，建设城市基础设施和社会公共事业。

四是内部管理和自律机制的创新。在全市范围率先建立并实施“两公开一监督制度，并贯穿于城市管理、人事管理、土地管理、城市规划、建设工程招标、工商管理、市场管理、预算外资金管理等各项具体工作。

机制创新为开发区实现高速、高效的办事效率，高质量的一流服务，和形成勤政廉洁的良好氛围，创造了良好条件。

为提高办事效率，为投资者提供优良的服务，管委会还设立投资服务中心和项目推进中心。

投资服务中心负责为外商提供审批办证、工商注册、银行开户等一条龙服务。

项目推进中心主要为工业园区入园企业提供全程免费代理服务，并作出15个工作日办结承诺。

【区位优势】

金华是浙江省的交通枢纽，商业、金融、文化中心和重要的物资集散地，她位于浙江中部，地处浦东、闽南两大特区的中心地带，在长江三角洲经济圈内，是浙江省实施“承东启西”发展战略的重要纽带，更是浙、闽、赣、皖四省九地市经济协作区的“龙头”。根据浙江省城镇规划，金华被定位为“浙江中西部的中心城市”。

浙江省丽水经济开发区

地　址	浙江省丽水市中东路557号	邮　编	323000
电　话	0578－2137467　2178512	传　真	0578－2274203
网　址	http://www.ledz.gov.cn	信　箱	lsecon@mail.lsptt.zj.cn

【开发区简介】

丽水市居浙江省第二大河——瓯江的中游，是浙西南区域经济的中心。丽水经济开发区紧依丽水市区，330国道线从东部穿越而过，并与丽浦、丽龙等省道线连接，与金温铁路丽水站和瓯江航运码头紧密相连，交通便捷，是丽水经济发展的重要基地和窗口。

丽水经济开发区是1993年3月经省政府批准成立的省级开发区，地处全国生态示范区，自然条件得天独厚，物产极其丰富。开发区位于上海浦东经济开发区辐射带，基础设施完备，投资环境良好。330国道和53省道及金温铁路横贯境内，金丽温高速公路已动工建设，与温州机场和万吨港口紧密相连。区内通讯传输发达，电力输变系统纳入华东大电网。

撤地设市后，根据市委、市政府要求，开发区区域面积由5.08平方公里调整为16.75平方公里，下辖天宁和水阁工业区，受市政府委托代管水阁街道办事处。天宁工业区现有进区企业58家，已建成投产44家，企业行业涉及微电机、制笔、羽绒皮件、食品、生物制药等传统行业和高新技术产业，其中微电机园区是国内最大的缝纫机电机生产基地。水阁工业区控规委托浙江大学建筑设计研究院设计编制，已通过审查并报请实施。届时，高起点、高标准规划的水阁工业区将成为投资热土。

开发区将以天宁和水阁工业区为载体，致力发展工业经济，形成新经济增长点；注重培育优势产业和高新技术产业，以优化投资软环境、强化服务为理念，把开发区建成一个现代化的工业园区。

浙江省南浔经济开发区

地　址	浙江省湖州市南浔经济开发区适园路18号	邮　编	313009
电　话	0572－3010952　3911945　3914726	传　真	0572－3919709　3911945
网　址	http://www.chinaneda.com	邮　箱	neda@ChinaNeda.com

【开发区简介】

浙江省南浔经济开发区于1993年4月经浙江省人民政府批准设立，是浙江省级利用外资先进开发区之一。

浙江省南浔经济开发区位于太湖之濒，东距上海市110公里，南距杭州市120公里，规划并已形成10平方公里的工贸新区。区内基础设施完善，辅助设备同步到位，交通公路四通八达。

浙江省南浔经济开发区地处上海、杭州、苏州的中心点上，距离上海、杭州各级110公里，距离苏州65公里，水陆交通便捷。开发区内基础设施配套完善，已构成了水陆并举的现代化交通网络。

2000年2月，国务院侨办正式批准在南浔建立南浔华侨投资园区，这是国内继青岛、成都之后的第三家国家级华侨投资园区，依托国务院侨办、侨联及省市政府和侨办侨联的支持，南浔经济开发区为投资者提供完善又优质的服务和措施。

浙江省平湖经济开发区

地　址	浙江省平湖市城西路298号	邮　编	314200
电　话	0573－5092900　5092903　5092908	传　真	0573－5092907
网　址	http://www.pinghu.com	信　箱	pedz@pinghu.com

【开发区简介】

平湖经济开发区设立于1996年9月，是经浙江省政府批准设立的省级经济开发区，规划面积7.9平方公里。开发区内设有高新技术产业园区、日商投资小区、台商投资小区和私营工业小区。开发区紧靠上海，临近港口，交通方便，政策优惠，具有吸引外资的独特优势。截止2000年底，开发区已引进内外资项目120多个，总投资10.68亿元，正成为上海经济圈的投资新热点。

【交通运输】

公路——沪杭高速公路位于平湖市北侧，在距开发区12公里和13公里处设有两个出入口；乍（浦）嘉（兴）苏（州）高速公路位于平湖市西侧，距开发区12公里；沪杭东西大道位于平湖市南侧，距开发区10公里；区内的平湖大道是连接乍浦港和沪杭高速公路的主干道。畅通的陆路交通网络使开发区到上海、杭州、苏州仅需1小时车程。此外，规划建设的跨海大桥北起平湖市乍浦港，南至宁波，横跨杭州湾，将极大地缩短平湖与浙东南的运距。

水运——从平湖港出发，通往上海、杭州、苏州等地的航线有16条，300吨级的乍浦—嘉兴—苏州内河航道经区而过，可直达乍浦港、直通黄浦江和京杭运河。

港口——距开发区14公里的乍浦港，是平湖市境内海河联运的国家一类对外开放口岸，也是浙江北部地区的唯一出海口。海关、商检、边检等机构配套齐全。乍浦港现有石油码头、煤炭码头、化工码头和散装码头，5万吨级的集装箱码头正在建设中，不久将投入使用。此外，乍浦港有300吨级的内河航道贯通，为理想的中转港口。

铁路——开发区距嘉兴火车站30分钟车程。

航空——周边1小时车程内有三个机场：上海虹桥机场、浦东国际机场、杭州萧山国际机场。其中，距虹桥机场51公里，距浦东国际机场90公里。

【区位优势】

平湖经济开发区地处中国经济最具活力的长江三角洲，在以开发区为中心，以300公里为半径的范围内，包括了上海、杭州、南京、苏州、无锡、宁波等20多个大中城市和沿海、沿江港口，拥有得天独厚的通江达海的区位条件和港口优势，且具有工商业发达、市场辐射面广、资源丰富等显著特点。除此之外，平湖经济开发区位于浙江省最北边，毗邻全国经济中心——上海，在交通、通讯、市场、信息和金融等方面具有其他地区无可比拟的优势，而投资成本却比周边大城市低50%左右，是境内外投资者理想的选择地。

【优质服务】

开发区以“投资者的需求就是我们的工作，投资者的满意就是我们追求的目标”为服务宗旨，全力营造完善的投资软环境。平湖经济开发区管委会下设招商、项目审批、工程建设、用地规划等科室，一个窗口受理进区外商投资项目的申报手续。 投资者只需提供基本的证明资料，即有专业人员提供完善、亲切的一条龙无偿代理服务。 平湖的银行、保险、商检、货运等机构齐全，旅游、餐饮、娱乐等设施完善，医疗、教育条件优越，可为投资者提供全方位的服务。

浙江省衢州经济开发区

地　　址	浙江省衢州市经济开发区管委会	邮　　编	324000
电　　话	0570－3086476　　3082630	传　　真	0570－3082642
网　　址	http://www.zhi－ma.com	信　　箱	zsc@zhi－ma.com

【开发区简介】

衢州市位于浙江西部，地处浙、闽、赣、皖四省交界，是国家级历史文化名城，对外开放城市，素有“四省通衢，浙西门户”之称。全市总面积8849平方公里，人口236万，下辖衢县、龙游、常山、开化四县和江山市、柯城区。

衢州农业发达，物产众多，是浙江省重要的商品粮基地和经济特产基地。柑桔、茶叶、蚕丝、木材、毛竹等产品在全省占有重要地位，有大量可开发的荒地、荒山、荒滩和水域资源，综合开发潜力大。具有地方特色的名特优产品深受欢迎，其中龙游小辣椒、水煮笋、香菇，开化龙顶茶，常山胡柚、金针菇，江山白毛乌骨鸡、中华弥猴桃，衢县　柑畅销国内外。衢州矿藏资源丰富，现已探明的有50多个品种，其中花岗岩、大理石、石灰石、石煤、铝土、氟矿均居全省首位。工业具有良好的基础，已形成以化工、建材、轻纺、机械、造纸、塑料、皮革和食品加工为主体，电器、医药、冶金、电力等多门类综合发展的工业格局。基础化工原料、凿岩机、水泥、拉链、高压开关、手拉葫芦、纸、皮革产品等近百个产品。

衢州境内铁路、公路、水运、航空四通八达。205、320两条国道和四条一级省道公路纵横贯通，杭金衢高速公路沿城而过。浙赣铁路复线横贯衢城，5座公铁立交连通衢州南北城。衢州民航已开通北京、上海、广州、厦门、武汉、杭州、温州、青岛、南京等航线。邮电通讯便捷，程控电话、国际国内直拨电话、移动电话和无线寻呼遍及全市城乡。

衢州作为浙西政治、经济、文化中心，闽浙赣皖四省边界的重要商贸城市，城乡市场繁荣，内外贸易活跃，基础设施日趋完善，投资环境甚佳，政策优惠，服务周到。

浙江省衢州经济开发区是经省人民政府批准设立的省级开发区。规划面积为8.5平方公里，分为工业和商贸两个功能区。开发区位于市区东南侧，紧邻老城区，是城市总体规划内的新兴综合新区。

开发区投资环境良好。它紧邻衢州市市区，东傍乌溪江，南邻全国十大化工企业之一的巨化集团公司，西连市政府所在地荷花新区，北依浙赣铁路，320国道贯穿而过。区内建有铁路货运场，集装箱中转站，海运通过上海、温州、宁波三大港口出海，衢州民航站距开发区仅5公里。区内建有日供水4万吨的第二水厂，其水质为一级地表水；3座分别为3.5万伏、11万伏、22万伏的变电所为开发区提供可靠的电源保障。城南邮电分局保证开发区通讯的需要。公寓住宅、宾馆、银行、学校、医院、娱乐中心、体育馆等设施一应俱全。

开发区管理委员会作为衢州市政府派出机构，对开发区实行统一领导、统一规划、统一管理。体制和运行机制实行“一元化”领导“一幢楼”办公和“一条龙”服务。管委会下设机构：办公室、招商处、经济发展处、农村工作处、建设规划分局、土地管理分局、工商办事处、综合服务中心、联合办公室，在项目审批、土地征用、工程建设、供水供电、劳动管理、工商、税务登记等方面充分体现简便、高效的办事原则。

浙江省上虞经济开发区

地　址	浙江省上虞市人民西路	邮　编	312300
电　话	0575-2012451　2116631	传　真	0575-2117870
网　址	http://www.sedz.com	信　箱	syedz@mail.sxptt.zj.cn

【开发区简介】

浙江省上虞经济开发区于1993年11月经浙江省人民政府批准建立，是省级重点经济技术开发区和先进开发区。

上虞经济开发区与老城区仅一江之隔，既是老城区的拓展和延伸，又是上虞市未来发展的新城区和工业新区。开发区规划面积40平方公里，建成10平方公里。区内各类市政、公用设施日趋完善，投资、生活环境不断提高，基础设施已全面实现"八通一平"，完全适应各类投资项目需要。

上虞经济开发区位于长江三角洲繁华的沪杭甬经济带，北濒杭州湾，由开发区向北至沪杭甬高速公路道口为2公里，向西至杭温高速公路道口也仅2公里，329国道、104国道、沪杭甬铁路复线、京杭甬运河等四通八达的交通网络造就了开发区的天然交通优势。

浙江省绍兴市经济开发区

地　址	浙江省绍兴市延安东路481号	邮　编	312000
电　话	0575－8641597　8653602	传　真	0575－8648505
网　址	http://www.sx.gov.cn	信　箱	webmaster@sx.gov.cn

【开发区简介】

绍兴经济开发区于1992年8月经省政府批准成立的，是目前全省5个重点开发区之一，规划总面积9.6平方公里，设3个功能区块，北块为工业仓储区，中块为综合配套服务区，南块辟为高新技术产业园区。

绍兴市作为中国投资硬环境"四十优"城市之一，其综合环境优势在开发区得到了最集中的体现。开发区既可借助绍兴古城已有的公用事业、生活居住设施和教育人才资源，自身又拥有超越古城的各项功能。开发区现已具备比较完善的交通、供水、排水、排污、热力、电力、燃气、电信等配套设施。

开发区现有66家外商投资企业，投资者来自美国、意大利、瑞典、日本、印尼、韩国、英国及中国香港、中国台湾等15个国家和地区，主要投资领域有纺织、机械和电子信息等行业。目前，开发区已拥有全省规模最大的聚酯切片、涤纶长丝和微电子、平板荧光显示屏、计算机软件等生产企业。

绍兴经济开发区管委会代表绍兴市政府实行区域综合管理。开发区对进区项目各项手续免费实行全过程代办制。重点外资项目、高新技术项目专门由管委会领导分工联系。开发区对外资项目实行"税外无费"政策，新批外资项目免缴建设过程的各项收费。绍兴市便民服务中心设在开发区管委会大院内，可以为进区企业提供最便捷的服务。

浙江台州市经济技术开发区

地　　址　浙江省台州经济开发区纬二路28号　　邮　　编　318000

电　　话　0576-8204934　8205595　　传　　真　0576-8205739

网　　址　http://www.taizhou-ted.com/　　电子信箱　invest@mail.tzptt.zj.cn

主管部门　台州市人民政府　　招商部门　管委会招商局

招商电话　0756-8209619　8205595

【开发区简介】

浙江省台州经济开发区创立于1997年1月30日，位于浙江黄金海岸中段，，集省级经济开发区、省级台商投资区、省级高新技术产业园区于一体，是新台州对外开放的窗口，本级经济的载体，区域经济的龙头，中心城市的核心区，体制改革的先导。开发区规划总面积35平方公里，以东环大道为界，分东、西两区：东区28平方公里为工业科技园区，以技术密集型、出口导向型为主，兴办各类符合环保要求的现代制造业、加工业，内设高新技术产业园区、台州经济开发区创业中心、台商投资园区、机电工业园区、留学生创业园区等特色园区；西区包括3平方公里的中心城市核心区和它周围的住宅区、教育区，其中城市核心区由行政文化中心、金融商贸中心、体育中心和辅助景观轴线组成，是新台州人流、技术流、信息流、资金流最密集的核心区块。

开发区成立以来，累计投入基础设施建设资金近10亿元人民币，建成区内道路36条，总长度40公里，道路总面积140万平方米，建成绿化面积300多亩，目前已具备良好的开发条件。东区启动的16平方公里基础设施已达到“六通一平”（道路、通讯、通电、供水、排水、排污和土地平整）的要求，12平方公里东扩新区建设全面启动，区内总长度21公里的“二纵四横”主干道路正在紧张施工，预计2002年10月左右初步具备工业项目进场开发条件。西区已形成以62米宽的中心大道、50米宽的市府大道、42米宽的东海大道等为骨干的道路框架，电信、电力、供水、污水处理等城市基础设施和金融、商业、文教、卫生、体育等一批配套服务项目正逐步建成并不断完善。迄今已有美、德、奥及中国港、台等10多个国家和地区客商在区内投资，形成了反光膜、节日灯、汽车配件、橡胶制品、工业缝纫机为主的产业群，产业结构合理，企业机制灵活，产品外向度高，呈现迅猛发展的良好态势。

台州经济开发区管委会是台州市政府的派出机构，代表市政府行使市级经济管理权限，具有经济管理权、税收征管权、工商行政管理权和统一收费权。为了进一步改善投资环境，更好地吸引境内外企业和个人来开发区投资办企业，促进新台州经济社会的发展，管委会相继出台了招商引资中介人奖励政策、高新技术产业园区优惠政策、税收、地价等一系列优惠政策。对国家鼓励的主导产品，替代进口产品，技术含量高、企业关联度大、市场前景广阔的项目，以及带项目在开发区成片土地上从事基础设施开发建设的企业，可实行“低门槛”的“一企一策”或“一项一策”，提供投资融资、进出口市场和管理等方面“一条龙”、“全天候”式的服务，而且实行“一个窗口对外”，简化审批手续。

台州经济开发区管委会在完善基础设施配套、改善投资环境的同时，紧紧围绕“发展经济、建设新城”的目标，抓住中国加入WTO及开发区东扩的有利时机，充分发挥新台州经营机制灵活的优势，坚持以利用内外资并举，发展高新技术产业为主的开发方针，加大招商引资力度，把开发区建设成为新台州经济发展最具活力、经济增长速度最快、外商投资最集中的区域，成为台州出口创汇的基地和高新技术产业密集区。同时把开发区建设成为布局合理、设施完备、交通便捷、环境优美、功能齐全、文明有序、经济繁荣的新兴城区。

温州市瓯海经济开发区

地　址	浙江省瓯海经济开发区梧慈路517号	邮　编	325014
电　话	0577－6367051　6362200　6362212	传　真	0577－6362207
网　址	http://www.ouhaiwindow.com	信　箱	webmaster@ouhaiwindow.com

【开发区简介】

浙江省瓯海经济开发区前身为梧埏工业区，创建于1992年9月，1994年8月经浙江省人民政府批准为省级经济开发区，规划面积8.4平方公里，距温州市中心仅4公里，紧邻温州火车客运站和货运站，104国道和瓯海大道贯穿开发区腹地，向东延伸至温州机场和温州港口，交通十分便利。同时，开发区直接受温州市经济的辐射和城市建设的拓展，开发优势突出，发展前景广阔。

开发区在8年多的创建过程中，始终坚持以工业项目、利用外资、出口生产为主的建设方针，在首期开发1.5平方公里土地上已经建成一座新兴的现代化工业城，二期开发快速启动，高新技术产业园获准建立。

目前，开发区一期开发利用土地3142亩，累计引进项目279个，引进资金29亿元，协议外资6089万美元；完成建筑面积85万平方米，“六通一平”基础设施建设投入4.1亿元，辐射3.5平方公里；各项经济指标名列全省开发区前茅。同时，开发区直接受温州市区经济的辐射和城市建设的拓展，开发优势突出，发展前景广阔。

浙江省义乌经济开发区

地　址	浙江省义乌市稠州西路138号	邮　编	322000
电　话	0579－5317698　5317610	传　真	0579－5317610
网　址	http://www.yiwu.gov.cn		

【开发区简介】

义乌经济开发区是经省人民政府批准的省级开发区，位于义乌市城区西南，1992年正式成立并实施首期开发。

义乌经济开发区总面积15平方公里，规划建设特色产业园区和高新技术产业园区，截止2000年底，建成区3.5平方公里内共有工业企业296家，配套服务企业350家，总投资超过40亿元，工业总产值411亿元，形成了彩印包装、针织服装、工艺饰品、拉链等优势行业，培育了浪莎针织有限公司、浙江伟海拉链有限公司、浙江华鸿工艺品有限公司、浙江三鼎织造有限公司、浙江顺时针服饰有限公司、浙江大德制药有限公司、浙江朝日科磁业有限公司、义乌百思德彩印包装有限公司等一大批龙头企业，这些企业在全省乃至全国同行中居于领先地位。

义乌经济开发区依托小商品市场这一得天独厚的市场优势和优惠的投资政策，正建设成为以小商品生产和加工工业为特色、高新技术为基础的现代化工业新城。

浙江省余杭经济开发区

地　址	浙江省余杭开发区超峰西路开发大楼	邮　编	311100
电　话	0571－86238500　86243452　86220508	传　真	0571－86226590
网　址	http://www.yhedz.org	信　箱	YHEDZ@yh.hz.zj.cn

【开发区简介】

余杭经济开发区于1993年11月经浙江省人民政府批准设立。开发区首期规划面积5.32平方公里，远景开发面积12平方公里。开发区以工业为主导，集贸易、仓储、金融、商住、旅游、娱乐多功能全方位开发于一体。作为余杭经济的重要增长点，开发区的建设和发展受到市政府的高度重视和全力扶持。首期开发的5.32平方公里，基础设施日臻完善，优惠政策充分，全方位服务周到，投资费用规范。

目前，以旺旺食品、南都电源、宏投包装、富天电缆、港澳装饰板材、仁德医药及下沙区块泰尔茂医疗器械为代表的一批投资规模较大、产品档次较高的中外企业已建成或即将投产。余杭经济开发区综合经济效益位居浙江省省级开发区前列。

余杭经济开发区所处的临平镇位于华东经济圈的中心（涵盖上海、杭州、宁波等）。前者是中国的经济中心和中国对外经济、文化交流的门户，后者是中国最重要的港口。

浙江省余杭高新技术产业园区是浙江省人民政府于1997年12月18日批准创建并于2001年4月正式挂牌的省级高新技术产业园区，也是杭州地区唯一的省级高新技术园区。园区设立于浙江省余杭经济开发区内，规划面积2.2平方公里。

园区旨在探索并逐步建立科技和经济紧密结合的新机制，加速新技术的引进、消化、吸收和创新，运用高新技术企业，推进高新技术成果的商品化、产业化和国际化，使高新技术的某些领域跟踪国际先进水平，逐步形成以高新技术为主的经济新格局。

西班牙（欧洲）工业园是余杭市人民政府为发展外向型经济，接轨国际市场，适应西班牙及欧洲投资客商的需求，而开辟的以工业为主导，集贸易、国际储运、金融、商住于一体的功能型区块。首期规划面积200公顷。该园区为西班牙及欧洲企业开拓中国市场提供了一个优良的投资基地。

园区建设以中西合资浙江喜德国际储运有限公司为依托。喜德公司是华东地区规模最大的国际储运和物流配送中心，设有直通式监管点、保税仓库、国际海运和空运管理及全套后勤平台服务，将为进区企业提供全方位优质、快捷服务。

浙江省余姚市经济开发区

地　址	浙江省余姚市长安路189号	邮　编	315400
电　话	0574-2820933　2814764　2811513	传　真	0574-2816998
网　址	http://www.a-kaifaqu.com	信　箱	office@a-kaifaqu.com

【开发区简介】

余姚，地处中国东南沿海，杭州湾南岸，属长江三角洲经济区，是全国首批沿海开放地区和浙江省历史文化名城。有着丰富的山水资源和地方特产，被命名为“中国杨梅之乡”和“中国榨菜之乡”。余姚工业基础扎实，已形成了一个以塑料、模具、机械、电器、电子仪表、建材、化工、冶炼、玩具、 纺织、服装、工艺美术、食品等行业门类比较齐全、产业较为协调的工业体系。目前已拥有玉立、帅康、富达等35个宁波市级以上名牌产品，有12种产品的年销售量位居全国同行业的前茅，是全国经济百强县（市）和全省经济十强县(市)之一。

余姚经济开发区创建于1992年，是浙江省人民政府批准设立的首批省级经济开发区之一。2002年1月开发区与余姚浙东经济开发区重组，成立新的浙江省余姚经济开发区。全区共分为3大区块，分别位于余姚城区的西部、南部和东部，规划总占地面积23.12平方公里。区内建有占地1.7平方公里的余姚高新技术产业园区和2.2平方公里由中国台湾玩具同业工会投资开发的浙江远东工业城。2001年底止已累计引进各类进区项目853个，总投资62.85亿元，其中外资企业项目161个，总投资3.82亿美元，协议外资1.98亿美元，实际利用外资1亿美元。2001年度实现工业总产值55.8亿元，出口交货值18.4亿元，自营出口1.36亿美元。目前，西区和南区10.91平方公里已基本开发完毕。为扩大发展空间，抓住新一轮的对外开放高潮机遇，在市区东部新开辟了9.1平方公里的城东新区，紧靠中国轻工模具城和中国塑料城，有高速公路连接线及城市主干道贯穿其间，地理位置和交通条件十分优越。新区按照产业、居住和休闲度假三大主要功能，计划公建用地2.2平方公里，商住用地1.8平方公里，工业项目用地2.0平方公里，综合集聚了工业、居住、商业、仓储、文化、教育、卫生、绿化、道路、广场等各种功能设施。新区将建成高标准、高档次、人气盛兴、经济繁荣、交通便利、环境优美的城市组成部分。

浙江省舟山经济开发区

地　址　浙江省舟山市新桥路16号　邮　编　316000
电　话　0580-2616291　2611267　传　真　0580-2611267
网　址　http://www.zsedz.com　信　箱　zsedz@mail.zsptt.zj.cn

【开发区简介】

舟山经济开发区于1992年8月经浙江省人民政府批准设立，享受沿海开放城市经济技术开发区的各项优惠政策。开发区规划面积3.8平方公里，其中港口工业区2.5平方公里，商贸住宅区1.3平方公里。开发区毗邻舟山主要城区，其发展方针和目标是：以外为主，内外结合，工贸并举，综合发展，建设与现城区互相配套并具有独特产业群体和技术优势的多功能新城区。

舟山经济开发区位于中国海岸线中段，长江口南侧，海运可达国内外各主要港口；329国道和定沈公路穿越开发区，距普陀山机场20公里，汽车经海峡轮渡可直达全国各地。开发区临近驰名中外的海天佛国普陀山、碧海灵山朱家尖等风景旅游区，附近的海洋资源十分丰富，是发展海洋产业最理想的投资宝地。

浙江温州市农业高新技术示范区

地　址　浙江省温州市将军桥瓯海建行大厦　邮　编　325005
电　话　0577-88507929 88507981　传　真　0577-88619651
网　址　http://www.wzngq.com　信　箱　wngq@mail.wzptt.zj.cn

【开发区简介】

温州市农业高新技术示范区位于温州市区西南侧，距市中心10公里，规划建设面积8.8平方公里，总投资3.7亿元，共划分为3个功能小区（农业高新技术园区、农产品加工区、科研教育区）。

温州市农业高新技术示范区东临温州机场、温州港万吨级码头、火车站，西靠温瞿公路、瓯青公路，区内有娄桐、高桐、新高桐公路、瓯海大道、金丽温高速公路和火车货运站，区位优越，交通便捷。示范区所在区域属亚热带海洋季风性气候区，年平均气温17.9℃，降水量1250mm~2200mm，无霜期为265天~284天，是浙江省热量资源最丰富的地区之一。

温州市农业高新技术示范区广泛联系国内外大专院校、科研院所为技术依托，通过优势大聚集、机制再创新，按市场经济运行规律，注重区域优势，培育新型产业，突出科技创新，形成产业规模，推进集团经营，努力探索农业产业化、市场化新路子。

温州市农业高新技术示范区的投资业主均享受上级对高新技术产业和农业发展的优惠政策，示范区管委会对入区投资者提供从项目规划立项到产品开发销售一站式快速优质服务。

浙江乍浦开发区

地　　址	浙江省嘉兴平湖市乍浦镇港务局内	邮　　编	314201
电　　话	0573-5522755 5524850 5526550	传　　真	0573-5522621 5524860 5521144
网　　址	http://www.zhapu.gov.cn	信　　箱	zhapu@china.com
主管部门	嘉兴市人民政府	招商部门	管委会经济发展局
招商电话	0573-5521000		

【开发区简介】

乍浦开发区总面积16.1平方公里（其中省级经济开发区5.8平方公里），区内水、电、路、通讯等配套设施完备，区内的井字型道路骨架互相贯通。

开发区管委会（辖7个职能分局）、海关、商检等涉外服务机构齐全。经过几年的开发，已有壳牌、大庆等一批在国内外有影响的大企业先后在乍浦投资并建成投产，乍浦开发区是依托乍浦港而设立的省级经济开发区，由嘉兴市和平湖市两级政府联合进行开发。在“九五”规划中，嘉兴市提出了把嘉兴建设成为上海南翼现代化港口型工贸城市的跨世纪战略目标以及“接轨上海、开发乍浦、三沿并举、联动发展”的发展战略。

随着“两市联合开发乍浦”、“港区合一”等一系列开发乍浦重大举措的推进，乍浦必将成为嘉兴市未来发展的龙头地区。

乍浦开发区在区内开辟了木材加工贸易园区、出口服装加工园区和重化工暨高新技术工业园区3个园区。目前，开发区紧紧围绕这3个园区，以木业为突破口，兴建国家级木材交易市场，改善投资软硬环境，加大招商引资力度，进一步加快乍浦地区的开发和开放步伐。乍浦区日益呈现出其强大的吸引力。

浙江省淳安千岛湖经济开发区

地　　址	浙江省淳按千岛湖镇新安南路16号	邮　　编	311700
电　　话	0571-64886404	传　　真	0571-64883112
网　　址	http://www.qedz.gov.cn	信　　箱	devezone@mail.hz.zj.cn

【开发区简介】

千岛湖经济开发区成立于1992年7月，规划面积28.38平方公里，1993年11月经浙江省人民政府批准列为省级经济开发区。千岛湖经济开发区坐落在风景秀丽的千岛湖镇，位于杭州-千岛湖-黄山黄金旅游线上，被誉为“一城山色半城湖”的千岛湖镇是淳安县政治、经济、交通和文化中心，也是千岛湖风景区的中心。

开发区利用响应浦东、东连杭州、西接黄山的独特区位优势，确立了以旅游为龙头，大力展第三产业、加工工业和外向型经济的指导思想，同时，淳安县委和县政府根据国家有关法律法规，按照省级开发区的各项优惠政策并结合本地实际，制定了一系列行政管理办法和规章制度。开发区管委会下设商务部、工程部、综合部及城建规划、工商、财政、土管、环保、林业等职能所，藉以现代科学的运作模式，以精干高效的机构和简化、快速的办事程序，对所有进区项目实行一个窗口对外、一颗公章生效、一条龙服务，不仅为投资者创造了施展抱负、实现愿望的广阔天地，更提供了法律保障。

慈溪经济开发区

地　址	浙江省慈溪市青少年宫北路2号	邮　编	15300
电　话	0574－63019146 63018000　63019146	传　真	0574－63017380 63019789
网　址	http://www.hzwxq.com	信　箱	cixi@hzwxq.com
主管部门	慈溪市人民政府	招商部门	管委会经济发展科
招商电话	0574－63019146		

【开发区简介】

建设中的慈溪经济开发区（杭州湾新区），地处东海之滨、杭州湾南岸，规划中的杭州湾大桥南桥址旁，区位优势明显。选定的规划区域范围初定为东至新浦镇的水云浦，南至八塘及八塘江以南约一公里处，西至庵东镇的三八江以西的西直堤，北至正在围涂的十塘，整个区域总体规划及其控制范围总面积约为96平方公里。根据滚动开发，分块建设的原则，新区首期开发面积约10平方公里，以“工业为主，融商住、旅游配套的园林化新区”为开发目标，南接杭甬高速公路连接线、西至浒崇公路延伸线。

杭州湾新区的招商，以行业相对集中为原则，以规模型、高新技术产业、外向型、环保型工业项目为主，统一布局。

该区域的最大优势在于：一是杭州湾交通通道的规划建设所带来的交通便利优势；二是凭借东外环线建设，形成新老区域对峙发展的格局；三是可以充分利用正在围垦的约6.5万亩海涂的土地优势。

浙江省镇海经济开发区

地　址	浙江省宁波市镇海	邮　编	315221
电　话	0574—86302277 86302255	传　真	0574—86302318
网　址	http://www.zhedz.com	信　箱	zhedz@zhedz.com

【开发区简介】

镇海经济开发区成立于1992年，是经浙江省政府批准设立的省级开发区，首期规划面积9.22平方公里，拟延伸开发34平方公里。镇海经济开发区依托镇海的区位优势、功能优势和资源优势，按照现代产业配套要求，以功能划分为精密机械、高科技电子、精细化工、仓储加工贸易4大工业园区。镇海开发区本着“筑巢引凤”的宗旨，致力于基础设施建设，努力改善投资硬环境。目前，区内基础设施已达到“六通一平”（供电、供水、供汽、通讯、通路、排污排水、土地平整），道路宽敞，经过近10年的艰苦创业，一个环境优美、设施齐全、充满活力的国际化、生态型经济园区已初具规模。

镇海是宁波的港口城区。宁波，是中国最早的14个沿海开放城市和全国6个经济计划单列城市之一，宁波镇海位于中国大陆最具发展潜力和经济活力的黄金区域长江三角洲南翼，镇海经济开发区正处于宁波临港型新兴工业的核心区域内，与宁波经济技术开发区、宁波保税区、中国四大深水良港——北仑港、中信公司开发的大榭岛连成一体，是中国重要的重化工基地、能源原材料基地和华东地区的重要贸易口岸。良好的区位优势、巨大的工业连动效应和经济技术集聚效应，为镇海经济开发区的发展，创造了十分优越的投资环境。镇海港作为宁波港口的重要组成部分，已经初步建立起海、陆、空立体的集疏运网络体系，稠密的公路网、铁路网、航空网，把镇海与中国大陆相连，而深水良港的中转枢纽地位，则使镇海与世界的各大港口相连接，目前宁波镇海已与80多个国家和地区、500多个港口实现通航，每月轮班超过200多个班次。

在投资软环境方面，开发区始终以“亲商、安商、富商”为服务宗旨，坚持“低门槛进入、高效率服务、好环境发展”的原则，对投资者实行“一站式”、“全程式”服务，基本形成了一套按国际惯例办事的服务体系。

海关、金融、税务、保险、商检、外汇管理等管理服务部门及律师事务所、会计师事务所、审计师事务所、人才交流中心等中介机构完备，可为投资者提供优良的服务。宾馆、酒店、学校、商场、医院、高尔夫球场等服务设施一应俱全，为投资者在紧张的工作之余，提供文化、教育、娱乐休闲和健康保障。

【规划园区】

精密机械和电子高科技园区（A、B区）：位于镇海城区和宁波市中心之间，沿宁镇线一级公路拓展，近期开发3至2平方公里，拟将A、B区连接，发展成5平方公里，重点发展精密机械和电子高科技产业。目前A、B区已聚集了来自中国台湾、美国、挪威等数10家精密机械和电子企业，通过流动建设，A、B区将成为生态型、花园式的一流工业园区。

化工工业园区：根据浙江省和宁波市“十五”与2010年产业布局规划，镇海将作为宁波和浙江省发展以石化工业为主的化工工业区，以促使一些省、市属重点化工企业和国际化工跨国公司向化工区转移集中。

化工区滨临东海，有34平方公里的滩涂围垦资源，并拥有全国最大的液体化工码头，该码头具有300万吨／年的液体化工原料和产品的吞吐能力，拥有大小储罐106座、总容量达40万立方米，并有输送管道直通化工区内，具备发展化工工业所需的港口条件。

目前，化工区已经形成以全国特大型化工企业——镇海炼油化工股份有限公司为龙头的产业集聚优势，同时吸引韩国LG化学社、荷兰阿克苏·诺贝尔化学有限公司、中国台湾高银化学工业股份有限公司、中国台湾见龙化学工业股份有限公司、美国普莱克斯气体公司等重要化工跨国企业相继落户，镇海滨海化工工业园区正逐渐成为国内外大型化工企业最佳的投资场所。

浙江象山经济开发区

地　址	浙江省象山县丹城丰茂路	电　话	0574—65752626　65734559
传　真	0574—65752624	网　址	http://www.xsedz.net

【开发区简介】

象山县地处浙江省沿海中部，三面环海，一路穿陆。陆地面积1175平方公里，53万人口，辖19个乡镇。隶属于著名港口城市宁波市，属上海经济圈。亚热带季风性湿润气候显著，年均气温16～17摄氏度，降水1250毫米。象山县已进入全国农村经济百强县和省小康县行列，被评为全国渔业生产先进县和省建筑之乡。工业经济以纺织、机械、电子、食品、建材为主，各大门类兼备。全县出口创汇企业不断增加，其中5000万元以上的企业20家。外贸出口有粮油食品、土畜产品、轻工、纺织、工艺品、机械等六大类，远销30多个国家和地区。全县有多家外商投资企业，行业涉及电子、机械、针织品、水产加工、海洋捕捞、食品、房地产及第三产业，投资合作对象包括加拿大、澳大利亚、日本、南非、新加坡、泰国、中美洲及中国台湾、中国香港等10多个国家和地区。

象山经济开发区是浙江省人民政府于1994年批准成立的省级经济开发区，是象山生态现代化滨海城市的主城区，集工业、商业、建筑、金融、旅游、居住于一体。开发区规划面积达7.82平方公里，拥有工业区、金融贸易区、综合服务区等3个功能区块并已形成了以输变电设备、针织、机械等为主的工业格局。区内有县工业示范园区、爵溪工业区、天安电工城、巨鹰针织园、商业银行、邮政电讯、客运中心、高教园区、步行街、医疗中心、居住小区、国际大酒店及省级旅游度假区松兰山海滨旅游区。

经过几年艰苦扎实的开拓，象山经济开发区正以她优越的投资环境、便捷畅通、配套完善的基础设施、欣欣向荣的产业前景成长在长江三角洲的南翼经济带，开发区上下正以优惠的投资政策、优质快捷的投资服务热忱欢迎海内外客商前来投资兴业。

浙江省临海经济开发区

地　址	浙江省临海市东方大道开发区大厦	邮　编	317000
电　话	0576-5131637　5131733	传　真	0576-5131292
网　址	http://www.kfdy.com.cn	信　箱	lhinvest@mail.tzptt.zj.cn

【开发区简介】

浙江省临海经济开发区成立于1992年5月，规划面积11.4平方公里。1993经浙江省人民政府批准为省级经济开发区。2001年2月经过区域调整，规划面积增到25平方公里，辖区人口3.3万，是集工贸、教育、娱乐、居住为一体、以工业发展为为一体、功能设施完备的开发区。

临海经济开发区本着“先建公园、后招商”的宗旨，规划上高起点，投入上大手笔，区内宾馆、医院、商场、体育场、大、中、小学一应齐全。目前全区共引进工业企业500多家，总投资10亿多元，其中三资企业30多家，总投资3000万美元。工业门类繁多，其中建材、机车、工艺品已形成三大独具区域特色的优势产业。

临海经济开发区实行开发区、招商局、街道办事处三合一办公体制，既有经济管理权，又直接行使行政管理权，职能完善、体制顺畅。开发区设有招商中心，实行全程代理制，一条龙服务，一站式收费，投资手续十分简便；可为客商提供项目咨询，项目申报、办理证照等各项服务。开发区执行省级经济开发区的有关政策，在区内兴办二、三产业可享受税收优惠政策及其他各项优惠待遇。

经过9年的超常规、跳跃式发展，省级临海经济开发区现已成长为国家级历史文化名城，全国卫生城市临海区城经济发展的中心。2000年，全区共实现工业产值24.3亿元，税收入库8350万元，分别为1992年的24倍和31倍。

2001年开发区经济又实现了较高基数上的快速增长：1～8月份，共实现了工业产值21.8亿元，同比增35.3%，完成年度计划的64.6%；地税2198万元，同比增59.2%，完成计划的104.7%；国税5751万元，同比增31.5%，完成计划的71.2%；新办企业52家，完成计划的86.7%，其中市外企业14家，外资企业7家，投资千万元以上的企业有21家。

在经济总量不断扩张的同时，开发区产业结构也得到了不断的优化。目前开发区内已形成了独具特色的两大优势产业：一是以浙江德仁集团装饰材料为龙头，以浙江百合花塑钢型材、中国伟星集团新型管件为骨干的建材产业，该产业约占全区经济总量的1／3，其中浙江德仁集团在全国竹木藤制造行业中，生产规模、经济效益一直稳居首位；二是以吉利汽车、宝马家农用车为龙头，以鹿城减震器、永新摩托车、港田摩托车为骨干的机车产业，该产业约占全区经济总量的1／2，其中吉利机车是浙江省第一家生产经济型家庭用轿车的企业。以上两在优势产业规模优势、市场优势明显，产值税收约占经济部总量的2／3。

浙江省桐乡经济开发区

地　址	浙江省桐乡市梧桐镇轩林路40号	邮　编	314500
电　话	0573—8112770 8105199 8112919	传　真	0573—8112999
网　址	http://www.txtzq.gov.cn	信　箱	tzq@txtzq.gov.cn

【开发区简介】

桐乡市位于浙江省北部杭嘉湖平原腹地，幅员面积723平方公里，下辖13个乡镇，总人口65万，市政府驻地梧桐镇。境内一马平川，素有“鱼米之乡、丝绸之府、白花地面、文化之邦”的美誉。

桐乡地处上海经济区黄金地带，是我国沿海经济开放（县）市。工业结构以轻纺为主体，丝绸、皮革、服装、食品、建材、机械、化工为骨干。蚕丝产量和生丝出口列全国首位，小湖羊皮、杭白菊、晒红烟等传统名产品在国内外享有盛名，改革开放推动了桐乡经济的迅速发展，2001年全市工业总产值350.63亿元，财政总收支10.07亿元，是浙江省十大经济发达（县）市

中国桐乡外商·台商投资区为省级浙江省桐乡经济开发区的组成部分。地处庆丰南路东侧，世纪大道西侧，环城南路北侧。首期开发200万平方米。投资区按照市委市政府关于“高标准规划，高起点建设”的要求，已对区内13条主要道路以及平地、供水、供电、供热、排污、排水、通讯等“七通一平”基础设施进行全面启动，其中区内主要道路路宽达到24米～60米不等，全区道路均配有绿化带，公共绿地率达10%以上。投资区的整体开发建设将按照现代工业建筑景观和园林风貌的要求，真正成为桐乡外商·台商投资的密集区和样板区。

浙江省桐乡经济开发区外商·台商投资区设立管理委员会，作为市人民政府派出机构，代表本级政府对投资区的开发建设实行统一领导和管理。管委会具有省级经济开发区的管理权限，享有多方面的优惠政策，可自行审批总投资在3000万美元以下的外商投资项目，并提供国有土地转让、标准厂房租赁与出售等服务。

桐乡经济开发区鼓励投资的项目：引进国内外高新技术，改造机械、电子、化工、轻纺、丝绸、服装、食品等行业，促进行业技术进步的项目；适应国内外市场需要，开发生产新设备、新材料、新产品的项目；引进和采用先进技术，开发填补国内空白、替代进口、以产顶进的项目；主要原材料进口，产品全部或大部分出口的“以进养出、两头在外”的生产项目；能源、原材料等基础设施建设项目。

浙江省海宁经济开发区

地　址	浙江省海宁市硖石镇碧云路	邮　编	314400
电　话	0573－－7091808　7092968	传　真	0573－7091828
网　址	http://www.hnkfq.com/	信　箱	hkfw@mail.jxptt.zj.cn

【开发区简介】

海宁是著名的钱塘江涌潮最佳观赏地，著名的历史文化名城。海宁是浙江省经济十强县（市）之一，也是全国农村综合实力百强县（市）之一，素有“鱼米之乡、丝绸之府、文化之邦、旅游之地”之称。

海宁经济开发区位于海宁市区东北部，是浙江省省级开发区，规画总面积5.64平方公里，主要用于工业开发。海宁经济开发区首期已开发完毕，二期2.18平方公里“六通一平”已基本完成。三期2.6平方公里的开发规划已经立项，正在实施之中。

海宁经济开发区欢迎外商前来投资，凡属国家允许的项目均可以在区内举办，其中优先鼓励发展电子、生物化工、医药、经编及产业用布、精密机械等新兴产业的项目和经省以上有关部门确认的高新技术项目。

【区位优势】

长江三角洲地区（江苏、上海、浙江）在中国的相对地位（1999年数据）：人口占全国的10.4%，GDP

占全国的确21.5%，商品流通规模占全国的28.5%。

长江三角洲地区是中国工业城市最密集、产业门类最齐全、人口密度最大、消费水平最高、市场化程度最完善、经济发展最具活力的地区，在人才、金融、贸易、信息和市场营销等方面具有其他地区无可比拟的优势，对整个中国市场具有极好的控制力和传导力。

外商选择在海宁经济开发区投资，其产品可以通过高速公路网在1～3小时内到达上海、浙江、江苏的主要城市；又可通过上海港、宁波北仑港、乍浦港，迅速销往世界各地。

浙江绍兴柯桥经济开发区

地　址　浙江省绍兴县柯桥镇　　邮　编　321030
电　话　0575—4129217 4119187　　传　真　0575—4119172
网　址　http://www.chinashaoxing.com　　信　箱　kqedz@mail.sxptt.zj.cn

【开发区简介】

绍兴柯桥经济开发区地处江南水乡名镇——柯桥，是1993年经浙江省人民政府批准设立的省级经济开发区，是绍兴县对外开放窗口。开发区位于长江三角洲繁华的沪(上海)、杭(杭州)、甬(宁波)经济带上，杭甬铁路、104 国道(北京至福州)和浙东大运河横贯境内，由开发区向北至杭甬高速公路道口仅8公里。

柯桥山水灵秀，历史悠久，人文荟萃，素有“水乡、酒乡、桥乡、名士之乡”之美称。这里有集塘、堤、路、桥于一体的国家级重点文物保护单位古纤道，有保存完好、风格独特的江南古镇建筑群，有石文化的杰作柯岩，风光秀丽瓜渚湖等。这里与历史文化名城绍兴市区毗邻。去大禹陵，周恩来祖居、鲁迅纪念馆、兰亭、印山越国王陵等名胜古迹游览十分便捷。

绍兴县是中国经济十强县（市）。柯桥是绍兴县的县城所在地，其周边集聚了绍兴县约60%的经济总量，拥有享誉海内外的中国轻纺城。开发区自93年设立以来，按照“三为主一致力”方针，不断加大招商引资力度，完善基础配套设施，优化投资服务环境，柯桥开发区已日益成为国内外客商投资热土和绍兴县经济发展最重要的增长区。开发区现有柯东高新技术产业园区、柯西工业园区和柯北工业园区等三大工业园区，柯东高新技术产业园区和柯西工业园区已初具规模，柯北工业园区已全面启动。

2001年，柯桥经济开发区完成的主要经济社会发展指标为：开发区基础设施自身投入1.2亿元人民币；2001年批准外商投资企业14家，合同利用外资6097.059万美元，实际到位外资3009.17万美元；实现工业总产值48.9亿元人民币；完成自营出口9012.04万美元。

浙江省嵊州经济开发区

地　址	浙江省嵊州市剡城路367号	邮　编	312400
电　话	0575－3049198　3347501	传　真	0575－3347406
网　址	http://www.szedz.com	信　箱	szedz@szedz.com

【开发区简介】

浙江省嵊州经济开发区成立于1994年7月，总规划面积5.87平方公里，经过8年多的滚动开发，进区工业企业300多家，初步形成领带、绢丝针织、电机电器、厨房用具、机械链轮、电声配件、精制名茶等为主的产业框架。

现在，嵊州经济开发区区域进行调整，确定开发区二期主区为城东区，规划约6平方公里，分传统特色工业区、传统产业改造区、高新技术产业区(外商投资区)和公建商住配套区。

开发区规划园区有：

1.领带工业区：嵊州市领带工业区为浙江省批特色工业区，位于城关镇东南紧靠104国道以西，环城线以南，园区一期实施面积1000亩。

2.长乐工业区：坐落于长乐镇37省道嵊州段北侧，总体规划2200亩，分三期实施。

3.甘霖工业区：园区地处甘霖镇省道嵊义线边，园区规划总面积1311亩，分三期开发。

4.崇仁工业区：园区地处镇南绍甘线、崇广线一带，规划总面积1093亩，分两期开发。

5.黄泽工业区：园区地处黄泽镇，园区总体规划面积为1000亩，分中心园区和特色园区两大块。

6.三界工业区：园区地处三界镇上三线边，位于“浙江两小时经济圈”中部，园区借助湖光山色的自然优势，总规划面积2000亩，总绿化率63%。

【优势产业】

厨具——以灶具和吸油烟机为主打产品的厨具行业是嵊州市近几年崛起的一大特色产业。嵊州厨具以款式新、质量好、品种多、价格优闻名，产品畅销国内外市场。

领带——领带产业是嵊州市的支柱产业之一，全市年产领带2.5亿条，其中1.2亿多条销往海外80多个国家和地区，分别占国内和国际领带市场份额的80%和33%。

机电——机电生产是嵊州市又一大优势产业，出口产品包括整机设备和零配件。浙江锻压机床厂是全国五大锻压设备生产基地之一，是全国锻压设备检测中心。嵊州市机械链轮厂是中国第二大链轮生产企业，产品全部出口。

针织——嵊州素有“越茧之美甲下天，嵊地最盛”之誉。目前，嵊州市绢丝针织产业已形成产业规模优势，其产量和出口量均占全国总产量和出口总量的一半以上，市场遍布几十个国家和地区。

电声——电声器材生产是嵊州市一大传统优势产业，规模大，效益稳定，产品不断更新。浙江天乐集团是亚洲最大的电器零配件生产基地。

高新技术产业——嵊州市实施“科教兴市”战略，拥有国家级高新技术示范园区——精准农业园区，省级区外高新技术企业8家，研制开发了纳米应用技术，CWJ超级粉碎机等国家技术重点创新项目。

茶叶——嵊州是全国著名的“茶叶之乡”，全市现有茶园面积12万亩，集中了全国60%以上的珠茶加工量，今年来，大面积开发了有机茶园，茶叶作为嵊州市出口拳头产品，外销40多个国家个地区，其出口量居全国市县之冠。

长毛兔——嵊州市长毛兔饲养量稳定，所产兔毛具有长、松、白、净的特点，是浙江省出口兔毛生产基地。目前，投资6500万元的中国兔毛科技示范园区项目建议书已获浙江省计委批准。

浙江省青田经济开发区

地　址	浙江省青田县温溪镇处州街2号	邮　编	323903
电　话	0578－6853720　6852481	传　真	0578－6852481
网　址	http://qedz.qingtian.gov.cn	信　箱	lsgtjgw@mail.lsptt.zj.cn

【开发区简介】

青田经济开发区创建于1992年6月，1993年11月经浙江省人民政府批准升格为省级开发区。开发区坐落于温溪镇境内，总规划面积5.2平方公里。开发区分工业和商居两大功能区块，现已开发8个工业小区和3个住宅小区，开发面积约1.5平方公里。交通十分便捷，330国道穿越青田经济开发区，金温铁路隔岸相望。

开发区自成立以来，在县委、县府直接领导和指导下，经过历届开发区管委会领导及干部职工的努力，共引进大小企业161家，已形成以鞋革、服装、机械、电子仪表为主导产业的发展格局。开发区内现拥有获得国家免检产品称号3个，中国真皮鞋王称号1个，省级名牌产品1个，省级著名商标2个，市级著名商标5个和一大批在国内有一定知名度的企业品牌。意尔康、格瑞斯正着手申报中国驰名商标，世界知名品牌花花公子、圣路兰、老爷车、啄木鸟落户温溪。目前，意尔康、格瑞斯、大事利、兽霸、安特等一批重点骨干企业发展势头强劲，宝兔鞋业、利益五金、亚泰皮革、东南管桩、洪康拉链等一批企业正在崛起，新引进的如新丽鞋业、东海机电、华声机械等一批重点企业的建设如火如荼。开发区的整体优势、企业规模优势、产品的品牌优势开始形成。

开发区2001年实现工业产值12.46亿元，其中两家企业产值超亿元。2002年第一季度，已完成工业总产值3.66亿元，比去年同期增幅77.8%。全年可望实现工业产值16亿元，力争五家企业产值超亿元。

浙江省玉环大麦屿经济开发区

地　址	浙江省玉环大麦屿经济开发区涉外大楼四楼	邮　编	317604
电　话	0076—7330004　7330002　7330001	传　真	0576—7332853
网　址	http://www.damaiyu.gov.cn	信　箱	web@damaiyu.gov.cn

【开发区简介】

浙江省玉环大麦屿经济开发区位于中国浙江省玉环县西南部，濒临天然深水良港——大麦屿港，系中国浙东南地区的重要开放门户，全区陆域面积45.45平方公里，人口3.8万。1992年正式建区，1994年升格为省级开发区。多年来，该区凭借大麦屿港得天独厚的资源优势，以及敢闯敢冒、思想解放的开发区广大干部群众的"人气"优势，走关闯将，锐意开拓，取得了一个又一个辉煌。2001年实现国内生产总值10.7亿元，两税收入1.01亿元，其中地方财政收入3501万元。形成了现代炊具、眼镜配件、缝纫机制造、交通运输设备制造四大工业基地。以港台商城为龙头的港口商贸服务业更是名声在外，逐步形成以工贸业为支撑的现代化港口型开发区高级产业结构。重点工程建设取得较大进展，3000吨级客货码头、陈屿隧道、大麦屿中央直属储备粮库、3万吨级码头、里墩水库、"大麦屿——乐清南岳"汽车滚装轮渡等一批近港项目群相继建成或即将建成，跨海大桥、东海油气登陆基地等新世纪重大项目正在积极准备之中，蓄势待发。另外，在开发区所在县先后被列入对台小额贸易口岸、国家二类口岸、全国小城镇综合改革试点镇、建设部小城镇建设试点镇和省建设厅村镇建设试点镇等。

随着国门的进一步打开，长江三角洲经济圈经济发展重心的转移，沿海高速路产业轴线和铁路产业轴线的延伸，布局空间的拓展，台州、金华一级经济亚区的崛起，大麦屿开发区的开发倍受国人和外商的瞩目，开发区"依港发展"也将进入一个更新更高的层次，最终将成为集港口、贸易、加工业于一体的外向型、多功能、综合性的现代化港口重区。

【投资重点】

开发区鼓励外商按国家颁发的《外商投资产业指导目录》进行广泛投资。此外重点发展:

1.交通、电力、码头、供水工程、污水处理等基础设施项目及仓储、货物运输、船舶修造等临港型产业;

2.发展粮食加工、石油化工、合成材料、新型建筑材料等上水平、上规模的原材料项目;

3.鼓励兴办技术密集型、资金密集型和出口创汇工业项目，发展机械、电子、电器、海洋医药、精细化工、金属制品、出口包装和水产品精深加工项目;

4.发展工业环保产业，鼓励综合利用资源和再生资源以及防治环境污染的新技术、新设备的生产性项目;

5.能提高产业发展层次，加速传统的水暖管件、眼镜配件、铝制炊具及汽车、摩托车配件和工业缝纫机等生产工艺的改造;

6.开拓对台小额贸易业务，发展国际劳务合作交流。共同建设高档次的工业园区和度假休闲中心，鼓励外商从事房地产开发。

桐庐经济开发区

地　址	浙江省桐庐镇富春江商贸大街开发大楼	邮　编	311501
电　话	0571—64211822　64211821	传　真	0571—64211822
网　址	http://www.tongluedz.com	信　箱	zhaoshang@tongluedz.com

【开发区简介】

桐庐经济开发区属浙江省省级经济开发区，坐落在风景如画的富春江南岸，紧依320国道。开发区控制区域21.5平方公里，首期开发面积4.64平方公里，二期开发12平方公里。自1992年建区至今，累计投入基础设施建设资金4.5亿元，工业、外贸、商贸、旅游度假四个功能小区已初具规模，已有240多个项目落户区内，总投资20亿元，其中外商投资企业28家，2000年区内工业总产值18亿元，出口总值10500万美元。

为进一步发挥开发区的综合环境优势，桐庐县已对开发区的管理体制进行调整，拓展开发区区域范围，启动二期开发，并以更加优惠的条件和优良的服务吸引外来投资。

奉化经济开发区

地　址	浙江省奉化市南山路162号	邮　编	315500
电　话	0574—88527194	传　真	0574—88526526

【开发区简介】

1993年11月，奉化经济开发区经浙江省人民政府批准为省级经济开发区，是浙江省台商外商投资的重点区域。开发区规划总面积18平方公里，目前已开发6.5平方公里，正在开发建设11.5平方公里。

奉化经济开发区是宁波市科技产业园区、奉化外向型经济的示范园区和吸引外商投资的主要基地，是外商投资企业和高新技术企业理想的投资场所。开发区内电力、通讯、供水、排水、排污等基础设施齐全。

奉化经济开发区管理委员会是奉化市人民政府的派出机构，代表市政府管理全市的招商引资、外商投资企业的后期服务以及开发区的规划、建设、开发和管理工作。

根据市里统一规划，奉化经济开发区分设数个特色园区：奉化台商外商投资开发区主要安置境内外投资者的高新技术项目；西坞园区主要安排台商投资项目；江口园区主要汇集马来西亚等东南亚客商的投资项目；东郊园区以集聚国内民营企业投资项目为主；尚田园区主要汇集中国香港、澳大利亚等客商的投资项目；溪口园区主要安排美国、韩国等客商的投资项目，形成了以气动元件为主的机械工业体系。近年来，奉化经济开发区的开发建设步伐不断加快，企业发展前景看好。目前，已进入新区的企业66家，总投资12.8亿元，其中外商投资企业29家。另有28家外资企业已达成投资意向，总投资达1.36亿美元。

浙江省平阳经济开发区

地　址	浙江省平阳县敖江镇新河路边	邮　编	325401
电　话	0577—3638176　3638177	传　真	0577－3639145
网　址	http://www.aojiang.org	信　箱	jjfzj@mail.wzptt.zj.cn

【开发区简介】

浙江省平阳县经济开发区紧挨鳌江镇区，坐落在鳌江流域最发达的昆鳌平原，是温州沿海经济带南翼的中心和实施中昆鳌江组合城市的核心。开发区南望“碧海仙山”国家级海洋自然保护区南麂列岛，背靠国家级风景名胜，拥鳌江流域乃至瓯南闽北边界地区5000平方公里的腹地，辐射人口近500万。这里经济实力雄厚，鳌江流域已经形成了以制革、机械、塑编、化工和水产品加工等为支柱的独特产业优势；外向型经济发展前景广阔，鳌江和南麂均为台轮停泊点；水电路港通讯等设施齐全，科教文卫等社会事业发达。交通便捷，地势广阔，是投资兴业的理想所在。

开发区紧靠全省五大联运港口之一的鳌江港，历史上就是浙南闽北的资集散地和交通枢纽，年吞吐量110万吨，可北上南下直通20多个主要港口城市，海关、商检机构已经建立，鳌江港距中国台湾基隆港仅140海里。开发区距温州机场55公里，与104国道相接，规划中的金温铁路延伸段在此设站，沿海高速公路在此开口。

浙江省平阳经济开发区是浙江省人民政府于1994年8月9日批准设立的省级经济示范区，开发区于1994年9月1日奠基，集工业、科技、贸易、金融、房产、服务等多功能为一体，享受沿海经济开发区的一系列优惠政策。开发区规划总面积9.5平方公里，主要分两大功能区：一是工业区；一是商贸区。

工业区又分为三个小区：鹤河工业小区、鞋业园区和种玉工业小区。首期开发2平方公里已初具规模，二期开发3.4平方公里正在紧锣密鼓地进行。她以明显的区域优势、完善的投资环境、特殊的优惠政策和高级的工作风范，展现出巨大的开发潜力和广阔的发展前景。

瑞安经济开发区

地　址	浙江省瑞安市开发区毓蒙路	邮　编	325200
电　话	0577—65635698	传　真	0577—65605928

【开发区简介】

瑞安作为一座有1700多年悠久历史的城市，是著名的“温州经济模式”的发祥地，中国农村综合实力百强县（市）和中国明星县（市），国务院确定的全国综合改革试验区。

省级经济开发区——瑞安经济开发区紧依瑞安市区，东临东海，南界飞云江，北接安阳新区，地理位置优越，开发区距温州机场25公里；距铁路温州站30公里；区内公路直通机场，104国道贯穿开发区通达全国，温福铁路、沿海高速公路绕区而过，交通十分便捷，兼具水、陆、空之优势，市场辐射面广阔。瑞安经济开发区规划面积7.86平方公里，计划拓展到20平方公里。目前，2.04平方公里起步区基本建成，5.82平方公里发展区全面启动开发建设。开发区坚持以工业为主、利用外资为主、拓展出口为主，致力于发展高新技术产业及其产品的方针。鼓励创办外商投资企业和外向型、科技型、规模型、效益型企业，走科工贸一体、二三产业协调发展的开发之路。

瑞安经济开发区把新世纪的需求作为开发区配套设施的建设方向，先后完成了供水、供电、道路、通讯、排污、防洪等一系列高标准的基础设施建设，为进区企业长期稳定的发展提供了保证。进区企业在这里可以享受到国家级开发区的优惠政策。开发区管委会负责办理进区企业的一切审批手续，对进区企业实行“一条龙”服务、“一幢楼”办公，以最高的效率实行全程代理服务。

长兴经济技开发区

地　址　浙江省长兴经济开发区内　　邮　编　313100
电　话　0572—6045788 6023743 6027347　　传　真　0572—6039109
网　址　http://www.ccdp.gov.cn　　信　箱　cxzs@ccdp.gov.cn

【开发区简介】

长兴经济技开发区位于杭嘉湖平原,东临太湖,北接江苏,西连安徽,与苏州隔湖相望。距上海180公里,距杭州120公里,长兴面积1427平方公里,人口62万。这里土地肥沃,资源丰富,气候温润。 杭州至南京、上海至安徽两条高速公路,104、318两条国道和宣（宣城）杭（杭州）、新（新沂）长（长兴）两条铁路纵贯而过,有年吞吐量5000万吨的长（兴）湖（州）申（上海）航道,交通便利,周边200公里内有上海、杭州、南京、常州4个机场,是华东重要的商贸物流中心,环太湖经济圈重要成员。

长兴经济技术开发区是长兴县利用外资的主战场,占地20平方公里,设有工业区、商贸区、旅游度假区三大功能区块。目前落户企业已达到30多家,2001年自营出口完成1560万美元,整个开发区已形成高新技术区、民营科技术园区、中德环保园区、旅游开发区等特色园区。投资总额近10亿美元,合同外资6.5亿美元、投资额在1000万美元以上的企业有5家。

硬件设施上,按照水电、道路、排污、供热、供气、通讯、宽带网和土地平整实现“八通一平”。开放式围墙及标准厂房的建造,统一设计,统一标准,打好品牌,树好形象。区内已建有日供水9万吨级的自来水厂，总投资1.2亿元的污水处理厂，日处理污水3万吨，总投资3000万元，容量110KV的变电所，区内实现双向24小时供电。

长兴经济技开发区鼓励发展的产业 有信息通信、光机电一体化、生物医药、机械制造、新型材料、新型纺织等资金和技术密集产业。

安吉经济开发区

地　址　浙江省安吉县递铺城西路工行大厦5—7楼　　邮　编　313300
电　话　0572—5021475　5021471　　传　真　0572—5021475

【开发区简介】

省级开发区——安吉经济开发区总面积61平方公里，位于长江三角洲经济区，杭嘉湖平原西北部，中国竹乡——安吉县县城。全县森林覆盖率69.4%，植被覆盖率73%以上，生态环境优美。大气质量达到国家一级标准，是全国生态示范区建设试点县。国家重点工程装机容量180万千瓦的天荒坪抽水蓄能电站已投入运行。境内交通十分便利，二条一级公路11省道、04省道穿境而过，分别连接杭宁高速、104国道、即将开工的申苏浙皖高速。距杭州65公里，上海220公里，南京270公里，苏州140公里。2001年，开发区新批外资企业27家，协议利用外资6300万美元，实到外资3700万美元，利用外资居省市前列。

开发区坚持以特色、专业、科技建设园区。特别是新开辟的电子、食品、新材料三个专业园区将成为开发区主导产业园区，面向社会招商。

电子工业园：位于开发区塘浦工业园区东南面，东临灵峰景区、11省道塘浦段东侧。首期规划面积2000亩。土地成本给予最优惠价格。电子工业园将充分利用清静、幽雅的生态环境与各种优惠政策，重点引进一批以电子信息产业为特点的高新技术项目落户、聚集，使园区建成为电子信息产业研发创业中心。

食品工业园：位于11省道安吉县安乐段阳光工业园区内，属县城城区范围，距市中心1.5公里。阳光食品园规划总面积1000亩，现已开发210亩。园区定位为食品加工 型企业和配套企业集成区，区内各项基础设施按高档标准进行配套建设。可采用厂房租赁形式，目前已有一家台资、一家日资食品企业落户，旺旺集团安吉瑞麦食品有限公司已投入生产。

新材料工业园：座落于塘浦工业园区内，11省道塘浦段西侧，园区引资重点为新型墙体、纳米材料等产业。规划总面积4.62平方公里。首期500亩现已基本开发完毕，二期区块全面启动开发，各项基础设施按高标准进行配套建设。

诸暨经济开发区

地　址　浙江省诸暨市城关望云路178号　　邮　编　311800
电　话　0575—7383728　7383558　　传　真　0575—7383725

【开发区简介】

诸暨经济开发区管理委员会是诸暨市政府的派出机构，代表市政府对开发区与开发建设相关的规划、土地、工业经济、出口创汇、招商引资等工作实行统一管理。诸暨经济开发区于1992年设立运作，1994年经浙江省人民政府批准为省级开发区，是诸暨市招商引资的重要区域，也是诸暨中等城市建设中独具现代化工业园区特色的重要建设和发展板块。总开发建设区域21.8平方公里，内设“高（科技）大（规模）工业园区”、“外商投资园区”、“中小企业园区”和多个“综合功能区”。现有进入经济开发区企业140多家，已基本形成机械、服装、环保、医药、电子、建材、化工、轻纺等行业为主的产业体系和产品高科技、市场国际化的新型工业园区，吸引着越来越多的投资商的目光。

诸暨经济开发区区位优势明显，自然条件优越，水陆交通便利。浙赣铁路贯境南北，杭（州）金（华）衢（州）高速公路横贯全境，杭（州）金（华）线、绍（兴）大（唐）线、诸（暨）东（阳）线三条省级公路四通八达，距杭州萧山国际机场30分钟车程，交通建设居浙江省各县（市）先进行列。

筑“巢”引“凤”，营造硬环境优势，是开发区工作的重点。开发区管委会按照适度超前、分期配套的原则，使开发区基础设施配套上档次、出形象。经过近10年的开发建设，区内道路、供水、供电、供气、通讯、排水等基础设施配套完善，学校、宾馆、医院、商贸、金融、文化娱乐等公共设施一应俱全。

诸暨经济开发区管委会以“规范、高效、优质”为目标，树立了“你成功就是我成功”的亲商理念，在相邻的市办证中心开设外商投资服务中心，对进区投资项目实行“一个窗口对外、一条龙服务、一周内办毕”的服务承诺；对新建项目实施“一个项目找一个人”的办事制度，各项手续免费全程代办；对境外投资项目或引进境内市外资金500万元以上项目，颁发“市长绿卡”，即时即办。

作为省级经济开发区，诸暨经济开发区拥有一系列吸引外资、鼓励出口、发展高新技术产业等投资优惠政策，可以对符合产业政策和导向的内外资项目给予有力支援。诸暨经济开发区已承诺并实行了税外无费，规定经济开发区内的土地按优惠价出让，并可根据投资领域和规模具体商议。诸暨经济开发区是海内外客商创业发展的一块宝地，是外商投资的理想选择。

兰溪经济开发区

地　址	浙江省兰溪西溪新区排岭	邮　编	321100
电　话	0579—8884129　8884600	传　真	0579—8885311
网　址	http://www.lxpark.com		

【开发区简介】

兰溪经济开发区是省级开发区，总体规划面积8.88平方公里，是一个新兴的以工业为主，工、科、贸结合的开发区。经过几年的努力，已成功开发2.5平方公里，实现“六通一平”，并形成了多个具有特色的小区：外商投资区、生产加工区、私营经济区、金信（兰溪）工业园及莲花新区、教师新村、竹园新村等。

兰溪经济开发区以工业为主导，积极吸收外资，大力拓展出口，致力于发展高新技术产业，逐步形成以电子通讯、医药食品、有色金属、新材料等新的产业群。

开发区管委会设立“办事大厅”对投资者实行“一站式”审 批、“一个口子”收费、“一体化”管理、“一条龙 ”服务。所有涉及投资和企业正常运作的审批、管理、协调的事务都可以在 “办事大厅”统一办理，得到包括咨询、办 理、协助等全面服务；管委会将作为企业投资者的主管部门代理人统一负责对外联络与其他政府部门的协调，在具备所有必需的资料和条件的前提下，管委会承诺在7个工作日内完成创办企业的所有审批。

安徽省开发区

安徽省开发区发展简介

安徽省共设立23个国家和省级开发区，其中合肥高新技术开发区、芜湖经济技术开发区、合肥经济技术开发区为国务院批准的国家级开发区。

安徽省开发区的发展有以下几方面特点:

一、目的明确、优势明显

安徽省创办开发区的主要目的，就是要集中力量创造对外资、外商和高新技术产业有较强吸引力并符合国际惯例的“小环境”，迅速形成外商投资群体和高新技术产业、产品的群体，使开发区逐步成为所在城市和地区发展对外经贸的重要窗口。

开发区发展具有明显的优势:

一是区位优势，安徽省处于东部沿海向中西部过渡的第一站，其有利的承东启西、沿江近海的战略性地位，是未来投资的最佳选择。

二是安徽安徽省“八五”以来，经济发展速度一直处在全国的先进行列，综合省力大大增强，为开发区和入区企业提供强有力的经济支撑环境。

三是安徽省腹地广阔、资源丰富、人口众多、市场巨大、土地和劳动力低廉。

四是安徽省各开发区除执行国家和省里给予的优惠政策外，还经当地政府的批准，尽可能为入区企业提供更多的优惠待遇。

二、布局合理、规划科学

安徽省注重开发区的整体布局和类型结构的优化。各开发区的定型和选址都经过反复调研、考察和科学论证。目前，除宿州市外，安徽省各地、市都设立了处级以上开发区，对优势较大的、有条件的地方设立多个各业型的开发区，如在省会合肥市就设立了三种类型开发区。

总体而言，安徽省不但具有内陆地区所拥有的各种不同类型的开发区，而且整体结构合理，形成了包括高新技术产业、工业、农业和第三产业的广阔投资环境。

各开发区都坚持高起点、科学规划，充分利用开发区所在地的优势，力求把开发区建设成功能分区明确、基础设施配套、产业结构合理科教事业发达、管理水平先进的现代化新城区。

三、设施过硬、配套同步

为创造良好的投资硬环境，开发区一直坚持“高标准、高起点、高性能”的原则，进行基础设施建设，起步就做到“五通一平”，有的开发区逐步实现“九通一平”，对入区项目需要特殊配套的基础设施建设，做到项目进展到什么程度，基础设施配套到什么程度，为投资者提供过硬的投资环境。

开发区同步发展商贸、金融、文教、医疗、公安、公交、邮政、娱乐和信息服务等配套工程的建设，为开发区提供良好的生活保障和对外交流。

四、依法治区、全面改革

安徽省充分认识到依法治区的重要性，十分重视开发区的法制建设，早在1993年，安徽省就对国家级芜湖经济技术开发区制订了《芜湖经济技术开发区条例》和4个配套办法。在不断总结以往立法经验和借鉴外省立法经验的基础上，安徽省人大常委会于1997年1月30日通过了《安徽省省级开发区条例》，并已于5月1日施行。《条例》对安徽省省级开发区的设立和审批、开发区管理机构和职责、开发区的工作纳入法制化轨道，为促进安徽省开发区的健康、快速发展提供了有力保障。

安徽省积极开展开发区行政管理体制和机构改革工作，鼓励和和提倡在开发区建立灵活、高效、管理先进、服务优质的新型管理体制，为开发区争创新优势、更上一层楼创造条件。目前，合肥经济技术开发区、芜湖经济技术开发区和合肥高新技术产业开发区被列为全国开发区行政管理体制和机构改革试点单位。大部分开发区建立了精干、高效的管理队伍，并具有市级管理权限，实现了从项目立项、审批、注册登记和批准建设等各个环节一条龙服务的管理模式，大大减化了办事程序，提高了办事效率。

安徽省开发区不断结合国情和自身特点，在多方面探索有助于开发区发展的综合改革，如在进区企业中进行各种形式的股份制试点和改造，实施开发区社会养老保险、社会失业保险，开设开发区人才劳务市场等，为进区工作人员提供了良好的社会保障，也为企业吸引人才、留住人才创造了有利条件。

五、成果丰硕、前景辉煌

安徽省开发区由于政府高度重视，政策优惠，投资环境优越，连年取得高速发展，许多开发区的规划水平、建设速度和施工质量都创所在地、市建设史上之最，已名符其实地成为安徽省新的经济增长点和对外开放的重要窗口。

许多开发区已形成以多头产业为主导的现代产业群体和以一批骨干项目为支撑的经济发展格局，初显出外向型、多功能、现代化新城区的雏形。

目前，为了抓住国际、国内大环境有利的这一历史机遇，进一步挥安徽省的独特优势，促进安徽省“外向带动”战略的实施，省委、省政府给开发区提出“提高开发质量，完善开发方式，加快开发建设”的新要求，开发区进入基础设施开发和项目开发并重的二次创业阶段。通过进一步加强硬、软件建设，开发区将为投资者提供更优越的环境、优惠的政策、优选的项目、优质的服务。

安庆市经济技术开发区

地　址	安徽安庆市经济技术开发区管委会	邮　编	246005
电　话	0556-5315397　5314842	传　真	0556-5315397
网　址	http://aqdz.china-anqing.org	信　箱	bbhnz@ahbb.net

【开发区简介】

安庆开发区以“营造一流投资环境、建设现代化新城区”为建区宗旨，依照国际惯例，采取灵活的运作机制，恪守“优质服务就是招商之本”的准则，使开发区建设保持了健康、快速的发展态势。

开发区总体规划7.2平方公里初步形成框架，先期开发的2.7平方公里已实现“八通一平”，功能配套设施完善，建设项目均已落实。

开发区区位优势得天独厚，投资环境优越，北抵安庆火车客运站，距民航机场4公里；南靠与市区紧密连接的大湖风景区，离长江港口和外运码头仅4公里；东靠206国道和未来的火车过江线；西临沪蓉高速公路，交通便捷。

开发区服务机构健全，办事效率较高。按照“小政府、大服务”的运行机制，除了管委会的工作机构外，还设置了工商、税务、土地、财政、公安等市分支机构，建立起有关金融机构及会计、律师、公证、社会保险等中介服务机构，实行一幢楼办公、一站式管理、一条龙服务。设有新华社卫星电子信息网络中心，还兴建了两座三星级宾馆；学校、幼儿园、医院等社会服务体系配套完善。

开发区按照“开发一片、建成一片、收益一片”的原则，在完善7.2平方公里的基础上，快速推进5平方公里工业园建设；实施“科技兴区”战略，着眼于工业，大力发展高新技术产业，把安庆经济技术开发区办成省、市实施高新技术项目的基地；大力发展金融、商贸、房地产开发等第三产业，进一步完善区内各项服务机构，培育以优质服务为重点的软环境建设；坚持“外向带动”战略，进一步扩大对外经济技术交流与合作，广开招商引资渠道，发挥“窗口”作用，使开发区成为安庆市对外开放的主力军。

蚌埠市高新技术产业开发区

地　址	安徽省蚌埠市长征路南首高新区管委会大楼	邮　编	233010
电　话	0552-4093824　4090188	传　真	0552-4074441
网　址	http://www.bbhnz.org.cn	信　箱	bbhnz@ahbb.net

【开发区简介】

蚌埠高新区位于蚌埠市张公山风景区。蚌埠因古代盛产河蚌而得名，有珍珠城的美誉。蚌埠市地理位置优越，交通发达，承东启西，是中国南北交通的重要枢纽之一。蚌埠是重要的工业城市，已形成以加工业为主，拥有机械、纺织、轻工、化工、医药、电子等行业的工业体系。蚌埠市各类人才济济，科技力量雄厚，拥有100多个各类科研机构，各类专业技术人员5万多人，有先进的技术检测手段和高科技的开发能力。

蚌埠高新区于1994年经安徽省人民政府批准成立，享受国家级高新技术产业开发区的优惠政策。高新区位于市区西南张公山风景区，总体规划面积11平方公里，控制区30平方公里。基础设施配套条件较好，首批开发的4.8平方公里已实现“六通一平”（道路、供电、供热、通讯、上水、下水），具备各类项目进区发展的条件。区内有两座三星级宾馆，一座五星级宾馆正在规划建设之中，有一批高档办公、娱乐服务设施（如商务娱乐中心、创业服务中心、写字楼、高级公寓和别墅群），融科研、开发、生产、生活、娱乐休闲和公园化的环境于一体，工作、生活、休闲十分方便舒适。

高新区管委会是市政府的派出机构，实行“小政府、大服务”的管理模式，遵循国际惯例办事规则，代表市政府对高新区进行统一规划、统一开发、统一管理，目前形成了“一区多园”联动发展的格局，进入了新一轮开发建设阶段。

蚌埠高新区设有丰原生化工业园、民营科技工业园、外资工业园、环保产业园、迎河综合园，到2001年，区内已有企业300多家，年工业总产值达亿元，形成了以生物医药、汽车配件、电子产品、卷烟辅料、新型材料等主导产品为支柱的产业群。

池州经济技术开发区

地　址	安徽池州市东湖路管委会大楼	邮　编	247100
电　话	0566－2024340 2026308	传　真	0566－2027152
网　址	http://www.czkfq.com	信　箱	czkfq@sohu.com

【开发区简介】

池州经济技术开发区是经安徽省人民政府批准设立的省级开发区，规划面积65平方公里，起步区面积2平方公里。池州经济技术开发区是池州的新城区；是池州经济的重要增长点；是池州对外开发的窗口和池州招商引资的主要平台。

池州开发区区位优势明显。开发区位于承东启西的长江中下游，长江黄金水道沿开发区北缘滚滚东流，常年可停靠5000吨级船舶的国家二类开放口岸池州港坐落在开发区内，318国道在开发区南缘延伸，贵铜沿江高等级公路穿区而过；铜陵长江大桥和安庆长江大桥分别在开发区东西沿矗立；横亘开发区的大动脉铜陵——九江铁路正在建设。

池州经济技术开发区资源优势突出。探明矿产百余种，其中有开采价值的30多种；旅游资源、农产品资源、野生动物与植物资源均十分丰富。

池州经济技术开发区基础条件良好。已实现供水、供电、道路、排水、通讯、英特网等“六通一平”。投资政策优惠，配套服务齐全。池州市委、市政府大楼在开发区内新建。近期又有一批机关、企事业高新技术企业来区内落户。

池州经济技术开发区服务热情、高效、规范。开发区管委会是池州市委、市政府派出机构，在开发区内行使市级经济管理权。管委会不断进行管理体制、方式创新，简化审批和办事程序，竭诚为投资商提供优越的发展环境。

阜阳经济技术开发区

地　址	安徽省阜阳市城区东南	邮　编	236033
电　话	0558－2259886　2259886	传　真	0558－2239336
网　址	http://www.fyinvest.gov.cn	信　箱	fykg@fyinvest.gov.cn

【开发区简介】

省级阜阳经济技术开发区位于阜阳市城区东南部，距市中心3公里，总体规划面积8.3平方公里。开发区具有良好的交通条件，京九铁路南北过境，105国道横贯东西，市客运中心站、铁路货运站坐落在开发区行政区域内，与阜阳飞机场相毗邻。开发区地势平坦，地质优良，地基承载能力强，适宜于兴办各类工商业项目。开发区基础设施齐全，区内建有变电所、热电厂、水厂、污水处理厂，通讯网络已覆盖全区。

开发区以引入高新技术项目、高附加值项目、产品出口项目、高效农业和农副产品深加工项目、利用本地劳动力资源优势的项目为主，同时鼓励中外客商兴办一般工业项目和兴办商业、信息咨询、仓储、文化娱乐等第三产业项目。

开发区拥有精干、高效的管理和服务机构。阜阳经济技术开发区管委会是市政府派出机构，在开发区内行使市级经济管理权限，主管区内行政、经济和社会事务，履行“规划、建设、协调、管理、服务〃等职能，管委会设有党政综合办公室、经贸发展局、财税局、土地规划建设局、工商分局、公安分局等职能机构，加之阜阳市口岸、商检、海关的建立，可为进区企业实行一幢楼办公，提供全程一站式服务。

【发展优势】

区位优越——阜阳自古被称为“梁宋吴楚之冲，齐鲁汴洛之道”。历史上南北商潮在这里交汇，中西部丰富的资源与东部地区发达的工业品在这里 形成对流，是人流、物流的集散地。改革开放以来，尤其是随着国家重点扶持中西部地区发展战略的实施，阜阳市拥有更多的发展机遇。目前，已成为东进西出的“桥头堡”，南来北往的结合点。

交通便捷——京九铁路穿越全境，商阜、漯阜、青阜、淮阜铁路与陇海、京广、京沪相接，形成八线引入、五线交汇的铁路网络。境内105国道和正在兴建的界阜蚌高速公路等高等级公路四通八达，水运河流纵横交错，通江达海，与已建成的阜阳机场形成了水、公、铁、空四位一体的交通格局。

资源丰富——广阔的大平原，沃野平畴，气候宜人，兼有南北气候之长短，适宜多种农作物种植，农副产品资源十分丰富，是国家重要的商品粮、棉、蔬菜、烟叶、黄牛、山羊和肉类生产基地，同时，具有较丰富的劳动力资源。

市场活跃——阜阳历来就是各类商品的集散地，这里人口众多，市场巨大。改革开放以来，随着人们生活水平的提高，消费品需求越来越大，人流、物流急剧增加，市场繁荣。目前，全市已建成各类市场800多个，其中，专业市场240多个，有20多个市场全国驰名。

投资环境良好——阜阳是全国八大乡镇企业制度实验区之一，又是安徽省农村综合改革实验区，可享受国家、省给予的各类优惠政策，同时可以享受国家实施中西部地区开发的各项优惠政策。阜阳在改善投资硬环境的同时，着力改善投资软环境，可为中外客商提供优质高效的服务。

淮南经济技术开发区

地　址	安徽省淮南市田东建设路8号	邮　编	232007
电　话	0554-3312520　3313823	传　真	0554-3310503
网　址	http://www.hetdz.com	信　箱	hnkf9808@mail.ahbbptt.net.cn
主管部门	淮南市人民政府	招商部门	管委会招商局
招商电话	0554-3312573　3313823		

【开发区简介】

淮南经济技术开发区是经安徽省人民政府批准设立的省级开发区。全区规划面积4.29平方公里，其中起步区0.66平方公里。开发区具有优越的地理位置和自然环境。北临黄金水道淮河，南倚淮沪铁路干线，东接古镇洛河，西距繁华市区2公里，206国道穿区而过。距省会合肥机场110公里、距蚌埠机场30公里，交通十分便利。

开发区内地势平坦，区内基础设施配套完善，拥有热电站、煤气站、变电站、邮电分局，实现了道路、供水、排水、供电、供热、煤气、通讯“七通一平”，是较为理想的投资热土。按照“全面规划、分步实施、滚动发展、重点突破”的发展战略，到2005年，开发区将建设成为科、工、贸一体化，第三产业发达，服务设施完善，环境整洁优美，多功能、现代化、外向型的新区。

开发区设立管委会，为中共淮南市委、市人民政府的派出机构。管委会代表市政府全面负责开发区的建设和管理，全权处理开发区一切事务。目前，已吸引了韩国、美国、澳大利亚及中国香港、中国台湾等国家和地区的客商落户开发区投资办厂。

马鞍山市经济技术开发区

地　址　安徽省马鞍山市红旗南路2号　　邮　编　243041
电　话　0555-8323158　2349128　　传　真　0555-2355377
网　址　http://www.metd.gov.cn

【开发区简介】

马鞍山经济开发区是安徽省政府批准设立的省级开发区，首期规划面积6.8平方公里，远期规划30平方公里。开发区自创建以来，立足自身实际，认真吸取先行开发区的经验，坚持科学化、规范化、高起点，扎实起步，快速建设，奋起直追。经过3年的艰苦努力，现已基本完成了起步区3.2平方公里的土地开发和基础设施框架，安徽星马专汽股份公司，日本大同公司等一批国内外知名企业前来投资兴业，现已逐步形成以专用汽车制造、机械加工、服装服侍为特色产业群体和一批骨干项目为支撑的经济发展格局。

开发区在全市开放型经济和城市“东扩南进”整体战略中的作用日益体现。按照配套完善西区，加快建设东区，规划拓展南区的总体建设思路，开发区正在积极推进向东，向南发展的各项工作，一个外向型，多功能，现代化新城区的雏形日渐形成。

马鞍山经济开发区位于中国经济最发达、最具有发展潜力的长江三角洲黄金经济圈，母城马鞍山市素有安徽东大门，皖江第一站之称，是全国闻名的国家卫生城市、国家园林城市、全国文明城市和中国优秀旅游城市，也是中国重要的钢铁工业基地、现代化的机械制造基地、著名的休闲旅游基地。城市经济实力雄厚自然景色秀丽，文化底蕴深厚，投资环境十分优越。

马鞍山经济技术开发区紧靠城市建成区，距上海340公里，距南京45公里，到南京禄口国际机场仅40分钟的车程；205国道傍区而过，与宁马、沪宁高速连为一体；宁铜铁路紧临开发区西侧，与京沪、皖赣线接轨；长江马鞍山港是国家一类口岸，年吞吐量1000万吨；水路、陆路、铁路和空运俱全，对外交通十分便利。

马鞍山经济技术开发区规划起点高，商业、公建等区域规划科学合理、设施配套完善，绿化率达40%。新区中心的西塘公园，与西翼的国家级风景名胜区——采石、东侧的梅山公园以及穿区而过的雨山湖滨湖景区融为一体，形成自然环境优美的园林化开发区。

马鞍山经济技术开发区是在市委、市政府统一领导下实行特殊优惠政策的经济区域，外来投资者到开发区除享受国家赋予中西部地区优惠政策外，同时享受省、市制定的吸引外来投资的若干奖励政策，开发区管委会还可针对不同项目情况灵活给予有关政策优惠。开发区对各类入区企业的管理、服务实行零收费。在开发区办企业所需的土地费用、水电费用、劳务费用等都比较低廉。据外来投资者测算比较，在马鞍山开发区的投资成本仅相当于周边发达城市的五至七成。

马鞍山经济技术开发区基础设施条件较好。开发区西侧有日供水23万吨的自来水厂，北侧有2座110千伏的变电所，直接向开发区供水供电。开发区位入区企业提供“五通一平”的基础条件。开发区可以提供移动通讯、计算机互联网、多媒体网络等邮电服务。开发区还可以根据客户的需求，建设各类标准厂房、工业园区，为入区项目和企业提供方便。

马鞍山经济开发区管委会是马鞍山市人民政府的派出机构，享有市级经济管理权限，内设6局1室，其机构运作参照国际惯例，与市场经济接轨。市工商、公安、市容、税务等均有派出机构与开发区一幢楼办公，逐步建立健全项目引进一条龙、项目建设的全方位服务和开业投产后的经常性服务等三个全过程服务体系，使投资者可以简便、快捷地办理所需的投资事务，方便、顺利地从事生产经营。

巢湖经济技术开发区

地　址　安徽巢湖市经济技术开发区管委会　　邮　编　238000
电　话　0565－2392618　2312432　2393638　　传　真　0565－2392618
网　址　http://www.chaohu.gov.cn

【开发区简介】

安徽省巢湖经济技术开发区是1995年8月被批准的省级开发区，该区位于巢湖市东郊，总体规划面积10平方公里，分南北两区，南区2平方公里，北区4平方公里。

开发区位于“合芜宁”金三角中心，国家长江经济开发带与我省“合巢芜”工业走廊交汇处。北距省会合肥骆岗机场、南离开放城市芜湖外贸港口——朱家桥码头均60公里。淮南铁路横亘区内（区内拥有客货二站），合巢芜高公路穿区而过（半汤入口紧贴开发区北区）。

裕溪河水道紧靠开发区蜿蜒东流，通江达海，开发区基础设施完善，功能配套，合芜光缆、华东用网贯区而过。开通了70000门程控电话，新建了二水厂（日水达25万吨）和110千伏的输变电工程（紧邻开发区南区）。区内道路高标准建成，自成网络，并通过3条主干道与市区紧密相连。此外，区内还拥有中外闻名的半汤温泉（含30多种活性元素，省市已在此建成十多农疗养院） 投资环境十分优越。

开发区设立党的工作委员会和管理委员会，副厅级建制，作为市委、市政府的派出构，代表市委、市政府对开发区规划范围内的党的建设和经济社会事务实行集中统一领导管理。开发区实行“一栋楼”办公、一个“窗口”对外，对进区项目实行“全程一站式”务和办事公开、时限承诺制，手续简便，办事高效。

目前，开发区建设已初具规模，一个工贸科技型新城、旅游休疗养新区雏形已展。开发区已成为中外客商看好的一方投资热土。一大批来自欧洲、美国、加拿大、日本、东南亚及中国香港等国家和地区的客商已进区兴业，国内著名的娃哈哈集团、正大集团等也相继落户投产，并收到了较为丰厚的回报。开发区的部分产品也相继走出国门，远销欧洲、北美、南非、日本、东南亚等国家和地区。

滁州市经济技术开发区

地　　址	安徽省滁州市全椒路93号	邮　　编	239000
电　　话	0550-3211376　3211047	传　　真	0550-3211448
网　　址	http://www.czetdz.gov.cn	信　　箱	office@czetdz.gov.cn
主管部门	滁州市人民政府	招商部门	管委会经贸发展局
招商电话	0550-3211359　3211047		

【开发区简介】

位于滁州市城区以南并与市区接壤的滁州经济技术开发区，是安徽省人民政府批准的省级开发区，规划面积11平方公里，距南京只有50公里，区位优势明显。

区内基础设施完善，良好的投资环境和优越的地理位置，吸引了海内外众多企业家前来考察、投资。德国博世－西门子、泰国正大、韩国大宇、日本行田、中国台湾益通、深圳康佳等一批国内外知名企业，都先后进区投资办厂。

开发区内有3条过境公路，其中有至合宁高速的专用快车道。距火车站3公里，距合宁高速公路入口处仅15公里；距南京港和南京国际机场60公里；距合肥机场120公里。市内有民航办事处。独特的地理位置使开发区与国内外重要城市的时空距离大大缩短。市内有京沪、淮南两条铁路穿过。规划中的京沪高速铁路、南京至西安高速铁路将在滁州设省级车站。公路形成以合宁、合徐、宁连3条高速公路（含在建）和9条省道为骨干的交通网络。

铜陵经济技术开发区

地　　址	安徽省铜陵经济技术开发区公里委员会	邮　　编	244000
电　　话	0562-2819300　2806585	传　　真	0562-2819301
网　　址	http://www.tetda.com	信　　箱	webmaster@tetda.com

【开发区简介】

铜陵经济技术开发区是1993年经省政府批准成立的省级经济技术开发区，控制区域面积为13.2平方公里，实行以区带村模式，区辖4个行政村，开发区二期暨新城区首期4平方公里的总体规划和修建性详规已批准通过。依靠国家、省、市赋予的优惠政策和管理职能，开发区充分利用自身优势，努力改善投资环境。目前，起步区0.5平方公里现已建成道路、供水、排水、电力、通讯系统和功能齐全的生活服务设施，先后有来自美国、意大利、澳大利亚、新加坡、葡萄牙、德国及中国台湾、中国香港等国家和地区的客商在起步区投资，已建成各类工业企业近60家，其中外商投资企业9家，合同总投资约10亿元，可形成年工业产值40亿元人民币。2000

年开发区实现国内生产总值3.5亿元人民币，工业总产值10亿元，财政收入3649万元，在全省20个省级开发区中居第二位，出口创汇500多万美元，完成固定资产投资2.2亿元，成为铜陵市对外开放的窗口和新的经济增长点。

目前，开发区正进行二次创业，根据铜陵市城市总体规划和市委、市政府把开发区作为新城区建设的决议，开发区二期暨新城区首期4平方公里的基础设施建设已全面启动。新城大道及公铁立交桥、黄河大道、泰山大道及芜铜路的改造已经铺开，预计2002年可完工，力争3年内在新城区形成“三横二纵”的路网骨架，使开发区成为铜陵市布局合理、功能齐全、交通便捷、环境优美的现代化、外向型的新城区，成为高新技术产业的聚集地和利用外资的基地，成为铜陵市市政建设的亮点、闪光点和城市经济的增长点。

铜陵开发区依据铜陵资源优势，发展高新技术产业，引进与铜产品加工相关的高科技项目，着力培育以铜材深加工为主导的产业，并初步形成了一批铜材深加工企业群体。国家电子基础材料产业基地的骨干企业如精达集团、铜化铜箔厂、华瑞电子等企业都坐落于开发区，在开发区内已初步形成了两大铜材深加工产品链：一是电解铜箔、覆铜板、印制电路板产品链；二是高档线管带铜产品链。目前开发区内被列入国家火炬计划项目的有3项，省级火炬计划项目2项，省级高新技术企业4家，其中精达集团是国家级重点高新技术企业。同时，按照“一区多园”的发展模式，市政府已经批准开发区内“铜加工工业园”，并出台了一系列的政策和措施，另外，“高新技术产业园”也已由省科委批准成立，并在积极筹建“民营工业园”。

理想的环境，优惠的政策，全新的体制，高效的服务，吸引着国内外投资者纷至沓来。先后有来自德国、意大利、澳大利亚、葡萄牙、马耳他、瑞士、美国、中国台湾、中国香港等国家和地区的客商在起步区投资，涉及铜材深加工、化工、服装等行业，开发区内的外资企业已成为铜陵市经济中最具活力的成份和重要的增长点。

【投资导向】

依据国家产业政策导向和铜陵资源优势，铜陵开发区优先发展的行业和项目主要有：

1.铜产品加工项目；

2.化学工业项目；

3.电子信息产业和高新技术项目；

4.医药生产和农产品加工项目；

5.纺织和服装加工项目；

6.机械制造和交通、能源、城市基础设施项目；

7.综合利用资源，防治环境污染项目；

8.国有企业出售、转让、嫁接改造项目；

9.其他重点行业和项目。

【园区规划】

高新技术产业园——开发区大力发展高新技术产业，以技术创新为动力，实现结构调整和产业优化升级，坚定不移地走科技强区之路。“高新技术产业园”规划面积1.52平方公里，目前区内高新技术产业发展已具备一定的基础。国家电子基础材料产业基地的骨干企业如精达集团、铜化铜箔厂、华瑞电子等企业都坐落于开发区。开发区内被列入国家重点火炬计划项目的有1项，国家火炬计划项目的有3项，省级火炬计划项目的有1项；国家级重点高新技术企业1家，省级高新技术企业2家；高新技术产品5个。

铜加工工业园——铜陵是我国八大产铜基地之一，电解铜产量居全国第一位。为充分发挥铜陵自身的比较优势，发展铜特色经济，早日实现把铜陵建设成全国铜商品产业基地的战略目标，经2000年7月1日市政府第12次市长办公会议研究，决定在开发区内设立"铜加工工业园"，铜陵经济技术开发区管委会负责统一领导和管理，并结合铜陵铜产业发展的方针，配套制定了一系列的优惠政策。

铜加工工业园规划面积480亩，总投资5000万元，主要用于发展技术含量较高的铜深加工工业。建设内容为：土地征用、"七通一平"及部分基础设施建设。

民营工业园——为认真贯彻《安徽省鼓励和引导民间投资的若干意见》和《中共铜陵市委、铜陵市人民政府关于进一步加快发展个体私营经济的若干规定》，进一步促进民营经济快速、健康的发展，加快产业结构和所有制结构调整，积极启动民间投资，吸引社会资本，在开发区建立民营企业发展的载体——"民营工业园"。园区占地面积500亩，以扶持、培养壮大民营企业为宗旨，同时将出台一系列的优惠政策和服务措施，为民营企业发展创造良好的投资环境，积极培养一批民营龙头企业。

芜湖市高新技术产业开发区

地　址	安徽省芜湖市花津南路	邮　编	241000
电　话	0553-4829778　4831057	传　真	0553-4831233　4820943
网　址	http://www.wuhu-tech.com	信　箱	wuhu-high-tech@sina.com

【开发区简介】

芜湖高新技术产业开发区位于国家级沿江开放城市——安徽省芜湖市，该区域拥有悠久的开放历史和良好的开放环境，占据承东启西的重要战略地位，建成四通八达的水陆空交通条件，具有辐射华东地区2.4亿人口的市场容量。芜湖高新区规划面积10平方公里，分为汽车零部件工业园、光电工业园、新材料工业园、花草生态园和综合加工区，是芜湖市成为安徽省乃至华东地区重要经济增长极之后，一个高起点、高标准、现代化的产业园区，与正在规划建设中的行政中心、体育中心、会展中心、大学园区、康居工程、大剧院、博物馆融为一体。目前基础建设工作已全面展开，道路、水电设施已完成基本框架，有数家汽配企业进入汽车零部件工业园内发展；数家进入木业产业园的企业已投产；星火工业园标准厂房一期工程已竣工并已全部租售一空，二期工程也将动工。目前高新区内进区企业已达10余家，其中国家级的显示器件研发中心芜湖华夏电真空研究所等高科技企业正进入实施阶段，上海宏宝汽车配件有限公司、河南天海电器集团、江苏武进勤丰五金厂等项目已步入建设，一批大型投资项目正在洽谈和建设之中。

高新技术产业开发区，位城市南部，扼市辖三县入市区的咽喉，依城市二环，2公里范围内有市行政中心、市体育中心、会展中心、大学园区、康居小区、大剧院、博物馆等建设中的重点工程。区域内基础设施配套承载力强。规划面积10平方公里，目前，建设已全面启动，框架正在拉开，部分重点项目已入区施工。

芜湖位于安徽省东南部，居华东中心位置，是通往黄山、九华山、太平湖风景区的北大门，素有“皖南门户”之称。又近海靠江，距长江出海口仅468公里，是“长江大三角”的组成部分。

芜湖作为安徽第二大城市，国家级沿江开放城市，是中国经济最具争潜力的地竞区。下辖芜湖、繁昌、南陵3个县和镜湖、新芜、马塘、鸠江4个区。辖区面积3317平方公里，人口213万人，其中市区面积230平方公里，人口70万人。境内设有经济技术开发区（国家级）、高新技术产业开发区（省级）、长江大桥经济园区、农业科技示范区等经济载体。

芜湖处于长江开发开放梯度推进的结合点，既有承接沿海和长江三角洲发达地带辐射并向内陆地区扩散、转移的优势，又是海外投资者由东南沿海向中西部地区、国内投资者南下北上拓展市场的“黄金跳板”，是直接面向华东大市场的理想区域。

合肥新站综合开发试验区

地　　址	安徽合肥市胜利路88号	邮　　编	230011
电　　话	0551－4224727　4239753	传　　真	0551－4216868
网　　址	http://www.hfxz.com.cn	信　　箱	hfxzsyq@mail.hf.ah.cn
主管部门	合肥市人民政府	招商部门	管委会经贸发展局
招商电话	0551—4216868　4222222		

【开发区简介】

合肥新站综合开发试验区是安徽省政府于1995年4月批准设立的省级开发区，规划面积10平方公里，集中开发6平方公里，享受市级经济管理权限。试验区前身为合肥市新火车站建设区，于1992年11月伴随着国家重点工程合肥铁路枢纽新客站的开工建设而诞生，1996年2月国家建设部批准将合肥新站综合开发试验区列为全国首家城市综合开发试点区。经过8年的艰苦努力，一个集现代化交通、商贸、金融、旅游、信息服务为一体的环境优美、设施齐全的新城区已展露风姿。

合肥新站综合开发试验区（以下简称试验区）是1992年底与国家重点工程合肥新火车站同步开发建设的。在省市领导关心支持下，试验区领导及规划建设者们走出一条以国家重点工程建设为龙头，以城市基础设施建设为骨干，运用市场机制，以地生财、综合开发、滚动发展的新路子，高起点、高效率、高速度建成了城市设施配套，功能齐全，两个文明协调发展的现代化新城区框架。试验区总投资已达32亿元，其中市政基础设施投资10亿元，其他开发投资22亿元，建成了“五纵四横”的交通路网，规划面积“七道一平”工程已完成总量的70%，绿化覆盖率达30%以上。试验区取得了飞快的发展，规模由5.1平方公里拓展到近期8.3平方公里，远期规模将达到10平方公里。原有试验区规划已不能满足试验区发展需要，为了对试验区将来建设加以控制和倡导，也为了进一步落实与完善《合肥市城市总体规划(1995～2001年)》，实现《合肥新站综合试验区国民经济和社会发展“十五”计划和到2010年发展纲要》，科学合理地规划、建设、管理试验区，新站试验区管委会委托安徽省规划设计院会同建设发展局规划处，共同编制了《合肥新站综合试验区总体规划》，作为未来10年对试验区开发建设的指导性文件。

合肥新站综合开发试验区管委会是合肥市政府派出机构，履行政府管理职能，合肥新站综合开发试验区管委会根据试验区作为一个经济新城区的实际情况，明确政府职能定位，合理设置机构，保证干部高素质，保持一流的行政效率，突出“小政府，大社会”的区域管理模式，寓管理于服务，保证试验区社会、经济持续健康发展。

淮北经济技术开发区

地　　址	安徽省淮北市经济开发区管委会	邮　　编	235000
电　　话	0561－3196765　3198056	传　　真	0554－3310503
网　　址	http://www.hbkfq.com.cn	信　　箱	hbedmana@mail.ahbbptt.net.cn
主管部门	淮北市人民政府	招商部门	管委会经济发展局
招商电话	0561－3198056		

【开发区简介】

淮北经济技术开发区是经安徽省人民政府批准设立的省级开发区。全区规划面积6.35平方公里。按照“全面规划、分步实施、滚动发展、重点突破”的发展战略，到2010年开发区将建设成为以高新技术产业为先导，科、工、贸一体化，第三产业发达，服务设施完善，环境整洁优美，多功能、现代化、外向型的新区。

开发区区位优势得天独厚。开发区位于淮北市南郊，紧邻市区，是市区的自然延伸，区内地势平坦。开发区交通便利，符夹铁路贯穿其中，并同津浦、陇海铁路干线相连，淮阜铁路沟通了京九铁路大动脉。航空运输距徐州观音国际机场60公里。途经淮北市的有徐州至合肥、连云港至霍尔果斯高速公路，综合交通网络基本形成，区内基础设施配套完善。

开发区服务机构健全，办事效率高，按照“小政府、大服”的运行机制，实行一站式管理、一条龙服务。开发区设立管委会，为淮北市人民政府的派出机构，代表市政府全面负责开发区的建设和管理，全权处理开发区内的一切事务。

宣城经济技术开发区

地　址	安徽省宣城经济技术开发区管委会	邮　编	242000
电　话	0569－2610763　2610908	传　真	0563－2610908
网　址	http://www.xckzs.com	信　箱	webmaster@xckzs.com
主管部门	宣城市人民政府	招商部门	管委会经济贸易局
招商电话	0563－2610908		

【开发区简介】

安徽省宣城经济技术开发区系省人民政府批准设立的省级开发区，位于宣城市西郊。开发区总体规划面积7.25平方公里，起步区1.4平方公里已基本开发完毕。

宣城经济技术开发区享受省级开发区一切优惠政策。宣城市市委市政府十分重视和关心开发区的建设，先后出台了《宣城经济技术开发区招商引资优惠政策》、《关于鼓励外地企业进入开发区投资的财政扶助政策的意见》、《宣城经济技术开发区土地和规划建设管理规定》、《宣城经济技术开发区民营经济园暂行办法》等政策，为开发区建设营造了良好的投资环境。

蚌埠新城综合开发区

地　址	安徽省蚌埠市胜利东路1516号	邮　编	233000
电　话	0552－2042188　2040426	传　真	0552－2049313
网　址	http://www.bbxc.com.cn	信　箱	bbairport@mail.bb.ah.cn
主管部门	蚌埠市人民政府	招商部门	管委会招商局
招上电话	0552－2073558		

【开发区简介】

蚌埠新城综合开发区是安徽省人民政府批准设立的省级开发区，面积约39平方公里，位于华夏发源地涂山东麓，蚌埠市城市中部。新区濒临淮河，京沪铁路、淮南铁路穿区而过，即将建设的京沪高速铁路在区内设站，北京至福州、西安至上海的高速公路与新区紧临，地理、交通区位十分优越。

蚌埠新区规划人口约13万，分4个片区，即中心商务区（CBD）、行政办公区、龙湖风景区、仓储加工区，分别规划建设金融商务办公、酒店、文化会展中心、住宅、商业步行街，行政办公、文化休闲娱乐、旅游度假、高档别墅和大学城以及仓储、运输、物流配送中心、专业批发市场和无污染的加工工业。

新区开发建设将遵循“以人为本、融入自然、创意未来”的理念，充分体现公众意识和蚌埠山水特色，以营造高品质的生态环境为目标，精心塑造生动和谐的城市建筑群体与开放空间，构筑优美、舒适的绿化和滨水环境，安排亲切宜人的市民活动场所，配置完善的服务设施，营造蚌埠特有的淮河文化氛围，创建国家级生态示范区，展现我国21世纪新城区的风采。

新区以发展第三产业为主，重点发展房地产业、新型服务业、金融商贸、文化教育、旅游娱乐业，大力发展开放型经济和私营经济。新区管委会将按照《安徽省省级开发区条例》赋予的权限，以公开、公平、规范的经济秩序，透明、精简、高效的“一门式”服务，实行倾斜性“无门槛、无收费、低税赋”的优惠政策。

合肥蜀山经济开发区

电　话 0551—5122467　5122469　　传　真 0551-5122467
网　址 http://www.hfss.gov.cn

【开发区简介】

合肥蜀山经济开发区1992年1月经合肥市人民政府批准成立，同年5月28日开工奠基，1993年7月经安徽省人民政府批准为省级开发区。

合肥蜀山经济开发区位于省会合肥市西区，南与合肥高新技术产业开发区管委会一路之隔，西接新加坡花园城，北靠董铺水库及植物园，地理位置优越，环境优美，是合肥西区著名的风景区。

合肥蜀山经济开发区作为合肥高新技术产业开发区的配套区、支撑区，享受高新区以及省级开发区和蜀山区的优惠待遇，在区域整体规划中，依托城市和接受高新技术产业开发区的统一规划，在区内1.8平方公里土地范围内设：工业、商贸、科教、别墅住宅、文化娱乐等五个功能区。先后引进以中国三联集团、荣事达集团、万博学院等为代表的项目单位74家，项目总投资12亿元，占地1000余亩，基础设施投入近1亿元。

福建省开发区

常山华侨经济开发区

地　址	福建漳州市常山华侨经济开发区管委会	邮　编	363000
电　话	0596－8628536　8628483	传　真	0596－8628220
网　址	http://www.changshan-fj.com	信　箱	wzb@changshan-fj.com

【开发区简介】

常山华侨经济开发区（常山华侨农场）坐落于福建省漳州市境内，地处云霄、诏安、东山三县的交界处，介于厦门和汕头之间，占地面积115平方公里。常山三面环山，丘陵起伏，乌山山脉横贯西部，红竹尖山等60多座海拨高至984米、低至100多米的山峰连绵错落。常山东西侧面临近沿海，有官洋溪自北向南汇入丝竹洋溪、罗田溪诸水，经诏安、梅州入海。

有下云溪自西南向东北流经大埔入漳江常山华侨经济开发区工业门类众多，经过多年的发展，已形成了国有、集体、外资、个私共同发展的欣欣向荣的经济格局，形成以外资工业企业为主，以生产罐头、饮料、食品机械、鲍鱼饲料、汽车配件、塑料玩具、机床配件、有机生物肥料为主导的工业体系。

常山华侨经济开发区与常山华侨农场实行两块牌子、一套人马，由漳州市人民政府直接领导，赋有县一级的行政经济管理权限。设有漳州市人民政府直属的工商、土地、税务、公安等分局和开发区管委会下属的人事、劳动等18个职能局、16个管理区（村），机构设置齐全，是漳州市重点（卫星）城镇、重点开发区和福建省重点开发区。

东侨高新技术工业园区

地　址	福建省宁德市东湖路21号	邮　编	352101
电　话	0593－2883855	传　真	0593－2868774
网　址	http://www.fjdq.net	信　箱	web@fjdq.net

【开发区简介】

东侨高新技术工业园区位于福建省宁德市区东南部，省级经济开发区——东侨开发区金塔组团和东兰组团，与国际著名港口三都港仅一堤之隔；园区东南依金蛇、贵岐两山，北侧东湖碧波荡漾、鸥鹭徜徉；东面临海，涛声阵阵、海风习习；园区周边地区生态自然、空气清新，气候宜人，具有邻市、临海、居中的区位优势，是高新技术产业开发生产的最佳选择。

园区规划面积约3800亩，首期规划用地825亩，位于东侨开发区金塔组团站前路南侧，是以发展高科技、高附加值、资金密集型的工业项目为主的高科技工业园区，目前总体规划已完成，道路、场地填方、市政基础建设已全面动工。二期规划用地3000亩，位于东侨开发区东兰组团，是高新技术工业园区的后续和发展区。

龙海市角美工业综合开发区

地　址	福建省龙海市角美开发区	邮　编	363107
电　话	0596－6796081　6766601	传　真	0596－6766602
网　址	http://www.jiaomei.net	信　箱	fulong@public.zzptt.fj.cn

【开发区简介】

福建龙海角美工业综合开发区（漳州角美台商投资区）为福建省人民政府批准的第一个中外合资土地成片开发试验区，开发区总规划建设面积10平方公里。

自1991年7月6日奠基以来，开发区凭借优越的地理条件优良的投资环境、优惠的产业政策、优质的全方位服务，迎来了来自欧美日、东南亚及港澳台地区的客商到开发区兴业，形成了以食品加工为龙头，体育运动器材、金属建材、食品包装、机械电机4大支柱15个行业的70个实体的产业群，投资总额6.5亿美元，已到资3.5亿美元，建成规模3平方公里的年产值20多亿人民币的新工业区。

闽东华侨经济开发区

地　址	福建省宁德市东侨开发区	邮　编	352101
电　话	0593－2880968　2868776　2868780	传　真	0593－2868774
网　址	http://www.nds.gov.cn/hqkf/main.htm		

【开发区简介】

闽东华侨经济开发区（简称东侨开发区）作为宁德市委、市政府推进闽东新一轮创业、培育新经济增长点和撤地设市后宁德新城区的重要组成部分，于1997年5月经福建省人民政府批准成为省级经济开发区，并于1997年8月正式挂牌设立。其建设与发展对闽东实现跨世纪发展战略目标、建设海上闽东、发展中心港口城市、弥合东南沿海经济断裂带具有十分重要的意义。

开发区自成立以来，按照开发一片、建成一片、滚动发展的原则，以蕉城、金塔、东兰三大组团，商贸住宅、行政文教、旅游休闲、新兴工业、高尚住宅和高科技园区等六大功能区进行规划建设，不断加大基础设施建设力度，初步形成了商贸区井字型路网构架。东侨大道、闽东路一期、商贸街一期工程，坪塔路、兰溪大桥等市政道路，完成投资1.6亿元，已经建成通车。总投资2.1亿元的第二批市政道路，天王路、闽东路二期、站前路、东侨大道二期、商贸街二期工程已陆续动工建设，项目开发不断升温。新亚大厦、国泰大厦、邮政化寓等项目已经竣工；广电大厦、置业小区一期、五里亭侨居房等也完成主体工程；华侨新村、逸涛富苑、国泰小区、东侨花苑、金城花苑、置业小区二期、华港商业区广场、德亚商业广场等商住小区与体育中心、会展中心、文化中心、邮政大楼和新城区防洪一期工程等公用事业项目正在紧张施工中；工业园区、办税大楼、天安世家小区、天安经典小区、建闽小区、盛鑫广场、九龙商城和地级宁德市行政中心暨占地300多亩的人民广场等项目正在加快前期工作进度。这批项目总投资13.5亿元，目前已完成投资1.8亿元。

福建省漳浦县赤湖工业区

地　　址	建省漳浦县赤湖工业区管委会	邮　　编	363209
电　　话	0596－3702800　3701219	传　　真	0596－3702005
网　　址	http://www.zpchihu.com	信　　箱	linxuehong@zpchihu.com
主管部门	漳州市人民政府	招商部门	管委会经济发展科
招商电话	0596－3656299		

【开发区简介】

赤湖工业园区创建于1999年10月，是福建乡镇企业省级工业园区，规划总用地面积8平方公里，分为3平方公里的洋坪岭工业区、3平方公里的污染集中控制区和2平方公里的将军澳游艇工业区。首期已开发1.6平方公里，规划有污染集中控制、游艇制造、建材加工、服装生产、食品开发、高新技术、五金制造、贸易服务等8个功能区，区内设立管委会和发展有限公司。

目前有较大规模企业67家，其中外资企业19家，已投产企业有58家，在建企业9家，规模企业9家，产业工人7000名。2001年完成工业产值9亿元，上缴税收450万元。

2000年率先在工业园区内实行“无费区”管理，并创办了两个特色功能区，即厦门漳州唯一的“污染集中控制区”和福建省唯一的“高级游艇制造专业区”，优化了企业的投资环境，提高了园区的品位。涌现出“建大石材”、“嘉兴石业”、“竹企农产”、“长生农产”、“优耐德五金”、“施来得五金”、“神舟造船”、“连凤服装”等一批龙头企业，发展势头强劲。赤湖污染集中控制区被省计委列入“十五”计划重点项目，并成立福建工业环保集控区（赤湖）招商中心。

招商局漳州经济开发区

地　　址	福建省招商局漳州开发区管理委员会	邮　　编	363105
电　　话	0596－6851001　6851645	传　　真	0596－6851030
网　　址	http://www.cmzz.com	信　　箱	office@cmzz.com
主管部门	漳州市人民政府	招商部门	管委会经济发展局
招商电话	0596－6851082		

【开发区简介】

招商局漳州开发区位于厦门湾南岸，距中国台湾台中港仅120海里，拥有岸线17.5公里，其中水深8米以上岸线10余公里。区内漳州港招银港区是国家交通部宣布的首批对台直航口岸。2001年12月，漳州港口岸扩大开放通过国家级验收，招银港区于2002年1月1日正式步入国家一类开放口岸行列。

开发区规划总面积40平方公里，首期启动区域6.7平方公里，至今为止，在区内注册登记和批准成立的中外企业80余家，合同投资外资额近10亿美元，内资20亿元人民币。开发区最终将建成一个以港口为龙头，港航工业为支柱，工业和第三产业并举的现代化外向型的海港城市。

漳州开发区的土地开发和综合经营，由招商局漳州开发区有限公司负责。有限公司注册资本7.6亿元人民币。经营范围：兴办经营工业、交通运输业及相关企业；港口、码头、仓储及相关物业；保税仓库、保税市场、房地产开发、建筑、安装；地质、物业管理及相关业务；旅游、酒店、文化、娱乐及相关业务；金融、保险；对外贸易、商贸、企业设备、原材料、零配件及产品代销、科技、经济、法律、信息咨询服务；商品展销、文化体育、有线广播电视业务。

漳州开发区自1992年12月28日奠基开工以来，累计完成投资20多亿元人民币，首期启动区域已实现“五通一平”，漳州开发区正在成为海内外投资者获取丰厚投资回报的投资热点。

厦门海沧台商投资区

地　　址	福建厦门市海沧新市区管委会办公楼	邮　　编	361026
电　　话	0592－6051027　6051028	传　　真	0592－6051048
网　　址	http://www.haicang.com	信　　箱	hcbgs@public.xm.fj.cn
主管部门	厦门市人民政府	招商部门	管委会经济发展局
招商电话	0592－6051034		

【开发区简介】

厦门海沧台商投资区于1989年5月经国务院批准设立为国家级投资区，是中国大陆最大的台商投资区。其规划开发面积100平方公里，目标是建成厦门市的新工业区、新港区、新市区。海沧三面环海，海岸线长26公里，深水岸线长5.5公里，具备建设第五、六代集装箱码头的条件，按规划可建设万吨级深水泊位36个，年吞吐量可达7000万吨。海沧地势平坦，地质结构稳定，发展空间和内陆腹地广阔，具备建设发展大工业的良好条件。

厦门海沧投资区管委会（以下简称管委会）是厦门市政府的派出机构，在投资区行使行政管理和经济管理职能。从公司设立、项目立项、企业注册登记、用地申请到厂房建设手续等都可以在管委会内办理。管委会为投资者提供从投资咨询、公司设立材料准备、立项手续协办等无偿服务，并协助企解决业在开工、投产以及经营过程中遇到的问题。

海沧投资区实行厦门经济特区政策。

海沧投资区鼓励发展高新技术和资金密集型产业，重点发展石化、电子、机械、精细化工、新型建材和生物制药等。

经过10多年的开发，海沧的基础设施已打下坚实的基础，现在投资区内水电供应充足，水陆交通四通八达，邮电通信方便快捷，公益设施配套齐全，具备了投资兴业的良好条件。截止到2001年底，海沧台商投资区已累计完成固定资产投资211.9亿元，其中基础设施投资和社会事业投资66.47亿元，已开发土地31.8平方公里;竣工一级公路80多公里，竣工商品房面积80.86万平方米;新建、扩建水厂各1座，日供水量8万吨;建成嵩屿电厂一期二台机组装机容量60万千瓦，新建、扩建11万伏、3.5万伏、22万伏等4座变电站;建成装机容量2万门程控电话系统;港口已建成4个泊位;海沧铁路和与厦门本岛相连的海沧大桥已建成通车;日处理10万吨的污水厂也已竣工投入使用;配套建成高尔球场、中学、小学、国际幼儿园、职业培训中心、市级医院及野生动物园各一座，各商业银行、证券、电讯、邮政、公交均已在开发区设立了分支机构。

到2001年底，投资区已累计引进外商投资企业173家，投资客商来自美国、中国香港、中国台湾及东南亚等17个国家和地区，总投资39.1亿美元，合同利用外资32.76亿美元，实际到资18.35亿美元。其中，投资1000万到3000万美元的项目有25个，投资3000万美元以上的项目有14个。世界500强企业有2家，分别是柯达公司和通用公司。累计批准国内客商投资项目298项，总投资138.7亿元人民币。已有柯达公司、翔鹭涤纶纺纤厂和嵩屿电厂、PVC管材、管件、华恒纸容器、众达钢铁、明达塑胶工业园、特宝生物制药等64家工业企业投产，工业产值每年以30%的速度递增。大中型企业骨干作用明显，2001年年产值在1亿元以上的企业13家，产值占全区工业总产值的86.76%。工业科技含量较高，投产企业中有9家为高新技术企业，其中3家通过省部级以上科技部门认定，工业产值占全区工业产值的50.62%。柯达胶卷、柯达相机及翔鹭涤纶获得ISO质量体系认证。支柱产业进一步凸显，感光材料、化纤、机械电子、建材等站全区总产值的78.95%。

福建漳浦县绥安镇工业区

地　址	福建漳浦县绥安镇工业区管委会	邮　编	363200
电　话	0596－3225888	传　真	0596－3225299
网　址	http://www.suian.com	信　箱	suian@suian.com
主管部门	漳州市人民政府	招商部门	管委会经济发展科
招商电话	0596－3225888		

【开发区简介】

福建漳浦县绥安镇工业区位于中国福建东南沿海，东临中国台湾海峡，在厦门、汕头两经济特区之间的辐射带，距厦门114公里，汕头160公里。绥安工业区与漳浦县政治、经济、文化中心绥安县城连为一体，工作、生活和经贸往来十分便利。

绥安工业区设立于1991年6月，1998年3月列为省级开发区；至2001年1月止，共引进外资项目80家，其中台资项目63家，总投资3亿美元；主要投资的项目是服装、鞋帽、制伞、帐篷、纺织、饰品、五金、电子、机电、建材、制罐、纤维制品、皮革制品、食品加工、软件开发、房地产开发、汽车维修等低能耗、少污染、劳动技术密集型轻工企业，台商企业占外资投资总额的80%；绥安工业区成为台资工业基地。

漳州市蓝田开发区

地　址	福建省漳州市蓝田开发区管委会	邮　编	363000
电　话	0596－2100925　2166009	传　真	0596－2166021
网　址	http://www.invest－fjzz.gov.cn	主管部门	漳州市人民政府
招商部门	管委会招商服务部	招商电话	0596－2100925

【开发区简介】

成立于1992年的漳州市蓝田工业开发区以其优越的区位、发展商高标准的经营理念及高水准的投资服务，目前，蓝田工业开发区累计投入3亿进行基础设施配套建设，已完成第一、二期2平方公里开发建设。完成土石方810万方，铺设各种管道72公里，道路18公里，绿地面积15万平方米，建成各类厂房、住宅、文化体育娱乐设施36万平方米。

为充分发挥蓝田工业开发区的区位优势，进一步拓展漳台经贸合作，经市政府批准在蓝田工业开发区设立漳州市蓝田台商投资工业区，并顺应国家产业政策导向，设立漳州市蓝田高新技术科技工业园。

经过几年艰辛耕耘，蓝田工业开发区硕果累累。130家企业落户扎根，并倾力而作。日盛陶瓷、健力宝饮料、天伦饼业、宝鲜饮料、大闽食品、华新包装、富华光学等上规模企业在近几年的经营中稳中求进，不断扩大产业规模，已在同行中占领一定的市场份额。

福清龙田工业区

地址	福建省福清龙田工业区管委会	电话	0591－5772374　5787348
传真	0591－5787348	网址	http://fqltip.com
信箱	ltgyq@pub6.fz.fj.cn		

【开发区简介】

龙田工业区创办于1992年10月，1999年5月被省人民政府批准升格为省级工业区，规划面积3平方公里，约合4500亩，目前已开发1313.67亩，可供开发面积3186.33亩。1999年工业总产值15.5亿元，出口创汇2221万美元，实现税利1.75亿元，基本形成了以水产、食品加工、摩托配件、化工、皮革、饲料、制鞋、彩印、建材等具有一定地区特色、科技含量较高的产业体系。

省道大真线穿区而过，北去福清区13公里，西出20公里可接福厦公里，南去8公里可达下垄集装箱码头，离元洪码头仅25公里，距福州长乐国际机场80公里，福清龙田机场位于镇区内，基本形成了四通八达的立体交通网络。

工业区实行“三制”，即项目跟踪制、办结时限制和落实责任制。同时实行“三无区”，即无乱罚款、乱收费，要到工业区检查的单位须经工业区管委会同意，否则不得检查。管委会内设二部一室，即经济发展部、管理保障部和办公室，全过程无偿为工业区企业提供服务。

莆田高新区

地　址	莆田电子信息高新技术产业园区	电　话	0954－3792940
传　真	0954－3792940	网　址	http://www.ptgxcgy.com

【开发区简介】

莆田电子信息高新技术产业园区是莆田市对外开放的宣传点和电子信息产业的基地，累计批准世界上13个国家和地区的投资企业118家，合同利用外资4.6亿美元，实际利用外资3.2亿美元，2000年实现产值26亿元。高新区现有中国台湾通信、新威电子、德基电子等一批年产值超亿元以上的龙头企业，形成以电子计算器、电子玩具、集成电路板、石英谐振器、液晶显示器、传真机、可视电话、网络电话、数码相机等为主要产品高、中、低档产品协调发展的局面。一些具有国内领先水平的产品(如无线键盘、偏反光片等)正在加快研发中；一些高科技项目(如电脑硬盘、ISDN电话、ADSL、SDH系统等)正在招商洽谈中，园区的发展潜力无限。

莆田电子信息高新技术产业园区系福建省“十五”期间重点扶持培育的电子信息产业三大基地之一，将重点发展计算机及周边设备、通信终端、新型显示器、新型元器件、消费类电器、网络系统应用等电子信息系列产品及生物制药、精密机械等高新技术产业。努力把高新区建成集科、工、贸一体化的外向型工业园区。

莆田电子信息高新技术产业园管理委员会(以下简称管委会)是莆田县政府的派出机构，并受莆田市政府委托，行使部分市级管理权限。从公司设立、项目立项、公司注册登记、用地申请到厂房建设手续等都可以在管委会内办理。管委会为投资者提供从投资咨询、公司设立材料准备、项目立项及公司《合同》、《章程》审批手续、申领证照、进出口通关手续等一条龙服务，并协助解决企业在开工、投产以及经营过程中遇到的问题。

江西省开发区

江西抚州金巢开发区

地　　址	江西省抚州市三纺路1号	邮　　编	330200
电　　话	0794－8226634　8 220417	传　　真	0794－8268083
网　　址	http://www.jxfz.gov.cn	信　　箱	JCKF@pub.fz.jx.cninfo.net

【开发区简介】

金巢开发区位于抚州市南端，是规划建设中的新城区。金巢开发区系江西省省级开发区，规划建设面积2.4平方公里，按区域功能分为三区两中心(工业区、高科技工业示范园区、商品房开发区、人工湖、商贸服务中心和文化娱乐中心)。

金巢开发区管委会是抚州市政府的派出单位，下设国税、地税、公安、城建、土管、工商等分局，对开发区实行“封闭式”管理，对投资客商实行“一条龙”优质服务。抚州金巢开发区建设有限公司负责开发区的建设与开发。

10年来，金巢开发区贯彻改革开放的基本国策，加强基础设施建设，努力完善投资环境、落实优惠政策，为外商提供优质服务，吸引国内外客商来开发区投资兴业，促进了开发区的建设，为抚州工业和经济发展作出了贡献。

近年经市政府批准，金巢开发区又建立了高科技工业示范园区，引进高科技项目和高科技人才，已由行署与北京大学签订了长期、稳定的科技经济合作协议，由北京大学为开发区提供具有国际、国内先进水平的高新科技成果和成熟专项技术。同时，开发区还和中科院研究生院东方科源新技术开发中心、华东地质学院、南昌大学等一批科研院所、高等院校建立长期合作关系，通过实施“科技兴区”战略，把开发区建成一个集科工贸为一体的现代化工业新城区。

九江经济技术开发区

地　　址	江西省九江市长江大道发展大楼	邮　　编	332000
电　　话	0792－8231942　8367500	传　　真	0792－8228600
网　　址	http://www.jjkfq.gov.cn	信　　箱	jjkfq@public1.jjptt.jx.cn
主管部门	九江市人民政府	招商部门	管委会经济发展局
招商电话	0792－8367500　8361805		

【开发区简介】

九江经济技术开发区于1992年7月动工兴建，是江西省和九江市重点开发建设的新型经济区域，辖区面积30.04平方公里，现规划建设面积9.8平方公里。开发区与九江老城区紧密相连，距九江火车站、客运港、外贸码头均在3公里左右，区位和交通条件优越。辖区内现有2个街道办事处、9个居委会，人口近6万。

九江开发区遵循发展对外经济技术合作和加强内地经济技术合作相结合的原则，努力创造良好的投资环境，引进外资，引进先进技术和设备，引进人才和科学管理方式，以发展工业为主，工技贸相结合，兴办各类产业。通过9年的开发建设，一期开发4.5平方公里初具规模，已开发面积5平方公里，建成区2平方公里。截至2001年10月份，累计引进各类项目209个，协议总投资33.52亿元，其中“三资”项目96个，协议投资额21亿元，外方出资比例占68.2%。累计开工和投产项目119个，资金到位17亿元人民币，其中51个投产工业项目年生产能力达20亿元，商品房峻工面积60万平方米。

进入新世纪，开发区迎来了新的发展时期。江西省和九江市提出，争创九江工业新优势，要集中精力办好九江开发区。“十五”期间，九江开发区将进一步改善投资环境，加大招商引资和改革开放力度，努力实现经济总量和财政收入翻两番，加速向经济繁荣和优美文明的九江新城区迈进。

开发区位于九江市区西南面的八里湖畔，东与老城紧密相连，南接京九铁路和昌九高速公路，西接九瑞公路，北临长江。区内地势平坦，地质结构稳定，地基由粘土和卵砾石组成，地下水埋深一般在10米左右，地耐力15吨／平方米以上。区内有17平方公里的八里湖水面，碧波万顷，水美鱼肥。开发区濒江临湖，景色秀丽，是一个理想的投资、居住、旅游场所。

九江开发区辖区面积30.04平方公里（含八里湖水域17平方公里），现规划建设面积9.8平方公里，以建成高新科技与非公有制经济为主的工业区和优美文明的九江新城区为目标，按六大园区，即工业区、商住区、城市中心区、科教文卫区、旅游娱乐区（八里湖景区）和高科技农业区布局，坚持高起点规划、高标准建设、高效能管理，加快建设和发展步伐。为了加快发展工业，目前正在开辟新的工业园区（九江工业园），远景控制面积22平方公里，一期开发5.5平方公里。

区内5平方公里范围的道路、给水、排水、供电、通讯、平地、绿化等基础设施建设全面完成。其中，已建高标准道路16条，主干道宽50米，道路已形成网络，九瑞大道和长江大道两条主干道已与市区连通，交通十分便捷；雨水和污水排放实行分流制；有日产14万吨水厂一座，供水管已形成网络；有110KV变电站一座，与华中电网联网。供水、供电及通讯设施容量充裕，可满足生产和生活需要。

江西省上饶市工业园区

地　址	江西省上饶市工业园区管委会	邮　编	334700
电　话	0793－8265208　8265218	传　真	0792－4341555
网　址	http://www.srgyy.com	信　箱	jxghf@sina.com.cn

【开发区简介】

上饶工业园区是根据江西省上饶市委、市政府提出的“工业强市”战略，实现工业超常规发展而设立的。

园区共分凤凰工业区、旭日工业区和三江工业区三大块，规划总面积为8平方公里。区内共分电子信息、生物工程、新材料、加工业、商业和公共服务设施等6个区域。按照“高起点、高标准”的原则和“投资环境优越、功能齐全、设施配套”的要求，工业园区要建成高新技术产业化的基地、传统产业优化升级的载体、对外招商引资的窗口、民营规模企业的集聚区、工业经济的重要增长点。

首期建设的凤凰工业区地处上饶市西大门320国道两侧，面积为2.6平方公里。水管网和供电、通讯电缆已铺设至园区，完全能满足区内企业用电、用水和通讯需要。凤凰工业园计划在两年内基本建成，2002年完成园区“七通一平”等基础设施，已有10余家企业进区落户，其中已经签约的有4家，正在洽谈的有7家。

“十五”期间，工业园区投入9.6亿元，建筑总面积120万平方米。筹资渠道：一是市财政每年安排工业发展基金1000万元，重点投入工业园区建设；二是盘活老城区土地存量获得部分资金；三是通过搞好园区基础设施建设，使园区土地、税收、收费等方面优惠政策，激活内资办企业的积极性，筑巢引凤，吸纳外商入园办企业。

至“十五”期末，园区的工业总产值要达到20亿元，利税达到2亿元以上，新增就业岗位1万人。届时，工业园区将成为上饶市经济的一个重要增长点和一道亮丽的城市风景线。

工业园区管委会根据“小政府、大社会、大服务”和“高效、精简、统一、务实”的原则，提高办事效率，公开办事程序，增加工作透明度，同时，为区内企业提供物业管理。

赣州市黄金开发区

地　　址	江西赣州市黄金开发区管委会	邮　　编	341000
电　　话	0797－8370023　8371030	传　　真	0797－8370034
网　　址	http://www.gzcei.com.cn	主管部门	赣州市人民政府
招商部门	管委会对外贸易经济合作局	招商电话	0797－8371030

【开发区简介】

江西省赣州市黄金开发区（以下简称开发区）紧邻历史文化名城赣州市城区，处于章贡江江流赣江处，规划面积119平方公里，人口约为84000人。区内建成省级开发区两个，即赣州市高新技术产业开发区和赣州黄金岭经济开发区，形成拥有食品、生物、医疗、电子、新材料、机械等工业门类。近两百家企业的实业群体。所辖蟠龙、潭东两镇、黄金岭街道办事处的农村经济逐渐向商品经济转化，城市商贸交易活跃。开发区管委会是赣州市人民政府派出并授权直接处理辖区内经济、政治、文化、社会管理事务的具备执法职能的正县级行政管理机构，具备县一级人民政府的管理职能。

开发区投资环境优越，属副热带东亚季风气候区，四季分明，气候温和；可依托的自然资源丰富，人文景观众多，经济发展可辐射赣粤闽湘边际地区。区内基础设施日趋完善。105、323国道以及正在兴建的赣粤高速公路把南北、东西交通连成一线；黄金机场航班可直达广州、厦门、南昌、珠海等地；水运依托赣江水系可与长江沿岸各地相通；京九铁路线的开通，使开发区成为与港、澳、台及东南亚联接的前沿腹地；邮电通讯便捷，程控电话、数字微波、图文传真进入国际通讯网络；昌赣22万伏输变电线路接通华中大电网，电力供应充足；开发区内已建成日供水10万吨及万吨自来水厂各一座。土地价格优惠，劳动力市场资源丰富，水电供应充足。

开发区以发展工业特别是高新技术产业为主，同时发展与之相配套的旅游、休闲农业及其他服务业，充分利用上级赋予的经济管理权限，制定出台了鼓励外商投资的优惠政策和发展高新技术产业的优惠政策，以及招商引资的奖励办法。

景德镇高新技术产业开发区

地　　址	江西景德镇市瓷都大道53号	邮　　编	333000
电　　话	0798-8338182　8338661	传　　真	0798-8338182
网　　址	http://www.jdzht.com	信　　箱	lixf@gx.51ci.com
主管部门	景德镇市人民政府	招商部门	管委会经济发展部
招商电话	0798-8338661-66		

【开发区简介】

景德镇高新技术产业开发区是江西省政府1994年批准设立的全省首家省级高新区，由建成区和新区两部分组成。建成区位于东城区，面积约5平方公里，该区工业大中型企业、大专院校、科研单位较为集中，水电、交通网络基本形成，生活、服务设施配套完善。新区位于西城区，规划面积40平方公里，将按照一区多园模式规划建设综合工业园、陶瓷工业园、高科技工业园等工业园区和与之配套的社会休闲服务区、高档商住区。

景德镇高新技术产业开发区管委会是景德镇市人民政府的派出机构，享有市级管理权限，实行“一个窗口”对外，全权审批中外投资者在区内的投资项目，并为投资者提供咨询、评估、审批、办证“一条龙”优质服务，对进区企业跟踪服务。

江西省安源经济开发区

地　　址	江西省萍乡市安源大道	邮　　编	337000
电　　话	0799-6792095　6798476	传　　真	0799-6782188
网　　址	http://www.ayedd.com	信　　箱	office@ayedd.com

【开发区简介】

江西省安源经济开发区是江西省人民政府批准设立的省级开发区，位于萍乡市城区北郊，总面积38平方公里，规划面积10平方公里，近期开发5.2平方公里，人口近3万，辖登岸等7个管理处。

地理位置优越。开发区紧靠浙赣铁路、319国道和320国道交汇处，交通十分便利，浙赣铁路横贯全境，319国道和320国道在区内呈十字交叉，距长沙黄花国际机场仅105公里，从港、澳、台来区当日可到，区位优势非常明显。区内地势平坦，地形地貌单一，地层结构稳定，适宜大规模经济开发。

规划功能齐全。开发区按照现代化新型城区开放型、高起点、多功能的要求，科学规划，合理安排，以浙赣铁路为界分为两大功能区。浙赣铁路以北为工业区，以南为金融贸易、商品住宅、行政文化事业开发区。两大功能区又分为若干个开发小区。

基础设施完备。开发区已累计投入基础建设资金3亿元。公园中路、公园北路、建设东路、金陵路、萍湖路、光丰路、滨江路、神州路、楚风路、登岸路、昌华街等相继形成。区内水泥道路纵横交错，市政环卫设施及供水、供电、供气、邮电通讯等基础设施完善，银行、学校、宾馆、体育中心、批发市场等配套设施齐全。

投资环境优良。安源经济开发区享有昌九工业走廊开发区管理权限，在基建、技改、土地、城建、工商、环保、经贸、劳动人事等方面享有地（市）级审批权和管理权，并在此基础上制订了一系列优惠政策，为中外投资者提供宽松环境。

办事程序简便。开发区管委会作为市政府的派出机构，在区内代表市政府行政管理职能，按照“一个机构、一套手续、一个章子、一次成事”的高效办事程序，为投资得提供“一条龙”服务。

山东省开发区

山东省经济开发区及经济发展基本情况和下步工作意见

山东省对外贸易经济合作厅

2002年9月15日

一、10年来开发区建设和发展取得丰硕成果

改革开放以来，我省先后批准设立了6 个国家级和 59 个省级经济开发区。其中，除青岛、烟台经济技术开发区以外，都是1992年以后批准设立的，至今已历时10年。这10年，是我省开发区由创业起步到稳步健康发展的10年，是产业主导地位和作用不断显现和增强的10年，也是在各级政府领导下,我省开发区充分发挥区位、体制、政策等方面优势，创出了一条投入少、见效快、效益好的新路子的10年。10年来，开发区工作逐步实现了三个转变，即工作重心由基础设施建设向招商引资的转变，管理体制由传统式管理向封闭式管理的转变，发展动力由政策驱动向功能驱动的转变。我省开发区的发展成就具体体现在以下几个方面：

在全省吸收外商投资稳定增长的情况下，开发区一直保持较快的增长势头，累计吸收外商投资合同额占全省的23.1%，累计实际使用外资占全省的22.8%。随着招商引资步伐加快，开发区每年的固定资产投资一直保持高速增长，平均增长已达到20%，具有老城区无可比拟的生机和活力。我省开发区从1992年到2001年工业总产值年均递增35%，税收年均递增24%，财政收入年均递增37%。到目前为止，开发区就业人数已达到70万。2001年，全省经济开发区完成工业总产值1224 亿元，工业增加值345亿元，税收 59亿元，财政收入45亿元，分别比上年增长43%、58%、54%和 116%，均高于全省的平均增幅，日益显现出对国民经济的拉动作用。

开发区建区伊始就把招商引资作为第一要务，把项目看作开发区的生命线。10年来，开发区合同外资增长了8 倍，年均增长28%；实际使用外资增长了10倍，年均增长31%，占全省的比重分别由5.7 %和8.7%提高到35.4%和35.1%。截止2001年底，全省经济开发区共吸收外商投资合同额129.2亿美元，实际使用外资71.8亿美元，平均每个项目的合同外资额为251万美元，高出全省平均水平100万美元。LG、大宇、松下、泰克等一批500强大跨国公司投资项目落户开发区，共吸纳总投资过千万美元的外商投资项目303个，合同外资额56亿美元。青岛啤酒、晨鸣纸业、鲁泰纺织等一批外商投资企业成为当地国民经济的重要支撑，三美电机、中集冷藏箱制造有限公司等一批外商投资出口大户成为全省出口的骨干力量。国家级经济开发区和东部沿海部分发展较快的省级经济开发区内已形成基础设施完善、功能各异、各具特色的主导产业群体。

开发区作为展示区域对外开放的窗口，不仅是我省吸收外资的集聚区，也是我省外贸出口的重要力量。2001年，全省经济开发区出口32.5亿美元，占全省出口总额的18%，比1992年提高了13个百分点。在出口规模不断扩大的同时，开发区的出口商品结构不断优化，出口商品的技术含量和附加值普遍提高，机电产品出口额已占出口总额的38%，高新技术产品出口已占出口总额的11%。针对部分国家的贸易保护，开发区不断加大市场开拓力度，出口市场已由原来的日韩、港澳台逐步向欧美转移。在开发区的外贸出口中，外商投资企

业成为主力军，出口额占开发区的71.6%，2001年全省出口过千万美元的外商投资企业中，开发区企业占62家。其中，青岛经济技术开发区的青岛三美电机有限公司和胶州开发区的中集冷藏箱制造有限公司出口额分别达到1.4亿美元和1亿美元，居全省外商投资企业出口第3位和第4位。

10年来，全省开发区为适应经济国际化的战略要求，努力创造与国际接轨的一流的投资环境，不断加大基础设施投入。截止到2001年底，全省经济类开发区基础设施建设的投资累计达245亿元，开发面积200平方公里。今年上半年，全省经济类开发区累计投入基础设施建设资金达32亿元。其中超过2000万元的27家，超过5000万元的15家，过亿元的3家。泰安经济开发区筹措资金2亿元，超前规划开发了10.8平方公里，一年内将实现“九通一平”，为今后两三年引进项目奠定了坚实的基础。各开发区在加大基础设施投入的同时，努力强化区中园建设。截至到2001年底，全省设立各类跨国公司工业园、留学生创业园，民营科技园及国别和地区工业园累计达到135个，极大增强了招商引资的针对性。良好的载体建设，吸引了外商投资企业、高科技企业和民营企业踊跃进区。10年来，共批准进区企业21216个，进区项目总投资1612亿元。2001年，共批准进区企业4244家，进区项目总投资469亿元，同比增长86%。

开发区建设取得新的进展，外向型经济继续保持高速增长，带动作用更加明显。1－8月份，全省经济开发区合同外资额23.8亿美元，增长72.2%；实际使用外资9.8亿美元，增长51%；外贸出口完成25.2亿美元，增长31.2%。实际使用外资和外贸出口占全省的比重都比去年同期有不同程度的提高。

二、开发区建设和发展的基本经验

10年来，全省经济开发区建设和发展的实践，为我们提供了许多有益而成功的经验。

一是各级党委政府高度重视开发区的建设和发展。开发区作为改革开放的标志和产物，是新的经济增长点的重要体现，在全省经济发展中具有重要战略地位。从20世纪80年代至今，省里先后制订出台了《山东省经济技术开发区管理条例》、《山东省青岛保税区管理条例》、《山东省省级经济开发区管理暂行办法》和有关土地、工商等专项条例和法规。通过制定政策，下放权力，落实职能权限，加大工作力度，有力地为开发区保驾护航，极大地改善了开发区建设和发展的外部环境。开发区所在地的党委、政府把开发区建设和发展，作为振兴本地经济的工作切入点和实现区域经济跨越式发展的主要载体，紧紧抓在手上。部分市印发了市委、市政府关于加快开发区发展的意见、规定和政策。尤其是我省中西部地区，近几年来把加快开发区发展作为振兴区域经济、追赶发达地区的一条有效途径，集全市之力，兴开发区之业，把开发区建设列为一把手工程或全市1号工程，极大地推动了开发区快速发展。

二是始终把招商引资作为开发区工作的第一要务。开发区中心工作是招商引资。实践证明，项目是开发区的生命线，是开发区全部工作的出发点和落脚点，是衡量开发区发展水平的标志和尺度。10年来，各开发区围绕项目搞建设，围绕项目求发展，围绕项目树形象，始终把招商引资，作为开发区工作的第一要务紧紧抓在手里，落实在行动上，因区制宜，制订了行之有效的招商战略。在坚持高档次、高科技、高效益的同时，努力做到与当地的优势资源相结合，与当地的主导产业相结合，与开发区的发展方向相结合，突出区域特色，搞好产业定位。加强了高效能的专业招商队伍的建设。各开发区为构筑区域经济“大、高、新”的产业平台，适应国外大公司向发展中国家战略转移的新趋势，逐渐建立了一支训练有素的专职招商队伍。制定完善了招商鼓励政策，增强了招商引资的吸引力和竞争力；坚持靠政策转换招商机制，按照市场经济发展的要求，充分调动了招商机构、招商人员及全社会的积极性，不断形成了新的招商激励机制，提高了招商工作的成效。

三是以创新意识塑造开发区对外开放的竞争优势。10年来，各开发区不断加大创新力度，逐步在管理体制、管理机制和管理方式上走出了一条新路子，建立了一个智能、高效的管理机构。从实际出发，按照“小政府、大服务、多功能、高效率”的原则，在内部机构设置上，紧紧围绕招商引资、园区建设和企业服务来设立机构，保证了机构精简、务实、高效。建立了充满生机的管理机制，大部分开发区实行了公开招聘、竞争上岗的用人机制，中层以下的工作人员采用了岗位责任制、聘任制，末位淘汰制，使人员能进能出，能上能下，收入分配能高能低，极大地提高了管理人员的服务意识和水平。在管理方式上，逐步由“行政控制型”向“规则服务型”的转变。按照市场经济发展的要求，在政企分开、政事分开、政社分开方面进行了大量而有益的探索，不断强化管委会的公共管理和服务理念，实现了政府职能的转变。

开发区在加大管理创新的基础上，也极大地优化了投资软环境。各开发区普遍采取了“一条龙”办公、“一站式”服务、首问责任制和领导责任追究制等办法。在收费管理方面，许多开发区建立了收费项目和标准公告制，采取开发区管委会一个口收费、收后分流的办法，降低了区内企业运营成本。

四是培养造就了一支特别能战斗的开发区建设队伍。创建初期，多数开发区所在地党委、政府都十分重视领导干部的配备，坚持把思想解放、敢担风险、勇于负责、专心事业，且具备经济技术和管理水平的能人选拔重用在开发区建设的领导一线，确保了开发区建设事业的顺利进行。在中层干部任用和职工队伍建设上，改变了单一的干部组织调配形式，采取竞争上岗、择优录取的办法，优化了职工队伍的结构。同时，注重培养具有开发区特色的艰苦创业的精神、进取奉献的精神和主人翁的精神，极大地提高了开发区建设队伍的整体素质。开发区建设和发展的10年历史，是开发区的开拓者们大胆地闯，大胆地试，顽强拼搏的历史，是以区为家、无私奉献的历史，是开发区得以健康发展的宝贵财富和强大动力。

10年来，我省经济开发区的建设和发展取得了很大成绩，积累了不少经验。但是也要清醒地看到，我省经济开发区与沿海先进省市开发区相比还有很大差距。开发区的外向度总体不高，经济总量偏小，项目档次较低；部分开发区职能落实不到位，体制尚未理顺，捆住了手脚；部分开发区畏难发愁，开拓意识不强。上述问题应认真加以研究解决。

三、进一步加快开发区发展的几点意见

当前，开发区已进入了一个重要的历史发展时期，面临着新的发展机遇，一要建设好，二要发展好。各开发区应进一步解放思想，强化工作措施，加大工作力度，把开发区对外开放推向一个新阶段。

（一）继续坚持“三为主，一致力”的发展方针，大力发展外向型经济

“以工业为主，以外资为主，以出口为主，致力于发展高新技术”，是国务院对举办开发区的总体要求，是开发区发展的宗旨。实践证明，这也是开发区取得成功的有效途径。在新的形势下，各开发区要继续坚持工业化、外向型和高科技的发展方向，注重把产业关联度较高的工业项目加速聚集，形成园区特色，拉长生产链

条，增加产业吸引力和聚集度，逐步形成主导型产业，形成现代化的工业新区。要把招商引资重点定位在跨国公司和大项目上，推动更多的国有企业利用外资进行嫁接改造，鼓励老城区企业“退城进区”，迁到开发区，实现更大的发展。

（二）加强分类指导，加快发展步伐

各开发区要根据不同类型、不同地区及不同发展阶段的实际情况，合理确定各自招商引资重点和产业发展方向，注重塑造各自特色，尽量避免产业、产品结构雷同。要认清开发区自身所处的发展阶段，遵循开发区自身的发展规律，采取不同的发展战略。国家级开发区要注重吸纳欧美、日韩等国家和地区产业转移项目，大量引进跨国公司大项目，建立研发中心和制造业基地，承担起全省参与更高层次国际竞争“领头羊”的历史重任。青岛保税区，烟台、威海出口加工区，要充分发挥国家政策和自身的功能优势，积极引进高科技项目和加工贸易项目，大力发展加工贸易，努力扩大进出口。东部省级开发区在开发区建设已有相当水准的基础上，要继续保持和扩大良好的发展态势，加大力度促进发展，继续积聚项目优势，完善园区功能，创造自身特色。中西部省级开发区要进一步解放思想，更新观念，以建设好开发区为主题，强化政府推动和政策扶持力度，尤其要加大基础设施投入，推动开发区早出形象，早出效益，实现超常规、跨越式发展。

（三）强化区域功能，优化投资环境

开发区的竞争优势在环境，创造综合环境优势是开发区扩大吸引外资的必然选择。在硬环境建设上，东部开发区要重点加强基础设施的延伸，注重完善物流、信息流等生产要素的配套功能，着力营造综合承载平台。西部开发区要加大基础设施的投入，早日具备进区项目建设、开工、生产的基本条件。在软环境建设方面，一要发挥体制优势，进一步理顺管理体制，落实职能，发挥机构简、人员精、机制活的优势，转变管理职能，简化办事程序，提高办事效率和服务水平。推行首问责任制，“马上办”、“一站式服务”，为外商投资营造良好的行政环境。二要发挥管理优势，继续坚持和完善开发区全方位授权的封闭式管理，坚持制止对外商投资企业一切形式的“乱检查、乱收费、乱摊派、乱罚款”，为外商投资创造一个公平的市场竞争环境。三要发挥人才优势，坚持对进区人员实行公开招聘、竞争上岗的方式，优化人才结构，提高人员素质。对现有人员要继续加大培训力度，造就一批熟悉国际惯例、懂业务、会外语的复合型人才。四要发挥生态环境的优势，进一步树立开发区“绿化、美化、亮化”理念，推动开发区的环境建设和保护。有条件的开发区，要争取通过ISO14000环境管理认证。

（四）增强服务意识，推行动态管理

各市外经贸部门要加强对开发区外经贸工作管理、协调和服务。要寓管理于服务之中，在服务中体现管理能力，提高管理水平。要发挥参谋助手作用，认真做好开发区的调查研究工作，及时掌握并向党委、政府反映开发区的建设情况，提出加快开发区发展的意见。要就事关开发区发展中的问题，主动牵头协调有关部门加以解决。今年初，省外经贸厅已把3000万美元以下外商投资企业合同、章程审批权下放到各类国家级开发区，把加工贸易审批权下放到有出口实绩的各类省级以上开发区。各市外经贸部门要配合省里的放权做好有关业务指导和管理工作。同时充分发挥外经贸部门对外联系渠道广的优势，为开发区招商引资提供服务。

要进一步加强对开发区的考核工作，推行动态管理，逐步建立良性的开发区管理机制。我省各类开发区数量多，规模小，发展极不平衡。在以往开发区的管理上，省级开发区只能进不能出的问题，极大地弱化了行政管理力度。为此，省政府办公厅于去年9月份下发了《关于建立山东省省级经济开发区工作考核制度的通知》，对规范开发区管理提出了明确要求。省外经贸厅将根据省政府办公厅的通知精神，在调研的基础上，对去年出台考核的具体实施细则做出修订。考核指标设立将重点突出外向度，突出招商引资，突出可操作性。切实通过考核，建立健全奖优罚劣、能进能出的管理机制，推动全省开发区健康发展。

滨州市经济开发区

地　　址　山东滨州市黄河四路524号　　邮　　编　256618

电　　话　0543－332627　33288160　　传　　真　0543－3288153

网　　址　http://www.bzinvest.gov.cn

【开发区简介】

滨州经济开发区是山东省省级开发区，位于滨州新市区西部，规划面积为10平方公里，是滨州市委、市政府在实施“追赶战略”和“工业兴市战略”的重点开发区域。开发区坚持高起点规划、高标准建设、高效率服务，以工业项目开发为主体，努力建成现代化工业示范区和高新技术的聚集区。

滨州市委、市政府决定，赋予开发区部分市级经济管理权限和优惠的投资政策，实行“封闭式管理、开放式经营”的新型运行体制，为海内外客商营造良好的发展环境和优质的服务。开发区主要布局:工业园区、商贸区和生活居住区。

目前，开发区内滨博高速公路已完成路基土方工程，预计2003年建成通车；以4条骨干路为重点的基础设施正在紧张施工中。亚洲最大的棉纺织企业——山东魏桥棉纺织集团已先行进区。滨州魏桥科技工业园是山东魏桥棉纺织集团的高档纯棉织物生产、出口基地和高档服装面料研究、开发中心，一期工程占地643亩，总建筑面积40万平方米，计划投资总额15亿元。总建筑面积32万平方米的通用标准工业厂房和9万千瓦的热电厂，预计2002年5月投产。滨州活塞工业园是继滨州魏桥科技工业园之后的又一进区大项目。总投资15亿元，占地面积1155亩。一期工程投资6亿元，占地800亩，已于2002年3月动工，预计2003年6月建成投产。

德州天衢工业园

地　　址　山东省德州市德城区湖滨北路北首　　邮　　编　253023

电　　话　0534－2363909　　传　　真　0534－2321896

网　　址　http://www.dztqgyy.com　　信　　箱　dztqgyy@dz-public.sd.cninfo.net

【开发区简介】

德州天衢工业园位于山东省德州市德城区北部,与市区相衔接。规划总面积12平方公里，其中一期规划面积5平方公里，由大连设计院规划设计。园区功能齐全，分工业区、商贸区、居住区、行政区、文化娱乐区和工业仓储区。

德州天衢工业园位置优越，交通发达。它北依京津，南靠省城济南，西临河北石家庄，东接胜利油田和沿海开放区。京沪、德石铁路和即将修建的德龙烟铁路、京沪高速铁路在此交汇，104、105国道及京福高速公路纵贯南北，从工业园到济南国际机场仅需1小时，到天津、青岛的海港、空港均有高速公路相通。园区内资源丰富，能源充足，基础设施完备，程控电话、移动电话、无线寻呼已与国际国内联网；建有供排水公司，供水充足，地下水特别是碘泉水储量丰富；电力能源充足，有11万千伏安变电站一处，供电网络齐全，能满足各类企业的电力需要；坐落于园区的德州市污水处理厂日处理污水10万立方米；德州北郊热电有限公司可满足园区企事业单位生产、生活。

经过近几年的发展，德州天衢工业园经济规模已具有一定基础，目前入园企业已近80家，项目总投资8亿元。一批科技含量高、经济效益好、发展潜力大、市场前景广阔的项目已在工业园内落户，基本形成了以太阳能、玻璃钢、电子、工艺品、机械制造、建筑建材为支柱的工业体系。

济南经济开发区

地　址	山东济南长清灵岩路中路西	邮　编	250014
电　话	0531－7227668　7227666	传　真	0531－7227668
网　址	http://www.jnedz.gov.cn	信　箱	jnedz@public.jn.sd.cn

【开发区简介】

济南经济开发区位于济南市的西南部，南连长清县城，北与槐荫区相依，开发区内基本实现“六通一平”济南经济开发区实行“政区合一”的管理体制，独立行使项目审批、城区规划、土地开发和利用其职权，享有市级管理权限。开发区对区内企业实行“封闭式”管理、“一站式”收费，为投资者提供全过程、高效、优质服务，达到招商、引商、安商、富商的目的。

济南经济开发区具有广阔的发展前景。山东省、市政府高度重视该区域的发展。西辅城建设已列入济南市“十五”规划，要把济南经济开发区建成一流的园林式、生态型、现代化的经济发展示范区。新的城市建设规划为区内企业带来无限商机和广阔的发展前景。

济南经济开发区现有鲁能工业园、台商工业园、食品工业园、微电子基地、中试基地等5个高科技园区，驻区企业45家，其中总投资在亿元以上的项目有10家，有4家世界500强企业在区内投资兴业。随着济南市“十五”规划的贯彻实施及“齐鲁硅谷”工程的启动，开发区将在引进高新技术项目、引进跨国公司投资及开拓多种贸易方式上实现大的突破，重点“发展电子信息”等高科技产业、食品加工、轻工机械、包装印刷等加工制造业。

【投资导向】

济南经济开发区是济南市的新型能源、建材、化工、食品、印刷基地，重要的交通枢纽和联运中心。重点开发、引进和采用国内外高新技术，促进和加快技术进步的项目，具体有以下几个方面：

1.适应国内外市场需要，开发生产国内外市场紧俏的新设备、新技术、新材料、新产品项目。

2.发展微电子、电子信息技术、通讯等高新技术产业，兴建高科技园区。

3.以开发区作为市区原有企业产业结构升级转型的主要承载区，发展提高以建材、机电为重点的技术先进、产品出口为主导的传统产业。

4.积极发展资金和技术密集型项目，培育上规模企业，加快形成对当地经济有较大带动作用的食品、印刷特色产业。

5.可以带项目投资开发成片土地，即外商可在开发区按统一规划投资开发成片土地，包括工业区、生活区的成片开发，从事基础设施建设项目。

6.根据形成济南市西辅城的要求发展大型娱乐设施等第三产业项目。

青岛胶州湾工业园

地　　址	山东省胶州市胶州湾高速公路营海站	邮　　编	266318
电　　话	0532－5262658　5262667	传　　真	0532－5262668
网　　址	http://www.jzwgyy.com	信　　箱	jzwgyy@qd－public.sd.cninfo.net
主管部门	青岛市人民政府	招商部门	管委会招商局
招商电话	0532－5263133　5262660		

【开发区简介】

青岛胶州湾工业园创建于1999年1月，总规划面积22平方公里。园区位于黄海之滨，胶州湾西北岸与青岛隔海相望，交通便利，东距青岛38公里，北依胶州7公里。距青岛流亭国际机场20公里，距青岛港30公里。在青岛新一轮城市规划中被列为重点发展的工业加工、仓储和货物集散区、青岛市新城镇工业示范园区。青岛胶州湾工业园经过3年多的开发建设，基础设施已配套完毕，达到了“七通一平”;目前已拥有荷兰、日本、韩国、比利时、美国及中国香港、中国台湾等20多个国家和地区的100多家企业入区投资;已经形成集工业、金融、商贸、居住、休闲等功能与一体的现代化工业城区格局。为进一步推进园区的发展，园区设立了韩国工业园、台湾工业园、青岛创业投资高科技孵化园等专业化园区。

莱州经济开发区

地　　址	山东省莱州市城港路1187号	邮　　编	261400
电　　话	0535－2290081　2290238	传　　真	0535－2290081
网　　址	http://www.lzedz.gov.cn	信　　箱	sdlzedz@public.ytptt.sd.cn

【开发区简介】

山东省莱州经济技术开发区位于渤海湾畔，是山东省省级经济技术开发区，享受国家沿海经济开发区的一系列优惠政策。

莱州经济开发区交通发达，206国道沿境而过，城港路纵横南北；莱海路横穿东西，大莱龙铁路线莱州火车站坐落在区内。南临青岛国际机场，东临烟台国际机场，国家一类开放口岸——莱州港位于开发区北端。

莱州经济技术开发区属规划的莱州新城区，规划面积18万平方公里，实现基础设施“六通一平”的面积达到6平方公里。到2001年底，已有美、德、日、韩、印尼、中国香港、中国台湾等10多个国家和地区的客商进区投资，区内企业已发展到300多家。为鼓励国内外客商进区投资建设，莱州经济技术开发区投入大量资金建设了一批标准厂房采用租赁、购买或先租后买、作价入股的方式，为进区的国内外客商提供便利的生产、生活条件。进区企业也可视自身条件和需要择地自建。

龙口外向型经济开发区

地　　址	山东龙口市黄城区西环路建委大厦9楼	邮　　编	265071
电　　话	0535－8812231　8812232	传　　真	0535－8517742
网　　址	http://www.longkou-china.com	信　　箱	kfqjfj@public.ytptt.sd.cn
主管部门	龙口市人民政府	招商部门	管委会经贸发展局
招商电话	0535－8812370　8814799		

【开发区简介】

龙口外向型经济开发区地处胶东半岛西北部，东邻烟台，南近青岛，北与大连、天津、秦皇岛隔海相望，是一个地理环境优越、交通通讯发达、自然资源丰富、工农业生产优势独具的新兴开发区。全区总面积67平方公里，海岸线长27公里，常驻人口8万人。

龙口开发区地理位置得天独厚，自然资源十分丰富。区内有全国最大的地方港，共有泊位14个，其中万吨以上泊位5个，年吞量达850万吨，客运量30万人次，先后与十几个国家和地区的港口通航，并已开通了至日本神户、横滨和中国香港的集装箱班轮。万吨级码头和5000吨级燃油码头已先后建成，投入使用。陆路交通四通八达，烟潍、青黄公路纵穿开发区，一级公路将开发区与黄城（龙口市委、市政府驻地）紧紧相联，“德龙烟”铁路贯通整个开发区。这里还是胶东半岛的能源基地。滨海煤田储量达27亿吨，年开采量500万吨；国家地质部门探明开发区所临渤海湾为“富集型”油区，胜利油田浅海石油基地正在这里进行大规模的开发建设；区内有全国唯一一家由中央和地方集资兴建的龙口电厂，装机容量120万千瓦。

龙口开发区内基础设施齐全，城区载体功能日臻完善。区内主要公路和商住区道路已全部硬化；电力供应充足，有11万伏和3.5万伏变电站各3座，采用双电源、双回路供电，可以保证区内各企业和居民的生产、生活用电；邮电通讯业比较发达，总量达到110万门，全部开通了国际直拨业务，移动电话在全国大中城市开办了漫游业务，通讯十分方便。

龙口开发区不断加大城市建设力度，城区容貌发生了翻天覆地变化。旧城改造累计达到60多万平方米。投资1000万元，建成了占地80亩，集休憩、娱乐于一体的花园式、开放型的龙口广场，投资500万元，建成了占地70亩的海滨公园，公园高峰期每天客流量达万人次以上。

口开发区海岸线绵延曲折，盛产对虾、梭子蟹、海参、扇贝、加吉鱼等海产品，现已形成以扇贝、海参养殖为主体，对虾、梭子蟹、甲鱼等名特优养殖齐头并进的高效渔业经济格局。

龙口开发区工业企业实力雄厚。区内共有工业企业173家，职工4万余人，已形成了以化工、机械、家电、纺织、印刷等为主体的支柱行业。

活跃的第三产业为龙口开发区的快速发展带来生机与活力。目前区内各类商贸、餐饮等服务网点已达5000多家。服装、果品、水产品、建材等大型专业零售批发市场初具规模。集疗养、旅游、度假、娱乐等综合服务于一体的“屺姆岛旅游度假区”三面环海，总面积4平方公里，平均海拔高度20米，东有一条10公里长，1公里宽的沙堤与陆地相连，犹如伸向大海深处的一只巨臂，是旅游避暑的理想胜地，岛上山光水影，景色迷人，加之将军石、望海亭、玉兔岭等十大景观的美丽传说，每年都吸引众多国内外游客上岛参观、游玩。

龙口开发区外向型经济发展势头迅猛。目前，开发区外商投资企业达40多家，其中独资企业7处。外商累计投资1亿多美元。新加坡复发中记私人有限公司在开发区内一次购买土地1.52平方公里，建成新加坡复发中记工业园，主要兴办果菜、罐头、饮料、食品、冷藏、包装等项目，同时配套建设了酒店、商店和住宅区，为前来开发区投资的国内外客商提供各项服务。

明水经济开发区

地　址	山东济南章丘市明水唐王山路东段	邮　编	250200
电　话	0531－3311833	传　真	0531－3311017
网　址	http://www.sdbol.com/mingshui	信　箱	msedzb@sina.com

【开发区简介】

山东明水经济开发区是山东省级开发区，规划面积14.5平方公里。经过几年来的开发建设，明水经济开发区已成为全市项目建设的示范区和具有山水园林城市特点的现代化新城区。

山东明水经济开发区规划有民营经济园、高科技项目园、中国名牌大学章丘产学研基地、仓储区、科技文教区、生活居住区、旅游度假村8大功能区。它们互为依托、协作配套，是集工业、城市建设、商业、金融、住宅、娱乐等为一体的多功能、综合性开发区。

明水经济开发区南有国道309县（济南指王村段），距省会济南40公里；北有省道102县（济南至青州）、济青高速公路，距青岛仅有3小时的路程；距济南国际机场35公里，半小时即可到达，区内设有航空客运售票处；省道242县（章丘至莱芜）纵贯南北，胶济铁路横穿东西，明水，枣园、普集火车站担负着进出口货物的输运任务，交通运输十分便利。

开发区实行“一区多园”的模式，设立了学子创业园、民营经济园、高科技项目园、中国名牌大学章丘产学研基地。目前，区内注册的工商企业已达280多家，其中外商独资企业15家，民营企业39家。北大、清华、美国汉诺威等一批高新技术项目以落户开发区。形成了一鲁宏集团为代表的塑窗，以科兴药业为代表的生物制品、以荣泉陶瓷为代表的建筑建材和以海泰电缆、富兰特克电子公司为代表的电子，以广电青岛为代表的信息技术等支柱产业。初步建立了以机械、电子、建材、生物制药、信息等产业为主体，多种所有制经济协调发展的良好格局。作为章丘市经济发展的龙头和高新技术企业发展的重要载体，市委，市政府高度重视开发区的发展。为此，开发区管理委员会确定开发区今后发展的总体目标是：以加快发展为主题，以改革创新为动力，弘扬“只争朝夕，励精图治，求实创新，再攀新高”的开发精神，以大项目建设、引进引办为重点，实施环境创新，把开发区建设成为全市对外开放的示范区、高新技术的集聚区、城市建设的样板区和经济发展的新增长点，力争通过3至5年的努力，建设成为省内一流、全国知名的开发区。

曲阜旅游经济开发区

地　　址	山东曲阜旅游经济开发区光明路一号	邮　　编	273100
电　　话	0537－4414884　4112230　4414818	传　　真	0537－4414818
网　　址	http://www.qufu.gov.cn/kaifaqu	信　　箱	kfzhr@ji－public.sd.cninfo.net
主管部门	曲阜市人民政府	招商部门	管委会招商办公室
招商电话	0537－4112230　4414818		

【开发区简介】

曲阜旅游经济开发区1992年经省政府批准设立，是山东省2个省级旅游开发区之一。经济技术区地处历史文化名城曲阜东部，距离市中心仅仅2公里，紧靠104国道，327国道从区内穿越，兖（州）石（臼）铁路曲阜站、京福高速公路出口、京沪高速铁路曲阜站皆位于起步区内，交通极为便利，位置十分优越。

根据开发区发展要求，二期规划与曲阜市城市总体规划“南新、北林、东工、西文”协调呼应，与城区功能互补，与京福高速公路出入口及规划中的京沪高速铁路曲阜站相配套。规划建设8个工业园（即：加工工业园、国际贸易园、旅游产业园、生化科技园、外资工业园及三个相对独立的一般工业园）。未来发展定位是突出园区特色，建设以高新技术产业和外向性工业为主的现代化新区。计划2005年实现工业项目投资25亿元，当年完成销售收入30亿元，实现利税4亿元以上，年均同步增长30%以上。

曲阜旅游经济开发区基础设施良好，6平方公里起步区内布局合理，功能齐全，设施完备。累计投入3200万元实现道路、供水、供电、通讯、排水、场地平整“五通一平”。拥有日供水2万吨加压站及双回路35KV、

2万KVA变电站各一座。

曲阜旅游经济开发区经营环境宽松，开发区管委会机构健全、管理规范，推行承诺服务及“一个口”负责制，相应公安、工商、税务、投资服务中心、济宁海关曲阜监管场站等部门一应俱全，其运行机制十分灵活，服务高效快捷。

曲阜旅游经济开发区政策特别优惠，区内企业享受山东省省级开发区、地方政府及曲阜旅游经济开发区制定的各项优惠政策。在区内设立的民营工业园，管理机制更加宽松、灵活，政策更为优惠。

日照经济开发区

地　　址	山东省日照市天津路	邮　　编	276826
电　　话	0633-8331090　8352200	传　　真	0633-8331049
网　　址	http://www.orte.gov.cn	信　　箱	redz@public.rzpt.sd.cn
主管部门	日照市人民政府	招商部门	管委会经济发展局
招商电话	0633-8352827		

【开发区简介】

日照经济开发区于1991年8月正式开工建设，规划面积30平方公里，起步区10平方公里。日照开发区先后被山东省政府列为全省8个重点扶持的省级开发区，被中编办和国务院特区办列为全国22个开发区行政管理体制和机构改革试点单位之一，被国务院特区办列为全国省级开发区特别联系点。

区内设有国家级民营科技园、新亚欧大陆桥东方桥头堡对外加工贸易储运区、清华大学日照研发基地、日照外来人才暨留学人员创业园、日照韩国工业园、南京农业大学日照研发基地和新加坡（日照）高科技数字园。

经过10年多的开发建设，日照开发区已成为黄海之滨充满生机和活力的优良投资地区之一。截止2001年，全区累计批准进区项目536个，总投资110亿元，其中外资项目126个，合同利用外资8.75亿美元，实际利用外资4.57亿美元。总投资52亿元的日照发电厂一期工程已投入运营，投资30亿元的日照木浆厂一期工程将于2002年上半年建成投产。对内横向联系也不断加强。累计兴办内联企业178家，实际利用内资3.2亿元，联通公司、胜利油田、齐鲁石化、兖矿集团等国内一批大企业、大集团都在区内落户。

开发争引大学、发展大学经济成效突出，先后引进清华大学、南京农业大学等国内一流大学在区内设立了科技研发基地。2001年，开发区又与西北工业大学、西安建筑科技大学、华中科技大学、西安电子科技大学达成了在区内建立研发基地和分院、分校的协议。西安电子科技大学确定投资1亿元建设电子科技产业园。同时，与西安交通大学、西北大学、武汉大学、哈尔滨工业大学和哈军工的合作也正在推进之中。预计年内有6~8所大学研发基地落户开发区，一个以清华大学为磁极的“名牌大学科技园”雏形正在开发区形成。

荣成经济开发区

地　址	山东荣成市交通东街35号	邮　编	264300
电　话	0631－7552455	传　真	0631－7551605
网　址	http://www.rongcheng.gov.cn	信　箱	rc123456@sina.com

【开发区简介】

荣成经济开发区1992年12月被山东省政府批准为省级经济技术开发区，总控制面积26平方公里。区内的蜊江港被国务院批准为二类对外开放港口，挂靠石岛港。全区规划了工业仓储、金融商贸、高新技术、科教文化、旅游度假、保税区和韩国工业园、绿色工业园8大园区。

荣成经济开发区地处山东半岛最东端，这里北与辽东半岛成犄角之势，南与中国沿海开放城市和港澳地区水上相通，东与日本列岛和朝鲜半岛隔海相望，离韩国仅94海里，是中国距离韩国最近点。这里投资环境良好，先后投入8亿多元，兴建了载机量为12500门国际程控电话的邮电大楼，2座容量为3000万立方的水场，一座开关站和35千伏、110千伏两座变电站，两座热交换站。区内主支公路长达38公里。区内已实现“六通一平”，现已吸收了美国、日本、韩国、新加坡和中国港澳等十几个国家和地区的中外客商进区投资置业。

德州经济开发区

地　址	山东省德州经济开发区晶华路1号	邮　编	253034
电　话	0534－2561366　2561860	传　真	0534－2561860
网　址	http://www.dzkfq.com	信　箱	kxz@dz－public.sd.cninfo.net

【开发区简介】

德州经济开发区是经山东省人民政府批准设立的省级经济开发区，位于德州市东3公里处，总规划面积9平方公里，是河东新区的重要组成部分。

自1998年3月正式启动以来，突出基础设施、招商引资和环境优化三项重点工作，在起步较晚、宏观环境偏紧、基础配套条件差的情况下，走出了一条以开发区为载体、加快内陆中小城市开发建设的新路子。

截止2001年底，累计完成基础设施投入超过6亿元，高水平实现了区内的“七通一平”。在继续公开承诺“安全、效率、效益、服务、生活”五个环境的同时，建立投资审批时的一条龙服务、开工建设过程中的全程跟踪服务和建成投产后的经常性服务体系，做到“只要项目定了干，一切手续我们办；只要项目开了工，跟踪服务全过程；只要项目投了产，终身服务无时限”，全力打造环境品牌。

截止2001年底，入区项目累计达240多家，合同投资金额70亿多元，开工建设项目160家，总投资50亿元；建成投产项目75家，总投资23亿元。国内外知名企业江苏波司登集团、上海光明乳业集团、山东皇明集团、美国贝斯特能源公司、德国谢尔设备工业公司、中国台湾宝利来公司等纷纷落户开发区。开发区已经成为德州对外开放的窗口、招商引资的基地和经济发展的重要增长点。

【管理服务】

德州经济开发区将继续坚持“靠环境招商”，向中外客商公开承诺“五个环境”：

一是安全环境：保证入区客商的生命、财产安全，保证项目建设顺利进行。

二是效率环境：建立健全三个服务体系，即外商投资审批时的一条龙服务体系、项目建设过程中的全方位服务体系和企业竣工投产后的终身性服务体系，做到“只要项目定下干，一切手续我们办；只要项目开了工，跟踪服务全过程；只要项目投了产，终身服务无极限”。

三是效益环境：牢固树立外商发财我发展的思想，创造一切条件让外商投入最低成本，取得最佳效益，达到以商引商壮大自己的目的。

四是服务环境：坚持“小机构，大服务”，对中层干部实行“聘任制”，对一般人员实行“雇员制”，对全体人员实行“无投诉管理”，做到只要外商解决投资问题，剩下的事情都由我们来解决。“一站式”服务大厅将为国内外客商投资办理有关手续、证件等，向您提供咨询等全程服务。

五是生活环境：坚持在花园中建设开发区，大力实施造绿工程，努力形成“城在林中，街在绿中，人在景中”的美丽格局，为外商创造一个宽松、舒适的创业环境。

【投资导向】

德州经济开发区利用外资坚持以经济效益为中心，以出口创汇为导向，按引进资金、技术、管理及人才的原则，欢迎国外公司、经济组织和个人前来兴办企业，投资方式可采取合资、合作、独资、补偿贸易、加工装配等形式。投资重点为建立基础产业和主导产业，吸引外商投资的重点行业为：

1.高新技术产业；

2.电子与信息技术和产品；

3.机电一体化设备；

4.精密模具、机械基础件；

5.食品及农产品深加工项目；

6.医药和生物技术工程以及无污染的精细化工项目；

7.服装及以出口为主的轻纺产品；

8.新材料、新能源和高效节能项目；

9.能源交通及其他基础设施项目。

东营经济开发区

地　址	山东省东营市东城东营开发区	邮　编	257091
电　话	0546-8332928 8332819	传　真	0546-8332978
网　址	http://www.dyedz.gov.cn	信　箱	sddyedz@dy-public.sd.cninfo.net
主管部门	东营市人民政府	招商部门	管委会招商局
招商电话	0546-8300037		

【开发区简介】

东营经济开发区（以下简称开发区）是山东省政府批准设立的8大省级开发区之一。位于东营市中心区，规划面积为18平方公里，其中一、二类工业园区分别为10平方公里和8平方公里。开发区是东营经济发展的重要建设区域，计划到2005年达到100亿元的生产规模。开发区以工业项目为主导，为海内外客商提供优质服务。坚持高起点、高标准、高效率，努力建成现代化工业示范区。 东营市委、市政府决定，赋予开发区市级经济管理权限和优惠的投资政策，实行“封闭式管理、开放式经营”的新型运行体制，营造良好的发展环境。东营开发区重点发展光机电一体化、新型材料、生物工程、纺织、精细化工等高新技术产业。

【发展优势】

区位优势——地处黄河入海口，位于东营市城市中心区。东营市是中国第二大油田——胜利油田所在地和主产区。处在东北经济区至中原经济区和京、津、塘经济区至山东半岛经济区的交汇点上，是黄河经济协作带和环渤海经济圈的结合部。与朝鲜半岛、日本列岛隔海相望。市内海陆空交通运输纵横贯通，距济南、青岛、天津、北京仅2、2.5、3.5、5个小时的路程，距火车站、海港和建设中的机场仅0.5～1小时的路程。

资源优势——东营市面积8053平方公 里，人口170万，地上有广袤无垠的三角洲大草原，地下有丰富的石油、天然气资源和盐卤资源，是全国著名的石油及石油化工、盐及盐化工和粮棉、芦笋、甘草生产基地和畜牧业生产基地。海岸线长达350公里，有丰富的海洋、滩涂资源。伴随着石油工业的 崛起，地方工业发展迅速，已形成了石油精细化工、盐化工、轻纺、服装、机电、建材等多门类工业体系。

土地优势——开发区大片基础设施配套完善的土地以低于土地开发成本费用实行优惠供地，根据不同项目、不同固定资产投资额给予相应的优惠价格。对固定资产投资1亿元以上的项目，给予投资者更加特殊的优惠。

服务优势——开发区坚持“小社会、 大服务” 和“精干、高效、优质”的原则，设置了办公室、招商局、经济发展局、规划建设局、财政局等内设机构和工商、国税、地税、土地、公安等分支机构。同时组建了市政管理、供热 等一批社会服务机构。开发区向社会承诺，投资者只要签订投资项目合同，所有报批手续由开发区代办，并全面采用“一站式审批、一条龙服务、一个窗口对外”服务体制和办事程序。

政策优势——东营市委、市政府先后出台了《关于加快东营经济开发区建设若干问题的决定》和《东营经济开发区投资建设的若干政策规定》，开发区管委会制定了《东营经济开发区加强投资软环境建设的规定》

等一系列优惠政策和措施办法。

设施优势——开发区具备供水、供电、通讯、排水、供热、道路及场地平整等“六通一平”基础设施条件。按中心城市的配套标准进行市政建设，政府承担部分投资，不计入土地成本。开发区“六通一平”基础设施已日趋完善:道路及配套管网完成市政柏油硬化道路（包括邮电、排污、排雨、供水、供电、供暖等管网埋设）10条，总长近30公里，道路及配套管网基本形成。

即墨经济开发区

地　址	山东省即墨市鹤山路66号	邮　编	266200
电　话	0532－8552999　7559022	传　真	0532－7552841
网　址	http://www.jmdvlp.com	信　箱	jingfaju@public.qd.sd.cn
主管部门	即墨市人民政府	招商部门	管委会经济发展局
招商电话	0532－7552900　7559022		

【开发区简介】

山东省即墨经济开发区成立于1992年5月，是经山东省人民政府批准成立的省级开发区。即墨经济开发区位于山东半岛西部，开放港口青岛市市郊，规划面积13.2平方公里，“五通一平”面积达到3.8平方公里。开发区东濒黄海，南依崂山，区域平展，腹地开阔，冬无严寒，夏无酷暑，年平均降雨量750毫米，平均气温12℃。

即墨经济开发区扼青岛连结胶东半岛各地之枢纽，区位优势明显，南到青岛海港码头40公里，青岛国际机场15公里，西去胶济铁路即墨火车站14公里，济青、青银高速公路均为12公里，东至万吨级鳌山码头15公里，青烟一级公路纵贯南北，青威一级公路、兰岙公路横穿东西，北抵烟台、威海车行均为2小时，西达胶济、兰烟铁路兰村编组站车行半小时。

即墨地域辽阔、资源丰富，海岸线长达183公里，有大小岛屿24个，可供养殖滩涂海水面积达20余万亩。开发区近邻全国北方最大的服装批发市场和远近闻名的田横岛省级旅游度假区、双星旅游度假村、山东省最大的36洞国际水准高尔夫球场、疗效独特的温泉疗养区、国家级自然保护区马山石林，实乃观光旅游之胜地。

即墨经济开发区建有完备的管理机构和服务体系。开发区工委、管委履行市政府授予的规划建设、土地管理、项目审批、工商税收、财政管理、劳动人事、环境保护、社会各项事业等管理职能，对行政区域内的所有单位、经济实体实行封闭式管理，各有关部门到开发区内企业收取各种税费，进行各种检查，要由开发区管委派人陪同，实行“一个窗口对外、一条龙服务”。

胶州经济开发区

地　址	山东胶州市兰州东路285号	邮　编	266300
电　话	0532－7211045　7220486	传　真	0532－7211339
网　址	http://www.develop－qd.com.cn	信　箱	devgov@public.qd.sd.cn

【开发区简介】

胶州经济开发区是1992年经山东省政府批准设立的省级开发区，首期开发的3平方公里，已基本上实现了“五通一平”。开发位于胶州市区东侧，处在环胶州湾“工业走廊”中心地带，济青高速公路、环海高速公路、胶济铁路、204过道穿越其间，距青岛机场、青岛港均为40公里，距前湾港35公里，规划面积9.7平方公里。区内设有35千伏双回路变电站一座，日处理污水3万吨，日供水能力2万吨，开通程控电话1.2万门。目前，该区投资新建标准厂房3000平方米。

在投资环境方面，开发区相继设立了外商投资服务公司、外运公司、保税仓库；进区投资的客商可享受从签约、建设、产品运输、报关到仓储的一站式服务。

开发区鼓励投资兴办技术密集、知识密集、技术先进的外向型企业。开发区管委会欢迎海外投资者在开发区内搞成片开发和工业园区建设。

菏泽经济技术开发区

地　址	山东省菏泽市人民路6号菏泽开发区招商局	邮　编	274000
电　话	0530—5329888　5329887	传　真	0530—5961767
网　址	http://www.hzkfq.com	信　箱	hzkfq@hz－public.sd.cninfo.net

【开发区简介】

菏泽经济技术开发区是经山东省人民政府批准设立的省级经济开发区，位于菏泽市东部，是菏泽市委市政府驻地，辖岳城、丹阳，佃户屯三个办事处，总面积148.6平方公里，人口23万。其中建成区10平方公里，正在建设和发展中的新区规划面积19平方公里，重点建设10个工业园区，10个居民小区，5个专业市场和1条工业长廊，1个行政中心，3个大型广场，使开发区成为菏泽市经济发展的龙头，对外开放的窗口，体制创新的示范，城市建设的样板。

菏泽与苏、豫、皖三省交界，是山东省西南部政治、经济、文化中心和沟通东西、引南联北的商品集散地，历来都是商贾云集的宝地。特别是在人流物流快速便捷的今天，菏泽作为中心商贸城市的地位已显现出来。菏泽本身就是一个大市场和物流中心，800多万人民有着巨大的消费潜力。截止到2000年，菏泽市各类专业批发市场已发展到17个，年批发零售总额 27亿元，根据规划，开发区将于2002年在327国道以北建成建材、小商品、汽车、服装、食品五大专业批发市场，其市场辐射面积可达方圆数百公里。

开发区坚持工业化、外向型、现代化的办区方针，实施科技兴区、工业强区、市场活区的发展战略，注重经济、社会、生态、文化的持续、协调、健康发展。

【发展资源优势】

水资源——菏泽开发区属暖温带大陆季风型气候，光照充足，四季分明，雨热同季，无霜期年均213天。年均降水655毫米，总量76亿立方米。可利用地下水31.7亿立方米，北距黄河30公里，黄河入境水量428亿立方米，人均占有量440立方米，均为全省第一。2000年供水能力已达28万吨／日，供水干管总长354公里。城市居民用水和工业用水价格全省最低。

土地资源——菏泽是黄河冲积平原、地势平坦，土层深厚肥沃，结构稳定，菏泽市土地面积 12238平方公里，其中耕地面积 6955平方公里，占土地面积的56.83%。丰厚肥沃的土地使菏泽成为全国著名的粮食、棉花、林业、畜牧、蔬菜、瓜果、药材生产基地，而且是远近闻名的畜牧大区、芦笋大区和花卉大区，年产粮食420万吨，棉花15万吨，油料45万吨，果品40万吨，瓜菜800万吨，肉蛋40万吨，木材蓄积量1300万立方米，各类皮张3000万张。

矿产资源——菏泽矿产资源丰富，地下煤炭蕴面积为3600平方公里，地质储量281.4亿吨。属低灰、低硫、低磷、高热量的肥煤、气肥煤。巨野煤田是华东地区发现的面积最大、储量最多、煤质最好的煤田。巨野煤田现已逐步开采。同时，地下有国内少见的富锶、含碘矿泉水通过省、国家级鉴定的已有6处，探明可采量为2277立方米／日，还有较丰富的地热资源，具有国际先进水平的南华温泉度假村就是开发区的一大景观。

人力资源——菏泽劳动力资源丰富、素质优良。全市现有各类专业技术人员15万多人，其中高、中级职称4.5万人。市内现有高校4所，其中菏泽学院要建成占地7000亩的大学城，扩建工程已经动工。各类专业技术学校66所；普通高校和中等专业学校在校生分别达到1.3万人和1.5万人，同时这里的劳动力资源充足，价格低廉，平均工资全省最低。

花卉资源——菏泽是中国的牡丹之乡，始植於明朝嘉靖年间，是全世界种植面积最大，品种最多的牡丹生产基地、科研基地、出口基地和观赏基地，素有“曹州牡丹甲天下，天下牡丹出菏泽”之美誉，全市现有栽培面积5万余亩，9大色系，1041个品种，谷雨时节，万亩牡丹竞相开放，香飘十里，艳照天际，成为闻名遐尔的东方奇观。已连续成功举办十届的菏泽国际牡丹花会，接待中外游客2000多万人次，有400多位省部级以上领导人到菏泽视察，到会外宾达3900多人次，极大地提高了菏泽在全国乃至全世界的知名度，取得了显著的社会效益和经济效益。

聊城经济开发区

地　址	山东省聊城经济开发区东昌路	邮　编	252000
电　话	0635－8511352　8513900	传　真	0635－8513645
网　址	http://www.lcdz.net	信　箱	lcetda@lc-public.sd.cninfo.net
主管部门	聊城市人民政府	招商部门	管委会招商局
招商电话	0635－8513307　8513217		

【开发区简介】

聊城经济开发区（聊城对外加工贸易区）是山东省人民政府批准设立的省级开发区，位于聊城市区东侧，以优美的徒骇河风景带与聊城市区紧密相连，建制面积72平方公里，规划区面积40平方公里，人口6万余人。

区位优势明显，交通条件便利。聊城位于山东省西部，东倚齐鲁大地，西接秦山晋水，北迎京津燕赵，南望中原腹地，不仅是辐射和带动鲁西经济发展的中心，也是山东与西部省份进行经济、技术、文化交流的重要通道。京九铁路、邯济铁路和济聊馆高速公路在此交汇，使聊城成为连接东西南北的重要交通枢纽和内陆口岸。从聊城1小时可到达济南空港，4小时到达青岛海港，5小时到达北京，24小时抵达中国香港。便利的交通条件，使聊城成为贯通南北、连接东西的重要交通枢纽和内陆口岸，成为辐射四面八方的人流物流集散中心。

聊城开发区起步区内基础设施已经达到“九通一平”，建成高标准道路13条，形成了“六纵七横”的交通框架，主干道直通济馆高速公路，并通过济馆高速公路与济青高速和京福高速公路相连。路灯、供水、排水、供电、供暖、天然气、邮政、电信、有线电视、互联网络等管线都随道路敷设，可以满足生产和生活需要。医院、学校、宾馆、体育设施、绿地广场、商贸金融和环境优美的中高档居住区等公益机构和设施应有尽有。开发区以建设现代化的绿色城、生态城为目标，十分注重城市的绿化与亮化，注重环境的美化和优化，区内所有单位的绿化面积都达到了30%，居住区绿化面积达到35%以上。

政策优惠，服务高效。聊城开发区实行“小政府、大服务”的运作机制，机构少，人员精。开发区实行全封闭式管理，实行特区特管，特事特办，严禁乱检查和乱收费；开发区设立项目服务中心，从项目立项、土地征用、规划建设到工商注册、税务登记为客商提供一条龙服务。

发展方向明确，投资领域广阔。开发区的发展重点：一是高新技术产业，包括电子、信息技术、生物工程、医药、光机电一体化产品、新材料、能源开发、资源再生及综合利用、环保技术等；二是工业，包括电子、机械制造、新型建材、精细化工、汽车及零部件制造等；三是第三产业，包括商业设施与经营、地热、温泉的开发与利用，金融服务、国际经济、科技和信息咨询等；四是农副产品的深加工、精加工等。

临沂高新技术产业开发区

地　址	山东省临沂市罗庄区工业北路	邮　编	276017
电　话	0539－8241269	传　真	0539－8242360
网　址	http://www.linyi.gov.cn/ctp	信　箱	jnhn@ly-public.sd.cninfo.net

【开发区简介】

临沂高新技术产业开发区为山东省省级高新技术产业开发区，规划建设面积10.45平方公里，交通便捷，距临沂市中心8公里。临沂火车站6公里、临沂机场15公里，京沪高速公路穿越开发区西部。

临沂高新技术产业开发区地处山东省东南部，位于临沂市南部的罗庄区境内，北倚风光壮美的沂蒙山区，南接素有“中国大菜园”之称的郯城、苍山两县，位居鲁南交通咽喉。

开发区所依托的临沂市地域广阔，物产丰富。全市已探明的矿产有54种，已被国家定为建材工业基地。临沂农业生产水平较高，其中银杏、柳编、金银花、大蒜、塘米等特产驰名中外。

临沂文化教育和科研事业发展迅速。拥有高等院校、中等专业学校近40所，各类科研机构50多家，中级以上专业科研人员2万多人。劳动力资源丰富。

临沂高新技术产业开发区交通运输便利，立体大交通格局已形成。公路国道主干线四通八达，境内京沪、日东高速公路相互交汇，连接济南、青岛、北京、上海等主要城市。铁路运输发达，兖石铁路西与京沪、京广铁路主干线相通，正在修建的沿海铁路大通道，把临沂与东北地区、胶东半岛、长江三角洲、珠江三角洲连为一体。临沂机场为鲁南苏北地区最大的民用机场，已开通国内主要城市航线。海运便捷，东邻青岛、日照、岚山、连云港四大海港，汽运路程均4小时之内。全市初步建立了现代化的立体通信网络，有线、无线通信、国际互联网络遍及城乡。

平度经济开发区

地　址	山东省平度市长江路1号	邮　编	266700
电　话	0532－8388088　8380590	传　真	0532－8384257
网　址	http://www.pingdu.gov.cn	信　箱	jjfzj@public.qd.sd.cn

【开发区简介】

平度经济开发区是1992年12月经山东省人民政府批准成立的省级外向型工业加工区，位于平度市城区东缘，总体规划面积10.18平方公里。目前，3.8平方公里起步区已经开发完毕，10.18平方公里整体开发的格局全面形成。1998年被省政府列为重点扶植发展的8个省级开发区之一，连续3年被山东省外经委评为省级开发区先进单位。

开发区所依托的平度市隶属青岛市，地处山东半岛与内陆腹地的交通咽喉，东南至青岛，北接龙口、莱州，东北通威海、烟台，西达潍坊、淄博、济南，潍莱高速横贯东西，青岛机场、海港、蓝村火车站环绕四周，交通条件十分便利。

建区以来，开发区管委会先后投资近2亿元，高标准地完成了起步区“九通一平”基础设施工程（35千伏、10千伏双供电设施，生产、生活双供水设施，雨水、污水分流排放设施，道路、通讯、集中供热和场地平整），日供水能力5万吨，供电能力17万千伏安，排污能力4万吨，供热能力120吨／每小时，程控电话装机容量2万门，硬化道路44万平方米。

开发区建立健全了银行、医院、市场、住宅、餐饮娱乐等服务设施，设立了公安、工商、税务、司法、环保、电力等市直部门驻区分支机构，由管委会投资建成了开发区实验幼儿园、九年一贯制中小学校、实验高级中学和职业学校，建立了完善的城市化管理体系和社会化配套服务体系。

良好的投资环境吸引了众多的投资者，三莹电子、海尔冰箱、佳田纸业、格力食品等一批世界知名的大企业纷纷在开发区落户。截至2001年6月底，全区共批准进区项目131个，合同投资额24.17亿元，其中利用外资项目64个，合同利用外资2.11亿美元，实际利用外资1.18亿美元；投产企业2001年度预计实现工业产值14亿元，各项税收9000万元，财政收入3700万元，出口创汇1.2亿美元，开发区已成为当地经济最具活力的新增长点。

青州经济开发区

地　　址	山东省青州市开发区管委会	邮　　编	262500
电　　话	0536－3267890　3263681	传　　真	0536－3263541
网　　址	http://www.qzkfq.com	信　　箱	qzkfq@qzkfq.com

【开发区简介】

山东省青州经济开发区是经山东省人民政府批准设立的省级经济开发区，位于风景秀丽的云门山下，与青州市益都街道办事处合署办公，总规划面积10平方公里。

青州经济开发区地处城区，交通便利，通信、电力、学校、医院、宾馆、仓储以及供水、供热、排水、环境卫生等基础设施配套齐全，与青州市工业区融为一体。青州经济开发区面向国内外招商，坚持以工业为主，以利用外资为主，以出口创汇为主，致力于发展高新技术。内资、外资、国有、集体、私营，大中小项目并举，技术密集型和劳动密集型项目并重，加工区根据实际编排了一批重点招商项目，主要有机械、电子、化工、包装、农药、饮食服务、服装以及农副产品加等10大门类30余个项目。

青州市经济开发区管理委员会是开发区的行政管理机构，对开发区实行统一领导和管理，行使市一级管理权限。开发区实行封闭式连营。开发区下设“一办两处”及开发总公司、招商业务处、规划建设处是开发区的业务办事机构，主要负责招商引资、规划建设等一系列与投资相关的服务和管理职能。其职责就是一切从方便客商、简化手续出发、实行全方位的服务；对企业项目的立项、审批、建设、投产等环节实行“一条龙”服务，“一站式”审批，最大限度地减少中间环节，依法维护投资者合法权益。青州经济开发区愿为国内处投资者提供一切方便和服务。

青州经济开发区内工业基础雄厚，门类齐全，拥有机械、化工、电子、食品、服装、建材、包装、印刷等十几个行业。青州卷烟厂、化工股份有限公司、田乐化肥有限公司、阀门股份有限公司、中国科学院烟草研究所等一批企业和科研单位在全省乃至全国都有较高的知名度。瑞化科技青州造纸有限公司等批中外合资企业异军突起，为青州经济的发展起到了较好的带动辐射作用。

泰安经济开发区

地　址	山东省泰安市长城路	邮　编	271000
电　话	0538—8512030　8512031　8519608	传　真	0538—8511137
网　址	http://www.taiandz.com	信　箱	m-tai@taiandz.com
主管部门	泰安市人民政府	招商部门	管委会经济发展局
招商电话	0538—8938297		

【开发区简介】

泰安开发区成立于1994年，包括泰安高新技术产业开发区、泰安经济开发区和泰安泰山旅游度假区，三区均为山东省人民政府批准设立的省级开发区。

经过8年来的开发建设，泰安开发区已经成为泰安市高新技术产业化基地、利用外资的密集区、极具发展潜力的旅游度假基地和新的经济增长点。

开发区管委会作为泰安市政府的派出机构，代表泰安市人民政府在开发区范围内行使各项管理职能，统一管理开发区的各项工作。按照“精简、效能”的原则，开发区管委会下设办公室、经济发展局、规划建设局（土地分局）、劳动人事局、财政局和工商分局、国税分局、地税分局等职能局（室）。各职能部门采取集中统一办公、一站式审批和一条龙服务。同时，还建立了较为完善的支撑服务体系。高新技术创业服务中心、投资咨询服务中心、人才交流中心、市政工程公司、开发建设总公司等相继成立并开展了业务，使开发区管理步入了法制化、规范化、科学化的轨道。为提升开发建设实力，按照“行政手段推动，公司机制运作”的工作思路，成立了注册资金1亿元的泰山创业投资有限公司，获得了较快发展，目前公司运作股票上市工作正在进行。

面对新的世纪，泰安开发区紧紧围绕经济国际化、高新技术产业化、城市化发展战略，以改革创新的思路全方位抓好招商引资，形成高新技术产业开发区、经济开发区、旅游度假区招商局、泰山创业投资公司、高新技术创业服务中心五大招商主体，以及泰山高科技园、山东泰山华侨华人创业园、巨菱工业园、中国博士后泰山科研基地等12大招商载体，并在国内北京、上海、厦门设立了3个招商公司，依托三地的政治经济中心和台资桥头堡优势，形成三点一线的招商引资新格局。

文登经济开发区

地　　址	山东文登市昆嵛北路9号	邮　　编	264400
电　　话	0631－8354261	传　　真	0631－8354660
网　　址	http://www.wendeng.gov.cn		

【开发区简介】

文登市经济开发区是省人民政府1992年正式批准设立的，总规划面积14.8平方公里，辖双龙街道办事处，13个居委会。

文登市经济开发区位于山东半岛东端，与老市区连成一体，现已达到“五通一平”。区内发展各类企业80余家，形成了机械、轻工、电子、化工、仪器、建筑及建筑材料、房地产开发等行业，主要产品有微型汽车、农用汽车、自卸车、装载机、游艇、肉类机械、绣品、服装、高档活络板手、花生制品、鲜牛奶及乳制品、各种规格轮胎及橡胶品、塑料及其制品、钢球、室内装饰材料、水泥制品及建筑材料等，出口在50%以上。“三资”企业有22家，来自美国、法国、韩国、日本、新西兰、意大利等十几个国家和地区。

枣庄高新技术产业开发区

地　　址	山东省枣庄市薛城辽河路9号	邮　　编	277000
电　　话	0632－4412622　4411209	传　　真	0632－4413008
网　　址	http://www.zzctp.gov.cn	信　　箱	master@zzctp.gov.cn
主管部门	枣庄市人民政府	招商部门	管委会招商局
招商电话	0632－4412622　4413107		

【开发区简介】

枣庄市是山东的南大门，地处苏鲁豫皖交界和淮海经济区中心，是沿海开放与中西部开发相结合的战略要地。1986年被国务院批准为全方位对外开放城市。现辖五区一市，面积4550平方公里，人口348万。1999年，山东省人民政府批准枣庄市政府驻地西移到高新区规划范围内，现已动工建设。新城区将规划建设成为面向21世纪的现代化中型城市。

枣庄市地处我国东部地区的南北过渡带，是东部沿海与西部内陆腹地的重要结合部。3个小时到达济南机场，1个小时到达徐州机场，毗邻青岛、日照、石臼、连云港等沿海港口。京沪铁路、京福高速公路104和206国道纵贯南北，京杭大运河横穿东西，地理位置优越，交通运输便利。境内自然资源丰富，煤炭储量64亿吨，煤质优良，适宜于煤的焦化、气化、液化、乙炔化。已探明的资源还有石膏、石灰石、石英石、大理石、花岗岩、陶土等30多种，储量大、品位高，有着广阔的开发利用前景。水资源充足，农产品丰富，农业基础稳固。是华东地区重要的能源、原材料工业基地和国家重要的商品粮基地，年产原煤1500多万吨，焦炭60万吨，水泥1360万吨，发电总装机容量186万千瓦。

改革开放以来，枣庄市对外交流活跃，与100多个国家和地区建立了经贸关系，先后与德国施普罗克赫弗尔市、诺尔托夫市、德累斯顿市、日本山口县美祢市、澳大利亚新英格兰西北区缔结为友好城市。利用外资规模不断扩大，外贸出口大幅度增加，已兴办三资企业510余家，利用外资2．6亿美元，出口企业153家，出口商品20个大类400多个品种。综合实力不断增强，目前已形成了以煤炭、建材、电力为主体，纺织、机械、电子、冶金、化工、造纸、橡胶、食品、医药等门类比较齐全、综合配套发展的工业体系。

枣庄高新区创办于1988年，是经山东省人民政府批准建立的省级高新区，是新城建设配套的科技、经济、金融中心，行政管辖面积41．5平方公里，总人口3.8万人。建区10多年来，始终坚持以技术创新、管理创新、体制创新、制度创新为手段，发挥枣庄的资源优势和高新区的区位优势，推动全市高新技术的商品化、产业化、国际化，辐射和带动区域经济发展。目前，已累计投入资金20多亿元，用于基础设施、公用服务设施和项目建设，实现了4平方公里的“七通一平”，区内企业发展到160余家，技工贸总收入达14亿元。已初步形成了产业特色明显、基础设施配套完善、服务功能齐全、创业环境优良、居住环境优雅的新型高科技园区，步入了二次创业的新阶段。

【投资环境】

地理位置——枣庄市属温暖带亚湿润季风型大陆性气候，年平均气温14℃，年平均降雨量800毫米，四季分明，风光秀丽，光照充足，气候宜人，具有良好的自然条件。枣庄高新技术产业开发区位于薛城区城市规划范围的东北部，是枣庄市新城区的经济发展中心。

交通条件——京福高速公路、京沪铁路和既将动工兴建的京沪高速铁路纵贯南北，京杭运河横穿东西，紧靠第二座欧亚大陆桥的陇海铁路，距徐州、嘉祥机场60余公里。毗邻日照、石臼、连云港、岚山等天然良港，东接沿海口岸，西贯国内腹地。

产业基础——枣庄足新兴的工业城市，拥有工业企业1600余家。煤炭、电力、建材、纺织、轻工、电子、橡胶、化工、冶金、食品、酿造、造纸等工业具有较好的产业基础，形成了门类较为齐全、综合配套发展的新兴工业体系，被山东省确立为重点建设的煤化工基地。高新区以雄厚的产业基础为依托，可以充分发挥和利用现有基础条件和工业加工配套能力，加快高新区的建设和发展。

自然资源——枣庄地域辽阔，资源丰富，尤以盛产优质煤炭著称于世。煤炭储量多达64亿吨，石膏储量达20亿吨，还有铁、铜、锌、铝、石英石、石灰石、大理石、磷、稀土等20多种丰富的矿产资源探明可采，开发利用前景广阔。农业物产丰足，是山东省重要的粮食生产基地，核桃、板栗、石榴、大枣、山楂等干鲜果品在全国久负盛名。是华东地区重要的能源、原材料基地。

政府服务——枣庄高新技术产业开发区管理委员会行使市级经济管理权限，其下设的规划建设、经济发展、劳动人事、招商引资、科教、政策法规及工商、税务、财政、土管、公安等部门和机构，对企业实行“一条龙”优质高效的政府服务。

招远经济开发区

地　址　山东招远市罗峰路北首　邮　编　265400
电　话　0535－8214489　8223353　传　真　0535－8214217
网　址　http://www.zhaoyuan-dz.com

【开发区简介】

招远经济开发区是1992年12月经山东省人民政府批准设立的。建区以来，积极引进国内外的先进的技术和科学的管理经验，发展新兴产业，开发新产品，开拓国际市场，加强同内地的经济技求联系与合作，努力把开发区建设成融加工出口和旅游度假为一体的新城区，现已创造出一个基础设施与生活服务设施相配套的良好的投资环境。

首期开发的3.6平方公里起步区实现“六通一平”，高新技术产业园、轻工业园、个体私营经济区、建材加工区、旅游度假区、生活园区等6个功能小区初具规模。来自德国、加拿大、澳大利亚、日本、韩国及中国香港和中国台湾等十几个国家和地区的30多家中外客商进区开发置业，初步形成了以电子、轻工、机械、塑料、食品、服装6大支柱产业，实现了由投入到产出的转变。

诸城经济开发区

地　址　山东省诸城市北新区　邮　编　262233
电　话　0536－6010638　传　真　0536－6438356
网　址　http://www.zc-edd.com

【开发区简介】

山东省诸城经济开发区是经山东省人民政府批准设立的省级开发区。该区地理位置优越，交通便利。206国道、217国道穿越开发区，东距青岛130公里，向西南160公里到临沂，向南60公里至日照，向北80公里至潍坊。新建的胶新铁路贯穿开发区，并在区内设立大型客货站。开发区总规划面积25平方公里，区内按功能分为工业区、商贸区、机关事业区和生活娱乐区。

开发区管委会为诸城市政府的派出机构，管委会对开发区实行封闭式管理、开放式经营。凡进区企业，从立项、审批、规划、建设等开工前的各项手续，均由开发区管委会直接办理。开工投产后的各项事务，开发区管委会提供全程跟踪服务。

为加快开发区的建设与发展，市委、市政府先后出台了《关于加快开发区建设与发展的意见》和《开发区优惠政策》两个文件，同时，不断完善基础设施，目前开发区基础设施已达到“六通一平”。良好的投资环境吸引了很多中外客商前来参观考察和投资开发。

截止2001年底，已入区开工建设和签署协议准备入区开工的项目有25个，协议总投资2.73亿美元。

淄博经济开发区

地　址	山东省淄博市张店柳泉路北首	邮　编	255000
电　话	0533－3581178　3580065	传　真	0533－3580997
网　址	http://www.zibo.gov.cn		

【开发区简介】

淄博经济开发区始建于1990年，1992年12月被山东省人民政府批准为省级外向型工业加工区。交通便捷，加工区基础设施完善。经过多年的投资建设，淄博开发区开发面积累计334万平方米，累计完成固定资产投资51亿元，经济实力明显增强。

大的基础设施建设配套齐全，筑巢引凤优化了投资环境。累计完成基建总投资51亿元，建筑开工面积累计133.3万平方米，竣工110.5万平方米，开通道路10余条，公路密度居国内同类开发区一流水平。区内有热电厂1座，22万伏变电站器1座、11万伏变电站2座，有日处理能力14万吨的污水处理厂，有年吞吐能力3万标箱的国际集装箱中转站。区内还拥有高创服务中心、电力开闭所、集中供热站等设施，有总设计3万门程控、3万门移动电话的邮电35分局。市多家银行、保险公司的分支机构也纷纷在区内落户。

淄博开发区热忱欢迎海内外客商在化工、建村、医药、基础设施、电厂、电子、新材料、纺织等领域的投资，支持并发展区内“三来一补”项目。

高密经济技术开发区

地址	山东省高密市立新街东道	邮编	261500
电话	0536－2334253	传真	0536－2334737
网址	http://www.gmkfq.com	信箱	kfgzxm@public.wfptt.sd.cn

【开发区简介】

高密经济技术开发区于1992年12月经山东省人民政府批准为省级经济开发区，规划面积12.68平方公里，起步区面积1平方公里，区内规划了轻工纺织、机电建材、食品加工、综合工业、化工产业、科技金融、文化娱乐等十几个功能分区。

2001年以来，进区建设项目呈现良好的增多势头，新开工建设的有洁玉纺织有限公司的纺纱项目、凯利包装彩印公司、罗家庄冷库、铁路货场等7个项目，总投资7729万元。建区以来，开发区已批准进区选址定点项目80多个，总投资11.75亿元，已竣工投产和在建项目70多个，总投资7.85亿元。先后与美国、加拿大、日本、韩国及中国香港、中国台湾等国家和地区客商建立了友好合作关系。

莱西经济开发区

地　址	山东省莱西开发区滨河路6号	邮　编	266613
电　话	0532－8430007　8483944	传　真	0532－8485467　8430009
网　址	http://www.lxedz.com	信　箱	lxetdzwb@pubilc.qd.sd.cn
主管部门	莱西市人民政府	招商部门	管委会经济发展局
招商电话	0532－8430012		

【开发区简介】

莱西市经济开发区成立于1992年6月18日，是经山东省人民政府批准的省级经济开发区，辖13个自然村、4个城市居委会，总人口3.8万，其中农业人口1.5万。莱西市经济开发区总面积20.28平方公里，其中工业区规划占地10平方公里，占总面积49%，生活区规划占地10.28平方公里，占总面积51%。

开发区建区10年来，十分注重城区建设，在基础设施及其他公用设施的开发建设方面，投入了大量资金，城市功能日趋完善，逐步形成生态城市要求的城区环境。区内土地平整，水电充足，已实现“五通一平”，共硬化道路36条，总长66公里，开通程控电话10000门；日供水25000吨，建成3.5万KVAX2变电站1座，排水、排污、供热系统配套完善，基础设施建设总投资达1.5亿元。居住建筑、商业金融建筑、文化娱乐设施、体育设备、医疗卫生设施等各项建设发展迅速，有力地支撑了莱西开发区经济社会发展。

莱西开发区非常重视绿色环境的建设，坚持经济发展和环境建设同步进行，经济效益与环境效益同步增长，财政投入巨资保证绿化建设，形成了有田园特色的园林景观环境，为建成生态城市奠定了基础。

开发区成立10年来，已累计批准进区项目100余家，总投资16亿元。其中美国、韩国、德国及中国香港、中国台湾等国家和地区投资企业79家，总投资1.8亿美元，实际利用外资1.6亿美元。涉及的经营范围有化工、电子、建行、食品、服装、机械、房地产等行业。

寿光经济开发区

地　址	山东省寿光市新兴东街188号开发区办公楼	邮　编	262700
电　话	0536－5101799　5101834　5101459	传　真	0536－5223391
网　址	http://www.cn－shouguang.com	信　箱	Webmaster@cn－shouguang.com
主管部门	寿光市人民政府	招商部门	寿光市招商局
招商电话	0536－5224428		

【开发区简介】

寿光经济开发区始建于1992年6月，同年12月经山东省人民政府批准设立，是省政府批准设立的首批省级经济开发区之一，1994年6月与张建桥乡合并，实行区乡合一建制，2001年3月张建桥乡改为街道办事处，开发区规划区面积9平方公里，总面积30.16平方公里，人口3.2万。

寿光经济开发区管委会是寿光市政府的派出机构，行使市级管理权限。作为全市行政管理体制改革试点单位，寿光经济开发区建立了适应社会主义市场经济体制需要和高新技术产业发展要求的、与国际惯例接轨的现代行政管理体制和运行机制。

寿光经济开发区东邻秀丽迷人的弥河风景区和具有异国情调的欧洲村，西邻寿光城区，是寿光城市建设的重点，经济开发的热点。建区10年来，累计投入基础设施建设资金3.9亿元，规划区规划建设高标准，基础设施高效能，已在9平方公里范围内全面实现了道路、供水、排水、供电、煤气、热力、通讯、有线电视、宽带光纤网和“土地平整”等“十能一平”，现拥有六纵八横总长75公里的公路网，动工建设了第三水厂、新城热电厂、110千伏变电站等骨干配套项目；建立了完善的支撑服务体系和法律服务机构，设立了中国银行、工商银行、建设银行等金融机构；建立了公安分局、法庭、检察室、律师事务所、会计师事务所、公证处、人才交流中心等服务保障体系；邮政、电信、保险、医院等也相继进区落户或建立分支机构。区内以潍坊科技职业学院、现代中学、圣城中学、建桥初中等为重点，形成了从小学到初中到大学的办学体系。

理想的环境，优惠的政策，全新的体制，高效的服务，吸引了国内外投资者纷至沓来，先后与美国、日本、韩国、澳大利亚及中国香港、中国台湾等20多个国家和地区的客商建立了稳固的合作关系，

即墨高新技术开发区

地　址	青岛即墨华山镇致富路46号	邮　编	266216
电　话	0532—4562699　4562196　4561108	传　真	0532—4562098
网　址	http://www.jmhdz.com	信　箱	info@jmhdz.com

【开发区简介】

即墨省级高新技术产业开发区成立于2001年1月份，是山东省6个高新区中唯一设置在县级市的高新区，总规划面积24.9平方公里，其中由新加坡龙置地集团和创新科技有限公司合作投资的创新龙源智讯园占地3808亩为启动区，主要从事现代电脑、资讯和多媒体等高新技术产品的开发生产经营。该项目将对即墨乃至山东省高新技术产业发展起到积极的带动作用，倍受省、市领导的关注，被列入省和青岛市重点建设项目，同时定为即墨市新世纪第一年的一号工程。

即墨省级高新技术产业开发区位于青烟一级公路与青威公路交汇处，地理位置优越，海陆空交通便捷。南距青岛市40公里，北距烟台市120公里，东距威海市150公里，西距省府济南320公里，是上述全国著名大、中城市前往的必经之地。

即墨省级高新技术产业开发区会同新加坡龙置地集团有限公司、新加坡创新科技集团有限公司聘请国外设计专家，按现代化工业园区标准对园区24.9平方公里土地进行整体规划，形成了一区多园的布局（即高新技术园、轻工园、生活园、教育文化园、休闲娱乐园等），并对园区3808亩（2.6平方公里）土地进行了硬环境配套建设，实现了道路、供电（双路供电）、三水（上水、下水、雨水）污水处理设施、通讯（含电缆、电视、国家直线电话、网络宽带）、土地平整的“七通一平”。一期工程3808亩启动区800亩已全面开工建设。

河南省开发区

安阳高新技术产业开发区

地　址	河南省安阳高新技术产业开发区管委会	邮　编	455000
电　话	0372—2969893　2997518　2997517	传　真	0372—2961067
网　址	http://www.anyang.gov.cn/bgxq	信　箱	ahnidz@public.ayptt.ha.cn
主管部门	安阳市人民政府	招商部门	管委会招商局
招商电话	0372—2997518　2969893		

【开发区简介】

安阳位于河南省最北部，面积7413平方公里，人口500万。与晋、冀、鲁三省接壤，在国家加快中西部地区发展过程中，具有承东启西、连贯南北的区位优势。境内西部有煤炭、铁矿石、大理石等矿产资源，东部是全国优质粮棉油生产基地之一。安阳交通便利，京广铁路、107国道、京珠高速公路纵贯全境，南距郑州国际机场170公里，北距首都北京500公里；安阳能源充足，其中天然气年输入量1.5亿立方米，规划中的南水北调工程将纵贯安阳全境；安阳经济实力较强，已形成钢铁、电子、机械、医药、化工、食品等支柱产业和工业生产体系。安阳钢铁公司和安阳彩玻公司已进入全国500家最大工业企业。

安阳高新区位于市区东南，成立于1992年8月，1995年3月被批准为省级开发区，总规划面积24平方公里，首期开发2.6平方公里。建区10年来，修建高标准城市道路10公里，供水管网9.8公里，日供水量2万吨，排水排污管网12公里。开通了万门程控电话，实现了双回路供电和天然气供给，基本达到“七通一平”的投资开发条件。在招商引资方面，已累计批准进区项目113个，投资额12.5亿元；高新技术工业项目22个，投资额4.1亿元。其中中意合资安阳萨普拉斯特玻璃钢管道项目，已成为目前国内最大的玻璃钢管道生产基地；安阳升华植物蛋白有限公司的油脂蛋白项目，已列入国家级火炬计划项目和重大科技成果转化项目，并被列入国务院“国家大豆行动计划”重点示范项目；与清华大学共同研制的超高分子量聚乙烯板材项目，被列入国家级火炬计划项目，在工程塑料制品领域已初具规模 与中国台湾合资生产的精密数控机床在国内同行业居领先地位。一大批高新技术企业的建成投产，为安阳高新区的发展奠定了良好基础。安阳高新区已同美国、日本、德国、英国、意大利、马来西亚、新加坡、韩国、澳大利亚及中国香港、中国台湾等几十个国家和地区的数十家公司和数百位客商建立了稳固的合作关系，开辟了广阔的合作领域。 安阳高新区设有经济发展局、规划建设管理局、人事劳动局、财政局、社会事业局和办公室等五局一办，以及工商、税务、公安、公证、金融、创业中心、物业管理等派出机构和支撑服务体系，实现了区域管理和一级财政，基本形成了高效运转机制和封闭式管理体制，为投资者创造了良好环境。

为把安阳高新区的建设事业继续推向前进，高新区已制定了详尽的二次创业五年发展规划，努力把安阳高新区真正建成安阳对外开放窗口，改革的试验区，高新技术产业化基地和现代化的社会主义新城区。

焦作高新技术产业开发区

地　址	河南省焦作高新技术产业开发区管委会	邮　编	454003
电　话	0391－3588818	传　真	0391－3586618
网　址	http://www.dsd.ha.cn	信　箱	hnxjzz@public2.lyptt.ha.cn
主管部门	焦作市人民政府	招商部门	管委会招商局
招商电话	0391－3563358		

【开发区简介】

焦作高新技术产业开发区位于焦作市中心城区南部，是1999年2月经省政府批准设立的省级开发区，2000年5月29日正式启动建设。

高新区总体规划和起步区控制性规划由上海城市规划设计院编制完成，控制面积45.38平方公里，首期开发面积10.67平方公里，总体规划以建设一个高标准的高科技产业发展园区为目标，突出体现“高起点、重理水、重绿化”三个特点，并按照功能分区的原则，设置了工业区、行政商贸区、教育科研区、高效农业园区、市政设施区、居住区和仓储区等7个功能分区。五横六纵高标准的道路构筑起高新区便捷的城市交通网络；40%以上的绿化覆盖率、四横五纵9条明河、6个小型湖泊和水上乐园共350公顷水面，形成独特的“北国水乡”景观。目前，焦作工学院新校区、焦作博瑞克液压机械有限公司、焦作森格高新材料有限公司、焦作卓立烫印材料有限责任公司、焦作平光药业有限公司、焦作百合科技有限责任公司等48家，都已进区发展，总投资23亿元。

焦作高新技术创业园区位于神州路、中纬路、怀府路、玉溪路之间，规划控制面积500亩，首期开发面积300亩，主要服务设施有综合办公楼、专家科研公寓、综合服务楼、标准厂房及其他相关配套设施，可为企业提供科研中试、开发生产所需的场地及经管培训、市场开拓、筹融资、信息咨询、人才招聘等软性服务。按照“宁愿厂房等项目，不让项目等厂房”的原则，创业园区长年保持一定面积的机动厂房，随时满足进区企业对厂房的需求。

开封经济技术开发区

地　址	河南开封开发区金明东街中段开发区管委会	邮　编	475004
电　话	0378－3850865　3850855	传　真	0378－3850855
网　址	http://www.kaifeng.ha.cn	信　箱	kfb778@public.zz.ha.cn
主管部门	开封市人民政府	招商部门	管委会招商局
招商电话	0378－3856860		

【开发区简介】

开封经济技术开发区是经河南省政府批准、于1992年7月设立的省级开发区，后又被省政府批准为开封高新技术产业园区。

开发区依托老城区向西拓展，总体规划面积26平方公里，由三部分组成：一为开封新城区，规划面积8平方公里；二为杏花营工业区，规划面积10平方公里；三为高效生态农业园区，规划面积8平方公里。

开封市委、市政府已率先迁入开发区办公，人民银行、农业银行、城市合作银行、财产保险公司等单位相继迁入。房地产商在开发区建设了一大批经济适用住宅和颇具特色的小别墅，可供客商选购。开发区管委会是开封市政府的派出机构，代表开封市政府对开发区进行全面管理，享有市一级经济管理权限。

按照总体规划，开发区坚持以发展高新技术产业和外向型经济为重点，大力培植龙头企业和名牌产品，带动支柱产业的发展，使其成为开封市最具吸引力、辐射力的新的增长点，并把开发区建设成为环境优美、经济繁荣的现代化、园林式的新城区。

洛阳经济技术开发区

地　址	河南省洛阳市关林城南路一号	邮　编	471023
电　话	0379－5959103 5957972	传　真	0379－5957971
网　址	http://www.lykfq.com		

【开发区简介】

河南省洛阳经济技术开发区位于洛阳市南，地处洛阳“十五”城市总体规划的中心地带，是未来洛河南岸新城的商贸区、金融区和工业区。

开发区距飞机场、市中心分别只有10公里、5公里的车程。正在扩建的洛阳南站将形成每天停靠15对客运列车的客运中心和年吞吐量达百万吨的集装箱货运场，由此可达全国各大港口或经欧亚大陆桥直达欧洲和世界各地。优越的地理位置、丰厚的人文底蕴、便捷的交通设施、旺盛的人气商机造就了洛阳经济技术开发区得天独厚的区位优势。

经过连续10年的拓展积累，开发区已经形成了丰富的产业资源，已建成2.6平方公里的交易、服务和工业3个功能区，完成了12.94平方公里的中长期规划编制，共完成投资总额达11亿多元，建成和在建面积60余万平方米，累计基础设施已投入1.95亿元。至2000年底，区内已建成项目94个，产业涉及机械加工、建筑业、石化设备、消防设备、电气工业、冶金建材、有色金属、三产服务等诸多领域。2000年，全区实现国内生产总值2.82亿元，工业产值4.89亿元，商品交易额3.24亿元，科工贸总收入达8.5014亿元，年创利税收入3560万元。

洛阳经济技术开发区管委会提出了“靠商贸业繁荣、靠加工业壮大、靠高新技术产业升级”的发展思路，以市场化运作平台为载体，创立了全新的投融资体制，以进一步加大技术、资金、人才和先进管理方式的引进力度。洛阳特有的、充裕的科技资源也将为促进开发区市场化运作平台的高效运营、加速科技成果的引进转化、推进区域经济的产业升级提供有力的技术支撑。

南阳高新技术产业开发区

地　址　河南省南阳市人民北路78号　　邮　编　473009
电　话　0377－3295667　3295698　　传　真　0377－3295690

【开发区简介】

南阳高新技术产业开发区是1995年经河南省人民政府批准成立的省级高新区，位于南阳市城区西部和北部，毗邻市区，规划面积9.3平方公里，起步区面积5.83平方公里，规划控制面积18平方公里，人口6.7万。

南阳高新区基础设施累计投资6亿元，修建了道路、供排水、照明和供热系统，在起步区实现了水、电、路、气、暖、通讯等“六通一平”。区内各种服务和设施完善，金融、保险、邮电、电力、医疗、教育和各种咨询服务机构齐全，是生产经营和商住活动的理想场所。

南阳高新区管委会作为南阳市人民政府的派出机构，负责高新区的经济和社会管理。高新区管委会按照社会主义市场经济体制的要求和“小机构，大服务”的原则，为投资者提供一流的服务，在项目审批、工商登记、规划建设、土地管理等办事程序中实行限时办公，以准确、高效的工作，为投资者提供最大的便利。

目前，南阳高新区拥有高新技术企业10多家，外商投资企业近30家，已初步形成以“三资”企业为龙头，以机电一体化、生物医药和新材料工程为主导的工业体系。

濮阳高新技术产业开发区

地　址　河南省濮阳市黄河西路　　邮　编　457000
电　话　0393－4635146　4635147　　传　真　0393－4616457

【开发区简介】

河南省濮阳高新技术产业开发区是中国中南部新开发的一个地区，位于北京、西安、武汉等城市的相对中心位置，坐落在国家卫生城市、国家园林城市——河南省濮阳市，濮阳市位于河南省东北部，总面积4266平方公里，人口327万。这里历史悠久，气候兼具南北之长，温和适中，人文、自然条件优越；铁路西连京广，东接京九，交通运输快捷便利。

濮阳有着丰富的石油、天然气、煤、盐等矿产资源和小麦、玉米、棉花、大豆等农副产品资源，随着改革开放的深入和地方经济的发展，濮阳已成为国家生产力布局的重要支撑点，处于国民经济西进推移的中心地带，1995年11月，被国家爱卫会授予“国家卫生城市”称号，1998年，又被评为“国家园林城市”。在高新区规划区内，道路、供电、供水、通讯、热力等基础设施条件完备，达到了项目建设和生产经营的基本要求。

高新区管委会依照“高效、勤奋、廉政、务实”的方针，实行一个窗口对外，所有进区项目从接洽、立项到建设、生产的全过程，始终会得到优质、高效的跟踪服务。由金融、税务、公安、保险和信息、人才等20多家机构组成的支撑服务体系，更使得投资服务日趋完善。按照“借鉴沿海，优于内陆，特事特办”的原则制定的一系列鼓励投资的优惠办法，既特殊优惠又切实可行，对于扶植企业、加快建设和吸引投资有着很大作用。

新乡高新技术产业开发区

地　址　河南省新乡市五一路东段　　邮　编　453000
电　话　0373－5033251　5033236　5033251　　传　真　3373－5033236
网　址　http://www.xxtdz.gov.cn　　信　箱　xxtdz@yahoo.com.cn

【开发区简介】

新乡高新技术产业开发区（以下简称高新区）始建于1992年8月，1994年3月被河南省政府批准为省级高新区，高新区地处河南省北部，毗邻新乡市市区，规划面积18平方公里。交通便利，京深高速公路沿边而过，京广、太石铁路在此交汇，新荷铁路由新乡直达石臼港。

经过近10年的发展，目前高新区进区各类企业达224家，其中工业企业106家，全区工业总产值年均递增50%以上，2001年区内限额以上工业企业完成工业总产值10.9亿元。在发展经济的同时，各项社会事业全面发展，充分发挥了在经济发展、对外开放、产业聚集和体制创新中的示范、辐射、带动作用，形成了自己特有的区位、资源和功能优势，成为区域经济增长的亮点。

高新区始终把发展高新技术产业作为各项工作的中心，把招商引资和培育新的经济增长点作为重中之重。先后引进了华兰公司的人血白蛋白和丙种球蛋白、华源护神公司的特种织物后整理、八达公司的大容量免维护蓄电池、平原人造板厂的中密度板、新飞公司的小冰柜、出口冰箱及家用空调、泰兴隆公司的方便食品等较大型工业项目11项；引进奥特公司的GD系列自动售货机等民营小型工业项目80多个。截至2001年底，进区工业企业累计达106家，其中年产值超亿元的高新技术企业3家。初步形成了生物工程、新材料、节能和环保等支柱产业，形成了相对的产业聚集优势。

区内企业技术创新能力不断增强，目前列入各类科技计划的项目19项，承担省高新技术产业化重点项目3项。经省认定的高新技术企业11家，高新技术产品23个，企业自主开发的产品达到133项。高新区已初步成为新乡市发展高新技术产业的基地。

驻马店高新技术产业开发区

地　　址　河南省驻马店市高新技术产业开发区管委会　邮　　编　463000
电　　话　0396－2612160　2610122　传　　真　0396－2612160
网　　址　http://www.zmdgx.gov.cn　信　　箱　zh29@public2.lyptt.ha.cn

【开发区简介】

河南省驻马店高新技术产业开发区位于豫南明珠——驻马店中部，是国家1997年确定的乡镇企业东西合作示范区，京广铁路、京深高速公路、南阜公路在此交汇。距郑州国际机场160公里，交通十分便利，优越的地理位置具有承东启西、融南贯北的辐射能力。

河南省驻马店高新技术产业开发区是按照特区模式创建的豫南唯一的省级开发区。规划区内已经达到了“五通一平”，可以满足各类项目随时开工建设；健全并独立行使职权的财政、金融、工商、税务、土地、公安、电力、邮电、水务、人事劳动等支撑服务体系，加上完全封闭式的管理，可随时为投资者提供高效、快捷、优质、满意的服务。

河南省驻马店高新技术产业开发区地势平坦，主要建筑材料价格低，劳动力资源作富余量大。农副产品资源丰富，素有“河南粮仓”、“中原油库”美誉，这里盛产小麦、玉米、大豆等，年产粮食40亿公斤左右，居河南省第3位；经济作物以芝麻、花生、油菜、棉花、烟叶最为著名，年产油料7亿公斤左右，居河南省第一位，其中芝麻年产占世界总量的1/10，位居世界之冠；驻马店矿产品种类多、储量大，据初步探查，全区有矿藏30多种，其中煤储量10.3亿吨，居河南第7位；钾矿储量16.87亿吨，居河南首位；另外，化工灰岩、玻璃用砂、莹石的储量分别居全省第一、第二和第四位。一些国内名贵品种的花岗岩和高品位矿藏储量大、埋层浅，具有较高的开采价值。矿产资源的合理开发利用，已成为当地经济发展的一个新的经济增长点。

河南省驻马店高新技术产业开发区拥有完备的道路、供水、排水、排污、热力、电力、燃气及电信系统，水文地质条件良好，并已建成为区域功能配套、服务完善的商业、办公、居住、餐饮、娱乐、教育体育、文化、医疗卫生设施。

漯河高新技术产业开发区

地　　址　河南省漯河市湘江路1号　邮　　编　462000
电　　话　0395－2624608　传　　真　0395－2626146
网　　址　http://www.lgk.gov.cn

【开发区简介】

漯河市地处黄淮海平原，位于中原腹地，沙河、澧河横贯全境，是河南省批准创办的唯一的内陆特区，是国家综合体制改革重点联系市和全国经济改革试点市。全市辖临颍、舞阳、郾城三县和源汇一区，总面积2624平方公里，总人口250万。漯河自古以来就是商埠重镇，随着工业的发展，现已形成以轻工业产品为主，包括食品、造纸、制革制鞋、纺织、卷烟、电子、仪表等门类齐全的工业体系。

漯河市为豫中南地区的重要交通枢纽，京广铁路纵贯南北，漯宝铁路向西与焦枝线相连，漯阜铁路向东与京沪线相接，3条铁路在漯境内总长度为249.99公里（含复线、专用线），并构成十字交叉，沟通了漯河与全国各地的联系。漯河火车站为全国一级枢纽编组大站。

漯河公路交通十分发达，107国道和京深高速公路纵贯全境，有4条省级公路干线与4条县级公路纵横交织，构成了四通八达的公路交通网络，境内公路总里程（含乡级公路）达 1596公里，共设汽车站4座。漯河距离郑州国际机场只有一个小时的路程，地处郑州与武汉之间，是良好的经济枢纽地带。

漯河高新区创建于1992年5月，1994年3月被河南省人民政府批准为省级高新技术产业开发区。建区10年来，高新区先后投入资金近6亿元，修筑道路总里程近20公里，铺设供水管网37公里、排水管道22.5公里，建设了110KV变电站，形成了15000门程控电话的通讯能力，实现了三平方公里“五通一平”；区内绿化、美化、亮化与各种设施同步建设，人均绿地面积达到5平方米，绿化覆盖率达到42.5%，区内湘江路还获得了省级园林达标路称号，从而使高新区的硬环境建设不断得以优化。

开发区管理委员会是漯河市人民政府的派出机构，代表市人民政府对开发区管辖范围内的经济、科技、文化社会等事务行使统一管理职能。审批、审核开发区各类投资项目，总投资3000万元以下的基本建设、技术改造项目和投资1000万美金以下的三资企业项目和可行性报告，由管委会审批。投资在限额之上的，由管委会直接报省主管部门审批。开发区设立一级财政，凡在开发区注册的所有经营性企事业单位各种税费由开发区统一征收管理，未经批准，省、市各部门和单位不得到开发区收取行政事业费。开发区的土地、城市建设、市容建设、城市公用事业、村镇建设、环保由管委会依法统一监督管理。总投资在1000万美元以下的外商投资企业的合同、章程由开发区管委会负责审批。投资在此限额之上的，由管委会直接报省主管部门审批。开发区各类企业和个体工商户的登记注册，由开发区工商行政管理机构按规定权限负责办理。管委会负责开发区企事业单位的劳动人事综合管理。

建区10年来，漯河市先后有工行、中行、农行、信用联社、保险公司、地税局、工商局、公安局在高新区建立了分支机构，移动公司在高新区建设了综合生产楼；为使高新区的功能更加完善，还设立了律师事务所、会计师事务所，建设了三星级金港大酒店、温泉宾馆、水上世界、垂钓中心，开办了高新区职工医院、高新区小学、高新区幼儿园、汇华幼儿园、香山路幼儿园、新东方幼儿园，开通了连接市区的28路和38路公交车。这些分支机构、服务与公益事业，形成了比较完善的支撑服务体系。

漯河高新技术产业开发区经过高新区人民的建设，现初步建成较为完善的基础设施，各种服务性机构健全，可以为国内外投资者提供全方位的投资服务。

平顶山高新技术产业开发区

地　址	河南省平顶山高新区管委会	邮　编	467000
电　话	0375—3985692　3985652	传　真	0375—3985652
网　址	http://www.hnpdsgxq.gov.cn	信　箱	pdsgxq@sohu.com

【开发区简介】

平顶山高新技术产业开发区位于平顶山市区东部，1992年8月建区，1995年2月经河南省人民政府批准成为省级高新技术产业开发区。经过10年的建设与发展，平顶山高新区投资环境日益完善，产业发展初具规模，招商引资成效显著，初步显示出作为平顶山市新的经济增长点的积极作用，已发展成为初具规模的高新技术产业发展基地。

一、高新区基础设施不断完善

平顶山市委、市政府非常重视高新区的基础设施建设，通过从财政拨款、税收返还、自筹资金的方式，使高新区的基础设施有了很大的改善。高新区规划面积4.1平方公里，控制面积14平方公里，按照总体规划和中心区控制性详细规划的要求，湛北一期开发区域已实现“五通一平”，部分地区达到了“七通一平”。截止2001年，累计完成基础设施投入3.353亿元，平均每平方公里完成基础设施投入1.427亿元，整个产业投入34.4亿元，平均每平方公里完成产业投入14.6亿元。建成了“两纵一横”三条主干道及次干道全长12公里；电力容量23万KVA；形成了5.15万立方米以上的日供水能力；　区内各条道路的排雨、排污系统均已建成并配套完善，总长达18公里，实现了雨污分流，排雨排污状况良好，日处理6万吨污水的污水处理厂已建成投入使用；尼龙66盐公司1.2万千瓦装机容量的发电机组，日产蒸汽0.36万吨，能解决现有企业所用热力，为开发区发展配套的总投资4.5亿元的三和热电厂一期工程已建成并网，其供热能力可达0.6万吨／日；城市管道煤气铺设至开发区中心，总供气能力为23万立方米／日，区内还有辅助供应的液化气站，可满足进区项目及居民的生产生活用气；区内现有固定通讯容量10000门，通讯网络覆盖全区。

二、技术创新能力不断增强

截止目前为止，入区企业已达107家，其中高新技术企业18家，三资企业4家。10年来，共实施火炬计划项目3项，科技攻关计划10项，开发新产品10项，拥有专利技术12项。平顶山高新技术创业服务中心孵化面积23000平方米，在孵项目30个，所孵项目列入国家级、省级火炬计划，科技攻关计划，新产品试制计划的有10多项，列入河南省高新技术产业化重点项目的有1项，列入国家经贸委“双高一优”项目的2项。在培育中小科技企业，促进科技成果转化方面取得了新的突破。一批技术能力强，拥有自主知识产权的新型民营高科技企业成为了科技创新的主力军。平顶山富尔康仪表有限公司已具备了年产20万台（套）IC卡智能燃气表的生产能力；　永诚包装公司的全自动蜂窝纸板生产线居国内领先水平；中国神马集团尼龙66盐项目正在进行技术改造，改造成功后产量可翻一番，一举可实现扭亏为盈的目标；平高东芝生产的SF6全封闭组合电器生产技术居国际先进水平。在实施科技成果转化和培育中小企业的同时，一大批科技专家成长为科技企业家。

三、高新技术产业发展迅速

建区以来，平顶山高新区产业群从小到大发展迅速，技工贸总收入、工业总产值分别从1992年的0.3亿元增长到了2001年的9.3亿元和9.6亿元，分别是原来的31倍和32倍。目前，高新区工业总产值超过亿元的企业有3家。经过多年培育，高新区已经形成了新材料、生物工程、机电一体化为主的新兴产业群，经认定的高新技术企业达8家，高新技术产品12种，分别占全市比重的39%和18%，对平顶山产业结构调整，促进平顶山经济持续健康发展发挥了积极作用。

许昌经济技术开发区

地　址	河南省许昌市南环路西段	邮　编	461000
电　话	0374—3188333	传　真	0374—3182258
网　址	http://www.xckfq.com	信　箱	ok@xckfq.com

【开发区简介】

许昌市经济技术开发区成立于1994年10月，1995年正式运行，1997年11月被河南省人民政府批准为省级开发区。在市委、市政府的直接领导下，在市直各部门的大力支持下，实行“统一规划，统一审批，统一管理”的相对封闭管理体制，经济建设和各项社会事业迅猛发展，已经成为许昌对外开放的窗口、改革开放的实验区，对全市经济增长起到了积极的拉动作用。

湖北省开发区

孝感高新技术产业开发区

地　址	湖北孝感市交通西路	邮　编	432100
电　话	0712－2327073	传　真	0712－2330128
网　址	http://www.xghtdz.com	信　箱	xgkfqzsj@xg.hb.cninfo.net

【开发区简介】

孝感位于中原腹地，地处江汉平原，属楚文化重要源头和孝文化发祥地。这里，与省城武汉紧连，系国际大都市武汉市第一辐射圈层。境内交通发达，京广、汉渝铁路，京珠、汉十高速公路，107、316国道纵横交织，等级公路密度居全省首位。距武汉天河国际机场32公里，汉江等数条江河直贯长江，构成了便利的陆、水、空立体交通网络。

孝感高新技术产业开发区，是1989年12月经湖北省人民政府批准建立的省级开发区，1997年被湖北省人民政府批准为高新技术产业开发区。它与孝感城区融为一体，规划建设面积33平方公里，其中近期重点开发建设面积15.5平方公里，是湖北省"武汉—十堰"500公里汽车工业走廊的重要组成部分。

孝感高新技术产业开发区内土地一马平川，水、电、路、邮等各项基础设施和生活服务设施一应俱全。在高新区内，已有湖北汉光电工厂、华中精密仪器厂、湖北省核工业地质大队和三江航天工业集团下属的10多家大中型三线调迁企业以及中法合资三江雷诺汽车有限公司、中德合资爱普科斯电子（孝感）有限公司、中德合资三环墙体材料有限公司、中国－白俄罗斯合资三江瓦力特特种车辆有限公司、鄂港合资吉安鸟铝材有限公司等40多家三资企业在此落户。

为了充分发挥高新区区位、政策、环境等诸方面的优势，经市政府批准，高新区在东区规划1平方公里的高新技术产业园，大力推进高新技术产业的发展；在西区划出4000亩农田，规划为高新技术农业园，发展高新农业、休闲农业和观光农业。同时，为了扶持高新技术项目的成长，加快高新技术成果向生产力的转化，经湖北省科委批准，高新区设立了高新技术创业服务中心（简称孵化器），将以优越的环境、优质的服务为来自于各地的高新技术项目、企业创造最好的成长条件。

孝感高新技术产业开发区管理委员会对区内的行政事务实行统一管理。高新区管委会将热忱为投资者提供投资项目申办审批的"一条龙"服务和进行项目建设的有关协调工作，为投资者创造良好的软、硬投资环境。孝感市高新技术工业园位于孝感市城市规划区的东部，与现有城市建成区通过滚子河水上园林风景带紧密相连。园区处于107国道复线、京珠高速公路和孝感至武汉天河国际机场公路的交汇处，紧邻京广铁路，距武汉天河国际机场32公里，距京珠高速公路孝感出入口5公里，距武汉市汉口火车站49公里。

孝感市高新技术工业园规划总用地6平方公里，集产业、研发、流通、孵化、展示、旅游等多种职能于一体，园区布局分为航天产业园区、材料科技产业园区、生物科技产业园区、汽车科技产业园区；中心区包括科研中心、产业孵化中心、信息科技中心、会展接待中心等。

孝感市高新技术农业园位于孝感高新技术产业开发区西区，辖四个行政村，园区国土面积6.8平方公里，耕地面积4800亩。它与孝感城区融为一体，地理区位优越，交通便利，距京广铁路孝感火车站2公里，距京珠高速公路10公里，距武汉天河国际机场32公里。园区内土地一马平川，水、电、路、邮等各项基础设施配套齐全，是武汉南湖高新技术农业园的示范基地。高新技术农业园由三个规划区组成，一是高效农业区，总面积5.2平方公里；二是生态养殖区，总面积0.6平方公里；三是高新技术农业园起步区，总面积1平方公里。

孝感高新技术农业园按照“统一规划、分步实施”的原则滚动开发，以市直部门、开发区管委会投资投劳建设基础设施起步，以扩大对外开放、招商引进科技项目为重点，以争取国家、省农业科技开发项目为补充，举全市之力，争全省、全国之开发项目，加快高新技术农业产业化发展。

安陆经济技术开发区

地　址	湖北安陆经济技术开发区管委会	邮　编	432600
电　话	0712－5252963	传　真	0712－5250595
网　址	http://www.fuli.com	信　箱	fulishch@public.xg.hb.cn

【开发区简介】

安陆市位于鄂东北部，地处江汉平原与大洪山、桐柏山余脉地带。现有人口60万，总面积1355平方公里。市区西有府河自北而下，南通长江；中有汉丹铁路纵贯，连接京广铁路大动脉；东有316国道经过，沟通鄂东鄂西。矿产资源有铁、钒、铜、锌、铅、铀等17种，石灰石、河砂、矿泉水储量极为丰富，品质均在全省同种矿产中名列前茅。白花菜和南乡萝卜闻名全国；瘦肉型牲猪、肉牛、禽蛋产品质优价廉；有“银杏之乡”的美誉。工业形成了纺织、粮油食品、饲料、冶金、机械、化工、建材、医药等支柱产业。

安陆开发区区辖8个自然村，南起南七里桥，北到北七里桥，南北长7公里，以316国道为轴线向东延伸0.5~1.5公里，国土面积7.2平方公里。全区规划为3个功能小区，北部为机械、食品、纺织工业区，中部为富丽民营经济区，南部为冶金、建材、化工工业区，首期集中开发富丽民营经济区。

富丽民营经济区总体规划面积1.2平方公里，西靠316国道，东到金秋大道，南起碧东路，北迄安花公路。区内由行政办公区、德安文化公园、富丽商贸区、住宅区和民营工业园区组成，是安陆的新城区。区有22万千伏安、11万千伏安变压电站各一座，3条供水主管道贯通东西。区内建有市电力大楼、市有线电视台、市长途电信传输局和城市液化气管网系统。市农行、市城市信用社、市保险公司邻区而建，金融服务网络逐步形成。

葛店高新技术产业开发区

地　　址	湖北省鄂州葛店镇东	邮　　编	436070
电　　话	0711－3811201　3811208	传　　真	0711－3811201
网　　址	http://www.gdz.gov.cn	信　　箱	gdgx@xinhuanet.com
主管部门	鄂州市人民政府	招商部门	管委会经济发展局
招商电话	0711－3812001		

【开发区简介】

湖北省葛店高新技术产业开发区是1997年经省委、省政府批准设立的高科技、外向型开发区。规划面积26.5平方公里，已建成区面积5.34平方公里。葛店高新区采用“区中套区”的模式，与湖北省葛店经济技术开发区实行两块牌子、一套班子、封闭式的运行机制。

葛店高新区位于武汉和鄂州两市交界处，交通十分便捷，南临武(汉)九(江)铁路，北靠长江，316国道从区内穿过，宜黄高速公路与高新区直通，距白浒山外贸港仅7公里，到武汉天河国际机场仅70公里。随着国家开放开发的重点由沿海向中西部地区转移，葛店高新区在长江这条黄金水道上居中独厚，面临着良好的发展机遇。葛店高新区经过几年的发展已初具规模，兴建了一批高新技术项目，包括国家863计划在内的国家级科技项目9项，省级科技项目19项，初步形成了以生物医药为龙头，以新材料、电子信息、光机电一体化为发展重点的产业格局。1998年中国博士后鄂州产业基地落户葛店高新区。

截至2000年底，全区累计投产企业70多家，其中科技含量较高的企业50多家， 1999年实现工业总产值25.9亿元，出口创汇510万美元，完成财政收入6866万元，引进项目20个，总投资927.82万美元。到2003年全区工业总产值可望达到70亿元，财政收入可达1亿元。

黄石经济技术开发区(黄石磁湖高新技术产业区)

地　　址	湖北省黄石市杭州东路	邮　　编	435003
电　　话	0714－6357518　6351152	传　　真	0714－6358509
网　　址	http://www.ch-hs.com	信　　箱	Hskfqgwh@public.hs.hb.cn

【开发区简介】

黄石经济技术开发区(又称湖北黄石磁湖高新技术产业开发区)，是湖北省和长江沿岸的重点开发区之一。

黄石开发区位于湖北省第二大工业城市——黄石市四个城区的几何中心，坐落在风光秀丽的省级风景名胜区——磁湖风景区内。区内条件优越、自然环境优美，是黄石开发区的显著特点。

黄石开发区不仅是黄石市委、市政府的所在地和黄石市正在建设的山水园林式新市区，更是黄石市乃至湖北省高新技术产业发展基地。目前，黄石开发区内正在建设的产业园主要有电子信息产业园、新材料产业园、生物医药产业园、军工科技园、出口加工园和花湖商贸区。其中，电子信息产业园是湖北省的信息安全产业基地，参与该基地建设的有华中科技大学等一批知名的高等院校和科研所。以电子信息产业园内的捷德万达金卡有限公司和正在建设的三环智能卡机具等卡及与卡相关的项目为依托，在湖北省政府的支持下，黄石开发区将用5到10年时间建设“黄石·中国卡都”。

黄石开发区自1992年成立以来，吸引了大批高等院校和科研所进区进行成果转化，引进了大批国内外知名企业进区投资和一批民营科技企业进区发展，形成了一种以高新技术产业为主和以外商投资为主的发展态势。

如今的黄石经济技术开发区，基础设施焕然一新。建区10年多来，开发区累计投入资金10亿多元，建设了一大批高起点的基础设施，使开发区的投资环境得到了明显改善。在杭州西路、桂林南路建成通车之后，杭州东路、桂林北路、沈下路及迎宾大道等一批新的高标准城市道路又合纵连横，构成了开发区内完备交通网络。在供水、供电和通信设施方面，开发区先后建成水、电、通讯等各种管线各30多公里、现代化电信分局2个、11万伏变电站1座，在各项配套设施建设方面，先后建成了人民广场、磁湖山庄、中银大厦、黄石新二中、团城山实验学校、中心血站、团城山医院、黄石海关、黄石边检、黄石公共保税库和安居工程等一大批配套服务设施。其中，坐落开发区内的以山水园林风格为特色的人民广场，占地面积300亩，是湖北省内面积最大的城市形象广场。

开发区鼓励投资的其他项目有：高效农业及其农产品深度加工、食品加工、精细化工、汽车零部件、邮电通讯、能源和市政基础设施建设、环境保护、商贸、旅游设施建设等。

荆州经济技术开发区

地　址	湖北省荆州市玉桥小区B区17号楼	邮　编	434000
电　话	0716—8218676　8239389	传　真	0716—8317074
网　址	http://www.jingzhou.gov.cn		

【开发区简介】

荆州经济技术开发区于1992年5月8日经省政府批准成立，1994年11月，又经省政府批准，在经济技术开发区内设立荆州高新技术产业开发区，享受湖北省省级高新技术产业开发区的各项优惠政策。

荆州开发区位于荆州市城区东端，面积37平方公里。东设周家岭220千伏变电站，西是二级民航机场，北有荆州地方铁路货运站，南建日供水25万吨的水厂和长江深水码头；区内配设煤气厂、排污站、邮电大楼、客运中心、交通、通讯、供水、供电、供气等设施齐备。

开发区实行党委、管委会、发展总公司三位一体的管理体制，开发区管委会代表市政府行使市级行政经济管理权限。开发区以服从荆州市总体规划为前提，按照总体规划、分期实施、自我积累、滚动发展和开发一片、收益一片、美化一片的原则进行规划，建成设施完善、功能配套、环境优美、经济繁荣的现代文明的新城区。

“九五”期间，荆州开发区以高新技术产业和外向型经济为主导，以招商引资和改善投资环境为重点，把开发区建成荆州市经济发展新的增长点、对外开放的窗口和高新技术产业基地。

襄樊汽车产业经济技术开发区

地　址	湖北襄樊汽车产业开发区车城大道1号	邮　编	441000
电　话	0710－3311777　3311854	传　真	0710－3312445
网　址	http://www.adz.org	信　箱	adz@adz.org

【开发区简介】

襄樊汽车产业经济技术开发区于1992年1月经湖北省人民政府批准正式成立，是全国唯一的一家突出汽车产业品牌的开发区，全区控制面积48平方公里，总人口约6万人。

一、区位和交通

开发区地处襄樊市区东北部4公里处的油坊岗一带。它南离长江最大支流的汉江4公里，东距襄樊飞机场10公里，316国道、襄新（襄樊—河南新野）、樊魏（襄樊—河南魏集）公路纵贯全境；正在建设中的襄荆（襄樊—荆州）、汉十（武汉—十堰）两条高速公路大互通交汇点附近，就在开发区边界；焦柳、汉丹、襄渝3条铁路干线在区内交汇，交接处的襄北铁路编组站是全国13个路网级大型编组站之一。

二、建区的背景和基础

早在80年代中期，东风汽车公司为了进一步拓展发展空间，决定走出山区，确立了“发展重心东移”战略，在襄樊东北郊的油坊岗一带建立了第二基地即襄樊基地，建成了第二动力厂、铸造三厂、柴油发动机厂、试车场等一批骨干项目。20世纪90年代初期，中央、省、东风公司决定对新上的神龙富康轿车实行“一个项目，两地建设”，把该轿车的机加工项目定点在东风襄樊基地。襄樊市抓住这个历史契机，在1991年下半年设立了襄樊汽车产业经济技术开发区。20世纪90年代以来，随着东风公司“百万辆工程计划”的实施和调整重组的逐步到位，相继在这里建立了神龙轿车机加工、东风轻型车、轻轿开发中心、康明斯C系列柴油发动机、康明斯发动机机加工、风神轿车总装、旅行车总装等项目。这些项目的建成，为汽车产业开发区的大发展奠定了坚实的产业基础和项目依托。

三、建区以来的主要工作

建区10年来，开发区遵循“服务东风、依托东风、共建车城”的办区宗旨，大力实施“项目兴区”战略，坚持“以高新技术产业为先导，以汽车工业为主体，以高效农业和第三产业为两翼”的产业定位，探索出一条富有内陆开发区特色的新路子。一是全力服务东风，支持主体企业不断发育壮大。通过加强对话合作、制定“一体”战略、实施倾斜政策、提供优质服务等措施，吸引东风公司把一大批骨干项目和最优良的资产摆放在开发区。这是汽车产业开发区得以生存和发展的前提。二是努力营造环境，争创发展竞争的新优势。在硬环境方面，一直按照较高的标准进行规划和建设。运用基地自主、管委会统筹、社会参与“三合一”的模式累计完成基础设施投资21.4亿元，建成区面积达10.68平方公里。除襄樊基地外，开发区的中心区、第三产业区、工业起步区也已全部实现了“五通一平”；建成了两条供水系统、两条10KV供电专线和一座110KV输变电站，形成日供水10万吨、年供电量1.5亿度的能力；开通了1.6万门程控电话，排水、供热、供气设施一应俱全。在软环境方面，建立健全了精简高效的办事机构和投资服务体系，对客商实行“一站式”服务；在地方的权限范围内制定了一系列鼓励投资的优惠政策和措施，建立了一套行之有效的客商权益保护制度。三是广泛招商引资，大力实施“项目兴区”战略。这些年来，开发区牢牢抓住国民经济结构调整和战略重组这根主线，注重用足用活东风集团的社会产业资本，采取依托主导产业招商、网络招商、委托招商、参会招商、全员招商、以商引商等多种手段并举，共引进、创办了80多家企业，法国雪铁龙、美国康明斯、日本日产等跨国公司相继在这里抢滩登陆；洛玻集团、华阳集团、广东安达集团、湖北襄烟集团等国内知名企业也在这里投资置业。四是突出改革开放，发挥开发区探索试验功能。开发区按照“改革活区”的指导思想，以市场经济目标为取向，先后围绕企业产权、资本营运、机构人事、行政管理、社会保障等一系列制度进行了大胆的改革与创新，初步建立起适应市场经济需要的管理体制和运行机制，发挥了改革“试验田”的作用。

四、开发建设的初步成效

10年来，开发区共兴建项目90多个，累计完成投资62亿多元（其中产业投入达40亿元）。企业总数达到110多家，其中投资过亿元的8家，汽车工业及汽车配套项目累计达到48个。初步形成了汽车动力（富康轿车发动机、康明斯系列柴油发动机）、整车制造（东风轻型车、风神轿车、旅行车）、汽车研制开发和零部件制造4大基地的产业格局。产品涉及到汽车整车、主机、总成、零部件、材料、油品化工等10多个类别系列。累计生产汽车整车12.2万辆，各类汽车发动机34.4万台。“九五”以来主导产品大体保持每年以30%～70%的速度增长。大产业的相继建成，带动了经济总量的迅速扩张和效益大幅攀升。2000年完成工业产值60.38亿元，建区以来年均递增87.74%；实现GDP10.54亿元，年均递增70.71%；完成财政收入15578万元，年均递增59.9%。全区企业已从整体上扭亏，实现利润（税前）4.54亿元。截止目前，共注册13家外资企业，累计实际利用外资1.62亿美元。神龙公司襄樊工厂的部分产品开始返销法国，2000年出口创汇405.23万美元。

五、发展前景展望

在21世纪，汽车产业开发区将继续坚持“依托服务东风”的办区宗旨，坚持“以高新技术产业和外向型经济为先导，以汽车工业和烟草工业为主体，以高效农业和第三产业为两翼”的产业定位，坚持“项目兴区”的发展战略，加大环境建设和体制创新的政策措施，力争再用5年的时间把开发区建设成为在全国有影响的“四大基地”和“三大中心”，即轿车整车生产基地，汽车动力基地，汽车零部件生产基地，高新技术产业发展基地；汽车研制开发中心，汽车整车和零部件贸易中心，汽车文化旅游观光中心，把开发区由板块小区建设成为经济强区。

汽车产业开发区欢迎各界业主进区投资兴办符合国家产业政策的各类项目,特别鼓励投向技术先进型、产品出口型、汽车工业、汽车配件、基础设施、科技、教育、休闲观光农业和较高层次的三产业项目。凡进区投资的业主，不论国籍地籍，不论法人和个人，不论何种经济成份，不论采取何种投资方式，不论搞投资开发还是生产经营，都享受开发区的优惠待遇。

武汉吴家山海峡两岸科技产业开发园

地　址　湖北省武汉市汉口吴家山吴南路4号　　邮　编　430040
电　话　027－83892079　83219867　　传　真　027－83211751
网　址　http://www.whwjshtp.org　　信　箱　dxhwjw@public.wh.hb.cn

【开发区简介】

武汉吴家山海峡两岸科技产业开发园，是2000年初经国家科技部和国务院台湾事务办公室批准成立，吸引台资和其他国家及地区客商投资的科技产业开发的国家级园区。其前身是经湖北省政府批准、创建于1992年的武汉吴家山台商投资区。开发园作为武汉市三大国家级开发区之一，被武汉市委、市政府确定为武汉经济三大增长极之一。

武汉吴家山海峡两岸科技产业开发园，以及武汉吴家山台商投资区，位于武汉市汉口地区，环绕江岸、江汉、桥口三个城区，具有优越的市场优势和便利的交通优势，园区内环境保护良好，基础设施齐备，是投资工业企业、物流商业、房产旅游、特色农业的理想场所。

园区所在的武汉市东西湖区，是武汉市13个行政区之一，面积500平方公里，人口20余万。辖区内全部为国有农场，在管理体制上实行区政府和园区一个领导框架统一办公，一套行政系统统一服务。园区下设鑫桥高新技术产业园、海口工业园、金银湖生态保护区等10余个特色“园中园”，开发总面积138平方公里。由于独特的管理体制和优秀的人文背景，园区自1992年以来实现了外来投资者的“零投诉”。

园区自成立以来，以改革开放为先导，认真执行国家授予的各项权限和吸引外来投资的各项优惠政策，吸引了国内外一批客商来区投资，共引进三资项目140多项，投资总额7.3亿美元；引进内联企业160多项，总投资48.5亿元人民币。这些国内外企业的投资，促进了园区经济的快速发展，短短几年时间，财政收入在全市13个区中由过去的中下游水平，跃升到2000年的第一名，人均财政收入达到全省最好水平。

武汉吴家山海峡两岸科技产业开发园，已形成较好的产业结构：食品饮料行业30多家，投资的公司有中国台湾统一集团、法国法能公司、美国百事可乐公司、广东乐百氏公司、上海光明奶业集团等；医药行业10多家，投资的公司有中国香港长城生化公司、中国香港东洋百信药业公司、中国香港安鹏公司、同济医大、武汉红桃K集团等；包装行业10多家，投资的公司有英国国际济丰纸业公司、中国香港华恒集团、珠海中富集团、上海紫海集团等；机械电子、建材及高新农业行业20多家，投资的公司有中国台湾远东集团、美国大陆谷物公司、中国台湾住联公司、凌云集团等。

武汉吴家山海峡两岸科技产业开发园，热诚欢迎国内外客商来区投资食品饮料、生物医药、包装制品、精细化工、机械电子、信息技术、建筑材料、特色农业等行业，园区将执行国家和地方政府鼓励外来投资的各项法律法规，给予投资者多方面的优惠，为投资者提供全方位的服务。

仙桃经济开发区

地　址	湖北省仙桃市沔阳大道87号	邮　编	433000
电　话	0728－3223298　3239476	传　真	0728－3239476
网　址	http://www.hbxtkfq.com.cn	电子信箱	xtkfq@21cn.com
主管部门	仙桃市人民政府	招商部门	管委会经济发展局
招商电话	0728－3221851		

【开发区简介】

湖北仙桃经济开发区建立于1991年的开发区，基础设施发展迅猛，对外招商成果显著，1995年被省列为省管开发区，1999年接管“省十强乡镇”龙华山办事处，实行强强联合，优势互补。如今的开发区，实行全封闭式管理，辖20个村居，人口11.4万，面积39.8平方公里。2001年，开发区实现社会总产值51亿元，其中工业总产值27.9亿元，商品成交额20亿元。几年的发展，开发区形成了纺织、服装、无纺布加工、医药医疗制品、食品和化工等6大支柱产业。开发区是全国出口创汇先进单位，先后与外商合资兴办了楚华卫生用品有限公司等8家合资企业，外贸企业发展到16家。近年来，投资900多万美元从日本、韩国、美国、加拿大、德国及中国台湾等国家或地区引进成套先进设备100多台套，完成大小技改项目500多项，开发出医用卫材、医用胶囊、医用一次性无纺布、CPE膜、磨砂手套等主导产品，远销亚、欧、北美20多个国家。

湖北仙桃经济开发区开发区是发展高新技术产业的排头兵。区内有被省科委认定的高新技术企业湖北迈亚股份有限公司和仙桃隆化工有限公司，正在申报的有湖北爱克医药胶囊有限公司、仙桃市环宇化工厂等4家企业。2000年高新技术产品产值占工业总产值的29%。特别是辖区内的上市公司湖北迈亚有限公司总资产达7亿元，净资产3.5亿元，年利税5000万元，创汇800万美元，是国家大型纺织集团，全国工业500强，国家512家重点调度企业之一。开发区是江汉平原商品的集散中心。先后投资近亿元，兴建了钱沟副食批发市场、钱沟建材批发市场、钱沟日用品批发市场，买全国，卖中南，年成交额达20亿元，向国家提供税收1000多万元，成为江汉平原档次最高、规模最大、影响最好的市场，是仙桃商贸企业最大的纳税户。开发区是招商引资的急先锋。2000年引资1.5亿元，2001年协议引进资金2.8亿元，意向签约项目22个，实际到位资金1.3亿元。开发区通过招商，引进的美国安东尼·肖投资1000万元租赁固定资产5800万元的爱克胶囊有限公司于

2000年4月14日生产营运以来，形势很好，产品全部销往美国。引进的深圳裕波公司继投入3000万元成立纺纱厂后又投入5000万元，征地15亩，新建厂房4000平方米，新上气流纺生产线12条，创办年产值过亿元的民营企业。引进福建亲亲股份有限公司投资5000万元建立仙桃亲亲食品工业园。开发区是城郊特色农业重要基地。形成了以318国道杜台段为中心的花卉种植基地。现已编制方案，实现近郊与远郊结合，逐步建设成流潭公园—花卉基地—农业示范区—曲湖渔场垂钓为一体的休闲娱乐农业基地。

为了进一步加快开发区的建设与发展，开发区又出新举措：健全组织，激活发展机制。开发区管委会属副县级单位，经市委、市政府同意，市编委行文批准，管委会下设正局级的一室五局一公司，即管委会党政办公室、经济发展局、规划建设局、精神文明建设局、农村工作局和经济发展总公司。这些机构的运转，确保了对客商投资企业实行“五个一”管理模式，即：一栋楼办公、一个窗口对外、一支笔审批、一条龙服务、一次性收费。优化环境，给予发展保障。在软环境上，力建两个隔离带，客商不与收费部门接触、不与当地村民发生利益冲突，同时，实行治安重点挂牌保护。在硬件建设上，开发区紧邻仙桃市城区，得天独厚的地理优势，使开发区道路、桥梁建设步伐加快，美化、亮化、绿化的工业一条街气势恢宏，水力、电力设施日趋完善，供电、供水率达100%，为客商发展创造了优越的条件。优惠政策，提供发展机遇。开发区除享受市委、市政府制定的全市招商优惠政策外，还可实“一项一策”更加灵活的优惠办法，如厂房出租，按入库税收额度确定租金20～35元／年·平方米。土地出租按地段为3～5元／年·平方米。土地征用每亩4～4.5万元，对创办高新技术项目，固定投资超过1000万元，配送项目用地10亩，投资额达1亿元者，配送项目用地100亩。实行税收减免，新开办企业从获利年度起，前2年免征所得税，第3－5年减半征收。这些优惠政策，无疑为客商提供了发展的机遇。同时，开发区通过充分的论证，储存了大量可让客商选择发展的项目，如长纤无纺布项目、保健药品项目、食品项目、化工项目、纸板生产项目，每一项目都有着广阔的前景、无限的商机。

2002年，开发区党政一班人进一步明确指导思想，坚持邓小平理论和江泽民“三个代表”重要思想为指导，全面贯彻落实党的十五届五中、六中全会精神和中央、省市经济工作会议精神，深化改革，扩大开放，加快发展，以招商引资为龙头，以结构调整为主线，以体制创新为动力，以基础设施建设为重点，以增加群众收入为目的，培育新特色，建设新亮点，综合实力保位次，乡镇企业保首强，政治社会保稳定，促进国民经济持续快速健康发展和社会全面进步。努力实现国内生产总值增长10%，财政收入增长10%，固定资产投入增加10%，招商引资达到1.5亿元，出口创汇达到1000万美元，农民人均可支配收入增加100元的经济目标。

荆门掇刀经济技术开发区

地　址	湖北省荆门市	邮　编	448124
电　话	0724—2441268　2441498	传　真	0724—2441498
网　址	http://www.duodao.gov.cn		

【开发区简介】

湖北省荆门掇刀经济技术开发区是1992年10月经湖北省人民政府批准设立的省级开发区。地处荆门市南郊，也是市委、市政府确立的城市新区、改革开放实验区、高新技术产业区。面积131平方公里，起步区24平方公里。掇刀开发区按照小政府、多功能、开放型的管理格局，重点发展高科技园、化工、轻纺、食品、机械、电子、建材、仓储、商贸、娱乐等10大专业区。

掇刀开发区交通便利，通讯发达，水源、电力充足。距长江沙市港80公里、武汉240公里；距钟祥冷水机场20公里；焦柳、荆沙铁路襄石复线和207国道、荆潜、皂当省道在开发区交汇；兴建有22万伏3.5万伏的输变电站，有日产10万吨的自来水厂，有万门程控电话和移动电话。

建区10年来，开发区共投入建设资金15亿多元，着力加强基础设施建设，改善投资环境，基本形成城市骨架。建成了中南地区最大的钢瓶厂、年产20万吨钙镁磷的康华股份实业有限公司、年产2万吨的麦芽厂和1.2万千瓦机组的煤矸石发电厂等骨干企业；荆门市雨田集团、国家机械化粮库、宏源制管公司等一批国有企业也相继在开发区落户。与此同时，开发区实施民营立区、商贸活区、科技强区、人才兴区战略，放手、放活民营经济。采取封闭保护管理模式，设立了3平方公里的私营经济保护区，形成了以掇刀商城、私营工业城、白石坡农贸市场、关公园农资市场、聚龙批发市场为龙头的5大私营经济载体，并经省政府批准，成为全省第一家私营经济区。开发区农业生态环境优越，产业化起步显现新特色，先后建立起无公害蔬菜、甲鱼养殖、畜禽养殖、茶果等4大支柱产业基地。

武汉吴家山台商投资区

地　址	湖北省武汉市东西湖区吴家山吴南路4号	邮　编	430040
电　话	027-83891127　83228562	传　真	027-83390012
网　址	http://www.whtbiz.gov.cn	信　箱	webmaster@whtbiz.gov.cn

【开发区简介】

武汉吴家山台商投资区是经湖北省和武汉市人民政府批准的以引进台资为主，同时吸引其他国家和地区客商投资的对外经济开发区，创建于1992年，2000年1月19日经国务院台湾事务办公室和科学技术部批准成立武汉吴家山海峡两岸高科技产业开发园。作为投资区高科技开发的一个国家级高科技开发园区，总面积1平方公里。投资区执行国家关于鼓励台胞和外商投资的有关政策，根据客商的投资强度、生产经营规模、年度实现的税收总额，给予多方面的优惠待遇。

投资区位于武汉市区西部，规划面积20平方公里，首期开发8平方公里，首期开发的基础设施已全部完成。投资区管理体制独特，投资区管委会由当地政府和台港知名财团代表联合组成，实行国内首创聘请境外投资者参与行政管理的全新体制。

投资区交通便捷。它距市中心12公里，距汉口火车站7公里，距武汉天河国际机场18公里，距青山外贸头20公里，区内拥有8大通道，即107国道(北京至深圳)、京珠高速公路（北京至珠海）、汉渝铁路（武汉至重庆）、汉江航线（陕西至武汉）、市外环路、市中环路、天河机场高速公路、金山大道,构成了以投资区为中心的“蛛网式”立体交通网络。

投资区管理机构及法律保障体系健全，金融保险、文化教育、生活娱乐等社区服务设施完善。保税加工区以及海关、商检机构均将筹建。投资区将竭诚为中外投资者提供最优良的服务。

湖南省开发区

常德市德山经济科技开发区

地　　址	湖南省常德市德山中路76号	邮　　编	415001
电　　话	0736－7312032	传　　真	0736－7312138
网　　址	http://www.chinafdi.gov.cn	信　　箱	dsqjmj@public.cd.hn.cn

【开发区简介】

德山经济科技开发区建立于1992年，是经湖南省人民政府批准，常德市人民政府直接管理的省级重点开发区和省重点招商区，也是湖南省行政体制和机构改革试验区。现管辖面积50多平方公里，常住人口近10万。经过建国几十年来的建设，德山已成为常德乃至湘西北地区的工业重镇，有纺织、机械、医药、食品、造纸等国有大、中型企业40多家，固定资产30多亿元。

德山开发区在首期开发的10平方公里范围内，建立了三资企业区、内联企业区、高科技园以及公园、娱乐城、贸易中心等，共引进了30多个建设项目，投资总额12亿元人民币。其中引进三资企业近20家，投资总额7000万美元，外向型经济有了长足发展。

耒阳市经济开发区

地　　址	湖南耒阳市经济开发区蓝天市场A区78号	邮　　编	421800
电　　话	0734－4360598	传　　真	0734－4345908
网　　址	http://www.lyedz.com	信　　箱	webmaster@lyedz.com

【开发区简介】

1992年4月，小平同志南巡讲话始改革开放的春潮，耒阳市委、 市政府审时度势，创办了来阳市经济开发区，1992年12月，经省政府批准正式设立为省级开发区。目前，已建成蓝天商贸区、工业园区和西湖路办公商住区3个开发小区，发明家广场、蔡伦商城、金阳路开发小区已初具规模。全区建成项目77个，其中工业企业项目19个。2001年，完成国内生产总值37353万元，完成基础设施投资8210万元，形成了耒阳市域经济新的增长点。

自1992年建区伊始，开发区始终坚持以开发促发展，以开发树形象，着眼长线开发，抓好短线开发，突出“开发兴区，滚动发展”策略，大刀阔斧地进行开发，选准项目，加大力度。10年累计开发地面积2017.3亩，建成土地面积1350.5亩。1998年开发区步人发展快车道以来，进一步加大开发力度，实现自身规模发展。完成了荷花商业街、蓝天市场D区商城、西湖路办公商住区、蓝天市场配套设施完善等项目开发建设，吸纳社会资金1.8亿多元，完成基础设施投资3000多万元。2001年 围绕首届中国（耒阳）蔡伦科技发明节，先后又完成发明家广场建设和金阳路开发两大工程，配套完成蓝天路和荷花路的建设，总投资8000余万元，促进城北交通干道全面形成，加速开发区二期开发建设步伐。

开发区要想持续发展，必须走“实业兴区、工业强区”之路，突出招商引资，借别人的资源资金来实现共同发展，增强自身造血功能和发展后劲，繁荣区域经济。为此，开发区加大软硬环境建设力度，提升自身吸引力。在软环境上，全面落实“封闭式管理、开发式运行”和“无费区”两大优惠政策，树立“人人都是投资环境，个个都是开发区形象”的全员招商观念，实施“一栋楼办公，一个窗口对外，一条龙服务”程式，简化办事程序，提高办事效率；在硬环境上，抓配套设施和基础设施的完善。优化美化小区，形成“绿化成带，建设成片、水电畅通、道路畅达”的良好局面，成为耒阳市招商引资的前沿阵地。一是二业园不断繁荣壮大、引进工业企业19个，年工业总产值突破2.5亿元，目前扎钢厂、碳化硅厂、耐火材料装饰板厂、金悦降解塑料有限公司、黄海正邦加油城等规模较大的民营企业，成为开发区工业园的支柱企业。二是蓝天市场日益巩固发展。蓝天市场于 1995年启动，是耒阳市规模最大的汽配和机动车交易专业性市场。吸引省内外、市内外各类机动车汽配经营户190余家，而且开辟机动车交易中心和摩托车专营街，成为集整车销售、配件供应、旧车回收、维修服务、信息咨询五位一体的机动车交易和配件批发专业性大市场。同时还以积极的姿态引人服务业，增进了市场综合功能。

10年来，通过软硬环境的不断完善，开发区日益成为耒阳市民营经济的基地、投资商的热土。2002年，将围绕东江工业区的建设重点，加大招商引资力度，加快工业区的建设步伐，极力推进耒阳市工业化进程。同时，完成发明家广场蔡伦商城和金阳路二期开发建设项目，不断完善区内基础设施建设。

宁乡经济技术开发区

地　址	湖南宁乡经济技术开发区管委会	邮　编	410600
电　话	0731－7800096	传　真	0731－7800159
网　址	http://www.nxgyy.com	信　箱	nxgyy@public.cs.hn.cn

【开发区简介】

宁乡经济技术开发区创建于1998年，经湖南省人民政府批准为省级经济开发区，开发区地处湖南省会卫星城——宁乡县城境内，总规划面积10平方公里。园区东临美丽沩水，北傍长常高速公路，南临国道319线，西倚宁乡大道(宁乡县城与高速公路连接线)，石长铁路在开发区设立宁乡站，是公路、铁路、河道交织的金三角地带。

一、交通便利

距省会长沙36公里(走高速公路至市政府仅18分钟车程)，距黄花国际机场60公里。石长铁路火车站现有货物线2条、预定线2条、粮库专用线1条。

二、基础设施优良

目前，开发区已实现了水、电、路、网络、电视、通讯六通；开发区投资新建了一个日供水5200立方米的自来水加压站，并规划专建自来水厂；架设了万伏电力专供线路，新建11万伏变电站将于2002年6月投入运行；投资3000万元拉通了火车站与县城的连接线，投资3280万元的开发区南北中轴线——创业大道年底可通车；宁乡信息园即将动工，宽带网络即可链接用户终端。

三、社区服务完善

开发区的开发建设以县城为依托，与县城新区扩展融为一体，银行、邮电、公安、学校、医院等机构配套齐全；住宿、餐饮、娱乐、仓储、停车场等设施基本完善；商务信息、法律咨询、广告宣传、电报电传实行一条龙服务。当地气候宜人，民风淳朴，劳动力密集，是理想的投资办厂场地。

四、政策、服务优势明显

开发区实行“一个窗口对外，一个窗口对内”。管委会下设招商发展科和园务管理科。招商发展科一个窗口负责招商接待和入区企业的办证、前期协调等工作；园务管理科一个窗口负责区内企业的服务和管理，实行一家收费、封闭式管理。

有关土地、税费优惠政策，只要是法律允许的范围，开发区都用尽用活，做到“人无我有、人有我优、人优我特”，并特别推出“土地回购政策”，即在开发区内征用土地用于项目开发建设，3年内如果项目不能产生预期的经济效益，业主可申请退回土地，由开发区管委会以不低于出售价格回购土地。

五、发展态势良好

截止2001年底，开发区申请入区的企业近120多家，已注册入区的25家，其中11家已建成投产，另14家正在建设当中。区内拥有一大批国内外知名企业，有全省最大的信息产业园——托普软件园、全国独一无二的温泉高尔夫度假区——湖南灰汤温泉高尔夫度假区项目、全省第一家按欧洲标准设计的精品肠衣加工厂——湖南长城肠衣有限公司、全省最大的调味品生产基地——中国香港加加酱业(长沙)有限公司、国家火炬计划项目——大连明辰振邦氟涂料股份有限公司投资建设的万吨氟涂料生产基地、全省最大的服饰生产基地——圣得西工业园。尤其是温泉高尔夫度假区的启动，这个在国内独一无二的“泉球互动”的最新创意，将为开发区带来无限商机。

2001年，开发区内企业实现工业总产值4亿元，利税6000万元，上交税金近1000万元，出口创汇750万美元。3年内这些企业全部投产，可实现工业总产值30亿元，利税3亿元，税收过亿元。

六、领先的发展思路

开发区定位于科技型、生态型、综合型经济技术开发区。科技型体现项目一定的科技含量，至少在同行业中科技含量居领先地位；综合型体现为开发区不局限于单一的产业概念，只要项目符合国家的产业政策、符合开发区的产业布局均可吸纳；突出生态型，即开发区立足生态原则，在创建有地方特色的山地景观的基础上，着力营造创业、生活、娱乐的有机功能网络和区域交流网络。不搞整齐划一的土地平整，做到水、电、路、通讯、网络、电视“六通”，引导入区企业在建设中依山就势，保持原有的地形地貌，尽量保护原有植被。厂区建成后，只须花少量资金对原有植被稍加整理和补充，便是一个天然的、优美的生态环境。若干年后，将企业与企业之间的空坪隙地进行绿化、美化，开发区便成了一个景色宜人的花园式工业园区，人们将在一个充满生机的生态环境里舒心地生产生活、度假休闲。

郴州市经济技术开发区

地　址	湖南省郴州市城前岭	邮　编	423000
电　话	0735－2152036	传　真	0735－2152127
网　址	http://www.cz-invest.com		

【开发区简介】

郴州市经济技术开发区于1988年12月经湖南省人民政府批准设立，位于市区南郊，规划面积15平方公里，是湖南省首家经济技术开发区，首批省级“三来一补”加工基地，也是郴州唯一一家市府直辖的开发区。

开发区一期开发3平方公里已实现“四通一产两有”，区内道路，供电、供水网络已经形成，水电供量充足；程控、移动电话早已开通，国际、国内电话均能直拨；有各类工业标准厂房、商住楼宇，可优价租用和购买；有宾馆、学校、医院、电视台、文化娱乐场所等公共服务设施，区域功能齐全。

发区实行“全面开放、封闭管理”的管理模式，设有精简、高效的职能机构，按照国际贯例，形成了一整套科学、简明、公开的管理服务体系，企业投资立项审批，实行了一栋楼办公，“一站式”服务，程序简单，办事方便，服务高效。开发区人坚持“服务就是天职，项目就是生命”的办事宗旨，切实保护投资者的合法权益，给予地方性特殊优惠。

岳阳经济技术（高新技术产业）开发区

地　址	湖南省岳阳市通海路	邮　编	414000
电　话	0730－8261291　8217284	传　真	0730－8265422　8217274
网　址	http://www.yykfg.com	信　箱	yykfg@public.yy.hn.cn

【开发区简介】

岳阳市位于湖南省东北部，东临江西，南靠长沙，北与湖北交界，南与益阳接壤，土地总面积15019平方公里，总人口520万，其中城区面积824平方公里，人口90万。

岳阳是湖南唯一的临江口岸。长江、洞庭湖、京广铁路和107国道在这里交汇，是长江中游仅次于武汉的又一个“金十字架”。位于长江和洞庭湖结合部的城陵矶港是长江8大良港之一，建有2个5000吨级的外贸码头。临长高速公路，使岳阳南北交流的纵向优势更加突出；洞庭湖大桥、平伍公路、岳华公路等承东联西的横向通道，呈水陆并进之势。岳阳距长沙黄花国际机场仅130公里，高速公路1个小时可抵达。市内邮电通讯便捷，开通了国际国内的用户电报、传真、长途直拨、无线寻呼及计算机国际互联网多媒体和国际邮件特快专递业务。岳阳水、电、气供应充足，市内建有120多万吨的供水设施，80万千瓦的火电厂，600万吨原油加工能力。岳阳具备了接纳大投资、大项目、大发展的基础条件。

岳阳是一个以石油化工为主导产业的新兴工业城市。沿长江和京广铁路的30公里地段分布着长岭炼油厂和巴陵公司所属的岳阳化工总厂、洞庭氮肥厂、鹰山石化厂等一批大型石化企业，构成了一个实力雄厚的石化工业走廊，是中南地区最大的石化基地。饮料工业迅速成为第二大支柱，是全国最大的浓缩料基地，占有全国1／4的市场份额。恒立、正虹、兴长、天一科技4家公司先后上市，已成为岳阳经济发展的一支劲旅。

岳阳是国家重要的农产品商品基地。粮、棉、油、猪、水产品等大宗农产品产量位居全省前列。亚华蔬菜5批发市场、药材市场和洞庭渔都已成为农产品大集大散的龙头。全市现有50多个大中型商业企业、200多个集贸市场。

岳阳经济技术开发（高新技术产业开发区）是湖南省人民政府批准成立的重点开发区,实行两块牌子、一套人马的统一有效管理体制，规划建设面积10.8平方公里。1992年建区以来，在基础设施方面，先后有岳阳火车站、11万伏金盆变电站、巴陵东路、金鹗路、通海路、标准厂房等一批重点基础设施工程竣工，实现了“四通一平”。连接京珠高速公路的岳阳大道贯通东西。在招商引资方面，已有来自美国、日本、意大利、马来西亚、泰国、新加坡及中国港、澳、台等国家和地区的投资者以及国内客商280多家进区兴业，合同总投资80多亿元。区内重点企业有普莱克斯、中辰陶瓷、巴陵油脂、康神药业、环保餐具、骏马摩托、本草生物、洞庭红科技、汇博化工等，初步形成了生物工程、精细化工、环保技术、新材料等产业。2001年全区共完成合同总投资7.73亿元，合同利用外资1510万美元，工业总产值23.05亿元，财政收入10283万元，建成投产的重点工业项目11个，呈现出加速发展的良好势头。

岳阳开发区享有湖南省人民政府特批的18条优惠政策，形象建设不断改善，投资环境日益看好。近几年将致力于总量扩张、素质提升、进位进级，重点建好生物工业园、精细化工园、新材料工业园3个高新技术产业基地，使开发区成为岳阳市新的经济增长点、高新技术产业集中的“硅谷”、功能齐全、文明秀美的新城区。

湘潭高新技术产业开发区

地　址	湖南省湘潭市芙蓉路高新科技大厦	邮　编	4111014
电　话	0732－8532407　8562911	传　真	0732－8560284
网　址	http:／／www.xtctp.com.cn	信　箱	gxzsj@mail.xt.hn.cn

【开发区简介】

湘潭高新技术产业开发区是1992年6月经湖南省人民政府批准成立的省级高新技术产业开发区，规划面积25平方公里。

湘潭高新技术产业开发区区位优越、环境优美、交通便利、通讯快捷。湘潭高新技术产业开发区作为国家新材料高新技术成果转化及产业化基地，湘潭高新技术产业开发区创业服务中心作为国家级创业服务中心，享有国家级高新区的所有优惠政策和国家项目孵化、科技转化的优惠政策。

湘潭高新技术产业开发区管委会是湘潭市人民政府的派出机构，管委会实行“一站式”办公和“一条龙”服务，为国内外投资者提供良好的投资环境。

广东省开发区

广东省揭阳经济开发试验区

地　址	广东揭阳经济开发试验区管委大楼内	邮　编	522013
电　话	0663－8775124　8776047	传　真	0663－8775124
网　址	http://www.testingzone.com	信　箱	jysyq@Testingzone.com

【开发区简介】

揭阳经济开发试验区于1992年8月经广东省人民政府批准设立，位于揭阳市区东南部的渔湖半岛，总面积44.2平方公里。

试验区位于粤东地区交通枢纽的交叉点，区位优越。三面为“黄金水道”榕江南北河所环绕，航道水深10米以上，岸线长约14公里，毗邻汕头港和国际航道，可进出3000至5000吨级海轮，现为国家二类口岸。陆路四通八达，现有公路干道直达揭阳市区、国道206线、揭阳火车站和潮汕天鹅机场，与汕头市、潮州市相距均约30公里。优越的交通条件使试验区拥有广阔的经济腹地。

试验区一马平川，区域完整，地质条件好，搬迁物少，易于建设；建区以来，已投入10多亿元进行供水、供电、通讯、路桥等基础设施的建设，已有日供水8～9万吨的供水网络、11万伏输变电的供电设施和25000门程控电话，生活、生产、联系方便；榕东大桥和望江北路的建成通车，使试验区的交通更加完善；已初步建立、完善按国际惯例办事、按外向型经济办事、按市场经济规律办事的精简高效的一站式管理体制和简便快捷的管理方式。目前各项配套建设已初步完备，形成了优良的投资环境，实属大投资大开发的宝地。

至2001年底，内外资企业已达900多家。企业规模不断壮大，科技含量不断提高，以模具加工、石英钟、五金电器、纺织服装、塑料皮革、不锈钢等为主导的产业结构初步形成，并且一个新的投资热潮正在这里形成。

广东省揭东经济开发试验区

地　址	广东省揭东县曲溪镇	邮　编	515500
电　话	0663－3262375　3268989	传　真	0663－3274669　3262868
网　址	http://www.jdedz.com.cn	信　箱	gw5@pub.shantou.gd.cn

【开发区简介】

揭东经济开发试验区是1992年10月10日经广东省人民政府批准设立的，总面积12平方公里，1992年12月挂牌办公，近10年来，在上级党委和政府的正确领导、精心扶植和大力支持下，揭东开发区人凭着自己的智慧，以“拓荒牛”精神，勇于开拓，不断进取，创出佳绩。1996年12月被评为“广东省先进经济开发试验区”。2001年8月中国国际贸易促进会、中国国际商会、中国开发区协会联合向国内、国际推荐为“中国优秀开发区”。

揭东开发区处于潮汕三市金三角，有优异的水陆空交通条件，国道206线和省道1930线在区内交汇并贯穿全境；距广梅汕铁路揭东火车站和揭阳火车站分别为3公里和8公里。距汕头机场和筹建中的潮汕国际机场分别为37公里和5公里；区内有3000吨级和5000吨级码头各一座，毗邻是曲溪码头和3000吨级炮台码头，同时拥有2万平方米堆场和1.5万平方米仓库。

揭东开发区首期统征开发土地面积3104亩，开发率100%，以县城为依托投入资金5亿多元，完成了首期3平方公里土地的“五通一平”，即通水、通电、通讯、通路、通排污和平整项目建设用地，建成道路15条，总长19.05公里。借助县城的优势，区内能够为企业发展提供充足的电源、优质而充沛的水源和先进的通讯服务。

为增创发展新优势，提升开发区的品位和档次，2002年11月18日全面启动绿色工业园区，掀起第二次投资创业热潮，绿色工业园实行高起点规划、高效能管理，现已投入建设资金6000多万元，园区内已有广东格瑞、广东粤龙、揭阳博洲三家药厂建成并即将进入投产阶段。广东巨轮模具股份有限公司（1000亩）、广东环宇绿奥高科技仿真草坪（1000亩）和钻宝公司（350亩）三大项目建设用地正在加紧平整中。绿色工业园开发建设已如火如荼。

精简的机构，高效的管理，优质的一站式服务，使投资者只需备齐资料，属揭东开发区权限的手续一天内即办妥，属市、省至国务院部门权限的手续，则派员义务协助办理。用地手续简捷，项目投资的土地合同一经签订，5天内即可安排人员进场建设。同时我区对投资规模大、科技含量高、创税能力强的基础上有相应特别优惠措施。

开发区已有泰国、新加坡、马来西亚、美国、日本、韩国、加拿大及中国香港、中国台湾等15个国家和地区的客户前来投资置业，至现在已在开发区内落户的“三资”企业和内资生产性企业140多家，合同总投资73.15亿港元。其中“三资”企业近70家，合同投资总额42亿港元，实际利用外资21亿港元。内资企业70多家，合同投资总额31.15亿元。现已有近90 0家企业投产。从投资规模上看：总投资5000万港元以上的企业各1家。已形成金属制品、纺织服装、陶瓷化工、医药、机械、电子、食品和饲料等8大支柱产业。

广东省清远经济开发试验区

地　址	广东省清远市阳光新城	邮　编	511517
电　话	0763－3483899	传　真	0763－3483278
网　址	http://www.qyedta.com		

【开发区简介】

广东省清远经济开发试验区于1991年9月经广东省人民政府批准建立，1992年11月经国务院批准列为全国农村改革试验区。

清远经济开发试验区（以下简称试验区）位于清远市新城区的107国道旁，距广州58公里，距中国香港150公里，紧靠京广铁路，毗邻清远港，地理位置优越，水陆交通便利，配套设施齐全，是国内外客商投资开发办企业的风水宝地。清远市委、市政府把试验区作为全市经济发展的重点和龙头。

试验区自创办以来，在中央和省各级部门的大力关怀支持下，在市委、市政府的正确领导下，开发建设迅速。目前，区内已有4.9平方公里的土地完成了“五通一平”，初步形成了拥有汽车制造、纺织、印染、化纤、建材、机械、电子、食品、化工、服装等行业并举的工业开发区。

广州市云埔（白云）工业区

地　址	广东省广州云埔(白云)工业区云埔一路1号	邮　编	510530
电　话	020－82266700　82266337	传　真	020－82266486　82266337
网　址	http://www.yunpu.com	邮　箱	develop@yunpu.com

【开发区简介】

广州市云埔（白云）工业区规划面积7平方公里，是以现代工业为主，融商业、房地产开发、旅游服务于一体的综合性开发区，也是广州建设国际化大城市的重点发展区域，享受国家给予经济开发区的最优惠投资政策。

工业区坐落于珠江三角洲的黄金走廊上，区内占地38万平方米的互通式大型立交，连接广深珠高速公路、广深公路、广梅汕公路、罗南公路，交通条件十便捷。首期开发的4平方公里区域具备完善的基础设施和生活配套，30多家来自美国、日本、澳大利亚、新西兰及中国台湾、中国香港等国家和地区的客商已在工业区投资设厂，兴办实业。2001年实现工业产值超20亿元人民币，实际利用外资9682万美元，平均每日吸引外资25万美元。

白云管委会作为该工业区的管理机构，将秉承“精诚服务，高效务实”的精神，按国际惯例，竭诚为区内所有客商提供一流服务，努力将云埔（白云）工业区建设成为投资环境良好、基础设施完善、生活环境优美的现代工业中心。

肇庆高新技术产业开发区

地　址	广东省肇庆高新技术产业开发区管委会	邮　编	526000
电　话	0758－3646368	传　真	0758－3646178
网　址	http://www.zqhz.gov.cn	信　箱	master@zqhz.gov.cn

【开发区简介】

肇庆高新技术产业开发区是1998年经广东省人民政府批准的省级高新技术产业开发区，享有市一级经济管理权限。肇庆高新区包括三榕和大旺两个园区，实行“一区两园”的发展模式。

三榕园区位于肇庆市区西部，面积9平方公里，筹建于1993年，至2000年底，已累计投入资金28亿元，开发土地4.5平方公里，区内已“三通一平”，已建成主干道路20公里，现有入区企业18家，其中高新技术企业11家。全区职工人数1.3万人，其中大专以上专业人员2700人。区内已承担国家“863”计划项目2项，国家级“火炬计划”项目12项，省级“火炬计划”项目12项，省级科研攻关项目12项。2000年，全区工贸收入55.61亿元，工业产值53.82亿元，其中高新技术产品产值28.7亿元，占工业总产值53%。区内已建立国家级工程技术研究中心3家，省级工程技术研究开发中心3家，流动博士后工作站1家。已经国家批准立项，正着手在区内建设国家新型电子元器件科研、生产、出口基地和国家生物发酵工程系列产品基地。

大旺园区位于肇庆市最东端，属珠江三角洲经济区范围，面积96.7平方公里。几年来，通过实施农业经营管理体制改革，深化国有企业改革，彻底改变了原来纯蔗、纯农、纯国有的“三纯”经济格局，同时改善投资环境，创办工业园，大力招商引资，外来投资者纷至沓来，形成了良好的工业基础和迅猛的发展势头。2001年，大旺区全年完成GDP30027万元，比上年增长15.5%，比预期目标高出4个百分点。

珠海临港工业区

地　址	珠海临港工业区经济发展局	邮　编	519000
电　话	0756－7712118　7712647	传　真	0)756－7711661
网　址	http://www.zhuhai－port.com	信　箱	zhport@pub.zhuhai.gd.cn

【开发区简介】

珠海临港工业区是广东省重点开发区之一，是大型化工、能源、机械、仓储业基地，位于珠海市西部，交通便利，地理位置独特，投资环境完善，是内外商投资的热点，国际跨国集团争相前来投资，其中有4家公司为（BP－AMOCO、美孚、岩谷、阿科）列于《财富》杂志全球500强企业。珠海临港工业区从开发至2001年已实际利用外资逾14亿美元。

珠海临港工业区管委会作为珠海市委、市政府的派出机构，全权负责临港工业区的招商引资、开发建设、企业服务以及其它的行政管理工作。管委会享受市一级经济管理权限，投资额在3000万美元以下项目的审批所有手续均可以在管委会内办理。

珠海市新青科技工业园

地　址	珠海市斗门珠峰大道侧新青科技工业园	邮　编	519180
电　话	0756－5552709　5558387	传　真	0756－5111927
网　址	http://xqstip.gdzh.gov.cn	信　箱	zhxqkjy@pub.zhuhai.gd.cn

【开发区简介】

珠海市新青科技工业园是国家科技部批准的53个国家级的高新技术产业开发区之一的珠海国家高新区的一个重要组成部份，是国家火炬计划的一个部分，具有高度的政策稳定性和管理规范性，属于中国最高规格、最高级别的开发区之列。

珠海市新青科技工业园位于珠海经济特区，依山傍海濒临港澳。珠海是联合国批准获得“最佳人居范例奖”的城市，也是国家批准的“旅游城市”、“园林城市”、“卫生城市”。

珠海市新青科技工业园享受经济特区的优惠政策、国家高新区的优惠政策、珠海市的优惠政策、园区制定的特殊优惠政策等。

珠海市新青科技工业园管委会是珠海市政府派出机构，行使市一级的经济管理和审批权限，采取一条龙服务、一站式管理、一个窗口对外的运作模式。园区公司设立、土地出让、厂房建设所有政府手续在管委会一间80平方米的办公室内全部办理完备。

东莞松山湖科技产业园

地　址	广东省东莞市松山湖中心区管委会大厦	邮　编	523071
电　话	0769－2822222	传　真	0769－2822800
网　址	http://www.ssl.gov.cn	邮　件	ssl@ssl.gov.cn

【开发区简介】

改革开放20多年，东莞实施外向带动战略，国民经济持续高速增长，迅速发展成中国综合经济实力30强城市。至2001年，东莞共引进了世界各国企业13800多家，其中上市公司720多家，世界500强企业30多家，累计吸收外商投资150多亿美元，全市出口总值在中国大中城市中连续6年名列第三，并以制造业享誉国际。

跨入新世纪，为实现以国际制造业名城为特色的现代化中心城市的宏伟目标，东莞人民以全新的创业激情制定了一个参与经济全球化的计划，集中力量建造一座集科技、产业、生态、人文为一体的科技新城——松山湖科技产业园区。

松山湖科技产业园区在开发建设中充分尊重自然生态环境，以吸引国内外知名企业和研发机构为主，发展科技密集型产业，是东莞突破现有发展格局、以新空间发展新产业的试验区和先行区，是东莞未来的经济科技中心。

经广东省人民政府批准，东莞松山湖科技产业园区被列为省级高新技术产业开发区，实行高新技术开发区优惠政策和管理机制。

东莞市松山湖科技产业园区管委会作为东莞市政府的派出机构，全面负责园区行政管理、规划建设和招商引资工作，按照“松山湖的事松山湖办”的行政理念，为投资商、创业者和市民提供优质的服务。

江门市高新技术产业开发区

地　址　广东省江门市江翠路193号　　邮　编　529000
电　话　0750—3813218 3813318 3813628　　传　真　0750—3820100
网　址　http://www.jmntiz.com

【开发区简介】

江门市高新技术产业开发区是广东人民政府正式批准设立的省级高新技术开发区，地处江门市区东南部，北靠景色秀丽的白水带风景区；南至京珠高速公路的江（门）中（山）路段，东临水路交通运输最为便捷的西江边，西至江海区政府行政中心，总面积47.1平方公里，纳入市区统一规划，距市中心约3分钟车程。开发区分为高新技术工业园、临港工业园和行政商务服务中心三个部分。

高新技术开发区的交通条件十分方便，由开发区往广州、深圳、珠海分别为90、150、85公里。开发区有100米宽的五邑路与国道和珠江三角洲高速公路网联通。开发区内江门五邑最大的客运港口每天有多班高速豪华客轮往返中国香港，单程仅需2小时左右。开发区附近还有外海和高沙2个直通港澳和世界各地的对外货运港口，水路至中国香港约96海里，至中国澳门约53海里。客货运港口设有客、货进出关的口岸联检机构，货运港均设有保税仓库。

高新技术开发区有着良好的投资硬环境，其基础设施和生活设施配套日臻完善。开发区内已建有纵横交错的水泥道路网，金瓯路、金星路、高新一路、高新二路、高新大道等路面的绿化工程已完成，处处绿草如茵、绿树掩映。开发区的供电、供水、通信、排水等设施配套齐全，可满足不同类型、不同规模企业的生产需要。同时，开发区正在计划兴建一批工人集体宿舍、饭堂和娱乐设施，对开发区内的企业所雇用的工人进行统一的食、宿和业余娱乐等管理，免除企业对工人食宿管理的烦恼，减轻企业的负担。开发区旁边的南泉花园、江海花园、银泉花园等多个封闭式管理的大型高尚住宅区，可配套给投资者及其高层管理人员居住。开发区内集幼儿教育、中小学教育于一体的中港英文学校已开办4年，在校学生1000多名。

高新技术开发区着力营造良好的投资软环境，坚持先让利后得利、先发展后完善、先实践后定论的原则，努力创造优化的思想环境、优惠的政策环境、优质的办事环境、优良的法制环境和优美的城市环境；开发区充分发挥国家鼓励外商投资高新技术产业的优惠政策优势，充分发挥其所在地理位置的区域优势、良好的基础设施优势、精简高效、灵活的体制优势和以人为本、充分发挥人力资本潜能的人才优势，为客商提供从企业立项、厂房报建、办理证照等一条龙的优质服务，进一步规范收费项目，做到除国家规定的税收和规费外不乱收费，尽量让客商的投资得到丰厚的回报。

开发区以全方位、多形式的办法招商引资，把走出去招商和请进来招商相结合起来；以召开招商会形式集中招商与小分队敲门式招商相结合起来；把网上招商与传统的招商方式相结合，因而吸引了一大批的国内外客商前来投资办厂。开发区内的工业园现有中国香港得实企业（集团）有限公司、瑞典阿维斯塔（亚太）有限公司、广东名盛企业（集团）的名盛药业有限公司等50多家企业来落户，年产值达数10亿元人民币。

广西壮族自治区开发区

柳州国家高新技术产业开发区

地 址	广西柳州市高新一路	邮 编	541000
网 址	http://www.lzgxq.com	信 箱	lzgxgwh@public.lzptt.gx.cn

【开发区简介】

柳州高新技术产业开发区是1992年经广西壮族自治区人民政府批准成立的省级高新区，规划面积12平方公里。柳州高新区位于柳州市东部，与市中心区一江之隔，是柳州市科技、经济、文化、对外开放的窗口和未来的政治中心。

高新区基础设施完善，已形成“四纵五横”的道路网络，完备的通讯、供水、供电和宽带网络等设施为进区企业生产经营提供了有力的保障。高新区拥有招商引资、土地出让、人才引进等良好的政策环境和国家级创业服务中心、人才交流中心、专家学者楼等支撑服务体系。高新区环境优雅，空气质量优良，学校、医院、宾馆、高档住宅、别墅等生活服务设施一应俱全。

本着以有色金属新材料产业为重点，协调发展电子信息、生物工程、机电一体化产业的产业发展思路，柳州高新区经过近10年的建设与发展，尤其是“九五”期的建设与发展，逐渐形成了“一区（高新区）六园（柳钢高新技术工业园、柳化高新技术工业园、柳铁高新技术工业园、五菱高新技术工业园、柳江高新技术工业园和柳北高新技术工业园）”的产业布局。2001年，高新区实现技工贸总收入41亿元，工业总产值34.6亿元，产品销售收入33亿元，工业增加值11.7亿元。

2001年8月，柳州高新技术创业服务中心被国家科技部批准为国家级创业服务中心。作为综合孵化器，拥有27500平方米孵化场地的创业服务中心已成为创业者的家园。

北海华侨投资开发区

地 址	广西北海市四川南路侨南公寓楼	邮 编	536000
电 话	0779—3883398	传 真	0779—3885179
网 址	http://www.beihai.gov.cn		

【开发区简介】

北海华侨投资开发区于1991年10月经广西区人民政府批准成立，次年3月正式筹建，1993年2月成立工委和管委。

开发区位于北海市南部，西藏路以东、新世纪大道以南、四川南路以西、金海岸大道以北。占据良好的开发区位，距市中心4公里、火车客运站2公里、港口货运集装箱码头5公里、国际客运站1公里、“天下第一滩”——北海银滩3公里。辖区土地面积2.615平方公里（不包括侨港镇已建成区1.1平方公里），内含北海中国侨城、工业园区、商住区和别墅区等4个功能小区。

开发区管委会是人民政府的派出机构，代表市政府全面负责开发区的建设实施和行政管理。只要符合国家产业政策，符合总体规划和环保要求，投资者可选择有偿受让、租用土地使用权，租赁厂房、办公楼和商品房等方式投资；也可选择合资、合作、联营、独资等适宜的经营方式。

桂林市西城经济开发区

地　址	广西桂林市临桂县城国土大厦四楼	邮　编	541001
电　话	0773－559791　55597916	传　真	0773－5597916
网　址	http://www.xckfq.gov.cn		

【开发区简介】

桂林市西城经济开发区地处桂林市西侧临桂县。开发区是国务院批复、桂林市总体规划的工业基地，规划面积16.05平方公里，规划人口18.5万，区位优势突出，交通便捷。开发区距市区5公里，离大西南最大的航空港——桂林两江国际机场15公里，并有专用公路直达，桂海高速公路纵贯广西南北，从开发区到柳州，过南宁到大西南的出海口北海和防城港不过5小时，桂梧高速公路、321、322国道和20171省道，交汇区内，北达湖南湖北，西达贵州云南，东达广东、中国香港、中国澳门，南下海南、越南。穿越区内的湘桂铁路在开发区内设有货运站，货物可运往全国各省市和世界各地。

目前区内基础设施完备，社会配套服务齐全。依托桂林市，海关、商检和航空、铁道、公路运输站、银行、保险、保安机构齐全，宾馆、饭店、商业中心及文娱体育、医疗卫生、文化教育等公益设施，均能满足西城经济开发区发展的需要。

开发区目前实行县区合一新体制运作，为了进一步加快西城经济开发区的建设速度，扩大招商引资，减少办事环节和提高工作效率，临桂县委、县政府在2001年5月重新明确了西城经济开发区的职能，健全开发区的管理机构，充实人员，强化服务，实行一套人马、一条龙服务、一个窗口收费的办事制度，为投资客商提供高效、廉洁、规范的服务。

梧州市对外加工区

地　址	广西梧州市奥奇丽路8号恒祥花园	邮　编	543003
电　话	0774—3828689　3828182	传　真	0774—3857347
网　址	http://www.wzgyy.com	电子信箱	gyy@wzgyy.com

【开发区简介】

梧州位于广西东部，是中国西部大开发12个省（市、自治区）最东南边的城市。与粤港澳一水相连，属珠江三角洲区域范畴，“小香港”、“小广州”之美称。是我国东部与西部的结合点，亦是广西乃至中国大西南地区接受粤港澳台产业、技术、资金转移的最前沿地区。距广州315公里，距中国香港436公里，距中国澳门384公里。珠江水系的桂江、浔江、西江交汇于此，自古以来便是西江流域农产品的主要集散地。北回归线从市区通过，属热带季风气候，雨量充沛，物产丰富。梧州又处于西江流域腹地，东临华南中心城市广州，西近广西首府南宁，是两个中心城市的辐射区域，经济、文化、科技、信息等直接辐射、扩散、影响梧州，为东西经济结合、互补互促、共同发展，起着纽带和桥梁作用。同时，也为梧州东进广东，西出南宁，开拓市场，发展自己，创造了得天独厚的条件。梧州水运发达，是中国十大内河港口之一，下通广州、中国香港、中国澳门，上达桂林、柳州、南宁以及云贵，是大西南最便捷的东出口通道，是投资经济的理想宝地。

梧州有耕地9.8万公顷，森林86万公顷，森林覆盖率72.3%，城区绿化覆盖率达42.93%，人均拥有公共绿地面积8.31平方米，林木蓄积量2500万立方米，年产松脂10万吨，是中国重要的松脂生产基地。苍梧县、岑溪市是全国十大松脂生产县。苍梧县生产的四氢松香填补了国内同类产品空白。梧州盛产水稻、甘蔗、柑橙、龙眼、荔枝、西瓜、木材、松脂、茶叶、竹子、桂皮、八角、生猪、三黄鸡，是广西生产玉桂、八角的重要基地。粮食年产量109.34万吨，肉类产量27万吨，生猪出栏213万头，家禽出栏5749万羽，水产品4万多吨。岑溪古典三黄鸡驰名中外，年出口量500万羽。可开发水能蕴藏量达108.9万千瓦。矿产资源丰富，已发现矿藏30多种，其中钛、花岗石储量在全国名列前茅，“中国岑溪红”花岗岩贮量21亿立方米，可与“印度红”、“巴西红”媲美。

广西梧州市外向型工业园区远景规划面积60平方公里，现已完成规划设计33平方公里，首期控制性详细规划9.5平方公里。规划功能分区为产业链工业区、加工制造工业区、高新技术工业区、住宅区、综合区、旅游区。

梧州市外向型工业园区发展目标是以国内外市场为导向，引进高新技术，引进资金，引进人才，发展外向型经济，创造跳跃式的发展速度；运用交易费用最低理论，聚集群体效应，优化产业组织结构，建立现代化、工业化、城市化的园区；建立公开、公平、高效率、高效益的管理服务体系，培育产业链式的企业集团，塑造国际型的绿色工业形象。计划到2005年，引进外资6亿美元，实现工业总产值60亿元以上，建成工业园区面积6平方公里。

梧州市外向型工业园区既享受沿海经济开放城市优惠政策，又享受国家西部开发优惠政策，还享受民族自治地方定期减免企业所得税政策。

钦州港经济开发区

地　　址	广西钦州港经济开发区招商大厦	邮　　编	535008
电　　话	0777－3888984　3888654	传　　真	0777－3888984
网　　址	http://www.qz.gxsti.net.cn/qzg	信　　箱	qgcw@ppp.nn.gx.cn
主管部门	钦州市人民政府	招商部门	管委会招商局
招商电话	0777－3887018　3889323		

【开发区简介】

依港而建的钦州港经济开发区，始建于1992年，1996年6月升格为省级经济开发区。开发区位于广西沿海港口的中心位置，是广西首府南宁陆路运距最短的港口，进港铁路与南昆、湘桂、黔桂、黎钦等铁路线直接联通，是我国大西南和中南西部最为便捷的出海通道。开发区除了区位优势之外，还有优良的天然港口资源，水深，避风，港池宽广，无回淤，航道顺直，可挖性好，河建头岸线长，首期规划的西港区8个深水码头作业区，1万～10万吨级泊位30个，千吨级泊位100个，可形成年吞吐能力6000万吨，东港区（大环）是我国不多见的大型深水码头作业区，自然水深大多在－20米以上，可建10～30万吨大型深水泊位数10个，建成后可形成亿吨以上的吞吐能力。

开发区在广西区域经济规划中处于重要突出地位，作为工业港和广西未来重要工业基地来规划建设，开发区目前规划有大榄坪重工业区、果子山加工工业区和轻工业区，规划面积为6300公顷，均为便于开发的低矮丘陵和浅滩，首期规划占地150公顷的工业园区已起步建设。

开发区在经过6年的开发建设投入使用的有4个1～3万吨级码头泊位，3个2000～5000千吨级泊位。具有鲜明产业特色的燃油、液化气、植物液料、沥青、食糖等五大仓储群已建成投入使用，并成为大西南重要的中转基地和批发市场。进港铁路、高速公路、供水、供电、邮电通讯等基础设施日臻完善，医院、商场、学校、宾馆、住宅小区等市政服务设施初具规模，开发区正从昔日一片荒芜一步步向现代化滨海工业城市迈进。

海南省开发区

海南洋浦经济开发区

地　址	海南省洋浦经济开发区管理局	邮　编	571000
电　话	0890—8823666　8823338	传　真	0890—8823035　8823122
网　址	http://www.ypdelp.com	信　箱	info@ypeda.com

【开发区简介】

洋浦经济开发区是1992年3月经国务院批准设立的国家级经济开发区，区内土地一次性出让给外商经营70年，是中国首例由外商成片开发的开发区。区内面积30平方公里，区外规划用地70平方公里。洋浦经济开发区依托海南丰富的油气资源、矿产资源及其他资源，同时享受保税区、经济特区和经济开发区的政策优惠，通过大规模招商、开发和建设，将发展成中国新兴的现代化港口工业区。

1993年洋浦经济开发区的大规模开发正式启动，至2001年，开发区内固定资产投资已达68亿元人民币（包括国家直接投资、开发商投资和其他国内外商家的投资），其中开发商直接用于土地开发26亿港元，对洋浦电厂投资21亿港元。开发区已初步完成45公里的主干道网、11.4公里的海关隔离网，平整土地18平方公里；建成31.55万千瓦的电厂一期、配套的燃油码头及输电网，并同海南省电网并网；邮电通讯一期工程已交付使用，程控电话、移动电话及公用数据网也已全部开通；由交通部投资的洋浦港一期工程，包括2个2万吨级多用途深水泊位和1个3000吨级工作船泊位，于1991年交付使用，投资7.8亿人民币的二期工程，包括3个3.5万吨级的深水泊位。一流的基础设施已使洋浦具备大规模开发建设的条件。

开发区管理机构、海关、口岸联检和金融管理机构已配套健全。国内主要金融机构和国外大银行在洋浦设立了分支机构。学校、医院、邮政、电讯、交通、商场，以及一些文化场所提供各种配套服务，并且不断完善。

洋浦经济开发区开发商——海南洋浦土地开发有限公司成立于1992年9月，法定股本30亿港元，注册资本10亿港元，股东由大陆、中国香港和中国台湾七家实力雄厚的企业组成，2001年，上海建工集团通过控股中国香港建设（控股）有限公司，成为海南洋浦土地开发有限公司的最终控股股东。

海南洋浦土地开发有限公司致力于整个开发区30平方公里的土地开发，积极进行基础设施建设，通过大规模招商、开发，以出租、转让和抵押所获的国有土地使用权的方式，吸收中外客商投资从事工业、商业、贸易、金融、旅游和文化娱乐等各种经营活动，力争在21世纪初把洋浦建设成为高新技术工业与传统制造业相结合，仓储及贸易功能齐备，生活服务配套设施完善的新兴港口工业城市和海南省重要的工业基地。

【基础设施】

港口——洋浦港为一天然避风良港，设计吞吐能力100万吨/年的洋浦港一期工程于1987年由交通部投资建设，包括两个2万吨级多用途深水泊位和一个3000吨级工作船泊位，已于1991年完工并交付使用。此外，设计通过能力150万吨/年、总投资7.8亿人民币的洋浦港二期工程包括3个3.5万吨级的深水泊位，正在建设中，预计2002年完工，届时，洋浦港将形成250万吨/年的吞吐能力并拥有海南唯一的标准化的集装箱码头。

公路——洋浦经济开发区（以下简称开发区）原有一条26.85公里的二级疏港公路与海南西线高速公路连接，目前，总投资1.5亿元的疏港公路提级（由二级提高至一级）改造工程已于2000年8月完工。洋浦至海口的车程仅为80分钟。

铁路——目前，海南西线铁路已由三亚西出向北延伸至洋浦外围的儋州境内，同时，由海口经琼州海峡火车轮渡与广东省铁路衔接的粤海铁路通道正在建设当中，

空运——洋浦至海口美兰国际机场145公里。

邮电通讯——开发区设有邮政局和电信局，开办了国内、国际函件、汇兑、特快专递等业务。已建成一套现代化的总体通讯网络，寻呼台及微波和光纤通信线路，以及沿区内骨干道路铺设的通信管道。程控电话可直拨150多个国家和地区。

供水——开发区初期用水主要靠地下水，现已建成日供水量3万吨的地下水供应系统。 开发区永久性的水源由海南省松涛水库直接提供，它不仅可保证洋浦开发区内50万吨／日的工业和生活用水，还可以保证开发区外围未来发展的用水需求。目前，总投资3.9亿元，供水能力20万吨／日的松涛水库至洋浦引水工程已于1998年10月开工。洋浦开发区自来水厂建设的前期工作也已展开。

供电——开发区现已建成一座总装机容量为31.55万KW的现代化燃油发电厂，并与海南省电网并网发电。根据规划，电厂最终设计容量为135万KW，可完全满足开发区工业，商业和生活的用电需求。

重庆市开发区

重庆市南岸区茶园新区

地　址	重庆市南岸茶园新区管委会	邮　编	400000
电　话	023－62452295　624596356　2452177	传　真	023－62457080
网　址	http://www.cqcy.com.cn	信　箱	cqcy@cqcy.com.cn

【开发区简介】

茶园新区位于重庆市南大门，是重庆市规划的离主城区最近的外围中心组团之一，是重庆市新世纪重点发展的综合新城区。其总体规划及控制性详细规划已分别由市政府正式批准实行。

新区总体规划面积为30平方公里，一期规划面积15平方公里，人口发展规模14万人，设置有工业园区、高新技术产业园区、金融商务区、科研教育区、绿色住宅区、生态园林区、文体娱乐区等功能区域。茶园新区交通便利，基础设施完善，地质环境以浅丘为主，无不良地质情况，特别适合于中小企业的成长发展，已被命名为重庆市中小工业企业试点园区。

茶园新区拥有便捷的交通网络，新区处于重庆市一环和二环高速公路的支汇处，位于西南唯一出海通道渝（黔）湛（重庆、贵州、广西、湛江、北海）高速公路茶园立交桥旁，与成渝等几条高速相连，可达川、黔、桂、粤等地。园区生态环境优美，通过重庆的绿色屏障——南山的阻隔，使茶园新区隔绝了主城区的噪声、粉尘、废气的污染，给新区的发展提供了良好的环境。

重庆市南岸区茶园新区管委会于2000年12月28日由南岸区人民政府批准成立。重庆市南岸区茶园新区管委会主要负责茶园新区的区域规划、土地的征用及出让、基础设施的建设及配套、进区企业的扶持服务等项工作，下设党政办公室、规划建设部、招商服务部、社会事业部和新区财政局。新区管委会奉行“高效、务实、开拓、奉献”的工作方针，牢固树立服务第一的意识，竭尽全力为国内外投资者创造一流的投资环境和生产经营环境。

重庆市涪陵桥南经济技术开发区

地　址	重庆市涪陵区黎明路3号	邮　编	408000
电　话	023－72864926　72221762	传　真	023－72864926
网　址	http://qn.fl.cq.gov.cn	信　箱	qn@fl.cq.gov.cn

【开发区简介】

涪陵桥南经济技术开发区是应三峡库区开发、开放之势而建立的，1993年经四川省政府批准的省级经济技术开发区，辖区面积13平方公里，它位于涪陵城西，紧倚母城，濒临长江，319国道横贯境内，距重庆水路110公里，高速公路80多公里，具有独特的区位优势，它肩负涪陵城市扩容、经济发展、移民安置三大历史任务。

开发区依照以开放促发展的方针，加大基础设施投入，不断改善投资软环境，大力开展招商引资等工作。经过努力，开发区已形成以医药、建材、食品为主导的工业体系，房地产、旅游、商贸等第三产业也得到相应发展，水、电、气、公路桥梁、邮电通讯等设施趋于完善。截至1998年底，已累计投入3.64亿元用于基础建设。区内全部工业企业当年实现产值7.17亿元，利税1.98亿元。

随着重庆直辖市的成立和国家中西部发展战略的实施，地处三峡库区的桥南开发区必将成为新一轮的投资热点。开发区正以其独特的区位优势，优惠的投资政策，宽松的投资环境，欢迎海内外有识之士来投资兴业。

四川省开发区

成都国家高新技术产业开发区西区

地　址	四川省成都高新技术产业开发区西区	邮　编	611731
电　话	028－87846666　87855179　8785250	传　真	028－87843292
网　址	http://www.ccdmip.com	信　箱	ccdmip@ccdmip.com

【开发区简介】

2001年4月由国家科技部批准的成都国家高新技术产业开发区西区，依托区内的国家级软件产业化基地、国家级信息安全成果产业化基地、国家级集成电路设计产业化基地、国家级西部大学生创业园和国家级中药现代化科技产业园等5大基地，大力发展以电子信息为龙头及生物制药等高新技术产业，是实施省、市“一号工程”的重要载体，是成都构建西部战略高地、实现跨越式发展的新的经济增长点。

成都高新西区位于成都市西、成灌高速公路与绕城高速交汇处，属成都市区规划范围，距成都市中心6公里，首期开发7平方公里，远期控制规划40平方公里。成都高新西区“十五”期间的预期奋斗目标是：基本建成国内一流的IC研发生产基地、软件研发生产基地、光通信研发生产基地、无线电子信息产品研发生产基地、电子信息材料与元器件研发生产基地和现代中药研发生产基地，逐步构建中国西部“硅谷”和西部“药谷”。

开发区将依托国家西部软件园和中药现代化科技产业园，思路创新、体制创新、技术创新、政策创新、环境创新、立足成都、面向全国、拓展国际，高标准规划、高起点建设、高质量招商、高效益发展，着力引进科技含量高、附加值高、市场占有率高、可持续发展的电子信息、生物制药项目和知名大学、科研院所，大力发展以电子信息、现代中药为重点的高新技术产业，全力把成都高新技术产业开发区西区建成知识经济的先行区、高新企业的聚集区、改革开放的试验区、招商引资的示范区、GDP、税收、创汇的高产区和两个文明建设的新社区。

成都市都江堰工业开发区

地　址	四川省都江堰市工业开发区管委会	邮　编	611830
电　话	028－7281137　7283938	传　真	028－7281137
网　址	http://www.djyiz.gov.cn	信　箱	qcqgy@djy.scsti.ac.cn

【开发区简介】

成都市都江堰工业开发区坐落在风光秀美、气候宜人的世界文化遗产地、国家历史文化名城、中国优秀旅游城市——都江堰市市区以南，幅员面积8.8平方公里。这里优越的投资环境，优惠的投资政策，吸引着国内外众多的投资者纷至沓来，投资兴业。

开发区成立于1990年，是四川省人民政府批准的23个省级重点工业开发区之一，是全国开发区协会会员单位。自1994年以来，开发区历年均被成都市人民政府评为优秀开发区。

开发区成立以来，已先后投入资金近2亿元，完成了道路、供水、供电、排污等基础设施建设，为投资者营造了良好的生产生活环境。区内现有各类企业100余家，并初步形成了以医药、新型建材、食品饮料、机械加工、印刷包装、生物工程为龙头的六大支柱产业，一座现代化的高新技术生态型工业园区已初具规模。

【发展优势】

1.地理优势:开发区所在地——都江堰市是国家历史文化名城、中国优秀旅游城市、国家级生态示范区;青城山——都江堰在2000年双双被列入世界文化遗产，并被授予国家AAAA级风景区。这里风光旖旎，气候宜人，年平均气温15.2摄氏度，是投资兴业的理想之地。

2.区位优势:都江堰市是四川西北地区的交通枢纽，是通往阿坝藏族羌族自治州的必经之地，交通十分便捷。工业区距都江堰火车站仅5公里，通过成灌高速公路到成都市区仅需25分钟，至成都双流国际机场仅需50分钟；区内新建成的主干道——天府大道与成灌高速公路和都汶（至阿坝州）高速公路交互相通。

3.资源优势:都江堰市水利资源丰沛，电力供应充足，并且工业区是都江堰市的用电特供区，区内有多家供电企业，电价优势十分明显。区内现有存量土地（已征用）4000余亩，为投资者提供了很大的选址和发展空间。

四川眉山科技工业园

地　址	四川省眉山市新区科工园路	邮　编	620010
电　话	0833-8390099 8393301 8392901 8394201	传　真	0833-8169968
网　址	http://www.dps.gov.cn	信　箱	dps@mail.mssti.net.cn

【开发区简介】

眉山科技工业园园区北距成都68公里，南离乐山59公里，是距省会成都市最近的中等城市。成昆铁路、成乐高速公路、成乐大件路、岷江水道纵贯南北，省道106线横跨东西；北临成都双流国际机场40余公里，南距乐山大件运输码头60余公里，距成昆铁路眉山站500米，岷江眉山港800米。

眉山市位于成都平原的核心地区，市场辐射面宽，带动力强，商机无限，且眉山百业待兴，建材市场非常广阔，农产品市场、工业品市场前景巨大，是一片难得的投资热土。

境内资源丰富，地下矿藏20多种，芒硝总储量达650亿吨，可开发的水能资源达80万千瓦。目前仅开发了20万千瓦。名人文化、长寿文化源远流长，风景旅游点多面广，拥有驰名中外的具有四川园林典型建筑特色的眉山三苏祠。

园区与新建的高标准的市政中心、高级机关办公区、市级机关住宅区连为一体。城市功能完善、配套。

人才优势明显，眉山市每年的高考升学率在全省位居第二。仅次于成都市。市级机关工作人员大专以上学历的在85%以上，平均年龄35岁左右。年富力强、精干高效。

成都金牛高科技产业园区

地　址	四川成都市金周路336号	邮　编	610000
电　话	028－7506555　7506222	传　真	028－7506555

【开发区简介】

成都金牛高科技产业园区成立于2000年6月，是一个以引进内外先进技术、发展新兴技术为主的高科技产业园区。园区分为西区和北区两部分，西区位于成都市羊西线与成灌路之间的西门出入通道，北区位于川陕路西侧的北门出入通道，是成都市城区人、空气和水源的上风水地带，具有得天独厚的区位优势，总规划面积760多公顷，水、电、气、排污、通讯等基础设施配套。

成都金牛高科技产业园区内重点发展电子信息产业、生物制药业、新材料产业、现代制造业、食品工业。到2000年，已建成四川汇源信息产业公司、成都知奥实业有限公司、中国中医研究院中汇制药有限公司、四川托普科技发展有限公司、四川现代机电集团有限公司、成都华宇制药有限公司、成都维益通力电器有限公司等企业。

园区以“加强科学技术的研究与开发、加快科技成果的转化和应用”为建园准则，以良好的软硬环境和优惠的政策吸引资金、企业和人才，立足实际，科学规划，成为成都市引进外资和先进技术，加强国内外交流，发展市科技产业的一个窗口。

成都海峡两岸科技产业开发园

地　址	四川省成都市温江	邮　编	611136
电　话	028－2630204　2630208	传　真	028－2630204
网　址	http://www.wj.com.cn	信　箱	wjjjqgwh@mail.sc.cninfo.net

【开发区简介】

成都海峡两岸科技产业开发园位于成都市卫星城温江县境内，面积6平方公里，于1992年创立，1998年经国家科学技术部和国务院台湾事务办公室批准，正式纳入成都高新技术开发区，成为国家级产业开发园。进园企业按照国家级开发区的规定，可以享受征地、税收方面更为优惠的政策。

开发园是以吸引“三资”企业为主的工业园。园内投资企业具有项目投资额大、占地规模大、技术含量高等特点，逐步形成了以食品深加工为特色、轻工和电子相配套的产业体系。

成都海峡两岸科技产业开发园管委会作为市委、市政府派出机构,行使市级管理权限,同时在管理上借鉴和移植中国台湾新竹科技园和高雄加工出口区的经验,通过海峡两岸人士共同参与,合作共事、平等协商、取长补短,逐步形成了一整套完整的管理制度。同时聘请中国台湾工业区管理专家和进园区企业人士共同参与管理。

成都市新都卫星城工业区

地　址	四川省成都市新都卫星城工业区南一路258号	邮　编	610500
电　话	028－3965155　3965553	传　真	028－3965155
网　址	http://www.xindudev.org		

【开发区简介】

1992年成立了成都市新都卫星城工业区，1993年被省政府批准为省级开发区，2000年被省政府评为省级重点开发区，2001年被省招商引资局定为招商引资工作试点区

工业区位于成都市北大门的黄金地段,距成都市区仅10公里,总体规划面积 18平方公里,建成区面积 8平方公里。截止2001年,区内已建成企业315余家,计划总投资50.55亿元。2001年,区内工业总产值29.6亿元，实现工业增加值8.08亿元，实现税收1.45亿元，出口创汇666.09万美元。

成都西南航空港经济开发区

地　址	四川省成都市双流机场路	邮　编	610225
电　话	028－5883589　5964187　5887081	传　真	028－5882580
网　址	http://www.swinvest－cn.org	信　箱	xkg@china－SW－investment.com

【开发区简介】

成都西南航空港经济开发区成立于1992年,是四川省政府批准的省级开发区,是成都市重点开发区之一。开发区位于具有西南地区科技、商贸、金融中心和交通、通讯枢纽地位的成都市南郊，紧邻成都双流国际机场，规划面积7.86平方公里。成双机场路、德(阳)乐(山)大件路横贯其间，成都市外环高速公路、成(都)雅(安)高速公路，成(都)昆(明)铁路分别沿开发区东北、东南方而行，距成都市火车南站仅4公里。

开发区实行全方位对外开放，大力发展以贸易、金融、运输、信息咨询、商住、餐饮服务等为主体的第三产业，以引进无污染、效益高、技术、工艺、装备及管理先进的现代工业项目为措施，努力培植以制药、电子信息技术、机械制造、粮油食品加工等主导产业。

广安经济技术开发区

地　址	四川省广安市金广大道2号	邮　编	638000
电　话	0826—2346809　2331021	传　真	0826—2333700　2341672
网　址	http://www.gakf.gov.cn	信　箱	gakf@gakf.gov.cn

【开发区简介】

四川省广安经济技术开发区位于四川省东部，广渝高速公路起端，是广安市政府所在地，距重庆约100公里。

四川省广安经济技术开发区始建于1995年7月，1996年1月经四川省人民政府确认为省级开发区，规划到2010年开发面积达20平方公里，30万城市人口；现城市人口达10余万人，开发面积12平方公里，已成为广安政治、经济、文化、交通中心。

开发区坚持以开明促开放，以开放促开发，以开发促发展，大力开发能源、建材、食品、轻纺、丝绸、医药、化工、其他和第三产业。开发区实行“一站式：服务，特事特办，简便快捷。

高新技术产业园位于开发区东南片区，紧临广渝高速公路入口，交通便利，地势平坦。工业园规划占地800亩，初步划分为6个专业小区，即高科技工业区、轻纺、服装工业区、高材料、包装印刷及其它工业区、食品工业区、机械电子工业区、生物医药工业区。工业园首期开发207亩（已统征部分）

工业园由广安经济技术开发投资管理有限公司负责开发经营。公司充分利用土地资源，大力招商引资，以高新技术产业为主的生产性项目的引进，壮大开发区经济。预计基础设施投资约1.5亿元人民币，公司将以灵活多样的方式开发经营，对适合公司的高新科技项目，公司独立进行开发，对要求与投资公司合资的招商项目，公司以土地厂房的形式入股合资，对独资进入园区的工业项目，投资管理公司按园区整体规划和有关优惠政策的规定提供工业用地。计划到2004年，园内引进科技型、生产型为主的企业100家，引入资金5亿元，培育成长一大批良好的企业，使工业园初具规模，计划到2010年，形成年产值8.5亿元，利税1亿元的高新技术产业基地，成为广安经济发展的龙头，带动广安经济发展。

目前，工业园启动工业正在紧锣密鼓地进行，作为启动项目的部分标准厂房及相关配套设施的建设已于2000年底动工，已有部分企业进园发展，其中有近10家企业签订了租用园内标准厂房的协议，数家企业签订了使用工业园土地的协议。

江油市工业开发区

地　址	四川省江油市德胜南路	邮　编	621700
电　话	0816—3362513　3361515　3360747	传　真	0816—3360858　3360898
网　址	http://www.jyidz.com	信　箱	webmaster@jyidz.com

【开发区简介】

江油市工业开发区是1992年4月11日确定建立的，同年7月经中共四川省委、四川省人民政府“一条线”现场办公会批准为省级工业开发区。经过几年的建设发展，目前工业开发区水、电、气、路、通讯、有线电视网等基础设施已具规模。

江油市工业开发区位于江油城市南区，整个开发区以涪江为界，分为东、西两区。区内具有良好的能源、建材、天然气等为发展工业可利用的资源优势；开发区距成都市149公里，距绵阳市41公里，区内有宝成铁路复线上的火车站两个，绵江高等级公路纵贯全区，距正在建设的108国道10公里，距绵阳南郊飞机场45公里，具有较显著的交通资源优势。

自建区以来，江油工业开发区共审批立项项目280个。目前，区内已建成投产项目123余个，共审批投资额20亿元，实际完成投入14亿元。一批有一定实力与影响的企业已相继进入该区。

泸州经济技术开发区

地　址	四川省泸州经济技术开发区管理委员会	邮　编	646000
电　话	0830—2589736　2589733	传　真	0830—2589067
网　址	http://www.lzda.com	信　箱	lzetda@lz-public.sc.cninfo.net

【泸州简介】

泸州地处四川盆地南缘，扼长江与沱江汇合咽喉，控云、贵、川、渝交通要冲，为四川出海南通道和长江上游重要港口，下辖泸县、合江、叙永、古蔺4县和江阳、龙马潭、纳溪3区，幅员12247平方公里，人口463·68万。是全国双拥模范城、国家历史文化名城、国家卫生城。

悠久的历史：泸州古称江阳，自西汉景帝六年（公元前151年）设江阳郡、萧梁武帝大同年间（535一546年）置泸州至今快已有2000多年的历史。凭两江舟楫之利，历史上泸州就自然形成川、滇、黔三省结合中的物资集散地和川南经济文化中心。宋、明时期泸州即为与成、渝鼎足而三的全国性商业城市和33个商业都会之一。新中国成立后，泸州曾是川南行政公署和泸州专区治所，1983年被国务院批准为省辖市。

丰富的资源：泸州市地下资源丰富。以煤层气、硫铁矿、天然气、石灰石为主，兼有粘土岩、褐铁矿、高岭土等矿产资源，资源品种多、储量大、质量优；古叙矿区煤、煤层气、硫铁矿共生富集，无烟煤资源量达

69亿吨，占全省煤炭资源量的33%；煤层气760多亿立方米，列为全省煤层气开发及利用示范区；硫铁矿资源量32亿吨，占川南储量71%，水能资源达67万KW，可开发量25万KW，天然气储量650亿立方米。泸州具有典型的准亚热带气候特点，是四川著名的粮、猪、林、烟、果、中药材等产品的重要生产基地，古蔺黄荆和合江佛宝是两处地球上同纬度地区仅存的原始森林风景区。

特色的产业：泸州是一个以酿酒、化工、机械为支柱的综合性工业城市。驰誉中外的泸州老窖、古蔺郎酒使泸州享有“酒城”美名；年产合成氨80万吨、尿素124万吨的泸天化（集团）有限责任公司是我国目前最大的尿素生产企业，被列为全国18个化工基地之一、全国500家最大工业企业和最佳经济效益企业。随着泸天化1620吨／日尿素扩建、改造、泸化厂4500吨、硝化棉改造、泸州鼎力碱业公司四氯化碳装置等项目的逐步实施，“一城四区”（即四川西部化工城、纳溪、龙马潭、高坝和合江化工园区）的构想正得到实现。长江工程机械集团是全国最大的工程机械集团之一。以长工集团为龙头的50多家机械工业企业可生产近20个大类，2000多个品种规格的机械产品。改革开放以来，泸州经济建设和社会事业得到了长足发展，拥有较稳固的农业基础，医药、建材、精细化工、印刷包装工业等都具有相当规模。市场载体发展迅速，已形成一大批有规模、上档次的综合集贸市场和专业批发市场。

良好的区位：泸州历来是川、滇、黔、渝四省（市）结合部的交通枢纽，今日泸州更具水陆空立体交通区位优势。321国道纵贯全境，并有大纳（贵州大方至泸州纳溪）公路沟通，是四川最便捷的出海南通道；隆纳（隆昌至纳溪）高速公路北与成渝高速公路相连；泸州至北京、上海、广州、海口、昆明、贵阳等地的直通航班已开通；泸州港已成为四川长江上游常年通航1000吨极船舶和四川省的长江第一大港。泸州港国际集装箱码头是年吞吐量5万标准箱、20万吨重件的直立式集装箱多用途码头。

优良的环境：经济发展促进了科教、文卫等社会事业的全面进步。全市有泸州医学院等5所高等院校，20多所专业科研结构，6万多名科技人员；已建成国内互联网规模最大、信息最齐的酒类专业网——中国酒业信息网，即将建成中国西部农副产品市场信息网、中国液压元件信息网、中国名酒信息网；城区建设初现大城市英姿，人居环境优越，城区绿化覆盖率40.2%，人均公共绿地面积4.57平方米。投资软环境极大改善，“一站式”服务进一步加强。

辉煌的未来：“十五”期间泸州经济社会的发展战略是：围绕加快发展这个主题，贯穿结构调整这条主线，把提高人民生活水平作为根本出发点，以体制、科技、创新为动力，形成泸州的比较优势，实现追赶型、跨越式发展。总体目标是：把泸州建成川南经济强市、四川西部化工城和长江上游重要生态屏障以及四川对外开放沿长江和南通道出海的门户，川、滇、黔、渝四省（市）结合部的商贸中心。

【开发区简介】

四川省泸州经济技术开发区是1992 年建立的省级开发区，开发区位于城区北部，由鱼塘工业园区、安宁片区和城北新区组成，规划面积15平方公里。按省政府的要求，泸州开发区是泸州市改革开放的试验区、经济发展的示范区和经济增长的带动区。鱼塘片区是以高新技术产业为主的工业区，是西部的重要化工园区之一；安宁片区是以加工工业，仓储，运输为主的产业区；城北片区是以商贸，金融，文化，体育，商住为主的城市新区。

开发区地理位置优越，基础设施配套良好。长江，沱江流经南部，泸州火车站作落区内，隆叙（隆昌—叙永）铁路，321 国道，泸永（泸州—永川）公路、泸州外环线等交通干线穿越开发区，并与隆（昌）纳（溪）高速公路，多功能码头，机场公路相联，形成水，陆，空立体交通网络。开发区内现已建成各类城市道路30公里；建有日供水15 万吨的自来水厂1座，供排水系统完善；有3座不同等级的变电站，供电能力超过20万KVA ；已建成4 万立方米能力的天然气储配站1座；程控电话开通3000 门；开发区地形以浅丘为主，地势平缓，多属一、二类工业用地，能满足各类建设用地的需要，保证项目水、电、气、路、通讯、排污“六通”。

开发区管委会在市委市政府领导下，坚持“特事特办”、“高效、简便、快捷”的原则，实行“对外一个口，办事一条龙”的“一站式”管理体制，项目审批享有市级审批权，项目审批及其相关手续由开发区管委会按有关规定高效办理或协助办理。在开发区投资兴办各类企业，享受国家和省市规定的各项优惠政策，同时享受开发区各项税收优惠政策。

开发区良好的投资环境，产生了巨大的凝聚力和吸引力。中外合资兆峰陶瓷公司、泸州老窖股份有限公司、青岛（泸州）啤酒厂，维城磁能公司，宝光药业集团，泸州卷烟厂，鼎业碱业公司，泸州永华液压器材有限公司，四川升和药业、多法药业等大批中外客商纷纷落户开发区。目前，引进项目近200多个，协议总投资额30 亿多元，实现国内生产总值7亿多元，创税收1.2亿多元，形成了酿酒、烟草、建材、医药、机械等骨干产业，成为泸州市重要的产业发展区域和投资热土。

四川自贡高新开发区

地　址	四川省自贡市汇东丹桂大街南段1号	邮　编	643000
电　话	0813－8203813	传　真	0813－8101876
网　址	http://www.zggxq.com	信　箱	zjy@zggxq.com

【开发区简介】

自贡高新技术产业开发区是1992年经四川省人民政府批准建立的省级高新技术产业开发区，是四川省政府确定的全省5个重点高新技术产业开发区之一，规划控制面积16万平方公里。区内规划有大化工基地、大学城、汇东高科技工业园区、金马工业园区、金融商贸大街和若干住宅小区、旅游度假村、各类大型交易市场及公园绿地、文化娱乐、运动场馆和学校、医院等配套服务设施。

1993年，自贡高新技术产业开发区开始大规模基础设施建设。在市委、市政府的”总体规划、分步实施、项目起步、滚动发展”的方针指引下，坚持加快开发建设不动摇，不断加强基础设施配套建设，努力培植好投资软硬环境，加大招商引资力度。经过10年的开拓建设，自贡高新技术产业开发区从无到有，从一个昔日的田野荒芜的乡村逐步成为日趋完善的城市新区。尤其是近几年来，建成区面积逐步扩大，自贡高新技术产业开发区正在成为自贡市政治、经济、文化和贸易的中心。

自贡高新技术产业开发区位于自贡市中心南侧，与老城区仅一河之隔，开发区依山傍水、环境优美、地势开阔、交通便捷，是自贡市的主要进出通道。高新区距自贡火车站1公里，经内昆、成渝铁路北上成都、东达重庆、南下昆明并通达全国。高速公路距成都、重庆各200余公里；南下宜宾仅70公里，即可达最近机场和长江第一港。

道路交通：已建成城市道路20公里，一批重要桥梁、隧道工程，区内主、次、支路网已基本形成，开通了9条公交线路，并连接川南高速公路、川云路等，成为自贡市的主要进出通道。

公用设施：供水、排水、供电、供气和通讯管网已随主次干道同步敷设，并与城市管网相联通。新建110千伏变电站1座，天然气配气站1座。

建筑设施：建成各类建筑物约260万平方米。其中市政府、科技、工商、税务、金融、广播电视等单位已迁建新区落户。大型客运枢纽工程和一批商贸大厦、专业市场以及若干住宅小区已建成使用。

快速增长的区域经济：从1995年高新区建立区级财税机构以来，高新区国内生产总值年均增长17%，区级财政收入年均增长30%。2001年全年GDP达4.88亿元，比上年增长20%，全年财政收入比上年增长21%。以上迅速壮大的民营经济：区内英祥、川润、亚欧桥、三立、汉金、通大、雄飞、新达、盈盛等民营企业集团发展迅速。目前区内个体工商户发展到1280户，私营企业550户，非公有制经济实现财政收入占高新区地方级财政收入的49.8%。

城市管理：随着高新区建成区的逐步扩大，高新区管委会加强道路交通秩序和建筑工地的管理，制定各项制度，对新区主干道进行绿化、美化、亮化、净化、艺术化，不断完善配套设施，新建了一批高标准的社区文化娱乐体育场所，塑造了高新开发区现代城市形象。

社会事业：建成了高标准的汇东实验学校和幼儿园，改造了原有乡村小学的办学条件。区内现有科研院3所，拟新建大学1所，中小学校8所。开通了光纤电视系统，新建了一批专业市场，开设和正在兴建一批市级医院或门诊部。实施了城市扶贫和最低生活保障制度。在居民住宅小区实行了物业管理和多种形式的社区服务工作，筹建了建成区的街道党工委、办事处和10个居民委员会，开展了多姿多彩的社区文化活动。

【发展优势】

自贡是一座中国西部的资源型老工业城市，自1939年因盐业兴盛设市以来，已有70多年的历史。由于开发较早，不仅具有良好的工农业基础，并且已形成部分制造业优势、科技优势及独具特色的文化旅游优势。自贡工业基础雄厚，拥有全国最完整的盐卤综合利用化工体系，全国最大的氯甲烷生产基地和西南最大的联碱生产企业，国家新型高分子材料及碳黑科研生产基地，全国大型火电、核电设备、石油化工容器生产综合性骨干企业，西南最大的化纤纺织生产企业，正在逐步形成盐化工、机电、纺织、轻工食品、新型建材五大支柱产业，共1812户工业企业，其中49户为国家大中型企业。

自贡有较好的农业基础，是国家、省级商品粮生产基地，也是国家级瘦肉型猪、优质柑桔、黑山羊板皮商品生产基地。

自贡拥有丰富的旅游资源，自贡恐龙博物馆、中国盐业历史博物馆、自贡彩灯博物馆、自贡灯会、荣县大佛、金花桫椤生态公园等名胜古迹令游人留恋忘返。随着恐龙王国公园、盐史主题公园的动工兴建，自贡的特色旅游产业将上一个新的台阶。借西部大开发东风，自贡发展的目标是建成结构合理的工业城市和独具特色的文化旅游名城。

【资源环境】

自然资源：自贡市水资源总量正常年为18.42亿立方米，可利用量6.64亿立方米，近年来建成成的长沙坝—葫芦口水库、双溪水库以及实施的南郊供水工程、双溪引水工程、小井沟引水工程完全可以满足城市用水的需要。目前自来水可供应量为27万吨／日，自来水使用量为11万吨／日。

自贡市是川南电力高度中心，有35Kva～500Kva的电力线路30条，已形成了环形供电网络，尤其是与国家重点工程二滩电站配套的自贡洪沟500Kva超高压变电站的建成，使自贡在为中国西南最大的电力输配枢纽和西电东送的电力集输中心。目前电力可供应量可达到2033.6兆伏安／小时，目前电力使用量为300兆伏安／小时。

自贡地处川中天然气盆地，已探明储量3000亿立方米，且与四川天然气大管线联网，城市居民气化率达88.9%。目前天然气可供应量达200万立方米，天然气使用量为110万立方米。

【交通资源】

自贡交通四通八达，开成了便利的公路、铁路、航空、水路通道和交通网络。从高速公路并上成都、东至重庆仅需2小时，至周边内江、泸州、宜宾等地市也有高速公路连接，便利快捷；纵横交错的市区干道使自贡城区交通通畅舒适；铁路通达全国，经即将能国的内昆铁路可直接抵达东南亚各国。

【人力资源】

自贡市人口320万人，其中城市人口70余万，有丰富的劳动力资源储备。人口素质较高，拥有大专以上学历人口15万人以上，各类专业技术人员5万人，其中高级专业技术人员近0.5万人。2001年经国家人事部批准，自贡市第一个博士后科研工作站在硬合公司设立，为自贡市引进高层次人才、聚集和开发高层次人才资源提供了一条快捷通道。

四川宜宾经济技术开发区

地　址	四川省宜宾市南岸宾经济技术开发区管委会	邮　编	644002
电　话	0831－2332524　2339059	传　真	0831－2331206
网　址	http://www.ybzs.org	信　箱	zsj@ybzs.org

【开发区简介】

宜宾经济技术开发区是1992年经四川省人民政府批准成立的第一个省级开发区，成立于1992年5月，同年11月，经四川省人民政府川府函[1992]1274号文件批准为省级开发区。宜宾经济技术开发区位于宜宾城区南岸，金沙江畔，长江之滨，开发区依山傍水，开阔平坦，用地完整，规划面积12平方公里，人口18万人，开发面积14.05平方公里(东区8平方公里，西区6.05平方公里)，起步区1.5平方公里，开发区性质为“高起点工业、金融、商贸、科研、旅游等产业为主，逐步建成新的综合性经济中心”。

宜宾经济技术开发区管委会经宜委发[1992]13号文批准为正县级机构，现内设四处二室：党政办公室、总工程师办公室、项目发展处、财经管理处、工程管理处、城市建设管理处。在开发区区域内按政府授权进行管理。宜宾经济技术开发区有较好的经济基础和科技力量，既是宜宾城市发展与经济建设的延伸，又是宜宾市又一新的经济增长点。

开发区基础设施建设已基本完成，区内建有长途汽车站一座，客货火车站一座，年吞吐量为540万吨的莱园沱港口码头即将动工，经两次改、扩建的宜宾机场已成为国家二级机场距开发区仅5公里。区内供水、供电、供气、通讯等一应俱全，金融、商业、服务业、医院、学校等设施能满足各层次的需要。区内现有工矿企业473家，2001年区内生产总值32亿，税收12836.2万元。

近期目标：加紧建设宜宾金沙江中坝大桥，开发区污水处理厂；加快金沙江戎州大桥、叙府路立交桥项目的开工准备，以改善城区交通，增强南岸中心作用，推动西区的开发建设；进一步推进市政广场建设，为跨世纪的现代宜宾提供鲜明的城市形象和重要标志。

遂宁经济技术开发区

地　址	四川省遂宁开发区明月路	邮　编	629000
电　话	0825－2311364　2311986	传　真	0825－2311443

【开发区简介】

遂宁经济技术开发区建于1992年6月，1993年2月经四川省人民政府批准为省级经济技术开发区。

遂宁经济技术开发区位于遂宁市区北部、东临涪江、西接火车站，面积8平方公里，人口近6万人。分为北坝商住区和火车站物资集散工业区。已投资基础设施建设9.5亿元，交通、电力、燃气、通讯、金融、商贸、医院、学校、文化、娱乐等配套齐全。达成铁路、成渝快速铁路、遂渝怀铁路、内昆铁路延伸段和绵渝高等级公路、成南高速公路等均在区内交汇，将成为连接四川中部、东部和全国交通网络的黄金口岸。目前已有四川飞虹轴瓦股份有限公司、四川遂宁泰港制药公司、遂宁鸿发面粉厂、川中生产资料批发市场、滨河自来水厂、明星电力调度中心、川中移动通讯中心、邮政枢纽大楼、维祥食品厂等200余家科技含量高的工商企业入区。在建的火车站商贸中心、石油贮运中心、国家粮食贮备库等，可望使开发区成为新兴的川中物资集散中心。

德阳旌湖经济技术开发区

地 址	四川德阳庐山南路二段49号	邮 编	618000
电 话	0838－2501738 2505361	传 真	0838－2501087
网 址	http://www.deyang.gov.cn		

【开发区简介】

德阳旌湖经济技术开发区是1992年8月经四川省人民政府批准成立的省级开发区，1998年被省政府批准为德阳高科技产业园区，是省政府重点扶持的开发区（科技园区）之一。

开发区位于市区东南部的绵远河（旌糊）冲积平原上，地势平坦，用地广阔。与德阳市旧城区紧连。国道108线、成绵高速公路贯穿全区；距宝成铁路干线火车站仅3公里。开发区规划总面积14.5平方公里，东临逶迤绵延的浅丘风景林区，西依婉延流畅、碧波荡漾的旌湖，依山傍水、风景秀丽。

开发区党工委和管委会是市委、市政府的派出机构，坚持“特事特办”、“高效”、“便捷”的原则，实行“一站式”的服务体制，项目审批享有市级审批权限。项目审批、工商登记等手续由开发区管委会按有关规定高效办理或协助办理。区内投资企业享受国家、省、市及开发区的各项投资优惠政策。

德阳旌湖经济技术开发区成立以来，取得超常规的发展，已经成为四川高新技术产业化的重要基地和西部经济发展最具活力的区域之一。

贵州省开发区

顶效经济技术开发区

地　址	贵州顶效经济开发区招商局	邮　编	562409
电　话	0859－3520074 3520277	传　真	0859－3520074
网　址	http://www.gzdx.org	信　箱	gzdx@gzdx.org

【开发区概述】

贵州顶效经济开发区，乘着国家实施西部大开发的东风，巧借地处云南、贵州、广西三省(区)边沿结合部的区位优势和南昆铁路、324国道、关兴高等级公路交汇贯通的交通优势，以开放促开发，以开发促发展，取得了可喜的建设成就。

基础设施日臻完善，开发新区骨架凸现。如何为经济开发创造一个良好的硬环境，这是顶效开发区工委、管委思考最多、最为关注的第一步棋。为此，他们采取各种不同的方式，先后筹集并投入资金近亿元，建成了长3.2公里、宽40米的开发大道，建成了位于顶效的兴义火车站站前广场和上站路及兴义路、册亨路、晴隆路、青龙路、向阳路等10多条城区道路，并进行路面硬化、路旁绿化、人行道配套建设，初步形成了城市道路骨架，筹集资金建设供水供电设施，建成日供水6000吨和13000吨水厂各1个，35千伏输变电站3座，110千伏输变电站1座，满足了开发建设用水用电的需要。实现了电话交换程控化，长途传播数字化、移动通信和分组交换网覆盖全区，开通了计算机宽带网络，步入了信息高速公路。与此同时，新建办公、商贸、住宅等各类建筑60多万平方米。投入近700万元新建改造了木陇、马别、新联、楼纳等8所小学和顶效中学、合兴职中。兴建改造了顶效镇医院和村的办公楼、活动室、卫生室等。全区基础设施建设日臻完善，为经济开发创造了良好的硬件环境。

招商引资成效显著，经济发展稳步增长。通过营造优化投资环境，筑巢引凤，吸引了一大批国内外企业入驻顶效开发区，在9.2平方公里的总规内规划建成了工业加工区，水泥工业区、物资转运区和商贸流通区，水泥、轧钢、烟嘴棒、饮料、新型建材、化工等企业逐渐形成支柱产业。据统计，开发区先后引进各类资金7.6亿元，引进各类企业和个体工商户388户，非公经济占到80%以上。特别是南下水泥厂、兴渝水泥厂、贵龙建材厂、富锰渣厂以及由柳州铁路局投资近4000万元兴建的兴义集装箱货场、由中国香港瑞安集团控股投资1.3亿元兴建的顶效腾辉水泥厂、由兴义一中筹资约6000万元兴建的兴义一中顶效分校等项目的引进，既扩大了开发区的经济总量，又提高了开发区的生产科技含量。

产业化经济初具规模，农民和财政增收呈现亮点。在农村产业结构的调整上，开发区注重产业化发展，提出“压缩种粮面积，增加粮食总量，发展特色农业，提高经济效益”，加大农业科技含量，大力推广农业实用技术。目前，全区粮食生产基本实现良种良法，并形成一批种、养、加专业村。如绿化村，瞄准市场大规模发展“艳红”、“晚白”等优质桃5600亩，年产鲜桃200多万公斤，创年产值600多万元。在工业方面，充分发挥开发区的优势，创办了以水泥为龙头的建材工业和以冶炼为主的加工工业，形成了集电力、化工、轻工为一体的工业生产格局，使工业产值在全区国内生产总值中的比重达30%以上。在第三产业和非公有制经济的发展上，形成以木陇、顶效、合兴为主的运输专业村、商业贸易村、餐饮服务和机械修理村。特别是柳铁南昆总公司的入驻，带动了一大批煤炭运销个体户的经营致富，形成了以煤炭贸易为龙头的商贸产业支柱，使服务行业(第三产业)收入比重达到了60%以上。由于有效地调整了产业结构，农民和财政实现双增收，促进了全区经济的快速发展。目前，开发区的三大产业结构比例已由51:8:41变为7:32:61。

旅游文化初现特色，经济发展又添后劲。"贵州龙"动物群化石、布依族风情、十人之围的马别大榕树、十里桃花谷以及马岭河峡谷旅游风景区，构成了顶效开发区丰厚的旅游文化资源。为了打造"贵州龙"动物群化石这一旅游品牌，开发区工委、管委积极筹集资金，明确专人负责此项工作，并与中科院联袂打造集地质科学知识普及、旅游经济开发为一体的、国家级的"贵州龙地质公司"，已经取得一定成效。在州委、州政府的关心和支持下，顶效镇、绿化村着力办好"桃花节"，营造"十里桃花谷"特色旅游观光农业。同时，一年一度的"查白歌节"名声远播。近几年来，开发区共接待国内外游客30多万人次，为经济发展增添了后劲。

农村"四通"基本解决，群众生活更上层楼。通路、通电、通水、通电视，是农村繁荣兴旺、群众生活质量提升的象征。顶效开发区工委、管委在抓好经济开发的同时，十分重视农村"四通"工程的建设。实施开发以来，多方筹措资金200多万元，修建乡村公路87公里。铺设自来水管道84公里，使6000多户3.5万人用上了自来水，建成卫星地面接收站30座，电视覆盖率达84.2%，1300多户人家安装了程控电话，基本实现了村村通水、通路、通电、通广播电视、通电话。2001年，顶效开发区实现国内生产总值2.85亿元，财政收入2788万元，粮食总产量10256吨，农民人均纯收入2160元。2002年，全区经济开发呈现蓬勃发展的好势头，财政收入有望实现3200万元。

【投资导向】

顶效开发区根据西部大开发政策和自身实际提出了"科教兴区、开放带动和可持续发展"的发展战略，确立了顶效开发区未来的经济发展目标和方向:一是发挥地处南昆铁路经济走廊的桥头堡优势，大力发展外向型经济，建成商业和贸易中心;二是发挥旅游资源优势，发展生态旅游、休闲等特色产业，建成"贵州龙"和"马岭河峡谷"的后花园;三是发挥大区位和大通道优势，建立大市场，建成黔、桂、滇三省区结合部的物资集散地;四是大力引进和开发工业项目，建成黔西南的重要工业园区。

为实现上述战略目标，顶效开发区在投资导向和政策上提出：在引资来源上，既注重引进发达地区的资金和技术设备。在引资项目上，既欢迎大企业、大集团前来投资，也欢迎中小型企业来区投资;鼓励外资投向工业型项目，也欢迎投资开"三高农业"旅游资源和基础设施项目。

鼓励外商投资的重点领域和项目除按照国家对西部地区鼓励发展的产业和项目外，重点是:

1.鼓励外资投入"三区一带"：加工区、工业区、商贸区和峡谷旅游开发带，以形成投资规模，降低投资成本。

2.鼓励外资投入开发区城市道路、绿化、学校、、体育场馆、休闲山庄等基础设施项目。

3.鼓励外资投入农业综合开发，大力发展"三高农业"项目，引进优良品种和栽培技术，推动我区农业生产技术和农副产品附加值，建立高效农业生产基地。

4.鼓励外资加快企业技术改造和房地产开发。

5.鼓励外资大力发展技术先进型企业，独资或合作发展电、化工、冶金、医药、建材、通讯等高新技术产品。

6.鼓励外资从经济发达地区转移生产线、生产工艺到我区设厂，扩大加工贸易，把开发区建设成为加工装配行业的生产基地。

【经济发展】

顶效经济开发区经过8年艰苦创业，不断推进改革，促进了经济的快速发展，经济实力不断增强，1999年国内生产总值、工业总产值、乡镇企业总产值、财政收入分别比1992年创建开发区时增长24倍、22倍、17倍、25.5倍。全区工业已基本形成了建材、冶金、化工、轻工为主的工业支柱，涌现出了南下水泥厂、兴渝水泥厂、贵龙建材总公司、沈兴实业总公司、围山湖水电总公司、站前开发总公司、烟嘴棒厂、磷肥厂、新型装饰材料厂、电线电缆厂、飞龙雨公司等数十家骨干企业，选址于开发区的120万千瓦火电厂和40万吨水泥厂正在加紧筹建，迈进了工业强区的发展轨道。

农业生产全面发展，蔬菜、水果、蓄牧、优质米等商品基地已经建立，涌现出了以绿化村为代表的融生态农业、高效农业、旅游农业为一体的农业示范村。乡镇企业快速发展，在全区经济发展中占有绝对优势的地位。对外经济技术交流发展较快，进行了多层次、多形式的经济技术协作与交流。

【管理服务】

贵州顶效经济开发区是省政府批准成立的省级开发区，作为县级单位，区工委是黔西南州委的派出机构，区管委会是黔西南州人民政府的派出机构，管辖范围为顶效镇所辖区域，对顶效镇党委、政府进行直接领导，在州内实行计划单列，形成了行政管理独立、财政独立的格局。区内的二级机构按“改革、精干、高效、权威”的原则设立14个部、办、局，形成了“小政府、大服务；小机构、大社会”的管理体制，能为引进的客商提供土地征拨、项目审批、工商注册登记、税务登记、环保、城建、消防、供水、供电、金融等“一条龙”全方位服务。

【投资发展优势】

区位优势——顶效经济开发区位于贵州省兴义市的东北面，距黔西南州府所在地——兴义市仅12公里，辖1个镇14个村2个居委会，国土面积107.7平方公里，人口4万余人。开发区创建于1992年9月，于1995年9月被贵州省人民政府批准为省级开发区。

顶效经济开发区地处黔、桂、滇三省（区）结合部，区位优越，辐射面广，素有“三省通衢”之称，西部黔、桂、滇三大旅游干线和六磊旅游热线在区内交汇，是西南地区通江达海、南来北往的交通枢纽；是内地向沿海幅射、商贸物流的重要通道；是南昆铁路产业带的经济重镇。

自然资源优势——顶效经济开发区的土地、农业、物产、水力、旅游资源丰富。全区土地面积10492.4公倾，耕地面积3774.6公倾，其中待开发25度以下的宜农山坡地1187.3公倾，土质肥沃、阳光充足、雨量充沛，日照时间长，十分有利于各种农作物生长，是黔西南州重要的商品粮、水果、蔬菜生产基地；全区林地面积1149.7公顷，森林覆盖率39.5%，盛产桃、梨、金银花等经济林木，出产的“艳红”、“晚白”荣称黔西南州桃类品牌，绿化村系黔西南州农业综合开发的示范村；水泥生产资源丰富，区内有水泥生产企业4家，年生产能力已达68万吨，居全州首位；全区水力资源理论蕴藏量34.7万千瓦，可开发利用率约8.98万千瓦，开发潜力较大；区境内旅游资源品位较高，被称为“稀世珍宝”的“贵州龙” 、猫猫洞“兴义人”古人类遗址，被专家认定具有重要的考古价值；区内有国家级风景名胜区马岭河峡谷，有保存完好的民族古寨，有浓厚独特的民族风情和众多的民族传统节日，其中，“查白歌节”享誉云贵高原。

经济环境优势——顶效经济开发区是国家西部大开发中充满生机的热土。开发区2001年一、二、三产业结构为7:32:61;2001年国内生产总值3亿余元，财政总收入2800余万元。全区经济持续稳定增长，非公有制经济蓬勃发展。农业以山地农业开发为突破口，初步形成了优质水稻、优质玉米、优质水果、优质蔬菜等初具规模的农业商品生产基地，正迈上规模化、集约化、开放的发展轨道；工业初步形成建材、矿产品和食品加工为支柱产业的工业体系，组建了腾辉、南下、兴渝、贵龙等4家水泥制品集团，其中腾辉水泥厂是黔西南州家港商控股企业，全区私营企业已发展到百余家，呈现出蓬勃的发展之势；第三产业逐步形成以旅游为龙头，交通运输、商业贸易、房地产、物资流通、饮食服务为主的特色产业；涉外经济形成了以中国香港瑞安集团投资建设的“腾辉水泥厂”、广西柳州铁路局投资的南昆公司、中国香港招商局与国家科委合资开发的“飞龙雨优质泉水”等外商投资的规模以上骨干企业，已成为全区经济的重要支柱。

人力资源优势——顶效经济开发区人力资源丰富，全区可供劳动力总量约1万人（含从业人员5900人），占总人口的25%以上，可供劳动力资源中18岁以上的人口占90%，预计10年的后备劳动力可供数约为3.2万人。区内就业人员培训健全，现有两所职业技术完中，全区就业人员，60%具有高中以上文化程序。劳动力的来源主要是农村富余劳动力，流动性不大，相对稳定。已建立失业保险、养老保险、医疗保险等较为完善的社会体系，形成良好的人才流动机制。

贵州白云经济开发区

地　址 贵州省贵阳市白云区白云南路　邮　编 550014
电　话 0851—4831038　4831228　传　真 0851—4605392　4831038
网　址 http://www.gzgov.gov.cn

【开发区简介】

白云经济开发区位于贵阳西北部，距城区中心13公里。是全国最大的铝工业基地，素有“高原铝城”之称。规划建设面积40平方公里，现已开发建成的有6平方公里，引进项目496个，合同资金328776万元，实际到位资金123115万元。

开发区交通便捷，贵遵、贵阳东北绕城环线两条高等级公路、川黔铁路、210国道、104省道穿境而过，距新开通的贵阳国际机场20公里。31条地方公路通往全区各地，公路密度每百平方公里63公里，铁路密度为每百平方公里34.4公里。

开发区内聚集了贵州铝厂、贵阳车辆厂、中国有色第七冶金建设公司、贵阳水泥厂有限责任公司等一大批国有大中型企业及数百家各类企业，形成了以铝加工、建材、化工、冶炼、医药等为支柱产业的23个门类，构架成以非公有制经济为主体、多种所有制共同发展的产业密集区。

开发区除享有国家和省的优惠政策外，开发区管委会本着服务企业、扶持企业、优惠企业、促进企业发展的原则制定了一系列加快招商引资、促进乡镇企业二次创业、非公有制经济、民营科技发展，深化国有企业改革等方面的政策、措施。区内设有精简、高效的管理机构。区国土、财政、规划、建设、环保、工商等政府职能部门派员常驻开发区管委会办公室，为到开发区投资、申办项目的投资者提供“高效、全程、一流”的“一站式”办公服务。

贵州都匀经济开发区

地　址　贵州省都匀市龙山大道开发区管委会	邮　编　558000
电　话　0854－82345168224697	传　真　0854－8234516

【开发区简介】

都匀经济开发区成立于1992年，1995年经省政府批准为省级开发区。规划面积80.5平方公里，首期开发面积7.5平方公里。目前区内项目265个，合同投资累计28.5亿元，实际到位资金累计8.6亿元。

开发区位于都匀市北面，紧邻老城区，区位优先，交通便利，黔桂铁路、320和321国道、重（庆）北（海）高等级公路以及丹桂、都惠等省道进出开发区，开发区距贵阳国际机场130公里，是云、贵、川、渝通往东南沿海必经的咽喉之地。

除享受省级开发区各项优惠政策外，开发区根据一事一办、特事特办的原则对投资者实行诸多优惠鼓励；开发区服务机构精简高效，经济发展局、国土分局、工商分局、公安分局、财政局、建设管理局、社会管理局以及国家、地方税务分局等政府职能办事机构实行“一站式审批、一条龙服务”。

贵州红果经济开发区

地　址　贵州省盘县特区红果镇	邮　编　561611
电　话　0858－3632007　3632089	

【开发区简介】

贵州红果经济开发区成立于1992年8月，1995年9月，经贵州省开发区工作办公室会同省市有关厅、局考察同意，报经省政府批准，正式列为省级经济开发区。

红果地处贵州西部、六盘水市西南部，东距贵阳380公里；西与云南接壤，到昆明仅270公里；南下南宁、北上成都均在500公里左右；距北部湾出海口700公里。由于南昆铁路的兴建，使其成为西南腹地出海以及东南亚陆路边境口岸的通道。

红果现有320国道和盘西铁路贯穿境内，南昆铁路于1997年12月开通以后，威红段虽仅有59公里，但其分配运量却占南昆铁路的80%以上，因此，红果被誉为南昆铁路的北大门。在建的内昆铁路、水柏铁路、水株铁路复线等，使红果成为中国南北两大干线的又一重要交通枢纽。

红果经济开发区所在地盘县以丰富的煤炭资源冠称中国江南，煤炭保有储量105亿吨，占六盘水煤炭储量的50%以上。红果居盘江煤田中心，境内煤炭储量20亿吨，占盘县煤炭储量的21%，且品种多、质量好、易开采。此外，还有天然气、铁、铜、铅、锌、汞、石灰石、大理石、冰洲石、白沙、粘土等矿藏。据地矿部西南石油地质局提供的资料，红果地区天然气储量在1000亿立方以上，现国家计委等已经立项，在贵州西部首期勘探和开采红果地区的天然气。

红果经济开发区规划面积为25平方公里，分为东、西两区。目前已完成投资12.7亿元。其中，东区规划面积10平方公里，主要由盘江煤电集团公司开发，长3公里、宽38米主街道的建设和绿化工作已全面完成，住宅及办公楼群完成建筑面积30万平方米，水、电、通讯等基础设施建设已全面展开。现在盘县人民政府及盘江煤电集团公司两大机关已搬迁至红果，为此红果将成为盘县地区的政治、经济、文化中心。

红果不仅是省级开发区，现时也是国家体改委等11部委批准的综合改革试点镇，建设部重点规划扶持建设的试点镇和农业部批准的“金三角”农业综合开发率先启动镇。这不仅使红果在经济上得到支持，同时也为外来投资提供了宽松的环境。为提高办事效率、简化办事程序，按照国家和省的有关规定，在项目审批、规划建设、土地征用等方面享受省级有关部门的管理权限。对投资兴办项目，可在一星期内按“特事特办”的原则，办好有关手续。

贵州凯里经济开发区

地　址	贵州省凯里市翁义	邮　编	556000
电　话	0851-85565568　556689	传　真	0851-8556556
网　址	http://www.kl.gz.cn/economy	信　箱	klsun@public.gz.cn

【开发区简介】

贵州凯里经济开发区是经贵州省人民政府批准成立的省级开发区。它是以高新产业为主，兼有金融、商业、教育、医疗以及民族文化、旅游设施等具有较强城市功能的综合性经济开发区。

开发区位于黔东南苗族侗族自治州首府凯里市，分东西两区。东区规划面积4.5平方公里，以发展非公有制经济和第三产业为主；西区规划面积53.7平方公里，其中工业园区规划面积为23.8平方公里，以工业为主并带动生态农业和旅游业的发展。西区的发展目标为：到2005年人口达到2.8万人，工业总产值2亿元，GDP1.3亿元，到2020年人口达到7.8万人，工业总产值18亿元，GDP11亿元。

开发区交通便利，有株六铁路复线、320国道及凯麻高速公路贯通东西，程控电话、无线寻呼和移动电话网覆盖全区。西区已有国营红云电子器材厂、国营新云电子器材厂两个中央企业和贵州云利电子有限公司、贵州红怡电子有限公司等几家中外合资企业，年创汇能力达620万美元。

开发区内还有被文化部命名的“中国现代民族民间绘画画乡”——铜鼓村、贵州省著名的少数民族体育运动村——桃花村等一批民族风情浓郁的村寨，以及风景秀丽的清水江——太阳岛和镰刀湾景区，旅游资源十分丰富。黔东南还是被联合国世界乡土文化基金会列为“返璞归真，回归大自然”的旅游胜地。

【资源优势】

生物资源——由于优越的土壤气候条件，黔东南州生物资源非常丰富现有森林面积1434多万亩，活立木蓄积量5008万立方米，森林覆盖率37.34%。全州植物种类2000余种，其中国家特有属植物24属，重点保护树种37种。除杉树、松树等主要用材林外，还有厚朴、香樟、秃杉、楠木、梓木、檀木等珍奇稀有树种及丰富的中药材资源，珍贵药材有天麻、杜仲、灵芝菌、银花、菊花、桔梗、茯苓、五倍子等。山珍特产有香菇、木耳、山苍子、猕猴桃等，从江柑、榕江冰糖橙、西瓜等驰名省内外。雷山银球茶获中国食品博览会金奖，被外交部定为馈赠外宾礼品，拼花木地板在省内外建材市场中供不应求。此外，还有丰富的野生动物资源和水产资源，是祖国的一大绿色宝库。

水力资源——黔东南州内水系发达，州境内长50公里，流量每秒10立方米以上的河流有11条。主要河流清水江、都柳江、舞阳河三大干流，分属长江、珠江两大水系，流域面积2.5万平方公里，年径流量225亿立方米，地下水蕴藏量28.9亿立方米。水力资源理论蕴藏量210万千瓦，可开发量186万千瓦，目前仅开发11万千瓦。进行可行性论证等待开发的110万千瓦，具有良好的开发前景。

矿产资源——黔东南州已发现矿产资源40余种，已探明储量的有28种，在贵州省列前三位的有重晶石、玻璃用石英砂岩和锑矿石，其中重晶石储量为全国第一位。

贵州省安顺开发区

地　址	贵州省安顺市西航路1号	邮　编	561000
电　话	0853－3460390　3461967　3463658	传　真	0853－3460390
网　址	http://www.as.gz.cn		

【开发区简介】

贵州安顺经济开发区，是1992年首批建立的省级开发区。贵昆电气化铁路（株六复线）、滇黔公路、贵黄高等级公路平行穿越开发区境内，加上安顺黄果树机场、铁路专用线，开成了全方位的立体交通网络。

开发区母体城市属国家级甲级旅游开放城市，境内瀑布成群，岩溶洞穴景观遍布，自然奇特，有著名的黄果树瀑布、龙宫、织金打鸡洞、红枫湖等四个国家级风景名胜区，被誉为“天然的喀斯特地质博物馆”。

开发区境内，均属平缓褶皱工程地质地区，适用大规模工业与民用建筑的建设。区内地下水资源丰富，水质良好，水库容量达45亿立方米，不仅能提供足够的工业和生活用水，还为旅游网点、别墅区、度假村、水上乐园等项目的开发建设奠定了自然基础。开发区全境置于国家电网下，安顺电厂、梭筛水力发电站为其提供了充足的廉价能源。

贵州省政府赋予安顺开发区管委会省辖市管理权限及土地、计划、技改、建设、工商、劳动、外经和外贸等省级有关业务部门的审批权。贵州省人大通过了《贵州省安顺经济技术开发区管理条例》，为开发区各项工作运行步入法制化、规范化轨道提供了法律保障。本着“精简、高效”的原则，管委会下设党政办公室、政治工作部、决策研究中心、招商局、规划局、国土局、农经局、社会事业管理局以及工商、税务等部门，负责招商引资，开发建设及行政管理工作，具备了“一栋楼办公，一条龙服务”的功能，投资兴业者在这里就可发办理好申请立项、规划、选址、土地使用注册登记等相关手续。管委会为进区项目提供全方位、高效率的服务。

贵州钟山经济开发区

地　址　贵州省六盘水市钟山中路　　邮　编　553000
电　话　0858－8681315　　传　真　0858－8681716
网　址　http://www.zsq.gov.cn

【开发区简介】

钟山经济开发区位于六盘水市中心区总体规划范围的中部，总开发面积10平方公里。这里地处核心，路网发达，交通便利。距铁路六盘水站仅200余米，长途汽车站位于开发区腹地。贵昆、内昆、南昆、水柏铁路、株六复线、六盘水编组站和广西百色至盘县、贵昆312国道、水城至黄果树高等级公路及市区内九纵三横的城市道路，使开发区交通四通八达。

开发区地处六盘水市中心城腹地，依托邻近的水城钢铁集团公司、水城矿物局、水城水泥股份有限公司、水城发电厂、山城啤酒集团等大中型企业，建设工矿生活服务区、零配件高技术加工区、金融服务区、中心城休闲娱乐区。集工、贸、商、房地产于一体的新城区，经过8年的基础投入，已初具规模。现进入开发区的投资项目469个，投资总额已逾16亿元。已形成城市道路26公里，燃气管道10公里，路灯6公里。年财政收入逾千万元，注册企业200多家，注册资金2亿元。人民广场、人工湖、高架桥等大型市政工程的竣工和建设，使10平方公里的钟山开发区成为贵州西部最具经济潜力的热土和新生产力增长点。

开发区享受内陆开发城市和省级开发区各项优惠政策，坚持采取灵活、特殊、优惠的方式；坚持“进一道门、办完所有手续”的一站式高效服务。

贵州遵义经济技术开发区

地址	贵州省遵义市香港路	邮编	563000
电话	0852－8621084　8624658	传真	0852－8624658
网址	http:// www.zydz.gov.cn		

【开发区简介】

遵义经济技术开发区于1992年经省政府批准成立，1998年经省委、省政府批准为正县级单位。位于遵义市城区北部，面积85平方公里，人口12万。为川黔铁路、210国道、326国道、205省道、贵遵高等级公路的交通咽喉。几年来，在城市建设、产业结构调整、扩大对外开放、全方位招商引资等方面成绩显著，实现了基本建成集科研、开发、生产、生活、教育、金融、商贸、文化娱乐、旅游于一体、功能齐全的新城区的规划目标，在遵义市具有强劲的辐射带动作用。

开发区已建项目近800多个，其中招商引资项目700多个，合同资金63亿多元，实际到位资金30亿元多。引进的知名企业有青岛海尔集团、贵州茅台集团、德国OKU公司、德国默勒公司、美国利奇公司、中国香港航科集团等。

依托雄厚的工业基础和科技力量，在民用工业方面，现已成功地开发出轻型汽车、高低压电器、汽车继电器和电梯等一批高科技含量的产品，形成开发区的支柱产业。在良好的投资环境下，非公有制经济异军突起，形成了以绿色产业和医药保健品为主体的第二支柱产业。电脑、电器、汽车、汽车零配件、家俱、水果等大型专业市场的建设，形成辐射黔北的市场体系。

开发区享受西部大开发的各项优惠政策，同时根据一事一办、特事特办的原则对投资者实行优惠政策。开发区按照“精简、效能、统一”的原则，设有管委会办公室、组织人事局、建设局、经济发展局、招商局、社会事业管理财政局、教育局、劳动社会保障局等职能办事机构，同时，省市有关部门还在开发区设国土分局、公安分局、工商分局、国税局、地税局等派驻机构。精简、高效的管理机构为投资者提供优质、高效的服务。

云南省开发区

云南省楚雄经济技术开发区

地　址	云南省楚雄市经济技术开发区管委会	邮　编	675000
电　话	0878－3124590　3121077	传　真	0878－3124917
网　址	http://www.chuxiong.net	信　箱	webmaster@chuxiong.net

【开发区简介】

楚雄经济技术开发区，已从小变大，从弱变强，由一片荒芜的田畴变为了科工贸云集、三产崛起的创业基地，成为整个楚雄彝族自治州强有力的经济增长点和经济发展的龙头。到2002年6月底，开发区在基础设施建设上累计投入5.5亿多元，共兴建区内街道19条25千米，修建龙川江城市桥梁6座，完成天然药业园区、乡镇企业园区、私营经济城、绿色食品加工园区以及市民广场、农民商住小区、太阳历文化园、开发区实验小学等大批重点工程，使开发区成为一个高楼林立、建成区达5平方公里的产业开发平台；开发区累计引进各类项目470余个，计划投资46亿多元；引进外资近1655万美元，建成项目280项，完成项目投资25亿多元；区内已聚集各类企业310多户，形成建筑建材、有色金属加工、天然药业、造纸、印刷、商贸、酒店业等门类多样的产业格局。开发区已显现出瞩目的综合经济实力，"九五"期间，社会总产值和财政自收收入年均递增速度分别达22.9%和20.53%；2001年，开发区共完成国内生产总值4.27亿元，国税和地税收入突破亿元大关，财政自收收入达6452万元，占全楚雄市财政收入的比重达24.2%。

开发区多年来始终把解放思想和树立新观念作为推进各项工作的动力，不断树立和强化极富特色的"五大新型观念"，即科技兴区观念、服务立区观念、项目撑区观念、诚信树区观念和形象销区观念。正是在不断解放思想和观念更新过程中，开发区有了诸多敢为人先的创举。在该开发区启动不久的1995年，开发区大胆走以地生财之路，在云南省率先实行"土地使用权公开拍卖"，由此下活了解决开发区资金严重不足的棋局；在招商引资方面，开发区在用足用够国家及省赋予开发区的各种优惠政策的同时，较早推出以产权换资金、以资源换技术、以市场换项目、以存量换增量的措施。近几年，开发区管委会已不满足于通过优惠政策来吸引投资者，提出"要靠全方位服务营造良好投资环境"的思想，建立健全了一整套为外来投资者服务的体系。

在楚雄经济技术开发区的发展历程中，管理服务体制的不断创新是一个鲜明的特点。开发区管委会作为一级管理机构，其职能和权限总随着开发区的发展需要在不断完善和提升。至今它是独立的县一级行政主体，一方面独立负责开发区的经营管理，同时对已成建制划归开发区的永安镇行使政府职能。这一新型体制，有效地把开发区的经营管理和促进开发区所在地乡镇经济社会的发展有机结合起来，同时很好地理顺了管委会与开发区入驻企业的关系。

玉溪高新技术产业开发区

地　址	云南省玉溪市东风南路招商大厦	邮　编	653100
电　话	0877－2064291　2069307 2062462	传　真	0877－2069302　2064291
网　址	http://www.high.yn.cninfo.net	电子信箱	yxgx@163.net
主管部门	玉溪市人民政府	招商部门	管委会招商局
招商电话	0877－2069307　2069302		

【开发区简介】

玉溪高新技术产业开发区的前身是省级玉溪经济技术开发区，成立于1992年。为适应国内外高新技术产业发展的新形势和扩大开放、发展外向型经济的要求，结合滇中经济圈的发展，1998年省政府批准其为省级高新技术产业开发区，批复确定面积共计14.53平方公里。

高新区自成立以来，以“求实、高效、廉洁、拚搏”的精神，围绕“筑巢引凤、引凤筑巢”，加强自身建设，立足现实，找准优势，加快基础设施建设，着力改善投资环境，积极引资、引技、引智、引项目，在招商引资、加速城镇化进程、培育新的经济增长点等方面都取得明显成效。

一是基础设施建设初具规模。高新区自成立以来，以营造良好的投资环境为目标，狠抓各项基础设施建设，取得初步成效。10年来，建成新区4平方公里，已完成基础设施投入4.66亿元，“五通一平”的基础设施配套建设基本完成，目前，累计完成基础设施建设面积684800平方米，累计建筑竣工面积2229533平方米，其中已建成道路27条，21.4公里；铺设通讯线路16.5公里，开通程控电话9.6万门；架设输电线路15.51公里，区内建成11万伏专用变电站；完成给水管道21.86公里，日供水能力 7.5万吨，排水管道50.78公里；完成服务网点和配套住宅建设。为投资者创造了基本的硬件投资环境，使高新区具备了一定的接纳国内外投资的基础条件。

二是招商引资工作取得突破性进展。至2000年底，高新区先后引进审批项目204项，完成投资总额68亿元，其中引进市外资金13.2亿元。2000年审批实施和在谈项目共计30项，其中审批项目11项，实施9项，共计18.8亿元，在谈9项，总投资12.2亿元。特别是一批以烟草及配套产业为主的现代工业，以包衣种剂和高档花卉为代表的现代农业，以精细化工和包装材料为主的高新技术项目相继在高新区落户投产，将对玉溪高新技术产业的发展起到良好的示范带动作用。

三是经济新增长点培育崭露头角。随着红塔集团在区内投资项目的增加，形成了以红塔集团为龙头，带动相关产业蓬勃发展的良好态势。

四是城镇化的先导作用突出。高新区在新老城区结合部，帮助建成区内农村发展二、三产业，进行大规模的旧村改造等方面做了大量有益的尝试，为平稳、妥善地进行城郊结合部的城镇化建设做出了示范。现建成区面积已占玉溪城市建成区面积的1/3，形成了特色鲜明的城市新区。

五是区内人才资源初具规模。玉溪高新区目前已建成的4平方公里内职工总数约为14270人，具备中专以上或初级职称的人员5173人，其中具有大学本科学历的973人，专科学历的1236人，中专学历的1254人，院士4人（兼职），博士、硕士学位的45人，具有高级职称的74人，中级职称的931人，初级职称的2347人。在各类企业中，从事经营管理的1109人，电子信息的391人，生物医药的48人，环保的64人，新材料的24人，光机电技术的41人，其他专业的1818人。

六是机构和管理体系不断建立健全。高新区管委会作为玉溪市委、市政府的派出机构，行使地州级经济管理权限和部分行政管理权限，统一领导和管理高新区内的各项事务。并且按照“小政府、大社会、小机构、大服务”的原则，组建了新的管理机构，同时设立了财政、税务、工商、公安等外派机构；积极引进和完善各类中介机构，社会服务体系得到进一步的健全。区内能提供信息、投资项目前期工作、企业注册、企业职工和专家的后勤生活等方面的服务，提高了服务的效率和质量，增强了高新区的吸引力。

瑞丽市姐告边境贸易经济区

地　　址　德宏州瑞丽姐告边境贸易区　　邮　　编　678400

电　　话　0692－4660599　4660598　　传　　真　0692－4666803

主管部门　德宏州政府　　招商部门　管委会经济发展局

招商电话　0692－4666289　4660168

【开发区简介】

姐告边境贸易区是经国务院批准设立的全国唯一实施特殊管理模式和优惠政策的边贸特区，其主要功能为集贸易、加工、仓储、旅游为一体，贸易区是云南省面向东南亚、南亚开放的试验区和示范区，是云南实施国际大通道战略的桥头堡。

姐告边境贸易区按照特殊管理模式进行运作。以姐告大桥中心线为海关关境线，联检机构设于大桥西侧，出口货物越过关境线即为出口，进口货物在姐告免于向海关申报。

姐告边贸特区具有保税区、出口加工区、自由贸易区和边境贸易区的功能。在区内可开展一般贸易、加工贸易、转口贸易、过境贸易、边境贸易、边民互市和国际经济技术合作。区内实行特殊的贸易投资优惠政策。

姐告边境贸易区位于云南省德宏州瑞丽市城区东南方向4公里处，面积2.4平方公里，东南北三面与缅甸最大的边境口岸木姐市毗邻，我国的320国道经姐告出境与“滇缅公路”和“史迪威公路”相连通，姐告是“中缅”、“中印”公路的交汇点，境内外交通十分便捷。区内已具备配套的城市交通、电讯传输、输变电和供排水网络系统。姐告边境贸易区是云南省软硬环境最好、最开放、贸易额最高、货物吞吐量最大、管理进出境人员最多的边境口岸。

丰富的旅游资源，便捷的交通条件，良好的市政设施，优惠的政策和优质的服务。姐告是中外客商投资的乐土。

陕西省开发区

陕西汉中经济开发区

地　址	陕西省汉中市经济技术开发区管委会	邮　编	723000
电　话	0916-2511208	传　真	0916-2524356
网　址	http://www.hzedz.gov.cn	信　箱	hzedz@163.com

【开发区简介】

汉中经济开发区、汉中高新技术产业园区，位于汉中市城区，分南区和北区，是经陕西省人民政府批准成立的省级开发区，规划面积23平方公里。随着西部大开发和“开放兴市”战略的实施，汉中经济开发区已是国内外客商投资创业的一方热土：316国道及GZ40高速公路穿境而过，宝成、襄渝、阳安铁路联通全国各地，汉中航班直抵西安、成都、武汉等地;3座110千伏及35千伏变电站，3万门程控电话，日供水量6万吨水厂，日排污8.8万吨排污管道，宽40～60米、长13公里骨干道路等“七通一平”基础条件优越;金融、保险、学校、医院、住宅、游娱等保障设施齐备。区内设高新工业园区、普通工业园区、商贸服务区、生活保障区等功能区;现有企业86户，建设项目186个，总投资50多亿元，形成了纺织服装、医药化工、纸业印刷、电子电信、机械刀具等高新技术产业基地，成为科技经济一体化的现代工业园区。

汉中经济开发区总体规划为南北两区：

北区规划面积9.3平方公里，分高新工业园区、普通工业园区、商贸服务区、生活保障区和旅游度假区大园区。

在工业园区内重点抓好四大产业基地建设：

1.以品鼎集团数控刀具、特种刀具和PCB微钻为龙头的机械加工基地。

2.以汉纺集团为龙头的纺织服装生产基地。

3.以百特纸业为龙头的纸业生产基地。

4.以中美合作综合开发葛根、杜仲叶产业为龙头的生物制药生产基地。

南区规划工业新区5.12平方公里，分普通工业园区、高新工业园区、中试区、全储区和生活居住区等五大园区，在工业园区内重点抓好三大基础设施建设：

1.以军工企业、电子产品、光学仪器、精密机械为龙头，创建光、机、电一体化的生产基础。

2.以生物工程、食品加工为龙头，创建精细加工生产技术基地。

3.以经济效益高的高新技术产品为龙头，吸收国内外新工艺、新技术，创建新产业生产基地。

陕西神府经济开发区

地　址	陕西省神木县东兴街北段路西	邮　编	719300
电　话	0912—8334088　8338198	传　真	0912—8334088
网　址	http://www.sfkfq.com.cn	信　箱	gwhxmb@sina.com

【开发区简介】

神府经济开发区创办于1993年，1994年经省政府批准，成为陕西省的一个省级开发区。

神府经济开发区位处资源富集区，不但具有丰富的煤炭资源，而且还有丰富的石英砂、铝钒土、澎润土等矿产资源，根据国家建设能源重化工基地的战略和开发神府煤田的总体设计，神府经济开发区的建设宗旨是：立足神府煤田的优势地位，抓住西部大开发之良机，以煤炭等多种资源开发、能源转化及综合利用为发展方向，兴办电力、焦化、煤化工、冶金、建材及高耗能工业等产业，同时大力发展第三产业，服务于国家西煤东运、西电东送工程建设和国家西部大开发。

神府经济开发区区位优越。开发区的店塔小区已形成神府东胜煤田及晋陕蒙三省的交通枢纽。神（木）朔（县）铁路和包（头）神（木）府（谷）二级公路并列穿越店塔小区；纵贯陕西南北的西（安）包（头）铁路在店塔小区与神朔铁路接轨；神朔铁路的最大编组站，国家二级编组站，即神木北站，与店塔小区毗邻。开发区的8平方公里锦界中心区，北距神府煤田一期中心矿区大柳塔55公里，距红碱淖旅游度假区30公里，东距神木县城35公里，西距神府煤田二期中心矿区大保当20公里，距榆林市及榆林机场75公里。神（木）延（安）铁路和榆（林）神（木）二级公路并列穿越锦界小区，拟建的神延铁路马王庙集装站设在锦界小区内。锦界中心区毗邻的秃尾河，年流量在2.2亿至2.4亿立方米以上，有充足的水资源可供利用。小区内的环区绿化带工程已基本搞完，水资源利用已经批准，小区东边缘黄土庙井田的勘探权已经获准，为锦界小区建设坑口电厂创造了条件。

神府经济开发区建区8年，在基础设施建设、项目建设方面都得到了同步进展。几年来，区内共完成交通、通讯、水源、电力、市政等基础设施建设投资1.8亿元。区内现有中央和地方企业12个，项目总投资19亿元。

开发区的投资服务体系已经形成。全新的管理体制和运行机制已经建立，开发区管委会全面行使管理职能，实行封闭式管理、开放式运行，形成了良好的政策环境和服务功能。

西安浐河经济开发区

地　址	西安市长乐东路甲字1号	邮　编	710043
电　话	029—3287184　3295579	传　真	029—3213076
网　址	http://www.sxtz.gov.cn		

【开发区简介】

西安浐河经济开发区（以下简称开发区）经陕西省人民政府批准设立，西安市人民政府授权灞桥区人民政府组织实施。开发区规划3.86平方公里，划分为北部1.88平方公里工业区、中部0.18平方公里商业街和南部1.8平方公里旅游度假区。

开展区位于离东二环路仅1.3公里的西安城东二、三环路之间的城市发展地带，距市中心5公里，离西安火车站3.5公里，近邻西安火车货运东站兴新石器时代的西安半城村遗址隔浐河相望，紧临纺织城、韩森寨军工企业区、灞桥热电厂及中久合资西安杨森制药有限公司，环境优雅，水原丰富，通讯畅达，能源充足，是娱乐居住的好地方，投资干实业的理想场所。

交通便捷。这里是古城西安的乐大门，陇海铁路、西临高速公路、310国道横贯境内，还有3条干道通往市区，17条电车、公共汽车线路从本区域内交叉通过直达市中心，驱车入西临高速公路15分钟可到西安窖村国内空港，30分钟可达世界第八奇迹——秦始皇兵马俑博物馆，经西铜一级公路40分钟可通往西安咸阳国际空港。

工业区四周绿地环绕，内部以规划干道 间隔，并以40米宽的南北主干道为界分为西部工业生产区和东部生活服务区。工业区规划有功能齐全的公共建筑，如管理、金融、商贸、科研、人才培训、学校、医院、饭店等，构思新颖，布局合理；商业街布局北侧以汽车零部件及修配、加油、清洗 等服务项目为主，南侧以商业和大型批发市场为主，形成关中东部重要的商品集散中心；旅游度假区规划建设为娱乐区、风景游览区、别墅居住度假区和管理服务区等四大功能区。

开发区基础设施完善。开发区建设有水、电、路、通讯、天然气等公共设施和雨污分流的排水系统。这些设施管线（其中通讯电话2400门）埋设于路下，便于用户接用，能大大方便各入区企业的基础设施配套工作。

进入开发区的企业可以独资、合资或合作经营。可以投资兴办工业，兴办科研、房地产和商贸、信息、服务等第三产业，可以购地自行开发或建设科技园区。开发区鼓励发展高新技术企业、出口创汇企业和“三资”企业，并积极支持各类私营经济入区办实业。

西安临潼经济开发区

地　址	西安临潼经济开发区车站路中段	邮　编	710600
电　话	029—3871430　3871431　3871427	传　真	029-3871430
网　址	http://www.sxtz.gov.cn		

【开发区简介】

西安临潼经济开发区于1992年10月开始筹建，1994年5月31日经陕西省人民政府批准正式成立。规划面积4.27平方公里，是一个集工商业为主体，与高新技术、旅游、房地产等第三产业相结合的综合经济开发区域。区内由南向北依次规划为商贸区、居住区和工业区。

开发区紧临潼县城的东北部，地处国家重点发展的陇海兰新经济带和陕西省重点发展的关中经济带腹地。区内交通便利，西去60公里有西安国际机场，6公里处有临潼航空港；北去30公里有闫良机场。陇海铁路和西渭高速公路贴区而过，108国道将开发区一分为二。西北最大的铁路编组站——新丰铁路编组站与开发区紧紧相连，交通四通八达人员物资进出便利。12000门程控电话已开通使用，能够直接拨打ＩＤＤ和ＤＤＰ，大哥大已并入市网。ＢＰ机站也与西安电信局联网，先进的通讯设施使临潼与世界各地通讯畅通无阻。区内电力充沛，供水充足，排水方便，实现了“四通一平”。

开发区毗临的骊山风景名胜区，风景秀丽，文物故迹众多。这里有享誉海内外的皇家园林华清宫和世界八大奇迹之一的秦始皇兵马。近年来，又建成了秦陵地宫、秦蜡像馆、八大奇迹宫等旅游景点和骊山索道。2002年又将建设秦皇园、动态电影院、水上世界等一批旅游观光景点。现在，临潼每年平均接待游客400多万人，其中外宾近40万人。

临潼经济开发区成立以来，共签定合同28项，总投资60590万元。其中外资项目5项，总投资达4235万美元。区内开竣工项目23个，总投资54865万元，已完成投资16004万元，项目开工率达92%。豆奶、华丰方便面、大天包装箱、澳纽水泵、银桥奶茶等一批生产性企业已经和即将建成投产达效，年产值超过8亿元。使开发区由投入型开始起步向投入产出型转变。

西安临潼经济开发区经过4年多的建设，已经逐步建立起一套有利于企业发展壮大的优惠政策，并已探索出一套一个窗口对外一条龙审批服务的快捷的办事程序。1997年11月，国家工商行政管理局将临潼经济开发区确定为西北地区首家私营经济园区的试点单位。目前，有关私营经济园区的实施方案及其优惠政策即将出台。西安临潼经济开发区将在原有的基础上，借助设立国家级私营经济园区的有利时机，实现更好更快的发展。

蔡家坡经济技术开发区

地　址　陕西省蔡家坡经济技术开发区管理委员会　邮　编　722405
电　话　0917—8561608　传　真　0917—8561517

【开发区简介】

蔡家坡经济技术开发区地处陕西八百里秦川西部，东距西安135公里，西距宝鸡40公里，区域总面积4.6平方公里。1995年3月被陕西省人民政府批准为省级开发区。

开发区工商基础雄厚。蔡家坡自古就是西北地区商贾云集之地，集中了岐山县商业、物资、供销、粮食等系统10多个国有公司；金融、税务、工商、公安、交通、主地、保险等办事机构齐全。区内有3个大型农副产品工业批发市场，180个商业零售门点，1800和个体工商户，20多家部、省、市属企业单位，1200多家集体、个体企业。是西北地区生产化钎棉布、电子设备、载重汽车、方便面的重要基地。全区以形成轻纺、食品、化工、建材、电子、机械、汽车制造和农副产品加工为主导的工业新格局。

开发区交通四通八达。陇海电气化铁路穿区而过，西（安）宝（鸡）高速公路和西宝南线、中线横贯东西，岐（山）蔡（家坡）五（丈原）公路纵穿南北，区内东一路、西三路、西宝路和渭北东路已相继开通。

开发区通讯手段先进。区内有2个35kv变电站和一个10kv开闭所联网供电，正在新建的1.2万千瓦的热电厂即将建成并网供电；现有一个日供水3000吨的自来水厂和25个自备水井，另有日供水3000吨的自来水厂正在建设中。

开发区文化、娱乐设备齐全。区内有各类学校36所，医院6所；剧院、电影院、文化馆、工人俱乐部、歌舞厅、游艺厅等场所36家；另有高、中、低档宾馆、饭店近百家，可同时容纳3000多人食宿。

开发区旅游资源丰富。开发区周围有国家级、省级旅游景点和风景名胜26处，比较著名的有法门寺、太白森林公园、钓鱼台、诸葛亮庙、周公庙、周原遗址等。

咸阳市高新技术产业开发区

地　址	陕西省咸阳市高新1路创业大厦	邮　编	712021
电　话	0910－3313823	传　真	0910－3337281
网　址	http://www.xygxq.com	信　箱	xygxq@263.net

【开发区简介】

咸阳高新技术产业开发区是陕西省人民政府批准成立的以电子工业为主导，综合发展的高科技、外向型开发区，是陕西关中高新技术产业开发带的重要组成部分，是陕西省重要的电子工业基地和新医药、新材料等高新技术产业基地。

开发区位于咸阳市区西端，规划面积15.9平方公里。目前，区内有各类企业200多家，有全国最大的彩色显象管生产企业——彩虹集团公司、全国最大的偏转线圈生产基地——咸阳偏转集团公司、国内大型电子元器件生产企业——陕西华星电子工业公司、全国最大的电子绝缘材料生产企业——陕西华电材料总公司、国内最大的恒磁软磁等磁性材料生产企业——陕西金山电器集团公司等电子器件产业群；有设计、制造、安装成套大型非标准设备的咸阳机械设计公司、咸阳202所机库大门公司、鸿顺机场设施开发公司等企业产品为代表的机电一体化及新型机械产业群；有以陕西步长制药有限公司、咸阳三八妇乐集团公司、陕西摩美得制药有限公司、咸阳康惠制药有限公司为代表的医药及生物技术产业群，已成为开发区经济发展最快的增长点。1999年区内企业实现工业产值143亿元；区内拥有高新技术企业30家，认定科技型企业12家。

【投资导向】

1.电子产品、电子器件、电子原材料、电子信息技术，是本区支柱产业，特别鼓励投资；

2.光机电一体化、新材料技术、新兴机械生产、加工是本区的重点产业，特别鼓励投资；

3.新医药、生物工程技术、医药保健品、生物化学技术开发、高效农业是本区经济发展最快的新兴产业，特别鼓励投资；

4.其他在传统产业基础上应用的新工艺、新技术。

渭南高新技术产业开发区

地　　址	陕西渭南高新技术产业开发区	邮　　编	714000
电　　话	0913－2115328　2112716	传　　真	0913－2115328
网　　址	http://www.whnz.gov.cn	信　　箱	zsbaug@163.net
主管部门	渭南市人民政府	招商部门	管委会招商局
招商电话	0913－2122249		

【开发区简介】

渭南经济开发区是陕西省人民政府1988年批准设立的。1992年6月省政府又批准设立“渭南高新技术产业开发试验区”，实行两块牌子、一套机构，统一管理。区辖面积31平方公里，规划面积18平方公里。

渭南开发区位于陕西关中平原东部，南依秦岭，北傍渭河，东出中原，西通丝绸之路，居于欧亚大陆桥腹地。西距古都西安52公里，距秦兵马俑旅游区22公里，距咸阳国际机场90公里，东距西岳华山55公里，地理位置优越。陇海铁路，西渭高速公路，108、310国道、101省道穿境而过，交通十分便利。区内地势开阔平坦，地下水、地表水资源丰富，电力供应充裕，加之位居陕西东大门，西进东出，联接西北、中原和沿海，市场广阔，潜力巨大，是理想的工业开发基地。

渭南开发区实行党政经一体新的管理体制，享有省、市一级的计划、税收、土地、外经外贸、投资审批等管理权限，管理委员会设有招商局、计划发展局、工商局、土地局、建设局、财政局，税务局、公安分局等职能部门，项目实行“一厅式”办公，为投资者提供一条龙服务，并有效保护投资者的合法权益。

经过几年建设，一期开发的5.8平方公里范围内，各项基础设施累计投资8.13亿元，实现了“六通一平”，城市构架基本形成，并编制了分区规划和产业规划，设置了工业区、民营科技园区、商贸娱乐城、行政管理区和居住小区。宾馆、医院、学校、幼儿园、金融、保险、商业、邮电等社会服务支撑体系健全，可为投资者提供全方位服务。目前，城市总建筑面积70万平方米，绿化覆盖面积20万平方米。250多家各类项目已建成运营，总投资超过70亿元。美、英、澳、日、韩及中国港台等国家和地区的一批外商、港商、台商投资企业已投产或在建，渭河化肥厂、亚洲线艺电子公司、金彼特天然果汁饮料公司、西北新技术股份有限公司，荣国药业、金力谐波减速机厂、科技实验总厂等一批高新技术企业拔地而起，涉及电子、通信、机械、新材料、环保、现代农业、化工、医药等方面，一个新兴的工业区正在陕西东部崛起。

甘肃省开发区

甘肃省金昌经济技术开发区

地　　址	甘肃省金昌市经济技术开发区	邮　　编	737000
电　　话	0935－8212255　8313877	传　　真	0935－8213877
网　　址	http://www.jc.gansu.gov.cn	主管部门	金昌市人民政府
招商部门	金昌市招商引资服务局	招商电话	0935—8212183　8211314

【开发区简介】

金昌经济技术开发区和金昌高新技术产业开发区是甘肃省人民政府批准成立的2个省级开发区。开发区规划面积15平方公里，其中高新技术产业开发区5.6平方公里，建成区面积8平方公里。开发区成立以来，自力更生进行资源综合开发、滚动发展，走出一条符合金昌实际、独具特色的发展之路。

截止2001年底，先后投资5000多万元，修建道路12.5公里，给排水管19.6公里，供电线路4公里，建成14吨集中供热站1座，热力网3.5公里，使区内实现了“五通一平”，营造了较好的投资环境的同时，狠抓软环境的建设，开发区本着“精简、高效、务实、创新”的原则，设立工地、工商、公安、公证等支撑服务体系，对投资者实行全程服务。

截止到2001年底，累计审批项目271项，其中建成企业218家，累计总投资13.3亿元，累计完成社会总产值60亿元，安排就业1.85万人。2001年完成社会总产值11.5亿元，上缴税金5800万元。

企业不断发展壮大，建成了一批在国内和西北地区具有一定竞争能力的企业群体，形成了有色冶金、化工、机电、建材、医药食品等门类齐全的产业群体和工业体系。目前，开发区企业生产的产品品种达350多种，数千种规格型号，许多产品具有很高的科技含量，市场前景十分广阔。

甘肃省天水经济技术开发区

地　　址	甘肃省天水市北道渭河大桥南开发区办公楼	邮　　编	741020
电　　话	0938－2731588　2731590	传　　真	0938－2731590
网　　址	http://www.tianshui.gov.cn		

【开发区简介】

天水经济开发区规划总面积3.6平方公里，地理位置优越，商贸旅游区地处北道渭河南，东西大通道310国道沿边而过，距麦积山风景区28公里，交通便捷，区位优势独特。

开发区成立于1992年，1994年被省政府批准为省级开发区，赋予省级综合经济管理权和优惠政策。开发区管委会在管理工作中，打破了以往多渠道、多环节的管理模式，实行高效的一个窗口对外，一支笔审批，一枚图章生效，一条龙服务办法，优惠政策落实，办事手续简化。同时全方位搞好基础设施建设，实现了六通一平，使开发区投资环境好，吸引力强。一期规划的商贸旅游区，即四小区一条街即将完成，一批重点项目仿古商业街、110千伏变电站、邮政分拣中心、二星级酒店等都已建成运营，使原来的一片荒滩已变成一片新城区。同时，为了给开发区赋予较深的文化内涵，管委会自筹资金兴建了伯阳青牛园、敬德勒马园、三阳开泰园及天水龙园，特别是投资1500万元兴建的龙园，是集天水历史文化与中国古建筑艺术于一体的文化园区，对于弘扬伏羲文化、宣传天水有重要意义。

开发区内目前基础设施配套，功能完善，服务到位，投资环境良好，成为在天水投资的首选地方。在继续抓好商贸旅游开发的同时，将大力发展以高新技术产业为重点的工业项目，实现全方位开发。

甘肃省白银经济技术开发区

地　址	甘肃省白银市白银西区	邮　编	730900
电　话	0943－8223900	传　真	0943－8224098
网　址	http://www.by.gansu.gov.cn		

【开发区简介】

该开发区位于白银市西侧，地理位置较好，紧靠兰包铁路，是陇海线和干武线铁路干线的交汇中心，109国道依区而过，距兰州中川机场仅70公里，交通便利。开发区周围矿产及能源富集，除有色金属矿产外，煤炭储量达2.5亿吨，占全省的15%左右，火、水电力总装机达331万千瓦；具有较齐全的以有色金属、化工、煤炭生产为主体的多门类的工业体系，以白银有色金属公司为主，是我国重要的有色金属冶炼基地，素有“铜城”之称。

开发区内已形成了南北以经六路，东西以纺织路为主的公路网络。建成高位水池2座，32万吨水库1座，2条6000伏输电线路现已架通。即将投入使用的110千伏变电所建成后，可保证开发区“九五”期间经济发展对电力的需求。

白银开发区在发展中同区域经济紧密结合，在已形成的有色金属工业为主导的区域经济发展布局下，挖掘矿产资源综合开发的优势，强化以原材料工业为主的前沿和后续产品的开发，发展递补产业和以有色金属、农副产品等为原料的加工工业以及高新技术产业。同时立足大市场，发展并确立新的支柱产业。

青海省开发区

格尔木昆仑经济开发区

地　址	中国青海格尔木市通宁路	邮　编	816000
电　话	0979-413742　413285　420385	传　真	0979-413281
网　址	http://www.kunlun.gov.cn	信　箱	gemklfzj@public.xn.qh.cn
主管部门	格尔木市人民政府	招商部门	管委会经济发展局
招商电话	0979-420039　420042		

【开发区简介】

格尔木昆仑经济开发区是青海省委、省政府为了实施资源开发战略，加快本省经济发展，于1992年成立的。昆仑经济开发区是省级经济开发区，位于格尔木市总体规划的东南工业区，沿青藏公路、铁路两侧，占地面积28平方公里。

青海省委、省政府在9个方面赋予开发区省级部门管理权限，赋予昆仑经济开发区30条优惠政策，吸引国内外投资，充分利用格尔木地区丰富的盐湖资源、石油天然气资源、有色金属和非金属矿产资源，形成以石油化工和盐化工为主的产业框架，把资源优势转化为经济优势。开发区利用格尔木地处青藏交通枢纽的特殊地位，扩大商品流通，发展第三产业，增强辐射功能，进一步带动柴达木盆地的资源开发和经济发展，使之成为青海省西部地区富有活力的经济增长点。

优越的区位：开发区地处格尔木市区东南部，是格尔木通向内地的必经之路，是格尔木的东大门。

发达的交通：开发区离格尔木市中心7公里，离格尔木市飞机场20公里，109国道、青藏铁路贯穿其中。

门类齐全的产业：开发区是青海省重要的发展腹地和石油—天然气化工基地，已形成盐湖化工、建材为主体的工业体系。

丰富的资源：格尔木地区有闻名于世的察尔汗盐湖，拥有多种矿产资源，山川藏珍、戈壁埋矿，素有“聚宝盆”之美誉地下水蕴藏丰富；已实现交换程控化、传输光缆化的现代化电信网络，装机容量1.5万门以上，邮路四通八达。

优越的条件：开发区配套设施基本完善，已在0.62平方公里的起步区内实现了“五通一平”，具备了投资生产的条件。

日益完善的投资软环境：青海省委、省政府为开发区的发展颁布了一系列的优惠政策，开发区拥有完善的投资服务网络，对投资者从项目洽谈、审批、开工到生产经营提供全程优质服务。市区拥有宾馆、饭店40多家，盐湖大酒店等多家星级宾馆、饭店星布周边。

宁夏回族自治区开发区

宁夏石嘴山河滨工业园

地　址　宁夏石嘴山市河滨工业园区管委会　　邮　编　753000
电　话　0952－3681121　3684421　　传　真　0952－3688667
网　址　http://www.nxszs.cei.gov.cn

【开发区简介】

宁夏石嘴山河滨工业园区兴建于1992年，为自治区级工业园区。河滨工业园区位于宁夏北端，黄河从这里流出宁夏。东临黄河水，西依贺兰山，北与内蒙古乌海市相接，南距宁夏首府银川103公里，面积60平方公里。园区地势平坦，电力充足，矿产资源丰富；110、109国道、包兰铁路穿区而过，28米宽的中央大道及路网纵横交错，四通八达；水、电、气、热、通讯等基础设施齐全，适合各类产业的开发。

河滨工业园区采用半行政、半企业的运作方式，税收实行增值税的25%部分、所得税和其它地方税种先征后返的优惠政策；土地征用、土地出让方面从简、从廉、从速；项目审批、规划选址、土地征用、工商登记注册等服务方面实行“一栋楼办公，一条龙服务，一站式审批，一票式收费”，投资客商在3个工作日内可办理完各种法律文书和证书；对进区企业实行封闭式挂牌保护，未经园区管委会批准，任何单位不得进区检查、收费。

河滨工业园区拥有煤炭、电力、冶金、化工、建材、陶瓷六大支柱产业，成立以来新入区项目140多个，投资总额达6亿多元。

宁夏银川高新技术产业开发区

地　址　宁夏银川市银新南路中苑大厦　　邮　编　750000
电　话　0951－5044324　　传　真　0951－5044324
网　址　http://www.yinchuan.gov.cn

【开发区简介】

银川高新技术产业开发区创建于1992年5月，是宁夏回族自治区人民政府批准的唯一省级高新技术产业开发区，已被国家科委视同国家级高新技术产业开发区列入管理。

高新区位于银川市城区、新城区之间，首期开发面积为5.2平方公里，规划为3个区：西部为产业区，面积2.4平方公里；中部为行政、商业、金融、文化综合服务区，面积0.45平方公里；东部为生活区，面积2.4平方公里。

1992年5月以来，高新区在1平方公里范围内已基本实现路、水、电、热、通迅等“六通一平”，兴建了近25万平方米的高标准工业厂房和公建服务设施及住宅。一个集科研、开发、生产、生活、娱乐、金融服务于一体，综合配套、功能齐全的现代化新区已初见雏形。

高新区按照市场经济管理模式，依据自治区人民政府赋予与开发建设有关的自治区经济管理权限和政策，致力于创造适于高新技术产业和外商投资企业发展的良好环境，以促进高新技术产业和外向型经济的发展。为使投资者和高新技术企业、外商投资企业得到周到的社会服务，高新区设置了日益完善的支撑服务体系，有高新技术创业服务中心、社会保险事业管理处、会计师事务所、律师事务所、公证处、工商银行办事处、建设银行办事处、农业银行办事处、中国银行办事处等，对企业提供全过程的服务。

新疆维吾尔自治区开发区

新疆奎屯经济技术开发区

地　址	新疆奎屯市团结街3号	邮　编	833200
电　话	0992-223734　221379	传　真	0992-223104
网　址	http://www.kuitun.gov.cn	主观部门	奎屯市人民政府
招商部门	管委会经济发展局	招商电话	0992-223734

【开发区简介】

奎屯市位于新疆西北部，天山北麓，准噶尔西南缘。东距乌鲁木齐市253公里，南邻国家级石化基地独山子，西连乌苏市，地处天山北坡经济带的中心，被誉为新疆经济发展的“金三角”。全市行政区划面积1036平方公里，城市控制面积200平方公里，建成面积为36平方公里。户政管辖人口26万，市区人口11万，有汉、哈、维等27个民族，其中汉族占93%。

成立于1992年的奎屯开发区，紧依奎屯市中心，东起哈密路，西至团结南路中心线以西100米，南到南环路，北到库尔勒路，总面积10.08平方公里，其中商贸区1.38平方公里，工业区8.7平方公里，1997年在开发区内规划了高新工业园区（0.77平方公里）。

奎屯开发区成立以来，在自治区、伊犁州、奎屯市党委、政府的正确领导和全力支持下，从一片戈壁发展成为基础设施配套、政策环境宽松、服务体系高效、生产要素聚集、比较优势明显的投资平台。经过10年的发展，形成以工业为主、工贸并举的发展格局，已成为奎屯区域重要的经济增长点。

奎屯开发区经过10年的发展，积累了一定的发展基础，具备了大规模开发和跳跃式发展的基本条件。国家实施西部大开发战略，自治区优先发展天山北坡经济带的部署，伊犁州“一极三带六区”发展设想，给奎屯开发区带来前所未有的发展机遇。奎屯市地处新疆经济的“金三角”，具有得天独厚的比较优势，是新疆北部经济发展的重要区域。奎屯开发区借西部大开发之天时，借区域优势之地利，借发展融合经济之人和，抢抓机遇，开拓创新，加快发展，必将营造一个经济总量规模化、经济水平现代化、区域功能高级化的城市新区，为自治区西部大开发做出更为积极的贡献。

中国开发区名录

中国开发区名录

北京市

北京经济技术开发区	010－67881380　67880309	中关村科技园区	010－82690500
中关村科技园区海淀园	010－68915118　68915770	中关村科技园区丰台园	010－63713737　63728020
中关村科技园区昌平园	010－69744527	中关村科技园区电子城科技园	010－64377993
北京天竺出口加工区	010－80489568　80489922	北京华夏民族村	010－62063640　62063646
北京小汤山现代农业科技示范园	010－61785122	北京大兴工业开发区	010－60213300　61272966
北京房山高新技术工业园区	010－69351094	北京林河工业开发区	010－89492548　89495550
北京密云工业开发区	010－89099987　69044661	北京上地信息产业基地	010－62981809　62981810
北京石景山高科技园区	010－68863624　68863640	北京光机电一体化产业基地	010－69505500
北京市石龙工业开发区	010－69803474　69803454	北京天竺空港工业区	010－80489568　80489922
北京通州工业开发区	010－69573439　69573459	北京望京科技创业园	010－64392299
北京兴谷经济开发区	010－69964071	北京延庆经济技术开发区	010－69149224　69143476
北京雁栖工业开发区	010－61668124　61666615	北京永乐经济开发区	010－80512919　80511459
北京八达岭工业开发区	010－69145222	北京平谷昌兴工业开发区	010－61981730
北京市平谷县滨河工业开发区	010－69963791	北京市留学人员海淀创业园	010－82898748
北京市留学人员空港创业园	010－64579966	北京中关村软件园	010－82825690　82825691
北京软件产业基地	010－66153423　66153409	清华创业园	010－62780882　62772742
北京中关村永丰高新技术产业基地	8008100964　62470348	燕山东流水工业区	010－69347331
北京凤翔科技开发示范区	010－61679488	北京大兴埝坛工业区	010－69240101

天津市

天津经济技术开发区	022－25201111	天津新技术产业园区	022－23709365　23709380
天津出口加工区	022－25201652　25201964	天津保税区	022－25706932　25760532
天津市留学生创业园	022－23040981　23040982	天津东丽经济开发区	022－24994488　24993730
天津津南经济开发区	022－28393192　28588888	天津静海经济开发区	022－68685988
天津宁河经济开发区	022－25585995　69117018	天津市塘沽海洋高新技术开发区	022－25212698　25215394
天津西青经济技术开发区	022－23971889　83966666	天津市武清开发区	022－82116586　82115688
天津宝坻经济开发区	022－82666000　82662545	天津津南经济开发区（双港）	022－28588888　28585988
天津市武清区大王古经济区	022－22191249　0316－6088326	天津新技术产业园国际创业中心	022－83710085　83710033
天津市和平科工贸园区	022－27233060	天津市和平区民营科技园	022－23131325　23125819天
津市北辰区双口工业园区	022－86837082	天津市武清创业经济区	022－22157132　22159135
天津市武清上马台经济区	022－82288566	天津市武清王庆坨工业园	022－29518720

河北省

秦皇岛经济技术开发区	0335－8051180 8054505	石家庄国家高新技术产业开发区	0311－5961924
保定国家高新技术产业开发区	0312－3108801 3108800	海外学子河北省创业园	0311－5961924
唐山市归国留学人员创业园	0315－3208032	沧州市海外留学人员创业园	0317－3090784
邯郸高新（经济）技术开发区	0310－3059225	河北沧州经济技术开发区	0317－3090784 3090425
河北沧州市黄骅港开发区	0317－5768016	河北承德市高新技术产业开发区	0314－2120477 2120477
河北衡水开发区	0318－2130040 2108767	河北省安平经济技术开发区	0316－8217469
河北省霸州经济技术开发区	0316－7228280 7220515	邢台高新技术产业开发区	0319－3033370 3025335
河北省石家庄经济技术开发区	0311－8086336 8086256	河北省唐山市南堡经济技术开发区	0315－8500011
河北省涿州市开发区	0312－3853300	河北唐山海港开发区	0315－2914124 2914118
唐山市高新技术开发区	0315－3178668 3178024	唐山市路南区高新技术工业园区	0315－2961496 2969258
燕郊经济技术开发区	010－61594020 0316－3312796	河北省清河国际羊绒科技园区	0319－8292699
(中国)大城摩配经济技术园区	0316－5810808 5811808	秦皇岛抚宁县县城工业区	0335－6012644 6021685
河北辛庄新型经济技术开发区	0318－5647103 5647105		

山西省

太原经济技术开发区	0351－7093269 7098055	太原国家高新技术产业开发区	0351－7027087 7029393
山西省长治高新技术开发区	0355－2014543 2048739	山西省大同经济技术开发区	0352－6025287 6036336
山西省侯马经济技术开发区	0357－4234652	山西省临汾市经济技术开发区	0357－2882011 2881886
山西省朔州经济技术开发区	0349－2026188 2022725	山西省阳泉经济技术开发区	0353－2130278
山西省运城经济技术开发区	0359－2421440	山西省忻州经济技术开发区	0350－3120550
山西省榆次经济技术开发区	0354－3066127		

内蒙古自治区

呼和浩特经济技术开发区	0471－4696492 4696495	包头稀土国家高新技术产业开发区	0472－5156391 5156779
呼和浩特金川资源经济开发区	0471－3601046 3601234	呼和浩特如意经济技术开发区	0471－4616961
内蒙古海拉尔开发区	0470－8350498	内蒙古通辽市经济技术开发区	0475－8234930 8292778
内蒙古锡林郭勒经济技术开发区	0479－8267377 8267004	呼和浩特金桥经济技术开发区	0471－4211800 4211692
内蒙古磴口国际商务区	0478－4219597 4238849		

辽宁省

沈阳经济技术开发区	024－25812675	大连经济技术开发区	0411－7622666 7612785
营口经济技术开发区	0417－6251222 6251500	沈阳国家高新技术产业开发区	024－23896824
大连国家高新技术产业开发区	0411－4793602 4793603	鞍山国家高新技术产业开发区	0412－5211018 5211028
大连出口加工区	0411－7316565 7301637	大连保税区	0411－7302951 7316565
丹东边境经济合作区	0415－3127399 3122384	大连金石滩国家旅游度假区	0411－7900139 7900133
沈阳农业高新技术开发区	024－88043008 88043005	大连旅顺经济开发区	0411－6201529 6200223

葫芦岛国家专利技术园区	0429-8231095		辽宁省鞍山经济开发区	0412-8218645	
辽宁省本溪经济技术开发区	0414-5852126	5853414	辽宁省朝阳经济技术开发区	0421-3818088	
辽宁省大连金州经济开发区	0411-7697352	7697347	辽宁省东港市经济开发区	0415-7142678	7143696
辽宁省抚顺经济开发区	0413-6601718		辽宁省阜新经济技术开发区	0418-2281714	2283734
辽宁省锦州高新技术产业开发区	0416-3880442	3884423	辽宁锦州经济技术开发区	0416-3588298	
辽宁省盘锦经济技术开发区	0427-2870119		辽宁营口高新技术产业开发区	0417-4801368	4809201
辽宁沈阳金融商贸开发区	024-22526495	2526475	大连软件园	0411-3607047	
沈阳国家高新技术创业服务中心	024-23745004		丹东前阳经济开发区	0415-7162304	7162109

吉林省

长春经济技术开发区	0431-4630011		长春国家高新技术产业开发区	0431-5171636	5671352
吉林国家高新技术产业开发区	0432-4798186	4798019	珲春出口加工区	0440-7612219	7612218
珲春边境经济合作区	0440-7611567	7611545	吉林经济技术开发区	0432-3055138	3052808
吉林公主岭国家农业科技园	0434-6212886	6240429	吉林龙潭经济开发区	0432-3020240	
吉林省长春市净月潭旅游经济开发区	0431-4513533	4516508	吉林省敦化市经济开发区	0433-6341301	
吉林省公主岭市经济开发区	0434-6220084	6250904	吉林省临江经济开发区	0439-5223848	5227547
吉林延吉经济开发区	0433-2829871		吉林省永吉经济开发区	0432-4229399	
吉林省辽源民营经济开发区	0437-3193311		长春汽车经济贸易开发区	0431-7635132	7635189
吉林省公主岭市范家屯经济开发区	0434-6812955		四平经济开发区	0434-3522833	

黑龙江省

哈尔滨经济技术开发区	0451-2281107		哈尔滨国家高新技术产业开发区	0451-2312267	
大庆国家高新技术产业开发区	0459-6282929	6281237	黑龙江绥汾河边境经济合作区	0453-3924494	3922560
黑龙江黑河边境经济合作区	0456-8225705	8223391	黑龙江省佳木斯市经济技术开发区	0454-8240352	8249661
黑龙江省牡丹江市经济技术开发区	0453-6380006				

上海市

上海闵行经济技术开发区	021-64300888		上海浦东新区	021-58788388	58215111
上海市漕河泾新兴技术开发区	021-64850000		上海虹桥经济技术开发区	021-62756888	
上海松江出口加工区	021-57741102	57741859	上海金桥出口加工区	021-58991818	58991812
上海浦东外高桥保税区	021-50461100	50461441	上海张江高科技园区	021-50801818	
上海陆家嘴金融贸易区	021-58878888		上海国家高新技术产业开发区	021-64850247	
上海中纺科技城	021-59724500	59735363	上海佘山国家旅游度假区	021-37810662	57728950
上海莘莘学子创业园	021-64318226		上海虹桥临空经济园留学生创业园	021-52187918	
上海留学人员张江创业园区	021-50801818		上海市留学人员漕河泾创业园	021-64950828	
上海白鹤工业园区	021-59740344	59740729	上海淀山湖经济城	021-39291000	39291042

上海富民经济开发区	021－64151108	上海虹桥临空经济园区	021－52187918
上海普陀长征工业区	021－52707005　52701001	上海施惠特综合经济开发区	021－57780000　5778002
上海市宝山城市工业区	021－56137198　56136151	上海市奉浦工业区	8008200246
上海希望经济城	021－59155666　59156888	上海市嘉定工业区	021－59162331　59162708
上海市金山嘴工业区	021－67241424	上海市南洋高科技园区	021－37110149　37100373
上海市浦东康桥工业区	021－58121488　58121822	上海市浦东星火开发区	021－57502811　57502413
上海国际汽车城零部件配套工业园区	021－59563324　59562394	上海松江大昆工业园区	021－57853502　57852488
上海新闵经济开发区	021－57642307　57646168	上海张松仓储工业区	021－67637878
上海紫江科技产业园区	021－64981351　54530517	上海蓝天经济城	021－59122274　59124988
上海市莘庄工业区	021－64894712　54425589	上海市市北工业新区	021－56770133　56774235
上海沪嘉经济发展区	021－59513220　59512486	上海江川经济城	021－64305273　64308368
上海化学工业区	021－64713298（总机）	上海枫泾经济开发区	021－56370827
上海静安都市工业园区	021－62769192　62278162	上海科技京城	021－53080880　53089568
上海资深专家高科技园区	021－65415895　65287627	上海惠南新城开发区	021－58011101
上海新城经济区	021－59750000　62115555	上海南上海经济园区	021－57132797　56328442
上海龙吴经济城	021－64505432　64500871	上海钱桥经济园区	021－37509085　58790550
上海泗泾私营经济开发区	021－57613780　57612580		

江苏省

连云港经济技术开发区	0518－2344840　2341071	南通经济技术开发区	0513－5922110
苏州工业园区	0512－62880114	昆山经济技术开发区	0512－57303999　57303777
南京经济技术开发区	025－5800800	苏州国家高新技术产业开发区	0512－68251888　68252677
无锡国家高新技术产业开发区	0510－5213201　5217777	常州国家高新技术产业开发区	0519－5100668　5107992
南京高新技术产业开发区	025－8843666　8843843	昆山出口加工区	0512－57329158
苏州工业园区出口加工区	0512－2880114	张家港保税区	0512－58320702　58320295
苏州太湖国家旅游度假区	0512－65284116　65254169	无锡太湖国家旅游度假区	0510－6795377　6795003
南京高新技术产业开发区	025－8843666	南京大学－鼓楼高校国家大学科技园	025－3241625　3230147
江苏高邮经济技术开发区	0514－4611888　4612212	江苏姜堰经济开发区	0523－8810000　8810697
江苏昆山经济技术开发区东部工业区	0512－57671410　57672210	江苏南京溧水经济开发区	025－7214279　7212779
江苏南京迈皋桥创业园	025－5314086　5311542	江苏南通港闸经济开发区	0513－5545838　5541132
江苏省常熟市经济开发区	0512－62884057　6288164	江苏省淮安市经济开发区	0517－3713988　3716126
江苏省建湖县经济开发区	0515－6251988　6252168	江苏省江浦经济开发区	025－8287890　8287891
江苏省江阴经济开发区	0510－6401847　6402575	江苏省张家港经济开发区	0512－58692271　58673648
江苏省金坛经济开发区	0519－2323232	江苏省连云港海州经济技术开发区	0518－5910484
江苏省六合经济开发区	025－7153878　7153884	江苏省南京江宁经济开发区	025－2108310
江苏省南通崇川经济开发区	0513－5707689　5702860	江苏省启东吕四港港口开发区	0513－3326145　3314206

江苏省如东经济开发区	0513-4525712　4111403	江苏省射阳经济开发区	0515-2316088　2316080
江苏省太仓经济开发区	0512-53571888　53578569	江苏省太仓民营科技园区	0512-53522392　53522771
江苏省无锡蠡园经济开发区	0510-5101872　5105929	江苏省兴化经济开发区	0523-3265266　3265688
江苏省徐州市经济开发区	0516-7793400	江苏省盐城经济开发区	0515-8280302　8280038
江苏省镇江丹阳经济开发区	0511-6882700　6887099	江苏省宿迁经济开发区	0527-4364789　4360282
江苏泰州市经济开发区	0523-6881662	江苏铜山经济开发区	0516-2735107
江苏吴江汾湖经济技术开发区	0512-63254416　63271666	江苏吴县经济技术开发区	0512-65283430　65258109
江苏武进高新技术产业开发区	0519-6550038	江苏宜兴环保科技工业园	0510-7061840　7064585
江苏镇江经济技术开发区	0511-3371023　3373418	江苏镇江句容经济开发区	0511-722622
江苏靖江经济开发区	0523-4835858　4839054	江苏锡山经济开发区	0510-8708158
江苏省宝应经济开发区	0514-8221217	苏州浒墅关经济开发区	0512-65393007　65392332
江苏海门经济开发区	0513-2216128　2107933	江苏如皋经济开发区	0513-7501592
江苏仪征经济开发区	0514-3044079　3415121	江苏省泰兴经济开发区	0523-7671898　7671802
南京大厂经济开发区	025-8399448　8399330	常州钟楼经济开发区	0519-3288828　3288878
江苏通州经济开发区	0513-6518175　6515734	江苏常熟国家农业科技园区	0512-52772524　52777809
常州外向型农业综合开发区	0519-5502698　5502054	南通外向型农业综合开发区	0513-4199849　4199818
江苏省高淳外向型农业综合开发区	025-7887078	江苏省东海农业综合开发区	0518-7260338　7267710
昆山留学人员创业园	0512-57320198	南通留学人员创业园	0513-5589630　5529669
江苏省镇江留学人员创业园	0511-8888816　4435050	金陵海外学子科技园	025-8843611
南通留学人员创业园	0513-5589630　5529669	张家港留学人员创业园	0512-58541118　58541960
江苏高科技氟化学工业园	0512-652620368　652561456	中国精细化工（泰兴）开发园区	0523-7671898　7671234
泰州市高港科技创业园	0523-6112988　6112988	无锡惠山生命科技园区	021-62034396　2752001
无锡新加坡工业园	0510-5280178	江苏新沂经济开发区	0516-8959198　8959253
常熟市莫城工业园	0512-52451223　52458203	常州电子科技产业园	0519-5489032　5489030
常熟市大义镇工业园区	0512-52361021　52361028	江苏省常熟市杨园工业园区	0512-52476588　52476373
扬州经济开发区江阳工业园区	0514-7631028　7631018	江苏省宿迁开发区泗阳工业园	0527-5292069
徐州九里山经济技术开发区	0516-5771524　5771539		

浙江省

温州经济技术开发区	0577-88910701　88913950	浙江萧山经济技术开发区	0571-82835906　82835908
杭州经济技术开发区	0571-86910312　86910297	宁波经济技术开发区	0574-86881172　86850225
宁波大榭开发区	0574-86768552　86768227	杭州国家高新技术产业开发区	0571-88060686　88061990
宁波保税区	0574-86884850　86881075	杭州出口加工区	0571-6910312　6910297
杭州之江国家旅游度假区	0571-7970922　7970926	温州马荞潭国家旅游度假区	0577-3451118　3451120
宁波国际软件园	0574-86820175　86820176	杭州高新区留学人员创业园	0571-88217847　88217780
浙江省富春江经济开发区	0571-63326027	浙江宁海经济开发区	0574-65595892　65582705

浙江省海盐经济开发区	0573－6112014	浙江省湖州市经济技术开发区	0572－2102754 2106246
浙江省嘉善经济开发区	0573－4183798 4183868	浙江省嘉兴经济开发区	0573－2208501 2208504
浙江省江山经济开发区	0570－4023888 4012379	浙江省金华市经济开发区	0579－2068183 2374632
浙江省丽水经济开发区	0578－2137467 2178512	浙江省南浔经济开发区	0572－3010952 3911945
浙江省平湖经济开发区	0573－5092900 5092903	浙江省衢州经济开发区	0570－3081377 3081887
浙江省上虞经济开发区	0575－2012237 2116631	浙江省绍兴市经济开发区	0575－8641597 8653602
浙江省台州市经济技术开发区	0576－8204934 8205595	浙江省温州市瓯海经济开发区	0577－6367051 6362200
浙江省义乌经济开发区	0579－5317698 5317610	浙江省余杭经济开发区	0571－86238500 86243452
浙江省余姚市经济开发区	0574－2820933 2814764	浙江省舟山经济开发区	0580－2616291

安徽省

合肥经济技术开发区	0551－3811070 3812989	芜湖经济技术开发区	0553－5841555
合肥国家高新技术产业开发区	0551－5312212 5313264	安徽安庆市经济技术开发区	0556－5315397
安庆国家民营科技企业示范区	0556－5312279	安徽蚌埠市高新技术产业开发区	0552－4093824
安徽池州经济技术开发区	0566－2024340 2026308	安徽省阜阳经济技术开发区	0558－2259886
安徽省淮南经济技术开发区	0554－3312520 3313823	安徽马鞍山市经济技术开发区	0555－2355377 2349128
安徽省巢湖经济技术开发区	0565－2392618 2312432	安徽省滁州市经济技术开发区	0550－3211376 3211047
安徽省铜陵经济技术开发区	0562－2819300	安徽芜湖市高新技术产业开发区	0553－4829778 4831057
安徽合肥新站综合开发试验区	0551－4224727 4239753	安徽淮北经济开发区	0561－3196765 3198056
安徽宣城经济技术开发区	0569－2610763 2610908	安徽省蚌埠新城开发区	0552－2042188 2040426
亳州市经济技术开发区	0558－5556420	合肥蜀山经济开发区	0551－5122467 5122469
安徽宿州民营科技园	0557－3919790		

福建省

福州经济技术开发区	0591－3983129 3988305	福建福清融侨经济技术开发区	0591－5228360 5222237
福建东山经济开发	0596－5856867 5861007	福州市科技园区	0591－3711234 3722394
福州海峡科技城	0591－3473457 3440477	福州保税区	0591－3683954 3684846
厦门象屿保税区	0592－6035822 6035831	厦门火炬高技术产业开发区	0592－6035175 6035145
厦门出口加工区	0592－6586665 6586664	福州软件园	0591－7273021 7273025
厦门软件园	0592－2512525 2512323	厦门留学人员创业园	0592－3923888 3923999
福建湄洲岛国家旅游度假区	0594－6694604 6694611	福建武夷山国家旅游度假区	0599－5113053 5116221
福建常山华侨经济开发区	0596－8628536 8628483	福建省东侨高新技术工业园区	0593－2883855
福建省龙海市角美工业综合开发区	0596－6796081 6766601	福建省闽东华侨经济开发区	0593－2880968 2868776
福建省漳浦县赤湖工业区	0596－3702800 3701219	福建省招商局漳州经济开发区	0596－6851001 6851645
福建厦门海沧台商投资区	0592－6051027 6051028	福建漳浦县绥安镇工业区	0596－3225888
福建省漳州市蓝田开发区	0596－2100925 2166009	福清龙田工业区	0591－5772374 5787348

莆田高新区	0954－3792940		福州琅岐经济区	0591－3901658	3602028
福建建阳农业高新技术开发园区	0599－5825777	5823728	闽南黄金海岸旅游度假区	0595－8481043	8481188
福建南平高新技术产业开发区	0599－8621232	8621234	厦门市开元科技园	0592－5930620	5930602

江西省

南昌经济技术开发区	0791－3805600	3805606	南昌国家高新技术产业开发区	0791－8103024	8100284
江西省留学人员创业园	0791－8103024	8105009	江西抚州金巢开发区	0794－8226634	8220417
江西省九江经济技术开发区	0792－8231942	8367500	江西省上饶市工业园区	0793－8265208	8265218
赣州市黄金开发区	0797－8370023	8371030	江西景德镇高新技术产业开发区	0798－8338182	8338661
江西省安源经济开发区	0799－6792095	6798476	江西省萍乡高新技术工业园	0799－6799819	6799666
江西长林工业园区	0790－6362611	6350133	江西金庐软件园	0791－8103326	8104528
江西桑海经济技术开发区	0791－3061198	3061122	金牛开放开发区	0791－3976544	3805811
银三角开放开发区	0791－5727244	5727241	南昌长凌开发区	0791－3702227	
南昌向塘开发区	0791－5032011	5033636	南昌京东旅游经济开发区	0791－8329350	8334323
江西省共青开放开发区	0792－4342686	4341555	江西云山经济技术开发区	0792－3021172	3020014
星火高新技术产业开发区	0792－3170109	3170005	庐山开放开发区仰天坪旅游度假区	0792－8282809	8281658
江西大茅山经济开发区	0793－7560138	7560138	三清山旅游经济开发区	0793－8225817	8225373
江西省红星经济开发区	0794－4382122	4382212	吉安河东经济开发区	0796－8105485	8106553

山东省

青岛经济技术开发区	0532－6988933	6988966	青岛高新技术产业开发区	0532－8996529	8893390
威海经济技术开发区	0631－5980099	5980030	威海高技术产业开发区	0631－5680118	5680711
烟台经济技术开发区	0535－6377777	6396111	济南高新技术产业开发区	0531－8871617	8871678
淄博高新技术产业开发区	0533－3580205	3586550	潍坊高新技术产业开发区	0536－8786638	8786680
烟台出口加工区	0535－6800049	6840880	威海出口加工区	0631－5981673	6840880
青岛保税区	0532－6894097	6894090	青岛石老人国家旅游度假区	0532－8996576	8996172
即墨农业高新技术开发区	0532－3592668	3593310	山东滨洲市经济开发区	0543－3326273	3288160
山东德州天衢工业园	0534－2363909	2321896	山东济南经济开发区	0531－7227668	7227666
山东齐鲁软件园	0531－8871002	8871003	济南留学人员创业园	0531－8037851	8037852
烟台留学人员创业园区	0535－6385289		潍坊留学人员创业园	0536－8881006	
济南出口加工区	0531－8871593	8871548	即墨省级高新技术产业开发区	0532－4562699	4562196
山东济南民营科技产业园	0531－5970843	5970992	山东青岛胶州湾工业园	0532－5262658	5262667
山东莱阳经济开发区	0535－7220353	3231558	山东莱州经济开发区	0535－2290081	2290238
山东济宁高新技术产业开发区	0537－2363017	2363901	山东龙口外向型经济开发区	0535－8812231	8812232
山东明水经济开发区	0531－3311833		山东曲阜旅游经济开发区	0537－4414884	4112230
山东日照经济开发区	0633－8331090	8352200	山东荣成经济开发区	0631－7552455	

山东省德州经济开发区	0534－2561366	2561860	山东省东营经济开发区	0546－8332928	8332819
山东省即墨经济开发区	0532－8552999	7559022	山东省胶州经济开发区	0532－7211045	7220486
菏泽经济技术开发区	0530－5329888	5329887	山东省聊城经济开发区	0635－8511352	8513900
临沂高新技术产业开发区	0539－8241269		山东省平度经济开发区	0532－8388088	8380590
山东省青州经济开发区	0536－3267890		山东省泰安经济开发区	0538－8512030	8512031
山东文登经济开发区	0631－8354261		山东枣庄高新技术产业开发区	0632－4412622	4411209
山东招远经济开发区	0535－8214489	8223353	山东省诸城经济开发区	0536－6010638	6438356
山东淄博经济开发区	0533－3581178	3580065	山东省高密经济技术开发区	0536－2334253	2334737
山东省莱西经济开发区	0532－8430007	8483944	寿光经济开发区	0536－5101799	5101834
莱阳市外向型工业园	571535－7231388	7262759	青岛即墨市城南工业园区	0532－8597273	8597821
山东省昌乐县南郝工业园	0536－6731106	6731109	青岛胶州市阜安工业园	0532－7212002	7211186
烟台高新区广兴工业园区	0535－6908461	6908460	青岛惠特工业城	0532－8701888	8701778
山东省莱州市三山岛特别工业区	0535－2782000	2782003	青岛李沧东部开发区	0532－7602897	7602976
青岛市市南区科技工业园	0532－7639066	7639166	青岛玉皇岭工业区	0532－7791116	7791766
烟台高新区盛泉工业园区	0535－6716588	6719582	山东省邹平县经济开发区	0543－4356196	4357002
山东菏泽牡丹工业园区	0530－5565008	5565028	山东日照大学科技园	0633－8711178	8711001
山东金乡县经济开发区	0537－8721332	8822222	山东鲁西科技产业园	0635－3991911	3991486
烟台卧龙经济园区	0535－6732936	6734988			

河南省

郑州经济技术开发区	0371－6781251	6781252	郑州国家高新产业开发区	0371－7981354	7981535
洛阳国家高新产业开发区	0379－4902651	4902654	河南安阳高新技术产业开发区	0372－2969893	2997518
河南省焦作高新技术产业开发区	0391－3588818		河南省开封经济技术开发区	0378－3850865	3850855
河南省洛阳经济技术开发区	0379－5959103	5957972	河南省南阳高新技术产业开发区	0377－3295667	3295698
河南省濮阳高新技术产业开发区	0393－4635146	4635147	河南省新乡高新技术产业开发区	0373－5033251	5033236
驻马店高新技术产业开发区	0396－2612160	2610122	漯河高新技术产业开发区	0395－2624608	2626146
平顶山高新技术产业开发区	0375－3985692	3985652	许昌经济技术开发区	0374－3188333	3182258
河南省软件园	0371－6781596	6781986	鹤壁淇滨经济开发区	0392－3339605	
郑州桥南新区	0371－5592103	5592116	洛阳白马寺镇经济开发区	0379－3789145	3789149
洛阳高新区吉利科技园	0379－6921976	6921979	河南省淅川工业园区	0377－4212105	4212105

湖北省

武汉经济技术开发区	027－4891006	84892700	武汉东湖高新技术产业开发区	027－87561810	87804115
襄樊高新技术产业开发区	0710－3220246	3230478	武汉出口加工区	027－84891006	
湖北安陆经济技术开发区	0712－5252963		湖北省葛店高新技术产业开发区	0711－3811201	3811208
湖北省黄石经济技术开发区	0714－6357518	6351152	湖北省荆州经济技术开发区	0716－8218676	8239389

湖北省襄樊汽车产业经济技术开发区	0710－3311777	3311854	湖北省孝感高新技术产业开发区	0712－2327073	
武汉吴家山海峡两岸科技产业开发园	027－83892079	83219867	湖北省仙桃经济开发区	0728－3223298	3239476
荆门掇刀经济技术开发	0724－2441268	2441498	湖北武汉吴家山台商投资区	027－83891127	83228562
红莲湖旅游度假区	0711－3881288		黄州科技经济开发区	0713－8811989	8811340
麻城黄金桥经济科技开发区	0713－2991260	2991001	小池经济技术开发区	0713－3433340	3434379
咸宁温泉旅游经济开发区	0715－8260223	8252486	钟祥胡集经济技术开发区	0724－4858400	4856553
钟祥莫愁湖经济技术开发区	0724－4226513	4226525	荆州城南经济开发区	0716－8472396	8474391
公安南平经济技术开发区	0716－5818030	5818090	十堰市白浪经济技术开发区	0719－8312743	8312924
宜昌经济技术开发区	0717－6331420	6331880			

湖南省

长沙经济技术开发区	0731－4011101	4012685	长沙国家高新技术产业开发区	0731－8806521	8806991
株洲高新技术产业开发区	0733－8818549	8822907	湖南望城国家农业科技园区	0731－8079190	8079191
常德市德山经济科技开发区	0736－7312032	7312138	耒阳市经济开发区	0734－4360598	
宁乡经济技术开发区	0731－7800096	7800159	郴州市经济技术开发区	0735－2152036	2152127
岳阳经济技术(高新技术产业)开发区	0730－8261291	8217284	湘潭高新技术产业开发区	0732－8532407	8562911
湖南省高科技食品工业基地	0731－8068798	8068768	湖南省资兴市东江开放开发区	0735－3353988	3354168
长沙经济技术开发区暮云工业园	0731－6901758	6901958			

广东省

广州经济技术开发区	020－2212242	82210132	湛江经济技术开发区	0759－3803344	3380011
广州南沙经济技术开发区	020－4688220		惠州大亚湾经济技术开发区	0752－5577760	5579462
深圳高新技术产业开发区	0755－26551703	26551527	珠海国家高新技术产业开发区	0756－2616299	2616799
中山火炬高新技术产业开发区	0760－5596818	5595633	广东惠州仲恺高新技术产业开发区	0752－2600059	2603402
佛山国家高新技术产业开发区	0757－3386093	3355158	广州国家高新技术产业开发区	020－82212115	
深圳出口加工区	0755－84622195	84622226	广州出口加工区	020－82228069	82228066
广州保税区	020－82217591	82214383	汕头保税区	0754－7590271	7590278
珠海保税区	0756－8825123	8824163	深圳福田保税区	0755－83590305	3598888
深圳沙头角保税区	0755－25551489		深圳盐田保税区	0755－25355159	5351674
深圳市留学生创业园	0755－26972893		南方软件园	0756－3391073	3391057
广东省揭阳经济开发试验区	0663－8775124	8776047	广东省揭东经济开发试验区	0663－3262375	3268989
广东省清远经济开发试验区	0763－3483899	3483278	广州市云埔（白云）工业区	020－82266700	82266337
肇庆高新技术产业开发区	0758－3646368	3646178	珠海临港工业区	0756－7712118	7712647
珠海市新青科技工业园	0756－5552709	5558387	东莞松山湖科技产业园	0769－2822222	2822800
国家健康科技产业基地	0760－5317636	3382966	江门市高新技术产业开发区	0750－3813218	3813318
留学人员广州创业园	020－82210833	82229395	深圳软件园	0755－26551705	26712093

深圳市龙岗大工业区	0755-84622195 84622226	广州市芳村区东沙经济区	020-81493073
广州市番禺节能科技园	020-34800312 34800313	珠海高科技成果产业化示范基地	0756-3610119 3610116
广东肇庆市高要工业园	0758-8517688 8517763	广州市花都西城经济开发区	020-86895190 86895146
华南理工大学科技园	020-87111098 87111298	广东南海信息产业基地	0757-6680206 6681668
广东阳江市工业开发区	0662-3353418 3353626		

广西壮族自治区

南宁经济技术开发区	0771-4516161 4516293	南宁国家高新技术产业开发区	0771-3825743 3827200
桂林国家高新技术产业开发区	0773-5819973 5814389	桂林留学人员创业园	0773-5840510 5815692
南宁留学人员创业园	0771-3827199 3836270	广西东兴边境经济合作区	0770-7683572
广西凭祥边境经济合作区	0771-8523099	广西北海银滩国家旅游度假区	0779-3882012 3886156
广西梧州市现代农业实验区	0774-2692839 2692689	广西百色国家农业科技园区	0776-2824810 2825717
柳州国家高新技术产业开发区	0772-3998108 3998192	北海华侨投资开发区	0779-3883398 3885179
桂林市西城经济开发区	0773-559791 55597916	梧州市对外加工区	0774-3828689 3828182
钦州港经济开发区	0777-3888984 3888654		

海南省

海南高新技术产业开发区	0898-68664518 6866688	海口保税区	0898-6817087
三亚亚龙湾国家旅游度假区	0898-88568899	海南洋浦经济开发区	0890-8823666 8823338

重庆市

重庆经济技术开发区	023-62982932 62982929	重庆国家高新技术产业开发区	023-68601972
重庆市涪陵桥南经济技术开发区	023-72864926 72221762	重庆市南岸区茶园新区	023-62452295 624596356

四川省

成都经济技术开发区	028-4853233 4853592	成都高新技术产业开发区	028-5184155 5193802
绵阳国家高新技术产业开发区	0816-2531536 2531872	成都出口加工区	028-5180019 5321798
西部软件园	028-7513725 7986215	四川乐山农业科技园区	0833 -2443184 2446971
成都国家高新技术产业开发区西区	028-87846666 87855179	成都市都江堰工业开发区	028-7281137 7283938
四川眉山科技工业园	0833-8390099 8393301	成都金牛高科技产业园区	028-7506555 7506222
成都海峡两岸科技产业开发园	028-2630204 2630208	成都市新都卫星城工业区	028-3965155 3965553
成都西南航空港经济开发区	028-5883589 5964187	广安经济技术开发区	0826-2346809 2331021
江油市工业开发区	0816-3362513 3361515	泸州经济技术开发区	0830-2589736 2589733
四川自贡高新开发区	0813-8203813 8101876	四川宜宾经济技术开发区	0831-2332524 2339059
遂宁经济技术开发区	0825-2311364 2311986	德阳旌湖经济技术开发区	0838-2501738 2505361
四川成都中美（外）中小企业发展园	028-84932714 84939392	四川绵阳经济技术开发区	0816-6391114 6391277

四川芦溪工业开发区	0816－5663699	5663699	中国西部阳光城	028－4835905	4835909

贵州省

贵阳经济技术开发区	0851－3833531	3830813	贵阳国家高新技术开发区	0851－6460673	
顶效经济技术开发区	0859 － 3520074	3520277	贵州白云经济开发区	0851－4831038	4831228
贵州都匀经济开发区	0854－8234516	8224697	贵州红果经济开发区	0858－3632007	3632089
贵州凯里经济开发区	0851－85565568	556689	贵州省安顺开发区	0853－3460390	3461967
贵州钟山经济开发区	0858－8681315	8681716	贵州遵义经济技术开发区	0852－8621084	8624658

云南省

昆明经济技术开发区	0871－7275011	7275008	昆明高新技术产业开发区	0871－8311306	8183563
云南畹町边境经济合作区	0692－5151404	5151394	云南河口边境经济合作区	0873－3421158	3421821
云南瑞丽边境经济合作区	0692－4148655	4148950	昆明滇池国家旅游度假区	0871－4311530	4311224
云南软件园	0871－8316890	8324775	云南省楚雄经济技术开发区	0878－3124590	3121077
玉溪高新技术产业开发区	0877－2064291	2069307	瑞丽市姐告边境贸易经济区	0692 － 4660599	4660598
宣威经济技术开发区	0874－7122915	7122914	大理经济技术开发区	0872－2181814	2123150
蒙自经济开发区	0873－3674271	3643700	芒市经济开发区	0692－5151394	5151404
西双版纳旅游度假区	0691－2127730	2124947	丽江玉龙雪山旅游区	0888－5121501	5121044
阳宗海旅游度假区	0871－7594310	7595102	曲靖经济技术开发区	0874－3126233	3126918
玉溪经济技术开发区	0877－2024291	2028294			

西藏自治区

拉萨经济技术开发区	0891－6343747	6331334			

陕西省

西安经济技术开发区	029-6520244		西安高新技术产业开发区	029-8238431	8210486
杨凌农业高新技术产业示范区	029-7036900	7036935	宝鸡国家高新技术产业开发区	0917-3312952	3316986
陕西汉中经济开发区	0916-2511208	2524356	陕西神府经济开发区	0912-8334088	8338198
西安浐河经济开发区	029-3287184	3295579	西安临潼经济开发区	029-3871430	3871431
蔡家坡经济技术开发区	0917-8561608	8561517	咸阳市高新技术产业开发区	0910-3313823	3337281
渭南高新技术产业开发区	0913-2115328	2112716			

甘肃省

兰州经济技术开发区	0931－8552462	8552003	兰州国家高新技术开发区	0931－8552003	8552507
甘肃省金昌经济技术开发区	0935－8212255	8313877	甘肃省天水经济技术开发区	0938－2731588	2731590
甘肃省白银经济技术开发区	0943－8223900	8224098			

青海省

西宁经济技术开发区	0971-8125306	青海格尔木昆仑经济开发区	0979-413742　413285

宁夏回族自治区

银川经济技术开发区	0951-5033165　5058618	宁夏石嘴山河滨工业园	0952-3681121　3684421
宁夏银川高新技术产业开发区	0951-5044324		

新疆维吾尔自治区

乌鲁木齐经济技术开发区	0991-3716656　3713238	乌鲁木齐高新技术产业开发区	0991-3830834　3840385
石河子经济技术开发区	0993-2610868　2611390	伊宁市边境经济合作区	0999-8133066　8120443
博乐市边境经济合作区	0909-2223275	塔城市边境经济合作区	0901-6226163
新疆奎屯经济技术开发区	0992-223734　221379		

开发区相关企业名录

中国银行	010－66596688	66595915	中国工商银行	010－66106114	
中国建设银行	010－67598108	66218073	交通银行	010－66101809	
国家开发银行	010－68307303		工商银行北京分行	010－62623326	62623507
中国银行北京分行	010－65199405		中国人民保险公司	010－63156688	
中国人寿保险公司	010－66114433		中国电信集团公司	010－66420134	66027188
中国国际信托投资公司	010－84868746		中国移动通信集团公司	010－66006688	
国家电力公司	010－66598752		国电电力发展股份有限公司	010－86362025	
中国粮油食品进出口集团有限公司	010－65268888		中国化工进出口总公司	010－68568888	
国家邮政局	010－66409020	66419619	中国联合通信有限公司	010－64068944	
首钢总公司	010－88293091	68872216	中国铁道建筑总公司	010－68221923	
中国普天信息产业集团公司	010－63602994		中国建筑工程总公司	010－88082806	88082801
中国铁路工程总公司	010－63473404		九五资讯产业有限公司	010－95000000	65097060
三一集团	010－69708888	69706666	中国五金矿产进出口总公司	010－68495162	88363160
系统软件联合（中国）有限公司	010－65123682		中国华能集团公司	010－62291888	
中国海洋石油总公司	010－84522000		中国兵器装备集团公司	010－68963980	
中国移动全球通	010－66006688		中国冶金建设集团公司	010－59336227	5428571
中国信息产业网	010－64982809	64982815	中国航空油料总公司	010－62388800	82001088
中国地质工程集团公司	010－62547775	625750992	中国电子政务应用推进中心	010－68207268	
中国船舶重工集团公司	010－64872211	64881612	阿博麦克北大青鸟信息技术公司	010－82667637	
北京南开各德自动识别技术有限公司	010－62501166		北京正方电子发展有限公司	010－68467147	
北京湘计立德信息技术有限公司	010－64442451		北京汉王科技有限公司	010－82675168	
北京装联电子工程有限公司	010－68843906	68813601	罗德与施瓦茨公司	010－64312828	
中信网络管理有限公司	010－84861075		北京英克科技有限公司	010－82025267	
北京威通网讯网络技术有限公司	010－64440916		北京中利融科技发展有限公司	010－64436835	
北京华夏新达软件股份有限公司	010－62978008	62978897	北京绿色精典文化有限责任公司	010－82666666	
北京汉光优美科贸有限公司	010－62640065		北京四创文仪办公设备经营公司	010－62125777	
北京鹏发欣光电力电子科技有限公司	010－64873006	64873448	北京华远创易新技术有限公司	010－62363700	62363736
北京德宇恒隆数码技术有限公司	010－62646778	62646758	北京城市热点网络技术有限公司	010－64426609	64423961
捷好电子（北京）有限公司	010－63853846		高成电信（北京）有限公司	010－62385101	
北京横博山科技发展有限责任公司	010－68465337	68465337	北京富来喜电子有限公司	010－68748067	68748408
北京市高风电子设备有限公司	010－62102886	62101838	北京益丰机电设备有限公司	010－67733508	67799461
北京丰台卢沟桥乡政府	010－63817772	63827586	首钢计控公司	010－88298795	
北京七星飞行电子有限公司	010－64325909		北京天博计算机技术有限公司	010－62577507	
北京三维天地计算机技术开发公司	010－62648755	62638149	北京建成机械有限公司	010－82074081	
北京沃特水质稳定剂厂	010－68439181		赛贝斯软件（北京）有限公司	010－68568488	68568489
威格拉斯仪器（北京）有限公司	010－64389388		动力诊断公司	010－62010116	62352572

浪潮软件	010－62988886－6184
科盾网络有限公司	010－65801974　65991789
中科恒业公司	010－62555918　82614476
北京直真视通科技有限公司	010－82250918　82250289
北京翔羚工贸有限公司	010－67885804　67871993
北京威福斯机电设备有限公司	010－62573050　62529914
北京华鑫宏达投资有限公司	010－88514452　68459121
北京大东电器有限公司	010－60500350　86057668
巨龙公司	010－64982299　64984280
北京市工程咨询公司	010－66414030
北京东方之晓高新材料股份有限公司	010－61271672　60215471
北京天工宇工贸有限公司	010－63803052
北京市吉英龙有限公司	010－68879260
北京科技嘉仪仪器仪表有限公司	010－62541770
翅纳信息技术（北京）有限公司	010－62578100
北京北照宝源光学工业有限公司	010－62549230
北京天思计算机控制技术有限公司	010－68379427
黄金眼科技有限公司	010－62143388　62146300
北京国都兴业科技发展有限公司	010－82650325　82650325
北京威通电脑技术有限公司	010－68498331
北京奇斯时英晶体有限公司	010－64375981
北京远威机电有限公司	010－69781426
北京明塑机电高技术有限公司	010－67781948
北京法式德电子系统发展有限公司	010－64612255
北京理宝科学有限公司	010－68383315
北京京海电子新产品发展公司	010－68427347　68419956
北京东方龙马公司	010－82513322　82511663
北京汉王科技有限公司	010－82675168　62644143
北京创智技术有限公司	010－62101254
东方科技集团股份有限公司	010－64362255
首都信息发展股份有限公司	010－88092266
瑞得集团	010－82031029
二十一世纪空间技术应用股份公司	010－82665661　82665675
恒远志达软件技术有限公司	010－88571241／88571342
首创前锋信息科技有限公司	010－62166666　82515068
北京用友华表软件技术有限公司	010－62969038　62981666
北京海码泰克通讯设备有限公司	010－65669512　65669517
三洋能源（北京）有限公司	010－6787343
时代集团	010－62981117
二十一世纪智能系统技术有限公司	010－82057946　82057946
首创律师事物所	010－88355571
大恒(集团)激光工程分公司	010－62543687　62620269
北京环保新材料有限公司	010－82684990　68436755
北京华夏资讯有限公司	010－82896823
申辩机艾京公司	010－62988498　62988129
北京市北新汽车公司	010－88432119　88462090
奥伟电子技术（北京）有限公司	010－68319988　68314577
北京天刚名门电子有限公司	010－62549332
北京新兴超越科技开发公司	010－69734231　69733042
北京南天信息工程有限公司	010－62972288
北京金鑫半导体有限公司	010－62014488－9
北京制凯办公自动化设备有限公司	010－62319478
北京山武川仪控制系统有限公司	010－63269844
北京软件产业促进中心	010－88026999　88027150
北京光桥科技开发有限公司	010－82883300　82883290
北京航蓬电源电子有限公司	010－62458031　62452297
北京先达办公机戒有限公司	010－64253665
北京易达电子工程有限公司	010－64226644
北京中石电子有有限公司	010－62040538
北京瑞波电子技术有限公司	010－65079943
北京永晶电子有限公司	010－64061664
北京青牛软件技术有限责任公司	010－68700035　68700035
北京NTT DATA系统集成有限公司	010－82856466　82856488
九城集团	010－65883821
燕京啤酒集团	010－89495511
北京青云华信信息技术有限公司	010－62524152
北京光桥科技开发有限公司	010－82883300　82883290
北京第一通用机械厂	010－69739254
北京瑞克通网络科技有限公司	010－67321796　67301218
北京凝思科技有限公司	010－82624130／82650278
北京书生电子技术有限公司	010－88218866　88219966
北京新宇计算机系统有限公司	010－68426868　88514619

北京三维天地科技有限公司	010－62638148	62638149
中关村科技软件公司	010－82825858－3032	
北京瑞尊软件技术有限公司	010－84886918	84886919
北京柯特电子有限公司	010－63540026	
北京东奇大华电子有限公司	010－62049422	
北京亚士帝计算机科技有限公司	010－62610693	
北京鼎新信息系统开发有限公司	010－62981691	62981258
北京华胜计算机有限公司	010－62981308	
北京华利电子有限公司	010－62545245	62545246
健普计算机自动化识别与软件技术公司	010－68321830	
北京力晖电子科技工业有限公司	010－62571188－118	
北京美迪亚电子信息有限公司	010－68212166	
北京科瑞斯特电子有限公司	010－68385470	
北京铁路局	010－51845069	
北京市林丰工贸有限公司	010－87283166	67269881
北京市恒聚石油田化学剂有限公司	010－80589588	
北京德思大新技术有限公司	010－67367061	67385695
井龙企业有限公司	010－65101688	65101689
北京牡丹电子集团公司	010－62046611	62010321
北京恩布拉科雪花压缩机有限公司	010－67252244	67256825
北京亚都爱克斯爱尔加湿气有限公司	010－62983050	62984945
华友世纪通讯有限公司	010－64255566	84882491
东方通信科技发展有限公司	010－62973322	
北京七度空间网络技术开发中心	010－62173897	62173897
北京盛大明科贸有限公司	010－82501015	010－82501022
北京发那科机电有限公司	010－62984726	
北京民族恒星科技有限公司	010－82871192	62537181
北京合纵科技有限公司	010－62973188	
北京强氧科技发展有限公司	010－62525741	62525741
北京同心行科贸有限公司	010－84029889	64000223
北京共业科技有限公司	010－82849989	
飞扬科技咨询公司	010－84037339	84037339
北方比尼自动控制技术研究所	010－68428116	
北京爱劳高科技有限公司	010－65101830	
北京奥马特监控技术开发公司	010－62187685	62187721
北分瑞利分析仪器(集团)有限公司	010－62457772	62456592
北京国能天恩科技有限公司	010－62055566	62028903
亚奥数码(北京)技术有限公司	010－64911830	64981397
北京星光完联通信科技有限公司	010－60244178	60245097
北京邮电技术有限公司	010－67617771	
中太数据通讯有限公司	010－64421874	64429788
北京智慧电子有限公司	010－62981406	62981404
北京汇佳国际数据系统有限公司	010－62215243	
北京码斯特自控工程有限公司	010－62245045	
北京港菱电子技术发展有限公司	010－68492830	68492818
北京创通多媒体电脑公司	010－68192166	
桑瑞斯电脑彩色技术（北京）有限公司	010－68287359	
北京星际通信有限公司	010－62282818	62283344
北京柏斯顿电合工程有限公司	010－62579956	62615586
清华北方思路信息技术有限公司	010－62978899－146	
北京华夏三合科技有限公司	010－68312983	68312983
河北俊峰物探装备有限责任公司	010－81201729	81201738
北京京海集团公司	010－68415896	68421834
东方华意智能通信设备有限公司	010－84541936	84518270
北京桑普电器有限公司	010－69493535	69492756
北京市港亿电子通信技术公司	010－82620585	
北京北方方兴电子设备有限公司	010－62057473	82357716
北京光环新网数字技术有限公司	010－64181150	64181819
北京亚太东方通信网络有限公司	010－68686178	68686175
华人图书网	010－64801333	64801333
首创网络有限公司	010－63396666	
中太数据通讯有限公司	010－64421874	64429788
北京安图技术开发区有限责任公司	010－62966114	62978279
北京中视联合软件有限公司	010－67874523	67874523
精华信佳网络技术开发有限公司	010－68285401	
北京瑞赛科技有限公司	010－65686291	65685191
北京创新联杰网络技术有限公司	010－82684099	82684331
北方电子有限公司	010－69529814	69547445
北京思维创新电脑公司	010－62625947	82672080
北京安利电子有限公司	010－64211302	64211304
北京半导体器件五厂	010－62018308	62024846
中国交通信息中心	010－65293698	65293600

北京地杰通讯设备有限公司	010－64354746　64375325	北京二七通信工厂	010－83876465　83876465
北京二十一世纪科技发展中心	010－62546188　82665675	归赛四达集团	010－82252035　82252039
北京高鸿通信技术公司	010－62043020	北京高鸿通信技术公司	010－62043020
北京钧恒志日盛电脑维修中心	010－62573206	北京普赛顿计算机技术有限公司	010－82671181
北京联拓恒业公司	010－62581900	北京亚康世纪科贸有限公司	010－62650226
北京南北天地科技有限公司	010－62035512　62020004	北京天元恒业水处理工程技术公司	010－68001901
北京新华信商业信息咨询有限公司	010－64606868　64680449	北京金海航电子技术有限责任公司	010－62566837　82617986
北京海兰信息数据记录科技有限公司	010－62330225　62330299	北京新鸿儒科技开发公司	010－87778601
北京中德美特铁科技发展有限公司	010－68714551　68714550	北京奥宇可鑫表面工程技术公司	010－69646197　69686198
北京波罗努斯设备有限公司	010－60213173　62015147	殷华激光快速成型成模具技术公司	010－62787073　62787073
首都航天机械公司	010－60750605　68383435	华海中谊真空工业炉制造有限公司	010－67968001　67968002
北京长空机械有限公司	010－64886112	北京机械工业自动化研究所	010－62024304　62023853
北京福润达化工有限责任公司	010－87301587　87301588	骐顿麦科罗有限公司	010－65157138　65157139
北京北航华天时代科技有限公司	010－82317727　82328258	北京凯正机械有限公司	010－64350019　64350035
北京第一通用机械厂（北京压缩机厂）	010－69732273　69732419	北京市昌平区标准件厂	010－69771349
广州南方航空（集团）公司	020－86121227	广州市花都志潮金属工业有限公司	020－86961316　86962869
广州成功国际顾问公司	020－87784968　87785738	东风市场研究有限公司	020－83882388　83882088
广州天河高新区天马电讯公司	020－85548090　85540551	广州成功国际顾问公司	020－87784968　87785738
广州摩托集团公司	020－84475700　84475816	大石公司	020－84796628　84786839
广州普泰通讯科技有限公司	020－85656791	新太集团	020－85521717　85525790
广州邮电通信设备有限公司	020－85564848　85564987	广州市兆域科技有限公司	020－87517319　85201391
上海电气集团总公司	021－63216017	中国航空工业第一集团公司	021－64093114
中华国际贸易股份有限公司	021－50498899　50490909	上海汇思机电有限公司	021－68538591　68535069
阿厅夏米机电上海有限公司	021－58685000－155	上海蓝菱科技发展有限公司	021－64857688　64954433
上海蓝菱科技发展有限公司	021－64857688　64954433	环球咨询	021－53068968　53854044
上海宝钢集团公司	021－26646114　58350000	上海汽车工业集团总公司	021－22011888
梅捷企业中国代表处	021－58121446　58121632	上海天河双龙电子有限公司	021－53081501
上海广电集团有限公司	021－56960686　56960081	上海市博达数据通讯有限公司	021－50800666　50800641
上海交大电子信息学院 820 研究所	021－62933721　62933721	凤凰光学股份有限公司	021－66613468
上海铁路局	021－51225114	上海飞乐股份有限公司	021－62523309　62408263
上海纺织控股（集团）公司	021－61264516	上海筑豪纤维复合材料有限公司	021－64377466　64377770
华连（集团）有限公司	021－60300372／010－1714286	上海极限工贸有限公司	021－54900891　54900816
上海英雄实业有限公司	021－62506261　62506438	上海盛欣海电器有限公司	021－39985018
上海申银机床厂	021－56080777　66610622	中德上海英特尔弗莱克斯拖链公司	021－54720389　54722255
天好集团	021－36173240　56310299	上海佳富利传感器系统有限公司	021－64386076　64386076

上海汇盛电子机械设备有限公司	021-59579401　59569203	上海水星环保技术有限公司	021-63516316　63516366
中国铁路通信号天津工程公司	022-26182826	中国电子器材公司天津公司	022-27305259
天津台扇厂电器经营部	022-26340736	天津台伟国际贸易有限公司	022-23514123
天津太平电池有限公司	022-28303014	天津天成净化设备有限公司	022-27369243
天津天龙化学发光管有限公司	022-26345548	天津天明线材有限公司	022-24375548
天津市中环半导体公司	022-27366210	天津市中环电子仪器公司	022-23344956
天津市中环电子元件成套销售公司	022-27354855	天津市中环网络传输设备厂	022-28301482
天津市中环系统工程联合公司	022-23312542	天津市真美音响科技有限公司	022-28111416
天津北通设计所	022-83710256	博益气动技术研究所有限公司	022-25326648　25326649
中梅电池	022-28898548	彩虹电源有限公司	022-28899442
大港石油技术检测中心计量研究所	022-25924616	天津嘉美电子公司	022-27271249
天津嘉琪仪表电子有限公司	022-83711983	天津杰普智能卡有限公司	022-83710322　83710325
天津电子、仪表进出口公司	022-87310868	天津光电通信公司（产业集团）	022-28306901
天津北新电子设备有限公司	022-26622838	天津长城集团有限公司	022-28354000
天津长威科技有限公司	022-25320341　25323983	天津龙腾信息技术开发有限公司	022-27818298
天津琮咏实业有限公司	022-24993446　24993442	天津大学精密科技开发公司	022-27404719
天津电子工业部第四十六研究所	022-88111259	河东电子仪器厂	022-24359880
天津三维显示技术有限公司	022-24398888	天津三星电机有限公司	022-28301308　28316600
天津商学院求实公司	022-27382000	天津施莱德照明器材有限公司	022-25324322
天津市安琪尔特种线缆有限公司	022-87612388	天津市科光办公设备技术开发公司	022-27381658　27381658
天津市吕合金散热器制品厂	022-27511845　27523031	天津万能财务电算化技术工程公司	022-27487059
天津市天山制冷设备公司	022-27367726	天津津京玻壳股份有限公司	022-87310868
天津天通通讯设备有限公司	022-28358108	天津通广三星电子有限公司	022-23962451
天津万泰克电子有限公司	022-28300024	天津市专用电机厂	022-24375934
天津市自动化仪表四厂	022-27510055	天津市斯坦雷电子有限公司	022-25320174
天津四通电脑设备有限公司	022-25326418	大维制衣有限公司	022-88279288　23972666
天津市津航元线电元件厂	022-29342525	天津市津衡电脑衡器开发公司	022-27478433
天津市津门复印机材料厂	022-26320582	天津市东方医院电子技术公司	022-27473830
天津市高斯通信公司	022-24102888　24102900	天津市国力电子有限公司	022-27363536
天津市海达电子公司	022-28341575	天津市精森电器电缆桥架有限公司	022-24726944
天津市净化设备厂	022-24461889	天津市军粮城电线厂	022-25329508
天津新源保安工程有限公司	022-26270702	天津雅马哈电子乐器有限公司	022-25329379
天津彦博科技发展公司	022-27404556	天津尤提乐电器联按件有限公司	022-25329258
天津市芦台利华塑料厂	022-69567013	恒特数据线缆（天津）有限公司	022-27529988
天津市研翔电子科技有限公司	022-83711486	天津市光华电子器件厂	022-26371500
天津市华云自控股份有限公司	022-26528681　26510380	天津市汇金电子设备通信发展公司	022-23282328

天津机电设备总公司仪器仪表经销公司	022-27362592		天津市三特电子公司	022-27389926	
天津开发区博晟商务咨询公司	022-25327919	65291017	天津开发区鑫鹏工贸有限公司	022-27251010	27999582
天津世纪盛名不锈钢有限公司	022-27633018		天津开发区通用冷暖设备有限公司	022-26347898	
天津开发区 益丰货运代理有限公司	022-60326604		实力技术有限公司	022-23045258	23045257
天津开发区银塔实业有限公司	022-23384355	23388028	天津开发区科力工贸有限公司	022-25346415	25347547
天津开发区天一工业炉有限公司	022-23343621	23343262	天津开发区腾发贸易公司	022-25707689	25707691
新疆天业营销总公司天津营销分公司	022-27340810	27340810	天津市东大化工有限公司	022-5266497	
联鑫科技发展有限公司	022-88296865		天津开发区海门保温建材有限公司	022-65299052	
天津开发区万德商贸有限公司	022-25306616	25851303	天津天威有限公司	022-26273296	26273297
光大汽车零件公司	022-26639562	26621158	天津开发区美联设备仪器有限公司	022-28230503	
天津开发区广达通信技术有限公司	022-27319744	27313745	天津开发区百乐园有限公司	022-25322822	25322821
溶棋船埠服务公司	022-25325572	25325572	天津开发区普天装饰公司	022-87891832	87893374
天津路程工贸有限公司	022-23952359		金达制衣有限公司	022-27374406	27377174
天津开发区中瑞化工有限公司	022-66299198	66299199	天津信达化工技术发展有限公司	022-24595816	
津仓经冒实业公司	022-28363481		天津市兴业电器厂	022-26355071	
天津市医学设备公司	022-27411874		四通集团天津四通公司	022-27479689	27479689
太丰电子（天津）有限公司	022-28514747		天津市双星电子技术公司	022-27385501	
天津市四通公司	022-27475631		天津开发区沃思电子商务有限公司	022-66297574	
天津609电缆有限公司	022-26343325		天津爱普生有限公司	022-27366020	
现代电子（天津）有限公司	022-25325670		银河音响制作有限公司	022-25328761	
中北计算机服务有限公司	022-27382996		天津瑞达公司	022-24314645	
天津昭和电材有限公司	022-28341974		天津昭和漆包线有限公司	022-28345971	
天津中环电子计算机公司	022-27360487		天津中环计算机科贸有限公司	022-27362431	
中环宽琴网络公司	022-27363460		天津中环三津有限公司	022-25324349	
天津住重减速机有限公司	022-24993501		天津市半导体技术研究所	022-23396032	
天津市半导体器件厂	022-27645033		天津市 - 北光真空设备公司	022-23399158	
天津信易电热有限公司	022-84255281		鑫隆货运公司	022-23790504	
天津市滨海净化设备厂	022-28618314		天津市渤海薄膜键盘技术公司	022-28343341	
天津市渤海欧立电子有限公司	022-28340748		天津无线电元件厂	022-28332248	
天津五星物产有限公司	022-24990401		天津先进信息产品有限公司	022-27361582	
天津市和平办公设备总公司	022-23314133		天津市和平区东方电子元件厂	022-27304437	
天津市河北区燕津电子仪器厂	022-26351713		天津市河北仪表厂	022-26354032	
天津市恒丰优力科工贸有限公司	022-23345318		天津市五州机电有限公司	022-27372594	
天津市医用光学仪器厂	022-27366451		天津市异型机电供销公司	022-27344666	
TDKtianjin.co.ltd	022-88350036	88350030	重庆朝华科技股份有限公司	023-68638134	68602988
重庆恒伟精密机械有限公司	023-68627404	68627404	重庆三磨海达磨床有限公司	023-65317122	65311263

伊斯沃公司	023－67610571　67610577	重庆海通机电一体化有限公司	023－67909030　67603670
重庆华业包装有限公司	023－68614990	金太科技	025－6214422－8022
南京迪特斯系统软件有限公司	025－4456614	江苏宏图高科技股份有限公司	025－3300922　3300236
智通电脑有限公司	025－3341046－62　3341043	扬子石化公司	025－7782144　7784389
武汉日光通信工业有限公司	027－87808355　87807876	武汉北大青鸟网络有限公司	027－88018692　88018674
武汉瑞威特机械有限公司	027－86520540　86516273	武汉楚天工业激光设备有限公司	027－87414451　87561850
武汉嘉铭激光有限公司	027－86783503　86783504	兴诚光电科技发展有限公司	027－83514915　83513752
武汉滨湖机电技术产业有限公司	027－87544954　87548581	武汉电信器件公司	027－87691434　87803010
武汉胜阳空间信息产业发展有限公司	027－87561267　87782656	成都新世纪技术咨询开发公司	028－7739313　7733578
成都共特航空制造有限公司	028－4507400　4507432	四川蜀渝石油建筑安装工程公司	028－6012322　3336886
西安石油学院深孔加工技术研究所	029－8382606　8382606		

石家庄市永昌膨胀螺栓厂	0311－7752447　7766748	石家庄工业泵厂	0311－2085487
石家庄东方热电股份有限公司	0311－5053391	保定天鹅股份有限公司	0312－3137941
河北沧州市机床防护罩厂	0315－3044033	中国石油天然气管道工程有限公司	0316－2074147　2073756
廊坊天成机床配套有限公司	0316－5725369　5726153	沧德机床设备有限公司	0317－3044033　3042013
沧州市中意机床附件制造有限公司	0317－3033207　3011418	华北石油新技术开发公司	0317－2728772　2721349
河北省泊头市华兴数控机床附件厂	0317－8032484　8330044	河北南皮县五金118厂	0317－8766792　8766118
河北新型机械防护设备厂	0317－6225517	河北省任丘市五环紧固件有限公司	0317－2750349
河北恒盛实业股份有限公司	0317－8223730　8282746	衡水衡泽异性紧固件有限公司	0318－2137096
河北省深州市南护胶木厂	0318－3400919　3405879	河北廊坊开发区大正锌业有限公司	0319－6086898
河北大力实业集团有限公司	0319－7262366　7262999	山西中北路桥有限公司	0349－3032530　3032530
山西漳泽电力股份有限公司	0351－3115126	山西路桥第一工程有限责任公司	0351－8712821　8705844
山西太原路桥总公司	0351－7238355　7238355	西远方路桥（集团）有限公司	0352－2063910　2063910
山西晋城路桥建设有限公司	0356－2039147	陕西公路新奥路桥有限公司	0357－3016302　3019214
山西新兴路桥有限公司	0359－2054919　2054818	山西新兴路桥有限公司	0359－2054919　2054818
许昌江河实业有限公司	0374－2339152		

大连经济技术开发区一冠宇商贸公司	0411－7631792　7617757	大连诚达机电设备制造有限公司	0411－7635532　7635885
大连人民机器厂	0411－7639346　7628637	大连腾洋钢材加工有限公司	0411－7610373　7618260
东方电器制造有限公司	0411－7612786　7638864	大连开发区新型建材制品厂	0411－7340463　7340399
大连三洋压缩机有限公司	0411－7310919　7301468	鞍山警顺金属制品有限公司	0412－2212758　2223569
锦州四海高新技术有限公司	0416－4790310　4790705	长春吉大工艺软件有限公司	0431－5184800　5184900
长春瑞光股份有限公司	0431－5705246	吉林石油集团第三钻井工程公司	0438－6225477　6225477
牡丹江市东方金刚石钻头有限公司	0453－6481030　6481030	大庆中基石油通信建设有限公司	0459－5395975
大庆金料实业公司	0459－5197848　5197838	大庆石油路桥工程有限责任公司	0459－5394049

大庆市三环钻井工程有限公司	0459－4682818　6372486	大庆石油甲醇厂	0459－5696632
大庆金桥信息技术工程有限公司	0459－6764603	大庆龙化实业总公司	0459－6768496
大庆石油管理局测井公司	0459－5693926　6844255	大庆华信实业公司	0459－5398337　5182766

宜兴市永存机械设备有限公司	0510－7508988　7501109	宜兴市华宇标准件机械厂	0510－7581286　7586656
无锡市金顶机械制造有限公司	0510－5211200	宜兴市华强机械设备制造有限公司	0510－7572255　7572255
镇江海盟电子有限公司	0511－4438214	江苏长江电器集团有限公司	0511－8411207　8411211
镇江金钛软件有限公司	0511－4433888　4411888	新钻兴业模具机械苏州)有限公司	0512－53562365
新悦五金制品有限公司	0512－67603081　67605909	上泰仪器（昆山）有限公司	0512－57664266　57664269
苏州强力五金有限公司	0512－53812941　53812829	张家港市新艺五金有限公司	0512－58630064　58631532
苏州海卓威机电设备有限公司	0512－68665243	鹏飞标准件制造有限公司	0515－5921012　5921112
江苏省东台市溱东高强度标准件厂	0515－5520679　5920188	福州福光电子有限公司	0519－3981668　3981685
常林股份有限公司	0519－6751888　6753838	常州万力电池制造有限公司	0519－5100885
江苏靖江市起重机设备厂	0523－4833995　4824995	易恒系列工业智能标记机	0531－6429354　6415007
济南未来之路信息工程有限公司	0531－8025375　8020964	青岛宙庆工业设计有限公司	0532－8703087
青岛三莹电子有限公司	0532－8382040　8382042	淄博安吉富齿轮机电有限公司	0533－4135091
龙口兴隆道恩化学有限公司	0535－8866522　8861935	烟台慧心鑫三创电子有限公司	0535－6371861　6371860
山东晨鸣纸业集团股份有限公司	0536－5280179	胜利油田胜利设计科技开发公司	0546－8793452　8553753
杭州中导科技开发有限公司	0571－88211574　88872060	杭州兰德新易技术有限公司	0571－88480000　88480108
富阳市盛大机电制造有限公司	0571－63326689	杭州大和热磁电子有限公司	0571－88389190　88389324
杭州威士表业有限公司	0571－87073824	浙江浙大中控技术有限公司	0571－88851888
杭州南都电源有限公司	0571－85123388	浙江友信机械工业有限公司	0573－4183777
宁波韵升（集团）股份有限公司	0574－87761128　87776466	宁波亚中精细化工有限公司	0574－88487542　88487713
宁波开发区新舟工贸有限公司	0574－86302231	宁波开发区新舟饲料工业有限公司	0574－86302789　86302231
宁波伊斯特三鑫铆钉制造有限公司	0574－63310367　63310247	象山华洋机床附件厂	0574－66010069　65010213
宁波奉兴电子有限公司	0574－88659988	宁波明昕微电子有限公司	0574－87904123
宁波中华电子服务有限公司	0574－87333183	宁波捷通电子有限公司	0574－86220132　86226007
宁波贝斯特流体科技公司	0574－86861595　86861596	宁波安拓实业有限公司	0574－62972778　62988777
宁波群众禁固件制造有限公司	0574－8653277	宁波市浙东变速器有限公司	0574－87771750
台州联昕多媒体技术有限公司	0576－2447380	浙江东霸传动有限公司	0577－67311780
浙江平阳南方变速机械厂	0577－63668681	星河机器厂	0577－63611568　63611585
温州市恒泰减速机制造有限公司	0577－86119288　86119822	浙江金华天开电子材料有限公司	0579－2372352　2372753
福建闽东本田发电机组有限公司	0591－3623344	福州东方模具工业有限公司	0591－3462868　3441808
福州开发区恒通工贸有限公司	0591－7811934　7825558	福建福日电子股份有限公司	0591－3315984　3319978
厦门夏新电子股份有限公司	0592－505058123－3920	厦门海德雷克贸易有限公司	0592－6016636　5610936
厦门鑫东山机电工贸有限公司	0592－2231957　2230327	福建省南纸股份有限公司	0599－8808210

广西裕隆自动化设备有限公司	0711－2618567　2614114	江汉石油管理局工程建设监理公司	0728－6504721
江汉石油运输管理处	0728－6584480	长沙军工民用产品研究所	0731－2243175　2221846
湖南先湘邮科技股份有限公司	0731－8166666　8166667	TCL集团有限公司	0755－2288689
深圳市海卓威实业有限公司	0755－27397465	深圳赛格股份有限公司	0755－83675060　83779770
深圳市国微电子股份有限公司	0755－26991366	深圳市神州交通系统有限公司	0755－26716601
艾默生网络能源有限公司	0755－28780808　28782635	力合科技有限公司	0755－83434500　83867799
深圳是坤讯软件工程有限公司	0755－26727455	深圳市大族激光科技股份有限公司	0755－83260076
深圳市海卓威实业有限公司	0755－27392979	深圳是坤讯软件工程有限公司	0755－26727455
深圳市皇龙实业发展有限公司	0755－83202870　83202870	深圳市恒宝通光电子有限公司	0755－83307621　83301358
深圳市道润威电子有限公司	0755－83762826　83762401	噢克兰有限公司	0755－27956664　27956585
深圳市亚斯康电讯有限公司	0755－83562719　83562721	华为技术有限公司	0755－28780808　28782635
深圳市仪城科技控股有限公司	0755－26727222　26727979	深圳市亚奥数码技术有限公司	0755－26068039　26068969
深圳市凯赛机电有限公司	0755－2697615	泰德富源（深圳）有限公司	0755－62521628
中国平安保险股份有限公司	0755－82262888	深圳创意锡业制品厂	0755－27893873　27893873
珠海市与科技发展有限公司	0756－3229883　3229233	金一电子制冷有限公司	0756－3358846　3364211
广东省佛山市城区东成标件厂	0757－2274541　2265529	广东省佛山市城区东成标件厂	0757－2274541　2265529
佛山北江迪龙减速机有限公司	0757－3378359　3374953	广州省南海市珠江减速机械厂	0757－6788048
佛山市方普连接器件有限公司	0757－3376408　3370308	顺德市秦川恒塑机有限公司	0765－2629209　2635129
顺德市华豪机电有限公司	0765－7758849	日新实业有限公司	0769－5542976　5412772
升辉电子制品厂	0769－7795155　7795155	伟达塑胶五金制品厂	0769－6315888　6324008
勤云精密模具有限公司	0769－3199541　3199534	台湾耐落螺丝工业股份有限公司	0769－3631319　3631421
东莞市永强汽车制造有限公司	0769－3307688　3307873	美科有限公司(合群国际贸易公司)	0769－5352345
瑞特试验机有限公司	0773－5839233　5811057	桂林广陆数字测控股份有限公司	0773－5845595
深圳市宝德科技股份有限公司	0775－83273998　83273380	江西纸业股份有限公司	0791－8636612

西藏天路交通股份有限公司	0891－6333506　6333071	陕西省定边市石油钻采公司	0912－4221872　4221872
青海石油管理局地球物理勘探公司	0937－8942221　8942538	青海石油通信公司	0937－8935988
西北石油局新疆试油公司	0990－6813153　6971009	油田工程技术研究中心	0991－3835326　3836807
吐哈石油勘探开发指挥部	0995－8375649　8371090	塔西南勘探开发公司	0998－7523730

太原
经济技术开发区

太原经济技术开发区位于山西省太原市小店镇东，距离机场2公里，市中心10公里，大运路贯穿经济区南北，东西两侧分别有208国道和307国道经过，与太原市南环高速及出境高速紧紧相连。开发区成立于1992年9月，同年11月经山西省人民政府批准为省级经济技术开发区，2001年6月经国务院批准为国家级经济技术开发区，总规划面积不低于50平方公里。

太原经济技术开发区以现代化工业城市定位，集贸易、文教、科研、居住、文化、娱乐、风情为一体，高起点、高标准、高质量完成50平方公里总体规划设计。物业、基础公用设施市场化运作，与供热、供电、水厂等全面签定合作建设协议，正在加紧全面运作。首期2.5平方公里建设正在完善。2003年新开道路10多条，总长近30公里，日供水量8000吨以上，近期建成110KVA和35KAV变电站各一座，通讯设施和中国网通联合建设，煤气已引入园内，集中供热一期工程可满足3平方公里使用等。2003年是经济区大建设发展之年，计划开工面积达100万平方米以上，竣工面积达30万平方米，总项目投资超10亿元人民币。

太原经济技术开发区坚持“为您服务，助您发展”的大服务理念，制定入区企业办理各项手续操作程序、优惠政策、限时服务制度，设立政务服务大厅，实行“一个窗口受理”、“一个窗口收费”、“一个窗口领证”、“一条龙”式服务。所有客商都将对开发区人员的服务提出意见，区内设有投诉中心，24小时受理投诉并为客商和区内企业服务。

太原经济技术开发区在全面推进招商引资的基础上，提升区位层次，逐渐实现产业定位，初步形成以富士康、山西摩天涂料公司、太原通力磁材和太原美绿合公司为主的新材料工业园；以中国电子科技集团太原园区和山西北软科技集团为主的信息产业园；以瑞福莱药业、天星生物制药为主的生物制药园；以太原众禾实业为主的机电工业园和聚集了恒康乳业、山西种业、台湾洪全食品包装（太原）有限公司的食品工业园等五个山西省内最大规模的专业产业园。

http://www.uctp.gov.cn

乌鲁木齐高新技术产业开发区

THE URUMQI HIGH-TECH ENTERRISE DEVELOPMENT DISTRICT

乌鲁木齐高新技术产业开发区1992年创立，同年跨入国家级高新区行列，目前仍是新疆唯一的国家级高新区。

经过近9年的开发建设，高新区投资环境日益完善，正以优越的地理位置、优美的环境、灵活的管理机制和优惠的政策吸引着国内外、区内外客商前来投资合作。

高新区位于新疆维吾尔自治区首府乌鲁木齐市建成区内，依托首府城市，其地理位置、自然环境和交通条件十分优越。临近区城科研院所遍布，智力密集，又有国家、区、市对高新技术产业的政策倾斜和对高新区的有力支持，尤其是2001年国家两大战略——西部大开发和加快高新技术产业发展的实施，其环境优势得天独厚。

高新区总体规划面积18.7平方公里，其中，集中产业发展区4.06平方公里，首期开发建设的2.4平方公里的科技新城已基本建成，并将形成“一区多园”辐射全市的开发格局。建城区内，“六通一平”建设基本完成，基础设施日趋完善，服务功能日臻齐全，环境优美，独具特色，为来此投资置业的商家提供了良好的生产条件和生活环境。

高新区正逐步建立起一套符合市场经济的管理体制和运行机制。管委会为市政府派出机构，行使市级管理权限。拥有项目审批、土地征用、规划建设、房地产证发放、人事劳资、税务、公安、会计、审计等支撑服务体系，实行“一站式办公”、“一条龙服务”，具有较高的办事效率和相应的特事特办权限。区内企业享受国家、区、市有关高新区内高新技术企业的优惠政策，管委会在财政返还、地价、房价等方面对入区企业实施扶持。

桂林高新技术产业开发区

桂林高新技术产业开发区创建于1988年5月，1991年经国务院批准成为国家级高新技术开发区。经过10多年的艰苦创业，高新技术产业发展已初具规模。特别是1995年以后，市委、市政府两次下文，明确了高新区的管理体制，赋予高新区市一级经济管理权限和相关的行政管理权限，调整行政区规划，实现高新区政策围墙和行政围墙的合一，拓展了高新区的发展空间。

桂林国家高新区以高新技术开发区为核心，以大专院校和科研院所为依托，以电子信息等五大高新技术产业为基础，在桂林市区漓江以东83平方公里内建立和完善科技开发园区、产业发展园区、高效农业发展区以及中心商业区和生活居住区。

高新区人弘扬"务实为本，开拓争先"的精神，不断扩大开放，优化投资环境，为高新技术产业发展创造了充分的条件，有力促进了高新技术产业的发展，已经形成了特色鲜明、结构合理的电子信息、机电一体化、生物医药、新材料、环保等五大支柱产业。

目前，在全国仅有的数10个国家一类新药中，桂林高新区占3个；桂林高新区的电子信息产业已占到整个广西的75%左右。世界著名的日本NEC公司、英国马可尼公司在我国创业的第一家生产型企业就建在桂林高新区内，桂林高新区对广西的招商引资和对外开放起到先导作用。

"九五"以来，高新区的各项主要经济指标以年均52.6%的速度增长，实现了3年翻两番的快速发展。2002年实现技工贸总收入84亿元，完成工业产值86亿元，财政收入突破3.15亿元，高新区工业产值占全市工业产值比重由"八五"期末的7%提高到25%，成为桂林市最具活力的新的经济增长点，对桂林市经济的辐射和带动作用日趋明显。

按照"一区多园"的发展模式，高新区努力拓展高新技术产业发展空间。通过启动电子信息城、医药工业园、朝阳工业园等区内园的建设，实现1平方公里核心区的连片开发，在2005年内将高新技术产业发展用地扩大到5平方公里，到2010年进一步扩大到12平方公里。尽快启动西城科技工业园、苏桥科技工业园、长海科技工业园、大宇科技工业园等区外园的建设。为高新技术产业的配套产业和第三产业发展留足空间，为高新区经济社会快速发展创造条件。

桂林国家高新区示意图

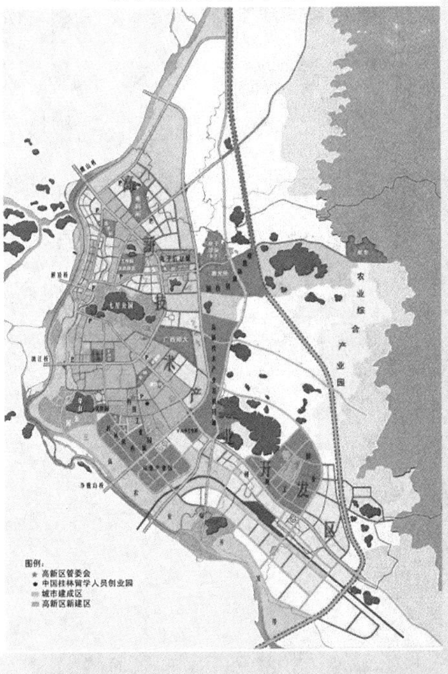

南昌高新技术产业开发区

南昌高新技术产业开发区创建于1991年3月，1992年11月经国务院批准为全国53家国家级高新开发区之一，是江西省唯一的国家级高新区。

南昌高新技术产业开发区地处南昌市城东，位于风景秀丽的赣江、青山湖与艾溪湖之畔。经国务院批准的政策区面积为19.5平方公里，其中集中新建区6.8平方公里。2001年11月，市委决定将高新区集中新建区面积扩大为33平方公里。目前，已开发7.3平方公里产业区，已建成4.7平方公里产业区。

"九五"期间，各项经济指标年均增长率超过40%，比"八五"期末翻两翻以上；财政总收入、地方财政收入年均增长率超过170%，四年翻了近六番。

2001年，高新区技工贸总收入82亿元，工业总产值75亿元，工业增加值21亿元，利税10亿元，出口创汇2964万美元；财政总收入突破3亿元，地方财政收入9669万元。2002年1～8月，技工贸总收入62亿元、财政总收入1.88亿元，地方财政收入5390万元，分别同比增长15%、10.6%、10.6%。

南昌高新技术产业开发区相继引进了15个国家和地区的78家外资企业，进区企业583家，高新技术企业155家，国家重点高新技术企业3家，实际利用外资3158万美元、实际利用内资6.76亿元、年技工贸总收入超千万元的企业51家，区内的上市公司和上市控股公司共有12家，其中超亿元的18家；出口创汇648万美元，分别同比增长1946%、97.6%、12.2%。已谈成签约的外资项目有10项，总投资5686万美元；内资项目有7项，总投资17亿元。正在洽谈的外资项目有5项，总投资1.93亿美元；正在洽谈的内资项目有1项，总投资10亿元。

南昌高新技术产业开发区施行"一区多园"：企业孵化器——国家级创业服务中心、江西省高科技产业发展中心、江西省留学人员创业园、金庐软件开发中心；大学科技园——国家级南昌大学科技园、浙江大学科技园；专业园区——国家火炬计划软件产业基地金庐软件园、江西医药港；企业科技园——清华泰豪科技园、联创光电科技园、万年青电子科技园、金圣科技工业园、东方科技工业园。

高新区大力发展以高新技术产业为代表的新兴产业，重点发展电子信息、生物医药、光机电一体化、新材料、节能环保五大高科技产业，着力培育具有鲜明地方特色和产业特点的支柱产业。

"十五"期间，高新区区域经济将保持年均30%以上的增长速度。到"十五"末，全区技工贸总收入达到300亿元，工业总产值260亿元，工业增加值75亿元，利税总额45亿元，出口创汇2亿美元。财政总收入达到10亿元以上，地方财政收入达到2.5亿元以上；到2010年，各项经济指标比2005年再翻一番，使高新区成为振兴省市经济的高科技产业主力军和重要的经济增长极。

吉林高新区创新招商思路实现引资突破

2002年，吉林高新区招商引资到位资金23.7亿元（其中域外20.3亿元、境外4152.65万美元），完成吉林市下达任务的123.44%，取得了重大突破和进展。

吉林高新区招商引资工作是推动经济快速发展的重要手段，几年来，高新区根据产业发展方向，调整了引资思路，明确要盯住国际知名跨国公司、国内100强企业集团、国家50强重点大学和科研院所，采取上门招商、委托招商、请进招商等方式进行招商。

吉林高新区在操作中注意把握四个原则。一是按照我区产业发展规划布局定向招商。没有科技含量的产业项目不招；没有市场前景的项目不招；形不成规模和产业化的项目不招；不符合我区科技和产业发展方向的项目不招；达不到环保标准的项目不招。二是科工贸并举进行招商。在招引科技型、外向型、工业型项目进区的同时，招引国内知名的大型商贸项目和服务型项目进区，做到“科工贸兴区、商贸旺区”。2002年年初开业的国美电器商城当年可实现销售额1亿元。三是抓大不放小。对“大、新、高、外”项目给予重点支持和关注，专人负责，一跟到底，确保项目的尽快实施。同时，内外并举、大小齐抓，积极引进一批中小科技企业进区。四是做好企业改造这篇文章，内引外联进行融资，使企业增规模、上档次。利用企业股份制改造、国家火炬计划项目等方式，整合存量科技资源、盘活存量资产，把企业做大做强。

吉林高新区包装引资载体，扩展引资形式。一是依托区内大型企业进行包装，通过举办项目融资洽谈会和推介会等方式与跨国公司和国内强势企业集团对接招商。全年引进中国统一集团公司、德国韦巴斯特公司、美国圣朗投资公司等跨国公司10户，引进宁波长城集团公司、中国华电集团公司、天津天狮科工贸集团公司等国内强势企业集团5户。二是实施筑巢引凤战略，吸引中小科技企业进区。随着建筑面积33000平方米创业大厦的投入使用，高新区相继建设投入使用的中小企业园区已达到7个，将近10万平方米。2002年各园区共进驻各类中小科技企业235户，总数将近800户，形成了独具特色的产业群体。三是通过帮助企业改制上市融资。2002年，高新区通过帮助康乃尔制药公司、吉尔吉制药公司改制和东北虎药业公司上市等方式融资1亿多元。

吉林高新区营造有利于企业发展的软环境。一是提供高效、优质、便捷的服务，设立了综合审批服务大厅，实行一条龙服务，全天候办公，简化办事程序，实现一局一人一表一章审批制，对进区项目实行专人跟踪负责制，方便了投资者，促进了项目的进区、开工和顺利投产。二是加强了政策引导作用。高新区制定了一系列针对性强的优惠政策，包括税收政策、人才政策、土地和前期配套费政策等，并把政策落实到位，促进了引资工作的开展。三是加强了资金扶持。高新区近两年共计投入5000万元，通过科技扶持基金的形式，用于帮助企业做大。同时积极帮助企业申请国家、省级创新基金等，累计得到国家和省级的创新基金1997.5万元。四是加强中介组织的引进和扶持引导，提高中介服务组织服务质量。中介组织是政府、企业、个人之间的联系纽带。按照不设事业单位，一些职能交给中介组织去完成的原则，高新区加大了引进力度，两年来已引进中介服务组织70多户，并通过优惠政策、帮助培训等方式，促进中介组织快速健康发展，使他们在推动招商引资、技术创新和经济发展中发挥了越来越重要的作用。

南京高新技术产业开发区

南京高新技术产业开发区由江苏省人民政府和南京市人民政府共建，1988年9月1日破土动工，1991年3月6日被国务院批准为国家高新技术产业开发区。

南京高新区地处长江北岸，规划面积16.5平方公里，目前进区企业1000余家，其中外商投资企业100多家。2001年实现技工贸收入340亿元，工业总产值335亿元，新增GDP占全市新增值中接近20%。

南京高新区位于南京市浦口区境内，处在宁扬（328、205国道的一部分）、浦泗（104国道）公路的交接处，南京长江大桥和长江公路二桥环抱之中，距长江大桥北岸4公里。南京禄口国际机场开辟了国际及国内各大城市航线，已成为一个国际性的现代化空港，距南京高新区60公里，正常行车约40分钟。沪宁高速公路和宁连(连云港).宁通(南通)一级公路已建成通车。南京高新技术产业开发区(以下简称高新区)地处宁扬(南京－扬州).浦珠(南京－合肥)和浦泗(南京－安徽泗县)3条高等级公路的交汇处。南京港是中国最大的内河港口，距高新区约十分钟车程。津浦、沪宁、宁赣三条铁路干线交汇于此，铁路及航运十分便利。

高新区设有独立的电信分局，分局交换容量为3万门程控电话，有高速数据通信网，可方便地接入国际互联网。

南京高新区依托南京地区雄厚的科技力量和工业基础，坚持以发展高新技术产业为主，在电子信息、生物工程与医药、新材料和航空航天等四个产业现已具有一定规模，是南京市重点发展的两大产业——电子信息和生物工程与医药的集中地和生产基地。区内拥有150多家高新技术企业，占全市高新技术企业总数的75%，其产值占全区技工贸总收入90%。

南京高新区目前正按照建设“园林式高科技园区和高尚生活社区”的总体目标，加快开发建设，为江苏省和南京市高新技术产业发展创造更好条件。

湖北武汉出口加工区

湖北武汉出口加工区是2000年4月27日经国务院批准设立的首批15个加工区之一，也是中部地区唯一的一家。2001年6月20日，加工区通过海关总署等国家八部委的验收，正式封关运行。

湖北武汉出口加工区位于武汉市区西南，紧临武汉经济技术开发区，地处市区中环线和外环线之间，交通便捷，区位优势明显。东邻长江黄金水道，上海至拉萨的318国道横穿东西，北京至珠海的高速公路纵贯南北，公路网络四通八达；铁路、航空运输十分发达，京广铁路、沪渝铁路、京九联结线在汉汇接，武汉天河机场是中国第四大航空港，空运航线已达50条，通达国内45个城市及中国香港、中国澳门、日本福冈、韩国清州等国家和地区。武汉科教力量雄厚，科技综合实力仅次于北京、上海，居全国第三；人力资源丰富，劳动者素质高，拥有45万各类专业技术人员。

湖北武汉出口加工区总规划面积2.7平方公里，根据“一次规划，分期实施”的原则，已启动面积0.76平方公里。加工区按照国际惯例，高起点、高规格进行规划和建设。加工区内已建成道路、雨水、污水、电力、电信、网络、给水和场地平整等“七通一平”的市政基础设施；建有0.35万平方米监管楼、近7万平方米标准厂房、0.8万平方米仓储、1.2万平方米的查验场地及所需的验货平台；员工住宿小区、食堂等配套功能也在不断完善。至今，加工区已完成公建项目固定资产投资近2亿元。加工区设立了“联合办公中心”，为入驻企业提供“一栋楼办公，一条龙服务”的软环境。海关、商检、外管、税务以及外运、保险、金融、仓储、进出口、物业等机构或功能一应俱全。

湖北武汉出口加工区理想宽松的优惠政策、得天独厚的地理位置、配套齐全的市政设施、现代高效的服务质量，已吸引德国、韩国及中国香港、台湾等国家和地区的知名企业及国内上市公司来区内投资、创业。目前，以生产液晶显示器和笔记本电脑为主要产品的汉台合资企业5.5万平方米的科技厂房正在紧张施工，该项目建成后，年出口创汇额将达1亿美元。

湖北武汉出口加工区竭诚为入驻企业提供高效、优质的全方位服务。热忱欢迎海内外客商入区投资办厂。

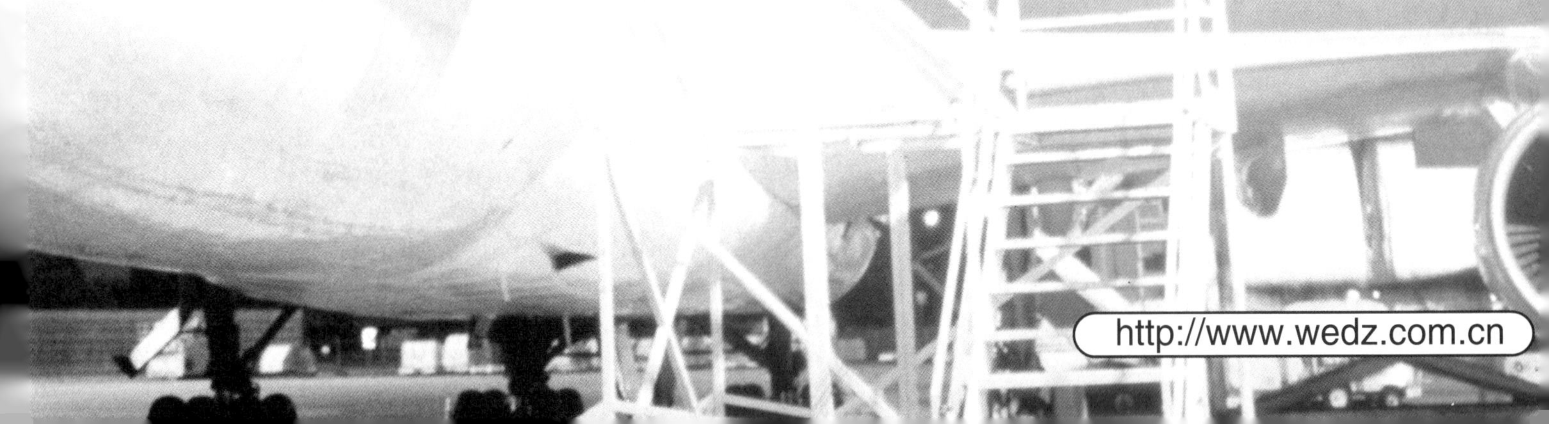

大连保税区

大连保税区、大连出口加工区分别于1992年5月和2000年4月经国务院批准设立，是中国目前开放程度最高、政策最优的综合性经济区域之一。

大连保税区、大连出口加工区比照国际惯例，实行“境内关外”管理模式，享受免税、保税等优惠政策。海关对出、入区的货物实行24小时通关服务，进区货物可以实现“直提直放”。

经过10年建设，区内水、电、气等各项基础设施配套完善。区内绿树成荫、道路整洁、环境优美、社会服务优良。目前，区内已有来自日本、韩国、新加坡、美国及中国港澳台等40个国家和地区的客商投资企业950家。已经形成了较为完备的产业体系：以电子、精密仪器、机械、家用电器为主的加工贸易产业体系，以汽车、石油为主体的国际贸易大市场，及为其配套服务的仓储物流体系。已经形成了国际贸易、出口加工、物流仓储协同发展的经济格局。

“两区一园”即大连保税区、大连出口加工区和大连国际物流园区的格局已经形成。13平方公里的发展空间，港区一体化的发展战略，为下一步向自由贸易区迈进夯实了基础。

未来几年，大连保税区将以提高全区综合经济竞争力为中心，以引进大项目为突破口，继续加强“两区一园”的功能开发，进一步优化投资环境，大力发展市场、物流产业，做大做强出口加工业。继续开拓进取、先行先试，借入世东风，以大连和东北经济区为依托，坚持以出口加工、国际物流与市场建设为主体，以辐射国内外两个市场为目标，大力发展高新技术产业，建设国家一流出口加工工业园区，大力发展金融、信息、商品展示及商贸服务业，建设国内一流的国际物流园区。成为促进东北经济区经济发展的最具有国际化色彩的“桥头堡”，开放的超前试验区、最具活力的经济增长点，按照国际惯例运作的综合性自由贸易区。

敢立潮头勇争先　乘风破浪正其时

福州保税区十年开发建设巡礼

福州保税区于1992年经国务院批准设立，规划面积1.8平方公里，首期开发0.8平方公里，于1993年元月经海关总署验收合格投入运营。一个集“出口加工、国际贸易、保税仓储”三大功能于一身的“特区中的特区”诞生了！这标志着福州对外开放一个新的里程碑的开始。

截至2001年底，全区共引进项目551个，其中外资项目384个；项目总投资56187万美元；合同利用外资28542万美元；实际到资15200万美元；进出区货物总值398724万美元，进出口货物总值86198万美元，关税收入52830万元，财政收入18351万元；固定资产投资4亿元。

经过10年的发展，福州保税区形成了日益完善的功能体系、良好的区位交通优势、优越的投资环境和独特的对台经贸优势，特别是保税区独具特色的功能优势日趋成熟，开创了外向型经济的新模式，在连接两个市场，促进国际贸易，尤其是在扩大外贸出口和推进经济一体化进程中，发挥了不可替代的重要作用，为福州市外向型经济发展做出了重要贡献。

站在21世纪的路点上，福州保税区正沐浴在阵阵春风中。中国加入WTO给保税区的发展带来了广阔的发展空间；十六大的胜利召开为保税区未来发展指明了方向；福州市委市政府关于保税区实行独立的财政、人事体制的决策为保税区的发展注入了强心剂；福建省物流发展十五规划把福州保税区列为物流园区发展重点，更是让保税区如虎添翼。

福州保税区提出了未来5年的发展战略目标：一是加快保税区二期建设，完成1.8平方公里规划；二是推进保税区空港建设，实现保税区现代物流海、陆、空并驾齐驱发展的新态势；三是建设包括海峡物流中心、进出口货物分拨基地、对台小额贸易市场、邮件、快件中心、国际商品展示城在内的现代大物流园区，把保税区建设成为海峡西岸的物流分拨中心；四是设立加工园区，扩大保税区发展空间，提升出口加工产业竞争力；五是实现年财政收入突破亿元大关；六是实现现代物流业为主导，出口加工业为重点，商品展销、金融信息服务为配套的合理产业结构。

10年的建设，使福州保税区从昔日的荒滩，变为财源滚滚的富饶之地；10年的开拓，为保税区实现建设中国南方的自由贸易区和海峡西岸的物流中心目标奠定了坚实的基础；10年的拼搏，使保税区人的视野更加开阔，脚步更加坚实；10年的进取，使保税区的物流业高科技产业有了零的突破和高速发展。

青岛保税区

青岛保税区经国务院批准，于1992年11月19日成立，地处国家级开发区青岛开发区，规划面积3.8平方公里。作为中国大陆十五个保税区之一，青岛保税区具有“境内关外”特性，实行“免证、免税、保税”的特殊优惠政策.

青岛保税区交通便利。胶黄铁路使保税区与全国铁路网连为一体；青岛机场有通达国内各大中城市和香港、汉城、大阪、福冈、新加坡的航班。

保税区拥有优越的港口优势。青岛港是中国五大外贸口岸之一，年通过能力超过亿吨，与世界130多个国家和地区的450多个港口有贸易往来。保税区紧邻的前湾港区拥有目前亚洲最大的20万吨级矿石码头和可以接卸第六代大型集装箱船舶的专用深水泊位。

青岛保税区充分利用区位优势、政策优势和功能优势，中外投资者均可在保税区成立贸易或非贸易企业，从事贸易、加工、仓储、物流分拨、商品展示、房地产开发、运输及其它服务贸易等行业。

经过10年的开发建设，青岛保税区基础开发已基本完成，供电、通讯、供排水、供热、供汽等基础硬件设施均已达到国内一流水平。形成了完备的基础设施和商务环境，建成了山东省第一个投资“无费区”和花园式投资示范区，成为山东省对外开放的先行区、体制创新的实验区、科技创新的示范区、流量经济的辐射带动区。

青岛保税区管理委员会作为青岛市政府的派出机构，负责保税区的招商引资和企业管理事务。在这里，“客户就是一切，一切为了客户”。保税区管委实行投资全程免费代理服务，企业事务可在区内迅捷、高效地办结；同时管委设有“24小时投资服务热线”，为客商提供全方位专家式服务，随时解决企业在投资、生产过程中遇到的困难和问题。

青岛保税区园区建设初具规模，已形成了“台湾工业园”、“国际科技城”、“橡胶加工工业园”、“贵金属加工工业园”、“IT产业园”、“香港工业园”等10个功能园区。

青岛保税区计划利用“入世”后3～5年的过渡期，逐步发展形成三大区域中心：区域国际贸易中心、区域物流集散中心和出口加工中心及高科技产业开发中心。争取成为人才流动、信息流动、资金流动、物资流动和观念辐射、创新辐射、技术辐射、效益辐射的集结点、辐射点，初步建成贸易繁荣、经济发达、环境优美、功能完善、基础设施配套的现代化自由贸易港区。为国内外产品进入国际市场开辟通道，为东北亚国家和地区物流分拨业提供便利。

青岛保税区经济增长速度显著加快，综合实力大幅度增强，有利推动了山东省和青岛市的对外开放和外向型经济的发展，已跨入全国先进保税区的行列.

http://www.qdftz.com

上海外高桥保税区

上海外高桥保税区是1990年6月经国务院批准设立的我国第一个规模最大、启动最早的保税区，也是中国目前功能最完善、发展最成熟的保税区之一。她地处中国黄金海岸和黄金水道长江的交汇点，其规划面积10平方公里，现封关运行面积7.52平方公里。

作为上海市人民政府的派出机构，外高桥保税区管理委员会统一管理保税区的行政事务。管理委员会实行委员制度，由管委会、海关、公安、工商、税务、出入境检验检疫及外汇管理等行政职能部门组成，实行“小政府、大服务”及集中、封闭的管理体制。

上海外高桥保税区的设立借鉴了国际自由贸易区的通行规则，是中国建立的一个新政策的先行先试区，是改革开放的对外窗口，是与世界经济的接轨点，在进一步扩大对外开放、发展国际贸易、促进经济繁荣方面发挥了积极作用。经过12年的开发建设，目前已形成国际贸易、出口加工、仓储物流三大功能。

国际贸易逐年增长，从1993年以来，区内各类企业已与世界127个国家和地区开展了贸易往来，目前区内已有3000多家贸易公司。

出口加工主要集中在IT产业、新材料产业、机电加工产业等三个方面，目前区内已有生产加工型企业200多家，其中IT产业的产值占总产值的76.5%。

物流分拨发展迅速，目前区内已有600多家物流仓储企业，仓储面积达到88.9万平方米。越来越多的跨国企业开始将其亚太分拨中心从中国香港、新加坡搬迁至外高桥保税区。

外高桥保税区与国际接轨的运行规则、透明的运行环境、完备的服务能力不仅让企业得到一个优越的经营环境，也让浦东乃至上海得以体会到伴随国际资本而来的先进管理理念和国际运作模式的冲击。

除了在优惠政策上保税区享有独特的优势外，比如货物可在保税区与境外之间自由出入，免征关税和进口环节税，免验许可证，免于常规的海关监管手续，等等。区内企业也可以充分享受到政府所提供的优质服务。为了优化区内的投资环境，保税区政府不断在提高工作效率上下工夫：目前，在区内设立贸易、仓储企业从项目立项到拿到营业执照只需3天，空运货物通关从降落机场到区内确保在6小时之内，部分甚至可以达到4小时之内。

优质的服务吸引了众多企业的青睐。到2002年底，保税区批准投资项目已近6000个，总投资额超过72亿美元。区内就业人员达到8.3万人，其中外籍员工3千人。全球500强跨国企业中的70家已落户保税区。在IT企业中有IBM、JVC、英特尔、飞利浦、惠普等；机电企业中有GM、伊顿、德尔福等；物流企业中有丸红、日通等；贸易企业中有3M、施乐、伊藤忠等。这些企业也在保税区不断增资。比如英特尔公司，最初的投资额为9千万美元，随着每年不断增资，目前投资额已达到了5亿美元。

下一阶段，保税区的发展将以建设国际物流基地为核心，进一步加快与国际惯例接轨，争取取得更大的成功。

天津港保税区
天津空港物流加工区

天津港保税区于1991年5月12日经国务院批准设立，是在海关监管下享受国家优惠政策的国家级对外开放区域，具有国际贸易、工业生产加工、保税仓储和展览展销四大功能，是中国北方规模最大的保税区。建区11年来，天津港保税区努力探索具有中国特色的自由贸易区之路，已经完成7平方公里规划和6平方公里土地开发，区域建设形成规模，经济保持快速发展，成为天津扩大对外开放的窗口和中国北方最重要的投资聚集区。国内生产总值每年增幅均在30%以上；累计完成固定资产投资60多亿元；实现协议外资额60多亿美元，实际利用外资30多亿美元；已有世界97个国家和地区，全国27个省市区以及47个国家级大型企业集团投资兴办的4000多家企业在天津港保税区落户。其中，世界500强跨国公司中有35家在保税区投资。

2002年11月，设立天津空港物流加工区，作为天津港保税区的扩展区。天津空港物流加工区位于天津滨海国际机场北侧，规划面积42平方公里，首期开发23.5平方公里。在建设过程中，突出生态建设和景观建设，优化资源配置，减少环境污染，形成良好的区域景观和生态环境。产业结构以空港物流及其相关高新技术加工制造为主，鼓励电子信息、生物制药、机电工业等产业。结合海、空两港特点，突出发挥空运优势，建立多种形式、高效快捷的对外交通、通讯体系。依托天津滨海新区和天津市经济发展的整体环境，空港物流加工区将会成为环境优美、景观一流、配套完善的现代化经济区域，成为连接海内外，服务、辐射中国北方和全国的国际物流加工基地，成为一个充满商机和极具活力的新型经济区域。

天津空港物流加工区紧邻天津滨海国际机场，距天津市中心13公里，距天津港保税区、天津经济技术开发区约30公里，距北京110公里。依靠天津铁路枢纽、四通八达的高速公路网、天津港、天津滨海国际机场和首都机场，可充分发挥海、铁、空、公路等多式联运功能及实现空港在保税状态下的“直提直放”。周边具备了水、电、气、热、通信等配套的基础设施。天津作为北方重要经济中心的地位和滨海新区整体环境，国际物流和加工将直接辐射“三北”地区及全国以至国际市场。

天津空港物流加工区功能划分为空港国际物流区、高新工业加工区、商务管理服务区、商住生活配套区。入区企业享受国家级开发区的优惠政策；在保税区域内的企业可享受保税政策；入区企业可参照天津港保税区管委会鼓励扶持企业发展的规定，在土地、税收等方面享受有关优惠政策。

天津空港物流加工区区域发展目标：未来与天津滨海国际机场、东丽湖旅游渡假区域连成一片，成为天津最具活力的新经济区，增强天津整体国际竞争力。

天津空港物流加工区开发建设目标：坚持可持续发展的原则，做到高起点规划，高水平设计、高标准建设，高效能管理，建设成为用地紧凑、功能合理、交通便捷、通讯发达、设施完善、环境优美的现代化、国际化新型经济区。

天津空港物流加工区产业结构目标：产业结构以空港物流及其相关高新技术加工制造为主，建设成为集海运、陆运、空运三位一体的国际一流开放区域。

天津港保税区、空港物流加工区将竭诚为广大投资者提供服务，以广阔的发展空间、一流的投资环境实现区域和投资者的共同发展。

http://www.tjftz.gov.cn

满洲里边境经济合作区

1992年3月，经国务院国函（1992）21号文件批准，满洲里边境经济合作区诞生了。十年来，合作区积极响应市委、市政府提出的建好国贸城的号召，牢牢把握“全党抓经济、重点抓项目、突出抓口岸”的工作方针，紧紧围绕“扩大经济总量、建好口岸城市”的发展主题，全力实施“项目立区、引人入区、政治活区、科技兴区”四个重点战略，全面完成各项工作任务。

截止到2002年11月末，全区固定资产投资累计9.1亿元，基本建设项目205个，总建筑面积96.8万平方米。起步区1.56平方公里内的“六通一平”和开发项目已基本摆满。仅2001年开发建设面积就达22万平方米，总投资额为2.5亿元人民币，相当于1992年～1997年六年开发建设的总和。

全区总产值累计完成4.2亿元，其中：工业总产值累计完成3.3亿元；招商引资额累计达到9.8亿元；社会商品销售额累计完成23.7亿元；对外贸易进出口额累计完成5600万美元；全区财政收入累计完成1.3亿元；进出口由建区前的不足4000人，增加到目前的1.66万人。

区内投资环境进一步优化，国家级开发区对外形象初步确立。1999年，市委、市政府下发了促进合作区发展的有关问题的会议纪要，给合作区下放了相应的权利。2000年1月，合作区建立了一级财政，2001年8月1日，自治区人大又批准了《满洲里边境经济合作区管理条理》，并于9月1日正式实施。这些都为合作区政策到位，兑现优惠政策，引导、培育优势产业，提高国家级开发区对外形象，增强招商引资吸引力，进一步扩大开放创造了良好的外部条件。

在争取外部环境优化的同时，着力在提高人的综合素质上下工夫。在区内大力推进干部人事制度改革工作，从1992年开始实行两年一届干部聘任工作，1997年开始实施干部竞争上岗工作。同时提出为投资者提供全方位服务口号，在区内推行“内循环、一站式”服务机制，对投资者来区举办项目实行全过程服务。为抓好投资环境建设，在企业改革中紧紧抓住用人制度、约束机制、政企关系三个重点，推行企业向市场经济轨道运行。在环境建设上，聘请国内多家知名的规划设计院做好合作区每个建设项目的修建性详细规划，保证了区域建设的科学性，也保证了新区建设与欧洲文化相融的城市形象目标的实现。目前，合作区的修详规划已全部完成，并按照规划新建设了新世纪、府欣、芙蓉、东兴四个小区，建成了环境优美的盟级先进小区怡园小区、新世纪小区和具有欧洲风格的满洲里亚广场及采用现代科技的金三角音乐喷泉广场，提高了人们的生活质量。在建设的过程中非常重视新城区的亮化、美化、绿化和洋化工程的实施，促进了合作区环境的不断改善。同时，进一步加快公益事业建设，区内设有小学、初中、高中等学校，兴办卫生院、托儿所、托老院、教育和文化体育事业。

区域招商引资功能进一步完善，引资7000万元建设了新世纪购物中心和商业步行街，填补了合作区内无大型商业购物中心的空白，并成为辐射俄罗斯市场的窗口。根据满洲里市第13次党代会确定的建设国际贸易旅游城的目标，已完成了哈萨尔蒙古风情园大型旅游景点的修建性详细规划。为促进口岸加工业的发展，将进口木材、化工原料加工项目作为发展方向，开展重点招商工作。内地企业陆续来区投资兴办木材深加工项目的已有60余家，年加工能力达50多万立方米，产品也向规模化、多品种方向发展。合作区还完成了汽车修理配件一条街、俄罗斯别墅风情园、高档小区的规划设计和建设，为招商引资培育新的载体。中国香港联法集团投资额1500万美元兴办的木材加工项目已进行一期工程建设，韩国能源株式会社投资600万美元兴办的石油仓储项目也已做前期准备工作，蓝氏家具投资1.2亿元人民币兴办的木材加工项目已完成前期基础建设的30%，新规划的工业园区，也将为发展进出口业奠定了基础。

党建、精神文明建设硕果累累。合作区多年来以邓小平理论和江泽民“三个代表”重要思想为指导，以经济建设为中心，着重抓班子建设、队伍建设、基层组织建设、廉正建设和精神文明建设。领导班子目标考核连续三年荣获“实绩突出班子”称号；综合治理工作连续三年获“长安杯”称号；档案管理、精神文明建设、双拥工作以及各项文化、体育活动也连获殊荣。并全力抓好综合治理、普法、消防等项工作，为以法治区、促进区域经济的发展，营造了良好的环境。

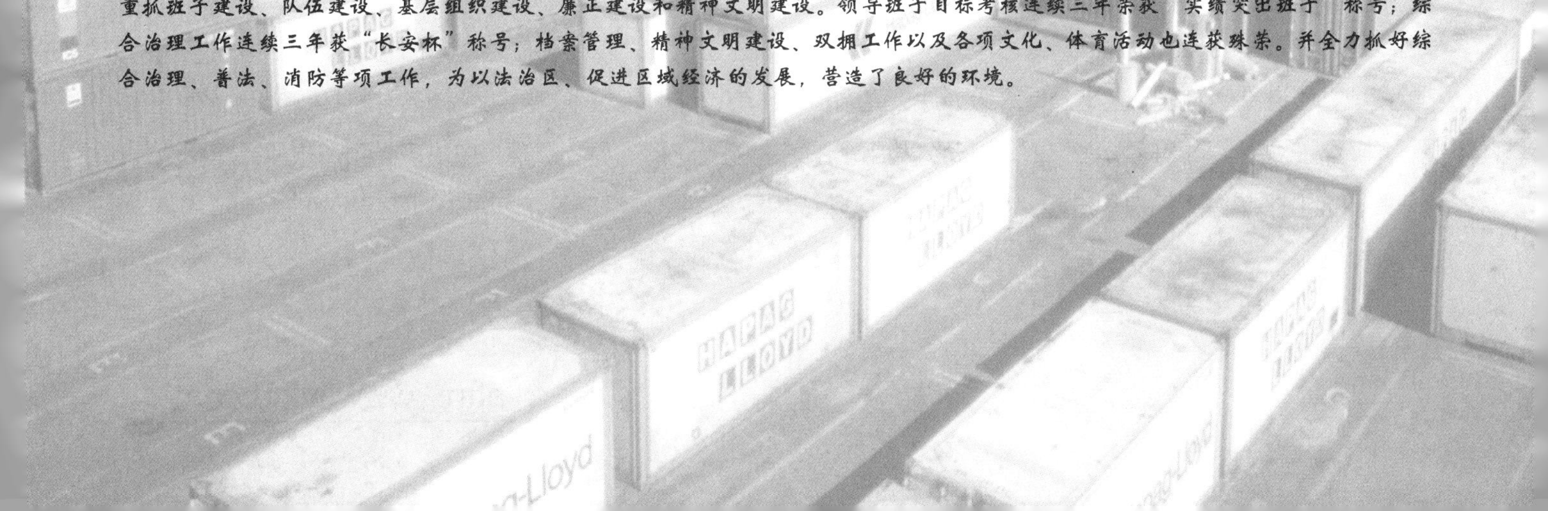

河南省洛阳——
经济技术开发区

河南省洛阳经济技术开发区位于千年帝都、中国历史文化名城洛阳市南，毗邻世界文化遗产龙门石窟、武圣陵寝——关林等观光胜地。背依历经400多年发展历史、拥有数万种商品、日客流量15万人次、年商贸交易额突破百亿元的超大型集贸市场——关林商贸城，北眺潋滟洛水、隋唐故城，地处洛阳“十五”城市总体规划的中心地带，是未来洛河南岸新城的商贸区、金融区和工业区。区内焦枝铁路、龙门大道、关林大道纵横其间，与陇海铁路、洛汴高速、洛三高速、洛界高速、洛阳机场立体交叉成网。距飞机场、市中心分别只有10公里、5公里的车程。正在扩建的洛阳南站将形成每天停靠15对客运列车的客运中心和年吞吐量达百万吨的集装箱货运场，由此可达全国各大港口或经欧亚大陆桥直达欧洲和世界各地。优越的地理位置、丰厚的人文底蕴、便捷的交通设施、旺盛的人气商机造就了洛阳经济技术开发区得天独厚的区位优势。

经过连续9年的拓展积累，开发区已经形成了丰富的产业资源：已建成2.6平方公里的交易、服务和工业三个功能区，完成了12.94平方公里的中长期规划编制，共完成投资总额达11亿多元，建成和在建面积60余万平方米。累计基础设施已投入1.95亿元，其中各类管线53.9公里，自建自来水加压站一座，日供水能力达4万吨，硬化道路7.5公里，架设主供电线路7公里，日供电能力达2000KVA。区内公安、工商、税务、邮政、电信、学校、金融、证券等服务支撑体系已建立并正常运转，2万门程控电话和拥有90对信道的移动电话中继站均已投入使用。目前，占地102亩、建筑面积达73861平方米、总资产价值1.56亿元的洛阳经贸大世界以及区内未及开发的上千亩土地资源已经成为投资热点。至2001年底，区内已建成项目94个，产业涉及机械加工、建筑业、石化设备、消防设备、电气工业、冶金建材、有色金属、三产服务等诸多领域，特别是区内及区域周边的中国石油天然气总公司第一建设公司、洛阳钢铁集团有限责任公司、天元开发有限责任公司等大中型企业，在机械设备的设计、生产、加工、安装等方面具有突出的优势和雄厚的实力。截止2002年10月底，全区科工贸总收入4.9亿元，国内生产总值1.55亿元，商贸交易额3.3亿元。招商引资新批项目投资额近13亿元。

面向知识经济迅猛发展的21世纪，为迎接全球科技经济一体化的挑战，洛阳经济技术开发区管委会提出了“繁荣商贸、拓展三产、强化加工、建设新市区”的发展战略，确立了“经营、服务、效能”的工作方针，树立了“引进智利、创新机制、整合资产、优化环境”的经营理念，以市场化运作平台为载体，吸纳知名民营企业，引进券商骨干、上市公司高级经理、优秀技术、市场评价专家等高层次特殊人才，共同加盟组建了“河南洛阳众源科创投资管理公司”，以充分利用洛阳特有的、充裕的科技资源，加快招商引资步伐，促企业升级，推进区域经济的快速进步，努力把开发区建成带动洛南区域经济和加速关林地区城市化进程的“龙头”！

浙江省海盐经济开发区

http://www.investinhaiyan.com.cn

浙江省海盐经济开发区建区于1992年7月，总开发面积39.51平方公里。其中2002年5月设立海盐杭州湾大桥新区，省批准新增规划面积12.5平方公里。

海盐经济开发区（杭州湾大桥新区）具有优越的综合投资环境：

一、区位交通。位于杭嘉湖平原。乍浦－嘉兴－苏州高速公路与国道同三线横跨杭州湾的杭州湾大桥在此交汇，沪杭高速公路擦边而过，沪杭快速通道贯穿全区，国家一类开放口岸嘉兴港海盐港区和直通黄浦江的六平申线五级航道分别位于新区南、北部。杭州湾大桥2006年建成后，这里将成为沪－杭、苏－甬双线交汇的交通枢纽，形成至四城市100公里左右、1小时即达的交通网络。

二、综合实力。海盐属上海经济区沿海开放县，连续三次被评为中国综合实力百强县，同时还是全国科技工作先进县和浙江省首批小康县、教育强县、利用外资十强县。海盐经济开发区是省级先进开发区，以紧固件、新型建材、电子通讯、轻纺服装为支柱产业。其中海盐标准件工业城被列为浙江省“十五”特色工业园区，建成以高强度紧固件为主导的出口型标准件制造基地。到2002年9月底止，全区累计引进工业项目192个，总投资37.22亿元；其中“三资”企业 52个（总投资1000万美元以上项目11 个），合同外资20329万美元，实际到位外资5773 万美元。累计出口创汇 49901万美元，其中“三资”企业出口38675万美元。

三、发展前景。海盐杭州湾大桥新区是21世纪浙北经济发展的战略高地，选择信息电子、新型建材、精密机械等为主导产业，走高科技、市场化创新之路，建成吸纳国际高新技术产业、特别是信息电子产业以及国内民营产业、区域核心城市产业转移的基地，着力打造浙北先进制造业基地。在此基础上拉动第三产业发展，在中远期建成上海南翼的工业化现代城市、钱江北岸的生态化滨海城市、东方大港的物流型港口城市。

四、硬件设施。通讯发达，电力充裕，供水充足，日处理污水能力30万吨的嘉兴市污水处理厂位于杭州湾大桥新区。已形成“八路七桥”道路主框架。杭州湾大桥新区基础设施实行“八通一平”。省级南北湖风景名胜区湖光、山色、海景交融，是钱江潮的发源地。

五、政府服务。海盐经济开发区管委会是海盐经济开发区和海盐杭州湾大桥新区的开发建设主体，以“诚信、务实、高效”为行为准则，对进区实行合资或独资开发基础设施项目的国内外银行、财团、公司实行有效资产担保。凡注册资本金在300万美元以上的外资企业，在享受国家优惠政策的同时享受海盐地方政府在权限范围内给予的其它优惠政策。

诸城经济开发区按照年初既定的工作计划，坚持以邓小平理论和江泽民同志“三个代表”重要思想为指导，以经济发展为中心，以招商引资为重点，以载体建设为基础，实现了开发区超常规快速发展，使开发区建设步入了一个新阶段。

坚持多元化投资、市场化运作，大力推进了基础设施建设

在基础设施建设方面，诸城经济开发区面对资金短缺、筹措困难等问题，建立了“开发性、多元化、有回报”的开发区建设的新型投融资体制。除市财政倾力加大投入外，我们积极拓宽融资渠道：一是与市财政局联合兴办“投资公司”。由财政投资公司出资，进行土地储备、整理、拍卖，用收益进行区内基础设施配套建设和滚动发展。二是借力发展。现在正与上海、浙江、青岛等客商达成协议，由他们带资进行基础设施建设，我们分期偿还。通过该方式，在财力特别紧张的情况下，由中国广厦东阳第三建筑工程公司带资成功地铺设了区内地下管道3000余米；近期将开工建设的开发区行政办公楼，总预算投资近800万人民币，也将由该公司带资承建。三是搞房地产开发区，用收益偿还贷款并不断滚动发展。目前在基础设施建设方面已投入资金8000万元，形成了良好的城市基础设施网络。

狠抓招商引资工作不放松，全面加快了入区项目建设

在工作中，始终坚持以工作为主，以利用外资为主，以出口创汇为主，致力于高新技术产业的“三为主、一致力”方针确定了“低门槛进入，以内引外，以小引大，借船出海”的招商策略。在具体工作中，主要采取了以下措施：一是继续扩大对外宣传，进一步提高诸城经济开发区的知名度。二是全员招商，实行招商引资目标责任制，并加大落实力度。三是多形式、多渠道招商（如实行网上招商、依托大项目优势以商招商、走出去招商等），招商引资工作取得了明显成效。截止到2002年，已入区开工建设、投产和已签署协议准备入区开发的项目有29个，协议总投资3亿多美元，占地近4000亩。主要涉及针织服装、机械制造、生物制品、食品加工、木器加工和房地产开发等领域。出口创汇4500万美元，并且与日本岛村会社合作，成立了物流陪送中心。二期、三期工程已开工建设，计划明年5月份投产。总投资10亿元、占地1100亩的福田汽车工业园目前也正在建设之中，该项目于今年9月1日正式破土动工，全面建成后，年可生产30万辆三轮车，5万辆四轮车，实现销售收入40亿元。利税4.2亿元。届时，将形成集车身焊接、车身涂装、主要零部件加工、汽车总装于一体的汽车工业城。投资3亿元的三工全钢子午胎项目、投资1.2亿元的澳华纺织暨兰凤科技等大中小10多个项目也已陆续开工建设。还有已签署协议的项目将于近期奠基并开工建设。

瞄准国家级目标 实施高品位开发

——安庆经济技术开发区全面兴起二次创业

安庆经济技术开发区总体规划面积12.4平方公里，南濒与老城区紧密连接的大湖风景区，距长江港口和外贸码头仅4公里；东、北依飞机场以南的206国道，西临安合高速公路与沪蓉高速公路，火车客货运站坐落在开发区内。优越的地理位置和良好的投资环境吸引了大批客商进入投资置业。至2001年11月底，累计批准进区项目287个，投资总额75亿元，其中来自美国、日本、法国、德国、英国、新加坡、马来西亚、泰国、韩国以及中国港澳台地区的客商投资项目79个，外资项目总投资5亿美元。

2002年，开发区坚持以提高经济效益为中心、以体制创新和技术创新为动力、以培育优势产业和优化产业结构为主题、以招商引资为主线、以环境建设为支撑，全面实现由速度型向速度、质量、效果型转变，由政策优势向政策和服务环境优势适应的转变，全面兴起规模化大发展第二次创业。

——培育支柱产业，实施“新型工业化强区”战略。开发区自建设之初，就以建成高水平、大规模、现代化的工业型新城区为目标，着力培育信息产业、精细化工、纺织服装、机械及汽车零部件、新型建材等支柱产业。2003年，开发区将在1.3平方公里工业园区基础上，全面启动3.9平方公里、5.2平方公里工业园区和4公里工业走廊建设。着力深化区内企业改革，大力推行市场化运作机制，完善企业规范化资本运作，全力扶持优势企业做大做强，规模发展。

——深入进行技术创新，实施“科技兴区”战略。依托“安庆国民营科技企业示范区”，大力引进民营科技企业。开发区管委会在新扩建的5平方公里工业园内，开辟1平方公里作为民营科技企业“二次创业”基地，建设14000平方米的国家级创业服务中心。

——加快发展第三产业，打造商贸物流基地。以安庆光彩大市场建设为重点，大力发展产地、商贸物流和金融服务等第三产业。2003年要全面完成占地272亩、建筑面积33万平方米的光彩三期工程建设，形成占地面积890亩的华东地区一流的物流基地，实现年交易额逾50亿元。

——以招商引为主线，以重点项目为着手，促进开发区经济的腾飞。2003年计划新批进区项目22个，其中新批外资项目8个，合同利用外资1200万美元，合同利用境内市外资金2.4亿元人民币。全面推进在手重点项目建设。一是加快5平方公里工业园内的项目建设。已进入工业园的振发汽车锻件、安簧汽车配件、西湖绿洲商城和发展企业标准厂房等项目，尽快开工建设；二是加快沿站南路工业走廊的项目建设，力促合力叉车、雅德汽车活塞、安科中药基地等项目投产形成规模，促进安铜工业园、汽车零部件工业园和生物医药工业园全面实施。

——着手开发区40平方公里三期规划的编辑和报批。按照国家级开发区的要求，开发区向东再扩建40平方公里。目前正会同规划部门形成40平方公里三期规划的编辑、论证工作，着手对规划区内现状资料进行调查摸底，建立档案，尽快提请安庆市政府研究、市人大常委会审议后，报安徽省政府批准。

十年铸辉煌——贵州省遵义经济技术开发区

贵州省遵义经济技术开发区（以下简称“遵义开发区”）中1992年7月经省人民政府批准成立的省级开发区，1998年遵义撤地设市后，遵义开发区党工委、管委会作为中共遵义市委、市人民政府的正县级派出机构，行使经济社会管理职能。

开发区是改革开放的产物，是邓小平理论的实践成果。1992年春天，邓小平同志南方谈话的春风吹遍了祖国大江南北，从当时的遵义市划出14平方公里土地，建立了贵州遵义经济技术开发区。目前，遵义开发区面积发展到96平方公里，人口达到16万人，自身规模迅速壮大，带动能力明显增强；固定资产投资、国内生产总值、财政收人、出口创汇等各项指标增加了10倍；非公有制经济和第三产业发展迅猛，经济结构调整取得明显成效，确立了先进合理的“二三一”产业结构，工业企业年生产总值接近40亿元，非公有制经济和第三产业成为国民经济的重要组成部分，工业化水平明显提高，一批竞争能力强，带动作用大，发展后劲足的支柱产业已经形成。依托老城发展新区，加强城市基础设施建设，城市化进程进一步加快，一个城市功能趋于完善、自成风格体系的遵义北部新城区已经豁然显露。

10年来，遵义开发区坚持“求实创新、真诚服务”的原则，大胆吸收一切先进的思想观念，实现观念创新，使开发区更加开明开发；大胆采用一切科学现代生产组织和管理方式，实现体制创新，使开发区更加精干高效；实施科教强区战略，实现科技创新，使开发区更加具有发展后劲；充分利用国家政策盘活现有资源，实现政策创新，使开发区更加具有发展活力。诚心诚意依靠全区人民群众，坦诚相见依托驻区企事业单位，诚挚交流联合兄弟县市区，真诚服务做好招商引资，诚信相邀发展非公有制经济。通过十年的探索发展，求实创新，真诚服务。截止到2001年底累计引进项目717个，合同投资总额70多亿元，实际到位资金32.89亿元。青岛、广州、深圳、中国香港、德国、美国等国内外知名企业来遵投资或合作开发日趋活跃，现已引进的知名企业有：青岛海尔集团、贵州茅台集团、德国OKU公司、德国默勒公司、美国利奇公司、中国香港航科集团、广东丽珠陶瓷集团、中国香港光彩集团、沈阳华晨集团、四川新希望集团等。

10年来，遵义开发区利用BOT模式，“负债建设，效益偿还，自我积累，流动发展”。累计开发面积7.5平方公里，建成宽20～40米城市主干道15条32公里，香港路、澳门路、南京路、大连路、深圳路、上海、人民路（高九路）形成城区道路骨架。有日供水能力10万立方米的水厂1个，50万吨铁路集装箱货场1个，3万吨污水处理厂1个，日处理600吨垃圾无害化处理厂1个；开通程控电话6万门，每百人拥有39部电话；有5座变电站，主变容量为12。9KVA，可提供充足的生产、生活用电；拥有各类市场25个（其中专业市场11个，综合市场12个，超级市场2个），营业面积11.06万平方米，使社会商品成交额中大部分在市场内完成，充分发挥了市场的辐射带动作用。

遵义开发区已成为一个发展势头强劲、经济异常活跃的经济新区域。全区工业经济主体地位突出。全区工业以规模工业企业为主，其中军工、卷烟、电气机械及制造业、绿色食品（含饮料酒）、化学原料等已成为开发区的支柱产业。江南航天工业集团、天义公司是军工企业代表，长征电器公司是遵义首家上市公司，遵义卷烟厂、双源化工集团公司等企业是纳税大户，海尔等企业后劲较强。全国老八大名酒之一的遵义董酒振业集团、茅台酒易地生产的贵州珍酒厂等酒类企业，在国内有着广阔市场。

快速发展非公有制经济是遵义开发区经济建设的重点之一，涌现了巨星卷粉、天阳食品、民生集团、金旭公司、康康食品等一大批民营企业。2001年在遵义开发区区属工业中，非公有制企业的工业总产值所占比例为63.8%，同比增100.6%。完成地方税收3700万元，占全年地主税收总额的83.8%，已成为开发区地方税收的主体。

“历尽天华成此景，人间万事出艰辛”。遵义开发区经历了冬的严寒、春的涌动、夏的洗礼、秋的收获，已成为功能齐全、环境优美、充满活力、区强民富的遵义北部新城。

邢台市高新技术产业开发区

邢台市开发区是1994年省政府批准的省级高新技术产业园区，2000年在高新区的基础上设立省级经济技术开发区，享有省政府赋予的各项管理权限，行使市政府授予的市一级经济管理权限，实行统一领导和封闭式管理。

开发区现有面积3.24平方公里，辖5个居委会，总人口近万人。自1999年11月理顺体制、重新起步以来，经济实力不断增强，2001年实现国内生产总值5000元，财政收入840万元。

开发区西部紧连市区，东邻京深高速和107国道，区位优势明显，交通极为便利。通过3年的建设，区内已初步形成了“三纵三横”的路网体系，供水、排水、热力、电力、燃气、工业蒸汽、通信等基础设施齐备，基本实现了“七通一平”。这里法制体系健全、政策环境优越、办事程序简便、服务优质高效、入区生产成本低廉。目前，已吸引三九集团、永磁材料、思达电子、特种电缆、华都家具城、大海乐园、日月木纤维、美国华顺、香港善美、香港生利等众多国内外投资者入驻，区内现有企业共98家，累计投资总额4.5亿元。开发区将继续贯彻“以工业为主，以出口创汇为主，以利用外资为主，致力发展高新技术”的方针，围绕现代制造、食品加工、新型材料三大主导产业，加大对外招商引资力度，积极开展与国际国内知名企业的合作，精心构建开发区独具特色的产业体系，努力把开发区建成邢台市改革开放的实验区，跨越式发展的示范区、现代化的工业新城区。

http://www.xteic.xingtai.gov.cn/ktq.htm

蓬勃发展的江苏省射阳经济开发区

射阳经济开发区是1993年由江苏省人民政府批准建立的省级开发区，依县城设为东区和新区两部分。东区辖面积11.8平方公里，启动面积4.5平方公里；新区辖面积12平方公里，启动面积2平方公里。2000年以来，射阳经济开发区坚持以项目为中心，加强基础设施建设，大力招商引资，探索“区中建园”的新思路，在东区重点建设了中联工业园、振阳轻纺园、海都化工园等3个特色园。中联工业园占地820亩，已吸纳工业项目33个，总投资达5.15亿元；振阳轻纺园占地1112亩，入园企业有江苏振阳股份公司、巨龙纺织公司等投入超亿元的大中型纺织企业；海都化工园占地345亩，进园企业有智康生化、捷阳化工和天源化工等。新区作为开发区空间上的拓展，产业上的提升和功能上的补充，按照“生态化”、“特色化”、“一体化”的要求，突出引进纺织项目，重大项目和高科技项目，注重建设园区的配套设施、生产环境、人居环境，成为具有绿色生态特点的园区载体。

射阳经济开发区以“你是一切，一切为你”为理念，对项目采取“全程义务代理”的行政审批服务模式。在基础设施配套上，坚持“集中、超前”为原则，高起点规划、高标准建设水、电、路、通信、绿化及附属设施，“五通一平”免费送达厂区红线，2003年底可全面实现集中供热、供天然气和处理污水。

射阳经济开发区依据区情制定了一系列的优惠政策，积极构筑政策洼地，鼓励客商前来投资。凡进区工业企业其所得税均执行或参照执行“二免三减半”政策。对能源、交通、水利、环保等基础设施项目和固定资产投资额在2000万元以上的工业项目，前5年企业所得税地方留成部分全部奖励给企业，后5年企业按所得税地方留成部分的50%奖励给企业。高新技术企业按照实征增值税额的10%～20%进行奖励。土地以优惠价格供应，根据投资强度、投资规模、土地使用量、技术含量等进行政府补贴，最高补贴比例可达60%。开发区成立中小企业担保资金组织，为进区工业企业提供资金帮助。对规模较大的项目引荐人，给予适当奖励。对开发区经济有重大推动作用及投资额大的项目，在土地价格、财政奖励等方面采取一事一议的办法。

十载砥砺写华章

聚焦南通崇川开发区

秋阳似金，江海大地到处是丰收景象。秋天用丰硕的果实回报春日的辛勤。此时，建区近10年的崇川开发区也是硕果满枝。

经过近10年的开发建设，崇川开发区累计完成资产投资42.24亿元，其中，基础设施投资8.05亿元。截至2002年10月底，累计合同利用外资2.42亿美元，实际到帐外资1.61亿美元，引进外资企业66家，内资企业472家；今年1至10月，已完成工业总产值18.95亿元，入库税收5900万元；农村城市化进程不断加快，至2002年10月底，累计出让土地2300亩，安置农村劳动力1500多人。

近10年来，崇川开发区凭借优良的投资环境、完善的配套设施、高效的服务水平、规范的行政管理 、充足的人力资源，以改革求生存，以开放促发展，成功地走出了一条“高起点运作，快节奏开发，创造性建设，跨越式发展”的开发建设路子，开发建设水平跻身南通市同级开发区前列。

近10年来，崇川开发区始终坚持贯彻“先聚人气再兴财气，集中力量主攻大项目”的招商思路，在吸引“重量级”项目方面取得重大突破。南亚公司在一期投资竣工达产后持续增资，兴办了南亚建材、南亚电气、南亚塑胶胶膜等项目，目前正在申办南亚热电项目。南亚企业在开发区的总投资已达2.5亿美元，年产出超8亿元，其中南亚塑胶胶膜项目是开发区建区以来引进的单体规模最大的项目。引进的东洋之花工业园是驰名全国的化妆品开发和生产基地，宝港油脂是省内最大的食用油精炼加工基地，富士通微电子是区内最大的高科技电子企业。以英瑞、光华、新和、纽恩为代表的服装工业产业，年产值2.1亿元，从业人员超5000人，是开发区积聚人气和扩大就业的重要载体。尤其是近5年来开发区引进工业项目总投资 17.3亿元，新增工业产出19亿元，在建项目达产后预计增加工业产出20亿元。

整体融合区外经贸局和开发区的招商力量，合理的分工提高了招商工作的效率和质量；以周到的服务弥补开发区政策权限不配套的缺陷，以亲商、安商、富商意识，赢得企业的信任。近年来企业增资扩股在引进投资中占重要比例；大力推进园区建设，私营经济园区、留学生创业园区、村级工业园区和开发区工业园区互为支撑、互为补充，缓解了开发进程中的利益矛盾，初步形成了多层面发展经济的新格局。

大连市旅顺经济开发区

大连市旅顺口区于1996年7月1日局部对外开放。旅顺经济开发区坐落于开放区内的旅顺新港。成立于1992年6月8日，2002年1月经省政府批准晋升为省级开发区（辽政2002年20号文件），总体规划面积为12.09平方公里。经过10年来的开发建设，现已完成前期投资14亿元人民币，基础设施日臻完善。

旅顺经济开发区处在环渤海地区的圈首、辽东半岛最南端和东北亚经济区的中心，地理条件十分优越。有海岸线12.49公里，港口条件优越，风景秀丽，气候宜人。交通四通八达，工业基础雄厚，金融商业繁荣，水产品和水果品质优良。

旅顺经济开发区重点区域

港口区——规划用地面积185公顷，占总用地面积的15.3%。港口年吞吐能力可达到3965万吨，客运量100万人次。旅顺新港的发展目标是建成一个以杂货和客/车轮渡运输为主的一类口岸。随着烟大火车轮渡项目和万吨级综合运输码头项目的建设，将建成以轮渡码头为中心，以旅顺新港和二头圈深水码头为两翼的大交通体系，成为环渤海地区重要的物流中心。

工业区——规划用地面积134.47公顷，占总用地面积的11.12%，以中小企业工业园、留学生创业园和大显工业园为载体，向大规模、高科技、外向型方向发展。以建设低耗能、知识密集、高科技、高附加值的工业企业为主，发展技术先进，产品档次较高的出口产品，形成外向型工业结构的高科技工业区；兼顾发展低耗能、污染轻的普通工业项目，以利于地区经济的快速发展。重点发展精密机械、电子、通讯器材、食品、服装、旅游工艺品等工业项目。

旅游度假区——规划用地面积130.8公顷，占总用地面积的10.82%。旅游度假区以阳光家园、世界和平公园中安达分时度假村等大型旅游项目为先导，发展以老年居住、养生、休闲、健身、餐饮、娱乐等为主要内容的大旅游。

商贸经济带——以顺达路为中心，合理摆布金融、商贸、信息和其他社会服务设施，并适当向两侧拓展。

旅顺经济开发区积极发展与世界各国和地区的友好往来和经济技术合作，已有来自日本、韩国、新加坡等国家及国内的50多家外来企业落户开发区。开发区将按照总体规划，进行新一轮的基础设施建设，逐步把开发区建成新型港口城市，技术先进的综合工业基地和东北亚地区一个重要的商贸、金融、旅游、信息中心之一。

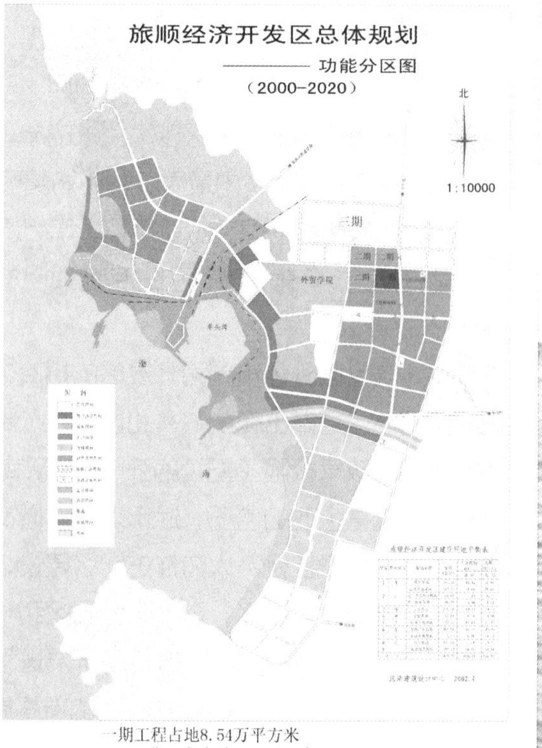

一期工程占地8.54万平方米
一、二期工程占地32万平方米
一、二、三期工程占地100万平方米

江山经济开发区

江山经济开发区创建于1994年，经浙江人民省政府批准为省级开发区，总规划面积7.76平方公里。2001年又在江山市上余镇建起了7平方公里的开发区新区，建设机电、电子、精细化工、服装、农副产品加工等功能园区。江山开发区已成为江山市招商引资的重要载体和发展经济的主导力量。开发区基础配套设施完善、土地出让价格低廉、投资政策优惠。企业交纳的增值税地方留成部分和营业额，前3年由财政全额返还，第4至6年减半返还。服务水平一流。开发区设有投资服务中心为企业提供“全程式”服务，代办各项手续，为企业解除后顾之忧。

开发区产业优势明显：以机电、精细化工为主导的企业初具规模，市场占有率和产品出口额稳步提高；为中国“白菇之乡”、“猕猴桃之乡”、“白鹅之乡”，农副产品资源丰富，农副产品加工前景广阔。

按“一次规划，分期实施”原则，目前，开发区新取一、二期1000亩建设项目已基本完成，三期2000亩工程全面启动并推出招商。

江山经济开发区紧紧围绕市委、市政府的“兴工强市”战略，以建设江山市最大的工业基地为目标，多渠道筹集资金，不断改善投资环境，构筑引资平台，加大招商力度，为开发区再上新台阶而努力。

北京大兴工业开发区

北京大兴工业开发区是北京市市级开发区，兴建于1992年，它具有高标准的“八通一平”市政基础设施：“八通”包括供水、排水、供电、供热、供气、道路、电信和宽带网等，“一平”是指地貌平整。

大兴开发区交通便捷，距复兴门14公里、距首都机场40分钟车程、距天津新港90分钟车程。以大兴工业开发区为中心的20公里半径范围内及周边地区，汇集了电子信息、生物医药、航空航天、新材料、食品加工、物流仓储等产业，形成产业互促的格局。这一地区中，还包括国家行政中心区、中央商务区、使馆区、学院区、金融街和各种商贸、文化娱乐设施等。开发区周边5公里范围内，市政基础设施和生活配套设施齐全。

经过10年发展建设，大兴工业开发区以区内的北京软件园、基因园、留学生创业园等为依托，形成了包括电子软件、生物医药、新材料等行业在内高科技产业及都市型工业。它们正向集研发、制造和营运于一体的国际化现代产业经济区发展，成为环京高新技术产业带上的重要链环之一。

开发区为入区企业提供一站式、高品位的服务。企业开工前：开发区在与企业签订用地协议后，便开始为企业提供立项、工商注册、规划建设土地证办理等各项服务，直到企业正式投产。企业运行后：开发区对入区企业实行封闭式管理，已在区内设立了金融、税务、财政、工商、电信、公安等服务管理机构。并建立了工程、石油、供热、市政园林、电力公司，提供物业服务。同时还提供法律咨询、广告代理、招工用工、职工培训等专项服务。区内的办公、商贸、餐饮、娱乐等生活服务设施也日趋完善。

Http: // www.dida.net.cn

北京市延庆经济技术开发区

Beijing Yanqing Economic and Technological Development Zone

1992年8月北京延庆经济技术开发区经北京市人民政府批准成立。规划面积6.56平方公里。延庆经济开发区位于享有“北京夏都”美誉的北京市旅游卫星城——延庆县城南城，诸多交通干线的交汇处，铁路延庆南站居开发区中心，京包、大秦铁路、京张铁路、110国道从开发区两侧通过，是北京沟通中国西北地区乃至欧洲大陆的重要交通通道和人流、物流干线。八达岭高速公路通车后，缩短了开发区与北京的距离。

延庆经济技术开发区经过9年多不懈的奋斗和努力，创造了适宜企业发展的良好环境和完备的基础设施，引进了一批先进的项目，构筑了多元化产业格局，形成了较强的技术创新能力，初步实现了以高新技术产业为主导，以现代工业为基础的花园式科技工业园区。延庆开发区提出的旅游牵动，城镇带动，科教推动三大战略和建设优美的旅游度假基地、高新技术产品生产加工基地、优质农副产品基地三大基地建设的发展规划，以体制和机制创新为重点，以发展高新技术产业为动力，以优质的服务、优惠的政策、借外力、增总量、不求所有，只求所在，实现经济、社会、资源、环境的可持续发展，把开发区建成环保高效的生产加工园区的和现代化的新城区。

目前，已有330多家国内外企业落户延庆开发区。入区企业各项经济指标连年保持着较高的发展速度。

面向21世纪，延庆开发区提出了建设以生物医药科技园、住宅产业工业园、绿色食品工业园、环保新材料科技园以及民营科技园为主体的一区五园的多元化产业发展格局。

http://www.badaling.net

烟台留学人员创业园

烟台留学人员创业园区是中国最早设立的留学人员创业园区之一，成立于1996年10月5日，位于烟台经济技术开发区的中心区。2001年4月被国家科技部、教育部、人事部及外国专家局确定为国家重点示范园区。烟台留学人员创业园区立足于建设高档次的高科技成果孵化基地，搭建高水准的智力招商平台，创造良好的政策环境，为留学人员高科技人才回国创业提供功能完善的设施和优质服务。目前烟台留学人员创业园区已成为山东省重要的高新技术创新和高新技术企业孵化基地，被烟台市人民政府及社会各界视为“金种子工程”。

烟台留学人员创业园区规划面积65万平方米，经过统一规划，集中建设，创业园区目前已形成总建筑面积76000平方米的办公、研发和产业化相配套的较完善的高新技术产业孵化体系。其中建筑面积1.8万平方米的科技大厦是集办公、项目研发及政府服务于一体的智能化大厦，大厦配套设施齐全，拥有中央空调系统、计算机宽带网络系统及保安监控系统等。标准厂房的建设面积已达5.1万平方米，配备光纤宽带网络、安防消控等智能化系统，可满足不同类型企业研发和生产需要。另外创业园区还拥有7000多平方米的学术交流厅及其他附属设施，初步形成了规划合理、配套齐全、环境优美的高科技园区。

目前创业园区已与来自美国、加拿大、英国、德国、日本、韩国、澳大利亚等国家和地区的1000多名留学人员建立了联系，其中100多名留学人员以不同形式参与园区的发展建设。留学人员在园区建立了留学生研究发展中心，创办留学人员企业108家，共有博士42名，硕士43名，项目涉及生物工程与生物医药、电子信息技术、光机电一体化、精细化工、新材料与新能源及其他高新技术产业。

留学人员高科技企业可享受下列优惠政策

1.获利年度起五年内，按三资企业的政策执行；

2.从投产之日起五年内，按上缴地方留成部分，前二年给予等额奖励，后三年奖励50%；

3.服务业部分，五年内按缴纳额，前两年奖励50%，后三年奖励25%；

4.五年内，留学人员企业租用创业基地的生产经营房，前两年免租金，后三年租金按市场价的50%收取；

5.留学人员企业自建工业厂房可缓交土地使用费1-3年；免收自来水增容费；免收购置生产经营用房的交易服务费；

6.留学人员企业无力筹集的资金，可由信用担保公司提供贷款担保、贷款贴息或参股；

7.留学人员创办企业或从事科学研究，所需科技三项经费优先安排；

8.留学人员企业商务、技术人员一年内多次出国，可按有关规定一次审批；企业内所聘国外人员，工作一年以上的，居留证有效期可延长到两年。

创办企业的留学人员可享受下列优惠政策

1.需居住用房者，三年内可免费租用一套70-130平方米的周转房；

2.自愿购买住房者，按其创办企业实际贡献20%的比例给予购房补助；

3.留学人员企业自创办之日起五年内实际增加的地方财政收入累计达到200万元的，奖励一套住宅；

4.配偶及未成年子女系农业户口，符合“农转非”条件的给予优先安排；随归的配偶，可安排相应工作；子女入学、入托、就业等优先安排。

入园条件 入驻烟台留学人员创业园区的企业，符合下列基本条件即可被认定为留学人员企业，享受留学人员企业及留学人员的一系列优惠政策。

一、参与创办企业的留学人员应具备下列条件之一

1.国家公派、自费出国学习取得国外学士以上学位的；

2.在国内取得大学以上学历和中级以上专业技术职务任职资格后，国家公派到国外高等院校或科研机构研修的；

3.出国留学并取得外国长期居留权或留学国再入境资格的；

4.其他符合规定的。

二、投资重点

1.属高新技术领域的；

2.科技含量高，具有较大出口创汇潜力的；

3.达到国际国内先进水平的；

4.传统产业基础上应用的新技术、新工艺。

三、留学人员创办企业的出资比例原则上不低于该项目注册资金的25%。

江西省留学人员创业园

江西省留学人员创业园是2000年4月30日经江西省人民政府批准成立的，坐落于南昌国家高新技术产业开发区内，是为了给海外留学人员回国创业提供一个良好的环境而设立的专业园区。创业园自筹建以来，从服务工作的实际出发，快速拓展创业空间，优化创业环境，完善培育功能，积极扩大对外宣传，多渠道、全方位吸纳海外留学人员回国创业。现有孵化场地8000多平方米，进驻生产电子信息（软件）、光机电一体化、生物医药、新材料、功能食品等企业22家。

为吸引更多留学人员来昌创业，南昌高新技术产业开发区管委会做了大量的工作，设立了专门的服务机构，对园区进行管理和服务，资金投入400多万元，并为进入江西省留学人员创业园创业的留学生企业提供以下各项优惠政策：

1. 留学人员创办的企业自认定为高新技术企业之日起，减按15%的税率征收企业所得税。新办的高新技术企业自投产之日起，两年内免征企业所得税，第三年至第五年减半征收企业所得税。

2. 留学人员创办的软件开发企业自认定之日起，减按15%的税率征收企业所得税；从投产年度起，两年内免征企业所得税；第三年至第五年减半征收企业所得税，其软件产品按3%征收增值税。

3. 留学人员可持外国护照或国外长期居留证直接登记外商投资企业，最低注册资本10万美元；可凭中国护照或中国身份证直接注册为内资企业，首期交纳注册资本最低为3万元人民币（注册资金50万元以内）。按《公司法》标准规定的注册资金不足部分须在两年内补齐。

4. 留学人员技术作价入股创办企业，技术所占股份不受限制，由股东各方协商决定，并在营业执照上予以注明。

5. 留学生人员来创业园区创办企业租用办公、研发场地，免收50～100平米租金两年，超过部分月租金每平米10元。

6. 留学人员企业申报国家科技型中小企业创新基金无偿资助项目，项目立项后，高新区管委会按立项资金的50%予以匹配。

7. 留学人员企业可申请江西省高技术产业发展引导资金，经审批可获得引导金至多50万元的支持。

江西省留学人员创业园企业的管理和服务由国家级南昌高新开发区创业服务中心全面提供。高新区创业服务中心现有一支素质高、成熟的服务队伍，可为留学人员企业提供技术研发、生产管理、市场营销、财务和法律等咨询；商务、后勤保障及各类培训；协助办理企业报批、工商注册、税务登记等手续；协助办理高新技术企业、新产品和新成果技术鉴定；协助落实国家扶持科技企业发展的优惠政策；协助申报政府各类科技项目、创新基金；通过融投资体系，筹措开发资金等各项服务。

到目前为止，江西省留学人员创业园已吸引了来自美国、日本、英国、德国、澳大利亚的30多位留学生，创办留学生企业22家。如江西省金鼎信息系统有限公司、江西省科院生物技术责任有限公司、江西中德生物工程有限公司、南昌三和科技开发有限公司、江西三维电气有限公司等；带来了一批科技含量高的项目，其中金鼎公司开发的“一代天骄”软件系统获省科技进步二等奖，并于2002年初成功在香港创业板上市，募集资金7500万港元；江西省科院生物技术责任有限公司开发的高光学纯度L-乳酸项目达到国际先进水平，获科技部创新基金支持；江西中德生物工程有限公司的“免疫标记快速检测试剂盒”项目已通过科技部“十五”国家重大科技攻关项目“食品安全关键技术”专项资助；南昌三和科技开发有限公司的“减震装置”项目、江西三维电气有限公司的“三维立体D型卷铁芯配电变压器”专利项目、江西华正新技术有限公司的“工业浇铸机器人研制”项目已通过省科技厅组织的专家鉴定，现正积极申报国家中小企业科技创新基金的支持。

留学人员创业园事业的发展方兴未艾，江西省留学人员创业园一定会蓬勃发展，成为南昌高新区一道亮丽的风景线。

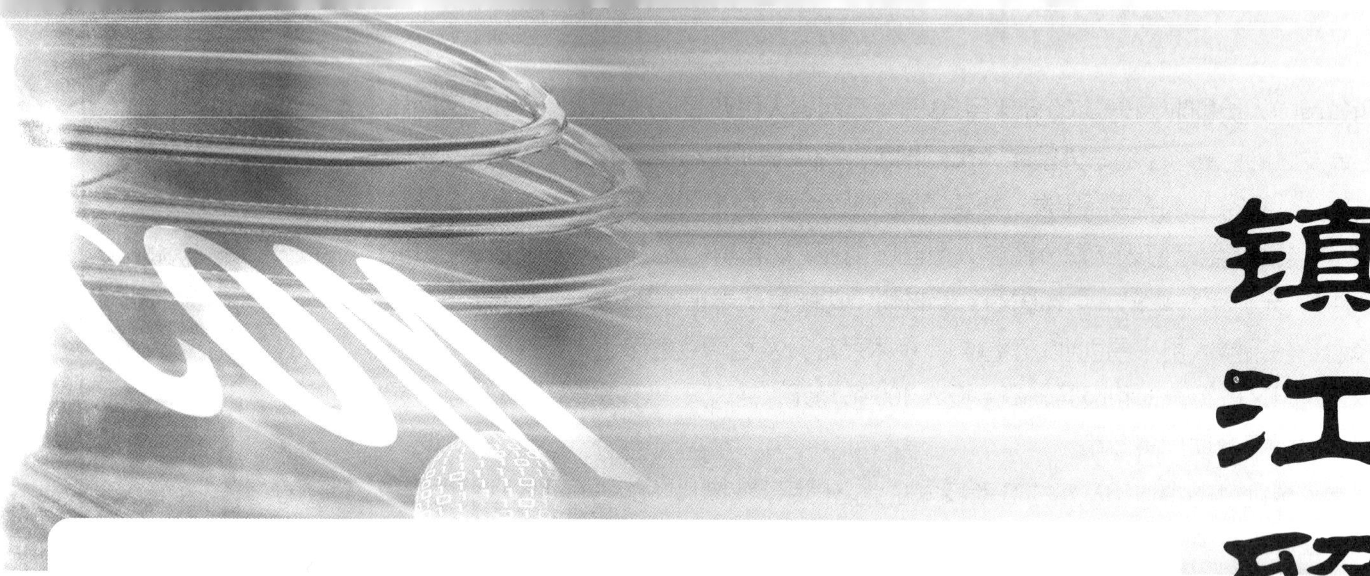

镇江留学人员创业园

镇江留学人员创业园是2000年7月经江苏省人事厅批准，由镇江高新技术产业开发园区与镇江市人事局联合创办的专门服务于海外留学人员回国创业的综合性的科技产业服务机构，也是江苏省首家由人事部门和开发区联合共建的留学人员创业园。2003年7月10日经国家人事部正式批准成为首批由国家人事部与地方政府共建的国家级留学人员创业园。

建园以来，创业园已建成了可供企业使用的标准化厂房、办公用房及各类服务设施5600平方米，配备有完善的水、电、通讯等配套设施。对进驻企业在税收、政策等各方面给予特殊扶持政策，积极帮助解决启动资金、研法资金、部分流动资金以及方方面面的难题，提供“一站式”、“保姆式”的全方位服务，努力为留学归国人员营造一个良好、宽松的创业环境。

现已有在美国、日本、英国等国家留学的17位留学人员进园，创办了11家留学生企业，总注册资金1.52亿元。这些留学人员企业主要从事计算机软件开发、电子技术、新型材料、环境工程等高新技术产品的开发与生产。2001年，创业园共创产值8000万元，实现利税2000多万。

随着近两年来留学生回国创业热潮的蓬勃兴起和创业园进驻企业的增多，镇江留学人员创业园已经成为我市一支迅速发展壮大的新生经济力量和新的经济增长点。目前，创业园二期、三期工程的先后启动，二期工程总规划面积50亩，总投资3000万建设的15000平方米的标准厂房已于2002年10月底完工。另外，总规划100亩、主要用于办公、研发、留学生公寓及综合服务用房的三期工程的规划设计工作目前也正在紧张的进行，计划于2003年初开工。总建筑面积约47500平方米，将按照高起点、高标准的要求建设，基础设施一应俱全。

创业园竭诚欢迎海外留学人员来园区参观考察或创办实业。创业园将本着“以人为本、共谋发展”的创业理念，积极培育“热情、务实、高效、创新”的氛围，努力把园区建设成为留学生的家园和创业者的热土！

http://www.zjsysj.gov.cn/cyy

齐鲁软件园

1995年11月，带着泉城人发展信息产业的渴望和希冀，齐鲁软件园应运而生。1997年3月齐鲁软件园被国家科技部认定为全国首批“国家火炬计划软件产业基地”。2001年7月被国家发展计划委员会、国家信息产业部认定为“国家级软件产业基地”。现有一个软件产业基地，三个子园区，一个软件学院和八个软件人才培训基地。目前有132家入园企业，9家骨干企业已经形成了一批在国际、国内具有较高知名度的软件产品，软件产品400余种，从业人员6000多人。几年来齐鲁软件园共实施各类科技计划项目500多项，火炬计划项目262项，获得国家、省、部级科技进步奖30余项。2002年园区实现技工贸总收入46亿元，利税2.2亿元，软件及相关服务出口400多万美元，在全国软件产业基地中位居前列，

齐鲁软件园已与国际著名公司Microsoft、Intel、Sybase、HP、IBM、ORACLE等开展了广泛的专业协作与技术交流。2001年7月齐鲁软件园与印度班加罗尔软件园缔结了姊妹园区，与台湾南港软件园签订了合作协议；齐鲁软件园还将与骨干企业一起在美国、日本、中国香港等地建立分公司、设立分支机构和培训基地。

为适应中国加入WTO和经济全球化的新形势，培养21世纪软件开发和管理人才以适应迅猛发展的软件产业，2001年齐鲁软件园与山东大学联合创办的齐鲁软件学院已开工建设，学院占地1200亩， 2001年招生500人，2002年计划内招生3000人，5年达到入校生10000人。齐鲁软件园还与山东大学、山东师范大学、山东财政学院、山大高职学院、山东商业学院、山东电子工业学校、济南历城职专等大中专院校合作创办“齐鲁软件园特色班”有针对性地为企业培养应用性人才。

为把齐鲁软件园建成国内外最大的软件产业基地，吸引更多的企业进园发展，齐鲁软件园制定了一系列扶持优惠政策。齐鲁软件园内软件企业在享受现有的国家、省市制定的优惠政策的同时，还可以享受开发区制定的有关在资金、土地、房租、出国审批等方面的《齐鲁软件园优惠政策》。自2001年至2010年，入驻前5年，企业年度纳税总额中营业税、增值税地方留成部分、企业所得税三项总额100%；自第六年至2010年上述三项总额的50%，核拨经费，建立齐鲁软件园产业发展资金，该资金全部用于基地软件产业的发展；基地企业优惠租用齐鲁软件园提供的研发、生产用房；基地企业的软件开发人员、管理人员可以成本价购买或以优惠价租用高新区公有产权住宅；为基地内企业的软件开发人员、管理人员及其配偶、未成年子女办理落户手续；协助企业申请创新匹配资金、担保资金、贴息资金、科技三项经费等。

齐鲁软件园依据济南市人力资源丰富、劳动力成本低、人员稳定性强、政策环境优越等明显优势，确立了“以软件开发基地为建设目标，以人才引进培养为发展起点，以落实优惠政策扶持产业，以完善中介服务体系凝聚企业”的发展思路。坚持有所为有所不为，以“软件开发生产基地”为起步定位，通过建立健全各类中介服务机构、支持重点软件产品的开发、健全孵化器功能、培育壮大骨干企业队伍、加强与国内外高校与科研机构的合作交流及高级技术、管理人才的引进与培养，逐步把齐鲁软件园建设成为软件成果转化基地、软件生产加工基地、软件人才培养基地、软件产品出口基地和国际交流窗口。

http://www.qilusoft.org

北京软件产业促进中心

北京软件产业促进中心（以下简称中心）成立于2000年9月，自成立以来，中心秉承“提供卓越服务，甘当业界基石”的方针，服务企业、服务行业、服务政府，为帮助软件企业提高生产率竭尽全力，努力不懈。

中心的性质概括起来主要有三方面：服务性，即以服务立业，帮助软件企业提高生产率；非营利性，即用社会资金，创造社会财富；半政府性，即受政府委托，承担一部分政府职能。

中心服务的质量方针是：提供卓越服务，甘当业界基石。

中心的使命是通过为软件企业服务、为软件行业服务、为政府部门服务，努力把北京建设成为世界级软件产业基地。

中心主要面向软件企业和软件行业，提供三大类服务，即软件企业咨询中介服务、软件产业基础设施服务和软件产业管理促进服务，为软件中小企业提高生产率服务。

中心拥有一支服务素质优良的年轻队伍，为软件企业服务的人员占中心全体员工的91%，其中大学本科及以上学历的人员数量占为企业服务的人员数量的85%。下图为中心员工的结构分类图：

结构分类	人数	占全体人员比例
项目管理	22	33%
技术工程	15	22%
产业分析	9	13%
市场推广	15	23%
行政管理	2	3%
后　　勤	4	6%
合　　计	67	100%

中心在全体员工中倡导产业报国、服务社会的奉献精神；团结协作、融入集体的团队精神；追求进步、终身学习的进取精神；工作为先、永不言退的敬业精神；脚踏实地、不尚虚华的务实精神；注重细节、精益求精的认真精神。

http://www.bsw.gov.cn

民营高科技企业迅速成长之路

——托普案例研究

托普集团科技发展有限责任公司(简称托普集团)于1992年7月创业，经过短短九年的发展，已从仅有5000元创业资本的小公司，裂变成为一个以信息增值服务为核心，集计算机软件、硬件、网络服务、应用电子产品、通讯产品、精密机械等高科技产品与服务的研制开发、生产、销售及系统集成为一体，总资产近100亿元、营业收入突破50亿元、利税超过6亿元，拥有3家上市公司、7家核心企业、50余家子公司的多元化、规模化企业集团，是中国最大500家企业之一、国家重点高新技术企业、国内第二家通过CMM3级国际认证的企业，是国内最大的应用软件供应商和最大的软件出口企业之一。托普集团作为一个民营企业，为什么能在不到十年的时间里如此高速成长？很值得人们去总结，为我国如何发展高新技术产业和高科技企业提供一条宝贵经验。

一、托普集团快速成长之路

托普由5000元起家，在短短的九年多时间里快速成长为总资产近100亿的大型民营高科技企业。那么，托普是如何成长起来的呢？寻着托普发展的历史轨迹，其成长之路概括如下：

1.从做代理开始，多渠道积累原始资本

只有几个人、5000元原始资本、两张办公桌、几把椅、一部电话作为公司全部“家当”的托普公司，如何进入变幻莫测、强手如林的高科技信息产业领域，这确是一个难题。托普早期的探索者与其他创业者一样，选择了“艰苦创业，甘为人下，借鸡下蛋，搭车上路”的起步发展模式，通过为别人做代理、代销积累一笔笔原始资本。在一个偶然的事件中，托普抓住了一个很好的“借鸡下蛋”机会。1993年8月，一个客户需要三台终端，经一位朋友介绍与当时较有名气的福建实达公司成都办事处联系上，使托普成为福建实达公司在西南地区的总代理，负责该公司终端的销售、批发和维修业务。托普在为实达公司的代理中，不仅积累了一些原始资本，而且学到了企业管理、市场营销等方面的经验，培养了一批管理和市场人才。

托普早期的创业非常艰苦，经常心甘情愿地加班加点，常常为一个个几百上千的小生意东奔西走。除为实达作代理外，还开过“教授电脑”门市部、办过激光照排部、经营过汽车配件、办过《电子快讯》等多种业务。第一个月没有工资，第二个月工资人均仅有150元，1992年末工资、奖金发放的标准也不是依职位大排序，而是把有限的资金发给了最需要钱的人。更重要的是，托普的创业者并没有把赚来的钱分光，而是投入到产品开发上，开发出了教学用多波发生器、汽车防盗报警器、遥控开关等5种产品，其中多波发生器投入了小批量生产，在一些大中专学校中卖出了近百台，为托普进入高科技产业领域储备了力量。

2.抓住机遇，把一件事情推向一个事业

抓住机遇，把一件事情推向一个事业是托普成长道路的典型特征。1993年10月，托普公司为四川省信托建设投资公司红庙子证券交易厅制作股市行情电子显示屏，按合同规定，必须在半个月之内完成整个大屏的组装、安装及调试工作。这样短的时间，即使对专业搞显示屏的公司也很难完成。当时托普组装显示屏的元器件、印制板等什么都没有，又是第一次搞电子显示屏，然而，托普人凭借吃苦耐劳的精神，还是如期完成了这项工程。这项工程的顺利完工具有里程碑意义，它标志着托普公司从此实现了“贸易代理公司”向技术型企业的转变，标志着托普公司从此拥有了自己的显示技术，进入了行业应用市场。工程完成之后，下一步该怎么走，对于有些处于创业期的民营企业来说，可能不十分清楚，然而，对于托普公司来说，则十分清晰。他们抓住商机，以把“一件事推向一个事业”的姿态，相继开发出了点阵数码混合屏、条形屏、多媒体彩色显示屏、寻呼屏、灰度屏、银行用汇率屏、FPGA控制器等几十个品种的显示技术产品，并从四川推向东北、西北、华东、华中、华南等地，在全国显示屏市场中占有一席之地。

3.瞄准目标，果断进入行业应用软件领域

瞄准目标，果断进入行业应用软件领域是托普公司成长的又一特征。1994年12月，金牛区国税局向托普公司提出购买几台计算机，并希望托普公司能够帮忙设计一些自动开票的程序，以提高税收征管工作效率。托普公司立即为金牛区国税局承接了计算机计税系统，在1个月的时间内开发出了托普计算机自动计税系统1.0版。在税务局提供的资料中，托普了解到：国家税务总局要求全国各地的国税、地税机关必须在近几年内实现税收征管自动化。这是一个极大的商机，托普公司的决策者敏锐地洞察到这一点。于是，托普乘胜追击，连续开发出托普计算机自动计税系统2.0版、3.0版、4.0版，软件的功能不断完善；利用天时、地利、人和之利，连续为锦江区、武侯区、青羊区、成华区和青白江、金堂、温江、双流等成都市的区县税务局承建计算机计税系统，工程施工的经验更加丰富。为进一步扩大战果，托普公司利用各地驻外办事处的营销网络，迅速把托普计算机计税系统推广到陕西、云南、贵州、江西、安徽、浙江、辽宁等省外市场，仅到1995年10月底，托普就已与30多家税务机关签订了价值4000多万元的合同，其中最大的一个工程是陕西西安地税工程，合同金额达1500万元，这个工程为托普开拓省外金税工程业务提供了很高的信誉。

托普的决策者从开发计算机自动计税系统的成功经验敏锐地观察到：随着国民经济信息化的即将来临，行业应用软件是一个巨大的充满诱惑力的市场，谁能够事先捕捉到这个商机，谁就会在信息产业领域快速“腾飞”。因此，托普果断作出了以行业应用软件研究开发为目标，大力发展行业软件的决定。继托普开发计算机自动计税系统之后，相继又开发出了工商、邮电、民航、铁路、电力、石油、金融、医疗、劳动与社会保障等十多个行业应用软件，取得了一个又一个新的利润增长点，在国内市场中占有较高的市场份额。

4.建设产业基地，夯实根基

在托普的创业历程中，办公区曾多次搬迁，使公司深感建设自己的产业基地的极端重要性。1995年底，托普公司在毗邻金牛宾馆的土桥工业开发区购买了38亩土地的使用权，期限50年，开始了托普科学城的建设，通过一年的建设，托普科学城投人使用。托普科学城的建成结束了托普人东搬西挪、“寄人篱下”的历史，标志着托普有了自己的科技成果产业化基地。1997年初，托普集团提出了争取建设国家火炬计划西部地区软件产业基地的设想，5月份得到了国家科委火炬办的正式批准。以四川托普科技发展公司、四川托普电子技术有限责任公司和成都托普科技股份有限公司为骨干企业，兴建的西部软件园是国家科技部首批授牌的国家级四大火炬计划软件产业基地之一，2001年又被命名为国家十大软件产业基地。西部软件园的正式授牌是托普集团发展史上又一件里程碑的大事，它为托普集团的进一步发展提供了广阔的前景和良好的“平台”。西部软件园建设的目标是成为国内软件产业的“三基地一中心”，即软件技术产品的研究开发基地、技术人员的培训基地、软件产品的加工出口基地和中小软件企业的孵化中心。目前已建有软件开发中心、网络及通信实验室、软件工厂、技术培训中心、学术交流中心、封闭式软件开发别墅群等主体建筑，通过INTERNET与外部连接，可实现全程无纸化办公和自动化管理。为实现技术、产品和人力资源的本地化、规模化和集团化，已先后在浙江、江苏、上海、广东、山东等省市建设软件产业基地近30个，基本上形成了覆盖全国的产品研发、制造、销售与技术服务网络。

5.高科技与资本市场相结合，实现新的“飞跃”

经过几年的创业，托普集团有了自己的技术、产品和市场，但托普认为：要成为国内及至国际上的知名软件公司，仅有产品和技术还不够，必须通过资本经营，实现高科技与金融资本相结合，实现新的飞跃。托普集团的资本经营的成功举措是重组四川长征机床股份有限公司。川长征是1995年11月在深圳证券交易所上市的股份公司，主营金属加工、机械制造和机床附件制造。1997年11月，川长征决定购买四川托普科技发展公司持有的成都托普科技股份有限公司1050万股的股权，成为托普科技第一大股东，川长征主营业务也发生重大变更，由机床制造加工扩展到计算机软硬件、应用电子、网络技术等领域；1998年4月，四川托普科技发展公司购买川长征的全部国家股。占长征公司总股本的48.37%，使托普发展成为该上市公司的第一大股东，至此，托普集团的下属子公司成功控股深交所上市公司—四川长征机床股份有限公司。此次重组实现了高科技信息产业与传统机械制造工业的结合，市场经济体制下的民营企业与计划经济体制下的国有企业的结合，高科技与金融市场的结合，受到了媒体的广泛关注，曾被专业媒体誉为“1998年最受关注的资产重组典型案例”。续托普软件成功“借壳上市”之后，托普集团的炎黄在线又在深交所上市，托普科技在香港创业板市场上市，是西部第一家在香港创业板上市的民营高科技企业，从而使托普集团拥有3家上市公司的巨大“壳”资源，为托普高科技信息产业的发展提供了强大的资本支持。

6.高新技术产品与传统产业、民营科技企业与国有企业的成功嫁接，相互促进

托普认为，与川长征的重组绝不是追求一时的轰动效应，也不仅仅是借壳、买卖的关系，而是要实现高新技术产品与传统产业、民营高科技企业与国有传统企业的成功嫁接，使两者相互促进。在托普顺利完成重组川长征之后，托普集团向长征公司注人了大量的优质资产。结合托普集团在软件开发上的优势与长征公司在机床生产上丰富的技术实力和经验，1999年托普长征公司研制开发出的新型数控机床已经出口德国，并与英国知名的机床生产企业—桥堡公司合资组建新公司，全面进军数控机床领域。更重要的是，通过大量的交流与沟通，新兴的托普民营高科技企业对川长征国有企业的思想观念、企业文化、经营机制、管理体制进行了重组，使国有企业的体制、机制和员工的思想观念适应市场经济的要求。重组后的川长征焕发出了生机和活力，重组的当年即1998年托普长征软件股份有限公司每股收益从1997年的0.008元大幅度提升到1998年的0.504元，主营业务收入22076万元，实现利润6493万元，取得了显著的效果。托普对“金狮股份”的资产重组也是如此：通过采取“切人、稳定、发展”三步走的方式，高起点的导人了托普的管理运行机制，并利用原公司生产自行车的优势，通过技术改造和开发具有时代特点的新产品，使变更后的“金狮股份”即“炎黄在线”面貌大为一新。

7、实施东进战略，迈向国际化

在重组川长征、建设西部软件园等重大举措取得巨大成功之后，托普的内部管理体制更加成熟，综合实力和社会知名度大大提高，加之有利的外部环境，使托普具备了抓住机遇、快速发展的条件。在这种背景下，托普按照“深化西部、拓展东部、东西合璧、迈向国际”的战略构想，果断东进。先从浙江绍兴投石问路，然后在常州、宁波、威海、无锡、金华、江宁、台州等地迅速通过合资合作方式建立软件园。经过短短的两、三年建设，一个以上海东部软件园为中心，以浙江、江苏、山东、广东等多个软件园为战略支撑点的东部软件产业带已经初具雏形。在此基础上，托普全面进军通向国际的“桥头堡”——上海。2000年11月，位于上海浦东世纪广场的上海托普软件园以及设在陆家嘴永华大厦的托普客户中心正式投人使用，托普集团华东区管理中心也正式迁到了上海，2001年3月确立了托普集团上海中心，至此，托普分西部的成都、东部的上海两个中心运营的战略思路已经实现。西部成都中心是托普集团发展的根基，东部上

海是托普未来发展的依托和走向国际的必由之路。

8.寻求广泛的合作，形成核心竞争力

托普的高速发展与开展国际国内合作是同步进行的。托普与外界的合作非常广泛，既包括与政府和行业部门的合作，又包括与大专院校和科研院所的合作，还包括与国内外企业的合作，合作的方式多种多样。到目前为止，托普集团先后与国内的中国科学院软件研究所、软件工程研究中心、电子部西南通信研究所、西南交通大学等十多所大学和科研机构开展了技术合作；与国外的微软、英特尔、CA、Oracle、IBM、Lotus、Lucent、Cisco、 Nortel networks等国际著名企业建立了合作伙伴关系；与台湾的研华科技、胜创科技、联宝集团、Surecom公司等合资成立了工程研究中心、IC测试与先进封装技术中心、笔记本电脑与PDM产品研发中心、无线通信网络产品研究中心；与四川自贡市高新区共同建设西部软件园川南分园；与上海裕安公司共同组建“上海西部软件园有限责任公司”；与省外政府和企业合作建设浙江托普软件园、宁波托普国际软件园、常州托普软件园、威海托普软件园、湖南托普软件园等几十个软件园。此外，托普还在香港、美国、澳大利亚、爱尔兰、印度、新加坡、台湾等多个国家和地区设立了分公司和办事处。所有这些大大提高了托普集团的核心竞争力，使托普不仅创造了今天的辉煌，而且具备创造明天辉煌的能力。

二、托普快速成长的原因

托普集团如此高速的增长和达到资产上百亿元的规模，连当初的创业者也没有想到，那么，托普集团成功的奥秘是什么？我们认为，以下几个原因尤其重要：

1.创业者是一个真正的、具有人格魅力的企业家

我国相当部分的民营科技企业的创业者与托普一样，最初是技术专家或教授，然而，他们有许多演变不成一个真正的企业家。这是因为企业家的素质要求与技术专家完全不一样，需要创新才能的复合性和企业家精神与人格魅力。而托普集团的创立者------宋如华确实是一个真正的企业家：他具有中国知识分子普遍具有的“先天下之忧而忧，后天下之乐而乐”的秉性，这就使他不断地把他的事业推向前进；他具有较高的理论素养，能够把创业过程的实践不断加以提炼，上升到理论层面使之升华，这使他的视野非常开阔，具有敏锐的洞察能力和分析判断能力；他具有很强的社会责任感，能够在企业发展的同时给予社会回报，这使他的企业与社会始终处于和谐状态，；他具有“希望有人超过我”的谦虚精神，这使他不断地向外界汲收有益营养；他具有爱才、惜才如命的个人品德，这使他的企业能够广招贤才，共同支撑托普发展的“大厦”；他具有很强的领导和管理能力，能够把托普人凝聚成一个杰出仍企业团队，及时把一个民营企业从人治管理推向法治管理；他具有很强的创新精神，能够根据不变化的形势与世俱进；他具有极高的人格魅力和宣传口才，能够使员工受到强烈的精神陶冶，自觉为托普奉献……正因为托普有一个真正的企业家在作支撑，并带出一大批优秀的企业管理团队和员工，才使托普的经营方略始终沿着正确的轨道运行，才使托普取得今天的巨大成功。

2.正确的发展思路与高超的战略战术

从托普成长的历程中，我们可以看出，托普的发展思路是非常正确的。总的发展思路特征是：始终坚持走产业化、实业化、科技化的道路，把计算机软件、硬件、网络、电子通讯、精密数控机床等产品的研制、开发、生产及售后增值服务等高科技领域作为自己的主业，绝不在与自身特征不相符合的行业从事以赢利为目的商业活动。托普根据实践，创造了一系列高超的战略战术，如，“搭车上路，借鸡生蛋，借壳上市”、“抓住机遇，把一件事情推向一个事业”、“产品经营与资本经营两条腿走路”、“高新技术产品与传统产业，国有企业与民营企业嫁接，相互促进”、“在经济萧条的时候积极进行资本扩张”、“搭建平台，拷贝模式”、“以空间换机会，精心选择薄弱环节人手，获得更大的市场空间”、“以点带线，以线带面，由面到片地开拓市场”、“用户中心论”、“小步幅，快频率”、“重组三部曲：切人——稳定——发展”、“东西合璧，两个中心，走向国际”等，这些经验都值得借鉴。

3.建立一套符合市场经济规律的规范化、信息化管理制度

作为在市场竞争中脱颖而出的托普集团，率先建立了符合市场经济规律和高科技企业成长特点的管理制度和运行机制。托普集团奉行“以人为本、以技术为魂、以市场为动力、以管理为纽带”的企业管理理念，坚持股东、用户、员工、社会四者利益的统一，采取大集团、小公司，内部市场化与独立核算体制相结合的基本经营管理方式。托普在管理上非常重管理规范化、制度成文化、管理信息化。托普加强和改善管理具有开创意义的举措就是把企业经营管理中探索出来的一套经验形成《托普典章》，它包括了托普企业的创立、理念、事业的基础、核心价值观、指导思想、奋斗目标等托普法典；决策体系与运作、管理总则与机构体制、监督保障体系与组织构成等托普法规；企业发展、市场营销、研究开发、产品制造、内部控制、资本运营等托普规章。《托普典章》的形成标志着托普从此真正实现了由“人治”到“法治”的转变，是我国民营科技企业加强和规范管理的重大创举。托普加强和改善管理另一个特色就是投人巨资进行以ERP为核心的信息网建设，在同行业企业中率先建立起数字化管理和信息化平台，做到了人人有一台电脑，实现网上办公、网上信息交流，大大降低了管理成本，提高了管理效率。

4.具有吸引、培养、使用人才的良好机制和环境

在高科技企业发展中，人才始终是决定的要素。托普认为：人是托普之本，自律、敬业、积极进取、勇于创新的员工是托普最大的财富。因此，托普建立了一整套吸引、培养、使用人才的良好机制和环境。在吸引人才上，坚持“以人为本，广揽贤才”的指导思想，坚持“先德后才，德才兼备”的择人原则；在用才上，坚持“任人唯贤、人尽其才”的用人原则，对有知识、有能力、有协作精神和献

身精神的员工，不拘一格，大胆提拔；在激励机制上，引入竞争机制，优胜劣汰，根据不同工作的重要性和难易度，分别实行不同的工资体制，总监级以上的经营者和高级技术、业务人员以及特殊岗位实行年薪制，经营者、管理者、技术人员和员工分别给予不同程度的股权和期权激励，使员工与企业成为共同体；在吸引人才上，实施人才“双百工程” ，即培养和引进100名高级人才，每人投入100万元，为其提供优越的工作生活环境和广阔的发展空间；在人才培养上，重视年轻管理骨干、技术骨干和业务骨干的培养，狠抓后备队伍建设，建立托普信息技术学院，为托普自身的发展进行人才培养和知识更新；在人才管理上，坚持公平、公道、公开与公正的基本准则，实行民工管理。

5.形成了符合高科技发展要求，又有自身特色的企业文化。

企业文化是凝聚一个企业的精神支柱，是企业发展活的灵魂。托普人为什么能在最艰苦、最恶劣的情况下仍然为托普事业而奋斗，为什么托普的技术人员不受其他高薪企业的诱惑，而坚持在托普公司一如既往兢兢业业地工作?这就是托普从“企业即人”的观点出发，非常重视企业文化建设，形成了有自己特色但又逐渐与国际接轨的企业文化，这种文化是一种“校园气氛”与“军营作风”相结合的文化，是一种体现“以人为本”的文化。托普非常重视感情的投入，企业领导与员工之间经常在一起谈思想、谈人生，相激发创新豪情。无论哪一位员工过生日，都能收到礼物和祝福，使员工倍感托普的温暖。托普非常重视企业理念、企业精神、企业核心价值观的建设，把“团结、实干、开拓、奉献、忠诚、爱国”作为托普的企业精神；把“共同为社会提供最能反映普托特征的技术、产品和服务来回报顾客、股东、合作伙伴、社区和政府”作为托普的企业理念；把“人、德、诚、勤、市场、技术、资源、管理、发展”作为托普事业的基础。正因为托普致力于建设自己的企业文化，营造良好的企业文化氛围，才使托普具有很强的向心力和凝聚力，进而激发出强大的创业、创新热情。

6.企业与环境的和谐

托普作为一个民营高科技企业，尽管政府没有干预也无权干预其经营活动，但托普的整个发展又受到了政府政策和环境的支持，很难想象托普取得今天的高速发展没有政府的支持能够达到。托普集团先后被列入四川省重点扶持的31家民营企业之一，被列入“小巨人”计划和“8加5”工程企业；被成都市列为“九五”支柱产业重点扶持企业、四大科技成果转化示范基地之一，以托普为骨干建设的西部软件园被列入国家四大软件产业基地之一等，这些都为托普集团的快速成长提供了有利的环境和条件，这表明：一个民营企业的成长的确需要良好的环境和政策作为重要条件。另一方面，托普集团也非常善于与政府、行业部门、企业和社会各界保持良好的合作关系，塑造社会形象。例如，托普每次重大会议都请省市领导参与，对鼓励托普员工士气和对外宣传起到了很大帮助；托普与税务、工商等行业部门的良好合作，为其计算机自动计税系统软件和工商信息系统软件的研究开发和迅速扩展市场起到了很大的效果；托普出巨资捐助社会事业等，这表明：企业与外界是相互共生的关系。

三、托普快速成长的启示

托普集团的高速发展为我国如何发展高科技，实现产业化提供了如下重要启示：

1.民营高科技企业是实现高新技术化的重要力量。我国民营高科技企业大多创业于20世纪80年代，经过近20年的发展，成长起来了一大批像托普那样资产达几亿、几十亿的大型民营高科技企业。这些企业具有很强的创业创新动力和灵活、高效的经营机制，正在成为我国发展高新技术产业的重要力量、国家和地区经济发展新的增长点、改造和提升传统产业的源泉。因此，政府必须要高度重视民营高科技企业的成长问题，切实为它们创造一良好的环境。

2.创新是高科技企业成长的生命。从托普案例来看，其经营战略、技术、管理、产品、市场无时无刻不体现创新特征。没有创新，就不可能有《托普典章》的诞生；没有创新，就不可能使托普有“把一件事情推向一个事业”的效果；没有创新，就不可能使托普不断有新的产品推向市场。高科技市场的竞争非常激烈、技术和产品更新的周期日益缩短，这就需要高科技企业始终保持很强的研究开发投入和旺盛的创新精神。

3.企业家是高科技企业成长的核心。高科技企业能否成长，成长到何种程度，企业家是决定其命运的决定性力量。从托普案例来看，的确是一个真正的企业家才使托普取得了令人瞻目的成就。我国不缺科技专家，也不缺管理专家，然而具有强大的创新精神，既是科技专家、又是管理专家的复合性企业家非常稀缺。高科技企业的成长壮大恰好最需要既懂科技、又善于管理，并具有很强创新能力的复合性企业家。这就给我们提供了一个重要政策含义：如何在科技专家的基础上选拔培养一批企业家，对于推动我国高新技术产业化的发展非常重要、非常紧迫。

4.高素质人才队伍是高科技企业成长的关键。由高科技产业知识技术密集特征所决定，高科技企业起决定作用的不是物质资本而是人力资本。而要充分发挥人力资本的作用，则必须形成有利于吸引和使用人才的激励机制。各国发展高新技术产业的实践表明：建立知识要素有效参与分配的制度是吸引高科技人才的根本保障，通过技术入股、管理入股、科技人员入股等方式建立股份期权制是充分调动人才积极性的重要途径。

5.形成明晰的产权是高科技企业进一步发展的必然要求。从托普案例来看，在1994年就进行了股份合作制改造，明晰了产权，这对于托普之后的发展功不可灭。然而，我国相当一部分民营科技企业因与科研院所、大学及至主管部门有错综复杂的关系，产权不清楚的问题并没有得到很好地解决，创业者、经营者、技术、科技人员通过股权有效参与分配问题并没有完全落实。倘若我国的高科技企业产权不明晰的问题无限拖延下去，肯定会严重制约企业的进一步发展。我国有些高科技企业因产权不明晰已经出现各种矛盾和问题，政府对此应给予足够重视。

6.资本市场尤其是风险投资是高科技企业成长的重要条件。从托普案例来看，它们创业初期不是不想搞科技成果转化，而是仅有5000元资金根本不可能一开始就进入产业化领域，只好选择做代理、做贸易的方式积累创业资本。然而，如果托普从创业初期就有足够的创业资本支持，今天的托普还可能大不一样。目前，我国大量的高新技术成果需要及时转化，如果没有风险资本的支持，务必对科技人员创新创业和高新技术成果实现产业化形成严重制约，毕竟高科技产业化事业是一项高投入、高风险的事业。然而，目前我国风险资本发育严重不足，专为高科技企业提供融资渠道的“二板市场”还未建立，这个问题已是当前制约我国高新技术产业化的首要“瓶颈”，政府应想尽办法在这个问题上有实质性的突破动作。

7.创造良好的环境是高科技企业成长的重要前提。任何一个企业都是在一定的环境下生存和发展，良好的环境能够使企业发展的进程加快。高科技企业因其高技术、高投入、高风险性，尤其需要创造一个良好的环境。从各国发展高新技术产业的经验来看，创造良好的环境普遍采用的方式是建立高新技术产业开发区、创业服务中心、孵化器、科技园等方式，为进区高新技术企业提供局部优化的创新环境和政策支持。

厦门经济特区盛达进出口有限公司

厦门经济特区盛达进出口有限公司从1991年至2000年均被厦门市人民政府评为“重合同、守信用”企业，1997年4月还获得厦门市工商行政管理局颁发的连续三次以上荣获厦门市“重合同、守信用企业”称号证书；1999年3月被福建省工商行政管理局授予“1997～1998年福建省重合同、守信用单位”；1999年被厦门海关评为“厦门海关实行A类企业管理单位”。在1998年东南亚金融危机严重影响外经贸的形势下，公司仍取得较好的经济效益和社会效益。1995年7月，公司党支部被贸发委直属党委评为1996～1997年度先进基层党组织。

厦门经济特区盛达进出口有限公司董事长傅泰慧女士，近年来被政府和有关单位聘为厦门市政府项目采购专家、海沧大桥工程招标专家委员会委员、厦门市法官协会名誉理事、中国女企业家协会副会长。

东软集团

东软集团是以为社会和企业信息化提供全面解决方案为核心业务，集基础软件技术研究、产品开发、软件风险企业投资、软件出口、顾问咨询和服务为一体的高科技企业集团，是目前中国在解决方案领域最优秀的软件企业之一。

经过11年的发展，截至目前，公司投资设立了国内首家上市软件企业——东软软件股份有限公司(原东大阿尔派软件股份有限公司)，东软集团中间件技术分公司、东软集团商用软件分公司，东软数字医疗系统股份有限公司，东软创业投资有限公司，东软网络服务有限公司，东软信息技术学院在内的多家控股企业，现有员工5000名，注册资本5.6亿元，总资产达32亿元，2001年公司主营销售收入18.41亿元，位居中国软件企业榜首；并拥有东大软件园、东大科学园、东大软件园大连园区和南海东大软件园四个高科技园区。东软集团是国家技术创新试点企业、首批863计划产业化基地；同时拥有国家命名的第一个计算机软件国家工程研究中心、国家数字化医学影像设备工程技术研究中心，并以这两个研究中心为技术依托，在追求技术先进、产品卓越的道路上进行着孜孜不倦的努力。几年来，公司承担了70多项国家、省市各类攻关项目，在数据库管理系统、软件设计方法学、网络技术、分布式多媒体信息处理、信息安全、商业智能、应用管理、移动计算、图象处理与识别、数字化医学影像、嵌入式系统设计等领域都取得了令人瞩目的成就。

东软作为软件中间件和产品的开发商及解决方案的提供者，一直致力于国家基础信息设施建设与企业信息化建设，相继开发出数十种应用系统、公共平台、中间件产品以及嵌入式软件和系统产品，并且在国内软件行业率先通过ISO9001质量认证和CMM三级认证。公司在全国40多个分支机构建立了8个大区总部，同时建立了庞大的营销和服务网络，为其用户提供全方位的本地化服务。目前，东软的解决方案和产品已广泛应用在电信、电力、金融、社保、政府、教育、企业、税务、服务等各行各业，拥有海尔、春兰、美的、荣事达、中国联通、辽宁社保等大型用户3000家。其中电信行业在中国联通拥有省级客户达19家，CDMA和综合营账系统市场占有率第一； 中国移动7个省短信增值服务系统，市场占有率第一；社保业务遍布国内66个中心城市，260个中小城市及企业。医保市场占有率达40%，居全国第一；东软网络NetEye防火墙系列产品国内市场占有率达30%，市场占有率连续2年保持第一。

同时，东软利用自身在嵌入式软件方面的技术优势，采用“虚拟制造”的生产方式，研制并生产了全身CT扫描机、螺旋CT、核磁共振、彩超等一系列数字医疗产品，成为国内首家可以提供全系列数字医学影像产品的企业。其中螺旋CT扫描机通过美国FDA认证，这是我国高科技医疗产品首次获得进入美国市场的通行证，由此中国成为全球第四个出口螺旋CT的国家。

同时，公司非常注重国际化的发展，先后与Sun 、IBM、Cisco、CA等知名企业结成战略合作伙伴关系，与诺基亚合资成立东软诺基亚通信技术有限公司，与Oracle成立东软Oracle电子商务虚拟公司等等。目前，东软已与日本、美国、韩国、芬兰、荷兰、中国台湾等国家和地区的跨国企业建立友好合作关系，并且积极开拓国际市场，承接国际合作项目，已成为中国软件的重要出口商。

http://www.neusoft.com.c

附 录

附录一　2002中国开发区发展大事记

一　月

哈尔滨经开区与高新区管理机构合并

2002年1月6日，哈尔滨经济技术开发区与哈尔滨高新技术产业开发区管理机构合并为哈尔滨开发区，两个开发区管理体制的合并，是强强联合，意味着一个目标更高、实力更强、后劲更足、发展更快的全新的国家队的诞生，标志着哈尔滨开发区迈进了新的发展阶段。

昆山开发区将建立戴尔电脑认可的全球物流系统

1月8日，昆山市委常委、昆山开发区管委会主任宣炳龙与全球一流的物流公司新加坡YCH集团总裁叶建国签订了建立物流系统的合作意向书。美国戴尔电脑负责全球物流的副总裁和戴尔亚太地区的物流总监出席了签字仪式。昆山开发区与YCH的合作，必将使昆山经济技术开发区投资环境更加优势，更具有竞争力，大大降低企业的交易成本，增强企业在国际市场上的竞争能力。

王永庆考察昆山开发区

1月10日，台湾台塑关系企业董事长王永庆携夫人来昆，考察了南亚塑胶工业股份有限公司昆山分厂的建设情况。省委副书记、省长季允石，省委常委、苏州市委书记陈德铭，市长杨卫泽，昆山市委书记张雷，代市长王竹鸣及夏梁鑫、宣炳龙等市领导接待了王永庆一行并陪同考察。

总投资8亿美元的欧洲工业园日前在秦皇岛开发区开工建设

一个专门面向欧洲投资者的工业园日前在秦皇岛经济技术开发区开工建设，总投资将达8亿美元。欧洲工业园位于我国东北和华北的联接点，中国环渤海经济带的中心位置，地理位置非常独特。以工业园为中心，1000公里的半径内有人口4.1亿，国内生产总值4800亿美元。根据目前的发展速度，到2010年，本地区的GDP按现行汇率计算将达到1万亿美元，这些都为欧洲投资者开拓广阔的市场提供良好的

北京开发区又添新贵　诺和诺德中国研发中心落户经开创业园

1月25日上午，丹麦诺和诺德中国研发中心开幕典礼在EDI大厦隆重举行，正式入驻北京开发区内的经开创业园。

有着80年历史的诺和诺德公司是丹麦最著名的跨国公司之一，在糖尿病研究治疗和药物开发领域居世界领先地位，其设在经开创业园中的中国研发中心是在北京设立的第一家致力于生物技术研究的跨国公司中国研发中心，该中心运用生物技术和分子生物学领域国际最前沿的研究方法，进行与世界同步的研究。

二月

清华大学经济管理学院与天津开发区签订长期定点培养博士后的合作协议

2月1日，清华大学经济管理学院与天津开发区签订长期定点培养博士后的合作协议，并在此基础上使天津开发区逐步成为清华大学教学和实验的基地。此举使天津开发区在以往自主培养博士后的基础上又迈出了新步伐。

首信集团正式迁址北京开发区

2月7日下午，北京经济技术开发区管理委员会与北京邮电通信设备厂（简称首信集团）在开发区签署合作协议。首信集团将北京首信诺基亚移动通信有限公司注册地址迁入北京经济技术开发区。

三　月

贵州开发区引资30亿

贵州省贸易合作厅近日透露，贵州省开发区利用对外开放的窗口作用和高效灵活的引资功能，主动出击，争当主角，2001年招商引资取得丰硕成果。

据介绍，2001年贵州省开发区招商引资实施项目603个，比上年增长72.29%，实际到位资金36.74亿元，同比增长61.60%。这些招商引资项目中，省外投资项目118个，实际到位资金总额11.23亿元，占全部实际到位资金总额的30.57%；利用外资签约项目11个，实际到位资金总额1428万美元，比上年增长6.33%。

美国捷普集团（广州）公司于广州开发区奠基

3月8日，捷普电子（广州）有限公司厂房动工奠基仪式在东区举行。美国捷普集团为世界第四大线路板生产商，是一家以电子产品为龙头的大型高科技跨国公司，经过近40年的发展，经营事业横跨全球。他们生产的掌上电脑、手提电脑、移动电话、光纤网络产品、办公自动化设备、工业控制设备以及汽车控制线路等各类高科技产品供应PHILIPS、DELL、COMPAQ、IBM等世界知名企业。随着该集团业务的不断发展，同时也为满足亚太市场对其电子产品的需求增长，捷普集团在中国考察两年，最终选择落户在具有优越投资环境的广州开发区。

北欧最大汽车企业沃尔沃公司落户浦东金桥

北欧最大的汽车企业——瑞典沃尔沃公司近日落户上海浦东金桥出口加工区。据悉，上海金桥出口加工区开发股份有限公司与沃尔沃建筑设备（中国）有限公司正式签署了34000平方米的《场地租售合同》。

年销售收入达173亿美元的瑞典沃尔沃集团是瑞典最大的工业企业集团，在巴士汽车、卡车、建筑设备制造和航空航天等领域均居国际领先地位，名列世界500强。沃尔沃建筑设备集团是沃尔沃集团的成员之一，以铸造高质量的建筑设备而闻名于世。

国务院批准甘肃兰州经济技术开发区为国家级开发区

3月15日，经国务院批准，甘肃兰州经济技术开发区为国家级开发区，实行现行的国家级经济技术开发区的政策。兰州经济技术开发区东起580、581号规划路，南至516、571－1号规划路和甘肃农业大学北侧，西至530号规划路，北至502、511号规划路。规划范围总用地9.53平方公里。

国务院批准江苏南京经济技术开发区为国家级开发区

3月15日，经国务院批准，江苏南京经济技术开发区升级为国家级开发区，实现现行的国家级经济技术开发区的政策。南京经济技术开发区位于南京东北郊，东起仙新路，西至二桥连接线，北起太新路，南至栖霞大道，规划面积为13.37平方公里。

四 月

曲维枝考察天津开发区电子政务

4月4日，国务院信息化办公室副主任曲维枝在天津开发区考察时指出，天津开发区信息化工作起点要更高一些，思路更开放一些。必须做到与国际接轨，把资金流、信息流、物流等最基础的工作做好，从应用入手，为企业解决实际问题。

大连市进一步向开发区下放管理权

为适应我国加入世贸组织的新形势需要，进一步加快大连开发区建设步伐，促进大连市改革开放和经济建设快速发展，日前，大连市政府进一步向开发区下放了行政管理权，包括下放管理和审批权限37项。下放的权限涉及到外资投资项目审批、财税审批事项、户籍管理、交通管理和文化、卫生审批权等诸多方面。

世界500强8家进入安徽芜湖开发区

安徽芜湖开发区不断优化投资环境，吸引了众多国际跨国公司前来投资。目前，世界500强参股和经营的企业已有美国花旗银行、通用公司，德国西门子VDO公司、GEA公司，日本日立公司、川崎重工、住友公司，法国道托尔公司等8家企业进入开发区。

南京经济技术开发区晋升国家级正式挂牌

4月9日上午，紧邻中国内河第一大港——新生圩港的南京经济技术开发区隆重举行晋升国家级开发区揭牌仪式，国务院是于今年3月15日正式批准南京经济技术开发区为国家级经济技术开发区的。

成立于1992年9月18日的南京经济技术开发区，1995年以来抓住体制改革和公司上市的机遇，以资本运作领航，为开发区大规模、高标准的基础设施建设募集了雄厚的资金。开发区还着力营造“一站式”服务等软环境，将引进大项目作为主攻方向，取得长足发展。

截止到2002年4月，开发区进区企业1024家，总投资185.8亿元，合同利用外资10.8亿美元，实际利用外资5.06亿美元。投资的国家和地区有20多个，千万美元以上项目60多个。开发区已连续3年被授予江苏省“先进开发区”称号。

罗马尼亚参议院议长沃克罗尤访问北京开发区

4月22日上午，应全国政协主席李瑞环邀请来华访问的沃克罗尤议长一行到北京开发区区参观访问。工委副书记、管委会副主任陈文申向罗马尼亚议会代表团全面介绍了开发区的情况和建设开发区的体会。罗马尼亚驻华大使约安敦卡陪同来访。全国政协委员、原外经贸部部长谷永江、全国政协外事局局长陈默也陪同访问。

石广生部长一行考察重庆开发区

4月25日下午，外经贸部部长石广生一行在重庆市常务副市长王鸿举等陪同下，来到重庆经济技术开发区视察。石广生部长认为重庆开发区正面临着新的发展机遇，并就如何抓住新的机遇，加快开发区发展，对重庆开发区提住了要求。

全国开发区WTO知识培训班在邕举办

4月22日至24日，全国国家级开发区领导干部WTO知识培训班在南宁举办。外经贸部世贸司、外资司、公平贸易局和中国开发区协会的领导以及各省、市、自治区30多个国家级经济技术开发区的领导干部，共70多人参加了培训班。南宁市各有关部门和企业的负责人也参加了培训。

着力培养涉日企业高级管理人才　南大亚太学院落户泰达

4月26日，天津开发区、日本亚太论坛、南开大学三方签署了合作建设南开大学亚太学院的协议书。该学院的建立将满足在华日资和中日合资企业高级管理人才的需求，对天津开发区科技人才的储备，对促进教育体制改革和经济发展也将发挥积极的作用。

五　月

“2002天津·《商业周刊》论坛”5月8日在天津举行

由天津市人民政府与世界著名传媒《商业周刊》共同主办的“2002天津·《商业周刊》论坛”2002年5月8日在天津举行。该论坛被认为是本年度在中国举办的最重要的国际会议之一。论坛将以“新世纪，新视野，中国入世后的商机”为主题，邀请包括美国前总统乔治·布什、菲律宾前总统拉莫斯、世界贸易组织候任总干事素帕猜等人在内的逾200位国际政要、商界领袖和专家学者就中国入世后的商机、国企改革、吸引外资等专题进行精彩的论述。

鞍钢与蒂森克虏伯在大连开发区建国内最大合资钢铁厂

世界著名的钢铁企业德国蒂森克虏伯钢铁股份有限公司与鞍山钢铁集团携手合作，在大连开发区成立目前国内最大的钢铁合资企业，专业生产国内外市场走俏的镀锌钢板。该合资公司总投资1.8亿美元，中德双方企业各持五成股份。投产后可年生产汽车镀锌板32万吨，家电用镀锌板8万吨，能够满足国内市场汽车用钢特别是高级轿车面板的市场需求。

“中国工业园区环境管理研讨会”在泰达召开

5月11日~13日，由国家环保总局和联合国环境规划署共同举办、天津开发区承办的中国工业园区环境管理试点工作研讨会在天津开发区举行。U N E P和国家环保总局的官员以及专家学者3 0多人参加了本次大会。

世界电子业巨头东芝在中国杭州建立全球化IT生产基地

5月17日，东芝公司宣布，决定在浙江杭州出口加工区建立东芝全球性的笔记本电脑生产基地。东芝公司将投资70亿日元，建设工厂和生产线。预计2003年4月正式投产，当年的职工人数将达1700人，年产笔记本电脑75万台。到2004年，产量将达240万台。就单厂产量来说，其生产能力居世界第一。

海外留学生最大投资企业落户苏州工业园区

美国AEM控股集团董事长张海明，近日携3000万美元进入苏州工业园区安营扎寨，创建迄今中国海外留学生回国投资的最大企业。

据悉，这家曾三度入选“全美成长最快五百家私营企业”排行榜的著名电子企业，今年年内就将在苏州投产，当年可实现产销3亿只元件，到2004年将达到30多亿只，销售额届时将突破3000万美元。

诺基亚星网二期在北京开发区启动

在5月23日天上午开幕的开发区建设成果展示会上，北京市最大的外商投资项目——星网(国际)工业园抛出“绣球”：星网二期即将启动，

星网二期计划引进15至20家著名企业。星网工业园是诺基亚全球战略的重要组成部分，以北京首信诺基亚移动通信有限公司为龙头，将原材料、零部件等生产集中在一个空间，它是国内第一个真正形成完整产业链的移动通信产业基地，建成后的星网工业园年产值将超过500亿元。

大连开发区投资贸易洽谈会上签定项目35亿日元

5月24下午，在2002中国—大连开发区投资贸易洽谈会上，日本投资界、企业界和区内有关企业代表聚集一堂，共商经济技术合作事宜。当天，共有5个项目达成合作意向，并当场签订投资协议，投资项目金额达35亿日元。

北京开发区科博会上签约32.1美元

第五届中国科技产业博览会进入高潮，作为分会场的北京经济技术开发区5月26日举行了隆重的签约仪式。在前几届国际周上被称为最大赢家的北京经济技术开发区本届科博会共签项目23个，总签约金额32.1亿美元，比去年增长3亿多。

苏州工业园区中新联合协调理事会第六次会议在新召开

苏州工业园区中新联合协调理事会第六次会议5月28日在新加坡举行。中国国务院副总理、理事会中方主席李岚清和新加坡副总理、理事会新方主席李显龙共同主持了会议。

会议重申，苏州工业园区是中新两国政府间最大的合作项目，园区项目已成为中新两国友好合作的成功典范。中新联合协调理事会将一如既往地采取积极措施，支持园区加快发展，并通过合作建设苏州工业园区，进一步发展中新两国之间在经济技术、教育文化等方面的合作与交流，加深两国人民之间的友谊。

大连开发区放宽市场准入条件

大连市工商局开发区分局日前出台相关政策，在放宽市场准入条件和经营限制上降低了门槛。政策规定，取消登记时提交“暂住证”和“职业证明”的限制，凡法律法规没有明令限制的，凭个人身份证即可到注册登记机关申办营业执照；放宽企业注册资本的限制，生产型企业注册资本最低在30万元，商业型企业注册资本最低在10 万元。

政策还规定，除国家法律、行政法规规定应当进行专项审批的经营项目外，企业可以跨行业、跨领域、全方位地自主开展经营活动。

此外，工商部门还允许新设立的生产型、科技型企业的注册资本分期到位，注册资本在100万元以上、200万元以下的，允许1年内分期到位；200万元以上的，允许2年内分期到位。同时，以工业产权、非专利技术作价出资的，其出资额可占企业注册资本的50%。

烟台开发区出口总额全市排名第一

2001年以来，烟台开发区外贸出口形势趋好，截止4月底，全区完成出口总额1.3亿美元，同比增长16.2%，排名烟台市第一。

外资企业依然是烟台开发区区外贸出口的主力军。1～4月份，外资企业出口1.2亿美元，同比增长24.

1%，占全区出口总额的92.9%，其中，出口300万美元以上的企业8家。机电产品与高新技术产品出口保持较快增长，同比分别增长14.6%和60%。1～4月份，加工贸易出口占全区出口总额的67.7%，同比增长了11.3%，为烟台开发区区贸易总量的增长与结构的改善起了重要的推动作用。

上海金桥(南区)管委会揭牌成立

浦东金桥出口加工区（南区）管委会暨浦东海关驻金桥出口加工区（南区）办事处（筹）揭牌仪式于5月31日上午举行。

2001年9月，国务院正式批准金桥出口加工区（南区）实行海关封闭管理，这是中国加入WTO之际，中央支持浦东开发的又一重要举措。规划面积2.8平方公里的金桥出口加工区（南区），即，海关监管区，是国务院批准的全国17个出口加工区之一，是上海市和浦东新区的重点工程。它的建设，对于逐步使金桥出口加工区成为中外企业在环太平洋地区一个重要的出口加工基地，推动上海加工贸易，扩大出口，对于浦东实现黄菊书记要求的“三个提高”，即进一步提高外向型经济层次、提高高科技产业能级、提高现代化管理水平，推进浦东新一轮开发开放具有重要的意义。

六　月

广州开发区与广州保税区合并

根据广州市委、市政府和机构编制委员会的文件精神，2002年6月6日，广州经济技术开发区和广州保税区正式合并，挂广州经济技术开发区、广州高新技术产业开发区、广州出口加工区、广州保税区四块牌子，由合并后的广州经济技术开发区党委、管委会对四区实行统一组织领导和管理。

四区实行统一领导和管理，有利于实现四区人、财、物等资源的最佳配置，有利于四区的优势互补，形成合力，促进协调发展。现广州经济技术开发区管理委员会保税业务管理局已经成立。

青岛开发区固定资产投资保持高速增长

1～5月份，开青岛发区完成固定资产投资159059万元，增长56.6%，其中驻区单位完成投资21102万元，增长49%；区属单位完成投资137957万元，增长57.9%。房地产投资继续保持快速增长，完成投资32024万元，增长62.3%，商品房建筑面积118.7万平方米，增长29.6%，商品房销售额18043万元，增长56.2%。

包头稀土高新区顺利通过ISO14000国际环境管理体系认证

包头稀土高新区经过一年多的努力，于2002年6月11日，正式获得中国环境科学研究院环境管理体系认证中心颁发的ISO14000国际环境管理体系证书，这是继 2002年3月14日，包头稀土高新区管委会正式通过ISO9000国际质量管理体系认证，取得的又一项具有国际水平的管理体系认证，也是包头稀土高新区管理上档升级，逐步与国际接轨的重要标志。

包头稀土高新区管委会是内蒙古自治区唯一的一家、也是全国为数不多的同时通过ISO9001国际质量管理体系认证和ISO14001国际环境管理体系认证的行政机关。稀土高新区将以ISO9001和ISO14001认证为起点，进一步增强标准化管理意识，提高工作管理水平和工作效率。

广州开发区500强入区增至60家

目前在开发区投资设厂的世界排名前50D强的跨国企业集团已增至60家。增添的两员新兵为三菱重工公司和三菱化学公司，分别列2001年《财富》杂志跨国企业第158位和第314位。

据介绍，由三菱童工参与投资的广州丰彩菱重印刷科技研发中心有限公司于近日获批准成立。该公司投资总额3980万美元，注册资本1200万美元，主要从事数控印刷技术、印刷机械产品的应用研究、开发、设计、测试和试验软件开发，并提供技术转让、技术咨询和印刷设备售后服务。另一个500强企业三菱化学公司则是由于外方投资者变更而成为广州绿十字药业有限公司的投资者。

大连开发区建立人才发展基金

大连开发区日前决定，由区财政每年斥资500万元作为人才发展资金，以良好的创业环境和优厚的生活待遇吸引人才。大连开发区管委会制订的新规定，把从两院院士、国内外知名专家学者、国家级有突出贡献的专家到高学位高职称的人才以及其他具有特殊技能的人才分为5个类别。企业或科研单位引进这些高级人才并按程序申报审批后，开发区人才发展资金可以资助优秀人才进行境内外考察学习、学术交流和业务培训，资助引进高级人才的科技成果转化和项目研发。同时，人才发展资金还为在开发区居住2年以上的高级人才提供30万元至10万元的一次性购房补助金；为在开发区安家的高级人才提供安家费和每月5000元至3000元的生活补贴；为建立并启动博士后工作站的企业提供10万元至50万元的建站补贴等。

日本三菱重工入驻石河子开发区

在世界500强企业中排名前20位的日本三菱重工株式会社6月8日正式入驻新疆国家级开发区——石河子经济技术开发区。项目总投资3090万元人民币，其中三菱新闻印刷机械有限会社以五色印刷设备及纸箱联合生产设备、激光制版系统、自动粘合机、自动磨光机等高新设备入股。合营公司建成投产后可形成年加工各类中、高档彩印包装品3000万平方米的生产能力，创产值8600万元。

哈尔滨开发区与俄新西伯利亚科技园互建科技孵化器

哈尔滨开发区6月1 5日在此间与俄罗斯新西伯利亚科技园签订互建中俄国际企业孵化器的协议，根据协议，双方各自提供孵化场所和政策服务支持，中方主要提供资金，俄方主要提供技术，在哈尔滨开发区和新西伯利亚科技园进行项目孵化，进而推动中俄高新技术的产业化进程。 双方合作范围涉及电子、新材料、新工艺、生物制药、机械设备及零件等领域。

江苏规范开发区收费行为

6月17日，江苏省物价局、监察厅、财政厅、外经贸厅、体改办等五部门联合发出通知，要求加强对全省开发区的收费管理。

五部门联合拟定的《关于推进全省开发区收费管理规范化管理的实施意见》要求，各地要成立开发区收费规范管理办公室，负责开发区内涉企收费的归口管理和监督。凡在开发区内向企业征收的各项收费，按现行收费管理规定进行审查，经核准后统一向社会公布；未公布的，企业有权拒付。全面推行“一站式”集中收费，企业按规定应缴纳的收费，由开发区收费管理办公室统一征收和结算。

宁波开发区设立投资服务中心

为进一步方便外商投资落户，加大招商引资的力度，宁波经济技术开发区于近日成立了投资服务中心。

据介绍，投资服务中心下设办公室、办证服务部、项目建设服务部、生产经营服务部和生活服务部等5个部门，并由各单位负责人担任中心成员。全区涉及企业设立、建设审批等过程的有关职能部门，都将派员在服务中心办证大厅设置窗口，并将实行“一门受理、并联审批、二次终结、统一收费”的服务流程，凡服务中心对外承诺的各类审批服务事项将全部在中心办证大厅设置的窗口内进行受理。

胡锦涛在辽宁考察大连、沈阳开发区工作

6月10日至17日，胡锦涛在辽宁省委书记闻世震、省长薄熙来等陪同下，先后到大连、营口、鞍山、沈阳等地考察工作。在大连、沈阳等地的经济技术开发区，胡锦涛考察了一些外商投资企业，并同当地干部共商对外开放大计。胡锦涛希望辽宁省充分发挥区位优势，坚持“引进来”与“走出去”双向并举的战略，进一步扩大对外开放，努力拓展经济发展空间。他强调，要积极探索和开辟利用外资的新领域、新方式，不仅要吸引外商投资一般加工业，更重要的是要鼓励外商投资现代农业、高新技术产业、基础设施建设和现代服务业，参与国有企业改组改造，并把引进资金同引进技术、管理、人才结合起来，不断提高利用外资的质量和水平。

云大软件学院落户昆明经济技术开发区

经过多方勘察论证，云南省委、省政府决定将云大软件学院建在昆明经济技术开发区内，并将此项目列为2002年云南省重大建设项目之一。云大软件学院定址在经济区内的高桥村（磋砣村）宝象河畔，该项目用地1000亩（不含预留发展用地），总建筑面积22.91万平方米，建设投资4亿元人民币，学生规模4000人。

云大软件学院是经国家教育部、国家计委批准的试办示范性软件学院。将采取多项扶持政策，是新时期推进高等教育改革与发展的一项重要举措。省委、省政府高度重视，多次召开专题会议研究，并将此项目的建设纳入云南省国民经济和社会信息发展“十五”规划项目，建设产、学、研一体化的信息产业基础。

大连开发区出台20项工商新政策

为全面落实大连市委关于开发区到2010年再造一个新大连的战略部署，开发区在改善投资环境的过程中不断推出新举措。大连开发区公布了最新推出的20项工商新政策。据介绍，这20项新政策以支持企业发展和在开发区营造一个更加宽松的创业发展环境为宗旨。

这20项新政策包括简化手续，放宽市场准入条件，加大政策扶持力度，推进产业结构调整，鼓励实施名牌战略，培育市场主体信用意识及配合服务于招商引资工作等诸多扶持企业和推进经济发展的具体内容。

李鹏委员长视察青岛开发区

6月17日上午，全国人大常委会委员长李鹏在山东省省委书记吴官正、省委副书记、省长张高丽和省委常委、副省长、青岛市委书记、市长杜世成的陪同下，参观了黄岛油港、前湾港码头，视察了海尔工业园并听取了海尔集团负责人的介绍，在游览了金沙滩后返青。

温州开发区引进社区服务“中国第一品牌”

温州经济技术开发区花5万元，引进中国社区第一品牌——苏州邻里中心的管理模式和服务品牌，打造开发区人居环境。该品牌的引人，将为温州市乃至浙江省社区服务建设提供可借鉴的蓝本。开发区管委会负责人告诉记者，邻里中心建成后将成为开发区建设者的乐园、居民家庭的延伸、学生校外活动的基地和“文明园区”创建活动的重要载体及对外展示形象的窗口，为生活在开发区里的居民提供一流的社区服务。

外经贸部副部长魏建国考察青岛开发区

6月17日下午，应邀来青参加2002中国国际电子家电博览会的中国对外贸易经济合作部副部长魏建国在我市有关部门负责人的陪同下，来到青岛经济技术开发区，对青岛港务局前湾港及海尔开发区工业园进行了参观考察。

青岛开发区前湾国际物流工业园正式成立

青岛开发区于6月18日在颐中酒店举行了前湾国际物流工业园成立仪式，并在成立仪式上为率先进入园区的5个项目举行了项目签字仪式。前湾国际物流工业园位于前湾港北侧，占地1000亩，由青岛市航运、陆运的两家龙头企业——山东海丰国际航运集团和青岛交运集团共同投资设立。

国务委员吴仪视察哈尔滨留学生创业园

2002年6月25日，中共中央政治局候补委员、国务委员吴仪在黑龙江省委副书记、省长宋法棠等省、市领导陪同下，考察了哈尔滨留学生创业园和孵化企业圣龙公司，参观了哈尔滨创业中研发的高科技成果，并鼓励他们为国家做出更大的贡献。

国务院批准设立南通出口加工区

南通出口加工区6月21日经国务院正式批准设立。这对南通乃至整个苏北、苏中开放型经济发展将产生积极的推动作用。南通出口加工区位于国家级南通经济技术开发区内，总规划面积2.98平方公里，其中起步区0.75平方公里。南通出口加工区鼓励发展电子资讯、生物制药、精密机械、服装加工等产业，以此推进全市产业结构的调整优化升级。出口加工区将成为全市高新技术先导区、招商引资的龙头区、出口创汇的重点区和规范加工贸易的示范区。

国家正式批准设立宁波出口加工区

6月21日，国务院下发《关于出口加工区有关问题的复函》（国办函[2001]64号）文件,正式批准设立宁波出口加工区。据了解，在去年首批15个试点出口加工区的基础上，此次又批准浙江宁波等8个出口加工区。

喜获23.5亿元贷款 泰达控股有望摘取国家开发银行最高信誉等级

6月24日，在津利华大酒店，国家开发银行天津分行行长黎维彬与天津泰达控股有限公司董事长刘惠文正式签署了贷款合同。从6月25日起，国家开发银行23.5亿元贷款将随着项目的进行逐步到位。

国务院批准秦皇岛开发区设立出口加工区

6月21日，国务院办公厅批准海关总署《关于出口加工区有关问题的请示》，同意增设秦皇岛等8家出口加工区，加工区位于秦皇岛市经济技术开发区东区，距山海关5公里，距山海关船厂码头和山海关港约2公里，距秦皇岛港约10公里。出口加工区总规划面积为1.87平方公里。目前，区内已完成了水、电、暖等配套设施，实现了“七通一平”，具备了招商条件。出口加工区将发挥区港结合的优势，借鉴国际先进管理经验，为投资者提供全面、优质、高效的服务。出口加工区的设立将有利于改善秦皇岛市的投资环境，促进外向型经济的发展，同时对周边地区的经济发展也会起到辐射和拉动作用。

国务院批准无锡设立出口加工区

6月26日下午举行的无锡高新区建区10周年纪念大会传出喜讯：国务院正式批准无锡市建立出口加工区。无锡市把该加工区设立在外资企业已达570多家、外商总投资超过60亿美元的无锡高新区。

无锡高新技术产业开发区经过10年建设，全区105家省级以上高新技术企业的产出占园区经济总量比重达80%，2001年出口创汇达14亿美元。为了满足高新技术产品大批量出口的需要，无锡高新区先后建立了海关直通点、高新物流中心和公共型保税仓库。出口加工区的“加盟”，将使无锡高新区的国际化水平又上一个新台阶。

经国务院办公厅批复 河南省出口加工区落户郑州

国务院已于6月21日复函国家海关总署，同意设立河南郑州出口加工区。河南省政府已将出口加工区选址在国家郑州经济技术开发区。郑州出口加工区的一揽子“豁免权”，无疑对郑州乃至河南的外向型经济具有重大影响，同时将会吸引外商特别是国际知名大公司来河南省投资。

据了解，郑州出口加工区拟建区面积2.7平方公里，区内可建立出口加工企业及配套服务企业300多家，有望成为中原地区最具潜力的外贸进出口基地和外商投资集中区。

刘淇市长到北京开发区调研

6月26日上午，刘淇市长在副市长张茅、市政府秘书长黄承祥陪同下到北京区调研。开发区工委、管委会领导李凤玲、王金玲、陈文申、鲍克、顾宝华、马利生、白文、邓志荣参加了调研。在听取了开发区管委会主任李凤玲对开发区上半年经济发展、土地利用、征地拆迁等情况的汇报后，刘淇市长充分肯定了北京开发区所取得的成绩。他说，北京开发区发展速度很快，已经成为北京经济的重要支柱，现在正处在腾飞阶段，形势特别鼓舞人心。开发区要进一步发挥区位优势，提高服务水准和工作效率，优化投资环境，加大招商引资力度，加速发展。北京市将全力支持开发区，特别是解决好大通关问题。

国务院批准在芜湖开发区设立出口加工区

6月27日，从合肥海关获悉，经国务院批准，安徽省将在芜湖经济技术开发区内设立首家出口加工区。据悉，合肥海关目前正积极准备出台相关措施，充分利用好各项优惠政策，推动出口加工区的发展。

芜湖出口加工区的设立，将更有利于安徽省扩大招商引资规模，吸引国内外厂商到区内开展贸易和加工生产，推动本地区加工贸易的发展，对安徽省实施外向带动发展战略、发展外向型经济将发挥积极的推动作用。

无锡新区38亿综合授信签约仪式成功举行

为支持无锡新区新一轮的开发建设，加快推进“科技城、生态城、无锡新城”的建设步伐，中国工商银行日前决定向无锡新区提供金额为人民币38亿元的综合信用额度，主要用于三期28平方公司基础设施开发建设项目及支持区内企业经营发展。6月28日，中国工商银行江苏省分行与无锡国家高新技术开发区举行银区合作签约仪式，银区合作的成功签约标志着无锡新区三期开发的融资规划已进入实质性操作阶段，同时也为即将展开的高新区三期基础设施开发提供了必要的资金保证。

武汉开发区西南工业区动工兴建

武汉开发区积极拓展新的发展空间，新开发的西南工业园区6月28日动工兴建。该园区规划面积16923.3亩，包括2个综合工业组团、农业用地、居住和公建用地，其中工业用地9081.15亩。一期工程建设面积为2939.7亩。该园区的建设，对拓展开发区的发展空间、促进经济的发展具有重大的意义。

七 月

烟台开发区“数字化开发区总体规划”列入建设部示范项目

烟台开发区报送的“烟台经济技术开发区数字化开发区总体规划”立项申请，日前通过专家评审，已被正式列入建设部信息化科技示范项目，这标志着烟台开发区已被接纳为数字化工程示范城市的正式成员。

为尽快提升软环境建设水平，增强核心竞争力，我区于今年4月向国家建设部科技司提出“数字化开发区总体规划”方案的立项申请，方案包括总体设计思路、软硬件基础平台、数字社区等七个方面。建设部科技司在京主持召开了专家评审会，认为该设计方案达到数字化开发区的要求。

西门子手机亚太总部7月1日入驻浦东新区

从上海西门子移动通信有限公司获悉，西门子移动通信亚太总部从香港迁至上海的工作已经接近尾声，7月1日西门子手机亚太区总部掌门人将正式在船舶大厦内的新办公室里办公。西门子这一举动西门子正在调整中国战略，中国市场将成为西门子亚太战略的中心。

全国政协副主席李贵鲜来合肥高新区调研

7月1日至2日，全国政协副主席李贵鲜及其夫人在科技部秘书长石定环、科技部火炬中心主任张景安等领导陪同下，来到合肥高新区调查研究。李副主席在参观过程中，对高新区企业的蓬勃发展表示极大的关注，对高新技术产品显示出浓厚的兴趣，并且要求科技部加大对高新技术企业的扶持力度。

“日本工业园”顺利签约昆山开发区

7月2日由日本三井物产株式会社、元诚投资有限公司、晔荣投资有限公司共同投资经营的“日本工业园”项目顺利签约。该项目投资成立昆山元井工业开发有限公司，投资总额100万美元，投资经营的“日本工业园”位于出口加工区B区对面，预设面积2平方公里，预计今年10月份正式对外招商。昆山市委张雷书记、昆山市政府王竹鸣市长、昆山开发区工委夏梁鑫书记、昆山市副市长朱凤泉参加签约仪式。王竹鸣市长在签约仪式上表示，日本工业园启动标志着昆山招商引资工作进入了一个新的阶段，招商领域逐步向欧美日等更广阔的领域拓展，今后昆山政府、开发区将抓住日本工业园这一契机，与三井物产开展广泛合作，扩大昆山在日本的影响力，加大对日招商力度，促进日本投资者来昆投资。

宁波开发区积极实施ISO1400环境管理体系认证工作

7月初，为建设仿真的国际环境，加快融入世界经济大循环，搞好区域环境管理，实现开发区的可持续发展。宁波开发区积极实施ISO1400环境管理体系认证活动，ISO1400系列标准要求建立一个环境管理的标准体系，通过对区域在开发建设中重要环境因素的全过程控制，预防污染，保护生态环境，并在运行中持续改进，不断提高，逐步实现体系所制定的目标，从而把区域建设成绿色城、生态城。使开发区不仅成为经济发展的领头羊，而且成为环境保护的楷模。

国家级信息安全研究中心在上海张江高科技园区开工建设

坐落于上海浦东的国家863计划反计算机入侵和防病毒研究中心于7月4日正式开工建设，这是设置在浦东张江高科技园区内的国家信息安全成果产业化(东部)基地(简称国信安基地)内开建的第一个国家级信息安全研究中心。而在此之后，还将陆续有三个国家级中心在此动工建设。

国家信息安全成果产业化(东部)基地，是目前中国国内三个同类基地中产业链最完整、推进速度最快的基地，被视为中国信息安全产业的前锋。随着相关项目的启动，其产、学、研互动的产业模式已经初步显现。

我国最大的现代化中药产业园在泰达启动

7月3日，天津市大型中药制药集团——天津中新药业集团股份有限公司开始就企业“东移”入天津开发区生物技术和医药园事宜，与开发区有关主管部门进行首次项目前期咨询会，这标志着中新药业的东移计划迈出了实质性一步。

据悉，将要建设的中药现代化基地包括植物提取中心、现代中药制剂中心和中药研发中心，其设备、工艺和技术水平都是世界一流的。建成后，它将是我国最大的现代化中药产业园。其中，天津市老牌中药制药企业达仁堂制药厂、天津中药一厂的具有现代中药特色的产品，将集中到现代中药制剂中心生产；中药研发中心将用于集中开发新产品和进行老产品二次开发及新技术应用推广。

科技部副部长马颂德视察大庆高新区

7月2日至3日，科技部副部长马颂德、高新司司长李建等科技部领导到大庆高新区视察，并对大庆高新区的发展给予了较高评价。

哥伦比亚外贸部长率团到泰达“取经”

7月5日下午，哥伦比亚外贸部长安赫拉－玛利亚－奥洛斯科在哥伦比亚驻华大使阿方索－坎波、哥伦比亚外贸出口促进司司长玛利亚－彼达－贝拉斯科斯等十几名哥方官员的随同下，来到天津开发区，参观了美克国际家私（天津）制造有限公司，并与天津及开发区有关领导进行了座谈。座谈会上，哥伦比亚官员详细询问了泰达在建设开发区方面的经验。天津市外经贸委副主任刘建中、开发区管委会副主任杨仲强等领导参加了座谈会并对哥伦比亚外贸部长一行所提出的问题进行了认真解答。

科技部专家评审组到吉林高新区参观评审

2002年7月2日至3日，科技部火炬计划产业基地专家评审组一行6人，在科技部软件处处长邱小玲的带领下，对吉林高新区申报国家级软件园进行评审。专家组由孙玉方教授任组长，经过两天的评审，初步认定，吉林高新区软件园有望于明年年初成为国家级软件园。

国家科技部火炬中心批准吉林高新区组建吉林软件园

7月2日至3日，国家科技部派出由火炬中心软件处处长邱晓玲带队，以中科院软件研究所副所长、博士生导师孙玉方为组长的专家组一行5人，到吉林高新区对认定吉林软件园为国家火炬计划软件产业基地进行了实地评审，并对吉林软件园的建设和发展给予了高度评价。

吉林软件园于2000年6月正式成立，由软件孵化基地、软件研发生产基地、软件展示和培训基地三部分组成。规划占地面积50万平方米，规划建筑面积30万平方米。现进入软件园的软件企业46户，2001年共实现收入31441万元，其中软件产品收入20075万元，今年软件产品收入预计可突破4亿元。

7月5日，科技部火炬高技术产业开发中心下发了《关于同意组建国家火炬计划软件产业基地吉林软件园的函》（国科火字［2002］74号），同意吉林高新区先组建国家火炬计划软件产业基地吉林软件园。

镇江留学人员创业园升格为国家级

7月10日，国家人事部复函致镇江市人民政府，同意与市政府共建中国镇江留学人员创业园，并将在政策、人才、信息、技术引进等方面予以支持。此复函意味着位于镇江高新园区内的留学人员创业园升级为国家级留学人员创业园。镇江留学人员创业园成立于2001年7月，先后引进奥雷光电、特耐斯、威特生物等10家企业进区，这些企业主要从事高新技术产品的研制、开发和生产，进行科技成果的交流、推广和转化。升级后的留学人员创业园，将为留学人员创业提供更好的服务环境，争取更多的优惠政策，也将成为海外留学人员回国创业施展才华的重要舞台。

长沙高新区传捷报　技工贸总收入逾百亿

7月12日，长沙高新区传来捷报，1～6月，该区实际完成高新技术总产值99.5亿元，技工贸总收入113.7亿元，同比分别增长33.9%和40.2%，特别是出口创汇形势喜人，达到9790万美元，同比增长127.5%。园区内技工贸收入过千万元的企业有95家，过亿元的达24家。

据了解，制造技术产业发展提速，是今年园区的一大亮点，同比增幅达到了50.5%，中联重科、三一重工等企业的快速发展国内瞩目。一批骨干企业如LG曙光、远大空调、创智软件、威胜电子、亚华种业等，也继续保持了50%以上的增长速度。而以中标实业、银河信息、力元新材料为代表的部分中小型高科技企业发展更快，企业各项指标均比去年同期翻了一番。

天津开发区、保税区执行质量管理标准 喜获ISO9001认证

7月16日专程从北京赶来的英国劳氏质量认证有限公司中国区总经理耐功先生，把ISO9001质量认证证

书颁给天津开发区管委会主任李勇和开发区保税区工委副书记任焱。这表明，天津开发区保税区工委、天津开发区管委会已经正式通过了该公司的认证审核，成为我国首家获得 ISO9001 认证的党政机关。

海关总署天津特派办在天津开发区揭牌

7月10日海关总署驻天津特派员办事处成立暨揭牌仪式在天津开发区举行，海关总署驻天津特派员办事处是海关总署的特派机构，是海关总署对现有管理体制进行的改革和创新。目前海关总署已批准设立驻天津、上海两个特派员办事处。特派办将代表海关总署对驻区海关进行监督检查，对领导干部、主管干部、后备干部进行考察，对行政执法进行监督。

恒安人寿与英国标准人寿在泰达组建国内最大合资寿险公司

7月12日，恒安人寿保险股份有限公司与英国标准人寿保险公司在天津开发区正式签署合资意向书，双方将在天津组建一家合资人寿保险公司。据悉，该公司组建后将成为我国目前最大的合资寿险公司。根据双方签署的合资意向书，公司的注册资本金为13.02亿元人民币，恒安人寿与标准人寿将各出资6.51亿元。

张家港保税区长江国际码头、仓储工程投运

7月17日仓储设施最先进、接卸品种最多的化工品仓储中转基地　张家港保税区长江国际码头、仓储工程正式竣工投入运行。张家港保税区长江国际码头、仓储工程由云南新概念保税科技股份有限公司投资1.85亿元兴建。它投运后，连同已建成的扬子码头，年吞吐量将达150万吨，仓储年周转量将达90万吨，使张家港口岸一跃成为长江沿线规模最大的化工品仓储中转基地。

徐冠华部长视察北京亦庄科技园

7月9日，科技部部长徐冠华在北京市副市长张矛的陪同下视察了北京亦庄科技园，徐部长参观了本元正阳、首信诺基亚、英纳超导、大陆太极等高新技术企业，视察了园区的区容区貌，听取了管委会负责同志的汇报。

西安高新区企业注册服务中心投入运行

日前，西安高新区企业注册服务中心投入运行。这个中心免费为将在高新区注册成立的企业提供注册手续的代办服务，进一步缩短企业注册周期，提供更周全的系列服务，受到企业广泛欢迎。

西安高新区目前入区企业3000多家，其中仅2000年新注册成立的企业就有928家，为提高政府工作效率，管委会在生产力促进中心下设由3人组成的注册服务中心，主要负责为新办及新入区的企业法人、自然人、国外投资者、归国留学人员在高新区创办企业提供工商设立登记、税务登记和组织机构统一代码证的办理。在办理过程中为这些单位和个人提供政策、法律和与企业注册登记有关的咨询服务，还定期为新办企业组织培训，使之了解相关政策、法律法规、办事程序和高新区经营环境。在此基础上，建立企业档案库，为高新区的各业务部门提供信息资源，生产力促进中心也将围绕企业存在的问题，开展有关法律、知识产权保护、科技成果推介与项目包装、企业管理顾问、ISO9000／ISO14000咨询与认证、企业资源中介、企业各类人员培训等服务，协助企业健康、规范、快速发展。

全国人大副委员长吴阶平视察烟台开发区

7月13日，全国人大副委员长、九三学社中央主席吴阶平，在副省长蔡秋芳、市政协副主席、市委统战部部长许志强等陪同下来烟台开发区视察。烟台开发区工委副书记、管委副主任陈文晔，向客人汇报了烟台开发区建设与发展情况，并陪同在烟台开发区进行了参观视察。

昆山开发区顺利通过ISO14001环境管理体系认证

在昆山开发区管委会各级领导的高度重视下，经过各部门近一年的努力，昆山开发区环境管理体系认证工作已取得决定性成果。2002年7月5日，中国环境科学研究院环境管理体系认证中心向昆山开发区颁发了ISO14001认证证书，这标致着昆山开发区的环境管理又上了新台阶。

长春开发区成立投资服务中心

7月15日，位于一楼大厅的赛得投资服务中心正式启动，中心的业务是集中办理项目进地前的手续。投资服务中心是对长春开发区“一站式”服务的深化和创新，管委会从经贸局、土地局、规划局、地税分局等9个部门抽调精兵强将组成投资服务中心，设13个窗口，开展42项服务，不出投资服务中心的大门，投资者进地前的一切手续即可办理完毕。

国务院西部开发办宁吉喆司长一行来包头稀土高新区考察

7月16日，国务院西部开发办司长宁吉喆、国务院西部开发办综合规划组副处长孙国军一行参观了包头稀土高新区规划区区容区貌和新建的城市道路，还考察了稀奥科镍氢动力电池有限公司、包头韵升强磁材料有限公司、包头永磁电机研究所、和发稀土集团四家企业。

宁吉喆司长希望包头稀土高新区要继续以西部大开发为契机，进一步优化投资环境，完善各项政策和制度，规范管理，加强与其它地区的交流与合作，学习和借鉴先进发达地区的经验和做法，按照国际管理模式，不断创新，积极探索加快包头稀土高新区的建设发展的新路子，力争早日实现建成“中国稀土谷”的宏伟目标。

“中国保税区转型管理模式研究”在外高桥保税区完成前期调研

7月15日至7月17日，由清华大学、复旦大学、上海交通大学、上海海运学院和外管委联合组成的“中国保税区转型管理模式研究”课题调研组，对外高桥保税区各政府职能部门、开发公司、保税商品交易市场及部分区内企业开展了实地调研，了解外高桥保税区的开发建设历史、发展现状和存在的主要问题。

该课题是由国家自然科学基金资助的项目，目的是通过开展课题调研，认真研究自由贸易区的发展态势、基本特征、功能设定、法制建设等基本问题，在进一步与国际惯例接轨方面、在国家管理制度设计方面、在宏观区域布局方面提出中国保税区在制度创新和功能调整上的改革与建设新路，使其尽快地向自由贸易区方向转型。

江苏省长季允石一行到芜湖开发区考察

7月17日下午，江苏省省长季允石一行到芜湖开发区考察。在芜的省政府省长许仲林，副省长黄岳忠，市领导詹夏来，宣林，闵光辉，市政府秘书长葛国良等陪同考察。季允石一行听取了芜湖开发区管委会主任李铿的情况介绍，参观了产品展示厅。季允石还先后到上汽集团奇瑞公司及海螺型材公司实地考察了生产线，听取了情况介绍。

外交部副部长乔宗淮率考察团一行到大庆高新区视察

7月18日下午，外交部副部长、部纪委书记兼机关党委书记乔宗淮率考察团一行30余人抵达大庆市。大庆市委常委、副市长马晓林，市人大常委会副主任阙连胜，市政协副主席李长荣在大庆宾馆会见考察团成员。

在大庆高新技术产业开发区，乔宗淮高兴地说，大庆发展有优势，而且走的是一条资源型城市可持续发展的探索之路，希望以后再来开发区看到更加崭新的面貌。随后，他写下了“大庆开发区生机勃勃，二次创业大展宏图”几个大字。

长春高新区率先通过ISO14001认证

长春高新区ISO14001管理体系经过半年多的运行，于6月27日，正式通过中华人民共和国环境认可委员会授权的华夏认证中心的审核、认证。7月23日，国家环保总局赵英民司长向长春高新区颁发了ISO14001环境管理体系和英国皇家UKAS认证证书及牌匾，高新区成为了东北三省唯一通过这两项认证的区域，建立了与国际接轨的绿色通道。

长春高新区率先通过ISO14001认证，对于提高自身区域环境的管理水平，进一步改善投资环境，增强招商引资吸引力，具有重要意义。同时也为区内企业推行ISO14000，提高企业产品的国际竞争力，突破国际贸易中环境管理“绿色壁垒”，打开了方便之门。

长春高新区被批准为国家实施知识产权制度示范园区

从今年起，国家知识产权局将在全国选择五个高新技术产业开发区作为实施知识产权制度示范园区。长春高新区经过申请和努力，于7月16日被正式批准为国家实施知识产权示范园区，这是继陕西杨凌、武汉东湖示范区之后，国家批准的第三个知识产权制度示范园区，7月23日，国家知识产权局邢胜才副局长向高新区颁发了“国家实施知识产权制度示范园区”牌匾。

被批准为实施国家知识产权制度示范园区，是促进知识产权体系建设，提高高新技术产业核心竞争能力的重大机遇。标志着长春高新区正在以一个全新的管理模式与国际接轨。这对于充分发挥知识产权制度在规范科技管理、调节利益关系、激励和保障技术创新方面的重要功能，推动高新区乃至长春市知识产权事业的发展，提升技术创新和综合竞争能力将起到积极的作用。

西部地区最大的光纤生产基地在西安高新区建成投产

7月21日，我国西部地区唯一的也是规模最大的光纤生产厂——西古光纤光缆有限公司新工厂落成仪式在唐城宾馆隆重举行，并在西安高新区长安科技园举行了投产仪式，下午在唐城宾馆还举行了光纤光缆技术交流会。陕西省人大副主任崔林涛、副市长姚引良、高新区管委会副主任王步威、赵红专出席并剪彩。

西古光纤光缆有限公司是西安高新区光电子园第一个签约、开工、建成并投产的企业，是目前园区内最大的合资项目，也是西安市的重点建设项目。西古公司新工厂的建成将对我国光通讯的建设及西安经济建设产生积极的影响。

国土资源部部长田凤山到北京开发区视察

7月23日下午，中共中央委员、国土资源部部长田凤山到北京开发区视察，国土资源部副部长李元、北京市副市长刘敬民陪同视察。管委会、总公司领导李凤玲、马利生、白文接待了田部长一行。在参观了北京开发区后，田凤山部长听取了李凤玲主任关于北京开发区基本情况和土地利用情况的汇报。田部长表示，北京开发区的区位好、布局合理、功能完善，规划科学，在土地资源利用方面成绩显著。同时他指出，北京开发区在推动经济发展的同时，妥善解决了搬迁农民的补偿问题，确保了社会稳定。他强调，在加快发展的同时，还应进一步重视资源保护，保持北京开发区的可持续发展。国土资源部规划司司长潘文灿、耕地保护司司长潘明才、北京市国土房管局局长苗乐如也陪同视察。

亚洲最大的模制抗生素瓶生产企业落户包头稀土高新区

近日，包头稀土高新技术产业开发区管委会与山东省药用玻璃股份有限公司达成合作意向，山东省药用玻璃股份有限公司投资5689万元，在包头稀土高新区购地100亩，建设年产15亿只高白料轻量薄壁药用玻璃瓶生产线，这是第一家山东省的上市公司到稀土高新区投资建设的项目。该项目建成投产后，将实现年销售收入5560万元。

大连高新区软件园“园中园”奠基

7月25日，国家软件产业基地(大连)国际软件园暨大连东软国际软件园在大连软件园内正式奠基。这个大连软件园的“园中园”将以共享人力资源、共同开发市场、共享技术资源的崭新模式，为中国软件业的发展开辟一条新的道路。同时也为大连“中日软件产业合作战略门户”的确立奠定了基础。整个国际软件园由东软软件研发基地、东软信息技术学院、国际合作产业区、中小企业孵化器、IT会所等部分组成，园区总占地45万平方米，计划总投资12亿元，是目前国内规模最大的国际软件园。整个工程分三期进行，一期工程已经建成并投入使用，二期和三期工程将分别于2003年和2006年完工。全部建成之后，园区可容纳1.5万人在这里工作，可实现年销售收入3亿美元。

青海甘河工业经济开发区正式挂牌运行

青海省甘河工业区管委会于7月26日正式挂牌，它标志着青海省工业区的建设和发展驶入了快车道。青海甘河工业区是青海省政府确定的省级工业经济开发区，是青海省重点建设的四个“园区”之一。这个工业区位于青海省湟中县甘河滩镇，距湟中县城6公里，距省会西宁市35公里，总面积27平方公里。目前区内有西部矿业有限责任公司等17家具有一定规模的企业，初步形成了以冶金、建材、化工为支柱的三大工业体系。2001年区内固定资产总值达5.5亿元，工业总产值达到3.2亿元。

甘河工业区现已完成4平方公里工业区整体规划，将建成冶金园、铝业园、建材园、化工园、新材料园5个工业园区，规划实施13个重点建设项目，并积极培育相关产业的协作企业，形成庞大的中小企业群体。

江西日报社信息工业园在南昌开发区隆重举行奠基仪式

7月28日，江西日报社信息工业园奠基暨印务中心开工典礼在南昌经济技术开发区隆重举行。占地400亩的江西日报社信息工业园，规划建设行政办公区、综合服务区、印务中心及三个工业区等六大片区。园区将示出浓厚引资、横向联合、强强合作等形式，重点发展传媒产业、信息科技项目，加快信息技术与传媒产业的融合。

总投资1.5亿元的江西日报社印务中心是这一园区首个入园项目，占地48亩，总建筑面积1.64万平方米，计划安装四组8条印刷生产线，其中进口6条国际先进水平的数字化生产线，3年内可建成。据悉，印务中心首期工程投资5000万元，安装两组中速双面彩轮转胶印机，明年2月正式投入使用。

安凯客车项目今日签约合肥开发区

7月29日上午，合肥经济技术开发区与安凯车辆制造公司举行了项目入区签字仪式，安徽安凯车辆制造公司决定扩大生产规模，在合肥经济技术开发区一期新增土地300亩，投资1.5亿元，从事客车整车的生产。预计2002年10月前开工建设，2004年10月前投入生产，投产后形成年产5000辆大型客车，年销售额22亿元的生产规模。

总投资6184万奶制品项目在包头稀土高新区开工建设

7月31日，包头玛尔沁乳业（集团）有限责任公司的奶制品项目正式在包头稀土高新区开工建设。该项目总投资6184万元，分二期实施完成，目前已在包头稀土高新区购地100亩及厂房6000平方米。

开工建设的一期工程投资2262万元，利用现有厂房进行改造后生产利乐枕牛奶产品，所用设备全部从国外进口。

二期投资3922万元，二期项目全部投产后，生产保久奶产品，可实现日处理鲜奶300吨的生产规模。该项目是包头稀土高新区继成功引进伊利公司后，引进的又一大型奶业项目，对促进包头及周边地区奶业的发展，将起到巨大推动作用。

武汉食品工业加工区获准成立

7月31日，农业部批准设立武汉食品工业加工区，对于充分利用资源优势，增加农民收入，发展农业经济具有积极的带动作用和良好的示范效应。这一全国首家食品工业加工区，位于武汉市东西湖区，总体规划面积为1800公顷，包括一个中心加工区和3个附属加工区。

八 月

宁波开发区海关实行“提前报关、实货放行”的监管模式

从8月1日起，宁波开发区海关的报关模式将实行重大改革——实行“提前报关、实货放行”的管理模式。该模式的实施将极大地方便企业的申报，缩短货物在港区的滞留时间。

实行“提前报关、实货放行”的通关模式，将企业的申报行为和海关审核环节前置，使海关通关模式由原来的“橄榄形”变为“哑铃形”，避免了以往海关作业集中在船舶到港后的一小段时间内。海关利用运输工具在途时间为企业办理通关手续，操作流程从原来的“串联式”变为“并行式”，这将有效地疏通口岸通关的瓶颈，可大大缩短货物在港的滞留时间，减少企业储存、租箱等造成的货物滞港费用，有利于加快口岸物流速度，满足企业“零库存”的需求，降低企业的贸易成本。

雅马哈电子(苏州)有限公司在苏州新区隆重奠基

8月2日，雅马哈电子（苏州）有限公司举行隆重奠基典礼，日本雅马哈株式会社创立于1887年，主要生产乐器、音响、情报通信机器、电子机器及其它相关产品的制造、销售，截止到2002年3月，日本雅马哈株式会社共完成销售额达25亿美元。

海关总署副署长赵光华到张家港保税区考察

8月1日下午，国家海关总署副署长赵光华一行在南京海关关长陈正恭等陪同下，来张家港市考察了张家港保税区二期封闭隔离设施建设情况。赵光华在参观考察之后说，张家港保税区建区10年来，认真贯彻落实党中央、国务院关于扩大对外开放的一系列路线、方针、政策，坚定不移地实施功能开发，致力于利用外资加快发展。张家港海关服务地方经济建设，为保税区开发建设提供多方支持，是应该坚持的一条道路。

秦皇岛出口加工区各项筹建工作同步进行

8月6日，出口加工区建设调度会在秦皇岛开发区召开。副市长李洪卫指出，要在战略高度上看待出口加工区，以其带动秦皇岛市出口加工企业上层次、上台阶。

调度会上，区管委主任胡英杰对出口加工区下一步的建设工作进行了安排和布署，管委会副主任邵宏根汇报了参加国家有关部门召开的出口加工区会议精神和对部分出口加工区的考察情况。

武汉开发区“两区一园”砍收费项目 放审批权限

经过武汉市委、市政府充分酝酿，“两区一园”（东湖新技术开发区、武汉经济技术开发区、吴家山海峡两岸科技产业园）办事不出园区的改革举措，从8月1日起正式实施了。

在武汉市政府召开全市改善经济发展软环境新闻发布会上还下发了市政府关于深化“两区一园”行政审批制度改革和行政事业性收费制度改革的两份文件。文件规定，此次行政审批制度改革将审批权下放作为重点，凡是能由市直部门分支机构和管委会承担的审批事项，原则上一律下放。市直26个部门的241项审批权限下放、委托给设在园区的分支机构或管委会，使其享有市级职能部门的行政审批权限。不宜下放、委托的审批事项，由市直部门在“两区一园”设立办事窗口，定期上门服务，让企业办事不出园区，发布此消息。

海关总署副署长赵光华到镇江新区视察

8月4日，海关总署副署长赵光华一行，先后视察了金东纸业、江奎电子及镇江海关直通监管点和规划中的出口加工区。在听取镇江新区正在申办出口加工区的工作汇报后，赵署长表示，镇江具有区位优势、环境优势以及人才优势，有基础；江奎电子等出口型企业规模不断壮大，有需求；光电子产业等具有镇江特色的产业已初步形成，有特色；出口加工区控制性详细规划已经制定，有规划；而地处苏南苏北交汇点上，出口加工区的设立，其带动作用将不仅限于镇江。因此，镇江建立出口加工区的条件已逐步成熟。

大庆高新区大庆汉维高科技工业园奠基

8月8日上午8时，位于大庆高新区东部的大庆汉维工业园正式举行奠基仪式。此举也标志着大庆高新技术产业开发区创业广场建设的正式启动。

大庆汉维有限公司是由大庆开发区竹田复合材料有限公司、大庆石油管理局长垣投资有限公司和大庆油田工程设计技术开发有限公司共同创办的，以高压玻璃钢管道为主要产品。汉维公司的建立，开创了大庆市国有特大企业与民营明星企业强强联合、优势互补之先河。

大庆汉维公司所引进的高压玻璃钢管道项目，是大庆高新区重点支持的项目。所生产的高压玻璃钢管道具有十分广阔的市场前景和发展空间。

西安高新区"三园工程"正式启动

8月10日，西安高新区管委会与灞桥区、长安区、周至县政府就联建灞桥、韦曲、和周至三个科技产业园在西部电子商城举行了隆重的签字仪式，西安市市长孙清云、副市长姚引良、市委常委、高新区管委会主任张龙虎、副主任章东凡等领导出席签字仪式。

据悉，灞桥、长安、周至3个园区，今后将立足自身情况确定发展方向，初步把韦曲科技园建成西安市高科技产品、军民两用产品和传统工业产品的制造加工基地；把灞桥科技园建成新材料、新型建材及新能源生产制造基地，并大力发展物流业；把周至生态园建成环保产业基地。

青岛保税区管理委员会获得ISO9001国际质量管理体系认证

随着政府机构改革工作的逐步深入和我国加入WTO面临的新的形式，青岛保税区管理委员会领导本着"经营保税区"这一宗旨，在全国保税区中率先提出积极推行ISO9001国际质量管理体系认证，不断加强内部管理，提高政府部门工作效率和服务质量。

2002年7月经过我国最权威的审核机构——上海质量体系审核中心五位专家两天认真、全面的现场审核，同意推荐通过认证，并于8月5日获得认证证书，成为我国第一家整体通过ISO9001：2000版认证的保税区，为保税区向自由贸易区转型奠定了基础。

国家火炬计划软件产业基地青岛软件园在青岛高新区奠基

8月9日，国家火炬计划软件产业基地青岛软件园在青岛高新区奠基，规划建设的青岛软件园包括青大软件园、软件产业基地、汉河软件大厦和软件研发中心4部分，到2005年总建筑面积将超过26万平方米。青岛软件园作为国家火炬计划软件产业基地，计划到2005年底区内软件企业达到300家，完成年技工贸总收入达到80亿元。

国家科技部副部长邓楠视察江宁开发区

2002年8月5日上午，国家科技部副部长邓楠对江宁经济技术开发区的建设发展情况等进行了视察。在江宁开发区管委会，邓楠先后听取了市委常委、江宁区委书记王建华关于开发区情况的汇报，以及副市长许慧玲和市科技局领导关于南京市近年来科技进步工作基本情况的汇报，并在王建华、许慧玲等的陪同下驱车在开发区的园林和大道之间，亲身领略了开发区创办10年来取得的翻天覆地的变化。随后，邓楠一行又先后来到驻区高科技企业——南京南瑞继保电气有限公司和南京爱立信熊猫通信有限公司，详细了解了两家公司的科研开发、生产管理以及市场开拓等情况，要求企业切实抓住当前快速发展的极好机遇，迅速把企业做大做强，在占领国内市场的同时努力向国际市场进军。

美国国家半导体投资2亿美元在苏州工业园区兴建新厂

8月15日，美国国家半导体公司与苏州工业园区管委会签约，决定在苏州工业园区投资2亿美元兴建该公司第一个设于中国的装配及测试厂，工厂占地约15公顷，定于今年11月开始动工，预计可在2004年落成启用，届时将聘用500名员工。这座新厂房是美国国家半导体扩展中国业务的重要部署之一，标志着中国不仅已发展成为一个庞大的消费市场，而且也成为一个地位日益重要的模拟芯片生产基地。

杨凌高新区西北农林科大成果通过国家鉴定

西北农林科技大学干细胞工程技术研究中心承担并主持的国家重大科技项目“牛和人类胚胎干细胞的研究”项目，经过科研人员近10年的艰苦研究和探索，终于取得重大收获。8月17日，这项成果在陕西杨凌通过了由国家教育部组织的成果鉴定，来自国内干细胞研究领域的权威专家一致认为该项成果整体上达到了国际先进水平，其中部分研究成果在国际上属于开创性研究。

宁波开发区总投资达30亿元北仑新中心区建设全面启动

总投资达30亿元的北仑中心区开发建设工作现已全面启动。北仑新区中心区域规划面积1.8平方公里，首期开发建设包括北仑新区大楼、商务大楼、体艺中心等展示北仑新世纪新形象的10大工程项目，需要征地1120亩，涉及新镇隆顺、星阳两个行政村。由于该地块属新镇多年来调整农业结构，开发农业较为发达区块之一，自7月下旬以来，北仑区政府本着既要服从服务于开发建设大局，又要保护好农户利益的精神，多次召开协调会议，研究并协调处理各种复杂矛盾。目前第一轮地籍调查工作已全面结束，农户作物、青苗赔偿前期工作已全面启动，下一步进入实地对农户赔偿和劳力安置阶段。

中国开发区招商引资工作第七届年会在贵阳召开

中国经济技术开发区招商引资工作第七届年会于2002年8月11日~8月13日在贵阳召开。此次会议是在中国加入WTO和西部大开发向纵深推进的新形势下召开的一次旨在促进各国家级开发区之间的合作、交流、沟通和探讨在新的历史时期开发区如何进一步做好招商引资工作的重要会议。

中国开发区协会会长赵云栋、秘书长林铁夫、国家外经贸部外资司开发区处处长高尚德、贵州省贸易合作厅厅长邵祥休、贵阳市人民政府市长孙国强，中共贵阳市委常委、贵阳市人民政府副市长高融昆出席了会议。22个国家级经济技术开发区以及贵阳高新技术产业开发区、遵义开发区等省内开发区的代表和新闻界的朋友参加了此次会议。

张家港保税区二期封闭隔离设施顺利通过国家海关总署验收

8月20日，张家港保税区二期封闭隔离设施顺利通过国家海关总署的验收，这标志着保税区朝着更高的发展层次又迈出了重要的一步。

张家港保税区二期封闭地域由两地块组成，即统清食品、不二制油、保税区扬子港务有限公司、长江国际港务有限公司等企业所在地（0.89平方公里）和雪佛龙菲利普斯公司所在地（0.08平方公里）。验收小组首先听取了保税区管委会及保税区海关关于两地块封闭隔离设施建设及监管情况的汇报，并实地察看了封闭隔离设施。经过认真讨论评定，验收小组认为：张家港保税区二期封闭区域已纳入保税区海关的综合监控系统，隔离设施、进出通道、卡口管理、验货场地等符合海关监管要求，达到了海关有效监管的目的，可以按照海关有关规定投入运作。

厦门火炬高新区启动ISO14001环境管理体系认证

为优化产业结构，提高环境质量，实现环境与社会、经济的协调发展，厦门火炬高新区把建立和实施ISO14001环境管理体系作为“一区多园”建设的重要一环，开始在各个园内全面启动ISO14001环境体系认证工作。目前，厦门火炬高新区管委会已分别与该认证体系的咨询及技术服务机构——厦门亚绿环境科技服务有限公司和认证机构——厦门永续认证中心签订了《技术服务合同》，区内各单位ISO14001内审员的培训已经结束，现正在进行该体系的策划与设计，2003年初开始正式认定审核。该体系通过认证后，火炬高新区的产业优势将更为突显，整体形象将进一步提升，区域功能将进一步完善，综合管理水平将与国际接轨。据悉，截止目前，福建省境内的各类开发区中仅有福州马尾开发区和厦门集美北部新区拿到了该体系的认证证书。

青岛开发区青岛建设集团工业园开园首批入驻项目奠基

8月19上午，位于青岛开发区内的青岛建设集团工业园正式开园。进入园内的首批项目，积水（青岛）塑胶有限公司、青岛海威斯帝尔重钢工程有限公司同时举行了奠基庆典仪式。青岛建设集团工业园一期占地500亩、二期预留用地500亩。它的建设将使市建设集团在继续做大做强建筑施工这一传统主业的同时，经营领域得到进一步的拓宽。该集团负责人表示，将通过招商引资，努力把工业园建成集团行业延伸的产业基地和又一个经济增长点。

宁波开发区宁波港集装箱吞吐量再次突破百万标箱

继去年11月7日宁波港集装箱吞吐量首超百万箱大关后，今年8月8日，该港集装箱吞吐量再次突破百万箱大关，比去年同期净增32.8万标准箱，增幅高达51%以上，增幅已连续4年居全国沿海主要集装箱港口第一位，其中远洋干线箱量占外贸箱比例首次达到66.5%，充分显示了宁波港作为我国主要集装箱远洋干线的地位和居大的发展潜力。近年来，宁波港以远洋干线为重点，大力发展集装箱航线。今年宁波港开辟新航线14条，其中远洋干线8条。至7月底，宁波港集装箱航线已达65条，其中远洋干线22条，近洋支线24条，内支、内贸航线19条，初步形成了覆盖全球的集装箱运输网络。

国务院侨办主任郭东坡考察西安高新区

8月12日，国务院侨办主任郭东坡一行5人在西安市副市长李雪梅、陕西省外事侨办主任郝延政等陪同下考察了西安高新区。此次来西安高新区考察，特地带侨办政研司副司长、侨办经科司司长、侨办国外司司长一同来，就是来了解情况，留学生怎么把企业做得更好一点，在创业的过程中，还有什么难题，把问题集中起来，国务院侨办将尽最大努力，让留学生在回国创业后，有一个宽松的环境。

安高新区火炬项目居全国第一

在刚刚公布的2002年国家级火炬计划项目中，西安高新区37个项目列入国家火炬计划项目，总数居全国高新区第一位。这37个项目都达到了国内先进水平，主要集中在电子信息、新材料和生物医药领域。

自1991年西安高新区成立以来，区内共有201个项目列入国家级火炬计划项目，在全国高新区中位居首位。

重庆出口加工区即将封关运行

备受中外投资者关注的重庆出口加工区将于近日封关运行。8月19日，到重庆对出口加工区进行预验收的海关总署有关人士，对重庆出口加工区的建设给予了充分肯定，海关总署等部委将于近日进行正式验收。

去年6月，国务院批准设立重庆出口加工区，11月23日重庆出口加工区正式奠基，经过建设者8个月的艰苦奋奋战，目前，出口加工区卡口、监管设施、办公配套设施等已基本建成完毕。

广州开发区借壳上市

8月14日，乌江电力发布公告称，公司拟正式更名为“科学城股份有限公司”，这意味着由广州经济技术开发区借壳乌江电力上市即将划上圆满句号，而“科学城”也将代表广州开发区正式成为国内众多开发区概念上市公司中的一个新成员。

科技部部长徐冠华到芜湖开发区奇瑞公司进行工作检查

8月16日，国家科技部部长徐冠华一行十余人到奇瑞公司进行工作检查和混合动力车第一阶段验收。徐部长一行先后参观了奇瑞公司的四在艺车间、观看正在开发中的新产品，并听取了纯电动车与混合动力车的工作报告，并兴致勃勃地对奇瑞轿车进行试乘试驾，对奇瑞公司进行了高度评价。

东芝工业园在杭州出口加工区开工兴建

8月17日，全球化IT生产基地——东芝工业园在杭州钱塘江畔开工兴建。这个由东芝株式会社全额投资70亿日元的生产基地，落户在杭州出口加工区，占地40万平方米，定于明年4月正式投产，预计到2004年，东芝信息机器（杭州）有限公司的笔记本电脑产量将达到240万台，成为日本企业首次在华建设供应全世界的最大计算机生产基地。

国际商贸物流业巨头进入石河子开发区

8月26日，国际商贸物流业巨头——美国普尔斯马特公司近日在新疆石河子经济技术开发区动工兴建它在中国的第31家国际连锁仓储式超市。这家超市由新疆五洲房地产开发有限公司承建，一期投资7000万元人民币，建筑面积2.4万平方米，计划2003年春节开业。随后，普尔斯马特公司还将投资5000万元人民币，以超市为中心，启动二期工程建设，打造精品商业区。

青岛世界石材工业园项目正式落户青岛开发区

该项目由国际著名石材贸易企业西班牙迈斯顿集团与香港华鲁丰利企业拓展有限公司、山东恒大环保有限公司等企业合资设立，总投资1500万美元，注册资本600万美元，主要从事天然石材及其配套产品的加工与销售，并提供相关的服务。

“大连七贤岭国家大学科技园”已获国家正式批准启动建设

最近国家教育部、科技部联合下达了“关于同意北京理工大学等单位启动建设国家大学科技园的通知”，（国科发高字[2002－188]号）批准国内21家大学科技园启动建设，大连七贤岭国家大学科技园名列其中。

外经贸部副部长吕福源考察烟台开发区

8月21日下午，国家外经贸部党组副书记、常务副部长吕福源到烟台开发区视察指导工作时，并建议烟台开发区加大机电产品、高新技术产品的出口比重，积极应对入世挑战。

吕福源一行视察了大宇重工、首钢电装、正海电子网板、浪潮ＬＧ、车身公司等区内重点企业。吕福源详细询问了每家企业的产品性能、科技含量、市场拓展以及知识产权保护等情况，对烟台开发区外经贸工作给予充分肯定。

中关村科技园区丰台园日前通过ISO14001环境管理体系认证

中关村科技园区丰台园ISO14001环境管理体系从2002年1月正式启动，历经7个月时间，已于8月23日通过认证审核，并取得了ISO14001环境管理体系国际认证证书及英国UKAS证书。ISO14001环境管理体系的正常运行将会进一步增强企业在生产和服务中对环境保护的责任感，促进环境改善，提高区域环境质量，优化产业结构，促进丰台园经济、环境协调发展，带动周边区域的进步。

昆明国家高新区成立10周年

1992年昆明高新区经国务院批准为国家级高新技术产业开发区，今年8月21日已经走过10年的历程。目前在昆明高新开发区登记注册企业已经突破1000家。实际到位资金60亿元，已有三资企业71个，来自美、日、英、德、意、瑞士、泰国、新加坡、中国港台地区，总投资2.46亿美元，合同利用外资1.33亿美元，实际利用外资5810万美元。2001年工业总产值80亿元，实现税收5.2亿元。区内形成了以生物医药技术，电子信息技术，新材料技术，光机电一体化技术为主的产业群体。高新技术企业121家，占全省高新技术企业数75%，全区拥有各类技术人员1.4万人，其中高级职称的占30%，区内现有博士65人，硕士302人。高新区先后创办了创业服务中心，云南软件园，昆明现代生物制药产业园，云南大学科技园，云南留学人员创业园，国家高新技术产品出口基地，形成了综合性和专业性相结合的项目孵化机制，中小企业培育机制，区域性技术创新体制。

华夏科技园在芜湖高新区开工

8月26日上午，芜湖高新技术产业开发区国家特种显示工程技术研究中心华夏科技园开工典礼、合肥工业大学光电技术研究院以及芜湖电真空研究所博士后科研工作站揭牌仪式在这里隆重举行。华夏科技园区占地500亩，规划厂房建筑面积24万平方米，是以国家特种显示工程技术研究中心为依托，集科研、教育、中试、产业化为一体的高科技园区，在未来几年里将建设我国第一流的特种高亮度显示系统、特种彩色显示系统、特种平板显示器和特种微波管及相关系统等4个科研中试基地，建成具有自主知识产权的高亮度小型彩管、数字高清晰度彩管、数字高清晰度投影管系统及相关技术的产业化基地，成为我国特种信息显示技术和光电技术领域具有领先水平的研发基地。

北京开发区建设10周年大会隆重举行

8月28日，北京经济技术开发区建设10周年大会在开发区隆重举行。市委书记贾庆林、市长刘淇出席大会并为开发区“十年树木”雕塑揭幕。国家质量检验检疫总局局长李长江出席大会。

10年来，北京开发区坚持以邓小平理论和江泽民总书记“三个代表”重要思想为指导，全面贯彻国务院关于开发区“以工业项目为主，吸收外资为主，出口为主，致力于高新技术”的发展方针，认真落实市委、市政府制定的各项政策和措施，开拓创新，扎实工作，取得了巨大成就。园区基础设施和服务设施逐步健全，服务环境和法制环境日益完善，吸引了众多跨国公司和国内高科技企业入驻，综合经济实力和整体竞争能力迅速增强，已初步建设成为一个以吸引外商投资、发展高新技术制造业和出口创汇型企业为主的产业基地。

青岛开发区建设全国最大造船基地

未来两年内，一座全国最大的造修船基地将崛起在青岛开发区的良港海西湾内。占陆域面积260公顷、使用水域200多公顷的造修船基地正在这个海湾内加紧建设，预计2004年交付使用。

据该项目有关负责人介绍，这是市委、市政府响应国家大力发展造船工业的号召，在北海船厂西迁建设“北船重工”的基础上提出的新的建设目标。该项目设计造船能力拟达到200万吨／年，修船能力拟达到206艘／年，钢结构生产能力拟达到4万吨／年，两座长4000米的深水码头可同时停靠6艘30万吨以上船只。同时拟建15万吨级以上及30万吨级修船坞各一座，30万吨级以上及50万吨级造船坞各一座。

九 月

亚洲最大铜板带材生产基地落址南昌高新区

总投资12.4亿元人民币、具有国际一流和国内领先水平的年产10万吨高性能高精度铜板带项目，将在南昌高新区建设投产。项目建成后，年均销售收入可达18.74亿元，投资利润率15.10%，投资利税率16.9%，将成为亚洲最大的铜板带材生产基地，被业内称为我国有色中的“宝钢”。

南昌市有关领导告诉记者，建设该项目，不仅能大力推动江西铜工业的结构调整和快速发展，将资源优势转化为经济优势，而且还可延伸派生出系列产业链，形成产值上百亿元的产业集群，产生良好的经济效益。

天津港保税区成为我国最大整车进口基地

9月1日，天津开发区海关报关大厅人头攒动。2002年海关执行新的关税以来，天津港保税区出现进口汽车报关高潮。天津港是国家拥有进出口权的6个口岸之一，2002年1至7月，天津港保税区进口汽车出区量达到2.2万辆，已超过2001年全年总量，成为中国最大整车进口基地。

常州高新区将建软件产业基地

经国家科技部批准，国家火炬计划软件产业基地常州软件园于近日正式组建。此次获准组建国家软件产业基地，将进一步促进常州软件园加快建设，推动软件园在嵌入式软件、财务软件、网络安全软件、金融系统应用软件、通信系统应用软件等方面加速产品开发，扩大产业规模，形成地区特色，成为“数字常州”的有力支撑。

中关村北大共建留学生创业园

9月5日北大留学人员创业园正式启动，创业园由北京大学与中关村科技园区管委会共同建设。创业园位于北大南门资源楼，共4万平方米，第一期启动2万平方米，是中关村科技园区内首家由政府和知名大学共建的留学人员孵化器。北大创业园将在创业、投融资、生活、物业等方面为入驻的留学人员企业优质服务，

据介绍，中关村科技园区归国创业势头良好，截至今年8月，园区共有留学人员创办的企业1357家，约占园区高新技术企业总数的13%，园区从业的留学人员近4000人。

作为共建单位，中关村科技园区管委会对进驻北大留学人员创业园的企业，在办理工商注册登记和高新技术企业认证等方面给予优先办理并减免相关费用。

国家科技部部长徐冠华考察成都高新区

科技部部长徐冠华院士参加中国科协2002年学术年会测绘分会地理空间信息发展战略研讨会后，专程前往成都高心技术开发区考察、调研。省委副书记、省长张中伟，副省长柯尊平等陪同考察了高新区科技上商务广场等建设项目。

徐冠华充分肯定了高新区的发展和建设。他认为，四川高新技术产业开发势头好，工作扎实，科技部一定继续把四川作为重点予以支持。他表示，自己作为一个科学家要为此多办实事。

烟台开发区投资服务中心挂牌启用

9月6日上午，备受广大投资者关注的烟台开发区投资服务中心正式挂牌启用。今后，所有入区的投资项目注册登记审批手续将全部在此完成，投资申请人如果一次性提报材料齐全，只需5天即可取得营业执照。市委副书记、市长扬金镜，市委常委、工委书记、管委主任王秀出席了揭牌仪式。

投资服务中心位于区行政中心大厅西侧，面积450平方米。该中心主要为投资的组织和个人提供“一站式”“一条龙”服务，办理投资项目从申报立项、注册登记、开工建设、基础配套直到建成投产等各个环节的手续。同时，还受理投资者的各类投诉、协调相关部门妥善解决投诉的问题。

西安开发区新建国家级西安出口加工区

国家级西安出口加工区日前已由国务院批准设立，这是我国西北地区目前唯一的国家级出口加工区。国家级西安出口加工区位于西安经济技术开发区内二期区域内，总占地2.88平方公里，首期规划面积500亩。加工区东临未央大道，北靠过境高速公路，距西安咸阳国际机场25公里，离西安火车客、货运站8公里，地理位置优越，交通便捷，发展前景十分广阔，现已进入前期筹备阶段。

国家级西安出口加工区实行“境内关外”的管理体制，由海关实施全封闭监管。进入加工区的企业将免征增值税、关税，享受最优惠的政策、规范化的管理和高效优质的服务。

第六届中国投资贸易洽谈会昨天开幕

9月8日，为海内外投资者目光追逐的第六届中国投资贸易洽谈会昨天开幕。本届投洽会是中国加入世贸组织后举办的第一个全国性投资促进活动，吸引了来自欧、美、日、韩、非洲、香港、台湾、东南亚等近100个国家和地区将近8000名客商，是历届最多的。投洽会45个成员单位都带来精心挑选的项目，招商内容几乎涵盖所有行业和地区。

另外，为期4天的投洽会还同时举办国际投资论坛以及20多场的介绍各国投资政策与环境为主题的“走出去”研讨会。

建设部部长汪光焘考察天津开发区

9月8日上午，建设部部长汪光焘在市委常委、滨海新区管委会主任皮黔生，市人大常委会副主任李振东等领导的陪同下考察了天津开发区，听取了皮黔生及开发区管委会副主任崔广志关于开发区基础设施建设、城市规划建设发展方面的情况汇报。

日立医疗系统（苏州）有限公司在苏州工业园区开业

9月9日上午，日立医疗系统（苏州）有限公司举行开业典礼。至此，已在苏州工业园区先后投资了8个项目，投资总额将近3亿美元。日立是世界500强企业中进入园区最早、投资项目最多、发展最好的企业之一。日立医疗系统（苏州）有限公司投资总额1250万美元，注册资本金500万美元，一期计划生产X射线诊断装置、超声波诊断装置等。

中共中央政治局常委、全国政协主席李瑞环视察西安高新区

9月10日上午，中共中央政治局常委、全国政协主席李瑞环在陕西省委书记李建国、代省长贾治邦、省委副书记及西安市委书记栗战书、市长孙清云等的陪同下在西安高新区视察工作。在听取了高新区领导的情况汇报后，李主席又先后视察了设在西安高新区规划产品展厅、西安软件园内的15家企业的优选项目，并专程视察了金花药业基地和西安开米公司，视察了西安高新区的区容区貌。

无锡新区软件园二期基地正式启用

无锡新区软件园二期基地9月10日正式启用，至此，该园规模已达近4万平方米。2002年国家火炬计划软件产业基地工作会议的与会代表出席了启用仪式。

以无锡软件园为核心，无锡市软件产业持续增长，已成为无锡经济发展一个重要的增长点。软件园汇集软件技术人才1800多名，RSA、DES等专用集成电路的研发居国内领先水平，永中科技开发的Office软件则成为我国软件界一项具有自主知识产权的重大科技成果。新启用的软件园二期建筑面积达1.8万平方米，宽带网络实现了“百兆到企业、十兆到桌面”，目前已有20多家软件企业入驻。据介绍，以二期建设为新起点，无锡软件园将向旅游、影视软件新领域拓展，并努力培育出一批年销售收入在8000万元以上的骨干企业。

苏州新区区内私营企业增势强劲

2002年以来，苏州高新区不断加大了个私经济发展力度，1～8月，全区私营企业开业登记272户，注册资本19099万元。目前，全区私营企业总户数达1851户，注册资本156117万元。

2002年开业的私营企业有以下四个特点：一是以规范的有限公司为主。开业登记的有限公司户数占开业总数的95%，个人独资企业占5%，无合伙企业。二是规模较大。272户企业户均注册资本70.2万元，其中注册资本100万元以上的有40户，是去年同期的1.2倍。三是增资势头强劲。今年增资的私营企业达61户，增资额9628万元，是去年全年私营企业增资总额的4倍。四是科技型私营企业发展良好。今年开业的科技型私营企业有37户，注册资本4070万元，其中从事信息咨询业的有26户。

苏州新区信息产业发展势头好

自2002年5月底被江苏省政府授予“江苏省电子信息产业基地”称号以来，苏州高新区信息产业发展继

续呈现喜人局面。

6至8月，全区新引进信息技术类项目22个，增资项目9个，总投资4.47亿美元；3000万美元以上的新项目有9个，名硕电脑公司实现增资9510万美元。2002年1～8月，全区新引进信息技术项目42个，总投资（含增资）7亿多美元，占全区今年引进外资总额的64%。目前，全区信息产业方面的投资累计达30多亿美元，占全区总投资的50%以上。2002年1～7月全区信息产业产值约为180多亿元，占全区总额的比例在70%以上，高新区已形成了电子基础材料、计算机及周边产品、新型家用电器和通讯系统产品等4大产业群，电脑显示器、小屏幕液晶显示屏、鼠标器等产品已成为同类产品的世界级生产和出口基地。飞利浦、爱普生、明基、罗技等6家电子类企业入围2000年至2001年度在华外企500强。

青岛开发区海信集团信息产业园全面建成

海信信息产业园位于青岛开发区临港工业园区内，占地面积1200亩，总投资20亿元人民币，分两期建成。一期工程于2000年9月正式开工，2001年8月份竣工；二期工程于2001年8月开工，2002年8月已全部完成。该园区主要产品有MMTV及背投景电视、CDMA手机及基站、注塑喷涂、多媒体液晶投景电视、卫星数字电视机顶盒、LINUX防火墙、彩色掌上电脑、联网收款机等。项目全部达产后可形成年产电子产品400万台（部）的生产能力（其中，MMTV产品50万台；背投电视10万台；计算机100万台；手机250万部），预计年可新增销售收入260亿元，新增利税26亿元。

中共中央政治局常委李瑞环到杨凌高新区考察工作

9月9日，中共中央政治局常委、全国政协主席李瑞环，在陕西省委书记李建国，代省长贾治邦的陪同下到杨凌示范区考察工作。陕西省副省长、杨凌示范区管委会主任陈宗兴，杨凌示范区党工委书记、管委会常务副主任张光强，西北农林科技大学党委书记孙武学等陪同李瑞环一行参观了秦川节水公司、中富公司、中国克隆动物基地和杨凌金坤公司。

全国开发区青年工作者会聚杭州开发区

9月16日，全国开发区、特区第十四次青年工作会议在杭州经济技术开发区召开。来自全国27个国家级开发区、特区的代表120余人参加了会议。

在会上，代表们分别交流了开发区团建工作的实践经验，并对开发区共青团和青年工作的新情况、新问题进行了研讨。与会代表还参观了杭州经济技术开发区有关企业、出口加工区和高教园区。

江苏省政府正式批准设立省级钟楼经济开发区

江苏省政府正式批准设立省级钟楼经济开发区。并于9月16日举行挂牌成立仪式。区划调整以后，常州确定在该市北港乡设立钟楼经济开发区。开发区启动区规划面积为5平方公里，东起规划中的新岱路，南至金韦路，西至规划中的西环三路，北至京杭大运河。钟楼经济开发区的设立，将解决长期以来常州城区发展缺乏空间的矛盾。

世界造纸业四强之一在海南洋浦开发区开始全面建设

9月16日海南金海浆纸业公司与瑞典、丹麦客商在海口寰岛泰得大酒店举行浆纸生产线等主要生产设备订购合同签字仪式，由金光集团亚洲浆纸业公司投资建设的洋浦金海浆纸厂项目进入全面建设阶段。

金光集团亚洲浆纸业公司是世界造纸业四强之一，具备年造纸580万吨、生产纸浆250万吨的生产能力。由该公司投资的洋浦金海浆纸项目，包括在海南省营造350万亩浆纸林、建设年产60万吨浆纸的生产基地，其中浆纸厂于1998年在海南洋浦开发区奠基，预计2004年正式投产。该项目投产后，将有利于减少我国对进口浆纸的依赖，以及提高海南省森林覆盖率、促进地方经济发展。

波音飞机重要配套基地在塘沽海洋高新区正式投产

坐落在天津市塘沽海洋高新技术开发区的波海航空复合材料部件有限公司，于9月16日宣布正式开工投产，标志着本市从此成为美国波音公司的重要配套基地之一。

波海公司是由波音公司、美国赫氏公司、中国航空工业第一集团公司共同投资兴建的世界级航空复合材料制造公司，一期占地60000平方米，总投资额为5200万美元，是目前落户塘沽区的最大外资企业，公司主要生产民用飞机上的复合材料次结构件和内装饰件，其产品已于日前通过波音公司和赫氏公司的质量认证。

中国科学院院长路甬祥一行考察温州高新区

9月23日，中央委员、中国科学院院长路甬祥一行在省科技厅厅长毛光烈、温州市副市长吴敏一及市科技局、高新区领导陪同下，到温州高新技术产业园区和温州虚拟科技研究开发中心参观考察。

此次考察的重点是针对温州市民营企业科技创新和产权制度改革有关情况。考察团对温州民营企业发展高新技术，开展产权制度创新，实现了跨越式可持续发展等方面取得的成绩表示肯定。同时希望中科院与温州市民营企业经济探索合作途径，通过科研院所和民营企业之间的取长补短，实现双赢。

厦门出口加工区正式封关运作

9月24日，厦门海关为第一个进入出口加工区的外商投资企业奇创自动化科技(厦门)有限公司核发了首份电子帐册，这标志着厦门出口加工区开始正式封关运作。

厦门出口加工区是国务院首批批准设立的15个出口加工区试点之一，首期开发面积1．46平方公里，今年1月正式通过海关总署等联合八部委验收小组的验收。

上海闵行开发区外商投资服务中心揭牌

9月28日，设立在开发区管理办公室的上海闵行经济技术开发区外商投资服务中心正式揭牌。开发区“外商投资服务中心”定位于“做中介的中介、服务的桥梁”，第一批引进各类中介服务机构16家，提供适应外资企业需求，符合国际惯例、依托现代网络技术和资讯系统提供各类中介、服务，以使外资企业降低商务成本，提高经济效益。

大田1.2亿元打造天津开发区IT产品物流基地

9月28日，全国最大物流企业之一的大田集团，投资1.2亿元在天津开发区微电子工业园区建设的货运物流服务中心正式开工。该项目的运行使得以电子信息产业为主导的天津开发区，拥有了现代化的高科技产品物流基地。据悉，该中心建成后，可使企业的物流成本降到10%，货物通流时间减少到24时以内。

十　月

张家港保税区迎来10岁生日

10月5日，张家港保税区迎来了10岁生日。张家港保税区于1992年10月经国务院批准设立。10年来，张家港保税区坚持“工业立区、贸易活区、仓储兴区”的指导思想，依托良好的区位优势和政策优势，坚定不移地实施区港一体战略，致力于利用外资加快发展，开发建设呈现出良好的发展态势。截至今年9月底，张家港保税区已累计完成业务总收入1047.15亿元，进出口贸易总值超过了33亿美元，进出区货物总值超过21亿美元，财政收入22.7亿元，海关关税及代征税25.29亿元，注册各类企业3121家，合同引进外资15.72亿美元，到账外资11.91亿美元，已初步形成了化工、粮油、纺织、机电四大特色产业。

河南郑州出口加工区筹备工作会召开

10月10日，河南郑州出口加工区筹备工作领导小组会议在郑州经济技术开发区召开，会议安排了下一阶段的筹建工作。河南郑州出口加工区系今年6月21日获国家批准设立，规划用地为郑州经济技术开发区内东北部2.7平方公里土地。规划方案正由河南省城乡规划设计院制作之中，招商工作已经展开，目前已有项目等待入驻园区。

李岚清视察滨海新区并肯定了滨海新区和泰达的建设成绩

10月13日，中共中央政治局常委、国务院副总理李岚清视察滨海新区，并对滨海新区的发展模式予以充分肯定。市领导张立昌、夏宝龙、王文华、皮黔生和滨海新区、开发区领导李勇、王二林、艾亚民等陪同视察。

在听取李勇和王二林对天津开发区及滨海新区建设情况的汇报后，李岚清说，天津市委、市政府建设滨海新区的决策非常好，这是一个全新的模式，很有希望。他表示，目前国务院发展研究中心正在借鉴滨海新区的经验，认真研究该模式，同时有关部门也在就这种模式的相关立法问题进行研究，争取实现此模式的法律化。

中关村环保科技示范园正式建设

中关村环保科技示范园于10月16日正式开工建设，这是中关村科技园区“五年上台阶”的重要项目。建设启动仪式在环保园4万平方米的绿化广场举行，主题雕塑——“绿染春园”同时落成揭幕。

中关村环保科技示范园的建设是北京市加速发展环保产业的重要举措，将形成示范和辐射作用。环保科技示范园位于中关村科技园区发展区，占地3.6平方公里，南眺西山山脉显龙山，毗邻京密引水渠，山水风光秀美，交通便捷。这是一个集科研、生产、交易、示范于一体的环保科技园区，划分为八大功能区：研发基地、孵化中试产业基地、展示交易中心、科普教育中心、仪器仪表园、综合管理服务区、商务区、生活休闲区。

杭州开发区“三花工业园区”正式开工建设

10月17日，浙江省著名民营企业浙江三花集团有限公司投资建设的“三花工业园”在杭州经济技术开发区举行开工典礼仪式，该园区坐落开发区机电园区内，占地316亩，总投资5.5亿元，注册资本2.6亿元，协议利用外资2000万美元，将设立三家具有独立法人资格的公司，主要生产汽车空调零部件及制冷空调自控元器件。全部投产后，年销售将达到20亿元人民币，其中投资2.2亿元的一期工程将于2003年三季度全面投产。

武汉开发区中国普天武汉工业园隆重开园

10月17日，由中国普天集团公司在武汉开发区投资兴建的“是中普天武汉工业园”隆重开园。中国普天武汉工业园坐落在国家级开发区——武汉经济技术开发区内，是集科研、制造、工业旅游等为一体的通信制造业基地。现有面积约35000平方米。在未来五年内，投资10亿元，将其建成一个能支撑50亿元销售规模的通信工业园，形成公司的制造、研发和运营投资中心，发展成为中国普天的支柱型企业集团的核心。

成绩辉煌的昆山开发区

10月18日，昆山经济技术开发区迎来了她的10周年生日。10年前，经国务院批准，昆山开发区正式列入国家级开发区序列，经过10年的发展，昆山开发区取得了骄人的业绩，在前不久外经贸部公布的一次评比中，昆山开发区综合投资环境在国家级开发区中排名第四。

据了解，10年间，昆山开发区由原来的6.18平方公里扩大到现在的70平方公里，昆山出口加工区、昆山留学人员创业园、江苏国际商务区和各镇的工业配套小区为依托的“园区经济”成为昆山经济发展中的点睛之笔，使开发区的招商引资发生了从量到质的根本性变化。

10年来，昆山开发区引进、批准外商投资企业766家，合同利用外资63.29亿元，实际利用外资29.42亿元。2001年，开发区完成国内生产总值113.3亿元，财政收入17.72亿元，自营进出口34.15亿美元，分别是1992年的19.5倍、28.7倍和33倍。年均增长幅度分别达到39.9%、45.8%和48%，开发区以不到全市10%

的土地面积，创造了全市49.1%的GDP、64.8%的财政收入和80%的自营出口，成为昆山市的主要经济增长点。

秦皇岛开发区推出秦皇岛台湾工业园

10月20日，台南北进投资研讨会暨秦皇岛台湾工业园投资环境说明会在深圳举行一会议期间，两岸工商界人士就台商投资北上和秦皇岛台湾工业园的投资环境、政策等进行了深入研讨。秦皇岛开发区间台湾投资商全面推介台湾工业园投资环境和政策，发布招商项目。自此，秦皇岛台湾工业园招商引资工作全面展开。

威海开发区庆祝建区10周年

10月21日，威海经济技术开发区举行建区10周年庆祝大会。国务委员吴仪致电祝贺。山东省长黄可华说，威海经济技术开发区成立10年来，坚持自费开发、艰苦创业，充分发挥了国家级开发区的龙头、辐射作用，改革开放和现代化建设都取得了显著成就，已成为拉动威海国民经济增长的重要力量，成为山东省吸引外商投资的重要基地。

河北省廊坊开发区行政服务中心揭牌

10月21日上午，廊坊经济技术开发区行政服务中心举行揭牌仪式。廊坊开发区行政服务中心是廊坊市深化行政审批改革的产物，是建设服务型政府的一次有益尝试。行政服务中心共设置32个窗口，目前入驻窗口28个，共承办业务108项，其中39项业务由市直有关部门下放、委托或直接派人到窗口办理，69项业务由开发区管委会各部门下放到窗口办理。

全国特区、开发区第十五次工会工作会议在北京开发区召开

10月21日，全国经济特区、开发区第十五次工会工作会议在北京开发区召开。全总副主席苏立清参加会议并做了总结讲话，全总书记处书记董力在会上做了《工会法》的辅助报告，外交部做了国际形势报告。全国56家特区、开发区、高新区的110余名工会系统的负责人云集北京经济技术开发区，通过在会议上进行交流，加强了全国经济特区、开发区工会工作的沟通，对在外商投资企业开展建会工作、进行民主管理等工作作了探索，在改善投资环境、工会工作改革创新等方面提出了新的思路。

连云港开发区陆桥出口加工区工程落成

连云港开发区对外开放的又一个窗口——陆桥出口加工区10月22日举行落成典礼。连云港开发区兴办陆桥出口加工区有利于更好地服务国家开发中西部重大战略的实施，有利于充分发挥连云港港口和桥头堡的作用，有利于连云港市、苏北地区和中西部地区加快发展出口加工贸易，扩大对外开放，促进陆桥沿线地区发展区域经济合作。连云港陆桥出口加工区规划总面积3平方公里，其中一期工程0.7平方公里。1年多来，连云港开发区高标准、严要求建成了符合“九通一平”要求的基础设施、2.3万平方米的现代化标准厂房和6000平方米的综合办公楼。同时，严格按照海关监管要求，修建监管隔离设施，具备了海关封关运作和企业进区的条件。目前，已有一批项目正在洽谈进区。

苏州新区成立10周年庆祝大会隆重举行

10月23日，苏州高新区隆重举行成立10周年庆祝大会。国家科技部副部长刘燕华，江苏省委常委、副省长、市委书记王珉，省科技厅厅长王永顺出席大会并讲话。苏州高新区成立十年来，经济快速发展，综合实力不断提高。52平方公里的开发区内，国内生产总值从最初的0.26亿元增长到如今的185亿元，工业销售收入从0.5亿元增长到466亿元，财政收入从750万元增长到24 4亿元，人均经济指标及每平方公里土地上的投入产出在全苏州市、江苏省乃至全国的开发区中都名列前茅，苏州高新区已成为苏州经济发展的重要增长极。

象屿保税区向世界先进保税区发展

10月23日上午，象屿保税区举行成立10周年庆祝大会，据统计，10年来，象屿保税区累计引资5. 46亿美元，设立三资企业409家，进出口贸易总额超过50亿美元，财政收入超过9亿元。2002年1至9月，象屿保税区的主要经济指标均以三位数的增长率位居全市前列：进出口总额实现11. 7亿美元，比增195%；招商引资完成年计划107. 3%；区内工业产值完成5. 4亿元，比增251%。

连云港开发区赢得10亿元投资

10月25日上午，随着罗盖特(中国)精细化工有限公司在连云港市经济技术开发区奠基，世界最大的山梨醇及其他多元醇生产厂家——法国罗盖特公司新工厂在连动建。这座工厂投资高达1.3亿欧元(约合10亿多元人民币)，是连云港改革开放以来引进的最大外商投资项目。

天津市为滨海新区立法

旨在依法保障和促进滨海新区早日建设成为重点发展高新技术产业和现代服务业的高度开放的经济区的《天津滨海新区条例》，近日经天津市十三届人大常委会第36次会议审议通过，并将于12月1日起正式施行。它授予滨海新区管委会代表市政府行使有关滨海新区建设的管理权，规定滨海新区管委会是政府的派出机构。

李岚清视察杨凌示范区

10月25日，中共中央政治局常委、国务院副总理李岚清在陕西省委副书记、代省长贾治邦等陪同下来杨凌示范区考察工作。李岚清在听取了杨凌农业高新技术示范区的工作汇报后，就促进教育创新、推动大学生助学贷款工作召开了座谈会。

国务院批复同意 宁波大榭开发区港区对外开放

10月28日上午，宁波大榭开发区举行宁波口岸大榭港区对外开放暨2002年大榭大中型项目投产开建签约庆典仪式。2002年10月17日，国务院正式批复同意宁波口岸大榭港区为一类口岸对外国籍船舶开放，并设立边检、检验检疫机构（海关已先期建立）。大榭岛拥有10.7公里深水岸线，常年不冻不淤，可建造5000吨级至30万吨级泊位30个，是一个天然深水良港。

南通出口加工区实现封关运作

10月29日，南通出口加工区通过了海关总署等国家8部委的联合验收，南通海关驻出口加工区办事处也同时挂牌，正式办理业务。它标志着南通出口加工区正式封关运作，全面启动。这是全国第二批出口加工区中首个正式封关运作的出口加工区。

中科院西安光机所在西安高新区长安园隆重奠基

10月29日，中国科学院西安光机所科技产业园在西安高新区长安园举行隆重的奠基仪式。西安市政府对发展光电子产业非常重视，于2000年10月批准在长安科技产业园规划900亩地建设西安市光电子产业园，其发展目标是将该产业园办成中国西部光电子的研发中心、产业中心、国际学术交流中心、人才培训基地和产品孵化基地。

漕河泾开发区率先通过质量和环境双认证

继去年通过ISO9001质量管理体系认证以来，经过一年努力，漕河泾开发区日前又顺利通过ISO14001环境管理体系认证，成为全国首家通过ISO9001和ISO14001双认证的开发区。

在10月30日下午举行的ISO14001颁证仪式上，环科院副院长李怀正向总公司刘家平总经理颁证，市环保局局长洪浩向祁兆明副总工程师授旗，徐汇区副区长孙飞忠与王志洪董事长共同揭牌。

世界第一大跨径斜拉大桥在南通开发区隆重奠基

世界最大跨径、最高桥塔的斜拉桥——苏通长江公路大桥10月30日上午在南通开发区南通农场江堤北侧隆重奠基；苏通大桥工程包括跨江大桥工程和南、北接线工程三部分，北起于通启高速公路小海立交，向南经跨江大桥至苏(苏州)嘉(嘉兴)杭(杭州)高速公路董浜立交，路线全长32．4公里，工程总投资62．7亿元，计划建设工期6年。

建设这座世界之最的长江公路大桥，在长江口宽6公里多的江面上“一桥飞架南北”，是南通人民的百年梦想，开发区人的世纪夙愿愿。苏通大桥建设技术难度大，设计标准高，在我国乃至世界桥梁史上都占有重要地位。大桥建成后，将为苏中、苏北尤其是南通地区新辟一条通往上海、苏南的全天侯快速通道，开发区到上海的车程将缩短到1个多小时，这对于进一步完善南通开发区投资环境、改善我国东部沿海地区的交通状况，完善全国干线公路网络，加快南通开发区乃至苏中、苏北地区与上海、苏南的资金、人才、物资、信息交流，将发挥十分重要的作用。

洛阳高新区加入世界科学园区协会

应洛阳高新区管委会申请，经世界科学园区协会审查批准，日前，洛阳高新区顺利加入世界科学园区协会，获得了由世界科学园区协会颁发的会员证书，成为继北京、沈阳、深圳等国家高新区之后，又一个国家级高新区入会成员。

世界科学园区协会是科技园区及创新孵化器的全球性网络机构，为促进国际间的合作和协会成员间的相互交流与发展搭建了一个平台。该协会的主要功能包括通过不同渠道为会员提供良好的信息服务；帮助会员设计定位，提高管理效率；通过协会总部永久性的网络合作和全球网络资源，帮助会员发现商业机会，寻找合作伙伴，进行科技交流。该协会业务范围覆盖面广，为协会成员提供全球网络资源更新的信息、培训、在线图书馆及文件数据资料、会议组织模式等方面的服务。目前，全球共有242家科技园区和创新孵化器加入了世界科学园区协会，我国53个国家级高新区中的北京、天津、上海、苏州、深圳、西安、洛阳等17家高新区也加入了该协会。

四川乐山建设国家级农业科技园区

乐山国家级农业科技园区是四川省唯一的国家农业科技园区。乐山市采用“一区多园”的建设模式，确立“政府引导、业主开发、企业化运作、产业化经营”的建设思路，努力将园区打造成现代农业助推器、高新企业孵化器、农业科技辐射源和农民走向市场的黄金桥。

目前，乐山国家级农业科技园区已形成生态、畜牧、茶叶、花木、中药材、特色经济作物6个专业科技园,400平方公里的范围内形成园区核心区、示范区和辐射区。以9名院士为首的一大批专家学者成为园区发展的科技后盾;一批龙头企业按规划进行项目实施和技术改造;农业科技推广中心投入使用;畜牧科技园中的国家级原种猪场工程全面完工;花木科技园的3000亩示范区初具规模;省农科院3000亩科研试验基地开始建设。

亚洲最大液化气中转基地在宁波大榭开发区投产

亚洲最大的液化石油气中转基地——总投资9650万美元的宁波华东BP液化石油气基地站10月正式投入使用。宁波华东BP液化石油气基地是大榭开发区成立以来引进的最大外资项目，由宁波华东液化石油气公司与全球500强排名第4位的英国BP石油公司共同投资，被列为省、市重点建设项目。该项目是我国最大的地下岩洞式液化气储气站，液化气总储量为50万立方米。该项目投产以后，可向宁波及周边地区提供大量清洁能源，而且可以提升整个华东地区的能源储备能力，也使宁波市成为华东地区重要的能源基地。

浙江大学科技园落户南昌高新区

南昌高新区在2002年中国南昌金秋经贸活动月期间签下了本次经贸月期间的最大产业项目——浙江大学科技园，总投资7亿元。

浙大科技园由浙大科技园发展有限公司控股组建江西浙大中凯科技发展有限公司，在高新区购地385亩，作为其科技成果转化、科技企业孵化、高新技术人才集聚培训、科技成果产业化及其相关配套建设用地。该项目将于2005年全面建成，首期投资2亿元，用于园区基本建设和数码纺织及电子提花笼头等一批项目建设。

西安高新区建设日本经济园区

为吸引更多日商来西安投资，西安高新区将规划建设一个日本经济园区。

据介绍，目前在西安高新区外资企业中，日资企业发展形势很好，NEC、富士通、大金、兄弟等日本知名企业先后在高新区落户，其中多数投资成功的企业近期都追加了投资。为给日资企业在西安的发展提供更大的便利，西安决定在高新区内规划建立日本经济园区。

据了解，园区规划将实行一次规划，分期实施。一期规划占地5平方公里，对区内企业按行业划分、相对集中的原则进行布点建设，还将参照日本的自然、文化及城市景观设计。

世界500强33家落户青岛开发区

世界500强企业中的韩国浦项制铁株式会社日前与青岛钢铁控股集团有限公司签约了总投资1.8亿美元的冷轧不锈钢板合资项目。这是迄今为止，世界500强企业在山东一次性投资最大的项目。至此，青岛开发区吸引的外商投资项目中，世界500强企业的项目已有33个。

十一月

总投资额43亿美元的中海壳牌项目在大亚湾开发区奠基开工

中国迄今最大的中外合资项目、跻身全球规模最大之列的国际性大型石化企业——中海壳牌南海石化于11月1日在惠州市大亚湾经济技术开发区奠基开工。

由中国海洋石油总公司、广东省与跨国大型石油集团英荷壳牌公司合资建设的中海壳牌南海石化项目，首期投资总额为43亿美元，年产86万吨乙烯、230万吨石化产品及副产品，除了对周边乃至全省强大的经济拉动效应，它更是广东省产业结构向高技术、重型化升级的又一个醒目的标志。目前，项目已完成了定义期内的所有工作，包括国际和国内融资、产品预销售等，主要装置设备也已定标并开工制造。

重庆开发区北部园区获3.75亿元贷款

11月1日，国家开发银行重庆分行与重庆经济技术开发区签订贷款合同，发放3.75亿元贷款，用于经开区北部园区的一期基础设施建设。重庆开发区北部园区定位于以高新技术产业为基础的现代产业基地、出口加工区和交通通信枢纽，其一期基础设施建设被重庆市政府批准为市级重点建设项目，总投资达7.8亿元。

第十四届韩中投资贸易洽谈会在西安高新区召开

第十四届韩中投资贸易洽谈会于11月6日在西安高新区召开，此次洽谈会由西安高新区管委会与韩国汉城市政府驻北京文化贸易馆主办，由高新区企业协会与北京丝绸之旅展览公司承办。

此次由韩国汉城市政府驻北京文化贸易馆组织的14家韩资企业，产品涉及软件、化工、音响、废水处理设备、汽车用电子产品、建筑材料、道路包装、皮革等多方面。此次洽谈会韩方企业希望在西安一方面寻找战略合作伙伴，另一方面是将其产品推广到西安，寻找代理商与批发商。一些前来洽谈会的韩国客人还带来不少展品，展示了韩国制造业与现代科技水平。

京蒙高科企业孵化器在中关村科技园区正式落成

11月6日，内蒙古自治区人民政府和北京市人民政府科技合作的标志性项目、国家科技部科技企业异地孵化试点——京蒙高科企业孵化器在中关村科技园区上地信息产业基地正式落成并将投入运营。

南通开发区着手建设中国长江国际化学纤维工业园

为了迎接国外重要纤维产业的群体转移，南通开发区着手规划建设中国长江国际化学纤维工业园，为外国纤维工业落户南通提供良好的舞台和条件。正在建设的中国长江国际纤维工业园地处南通开发区内，以东丽公司、帝人公司为基础，向东拓展延伸，总规划面积10平方公里，首期启动区3平方公里。力争通过3～5年的努力，把该区域建设成起点高、上规模、有特色的现代化纤维工业园区。

世界级信息产业园正式落户烟台开发区

总投资额达5亿美元的世界级信息产业园近日正式落户烟台开发区，为烟台开发区信息产业的发展再绘精彩之笔。11月2日上午，由烟台瀛海信息产业有限公司与烟台开发管委共同投资建设的信息产业园项目在行政中心正式签约。该信息产业园位于烟台开发区古现，规划占地面积6平方公里，园区内投资项目包括电子工业、信息及通信产业相关设备的研究、开发、生产以及软件产品的科研开发、生产。产业园项目包括孵化大楼、项目促进中心、科研开发中心及各类厂房。产业园附属项目包括高尔夫球场、主题公园、五星级宾馆、培训学校等。信息产业园一期工程项目主要包括项目推进中心及商务会所、产业孵化大楼、培训学校等设施，其中，项目推进中心及商务会所占地面积5万平方米，建筑面积约2万平方米。

天津泰达生产力促进中心成立

11月8日，天津泰达生产力促进中心在天大科技园挂牌。天津泰达生产力促进中心将致力于围绕开发区重点产业建立“中心—卫星”工厂体系，通过构建全方位的生产力要素平台，提升开发区的区域竞争力，推动区域经济的可持续发展。

合肥国家大学科技园开园

合肥国家大学科技园11月10日上午在合肥高新技术开发区隆重开园，同时入园的有安徽大学科技产业园和安徽省生产力促进中心。办园者宣布：今后凡拥有高科技项目的大学生和科研人员均可以入园“孵化”。

合肥国家大学科技园于2001年5月通过国家科技部、教育部试点、评估并授牌，集合了中国科技大、合肥工业大学和安徽大学三校科技优势，规划占地200公顷，目前累计投入基建经费已达2亿多元。大学科技园的主要任务是为全省高校师生、科技人员转化成果和创业提供全方位服务。大学园设计入园企业为102所，目前申请入园的已有66家。

广州开发区“一站式”投资服务中心将开始运行

为了方便落户广州开发区的企业办理各项筹建手续，广州开发区管委会设立了“一站式”投资服务中心，将于11月18日正式对外办公。届时，劳动、建设规划、公安、工商、财政、药监、卫生、质监、海关、税务、供电、供水、电信等与企业筹建有关的主要业务部门，将实现集中办公。

索尼国际采购(深圳)公司落户福田保税区

11月14日上午，由世界500强企业日本索尼株式会社投资的索尼国际采购（深圳）有限公司在福田保税区举行了隆重的开业典礼。据悉，新公司将在深圳及华南地区进行零部件购买及零部件加工，销售给全世界索尼的相关公司，预计今年采购额为1亿美元，明年达到5亿美元，3年后实现10亿美元。

大连软件园通过ISO9000质量体系认证

2002年11月11日，大连软件园正式通过ISO9001质量体系认证，荣获带有EPRE（中国体系认证机构）标志和美国RAB（Registrar Accreditation Board）标志的认证证书。在我国，这是继广州天河软件园之后，第二家通过ISO9000认证的软件园区，它标志着大连软件园在国际化进程中又向前迈了一大步，质量管理与服务已正式与国际惯例接轨。认证的通过不仅极大地增强了园区的竞争实力，同时也对园区的可持续发展也起到了积极的推动作用。

100亿贷款开创天津开发区经济工作全新局面

2002年11月25日，中国工商银行天津分行与天津泰达投资控股有限公司在喜来登大酒店举行贷款100亿暨全面合作签约仪式。这是工商银行天津市分行近年来最大的一笔信贷授信业务。

此次贷款100亿元，主要用于开发区“十五”规划中重大项目的建设与开发，包括给排水、污水处理及中水、电力、热力、燃气、道路、绿化、通讯、物流、公交设施以及新开发的1.5平方公里土地中的学院区、体育会展区和丰田汽车配套项目等。预计总投资146.6亿元。依靠银行的大额贷款，就形成了对于开发区重点项目的一种资金上的强力支持，将极大促进开发区的基础设施建设、城区建设，使开发区建设外向型现代化工业新城区的步伐加快。

长春开发区通过ISO14001环境管理体系认证

长春经济技术开发区在开展二次创业的同时，把提高环境管理水平作为一项重要的工作来抓，2002年初在全区开展创建ISO14001环境管理体系工作，2002年11月17日，长春经济技术开发区获得华夏认证中心及英国皇家认可委员会颁发的ISO14001认证证书。该证书表明长春经济技术开发区管理委员会建立的环境管理体系符合GB／T－24001~ISO14001:1996标准，即位于长春市的长春经济技术开发区管理委员会（包括长春大成玉米工业区）的行政管理活动符合ISO14001环境管理体系标准，并通过ISO14001认证。

外经贸部副部长马秀红考察南沙开发区

国家外经贸部马秀红副部长11月26日下午考察广州南沙开发区时指出，南沙是广州经济的新增长点，总体规划具有高水平和前瞻性，在发展经济的同时又保护了当地的自然要素。

SIG康美包（苏州）有限公司在苏州工业园区破土动工

11月27日上午，世界第二大牛奶和果汁饮品无菌包装机械和纸板包装材料的制造商——瑞士工业集团康美包公司（SIG Combibloc）投资兴建的康美包（苏州）有限公司在苏州工业园区破土动工。

瑞士工业集团是一家有着150年历史的著名跨国企业，生产项目横跨重机工业、铁路运输系统、食品加工机具等领域。瑞士工业集团康美包公司在过去的数年中一直致力于在中国市场，其独特的包装方式、领先的包装机械技术和良好的服务树立了牢固的信誉和市场占有率的基础。该项目总投资为9000万美元，注册资本3000万美元。SIG康美包公司进行大规模的投资清楚地表明了对中国市场的承诺以及对苏州工业园区和中国经济发展的信心。

十二月

中国保税区发展高层论坛召开

由《经济日报》报社与青岛市人民政府共同主办的中国保税区发展高层论坛12月1日在青岛召开。来自国家计委、国家经贸委、外经贸部、财政部、国家海关总署、国家外汇管理局、国务院发展研究中心等部门的有关领导和专家，充分肯定了保税区10多年来在改革开放中发挥的特殊作用和取得的重要成就，对保税区的进一步发展提出了许多建设性意见。

在论坛会议上，青岛、上海、天津、深圳等保税区负责人结合10年来的发展经验，提出了新的发展思路。他们强调，在新形势下，中国保税区必须与时俱进，加快营造保税区竞争的新优势，充分发挥各保税区的功能作用。

外经贸部副部长吕福源到北京开发区调研

12月2日上午，对外贸易经济合作部副部长吕福源到北京开发区调研，先后参观了首信诺基亚移动通信有限公司和通用电气（中国）医疗系统集团的生产线，并给予了很高的评价。

首届国家高新区主任培训班在京开学

首届国家高新区主任培训班于12月2日开学，揭开了“十五”期间对高新区人才培训工作的序幕。科技部部长徐冠华、副部长马颂德、科技部火炬中心主任赵玉海出席了开幕式。

科技部火炬中心主任赵玉海在开幕式上致辞说：“本期培训班是在党的十六大闭幕后不久，全国各行各业正在掀起学习十六大热潮的形势下举办的，具有特殊的意义。一要把学习十六大报告与业务知识培训结合起来，把贯彻落实十六大精神与推进高新区二次创业工作紧密结合起来思考。其次，要树立人才是第一资源的新观念。高新区已经产生了良好的人才聚集效应，为实现高新区的二次创业奠定了坚实的人才基础。但是顶尖人才的稀缺，人才结构的不合理和人力资源的市场化技术水平低等问题依然存在，因此，一方面要积极实施人才引进战略，另一方面要大力实施人力资源素质提升战略。”

在首届国家高新区主任培训班上，科技部副部长马颂德为学员做了题为“制造业与信息化”的第一期讲座。马颂德副部长向参加培训的高新区主任阐述了全球制造业的现状和竞争力的比较以及制造业竞争力的转移，从宏观经济角度谈影响中国制造业竞争力的因素，马颂德指出，发达国家与发展中国家仍有巨大差距，制造业转移主要在中低技术产业的转移，技术差距与人均增加值的差距仍在继续扩大。面对这样的实际情况，中国应该进一步深化科技体制改革；把8 6 3项目与其它计划进一步集中，在一些领域取得在世界上占一席之地的地位；实行人才、专利、标准战略；加强高新区与孵化器的建设。

“中国高新区二次创业发展论坛”在京举行

12月1日~2日，由科技日报社、科技部火炬中心、科技部中国科技促进发展研究中心主办，杭州、太原、大庆、长沙、保定、淄博高新区、中关村科技园区丰台园管委会协办的“中国高新区二次创业发展论坛”在北京隆重举行。

李鹏委员长考察廊坊开发区

12月1日全国人大常委会委员长李鹏在廊坊开发区考察工作并就民办教育促进法草案进行立法调研。

西安出口加工区举行隆重的开工典礼

由国务院批准设立国家级陕西西安出口加工区，是西北地区目前唯一的国家级出口加工区，12月8日举行隆重的开工仪式暨新闻发布会。预计加工区将于明年7月份建成封关运行。

国家级西安出口加工区位于西安经济技术开发区北部，东至未央路，西至朱宏路，南至城运村，北至绕城高速公路，总规划面积2.8平方公里，按照“统一规划、分期开发、滚动发展”的原则进行规划建设，起步区1.02平方公里，首期围网0.61平方公里。西安出口加工区与西安经济技术开发区实行一套人马、两块牌子管理模式。

南京韩国工业园”在南京开发区隆重揭牌

12月3日，“南京韩国工业园”在南京经济技术开发区举行了隆重的揭牌仪式，总投资为1．08亿美元，5个千万美元以上的韩资项目在会上进行了发照。开发区今年1至11月份已新批进区企业44家，安新口径统计，完成合同利用外资4.98亿美元；实际利用外资2．37亿美元，达到历史同期最高水平，预计将超额完成全年目标；

“南京韩国工业园”是南京经济技术开发区“区中园”之一。园区内现有韩资千万美元以上项目10家，主要是以乐金飞利浦比LCD、LG同创为主及其相关配套的IT企业和其他一些高新技术企业。

世界级主题公园将落户上海浦东

12月7日，法国威望迪（Vivendi）国际集团旗下的美国环球主题公园及度假区集团和上海外高桥集团、锦江集团在上海草签协议，三方将共同设计、兴建和经营上海环球影城主题公园。据介绍，环球影城是全球最大、效益最好的主题公园之一。

据上海浦东新区区长胡炜介绍，上海环球影城主题公园项目选址浦东三林地区，毗邻2010年上海世博会会址并与之同步建设，在功能定位上与目前浦江两岸开发的四大区域（时尚居住区、购物观光区、特色居住区、人文旅游区）相得益彰，该项目一期占地面积0.85平方公里，计划于2003年开工，2006年正式建成开园。

5.7亿元贷款支持成都开发区

12月8日，从成都龙泉驿区获悉：该区融资小组向国家开发银行申请的 5.7亿元承诺贷款已得到该银行总行的正式批复同意。这是国家开发银行对西部11家国家级经济技术开发区授信额度最大的一笔贷款，同时，成都经济技术开发区也是第一批获得国家开发银行支持的西部国家级开发区。

1～11月福州开发区工业产值157亿元

2002年1至11月，福州开发区工业产值达到157亿元，同比增长38．4%。从1989年到2002年，福州开发区GDP增长了13．2倍，年均增长22．7%。打造福建省第一经济强区，福州开发区选择的发展方向是走新型工业化道路，全力推进优势产业发展壮大。目前，该区已经形成以中华映管、LG、JVC、NEG、东北理光、爱普生等知名企业为龙头的生产基地，初步确立了全省电子信息产业基地的地位。福州开发区正在继续加大对电子信息产业的培育，力争明年实现“百亿电子城”的目标。

马颂德视察苏州留学人员创业园

科技部副部长马颂德于12月13日视察了苏州留学人员创业园。马颂德在创业园听取了苏州新区领导关于苏州留学人员创业园的工作汇报，观看了进驻企业的科研和高新技术成果转化的图片及实物介绍。

厦门海沧投资区地税局税收收入首次突破2亿元大关

截止12月16日，海沧地税局累计组织各项收入入库25990万元，其中税收收入20334万元，比去年同期增收3633万元，增长21.75%。在税收收入中，营业税入库11481万元，同比增收3111万元，增长37.17%，个人所得税入库3052万元，同比增收499万元，增长19.55%。

广州南沙开发区昨天获广东最大单笔贷款155亿

12月19日中国工商银行广东分行营业部与广州南沙开发区建设指挥部下属的广州南沙开发区土地开发中心、广州南沙资产经营有限公司分别签定了100亿元的借款合同和55亿元的银企合作协议。据悉，这是截至目前广东金融界为广州南沙开发区建设注入的具有实质性、最大的单笔贷款。

附录二　国家大学科技园发展综述

21世纪是知识经济时代，而创新是知识经济时代的重要特征。高等学校是知识创新的源头，也是技术创新的重要领地。因此，充分挖掘和利用高等学校的智力资源，依托高等学校的人才、技术优势兴办大学科技园，不仅是实施科教兴国战略的需要，而且是提高我国产业和经济竞争力的重大战略抉择。

大学科技园是大学教学、科研与生产结合的载体。大学科技园可以把高校的科技成果通过孵化高新技术企业或其他有效形式流向企业，从而有力地拉动高校科研与市场的结合，使高校教学、科研和社会经济发展形成良性循环。同时，大学科技园为培养创新创业人才提供了实践基地。

科教兴国战略的深入实施，中共中央、国务院《关于加强技术创新，发展高科技，实现产业化的决定》的颁布，为我国大学科技园建设和发展创造了良好的条件；高校的传统优势与巨大潜能为大学科技园发展奠定了坚实的基础；我国经济、科技、教育的高速发展和综合国力的增强，为大学科技园发展提供了可靠的保证；高新技术开发区快速发展，为大学科技园提供了现实的发展空间。

从总体上看，我国大学科技园发展仍处于发展初期和探索阶段。很多地方正在积极筹划建立；有的已经起步，完成了初步的规划，开始基础设施和创业环境的建设；一些发展较快的科技园已取得了阶段性的进展，已有一批企业入园孵化，开始全面运行并呈现良好态势。据统计，目前22所国家大学科技园共依托高校67所，已建及在建孵化器面积达256.55万平方米，已育成企业459个，占孵化企业总数的20.7%。有2778家企业入驻科技园，投资总额达170多亿元，2000年销售总额为257.188亿元，比上一年度134.214亿元增长91.6%。入园科技企业自主开发研制重点新产品2191个，已获自主知识产权4813项，专利3482项，产生了可观的社会效益和经济自效益。

“十五”期间，我们将重点建设100个左右服务功能健全、管理运行规范的大学科技园，其中50个左右成为起示范作用的国家大学科技园，20个左右成为特色鲜明、优势突出的国内一流大学科技园，若干个成为在国际上有重要影响的人学科技园；园内在孵化企业达到5000家以上，培育50家具有自主知识产权、有一定规模和国际竞争力的高新技术企业和企业集团，形成一只高素质的国家大学科技园管理人才队伍。这是一串鼓舞人心的数据，也是一项崇高而伟大的事业。

国家大学科技园名单

清华大学国家大学科技园	北京大学国家大学科技园	天津大学国家大学科技园
复旦大学国家大学科技园	东北大学国家大学科技园	上海交通大学国家大学科技园
哈尔滨工业大学国家大学科技园	东南大学国家大学科技园	浙江大学国家大学科技园
南京大学 - 鼓楼高校国家大学科技园	合肥大学国家大学科技园	山东大学国家大学科技园
武汉东湖高新区大学国家大学科技园	岳麓山国家大学科技园	四川大学国家大学科技园
华南理工大学国家大学科技园	电子科技大学国家大科技园	重庆大学国家大学科技园
西北农林科技大学国家大学科技园	西安交通大学国家大学科技园	西北工业大学国家大学科技园
云南省国家大学科技园		

附录三　国家火炬计划软件产业基地名单

东大软件园	齐鲁软件园	西部软件园	长沙软件园	长春软件园	厦门软件园
福州软件园	金庐软件园	西安软件园	大连软件园	广州软件园	上海软件园
南京软件园	合肥软件园	云南软件园	深圳软件园	兰州软件园	青岛软件园
湖北软件基地	北京软件产业基地		天津华苑软件园	杭州高新软件园	

附录四　国家级创业服务中心名单

序　号	名　　称	依托单位(行政主管)
1	天津市科技创业服务中心	天津市科委
2	重庆高技术创业服务中心	重庆市科委
3	成都高新技术创业服务中心	成都市科委
4	西安高新技术创业服务中心	西安高新区
5	哈尔滨高新技术创业服务中心	哈尔滨高新区
6	长春高科技创业服务中心	长春高新区
7	武汉东湖新技术创业服务中心	武汉高新区
8	大庆高新技术创业服务中心	大庆高新区
9	北京高技术创业服务中心	北京市科委
10	苏州高新技术创业服务中心	苏州高新区
11	中关村科技园丰台园科技创业服务中心	中关村科技园
12	中关村科技园海淀创业服务中心	中关村科技园
13	石家庄高新技术创业服务中心	石家庄高新区
14	保定高新技术创业服务中心	保定高新区
15	沈阳市高科技创业中心	沈阳市科委
16	大连市高新技术创业服务中心	大连高新区
17	上海市科技创业中心	上海市科委
18	上海漕河泾新兴技术发展中心	上海高新区
19	南京科技创业服务中心	南京高新区
20	合肥高新技术产业开发区创业服务中心	合肥高新区
21	江西赣昌高新技术创业服务中心	江西省科委
22	南昌高新区创业服务中心	南昌高新区
23	济南高新技术创业服务中心	济南高新区
24	威海高技术创业服务中心	威海市科委
25	洛阳高技术创业服务中心	洛阳高新区
26	成都高新区技术创新服务中心	成都高新区

27	贵阳高新技术产业开发区创业服务中心	贵阳高新区
28	昆明高新技术创业服务中心	昆明高新区
29	宝鸡高科技创业服务中心	宝鸡高新区
30	包头科技创业服务中心	
31	吉林高新技术创业服务中心	吉林高新区
32	上海张江高新技术发展促进中心	
33	江苏省高新技术创业服务中心	江苏省科委
34	无锡高新技术创业服务中心	无锡高新区
35	常州市科技创业服务中心	
36	济宁高新技术创业服务中心	济宁高新区
37	郑州高新技术产业开发区创业服务中心	郑州高新区
38	株洲高新技术产业开发区创业服务中心	株洲高新区
39	沈阳高新技术创业服务中心	沈阳高新区
40	北京望京科技园创业服务中心	
41	天津新技术产业园区国际创业中心	天新技术产业园区
42	上海杨浦高新技术创业服务中心	
43	扬州高新技术创业服务中心	扬州高新区
44	江苏昆山留学人员创业园	昆山经济区
45	广州市高新技术创业服务中心	广州市科委
46	绵阳高新技术产业开发区创业服务中心	绵阳高新区
47	桂林科技创业服务中心	桂林高新区
48	兰州高新技术产业开发区创业服务中心	兰州高新区
49	苏州工业园科技企业孵化器	苏州工业园
50	南宁新技术创业者中心	南宁高新区
51	襄樊高新技术创业服务中心	襄樊高新区
52	泰安高新技术创业服务中心	泰安高新区
53	厦门高新技术创业中心	厦门高新区
54	哈尔滨经济技术开发区高科技孵化中心	哈尔滨经济区
55	芜湖高新技术创业服务中心	芜湖高新区
56	郑州市高新技术创业中心	郑州经济区
57	柳州高新技术创业服务中心	柳州高新区
58	烟台高新技术创业服务中心	烟台高新区
59	湘潭高新技术创业服务中心	湘潭高新区
60	鞍山高新技术创业服务中心	鞍山高新区
61	重庆高新区创新服务中心	重庆高新区
62	深圳市科技创业服务中心	深圳市科技局

附录五　国家级留学人员创业园名单

北京市留学人员海淀创业园	上海留学人员创业园	成都留学人员创业园
大连留学人员创业园	西安留学生创业园	宁波保税区留学人员创业园
苏州留学人员创业园(含昆山创业园)	福建留学人员创业园	济南留学人员创业园
天津新技术产业园区留学生创业园	沈阳海外学子创业园	长春海外学人创业园
武汉海外学子创业园	杭州市留学人员高新区创业园	合肥留学人员创业园
烟台高新区留学人员创业园	厦门留学人员创业园	广州留学人员创业园
哈尔滨海外学人创业园		

附录六　国家农业科技园区

北京昌平国家农业科技园区	天津津南国家农业科技园区	河北三河国家农业科技园区
内蒙古赤峰国家农业科技园区	辽宁阜新国家农业科技园区	辽宁大连金州国家农业科技园区
吉林公主岭国家农业科技园区	黑龙江哈尔滨国家农业科技园区	上海浦东国家农业科技园区
江苏常熟国家农业科技园区	浙江嘉兴国家农业科技园区	浙江宁波慈溪国家农业科技园区
安徽宿州国家农业科技园区	福建漳州国家农业科技园区	江西南昌国家农业科技园区
山东寿光国家农业科技园区	山东青岛即墨国家农业科技园区	河南许昌国家农业科技园区
湖北武汉国家农业科技园区	湖南望城国家农业科技园区	广东广州国家农业科技园区
广东深圳国家农业科技园区	广西百色国家农业科技园区	海南儋州国家农业科技园区
重庆渝北国家农业科技园区	四川乐山国家农业科技园区	贵州贵阳国家农业科技园区
云南红河国家农业科技园区	西藏拉萨国家农业科技园区	陕西渭南国家农业科技园区
甘肃定西国家农业科技园区	青海西宁国家农业科技园区	宁夏吴忠国家农业科技园区
新疆昌吉国家农业科技园区	新疆生产建设兵团国家农业科技园区	

策　　划　刘晓黎　刁昊轩
设计总监　王　琦
电脑排版　贾志刚　李艳芬
客户服务　李　威　安　娜　程　玲
　　　　　程　逊　沈连生

《中国开发区年鉴》编辑部

联系地址　北京市西城区三里河路58号
邮政编码　100045
电　　话　010－68558497　68558496
客户热线　010－62276189　62276165
电子信箱　sicdata@mx.cei.gov.cn